DIRITTO PUBBLICO COMPARATO

L'immagine di copertina ritrae la fregata USS Constitution conosciuta anche con il nome "Old Ironsides", la più antica nave al mondo ancora galleggiante, varata nel 1797.
Si tratta di una fregata pesante della United States Navy, costruita con legno di quercia della Virginia, così battezzata in omaggio alla Costituzione degli Stati Uniti.
Per tali motivi essa ben rappresenta una costituzione solida che attraversa i flutti e le vicende della storia.

Giuseppe Morbidelli - Lucio Pegoraro - Angelo Rinella - Mauro Volpi

DIRITTO
PUBBLICO COMPARATO

Quinta edizione

G. Giappichelli Editore – Torino

VIA PO, 21 - TEL. 011-81.53.111 - FAX 011-81.25.100
http://www.giappichelli.it

ISBN/EAN 978-88-921-0153-1

Composizione: Dunter s.r.l. - Torino

Stampa: L.E.G.O. S.p.A. - Lavis (TN)

Indice

pag.

CAPITOLO II

Famiglie, sistemi giuridici, fonti del diritto

Sezione I - *Famiglie e sistemi giuridici* (*Angelo Rinella*)

Sezione II – *Le fonti di legittimazione* (*Lucio Pegoraro* e *Angelo Rinella*)

Sezione III – *La struttura delle fonti del diritto* (*Lucio Pegoraro*)

Sezione II – *Le dinamiche della costituzione* (*Giuseppe Morbidelli*)

pag.

CAPITOLO VI

La distribuzione territoriale dei poteri: tipi di Stato e Unione Europea

Mauro Volpi

Sezione I – *I tipi di Stato*

Sezione II – *Organizzazioni sovranazionali: l'Unione Europea*

pag.

CAPITOLO VII

Le forme di governo

Mauro Volpi

pag.

CAPITOLO VIII

L'organizzazione costituzionale

Mauro Volpi

Sezione I – *Organizzazione dello Stato e organi costituzionali*

Sezione II – *Il Popolo*

Sezione III – *Il Parlamento*

Sezione IV – *Il Governo*

Sezione V – *Il Capo dello Stato*

CAPITOLO IX

Giustizia costituzionale

Lucio Pegoraro

Introduzione

La V edizione del nostro Manuale di diritto pubblico comparato non è un mero aggiornamento. Anzitutto per il fatto che tra gli Autori non compare più, per sua scelta, il nome di Antonio Reposo, autorevole esponente della scuola giuspubblicistica patavina. La decisione del collega che ha ritenuto con un *self-restraint* tipico di altri tempi (e dei personaggi di tempra) di dar spazio al ricambio generazionale, non fa tuttavia venir meno la Sua compartecipazione in quanto l'opera è pur sempre caratterizzata dalla impostazione culturale, dall'ordito, dalle *rationes*, dalle finalità condivise con Antonio oltre 20 anni fa. Sicché anche se l'anagrafe bibliografica non reca la sua presenza, essa è comunque continua ed immanente (potremmo dire – l'accostamento non va certo preso alla lettera, ma solo come tentativo di esemplificazione – come quei dipinti privi di firma, in quanto l'artista sa che esso non può che essere di sua provenienza, al punto che rifugge dalla affermazione burocratica della paternità). In contrappasso la presente edizione si avvale dell'apporto di Angelo Rinella, comparatista delle nuove generazioni, e come tale aduso e versato ai profondi quando non sconvolgenti fermenti che attraversano il costituzionalismo contemporaneo. Come risaputo la dottrina costituzionalistica classica si è formata e strutturata attorno alla equazione tra Stato e sovranità. La seconda è l'attributo principale e tipico dello Stato, anzi lo identifica, e nel contempo lo Stato è tale in quanto *superiorem non recognoscens*. Teorie delle fonti, delle forme di Stato, delle forme di governo, della giustizia costituzionale, della rappresentanza, dei diritti fondamentali, ecc., sono state tutte elaborate e calibrate in funzione e in virtù di tale equazione. Vero è che tale connubio è stato messo in crisi da gran tempo e del resto lo stesso art. 11 cost., laddove consente "limitazioni di sovranità necessarie ad un ordinamento che assicuri la pace e la giustizia fra le Nazioni" ne è prova e causa. Non v'è dubbio però che negli ultimi anni si è assistito ad un crescendo più che rossiniano di istituzioni sovranazionali, tra l'altro disomogenee per strutture e fonti (e anche per aree territoriali di competenza): talune sono dei veri e propri organismi internazionali istituiti attraverso trattati internazionali; altre sono istituite da autorità amministrative nazionali (es. *Il Basil Committee on Banking Supervision*, c.d. Comitato di Basilea, è stato istituito dai governatori di 10 Banche Centrali); altre sono create da organizzazioni internazionali, come le tante agenzie specializzate dell'ONU, altre ancora sono formate da rappresentanti di governi, altri sono private istituzioni (ad es. l'agenzia mondiale anti-doping); altre sono costituite da esponenti e di Stati e di soggetti privati, in genere rappresentanti di categorie (così ad es. la ISO, *Inter-*

national Organization for Standardization, o la *Codex Alimentarius Commission*, o anche la Carta dei diritti globali di internet). Il loro numero è imponente: secondo *Yearbook of international organizations*, le organizzazioni governative sono più di duemila e in continuo incremento, mentre quelle non governative oltre ventimila. Inutile dire poi dell'Unione Europea: istituzione sostanzialmente pre-federale che detta normative immediatamente efficaci negli Stati membri. Non solo: tutto questo fa sì che pur nel pluralismo e nella diversificazione delle organizzazioni, si stanno formando dei principi comuni, che a loro volta vengono ripresi e applicati dalle Corti internazionali dando così loro un carattere generale, che va al di là del settore di riferimento. Sicché anche le Corti sono protagoniste "formanti" di quello che viene definito il diritto globale o "senza confini". E a tale processo di elaborazione dei principi contribuiscono precipuamente le varie carte dei diritti universali, continentali o tematiche (quest'ultime relative per lo più a diritti sociali, come il Trattato internazionale sui diritti economici sociali e culturali o la Dichiarazione dei diritti fondamentali del fanciullo), che a loro volta non solo contribuiscono a formare il diritto positivo degli Stati, ma anche ad orientare le interpretazioni delle rispettive Costituzioni, quando non ad integrarle.

Di tutto questo la presente edizione tiene conto, sia nel contesto della trattazione di specifici argomenti (le forme di Stato, le Costituzioni, i diritti fondamentali, ecc.), sia attraverso sezioni *ad hoc*, come quella dedicata alle Organizzazioni internazionali, transnazionali, regionali e sovranazionali, tra cui una particolare attenzione è dedicata all'Unione Europea, di cui si esaminano natura giuridica, organi, competenze, ecc., nonché quella dedicata alla c.d. tutela multilivello dei diritti, attesa appunto la funzione sempre più "identificativa" quando non "formativa" di diritti o comunque dello spessore dei loro contenuti da parte della Corte di Giustizia dell'Unione Europea e di quelle internazionali (in particolare la Corte Europea dei diritti dell'uomo).

Sia chiaro: pur con queste novità, frutto della c.d. globalizzazione, il Manuale ha comunque come centro precipuo di analisi l'organizzazione costituzionale degli Stati, i quali, anche se a sovranità erosa o comunque non piena, costituiscono sempre l'*ubi consistam* delle nostre società, in quanto è sempre agli Stati che ci si rivolge per ordine pubblico, servizi pubblici e sociali, tutela del paesaggio e dei beni culturali, governo del territorio, difesa dell'ambiente, regolazioni economiche e dei beni pubblici, sicurezza, difesa, giustizia, infrastrutture, ecc.

Nel contempo, anche alla luce delle sempre più variegate forme di produzione del diritto, si è ritenuto di introdurre una sezione dedicata alle forme di legittimazione (s'intende delle regole giuridiche), onde mettere in luce i numerosi esempi di fonti che non sono radicate nella legittimazione secondo i principi del costituzionalismo classico (ovvero prodotte dal Parlamento in quanto legittimato dal popolo a seguito di libere elezioni) e nel contempo far risaltare come in tanti altri ordinamenti (a partire da quelli di *common law*) non sia mai stato assoluto (anzi) il principio per cui il comando normativo proviene solo dal Parlamento (o da organi a questo riferibili e da questo legittimati). Un'altra novità è rappresentata dalla scelta di dedicare una sezione alle Costituzioni senza costituzionalismo. Se difatti è vero che le Costituzioni per essere davvero tali, secondo le linee del costituzionalismo, devono assicurare la separazione dei poteri e la garanzia dei diritti (come recita l'art. 16 della Dichiarazione dei diritti dell'uomo e del cittadino del 1789), nonché un Parlamento rappresentativo, la superiorità e dunque la rigidità della Costituzione, giudici indipendenti, è anche vero che Costituzione significa anche complesso delle regole fondamentali di ogni organismo sociale e in particolare di quella organizzazione primaria che si suol definire Stato; del resto, senza una Costituzione cioè una somma di regole che la disciplinano non vi può essere nemmeno lo Stato. E per l'appunto, però, possono esserci e vi sono Stati la cui Costituzione non osserva affatto i principi sopra ricordati, sicché è apparso corretto dare conto di questa realtà, se non altro per far vedere le discrasie che si riscontrano tra principi affermati dalle Carte internazionali dei diritti e regimi di taluni Stati.

Infine si è ritenuto opportuno accompagnare l'*excursus* nei vari ordinamenti da una introduzione metodologica, la quale mette in risalto come soprattutto ai fini delle comparazioni, sia indispensabile ricorrere ad altre scienze (dalla linguistica alla scienza pubblica, dalla economia alla geografia, ecc.), in quanto il diritto non è un *hortus conclusus*, nonché, pur consci della artificiosità di ogni "classificazione", da una rassegna delle varie famiglie giuridiche, il che serve comunque per dare un primo inquadramento dell'ambiente e delle coordinate giuridiche in cui si muovono i singoli ordinamenti statali.

Un'ultima notazione.

Il Manuale non è, o almeno non vuole essere, una esposizione ragionata di materiale normativo, secondo i criteri del c.d. metodo giuridico puro; difatti i dati istituzionali vengono esposti alla luce delle realtà politico-sociali nelle quali sono calati. Si tratta quindi di un testo che da un lato offre agli studenti dei corsi di giurisprudenza come di altre facoltà e scuole una lettura non astratta ed asettica delle problematiche costituzionali, e dall'altro si avvicina alle inclinazioni culturali degli studenti dei corsi di scienze politiche, attesa la integrazione con i dati sociali, sociologici, politologici e storici. Tanto che – come ha ricordato M. Galizia, *Esperienza giuridica libertà costituzione*, in *Il Politico*, 2003, pp. 424-425 – per Mortati l'indagine costituzionalistica per eccellenza poteva svolgersi proprio nelle Facoltà di scienze politiche, per i continui e produttivi contatti con le discipline che vanno ad investigare le realtà politico-sociali. Invero oggi questa osmosi è una acquisizione comune, in qualunque tipo di corso: ma è indispensabile esserne consapevoli e comunque farne uso.

Gli Autori

Le citazioni dei libri e delle riviste nella bibliografia generale e in quelle che corredano ciascuna sezione sono state uniformate, senza usare né il sistema anglosassone, né quelli italiano o francese, né quello tedesco, né quello americano. In particolare si è utilizzato, per indicare "a cura di", "diretto da", "coordinato da", ecc., ed equivalenti nelle varie lingue, l'unica formula "ed." o , al plurale, "eds".

Non si sono ripetute, nelle bibliografie speciali, le case editrici e le città di edizione di scritti riferiti a enciclopedie citate nella bibliografia generale.

Il coordinamento editoriale di questa edizione è stato a cura di Maria Francesca Cavalcanti.

Bibliografia generale

Manuali generali di diritto comparato

I manuali di riferimento per il diritto comparato generale, in varie lingue, sono i seguenti: J.H. WIGMORE, *A Panorama of the World legal Systems*, West Publishing, Saint Paul, 1928, III; P. ARMINJON, B. NOLDE, M. WOLFF, *Traité de droit comparé*, 3 voll., Lgdj, Paris, 1950-1952; H.C. GUTTERIDGE, *Comparative Law. An Introduction to the Comparative Method of Legal Study and Research*, Cambridge U.P., Cambridge, 1946, trad. fr. *Le droit comparé. Introduction à la méthode comparative dans la recherche juridique et l'étude du droit*, Lgdj, Paris, 1953; M. ANCEL, *Utilité et méthodes du droit comparé. Eléments d'introduction générale à l'étude comparative des droits*, Ides et Calendes, Neuchâtel, 1971, trad. it. *Utilità e metodi del diritto comparato: elementi d'introduzione generale allo studio comparato dei diritti*, Jovene, Napoli, 1978; G. GORLA, *Diritto comparato e diritto comune europeo*, Giuffrè, Milano, 1981; E. AGOSTINI, *Droit comparé*, Puf, Paris, 1988; K. ZWEIGERT, H. KÖTZ, *Einfürung in die Rechtsvergleichung*, I, *Grundlagen*, Mohr Siebeck, Tübingen, trad. it. della 3ª ed. (Tübingen, 1984), *Introduzione al diritto comparato*, I, *Principi fondamentali*, Giuffrè, Milano, 1998, e *Einfürung in die Rechtsvergleichung*, II, *Institutionen*, 2ª ed., Mohr Siebeck, Tübingen, 1984, trad. it. *Introduzione al diritto comparato*, II, *Istituti*, Giuffrè, Milano, 1995; R. SACCO, *Introduzione al diritto comparato*, 5ª ed., Utet, Torino, 1992; J. VANDERLINDEN, *Comparer les droits*, Story-Scientia, Diegem, 1995; U. MATTEI, P.G. MONATERI, *Introduzione breve al diritto comparato*, Cedam, Padova, 1997; G. ALPA, (ed.), *Corso di sistemi giuridici comparati*, Giappichelli, Torino, 1996; R.B. SCHLESINGER, H.W. BAADE, M.R. DAMASKA, P.E. HERZOG, *Comparative Law*, 5ª ed., Foundation Press, Mineola, 1988 (6ª ed., 1998); M.G. LOSANO, *I grandi sistemi giuridici. Introduzione ai diritti europei ed extraeuropei*, Laterza, Roma-Bari, 2000; R.B. SCHLESINGER, H.W. BAADE, P.E. HERZOG, E.M. WISE, *Comparative Law: Cases-Texts-Materials*, 6ª ed., Foundation Press, Mineola, 1998; A. PIZZORUSSO, *Corso di diritto comparato*, Giuffrè, Milano, 1983; ID., *Sistemi giuridici comparati*, 2ª ed., Giuffrè, Milano, 1998; M. LUPOI, *Sistemi giuridici comparati*, Esi, Napoli, 2002; A. GAMBARO, R. SACCO (eds.), *Sistemi giuridici comparati*, 2ª ed., Utet, Torino, 2002; B. MARKESINIS, *Comparative Law in the Courtroom and Classroom. The story of the Last Thirty-Five Years*, Hart, Oxford-Portland, 2003, trad. it. *Il metodo della comparazione. Il retaggio del passato e le sfide del futuro*, Giuffrè, Milano, 2004; R. DAVID, C. JAUFFRET-SPINOSI, *Les grands systèmes de droit contemporains*, 11ª ed., Dalloz, Paris, 2002, trad. it. *I grandi sistemi giuridici*, 5ª ed. coordinata da R. SACCO, Cedam, Padova, 2004; F. DE FRANCHIS, *Il diritto comparato dopo la riforma*, Giuffrè, Milano, 2006; L. MOCCIA, *Comparazione giuridica e diritto europeo*, Giuffrè, Milano, 2005; A. SOMMA, *Introducción crítica al Derecho Comparado*, Ara, Lima, 2006; ID., *Introduzione al diritto comparato*, Laterza, Roma-Bari, 2014; R. SEROUSSI, *Introduction au droit comparé*, 3ª ed., Dunod, Paris, 2008; V. VARANO, V. BARSOTTI, *La tradizione giuridica occidentale*, I, 4ª ed., Giappichelli, Torino, 2010; H.P. GLENN, *Legal Traditions of the*

World. Sustainable Diversity in Law, Oxford U.P., Oxford-New York, 2010, trad. it. *Tradizioni giuridiche nel mondo. La sostenibilità della differenza*, il Mulino, Bologna, 2011; L. ACQUARONE, F. ANNUNZIATA, R. CAVALIERI, G.F. COLOMBO, M. MAZZA, A. NEGRI, L. PASSANANTE, G. ROSSOLILLO, L. SEMPI, *Sistemi giuridici nel mondo*, Giappichelli, Torino, 2012; R. HIRSCHL, *Comparative Matters. The Renaissance of Comparative Constitutional Law*, Oxford U.P., Oxford, 2014; J. HUSA, *A New Introduction to Comparative Law*, Hart, Oxford, 2015.

Manuali di diritto comparato (per aree)

G. AJANI, *Fonti e modelli nel diritto dell'Europa orientale*, Un. di Trento-Dip. di scienze giuridiche, Trento, 1993; ID., *Il modello post-socialista*, 2ª ed., Giappichelli, Torino, 1999; U. MATTEI, *Il modello di* common law, 2ª ed., Giappichelli, Torino, 2004; G. AJANI, A. SERAFINO, M. TIMOTEO, *Diritto dell'Asia orientale*, Utet, Torino, 2007; F. CASTRO, *Il modello islamico*, Giappichelli, Torino, 2007; P.G. MONATERI, A. SOMMA, *Il modello di* civil law, 3ª ed., Giappichelli, Torino, 2009; M. GUADAGNI, *Il modello pluralista*, Giappichelli, Torino, 1996; J. HATCHARD, M. NDULO, P. SLINN, *Comparative Constitutionalism and Good Governance in the Commonwealth. An Eastern and Southern African Perspective*, Cambridge U.P., Cambridge, 2004; W.F. MENSKI, *Comparative Law in a Global Context: the Legal Systems of Asia and Africa*, 2ª ed., Cambridge U.P., Cambridge, 2006.

Opere collettanee

In italiano, G. ALPA (ed.), *Corso di sistemi giuridici comparati*, Giappichelli, Torino, 1996; L. ANTONIOLLI, G.A. BENACCHIO, R. TONIATTI (eds.), *Le nuove frontiere della comparazione*, Un. degli studi di Trento, Trento, 2012. Nella letteratura in altre lingue: M. ROTONDI (ed.), *Buts et méthodes du droit comparé*, Cedam, Padova, 1973; K. BAELE-WOELKI, F.W. GROSHEIDE, E.H. HONDIUS, G.J.W. STEENHOFF (eds.), *Comparability and Evaluation*, Kluwer, Norwell, 1994; V. GROSSWALD CURRAN (ed.), *Comparative law: an introduction*, Carolina Academic Press, Durham, 2002; P. LEGRAND, R. MUNDAY (eds.), *Comparative Legal Studies: Traditions and Transitions*, Cambridge U.P., Cambridge, 2003; A. HARDING, E. ÖRÜCÜ, *Comparative Law in the 21st Century*, Kluwer, The Hague, 2003; J.M. SERNA DE LA GARZA (ed.), *Metodología del derecho comparado. Memoria del Congreso Internacional de Culturas y Sistemas Jurídicos Comparados*, Unam, México, 2005; M. REIMANN, M. ZIMMERMANN (eds.), *The Oxford Handbook of Comparative Law*, Oxford U.P., New York, 2006; E. ÖRÜCÜ, D. NELKEN (eds.), *Comparative law: a handbook*, Hart, Oxford-Portland, 2007; M. BUSSANI, U. MATTEI (eds.), *The Cambridge Companion to Comparative Law*, Cambridge U.P., Cambridge, 2012; P.G. MONATERI (ed.), *Methods of Comparative Law: an intellectual overview*, Edward Elgar, Cheltenham-Northampton, 2012; M. ADAMS, J. BOMHOFF, *Practice and Theory in Comparative Law*, Cambridge U.P., Cambridge, 2012; M. ROSENFELD, A. SAJO (eds.), *The Oxford Handbook of Comparative Constitutional Law*, Oxford U.P., Oxford, 2012.

Voci enciclopediche

M. Rotondi, *Diritto comparato*, in *Nss. dig. it.*, V, 1960, rist. 1981; G. Gorla, *Diritto comparato e straniero*, in *Enc. giur.*, XI, Treccani, Roma, 1989; A. Gambaro, P.G. Monateri, R. Sacco, *Comparazione*, in *Dig. disc. priv. Sez. civ.*, III, Utet, Torino, 1988.

Manuali di diritto comparato costituzionale o pubblico

Tra i manuali di diritto comparato costituzionale o pubblico: P. Biscaretti di Ruffia, *Introduzione al diritto costituzionale comparato*, 6ª ed., Giuffrè, Milano, 1988; G. Recchia, *Consonanze e dissonanze nel diritto pubblico comparato*, Cedam, Padova, 2000; S. Ortino, *Introduzione al diritto costituzionale federativo*, Giappichelli, Torino, 1993; Id., *Diritto costituzionale comparato*, il Mulino, Bologna, 1994; S. Gambino, *Diritto costituzionale italiano e comparato. Lezioni*, Periferia, Cosenza, 2002; P. Ridola, *Diritto comparato e diritto costituzionale europeo*, Giappichelli, Torino, 2010; G. de Vergottini, *Diritto costituzionale comparato*, II, 6ª ed., Padova, 2004; Id., *Diritto costituzionale comparato*, I, 9ª ed., Cedam, Padova, 2014; G. Rolla, *Elementi di diritto costituzionale comparato*, Giuffrè, Milano, 2010; F. Palermo, J. Woelk, *Diritto costituzionale comparato dei gruppi e delle minoranze*, 2ª ed., Cedam, Padova, 2011; P. Carrozza, A. Di Giovine, G.F. Ferrari, *Diritto costituzionale comparato*, 2ª ed., Laterza, Roma-Bari, 2014. A essi vanno aggiunti i manuali metodologici segnalati nella bibliografia del cap. I.

Riviste

La rivista di riferimento per la disciplina è, in Italia, *Diritto pubblico comparato ed europeo* (Giappichelli, Torino; dal 2015 il Mulino, Bologna); saggi e informazioni relativi al diritto pubblico comparato si trovano anche in altre riviste, quali *Giurisprudenza costituzionale* (Giuffrè, Milano), *Quaderni costituzionali* (il Mulino, Bologna), *Rassegna parlamentare* (Jovene, Napoli), *Diritto pubblico* (il Mulino, Bologna), *Rivista di Diritto costituzionale* (Giappichelli, Torino), *Nomos* (Istituto poligrafico e Zecca dello Stato, Roma), *Annuario di diritto comparato e di studi legislativi* (Esi, Napoli).
Con contributi in varie lingue, la *Revista General de Derecho Público Comparado* (Iustel, Madrid, *on line*, *www.iustel.com*). In francese, la *Revue internationale de droit comparé* (Société de Législation Comparée, Paris); *Pouvoirs* (Seuil, Paris); *Revue du droit public et de la science politique en France et à l'étranger* (Lgdj, Paris). In inglese, *ICON-International Journal of Constitutional Law* (Oxford U.P., Oxford); *American Journal of Comparative Law* (The American Society of Comparative Law, USA); *International & Comparative Law Quarterly* (Cambridge U.P., Cambridge); *Comparative Law Review* (Associazione di Diritto Comparato, Perugia).

Enciclopedie

Tra le enciclopedie, si veda M.T. KAMMINGA (ed.), *Elgar encyclopedia of comparative law*, 2ª ed., Edward Elgar, Cheltenham-Northampton, 2014. Importanti voci di interesse per il diritto comparato si incontrano, in italiano, nell'*Enciclopedia del diritto* (Giuffrè, Milano), nel *Novissimo digesto italiano* (Utet, Torino), nel *Digesto delle discipline pubblicistiche* (Utet, Torino), nell'*Enciclopedia giuridica* (Istituto dell'Enciclopedia italiana, Roma).

Collane

Tra le collane in italiano dedicate ai diritti straniero o a temi di diritto comparato pubblico: *Si governano così*, diretta da C. Fusaro, il Mulino, Bologna; *Diritto pubblico contemporaneo. Gli ordinamenti costituzionali*, Giappichelli, Torino, diretta da N. Olivetti Rason e L. Pegoraro; *Costituzionalismi difficili*, coordinata da M. Carducci, Pensa, Cavallino (Lecce); *Ricerche di Diritto pubblico comparato*, Bup, Bologna, diretta da L. Pegoraro; *Oltre Finisterrae*, diretta da L. Pegoraro e A. Rinella, Filodiritto, Bologna.

Sussidiari

Tra le raccolte di materiali, G. AJANI, P.G. MONATERI, *Casi e materiali di Sistemi giuridici comparati*, Giappichelli, Torino, 1998; R. TARCHI, *Corso di Diritto comparato. Casi e materiali*, Giuffrè, Milano, 1999; M. CARDUCCI, *Atlante normativo di diritto costituzionale*, Giuffrè, Milano, 1999; ID., *Tecniche costituzionali di argomentazione formazione comparazione*, Pensa multimedia, Lecce, 2003; S. BAGNI, G. PAVANI, *Materiali essenziali per un corso di Diritto pubblico comparato*, Filodiritto, Bologna, 2013. Tra i glossari: J.R. FOX, *Dictionary of international and comparative law*, Oceana, Dobbs Ferry, 2003; L. PEGORARO (ed.), *Glossario di Diritto pubblico comparato*, Carocci, Roma, 2009 (anche in spagnolo, *Glosario de Derecho Público Comparado*, ed. a cura di E. Ferrer Mac-Gregor, M. Nuñez, C. Astudillo, G. Enríquez Fuentes, P. Torres Estrada, Porrúa, México, 2012); G.F. FERRARI (ed.), *Atlante di Diritto pubblico comparato*, Utet, Torino, 2010.

CAPITOLO I

Introduzione metodologica

di *Lucio Pegoraro* (§§ 1-5, 8, 9) e *Angelo Rinella* (§§ 6, 7)

1. Definizione

«La storia della nozione di diritto comparato è strettamente legata alla storia del diritto occidentale. Nelle altre tradizioni giuridiche del mondo, non esiste una nozione di diritto comparato» (Glenn).

Il diritto costituzionale comparato è pertanto, in primo luogo, una **variabile della parola "diritto"**. Occorre uno sforzo in più, per i comparatisti/costituzionalisti occidentali e liberal-democratici: accettare e impadronirsi di concetti che sono estranei, come quello di "*amae*" (armonia) nel diritto giapponese, di "*fa*" e di "*li*" nel diritto cinese, di "*dharma*" nel diritto hindu, di *ubuntu* nel diritto africano, che non solo condizionano pre-giuridicamente, ma vertebrano il modo di intendere quello che da noi si chiama "diritto". Senza con ciò rinunciare al metodo giuridico come concepito nella nostra cultura giuridica, pena il rischio di affondare in scienze da noi considerate autonome e distinte, come la sociologia o l'antropologia [1].

È inoltre una **variabile di "costituzione"**. L'aggettivo "costituzionale" deriva dal sostantivo "costituzione". "Costituzione" nel senso comune vuole dire "il modo in cui una cosa è costituita", ma questo significato largo corrisponde solo

[1] Tutto ciò vale quando oggetto di analisi è il mondo nella sua globalità, o parti del mondo che non accettano, o accettano solo in parte, concezioni occidentali di "diritto". Quando l'indagine comparatistica verte sul diritto occidentale, il problema non si pone, esistendo concordanza sull'esistenza di un metodo giuridico o, quanto meno, idee condivise per intendere cosa è giuridico e cosa no.

a uno dei sensi di "costituzione" nel linguaggio giuridico (cap. III, II, § 1 ss.).

Il diritto comparato studia le costituzioni (il diritto costituzionale) anche con riferimento a ordinamenti dove non c'è o non c'era la disciplina accademica (ad es. la Spagna franchista, nella quale si insegnava "*Derecho político*"); a ordinamenti che non hanno costituzioni formalizzate, pur aderendo ai valori del costituzionalismo (ad es. il Regno Unito); a ordinamenti che hanno costituzioni formalizzate ma totalmente difformi nei contenuti dalle ideologie liberali o liberal-democratiche (ad es. gli ordinamenti del socialismo reale); a ordinamenti che non hanno né costituzione in senso formale, né condivisione dei principi del costituzionalismo (come la prima fase del Chile di Pinochet). Studia inoltre, oltre alle dottrine politiche ispiratrici, anche la storia dei vari sistemi, e spesso il contesto socio-economico. L'aggettivo "costituzionale" ha dunque un senso ancora più largo, se associato a "diritto", di quello che potrebbe derivare dal sostantivo "costituzione".

Infine, diritto costituzionale comparato è **una variabile di "comparare".**

"Comparare", nel linguaggio comune come in quello scientifico, significa "paragonare", "confrontare".

C'è un primo senso di "diritto costituzionale comparato" che non tiene conto dell'etimologia e del significato comune della parola: in una impropria accezione, diritto comparato è un sinonimo di "**diritto straniero**". Ma studiare un diritto straniero è comparare un bel nulla, anche se serve a offrire al vero diritto comparato gli elementi, o elementi ulteriori, per comparare. In una seconda (e corretta) accezione, comparare significa – dopo avere analizzato gli oggetti dell'analisi – fare i **confronti**, con tutte le premesse, le conseguenze, le implicazioni, i problemi e le scelte valutative che ciò comporta.

Lo studio del diritto straniero rappresenta la premessa o *condizione logica* della comparazione. Ma non è comparazione in senso proprio e compiuto. Le operazioni concettuali che fa lo studioso di un diritto straniero sono identiche a quelle che fa un costituzionalista interno, che studia cioè l'ordinamento dove è nato e/o vive e lavora. La mentalità è la stessa, e l'unico comparatista che resta non è il professore, ma il lettore, al quale restano affidate le operazioni concettuali di comparazione. Tra uno studioso di diritti stranieri e un comparatista c'è la stessa differenza che corre tra un poliglotta e un linguista: «Il poliglotta conosce molte lingue, ma non sa misurarne le differenze, né quantificarle, cose che, tutte, il linguista sa fare. Così il comparatista possiede un insieme di nozioni e di dati appartenenti a diversi sistemi giuridici, e sa inoltre porli a confronto, misurandone le diversità o somiglianze» (Sacco).

2. Formanti, crittotipi, diritto muto

La teoria dei formanti getta luce sull'esigenza di liberarsi di categorie monolitiche nella comprensione del diritto. L'espressione "formanti **dell'ordinamen-**

to" indica i diversi insiemi di regole e proposizioni che, nell'ambito di un ordinamento, contribuiscono a generare l'ordine giuridico del gruppo in un determinato luogo e in un determinato tempo. Il principio della **unicità della regola di diritto** genera nel giurista il convincimento che regola legale, regola dottrinale e regola giurisprudenziale abbiano il medesimo contenuto e siano per ciò stesso intercambiabili. Dove fosse rilevabile una difformità, questa sarebbe da imputare a un errore dell'interprete. Ma questo *iter* logico non può estendersi all'analisi comparativa del diritto. Il comparatista che si pone di fronte al diritto straniero non ha il pieno dominio degli strumenti culturali e giuridici per cassare eventuali interpretazioni erronee; la considerazione di più sistemi giuridici mostra come i formanti, all'interno di ciascun sistema, si atteggino in modo diversificato. Non ci si può limitare a comparare solo le leggi senza la conoscenza dei dati offerti dal contesto giuridico, come, per esempio, le tendenze della giurisprudenza, le diverse concezioni alle quali essa è soggetta, o gli orientamenti dominanti in dottrina. Né tanto meno senza i dati del contesto extra-giuridico: la cultura, l'economia, gli atteggiamenti sociali, ecc. (Sacco).

Negli ordinamenti contemporanei, i **formanti principali** sono la **legge** (in senso largo), la **dottrina**, la **giurisprudenza**; vale a dire l'insieme delle disposizioni adottate dal legislativo; l'insieme delle opinioni espresse dai dottori della legge; l'insieme delle decisioni dei giudici. Occorre distinguere i principali formanti a seconda del loro ruolo. Per "**formanti attivi**" o "**dinamici**" si intende la serie di fenomeni giuridici – atti o eventi – che producono direttamente diritto autoritativo (in occidente, la legislazione e, con varie distinzioni relative alla famiglia giuridica in cui opera, la giurisprudenza: cap. II, II e cap. III), che insieme alla dottrina (o più in generale alla "cultura"), e agli altri formanti, espliciti o non verbalizzati (i crittotipi), concorrono a costruire gli ordinamenti giuridici.

Nella costruzione del diritto, la **dottrina** contribuisce ad alimentare i formanti dinamici, ma oggi, nel mondo occidentale, non produce direttamente diritto. Però, non è stato sempre così in passato, né lo è ovunque oggi. Nel **diritto romano**, e fino alla rivoluzione francese (e persino dopo, in Germania, grazie all'alimento della Pandettistica, e ad Andorra sino al 1993), a creare diritto erano anche i giureconsulti: la manifestazione più eclatante si ebbe con la celebre "Legge delle citazioni", con cui nel 426 d.C. Teodosio II creò una sorta di gerarchia delle opinioni dei giuristi, con al vertice Paolo, Ulpiano, Gaio, Modestino e via via altri, e criteri per risolvere le antinomie. Il **diritto indú** si basa ancora largamente sulle interpretazioni dei dotti raccolte tra il XII e il XVII secolo nei *nibandhas*, commentari del *Manusmrti*, o "Codice di Manu". Il **diritto musulmano**, che vincola 1.300 milioni di persone, ha tra le sue fonti la *ijma*, ovvero l'opinione concorde della comunità dei giuristi-teologi, o almeno dei giurisperiti più autorevoli, purché largamente condivisa e chiaramente formulata. La distinzione tra i formanti attivi e gli altri è una variante di famiglie ed epoche: solo nell'interpretazione *juriciste* del positivismo legistico la legge è l'unica fonte, il giudice *bouche de la loi* (bocca della legge), la dottrina l'insieme dei commentatori.

Il terreno del **diritto costituzionale comparato** presenta alcuni tratti peculiari: le norme di rango costituzionale esprimono solitamente una scelta di fondo dell'ordinamento cui appartengono, e cioè i caratteri che determinano l'identità di un ordinamento: forma di Stato, diritti, divisione dei poteri, forma di Governo, decentramento o accentramento del potere politico, rappresentano questioni che trovano nella costituzione una risposta in termini giuridici a un'opzione politica basilare. Dunque, non una soluzione giuridica informata solo a criteri di efficienza ed efficacia, bensì una soluzione che identifica una precisa assiologia di valori civili e politici nei quali il gruppo sociale, la comunità politica, riconoscono la matrice della propria identità e le ragioni della propria unità. Il diritto costituzionale, oltre a diritto dell'organizzazione costituzionale e diritto delle libertà, è anche diritto del fatto politico, destinato a incidere e a dar voce al disciplinato svolgimento dell'azione politica.

La comparazione nel diritto costituzionale implica lo studio del diritto vigente unitamente al **diritto vivente**; e la conoscenza profonda di quest'ultimo richiede al comparatista di addentrarsi su terreni non specificamente giuridici, anche con strumenti presi in prestito da altre scienze. Mentre con "**circolazione tra formanti**" si intende il modo con cui si relazionano dottrina, legislazione e giurisprudenza, e tutti essi con l'*habitat* pre-giuridico costituto dalla cultura in generale e quello giuridico rappresentato dalla cultura (e dalla mentalità) giuridica, "**dissociazione tra formanti**" allude a quel fenomeno per cui regola legale, principi e applicazione giurisprudenziale, opinioni dottrinali non convergono verso uno stesso esito[2].

Nel **diritto costituzionale** esiste più che altrove un **formante vuoto**, costituito da disposizioni (che ci sono formalmente) inattuate o inattuabili, per scelta (o incapacità di scelta) dei legislatori. Fuori dai casi di applicazione diretta dei diritti (*Drittwirkung*), molte disposizioni costituzionali che prevedono l'istituzione di organi, o l'attivazione di procedure o persino di diritti, sono corredate solo da sanzioni politiche, e, dove sia prevista, l'incostituzionalità per omissione non riesce a colmare i vuoti (cap. IX, § 18). Occorre dunque fare i conti con la pulsione continua tra disposizioni inattuate e velleità giurisprudenziali (o dot-

---

[2] L'affermazione della "dignità", ad esempio, può condurre per legge (o per assenza di legge) a esiti distinti *temporalmente* (ieri il matrimonio omosessuale era un delitto, poi diventa un diritto); *spazialmente* (New York lo ammette, il Kansas no); *settorialmente*: nel diritto di famiglia l'esito può essere il riconoscimento o no del matrimonio omosessuale, in nome della dignità delle persone; in altri campi lo stesso principio può giustificare normative anti-intercettazioni, oppure il diritto di rettifica, o l'annullamento del licenziamento, ecc. Sopra tutto, però, lo stesso principio vago può essere letto da distinti legislatori, giudici e studiosi come fondante di un diritto, o come giustificante la sua negazione: ad es. del diritto della donna a scegliere la maternità, o dell'assoluto divieto di consentire l'aborto. Giurisprudenza e dottrina concorrono, insieme alla legge, a dare corpo alle vaghe parole delle costituzioni.

trinarie) nel senso dell'attuazione[3]. Spesso nel diritto costituzionale **la costituzione tace del tutto**, e neppure il legislatore si preoccupa di riempire con le sue regole il formante normativo. Emblematico è il caso dell'eutanasia, disciplinata solo in pochi paesi, mentre in molti altri sono (la dottrina e) i giudici a dettare non solo le regole del caso singolo, ma anche i principi[4]. Oppure la soggezione dei giudici al precedente: pure nei sistemi di *civil law* i giudici seguono quasi sempre i precedenti giudiziali, anche se nessuna regola lo impone.

Esistono dunque formanti i quali, diversamente da quelli menzionati, non vengono espressamente enunciati. "**Crittotipi**" sono quei modelli impliciti, presenti nei diversi sistemi giuridici, che agiscono in modo pervasivo e penetrante nella dimostrazione e nella determinazione di questioni giuridiche; anche se non esplicitamente enunciati, sono percepiti e trasmessi tra le generazioni di giuristi; assumono, per il giurista che li utilizza, il carattere di qualcosa di ovvio[5]. Infine, "**diritto muto**" «può essere il diritto di un altro Paese, può essere lo *ius condendum* che serpeggia nel paese dell'interprete. Il diritto muto dello Stato può essere il diritto di quella religione, o il precetto (non giuridico) della religione stessa. Il diritto muto può vivere in una deontologia extragiuridica. Il diritto muto può discendere dalla dignità di certi interessi». Con "**diritto sommerso**" si intende invece quell'insieme di regole informali ignorate dallo Stato, senza essere dichiarate espressamente invalide. Anche nel diritto ci sono "regole opache", modi di agire automatici, come, nella vita, l'andare in bicicletta (Sacco).

3. Al di là di *finisterrae*

Per infrangere il mito dell'"univocità della regola", il Diritto comparato «constitue une menace por toute la science juridique» e adempie a una «**fonction subversive**» (Muir Watt). Ci sono due risvolti importanti di questa funzione sovversiva: rinviando al prossimo § il tema dei rapporti tra diritto comparato e altre scienze, il primo riguarda la sua **natura "transfrontaliera"** anche oltre il

---

[3] Le disposizioni in parola, in qualche caso, è come se non ci fossero. Si pensi a una costituzione che preveda l'istituzione di un Tribunale costituzionale, la cui composizione è demandata alla legge, ma il legislatore non legifera. In alcuni casi però la giurisprudenza può riempire i vuoti (come a volte per alcuni diritti sociali).

[4] Tanto che nel campo della bioetica spesso il diritto è a base giurisprudenziale anche negli ordinamenti di *civil law*.

[5] «Normalmente, un giurista appartenente a un sistema dato prova maggiore difficoltà a liberarsi dall'insieme dei crittotipi presenti nel suo sistema, che non ad abbandonare le regole di cui sia pienamente consapevole. Questa soggezione ai crittotipi costituisce la mentalità del giurista di un determinato Paese. E la differenza di "mentalità" rappresenta il principale ostacolo alla comprensione fra giuristi di provenienza territoriale diversa; a esso si può ovviare soltanto con l'esercizio della comparazione, a livello sistemologico e istituzionale».

diritto occidentale. Un tempo, la comparazione poteva restringersi principalmente al confronto tra *common law* e *civil law*, essendo il resto del mondo (di fatto, tutto colonizzato) indifferente alle esigenze pratiche dei commerci (e di riflesso della scienza, salva l'esigenza, pur essa pratica, di intendere i diritti indigeni per armonizzarli con quello dominante).

Ciò evoca il tema delle analogie e delle differenze. Cosa si può comparare? Quello che è simile, o quello che è diverso?

Il dato della **comparabilità**, intesa come condizione della comparazione, nasce dall'osservazione delle profonde diversità che possono cogliersi tra ordinamenti giuridici o gli istituti che li compongono. Naturalmente le differenze rappresentano la ragione stessa della comparazione. Esistono però distanze tra ordinamenti giuridici che, se mal ponderate, potrebbero frustrare gli obiettivi scientifici della ricerca. La dottrina comparatistica ha generalmente considerato quale condizione di comparabilità il dato dell'**omogeneità** fra ordinamenti o fra istituti appartenenti a ordinamenti diversi. Questo però riguarda non già la macro-comparazione, bensì solo quella micro.

L'etimologia delle due parole già fa intuire la differenza tra i due tipi di attività. Ciò che caratterizza la **macrocomparazione** è l'esigenza di raggruppare ordinamenti/sistemi omologhi in classi contraddistinte proprio dalle differenze (come forme di Stato o famiglie giuridiche). La **micro-comparazione** ha per oggetto singoli istituti, atti, procedimenti, funzioni, enti, diritti, poteri, doveri, ecc., che operano o sono previsti in due o più ordinamenti giuridici diversi. Presupposto per il confronto e il riscontro di analogie e di differenze è la consapevolezza che l'oggetto di studio può essere comparato. Occorre perciò, in primo luogo, quanto meno una conoscenza superficiale della materia, tale da sollecitare l'attenzione dello studioso, ma anche sufficiente per non indurlo nell'errore di comparare cose non comparabili.

Lo studio microcomparativo non esclude che l'indagine possa spingersi *oltre* la forma di Stato o la famiglia giuridica, anche se, di solito, in tal caso la sensibilità dello studioso deve essere maggiore. Comunque, muovendo da una conoscenza primordiale (che consente di iniziare la ricerca con la consapevolezza di comparare cose comparabili), una volta identificati i ceppi comuni (linguistici, strutturali, funzionali), si ricercherà non solo la conferma delle similitudini, ma soprattutto le divaricazioni che si registrano e le differenze negli sviluppi (legislativi, giurisprudenziali, ecc.), alla luce del contesto complessivo degli ordinamenti in cui opera l'istituto indagato.

Lo strumento che sta alla base di un'indagine comparativa è rappresentato dal c.d. ***tertium comparationis***, o modello di riferimento nel giudizio comparativo. Poiché la comparazione implica un'operazione intellettuale che, secondo una data logica, sviluppa l'analisi di regole o istituti appartenenti a ordinamenti diversi, occorre determinare un **modello di riferimento** che funga da *tertium comparationis* nel raffronto tra *comparatum* e *comparandum*. Si tratta, in parole più semplici, della "idea" di ciò che unisce, rispetto a ciò che divide. Con un esempio: a) abbiamo idea che una Ferrari e una Ford Escort siano unite da caratteristiche comuni, che fanno di entrambe una automobile; b) ma ci sono differenze: di potenza, di carrozzeria, di accessori, di prezzo, ecc.: il *tertium comparationis* è implicito, frutto di nozioni comuni o di ricerche precedenti che ne hanno definito i contorni; il modello implicito è oggetto di verifica, e proprio il risultato di una ricerca concorre talora a cambiarne i connotati.

«**Le pluralisme et le relativisme**: tels sont les premiers enseignements qu'un cours de droit comparé doit dispenser» (Fauvarque-Cosson). Sia in sede macro che microcomparativa, il principio di verificabilità (anche interna, ovvero della correttezza delle operazioni logiche), comporta rifiuto di immettere nella ricerca, nell'analisi dei dati e nella comparazione, elementi preconcetti non neutrali, assumendo a parametro di valutazione fattori religiosi, politici, o estrinsecamente etici. Ogni atteggiamento aprioristico da una prospettiva assiologica induce infatti a mescolare giudizi di fatto e giudizi di valore, sollecita a non tenere in conto lo studio delle connotazioni di valore nell'uso dei termini utilizzati ("democrazia", "costituzione", "diritti", "libertà", "eguaglianza", "guerra santa", ecc.), e a non disvelarle; ostacola una sistemazione dei termini di ogni discorso giuridico. Insomma, tutto il contrario di ciò che esige l'analisi giuridica. L'espansione geopolitica del costituzionalismo – spesso a livello meramente epidermico – si tira dietro una parallela crescita delle indagini che lo riguardano. Ma alla rozzezza della conquista sovente si accomuna altrettanta superficialità nell'inquadramento dottrinale dei fenomeni: l'"imperialismo culturale" appiattisce sugli stilemi occidentali le categorie di culture diverse, paga scotti elevati per la scarsa attenzione per le culture aliene.

La dottrina comparatistica cerca di dare nuove letture globali dei fenomeni, ricercando gli elementi unificatori. «**Comparison becomes the law**» (Goodrich). Le nuove teorie partono però a volte dall'alto, come il neo-costituzionalismo, e non dall'analisi empirica. Insomma, *prima* viene l'individuazione degli elementi irrinunciabili (dignità, persona, processualismo, diritti umani, ecc.), proposti in chiave prettamente occidentale, *poi* la loro applicazione ai casi. L'"irresistibile espansione del costituzionalismo", segnalata da quasi tutti gli studiosi, è tale anche perché la dottrina supporta l'idea della sua superiorità rispetto ad altre forme di organizzazione costituzionale (in senso sostanziale). C'è chi dice che il diritto costituzionale è solo quello occidentale. Il risultato a volte è quello di usare come parametro di confronto non modelli reali (*recte*, desunti dalla realtà), ma modelli ideali. La comparazione assolve quindi a una funzione estrinsecamente etica anziché a un ruolo scientifico, etico intrinsecamente.

Mentre dunque, in occidente, spesso si leggono i diritti (in senso oggettivo) "diversi" con il metro domestico; e mentre dentro il diritto nostrano (occidentale), un uso malaccorto di scienze diverse per spiegare il diritto costituzionale rappresenta (spesso) solo un'abile scorciatoia per giustificare il discostarsi dalle regole (e dai segni linguistici che le enunciano), nello studio di altri sistemi la loro utilizzazione appare una modalità indispensabile per descrivere e interpretare la fenomenologia giuridica, che non si attrezza, come nella forma di Stato liberal-democratica, previamente delimitando quale sia la sfera del diritto e quella di altre scienze attraverso istituti quali il *rule of law*, il concetto di divisione dei poteri, il riconoscimento dei diritti individuali, ecc. Dentro e fuori le liberal-democrazie si impone pertanto la questione di come servirsi di tali scienze. L'oggetto del diritto costituzionale comparato presenta invero sue specificità, che richiedono anche metodologicamente un accostamento peculiare a discipline diverse, e un'utilizzazione delle stesse propria solo della comparazione giuspubblicistica.

4. Oltre il diritto: l'uso delle altre scienze

Il primo punto da affrontare per un comparatista è come usare in modo strumentale **scienze diverse da quella giuridica**. Nel diritto costituzionale comparato, è frequente che l'insoddisfazione per gli esiti di una ricerca meramente formale induca a usare dati (e metodi) di altre scienze, senza che siano onorate le pre-condizioni indispensabili per svolgere un'indagine giuridica. Gli studi comparatistici intersecano infatti la filosofia, la linguistica, la storia, la storia delle dottrine politiche, la scienza politica, la sociologia, l'antropologia, l'etnologia, l'economia, la geografia, la statistica, talora la matematica e in qualche caso, ma di solito solo in ragione dell'oggetto, talune scienze della natura (oltre che scienze giuridiche diverse da quella comparatistica). In tutti questi casi, per il comparatista si tratta di studiare materie non sue e che non sempre possiede, stando in guardia dal "dilettantismo tuttologico". Si tratta di "**aree incontrollabili**", che in particolare riguardano regole *effettivamente* applicate, il cui studio è stato riservato o attribuito a cultori di scienze diverse dal diritto. Prima, occorre però sempre chiedersi «ma cosa è diritto?». Infatti «le droit n'apporte sur le droit aucun éclairage» (Legendre).

4.1. Linguistica

In primo luogo, il diritto comparato è costretto a confrontarsi con la **linguistica**, poiché l'oggetto di ricerca sono codici legali differenti da quello usato abitualmente, dei quali il comparatista deve impossessarsi per poterli maneggiare nella loro struttura profonda. L'accostamento alla linguistica concorre a marcare un'importante linea di confine tra comparatisti e studiosi dei diritti interni. Una differenza che non è solo quantitativa, imputabile alla maggiore difficoltà nel maneggiare i materiali, ma anche qualitativa, giacché presuppone anche la percezione delle **diverse implicazioni** che in ciascuna comunità rivestono i segni linguistici (e il linguaggio in generale).

Ai problemi comuni al diritto comparato generale e alla linguistica giuridica, si associano quelli specifici nella **sfera del diritto costituzionale**. Il tema principale resta quello delle **traduzioni**, nelle sue varie declinazioni: di traducibilità dei termini, dell'oggetto di traduzione, di traduzione nascente dal diritto e di traduzione nascente dalla lingua, di definizione, di c.d. nozioni superastratte, di nomi e di categorie, di dati extralinguistici, di omologazione. Prima, nella sfera del pubblico, le difficoltà traduttive erano comunque in parte mitigate dalla **base comune del costituzionalismo**, e dalla continuità ideale tra cultura e strutture linguistiche. Il principale problema era rappresentato dalle dinamiche "verticali" del linguaggio, ossia la sua trasformazione nel tempo, in ciascun ordinamento o anche in ordinamenti di ceppo costituzionale simile. Oggi, non solo l'occidente, sopra le strutture basilari comuni, continua a sperimentare soluzioni organizzative nuove e variegate, alla rincorsa di modelli istituzionali in grado di reggere la corsa dell'economia e la globalizzazione economica; ma, in più, si confronta con **realtà giuridico-istituzionali contrapposte**, che esigono di essere studiate (e tradotte) in linguaggi scarsamente propensi ad assorbirle (causa il *gap* culturale e il conseguente loro rifiuto).

Un esempio sulle difficoltà traduttive riguarda la parola "**diritti**": nonostante la circolazione dei modelli, solo o soprattutto il costituzionalista europeo continentale tenderà ad ancorarsi alle teorie maturate dall'illuminismo, come pure alla divisione dei poteri e a quanto ne segue, diversamente da quello britannico o statunitense, per non dire di ordinamenti più lontani. Quale che sia l'appartenenza, lo studioso di diritto interno darà del termine analizzato una spiegazione e un inquadramento più o meno sensibile agli stilemi del diritto di appartenenza. Ineluttabilmente, l'oggetto del suo studio sarà condizionato da come si è sviluppata nel *suo* ordinamento quella "cosa" che egli è convinto si chiami "diritti", e che battezza con questo appellativo. Ma due terzi dell'umanità si basano su concezioni sociali che non partono dai diritti individuali, bensì dalla comunità, o dal dovere interiore, o comunque da visioni trascendenti l'individuo [6].

Un profilo di notevole impatto linguistico è rappresentato dal ruolo dei **trattati** (o della normazione comune) nel processo *bottom-up* e *top-down* di costru-

---

[6] Un altro esempio è la parola slava "*narod*", che può significare sia "popolo" sia (a volte) "nazione". Alcune traduzioni degli articoli delle varie costituzioni dedicati a individuare la sede della sovranità declamano che essa «appartiene al (o emana dal) popolo», altre che «appartiene alla (o emana dalla) nazione». Tali due concezioni proprie del costituzionalismo occidentale sono molto diverse tra loro, e di volta in volta occorrerebbe analizzare quali siano state, nella costituzione che si va a tradurre, le influenze e le conseguenti scelte politiche. Per non dire che, in altri linguaggi e culture (si pensi a una parte del diritto pubblico africano) entrambi i concetti sono privi o quasi di radici culturali, ancorché siano accolti, in un senso o nell'altro, nelle costituzioni dei vari Stati.

zione e di applicazione del linguaggio condiviso che essi comportano. Particolare rilievo assume in proposito il linguaggio del **Diritto europeo**. Nel caso, non si tratta di trasporre il senso delle parole di altra lingua nella propria, ma, dapprima, di individuare parole ed enunciati che significhino, nelle varie lingue implicate, cose identiche (il che non sempre è possibile, mutando i contesti linguistici ed extralinguistici applicativi); poi, nella fase discendente, di dare a essi significati omologhi.

4.2. Storia del diritto e storia delle dottrine politiche

Tra le discipline storiche che hanno a oggetto il diritto (o giuridiche che si avvalgono del metodo storico), la più rilevante per gli studi comparatistici è la storia del diritto. A essa va accostata, per certi profili, la storia delle dottrine politiche.

La storia alimenta trasversalmente gli studi comparatistici e il suo uso è da essa imprescindibile, in particolare la **storia del diritto**. «La storia del diritto è la principale disciplina da cui dobbiamo attenderci la vera, intelligente conoscenza del fenomeno giuridico», che «ci ha messo in condizione di penetrare nell'anima dei sistemi normativi di tanti popoli, cogliendoli nella viva realtà del loro sviluppo storico». La sensibilità per la storia del diritto presuppone «la voglia di ricostruire gli episodi giuridici», sia «nella direzione delle radici di ispirazione ideale che stanno alla loro base», sia «anche nella direzione dei rapporti con i fatti politici, sociali, economici che hanno, da vicino o da lontano, esercitato condizionamenti» (Bognetti).

Si distingue la comparazione **sincronica** (quando si mettono a confronto ordinamenti vicini nel tempo o coevi, anche se lontani nello spazio) da quella **diacronica** (con la quale si sviluppa un'indagine comparativa tra diritti lontani nel tempo, ma nell'ambito del medesimo ordinamento), e si evidenzia «il comune carattere di comparazione [che] lega strettamente la ricerca comparatistica a quella storica» (Losano). Questa distinzione può ricondursi a quella tra il diritto comparato e la storia del diritto: oggetto di entrambe le discipline sono infatti i fenomeni giuridici; tuttavia lo storico si ripromette di svolgere narrazioni e descrizioni di fatti o eventi singoli nel contesto dinamico dei flussi complessivi (pur non disdegnando generalizzazioni e classificazioni), ma non si serve di questa conoscenza per operare confronti, nel che consiste l'obiettivo della comparazione giuridica. Semmai, il comparatista si propone come finalità **strumentale** la conoscenza dell'evoluzione di un ordinamento o istituto.

Lo studio storico è peraltro fondamentale per l'analisi finalizzata alla comparazione, poiché solo affondando le ricerche nella storia è possibile cogliere le radici di istituti e discipline, svelare i crittotipi, capire analogie e differenze. La storia giuridica, insomma, assolve a una funzione ancillare rispetto al fine principale della comparazione. In particolare, nel settore del diritto costituzionale (soprattutto se aperto a modi non liberal-democratici di produrre il diritto; ma anche dentro la liberal-democrazia) solo lo studio storico può illuminare le genesi e l'evoluzione degli istituti, consentendo di evitare fraintendimenti.

Non diversamente dalla storia del diritto, la **storia delle dottrine politiche**, sia essa intesa come «l'analisi del pensiero politico di una determinata serie di pensatori cronologicamente concatenati l'uno all'altro», oppure studiata «nel rapporto in cui esse [le dottrine politiche] si trovano con un determinato periodo storico e una particolare situazione economica, politica, morale, sociale e via discorrendo» (Opocher), più ancora che per il diritto costituzionale funge da base e supporto per gli studi comparatistici. Essa permette non solo di gettare luce sul contesto da cui sono generate e in cui operano le istituzioni di ciascun singolo ordinamento, ma di cogliere l'evoluzione complessiva del pensiero, giustificando le differenti evoluzioni, nonché le analogie e le differenze.

4.3. Filosofia del diritto, sociologia del diritto e antropologia giuridica

La filosofia generale ha generato dal suo seno, a partire dall'inizio dell'800, una specializzazione dedicata alla **filosofia del diritto**: la si voglia considerare scienza filosofica o scienza giuridica essa, non diversamente dalla teoria generale del diritto, col diritto comparato intrattiene intense relazioni. Da una prospettiva pratica, gli studi comparatistici vengono orientati precisamente dalle visioni filosofiche che permeano ciascun ricercatore[7].

Due discipline che utilizzano una metodologia induttiva ed empirica – sociologia del diritto e antropologia giuridica – rivestono un particolare rilievo per i comparatisti costituzionalisti che ambiscano a non arrestare le loro ricerche alle frontiere del mondo omogeneizzato plasmato nella forma di Stato liberal-democratica. A entrambe la scienza comparatistica deve riferirsi sopra tutto quando si proceda a classificazioni o a macro-comparazioni estese a regioni giuridiche disomogenee. La sociologia poi – meno l'antropologia – presenta notevoli connessioni con la comparazione anche a livello interno allo schema abituale di riferimento, ovvero il diritto c.d. evoluto.

Essa ha influenzato in modo particolarmente penetrante gli studi giuridici, addirittura orientandone importanti correnti e per ciò attirandosi gli strali dei custodi del metodo giuridico: rivolti, beninteso, non già alla scienza in sé, quanto all'utilizzazione di metodologie e obiettivi estranei all'analisi giuridica. La sociologia giuridica, disciplina che ha per oggetto lo studio dei **rapporti reciproci**

---

[7] Non solo la dicotomica contrapposizione tra positivismo e giusnaturalismo, ma anche il ruolo attribuito alle metodologie, alla percezione del diritto come idea, come fatto, o come linguaggio, all'accostamento strutturalista o funzionalista all'indagine comparatistica, oppure a volte idealista, e ai vari corollari che ne derivano.

tra diritto e società, utile per gli studi di diritto interno, e indispensabile alimento della politica del diritto, in campo comparatistico permette di verificare l'aderenza degli schemi giuridici a dati empiricamente verificabili. Funge pertanto per i comparatisti da elemento di riflessione per non ancorare le indagini giuridiche a preconcetti avulsi dalla realtà, e al contempo quale fattore di verificazione delle conoscenze. Induce a riflettere sull'applicabilità di interpretazioni del diritto accettate in determinati contesti, ma inapplicabili ad altri. Sollecita insomma un accostamento critico a ogni costruzione universale del diritto, enfatizzando il pluralismo espresso dalla e *dalle* società.

A sua volta l'**antropologia giuridica** rappresenta la chiave di lettura essenziale per comprendere i fenomeni di società basate su concezioni non occidentali del diritto. O.W. Holmes osservava alla fine del secolo XIX che quando ci si occupa di diritto la strada conduce ineluttabilmente all'antropologia, e che **il diritto si risolve in un grande documento antropologico**. L'antropologia per sua stessa natura **non è scienza eurocentrica**: sposta le frontiere della comparazione, rifiutando di costringerle nei confini dello Stato liberal-democratico o della visione occidentale del diritto. Utile ai civilisti come ai costituzionalisti, l'antropologia serve anche per indagare sul pluralismo interno a ciascun ordinamento, alimentato dalla presenza di gruppi minoritari non integrati ed eclatantemente accentuato dai flussi migratori degli ultimi decenni.

4.4. Scienza politica

La scienza politica non ha quale oggetto di studio le norme, ma semmai i fenomeni che le ispirano o i risultati che esse determinano. Scienza del *sein* (essere), e non del *sollen* (dover essere), la **scienza politica** utilizza prevalentemente il **metodo empirico**; non pone al centro della sua speculazione le prescrizioni normative e il linguaggio in cui sono formulate, e si interessa solo in parte del rapporto tra esse e la loro concreta realizzazione, a vantaggio di questo secondo elemento. Esistono però aree di sovrapposizione, che a volte danno vita a inquietanti ibridazioni. Ciò in particolare si verifica negli studi di diritto costituzionale comparato che hanno a oggetto le **forme di Governo**. Quando le si studiano, analizzano e classificano, usare *insieme* le classi prescrittive del diritto costituzionale, *e* i modelli politologici ricavati dal funzionamento dei sistemi politici può creare confusione.

Sul versante dei costituzionalisti, chi accentua il **verbo della costituzione** corre il concreto pericolo di descrivere qualcosa che sta solo sulla carta, perché nella realtà alcune disposizioni restano disapplicate, alcuni fenomeni assumono un rilievo spropositato rispetto all'intenzione dei costituenti e alla lettera del testo, la giurisprudenza riplasma il significato di parole ed enunciati, le convenzioni mutano i rapporti tra poteri e organi, si instaurano regole non scritte ma cogenti che non si limitano a interpretare la costituzione bensì la integrano e la cambiano.

Chi invece fa leva solo o prevalentemente sulla **descrizione fotografica della realtà**, disinteressandosi (o quasi) del dato testuale, e del fatto che anche le parole delle costituzioni e delle leggi, per quanto vaghe e adattabili, e contornate da frange grigie, esprimono aree di significato consacrato dagli usi, contribuisce a mortificare il ruolo stesso del diritto, riducendo la scienza comparatistica, e così quella costituzionalistica, a criterio ordinatore delle esperienze, e la costituzione (formale) a pezzo di carta suscettibile di ogni deroga o violazione; sollecita persino il declino dell'eticità del diritto, non in quanto portatore di questo o quel valore, di questa o quella ideologia o visione del mondo, ma proprio in quanto diritto, chiamato a regolare il comportamento degli uomini e non a essere regolato dall'arbitrio di chi vi è assoggettato.

Questa considerazione necessita peraltro di una contestualizzazione nel caso di forme di produzione giuridica eccentriche allo schema liberal-democratico, ancorate a diversi criteri di legittimazione. Nello studiare l'organizzazione (giuridica) del potere in ordinamenti diversi da quelli di abituale riferimento, occorre prestare attenzione particolare all'intreccio tra i **segni delle costituzioni e delle leggi**, e quei **comportamenti** «che abbiano valore di segni, o siano accompagnati da segni esprimenti l'assunzione della regolarità a regola direttiva della condotta» (Scarpelli), i quali esprimono regole differenti da quelle codificate. Si pensi alle prassi che caratterizzano ad es. il diritto pubblico cinese nelle relazioni tra enti e organi, ma anche in generale al diritto socialista, che non può essere studiato se non in base alla sua effettività e non certo limitando le analisi al dato testuale. Viceversa, dove si afferma l'impero della costituzione e delle regole derivate, la scienza politica va maneggiata con cautela e solo sussidiariamente, per denunciare lo scarto, ove esista, tra *law in the books* e realtà effettiva dell'ordinamento.

4.5. Altre scienze sociali: economia, statistica, geografia, psicologia

Tra le scienze sociali che intersecano talora il diritto costituzionale comparato, si annoverano anche l'economia, la statistica, la psicologia, nonché, sempre che la si possa considerare tale, la geografia.

Gli **studi economici** si rivelano di interesse per i comparatisti costituzionalisti nell'alveo di indagini macro non meno di quanto lo siano gli studi storici, antropologici, sociologici (al fine di inquadrare in cornici più ampie le classificazioni degli ordinamenti, gli elementi determinanti, le transizioni), ma anche, in taluni casi, per ricerche più circoscritte, quando a oggetto vi siano normative e *policies* condizionate direttamente da fattori economici[8]. A prescindere dal-

---

[8] Oggi addirittura, sulla scorta dell'esperienza di alcuni paesi emergenti, si propongono classificazioni giuridiche ancorate a valori economici, quali quella che individua nelle strette parentele economiche tra Brasile, Russia, India, Cina e Sudafrica (c.d. Brics) una classe meritevole di considerazione autonoma.

l'utilizzazione dei dati economici nelle ricerche giuridiche, e fuori dal caso di specifici studi dedicati al diritto dell'economia, **l'analisi economica del diritto** si configura a sua volta quale disciplina autonoma nelle università americane, e anche in Europa sono sempre più numerosi i suoi cultori [9].

Nel diritto costituzionale comparato, l'impiego della **statistica** non è frequente, eppure tutt'altro che limitato, in relazione ad alcuni settori di indagine. Nella ricostruzione di schemi e modelli, la parte descrittiva di molte ricerche deve infatti fare i conti con dati verificabili attraverso metodi statistici. A patto di conoscerne le basi, l'uso della statistica è utile soprattutto nello studio del diritto elettorale (comparato), ma anche del procedimento legislativo [10] o degli istituti di democrazia diretta. Si presta altresì alle indagini relative al discorso giuridico dei legislatori e delle Corti [11], alle ricerche di diritto amministrativo comparato in materia di servizi, di funzioni, di strutture, e a molti altri casi.

Il tema dei rapporti tra **geografia e diritto** sollecita interessanti spunti in relazione alla circolazione di modelli e formanti. Già Montesquieu aveva enfatizzato i rapporti tra geografia, clima e produzione normativa, ed è di tutta evidenza che la conformazione del territorio influisce tanto sul diritto internazionale quanto su quello interno: ad es., orografia e idrografia lasciano segni importanti sia sull'evoluzione del linguaggio che sui costumi. Sono da segnalare anche le connessioni tra geografia e antropologia (nonché i loro riflessi anche sulla ripartizione territoriale – a livello regionale e locale – e sulle variazioni territoriali).

Il riferimento alla **psicologia** nella comparazione giuridica non è frequente: quale fenomeno sociale, peraltro, anche il diritto comparato può valersi dell'apporto di questa scienza, in relazione ad alcune tematiche e filoni di indagine. La psicologia può rivelarsi utile (con molte cautele) per spiegare in chiave microcomparativa, ad esempio, taluni processi validativi o giustificativi delle decisioni politiche o di quelle giudiziarie, nell'ambito degli studi sui discorsi delle Corti e dei legislatori e in generale dell'argomentazione (Perelman) (cap. IX, § 21). Studi che peraltro restano al lato dell'indagine giuridica vera e propria, ancorché illuminino le ragioni (o almeno alcune ragioni) delle scelte operate, e di volta in volta delle conferme o dei cambi di rotta, sia a livello individuale che di collegio. Ben più rilevante appare l'apporto della psicologia in rapporto a fe-

---

[9] Essa tuttavia si propone obiettivi e si vale di criteri diversi da quelli impiegati dai giuristi (basandosi sulla verificabilità e sulla resa dei risultati, il che non pertiene agli enunciati deontici, e solo in parte alla scienza giuridica generale), e i suoi cultori non dovrebbero essere annoverati dunque tra i giuristi.

[10] Ad es. quando si renda necessario accertare, anche ai fini della verifica di esportabilità di modelli, la funzionalità di discipline inerenti l'iniziativa legislativa, l'ostruzionismo, il ricorso a strumenti di Governo delle Assemblee, il voto.

[11] Per valutare anche quantitativamente l'impiego di formule, sostantivi e aggettivi, norme-parametro, norme-oggetto, ecc.

nomeni quali la propaganda politica, o, in campi di confine col diritto costituzionale, come il consumo o la devianza.

5. Classificazioni, elementi pertinenti ed elementi determinanti

Perché classificare?

«Rispetto all'infinita varietà dell'esperienza, che si svolge per processi ed enti individuali ed irripetibili, la capacità umana di astrarre, creando concetti e classi logiche in cui possono affiancarsi processi ed enti considerati della medesima natura, costituisce insieme una grossa possibilità ed un grande pericolo. È per questa via, e soltanto per questa via, che gli esseri umani mettono ordine nel loro mondo, accertando o stabilendo fra processi ed enti portanti lo stesso nome e identificati dallo stesso concetto relazioni empiriche o, come sono le relazioni di eguaglianza, normative e valutative. Pensare-parlare per concetti e norme generali è catturare l'esperienza mediante una rete, in cui ogni maglia imprigiona quanto è fatta per imprigionare, mentre fluisce via tutto il resto. Possiamo modificare la rete, far maglie più piccole o più grandi, ma non possiamo passare con la ragione (...) "sotto la rete". Sotto la rete passano solo l'intuizione sensibile e l'amore. Amare consiste essenzialmente nell'incontrare l'individualità dell'amato nella sua irripetibilità: l'uomo che ama una donna, o viceversa, non ha più di fronte una donna, o viceversa, ma qualcosa di unico eccedente ogni categorizzazione concettuale» (Scarpelli).

L'utilità delle classificazioni risiede nel loro **potenziale analitico**: esse accrescono la comprensione di fenomeni complessi, semplificando i dati del mondo reale mediante schemi concettuali che danno vita a modelli generali e astratti (Carnap). Le classificazioni effettivamente significative sono quelle che consentono di proporre ipotesi, in relazione alle classi introdotte, più interessanti e generali di quelle riferite a ciascun oggetto preso separatamente, offrendo il massimo delle informazioni con il minimo sforzo cognitivo possibile.

Gli stessi oggetti osservati possono essere classificati con **griglie di diverso spessore**. Machiavelli per esempio affermava che le organizzazioni politiche erano o principati o repubbliche; Aristotele individuava tre forme pure e tre corrotte. Oggi, nella dottrina costituzionalistica, si ravvisa la tendenza a dividere il mondo in due classi: le democrazie (i buoni) e tutti gli altri (i cattivi). È evidente che il semplicismo classificatorio non aiuta a comprendere la realtà. È come dividere i colori in due categorie: i chiari e gli scuri. D'altro canto, non servono neppure le classificazioni troppo dettagliate. Nessuna goccia è uguale a un'altra, né alcuna foglia. Se si insiste troppo sulle differenze, non si fa nessuna classificazione, si descrivono monadi in sequenza, e si perde dunque l'opportunità di razionalizzare l'esperienza. L'iride è un buon esempio di classificazione (tratta dalla verifica empirica): riconduce l'infinita varietà di colori a sette: né troppi, né troppo pochi, anche se ciascun colore sfuma in un altro.

Secondo la logica tradizionale, «una buona classificazione presenta due proprietà sul piano logico. Le categorie individuate devono anzitutto essere **reciprocamente esclusive**, deve essere cioè possibile procedere alla classificazione dell'insieme degli oggetti, in modo che nessun elemento rientri simultaneamente in più categorie [...]. Le categorie devono essere inoltre **congiuntamente esaustive**, nel senso di non lasciare alcun oggetto da classificare al di fuori di esse [...]». Mentre queste due prime proprietà sono oggettive, una terza – la **pertinenza** – è soggettiva e dipende dalle finalità della ricerca comparativa (Tusseau). Occorre dunque trovare gli "**elementi pertinenti**". Per classificare bisogna servirsi di elementi soggettivi, ma importanti, di aggregazione. Non avrebbe senso classificare gli ordinamenti giuridici in base al colore prevalente della pelle degli abitanti, o i sistemi di giustizia costituzionale in base all'altezza media dei giudici.

Il concetto non è lo stesso di quello degli "**elementi determinanti**". Per Constantinesco, un ordinamento è dato dalla somma delle norme, dei principi, dei concetti giuridici e degli istituti che regolano i rapporti di un gruppo sociale. Le componenti dell'ordinamento sono come le cellule di un organismo; sono le "particelle giuridiche elementari" che normalmente i giuristi considerano alla stregua di unità di eguale valore. Per conoscere un ordinamento giuridico non è sufficiente sommare la conoscenza, ancorché minuziosa, delle singole particelle che lo compongono; occorre comprendere il ruolo e la posizione che alcune di tali particelle hanno all'interno dell'ordinamento. Infatti, le particelle giuridiche elementari sono articolate in un ordine che non è egualitario e orizzontale, ma gerarchico e verticale. Tale ordine ha la sua matrice nel sistema di valori che è alla base dell'ordinamento giuridico e che si riflette maggiormente in quelle che, in ragione di ciò, compongono la struttura fondamentale dell'ordinamento, la sua struttura genetica, quella parte cioè che ne enuncia i tratti di identità. Intorno a essi vi sono poi tutte le altre componenti dell'ordinamento, una moltitudine di particelle che egli chiama "**elementi fungibili**".

Essi, per mettere ordine tra le famiglie giuridiche, sono stati individuati nei seguenti: a) la concezione e il ruolo del diritto nell'ambito dell'ordinamento considerato; b) l'ideologia e la dottrina, ufficiali o no, che incidono sul diritto e ne determinano i rapporti con il potere; c) i rapporti tra il dato (la realtà socio-economico-politico-storica) e il costruito (l'edificio giuridico che loro si sovrappone); d) la costituzione economica vigente nell'ordinamento giuridico. Essa domina i problemi della proprietà, della libera circolazione dei beni, dell'autonomia dei privati, della libera iniziativa economica, dei contratti e delle obbligazioni; e) la concezione e il ruolo dello Stato; questo elemento si integra con il successivo; f) vale a dire, l'idea dominante relativa alle funzioni dello Stato, alle sue relazioni con il diritto, al principio di unità e pluralità del potere, al rapporto fra autorità e libertà fondamentali; in definitiva, la forma di Stato; g) il sistema delle fonti del diritto; h) l'interpretazione delle leggi e del diritto, la posizione del giudice e il suo ruolo nell'interpretazione; i) le nozioni e le categorie giuridiche fondamentali, come quelle che distinguono gli ordinamenti di *civil law* da quelli di *common law* (Constantinesco).

Tutti **tali elementi debbono integrarsi tra loro**, e l'assenza di uno solo fa cadere la classificazione, attraverso la quale si può percepire la vera natura degli ordinamenti giuridici. Questa teoria, se applicata al Diritto costituzionale, ci può condurre a dire, ad es., che siccome in Cina liberismo economico e liberalismo politico sono ora dissociati, la Cina non appartiene più alla classe degli ordinamenti socialisti, e va inserita in una nuova classe a sé.

La ricerca di uno o più elementi (pertinenti o "determinanti") per fare classificazioni rigide non sempre dà i risultati sperati. La ***fuzzy sets theory***, prospettata dal matematico Lofti Asker Zadeh nel 1965 e nota anche come "teoria degli insiemi sfocati", si basa su classi dai contorni vaghi e sull'idea che gli oggetti appartengano alle classi solo in una certa misura, sfumando il risultato dicotomico perseguito dalle teorie classiche: usando queste ultime, nel tentativo di inseguire la precisione, può perdersi di vista il significato. «Gli insiemi *fuzzy* concepiscono la collocazione incerta, estendendo il paradigma dell'appartenenza mediante la nozione del "grado di appartenenza", laddove l'insiemistica tradizionale invece stabilisce una soglia esatta rispetto alla quale un oggetto può appartenere o meno a una classe» (Baldin). L'interesse di queste proposte, formulate da studiosi delle scienze esatte e da tempo già accolte dai ricercatori delle scienze sociali, sembra notevole anche per i giuristi.

Un primo metodo, tradizionale, che essi possono usare è un "**ritaglio concettuale**", quando si presume che un oggetto si possa muovere lungo una scala di generalità articolata in modo sempre più ristretto, rispettando i criteri di esaustività ed esclusività. Un esempio è rappresentato, nella zoologia, dal genere alla specie, o dalla riclassificazione dei colori ascritti alla classe "verde" in "verde pisello", "verde oliva", verde "smeraldo", ecc. L'insieme degli attributi che definiscono le qualità necessarie per appartenere a una classe è denominato "intensione", e la classificazione in tali casi è definita "intensionale" (Marradi). Il suo vantaggio consiste nella semplicità e nella chiarezza delle classi create, alle quali possono essere facilmente e inequivocabilmente assegnati nuovi elementi.

Un secondo metodo, più innovativo, consiste nel raggruppare induttivamente oggetti appartenenti a un insieme in sottoinsiemi omogenei rispetto ad alcune loro proprietà. L'obiettivo è quello di massimizzare la loro somiglianza, al contempo enfatizzandone la diversità rispetto ad altre classi. Le classificazioni così prodotte si denominano "estensionali". I vantaggi delle **classificazioni estensionali** stanno nel fatto che le classi risultano più fedeli alla realtà empiricamente osservabile, contengono un elevato numero di informazioni e presentano minori rischi di esclusioni arbitrarie, in quanto i confini tra le rispettive classi non sono rigidi [12].

6. Modelli e dinamica dei modelli

Il termine "modello" evoca di per sé l'idea di una classificazione, di una **sintesi della complessità attraverso categorie logiche**; esso, in altre parole, rivela uno stretto legame con i problemi connessi ai procedimenti della ricerca e non di meno con quelli propri della ricerca giuridica comparata [13]. L'uso del termine "modello" è da intendersi nel senso di rappresentazione sintetica di fenomeni della realtà politico-costituzionale, combinata con l'idea di "forma esemplare" e, pertanto, da imitare (anche se esistono modelli "negativi", come la Germania del Terzo *Reich*). Lo studio dei modelli assume particolare rilievo in relazione alla loro **dinamica**. C'è chi afferma che «the transplanting of legal rules is socially easy» (Watson). Altri viceversa nega totalmente la possibilità di trapianti, a causa soprattutto del ruolo dissuasivo della cultura, che – diversamente dalle norme – non può essere trapiantata: in contesti diversi qualsiasi legge sarà sempre una legge diversa (Legrand) [14].

Nel diritto costituzionale comparato, l'esistenza di modelli che si configurano quali **forme esemplari** postula di per sé la **circolazione dei modelli** stessi: le cc.dd. costituzioni modello sono considerate tali proprio perché largamente imitate. Le mutazioni giuridiche degli ordinamenti sono dovute per lo più a casi di imitazione-recezione di modelli giuridici sorti altrove, essendo fenomeno infrequente quello della nascita di un modello originale, anche se si danno a volte casi di creazione *ex novo* di modelli, specie dopo le rivoluzioni. Il fenomeno dell'imitazione-recezione costituisce in genere la via ordinaria della circolazione dei modelli costituzionali.

La circolazione-imitazione di modelli giuridici può essere conseguenza dell'immigrazione di un popolo in un altro territorio (**trapianto**), di una conquista (**imposizione**), di un'azione volontaria (**recezione**). Nel diritto costituzionale, la forma del trapianto è oggi ampiamente regressiva. Spesso però si parla genericamente di tra-

---

[12] V. ad es. per l'uso di una classificazione *fuzzy* quella delle famiglie giuridiche proposta *sub* cap. II, I, § 4.

[13] Il prodotto della classificazione quale sintesi della complessità attraverso categorie logiche è la modellistica. Un modello può essere inteso come *Rechtstypus* (tipo giuridico), cioè individuato attraverso la comparazione e dunque recante in sé i caratteri comuni a più ordinamenti; oppure come *Rechtsideal* (tipo ideale o ideale giuridico), quel modello cioè che risponde a degli archetipi ideali, a "ciò che deve essere".

[14] Frequente a proposito dei trapianti è la metafora del giardino: «a feature which, in one garden, is relevant to a certain appreciation may, in another garden, either be irrelevant, or relevant to a very different appreciation» (Cooper). Particolarmente attenti a tali implicazioni dovrebbero essere i costituzionalisti, chiamati a valutare le qualità del terreno dove si operano i trapianti (in termini di cultura giuridica e anche di cultura).

pianti per indicare qualsiasi modalità di circolazione; altri usano termini quali (in inglese): "*transposition*", "*borrowing*", "*migration*", e persino "*legal tourism*", nonché "*cross fertilization*". Nel suo significato più ristretto, un trapianto presuppone prima un "**espianto**". Quasi mai, ai nostri giorni, si verificano migrazioni di popoli in altri territori, tali da cancellare tutto il diritto preesistente, e che una migrazione abbia come conseguenza la sovrapposizione della sua intera organizzazione costituzionale[15]. **Il trapianto può registrarsi** però **a livello micro**, in relazione a singoli istituti o valori o principi, come nel caso di una particolare visione dell'eguaglianza uomo-donna dentro comunità di migranti, che si tirano dietro il loro diritto, riconosciuto o ammesso quale "statuto personale" della comunità stessa (nei limiti di quanto ciò può essere tollerato dal diritto costituzionale del paese di arrivo). È – questo del conflitto tra valori costituzionali, e tra diritti individuali e diritti comunitari – uno dei temi più delicati del moderno costituzionalismo.

Si distingue di solito l'**imposizione** dall'**imitazione per prestigio**. La **circolazione per imposizione** richiama subito alla memoria la diffusione dei modelli giuridici europei nelle colonie. Si pensi anche al modello che inizia a circolare nel secondo dopoguerra tra i Paesi europei stretti nella morsa del comunismo: è il c.d. modello normativo sovietico, consolidato in trent'anni di esperienza. Ma importanti sono anche le recezioni volontarie, che comprenderebbero tutte le forme di circolazione residuali. Su tale piano, si manifestano nell'esperienza: **imitazioni legali**, quando il legislatore imita direttamente il modello prodotto da altro legislatore[16]; **imitazioni dottrinali**, le quali operano a livello squisitamente teorico. Infine, le **imitazioni giudiziali**, dirette o a mezzo di intermediari, quali le giurisdizioni sovranazionali o la dottrina. Le imitazioni di un modello possono essere **globali o parziali.** Le costituzioni hanno sovente più di un modello di riferimento e ne combinano gli aspetti più interessanti.

Nell'imitazione di istituti costituzionali, a volte prevarrebbe il prestigio del modello; altre, invece, l'efficacia del modello rispetto ai fini perseguiti. Spesso i due elementi che sono la causa più ricorrente delle recezioni – **imposizione e prestigio – si confondono**, dando vita a mostri, a ibridi nei quali a fatica si percepisce dove finisce il prestigio, e dove comincia l'imposizione. Nessun testo costituzionale, come pure nessuna revisione costituzionale, se pur limitata, è del tutto immune da influssi esterni, difficilmente ascrivibili solo all'imposizione o solo al prestigio.

Quanto all'**imposizione**, la circolazione di modelli *rationae imperii*, dovuta ad atti di pura forza, è fenomeno relativamente raro nella storia. Ma non necessariamente l'imposizione implica meri **atti di forza** in senso stretto; la circolazione di un modello può derivare infatti dal grado di capacità di **influenza politica ed economica** – che talora può essere dominante – come anche da pressio-

---

[15] Sono però ancora diffusi fenomeni di cancellazione di culture giuridiche autoctone a seguito di colonizzazioni economiche e culturali in vaste aree del pianeta, se non a livello statale.

[16] Esempio tipico è la diffusa imitazione delle codificazioni francesi e germaniche.

ni di un determinato ordinamento (statale o internazionale) su altri. Così pure, non è raro che una recezione coattiva cessi bruscamente al modificarsi delle relazioni di forza; inoltre, l'originaria imposizione può tramutarsi in accettazione volontaria, al venir meno delle condizioni di dominazione. Per quel che riguarda il **prestigio**, le vicende del costituzionalismo dimostrano gli influssi culturali che hanno caratterizzato il sorgere delle costituzioni, in tutte le epoche e in tutte le latitudini: la sua stessa storia è la storia della circolazione delle idee, dovuta al prestigio dei modelli più autorevoli. Non è semplice distinguere sempre le scelte autonome dalle **pressioni internazionali** o di specifiche potenze, come emerge chiaramente nel caso delle costituzioni dell'Est d'Europa adottate tra la fine degli anni 1980 e il 2000. Le due categorie – imposizione e prestigio – non risultano per nulla definite. Un caso emblematico si è verificato negli anni 2000 con le revisioni costituzionali in materia di equilibrio di bilancio.

Siamo dunque di fronte a casi nei quali l'influenza culturale che caratterizza molti fenomeni sfuma in "imposizione" e in accettazione supina. Difficilmente, se non si ancora a dati meramente formali – come la nazionalità dell'organo che delibera una costituzione o una riforma – il risultato può essere dicotomico. Al contrario, quasi tutte le costituzioni (o per lo meno le più recenti) appaiono oggi come frutto di processi di imitazione e di processi derivati da imposizioni che precedono la fase formale di approvazione o di processi di revisione, che in qualche misura abbiano toccato informalmente il nucleo originario.

7. I livelli di comparazione

L'indagine comparativa può essere condotta a diversi livelli.

a) Una prima distinzione riguarda l'**oggetto** (di quale branca del diritto si occupa la ricerca: diritto in generale, diritto privato, diritto costituzionale, ecc.).

b) Dal punto di vista **temporale**, le ricerche possono essere **sincroniche** (quando mettono a confronto ordinamenti vicini nel tempo o coevi, anche se lontani nello spazio) o **diacroniche** (con le quali si sviluppa un'indagine comparativa tra diritti lontani nel tempo, ma nell'ambito del medesimo ordinamento). Tale distinzione può ricondursi a quella tra il diritto comparato e la storia del diritto (v. *supra*, § 4.2). Normalmente, in chiave microcomparativa, le ricerche sono sincroniche (pur non potendo esse evitare il ricorso allo studio storico delle istituzioni indagate); non mancano tuttavia eccezioni.

c) Dal punto di vista della **dimensione** (numero di ordinamenti analizzati) e delle finalità, la principale distinzione è quella tra macro-comparazione (gli elementi portanti della struttura di sistemi giuridici diversi) e micro-comparazione (tra singoli segmenti degli ordinamenti posti a confronto) [17]. Ciò che ca-

---

[17] Alcune ricerche prendono in esame anche tutti (o quasi) gli ordinamenti del mondo, ma si

ratterizza la **macro-comparazione** è l'esigenza di ordinare (tutti) gli ordinamenti/sistemi in classi contraddistinte dalle somiglianze, per raggruppare, e dalle differenze, per dividere: per i privatisti, al centro si colloca il concetto di famiglia giuridica; per i costituzionalisti, quello di forma di Stato. In campo pubblicistico, con la progressiva dissoluzione della statualità e nuove dislocazioni della sovranità, potrebbero meritare il *nomen* "macro" anche le comparazioni che confrontano grandi settori qualificanti del diritto, a prescindere dalle analisi complessive degli ordinamenti statuali: classificazioni di diritti, di sistemi organizzativi territoriali, di modelli organizzativi organici, ecc.

Le ricerche non macrocomparative possono poi essere oggetto di ulteriori sub-classificazioni.

a) Possono svolgersi su ordinamenti sovrani distinti (o loro profili), ma anche su ordinamenti **non sovrani** (o solo nominalmente sovrani), come gli Stati membri di una federazione o di uno Stato regionale o autonomico, come Italia o Spagna (ricerca **interna**).

b) Una ricerca micro può prendere in esame ordinamenti (o loro profili) dello **stesso livello**, oppure di livello diverso (**verticale**). Ad esempio, possono costituire oggetto di indagine i diritti individuali (o un particolare diritto) così come codificati nelle costituzioni di alcuni Stati sovrani; oppure si può comparare, ad es., il diritto di associazione nell'ordinamento dell'Unione Europea e in quello degli Stati membri; o l'*habeas corpus* nella costituzione federale e in quelle locali; o infine – ma il caso è diverso – il medesimo diritto nell'ordinamento canonico e in quello italiano. È interessante studiare la circolazione dei diritti dall'alto verso il basso, e/o viceversa, e/o "orizzontalmente", negli ordinamenti decentrati (federali o regionali, o anche a livello locale).

8. Funzioni pratiche della comparazione

La finalità principale del diritto pubblico comparato è quella di organizzare sistematicamente la conoscenza nel settore che gli compete, ricercando analogie

---

occupano solo di specifici aspetti degli ordinamenti indagati. La distinzione secca macro/micro non è perciò sempre appagante. Quanto meno, dalla prospettiva congiunta delle finalità e del numero di ordinamenti esaminati, le ricerche non dedicate a sistemare famiglie e forme di Stato (quelle macro) andrebbero divise in due tipologie. Alla prima categoria (ricerche "plurinazionali") vanno ascritte le ricerche che hanno a oggetto un numero circoscritto di ordinamenti studiati nella loro interezza (due, tre, quattro, cinque ... comunque più di uno), per metterli a confronto nel loro insieme (operazione per lo più inutile, a meno di studiare le recezioni), nonché quelle, molto più utili, su loro particolari aspetti; nelle ricerche appartenenti alla seconda categoria (ricerche "globali"), come in quelle macro, si analizzano tutti (o quasi) gli ordinamenti, non importa se selezionati anche a campione, superando la barriera costituita dalla comparabilità, che di solito coincide con la famiglia o la forma di Stato, ma per evidenziarne profili parziali: ad es., la configurazione dei preamboli, l'iniziativa legislativa, l'amministrazione locale, il principio *nemo iudex in causa propria*, e via dicendo.

e differenze; la sua missione non si esaurisce però nell'indagine pura, a meri fini speculativi: il risultato della ricerca può essere utilizzato anche a livello pratico.

In primo luogo, esso è utile agli studiosi di diritto interno nell'**analisi dei propri ordinamenti** e nel connesso compito "di verificazione". Normalmente, poi, i costituenti, i legislatori e i giudici dei vari paesi (specialmente quelli supremi o costituzionali) hanno presente ciò che succede fuori dai propri confini, anche se non sempre possiedono le coordinate giuridiche per l'analisi. Tra le c.d. funzioni pratiche della comparazione c'è precisamente quella di **offrire al legislatore e ai giudici il materiale comparatistico** commentato, ordinato, classificato, perché essi possano utilizzarlo con piena conoscenza. Inoltre, la comparazione è indispensabile per predisporre **trattati** e convenzioni internazionali.

Proprio per questa ragione si usa, tra i comparatisti, parlare di funzioni sussidiarie, o pratiche, o ulteriori della comparazione.

8.1. Lo studio del proprio diritto attraverso la comparazione

La comparazione è utile, anzi spesso indispensabile anche per studiare il diritto interno, a patto di essere consapevoli di qual è il suo uso corretto, e soprattutto qual è la sua finalità in questo caso. Una finalità che non è quella propria della nostra scienza (costruzione di modelli e classi, studio della circolazione degli istituti, esposizione critica delle analogie e delle differenze e via dicendo), bensì quella di guardare fuori per **capire meglio il *proprio* diritto**.

Ecco la prima fondamentale distinzione: in un caso, la comparazione rappresenta il fine della ricerca; nell'altro, è strumentale alla conoscenza del diritto nazionale. Ciò si tira dietro anche impostazioni metodologiche diverse: nella comparazione "**pura**" l'approccio è empirico, plurale, rivolto a svelare o costruire un *tertium comparationis* nel quale sussumere i fenomeni; la comparazione "**strumentale**" rappresenta invece un mero ausilio a studi dogmatici, elaborati con approcci *top-down*, nei quali l'esigenza è quella di inquadrare un fenomeno nella cornice di *un* ordinamento.

Il diritto comparato, dunque, può essere usato strumentalmente per illuminare la conoscenza di un diritto nazionale. L'impossessamento dei suoi metodi è sempre più indispensabile, con il crescere della **circolazione degli istituti** nei formanti dinamici. Costituenti e legislatori importano istituti, nella giurisprudenza circolano modelli e schemi di decisione su temi che, a breve distanza, si presentano uguali o simili in più luoghi. Sono sempre più numerosi gli studi che operano sconfinamenti territoriali. Tanto più, in una fase storica in cui le **cessioni di sovranità** a favore di entità sopranazionali agevolano la costruzione di categorie comuni, che poi "ritornano a casa", imponendosi al diritto interno, arricchite dagli apporti di altre culture giuridiche.

8.2. La costruzione del diritto codificato

Innanzitutto, i risultati degli studi comparatistici sono utili in sede di **elaborazione legislativa**. Presso tutte le Assemblee parlamentari esistono uffici specializzati nello studio dei diritti stranieri, e molti progetti di legge vengono redatti tenendo da conto le esperienze maturate altrove. Non di rado, tali uffici predispongono a uso dei parlamentari appositi *dossier* contenenti i testi normativi di riferimento, qualche volta corredati da commenti, o da prefazioni illustrative. Solide conoscenze comparatistiche sono necessarie per capire le affinità e le differenze, per evitare trapianti inefficaci o, peggio, dannosi, per comprendere se il "brodo di coltura" dell'ordinamento che recepisce una normativa straniera sia fecondo o sterile.

Anche **l'elaborazione e la modificazione di testi costituzionali** richiedono a loro volta una spiccata sensibilità comparatistica. Con l'avvento delle nuove **ondate di costituzionalismi**, nel Continente europeo, negli anni '70 (costituzioni greca, svedese, portoghese, spagnola), poi in America latina e nell'Europa dell'Est tra gli anni '80 e '90, s'è assistito a un intenso scambio di esperienze e di conoscenze (in una prima fase per lo più unidirezionale), rivelatosi utile per la redazione di nuovi testi costituzionali in ordinamenti usciti da decenni di dittatura. In America latina, negli anni più recenti, il ***nuevo constitucionalismo*** ha circolato internamente, con processi imitativi che hanno interessato singoli ordinamenti ispirati alle stesse visioni politiche e culturali (es: Bolivia/Ecuador, e con distinguo Colombia e Venezuela). Allo stesso tempo, esso sta suscitando interesse anche fuori dal continente.

La funzione di ausilio per la redazione di atti normativi assume crescente importanza con la **globalizzazione** e l'interazione tra le esperienze giuridiche, specie nell'ambito dell'Unione Europea, e si collega a una ulteriore funzione: quella di uniformizzazione del materiale normativo.

8.3. L'edificazione di diritti comuni (unificazione/armonizzazione del diritto)

Lo studio e il confronto tra le diverse normative consente agli operatori di predisporre il materiale necessario per elaborare **testi giuridici comuni**, individuando i fattori di contatto e di conflitto, onde giungere a normative quanto più possibile omogenee. La storia del diritto comparato è anche la storia dell'illusione unificatrice *ratione imperii*, nel presupposto illuministico della ragione quale ispiratrice della codificazione o – nella versione attualizzata dei costituzionalisti – della universalità di alcuni principi. Funzionalmente, è la storia della ricerca di regole comuni per agevolare i commerci e, in materia costituzionale, per imporre un marcatore comune specie in materia di diritti.

Occorre distinguere il campo delle **regole neutre** o quasi-neutre dalle altre.

Una cosa è decidere insieme che col semaforo verde si passa, mentre col rosso ci si ferma, altra è dettare regole unificate in materia di arresto di persone inquisite. Anche le regole neutre poi hanno spesso dei costi: invertire la direzione di marcia da sinistra a destra, per paesi come il Regno Unito o il Giappone, dove si guida a sinistra, comporterebbe ristrutturare l'industria automobilistica e la segnaletica stradale, rinnovare il parco degli autobus ponendone le portiere nell'altro lato, ecc. Non sempre, unificare una normativa neutra a livello mondiale o regionale (ad es., Unione Europea) è più facile che uniformare una normativa con implicazioni ideologiche e politiche.

Ciò si collega a una seconda importante distinzione che riguarda i **modi di uniformare**. Si può uniformare **imponendo** un modello, oppure **concordando**, con reciproche concessioni, una normativa uniforme[18]. Occorre distinguere poi se si tratti di vera e propria unificazione o di **armonizzazione**: ossia rendere omogenee e coerenti discipline prima più differenziate (ad es., in materia fiscale); inoltre, se la normativa unificata (o armonizzata) sia stabilita da una **fonte esterna** (es.: organi dell'Unione Europea) oppure **interna** dei singoli Stati che accedono all'invito di conformare le proprie normative a uno schema condiviso. L'unificazione consiste nell'adozione di **normative eguali in ordinamenti diversi**, e di solito si ottiene attribuendo a una fonte superiore il potere di dettare la disciplina unificata[19]. In qualche caso, non si ha novazione della fonte e, sulla base di accordi, i singoli soggetti implicati si impegnano ad adottare la disciplina concordata. Ciò accade più spesso quando si tratti di armonizzare, lasciando tuttavia un margine di adattamento agli attori coinvolti. È emblematico in proposito il caso delle direttive dell'Unione Europea (cap. II, III, § 7).

L'**esito** di uniformazioni e di armonizzazioni dipende sia dalla capacità da parte di un ordinamento di imporre ad altri una soluzione comune, sia dalla condivisione delle soluzioni proposte da parte dei soggetti aderenti. Ciò di solito implica una **base giuridica comune**, l'assenza di stratificazioni giuridiche refrattarie a cambiamenti, bassi costi (anche economici) del cambiamento. Precisamente qui entra in gioco la comparazione, che aiuta a capire la recepibilità delle normative comuni e a evitare crisi di rigetto o, comunque, a scongiurare il rischio di pagare costi troppo elevati, sia in termini culturali che organizzativi e monetari.

L'unificazione normativa coatta è la negazione del diritto comparato, perché non tiene conto della cultura, della storia, della società. Unificazione e armonizzazione danno buoni esiti (di solito) dove non incidano su sedimentazioni troppo

[18] Ciò non significa che l'esito di una normativa uniformata rappresenti sempre il punto di equilibrio tra diverse istanze: come detto, imposizione e prestigio molte volte si confondono.

[19] Es.: trattato, regolamento dell'Unione Europea, legge della federazione in luogo che degli Stati membri ...

profonde, e se condotte attraverso progressive implementazioni. Ovviamente, se l'imposizione è supportata da un **apparato di forza** che riesce a sostenerla, essa può attecchire nel breve periodo: il Terzo *Reich* riuscì a imporre le sue leggi nei territori conquistati, ma alla lunga la reazione produsse – fortunatamente – il risultato di annullarle. Dietro il tema dell'uniformazione stanno dunque **sfide culturali** di grande spessore, che hanno riflessi pratici. Lo scontro è addirittura tra chi pensa che si possa (trapiantare e) uniformare, e chi nega questa possibilità. Si tratti della costruzione di regole o della loro applicazione, come pure del funzionamento delle istituzioni o della implementazione dei diritti, i processi di uniformazione del diritto esigono tempi più lunghi di quelli certificati dagli atti di adesione.

8.4. L'aiuto ai giudici

Un'altra funzione accessoria del diritto comparato è l'aiuto in **sede interpretativa**, nell'ascrizione di significati ad atti non solo internazionali o comunitari, ma anche propri di ciascun ordinamento. La **circolazione** delle soluzioni giuridiche (e dei principi e delle idee) avviene oggi in larga misura **per via giurisprudenziale**, grazie soprattutto all'apporto delle **Corti costituzionali** e delle **Corti internazionali** o transnazionali. Da una parte, esse recepiscono, mediate da giudici di diversa estrazione geografica e culturale, gli apporti delle varie dottrine e culture nazionali, unificandole nei verdetti; dall'altra, le restituiscono, per così dire, ai vari ordinamenti nazionali ai quali si applicano obbligatoriamente o verso i quali hanno un forte effetto persuasivo.

A parte il diritto internazionale o europeo, che pone un problema di circolazione "verticale" dell'attività interpretativa, il diritto comparato può svolgere una importante funzione ausiliaria per la giurisprudenza anche a **livello orizzontale**. Lo ha avvertito la costituzione del **Sudafrica**, aperta al diritto internazionale e a quello straniero quali strumenti interpretativi della Carta dei diritti: il Ch. 2, s. 36, e spec. s. 39, afferma che nell'interpretare il *Bill of Rights* ciascuna Corte, Tribunale o forum «(b) must consider international law», e «(c) may consider foreign law». Si sottolinea peraltro che il diritto straniero non è in grado da solo di determinare un orientamento giurisprudenziale in seno alle Corti; esso viene piuttosto utilizzato come un supporto aggiuntivo per rafforzare una (già) determinata presa di posizione. Gli studi dedicati all'uso complementare del diritto extrastatuale, e in particolare all'uso delle sentenze straniere nella giurisprudenza, attestano un **largo impiego dell'argomento comparatistico** nelle Corti di *common law* e miste; un andamento altalenante in altri ordinamenti, spiegato con ragioni disparate, ma prevalentemente di ordine storico-culturale; una progressiva espansione delle citazioni extrastatuali in tutti gli ordinamenti.

Che nell'area di *common law* i giudici ricorrano al diritto comparato con frequenza maggiore rispetto ai colleghi di *civil law* si spiega sia con la sostanziale irrilevanza delle barriere linguistiche, sia con il ruolo politico e culturale rivestito dalla prassi applicativa, «avvezza a esercitare coscientemente il proprio ruolo di protagonista delle evoluzioni dell'ordinamento» (Somma). Così pure, sembra essere usata di più la comparazione negli ordinamenti di **dimensioni ridotte** (ma, nel diritto costituzionale, quello belga smentisce la tendenza propria della giurisdizione ordinaria), in quelli in cui **convivono più sistemi**, in quelli "**democraticamente giovani**", in quelli **multiculturali**. In questi ultimi – oltre al Canada, si tratta di Israele e del Sudafrica – la giurisprudenza costituzionale è ricca di citazioni comparate, attente non solo a sentenze di *common law* invocate quali precedenti, ma anche a legislazione e dottrina sia anglofone che di altre appartenenze. Tutto ciò è in linea di massima confermato dagli studi sulle Corti e i Tribunali costituzionali.

9. Sfide attuali

La **globalizzazione** – vocabolo particolarmente ambiguo – non è un fenomeno solo economico, e comprende o implica molteplici sfaccettature giuridiche: «el *crecimiento* constante del listado universal de los derechos mediante interacciones recíprocas de las sucesivas declaraciones de derechos (...); la revisión de la idea de *soberanía nacional* (...); una suerte de nuevo *Derecho de gentes* (*law of nations*, *ius gentium*) (...); una estrategia de *prevención de las violaciones* de derechos mediante diversas organizaciones supranacionales (...); se reclama incluso por algunos autores una "*dimensión transnacional del Derecho Procesal Constitucional*" (...)» (García Roca); a essa si associa anche la globalizzazione culturale. Di solito, però, i formanti non viaggiano alla stessa velocità, perché l'economia è rapida, il diritto lento, la cultura lentissima, e quando, per seguire l'economia, il diritto fa strame delle culture aliene, le recezioni sono assai difficili.

Quello della **morte del diritto comparato nel mondo globalizzato**, presupposta dalle visioni di Fukuyama, è un *refrain* comune: il rischio paventato è che la globalizzazione annulli le differenze, e che, per questo motivo, la scienza comparatistica sia destinata a morire, come più d'uno immagina, preconizzando una sua presunta irrilevanza di fronte alla convergenza transnazionale, alla armonizzazione e alla progressiva condivisione di un solo diritto comune. In particolare, la globalizzazione corrode l'idea stessa di diritto: cadono le barriere tra pubblico e privato, e quest'ultimo si sottrae agli imperativi "westfaliani" e alle regole di un diritto internazionale che vale, là dove vale, se mai solo per il pubblico; il *soft-law* lascia discrezione e apre interstizi; né le fonti private né quelle pubbliche riescono a disciplinare l'attività degli attori privati nell'economia globale. Ma il timore è probabilmente infondato se solo si considera la refrattarietà al cambiamento generata dalle resistenze delle culture giuridiche (e delle culture), e – con riflessi importanti in campo costituzionalistico – la rivendicazione di modelli di organizzazione costituzionale alternativi a quello occidentale. Con riferimento alla cultura giuridica, come la luce di una supernova che deflagra rimane visibile, a distanza, per milioni di anni, così le ricostruzioni della dottrina e i modelli da essa creati continuano a produrre effetti (e a essere evocati) nei formanti dinamici.

La sfida resterà comunque – al di là delle unificazioni o armonizzazioni formali – accettare e se del caso **enfatizzare le differenze**, da parte dei formanti dinamici, e analizzare la dissociazione tra i formanti, da parte della dottrina. E le domande resteranno queste: come può la cultura dissociarsi dal brutale positivismo della forza e dello scopo che, paradossalmente in nome di visioni giusnaturaliste, pretende di imporre come assoluti valori che sono invece generati da faticose conquiste storiche? Come può la cultura favorire il rispetto per le culture (ossia: per l'autodeterminazione di ogni popolo nel darsi o mantenere una cultura), e il rispetto di ogni comunità culturale anche dentro i confini degli ordinamenti liberal-democratici?

Nel campo del diritto comparato (ma pure in altri settori del diritto), anche se **l'eurocentrismo** e **l'occidentalismo** che ancor oggi caratterizzano la produzione comparatistica debbono fare i conti con la progressiva forza di espansione del costituzionalismo e con la permeabilità di ordinamenti antichi e moderni alle sue suggestioni, ciò non esime dal prestare attenzione, distintamente, alle strutture sedimentate dei vari ordinamenti: di qui l'esigenza di approfondire lo studio di ciascuno di essi prima di fare comparazione, per analogie e per differenze, prima di esprimere giudizi di valore, prima di suggerire recezioni o importazioni o esportazioni di istituti e discipline; di qui, l'opportunità di liberarsi di schemi semplicistici ancorati a nuclei essenziali costruiti con geometrie variabili, a seconda del soggetto che li propone.

«Constructs purporting to be of universal value, such as the rule of law, or constitutionalism, or due process, or human dignity are touted as being foundational to a new world order. However well-meaning the effort, and indeed however important such values have proved to be in various contexts, subversive comparison must ask to what extent these 'new universals'are projections or offshoots of cultural representations of law, and how far they are instrumentalized, say by international financial institutions, to ensure political sway to a given economic world-view. A case in point is the rule of law itself, as promoted by the Washington consensus» (Muir-Watt). La dottrina ha il compito di segnalare i rischi a legislatori e giudici; questi, di tradurre in precetti legislativi e decisioni giudiziali le suggestioni della dottrina (non il contrario, dunque!).

Riferimenti bibliografici

Sulla comparazione nelle scienze sociali: N.J. SMELSER, *Comparative Methods in the Social Sciences*, Prentice Hall, Englewood Cliffs, 1976, trad. it. *La comparazione nelle scienze sociali*, il Mulino, Bologna, 1982; G. SARTORI, I. MORLINO (eds.), *La comparazione nelle scienze sociali*, il Mulino, Bologna, 1991; B. FAUVARQUE-COSSON, *L'enseignement du droit comparé*, in *Revue internationale de droit comparé*, Vol. 54, n. 2, 2002, pp. 293-309.

Per la metodologia nel diritto comparato v. i manuali citati nella parte generale; tra i costituzionalisti si occupano di metodo: G. LOMBARDI, *Premesse al corso di diritto pubblico comparato. Problemi di metodo*, Giuffrè, Milano, 1986; G. BOGNETTI, *Introduzione al diritto costituzionale comparato (Il metodo)*, Giappichelli, Torino, 1994; L. PEGORARO, A. RINELLA, *Introduzione al diritto pubblico comparato. Metodologie di ricerca*, Cedam, Padova, 2002; ID., *Diritto pubblico comparato. Profili metodologici*, Cedam, Padova, 2007; ID., *Diritto costituzionale comparato. Aspetti metodologici*, Cedam, Padova, 2013; R. SCARCIGLIA, *Introduzione al diritto pubblico comparato*, il Mulino, Bologna, 2006; L. PEGORARO, *Diritto costituzionale comparato. La scienza e il metodo*, Bup, Bologna, 2014; e già ID., *Derecho constitucional comparado. Itinerarios de investigación*, Fundap, Querétaro, 2011, e Un. Libre, Bogotà, 2012 (spec. parti I e II); ID., *Le categorie civilistiche e il parassitismo metodologico dei costituzionalisti nello studio del diritto comparato*, in *Ann. dir. comp. st. leg. 2013*, Esi, Napoli, 2013.

Su formanti e crittotipi: R. SACCO, *Legal Formants: a Dynamic Approach to Comparative Law*, in *Am. journ. comp. law*, n. 2, 1991.

Sul rapporto tra università, foro e legislatori: R.C. VAN CAENEGEM, *Judges, Legislators and Professors. Chapters in European Legal History*, Cambridge U.P., Cambridge, 1987, trad. it. *I signori del diritto. Giudici, legislatori e professori nella storia europea*, Giuffrè, Milano, 1991.

Sulla funzione sovversiva del diritto comparato: H. MUIR WATT, *La fonction subversive du droit comparé*, in *Rev. int. dr. comp.*, n. 3, 2000. Sull'estensione della comparazione oltre i confini del costituzionalismo, con al centro le tradizioni giuridiche: H.P. GLENN, *Legal Traditions of the World: Sustainable Diversity in Law*, 2ª ed., Oxford U.P., Oxford, 2004, trad. it. *Tradizioni giuridiche nel mondo*, il Mulino, Bologna, 2011; M.A. GLENDON, M.W. GORDON, P.G. CAROZZA, *Comparative Legal Traditions*, 3ª ed., West Group, St. Paul, 2008.

Per l'apertura della disciplina verso altre culture e tradizioni giuridiche: M. CARDUCCI, *Coinvolgimento e distacco nella comparazione mondo*, in *Bol. mex. der. comp.*, n. 128, 2010; R. VICIANO PASTOR (ed.), *Estudios sobre el nuevo constitucionalismo latinoamericano*, Tirant lo Blanch, Valencia, 2012; S. BAGNI (ed.), *Dallo Stato del bienestar allo Stato del buen vivir? Innovazione e tradizione nel costituzionalismo latino-americano*, Filodiritto, Bologna, 2013; S. BALDIN, M. ZAGO (eds.), *Le sfide della sostenibilità. Il buen vivir andino dalla prospettiva europea*, Filodiritto, Bologna, 2014 (tutti con al centro l'America latina); R. CAVALIERI, *La legge e il rito. Lineamenti di storia del diritto cinese*, Franco Angeli, Milano, 1999 (Cina); M. GANINO, *Appunti e spunti per una ricerca di diritto costituzionale su paesi "altri"*, in M. D'AMICO, B. RANDAZZO (eds.), *Alle frontiere del diritto costituzionale. Scritti in onore di V. Onida*, Giuffrè, Milano, 2011 (Est europeo); R. GROTE, T. RÖDER (eds.), *Constitutionalism in Islamic Countries*, Oxford U.P., Oxford, 2012; M. OLIVIERO, *Il costituzionalismo dei paesi arabi*, I, *Le costituzioni del Maghreb*, Giuffrè, Milano, 2003 (Islam); R. LINGAT, *Les sources du droit dans le système traditionnel de l'Inde*, Mouton & Co., La Haye, 1967, trad. it. *La tradizione giuri-*

dica dell'India, Giuffrè, Milano, 2003; D. AMIRANTE, *Il caleidoscopio del diritto indiano: percorsi di comparazione*, in *Ann. dir. comp. st. leg 2013*, Esi, Napoli, 2013 (India); *Lo stato multiculturale. Contributo alla teoria dello Stato dalla prospettiva dell'Unione Indiana*, Bup, Bologna, 2014; A.C. VIMBORSATI, *"Teoria" del costituzionalismo africano: metodo, linguaggi, istituzioni*, Giappichelli, Torino, 2008 (Africa). Sul metodo giuridico: K. LARENZ, *Methodenlehre der Rechtswissenshaft*, Springer, Berlin-Göttingen, 1960, trad. it. *Storia del metodo nella scienza giuridica*, Giuffrè, Milano, 1966; U. SCARPELLI, voce *Metodo giuridico*, in *Enc. Feltrinelli Fisher, Diritto 2*, a cura di G. CRIFÒ, Feltrinelli, Milano, 1972, e in ID., *L'etica senza verità*, il Mulino, Bologna, 1982; G. SAMUEL, *Epistemology and Method in Law*, Ashgate, Burlington, 2003.

Sul linguaggio in generale: N. CHOMSKY, *New Horizons in the Study of Language and Mind*, 4ª ed., Cambridge U.P., Cambridge, 2002; sul linguaggio giuridico: P. GOODRICH, *Legal Discourse. Studies in Linguistics, Rhetoric and Legal Analysis*, MacMillan, London, 1987; U. SCARPELLI, *Contributo alla semantica del linguaggio normativo*, nuova ed. a cura di A. PINTORE, Giuffrè, Milano, 1985.

Per le relazioni del diritto comparato con altre scienze: sulle dottrine politiche E. OPOCHER, *Lezioni di storia delle dottrine politiche. Parte generale*, Cedam, Padova, 1963; sulla sociologia giuridica E. EHRLICH, *Grundlegung der Soziologie des Rechts*, Duncker & Humblot, München-Leipzig, 1913, trad. it. *I fondamenti della sociologia del diritto*, Giuffrè, Milano, 1976; sull'antropologia R. SACCO, *Antropologia giuridica. Contributo a una macrostoria del diritto*, il Mulino, Bologna, 2007 e, prima di lui, tra gli altri O.W. HOLMES, *The Path of the Law*, in *Harv. L. R.*, n. 457, 1897; sulla geopolitica P.G. MONATERI, *Geopolitica del diritto. Genesi, governo e dissoluzione dei corpi politici*, Laterza, Roma-Bari, 2013.

Sulle classificazioni: R. CARNAP, *Logical Foundations of the Unity of Science*, in *International Encyclopedia of Unified Science*, I, 1938; ID., *Philosophical Foundation of Physics*, Basic Books, New York, 1966; E. ROSCH, B.B. LLOYD (eds.), *Cognition and Categorization*, Lawrence Erlbaum Associates, Hillsdale, 1978; A. MARRADI, *Classificazioni, tipologie, tassonomie*, in *Enc. sc. soc.*, II, Treccani, Roma, 1992; su quelle giuridiche CH. EISENMANN, *Quelques problèmes de méthodologie des définitions et des classifications en science juridique*, in *Arch. phil. dr.*, XI, 1966; M. TROPER, *Les classifications en droit constitutionnel*, in *Rev. dr. publ. sc. pol.*, n. 4, 1989, trad. it. *Le classificazioni nel diritto costituzionale*, in ID., *Per una teoria giuridica dello Stato*, Guida, Napoli, 1998; G. TUSSEAU, *Modelli di giustizia costituzionale. Saggio di critica metodologica – Contre les "modeles" de justice constitutionnelle. Essai de critique metodologique*, Bup, Bologna, 2009. In particolare sulla *fuzzy sets theory*: S. BALDIN, *Riflessioni sull'uso consapevole della logica* fuzzy *nelle classificazioni fra epistemologia del diritto comparato e interdisciplinarietà*, in *Rev. gen. der. públ. comp.*, n. 10, 2011. La teoria degli elementi determinanti è di J.-L. CONSTANTINESCO, cit. nella bibliografia generale.

Sulle dinamiche dei modelli: A. WATSON, *Legal Transplants: An Approach to Comparative Law*, Scottish Academic Press, Edimburgh, 1974, 2ª ed., Un. of Georgia Press, Athens, 1993, trad. it. *Il trapianto di norme giuridiche*, Esi, Napoli, 1984; ID., *The Making of the Civil Law*, Harvard U.P., Cambridge, 1981; P. LEGRAND, *Le droit comparé*, Puf, Paris, 1999 (3ª ed. mise à jour, 2009); M. CARDUCCI, *I "flussi giuridici" tra complessità transdisciplinare e geopolitica*, in *Rev. gen. der. públ. comp.*, n. 14, 2013, e in *Ann. dir. comp. st. leg. 2013*, Esi, Napoli, 2013.

Sul dialogo interparlamentare: C. DECARO, N. LUPO (eds.), *Il "dialogo" tra parlamenti: obiettivi e risultati*, Luiss U.P., Roma, 2009; L. SCAFFARDI (ed.), *Parlamenti in dialogo. L'uso della comparazione nella funzione legislativa*, Jovene, Napoli, 2011. Sulla circolazione per via giudiziale: E. FERRER MAC-GREGOR, A. HERRERA GARCÍA (eds.), *Diálogo jurisprudencial en Derechos Humanos entre Tribunales Constitucionales y Cortes Internacionales*, Tirant Lo Blanch México, México, 2013; H. NOGUEIRA ALCALÁ (ed.), *El diálogo transjudicial de los Tribunales Constitucionales entre sí y con las Cortes Internacionales de Derechos Humanos*, Librotecnia, Santiago de Chile, 2012; T. GROPPI, M.-C. PONTHOREAU (eds.), *The Use of Foreign Precedents by Constitutional Judges*, Hart, Oxford, 2013; G. DE VERGOTTINI, *Oltre il dialogo tra le Corti. Giudici, diritto straniero, comparazione*, il Mulino, Bologna, 2010; G.F. FERRARI, A. GAMBARO (eds.), *Corti nazionali e comparazione giuridica*, Esi, Napoli, 2006; A. SOMMA, *L'uso giurisprudenziale della comparazione nel diritto interno e comunitario*, Giuffrè, Milano, 2001; M. ADENAS, D. FAIRGRIEVE (eds.), *Courts and Comparative Law*, Oxford U.P., Oxford, 2015.

Sulla globalizzazione: S. CASSESE, *Lo spazio giuridico globale*, Laterza, Roma-Bari, 2003; ID., *Il diritto globale*, Einaudi, Torino, 2009. Sulla morte del diritto comparato (con tesi diverse): F. FUKUYAMA, *The End of History and the Last Man*, Hamish Hamilton, London, 1992, trad. it. *La fine della storia e l'ultimo uomo*, Rizzoli, Milano, 1996; M. SIEMS, *The End of Comparative Law*, in *Journ. comp. law*, n. 2, 2007. Di J. GARCÍA ROCA, v. *La interpretación constitucional de una declaración internacional, el Convenio Europeo de Derechos Humanos, y bases para una globalización de los derechos*, in *Rev. iberoam. der. proc. const.*, n. 5, 2006.

La citazione di P. GLENN è tratta da *Vers un droit comparé intégré?*, in *Rev. int. dr. comp.*, n. 4, 1999; quella di P. LEGENDRE da *L'Autre Bible de l'Occident: le monument romano-canonique*, Fayard, Paris, 2009. Su PERELMAN v. la bibliografia al cap. IX.

CAPITOLO II

Famiglie, sistemi giuridici, fonti del diritto

Sezione I – *Famiglie e sistemi giuridici*

di *Angelo Rinella*

1. Premessa

Le costituzioni non sono estranee al sistema giuridico nel quale vengono incastonate. In altre parole, le carte costituzionali – sia nel caso in cui rappresentino il segno di rottura con il precedente ordinamento, sia nel caso in cui ne rappresentino un'evoluzione – riflettono (in tutto o in parte) i tratti caratterizzanti il sistema giuridico nel contesto del quale si pongono come parametro supremo di riferimento. Le idee e i valori che ispirano l'avvento di una costituzione mutano rispetto al vecchio regime; tuttavia, **la costituzione nuova deve necessariamente inserirsi in un quadro giuridico di rapporti, vincoli, facoltà, libertà, obbligazioni**, ecc., che in genere sopravvivono alla nascita della nuova costituzione. La costituzione disegna i rapporti tra autorità e libertà; detta gli aspetti organizzativi fondamentali dell'assetto delle autorità pubbliche e formula i principi e i criteri a salvaguardia delle libertà dei singoli (cap. III, II; V). Per il resto, s'innesta in un contesto giuridico che è tutt'altro che *tabula rasa*. In altre parole, la costituzione nuova deve fare i conti con il sistema giuridico preesistente: questo in parte resisterà all'avvento del nuovo ordine costituzionale (nella misura in cui risulterà compatibile con esso); in parte andrà incontro a delle cessazioni per incompatibilità o quanto meno a delle re-interpretazioni.

Questa constatazione sollecita a valutare, in primo luogo, gli elementi di ogni sistema giuridico che maggiormente – per loro stessa natura – offrono importanti riferimenti per una classificazione delle costituzioni: in particolare le forme di Stato, vale a dire quell'insieme di principi, istituti e disposizioni di rango e di rilievo costituzionale che qualificano il rapporto tra governanti e governati (cap. IV). Ma, soprattutto, ci induce a prestare attenzione anche al **quadro di riferimento nel quale la costituzione si colloca**. Ci si riferisce – oltre che ai dati storico-politici ed economici – anche agli elementi giuridici in senso largo, alla cultura giuridica dominante, alla tradizione giuridica, al ruolo del diritto in quella società, ai fattori di relazione tra la realtà civile, politica ed economica e l'impianto di regole giuridiche che la disciplina, e così di seguito. In sintesi, si tratta di prestare attenzione al sistema giuridico in senso ampio nel quale la costituzione è posta.

In questa sezione si prenderanno in esame le teorie sulla base delle quali si sono distinti i sistemi giuridici secondo una classificazione degli stessi in famiglie giuridiche.

Per **famiglia giuridica** si intende una "classe" omogenea entro cui raggruppare per finalità euristiche ordinamenti giuridici che presentano rilevanti tratti comuni. Con l'espressione **sistema giuridico** può intendersi l'ordinamento giuridico in senso stretto oppure l'ordinamento giuridico in senso lato, comprensivo cioè di quei fattori che "fanno sistema" con l'impianto più propriamente normativo e interagiscono/interferiscono con il medesimo (fattori sociali, politici, economici, storici, culturali, religiosi, ecc.). In queste pagine utilizzeremo questa espressione nel suo significato più ampio.

Taluni elementi emergenti da queste classificazioni, in quanto caratterizzanti determinati ordinamenti giuridici, presentano punti di convergenza con i tratti di riferimento degli ordinamenti costituzionali in senso stretto. In particolare, le teorie considerate sono distinte a seconda del tipo di parametro utilizzato nel classificare i diversi ordinamenti giuridici: a) le classificazioni che assumono un **parametro come assoluto e esclusivo**; b) le classificazioni che introducono il **parametro della relatività**, ma che conservano come attributo del parametro stesso il carattere della esclusività; c) le classificazioni che, pur essendo inquadrabili tra quelle di tipo relativistico, contemplano i **criteri della prevalenza e della non esclusività**.

In altre parole, nel primo caso ci troviamo di fronte a classificazioni che costruiscono classi rigide, cristallizzate, impermeabili; nel secondo caso, le classificazioni mostrano sensibilità verso i fattori di contesto che interagiscono con l'ordinamento giuridico, ma non rinunciano al tentativo di elaborare classi tendenzialmente esaustive ed esclusive; nel terzo e ultimo caso, il raggruppamento degli ordinamenti giuridici in famiglie risponde a un parametro duttile: si scelgono i tratti più significativi e se ne verifica la loro posizione nei diversi ordinamenti; gli ordinamenti nei quali essi appaiono ricevere una posizione prevalente, vengono apparentati in famiglie giuridiche dalle pareti "sottili", vale a dire senza pretesa di esclusività.

La globalizzazione dei fenomeni sociali, economici e politici ha contaminato anche i fenomeni giuridici. Infatti, la velocità con cui si registrano i trapianti giuridici e si diffonde la circolazione di modelli legali rende sempre più sottili e permeabili le pareti che separano i vari sistemi giuridici. Sicché le classificazioni sono costrette a ricorrere a parametri in grado di catturare fenomeni dotati di crescente flessibilità e dinamicità che determinano il carattere "misto" di numerosi ordinamenti giuridici.

Per quanto le classificazioni nel campo del diritto comparato vadano smarrendo ogni velleità assiologica, tuttavia conservano una loro significativa utilità scientifica offrendo al ricercatore una mappa dei fenomeni giuridici che lo orienti nell'affollato e confuso intrecciarsi dell'esperienza giuridica. La teoria delle famiglie giuridiche è stata elaborata grazie all'opera di comparatisti del calibro di David, Arminjon, Nolde, Wolff, Zweigert, Kötz e altri, allo scopo di offrire una classificazione degli ordinamenti giuridici vigenti sulla faccia della terra mediante un loro raggruppamento, appunto, per "famiglie". Alla base di questa teoria vi è l'esigenza di dare ordine a una quantità notevole di esperienze giuridiche tra loro assai diversificate e pur tuttavia portatrici di caratteri rinvenibili in più d'una di esse, tali da giustificare ipotesi tassonomiche.

Evidentemente, una classificazione valida aiuta significativamente l'opera della ricerca comparatistica. Prova ne sia che il dibattito tra sistemologi non si occupa tanto dell'utilità di classificare gli ordinamenti giuridici in famiglie – salvo alcune voci isolate che la mettono in dubbio (Lupoi) – quanto piuttosto dei criteri in base ai quali si potrebbe ascrivere questo o quell'ordinamento a questa o a quell'altra famiglia giuridica.

2. Le "famiglie giuridiche" secondo le classificazioni di tipo assoluto

Le teorie che illustreremo rapidamente in questo paragrafo hanno in comune il fatto di muovere dalla determinazione di un **parametro assoluto** sulla base del quale procedere alla classificazione. Il tentativo svolto dagli studiosi che si citeranno è stato quello di determinare un criterio o un insieme di criteri utili a distinguere, e dunque classificare, gli ordinamenti giuridici. L'assunto di queste teorie – che, al tempo stesso, ne rappresenta il tallone di Achille – è quello di stabilire un criterio (o un insieme di criteri) di classificazione determinato e assoluto; come se la realtà giuridica fosse semplificabile e riconducibile a parametri certi e determinati, che una volta dati si mantengono fermi e a carattere esclusivo.

Adhémar Esmein, nel 1900, distingueva gli ordinamenti giuridici in cinque gruppi: romanistico, germanistico, anglosassone, slavo e islamico. La finalità era quella di classificare la legislazione e i costumi giuridici di popoli differenti sulla base del criterio della originalità dell'ordinamento giuridico e della sua storia. Circa vent'anni dopo, **Henri Lévi-Ullmann**, basando la sua classificazione sul diverso valore delle fonti del diritto all'interno dell'ordinamento, distingueva un gruppo continentale, un gruppo dei paesi anglofoni e un gruppo dei paesi islamici. Un approccio antropologico, invece, si rinviene nel tentativo operato all'inizio del 1900 di **Georges Sauser-Hall** di distinguere gli ordinamenti giuridici sulla base della razza umana, ancorandosi all'assunto che l'evoluzione giuridica di un ordinamento presenta peculiarità proprie in relazione alle caratteristiche culturali di ciascuna razza. Distingueva quindi una famiglia giuridica indo-europea, una semitica, una mongola e una dei popoli ancora primitivi. All'interno della prima famiglia, egli proponeva ulteriori sottogruppi: induista, iraniano, celtico, greco-latino, germanico, anglosassone e lettone-slavo.

Negli anni '50, contestano il ricorso a criteri esterni di classificazione **Pierre Arminjon, Baron Boris Nolde e Martin Wolff** i quali, al contrario, prospettano una classificazione basata sui caratteri intrinseci agli ordinamenti giuridici. Secondo questa prospettiva devono essere tralasciati fattori non direttamente qualificabili come giuridici, quali la razza o la geografia, e si deve guardare ai tratti propri di ciascun ordinamento che si evincono da uno studio condotto con gli strumenti propri delle scienze giuridiche. Conseguentemente, giungono a prospettare una classificazione in sette gruppi: francese, germanico, scandinavo, inglese, russo, islamico e induista.

La posizione di **René David** è nota in tutto il mondo, essendo il suo manuale, tradotto in oltre venti lingue, il più diffuso nei corsi di diritto comparato delle facoltà giuridiche. Egli critica le dottrine precedenti per il fatto che non offrono criteri classificatori veramente persuasivi. Gli unici elementi che a suo avviso possono essere utilizzati per una classificazione in famiglie giuridiche sono il **criterio ideologico e quello tecnico-giuridico**. Il primo criterio tiene conto del fattore religioso e filosofico proprio di ogni ordinamento, oltre che della struttura sociale, politica ed economica. Il secondo, evidentemente, guarda ad aspetti più tipicamente giuridici. David considera il primo criterio come quello determinante. Secondo la sua opinione il fattore tecnico-giuridico incide solo marginalmente sulla classificazione; ben più ampio significato assumono elementi quale la **visione filosofica dominante** o la **concezione di giustizia** radicata in quell'ordinamento. Sulla base di questo ordine di idee, David distingue in un primo tempo cinque famiglie giuridiche (diritti occidentali, diritti sovietici, diritto mussulmano, diritto induista e diritto cinese); successivamente restringe le classi a quattro: la famiglia romano-germanica, la famiglia di *common law*, la famiglia dei paesi socialisti e raggruppa sotto l'etichetta "altri sistemi" gli ordinamenti di diritto mussulmano, di diritto induista, di diritto dell'Estremo Oriente nonché quelli in via di sviluppo del continente africano.

3. Le "famiglie giuridiche" secondo le classificazioni di tipo relativistico

Più recentemente (1984), **Konrad Zweigert e Hein Kötz** hanno rilevato che nella identificazione dei diversi ordinamenti nel mondo contemporaneo devono tenersi presente due principi: il principio della **relatività per materie** e il principio della **relatività temporale**. In base al primo, la validità delle classificazioni, dei raggruppamenti in famiglie, non può che essere riferita alle diverse branche del diritto. Per cui se si guarda al diritto privato di un dato ordinamento, esso può essere inserito in una data famiglia giuridica; mentre se la prospettiva si riferisce al diritto costituzionale, la collocazione classificatoria potrebbe essere diversa. Il principio della relatività temporale, per parte sua, implica la necessità di considerare il contesto storico; per cui un certo ordinamento potrebbe mutare la sua collocazione da questa a quella famiglia in relazione al tempo e alle circostanze storiche che lo attraversano. In altri termini, Zweigert e Kötz affermano la necessità di relativizzare ogni classificazione in famiglie giuridiche, svuotandole di pretese assolutistiche e assiologiche.

Quanto poi alla classificazione, essi ritengono che si debba far leva sugli "**stili giuridici**" di ciascun ordinamento e che lo studio del diritto comparato avrebbe come oggetto precipuo proprio l'individuazione dello stile giuridico di questo o quell'ordinamento. Il concetto di "stile", mutuato dalle scienze linguistiche e dalle arti figurative, trasposto sul terreno giuridico si concretizza attraverso alcuni fattori rilevabili in ciascun ordinamento; l'analisi di questi elementi e il riconoscimento dei loro tratti peculiari consente di determinare lo stile giuridico proprio di quell'ordinamento.

I **fattori determinanti**, secondo Zweigert e Kötz, sono cinque: l'origine storica e l'evoluzione di un ordinamento giuridico; il predominante e caratteristico modo di pensare dei giuristi; gli istituti giuridici particolarmente caratterizzanti; le fonti del diritto e la loro interpretazione; i fattori ideologici. Sulla base di questi fattori, viene prospettata una classificazione in otto famiglie giuridiche: 1) famiglia romanistica, 2) famiglia germanica, 3) famiglia scandinava, 4) famiglia di common law, 5) famiglia socialista, 6) famiglia dell'Estremo Oriente, 7) famiglia islamica, 8) famiglia induista. A queste famiglie andrebbero poi aggiunti diversi sistemi ibridi, non classificabili, quali Quebec, Louisiana, Scozia, Israele, ecc.

4. Le "famiglie giuridiche" secondo le classificazioni di tipo relativistico/prevalente

Ugo Mattei, intorno alla metà degli anni '90, disegna una nuova ipotesi di classificazione per famiglie giuridiche sulla base delle recenti acquisizioni della scienza del diritto comparato. Egli muove dall'assunto per cui **ogni organizzazione sociale, ancorché primitiva, è una organizzazione giuridica**. Il carattere della giuridicità infatti prescinde dall'esistenza della scrittura, dall'esistenza del legislatore, del giudice o del giurista. Inoltre sottolinea la necessità di abbandonare una visione eurocentrica degli ordinamenti; di riconoscere la diversità tra le organizzazioni sociali senza alcun predominio delle concezioni occidentali; di abbandonare una concezione unitaria di regola giuridica, come da tempo Rodolfo Sacco ha posto in evidenza.

L'ipotesi che Mattei propone, dunque, prevede che i sistemi giuridici possano essere raggruppati in tre principali famiglie giuridiche: 1) la famiglia a **egemonia professionale** (*rule of professional law*); 2) la famiglia a **egemonia politica** (*rule of political law*); 3) la famiglia a **egemonia tradizionale** (*rule of traditional law*). Si tratta di una tripartizione non rigida (le classificazioni rigide finiscono per rivelarsi inadeguate), basata su un giudizio complessivo di "prevalenza" o di "egemonia"; in altre parole, i caratteri propri di ciascun ordinamento potrebbero essere ricondotti a più d'una famiglia, ma si sceglie il carattere o i caratteri in esso predominanti per determinare la collocazione classificatoria.

La prima famiglia, fondata sulla ***rule of professional law***, esprime la tradizione giuridica occidentale e include le due tradizionali famiglie di *civil law* e *common law*. La tradizione giuridica occidentale presenta una matrice unitaria fondata su due caratteri di base: a) la componente tecnico-giuridica si distingue dalla componente politica; b) la struttura concettuale del diritto è largamente secolarizzata. In altre parole, il diritto è concepito come un corpo autonomo rispetto alla religione, alla morale, alle regole sociali; esso è funzionale all'organizzazione sociale e alla risoluzione delle controversie; queste ultime sono risolte sulla base di regole preesistenti, generali e astratte; sia i governanti che i governati sono soggetti alla legge.

La famiglia a egemonia politica (***rule of political law***) rappresenta una classe destinata a raggruppare temporaneamente quegli ordinamenti giuridici che conoscono una fase di evoluzione e/o transizione. Si tratta di ordinamenti nei quali il momento politico e quello giuridico non sono separati; non occupano, cioè, sfere autonome. Le scelte politiche restano nelle mani del potere politico e le soluzioni tecnico-giuridiche risentono dell'influenza del potere politico. Gli ordinamenti appartenenti a questa famiglia appaiono protesi verso il conseguimento di un obiettivo politico, dunque sono in fase di transizione; la loro stessa classificazione è pertanto segnata da questa condizione temporale.

Infine, la famiglia a egemonia tradizionale (***rule of traditional law***) ricomprende tutti quegli ordinamenti giuridici nei quali non vi è separazione tra diritto e tradizione religiosa o filosofica. Si tratta prevalentemente di ordinamenti appartenenti all'area orientale, nei quali, accanto a una organizzazione sociale giuridicamente strutturata, esiste una rilevantissima sfera di rapporti giuridici governata da regole diverse da quelle giuridiche.

La ricchezza degli elementi messi in luce dai sistemologi del diritto comparato mostra quanto sia rilevante il dato offerto dal **pluralismo dei modelli giuridici**; pur tuttavia il tentativo di offrire delle classificazioni – ancorché lacunose – sembra tutt'oggi ancora rilevante. Esse naturalmente non hanno valore in sé stesse, ma in quanto funzionali ad accrescere le conoscenze comparatistiche. Ove si rilevassero inutili sotto questo profilo, perderebbero la loro ragion d'essere.

5. La relatività delle classificazioni in famiglie giuridiche

Le classificazioni in famiglie giuridiche hanno generalmente un valore relativo alla finalità conoscitiva che si persegue. Ad esempio, la **distinzione tra *common law* e *civil law* perde la sua piena potenzialità esplicativa** se la si impiega **nel campo del diritto pubblico comparato**. Si tratta di una distinzione, messa a fuoco negli studi di diritto civile comparato, che offre numerose chiavi di lettura per l'inquadramento di questioni comparatistiche; tuttavia, sul piano del diritto pubblico comparato, essa offre principalmente spunti utili nell'analisi delle fonti del diritto, ma non ha la stessa utilità in relazione ad altre aree di indagine. Il percorso di **ibridazione** avviato da tempo tra i modelli di *civil law* e di *common law* assume un significato di portata diversa nella sfera del diritto civile comparato, dove serve a inquadrare molti istituti privatistici, e in quella del diritto pubblico, ove in genere ci si limita a registrare, da una parte, la crescita di ruolo e spazio della legislazione negli ordinamenti di matrice anglosassone e, dall'altra, una certa evoluzione del valore della giurisprudenza negli ordinamenti continentali.

Zweigert e Kötz, come si è visto, opportunamente richiamano la necessità di tener conto nella sistemologia comparatistica di un principio di relatività per materie. Nel campo del diritto pubblico comparato, dunque, può risultare maggiormente proficua una classificazione degli ordinamenti giuridici in base alla **forma di Stato**, cioè in base agli elementi giuridici che qualificano il rapporto tra governanti e governati, tra autorità e libertà, se si avesse di mira la conoscenza e la classificazione degli ordinamenti costituzionali contemporanei alla luce dei recenti processi di circolazione dei modelli costituzionali e delle dinamiche di rinvigorimento o marginalizzazione di caratteri tradizionali (religiosi e/o filosofici). A quest'ultimo riguardo basti pensare, da un lato, ai paesi di credo islamico, dove il fattore religioso è sempre più determinante; e, dall'altro, a quelli di cultura orientale, come Cina e Giappone, dove le concezioni tradizionali lasciano più o meno gradualmente il passo di fronte al fattore giuridico-politico.

Il concetto di "famiglia giuridica" non è in grado di includere tutte le realtà giuridiche organizzate in sistema; in particolare, non aiuta a comprendere la classe delle democrazie liberali, trasversale rispetto alle famiglie di *common law* e di *civil law*. Sembra condivisibile la critica di Ancel secondo il quale non è possibile, a livello di diritto comparato generale, raggruppare diversi ordinamenti giuridici in una **famiglia "di diritto occidentale"** poiché troppe differenze resterebbero in ombra. Ma questo non vale per la comparazione di diritto costituzionale, dove le similitudini trasversali dei sistemi di *common law* e di *civil law* superano altre differenze più radicali. Ciò significa che uno studioso che intendesse approfondire le relazioni tra **autorità e libertà** – vale a dire, dell'elemento chiave del concetto di "forma di Stato" – potrebbe mettere da parte (se non tranquillamente ignorare) la distinzione tra diritto politico e diritto giurisprudenziale, concentrandosi sugli effetti delle disposizioni normative, in particolare sulla disciplina dei diritti individuali e sui rapporti tra la società e il potere, prescindendo dall'origine delle norme (legislativa o giurisprudenziale che fosse).

D'altra parte, l'appartenenza di un ordinamento all'una o all'altra famiglia è importante per gli studi storici e di diritto costituzionale che si occupano dell'evoluzione dei diritti o della tutela giurisdizionale degli stessi e in generale delle relazioni tra la società civile e il potere politico. Lo è altrettanto importante quando, studiando la forma di Stato, si voglia considerare la propensione a incorporare le categorie liberal-democratiche in ordinamenti la cui ideologia o cultura politica è del tutto estranea a esse. Si pensi alla forma di Stato teocratica, alle famiglie genericamente classificate come "orientali", al diritto africano, o altri casi simili.

Dobbiamo anche ricordare il ruolo unificatore delle costituzioni e del diritto internazionale e transnazionale, in virtù dei quali le differenze tendono a sfumare, non solo tra quelle che molti considerano ancora le famiglie giuridiche per eccellenza – *civil law* e *common law* –, ma anche rispetto ad altre classificazioni: basti pensare, ad esempio, ai sistemi che Mattei riunisce nella categoria del "*political law*" o che de Vergottini (classificando le forme di Stato) include nello "Stato in via di transizione". La globalizzazione giuridica tende a uniformare il diritto in particolare nelle "parti alte"; ma lo studio del diritto comparato non può ignorare il diritto vivente, non può semplicemente registrare i cambiamenti formali delle costituzioni, la loro uniformità di tendenza e l'adesione agli stereotipi delle democrazie liberali. Il concetto di famiglia giuridica – soprattutto se è ancorato, come in molte classificazioni elaborate dalla dottrina, sia alle modalità di produzione delle norme, sia all'ideologia, alla religione, alla cultura, ecc. – fornisce il quadro necessario a circoscrivere le aree di micro-comparazione e ad analizzare in profondità l'efficacia delle norme nella macro-comparazione.

L'impiego del concetto di famiglia giuridica si riflette sull'attività di studio del diritto costituzionale, soprattutto nella selezione dei sistemi da studiare. Uno studio sul diritto di accesso, che si articoli secondo la dicotomia *common law/civil law* non ha molto senso: a meno che non riguardi solo gli aspetti procedurali, esso non offrirà risultati rilevanti. Ancora peggio, uno studio che si avvalga dei concetti tipici dei sistemi liberal-democratici nello studio di altre famiglie (per esempio, l'idea di "diritti umani"), non solo sarà eurocentrico, ma l'ideologia finirà per prevalere sul carattere scientifico: il concetto di famiglia giuridica, insieme a una comprensione delle strutture profonde del sistema, aiuta a prevenire entusiasmi facili e acritici verso la possibilità di esportazioni e imitazioni e nella prospettiva storica mostra i rischi di queste operazioni.

Ciò vale naturalmente anche per i formanti dinamici, quando si discuta dell'importazione di elementi giuridici appartenenti a famiglie diverse. Il fenomeno è oggi piuttosto unidirezionale, nel senso che di solito sono i sistemi con base tradizionale o "orientale" che imitano l'Occidente. Il caso della Cina, a questo riguardo, è assai istruttivo: sul piano dell'ordinamento costituzionale, essa ha fatto propri concetti e principi della tradizione occidentale, quali i "diritti umani" e la "*rule of law*", salvo poi svuotarli di ogni valenza sostanziale.

Riferimenti bibliografici

Sulle famiglie giuridiche e loro classificazioni, oltre ai manuali di M. ANCEL, di E. AGOSTINI, di P. ARMINJON, B. NOLDE, M. WOLFF, di R. DAVID e C. JAUFFRET-SPINOSI, di M. LUPOI, di K. ZWEIGERT e H. KÖTZ, di A. PIZZORUSSO, ricordati nella bibliografia generale, v. H. LÉVI-ULLMANN, *Observations générales sur les communications relatives au droit privé dans les pays étrangers*, in AA.VV., *Les transformations du droit dans les principaux pays depuis cinquante ans*, Lgdj, Paris, 1922; G. SAUSER-HALL, *Fonction et méthode du droit comparé: Leçon inaugurale, faite le 23 octobre 1912*, Imprimerie Albert Kundig, Genève, 1913; U. MATTEI, *Three Patterns of Law: Taxonomy and Change in the World's Legal System*, in *Am. Journ. Comp. Law*, 1997.

Sulla classificazione dei sistemi democratici contemporanei, con un approccio interdisciplinare al tema, si vedano nella sterminata bibliografia, P. LAUVAUX, *Les grandes démocraties contemporaines*, Puf, Paris, 2004; A LIJPHART, *Democracies*, Yale U.P., New Haven, 1984, trad. it. *Le democrazie contemporanee*, il Mulino, Bologna, 1988.

Sezione II – *Le fonti di legittimazione*

di *Lucio Pegoraro* (§§ 1, 6.1, 6.2, 7.1) e *Angelo Rinella* (§§ restanti)

1. Definizioni e concetti generali

Le parole "**fonti del diritto**" hanno **più significati**, tutti consacrati dall'uso. La definizione più in voga nella manualistica italiana è quella di "atti o fatti idonei a produrre diritto" (o simili). Ma essa non è appagante ai nostri fini. Per identificare le fonti del diritto, sembra infatti indispensabile una definizione da utilizzare sempre e comunque, con riferimento a **qualsiasi ordinamento** giuridico del passato o del presente, e non basta soltanto richiamarsi a un **particolare ordinamento**. Insomma, è necessario rinvenire una specie di minimo comune denominatore tra i vari atti e fatti che nel corso della storia e nei diversi ordinamenti si sono dimostrati idonei a innovare gli ordinamenti stessi: operazione che ci consente di qualificare "fonti del diritto" la legge italiana al pari del precedente nel diritto anglosassone, la consuetudine tanto quanto l'*iğmā'* dei dottori musulmani, il regolamento regionale come il *dharma* induista, e via dicendo.

L'indagine comparatistica, da un lato, ci dimostra la **relatività del concetto di "fonte"** e la varietà di atti e fatti che si celano dietro (o dentro) questa espressione; dall'altro, concorre a tratteggiarne – all'interno dalla zona grigia che contorna quasi tutti i segni linguistici – un'area di significato ben preciso. Dall'analisi dei vari ordinamenti, considerati sia dalla prospettiva sincronica che da quella diacronica (o storica), si ricava l'esistenza di un concetto logico, che consente di identificare le fonti nel **multiforme insieme di processi dai quali deriva il diritto oggettivamente inteso** o, se si preferisce, negli atti e i fatti idonei a crearlo.

L'esame comparativo ci insegna inoltre che il diritto può essere prodotto, oltre che con procedure legalmente previste (fonti ***legali***), anche fuori di esse (fonti ***extra ordinem***), e che anzi questa seconda forma di produzione giuridica appare largamente diffusa negli ordinamenti più primitivi o instabili, mentre viene considerata con sospetto in quelli più evoluti. In questi ultimi, il ruolo di fonte extralegale viene circoscritto al potere costituente che, in quanto si legittima in via di fatto e in virtù del fatto, non è riconducibile ad alcun procedimento formale.

Il diritto comparato suggerisce anche di attenuare la distinzione tra **fonti di produzione** e **fonti di cognizione** che, muovendo da una prospettiva esterna al nostro ordinamento, non assume rilievo o, almeno, sembra presentare una minore importanza. Basti considerare che alla contrapposizione tra le prime (definite dalla dottrina "atti e fatti cui ciascun ordinamento connette la nascita oppure l'estinzione delle proprie norme") e le seconde (cioè "i documenti che forniscono notizia legale delle norme prodotte, o comunque le rendono conoscibili") è in parte estranea tutta la vastissima area del diritto consuetudinario, che ignora ovviamente le fonti di cognizione (tali non potendo ritenersi le mere raccolte di usi).

In ottica macrocomparativa è più importante la distinzione tra **fonti-atto** (alla cui origine sta una manifestazione di volontà) e **fonti-fatto** (che si fondano invece su un comportamento: un fatto, appunto), le quali caratterizzano ancora larghi strati del diritto praticato in molte aree del mondo.

2. Premessa

L'analisi delle fonti che svolgeremo si basa sul **criterio prevalente di produzione**. In nessun ordinamento, statuale o meno, esiste un modo esclusivo per produrre diritto. **I vari tipi di fonte si mescolano tra loro**, e le norme giuridiche a volte si sovrappongono a regole non definite "giuridiche", come quelle religiose. "Non uccidere" appartiene al decalogo dei comandamenti del cristianesimo e ai testi sacri o alla *traditio* di qualsiasi religione, ma al tempo stesso è, ovunque, diritto codificato. Nel tempo e nello spazio, **non esiste una concezione comune di "diritto"** (anche se ci sono larghe convergenze). Il massimo grado di legittimazione (e il minimo di devianza) si ha quando una regola consuetudinaria si fonda «su una tendenza istintiva e su una pacifica norma etica, sponsorizzata dal soprannaturale» (Gianola), ricevendo l'avallo di una regola politica.

Dissodati i concetti generali, si prenderanno in considerazione le fonti consuetudinarie; indi, le regole convenzionali; quelle di origine divina; quelle giurisprudenziali, sia di formazione dotta che giurisdizionale (con particolare riferimento al *common law*); poi le fonti che derivano la loro legittimazione dai precetti di un organo politico. In quest'ambito sarà trattato il processo di codificazione (*civil law*). Di seguito, analizzeremo le singole fonti di produzione giuridica a livello statale [1]. Questa scelta lascia in parte in ombra la contrapposizione tra quelli che sono considerati i **modelli egemonici**: ci riferiamo alla dicotomia tra le due principali famiglie giuridiche: la famiglia di *common law*, e quella di *civil law*, o dei sistemi romanisti.

I **diritti romanisti** si fondano sulla codificazione delle regole: la legge svolge un ruolo determinante nell'ordinamento giuridico. Al contrario, i **sistemi di *common law*** si basano essenzialmente sul diritto giurisprudenziale. La legge, che pur ha assunto grande rilievo in quei sistemi, non occupa tuttavia una posizione privilegiata nel sistema delle fonti, mentre un proprio e autonomo fondamento mostra di avere il diritto di origine giurisprudenziale. Profonda poi appare la **diversità** a proposito dell'**organizzazione delle corti e del processo**. Basti ricordare che il giudice romanista è un pubblico funzionario che accede alla carriera giudiziale per concorso pubblico; il giudice di *common law*, invece, è selezionato in modi diversi, non ultima la nomina ad opera di organi politici. È altresì diverso l'intero sistema di accesso alla giustizia; ma ancora più profonda è la differenza culturale relativa alla formazione del giurista: il giurista della tradizione romanista si forma all'università secondo una tradizione dotta; il giurista di *common law* si forma preminentemente sulla base del *case law* (lo studio dei casi giudiziari).

Nel corso dei secoli, però, le due famiglie hanno conosciuto **reciproci contatti e influenze**, oltre che l'influsso di comuni fattori culturali assai potenti, come la morale cristiana e le dottrine filosofico-politiche più diffuse (liberalismo). Pur mantenendo la loro struttura diversificata, sono cresciuti i punti di contatto (giustizia costituzionale, armonizzazione e/o uniformazione delle normative per gli Stati membri dell'U.E., amministrazione pubblica, federalismo). In particolare, quanto alle fonti, l'idea di norma giuridica e il ruolo della legge sembrano oramai molto vicini nei due sistemi. Inoltre esistono sistemi giuridici che coniugano con armonia elementi provenienti dalle due famiglie giuridiche (Scozia, Israele, Québec, Sudafrica), al punto che qualcuno configura un'unica

---

[1] E cioè la legge (e i princìpi generali del diritto), le fonti atipiche, la normazione primaria degli esecutivi, gli atti normativi degli enti periferici e quelli delle organizzazioni sovranazionali, i regolamenti, nonché alcune fonti residuali, come i referendum dove possano considerarsi fonte.

famiglia giuridica occidentale (cap. II, I, § 5). Soprattutto però la dicotomia non sottolinea a sufficienza il sopravvivere e l'affermarsi di forme distinte di produzione del diritto, che proprio per la loro impermeabilità nelle strutture sociali profonde, e per l'aspirazione di **resistere all'occidentalizzazione**, nel nome delle *culture autoctone*, mantengono o assumono oggi un rilievo importante.

3. Le consuetudini

Il **diritto tradizionale** permea tutt'oggi larga parte della produzione giuridica del mondo, anche se viene normalmente svalutato dai costituzionalisti. La sensibilità del diritto privato comparato è stata maggiore per i diritti consuetudinario, tribale, religioso; l'ausilio di scienze come l'antropologia consente di percepire cosa c'è dietro le strutture giuridiche "legali" (Bennet, Somma). Non manca tuttavia, anche sul versante pubblicistico, chi tenta di **conciliare il diritto consuetudinario (tribale) e il diritto costituzionale**. Sembra possibile un «diritto costituzionale altruista» (Carducci), ancorato alle tradizioni e quindi a base consuetudinaria (anche se non solo).

«La tradizione è un'opera di rappresentazione del reale basata su un insieme di dati appresi in precedenza» (Glenn), e il diritto tradizionale/consuetudinario sta alla base di uno «schema teorico [che] permette di valutare le riforme chiamando in causa i concetti di tradizione e di pluralismo giuridico. Il diritto cosmopolitico subalterno o degli oppressi è un progetto culturale, politico e sociale con all'interno un elemento giuridico». Fa leva pertanto sulla categoria di «**tradizioni giuridiche non egemoniche** per valutare se sia possibile il loro impiego nelle lotte avverso il neoliberismo» (de Sousa Santos, Baldin). Dentro le tradizioni, il diritto consuetudinario rappresenta una base importante anche se non esclusiva. (Vi concorrono infatti anche il diritto religioso, l'animismo, nonché altri tipi di regole.)

In occidente, la definizione di consuetudine affonda le sue radici in una elaborazione teorica sviluppatasi dall'antichità. I requisiti che determinano l'affermarsi di una norma consuetudinaria sono l'*usus* e l'*opinio*, vale a dire: la ripetizione generale, uniforme, costante, frequente e pubblica di un dato comportamento (***usus*** o elemento materiale della consuetudine); cui si aggiunge la consapevolezza, in chi tiene quel dato comportamento, di un dovere giuridico di conformarsi all'uso (***opinio iuris*** o elemento spirituale della consuetudine).

La nozione di consuetudine viene frequentemente riferita agli ordinamenti giuridici delle società "primitive", siano esse risalenti all'antichità, siano esse tutt'ora vive e giuridicamente involute. In tali situazioni la consuetudine assume un significato esteso, fino a comprendere fenomeni giuridici che meglio andrebbero inquadrati nel diritto divino, per le motivazioni connesse all'influsso di entità sovrannaturali. In genere, prevale in quelle società l'idea che i comportamenti stabiliti dagli antenati, o dagli anziani, siano doverosi e non suscettibili di modifica. Diversi testi che hanno costituito le basi di riferimento del moderno diritto sono stati il risultato di un processo di codificazione o compilazione di consuetudini preesistenti (dal Corano alla Bibbia ai Veda) (v. *infra*, § 5).

Ma queste fonti hanno conservato notevole importanza anche in Occidente, almeno sino al definitivo affermarsi del diritto giurisprudenziale, da una parte, e del diritto codicistico, dall'altra. Oggi, le consuetudini dimostrano la loro **inadeguatezza** di fronte a più sofisticati modi di produzione giuridica e vengono prevalentemente relegate in un ruolo marginale (anche per il loro carattere "statico" e conservatore, che mal si concilia con lo sviluppo socio-economico delle moderne collettività). In particolare, il diritto tradizionale (in parte anche se non solo espresso dalle consuetudini) viene oggi riscoperto in alcuni ordinamenti che lo incorporano nel diritto costituzionale, addirittura "parametrizzandolo" ai fini del controllo di costituzionalità[2].

Il **diritto consuetudinario** svolge un'importante funzione anche nell'**ordinamento internazionale**. In tale contesto, mancando un organo cui possano essere riconosciuti poteri normativi formali, la principale se non l'unica fonte del diritto internazionale finisce per essere l'insieme dei comportamenti tenuti dagli Stati e da essi accettati come giuridicamente rilevanti. Gli stessi **trattati**, che presentano una struttura giuridica più prossima agli atti negoziali (diritto convenzionale) che agli atti normativi, assumono un ruolo di rilevatori di norme piuttosto che di creatori delle stesse.

Negli ordinamenti statali moderni, comunque, la legge si impone sempre sulla consuetudine, in ossequio a una consolidata concezione giuspositivista (salvo rarissime eccezioni). Pertanto, le norme che derivano da atti legislativi prevalgono sulle norme consuetudinarie precedenti e impedisono che se ne formino ulteriori ***contra legem***. La **consuetudine abrogatrice** è generalmente esclusa negli ordinamenti liberal-democratici per il primato conferito alle fonti-atto; mai, oggi, la mancata applicazione di una legge ne comporta l'espulsione dall'ordinamento per **desuetudine**. Nel diritto occidentale contemporaneo, dunque, la sfera di operatività delle consuetudini si limita a quei casi in cui la stessa

---

[2] Le esperienze di costituzionalizzazione delle tradizioni cui fare riferimento sono, nell'alveo del c.d. *nuevo constitucionalismo* andino, «le costituzioni del *buen vivir*, soprattutto quella ecuadoriana; la Costituzione sudafricana, integrata dalla giurisprudenza costituzionale che ha riconosciuto fra i valori e princìpi fondanti il nuovo ordinamento democratico quello tradizionale di *ubuntu*; e infine la nuova Costituzione del Bhutan, che ha introdotto nella Carta fondamentale il concetto di *Gross National Happiness*». Tali valori sono stati introdotti nell'ordinamento «attraverso clausole costituzionali (Ecuador e Bhutan) o criteri interpretativi della costituzione (Sudafrica) che richiamano cosmovisioni proprie della tradizione culturale autoctona, al fine di facilitare, da parte di tutte le componenti della società, l'identificazione personale nel contesto costituzionale. In questo modo, la costituzione si propone come rottura con il passato e pietra miliare per la costruzione di un futuro realmente condiviso» (Bagni).

legge fa rinvio alla norma d'uso (consuetudine ***secundum legem***); mentre presenta tutt'ora soluzioni diversificate l'atteggiamento degli ordinamenti verso le consuetudini ***praeter legem***, relative cioè a materie non disciplinate dalla legge. L'ammissibilità di questa forma di consuetudine è conseguenza di una concezione del diritto che ammetta l'integrazione della disciplina legislativa o che, al contrario, contesti la possibilità che il sistema legislativo presenti delle lacune (Bobbio).

4. Il diritto delle convenzioni e dei trattati

La contrapposizione teorica tra "**diritto autonomo**" e "**diritto eteronomo**" (Kahn-Freund) consente di qualificare il diritto a base convenzionale come insieme di norme autonome sul cui contenuto i destinatari hanno preventivamente convenuto. Alla radice del diritto convenzionale, dunque, sta un patto approvato all'unanimità (non quindi secondo il principio di maggioranza), con il quale i destinatari delle regole da esso scaturite si obbligano a osservarle (***pacta sunt servanda***)[3]. Nell'esperienza degli Stati contemporanei, la produzione normativa su base pattizia o convenzionale si limita a poche ipotesi.

In primo luogo, i **trattati internazionali**, che per l'appunto costituiscono diritto convenzionale prodotto nell'ambito della Comunità internazionale e che, per effetto della ratifica, subiscono la trasformazione in diritto interno. Il diritto pattizio assume oggi particolare rilevanza per la diffusa incorporazione dello stesso nei diritti nazionali, soprattutto per ciò che riguarda i trattati a difesa dei diritti umani o fondamentali, e per il **controllo di convenzionalità** che le corti esercitano sulla sua applicazione, subordinando a esso il diritto interno. Emblematico è il rilievo che vi si dà nella giurisprudenza della Corte interamericana dei diritti dell'uomo e nelle rispettive giurisprudenze nazionali (cap. V, § 15).

Non di rado, poi, sono previsti da norme costituzionali "**patti**", "**concordati**" o "**intese**", generalmente con le confessioni religiose, destinati a essere recepiti da legge dello Stato. È inoltre diffusa in molti odierni ordinamenti la **contrattazione collettiva in materia di lavoro**, mediante la quale testi normativi redatti dalle parti con una struttura contrattuale acquistano efficacia *erga omnes* per effetto di un'apposita norma sulla produzione giuridica, oppure in conseguenza della forza politica dei sindacati (Daintith, Wedderburn, Sciarra).

---

[3] Sono molti i punti di contatto tra il diritto convenzionale e l'istituto privatistico del contratto, in forza del quale le parti regolano i loro interessi comuni in termini reciprocamente vincolanti, senza alcuna efficacia per i terzi. Tuttavia, il diritto convenzionale, a differenza del contratto, può essere annoverato tra le fonti del diritto di un ordinamento giuridico in quanto idoneo – almeno in alcune circostanze – a produrre effetti che si riverberano su tutti i consociati e non solo verso coloro che si vincolano volontariamente.

Particolare rilievo, per il rango loro riconosciuto, assumono le "**convenzioni della costituzione**"; si tratta di accordi, anche taciti, in forza dei quali i titolari di organi costituzionali osservano regole di comportamento, nelle relazioni reciproche e al loro interno, per il fatto di essere da tutti accettate e condivise. Il limite della loro efficacia normativa è segnato dal venir meno del consenso. Una posizione di primo piano hanno assunto le convenzioni costituzionali nell'**ordinamento britannico**. Qui le regole di comportamento costituzionale sono ritenute vincolanti per coloro che fanno funzionare la costituzione, pur non essendo garantite da nessun giudice, né dai Presidenti delle Camere. Per usare una nota definizione, esse sono «regole non giuridiche che stabiliscono i modi in cui le regole giuridiche vanno applicate» (Marshall, Moodie). Si tratta, in altre parole, di regole di comportamento costituzionale vincolanti gli organi politici di vertice; esse non derivano dal diritto giurisprudenziale, né sono imposte dagli organi giudiziari; in definitiva si tratta di norme finalizzate a definire l'area della discrezionalità costituzionale. Peraltro devono registrarsi alcuni tentativi di superare il limite della non giustiziabilità delle norme convenzionali ad opera di alcune Corti. In particolare le Corti supreme di Canada e Israele hanno ritenuto di poter utilizzare le convenzioni costituzionali come parametro di legittimità costituzionale di talune norme primarie o quanto meno a fini interpretativi.

Poiché manca una qualunque norma che espressamente stabilisca le regole sulla produzione delle norme convenzionali, esse operano come fonti *extra ordinem*.

Tra gli **esempi** più significativi, si ricorda la trasformazione della forma di governo britannica da "costituzionale" a "parlamentare", attraverso la mutazione dell'istituto dell'*impeachment* e l'introduzione del **rapporto fiduciario**; nonché la parallela erosione dei poteri del Monarca, inclusa la perdita sostanziale del potere di sanzione sulle leggi, di fatto esercitato per l'ultima volta nel 1701. Più specificamente, la **designazione del Primo Ministro** da parte della Regina, che deve indicare il *leader* del partito di maggioranza nella Camera dei Comuni. L'ufficio di *Prime Minister* è pure di origine convenzionale; lo stesso Gabinetto è un *conventional body*, e altre convenzioni disciplinano i rapporti tra Primo Ministro e Gabinetto, tra Ministri e Parlamento e tra Ministri e pubblica amministrazione (Reposo). Convenzioni o consuetudini hanno concorso a definire, ma anche a modificare, nel corso dell'800, i poteri del Governo o del Presidente del Consiglio in Francia e in Italia, oltre che in altri paesi. Si pensi poi all'**introduzione del controllo politico** da parte delle commissioni del Congresso degli Stati Uniti (peraltro codificata dalla giurisprudenza come coessenziale all'equilibrio dei poteri [4]);

---

[4] Sentenza *McGrain* v. *Daugherty* (1927), nella quale la Corte Suprema affermò che il potere di inchiesta «rappresenta un elemento essenziale e proprio del potere legislativo», e che «un organo legislativo non può legiferare saggiamente e correttamente in difetto di informazioni che lo

all'obbligo del Presidente della Repubblica italiana di consultare svariati soggetti politici e istituzionali prima di formare un nuovo Governo; alle modalità di **composizione del Consiglio federale svizzero**, o della Corte Suprema statunitense (e anche di altre corti); alla distribuzione dei poteri tra Presidente della Repubblica e Governo, in caso di ***cohabitation***, nella V Repubblica francese; ecc.

Tali esempi segnalano la sostanziale irrilevanza della distinzione tra convenzioni innovative, interpretative e abrogative. Di fatto, alla sottrazione di un potere a un organo (ad es. il Re) corrisponde l'attribuzione del medesimo potere ad altro organo costituzionale (di volta in volta Parlamento o Gabinetto o *Premier*). Nel momento in cui si abroga, si innova, e viceversa; segnalano altresì la difficoltà di distinguere le convenzioni – diritto "autonomo" e non "eteronomo" – dalle consuetudini, che pure presentano una struttura ben diversa, dato che si impongono a prescindere dalla loro accettazione. Quel che nel Regno Unito è senza dubbio ascritto al novero delle *conventions*, in Italia e in altri paesi viene spesso ricondotto al regno delle consuetudini costituzionali.

5. Il diritto a base religiosa

Il fenomeno religioso interseca e attraversa il sistema delle fonti del diritto sin dalle società primitive, che ne sono permeate. Ancora oggi è però possibile rinvenire ordinamenti giuridici la cui struttura e, in specie, il cui sistema di produzione normativa presenta forti interconnessioni con il **fenomeno religioso dominante**.

A ben vedere, le intersezioni del diritto presentano sempre più frequentemente una spiccata pluralità. Lo mette bene in evidenza Menski quando afferma che il diritto deriva da fonti diverse che, in estrema sintesi, sono riconducibili a tre forme di espressione: statale, sociale e religiosa. Queste fonti concorrono e interagiscono tra loro in vario modo; inoltre, ciascuno dei tre corpi normativi reca in sé elementi propri degli altri due corpi, dando vita a un sistema complesso di fonti normative caratterizzato da un diffuso pluralismo legale. Il dato che emerge dall'esperienza è che i giuristi, teorici e professionisti, tendono a enfatizzare la centralità del diritto statale e a sottostimare il ruolo delle fonti del diritto non-statale (**determinismo giuridico**); secondo un approccio plurale alla comprensione del diritto è necessario tenere in considerazione anche le altre componenti e le loro interazioni.

Il c.d. **diritto divino** si sostanzia nella manifestazione della volontà di un'autorità sovrannaturale che si impone ai destinatari delle norme con la minac-

---

illuminino sulle condizioni che la legge deve avere o ai fini della sua modificazione; e quando l'organo legislativo non è in possesso delle informazioni necessarie (…) deve ricorrere a chi ne sia in possesso».

cia di sanzioni ultraterrene, congiunte o meno a sanzioni terrene. Alcune religioni qualificano la rivelazione divina come fonte del diritto (ebraica, cristiana e musulmana); altri fenomeni religiosi pure presentano una forte intersezione con il sistema delle fonti del diritto vigente, ma per il loro carattere politeista e/o antropocentrico non sono riconducibili alla nozione di diritto divino in senso stretto e danno luogo a un **diritto di ispirazione religiosa e tradizionale**. (È il caso della religione indù; ma si pensi anche al ruolo che l'elemento religioso ha assunto negli ordinamenti giuridici dell'Estremo Oriente, quali il diritto cinese e il diritto giapponese, o a talune concezioni africane o andine della natura.)

5.1. Diritto di ispirazione religiosa e tradizionale

Il **diritto indù** non è un diritto divino in senso stretto (vale a dire, puramente religioso), bensì un diritto "di ispirazione religiosa". «Infatti le norme giuridiche pur essendo riconducibili a concezioni filosofico-religiose tipiche del pensiero induista (in particolare alla legge di base del dover essere, il ***dharma***) non costituiscono una diretta applicazione di precetti religiosi e non trovano la loro origine in un insieme di fonti scritte destinate all'uopo. I primi testi di riferimento, i *Veda*, sono un insieme di inni e canti religiosi in versi, privi di intenti precettivi, se non per quanto riguarda indicazioni su rituali e cerimonie sacre. Il vero e proprio diritto indù viene invece ad essere elaborato attraverso commenti o interpretazioni dei *Veda* (...)» (D. Amirante).

In **Cina**, «le istanze primarie per la gestione dei rapporti giuridici vengono individuate nei nuclei sociali di base in cui sono inquadrati gli individui. Tali nuclei (famiglia, clan, corporazioni, villaggi) sono improntati su di una scala di valori, sempre di matrice confuciana, che esalta la dimensione comunitaria e solidaristica. Emblematica, a tal proposito, la posizione nei confronti delle controversie: ritenute una rottura dell'ordine sociale, queste, se malauguratamente insorte, sono prioritariamente da affrontarsi all'interno dei circuiti sociali attraverso procedure stragiudiziali di amichevole composizione, essendo tali procedure più consone del processo al ripristino dell'**armonia sociale**. Da tali premesse i **confuciani** distinguono nettamente due fondamentali dimensioni del diritto: il ***fa***, ossia il diritto scritto, espressione autoritaria del potere centralizzato, e il ***li***, ossia la regola rituale, convenzionale, radicata a livello sociale, che esprime uno spirito di adesione a un modello di ordine sociale e universale». Con il processo di modernizzazione e poi con il socialismo questo equilibrio si rompe; tuttavia, «gli osservatori lamentano un basso livello di operatività delle nuove normative e una patologica refrattarietà del sistema giuridico cinese ad allinearsi agli standard occidentali» (Timoteo).

Prima che il **Giappone** avviasse un deciso processo di occidentalizzazione del sistema giuridico (a partire dalla seconda metà dell'Ottocento), la concezione prevalente poneva il diritto in una posizione subordinata rispetto alla morale. La struttura sociale era intrisa della visione moralistica che si traduceva in una rigida gerarchia. Sicché le norme emanate dagli *shōgun* (i signori della guerra) delegavano ampi poteri e funzioni a ordinamenti giuridici intermedi secondo logiche gerarchiche: il padre infliggeva le sanzioni punitive ai figli, il capo di una corporazione agli affiliati, il superiore del monastero ai monaci. Nel Medioevo, poi, la tradizione shintoista giapponese si fuse con il buddismo, da un lato, e l'etica statale confuciana, dall'altro, dando vita a un sincretismo di visioni su cui si radicherà una cultura guerriera e nazionalista.

Attraverso il riconoscimento della **tradizione** assumono rilievo giuridico forme di produzione giuridica collegate non solo ai costumi, ma anche all'ultraterreno, o paradossalmente a ciò che c'è di più terreno: la **Madre Terra** intesa come essere vivente. C'è da segnalare, a questo proposito, l'incorporazione in alcuni testi costituzionali andini di riferimenti a *Pachamama*, che nella costituzione dell'Ecuador è configurata quale **soggetto di diritto** (art. 71 ss.), mentre l'art. 4 della costituzione boliviana dispone il rispetto e la garanzia della libertà di religione e delle credenze spirituali, secondo le rispettive cosmovisioni. Così pure va ricordata l'incorporazione per via giurisprudenziale dell'***ubuntu*** – il complesso delle tradizioni spirituali africane – nel diritto costituzionale sudafricano.

La realtà degli ordinamenti giuridici non è mai perfettamente omogenea sotto il profilo dei modi di produzione del diritto e dei tipi e delle forme che le fonti possono assumere. Trattiamo qui di seguito alcuni casi esemplari ove si osservano le stratificazioni nel tempo di tradizioni giuridiche e di forme di produzione normativa che si innestano su ceppi antichi. Innesti che talvolta sono sollecitati dalle nuove esigenze delle società umane che guardano altrove per importare soluzioni di prestigio o reputate efficaci; altre volte sono innesti imposti o comunque determinati da autorità sovrastanti. Seppure a grandi linee, intendiamo ora volgere lo sguardo verso alcuni casi significativi, cui pure sopra si è fatto cenno.

5.1.1. In particolare, il diritto indù e indiano

L'**India** rappresenta un esempio formidabile di pluralismo giuridico; la storia del paese ha determinato una stratificazione nel tempo di norme di varia natura e origine che hanno dato vita a un sistema di sistemi giuridici. Il diritto classico dell'India è il **diritto brahmanico**. Secondo una concezione castale della società indiana, i bramini rappresentavano la casta più elevata, superiore allo stesso sovrano. Tra il 100 a.C. e il 1100 d.C. si forma e si evolve il diritto brahmanico; si tratta di un complesso molto articolato di regole di origine religiosa e sociale. La nozione di diritto si compone di due elementi: il **dharma**, cioè l'insieme dei diritti e dei doveri di un uomo, i criteri di condotta cui deve attenersi in quanto membro di una comunità e in quanto appartenente a una casta, alla luce di principi di natura religiosa e etica; il **vyavahara**, vale a dire il diritto positivo, il diritto civile e le regole procedurali per la risoluzione delle controversie.

Le fonti antiche del diritto brahmanico sono rappresentate dai ***dharmasutra***, cioè raccolte di aforismi o massime che riportano regole religiose o sociali per acquisire meriti morali, e dagli ***arthasutra***, raccolte di regole di diritto pubblico, diremmo oggi, in quanto volte a disciplinare l'arte del governo, dell'amministrazione dello Stato e della applicazione delle pene. Attraverso l'opera dei commentatori, dai testi antichi vennero gradualmente dedotte norme più vicine alle esigenze di regolazione della società indiana: il **crescente ruolo dei giuristi** si legò appunto a questa opera di interpretazione che trasfuse sul piano della realtà regole antiche e farraginose adattandole alle necessità concrete (***Nibandha***); quest'opera di interpretazione giuridica finì per assumere di fatto il ruolo di fonte del diritto.

Il **1100 d.C.** viene convenzionalmente considerato l'anno di inizio dell'**influenza islamica** sul diritto brahmanico. Si tratta di un processo lungo e graduale che favorì la conservazione dell'impianto del diritto indiano antico. Ne derivò un **sistema giuridico duale**, nel quale regole giuridiche di origine diversa trovarono il modo di coesistere. In particolare, con riferimento al diritto civile gli indiani erano soggetti al diritto brahmanico e i musulmani a quello islamico; nel campo del diritto penale, invece, la giurisdizione era unica. Trattandosi di sistemi giuridici fondati su prescrizione religiose e sociali tra loro sostanzialmente compatibili, la coesistenza fu certamente agevolata; dove invece le regole apparivano del tutto inconciliabili, prevaleva l'appartenenza alla religione indù o a quella islamica.

In questa fase della storia del diritto indiano, il parallelismo tra diritto brahmanico e diritto islamico si riscontra anche nelle fonti: per il diritto brahmanico, le fonti primarie erano rappresentate dalla rivelazione (*Veda*), la tradizione (*Smrti*), le opinioni e le interpretazioni dei giuristi (*Nibandha* e commentari); per il diritto islamico, le fonti erano costituite dalla rivelazione (*Corano*), la tradizione (*Sunna*), il consenso dei saggi (*Ijma*) e le interpretazioni dei giuristi (*Qiyas*). Questo parallelismo strutturale delle fonti, insieme alle consistenti conversioni di indiani all'Islam, resero possibili diverse forme di compenetrazione tra i due sistemi giuridici e di influenza reciproca.

Nel **1612** la **Compagnia delle Indie orientali** pose la sua prima base indiana a Surat. Si aprì così una nuova fase che vide il graduale e deciso innesto del *common law* sul diritto indo-islamico. Tra il 1612 e il 1858 l'amministrazione civile e giudiziaria delle aree colonizzate fu affidata direttamente alla Compagnia. I funzionari della stessa esercitavano funzioni pubbliche di governo sulla base del diritto inglese, ma nel rispetto del diritto brahmanico e islamico con riferimento alle materie più legate alla tradizione (lo statuto personale) e comunque meno rilevanti per i commerci. La stessa Compagnia aveva istituito delle Corti per l'applicazione del diritto inglese; la loro influenza cresceva in ragione dello sviluppo della rete commerciale. Nel **1858**, in seguito alla rivolta dei Sepoys (le truppe indigene dell'esercito britannico), la Corona inglese decise di assumere direttamente l'amministrazione della giustizia in India e dispose lo scioglimento della Compagnia delle Indie orientali. Venne istituito un apposito ministero per gli affari indiani, e prese così avvio il dominio coloniale britannico che, nel 1876, si consacrò formalmente nella assunzione del titolo di imperatrice dell'India da parte della regina Vittoria.

Con riferimento al sistema giuridico, è opportuno far rilevare che a partire dalla metà del secolo XIX l'influenza inglese sull'amministrazione giudiziaria indiana si fece sempre più incisiva. Scomparvero i tribunali religiosi e le corti inglesi iniziarono a trattare anche le questioni di diritto islamico. Si determinò così gradualmente una sorta di commistione fra *common law* e diritto indo-islamico (***Anglo-Muhammadan Law***): anche il diritto islamico finì per essere identificato con le decisioni giurisprudenziali emanate in occasione di casi giudicati precedentemente.

Nella stessa epoca si avviò un **processo di codificazione** del complicatissimo diritto indiano. L'idea della codificazione non era quella di addivenire a codici unitari per aree disciplinari, ma semplicemente sistemare, organizzare e fondere (dove possibile) la congerie delle varie norme esistenti. Le commissioni legislative incaricate di raccogliere i codici indiani iniziarono i loro lavori nel 1834 e si protrassero fino al 1879. Furono riorganizzate le norme del diritto penale, del diritto civile e quelle relative alla procedura penale e civile. Un nuovo progetto per una codificazione generale del diritto indiano, secondo le categorie europee, venne formulato nel 1941 e si protrasse per un decennio, senza tuttavia condurre ad alcun risultato. Dopo l'indipendenza (1947) e la divisione del paese in due Stati sovrani, l'Unione Indiana, a maggioranza indù, e il Pakistan, a maggioranza musulmana, il diritto indiano è rimasto sostanzialmente fedele al modello anglosassone: esso si presenta come un sistema fondato sui precedenti giurisprudenziali, sulle consuetudini e le tradizioni, integrate da leggi e altri atti normativi scritti. La complessità del quadro normativo e la pluralità delle fonti ha certamente conosciuto una rilevante evoluzione, ma non si sono sopite le peculiarità del sistema, in primo luogo il carattere pluralista.

5.1.2. In particolare, i sistemi giuridici dell'Estremo Oriente: Cina e Giappone

Secondo una nota affermazione di René David «I popoli orientali, contrariamente a quelli occidentali, non confidano nel diritto per assicurare la giustizia e l'ordine». Questa idea affonda le sue ragioni nella marcata impronta che il **confucianesimo** ha impresso, nel corso di due millenni, allo sviluppo di quelle società; un'impronta culturale che ha esaltato la visione filosofica e morale della vita, limitando al tempo stesso il margine di azione e di autonomia del diritto. Ne è derivata l'idea di un'intrinseca debolezza degli ordinamenti giuridici dell'Asia orientale. In realtà, l'evoluzione e l'ammodernamento di quei sistemi, dovuto principalmente agli intensi contatti con il mondo occidentale, ha gradualmente assegnato al diritto una posizione di tutto rilievo, pur senza rinnegare le radici filosofiche e moralistiche che sono alla base della convivenza civile.

Secondo la **concezione classica del diritto in Cina**, esso occupava una posizione sussidiaria rispetto all'etica confuciana. A questa prospettiva si contrapponeva la scuola dei Legisti (III secolo a.C.) secondo la quale per assicurare un'ordinata convivenza nell'impero erano necessarie leggi chiare e pene severe. Queste due visioni trovarono il modo di coesistere: la convivenza civile era assicurata dai precetti morali; l'individuo privo di virtù, incapace di osservare l'etica sociale, era soggetto alle norme giuridiche. Le leggi cinesi, dunque, avevano a oggetto non tanto la prescrizione di comportamenti (essendo questi dettati dall'etica), quanto piuttosto il divieto e la repressione di determinate condotte; erano sostanzialmente leggi penali. Il **primato della morale** poneva nelle mani del giudice un'ampia discrezionalità; la norma giuridica rappresentava solo un punto di riferimento, non vincolante. La morale era posta a fondamento anche della legittimazione dell'imperatore cinese; la visione imperialistica cinese era dunque universale e poneva la Cina al centro del mondo.

Assai diversa, invece, la prospettiva giapponese: l'imperatore del **Giappone** godeva di una legittimazione dinastica; la visione imperialistica giapponese era essenzialmente nazionalistica (Losano). Seppure il sentimento nazionale fosse assai forte, la società giapponese si aprì già dal 400 a.C. al **confucianesimo** che influì sulla religione nazionale, lo **shintoismo**; nel 500 d.C. il Giappone si aprì anche al **buddismo**, che si diffuse rapidamente al fianco delle altre due religioni.

A partire dal 1200 d.C. gli ***shogun*** governavano i propri territori in modo autonomo, anche se formalmente soggetti al potere imperiale. Essi svolgevano intense attività belliche e, nei propri confini, esercitavano in piena autonomia la funzione giurisdizionale; le loro sentenze finivano così per costituire un corpo normativo; pertanto, il quadro giuridico di riferimento variava da territorio a territorio. Sotto il dominio della famiglia *shogun* dei Tokugawa (1603-1867), il Giappone conobbe un periodo di pace che consentì un processo di riorganizzazione del sistema giuridico. Anzitutto le corti locali furono assoggettate a un **tribunale centrale**; furono prodotte diverse **leggi le cui norme erano principalmente di natura penale**. Il diritto civile scritto era praticamente inesistente e i rapporti civili erano regolati principalmente dalle **consuetudini**.

Gli intensi rapporti culturali tra la Cina e il Giappone sono testimoniati da una comune concezione del diritto; secondo la visione sino-nipponica il diritto occupava una posizione ancillare rispetto alla morale. A partire dalla **seconda metà dell'Ottocento**, i due paesi e le rispettive concezioni del diritto conoscono tuttavia una graduale divaricazione. Nel 1870 il **Giappone** istituisce un apposito ufficio per lo studio dei sistemi governativi stranieri; in particolare si rivolge l'attenzione verso la **legislazione francese**. Il prestigio politico e militare di cui la Francia godeva a livello internazionale indusse il Giappone a guardare verso quel sistema come modello da prendere ad esempio; il codice napoleonico costituiva un punto di riferimento anche per i giudici giapponesi i quali, in mancanza di una norma scritta o di una consuetudine locale certa, richiamavano nelle proprie sentenze il testo francese. Parallelamente, i giapponesi rivolsero l'attenzione anche verso la crescente potenza della **Germania** di Bismark. Nell'opera di ammodernamento del sistema giuridico giapponese, il Governo si avvalse della consulenza assai influente dei giuristi tedeschi. Finalmente, nel corso del XX secolo, il Giappone assume una propria fisionomia giuridica senza tuttavia mai perdere di vista i diritti stranieri.

Più contorta e articolata la vicenda del sistema giuridico cinese; ciò che rende difficile la comprensione del diritto cinese è non soltanto la lingua, la cui traduzione non riesce mai puntualmente a rimanere fedele all'originale; ma soprattutto il fatto che la **divaricazione tra le regole scritte e le regole applicate** (fenomeno ben noto agli studiosi del diritto comparato) assume in Cina una dimensione abnorme.

In sintesi, la principale fonte del diritto scritto durante la **dinastia Ch'ing** era stato il **codice del 1646** che raccoglieva l'insieme degli usi e delle norme tradizionalmente vigenti in Cina; alcune sue disposizioni erano ritenute fondamentali, altre semplicemente accessorie; la materia principalmente trattata – secondo la visione confuciana – era quella penale. Nel 1908 il codice venne riformato in modo da distinguere le norme penali da quelle civili; in questa fase si registrò una certa influenza della dottrina giuridica tedesca, per il tramite degli studiosi giapponesi. Pur se l'intento era quello di innovare radicalmente il sistema giuridico cinese, l'impianto delle tradizioni e soprattutto delle decisioni giurisprudenziali precedenti conservò un rilievo notevole (in particolare nell'ambito del diritto dei commerci). Nel 1912 viene proclamata la Repubblica: si apre una fase politicamente assai convulsa che determinò una forte instabilità istituzionale. Malgrado ciò, continuarono i lavori di codificazione avviati durante l'ultima fase imperiale e si approfondì in particolare la conoscenza dei diritti stranieri. Con l'avvento del governo nazionalistico di Chiang Kai-shek, si pose ancora mano all'elaborazione dei codici pervenendo, anche sulla base di un intenso lavoro di comparazione giuridica, alla predisposizione di un unico codice civile e di commercio.

Con l'affermazione del **Partito comunista cinese (1949)** e l'instaurazione del regime comunista il **ruolo del diritto torna a essere marginale**; l'applicazione delle regole giuridiche è rimessa alla libera interpretazione delle autorità politiche. La situazione precipita con la "**rivoluzione culturale**" (1966-1976): viene esaltato lo spirito tradizionalista cinese in contrapposizione al formalismo giuridico. Per realizzare pienamente gli obiettivi del comunismo si ritenne necessario smantellare i tribunali, chiudere le facoltà di giurisprudenza, deportare i giudici, gli avvocati e i giuristi del mondo accademico. Occorre attendere la fine degli anni '70 per ritrovare una fase di riconoscimento e rivalutazione del ruolo del diritto come strumento di governo della società. Furono ripubblicate numerose leggi degli anni precedenti e si approvarono nuove leggi nel quadro di un fervore legislativo che avviò verso l'approvazione della nuova costituzione del 1982, tuttora vigente. Si è aperta con ciò una fase che, seppure sul piano politico costituzionale non sia stata priva di radicali contraddizioni, ha mostrato – e mostra tutt'ora – una particolare attenzione al quadro giuridico, specialmente a quelle disposizioni che risultano funzionali allo sviluppo di una economia di mercato di matrice socialista.

5.2. Diritto divino

Il diritto divino si caratterizza per il fatto che l'autorità da cui promanano le norme è una **autorità sovrannaturale**. Essa si distingue dall'autorità politica, la quale esercita i propri poteri, inclusa la potestà normativa, per il fatto di esserne investita dall'ordinamento giuridico, il quale dispone i meccanismi di legittimazione del potere politico. La rivelazione divina si traduce in un sistema di regole giuridiche per effetto della qualificazione come fonte del diritto operata dall'ordinamento giuridico.

In diversi ordinamenti contemporanei si registra la compresenza di fonti che scaturiscono dall'autorità divina e dall'autorità politica, dalla "sovranità divina" e dalla "sovranità popolare" (nel caso dei sistemi democratici). A questo proposito è utile evidenziare che mentre il diritto canonico, in conseguenza del processo di secolarizzazione affermatosi in Europa a partire dal Medioevo, presenta un ambito di applicazione principalmente riservato ai fedeli per le questioni spirituali, nonché all'ordine clericale e all'organizzazione ecclesiastica, il diritto religioso ebraico e quello musulmano mostrano invece una tendenza a disciplinare ogni aspetto della vita umana, rendendo con ciò più intricata la trama delle intersezioni con il diritto secolare.

5.2.1. Diritto canonico

L'ordinamento giuridico della Chiesa cattolica, detto "**diritto canonico**" affonda le sue radici in epoche assai antiche. La dottrina è solita distinguere tre fasi della storia del diritto canonico: la prima va dalle origini al XII secolo, quando si ebbe la prima compilazione non ufficiale dei canoni nel *Decretum Gratiani* (1139-1148); la seconda fase comprende il periodo tra il XII secolo e il Concilio di Trento (1545-1563); la terza fase va dal XVI secolo alla compilazione del primo *Codex juris canonici* del 1918, ora sostituito dal *Codex* del 1983.

La parte del diritto canonico di derivazione divina (*ius divinum*) si compone dello *ius divinum positivum*, che risulta dalla rivelazione delle sacre scritture e del messaggio evangelico; e dello *ius divinum naturale*, che invece assume a fondamento l'identità tra **volontà divina e razionalità**. I destinatari del diritto canonico sono tutti i battezzati: essi sono soggetti all'ordinamento della Chiesa alla cui applicazione provvedono i tribunali ecclesiastici. Oltre a trovare applicazione nello Stato della **Città del Vaticano**, il diritto canonico al giorno d'oggi viene applicato, in alcuni paesi e limitatamente a taluni rapporti, sulla base di un **regime concordatario**.

5.2.2. Diritto ebraico

Il diritto ebraico è costituito dall'insieme dei testi biblici che contengono la rivelazione divina (***Torah***) e dalla interpretazione che di tali testi è stata elaborata dalla dottrina teologica ispirata dalla divinità (***Talmud***).

Sotto il profilo soggettivo, i destinatari del diritto ebraico non sono coloro che aderiscono volontariamente alla religione, ma coloro che essendo nati da donna ebrea appartengono al popolo ebraico. Quanto poi all'ambito di applicazione, il diritto ebraico vige attualmente nello **Stato di Israele** come **statuto personale** degli ebrei e limitatamente ad alcune sfere della vita privata (famiglia)[5]; esso, peraltro, non è privo di influenza sulla produzione del diritto politico vigente.

Più precisamente, il diritto ebraico e il diritto israeliano rappresentano due sistemi giuridici distinti e coesistenti. Il diritto religioso ebraico, infatti, presenta diversi punti di intersezione con il diritto israeliano prodotto dagli organi politici dello Stato di Israele. L'ordinamento giuridico israeliano, in diversi atti normativi fondamentali, si qualifica "Stato ebraico" oppure "Stato ebraico e democratico". La contaminazione tra il fattore religioso e il fattore politico non fa dello Stato di Israele uno Stato teocratico; al contrario in esso si afferma la libertà religiosa e si riconosce il pluralismo confessionale. Dunque, lo Stato di Israele è ebraico perché, in primo luogo, è lo Stato del popolo ebraico; una sorta di identificazione culturale, storica, nazionale. Tuttavia, il diritto religioso ebraico – e non altri – rileva all'interno del sistema giuridico israeliano attraverso i princìpi fondamentali della tradizione di Israele riconosciuti espressamente nelle Leggi fondamentali, il ruolo delle corti religiose, l'influenza sulla giurisdizione delle corti secolari, l'attività legislativa della *Knesset*. Al di fuori dello Stato di Israele, il diritto ebraico può trovare applicazione per volontà degli ebrei stessi che, talvolta, al fine di regolare il rapporto con lo Stato d'insediamento, promuovono **forme di intesa** giuridicamente vincolanti.

5.2.3. Diritto islamico

Il vincolo tra religione e diritto si presenta in modo marcato nel caso del di-

---

[5] Nello Stato di Israele lo "statuto personale" viene similmente applicato, in sfere che in prevalenza sono quelle del diritto di famiglia o ereditario, anche ad altre comunità religiose, cristiane o musulmane.

ritto musulmano, tant'è vero che come la scienza giuridica è subordinata alla teologia, così il sistema delle fonti è vincolato al rituale religioso.

L'Islam ha prodotto un diritto (la *shari'a*) il quale risulta dall'insieme di quattro componenti: la **rivelazione divina** per il tramite del profeta Maometto e raccolta nel Corano; la *sunna*, vale a dire il complesso delle regole (*hadit*) desunte, attraverso l'**opera degli interpreti**, dalle parole e dalle azioni del profeta, nonché dall'approvazione che egli abbia dato a proposito di fatti direttamente o indirettamente conosciuti; l'*idjma*, vale a dire le regole intorno alle quali si è formato il consenso della **dottrina giuridica** e che pertanto si ritengono conformi alla volontà divina; il *qiyas*, cioè quel complesso di regole desunte per **analogia** dalle norme derivanti da altre fonti. Dunque sulla rivelazione divina è andato a stratificarsi un diritto giurisprudenziale elaborato prevalentemente tra il VII e il X secolo e che ancor oggi costituisce il nucleo immodificabile del diritto musulmano vigente. La compenetrazione che si registra nell'Islam tra religione e diritto è di tale intensità da giustificare l'odierna presenza di Stati islamici confessionali. Può risultare più agevole comprendere come trovi applicazione in quegli ordinamenti un diritto cristallizzatosi circa dieci secoli fa se si tiene conto delle seguenti circostanze.

La prima: il diritto musulmano ha per contenuto prevalentemente la **materia privatistica** e quella **penalistica**; resta dunque un certo margine di azione per il diritto pubblico. La seconda: la necessità di modernizzare il diritto musulmano è stata perseguita talvolta attraverso processi di **laicizzazione** (Turchia e Stati musulmani della ex Unione Sovietica); il più delle volte attraverso sistemi normativi fondati sulla coesistenza del diritto divino e diritto politico. Naturalmente questa coesistenza non è di tipo paritario. Così, a sistemi nei quali l'adozione di costituzioni, codici e leggi ha consentito la riduzione della portata del diritto musulmano almeno per via giurisprudenziale (Tunisia, Egitto, Irak, Siria), corrispondono altri sistemi ove invece al diritto mussulmano è tutt'ora riconosciuta la prevalenza nel sistema delle fonti (Sudan, Arabia Saudita, Iran, Somalia).

Più precisamente, negli Stati islamici ove generalmente la costituzione è subordinata alla legge divina (*Shari'a*), l'Islam è proclamato religione di Stato; in tal senso si parla di Stati confessionali. Nei casi in cui, in seno ad uno Stato confessionale, la massima autorità religiosa coincida con il vertice di governo dello Stato stesso, il rapporto tra governanti e governati assume le caratteristiche dello Stato teocratico assoluto o della "teocrazia pura". Ne ha rappresentato un'esperienza recente il regime teocratico instaurato in Afghanistan tra il 1996 e il 2002, quando i talebani, gli studenti di teologia coranica, imposero la legge islamica in termini integralisti; più indietro nel tempo, può rinviarsi al caso del Sudan del XIX secolo. La realtà odierna mostra tuttavia un'evoluzione che tende a combinare i tratti dello Stato confessionale con gli elementi di spicco del costituzionalismo. Tale circostanza ha condotto a delineare una nuova forma di Stato denominata "teocrazia costituzionale" (Hirschl).

L'esperienza dell'Afghanistan può essere illuminante a questo riguardo: dopo la sconfitta dei talebani, nel gennaio 2004 la "grande assemblea" costituzionale ha approvato una nuova costituzione che ha instaurato uno Stato a forte impronta confessionale. L'Islam viene proclamata come religione di Stato, nessuna legge può porsi in contrasto con la *shari'a*, i titolari delle massime cariche dello Stato devono appartenere alla religione islamica; non ricorre, però, il tratto della identificazione tra autorità religiosa e autorità politica. Dunque, la teocrazia costituzionale realizza una separazione formale tra *leadership* politica e autorità religiosa; ma, al tempo stesso, proclama la religione dominante come religione di Stato e riconosce in costituzione – insieme ad alcuni principi classici del costituzionalismo quali la separazione dei poteri e la previsione di forme di *judicial review* – i testi sacri, le prescrizioni divine e le loro interpretazioni come fonte del diritto, parametro di riferimento per la legislazione e l'interpretazione giudiziaria delle leggi.

Emblematico il caso della costituzione iraniana; nel preambolo si riconosce la *shari'a* come legge suprema e l'origine divina dell'autorità politica e dell'intero sistema giuridico. Al tempo stesso si affida al popolo il governo dello Stato: a esso è riconosciuto il diritto a eleggere il presidente della Repubblica iraniana e i membri dei Consigli municipali; inoltre, il potere di revisione della costituzione è affidato al Consiglio dei Guardiani, un organo composto per metà da religiosi (*mullhas*) e per metà da giuristi laici. Si determina così una commistione di fonti tra supremazia religiosa e sovranità popolare, tra teocrazia e costituzionalismo (cap. IV, § 12).

6. Il diritto giurisprudenziale

L'autorità derivante dalla ragione costituisce il fondamento della produzione del diritto per via giurisprudenziale. Sin dall'antichità, le regole da applicare al caso concreto erano il risultato del ragionamento umano volto a ricercare la **soluzione al conflitto di interessi secondo tecniche razionali**, privilegiando con ciò la forza del diritto rispetto al diritto della forza. Allo stato attuale, il diritto giurisprudenziale ha un ruolo di **grande rilievo** negli ordinamenti contemporanei; e questo indipendentemente dalla circostanza per cui alla dottrina e/o alla giurisprudenza sia formalmente riconosciuto il valore di fonte. Esso comunque rappresenta uno strumento imprescindibile di interpretazione delle fonti del diritto.

6.1. Diritto giurisprudenziale e interpretazione

Il tema dell'interpretazione, sviluppato in Europa soprattutto dopo la **codificazione** (cap. II, III, § 7) e al quale apporti fondamentali sono stati dati da filosofi, teorici generali e giuristi positivi, ha occupato anche modi di produrre diritto distanti da quello liberale e liberal-democratico: come l'**Islam**, al quale si imputa la staticità e l'inadeguatezza di fronte alle nuove esigenze proprio per il divieto di interpretare il testo sacro, avvenuto con la cosiddetta "chiusura della porta dello sforzo" nel terzo secolo dopo l'Egira (la fuga di Maometto dalla Mecca a Medina, nel 622)[6]. Oppure il **diritto indù**, che secondo alcuni ha saputo conciliarsi con il *common law* imposto dalla Compagnia delle Indie, e poi dalla Corona, precisamente in virtù del ruolo attribuito alla giurisprudenza dei dotti, chiamati a interpretare i Veda e in particolare il Codice di Manu.

Nell'ambito dei sistemi occidentali, l'interpretazione si distingue di solito a seconda del **soggetto** (ad es. "privata", "ufficiale", "giudiziale", "legislativa", "autentica"), degli **argomenti** ("psicologico o della volontà del legislatore, storico o concreto", "apagogico o *ab absurdo*", "economico", "della coerenza", "sistematico", "basato sui principi", "naturalista", "equitativo", "analogico", "*a fortiori*", ecc.), dell'**esito** (letterale, estensiva, restrittiva) (Modugno).

Il dibattito ha ricevuto nuova linfa con l'avvento delle **moderne costituzioni**. Le costituzioni rigide, programmatiche, ideologiche, compromissorie, polisemiche, solo in parte immediatamente precettive, hanno posto problemi nuovi, relativi all'interpretazione non solo di ciascuna costituzione, ma anche di ciascun ordinamento complessivo; inoltre, relativi all'interpretazione di ciascuna costituzione alla luce delle interpretazioni di *altre* costituzioni. Al centro del problema, si è posto il ruolo dei diritti nell'attività interpretativa. Il **diritto comparato** fornisce lo strumentario per lessici, valori, princìpi e norme comuni (o pretesi tali), che si assumono a paradigma interpretativo dei diversi testi. A visioni eurocentriche di tali componenti, imputabili ad approcci più o meno velatamente giusnaturalistici, ma anche a strumentalizzazione o (a volte) a una genuina ignoranza del metodo e della scienza comparatistica, vanno ascritte alcune nuove tendenze (come il neocostituzionalismo) al pari di alcune violente reazioni a esse. Il dibattito talora sorge nella giurisprudenza costituzionale, e si riverbera sulla dottrina; in altre circostanze è dottrinale, e influisce sulla giurisprudenza (cap. II, III, § 2.1, 2.4).

6.2. Diritto dei dotti (diritto romano, islamico, brahmanico)

Il diritto giurisprudenziale non è solo il prodotto dei giudici, così come modernamente intesi, ma anche della **casta dei giuristi**, i "dotti". Il diritto dei dotti è un diritto giurisprudenziale che ha avuto e tuttora ha varie manifestazioni.

---

[6] Similmente avevano disposto la costituzione giustinianea *Deo auctore*, e la legge francese n. 16-24/1790.

Nelle famiglie occidentali, **la dottrina non rappresenta oggi un elemento dinamico** di produzione giuridica. Nel ***common law***, nemmeno lo ha rappresentato nel passato, e neppure è stata molto rilevante quanto a influssi sulla giurisprudenza: il *common law* inglese, in particolare, è il prodotto dei giudici del Re, e il ruolo dei professori/giuristi è stato sempre costretto in un angolo, come lo è stata la scienza giuridica da essi altrove forgiata. La produzione giuridica universitaria non è tanto vasta come altrove[7]. Nella sfera del diritto pubblico, peraltro, la crescente pervasività del diritto legislativo ha favorito un ingresso più agevole dei dottori nel circuito di produzione giuridica, essendo tale sfera (un poco) più refrattaria agli schemi mentali ancorati all'uso del sistema casistico e del precedente giudiziario[8]. Su ciò torneremo trattando del *common law* (*infra*, § 6.4).

Nel **continente europeo**, sin dagli albori del millennio trascorso i professori sono stati i veri artefici delle grandi costruzioni giuridiche. La codificazione ha loro sottratto il potere di decidere, che prima avevano, ma non quello di commentare, criticare, sistematizzare, influire, consigliare; molte volte, sono chiamati nei Governi e nei Parlamenti, o nelle corti supreme ordinarie o amministrative, o costituzionali. Le sentenze sono anonime, non sono i singoli giudici a produrre il diritto, neppure dove sia ammessa l'opinione dissenziente. Non c'è frattura tra accademia e formanti dinamici, ma solo diverse interpretazioni soggettive dei ruoli[9]. Per lo più, partecipano al circuito della produzione del diritto, inserendosi con le loro opere nei dibattiti giuridici in corso, uniformando i formanti e dando rilievo analogo a leggi, sentenze e dottrina. Ma non decidono. Non è sempre stato così nel passato, né lo è fuori dal diritto occidentale.

La dottrina dei giureconsulti romani costituì la base del diritto vigente per molti secoli; la stessa codificazione giustinianea e l'opera dei **giuristi nelle università medievali**, che portò alla edificazione del "**diritto comune**" – rimasto in vigore in diverse parti dell'Europa fino all'età delle codificazioni – rappresentano forme di rielaborazione di quella dottrina che era il risultato di una **attività prevalentemente razionale** (Gorla).

---

[7] I professori citano i giudici, nelle loro motivazioni di maggioranza o di minoranza, ma non sempre accade il contrario. Per lo più, i riferimenti sono a opere che, a loro volta, sono sistematizzazioni della casistica giudiziaria, in un *continuum* dove parte soccombente (dal punto di vista culturale) è la dottrina.

[8] Comunque, la situazione nel Regno Unito è diversa da quella che si registra in molti altri ordinamenti di *common law*, specialmente Canada, Sud Africa e India.

[9] In molti casi, i professori si percepiscono come esegeti del diritto legislativo o giurisprudenziale, e producono opere dove il diritto da essi illustrato è quello detto dai legislatori o dalle corti (specie quelle costituzionali). Talvolta ambiscono a ricostruire i sistemi, offrendo interpretazioni o visioni globali (che possono anche non tener conto di quello che affermano i legislatori e di quello che dicono i giudici).

Nel **diritto islamico**, i princìpi rivelati dall'Arcangelo Gabriele a Maometto furono codificati nel libro sacro, il Corano. Si tratta del testo fondamentale del diritto islamico classico e, in quanto espressione diretta della volontà di Dio, non è suscettibile di essere modificato dall'uomo. La ***shari'a***, l'insieme delle regole religiose e giuridiche che traggono origine direttamente dal Corano, non può tuttavia fare a meno dei "dotti" per operare concretamente nella società islamica organizzata. I dotti, attraverso la loro attività accademica denominata ***fikh***, esplorano e descrivono la *shari'a*; svolgono dunque un'attività che è in relazione alla *shari'a* come la scienza del diritto lo è al diritto (Losano). L'apporto dei dotti al diritto islamico applicato contempla anche la ***ijma***. Si tratta dell'opinione diffusa tra i giurisperiti più autorevoli della comunità islamica su princìpi e teorie. Questa opinione, se formulata chiaramente e sostenuta dal consenso diffuso degli *ulema*, è riconosciuta come infallibile e dunque applicabile nel concreto della vita della comunità islamica. (Questa lettura è principalmente diffusa tra i sunniti, piuttosto che tra gli sciiti.) (Oliviero). Si tratta di un fenomeno assimilabile, per certi versi, al principio del vincolo del precedente tipico dei sistemi di *common law* (*supra*, § 5.2.3).

Anche il **diritto indù** (brahmanico), di origine arcaica, nel corso del tempo, e in varie fasi di commistione con la tradizione giuridica islamica e poi britannica, ha conosciuto un rilevante apporto dai dotti. Si deve infatti a numerosi commentatori l'aver dedotto dalle regole arcaiche, di natura religiosa e sociale, norme più idonee a disciplinare la vita della società indiana. Ai giuristi si devono le raccolte di regole e commenti (***Nibandha***), considerate interpretazioni autorevoli delle scritture originarie e che secondo alcuni autori vanno tenute in conto come vere e proprie fonti del diritto.

6.3. Diritto transnazionale e *soft law*

Sembra potersi ricondurre nell'alveo del diritto giurisprudenziale anche quel fenomeno di produzione normativa che va sotto il nome di **diritto transnazionale**. Esso è dato dal complesso di quei casi in cui la ricerca di soluzioni conduce all'applicazione di regole giuridiche comuni nell'ambito di ordinamenti diversi da quello di riferimento. Ciò avviene anche senza appositi atti di recezione di norme estranee, ma generalmente per effetto dello spontaneo e diffuso **riconoscimento del valore "comune"** di quella data regola; vale a dire, della sua attitudine a operare come norma giuridica anche al di fuori del suo specifico ordinamento.

La globalizzazione dei fattori economici e l'innovazione dei processi produttivi costituiscono fenomeni che hanno gradualmente disegnato un vero e proprio mercato mondiale dove i protagonisti non sono tanto gli Stati, quanto nuovi soggetti transnazionali e gruppi di potere economico mondiale che scambiano tra loro merci, beni, servizi, capitali secondo regole che sfuggono alla sovranità degli Stati.

Si tratta di un **diritto transnazionale dell'economia** (Reposo) che scaturisce dalla combinazione tra regolamentazioni dettate dalle istituzioni finanziarie ed economiche mondiali (World Trade Organization, International Monetary Found, World Bank) e *best practices* sperimentate e applicate dai nuovi attori privati che dominano lo scenario globale e modellano secondo le proprie prospettive la *lex mercatoria*. Si tratta di un diritto informe, che valica le frontiere degli Stati e si impone in virtù del primato della massimizzazione del profitto; il retroterra di queste regole è privo di qualunque legittimazione democratica; si delinea un "nuovo impero" dematerializzato e informale.

Deve però farsi salva una tendenza a recuperare dal pensiero costituzionalista l'imposizione di limiti alle regole transnazionali sulla base della esigenza di tutelare i **diritti umani**. Questa linea di tendenza viene qualificata con la formula di "**costituzionalismo transnazionale**". Può rilevarsi che sul finire dello scorso millennio l'espansione del costituzionalismo si è svolta lungo due principali direttrici: nell'arena interna agli Stati, attraverso l'avvento di nuove costituzioni e l'intensificarsi dei processi di revisione costituzionale; nello scenario dell'ordinamento internazionale, soprattutto attraverso l'affermazione di uno dei principi cardini del costituzionalismo: vale a dire, la tutela dei diritti fondamentali dell'uomo. È proprio nell'ambito di questa seconda direttrice che sembra configurarsi quella che la dottrina internazionalistica ha chiamato "**costituzionalizzazione del diritto internazionale**", intendendo con ciò una sorta di "prolungamento del costituzionalismo che conosciamo a livello nazionale" oppure, per usare una espressione sintetica, "costituzionalismo transnazionale" (Dehousse).

La tutela dei diritti rappresenta la trama di riferimento, la linea guida della espansione del costituzionalismo transnazionale. Rappresenta in altre parole la legittimazione ultima dell'esercizio di una potestà di imperio, sia essa generale o particolare. La dottrina, peraltro, fa rilevare come il problema centrale della odierna dogmatica dei diritti umani sia quello della collisione tra gli stessi e il conseguente bilanciamento (cap. V, § 10). La complessità sta proprio nella circostanza per cui i diritti umani, attraverso i canali e i capillari di interconnessione propri della globalizzazione, esplicano sempre più pienamente una loro naturale attitudine: quella di andare oltre gli ordinamenti nazionali, di trascendere i singoli ordinamenti giuridici.

Più problematica appare la definizione del c.d. ***soft law***. L'espressione nasce agli inizi degli anni settanta tra gli studiosi anglosassoni del diritto internazionale per indicare alcuni tipi di atti normativi caratterizzati dalla mancanza di **efficacia immediatamente vincolante**. Successivamente l'espressione è stata – e tutt'ora viene – utilizzata anche in seno ad altri ordinamenti giuridici (Unione Europea, Stati nazionali) per indicare un «insieme disomogeneo di atti e fatti normativi che sotto qualche profilo non poteva essere ricondotto alla normale tipologia delle fonti del diritto di stampo autoritativo, stante la tenue efficacia giuridica oppure il carattere partecipativo dell'*iter* di adozione» (Mostacci).

Più precisamente, la carenza di efficacia immediatamente vincolante va intesa in senso lato e non tecnico: gli atti di *soft law* sono produttivi solo di alcuni tipi di effetti; si tratta di norme giuridiche incomplete (Ferrarese), nel senso che non sono assistite da strumenti di coazione o da sanzioni che derivano in via diretta dalla loro inosservanza. Manca, in altre parole, la struttura tipica della norma giuridica: il comando di stampo autoritativo corredato di sanzione irrogata dalla pubblica autorità.

In concreto, gli strumenti di *soft law* rinvenibili nel diritto internazionale sono riconducibili ai c.d. **accordi non vincolanti** (*non-binding agreements*), nonché alla vasta ed eterogenea produzione di atti da parte delle organizzazioni internazionali, tra cui in particolare le **risoluzioni** [10] e le **raccomandazioni** [11]. In ambito comunitario gli strumenti di *soft law* sono piuttosto diffusi: si va dagli strumenti di regolazione delle relazioni tra gli organi dell'Unione Europea (**accordi interistituzionali**, che in genere ruotano intorno al ruolo del Parlamento europeo); agli strumenti di elaborazione delle politiche comunitarie (in particolare i cc.dd. **atti preparatori** che assumono la forma delle **comunicazioni della Commissione** e che si distinguono comunemente in *libri verdi*, *libri bianchi* e *piani d'azione*); fino agli strumenti di implementazione delle politiche comunitarie quali le **raccomandazioni** (della Commissione e del Consiglio dei ministri), le **linee guida** e i **codici di condotta**: si tratta di atti che recano disposizioni non vincolanti, intese a indirizzare la condotta degli Stati membri in vista del conseguimento degli obiettivi comunitari; e, infine, agli strumenti di coordinamento e di armonizzazione delle politiche nazionali di interesse comunitario: si tratta di meccanismi non vincolanti intesi al ravvicinamento delle politiche statali in aree estranee alle competenze proprie dell'Unione Europea: una sorta di *soft governance* che in concreto si traduce nella determinazione di standard condivisi e linee guida (**metodo aperto di coordinamento**).

Lo stesso diritto transnazionale, di cui si è detto poco sopra, costituisce terreno di sviluppo di forme di *soft law*. In particolare, viene in rilievo l'attività normativa posta in essere da soggetti privati (in genere organizzazioni internazionali espressione di determinati operatori economici ovvero operatori eco-

---

[10] Ben note sono le risoluzioni dell'Assemblea generale dell'ONU che in linea generale recano dichiarazioni di principio le quali, seppure prive di contenuto giuridicamente vincolante per gli Stati, hanno svolto una funzione determinante per l'affermazione del diritto internazionale, a partire dalla Dichiarazione universale dei diritti dell'uomo del 1948.

[11] Le raccomandazioni sono rivolte agli Stati che partecipano a una determinata organizzazione internazionale, allo scopo di suggerire di tenere o evitare determinate condotte, oppure assumere o non assumere specifiche determinazioni giuridicamente rilevanti in seno al proprio ordinamento.

nomici di dimensione multinazionale) in piena autonomia; questa attività si concretizza in atti di autoregolamentazione la cui efficacia, tuttavia, si estende ben oltre i soggetti che li hanno volontariamente posti in essere. Sicché, tali atti sono potenzialmente in grado di incidere nella sfera di altri soggetti che operano nel medesimo settore economico, indipendentemente dalla loro volontà (ad esempio, le norme autoregolamentari poste da rilevanti operatori economici o organizzazioni degli stessi che finiscono per operare nei confronti della clientela o dei fornitori di beni e servizi) (Cafaggi).

6.4. Il *common law*

In luogo dell'elaborazione sistematica prodotta dalla dottrina giuridica, il diritto giurisprudenziale anglosassone ha posto a suo fondamento le argomentazioni razionali dei giudici chiamati a risolvere casi concreti. Esso è strutturato come un **sistema normativo a strati** dove le norme consolidate nel tempo sono quelle che scaturiscono dalle decisioni giurisprudenziali; il collante che tiene uniti gli strati e rende possibile la tenuta del sistema è dato, da una parte, dalla razionalità e dalla ragionevolezza delle argomentazioni che rendono le decisioni giurisprudenziali autorevoli (l'autorità delle stesse decisioni è già insita nella derivazione del potere dei giudici direttamente dal Re); dall'altra, dalla regola in base alla quale **al precedente giudiziario viene attribuito valore normativo** e dunque **vincolante** per gli stessi giudici; in tal modo il precedente viene riconosciuto quale **fonte del diritto,** mentre nei paesi di *civil law* in genere se ne evidenzia esclusivamente il valore sul piano dell'interpretazione.

Dunque, il *common law* è un sistema giuridico autoctono e giurisprudenziale; da non confondersi con il *jus commune*, né da ascrivere alla categoria del diritto consuetudinario. Il termine, praticamente intraducibile, indica quella legge (*law*) comune (*common*) a tutto il Regno, ai sudditi dell'Inghilterra e del Galles e che ha ad oggetto tutte le materie trattate dalle corti inglesi. La sua evoluzione è strettamente legata sin dalle origini all'organizzazione delle corti di giustizia inglesi e all'istituto della giuria.

6.4.1. Le origini e l'assestamento

La formazione e la consolidazione del *common law* risale al periodo della storia inglese compreso tra la conquista normanna, con **Guglielmo di Normandia** (detto Il Conquistatore), nel 1066 d.C., e l'avvento della dinastia dei **Tudors** (1485). In questa fase un nuovo sistema giuridico, comune in tutto il Regno, si sostituisce gradualmente alle consuetudini locali. Più in particolare, dal punto di vista strutturale, il primo dato che va posto in rilievo è lo stabilirsi in Inghilterra di istituzioni centralizzate, in origine destinate a svolgere funzioni amministrative, e successivamente chiamate ad amministrare giustizia.

In un sistema medievale, caratterizzato da un ampio pluralismo giuridico, e dove le pretese dei baroni e delle altre autorità locali si traducevano in pretese patrimoniali, la monarchia dovette condurre una lotta estenuante per l'affermazione e la diffusione della giurisdizione della *Curia regis*. Il *common law* si presenta, in origine, come un diritto regio, comune a tutti i sudditi, amministrato attraverso un **sistema giudiziario direttamente derivato dal Re**; i componenti delle corti regie erano infatti i membri della corte scelti dal Re. La loro attività si svolgeva principalmente lungo tre direttrici: in primo luogo, i cc.dd. *pleas of the crown* (*placita coronae*), questioni cioè che riguardavano direttamente la corona e che successivamente furono estese all'intera giurisdizione penale. In secondo luogo, la giurisdizione della *Curia regis* costituiva una sorta di rimedio a favore di chi non avesse potuto ottenere giustizia dalle corti feudali (*propter defectum justitiae*). In ultimo, il Re amministrava giustizia tra i suoi diretti vassalli (i cc.dd. *tenants in chief*).

Si deve proprio a questa giurisdizione centralizzata, nel corso di almeno cinque secoli, la formazione di quel diritto giurisprudenziale che, nel sistema di *common law*, ha assunto una posizione di prevalenza la quale ha finito per segnare la più rilevante differenziazione strutturale rispetto al sistema di *civil law*. L'opera di consolidazione del *common law* fu resa possibile grazie agli scritti di alcuni giuristi che, specie durante il regno di Enrico II (1154-1189), contribuirono a consolidare il diritto giurisprudenziale formatosi ad opera delle corti regie.

Di fronte alla diffusione di una molteplicità di diritti locali dovuti alla varietà dei costumi e delle decisioni delle corti locali, il *common law* introduce l'idea del **primato della giurisprudenza** come fonte del diritto: un diritto regio, amministrato attraverso una struttura unitaria e centralizzata che, per opera degli stessi giuristi pratici, tende ad assumere caratteristiche tecniche e, in fin dei conti, di imparzialità al punto di affrancarsi dalla persona del Re, per passare indenne attraverso le guerre civili e i rivolgimenti storici. Sicché, le lotte tra Enrico III e i suoi baroni – che pure condussero alla sanzione del carattere limitato della monarchia con la *Magna Charta* – non misero in discussione il sistema di *common law* in quanto oramai legittimato come consuetudine del Regno, piuttosto che come precetto del principe.

L'efficacia della giustizia regia rispetto alle giurisdizioni locali aveva tra i suoi fondamenti anche un singolare sistema procedurale. Per ottenere l'intervento del Re era necessario procurarsi a pagamento un *writ* presso la cancelleria. Il ***writ***, detto anche ***brevis***, era sostanzialmente un ordine con il quale il Re, rivolgendosi a un suo funzionario locale, disponeva che fosse resa giustizia e che fosse soddisfatto il diritto di colui che si era procurato il *writ* stesso. A seconda del *petitum* e della *causa petendi*, il *writ* assumeva diversa forma e contenuto. Così come, a seconda del *writ*, variava la competenza della Corte e, soprattutto, diversi erano gli itinerari processuali.

Fino al regno di Enrico III (1216-1272), la *Curia regis* poteva concedere i *writs* che riteneva opportuni, senza alcun vincolo sostanziale. Successivamente si produsse un mutamento nel sistema, destinato a lasciare il segno nel modello di *common law*. Infatti, da un sistema in cui il diritto (*cause of action*) precedeva il rimedio giurisdizionale (*writs*), si passò a un sistema in cui un numero limitato di *writs* tassativamente prestabiliti precedeva e determinava i diritti cui era concessa giustizia. Con l'avvento e il consolidarsi della monarchia parlamentare, le corti regie e la cancelleria persero la libertà piena di predisporre i *writs* e dunque di modificare le formule processuali. Questa pratica, infatti, appariva agli occhi del Parlamento come una sorta di legiferazione. Si venne così formando un *Register of writs*, che raccoglieva le *forms of action* tassativamente previste per tutelare, in sede giurisdizionale, determinate pretese. Quelle diverse, invece, restavano nella sfera di competenza delle corti locali. Una volta ottenuto il rilascio del *writ*, la scena restava dominio della procedura. Era cioè necessario e sufficiente adeguarsi minuziosamente alla procedura prescritta per ottenere una decisione della giustizia regia. *Remedies precede rights*, la procedura innanzi tutto e, come è stato opportunamente messo in luce, le *forms of actions* sono date e i diritti devono essere di lì dedotti.

Il peso che le *forms of action* hanno avuto nel determinare la mentalità e modellare la struttura del *common law* è in gran parte dovuto all'affermarsi dell'istituto processuale della **giuria**. Vale a dire, una escussione probatoria fondata sulla testimonianza di un gruppo di persone circa la veridicità delle affermazioni delle parti. Gradualmente, questo istituto finì per costituire il fulcro del processo di *common law* e il tipico strumento di *self-government*, cioè di collaborazione della collettività nell'esercizio di funzioni pubbliche.

L'introduzione di tale istituto processuale (***trial by jury***) sembra dovuta a Enrico II. A partire dal 1167, infatti, alcuni giudici (***itinerant justices***) venivano inviati in periferia con lo scopo di occuparsi solo di determinate questioni (*on commission*). Così, in un primo tempo, le azioni penali venivano promosse dai *commissioners* attraverso il *presentment* o incriminazione degli indiziati; gli stessi potevano convocare i cc.dd. *recognitores*, un gruppo di dodici vicini, perché sotto giuramento testimoniassero circa la veridicità o meno dei fatti affermati in giudizio. Lo stesso strumento probatorio era esperibile negli ordinari giudizi civili qualora una delle parti contestasse le prove addotte dall'altra. Dunque, i testimoni, interrogati dal *commissioner*, esprimevano un verdetto (*vere dictum*) sulla contesa in atto. Nel corso del XIV secolo questo sistema si consolidò con l'istituzione di giurie (*jury*) le quali, attraverso la verifica della veridicità o falsità delle istanze delle parti, determinavano i fatti di causa. I membri delle giurie agivano, limitatamente all'accertamento dei fatti, come veri e propri giudici esprimendo un giudizio inappellabile. In tal modo, il processo con giuria (*trial by jury*) consentiva ai giudici togati di lasciare ad altri l'analisi e l'accertamento dei meri fatti, e di dedicare la propria attenzione alle questioni di diritto. La netta separazione tra accertamento delle questioni di fatto e accertamento delle questioni di diritto segna una distinzione di ruoli tra giuria e corte che non ha eguali nei sistemi di *civil law* [12].

In conclusione, il tecnicismo e il formalismo delle procedure dinanzi alle corti di *common law* era tale da non potersi adattare a tutte le esigenze dell'amministrazione della giustizia. Perciò, accanto e parallelamente alle corti, si svilupparono sistemi alternativi di giurisdizione volti principalmente a provvedere là dove le corti di *common law* non erano in grado di farlo. Tra i sistemi alternativi di giustizia, un particolare sviluppo conobbe l'*equity*, tanto da determinare una bipartizione fondamentale, giunta fino ai nostri giorni, appunto tra *common law* ed *equity*.

6.4.2. La giurisdizione di *equity*

Nel tempo in cui, dopo la *Magna Charta* e la guerra civile, il parlamento bicamerale andava acquisendo sempre più ampi poteri, la giustizia regia si distaccò dalla persona del Re e dal *King's Council* per articolarsi in **tre distinte corti** di *common law*: *King's Bench*, *Common Pleas* e *Exchequer*.

Il distacco della giurisdizione regia dal carisma personale del Re, se da un lato le ha consentito di sopravvivere agli avvicendamenti della monarchia, dall'altro però le ha fatto perdere quella elasticità e discrezionalità che erano insite nella amministrazione diretta della giustizia da parte del sovrano. In altre parole, una giustizia legata al caso concreto poteva offrire soluzioni anche diverse da quelle previste dalla regola generale; la questione cioè poteva essere decisa secondo equità. Ma un potere siffatto poteva essere riconosciuto solo al Re e alle corti che con la persona del Re si identificavano.

L'affrancarsi delle corti di *common law* dal patronato regio portò con sé l'esclusione della prerogativa di decidere una questione con i margini richiesti dal

---

[12] L'avvocato, il *common lawyer*, aveva il compito assai delicato di elaborare il *pleading*, vale a dire di ricostruire il punto di fatto giuridicamente rilevante sul quale la giuria esprimeva la sua decisione. Più precisamente, si trattava di mettere in luce un fatto che, risultando decisivo per la controversia, era stato affermato da una parte e negato dalla controparte. In tal modo la giuria era chiamata a decidere se quel fatto fosse vero o falso. In questo sistema si innestò, a un dato punto, un istituto processuale inteso a tagliar fuori la giuria: il c.d. *demurrer*. Era il caso in cui una delle parti, pur ammettendo tutti i fatti, e dunque rendendo superfluo il verdetto della giuria, sosteneva la loro irrilevanza sul piano delle conseguenze giuridiche sostenute dall'avversario. Nel 1540, per effetto di uno *statute* (legge), questo istituto scomparve. Tuttavia, fino ad allora, il *demurrer* aveva costituito uno dei principali veicoli di elaborazione e sviluppo del *common law*. Esso, infatti, dava luogo a discussioni informali in punto di diritto, non verbalizzate nei *plea rolls*, ma che venivano raccolte liberamente negli *year books*. Dopo lo *statute of Jeofails* del 1540, il *pleading* assunse forma scritta e il momento dibattimentale sulla questione di diritto fu collocato in una fase successiva, allorché i giudici erano chiamati a motivare di fronte ai *serjeants* (gli attuali *barristers*) la decisione adottata.

caso concreto e **in deroga alla *rule of law***[13]. A partire dal **XIV secolo**, cominciò ad avvertirsi una sorta di sclerotizzazione del diritto di *common law*. In assenza di margini discrezionali da parte dei giudici, la rigidità di formule e schemi cominciò a mostrare la sua inadeguatezza a rendere giustizia in tutti i casi che non erano riconducibili alle fattispecie consolidate. E se le corti regie non erano in grado di rendere giustizia, coerentemente con una mentalità di tipo feudale, il Re doveva porvi rimedio. Così apparve del tutto naturale che le vittime di decisioni non conformi al senso di giustizia potessero rivolgersi direttamente al sovrano, il quale solo poteva legittimamente staccare le sue decisioni dai protocolli della regola generale. In tali circostanze il ricorso veniva presentato al cancelliere del Re e questi lo sottoponeva al sovrano in seno al *King's Council*. Ma già intorno al 1400 il numero di appelli al Re aveva raggiunto un numero così elevato da indurre il Re stesso e il consiglio a delegare la propria autorità al cancelliere.

Nel corso del XV secolo la ***Court of Chancery***, cioè l'ufficio della cancelleria, divenne una corte monocratica; la sua procedura seguiva il modello inquisitorio continentale, con pochi formalismi e una certa speditezza. Si trattava della c.d. procedura romano-canonica, che si svolgeva quasi del tutto in forma scritta, nota anche come *bill procedure* dal nome dell'atto di petizione che introduceva il giudizio. La giurisdizione del cancelliere aveva dunque quei caratteri di discrezionalità propri dell'antica giustizia regia; potendo egli considerare i caratteri peculiari di ciascuna lite, amministrava giustizia secondo *aequitas*. L'***equity***, in altri termini, era il diritto giurisprudenziale derivato dalle pronunce della *Court of Chancery*; ben presto esso si andò formando e consolidando in competizione con il diritto giurisprudenziale derivato dalle pronunce delle corti di *common law*. Naturalmente le prerogative della *Court of Chancery* non erano illimitate: essa non era abilitata a disconoscere i diritti tutelati dalla *common law*, ma solo ad agire nei riguardi della persona del convenuto. Poteva tuttavia disporre la sospensione di un giudizio di *common law* quando ne ravvisasse un esito iniquo o viziato; oppure, su istanza del soccombente, disporre la sospensione dell'esecuzione di una sentenza di un tribunale di *common law* per sostituirla con un rimedio conforme ad equità. Dunque, l'amministrazione della giustizia secondo equità sembrava rispondere, almeno in un primo periodo, a princìpi e criteri metagiuridici commisti ai princìpi del diritto romano e del diritto canonico.

Sotto Enrico VIII (1509-1547) si assistette alla **secolarizzazione della cancelleria** con il trapasso delle funzioni giudicanti dai religiosi canonisti ai ***common lawyers***, impreparati rispetto al diritto romano-canonico. Ciò nondimeno, l'*equity* venne a consolidarsi e a stabilizzarsi in un diritto giurisprudenziale – non

---

[13] L'unica prerogativa regia che le Corti di *common law* mantennero riguardava il controllo sull'operato degli organi di controllo e di giustizia locali, tramite i cc.dd. *prerogative writs*. Essi, attraverso la verifica della legalità del potere locale e della loro coerenza con i parametri della giustizia centrale, assicurarono una uniformazione della giurisdizione nel Regno.

diversamente da quanto era avvenuto con il *common law* – articolato in un complesso sistema di casi giudiziali e istituti.

La storia del diritto inglese testimonia, peraltro, come questo passaggio non sia stato privo di tensioni e conflitti. Protagonisti indiscussi del confronto tra la sclerotizzata *common law* e l'emergente giurisdizione d'*equity* furono, da un lato, Sir **Edward Coke**, *Chief Justice* del *King's Bench*, alleato con i baroni arroccati in Parlamento, paladino della *rule of law* in nome della quale il Re non aveva autorità neanche a partecipare alle decisioni delle "sue" Corti (*Case of prohibition*, 1608); dall'altro, Cancellieri quali **Ellesmere e Francis Bacon** che indulgevano nelle pratiche di interferenza nella giurisdizione delle Corti di *common law*, fino a indurre Giacomo I ad adottare, nel 1616, un provvedimento che riconosceva come lecite le pretese dei giudici d'*equity*.

Tuttavia, a partire proprio da Bacon, i Cancellieri ritennero di dover esercitare un certo *self-restraint* nell'esercizio della loro giurisdizione; finché – nel 1676 – il Cancelliere Lord Nottingham stabilì che la coscienza del giudice d'*equity* era da considerarsi non interna, ma "civile e politica"; in sostanza, «*equity follows the law*» e il Cancelliere tende a decidere non tanto in nome della legge morale, quanto sulla base di **motivazioni giuridicamente rilevanti**. Con ciò si posero le fondamenta per una coesistenza tra *common law* ed *equity*, la quale ancora oggi rappresenta uno dei connotati del sistema di *common law* e gli conferisce una singolare struttura dualistica.

6.4.3. Circolazione e ramificazioni del modello di *common law*

Ragioni politiche, culturali ed economiche hanno determinato la diffusione e la sovrapposizione del diritto inglese in numerosi ordinamenti giuridici, in ogni parte del mondo, estendendo la sua influenza anche verso quei paesi di tradizione romanistica (o di *civil law*) e verso l'area di quelli post-socialisti.

La **circolazione del modello di *common law*** risulta preminentemente legata a motivi di natura storico-politica e coincide sostanzialmente con i paesi direttamente esposti all'azione di influenza del diritto inglese e, in particolare, con quelli colonizzati dall'impero britannico. In tutti i casi il trapianto del diritto inglese è andato incontro ad adeguamenti e ibridazioni che ne hanno alterato la struttura e i caratteri originali. Ciò nondimeno, quegli ordinamenti sono classificabili all'interno della famiglia di *common law*. L'applicazione del diritto inglese si ebbe in **Irlanda** già a partire dal XII secolo, quando Enrico II affermò la sua signoria sull'isola. Tuttora i giudici irlandesi citano e si adeguano ai precedenti inglesi.

Gli attuali ordinamenti di **Canada, Australia e Nuova Zelanda** presentano diversi elementi del diritto inglese, seppure integrati da istituti di matrice codicistica. Nell'area del *common law* sono altresì annoverati il diritto sudafricano e il diritto indiano e, per certi aspetti, il diritto israeliano. A questi devono poi aggiungersi tutti quei paesi già facenti parte del *Commonwealth* i quali, pur divenuti indipendenti, hanno conservato l'impianto di *common law*.

Una nutrita parte di paesi appartenenti alla famiglia di *common law* rappresenta, poi, il risultato dell'influenza esercitata dall'altro prototipo che ha conosciuto un'ampia diffusione: il diritto degli **Stati Uniti** (Filippine, Panama, Cayman, Palau, ecc.). Dunque, nel panorama internazionale si stagliano due prototipi, due modelli esemplari all'interno della famiglia di *common law*: il modello inglese e quello statunitense. Queste due esperienze giuridiche, dopo una lunga fase di sviluppo parallelo e unitario, hanno manifestato evidenti segnali di **divaricazione** venendo ad assumere sempre più connotazioni proprie ed esclusive.

Sicché, mentre sul versante istituzionale inglese si registra l'indiscussa sovranità del parlamento, la mancanza di una costituzione scritta e di un correlativo potere di *judicial review*, l'esistenza di un ordinamento unitario e di una coerente gerarchia giurisdizionale, su quello **statunitense** deve invece considerarsi la presenza di una **costituzione rigida**, gerarchicamente sovraordinata alle altre fonti; di un rilevante sistema di **controllo di costituzionalità**, che si accompagna a una ripartizione della funzione giurisdizionale tra **sfera federale e sfera statale**, alla penetrante e poderosa funzione politica assolta dalla Corte Suprema e agli ampi poteri dei giudici nell'interpretazione degli *statutes* e dei precedenti. La stessa regola dello *stare decisis* riceve una diversa applicazione nei due sistemi.

Il ruolo assunto dagli ***statutes*** sembra anch'esso rivelare ulteriori divergenze tra i modelli esemplari di *common law*. Lo spiccato positivismo che caratterizza l'esperienza inglese induce i giuristi d'oltremanica a prediligere l'interpretazione letterale degli *statutes* o, se necessario, il ricorso al principio di ragionevolezza. Appaiono, invece, meno legati alla lettera, se non addirittura più spregiudicati, i giudici d'oltre oceano che, nell'interpretare gli atti legislativi, non dimostrano alcuna remora nello spingersi a valutare la legittimità delle *policies* fino a porne in dubbio la costituzionalità. Anche sul terreno della dottrina, il giurista nord-americano, sensibile al modello sistematico tedesco, nell'interpretare la norma si avvale degli strumenti metodologici derivati dal rigore logico e dal ragionamento dogmatico della tradizione continentale.

È appena il caso di far rilevare che i sistemi di *common law* non si riducono ai prototipi inglese e statunitense e ai loro derivati. Altre esperienze giuridiche, infatti, pur avendo fatta propria la matrice del *common law*, hanno mantenuto in vigore regole derivanti dalla precedente tradizione giuridica, specie riguardo allo statuto della persona (India, Sudan, ecc.).

6.4.4. Il precedente giudiziario

Nei sistemi di *common law* al precedente giudiziario spetta un ruolo di fonte primaria, contrariamente a quanto avviene nei sistemi di *civil law*. In senso lato, tuttavia, il precedente giudiziario non è sconosciuto agli ordinamenti di origine romanistica. Anzi, la regola secondo cui i casi simili devono essere decisi applicando la medesima norma giuridica risponde a un principio di giustizia rinvenibile nella tradizione giuridica occidentale. La vera discriminante, allora, nei sistemi di *common law* sta nel **valore vincolante del precedente** giudiziario alla luce della regola dello ***stare decisis***. Essa indica l'obbligo giuridico per il giudice di non disattendere determinati precedenti giudiziari, anche se fossero, a suo giudizio, ingiusti o frutto di una erronea lettura delle norme. Dietro questa massima – che certamente unisce i sistemi di *common law* – si celano molteplici e complessi problemi derivanti dal valore e dal significato che alla stessa viene attribuito e che appaiono tutt'altro che univoci nelle diverse esperienze giuridiche. La regola dello *stare decisis* ha una duplice valenza: **orizzontale**, nel senso di imporre a una Corte di seguire i suoi stessi precedenti; e **verticale**, in quanto obbligo per le Corti di seguire i precedenti dettati dalle Corti gerarchicamente superiori.

Quanto alla prima accezione, essa non sembra aver mai realmente vincolato la giurisprudenza della **Corte Suprema negli Stati Uniti**. E anche la *House of Lords* si è formalmente svincolata da tale obbligo [14]. Le Corti intermedie, seppure con una certa elasticità, tendono invece a osservare il vincolo orizzontale dello *stare decisis*. La questione si collega direttamente alla funzione creativa del diritto. La cultura giuridica anglosassone ha fatto ricorso, per dare una ragione del ruolo svolto dai giudici, alla c.d. **teoria dichiarativa del *common law***. In base alla quale, compito del giudice è *jus dicere* e non *jus dare*. Conseguentemente, nel formulare la decisione il giudice non crea diritto, ma si limita a mettere in luce ciò che il diritto è, vale a dire consuetudine antica e spontanea che vige *ab immemorabilia* (da tempi immemorabili).

Blakcstone, più di altri, evidenziò i corollari, peraltro tra loro antitetici, scaturenti dalla teoria dichiarativa del *common law*. Da un lato, se è vero che il giudice si limita a scoprire l'antica consuetudine, allora essa è immutabile e in quanto tale vincolante per il tramite della decisione che l'ha messa in luce e che pertanto vale come precedente. Sarebbe errata dunque (cioè resa *ab iniuria*) la decisone che, successivamente, si discostasse dal precedente. Dall'altro lato, se è vero che la decisione giurisprudenziale ha una mera funzione dichiarativa – e non creativa – del diritto, non può escludersi l'ipotesi che essa sia frutto di una erronea dichiarazione, e dunque resa *ab iniuria*. In tal caso non si vede perché il giudice successivo, sulla base di migliori e più persuasive argomentazioni giuridiche, non possa correggere il precedente.

Sul piano delle fonti del diritto, il punto di connessione tra i due corollari, che rende coerente il sistema, va ricercato nell'altissima considerazione in cui era tenuto il **valore persuasivo** della decisione giudiziaria (Mattei). Per cui un mutamento della giurisprudenza si giustifica solo come correzione di un errore

---

[14] Solo nel 1966, attraverso un *practice statement* emanato nell'esercizio del potere di autoregolamentazione riconosciuto alle Corti, la *House of Lords*, riconoscendo che una adesione rigida ai precedenti poteva indurre a decisioni attualmente ingiuste, si liberò del vincolo derivante dai propri precedenti.

del precedente; dunque, sulla base di appropriate argomentazioni, emerge che il diritto non era ciò che si pensava che fosse. Ne deriva che, per sua stessa natura, **la negazione del precedente (*overruling*) ha efficacia retroattiva**.

Se si guarda al profilo verticale della regola *stare decisis*, l'organizzazione gerarchica delle Corti, impostata in Inghilterra dai *Judicature Acts*, determinò non poco, nel corso del XIX secolo, l'irrigidimento dell'obbligazione nascente dalla regola *stare decisis*. **Negare o discostarsi da un precedente equivale a creare diritto**. Poiché la funzione legislativa richiede il concorso, insieme ai *Lords*, dei *Commons* e della Corona, gli stessi *Lords* hanno ritenuto per circa un secolo di non doversi staccare dai propri precedenti.

6.4.5. Legge e interpretazione giudiziaria nei sistemi di *common law*

Nel *common law* lo *statute*, ancorché promulgato, resta in qualche modo sospeso fino a quando un giudice non proceda alla sua prima applicazione a un caso. In tal modo, divenuto parte di una decisione giurisprudenziale, lo *statute* entra nel circuito del *case law*. Per effetto, dunque, della prima applicazione giurisprudenziale lo *statute* assume il ruolo, sostanziale e non solo formale, di fonte del diritto non in quanto atto legislativo, ma in quanto elemento costitutivo della *ratio decidendi* (David).

Di fronte alla produzione legislativa contemporanea, la moderna dottrina di *common law* permane in una sorta di contraddizione: essa riconosce la **supremazia formale degli *statutes***, ma ne afferma poi la **subordinazione sostanziale** alle norme di *common law*. La supremazia degli *statutes* deriva dalla posizione di assoluta dominanza che il Parlamento ha tra le istituzioni di governo inglesi; così come, negli Stati Uniti, gioca a favore l'esistenza di una costituzione scritta, sostanzialmente un atto di produzione legislativa, quale *supreme law*. La stessa letteratura, tuttavia, sostiene la subalternità di fatto degli *statutes*, i quali entrano a far parte del *common law* per effetto dell'interpretazione e applicazione loro data dai giudici. La loro capacità di innovare il diritto vigente è legata alla funzione di mero adeguamento del diritto giurisprudenziale alle mutate condizioni economiche e sociali. Adeguamento che avviene per effetto del c.d. ***declaring***. Si è detto che oramai da un secolo il *common law* è entrato nell'era degli *statutes* (Calabresi), volendosi con ciò mettere in risalto alcuni caratteri propri degli odierni sistemi di *common law*.

L'avvento del *Welfare State*, sia in Inghilterra che negli Stati Uniti, ha determinato una sorta di «***orgy of statute making***» (Gilmore) in tema di creazione di nuove istituzioni sociali e di ridistribuzione delle risorse. Questa massiccia produzione legislativa è conseguenza dei limiti strutturali del diritto giurisprudenziale: le Corti non possono creare istituzioni, né ridistribuire ricchezza. Resta ferma l'idea, tuttavia, che gli *statutes* mantengono la natura di emendamenti, anche a contenuto derogatorio, del sistema di *common law* e, per tale ragione, hanno carattere eccezionale. A causa di tale impostazione, gli *statutes* in genere, e in specie le cc.dd. *law reform* (leggi di ampio respiro cui il legislatore, inglese o americano, pone mano per riformare interi settori del diritto in modo coerente e organico), appaiono oggi, sotto il profilo del *drafting*, estremamente dettagliati, puntuali nella formulazione linguistica e, per certi versi, prolissi. Si vorrebbe con ciò contenere il margine di libertà dei giudici nell'interpretazione degli *statutes* stessi e, in definitiva, il rischio che sia svuotato nella sostanza il valore della riforma introdotta [15].

7. Il diritto posto dalle autorità politiche

La forma di produzione giuridica definita **diritto politico** assume una dimensione vastissima, considerato che negli Stati contemporanei è di gran lunga la più diffusa. Essa infatti presenta come carattere identificativo il fatto di promanare da una autorità politica, generalmente uno o più organi di vertice dell'ordinamento – sia esso il capo tribù o il presidente della Repubblica – la quale sulla base di valutazioni di merito traduce in norme giuridiche l'indirizzo politico di governo. Vige dunque il principio per cui i destinatari delle norme devono prestare obbedienza all'autorità politica.

Si tratta di una categoria dai confini estremamente vasti; essa sembra esaurire il suo valore euristico nella classificazione qui accolta in quanto utile contenitore di tutte quelle forme di produzione giuridica non riducibili alle altre classi. Diviene dunque indispensabile procedere, all'interno della categoria del diritto politico, a ulteriori distinzioni e classificazioni. Ad esempio, è possibile rilevare tra le fonti politiche significative differenze a seconda delle varie forme di organizzazione politica nell'ambito delle quali esse vengono prodotte. Sicché, cospicue diversità derivano dal fatto che uno stesso tipo di fonte operi in uno Stato a struttura centralizzata o in uno Stato a struttura pluralistica; oppure a seconda

---

[15] I *common lawyers* inglesi hanno dettato alcune regole di *statutory interpretation* (o *statutory construction*). Il criterio primo nella interpretazione degli *statutes* deve essere la c.d. *litteral interpretation*. La fedeltà al testo proclamata dai *common lawyers* porta con sé l'esclusione di tecniche di interpretazione per analogia e il ricorso ai lavori preparatori per ricostruire le intenzioni del legislatore. Quando, tuttavia, l'atto legislativo presenti un contenuto meramente dichiarativo, e non innovativo, del *common law*, allora l'interpretazione per analogia viene ammessa. In Inghilterra, peraltro, in sede d'interpretazione, si ammette il ricorso alla c.d. *golden rule*, un principio generale in base al quale non può attribuirsi alle parole della legge un significato contrario alla ragionevolezza. Negli Stati Uniti, una particolare connotazione della teoria dell'interpretazione deriva dalla presenza di una costituzione scritta, in posizione di supremazia rispetto alle altre fonti e dal respiro ampio. Nell'interpretazione della costituzione da sempre si confrontano, con alterne vicende, due scuole di pensiero: coloro che ritengono necessario muovere dall'*original intent* dei padri costituenti, da un lato; e coloro che ritengono invece decisiva una interpretazione *evolutiva*, che assicuri alla carta costituzionale una valenza politica attuale.

che la forma di Stato risulti essere autoritaria o democratica; e, in quest'ultimo caso, a seconda del tipo di forma di governo disegnata dalla costituzione (parlamentare, presidenziale, ecc.) (Pizzorusso).

In tale quadro, una particolare posizione deve riconoscersi al diritto ideologico, vale a dire a quella forma di produzione normativa in cui è profonda l'osmosi tra il diritto e l'ideologia politica dominante. Il riferimento di maggior evidenza per questo tipo di fonti è dato dal sistema di diritto sovietico così come configuratosi tra il 1917 e la fine degli anni '80 (*infra*, § 7.2.1).

7.1. In particolare, il *civil law* dalla grande codificazione alla crisi della legge

L'esigenza di certezza da sempre ha indotto l'uomo a raccogliere in compilazioni organiche il diritto formatosi su base consuetudinaria, religiosa, politica (Viora)[16]. Ciò che distingue tali **consolidazioni e codificazioni** dai codici elaborati sulla base delle idee del giusnaturalismo razionalista, dell'illuminismo, del giuspositivismo, dalla seconda metà del '700 in poi, non è tanto la fonte, pubblica in entrambi i casi, né il valore (ufficiale) o il carattere novativo, né lo stile o l'impianto, quanto piuttosto il fatto che esse, ma non questi ultimi, presuppongono la sopravvivenza dei diritti particolari e del *jus commune* (Cavanna). Così fu per i codici elaborati da Federico il Grande di Prussia, i **codici napoleonici**, il codice civile austriaco, e poi, più tardi, quello tedesco del 1900, il codice civile svizzero del 1907[17] e le loro innumerevoli recezioni, tanto che proprio in queste codificazioni si rinviene lo spartiacque tra la famiglia giuridica degli ordinamenti di *civil law* e quella degli ordinamenti di *common law*. Dall''800, in gran parte d'Europa, **la legge per antonomasia è dunque il codice**: «un libro di regole giuridiche organizzate secondo un sistema (...) e caratterizzate dall'unità di materia, vigente per (...) tutto lo Stato (...), rivolto a tutti i sudditi o soggetti all'autorità politica statale, da questa autorità voluto e pubblicato, abrogante tutto il diritto precedente sulla materia da esso disciplinata e perciò non integrabile con materiali giuridici previgenti, e destinato a durare a lungo» (Tarello).

In particolare, la **codificazione francese** vide una progressiva attenuazione del carattere rivoluzionario e di rottura dalla tradizione giuridica e dalle elabo-

---

[16] Si ricordano ad es., tra le consolidazioni dell'antichità, il codice di Hammurabi, le leggi ittite di Ur-Nammu, il Codice dell'Alleanza e il Decalogo; tra quelle del diritto romano, le XII Tavole, l'Editto perpetuo, e soprattutto il grande codice giustinianeo; tra le raccolte asiatiche, il codice di Manu; tra le codificazioni operate nei secoli del diritto comune, l'*Especulo* spagnolo (metà del XIII secolo), l'editto di Blois (tardo '500), la raccolta delle consuetudini (*coutumes*) dopo la guerra dei cent'anni, le ordinanze di Colbert ...

[17] Rispettivamente ALR (*Allgemeines Landrecht*), ABGB (*Allgemeines Burgerliches Gesetzbuch*), BGB (*Burgerliches Gesetzbuch*), ZGB (*Schweizeriches Zivilgesetzbuch*).

razioni della giurisprudenza: nel *Code Civil*, entrato in vigore nel 1804, venne raggiunto un appagante punto di equilibrio tra astrattezza e sistema casistico, mentre fu definitivamente stabilito il nuovo modello di tecnica legislativa.

Pur nell'identità di taluni presupposti, la **codificazione tedesca** presentò caratteristiche profondamente diverse: nella sua vigorosa reazione al sistema francese, la **Scuola storica** di Savigny, Puchta, Hugo, che guardavano al diritto romano, come pure i germanisti Grimm, Eichhorn, Beseler, respinsero l'idea stessa di un unico codice che unificasse il diritto dei tanti Stati in cui erano divisi i popoli germanici; al contrario, il diritto poteva svilupparsi "organicamente" solo attraverso la consuetudine, la prassi e la scienza [18]. Il positivismo scientifico della Scuola storica e della Pandettistica era però destinato a pagare anch'esso il proprio tributo al positivismo legislativo, nonostante l'assenza di una rivoluzione, e nonostante la sconfitta patita nel 1848 dal movimento liberale, fautore della codificazione. A far tempo da quest'epoca, numerosi Stati tedeschi si munirono di codici penali e progettarono o adottarono codici civili o di diritto processuale civile [19]. La codificazione prese piede anche in **Svizzera** dopo i moti del 1848. Vari Cantoni si dettero propri codici, mentre la tendenza all'unificazione si concretizzò in un «diritto delle obbligazioni» (O.R., *Obligationrecht*) nel 1884, e trovò il proprio risultato più elevato nel codice civile che, messo in cantiere nove anni più tardi, entrò in vigore il 30 marzo 1911.

Le codificazioni francesi, germaniche e svizzera rappresentarono i modelli di una **recezione di portata ecumenica**. I territori restaurati dopo la caduta di Napoleone assistettero quasi tutti a repentine abrogazioni dei codici francesi colà introdotti, e alla momentanea reviviscenza del *jus commune*; ma la sua palese inadeguatezza, la diffusione della cultura illuministica, le esigenze di unificazione del diritto, le pressioni dei movimenti liberali, indussero i vari prìncipi a procedere a **nuove codificazioni** (o addirittura si conservò semplicemente il *Code civil*). Lungi dall'esaurire la propria influenza nei paesi già oggetto della conquista napoleonica, come la Svizzera e l'Italia, i Paesi Bassi e il Belgio, **i codici francesi vennero esportati** in ogni altra regione d'Europa e del mondo.

---

[18] Compito del giurista, secondo Savigny, era rappresentare in modo esclusivo la coscienza giuridica popolare; e solo il diritto romano esprimeva l'ideale di una concezione giuridica "scientifica" (Wieacker). Fallita la missione di unificare il diritto dei popoli tedeschi attraverso un codice, tale compito fu assunto dalla scienza del diritto civile, a tutti nota come "Pandettistica", con riferimento alle Pandette giustinianee.

[19] O fecero proprio il codice generale tedesco di commercio del 1861, fino a che il *Reich* bismarckiano nato nel 1870 produsse i primi progetti di codice civile, che sarebbero sfociati nel BGB entrato in vigore il 1° gennaio 1900. Se, per così dire, in Francia come in Prussia, in Austria come nel *Reich* germanico il "contenitore" era il medesimo, e cioè un codice, il contenuto del BGB fu tuttavia un prodotto della Pandettistica tedesca, nel quale era palese il ripudio del diritto astratto e razionale, a vantaggio del diritto storico e nazionale, con un'ampia parte generale, con generose concessioni alle clausole generali e, con esse, all'apprezzamento del giudice, che i francesi – come ebbe a dire Montesquieu – consideravano invece mera «*bouche de la loi*».

Immuni dagli influssi del *common law*, nel corso del XIX secolo tutti gli **Stati latinoamericani** che avevano appena raggiunto l'indipendenza si dotarono di codici, guardando al **modello francese**[20]. Ai codici francesi si ispirarono anche, nel Nord del continente, la **Louisiana**, il **Québec** e persino la California e il Dakota; nonché, dopo la decolonizzazione, le ex colonie francesi oltre alla Somalia e l'Etiopia. Nei **territori musulmani** l'impianto dei codici francesi non fu così indolore come in America Latina, per il baratro che separava, e continua a separare, le concezioni filosofiche, culturali, religiose, e le condizioni politiche, economiche, sociali dell'Occidente rispetto a quelle del mondo islamico e del diritto da esso espresso[21]. Va prestata attenzione anche alla **circolazione dei codici tedeschi**, e in particolare del BGB, la cui influenza fu notevole in Giappone, Cina, Brasile, Perù, Ungheria, Jugoslavia, Cecoslovacchia, Grecia[22].

L'accordo tra codice e società del suo tempo si incrinò non appena il programma liberistico da esso espresso si dimostrò insufficiente ad affrontare la nuova missione che lo Stato si proponeva in campo sociale. La critica ai codici provenne sia da quelle componenti politiche che reputavano inadeguate le "gocce d'olio sociale" talora immesse nel testo, sia dalla Chiesa, dalla dottrina, dalla giurisprudenza, chiamata a interpretare i codici e che giunse a rivendicare con la ***Freirechtschüle***, o Scuola del diritto libero, un ruolo creativo. Fu però lo stesso legislatore a infliggere il decisivo colpo al modello codicistico, nel quale lo Stato liberale si riconosceva (Liberati, Wieacker).

Dalla fine dell'800, e soprattutto dopo la prima guerra mondiale, la legislazione lavoristica, assicurativa, previdenziale, sugli alloggi, e via dicendo venne ad affiancarsi e a sovrapporsi ai codici, formando un corpo di **leggi speciali**, con le quali i Parlamenti volevano soddisfare i bisogni di nuove classi e di particolari gruppi (Irti). La legge speciale non si caratterizza solo per il suo contenuto; la tecnica legislativa si corrompe, e la formulazione degli enunciati non presenta più la limpidezza dei codici; alla legge vengono a mancare le caratteristiche di generalità e di astrattezza; la natura provvedimentale che essa assume comporta immediate ricadute sull'amministrazione e la giurisdizione (cap. II, III, § 4); si fa più denso il filtro degli operatori e degli apparati dell'esecuzione;

---

[20] Per l'impossibilità di utilizzarne altri, in particolare quelli dei paesi di madrelingua – la Spagna e il Portogallo – i quali non solo rappresentavano l'antica potenza coloniale, ma erano inoltre rimasti privi di codici civili rispettivamente sino al 1889 e al 1867, quando se ne fornirono imitando il prototipo napoleonico.

[21] Era fatale che un diritto rigido manifestasse profonde crisi di rigetto per le istanze di rinnovamento che pure vennero a più riprese perseguite. Nell'Impero ottomano, comunque, l'influenza francese si tradusse in un codice commerciale nel 1850 e in un codice penale nel 1858. Così pure, nel corso dell'800 si fornirono di codici la Tunisia, l'Algeria, l'Egitto.

[22] A sua volta, il codice civile svizzero rappresentò una pietra miliare della modernizzazione turca intrapresa da Mustafa Kemal (1927), e giunse a ispirare svariati paesi dell'Europa orientale, del Sud America (in ispecie il *Codigo civil* del Perù), dell'Asia (Siam, Cina).

i magistrati sono chiamati a colmare le lacune e a produrre ardite interpretazioni di disposizioni che non riescono a comporsi in sistema.

Nonostante le numerose crisi di rigetto che la codificazione patì sia in Europa (specie nei paesi germanici), sia, più tardi, in paesi divenuti indipendenti (in particolare, dove il radicamento del diritto consuetudinario, giurisprudenziale, religioso ne ostacolò l'applicazione), **il modello codicistico mantenne comunque salde radici**, accompagnando l'altro grande movimento coevo: quello della formalizzazione delle costituzioni, del quale esso si dimostra speculare[23].

7.2. Il diritto codificato degli altri sistemi

Il diritto codificato di origine romanistica non costituisce un fenomeno geograficamente limitato all'Europa. Se n'è fatto cenno nel paragrafo precedente. Più in particolare, merita di essere ricordato che il diritto codificato è fortemente radicato nella vasta area del diritto russo, il quale ha le sue proprie origini nella tradizione romanistico-bizantina; ha, inoltre, conosciuto una vasta espansione anche oltre l'Oceano in conseguenza delle politiche coloniali condotte dagli Stati europei, in particolare verso l'America centro-meridionale. Seppure con un minore tasso di diffusione, le iniziative coloniali olandesi di inizio '800 condussero il diritto romano-olandese a sovrapporsi ai costumi africani in alcuni Stati dell'Africa meridionale. Per non dire poi di ordinamenti quali quelli vigenti in Québec, Luisiana e Isole Mauritius, dove sulla matrice del *common law* si sono innestati istituti tipici del *civil law*.

7.2.1. In particolare, il diritto russo e sovietico

Le origini bizantine del diritto russo sono da ricondurre all'epoca in cui le popolazioni slave, che tra il VI e il VII secolo d.C. si erano stanziate nel vasto territorio compreso tra i bacini del Dnepr e del Volga, si convertirono al cristianesimo in seguito agli intensi rapporti commerciali con Bisanzio (verso la fine del X secolo d.C.). Insieme alla religione greco-cattolica, queste popolazioni abbracciarono la cultura bizantina anche nell'arte, nelle scienze e nel diritto; le origini del diritto russo si fanno convenzionalmente risalire ai primi testi codificati recanti le consuetudini popolari e mercantili. Si tratta di raccolte (*Russkaja Pravda*) in cui le consuetudini della tradizione russa si combinano con istituti del diritto romano-

---

[23] Il riconoscimento stesso dell'esistenza di diritti naturali non poteva che sfociare nella loro affermazione "positiva" e nella enunciazione di regole che ne garantissero l'esercizio: la medesima fonte, la legge, veniva chiamata a ridisegnare dalle fondamenta il diritto civile e al contempo – sia pure con un nome diverso: quello di costituzione – a delimitare il potere del Monarca, a ristrutturare lo Stato, a stabilire i limiti dell'amministrazione pubblica. Il diritto costituzionale, insomma, nasce come diritto formalmente legislativo.

bizantino e germanico e con il diritto canonico della Chiesa di Bisanzio (che dopo lo scisma del 1056 diverrà Ortodossa).

Nel 1223 la Russia è invasa dai Mongoli di Gengis Khan: la dominazione mongola (che si estende fino al 1480) da un lato isolerà la Russia dall'occidente; dall'altro, però, non consentirà alle consuetudini mongole di imporsi come diritto prevalente. Dopo la definitiva sconfitta dei Mongoli a opera di Ivan III, permane l'isolamento rispetto all'occidente e il diritto rappresenta una dimensione marginale della società russa, retta dal regime dispotico zarista. Con l'avvento dello Zar **Pietro I il Grande** (1689) si avvia un processo di riavvicinamento all'Europa e di ammodernamento dello Stato. Tuttavia, permane la posizione marginale del diritto nella cultura russa: i giuristi sono al servizio dello Zar, non elaborano la dottrina giuridica e i magistrati sono funzionari amministrativi.

All'inizio del XIX secolo, con lo Zar Alessandro I, si avvia una fase di **nuova codificazione** del diritto: un'opera imponente che si concluderà nel 1835 e che contribuirà a restituire al diritto una sua propria rilevanza; l'interesse crescente per gli studi giuridici contribuirà al formarsi di una dottrina giuridica la quale, a sua volta, aprirà i suoi orizzonti di ricerca verso l'Europa e in particolare verso il modello codicistico tedesco. L'opera di nuova codificazione si arresterà con la **Rivoluzione bolscevica**, ma gli eventi epocali del 1917 non saranno tali da sradicare il ceppo del diritto romano-bizantino che segna la matrice comune tra diritto il russo e i diritti dell'Occidente europeo. La rivoluzione dell'ottobre 1917 rappresenta il tentativo di trasfondere sul piano reale l'utopia marxista. Per far ciò si sostiene che il diritto e lo Stato, essendo **sovrastrutture borghesi** e strumenti di oppressione delle classi lavoratrici, dovevano essere aboliti. Naturalmente non si sarebbe potuto fare a meno di regole giuridiche; ma il nuovo diritto sovietico non avrebbe avuto nulla a che fare con il diritto borghese.

In definitiva, il **diritto sovietico** è un diritto sovrastato dall'ideologia e dalla politica; nella forma resta fedele al modello codicistico continentale. Più in particolare, esso si esprime attraverso norme a contenuto generale e astratto ed è prevalente la tendenza a raccogliere tali norme giuridiche in codici. Dunque, un sistema delle fonti del diritto di tipo codificato che, pur confermando sul piano formale la sua matrice comune con il diritto europeo continentale, rompe con esso sul piano delle finalità politiche e si prefigge il compito di contribuire a realizzare la società comunista.

7.2.2. In particolare, il diritto dell'America Latina

Le radici europee del diritto sudamericano hanno la loro origine nella bolla *Inter coetera* del Papa Alessandro VI con la quale, nel 1493, si assegnava alla **Spagna e al Portogallo** la missione di evangelizzare le vaste regioni dell'America centro-meridionale e il compito di sviluppare i commerci con quelle terre. La colonizzazione del continente sudamericano venne condotta attraverso una sanguinosa campagna militare che determinò la decimazione delle popolazioni autoctone; la sottomissione degli Indios non contemplava alcun rispetto per la loro cultura e per le loro tradizioni; l'apparato governativo dei cc.dd. vicereami istituiti nelle regioni occupate era affidato a funzionari provenienti dalla madrepatria. La società sudamericana che si venne componendo era dunque una società complessa e pluralista, almeno nelle sue espressioni più genuine; l'apparato sovrapposto a questa realtà era invece sostanzialmente monolitico.

Il diritto vigente in queste terre era costituito dal **diritto castigliano** della madrepatria (incluso il diritto canonico) integrato dalle **disposizioni emanate appositamente per le colonie**. Quest'ultimo complesso di disposizioni normative (leggi specifiche per le colonie, disposizioni normative rivolte ai funzionari, atti normativi dei vicerè e dei governatori delle province) era noto come "diritto indiano" perché specificamente riferito alle Indie occidentali: esso trovava applicazione nelle colonie e integrava, ove necessario, il diritto iberico. Le forme del diritto indiano erano quelle della tradizione del diritto romano-canonico vigente in Castiglia. Per avere un'idea del pluralismo giuridico che caratterizzava le colonie spagnole occorre tener conto che la struttura dell'ordinamento si fondava su tre principali fonti del diritto: il diritto spagnolo, il diritto canonico e il diritto indigeno (Losano). Il diritto spagnolo era articolato in due rami: il **diritto castigliano** e il **diritto indiano**[24].

Con la dichiarazione d'indipendenza del Venezuela del 1831 prende avvio il processo di **disgregazione dell'impero coloniale** spagnolo che si compirà in un ventennio. Le ragioni che ispirarono i moti di ribellione vanno ricondotte alle idee della rivoluzione francese e all'esempio offerto dalle colonie del nord America nella lotta per l'indipendenza dalla Gran Bretagna. Le costituzioni promulgate nei nuovi Stati indipendenti dell'America Latina prendono a modello di riferimento la costituzione degli Stati Uniti del 1787; il diritto civile rimane ancorato, in una prima fase, al diritto spagnolo o, in Brasile, portoghese; successivamente si avviano le nuove codificazioni che avranno come modello ispiratore il *code civil* (nella prima metà del XIX secolo) e poi il codice tedesco (nel XX secolo).

---

[24] Il diritto indiano era composto dal diritto indiano peninsulare e il diritto indiano creolo; nell'ambito del diritto indiano creolo potevano distinguersi la normativa locale e le consuetudini locali. Il diritto canonico era fondato su due ramificazioni: il diritto canonico universale e il diritto canonico indiano. Quest'ultimo era sua volta suddiviso in diritto canonico indiano di origine pontificia e diritto canonico creolo o locale. Il terzo ramo delle fonti del diritto era costituito dal diritto indigeno, vale a dire le norme della tradizione locale. Tuttavia, il tipo di colonizzazione realizzata in Sudamerica non aveva in alcuna considerazione la cultura locale e men che meno la tradizione giuridica locale. Sul piano sostanziale, si assistette a un travaso di contenuti normativi dalla madrepatria verso le colonie per la gran parte delle materie. Dove le esigenze del governo locale richiedevano soluzioni alternative, si invocava il concetto di "*tierra nueva*" per giustificare l'introduzione di regole nuove da parte del diritto indiano.

Riferimenti bibliografici

In chiave storica v. A. CAVANNA, *Storia del diritto moderno in Europa. Le fonti e il pensiero giuridico*, I, rist., Giuffrè, Milano, 1994; per le definizioni e l'inquadramento dei concetti: V. CRISAFULLI, *Lezioni di diritto costituzionale*, II, 1, *L'ordinamento costituzionale italiano (Le fonti normative)*, 6ª ed., Cedam, Padova, 1993; ID., voce *Fonti del diritto (diritto costituzionale)*, in *Enc. dir.*, 1968, XVII (per la differenza tra prospettive teoretica e dogmatica); L. PALADIN, *Le fonti del diritto italiano*, il Mulino, Bologna, 1996; R. GUASTINI, *Teoria e dogmatica delle fonti*, Giuffrè, Milano, 1998; A. PIZZORUSSO, *Comparazione giuridica e sistema delle fonti del diritto*, Giappichelli, Torino, 2005; A. WATSON, *Sources of Law, Legal Change, and Ambiguity,* University of Pennsylvania Press, Philadelphia, 2nd ed., 1998; S. VOGENAUER, *Sources of Law and Legal Method in Comparative Law*, in M. REIMANN, R. ZIMMERMANN (eds.), *The Oxford Handbook of Comparative Law*, Oxford U.P., New York, 2006; J. CHIPMAN GRAY, *The Nature and Sources of the Law*, Columbia U.P., 1909, rist. Elibron Classics, New York, 2005.

Sulla consuetudine v. N. BOBBIO, *La consuetudine come fatto normativo*, Cedam, Padova, 1942; sulle tradizioni le opere di P. LEGRAND, R. MUNDAY (eds.), di H.P. GLENN, di W. MENSKI citate nella bibliografia generale; T.W. BENNETT, *Comparative Law and African Customary Law*, in M. REIMANN, R. ZIMMERMANN (eds.), *The Oxford Handbook of Comparative Law*, cit.; su Pachamama e il diritto controegemonico latinoamericano v. E. BORJA JIMÉNEZ (ed.), *Diversidad cultural: conflicto y derecho: nuevos horizontes del derecho y de los derechos de los pueblos indígenas en Latinoamérica*, Tirant lo Blanch, Valencia, 2006; B. DE SOUSA SANTOS, *Refundación del Estado en América Latina. Perspectiva desde una epistemología del Sur*, Abya-Yala, Quito, 2010; S. LANNI (ed.), *I diritti dei popoli indigeni in America Latina*, Esi, Napoli, 2011 (oltre ai libri a cura di BAGNI, BALDIN e ZAGO cit. nella bibliografia del cap. I).

Per il diritto convenzionale nelle sue varie forme G. MARSHALL, *Constitutional conventions: the rules and forms of political accountability*, Clarendon, Oxford, 1984; G. MARSHALL, G.C. MOODIE, *Some Problems of the Constitution*, Hutchinson, London, 1961.

Sul diritto indù, R. REDWOOD FRENCH, M.A. NATHAN (eds.), *Buddhism and the Law. An Introdution*, Cambridge U.P., Cambridge, 2014; D.R. DAVIS, *The Spirit of Hindu Law*, Cambridge U.P., Cambridge, 2013; T. LUBIN, D.R. DAVIS, J.K. KRISHNAN (eds.), *Hinduism and Law. An Introduction*, Cambridge U.P., 2010; sul diritto asiatico, cinese e giapponese, W.F. MENSKI, G. AJANI, A. SERAFINO, M. TIMOTEO, *opp. citt.* nella bibliografia generale; A. RINELLA, *Cina*, collana "Si governano così", il Mulino, Bologna, 2006; M. MAZZA, *Lineamenti di diritto costituzionale cinese*, Giuffrè, Milano, 2006.

A proposito delle fonti del diritto canonico, G. DALLA TORRE, G. BONI, *Conoscere il diritto canonico*, Studium, Roma, 2006; G. DALLA TORRE, *Lezioni di Diritto Canonico*, Giappichelli, Torino, 2004; in lingua inglese, J.A. CORIDEN, *An Introduction to Canon Law*, Paulist Press, Mahwah, 2006; L. GEROSA, *Canon Law*, Continuum Int. Publ., New York, 2002; J. COUGHLIN, *Canon Law: A Comparative Study with Anglo-American Legal Theory*, Oxford U.P., Oxford, 2011.

Sul diritto ebraico, in inglese: G. HOROWITZ, *The Spirit of Jewish Law*, Bloch, New York, 1953; P. ELMAN *et al.*, *An Introduction To Jewish Law*, Lincolns-Prager, London,

1958; M. ELON, *Jewish Law. History, Sources, Principles*, 4 voll., Jewish Publication Society, Philadelphia-Jerusalem, 1994; M.P. GOLDING (ed.), *Jewish Law and Legal Theory*, Dartmouth, Aldershot-Sidney, 1994; A.M. RABELLO, *European Legal Traditions and Israel: Essays on Legal History, Civil Law and Codification*, The Harry and Michael Sacher Institute for Legislative Research and Comparative Law, Jerusalem, 1994; A. SHAPIRA, K.C. DE WITT-ARAR (eds.), Introduction to *the Law of Israel*, Kluwer, The Hague-London-Boston, 1995; E. MENACHEM, *Jewish Law: History, Sources, Principles*, Jewish Pub. Society, *reimpr.*, 2013; S.V. MAZIE, *Israel's Higher Law: Religion and Liberal Democracy in the Jewish State*, Lexington Books, Oxford, 2006; su Israele in lingua italiana, T. GROPPI, E. OTTOLENGHI, A.M. RABELLO (eds.), *Il sistema costituzionale dello Stato di Israele*, Giappichelli, Torino, 2006.

In tema di diritto musulmano si vedano: F. CASTRO, *Il modello islamico*, Giappichelli, Torino, 2007; bibliografia sull'Islam in M. IQBAL, *The Reconstruction of Religious Thought in Islam*, 2ª ed., Oxford U.P., London, 1989; 'A.A. NA'IM (ed.), *Islamic Family Law in a Changing World. A Global Resource Book*, Zed Books, London, 2002; M.H. KAMALI, *Shari'a Law: An Introduction*, Oneworld, Oxford, 2008; HIRSCHL R., *Constitutional Theocracy*, Harward U.P., Massachusetts, 2010; C. MALLAT, *Comparative Law and the Islamic (Middle Eastern) Legal Culture*, in M. REIMANN, R. ZIMMERMANN (eds.), *The Oxford Handbook of Comparative Law*, cit.; J.M. OTTO, *Sharia Incorporated. A Comparative Overview of the Legal Systems of Twelve Muslims Countries in Past and Present*, Leiden U.P., Leiden, 2010. Sulle transizioni e la c.d. primavera araba si vedano il n. monografico 11/2012 della *Rev. gen. der. públ. comp.*, intitolato "El mundo árabe"; C. SBAILÒ, *Diritto pubblico dell'Islam mediterraneo. Linee evolutive degli ordinamenti nordafricani contemporanei: Marocco, Algeria, Tunisia, Libia, Egitto*, Cedam, Padova, 2014; C. DECARO, *Tradizioni religiose e tradizioni costituzionali*, Carocci, Roma, 2013.

Su diritto giurisprudenziale e interpretazione, G. TARELLO, *L'interpretazione della legge*, Giuffrè, Milano, 1980; R. GUASTINI, *Le fonti del diritto e l'interpretazione*, Giuffrè, Milano, 1993; F. MODUGNO, *Appunti dalle lezioni di teoria dell'interpretazione*, Cedam, Padova, 1998. Sul diritto giurisprudenziale dei dotti, G. PUGLIESE, F. SITZIA, L. VACCA, *Istituzioni di diritto romano*, Giappichelli, Torino, 2012; M. TALAMANCA, *Lineamenti di storia del diritto romano*, Giuffrè, Milano, 1989; J. DAINOW (ed.), *The Role of Judicial Decisions and Doctrine in Civil Law and in Mixed Jurisdictions*, Louisiana State Un., Baton Rouge, 1974; per altre forme di giurisprudenza dotta v. *supra*.

Sul diritto transnazionale, M. NEVES, *Transconstitutionalism*, Hart, Oxford, 2013; G. TEUBNER, *Constitutional Fragments. Societal Constitutionalism and Globalization*, Oxford U.P., Oxford, 2012; D. VON DANIELS, *The Concept of Law from a Transnational Perspective*, Ashgate, Farnham, UK, 2010; G. HANDL, J. ZEKOLL, P. ZUMBANSEN (eds.), *Beyond Territoriality: Transnational Legal Authority in an Age of Globalization*, Martinus Nijhoff, Leiden, 2012. In particolare sulla *soft law* v. F. CAFAGGI, *Crisi della statualità, pluralismo e modelli di autoregolamentazione*, in *Pol. dir.*, 2001; M.R. FERRARESE, *Diritto sconfinato*, Laterza, Roma-Bari, 2006; E. MOSTACCI, *La soft law nel sistema delle fonti: uno studio comparato*, Cedam, Padova, 2008; A. SOMMA (ed.), *Soft law e hard law nelle società postmoderne*, Giappichelli, Torino, 2009; R. DEHOUSSE, *Naissance d'un constitutionnalisme transnational*, in *Pouvoirs*, n. 96, 2001.

Sul *common law*, in una letteratura immensa, F.W. MAITLAND, *The Forms of Action at Common Law: A Course of Lectures*, Cambridge U.P., Cambridge, 1954; R. POUND, *The Spirit f the Common Law* (1921), Beacon, Boston, 1966, trad. it. *Lo spirito della "Common Law"*, Giuffrè, Milano, 1970; G. RADBRUCH, *Der Geist des englischen Rechts*, Vanderhoeck & Ruprecht, Göttingen, 1958, trad. it. *Lo spirito del diritto inglese*, Giuffrè, Milano, 1962. Sull'*equity*, F.W. MAITLAND, *Equity. A course of Lectures*, 2ª ed. (revised), Cambridge U.P., Cambridge, 1936 (rist. 1969), trad. it. *L'equità*, Giuffrè, Milano, 1979. Su circolazione e ramificazioni del modello di *common law*, O.W. HOLMES JR., *The Common Law*, McMillan, London, 1881, ristampa Clark, New Jersey, The Lawbook Exchange, Ltd., 2005; S. F. C. MILSOM, *Studies in the History of the Common Law*, Hambledon, London, 1985. Sul precedente cfr. T.E. LEWIS, *History of Judicial Precedent*, in *Law Quart. Rev.*, n. 46, 1930; n. 47, 1931; n. 48, 1932; J.H. LANGBEIN, R. LETTOW LERNER, B.P. SMITH, *History of the Common Law: the Development of Anglo-American Legal Institutions*, Aspen Publishers/Wolters Kluwer Law & Business, New York, 2009.

Sul *civil law* dalla grande codificazione sino alla crisi della legge: M.E. VIORA, *Consolidazioni e codificazioni. Contributo alla storia della codificazione*, 3ª ed., Giappichelli, Torino, 1967; F. WIEACKER, *Privatrechtsgeschichte der Neuzeit unter besonderer Berücksichtigung der deutschen Entwicklung*, II, ed. riv., Vandenhoeck u. Ruprecht, Göttingen, 1967, trad. it. *Storia del diritto privato moderno con particolare riguardo alla Germania*, II, Giuffrè, Milano, 1980; A.J. ARNAUD, *Les origines doctrinales du Code civil français*, Lgdj, Paris, 1969; G. CORRADINI, *Garantismo e statualismo. Le codificazioni civilistiche dell'Ottocento*, Giuffrè, Milano, 1971; R. BONINI, *Problemi di storia delle codificazioni e della politica legislativa*, 2 voll., Patron, Bologna, 1973-1975; G. TARELLO, *Storia della cultura giuridica moderna*, I, *Assolutismo e codificazione del diritto*, il Mulino, Bologna, 1976; N. IRTI, *L'età della decodificazione*, Giuffrè, Milano, 1979; A. WATSON, *The Making of the Civil Law*, Hasvard U.P., Cambridge, 1981, trad. it. *La formazione del diritto civile*, il Mulino, Bologna, 1986; A. CANNATA, A. GAMBARO, *Lineamenti di storia della giurisprudenza europea – dal medioevo all'età contemporanea*, 4ª ed., Giappichelli, Torino, 1989; P.G. MONATERI, A. SOMMA, *Il modello di* civil law, cit. nella bibliografia generale.

Sulla circolazione dei codici: per il mondo arabo e l'impero ottomano, H.V. VELIDEDEOGLU, *Le mouvement de codification dans les pays musulmans. Ses rapports avec les systèmes juridiques occidentaux*, in *Rapports Généraux au Ve Congrès international de droit comparé*, Bruylant, Bruxelles, 1960; F. CASTRO, *La codificazione del diritto privato negli Stati arabi contemporanei*, in *Riv. dir. civ.*, n. 1, 1985; M. LOSANO, *L'ammodernamento giuridico della Turchia (1839-1926)*, 2ª ed., Unicopli, Milano, 1985; per le Americhe, H.P. DE VRIES, J. RODRÍGUEZ-NOVÁS, *The Law of the Americas*, Oceana, Dobbs Ferry 1965; sulle codificazioni cinesi, R. CAVALIERI, *La legge e il rito. Lineamenti di storia del diritto cinese*, F. Angeli, Milano, 1999; per i paesi socialisti, R. SACCO, *Il sustrato romanistico del diritto civile nei paesi socialisti*, in *Riv. dir. civ.*, 1969, I. Sul diritto russo e sovietico, P.I. STUČA, E.B. PAŠUKANIS, A.J. VYŠINSKIJ, M.S. STROGOVIČ, *Teorie sovietiche del diritto*, Giuffrè, Milano, 1954; M. COSSUTTA, *Formalismo sovietico. Delle teorie giuridiche di Vyšinskij, Stuča e Pašukanis*, Esi, Napoli, 1992. Sui profili istituzionali, M. LESAGE, *Les regimes politiques de l'U.R.S.S. et de l'Europe de l'Est*, Puf, Paris, 1977. Sul diritto dell'America Latina: E. ROZO ACUÑA, P. MAFFEI, *Le costituzio-*

ni dell'America Latina. I Paesi della comunità andina, Giappichelli, Torino, 2006; G. CASCELLA, *Caratteri e peculiarità del diritto civile dell'America Latina ed in particolare di quello brasiliano*, Filodiritto, Bologna, 2008. Su India e Asia orientale v. *supra*.

Per le citazioni di AMIRANTE, BAGNI, BALDIN e ZAGO, CAVALIERI, OLIVIERO, v. la bibliografia *sub* cap. I; per DAVID, GORLA, MATTEI, LOSANO, SOMMA, v. la bibliografia generale; quelle di Reposo si riferiscono alla 4ª ed. di questo manuale.

Per altri riferimenti v. G. CALABRESI, *A Common Law for the Age of Statutes*, Harvard U.P., Cambridge, 1982; M. CARDUCCI, *Por um Direito Constitucional Altruísta*, Livraria do advogado ed., Porto Alegre, 2003; G. GILMORE, *The Ages of American Law*, Yale U.P., New Haven-London, 1977, trad. it. *Le grandi epoche del diritto americano*, Giuffrè, Milano, 1988; A. GIANOLA, *Regole e meccanismi di funzionamento del diritto muto*, in L. ANTONIOLLI, G.A. BENACCHIO, R. TONIATTI (eds.), *Le nuove frontiere della comparazione*, cit. nella bibliografia generale.

Sezione III – *La struttura delle fonti del diritto*

di *Lucio Pegoraro*

1. Stato sociale, crisi della legge e rigidità della costituzione

L'analisi delle fonti che segue fa riferimento allo schema seguito dagli ordinamenti occidentali da fine '700 in poi, che si è imposto in gran parte dei paesi del mondo. Tutti gli ordinamenti statali, salvo rarissime eccezioni, si sono dotati di una costituzione; tutte le costituzioni disciplinano le fonti, dando almeno **formale preminenza alla legge**, e prevedendo con diversa estensione e varie modalità il potere degli Esecutivi di emanare atti normativi, spesso anche pariordinati alla legge. Se l'ordinamento è decentrato, dettano i criteri di distribuzione delle competenze. Ciò che cambia, rispetto alle diverse forme di Stato, non è tanto l'esistenza di atti di volta in volta denominati "legge", "regolamenti", "decreti", "leggi delegate", ecc. (nelle varie esperienze le denominazioni possono essere diverse), quanto i rapporti tra esse. Gli **ordinamenti occidentali** accolgono l'idea di una **scala gerarchica** e, al contempo, di una **divisione per competenze**. Gli intrecci tra questi criteri possono essere graduati e più o meno lineari. C'è uno stretto rapporto tra fonti e forma di Stato (e anche tra fonti e forma di governo). Nelle forme di Stato che non riconoscono la divisione di poteri, o la riconoscono solo formalmente, le fonti promananti dal potere esecutivo sono nettamente preminenti, diversamente dagli altri, dove la legge, pur indebolita, continua a sovrastare le altre fonti (eccetto la costituzione).

Le costituzioni dell'’800, predisposte per dare tutela all'autonomia degli individui, non seppero resistere all'ammissione al potere delle classi sociali estromesse: a essa non si accompagnò, sino alla fine della grande guerra, un'enunciazione esaustiva dei c.d. diritti sociali, accanto ai tradizionali diritti di libertà e a quelli politici. Nonostante il tentativo della dottrina giuridica europea di affermare la sostanziale unitarietà del concetto di legge, alle spinte di settori della società, o al soddisfacimento di particolari esigenze, le costituzioni risposero tutte, o quasi tutte, **scomponendo la legge in svariati sottotipi** diversamente qualificati in base al procedimento seguito e alla materia trattata.

Il sistema delle fonti si arricchisce di una molteplicità di atti che, in senso stretto, leggi non sono, pur essendo muniti della forza di resistere all'abrogazione disposta da leggi ordinarie successive (c.d. **forza di legge passiva**). Il nome "legge" viene poi utilizzato per designare anche alcuni atti di enti autonomi (leggi delle *Comunidades Autónomas* spagnole, leggi delle Regioni italiane, leggi dei *Länder* austriaci o tedeschi). Il **criterio di gerarchia**, che le costituzioni flessibili stagliavano nitidamente nel disegno di una scala composta di tre soli gradini – legge, regolamento, usi – si rivela inidoneo a comporre le antinomie tra le fonti. In suo luogo, fa breccia e assume un rilievo via via crescente il **criterio di competenza**. La segmentazione della legge, a opera della costituzione, avviene con diverse tecniche e in differenti settori. I rapporti tra la legge ordinaria e la vasta tipologia di fonti atipiche solo in qualche caso sono ispirati (anche) al criterio di gerarchia. Per lo più, poiché il riferimento è all'oggetto della disciplina, la divisione corre sul filo della competenza, senza che ciò comporti la sottoposizione di una fonte a un'altra.

Quasi sempre alla legge del Parlamento viene implicitamente riservata una **competenza residuale** (la legge può disporre su tutto ciò che non è lasciato ad altre fonti)[25]: ciò che non è più frequente riscontrare, è l'attribuzione alla legge del Parlamento di una **competenza generale**: la sfera di competenza della legge è determinata dalla costituzione, come lo è quella di ogni altra fonte: leggi degli Stati membri o delle Regioni, leggi da approvare con atti del popolo (referendum o plebiscito), regolamenti parlamentari, regolamenti comunitari, atti delle Camere in seduta comune, leggi condizionate da pareri, e soprattutto fonti intermedie tra la costituzione e la legge, denominate leggi organiche in Francia, in Spagna, in Perù, in Romania, in Portogallo, in Brasile, ecc. (*infra*, § 9).

Fissata dalla costituzione la competenza di una fonte, questa a sua volta necessita di **disposizioni attuative di grado inferiore**; attenuato a livello costituzionale, il criterio di gerarchia ricompare così all'interno di "microsistemi ge-

---

[25] Fanno eccezione quegli ordinamenti decentrati i quali non assegnano competenze enumerate agli Stati membri, bensì utilizzano la tecnica opposta di elencare nella costituzione le competenze dello Stato centrale, essendo le restanti attribuite agli enti periferici; rappresenta altresì un'eccezione la Francia della V Repubblica, nella quale la legge spiega la propria competenza nelle sole materie elencate, mentre un *domaine* residuale è conferito al regolamento.

rarchici" che assumono caratteristiche differenti nei vari ordinamenti e anche all'interno di ciascun ordinamento, in grovigli sovente inestricabili che tutto assicurano, tranne che certezza del diritto.

2. La legge

Nel linguaggio comune, "legge" è sinonimo di "diritto"; lo è spesso anche nel linguaggio giuridico. In questo § analizzeremo la distinzione tra queste due accezioni per concentrarci poi sulla legge nel suo significato più ristretto, ossia di uno specifico atto del Parlamento, approvato secondo un'apposita procedura, di solito delineata dalla costituzione. Definiremo qui anche il concetto di "princìpi del diritto", per il rilievo che essi assumono nell'interpretazione della legge, e anche perché essi, sia possono essere ricavati dalle leggi, sia possono condizionare la produzione delle leggi. Per le fonti fatto, si rinvia a quanto detto *sub* cap. II, II, § 3.

2.1. Legge e princìpi del diritto

L'**etimologia di "legge"** (dal latino *lex*, *legis*) è dubbia: «alcuni la fanno derivare dal verbo "legĕre", nel senso di "distribuire" (quindi legge come atto che attribuisce a ognuno il suo) oppure in quello di "leggere", a sua volta collegato al greco λέγειν, "dire" (quindi individuando un legame con le formule che si recitavano per creare vincoli obbligatori); altri dal verbo "lēgare", ossia "delegare un potere" quindi per estensione "obbligare, disporre", etimologia che si ritrova anche nella radice indoeuropea "lagu" (v. ad es. *legis-latio*); infine da "ligare" nel senso di "legare, vincolare". Tutte le diverse proposte ricostruttive colgono in realtà aspetti diversi ma egualmente presenti nella legge, e ciò trova conferma anche dall'analisi etimologica della corrispondente traduzione in altre lingue: ad es. l'inglese "**law**", da "lagu" appunto, "stendere, mettere giù, fissare" (da cui "to lay"), che nelle forme più antiche era sostituito da "gesetnes", che richiama immediatamente "das **Gesetz**" tedesco, che a sua volta rimanda al verbo "setzen" ("stabilire, fissare, disporre") ma anche al sostantivo "der Satz" ("frase", dove ritorna il tema della parola, della formula). In senso ampio con il termine "legge" si intende l'insieme delle norme in vigore in un ordinamento, a prescindere dalla fonte di produzione, dunque come sinonimo di "diritto"» (Bagni).

Nel mondo anglosassone, l'espressione "*law*" significa però "diritto", mentre "legge" si denomina "*statute*" (o in altri casi "*act*"). Non è questa l'unica peculiarità dei sistemi a base giurisprudenziale, nei quali la legge condivide con quelli di *civil law* solo alcuni elementi. Con l'espressione "**princìpi del diritto**" si allude invece a figure giuridiche che nei vari ordinamenti assumono talvolta altre denominazioni, come "princìpi generali dell'ordinamento giuridico dello Stato" (Italia) o "princìpi fondamentali riconosciuti dalle leggi della Repubblica" (Francia). Sovente lo stesso legislatore qualifica una disposizione "di principio"; ma più spesso è la dottrina e, soprattutto, la giurisprudenza, specialmente quella costituzionale che, muovendo da una ricognizione del tessuto normativo, giunge alla conclusione che l'elemento essenziale comune a più disposizioni, o persino incardinato in una sola (come quella relativa all'eguaglianza davanti alla legge), rappresenta appunto un principio.

Sia in un caso che nell'altro, la locuzione mantiene una **larghissima vaghezza semantica**. Guastini ne elenca **varie accezioni**, utilizzate per indicare di volta in volta norme provviste di un alto grado di generalità, o di carattere programmatico, o che occupano un grado elevato nella gerarchia delle fonti, o che rivestono un ruolo reputato fondamentale nel complessivo ordinamento giuridico o, infine, massime rivolte a organi esecutivi per dirigere la selezione delle disposizioni applicabili a una determinata fattispecie. Escludiamo comunque che i princìpi in parola siano **princìpi metafisici o pregiuridici**: è bensì vero che taluni di essi furono elaborati partendo dall'idea che fosse la divinità oppure la ragione a forgiarli (come fu il caso della dottrina illuministica allorché affermò il principio della divisione dei poteri); ma sembra altrettanto pacifico che, per assumere un connotato di giuridicità, occorre che i princìpi trovino una qualche concretizzazione, nel diritto positivo.

Generalmente, i princìpi assolvono a tre funzioni: innanzitutto, agevolano **l'interpretazione della legge**, cui tendenzialmente andrebbe ascritto un significato (anche) aderente ai princìpi che la ispirano o che sono sottesi a normative analoghe; in secondo luogo, servono a **integrare il diritto codificato**, come accade ad es. in Italia ai sensi di quanto disposto in materia di *analogia iuris* dall'art. 12 disp. prel. c.c.[26]; infine, i princìpi vengono talora utilizzati per **limitare l'ambito di competenza** di organi o enti. Nel diritto costituzionale, i princìpi vengono impiegati in maniera assai ampia dalle **Corti e dai Tribunali costituzionali**, che li assumono a parametro di costituzionalità o, addirittura, di supercostituzionalità (i "princìpi supremi dell'ordinamento" individuati dalla Corte costituzionale italiana), o comunque li utilizzano, dopo averli "scoperti", per decidere controversie loro sottoposte.

Quanto detto sinora non serve a chiarire se i princìpi generali del diritto siano **norme vere e proprie**, come afferma parte della dottrina (Crisafulli, Gianformaggio) o, invece, mere "**matrici di norme**" (Scarpelli). Quanto alla loro natura di fonti del diritto, la tesi che la riconosce o meno è soggetta alle variabili di ciascun ordinamento. Dove difetti una precisa qualificazione in tal senso, i princìpi producono diritto, ma non sono "atti" e tantomeno "fatti", in quanto

---

[26] E cioè che: «Se una controversia non può essere decisa con una precisa disposizione, si ha riguardo alle disposizioni che regolano casi simili o materie analoghe; se il caso rimane ancora dubbio, si decide secondo i princìpi generali dell'ordinamento giuridico dello Stato».

sono costruzioni create o dedotte dalla dottrina e dalla giurisprudenza; e anche se il legislatore stesso afferma che una disposizione è un "principio" o un'intera legge è "legge di principio", il carattere di fonte andrebbe assegnato all'atto normativo in questione e non al principio. In altri casi, sono le stesse fonti legali ad assegnare ai principi la caratteristica di fonti, come in Spagna, dove ai sensi dell'art. 1 del codice civile «Las fuentes del ordenamiento jurídico español son la ley, la costumbre y los principios generales del Derecho». Assumendo la definizione larga di "fonte" utilizzata all'inizio (cap. II, II, § 1), pare peraltro preferibile ascrivere all'elenco delle fonti anche i principi generali, per l'uso (autoritativo) che se ne fa ovunque: non solo nei sistemi occidentali, dove li usano per imporre le loro regole sia la legislazione che la giurisprudenza (di *common law* come di *civil law*), ma anche altrove (nel diritto sovietico, in quello religioso, in quello tradizionale), dove fungono da cerniera tra le regole sociali e quelle giuridiche in senso stretto.

2.2. La riserva di legge

Il concetto di riserva di legge (dove la costituzione così stabilisce, solo la legge può dettare regole nella materia indicata) ha un senso solo dove **i poteri sono divisi ed esiste una gerarchia delle fonti**. Storicamente, esso si spiega con l'esigenza dei Parlamenti di impedire al Sovrano di invadere la loro competenza legislativa mediante i regolamenti elaborati dal "suo" Governo (v. *infra*, § 6). La riserva opera dunque – dove contemplata – non solo a seconda della forma di Stato, ma anche della forma di governo vigente. Inoltre, essa è influenzata dalla sopravvivenza di crittotipi che ne minano la portata là dove l'Esecutivo, per ragioni storiche e culturali, continua a produrre fonti non solo subordinate a quelle legislative, ma che con queste si intersecano. È il caso della **Russia**, dove gli *ukaz* imperiali o presidenziali conosciuti all'epoca zarista e socialista (editti, atti normativi generali del Presidente) ai sensi dell'attuale costituzione (art. 90) possono spiegarsi anche in materie soggette a riserva per colmare una lacuna o addirittura, secondo l'interpretazione corrente (avallata dalla Corte costituzionale) per rimediare a incongruenze della legge, marcando le «tradizioni d'autocrazia e di potere indiviso» che segnano da sempre il paese (Ganino).

Il concetto di riserva di legge ha subito una profonda evoluzione anche negli ordinamenti di democrazia classica. Quando le **costituzioni** erano **flessibili**, le riserve rappresentavano un limite che gravava sulle fonti subordinate oltre che sulla stessa pubblica amministrazione; il potere legislativo poteva però liberamente **derogare alla costituzione**, rimuovendo tale limite (Paladin). Con l'avvento delle **costituzioni rigide**, le riserve costituzionalmente disposte rappresentano invece anche un **vincolo per il Parlamento**, sul quale pesa l'obbligo di attuare la disciplina solo attraverso la legge, senza possibilità di deroga a favore del regolamento (anche se, a questo proposito, si suole distinguere le **riserve assolute** da quelle **relative**, le quali non ripudiano un'integrazione della legge da parte di fonti subordinate) [27].

Occorre poi distinguere tra **riserve materiali e riserve formali**: dove operano le seconde, occorre una vera e propria legge, non essendo sufficiente che la materia sia disciplinata da un atto con forza di legge, come una legge delegata o un decreto legge [28].

2.3. Leggi provvedimento e leggi formali

Già abbiamo osservato (*supra*, § 1) come le leggi munite delle caratteristiche di generalità e di astrattezza non rappresentano più, come nell'800, l'unico "tipo" storico. A esse si aggiungono infatti ora, soprattutto, **leggi provvedimento**, e cioè leggi il cui contenuto è un concreto provvedimento amministrativo, le quali sono tipiche dello Stato sociale, del quale tendono a realizzare le pulsioni verso l'eguaglianza e una più compiuta giustizia sostanziale.

Nell'ambito delle leggi meramente formali (ossia prive di contenuto normativo: ad es. una legge di approvazione di uno statuto regionale), meritano anche oggi una particolare attenzione le leggi di **bilancio**. L'esigenza di controllare la spesa pubblica, di coordinarla con la finanza locale, di **assicurare al Governo la supremazia nella predisposizione dei documenti contabili** ha determinato l'introduzione di normative *ad hoc* in numerosi testi costituzionali [29]. In particolare, la costituzione francese e quella spagnola non si limitano a richiedere che le leggi indichino i mezzi con cui far fronte alle spese (come invece dispongono altre costituzioni): stabiliscono addirittura che le proposte di legge e gli emendamenti formulati dai membri del Parlamento non siano ricevibili qualora la loro adozione comporti una diminuzione delle risorse pubbliche, oppure la

---

[27] Una riserva di legge ordinaria, inoltre, comporta non solo il divieto per il legislatore di spogliarsi della propria competenza a favore del regolamento, ma anche quello, aggiuntivo, di sottrarre la disciplina di una determinata materia al regime normale della legge, a favore di fonti munite di una forza maggiore o diversa, come le leggi organiche o comunque rinforzate; il vincolo per il legislatore si accentua, e opera non solo verso il basso, ma anche verso l'alto e orizzontalmente.

[28] Es.: la legge di bilancio non può essere delegata o assunta per decreto o ordinanza, tranne che in Francia e in pochi altri ordinamenti. In Spagna, dove la costituzione sottrae alla legislazione delegata o d'urgenza una vasta gamma di materie, la riserva di legge formale ha un'estensione che di fatto coincide con quella materiale, per cui la disciplina è preclusa agli atti con forza di legge. Altrove però, come in Italia, decreti legge e leggi delegate possono insistere su tutte, o quasi tutte, le materie riservate alla legge. Di conseguenza, gran parte delle riserve sono tali solo in senso materiale. (Basti pensare ai codici penali, che toccano profondamente i diritti e le libertà delle persone, di solito messi in vigore con decreto su delega del Parlamento.)

[29] Come ad es. nel Titolo X del GG tedesco.

creazione o l'incremento di una spesa, salvo il consenso del Governo. Alcune costituzioni (Germania, Francia, Spagna, Austria, Ungheria, Italia ...) hanno introdotto recentemente l'obbligo di **pareggio del bilancio**, una regola che sembra indicare la tendenza ad **abbandonare modelli "socialdemocratici" di costituzione, a vantaggio di quello liberista**. Con norme spesso dettagliate, si stabiliscono i limiti di indebitamento, le procedure per derogarvi, i vincoli per i livelli decentrati, le fonti subordinate competenti, etc. Mentre le leggi provvedimento – come detto – sembrano funzionali all'affermazione del *Welfare State*, questo tipo di legislazione costituzionale è invece preordinato alla reintroduzione di modelli di mercato, sganciati dalle sovranità nazionali e governati, a livello europeo o mondiale, anche da autorità con debole legittimazione democratica (Álvarez Conde, Cano Bueso).

2.4. Il procedimento di formazione della legge

Il procedimento formativo della legge viene disciplinato dalla costituzione, dai regolamenti parlamentari (nel Regno Unito, da *standing orders*), da fonti non scritte (prassi, consuetudini, convenzioni, specie oltremanica) e, talora, da leggi organiche o più raramente da leggi ordinarie.

Di solito, le costituzioni si limitano a disciplinare gli aspetti più importanti del procedimento legislativo, a regolare i rapporti tra le Assemblee, dove il Parlamento sia bicamerale, a delimitare il ruolo del Capo dello Stato, l'eventuale suo potere di rinvio, la sanzione e/o la promulgazione della legge. La scelta della fonte competente a disciplinare il procedimento legislativo ha **conseguenze sulla forma di governo e sulla forma di Stato**, poiché una minuziosa disciplina costituzionale perpetua dinamicamente le scelte operate dal potere costituente, rendendo più difficili i cambiamenti[30]. D'altronde, bisogna considerare che l'intervento della legge nella disciplina dei lavori di ciascuna camera ne limiterebbe l'autonomia, presupponendo l'interferenza del Sovrano (o del Presidente) e dell'altra Assemblea nel procedimento di formazione dell'atto. Per questo motivo, a integrare la più o meno estesa disciplina costituzionale intervengono, più spesso che la legge, **regole approvate dalle singole Camere** (*infra*, § 7.1).

---

[30] È significativa, a questo proposito, la scelta operata dal costituente francese del 1958, che ha elevato a rango costituzionale una serie di regole idonee ad assicurare la supremazia del Governo nei suoi rapporti con l'Assemblea nazionale e il Senato, solo in parte mitigate dalla giurisprudenza costituzionale e dalla revisione del 2008.

2.4.1. La fase dell'iniziativa

Il procedimento legislativo viene convenzionalmente scomposto in tre fasi, delle quali la prima è quella dell'iniziativa.

Ovunque essa spetta ai componenti delle Camere (**iniziativa parlamentare**), anche se, talora, per attivare il procedimento è sufficiente la semplice proposta di una delibera legislativa (Italia, Francia, Danimarca, Austria, Germania, Romania), mentre in altri casi occorre che la camera di appartenenza faccia proprio l'atto introduttivo, mediante la c.d. presa in considerazione, che rappresenta dunque un primo filtro delle iniziative parlamentari (Spagna, Olanda, Lussemburgo, Islanda). L'iniziativa parlamentare di solito può esercitarsi su **tutte le materie**. Esistono tuttavia un limite soggettivo, nel senso che la proposta può essere depositata nella **sola Camera di appartenenza**, e uno oggettivo, giacché vi sono quasi ovunque particolari **riserve di iniziativa a favore del Governo** riguardo a certe materie (lo schema di bilancio, il rendiconto, la ratifica dei trattati, ecc.). Inoltre, il *favor* di cui godono le Camere basse nei sistemi c.d. a bicameralismo imperfetto comporta spesso una posizione deteriore dei componenti delle Camere alte anche per ciò che riguarda l'esercizio dell'iniziativa. Talora, siffatta prevalenza si traduce nel fatto che, **in materia finanziaria, la Camera alta non può dare avvio ai procedimenti relativi**: così accade negli Stati Uniti, in Spagna, in Australia, in Irlanda, in Bolivia[31]. Negli Stati Uniti, è la materia dei trattati a conoscere una competenza esclusiva del Senato (il quale li deve approvare a maggioranza di due terzi), mentre in Belgio è il Senato a esercitare l'iniziativa.

Mentre negli **Stati Uniti** d'America l'iniziativa compete solo ai **membri della Camera e del Senato**, in virtù del principio di separazione dei poteri voluto dai Padri fondatori[32], in altri ordinamenti presidenziali anche il Presidente può esercitarla. Quelli latinoamericani derogano allo schema statunitense e in genere rafforzano i poteri del Presidente anche conferendogli l'iniziativa (con conseguente sbilanciamento degli equilibri e dei contrappesi tra le tre branche del potere); così accade anche in Russia, solo formalmente semi-presidenziale. Nelle forme di governo parlamentari e semipresidenziali essa spetta pure al **Governo**, e spesso anche ad **altri soggetti**. Anzi, la quantità e il tasso di successo dell'iniziativa parlamentare sono scarsamente elevati negli ordinamenti caratterizzati dal vincolo fiduciario tra Governo e Parlamento poiché, se essa promana dalle opposizioni, assumendo carattere alternativo alle iniziative del Governo, non può contare sui voti necessari per

---

[31] Nel Regno Unito, un *Money Bill* non solo ha origine nella Camera dei Comuni, ma anche prima delle recenti riforme se esso veniva respinto dai *Lords* poteva egualmente essere trasmesso al Sovrano per la sanzione.

[32] Non per il *bill* di bilancio, in base al *Budget and Accounting Act* del 1921; inoltre il Presidente la esercita di fatto attraverso i messaggi da egli trasmessi al Congresso e la *sponsorship* di deputati o di senatori amici.

l'approvazione; se invece, a esercitarla, sono parlamentari della maggioranza, si configura come "integrativa" di quella dell'Esecutivo e può spiegarsi nella misura in cui si concili con l'indirizzo politico del Governo o quanto meno verta su tematiche a esso estranee (come ad es. la bioetica, il divorzio, o simili).

Ad assicurare la **priorità dell'iniziativa governativa** sono, di volta in volta, regole non scritte (come nel Regno Unito), o disposizioni dei regolamenti parlamentari (Italia), o persino disposizioni costituzionali, come in Francia, dove l'art. 48 cost. afferma ora che «due settimane di seduta su quattro sono riservate prioritariamente, e nell'ordine stabilito dal Governo, all'esame e alla discussione dei testi e ai dibattiti di cui esso chieda l'iscrizione all'ordine del giorno», o in Spagna, dove pure è assicurata la priorità dei progetti di legge governativi. In ogni caso, essa tende comunque a imporsi per la sua qualità (il Governo detiene infatti il controllo dell'apparato burocratico), oltre che per il fatto che il Governo ha il **controllo della maggioranza**. Si aggiunga che solo il Governo è (di fatto) in grado di predisporre il **bilancio** previsionale e le relative leggi finanziarie, cosicché quasi tutte le costituzioni gli riservano la relativa iniziativa, e talora quella delle leggi di piano o di programma; a esso compete poi la conduzione della politica estera, e per questa ragione gli è quasi sempre riservata in esclusiva la proposta di ratifica dei trattati internazionali, o almeno dei più importanti fra essi.

Alle costituzioni che configurano in modo rigorosamente diarchico l'iniziativa delle leggi, assegnandola solo al Governo, da un lato, e ai parlamentari oppure alle Camere, dall'altro (Francia, Norvegia, Germania, Bulgaria), se ne contrappongono altre che la estendono al **popolo**, come quelle di Spagna, Italia, Austria, Romania, Lituania; più di rado, alle **commissioni parlamentari**; di frequente, a **enti territoriali**, o a un'intera camera parlamentare, o ad altri enti o organi statali, o, infine, a formazioni sociali, sindacati, chiese, ecc. (iniziativa **pluralista**, particolarmente estesa in Polonia e in Venezuela).

2.4.2. La fase costitutiva

Esaurita la fase dell'iniziativa, l'esame del testo legislativo si svolge generalmente ricalcando l'antico sistema inglese detto delle **tre letture**, delle quali la prima si svolge in aula in forma di annuncio del deposito (o di "presa in considerazione"); la seconda ha luogo nelle competenti commissioni, dove vengono vagliati (e/o approvati) eventuali emendamenti; la terza vede di nuovo l'intervento del *plenum*, chiamato a svolgere l'esame finale del testo. L'intervento delle commissioni parlamentari nel procedimento legislativo può essere più o meno incisivo. Nel Parlamento di Westminster è sancito il principio della **supremazia dell'aula** (che detta gli indirizzi cui debbono attenersi le commissioni, prive di significativi poteri deliberativi); presso il Congresso statunitense e buona parte dei Parlamenti, invece, il progetto di legge viene immediatamente sottoposto all'attenzione delle **commissioni**, competenti non solo a esaminarlo e a riferirne al *plenum* mediante uno o più rapporti (o relazioni), ma anche a emendarlo e addirittura a respingerlo o ad approvarlo (o a "insabbiarlo", il che è spesso ciò che accade). Le commissioni **legislative** o **deliberanti**, previste in Italia, in Spagna e in pochi altri paesi, rappresentano tuttavia un'eccezione.

In commissione o in aula possono essere presentati **emendamenti** al progetto originario (o a più testi riuniti in un unico documento); l'estensione del potere di emendamento rappresenta un significativo indicatore dello stato dei rapporti tra il Parlamento e il Governo: proprio il convincimento che la supremazia del Governo nella conduzione della politica legislativa può essere minata da un uso largo del potere di emendamento ha suggerito al costituente francese del '58 di rinforzare la posizione del Governo in Parlamento mediante l'introduzione di svariate "**irricevibilità**" (di cui quella finanziaria e quella per invasione del *domaine* regolamentare sono le più importanti); in ciò esso è stato seguito dalle *Cortes* costituenti spagnole alla fine degli anni '70.

Anche le modalità del **voto** sul testo legislativo hanno grande rilievo per la governabilità di ciascun sistema. Prevalentemente, la regola stabilita è quella della **maggioranza dei presenti** (es.: Spagna, Italia, Germania, Irlanda, Estonia, Repubblica ceca), ma essa non è esente da eccezioni, come constateremo di qui a poche pagine, trattando delle fonti atipiche e delle leggi rinforzate.

Approvata da una camera, generalmente con votazione articolo per articolo e poi finale a scrutinio palese (salve le deroghe di volta in volta stabilite), nei Parlamenti bicamerali, a meno che che la costituzione non contempli anche la categoria delle leggi monocamerali (come accade ad es. in Germania), la delibera legislativa è trasmessa alla **seconda Assemblea**. Qui essa ripercorre le medesime tappe appena illustrate, secondo quanto prescrivono le norme del regolamento interno. Si registrano tuttavia alcune variabili, a seconda del tipo di bicameralismo.

In situazione di parità fra le due Camere (come in Italia), emendamenti possono essere apportati al testo originario in entrambe le Camere. Essendo indispensabile la perfetta concordanza delle due deliberazioni, occorre procedere a successivi esami, sino a che le delibere sul testo della proposta o del progetto non siano identiche (si tratta della c.d. *navette*); nessun ramo del Parlamento prevale, né può superare l'opposizione dell'altro. Quasi ovunque però si registra una prevalenza della Camera bassa (cap. VIII, III, § 1)[33]. La composizione di eventuali dissidi tra i diversi rami del Parlamento – non infrequente ove le Camere siano formate con differenti criteri di rappresentanza – è affidata di solito a **speciali commissioni** (Francia, Germania, Stati Uniti, Belgio, Russia, con eventuale ulti-

---

[33] La Camera alta ha competenze solo su temi federali in Germania, e di freno/controllo, anche attraverso proposte di emendamento, negli altri ordinamenti citati.

ma parola della Camera rappresentativa del corpo elettorale, ad es. in Francia, o talora al Parlamento in seduta comune (Norvegia, Islanda, Bolivia).

2.4.3. L'intervento del Capo dello Stato e la pubblicazione

Salvo eccezioni (ad es. Germania, nonché Spagna, Giappone e in genere le monarchie), l'intervento del Capo dello Stato nel procedimento legislativo si registra ancor oggi – oltre che nella fase introduttiva, in forma di presentazione dei disegni di legge o di autorizzazione alla medesima – nella fase perfettiva o integrativa dell'efficacia, attraverso tre diverse modalità di partecipazione al procedimento legislativo: il **rinvio** al Parlamento della delibera legislativa, la **sanzione**, la **promulgazione** (o il rifiuto di queste ultime).

Il dogma della sovranità popolare non permette più al Capo dello Stato monarchico, diversamente che nel passato, di annullare la volontà delle Camere parlamentari. (Il Re *deve* sanzionare la legge in Inghilterra, in Belgio, in Spagna, ecc.)[34]. Un **potere di veto o di rinvio superabile** da una nuova deliberazione delle Camere si rinviene invece sia in ordinamenti a forma di governo presidenziale o semipresidenziale, sia in quelli parlamentari repubblicani, nei quali diversa è la legittimazione del Capo dello Stato. Talune costituzioni stabiliscono, perché il progetto si tramuti in legge dopo un intervento negativo del Presidente, che è sufficiente la **maggioranza semplice** del Parlamento (Italia, Francia). Altre prescrivono che il veto o il rinvio del Capo dello Stato possano essere superati solo a maggioranza **assoluta** dei membri del Parlamento, o con maggioranza **qualificata**[35], mentre qualche volta la costituzione contempla maggioranze differenziate a seconda della materia oggetto della legge (Portogallo). Dove si richiedono maggioranze elevate, come in Russia (2/3), di fatto **il Presidente diventa l'organo che decide** se una legge possa entrare in vigore oppure no, quasi come, nei secoli passati, un monarca con la sanzione. Negli Stati Uniti, la Camera che ha proposto il progetto può riapprovarlo a maggioranza di due terzi e ritrasmetterlo all'altro ramo del Congresso, che deve esprimersi con la stessa maggioranza. Il progetto si ha altresì per approvato se il Presidente non lo rinvia entro dieci giorni dalla trasmissione, a meno che il Congresso non si aggiorni, rendendo così impossibile il rinvio e precludendo la trasformazione del *bill* in legge. (È il c.d. ***pocket veto.***) Il veto parziale (***item veto***), non ammesso negli Stati Uniti, in Messico e altrove, lo è invece presso altri ordinamenti, come il Brasile[36].

---

[34] Recentemente tuttavia una legge su un tema eticamente sensibile non è stata sanzionata dal Principe del Lussemburgo, il cui Parlamento ha immediatamente revisionato la Costituzione per evitare il ripetersi di analoghi scontri istituzionali.

[35] V. rispettivamente cost. Grecia, Perù, Finlandia, Bulgaria; nonché Russia, Argentina, Bulgaria, Polonia, Venezuela, Bolivia, Brasile.

[36] Con l'*item veto* si preclude al Congresso il potere di subordinare la promulgazione di una

Quasi mai, le costituzioni specificano se il controllo del Capo dello Stato sia circoscritto al riscontro di **giuridica esistenza dell'atto** legislativo (soluzione prevalente nelle monarchie parlamentari), se si estenda alla verifica della **legittimità costituzionale**, o se possa infine configurarsi quale controllo di **opportunità** (come accade di solito nelle repubbliche presidenziali). Numerosi ordinamenti (come quello statunitense) riconnettono un effetto di assenso al silenzio del Capo dello Stato, cui viene trasmesso dalle Camere il testo della legge; in essi può dunque difettare un esplicito atto di promulgazione o di sanzione.

In tutti gli ordinamenti l'efficacia della legge è infine subordinata alla sua **pubblicazione** su un giornale ufficiale, la quale determina una presunzione di conoscenza da parte dei cittadini, decorso un **termine** variamente commisurato (di quindici giorni in Italia, di quattordici in Germania e in Lettonia, salvo termini diversi stabiliti dalla legge stessa, di sedici in Perù), mentre di rado le leggi entrano in vigore il giorno stesso (Romania, Bolivia) o in quello, variabile, fissato dalla stessa legge (Finlandia).

3. Leggi rinforzate o atipiche e leggi organiche

Nel § 1, trattando della crisi della legge, abbiamo ricordato che molto spesso atti normativi primari, pur mantenendo il nome "legge", vengono adottati con procedimenti speciali, dissimili da quelli tipici. Diversamente da un tempo, infatti, alla "specialità" della materia si accompagnano di volta in volta, attentando all'unitarietà della legge:

– leggi il cui contenuto è predeterminato da **pareri** costituzionalmente previsti (del Consiglio di Stato, di organi rappresentativi degli enti decentrati, ecc.), con l'innesto nell'*iter legis* di uno o più **subprocedimenti**. Tali pareri, siano essi obbligatori o facoltativi, sono a volte resi dalla Corte costituzionale prima della promulgazione della legge, su richiesta del Presidente della Repubblica, del Primo Ministro, dei Presidenti delle Camere, di un numero stabilito di deputati o senatori, ecc.[37];

– leggi per le quali è previsto il parere del popolo, chiamato ad approvare con **referendum** un progetto di legge, per iniziativa di parte del corpo elettorale oppure di enti periferici o di organi dello Stato o di parte dei membri delle Assemblee legislative[38].

---

legge all'inserimento di misure gradite al Congresso stesso, e osteggiate dal Presidente. Il divieto di *item veto* rappresenta negli Stati Uniti uno dei più efficaci *checks and balances* tra poteri, che permette il dialogo tra legislativo ed esecutivo e la contrattazione dei vari provvedimenti legislativi.

[37] Francia, Romania, Portogallo, Irlanda, Estonia, Ungheria ...

[38] Danimarca, Svizzera, Irlanda, Islanda, e Francia ai sensi del nuovo art. 11 cost.

Oltre a leggi adottate con referendum, a volte si prevedono anche:

– leggi che non possono essere sottoposte a referendum (Italia, Danimarca, Lettonia);

– leggi vincolate da precedenti **accordi**, o condizionate da previe intese: procedimenti speciali sono richiesti ad es. in materia di **concordato** con la Santa Sede e di **intese** con organizzazioni religiose, ai sensi degli artt. 7 e 8 cost. it.; e in tema di approvazione di trattati, da quasi tutte le costituzioni;

– leggi in **materia finanziaria**, per lo più sottoposte a procedimenti particolari (specie quelle in tema di equilibrio di bilancio) (*supra*, § 2.3);

– leggi che possono essere approvate solo dal ***plenum*** di ciascuna camera (Italia, Spagna);

– leggi approvate in **seduta comune** dai due rami del Parlamento (Olanda, Romania);

– leggi **monocamerali** (Belgio, Germania, Russia)[39];

– leggi approvate con **maggioranze qualificate**[40];

– leggi **approvate due volte** su richiesta di un determinato *quorum* di deputati, come avveniva ai sensi della precedente costituzione greca;

– leggi che regolano i **rapporti tra gruppi linguistici** o culturali e i loro poteri; la costituzione belga stabilisce che talune leggi siano approvate a maggioranza dei voti di ciascun **gruppo linguistico** di entrambe le Camere, a condizione che la maggioranza dei membri di ciascun gruppo si trovi riunita e che il totale dei voti favorevoli dei gruppi linguistici raggiunga i due terzi dei voti espressi, e similmente dispone la costituzione slovena;

– leggi che disciplinano **competenze degli Stati membri o delle Regioni** (o analoghi enti territoriali), o i rapporti tra essi e lo Stato centrale (Italia, Austria, Germania, Spagna).

In tutti questi casi, il regime normale della legge viene derogato, e una legge ordinaria successiva non può modificare quella rinforzata precedente; quale che sia il sistema seguito per sottoporre particolari leggi a un regime diverso da quello ordinario – l'aggravamento delle procedure, il voto con maggioranze speciali, un referendum, ecc. – è però nella costituzione che si deve rinvenire una preventiva delimitazione delle materie sottratte al regime ordinario[41]. Se è

---

[39] O tricamerali (Sudafrica in base alla costituzione del 1983). Qualche ordinamento bicamerale (es.: Germania, come altri ordinamenti federali a bipartitismo imperfetto) o pluricamerale (Sudafrica, vigente la costituzione del 1983) stabilisce o stabiliva un regime differenziato per distinti gruppi di materie oggetto di legiferazione, prescrivendo che alcune leggi sono adottate da una sola camera, altre necessitano invece del voto dell'intero parlamento.

[40] Talora, è richiesta per l'approvazione di leggi che insistono su determinati settori una maggioranza diversa da quella semplice: assoluta, di 2/3, di 3/4, come in Spagna, Norvegia, Danimarca, Italia (per l'amnistia), Ungheria (per la disciplina di svariati diritti e istituzioni), Venezuela (per le deleghe), ecc.

[41] L'indole facoltativa di un parere o di un referendum – nel senso che esso può essere richie-

una legge ordinaria a disporre *pro futuro* in tal senso, una legge successiva può essere assunta in qualsiasi forma, senza che si abbia incostituzionalità.

Un discorso a sé, per il loro rilievo comparatistico, meritano infine le **leggi organiche.** Introdotte per la prima volta, nella loro versione moderna, dalla costituzione francese della V Repubblica, esse sono state ben presto recepite anche dalla costituzione spagnola del 1978, nonché – sia pure in contesti istituzionali diversi – da quelle venezuelana, peruviana, rumena, portoghese, brasiliana, ecc.

In chiave comparatistica, la definizione di "legge organica" è quella di un atto-fonte del Parlamento (ma non solo di esso, esistendo in Francia anche ordinanze organiche), assunto con un procedimento aggravato rispetto all'*iter* ordinario della legge (maggioranze qualificate e/o pareri di organi di giustizia costituzionale), in materie che prevalentemente (ma non in modo esclusivo) riguardano i pubblici poteri, disciplinate nei limiti e secondo i princìpi stabiliti dalla costituzione e quanto meno resistenti all'abrogazione da parte della legge ordinaria che per avventura insista sulla medesima materia.

Tra ordinamento e ordinamento si riscontrano comunque profonde **differenze**: ad es., nella costituzione spagnola l'ambito di competenza delle leggi organiche si estende – diversamente che in Francia e in alcuni paesi latino-americani – alle libertà pubbliche, mentre l'art. 72 cost. rumena adotta una soluzione intermedia, e il Venezuela vi ricomprende leggi che costituiscono «cornice normativa per altre leggi»[42]. L'esistenza di caratteristiche comuni consente tuttavia di distinguere le leggi organiche da fonti, parimenti denominate, che difettano dei requisiti indicati, come le leggi organiche menzionate da alcune costituzioni ottocentesche, che non si segnalavano per la particolare collocazione nel sistema delle fonti, bensì solo per il modo sistematico – organico, appunto – di trattare una determinata materia, oppure per l'argomento disciplinato (gli organi dello Stato), o le leggi definite "organiche" previste da alcune vigenti costituzioni, non munite delle medesime caratteristiche or ora indicate. Viceversa, se vi sia definizione costituzionale di un ambito materiale e aggravamento delle procedure di adozione, è possibile predicare l'esistenza di leggi organiche an-

sto, ma non si inserisce a pieno titolo, sempre, nel procedimento di adozione di leggi materialmente individuate – o persino la sua generale obbligatorietà, qualora ricorrano determinate fattispecie (come il parere del Consiglio di Stato al Presidente irlandese nel corso delle procedure conciliative su progetti di rilievo finanziario) non sottraggono al consueto regime della legge gli atti da esso corredati, o "sanzionati" da un referendum. Fanno eccezione le *lois référendaires* francesi, delle quali il *Conseil constitutionnel* ha predicato la resistenza all'abrogazione ad opera delle leggi ordinarie: leggi – le prime – non materialmente delimitate dalla costituzione, le quali ricavano la propria maggiore forza solo dalla circostanza che il Presidente della Repubblica ha indetto su di esse il referendum previsto dall'art. 11 cost. (Dal 2008, la stessa costituzione estende questo potere a un quinto dei membri del Parlamento, appoggiato da un decimo degli elettori.)

[42] In Francia, ma non più in Spagna, esse sono inoltre sottoposte obbligatoriamente al controllo preventivo dell'organo di giustizia costituzionale.

che in ordinamenti che non adottano tale *nomen iuris*. Ad es., possono essere definite "organiche" le tante leggi (definite "*cardinal*" nella versione in inglese della costituzione), approvate con maggioranza di due terzi ai sensi della vigente costituzione ungherese.

4. Leggi delegate, decreti-legge e *subordinate legislation*

Il dogma della **divisione dei poteri** tra le Camere e l'Esecutivo influenzò numerose costituzioni dell''800, nelle quali non era prevista la facoltà di derogare al principio che l'unico organo competente ad approvare, modificare, abrogare le leggi fosse il Parlamento. Però, essendo tali costituzioni flessibili, alle Assemblee parlamentari era consentito, pur in difetto di esplicite disposizioni in tal senso, autorizzare il **Governo** ad **assumere atti muniti della stessa forza delle leggi**, e in qualche caso anche ratificare, con effetto retroattivo, deliberazioni assunte dall'Esecutivo nella sfera di competenza della legge. Ciò è precisamente quanto accade tutt'oggi nel Regno Unito, dove sono utilizzati, in materia di c.d. *delegated legislation*, diversi procedimenti, uno dei quali consente al Governo di adottare atti che entrano immediatamente in vigore, a condizione che siano depositati in Parlamento.

4.1. La legislazione delegata (*civil law*)

Con le leggi delegate, il Parlamento – eventualmente su richiesta del Governo – concede un'**autorizzazione**, un'**abilitazione** o una **delega** preventiva a regolare una determinata materia per decreto, cui è attribuita la forza tipica della legge[43]. Non sempre, comunque, le costituzioni hanno reputato necessario disciplinare la legislazione delegata, che spesso si è imposta in via di **prassi**, come negli Stati Uniti; prassi la quale è stata talora razionalizzata con legge del Parlamento.

Alcune costituzioni disciplinano le leggi delegate secondo lo **schema trinario** "autorizzazione (o abilitazione)-ordinanza (o decreto)-ratifica", come quelle della Francia e della Romania, a tenore delle quali l'approvazione parlamentare è eventuale, e c'è solo nel caso lo richieda la legge di abilitazione. Altre tracciano un ***iter* binario** che, in Italia, si dipana dalla legge di delegazione e si conclude con la c.d. legge delegata, come accade anche in Germania e in Grecia, dove sono escluse dalla delegazione le materie assoggettate a riserva d'Assemblea. La costituzione spagnola – oltre a escludere dalle materie delegabili quelle riserva-

---

[43] Difettando l'immediata vigenza dell'atto, la supremazia del Parlamento non può certo dirsi minata per il solo fatto che lo stesso Parlamento decida sovranamente di spogliarsi di proprie attribuzioni a vantaggio del Governo.

te alle leggi organiche – istituisce un sistema di garanzie, mutuate dall'esperienza italiana: rigorosa delimitazione dei princìpi e dei criteri direttivi, termine per l'esercizio della delega, istantaneità della medesima, contenuto novativo del decreto delegato, in riferimento a testi unici, istituzione di controlli eventuali in aggiunta a quelli dei tribunali. L'art. 84 rende inoltre particolarmente resistenti le leggi delegate, stabilendo che il Governo può opporsi a proposte di legge o emendamenti contrari a una delegazione legislativa in vigore. Viene così assicurata – insieme alla loro stabilità – una maggiore certezza giuridica, conferita dalla scarsa permeabilità delle leggi delegate agli assalti delle leggine speciali. Ciò bene si attaglia alle materie che costituiscono il "demanio" tradizionale della legislazione delegata: **codici e testi unici** rappresentano atti che, per la loro complessità, per la particolare cura redazionale che esigono, per il tecnicismo che ne caratterizza i contenuti, Assemblee numerose come quelle parlamentari faticano a redigere senza corromperne lo stile e lo stesso disegno "organico".

4.2. *Delegated legislation* nei sistemi di *common law*

Nei sistemi di *common law*, l'avvento del *Welfare State* ha determinato non solo una copiosa produzione legislativa, ma anche di **atti normativi paralleli, subordinati o secondari**. Gli interventi correttivi, specie verso il sistema economico, si concretizzano specialmente in norme a contenuto amministrativo, delle quali solo alcune si pongono sullo stesso piano della legge.

Sulla base della **delegazione legislativa**, il **Parlamento britannico** può conferire ad altri soggetti o enti il potere di fare norme che, di volta in volta, si chiamano ***orders*, *regulations* o *rules***. Nell'area della *delegated* o *subordinated legislation* si distinguono alcuni strumenti che hanno in comune il fatto di conferire al Governo la potestà normativa. In particolare i singoli ministri possono adottare ***statutory instruments***, vale a dire decreti legislativi sulla base di una apposita delega legislativa o *enabling act*. Per effetto dello *Statutory Instrument Act* del 1946, il potere di emanare *orders*, *rules*, *regulations* su delega spetta al Re o alla Regina, sentito il parere del Consiglio privato (attraverso i cc.dd. *orders in Council*); o ai Ministri della Corona (per il tramite, appunto, degli *statutory instruments*). Sulla normazione delegata il Parlamento di Westminster esercita un controllo di tipo preventivo o successivo. A seconda dei casi, l'atto di controllo opera, rispettivamente, come condizione sospensiva dell'efficacia dell'atto normativo, oppure come condizione risolutiva della stessa.

Negli **Stati Uniti**, come avviene in genere nei sistemi di *common law*, gli organi di governo emanano atti normativi sprovvisti della forza di legge, che si aggiungono agli atti secondari di enti locali ed enti indipendenti. L'Esecutivo adotta anche atti aventi forza di legge: nei casi in cui l'emanazione di tali atti sia dovuta a una delegazione del Congresso, essi acquistano ***force and effect of law***, vale a dire efficacia *erga omnes* e valore di legge. La giurisprudenza ha sottolineato come la potestà normativa primaria dell'Esecutivo rappresenti esercizio dei c.d. ***implied powers*** (poteri impliciti), strumentali all'esercizio degli *enumerated powers*. Nella stessa area degli *implied powers*, la dottrina e la giurisprudenza fanno rientrare la c.d. ***emergency legislation***, indispensabile – in date circostanze – all'esercizio delle attività di governo (stato di guerra, crisi economica o sociale).

4.3. Decreti e ordinanze di necessità

Con i **decreti-legge**, è l'Esecutivo ad assumere un atto, che poi sottopone al vaglio del Parlamento, invertendo così lo schema seguito per le leggi delegate. Gli schemi seguiti dalle costituzioni in tema di decreti legge sono tre: raramente, sono espressamente vietati; più di frequente, la costituzione tace in proposito; talora, infine, essa ammette che il Governo possa adottare atti con forza di legge (eventualmente stabilendo limiti di materia e di forma), ma in tal caso è obbligatoria una ratifica parlamentare (es.: Romania).

Se la costituzione proibisce la deroga delle competenze parlamentari (come accade in Irlanda), l'adozione di ordinanze o decreti con forza di legge può trovare giustificazione solo nella **necessità**. Nel silenzio della costituzione, invece, la mancata autorizzazione a favore del Governo può di volta in volta significare un'implicita ammissione delle ordinanze di necessità, oppure un implicito divieto di adottarle. In particolare, manca un'espressa autorizzazione in proposito in quasi tutti gli ordinamenti latinoamericani, nelle cui costituzioni si rinvengono peraltro circostanziate discipline degli stati di **emergenza**, di **eccezione**, di **assedio** (cap. III, II, § 6 ss.), dichiarati i quali – e ciò è accaduto di frequente nel passato – il Presidente o il Governo sono abilitati ad assumere qualsiasi misura, comprese quelle che comportano la deroga alle leggi. Oltre che in America latina, i decreti legge non vengono costituzionalmente "coperti" in alcune nuove democrazie dell'Est europeo, oltre che in numerosi ordinamenti di più antiche tradizioni (oltre all'Inghilterra, il Canada, l'Australia, la Svezia, la Finlandia, il Belgio, l'Olanda, la Norvegia, il Giappone).

Nei sistemi parlamentari, la prassi s'è orientata qualche volta nel senso di consentire al Governo di adottare atti muniti di provvisoria efficacia, sanabili mediante una legge dal Parlamento, che il tal modo persegue due effetti: ristabilisce l'ordine giuridico con effetto *ex tunc*, e al contempo scarica la responsabilità del Governo. (Si tratta del ***bill of indemnity*** noto all'esperienza parlamentare inglese.)

Per fronteggiare emergenze improvvise, impossibili da affrontare tempestivamente con il normale procedimento parlamentare, alcune costituzioni hanno espressamente sancito la liceità dei decreti legge, raggiungendo al contempo l'obiettivo di delimitarne l'uso, sia dal punto di vista delle materie, sia da quello delle procedure (Spagna, Italia, Danimarca, Romania, Estonia ...). Non esiste, nella maggioranza dei casi, una **limitazione dell'ambito materiale** di tali fonti, delle quali, peraltro, si dovrebbe far uso soprattutto per due finalità: far fronte a situazioni di **calamità naturali**, o comunque di emergenza, e introdurre **misure fiscali** senza dar luogo a speculazioni, come accadrebbe qualora imposte o esenzioni fossero adottate secondo il normale *iter legis*. Fa eccezione la costituzione spagnola, la quale contorna di particolari cautele l'uso dei decreti legge, memore dell'utilizzazione abnorme dei poteri normativi fatta dal precedente regime franchista (come pure da tutti i governi autoritari). Di fatto, dove i decreti-legge sono consentiti, di essi spesso i Governi abusano anche per introdurre misure prive di reali caratteristiche di urgenza, per sfruttare le c.d. **corsie preferenziali** cui di godono in Parlamento per la conversione in legge. Ciò è evidente ad es. in Italia e Spagna negli anni della crisi economica in corso.

L'esistenza del requisito dell'urgenza e/o della necessità, cui tutti gli ordinamenti subordinano l'adozione di decreti legge, viene valutata o dal Parlamento o eventualmente, anche, dall'organo di giustizia costituzionale (come si registra ad es. in Spagna e, ora, mutata la giurisprudenza costituzionale in proposito, anche in Italia). Ciò che caratterizza le fonti in discorso è che l'atto munito di forza di legge, emanato dal Governo, viene più o meno immediatamente **sottoposto al Parlamento** perché provveda alla **ratifica** (o conversione in legge). La mancata convalida da parte delle Camere (a causa di un loro voto negativo, o del decorso dei termini stabiliti per il voto) comporta, a seconda degli ordinamenti considerati, la **perdita della validità o dell'efficacia** del decreto o di sue singole disposizioni, con effetto retroattivo oppure limitato al futuro.

5. Le fonti degli enti territoriali policentrici

Negli ordinamenti policentrici (federali o regionali), il sistema delle fonti si complica ulteriormente. Oltre alle **fonti dello Stato centrale**, operano infatti quelle delle **Regioni** (Italia, Belgio), delle ***Comunidades Autónomas*** (Spagna), o degli **Stati membri** (USA, Messico, Brasile), altrove denominati Province (Canada, Argentina), *Länder* (Germania, Austria), Cantoni (Svizzera). Va preliminarmente ricordato che l'organizzazione dello Stato e delle fonti secondo un modello "regionale" è tipica di alcuni ordinamenti europei di *civil law*. In Europa, infatti, la ripartizione delle competenze tra centro e periferia non sempre ha battuto la strada del federalismo, per assestarsi a un livello diverso, in teoria almeno quantitativamente più svantaggioso per gli enti decentrati. Alcuni princìpi accomunano nondimeno, da un lato, gli ordinamenti federali di *common law* a quelli di *civil law*, siano essi europei o latino-americani; dall'altro, gli ordinamenti federali a quelli regionali (cap. VI, I). Altro aspetto riguarda le **fonti**

degli ordinamenti sovrastatali e i loro rapporti con gli ordinamenti statali e le loro eventuali articolazioni territoriali: l'ordinamento internazionale, da un lato ma anche, dall'altro, istituzioni regionali come l'Unione Europea, e persino organi giudiziari che dettano sentenze vincolanti per gli Stati aderenti ai rispettivi trattati istitutivi, quale la Corte internazionale di giustizia, la Corte penale internazionale e la Corte interamericana dei diritti umani (cap. V, § 8.2).

5.1. Costituzioni e statuti

Per lo più, i singoli enti territoriali sono retti da una **costituzione** (negli Stati federali) o da uno **statuto** (in quelli regionali). La prima è sempre un **atto dello Stato membro**, mentre i secondi – pur quando sono elaborati, *de iure* o *de facto*, dagli organi periferici – sono sovente **recepiti** dall'ordinamento centrale[44]. Anche negli Stati federali, le costituzioni statali sono comunque subordinate alla costituzione federale (Germania, Svizzera, Brasile, Argentina); inoltre, al rispetto della norma-base di ciascun ente periferico (oltre che della costituzione complessiva) è condizionata la validità delle leggi assunte dagli organi decentrati. Costituzioni o statuti, da una parte, e leggi degli ordinamenti decentrati, dall'altra, vivono dunque in rapporto di gerarchia; al vertice della scala gerarchica si pone sempre la costituzione dell'ordinamento complessivo, federale o regionale esso sia (***supremacy clause***).

5.2. La ripartizione delle competenze

Il **criterio di competenza** serve a distinguere le materie legislative pertinenti all'uno e agli altri enti. Sono tre le principali **tecniche con cui le competenze sono suddivise**, come pure diversa è l'ampiezza delle medesime. Esse sono sostanzialmente le seguenti: materie enumerate al centro, e residuali alla periferia (Stati Uniti, Australia); materie residuali al centro, ed enumerate alla periferia (Canada); triplice elenco, con previsione di materie concorrenti tra centro e periferia, e residualità a quest'ultima (Germania, Svizzera) (cap. VI, I, § 4). Qui basti ricordare osservare che la suddivisione per materie comporta, ovunque, le incertezze determinate dalla **vaghezza** delle parole che le individuano; cosicché gli organi di giustizia costituzionale sono chiamati a operare non facili ricostruzioni delle competenze rispettive del centro e degli ordinamenti locali.

Negli **ordinamenti regionali**, dove sia prevista una competenza concorrente,

---

[44] Con legge costituzionale (Regioni speciali italiane), con legge organica (Spagna), oppure con altro atto di rango primario (Portogallo, Regioni ordinarie italiane sino alle riforme del Titolo V della costituzione del 1999-2001).

le leggi delle Regioni (o delle *Comunidades Autonómas*) sono subordinate non solo alla costituzione e allo statuto, ma anche al rispetto di **altri limiti**, come quelli delle leggi dello Stato[45], o dei **princìpi** delle leggi statali vigenti. In tali casi, la materia viene scomposta, in modo tale che Stato e Regioni concorrono a disciplinarla con normative più o meno dettagliate[46]. Limiti non dissimili si riscontrano anche in taluni **ordinamenti federali**, specialmente in relazione alla competenza legislativa concorrente (e qualche volta anche a quella esclusiva): sopra tutto là dove si affermi la formula del federalismo cooperativo, che ai limiti giuridici, enunciati in costituzione o ricavati dalla giurisprudenza costituzionale, associa per gli enti periferici anche svariati limiti fattuali, derivanti dalle concertazioni e dalle pratiche cooperative e, più in generale, da una sorta di "amministrativizzazione" del federalismo e dal controllo del centro sulle finanze.

L'apparente unitarietà del fenomeno rappresentato dal decentramento federale o regionale maschera peraltro non poche diversità: esse sono accentuate dallo sviluppo di esperienze autoctone, ciascuna delle quali ha percorso strade originali, e dalla resistenza dei singoli ordinamenti alla recezione acritica di modelli stranieri.

5.2.1. La ripartizione delle competenze negli ordinamenti federali

Tra gli ordinamenti **federali**, negli Stati Uniti l'art. I, sez. 8, cost. elenca le materie spettanti al Congresso, cioè alle leggi dello Stato centrale[47]. La legge federale poteva originariamente spiegarsi solo in materia di tasse, imposte e dazi, emissione di moneta, difesa, debito pubblico e pochi altri oggetti, mentre restavano (e restano) affidate all'autonomia degli Stati membri materie importanti come il diritto civile e quello penale. La costituzione federale pone peraltro significativi **limiti** sostanziali alla potestà legislativa del Congresso, come pure a quella degli Stati membri. Già i primi dieci emendamenti del *Bill of Rights*, codificando molti istituti del *common law* posti a tutela dei diritti e delle libertà individuali, vincolavano il legislatore federale. Ma soprattutto, col tempo, si è registrata una notevole anche se oscillante dilatazione delle competenze dello Stato centrale: «innanzi tutto, un'attività legislativa volta ad armonizzare interi

---

[45] Siano esse le leggi generali cui allude la costituzione del Portogallo, o le leggi quadro cui faceva riferimento la legislazione attuativa dell'art. 117 cost. it. nella versione precedente la revisione del 2001, o le leggi di base menzionate dalla costituzione spagnola.

[46] Anche dove la competenza esercitata dalle Regioni sia di tipo esclusivo, la legge ordinaria statale rappresenta un limite alla potestà legislativa regionale, in singoli settori che attraversano le varie materie (ad es. in tema di sanzioni penali non è di solito competente la legge locale, ma solo quella statale).

[47] Il X emendamento precisa inoltre che: «I poteri non demandati dalla costituzione agli Stati Uniti, o da essa non vietati agli Stati, sono riservati ai rispettivi Stati, o al popolo».

settori normativi, come il diritto commerciale, la procedura civile e quella penale; in secondo luogo, gli emendamenti alla costituzione approvati nell'epoca successiva alla Guerra Civile, mediante i quali si estese agli Stati membri l'obbligo di rispettare talune garanzie processuali; infine, gli ***implied powers*** desunti dalla lettera costituzionale (art. I, ult. cl., sez. 8) e, segnatamente, una interpretazione estensiva delle c.d. **clausole elastiche,** quali il "benessere pubblico", il "commercio interstatale", il "giusto processo" e l'"eguale protezione delle leggi"» (Reposo).

Il modello statunitense di distribuzione delle competenze non viene imitato in altri **ordinamenti federali di matrice anglosassone**: in Canada, il riparto si basa su un elenco di materie provinciali e su un altro di materie centrali (artt. 91 ss. cost.). In Sudafrica la costituzione del 1996 riconosce l'autonomia delle Province nell'ambito di uno Stato dichiaratamente plurietnico e pluriculturale, consacrata da un elenco delle materie di loro competenza esclusiva o concorrente (artt. 103 e 104). In India la prassi federale si è diretta (se pure alternativamente) verso il riconoscimento di consistenti poteri agli Stati, sulla base di un triplice elenco contenuto negli allegati alla costituzione. In Australia, il criterio di partizione delle competenze segue il modello statunitense, essendo le residuali affidate agli enti periferici; nondimeno, di fatto il sistema opera come cooperativo e a competenze condivise (o concorrenti) (cap. VI, I, § 4).

Nell'**America latina**, in Messico l'art. 24 della costituzione stabilisce che tutto ciò che non è *espressamente* attribuito alla Federazione è di competenza degli Stati, rafforzando così (ma solo in teoria) la corrispondente disposizione del testo statunitense. In Brasile, gli artt. 20-24 cost. enunciano i poteri dell'Unione, se pure in modo differenziato, disponendo essi anche competenze non esclusive o concorrenti (mentre l'art. 48 cost. stabilisce quelle spettanti al Congresso), competendo le residuali agli Stati, ai sensi dell'art. 25, § 1; in Argentina, è l'art. 75 cost. ad elencare le attribuzioni del Congresso federale, mentre l'art. 121 così recita, imitando la costituzione statunitense: «Las provincias conservan todo el poder no delegado por esta Constitución al Gobierno federal, y el que expresamente se hayan reservado por actos especiales al tiempo de su incorporación». Il Venezuela, all'art. 156 enumera tra le competenze "federali" quasi tutte le materie importanti, e al 164 solo poche scarne attribuzioni statali, ad attestarne la natura solo nominalmente federale.

Quanto all'Europa, in **Germania** l'autonomia legislativa dei *Länder* – il cui ordinamento costituzionale deve corrispondere ai princìpi dello Stato di diritto repubblicano, democratico e sociale – è configurata quale residuale: si spiega cioè nelle materie in cui la Legge fondamentale non fondi una competenza a favore del *Bund*. E tuttavia, anche le materie in cui quest'ultimo ha competenza esclusiva[48]

---

[48] Tra le quali cittadinanza, sistema valutario e monetario, trattati, poste, protezione giuridica industriale, ecc.

tendono a dilatarsi in virtù del principio della competenza centrale "per natura dell'oggetto", versione tedesca della teoria americana degli *implied powers*. A seguito della revisione costituzionale entrata in vigore il 1° settembre 2006, la tipologia della legislazione concorrente, basata sulla formula per cui il *Bund* interviene allorché vi sia la necessità di garantire «la realizzazione di equivalenti condizioni di vita nel territorio federale o la tutela dell'unità giuridica o economica nell'interesse dello Stato nel suo complesso» [49], si è scomposta in tre diverse sottospecie. La **prima tipologia di leggi concorrenti** (cc.dd. "di bisogno") rimane soggetta alla clausola di necessità dell'intervento legislativo federale. La **seconda tipologia** (leggi cc.dd. "essenziali") non richiede di giustificare la necessità dell'intervento legislativo federale, e il legislatore federale può dunque intervenire sempre, senza necessità di motivazione. Il **terzo tipo di materie concorrenti** (cc.dd. "derogabili") riguarda ambiti in cui la disciplina federale è derogabile in tutto o in parte dal legislatore regionale [50]. Il funzionamento di questo nuovo meccanismo è complesso. In queste materie "differenziabili", le leggi federali (approvate senza più bisogno del consenso del *Bundesrat*) entrano in vigore non prima di sei mesi dopo la pubblicazione, per dare il tempo ai *Länder* di valutare se introdurre o meno una propria disciplina derogatoria rispetto a quella federale [51].

In **Svizzera**, nel 1818, la competenza della Confederazione era limitata agli affari militari e doganali, ma già nel 1848 essa si estese a un più ampio spettro

---

[49] Art. 72, c. 2, GG.

[50] Rispettivamente la prima copre settori di centrale importanza, come diritto di soggiorno degli stranieri, previdenza pubblica, diritto dell'economia, promozione della ricerca scientifica, alimenti, traffico, procreazione assistita, ecc., in cui continua a valere anche il diritto federale precedente. Le materie principali rientranti nella seconda tipologia di competenza concorrente sono diritto civile e penale, ordinamento giudiziario, stato civile, profughi, diritto del lavoro, espropriazioni, antitrust, sicurezza alimentare, catasto, salute, medicinali e farmacie, navigazione interna, gestione dei rifiuti, personale dei *Länder*, pianificazione del territorio, titoli di studio superiore. Tra le materie della terza tipologia ci sono materie derogabili dal legislatore regionale in tutto (ripartizione fondiaria, pianificazione, diplomi universitari e ammissione all'istruzione superiore) o in parte (caccia, procedimenti amministrativi per l'esecuzione di leggi federali, acque, paesaggio, ecc.).

[51] Inoltre, ad aggiungere un ulteriore elemento di complessità, in questi settori concorrenti derogabili non vige più il criterio generale del primato del diritto federale su quello regionale, ma solo quello della *lex posterior*, per cui può verificarsi un effetto di reciproca rincorsa tra la legge federale e quella regionale.

Una situazione simile si registra in Austria, dove la costituzione traccia un lungo elenco di materie nelle quale il *Bund* esercita competenza legislativa esclusiva (affari esteri, immigrazione ed emigrazione, finanze federali, moneta e credito, diritto civile, mantenimento della pace e dell'ordine, industria e commercio, comunicazioni stradali, aeree, ferroviarie, lavoro, sanità, ecc.), competendogli anche l'esecuzione delle leggi; enuncia poi le materie nelle quali la legislazione spetta al centro, l'esecuzione ai *Länder* (es.: associazioni professionali, politica abitativa, polizia stradale ...); tratteggia, in materia di assistenza sociale, di protezione della flora, di energia elettrica, ecc., una competenza legislativa concorrente (essendo l'esecuzione affidata ai *Länder*).

di materie, quali i lavori pubblici, gli istituti d'istruzione superiore, la posta, la moneta. Successivamente, le competenze legislative federali continuarono ad aumentare, ma l'interferenza del centro nel *domaine* cantonale si accrebbe soprattutto con la pratica dei finanziamenti federali alle attività dei Cantoni, al punto che oggi «la confederazione stabilisce le norme e i Cantoni le portano a esecuzione sotto la sorveglianza della confederazione e mediante i mezzi finanziari da essa messi a disposizione». La revisione costituzionale del 2004 ha comunque provato a rilanciare tale "federalismo esecutivo" a vantaggio dei Cantoni, anche affidando loro in ampia misura il **potere impositivo** (Viviani Schlein).

Se, negli ordinamenti sin qui elencati, l'evoluzione del decentramento è stata centripeta, l'opposto si è registrato in **Belgio**, dove le riforme costituzionali del decennio 1983-93 hanno comportato la trasformazione dello Stato da "regionale" a "federale" (ad onta del nome "regione" mantenuto dalla Vallonia, dalle Fiandre e dall'area di Bruxelles). Ci sono però due particolarità, rappresentate dalla compresenza di diversi tipi di enti decentrati – le Regioni e le Comunità (già "culturali") – e dall'**asimmetria** che caratterizza quell'ordinamento, per cui non tutti gli enti di pari livello sono muniti di eguali competenze normative e amministrative (Delpérée). In particolare, dal punto di vista delle fonti – quello che qui ci interessa – va notato come il principio federale opera su due diversi livelli: a) stabilita la superiorità della costituzione federale, le fonti centrali idonee a insistere sulla sfera d'autonomia locale sono assunte con procedure aggravate, che vedono il concorso dei diversi gruppi linguistici: si tratta delle cc.dd. leggi speciali, che si affiancano alle leggi monocamerali e a quelle bicamerali (*supra*, § 3); b) le Regioni e le Comunità, nonché in qualche circostanza gli organi comuni, sono competenti a emanare atti muniti di forza di legge, nonché atti subordinati alla legge, e cioè i regolamenti. Tutti gli atti con forza di legge sono sottoposti alla cognizione della *Cour Constitutionnelle*.

In **Russia** le materie di competenza sono state ripartite assegnando formalmente quelle residuali ai soggetti territoriali, in base a trattative bilaterali tra i soggetti federati e il centro. Le pulsioni vanno nel senso dell'accentramento, ostacolando la formazione di partiti locali nelle elezioni, e rafforzando i poteri di esecuzione delle decisioni della Corte costituzionale anche in periferia, e forme di concertazione.

5.2.2. La ripartizione delle competenze negli ordinamenti regionali e nel Regno Unito

Anche negli ordinamenti europei qualificati "**regionali**" – cioè l'Italia e la Spagna (ancorché la qualificazione che vi si dà in Spagna sia di "*Estado autonómico*") – i criteri di ripartizione non sono uniformi.

In **Italia**, il regionalismo differenziato si riverbera anche sulle fonti; meglio, proprio il sistema delle fonti regionali evidenzia le differenze tra Regioni speciali e Regioni ordinarie. Come già accennato, infatti, le prime sono munite di uno statuto approvato con legge costituzionale; quello delle seconde, viceversa, viene approvato con duplice votazione a maggioranza assoluta e sottoposto a referendum popolare eventuale, senza alcun intervento del Parlamento. Anche dopo la riforma del 2001, diversa è l'estensione e la tipologia delle competenze legislative. In precedenza, solo le Regioni speciali erano munite di competenza esclusiva, che incontrava pochi **limiti**: gli obblighi internazionali, le grandi riforme economiche e sociali, l'interesse nazionale ... Ai medesimi limiti erano sottoposte le Regioni ordinarie, titolari di una competenza ripartita, che in più si imbattevano in quello, assai penetrante, rappresentato dai **princìpi fondamentali** della materia, fossero essi o meno espressi in una legge quadro. Oggi – dice il testo della riforma – «la potestà legislativa è esercitata dallo Stato e dalle Regioni nel rispetto della costituzione, nonché dei vincoli derivanti dall'ordinamento comunitario e dagli obblighi internazionali». Gli elenchi delle materie **esclusive dello Stato** e di quelle concorrenti sono lunghi e complessi, e si manifestano innumerevoli problemi interpretativi, in parte risolti dalla Corte costituzionale[52]. Alla competenza esclusiva o concorrente si accompagna l'attribuzione della potestà regolamentare nelle materie non esclusivamente riservate allo Stato. È in atto peraltro un processo di revisione costituzionale, che dismettendo il bicameralismo paritario, se giungerà a termine, sovvertirà dalle fondamenta anche il sistema delle fonti periferiche modificando le disposizioni del vigente Titolo V cost.

In **Spagna**, garantita l'autonomia statutaria, la costituzione elenca le materie di competenza delle Comunità autonome[53]; subito dopo, però, enuncia una sterminata lista di "materie" o "funzioni" nelle quali lo **Stato gode di competenza esclusiva**. Dove quest'ultima è attribuita allo Stato, essa talora comprende l'esercizio della funzione legislativa come pure di quella amministrativa (ad es. in tema di difesa). Talora invece la materia è scomposta in due blocchi. (Per es., "ferrovie e trasporti" possono essere disciplinati e amministrati o dallo Stato o dalle *Comunidades Autónomas*, secondo l'interesse dell'attività.) In qualche circostanza, la funzione legislativa compete nei princìpi (*bases*) allo Stato, nel dettaglio alle Comunità autonome (es.: sicurezza sociale). Nelle materie esclusivamente riservate allo Stato, si applica la clausola di prevalenza delle norme statali

---

[52] Quelle esclusive comprendono tra l'altro relazioni estere, confessioni religiose, difesa e sicurezza, moneta, fisco e mercati, organi e organizzazione dello Stato, livelli essenziali delle prestazioni sui diritti, istruzione, previdenza, enti locali, ambiente. Tra quelle concorrenti: rapporti internazionali delle Regioni, commercio con l'estero, tutela e sicurezza del lavoro, istruzione, professioni, ricerca scientifica e tecnologica, salute, alimentazione, sport, protezione civile, governo del territorio, trasporti, comunicazione, energia, previdenza complementare e integrativa, beni culturali e ambientali, banche locali.

[53] Tra esse compaiono ad es. territorio, urbanistica, alloggi, agricoltura, allevamento, foreste e pascoli, protezione ambientale, fiere, artigianato, musei, biblioteche, assistenza sociale, salute pubblica.

su quelle delle Comunità. La competenza esclusiva delle *Comunidades Autónomas*, più larga per alcuni enti territoriali "storici", si imbatte, nelle materie non elencate all'art. 149, c. 1, cost., nei soli limiti della costituzione e degli statuti di autonomia, particolarmente intensi soprattutto in materia economica; quella concorrente, anche nell'ulteriore **limite delle leggi di base**, per le quali il *Tribunal constitucional* richiede un duplice requisito: materiale (le norme di base sono quelle che dettano criteri e principi), e formale (devono essere contenute in una legge e venire qualificate come tali) [54].

Il **Regno Unito** è stato tradizionalmente caratterizzato da una robusta struttura di governo centralizzata e da una visione centralista della politica nazionale. Per secoli, in particolare, è mancato il livello intermedio di amministrazione tra le istituzioni del governo centrale e gli apparati del *local government*. Risalgono agli ultimi trent'anni dello scorso secolo le iniziative volte ad avviare le prime politiche regionaliste e devolutive, sull'assunto che il Regno Unito risulta storicamente composto da realtà nazionali differenziate per cultura, istituzioni e, per certi aspetti, anche sul piano giuridico: Inghilterra, Scozia, Galles e Irlanda del Nord.

La c.d. ***devolution*** rappresenta un processo evolutivo avviato con una serie di atti sul finire degli anni '90; non si è però esaurito in quegli atti, ma costituisce un fenomeno in continua e graduale evoluzione, all'interno del quale deve inquadrarsi anche il recente referendum (settembre 2014) sull'ipotesi di **secessione della Scozia** dal Regno Unito. La *devolution* ha fino ad oggi interessato le aree caratterizzate da una spiccata identità nazionale (Scozia, Galles e Irlanda del Nord) e da urgenti necessità amministrative (*Greater London*). La *devolution* in Scozia e Galles è stata avviata per via legislativa rispettivamente con lo *Scotland Act* e con il *Government of Wales Act* (1998). Per l'Irlanda del Nord si è invece seguita la via del previo accordo tra il Governo britannico, quello irlandese e i partiti che avevano scelto di partecipare al processo di pacificazione dell'Ulster (*Good Friday's Agreement*, 1998), accordo convalidato da un referendum popolare. Anche per la *Greater London* si è fatta precedere l'istituzione della *Greater London Authority* da una consultazione popolare (1998). All'istituzione formale degli organi di governo delle regioni interessate dalla *devolution* ha fatto seguito l'elezione degli organi rappresentativi: assemblee monocamerali dotate di potestà normativa (lo ***Scottish Parliament***, composto da 129 deputati; la ***Welsh Assembly***, 60 deputati; la ***New Northern Ireland Assembly***, 108 deputati; e la ***Greater London Assembly***, 25 deputati).

Quanto alle funzioni normative, solo le assemblee scozzese e nordirlandese hanno **potestà legislativa primaria** su una serie di *devolved matters*; ma è diver-

---

[54] Il sistema delle fonti che regolano l'esercizio dell'autonomia è completato in Spagna dalle leggi organiche di approvazione degli statuti, da questi ultimi, i cui disposti integrano il riparto costituzionale delle competenze, dalla legge organica con cui, ai sensi dell'art. 150, c. 2, lo Stato può trasferire materie alla competenza delle *Comunidades Autónomas*, e infine dai regolamenti, sia statali che autonomici.

so il criterio di determinazione della sfera di competenza: nel caso scozzese, lo *Scotland Act, schedule 5*, enumera le materie riservate alla competenza del Parlamento centrale, riservando al Parlamento scozzese tutte le altre materie secondo il **criterio residuale**. Diversamente, la *schedule* 22 dello *Welsh Act* assegna all'Assemblea di Cardiff le materie espressamente enumerate, rimanendo in capo al Parlamento centrale di Londra tutte le altre materie. L'Assemblea gallese, a sua volta, esercita una *executive devolution*, potendo emanare solo degli *assembly orders* sulla base di una delega del Parlamento di Westminster.

Per tutte le autorità devolute vale il principio della *supremacy* del Parlamento britannico, il limite territoriale di efficacia degli atti normativi adottati, il rispetto dei diritti fondamentali proclamati dalla Convenzione europea e incorporati nell'ordinamento britannico dallo *Human Rights Act 1998*, l'osservanza degli obblighi derivanti dalle norme comunitarie.

5.3. Fonti dell'Unione Europea e leggi nazionali

L'istituzione della Comunità economica europea (CEE) – successivamente trasformata in Comunità europea (CE), attenuandone l'impronta originariamente economica, e ora affiancata dall'Unione Europea (UE) – sin dall'inizio ha determinato l'ingresso negli ordinamenti a essa partecipi di due categorie di fonti – le **direttive** e i **regolamenti** – spalancando gravi problemi di coordinamento via via risolti sia all'interno degli Stati membri, mediante la legislazione o la giurisprudenza, sia a livello comunitario (soprattutto attraverso le sentenze della Corte di giustizia). Il progressivo peso assunto dalla Comunità e l'ampliamento delle sue competenze ha comportato altresì l'esigenza di alcune revisioni costituzionali: non tutte le costituzioni dei Paesi membri si prestavano infatti a consentire quelle limitazioni di sovranità presupposte dal Trattato di Maastricht del 7 febbraio 1992[55].

Il **trattato di Lisbona**, peraltro, ha determinato una nuova classificazione degli atti giuridici dell'UE: **il regolamento, la direttiva, la decisione, la raccomandazione, il parere** (cap. VI, II, § 5).

In base all'art. 288 del trattato sul funzionamento dell'UE, il regolamento, la direttiva e la decisione sono atti normativi in senso proprio. Per contro, la raccomandazione e il parere non sono giuridicamente vincolanti per i loro destinatari. Inoltre, il trattato di Lisbona ha creato una nuova categoria di atti

---

[55] Ad es. il *Grundgesetz* tedesco, nell'autorizzare il trasferimento di diritti di sovranità, subordina la collaborazione della Repubblica in sede comunitaria al rispetto del principio democratico, dello Stato di diritto, sociale e federativo, del principio di sussidiarietà e di tutela dei diritti fondamentali «essenzialmente paragonabile a quello della presente Legge fondamentale», così condizionando la recezione del diritto dell'Unione alla sua conformità al "nucleo essenziale" della Legge fondamentale.

giuridici: gli **atti delegati**. Il legislatore delega cioè alla Commissione il potere di adottare gli atti che modificano gli elementi non essenziali di un atto legislativo.

In ciascuno Stato dell'Unione, **i regolamenti comunitari si impongono per forza propria**, sono direttamente applicabili in tutti i loro elementi, vincolando tutte le autorità e i privati in virtù della forza a essi attribuita dall'ordinamento europeo. Il rapporto tra le leggi e gli altri atti normativi interni dei singoli Stati, da una parte, e i regolamenti comunitari, dall'altra, è un **rapporto di competenza**, che si instaura in virtù del trasferimento di competenze statali alla Comunità, ed è tale da conferire a essi efficacia nella materia disciplinata.

La distinzione formulata agli albori dell'ordinamento comunitario tra **direttive** (che abbisognano di atti interni di applicazione) e **regolamenti** (direttamente applicativi) non è più assoluta: alcune direttive (o parti di ciascuna di esse) sono infatti **autoapplicative**; altre obbligano invece gli organi statali o decentrati ad assumere atti idonei ad assicurarne la trasposizione nell'ordinamento interno. D'altro canto, anche i regolamenti comunitari esigono talora ulteriori attività "interne", ad es. quando si prospetta l'esigenza di istituire appositi organi amministrativi. Quale che sia il *nomen iuris* dell'atto comunitario, le norme comunitarie direttamente applicabili o una volta trasposte obbligano il giudice a disapplicare il diritto interno con esse contrastante. **Il diritto comunitario prevale** dunque sulle corrispondenti norme interne precedenti, precludendone l'applicazione, mentre resiste all'abrogazione ad opera della legge o di altri atti interni successivi.

Negli **Stati decentrati** dell'Unione (come Spagna, Germania, Italia, Belgio, e ora Regno Unito) anche le *Comunidades Autónomas*, i *Länder*, le Regioni e le Comunità belghe, ecc. sono chiamati a dare esecuzione alle norme, coordinando quelle di diversa provenienza (comunitaria, statale, regionale), con risultati non sempre lineari: da un lato infatti le norme comunitarie spesso toccano materie trasversali, non sottoposte all'esclusiva competenza dell'Unione (come la tutela dell'ambiente o quella dei consumatori); dall'altro, la distribuzione delle competenze nelle medesime materie tra "centro" e "periferia" non è nitida neppure all'interno di ciascun ordinamento.

Anche dove siano previste competenze regionali "esclusive", la preminenza del diritto comunitario e il principio per cui **nessuno Stato può addurre a scusa dei propri inadempimenti la propria organizzazione interna** ha condotto la Corte europea a respingere le eccezioni prospettate in tal senso dalle autorità statali[56].

---

[56] Caso *Commissione delle Comunità europee c. Italia*, causa 48/71. Né a questa regola può sottrarsi il *Bund* tedesco, dopo che una revisione del *Grundgesetz* ha stabilito che «Se sono coinvolte principalmente competenze legislative esclusive dei *Länder*, la tutela dei diritti, che spettano alla Repubblica federale tedesca quale Stato membro dell'Unione Europea, deve essere trasferita dal *Bund* a un rappresentante dei *Länder* nominato dal *Bundesrat*». La Legge fondamentale ha

6. Il regolamento

Anche per l'influenza del credo della rivoluzione francese, secondo cui un potere materialmente legislativo non poteva essere conferito all'Esecutivo, le costituzioni approvate a cavallo tra il '700 e l''800 espressero il principio che al Governo competesse la sola esecuzione delle leggi, essendogli precluso modificare o interpretare quelle esistenti. Le vicende successive dimostrarono l'impraticabilità della rigorosa distinzione tra potere legislativo (normativo) e potere esecutivo. Ma ancor oggi, l'idea che quest'ultimo non possa interpretare, alterare o modificare la legge mediante i regolamenti, chiamati solo a darvi esecuzione nelle materie non soggette a una riserva assoluta, è espressa da varie costituzioni: non solo quelle restate sostanzialmente immutate dall''800, ma anche alcune più recenti (specie latinoamericane), che disegnano una forma di governo "presidenzialista", semipresidenziale o parlamentare.

Altri testi costituzionali, abbandonando il lessico del periodo rivoluzionario, si limitano oggi ad attribuire all'Esecutivo il potere di fare regolamenti per l'esecuzione delle leggi (Portogallo, Giappone, Bulgaria, Polonia), oppure stabiliscono che «il Governo ... esercita ... la potestà regolamentare conformemente alla costituzione e alle leggi» (Spagna); che «norme amministrative generali possono essere stabilite da decreti reali» (Olanda); o che «Il Presidente della Repubblica ... emana i regolamenti» (Italia, dove peraltro la potestà regolamentare spetta alle Regioni in ogni materia non di esclusiva competenza statale). In tali casi[57], il **principio di legalità** sembrerebbe precludere l'esercizio di un potere regolamentare sganciato da una previa legge (cc.dd. **regolamenti indipendenti**). Occorre però, ogni volta, operare una ricostruzione complessiva del sistema delle fonti, e un attento esame della prassi di ciascun ordinamento, al fine di ammettere o di escludere la costituzionalità di regolamenti che, pur essendo alla legge subordinati, tuttavia dispongano in materie non disciplinate dalla legge.

Mentre ovunque predomina la dottrina, di origine francese, della **prevalenza della legge**, espressione della volontà generale, e della **sottoposizione gerarchica del regolamento** a essa, paradossalmente solo in **Francia** s'è fatta strada con la costituzione della V Repubblica l'idea di una competenza (*domaine*) del regolamento separata da quella della legge. Rovesciando un secolare principio, l'art. 34 cost. sottrae alla legge la competenza residuale, ed elenca le materie in cui tale fonte è competente a «stabilire le regole» oppure a «determinare i princìpi fondamentali». La difesa del *domaine* del regolamento, che si estende in via esclusiva o concorrente su tutte le materie non espressamente individuate dalla costituzione, è

---

infatti specificato che alla situazione di vantaggio configurata a favore dei *Länder* non corrisponde una esenzione di responsabilità per il *Bund*, sul quale grava «la responsabilità statale generale».

[57] ... come pure quando la costituzione conferisce all'Esecutivo il potere di emanare decreti, o comunque di eseguire le leggi, senza espressamente menzionare il potere regolamentare (Svizzera, la cui costituzione parla peraltro di "norme di diritto", Romania).

conferita al Governo (e, dal 2008, al Presidente dell'Assemblea interessata), che può opporre l'irricevibilità di ogni proposta di legge o emendamento reputato invasivo della competenza regolamentare[58]. Alle aspre critiche sollevate all'alba della V Repubblica contro queste disposizioni si sostituirono ben presto valutazioni più caute: si è osservato che, tutto sommato, **la legge disciplina le materie più importanti**[59]; e che la valutazione dell'importanza e della produttività di un'Assemblea parlamentare va data non tanto in termini quantitativi (il numero di materie di competenza, il numero di leggi approvate, e via dicendo), quanto in termini qualitativi (il rilievo politico delle materie e delle leggi).

Oltre che al Governo – o, formalmente, al Capo dello Stato – una potestà regolamentare con efficacia esterna viene talvolta conferita a **singoli Ministri**, in virtù di espresse disposizioni costituzionali (Bulgaria, Estonia, Repubblica ceca), o anche legislative (come in Italia); nonché ad **amministrazioni separate dello Stato**, ad **agenzie**, ad **autorità indipendenti** e soprattutto a **enti territoriali**.

Un'ulteriore fonte secondaria di natura regolamentare è rappresentata dagli **statuti degli enti locali**, i quali, ove contemplati, sono sempre subordinati alla legge, e si distinguono dai regolamenti sia in virtù della competenza a disciplinare l'organizzazione e l'esercizio delle funzioni dell'ente, sia per la loro superiorità gerarchica rispetto ai secondi, che debbono a essi conformarsi.

Tra la normazione secondaria del **Regno Unito**, si segnalano le ***byelaws***: atti normativi secondari emanati da autorità locali od organismi indipendenti, soggetti all'approvazione di un dipartimento governativo e la cui validità e legittimità formale è controllata dalle Corti. Abbiamo infine già ricordato che negli **Stati Uniti** e in altri paesi di *common law* gli organi di governo, gli enti locali e quelli indipendenti (*Agencies*, *Independent Regulatory Commissions*, ecc.) possono emanare atti normativi sprovvisti di forza di legge (*executive orders*). Appartiene poi alla normazione secondaria la c.d. ***contingency legislation***. Essa si basa su una delibera del Congresso con la quale si rinvia a una valutazione del Presidente l'entrata in vigore di un certo *statute*, in relazione all'avverarsi di un evento incerto.

7. Fonti-atto residue

Da ultimo occorre fare cenno ai regolamenti parlamentari, alle sentenze di accoglimento delle Corti e dei Tribunali costituzionali, al referendum abrogativo.

---

[58] Solo nell'eventualità che il Presidente dell'Assemblea interessata – un presidente di estrazione maggioritaria – sia in disaccordo, la soluzione del conflitto è demandata al *Conseil constitutionnel*.

[59] Dai diritti e le garanzie fondamentali alla disciplina penale, dal regime fiscale a quello elettorale, al diritto dell'economia, ecc., e, ora, la libertà, l'indipendenza e il pluralismo dei *media*.

7.1. Regolamenti parlamentari

A seconda dell'ordinamento, i regolamenti parlamentari possono essere considerati **fonti legali** del diritto, oppure **regole di natura meramente interna**: la soluzione dipende dalla qualificazione costituzionale, che sovente accompagna, al sostantivo "regolamento", l'aggettivo "interno"; dalla soggezione alle forme di pubblicazione tipiche delle fonti legali; dalla giustiziabilità delle violazioni davanti a un giudice costituzionale od ordinario. In ogni caso, va notato che quasi sempre i regolamenti parlamentari sono chiamati dalla costituzione a disciplinare, tra l'altro, l'*iter* di formazione dell'atto-fonte esterno per eccellenza, e cioè la legge (oltre all'organizzazione della Camera, il controllo parlamentare, i rapporti con altri organi, ecc.).

La loro peculiarità consiste nel fatto che essi si collocano – diversamente dai regolamenti dell'Esecutivo – in **posizione immediatamente sottoposta alla costituzione**, sottraendo del tutto o in parte alla legge o alla legge organica la competenza relativa all'organizzazione e all'esercizio delle funzioni del Parlamento. Nel senso di una **riserva di competenza regolamentare** (che talora è solo presupposta, giacché la costituzione si limita a stabilire che le Camere si dotano di un regolamento, senza specificare le materie che esso deve o può trattare) si esprimono numerose costituzioni (come quella italiana), mentre altre operano rinvii o riferimenti ai regolamenti parlamentari (Francia, Olanda, Belgio, Venezuela). Oltre alle procedure per l'approvazione delle leggi, essi comunque disciplinano, di solito, la struttura delle Camere, i loro organi interni, le funzioni non legislative (il controllo parlamentare, gli atti di indirizzo, l'attività conoscitiva), i raccordi con altri organi costituzionali. Non sempre – anzi, quasi mai! – le costituzioni chiariscono però quale è la collocazione dei regolamenti parlamentari nel sistema delle fonti. Se si eccettuino i casi in cui essi sono costituzionalizzati (Finlandia, sino alla revisione costituzionale del 1999-2000), oppure soggetti al normale regime della legge, con conseguente possibilità per quest'ultima di eroderne la competenza (Islanda, Lituania, Estonia), o infine sottoposti espressamente alla legge, senza poter derogarla (Austria), la loro posizione viene per lo più fissata dalla giurisprudenza delle Corti costituzionali.

Quali "**norme interposte**" tra la costituzione e la legge, i regolamenti parlamentari rappresentano un parametro nel giudizio di costituzionalità? E possono essi costituire oggetto di giudizio, qualora violino la costituzione? Nel primo caso, la soluzione è generalmente negativa, a meno che, insieme alla norma regolamentare, non ne sia contemporaneamente violata anche una di rango costituzionale (in questo senso la giurisprudenza costituzionale tedesca, italiana, spagnola); nel secondo, dipende dalle espresse disposizioni costituzionali od organiche che ammettono il controllo sui regolamenti (Francia, Spagna, Bulgaria, Romania, ex colonie francesi), oppure, più spesso, dalla "forza" che a essi i Tribunali costituzionali attribuiscono di volta in volta, di fronte a formulazioni più equivoche (cap. IX).

7.2. Sentenze costituzionali

Tra le fonti del diritto, debbono essere annoverate le sentenze dei Tribunali costituzionali munite di **efficacia *erga omnes*.** Comunque si configuri o venga denominato l'effetto prodotto dalla decisione che dichiara l'incostituzionalità di una legge o di altro atto normativo vigente (e cioè di abrogazione o di annullamento), infatti, il risultato raggiunto è precisamente quello di espungere norme dall'ordinamento giuridico (cap. IX, § 18).

7.3. Referendum abrogativo

Tra le fonti del diritto, va annoverato infine il referendum abrogativo, non frequente nel diritto comparato, e che conosce una costante **applicazione solo in Italia**, dove l'indole di fonte è peraltro attribuita non al fatto referendario, bensì all'atto con cui il Capo dello Stato recepisce la volontà del popolo di abrogare una legge (Crisafulli). In questa sede, è sufficiente ricordare che anche nel caso in esame – come in quello or ora ricordato delle sentenze costituzionali di accoglimento – l'indole negativa del referendum non ne mina la natura di fonte; e che, ancora una volta, è agevole registrare anche in fatti e atti di tal genere una **carica positiva**, un *quid* di creativo, imputabile o alla formulazione dei quesiti, tale da consentire la sostituzione di una disciplina con un'altra, o alla circostanza che il vuoto determinatosi viene (quasi sempre) riempito con gli stessi sistemi già presi in esame in questa sezione[60].

Riferimenti bibliografici

Sulla crisi della legge: F. LOPEZ DE OÑATE, *La certezza del diritto* (1942), rist. Giuffrè, Milano, 1968; F. FORSTHOFF, *Rechtsstaat im Wandel*, Kohlhammer, Stuttgart, 1964, trad. it. *Stato di diritto in trasformazione*, Giuffrè, Milano, 1973; F. WIEAKER, *Industriegesellscahft und Privatrechtsordnung*, Athenäum Fischer, Frankfurt a.M., trad. it. *Diritto privato e società industriale*, Esi, Napoli, 1983; N. IRTI, *L'età della decodificazione*, 4ª ed., Giuffrè, Milano, 1999; A. PORRAS NADALES, *Introducción a una teoría del Estado post-social*, Ppu, Barcelona, 1988. Su gerarchia e competenza I. DE OTTO, *Derecho constitucional. Sistema de fuentes*, Ariel, Barcelona, 1987; A. RUGGERI, *Fonti, norme, criteri ordinatori*, 3ª ed., Giappichelli, Torino, 2001.

Sulla legge come atto del popolo, R. CARRÉ DE MALBERG, *La loi expression de la volonté générale*, Sirey, Paris, 1931, trad. it. *La legge espressione della volontà generale*, Giuffrè, Milano, 2008. Sui princìpi: C. LUZZATI, *Príncipi e princípi. La genericità nel*

[60] Sulle altre tipologie di referendum cfr. *infra*, cap. VIII, II, § 3.

diritto, Giappichelli, Torino, 2012; V. CRISAFULLI, *Per la determinazione del concetto dei principi generali del diritto*, in *Riv. int. fil. dir.*, n. 41, 1941; L. GIANFORMAGGIO, *L'interpretazione della Costituzione tra applicazione di regole ed argomentazione basata su principi*, in *Riv. int. fil. dir.*, 1985; R. GUASTINI, *Sui principi di diritto*, in *Dir. soc.*, n. 4, 1986; F. MODUGNO, *Principi generali dell'ordinamento*, in *Enc. giur.*, XXIV, 1991; G.R. CARRIÓ, *Principi di diritto e positivismo giuridico*, in R. GUASTINI (ed.), *Problemi di teoria del diritto*, il Mulino, Bologna, 1980; M. ATIENZA, G. RUIZ MANERO, *Tre approcci ai principi di diritto*, in *Analisi e dir.*, 1993.

Sulla riserva di legge: V. CRISAFULLI, *Gerarchia e competenza nel sistema costituzionale delle fonti*, in *Riv. trim. dir. pubbl.*, n. 2, 1960; F. SORRENTINO, *Lezioni sulla riserva di legge*, I, Clu, Genova, 1980; A. GARRORENA MORALES, *El lugar de la ley en el ordenamiento español*, Cec, Madrid, 1980; L. VILLACORTA MANCEBO, *Reserva de ley y Constitución*, Dykinson, Madrid, 1994. A proposito della contrattazione legislativa, E. DE MARCO, *La negoziazione legislativa*, Cedam, Padova, 1984; T. DAINTITH (ed.), *Law as an Instrument of Economic Policy: Comparative and Critical Approach*, Walter de Gruyter, New York, 1988; K.W. WEDDERBURN, B. SCIARRA, M. BIAGGI, *Democrazia politica e democrazia industriale: cogestione partecipazione controllo in Italia e in Europa*, De Donato, Bari, 1978.

Sulle leggi provvedimento, C. MORTATI, *Le leggi provvedimento*, Giuffrè, Milano, 1968.

Sul procedimento formativo della legge, oltre ai manuali di diritto parlamentare, v. S. GALEOTTI, *Contributo alla teoria del procedimento legislativo*, Giuffrè, Milano, 1957, rist. 1985; R. DICKMANN, A. RINELLA (eds.), *Il processo legislativo negli ordinamenti costituzionali contemporanei*, Carocci, Roma, 2011 (con analisi anche di ordinamenti non occidentali); D.M. OLSON, *The Legislative Process: A Comparative Approach*, Harper & Row, New York, 1980; A. BRAZIER, *Parliament, Politics and Law Making: Issues & Developments in the Legislative Process*, Hansard Society, London, 2004; N. LUPO, L. SCAFFARDI (eds.), *Comparative Law in Legislative Drafting: The Increasing Importance of Dialogue amongst Parliaments*, Eleven International, The Hague, The Netherlands, 2014.

Sul ruolo del Capo dello Stato: J.B. HERZOG, G. VLACHOS, *La promulgation, la signature et la publication des textes législatives en droit comparé*, 6ª ed., l'Epargne, Paris, 1961; V. GUELI, *Il procedimento legislativo*, in ID., *Scritti vari*, II, Giuffrè, Milano, 1976. Specificamente sulla promulgazione, S. BARTHOLINI, *La promulgazione*, Giuffrè, Milano, 1955. Sulla pubblicazione, A. PIZZORUSSO, *La pubblicazione degli atti normativi*, Giuffrè, Milano, 1963; A. D'ATENA, *La pubblicazione delle fonti normative*, I, *Introduzione storica e premesse generali*, Cedam, Padova, 1974.

Sulle fonti atipiche e le leggi rinforzate, E. SPAGNA MUSSO, *Costituzione rigida e fonti atipiche*, Morano, Napoli, 1966; C. BLANCO DE MORAIS, *As leis renforçadas*, Coimbra ed., Coimbra, 1998. Sulle leggi organiche, J. CHOFRE, *Significado y función de las leyes orgánicas*, Tecnos, Madrid, 1994; L. PEGORARO, *Le leggi organiche. Profili comparatistici*, Cedam, Padova, 1990; J.L.R. MOREIRA DA SILVA, *Das leis orgânicas na Constituição da República Portuguesa*, Aafdl, Lisboa, 1991.

Sulle leggi delegate, M. PATRONO, *Le leggi delegate in Parlamento. Analisi comparata*, Cedam, Padova, 1981; in chiave teorico-comparatistica anche M. NUÑEZ TORRES, *La capacidad legislativa del Gobierno desde el concepto de institución*, Porrúa, México, 2006; per la Spagna, E. VÍRGALA, *La delegación legislativa en la Constitución y los Decretos Legisla-*

tivos como normas con rango incondicionado de ley, Congreso de los Diputados, Madrid, 1991; per la Francia, G. TUSSEAU, *Les normes d'habilitation*, Dalloz, Paris, 2006. Sulla decretazione d'urgenza: E. PALICI DI SUNI, *La funzione normativa tra governo e parlamento. Profili di diritto comparato*, Cedam, Padova, 1988; ID., *La regola e l'eccezione. Istituzioni parlamentari e potestà normative dell'esecutivo*, Giuffrè, Milano, 1988; per quello spagnolo, P. SANTAOLAYA MACHETTI, *El régimen constitucional de los decretos-leyes*, Tecnos, Madrid, 1988; A.M. CARMONA CONTRERAS, *La configuración constitucional de los decretos-leyes*, Cepc, Madrid, 1997; R. TUR AUSINA, *El control parlamentario de los Decretos-Leyes*, Cepc, Madrid, 2002. Per la bibliografia sulla *delegated legislation* cfr. R. BALDWIN, M. CAVE, M. LODGE (eds.), *The Oxford Handbook of Regulation*, Oxford U.P., Oxford, 2010; B. MORGAN, K. YEUNG, *An Introduction to Law and Regulation: Text and Materials*, Cambridge U.P., Cambridge, 2007.

Sulle fonti negli ordinamenti decentrati e sulle fonti europee v. la bibliografia generale *sub* cap. VI, sez. I e Sez. II.

Sul regolamento, L. CARLASSARE, *Regolamenti dell'esecutivo e principio di legalità*, Cedam, Padova, 1966; E. CHELI, *Potere regolamentare e struttura costituzionale*, Giuffrè, Milano, 1967 (entrambi con ampi riferimenti storici e comparatistici); P. CARETTI, U. DE SIERVO (eds.), *Potere regolamentare e strumenti di direzione dell'amministrazione. Profili comparatistici*, il Mulino, Bologna, 1991; F. CERRONE, *La potestà regolamentare tra forma di governo e sistema delle fonti*, Giappichelli, Torino, 1991. Per la Francia, in chiave storica, CH. DURAND, A. LANZA, *Études sur les rapports entre la loi et le règlement gouvernemental au XIXe siècle*, Puam, Aix-Marseille, 1976; per il Portogallo, J. COUTINHO DE ABREU, *Sobre os regulamentos administrativos*, Almedina, Coimbra, 1987; per la Spagna, R. GARCÍA MACHO, *Reserva de ley y potestad reglamentaria*, Ariel, Barcelona, 1988; J.M. BAÑO LEÓN, *Los límites constitucionales de la potestad reglamentaria*, Civitas, Madrid, 1991; J. BARRAT I ESTEVE, *La reserva reglamentaria*, Universidad de León, León, 1997; per la Germania, N. FOSTER, S. SULE, *German Legal System and Laws*, Oxford U.P., Oxford, 2010, e *ivi* ampi riferimenti bibliografici.

Sui regolamenti parlamentari: S.M. CICCONETTI, *Regolamenti parlamentari e giudizio di costituzionalità nel diritto italiano e comparato (Stati Uniti, Germania federale, Italia)*, Cedam, Padova, 1979; G.G. FLORIDIA, *Il regolamento parlamentare nel sistema delle fonti*, Giuffrè, Milano, 1986. Su referendum abrogativo e sentenze costituzionali v. la bibliografia rispettivamente *sub* cap. VIII, sez. II e *sub* cap. IX.

Il riferimento a S. BAGNI è per la voce *Legge* in L. PEGORARO, *Glossario di diritto pubblico comparato*, cit. nella bibliografia generale; quello a L. PALADIN è in *Le fonti del diritto italiano*, cit. *supra sub* sez. II; l'affermazione di Scarpelli sui princìpi è presente in varie opere; di A. REPOSO v. *Profili dello Stato autonomico*, e di F. DELPÉRÉE, *L'ordinamento federale belga*, entrambi cit. *sub* cap. VI, sez. I. La citazione di M. GANINO è a *Russia*, il Mulino, Bologna, 2010; di M.P. VIVIANI SCHLEIN si ricorda *La nuova Costituzione svizzera: una soluzione originale*, in A. REPOSO (ed.) *La revisione della Costituzione federale svizzzera*, Giappichelli, Torino, 2000; per Cano Bueso e Álvarez Conde cfr.: R. ESCUREDO RODRÍGUEZ, J. CANO BUESO (eds.), *Crisis económica y modelo social: la sostenibilidad del Estado de bienestar*, Ed. Universidad de Almería, Almería, 2013; E. ÁLVAREZ CONDE, C. SOUTO GALVÁN (eds.), *La constitucionalización de la estabilidad presupuestaria*, Idp, Madrid, 2012.

CAPITOLO III

Costituzioni e costituzionalismo

Sezione I – *La costituzione*

di *Giuseppe Morbidelli*

1. Il significato polisenso di costituzione

La nozione di costituzione è tra le più tormentate del pensiero giuridico, al punto che rilevarne le ambiguità e la molteplicità di sensi è divenuto un luogo comune. Si sommano inoltre nella nozione di costituzione significati storici, sociologici, ideologici, filosofici, politici che accrescono la babele delle lingue. Lo stesso fatto che la parola costituzione, semanticamente (e anche nelle espressioni dottrinarie) indichi sia la fase del costituire, sia la struttura complessiva dell'ordinamento (per metafora dalle scienze naturali), sia le regole di fondo della istituzione giuridica, è indicativo dell'inevitabile incertezza. Né appare proficua la scelta che sovente viene operata di limitarsi a elencare i vari significati possibili di costituzione, in quanto gran parte di questi significati si colloca a sua volta in un determinato approccio storico o di teoria del pensiero politico o di teoria delle fonti, talché la tecnica della "compartimentizzazione" delle varie definizioni finisce per essere fuorviante, e per aumentare la confusione.

1.1. Nozione giuridica di costituzione

In questa sede intendiamo dare della costituzione una **nozione esclusivamente giuridica**, tenendo come punto di riferimento la costituzione italiana. Per fare questo occorre, peraltro, compiere un breve *excursus* storico, per comprendere le plurime matrici della nostra costituzione e con essa delle principali costituzioni europee (e degli Stati Uniti d'America). Solo così si può identificare e valutare appieno il significato giuridico di costituzione, e con esso le varie conseguenze sul piano istituzionale; così, inoltre, si possono cogliere nel processo di formazione i fili comuni di tali costituzioni, che aiutano l'indagine comparatistica e facilitano la interpretazione delle stesse costituzioni, le quali non sono mai strutture asettiche e svincolate dalla storia e dagli ambienti sociali e politici in cui vivono. Ma anche dopo aver fatto questa opera di collocazione storica, il significato di costituzione (sempre avendo presenti la nostra costituzione e le altre del costituzionalismo occidentale) si potrà apprezzare e intendere solo attraverso una **disamina dei vari principi di fondo** che accompagnano e nel contempo contraddistinguono la nozione di costituzione (es.: potere costituente, rigidità, revisione costituzionale, separazione e bilanciamento tra i poteri, garanzia dei diritti fondamentali, controllo di costituzionalità). Dal combinato di tutto ciò avremo il significato di costituzione, non esprimibile dunque in formulette sintetiche. E forse è stata proprio l'aspirazione a definire la costituzione attraverso brocardi ciò che ha determinato l'inutilità di ogni sforzo in tal senso, al punto che da parte di taluni si è preferito sostituire alla domanda "cosa è la costituzione?" l'affermazione "la costituzione è", indicando quindi gli specifici caratteri di ciascuna costituzione. Ma questo significa abbandonare il profondo ruolo culturale e di difesa della democrazia che ha avuto la nozione e prima ancora l'idea di costituzione. D'altra parte è fin troppo evidente la genericità e dunque la non produttività (se non come primissimo approccio) delle ricorrenti definizioni di costituzione: a) come legge fondamentale; b) come principio unificante dell'ordinamento (a mo' di "anima" del paese); c) come principio della produzione normativa.

In altri termini, la nozione di costituzione può essere identificata solo attraverso una serie di passaggi e dunque di precisazioni svolte in sequenza, e comunque può essere compresa solo dopo aver posto una serie di ulteriori nozioni o delineato una serie di istituti che la caratterizzano. E anche così si arriverà – forse – a comprendere il "valore" della costituzione, ma non ad acquisire una nozione onnicomprensiva e statica di costituzione (se non come fonte gerarchicamente sovraordinata alle altre fonti dell'ordinamento).

1.2. La costituzione come legge fondamentale

Innanzitutto si può dire che per costituzione si intende il **complesso delle regole fondamentali di una determinata organizzazione sociale**. Ma poiché ogni organizzazione ha proprie regole e talune di queste non possono non essere fondamentali, ciò significa che ogni organizzazione ha una propria costituzione. Così, in questa accezione, si potrebbe dire che un'associazione filantropica, un circolo sportivo, una cooperativa edilizia, un sindacato, hanno tutti una propria "costituzione", rappresentata da quelle regole che stabiliscono le finalità, gli organi, le relative competenze, le procedure di nomina degli organi, ecc.

Tuttavia, anche nel linguaggio comune, tali regole fondamentali sono solitamente definite "statuti", "atti costitutivi", "atti di fondazione".

Sicché è più corretto dire che la costituzione è la **legge fondamentale dello Stato**, che anzi "costituisce" quel particolare tipo di Stato, dettandone le regole essenziali sia di convivenza che di esercizio di pubblici poteri. Ma si tratta ancora di una definizione incompleta perché nella nozione di costituzione confluiscono dati storici, sociologici, ideologici, filosofici, politici, di cui non si può non tener conto, e che impediscono di racchiudere la costituzione in una sintetica formula definitoria.

2. La "legge superiore" nella storia

Per un ulteriore affinamento della nozione si richiede allora un approccio di carattere storico. Non è, invero, utile ai nostri fini riferirsi alla terminologia (perché costituzione significa sia la fase dell'ordinarsi, sia l'entità già ordinata), né tantomeno andare indietro nei secoli per vederne il significato nel linguaggio giuridico del passato, perché costituzione ancora nel 1700 significa corpo organico di leggi (così le costituzioni piemontesi del 1723 di Vittorio Amedeo II e del 1770 di Carlo Emanuele III, così ancora le costituzioni modenesi del 1771, che erano una sorta di codice delle leggi di diritto privato, di diritto penale, di procedura civile). E anche nel diritto romano, nonché nel Medioevo, il termine *constitutio* era riferito genericamente agli atti dell'autorità aventi forza normativa.

La nozione di costituzione presuppone, invece, non solo il carattere di legge o di fonte del diritto in genere che detta le regole fondamentali dello Stato, ma anche una **superiorità di tale legge** sulle successive manifestazioni dei poteri dello Stato (sia di ordine normativo che esecutivo che giudiziario).

2.1. Antiche formulazioni

Molti studiosi hanno ravvisato il germe della nozione di costituzione come fonte sovraordinata già nella *politeia* di **Aristotele** (McIlwain), altri nella *res publica* di **Cicerone**. E invero l'idea di una legge superiore non era sconosciuta all'epoca romano-ellenistica, né tantomeno era sconosciuta l'idea di un criterio di ordine e di unione della comunità intera (non è invece utile richiamare le *constitutiones* romane, che si svilupparono soprattutto nel II secolo d.C., perché esse erano semplicemente le risoluzioni degli imperatori, cui si riconosceva un'autorità paragonabile a quella di legge). La costituzione nel senso quale oggi la intendiamo, cioè di legge superiore, emerge solo con l'epoca medioevale. Contribuisce all'idea di legge fondamentale un duplice (ma non sempre concorrente) ordine di ragioni. Da un lato, la convinzione, sia di derivazione filosofica, sia di derivazione religiosa, della superiorità di leggi che trovano fondamento in **principi non transeunti, e anzi inviolabili**, perché espressione della coincidenza tra leggi degli uomini e leggi di Dio. Dall'altro, la superiorità di leggi che sono il risultato di lunghi e complessi "assestamenti" tra i vari poteri e i vari ceti: assestamenti che trovano esito più spesso in consuetudini ma anche in documenti formali, come ad es. la *Magna Charta*. La superiorità di tal genere di leggi nasce dunque dal principio di rispetto delle leggi divine (c.d. principio teocratico) e da quello di ossequio alle tradizioni, anche se spesso i precetti nascenti da tali fonti venivano a coincidere o, comunque, a rafforzarsi a vicenda (cap. IX, §§ 2-5).

Quando nasca nel pensiero politico e nella pratica istituzionale la nozione di *lex fundamentalis*, è controverso: sotto il primo profilo, molti la ravvisano nella *Summa* di **S. Tommaso**, cui si deve l'elaborazione di una forma di Governo costituzionale; sotto il secondo, chi la ravvisa nella Francia di Enrico IV, chi in Inghilterra, sotto il regime di Giacomo I. La contesa ben si spiega, dato che non è chiaro quando l'affermata superiorità riposi su ragioni morali o, comunque, metagiuridiche, oppure su ragioni giuridiche, talché potrebbe essere fatto ricorso a istituti giuridici o a efficaci sanzioni per far prevalere la legge fondamentale. Ma ai nostri fini la datazione non è indispensabile. Conta rilevare che a un certo punto **vennero considerate superiori quelle leggi ritenute opera della *Storia*** (quasi scaturite dal corpo sociale stesso, piuttosto che dalla forza di chi detiene il potere): certe regole si impongono anche al Re perché il tempo ha dimostrato la loro necessità e sono cioè patrimonio di quella stirpe, di quella gente, di quella terra. Da tener presente, per comprendere la ragione di tale superiorità, che nell'ottica medievale **la consuetudine è la prima e fondamentale *lex***, per quanto *non scripta*, mentre le *leges scriptae* sono più che altro la individuazione e la sistemazione da parte del principe di consuetudini già formate. In conseguenza logica, le leggi non scritte sono considerate assolutamente immutabili o, piuttosto, si ritiene che solo la consuetudine che le ha stabilite possa abrogarle o completarle: le leggi non scritte possono dunque mutare solo attraverso un ulteriore processo storico. Tra le prime leggi fondamentali si ricordano quelle inerenti alla stessa investitura del Sovrano, cioè le consuetudini che regolano la devoluzione della Corona, secondo la formula, risalente al giureconsulto inglese **Henry de Bracton**: «il Re ha Dio sopra di sé, e poi la legge che lo ha fatto Re». Le regole di attribuzione della Corona sono cioè considerate come sottratte al potere normativo del Re proprio perché attengono al fondamento del regno e dunque alla sua costituzione. Ma resta il fatto che le varie leggi fondamentali che si affermano in tutta l'Europa (da quelle notissime inglesi, alla Bolla d'Oro emanata dall'Imperatore Carlo IV nel 1356, alle leggi e alle consuetudini della Repubblica di Venezia, al Konungabalk, legge fondamentale della Svezia), se avevano una superiorità sul piano morale e su quello della legittimazione dei governanti verso i propri sudditi nonché verso i governanti di altri paesi, non avevano la "superiorità" formale, affermabile con una serie di mezzi giuridici, quale si ravvisa nelle attuali costituzioni, a partire dalla "forza passiva", che ne impedisce la modifica se non con procedure oltremodo complesse, e dalla illegittimità di atti e comportamenti con essa configgenti (sanzionabili in vario modo ma sempre con strumenti giuridici).

2.2. La legge superiore nel pensiero politico del XVII e del XVIII secolo e il suo affermarsi in Inghilterra

La strada verso la formalizzazione e dunque la piena giuridicizzazione della legge fondamentale passa sia attraverso i grandi movimenti del pensiero politico del XVII e del XVIII secolo, sia, in rapporto dialettico con tali movimenti, attraverso l'evoluzione delle istituzioni inglesi, le quali si sono sviluppate lentamente ma progressivamente ed hanno espresso una felice combinazione tra monarchia, aristocrazia e popolo. Sul piano degli eventi storici, è risaputo come la **Corona inglese** ebbe a consentire (sia chiaro, non spontaneamente, ma a seguito di lotte secolari, talvolta anche sanguinose) a sempre più **intense limitazioni dei propri poteri e delle proprie prerogative**. Limitazioni che, a loro volta, determinarono l'emergere di una democrazia rappresentativa, attraverso l'evoluzione e l'affermazione di un Parlamento bicamerale. Vennero solennemente riconosciute le libertà civili (*Magna Carta Libertatum* del 1215, *Petition of Rights* del 1628, *Habeas Corpus* del 1679, *Bill of Rights* del 1689, *Act of Settlement* del 1701). Nel contempo si sviluppò e si radicò il principio della supremazia e della sovranità parlamentare: il *Bill of Rights* è categorico nell'escludere il (fino allora indiscusso) potere del Re di sospendere l'esecuzione delle leggi o dispensare dalla loro osservanza, senza il consenso del Parlamento. Non solo: l'*Act of Settlement*, pur ribadendo la riconducibilità al Re della funzione giurisdizionale, pone i presupposti della indipendenza dei giudici. In tal maniera, a dispetto della terminologia, la Monarchia veniva privata del ruolo di detentore del potere sovrano. Diveniva una delle istituzioni costituzionali, non sovraordinata alle altre né tantomeno fonte di legittimità delle altre.

Altrettanto rilevanti (e del resto si tratta di un processo unitario) sono state le acquisizioni sul piano delle teorie. Sono note le interrelazioni, e talvolta anche gli equivoci, tra i grandi pensatori politici del secolo dei lumi e la storia delle istituzioni britanniche. Qui interessa solo ricordare il potente contributo alla definizione della nozione di costituzione (e dei suoi contenuti) che hanno avuto le **teorie del contratto sociale e del diritto naturale**. L'ordine sociale, lo stesso Stato, la vita dello Stato in tutti i suoi svolgimenti, trovano origine in un patto con il quale il popolo ha riconosciuto o istituito un Sovrano e si è impegnato ad obbedirgli. Poiché la sovranità appartiene al popolo, che la trasmette al Monarca, la costituzione è la riproduzione pura e semplice dello stesso "contratto sociale", e dunque si colloca al di sopra di tutte le autorità pubbliche, che da essa ricevono il proprio potere: essa ha quindi un'origine "pattizia", vale a dire nel mutuo consenso tra Monarca e sudditi. Nel contempo, secondo la teoria del diritto naturale, i diritti ritenuti fondamentali (libertà, eguaglianza, proprietà) non possono essere mai conculcati, neanche dalle massime autorità, perché appartengono per natura all'uomo.

Con la teoria del contratto sociale si pongono le basi per un riconoscimento formale di tali diritti. Poiché la costituzione contiene l'insieme delle limitazioni che il popolo ha inteso porre all'esercizio della sovranità, quando ha contratto il famoso "patto di soggezione" con il Monarca, il rispetto della costituzione garantisce, altresì, il rispetto dei diritti fondamentali la cui garanzia sta appunto alla base del contratto. Nel contempo, il contratto sociale esprime anche il fondamento (e i limiti) del potere del Sovrano (mentre nell'idea medievale di legge fondamentale questa costituiva sì un limite al potere del Sovrano, ma non costituiva il suo fondamento, che si ritrovava nel principio di investitura divina o comunque per tradizione).

Pur non disconoscendo l'apporto di altri grandi pensatori che hanno concorso all'affermazione di tali tesi, la teorizzazione dei diritti dell'uomo e del garantismo costituzionale si deve soprattutto all'opera di **John Locke** (*Two Treatises of Government*, 1690). Per Locke, che scrive i suoi due trattati nel clima in cui matura quella "gloriosa rivoluzione" da cui scaturirà il *Bill of Rights*, caposaldo del costituzionalismo inglese, il "contratto" costituisce la matrice legale dello Stato e delle istituzioni civili, e il potere legislativo, in quanto espressione della sovranità popolare, rappresenta il "potere supremo": tra l'altro il *Bill of Rights*, formalmente, si configura come un contratto tra il Principe d'Orange, chiamato al trono dal Parlamento, e quest'ultimo, che a sua volta agisce come rappresentante del popolo inglese.

La legge però non è espressione di una volontà onnipotente e senza limiti; essa ha solamente la funzione di "**positivizzare**" **i diritti naturali** preesistenti dell'individuo, riconoscendoli e garantendoli contro ogni arbitraria invadenza. Talché i cittadini, depositari della costituzione in quanto “popolo”, hanno un “diritto di resistenza” nei confronti dell'autorità pubblica che arbitrariamente oltrepassi i poteri delegati con il contratto e non rispetti gli inviolabili diritti naturali dell'individuo. Ciò significa che, secondo Locke, gli uomini debbono osservare i precetti giuridici unicamente se questi provengono da uno Stato che abbia la configurazione istituzionale da essi stessi maggioritariamente voluta. In altri termini, **nessun potere è legittimo se non rispetta il patto sociale**, e in particolare se non assicura il libero esplicarsi dei diritti naturali dell'uomo. Locke teorizza così uno Stato limitato e garantista il cui potere si legittima unicamente in funzione della tutela a esso affidata delle libertà civili: lo Stato e il diritto pubblico, insomma, si subordinano all'individuo e al diritto privato, mentre la legge si vincola non più al solo requisito della certezza formale ma anche a quello del sostanziale rispetto dei diritti naturali e fondamentali dell'uomo. Locke, tra l'altro, è il primo che usa il termine “costituzione” nel significato moderno, seppur di sfuggita (Matteucci). Tali teorie eserciteranno una grandissima incidenza sia teorica, *in primis* tra i pensatori illuministi, sia pratica, nell'elaborazione delle costituzioni degli Stati americani.

2.3. Le costituzioni del Nord America e della Rivoluzione Francese e i loro princìpi comuni

Le istituzioni inglesi, così come forgiate attraverso la “gloriosa rivoluzione” e gli altri eventi del XVII secolo, furono studiate dai pensatori illuministi in opere che ebbero larga diffusione e sono tuttora fondamentali: ci limitiamo a ricordare Montesquieu con il suo *De l'esprit des lois* risalente al 1748 (particolarmente il capitolo VI del libro undicesimo dal titolo *De la Constitution d'Angleterre*, che peraltro era chiaramente una derivazione del Trattato di Locke); Blackstone, con i suoi *Commentaries on the Laws of England* (1765-1769); Delolme, con il suo trattato *Constitution de l'Angleterre* (1771); Rousseau che nel 1762 ebbe a pubblicare il *Contrat social* divenuto ben presto famosissimo.

Intanto la nozione di costituzione comincia a essere impiegata proprio per indicare quell'insieme di leggi, istituzioni e consuetudini, derivate da certi immutabili principi di ragione e diretti a fini di pubblico bene, che costituiscono il complesso del sistema secondo il quale la comunità ha convenuto e accetta di essere “governata”. In sostanza, la costituzione fonde in sé la superiorità del diritto naturale e l'origine consensuale. Tale visione fu mirabilmente espressa da Paine nel suo *Rights of man* (1791): «Una costituzione non è l'atto di un Governo, ma l'atto di un popolo che crea un Governo». Emerge così una nozione di costituzione che nasce dal popolo, come opera di volizione collettiva, che “codifica” l'organizzazione dei poteri e si pone come **norma sovraordinata all'attività dei poteri previsti dalla costituzione** stessa e nel contempo riconosce e tutela i diritti che per natura appartengono al genere umano (McIlwain). Conseguenza di tale sovraordinazione, che venne messa in luce soprattutto dai "fisiocratici" (illuministi la cui impronta è data soprattutto dai loro interessi per l'economia), è la tesi per cui i giudici, prima di applicare le leggi, dovrebbero accertarsi che le leggi che sono chiamati ad applicare si conformino effettivamente ai dettami delle «leggi naturali dell'ordine sociale e della giustizia». Si pongono cosi le premesse teoriche sia per il controllo di costituzionalità, sia – una volta che tali leggi naturali vengono trasfuse in testi costituzionali veri e propri – per la superiorità della costituzione, sia infine per il riconoscimento e la tutela in costituzione dei diritti fondamentali.

Tutte queste teorie trovarono il loro "laboratorio sperimentale" nelle **costituzioni degli Stati del Nord America**, che con la Dichiarazione di indipendenza (1776) si erano distaccati dalla madrepatria, e che tra l'altro – più degli Stati del continente europeo – erano nelle condizioni ottimali per rifarsi alle istituzioni inglesi che ben conoscevano. Ciò sia per i profondi rapporti culturali intercorrenti, sia perché, di fatto, tali costituzioni erano già in gran parte in vigore nelle Colonie. I "*Fundamental orders*" dei coloni del Connecticut che, sotto la forma di contratto solenne, contenevano un'accurata disciplina dell'organizzazione della comunità, sono da molti considerati una costituzione scritta *ante litteram*. Non si dimentichi poi che tra i coloni americani era radicata – e praticata – la tesi per cui lo Stato si fonda su di un *covenant*, cioè un contratto di società (trasposizione della dottrina biblica dell'alleanza tra Dio e il suo popolo): notissimo è il "contratto di piantagione" (che pone le regole per la fondazione e la vita di una comunità organizzata) concluso nel 1620 a bordo della *Mayflower* tra i *Pilgrim Fathers* (Jellinek).

È stato altresì rilevato uno stretto collegamento tra il testo scritto delle costituzioni e la centralità delle sacre scritture nella riforma protestante: entrambi costituiscono forme di limitazione dell'autorità terrena (tanto che Paine definì la costituzione del Connecticut «Bibbia politica dello Stato»).

Le costituzioni americane, tra l'altro formulate in brevi e chiare proposizioni e quasi tutte corredate di "Dichiarazione dei diritti" (influenzate dal giusnaturalismo e dal *Bill of Rights* del 1689), furono pubblicate (tradotte in francese) in Svizzera, ed ebbero una larga influenza sui comportamenti dell'Assemblea costituente che si formò in Francia nel 1789. Al punto che si potrebbe dire che il costituzionalismo inglese è stato importato nell'Europa continentale non attraverso la Manica ma attraverso l'Atlantico, cioè con le costituzioni d'oltreoceano.

Nelle costituzioni degli Stati del Nord America, nella costituzione degli Stati Uniti, nelle costituzioni della Rivoluzione francese vi sono una serie di principi comuni: **la separazione dei poteri, la tutela dei diritti** (e l'art. 16 della Dichiarazione dei diritti dell'uomo e del cittadino del 26 agosto 1789 proclamerà solennemente che ogni società che non ha né divisione di poteri né garanzie dei diritti, «non ha costituzione»), la **sovranità popolare** (che si esprime anche attraverso il potere costituente), la **superiorità della costituzione** rispetto alle altre leggi, la solennizzazione della costituzione in un documento scritto. Le norme costituzionali divengono **norme positive**, cioè effettivamente contenute in documenti formali, a differenza di quelle del diritto naturale, e **scritte**, a differenza di quelle consuetudinarie. Ma da quest'ultime traggono la derivazione popolare o, comunque, il consenso popolare; dalle prime (norme di diritto naturale) traggono invece la superiorità. Da avvertire, rispetto al modello inglese, la totale diversità nell'origine e nella struttura della costituzione: essa è il prodotto della volontà della "nazione" (in Francia, mentre negli Stati Uniti si fa riferimento al "popolo"), un atto d'istituzione mediante il quale il popolo sovrano crea la sua forma specifica di Governo (Rebuffa). Viene così del tutto rifiutata la nozione di una costituzione "tradizionalistica" in quanto risultante dalla tradizione e dalla stratificazione di consuetudini e di leggi. La costituzione non è dunque "descrittiva" di regole nate con il tempo, e pertanto coincidenti con la struttura dell'ordinamento politico esistente, ma è precettiva, e dunque pone obbligatoriamente un nuovo ordine politico. Dovendosi voltare pagina (in Europa dall'*Ancien Régime*, in America dalla dipendenza coloniale), non era possibile affidarsi alla mera evoluzione. Semmai si tenevano presenti i risultati dell'evoluzione delle istituzioni inglesi, ma per recuperare i secoli di tale processo occorreva una formale solennizzazione degli stessi in un testo scritto.

Solennizzazione e giuridicizzazione significavano anche acquisizione di certezza e di sicurezza, valori tra i più sentiti dalle forze politico-sociali da cui rivoluzione e costituzione furono poste in essere, come dimostra la coeva spinta alla redazione di codici delle leggi civili, di quelle penali, di quelle processuali. Significavano poi affermazione del "volontarismo", secondo cui il diritto è il prodotto della volontà umana, a sua volta nascente dalla ragione e dal consenso e come tale può indirizzare gli eventi (mentre nella concezione del diritto come mera rivelazione delle regole esistenti, nascenti per lo più dalla consuetudine, è assente ogni forza propulsiva e innovatrice).

2.4. La normatività della costituzione

Come già ricordato, secondo il paradigma dell'art. 16 della Dichiarazione dei diritti dell'uomo e del cittadino del 1789, la **costituzione**, da un lato, **configura e ordina i poteri dello Stato** da essa posti, dall'altro, **stabilisce i limiti dell'esercizio del potere nell'ambito delle libertà e dei diritti fondamentali**. Ma ciò non sarebbe sufficiente se nel contempo la costituzione non si atteggiasse come un sistema di precetti diretti tanto ai diversi organi titolari di potere stabiliti dalla costituzione stessa quanto ai cittadini.

«Il fondamento nuovo dello Stato costituzionale contro tutto il mondo dell'autoritarismo», è la «forza vincolante bilaterale della norma» (Jhering), vale a dire il doppio vincolo sia verso l'autorità sia verso i cittadini, in contrapposizione a tutte le forme di privilegio, di vecchio e nuovo stampo. La costituzione trasforma il potere di fatto in legittimo potere giuridico. Lo Stato costituzionale nasce alla luce dell'idea giuridica che l'arbitrario *government by men* debba risolversi in legittimo *government by law*. **Non solo norma giuridica, ma anche norma superiore** (e non norma al confine con la morale, il costume e la religione, come la *lex fundamentalis* nel medioevo). Come già visto, l'idea di un diritto fondamentale o più alto (*higher law*) aveva le sue radici nella concezione del diritto naturale come superiore al diritto positivo e inderogabile da questo e aveva precedenti, oltre che nella dottrina di Locke, anche in alcune sentenze dei giudici inglesi del 1600 (in particolare del giudice Coke).

È da dire tuttavia che la superiorità giuridica della costituzione faticò non poco ad affermarsi. Ciò soprattutto per le resistenze a istituire controlli sulla costituzionalità delle leggi da parte dei sostenitori della sovranità popolare cui appariva inconcepibile sottoporre a sindacato il Parlamento, cioè il depositario della volontà popolare.

Anche laddove le costituzioni avevano carattere rigido e quindi erano dotate di più elevata forza formale, tale superiorità operava soprattutto sul piano politico, in difetto di strumenti di controllo a disposizione di un potere neutrale. Il controllo di costituzionalità si impose negli Stati Uniti in via giurisprudenziale con la fondamentale sentenza della Corte Suprema del 1803 nel caso *Marbury v. Madison* che stabilì che «*the Constitution is superior to any ordinary act of the legislature*» e che pertanto ogni giudice era tenuto a considerare nulla (e dunque a non applicare) la legge che non fosse conforme alla costituzione. Va detto però che il principio della superiorità giuridica della costituzione era già chiaramente affermato nel *Federalist*: nel brano 78 è contenuta sia l'affermazione che il potere giudiziario è «*the least dangerous branch*», sia l'affermazione che «qualora dovesse verificarsi discordanza insanabile tra la legge costituzionale e quella ordinaria, si dovrà, naturalmente, dar preferenza a quella verso cui siamo legati da obblighi maggiori; in altre parole alla legge ordinaria si dovrà preferire la costituzione, ai voleri dei delegati del popolo, i voleri del popolo stesso».

3. Il costituzionalismo

I principi che abbiamo ricordato alla fine del precedente paragrafo esprimono la nozione di costituzione secondo il **costituzionalismo**. Con tale termine si intende raffigurare il **complesso di istituzioni e di principi** che, sviluppatisi in via consuetudinaria in Inghilterra, sono stati ripresi dalle costituzioni degli Stati Uniti d'America, dalle costituzioni della Rivoluzione francese e da tutti quegli ordinamenti che a questi si sono ispirati: istituzioni e principi che si compendiano, *in primis*, nella separazione dei poteri e nella tutela dei diritti fondamentali dell'uomo, in contrapposizione con l'assolutismo del passato (emblematica è la definizione di Pellegrino Rossi: «la costituzione è la legge dei paesi liberi»).

3.1. Costituzionalismo, politica, ideologia

Il costituzionalismo, peraltro, non è definibile solo attraverso il riferimento ai suddetti modelli costituzionali, essendo altresì indispensabile, per comprenderne il significato, collegarlo con il già riscontrato (e composito) movimento politico e ideologico che, traendo spunto in particolar modo dalle vicende delle istituzioni inglesi, aveva elaborato la teoria della separazione dei poteri, ma anche quella del contratto sociale e dei diritti naturali. In altre parole, il "costituzionalismo" è il risultato di un processo dialettico tra costituzione inglese e costituzioni scritte da un lato, e teorie politiche e giuridiche dall'altro, in cui le prime influenzarono le seconde e viceversa. Ma soprattutto il costituzionalismo è sinonimo di libertà costituzionali, tendenti all'affermazione in ogni parte del mondo di principi che rispondono ai valori di solidarietà, di eguaglianza, di libertà: in questa accezione, è anche teoria del "dover essere" della costituzione. Come ha ben chiarito il costituzionalismo moderno (che si differenzia dal costituzionalismo dell'età classica e del Medioevo, in cui pure erano ravvisabili una serie di principi tesi a regolamentare il "come governare"), sorge attorno ad una serie di nuclei forti: la separazione dei poteri, la dichiarazione dei diritti, la "costituzione" scritta e fondante, il suo valore di norma giuridica, lo Stato di diritto, il potere costituente, cui si aggiunge, in virtù della giurisprudenza della Corte Suprema USA, il controllo di costituzionalità delle leggi e dunque la *superiorità giuridica* delle costituzioni e poi, dopo la costituzione di Weimar del 1919, la tutela dei diritti sociali.

In sintesi, "la costituzione secondo il costituzionalismo": a) da un lato ha trovato **collocazione nella storia**; b) dall'altro ha dietro di sé **teorie giuridiche, politiche, filosofiche**, tutte volte a disciplinare quanto più possibile l'opera dei governanti e spezzare così l'unitarietà del potere; a garantire comunque i governati; ad assumere a base di ogni disciplina il rispetto dei valori fondamentali di dignità dell'uomo, di eguaglianza, di rispetto delle minoranze, di garanzia delle libertà personale, religiosa, di stampa, di esercizio dei diritti politici, ecc.; c) non solo è un portato della storia ma **informa di sé, ai nostri giorni, le costituzioni** di Stati Uniti, Francia, Germania, Svizzera, Austria, Spagna, Giappone, Olanda, Belgio, Paesi scandinavi, Italia, ecc., e da queste si è diffusa in tutto il mondo.

3.2. La forza espansiva del costituzionalismo

Il costituzionalismo, con particolare riferimento al principio di superiorità della costituzione, tardò a lungo ad affermarsi in Europa anche a causa di una lettura totalizzante del principio di sovranità del Parlamento, alternativo cioè al potere costituente (su cui v. *infra*, § 5). Conobbe, anzi, una lunga fase di eclissi anche a seguito della Restaurazione.

La luce del costituzionalismo rimase però sempre accesa negli USA, in ciò aiutata da una forte fiducia dell'opinione pubblica nei valori della costituzione. Si può dire che in USA il costituzionalismo si è sviluppato nel corso del XIX e del XX secolo nel solco tracciato dalla costituzione del 1787, mentre in Europa – esperienza inglese a parte – l'avvento e l'evoluzione del costituzionalismo liberale sono stati caratterizzati da frequenti "fratture" politiche, spesso evidenziate da riforme totali della costituzione. Dopo la **Restaurazione** e l'abbandono di molti principi del costituzionalismo rivoluzionario francese, la vecchia esperienza inglese della **Rivoluzione gloriosa** (la sovranità "compartecipata" di Sovrano e Parlamento rappresentativo) e quella della costituzione rivoluzionaria monarchica del 1791 diventeranno il modello dominante nel costituzionalismo liberale moderato, i cui testi costituzionali (la carta francese del 1830, la costituzione belga del 1831 e tutti i testi che a queste si ispireranno) seguiranno prevalentemente lo schema dualista Re (Governo)-Parlamento, riflesso istituzionale dell'alleanza politica tra Monarchia e classi borghesi che caratterizza le rivoluzioni liberali dell'800 europeo.

Dei due "pilastri" del costituzionalismo individuati dall'art. 16 della Dichiarazione dei diritti dell'uomo del 1789, ovvero la garanzia dei diritti e la separazione dei poteri, è soprattutto il secondo ad attirare l'attenzione dei redattori di questi testi costituzionali, poiché il problema politico immanente è quello di delimitare i poteri del Parlamento (se la costituzione è "ottriata": su cui v. *infra*, § 6), o di limitare i poteri del Sovrano (se la costituzione è frutto di una "costituente" elettiva), mentre **il tema delle "libertà"**, vale a dire delle dichiarazioni dei diritti, **è problema politico quasi secondario**, che viene affrontato soprattutto nell'ottica "negativa" dei diritti individuali visti come limite dell'azione statale, così come limite del potere.

In Europa, la trasformazione dello Stato liberale censitario nello Stato liberal-democratico avviene innanzitutto attraverso la progressiva **estensione del suffragio** e il consolidamento della base rappresentativa del Parlamento: quando ciò si realizza, le vecchie costituzioni dualiste si trasformano in costituzioni tendenzialmente "moniste", a prevalenza del Parlamento, con la conseguenza che i poteri del Sovrano diventano sempre più "cerimoniali" e il Governo è, di fatto, scelto dalla maggioranza parlamentare, anche se nel testo formale della costituzione si descrive una Monarchia costituzionale (la cost. belga del 1831 e il nostro statuto del 1848 sono due esempi tipici di Monarchie costituzionali che, nella prassi, sin quasi dall'inizio, funzionarono come Monarchie parlamentari).

Le successive riforme elettorali volte a estendere il suffragio segnano, dunque, la graduale trasformazione di questi ordinamenti liberali in ordinamenti liberal-democratici. Ciò spiega perché, per tutto l'800, il costituzionalismo europeo si sia a sua volta sviluppato con una certa gradualità, persino nei paesi dove le "fratture" costituzionali sono state più frequenti, come la Francia, e i concetti fondamentali del nostro diritto pubblico, sia costituzionale che amministrativo, sono stati assai influenzati da questa caratterizzazione "moderata" della rivoluzione liberale originaria.

Quando la base dello Stato si allarga definitivamente (agli inizi del XX secolo il suffragio universale maschile è ormai una conquista generalizzata: bisognerà attendere il periodo tra le due guerre, e in qualche caso, come da noi, il secondo dopoguerra, per l'avvento del suffragio femminile), la crisi dello Stato liberale diventa irreversibile poiché le forti tensioni politiche, ormai dominate dai conflitti tra classi, difficilmente possono trovare soluzione ed equilibrio nella vecchia organizzazione del potere cui le costituzioni dell'800 si ispiravano.

Il **costituzionalismo repubblicano del primo dopoguerra** (con la cost. di Weimar, la cost. austriaca, la cost. della II Repubblica spagnola del 1931) costituisce la prima vera rappresentazione costituzionale dello Stato «pluriclasse» (M.S. Giannini), il cui principale compito è non tanto e non solo quello di delimitare il potere, quanto piuttosto quello di "integrare" i gruppi sociali, ormai organizzati in partiti, nello Stato (Smend). E i diritti, ormai non più solo le classiche libertà "negative", ma anche i diritti politici e i diritti sociali, divengono lo strumento principale di questa "integrazione" e assumono pertanto posizione di preminenza anche nel testo costituzionale.

Lo Stato, grazie a queste costituzioni, non è più "libero nei fini" ma ha come finalità fondamentali da raggiungere l'**eguaglianza anche** "**sostanziale**" dei cittadini, il loro benessere materiale e spirituale; finalità che devono coerentemente ispirare tutta la legislazione "ordinaria". D'altra parte, questo nuovo Stato non è più "neutrale" in campo economico-sociale, ma è "**interventista**" poiché le generali finalità di benessere impongono un intervento deciso nella sfera delle relazioni economiche e sociali, rispetto alle quali, invece, i liberali moderati predicavano l'astensione o il non intervento dello Stato. Di converso, questo Stato lascia molto più spazio, rispetto allo Stato liberale ottocentesco, alle autonomie collettive, prime fra tutti i partiti e i sindacati, che costituiscono, nelle cc.dd. "democrazie di massa", indispensabili strumenti di mediazione tra i cittadini e il potere.

Contestualmente emergono nuove nozioni che vanno a comporre la disciplina costituzionale: così l'idea di **«Stato dei partiti»** (Leibholz) e quella di "Stato sociale" sono concettualizzazioni del costituzionalismo del XX secolo, che trovano la loro definitiva consacrazione nei testi costituzionali del secondo dopoguerra, soprattutto in quelli sorti da precedenti esperienze dittatoriali e autoritarie (la nostra costituzione, la costituzione tedesca e qualche decennio dopo ciò accadrà per la costituzione spagnola, per quella portoghese e per quella greca). Questi testi costituzionali del secondo dopoguerra sono accomunati dal grande sforzo garantista e "neogiusnaturalista" che spinge i rispettivi costituenti a perfezionare per quanto è possibile il sistema delle garanzie dei diritti e a "costituzionalizzare", con un'estensione ancora maggiore di quanto non era accaduto con le costituzioni di Weimar e della II Repubblica spagnola, i diritti dei cittadini (le libertà classiche, i diritti politici, i diritti sociali), nonché a determinarne le relative garanzie [1]. Queste nuove tendenze del costituzionalismo (rinvenibili – sia chiaro – pure nelle costituzioni della Grecia del 1975, del Portogallo del 1976 e della Spagna del 1978) informano anche tutte le recenti costituzioni nate dal dissolversi dei regimi comunisti (che invece nulla avevano a che vedere con il costituzionalismo, difettando tra l'altro la divisione dei poteri, il pluralismo, le garanzie dei diritti) [2]. Ciò senza tenere conto di alcune aperture nei confronti del riconoscimento dei diritti fondamentali (soprattutto nel campo delle libertà economiche) verificatesi in Stati socialisti come la Cina, in cui, con la revisione della costituzione approvata nel 2004, oltre al riconoscimento della proprietà privata, è stato previsto, all'art. 33 c. 2, il formale riconoscimento dei diritti dell'uomo (permanendo, tuttavia, in tale esperienza, una notevole discrasia tra il dato testuale della Costituzione ed il profilo dell'effettività dei diritti formalmente garantiti – v. *infra*, cap. IV, § 9).

Anche in Africa quasi tutti i paesi stanno abbandonando il modello socialista e molti hanno già adottato o stanno adottando costituzioni che prevedono il multipartitismo, la divisione dei poteri, la tutela dei diritti individuali, il rispetto e la valorizzazione delle culture locali, in sostanza amalgamandosi alla famiglia degli ordinamenti liberal-democratici (v. anche cap. IV, § 12). Un tale processo di transizione costituzionale in atto nei paesi africani sembrava, poi, rafforzato dalle c.d. primavere arabe, avviatesi, a partire dal 2011, in Tunisia, Egitto e Marocco. In questi ultimi, infatti, si è inverato il riconoscimento e la tutela dei principi del costituzionalismo attraverso l'approvazione di nuove costituzioni o la modifica di quelle esistenti. Tale esperienza ha però avuto premesse ed esiti molto variegati: da una parte l'approvazione della nuova costituzione della Tunisia nel 2014 è sta-

---

[1] Queste ultime hanno il loro fulcro nel controllo di costituzionalità accentrato, introdotto anche a Cipro (1960), in Turchia (1961), in Jugoslavia (1963), a Malta (1964) in Belgio nel 1980 e nel 1988 (con la istituzione di una Cour d'Arbitrage), in Lussemburgo nel 1996 e in numerosi paesi dell'America latina (es. cost. Perù 1979 e 1993, cost. Guatemala 1985, cost. Colombia 1991) e ora anche in Africa (cost. Egitto 1971, cost. Sud Africa 1993 e 1996, cost. Kenia 1964 e 1998, cost. Etiopia 1994, cost. Tunisia 1959 come emendata nel 2002, cost. Nigeria 1999).

[2] V. le costituzioni della Cecoslovacchia (e poi della Slovacchia e della Repubblica Ceca), della Bulgaria, della Romania, dell'Ungheria, della Russia, della Polonia, della Slovenia, della Croazia, della Serbia, dei Paesi baltici, della Moldavia, ecc.

ta il frutto di una rivoluzione democratica, realizzatasi in forza di una convergenza tra le principali forze politiche e sociali; dall'altra parte, invece, in Egitto, sempre nel 2014, dopo la svolta autoritaria conseguente alla deposizione del Presidente eletto nel 2012 e la sospensione della nuova costituzione approvata sempre nel 2012, si è pervenuti all'approvazione di un'ulteriore costituzione che, al di là di una serie di disposizioni dirette a rafforzare il riconoscimento di alcuni diritti e principi fondamentali del costituzionalismo democratico (come ad es. la parità tra uomo e donna), contiene un forte ruolo di condizionamento a opera delle Forze armate sull'esercizio dei poteri di Governo.

Di minore impatto sono, di contro, gli emendamenti alle costituzioni, finalizzati a liberalizzare il sistema politico e a rafforzare i poteri dell'istituzione parlamentare, approvati in paesi islamici come il Marocco nel 2011 e il Bahrein nel 2012. Resta il fatto che alla approvazione di norme costituzionali recepenti i principi del costituzionalismo non ha poi di solito fatto riscontro l'effettività di tali principi. Il fenomeno è ampiamente riscontrabile, del resto, nella storia di molti ordinamenti dei paesi del Centro e del Sud America (prima delle transizioni democratiche realizzatesi negli anni '80 del XX secolo), i quali, pur caratterizzati dall'influenza statunitense nella stesura dei testi delle costituzioni, hanno costantemente dato luogo ad una discrasia tra formale affermazione dei principi liberaldemocratici e le dinamiche attuative di questi ultimi. Più di recente il problema del consolidamento delle c.d. democrazie di facciata ha assunto dimensioni di particolare rilievo nei paesi dell'ex blocco socialista (come la Russia, la Bielorussia, il Kazakistan e l'Uzbekistan), nei quali, dopo il crollo dei regimi comunisti, si è assistito, da una parte, all'approvazione di costituzioni formalmente liberali e, dall'altra parte, alla permanenza di caratteri propri di regimi sostanzialmente autoritari, in termini di mancata garanzia effettiva dei diritti civili, di assenza di pluralismo e di opposizione partitica nonché di monopolio dei mezzi di informazione ed anche di degenerazione della forma di Governo presidenziale o semipresidenziale in presidenzialistica. Una caratteristica, quest'ultima, che permane anche in molti paesi africani (es. Nigeria, Costa d'Avorio, Congo).

3.3. Costituzionalismo e interpretazione

Si deve aggiungere che i principi del costituzionalismo devono costantemente esser tenuti presenti per **interpretare le costituzioni**. Infatti, pur nel moltiplicarsi delle costituzioni e delle loro diversità (che nascono dalla storia e dal clima politico), è in atto un processo di omogeneizzazione attorno a principi comuni riconducibili appunto al costituzionalismo.

Sia in sede teoretica, sia in sede applicativa (anche per i numerosi contatti tra le Corti costituzionali e tra le Assemblee legislative dei paesi dell'Unione Europea), è in atto una "europeizzazione" delle teorie costituzionalistiche, tanto che si parla di un "diritto costituzionale europeo", la cui presenza è sancita dall'art. 6 del Trattato sull'Unione Europea, il quale richiama le «tradizioni costituzionali comuni agli Stati membri» che «fanno parte del diritto dell'Unione in quanto principi generali». A tale processo di diffusione, divulgazione e consolidamento del costituzionalismo concorrono soprattutto le **Corti europee di Strasburgo** (Corte europea per i diritti dell'uomo) **e di Lussemburgo** (Corte di giustizia CE). Soprattutto la Corte di Strasburgo, nel campo delle garanzie delle libertà, svolge un'attività intensissima che influenza tutti i paesi europei, al punto che è stata definita una forma sovranazionale di «giurisdizione costituzionale delle libertà» (Cappelletti). Ulteriore tassello è dato dalla Carta dei diritti fondamentali dell'Unione Europea (c.d. Carta di Nizza) che è stata approvata nel dicembre del 2000 ma è divenuta vincolante solo nel dicembre 2009 con l'entrata in vigore del Trattato di Lisbona che, modificando l'art. 6 c. 1 del Trattato sull'Unione europea, ha conferito alla **Carta di Nizza** lo «stesso valore giuridico dei Trattati». La Carta contiene una solenne proclamazione dei diritti fondamentali, per il vero non disconosciuti negli Stati componenti l'Unione Europea, ma di cui è evidente il valore positivo-interpretativo, in quanto pone i presupposti per una costruzione anche formale del costituzionalismo europeo. Più in particolare, la Carta fissa in 54 articoli una serie di principi base quali rispetto della dignità umana, libertà, sicurezza, giustizia, solidarietà, eguaglianza, lavoro, cittadinanza, voto. Si va dal diritto alla vita al divieto della pena di morte, dal diritto alla *privacy* al diritto di scioperare e di negoziare contratti collettivi.

Il fatto che la Carta a lungo tempo non abbia avuto valore giuridico vincolante è dovuto alla *defaillance* che ha incontrato il processo di ratifica del Trattato costituzionale europeo, all'interno del quale era stata inserita. Sul punto va ricordato come il progetto di Trattato costituzionale venne predisposto nel 2003 da un'apposita commissione (Convenzione sul futuro dell'Europa) e firmato dai paesi membri dell'Unione (allora venticinque) il 29 ottobre 2004, dopo un procedimento di adozione del testo finale assai travagliato. Qualora il processo di ratifica si fosse concluso positivamente, il Trattato avrebbe vincolato, tutti gli Stati dell'Unione Europea (oggi ventotto); invece, il fallimento dei referendum approvativi in Francia (29 maggio 2005) e nei Paesi Bassi (1° giugno 2005) ha segnato una decisa sospensione (da taluni additata come interruzione) del "processo costituzionale" europeo. Anche la ratifica del nuovo Trattato di Lisbona, che è stato firmato il 13 dicembre 2007 e sarebbe dovuto entrare in vigore il 1° gennaio 2009, è stata difficoltosa: in Irlanda il *referendum* di ratifica del giugno 2008 ha avuto esito negativo ed è stato ripetuto, questa volta con esito positivo, ad ottobre 2009; anche nella Repubblica Ceca e in Germania il processo di ratifica si è concluso solo nell'autunno del 2009 e dunque il Trattato è entrato in vigore il 1° dicembre 2009 con quasi un anno di ritardo rispetto a quanto previsto (cap. VI, II, § 3).

L'affermarsi del costituzionalismo investe non solo le nuove costituzioni ma tutti i **processi di revisione delle costituzioni**, che sono continui e necessari e che avvengono sia attraverso revisioni formali, sia attraverso consuetudini, sia attraverso interpretazioni della giurisprudenza costituzionale, che del resto influenzano le norme costituzionali. Tale fenomeno è stato definito di «metabolismo intermittente»: la continua riscrittura delle costituzioni è un carattere essenziale della storia (Häberle) (*infra*, II, § 1). E in questo processo di riscrittura assistiamo a interscambi e influenze reciproche tra i vari ordinamenti, sempre sotto l'egida dei principi forti del costituzionalismo. Da aggiungere che il costituzionalismo, e con esso i valori di democrazia e di garanzia dei diritti dell'uomo, si ritrova anche in quella sorta di «costituzione internazionale» che è lo Statuto delle Nazioni Unite (Rodotà), nonché nell'attività della Corte internazionale di giustizia dell'Aia (che è chiamata a giudicare in base a principi generali di diritto riconosciuti dalle nazioni civili). Ciò è coerente con il fatto che **il costituzionalismo ha un'aspirazione universalistica** alla stessa stregua del giusnaturalismo della cui linfa le costituzioni moderne sono intrise.

I principi fondamentali del costituzionalismo (particolarmente la tutela dei diritti fondamentali dell'uomo) sono presenti nella Dichiarazione universale dei diritti dell'uomo promulgata dall'ONU nel 1948, nelle varie convenzioni per la salvaguardia dei diritti dell'uomo e delle libertà fondamentali (tra cui quella europea del 1950 di solito evocato con l'acronimo CEDU su cui giudica la già ricordata Corte europea dei diritti dell'uomo di Strasburgo), nei Patti sui diritti civili e politici e sui diritti economici, sociali e culturali del 1966, e in tanti altri accordi internazionali.

Le convenzioni e i patti internazionali che sviluppano la **Dichiarazione universale dell'ONU** non si limitano nell'enunciazione, sia pure maggiormente dettagliata, dei diritti dell'individuo e dell'obbligo internazionale degli Stati di rispettarli e promuoverli, bensì comportano anche la previsione di meccanismi internazionali di controllo del rispetto puntuale da parte degli Stati degli obblighi convenzionalmente assunti.

V'è cioè una vera e propria *osmosi*, per cui principi e istituti sorti nell'ambito degli ordinamenti per frenare i "poteri" dei governanti passano nell'ambito internazionale per poi tornare nuovamente, tramite le dichiarazioni e le convenzioni accettate dagli Stati, a operare nell'ambito interno dove peraltro vengono visti come norme sostanzialmente costituzionali e come tali condizionanti l'interpretazione.

Si veda ad es. l'art. 10 c. 2 della costituzione spagnola, che impone l'interpretazione conforme alla Dichiarazione universale dei diritti dell'uomo e ai trattati ed accordi internazionali ratificati dalla Spagna, delle norme relative ai diritti fondamentali e alle libertà contenute nel testo della stessa costituzione[3].

---

[3] In Italia lo stesso risultato è stato raggiunto in via giurisprudenziale: valga ricordare, oltre alla sentenza della Corte cost. n. 10/1993, in cui una disposizione del c.p.p. – sulle garanzie dell'imputato ad essere assistito gratuitamente da un interprete – viene interpretata alla luce della

In altri casi le stesse norme internazionali vengono anche formalmente recepite all'interno della costituzione. Così la cost. Argentina del 1994 richiama e costituzionalizza la Dichiarazione dei diritti dell'uomo, la Convenzione americana sui diritti umani, la Dichiarazione americana dei diritti e dei doveri dell'uomo, il Patto internazionale sui diritti economici, sociali e ambientali e altro ancora: v. art. 75 c. 22. La costituzione transitoria della Repubblica democratica del Congo del 2003 richiamava nel preambolo la Dichiarazione universale dei diritti dell'uomo del 1948, la Carta africana dei diritti dell'uomo e dei popoli del 1981 e tutti gli strumenti giuridici internazionali e regionali adottati dalle Nazioni Unite e dall'Unione Africana. Anche il preambolo della nuova costituzione congolese del 2005 (in vigore dal 2006) richiama la Dichiarazione universale del 1948, la Carta africana dei diritti dell'uomo e dei popoli e le Convenzioni delle Nazioni Unite sui diritti dell'infanzia e delle donne. Ancora, la Dichiarazione universale del 1948 è richiamata all'art. 23 della costituzione del Timor Leste del 2002 quale parametro interpretativo delle norme costituzionali sui diritti dell'uomo ivi contenute. Emblematica, poi, la nuova costituzione del Rwanda del 2003 che richiama nel preambolo non solo la Dichiarazione del 1948 e la Carta africana del 1981, ma anche la Convenzione delle Nazioni Unite sulla prevenzione e repressione del crimine di genocidio del 1948, la Convenzione contro ogni forma di discriminazione razziale del 1965, i due *Covenant* sui diritti civili e politici e su quelli economici, sociali e culturali del 1966, la Convenzione su tutte le forme di discriminazione contro le donne del 1980 e la Convenzione sui diritti del fanciullo del 1989. Più sobria la costituzione afghana del 2004, che menziona nel preambolo la Carta delle Nazioni Unite e la Dichiarazione universale dei diritti dell'uomo del 1948.

Come emerge dai casi sopra citati, particolarmente importante, in questa nuova era del costituzionalismo, è la già menzionata **Dichiarazione universale dei diritti dell'uomo** approvata dall'Assemblea generale dell'ONU il 10 dicembre 1948. Essa infatti fonda la legittimazione della stessa sovranità degli Stati-nazione in un modo che rompe decisamente con la tradizione giuridico-culturale precedente: al centro della Dichiarazione sta l'uomo in quanto tale e perciò stesso titolare di "diritti umani fondamentali" (la definizione è nel quarto capoverso del preambolo). Nozione che, per la prima volta, viene ad assumere valore universa-

---

Convenzione per la salvaguardia dei diritti dell'uomo e delle libertà fondamentali, la fondamentale decisione n. 388/1999, in cui si legge che la costituzione e le Carte dei diritti "si integrano, completandosi reciprocamente nella interpretazione", nonché le sentenze n. 348 e n. 349/2007 per effetto delle quali i due sistemi di tutela, quello nazionale e quello disciplinato dalla CEDU, risultano compiutamente integrati attraverso la collocazione delle norme convenzionali nell'ambito del sistema delle fonti del diritto, quali norme interposte tra costituzione e legge ordinaria (sicché la normativa italiana in materia di indennità di espropriazione è stata ritenuta incostituzionale in quanto, a differenza di quanto la Corte di Strasburgo ha ritenuto coerente con il principio di garanzia della proprietà privata, non faceva riferimento al valore di mercato del bene espropriato).

le, il cui rispetto diviene formalmente condizione per l'ingresso di uno Stato nel novero delle nazioni civili, e che, per la prima volta in un testo giuridico con formali pretese di universalità, stringe in un *unicum*, politicamente e giuridicamente indivisibile, le libertà civili, i diritti politici di partecipazione e i diritti sociali: in tal maniera vengono rovesciate le tesi tradizionali della sovranità, che facevano leva sull'effettività dello Stato e sulla esclusività del potere di *imperium*.

Certo, come abbiamo già rilevato un conto sono i principi scritti nelle carte costituzionali, un conto la loro effettività; ma a tal fine concorre proprio il diffondersi della cultura del costituzionalismo, e la sua presenza in sempre più numerosi atti e documenti di diritto internazionale.

La nozione di **costituzione come espressione del garantismo**, della **divisione dei poteri**, della **libertà politica**, della **tutela dei diritti fondamentali**, dello **Stato di diritto** non opera solamente come un prodotto teorico-culturale, ma è rilevante sul piano del diritto positivo.

Né il fatto che la nozione di costituzione qui seguita e proposta abbia salde radici storiche la confina sul piano del mero esistenziale, al punto che la costituzione, quale l'abbiamo definita, possa apparire come la semplice fotografia di costituzioni come quelle degli Stati Uniti o della Francia rivoluzionaria o delle più importanti costituzioni del secondo dopoguerra. Infatti proprio l'importanza di tali costituzioni, la loro diffusione sia come prodotto di cultura giuridica (per l'influenza che hanno avuto nella interpretazione delle costituzioni), sia come modello di altre costituzioni, sia, infine, sul piano delle Dichiarazioni e delle Convenzioni internazionali, è tale da giustificare appieno la definizione di cui sopra. Il fatto è che le costituzioni "occidentali" rispondono a principi comuni, che investono non solo istituti come la rigidità costituzionale o la rappresentanza o il controllo di costituzionalità, ma anche il dispiegarsi concreto dei diritti di libertà e anche dei cc.dd. "diritti sociali".

Sicché la presenza di questi principi comuni, non solo serve ai fini interpretativi, per colmare lacune, o identificare consuetudini, o per dare una **lettura evolutiva** degli istituti delle singole costituzioni, ma identifica una rete di principi che danno una ulteriore stabilità al modello della costituzione secondo il costituzionalismo, come dimostra l'interesse per gli stessi temi manifestati da studiosi di paesi diversi e che propongono sovente soluzioni basate su una visione comparatistica delle varie costituzioni (Häberle) e come ancor meglio dimostra l'uso da parte delle Corti costituzionali o delle Corti supreme, di principi giurisprudenziali elaborati da altre Corti ed espressamente richiamati come tali. Questo *judicial dialogue* investe non solo le Corti costituzionali dei singoli paesi occidentali, ma si estende agli organi internazionali, giudiziari e di garanzia, sui diritti dell'uomo, garantendo un sistema *inter* e *intra*-nazionale di protezione dei diritti individuali tendenzialmente coerente e multilivello.

3.4. I cicli del costituzionalismo

Le costituzioni vengono classificate per cicli, rappresentati da periodi storici caratterizzati da costituzioni rispondenti a valori e obiettivi comuni (v. anche cap. IV). Secondo tale criterio, si è soliti individuare:

a) le *costituzioni rivoluzionarie settecentesche*: in primo luogo la Dichiarazione di indipendenza americana del 1776, poi le costituzioni delle ex colonie del Nord America, la costituzione USA 1787 e, indi, tutte le varie costituzioni della Rivoluzione francese (la Dichiarazione dei diritti del 1789, la costituzione monarchica del 1791, quella girondina del 1793, che peraltro non venne approvata e rimase così un progetto, quella giacobina ancora del 1793, che non fu applicata perché immediatamente sospesa per la proclamazione del Comitato di salute pubblica, la costituzione del Direttorio del 1795). Tutte queste influenzarono notevolmente, se pur in gradi diversi, le costituzioni dell'epoca: ad es. le costituzioni delle Repubbliche cispadana (1797), cisalpina (1797), ligure (1797), romana (1798), partenopea (1799), sono assai simili – salvo l'ultima – alla costituzione del Direttorio (1795);

b) le *costituzioni napoleoniche*, che ebbero larga influenza in Italia, grazie alle vittorie delle armate francesi: basti ricordare la carta della Repubblica italiana del 1802 (con presidente Bonaparte), la costituzione della Repubblica ligure del 1802, le varie costituzioni del Regno d'Italia, lo statuto dello Stato di Lucca del 1805, la costituzione del Regno di Napoli del 1808;

c) le *costituzioni della Restaurazione* (carta di Luigi XVIII del 1814, costituzioni dei vari Stati tedeschi) che si caratterizzavano perché, pur riconoscendo un ruolo primario e sovrano alla monarchia – secondo le teorie del legittimismo – in realtà sottoponevano le monarchie a limitazioni e ponevano il presupposto per la loro trasformazione in monarchie parlamentari;

d) le *costituzioni liberali*. Queste ebbero il loro punto di riferimento nelle costituzioni della Francia del 1830 (carta di Luigi Filippo) e del Belgio del 1831 (che peraltro era largamente influenzata dalla carta francese del 1830, oltre che dalla costituzione del Regno Unito dei Paesi Bassi del 1819), le quali influenzarono la costituzione spagnola del 1837, lo statuto albertino del 1848, la costituzione austriaca del 4 marzo 1848, e comunque gran parte delle costituzioni del 1848, la costituzione prussiana del 1850, nonché direttamente o indirettamente molte costituzioni della seconda metà dell'800 (ad es. la costituzione della Grecia del 1864 o la costituzione giapponese del 1889, che era modellata sulla costituzione prussiana). Esse si caratterizzavano per la caducazione del legittimismo, per il primato del Parlamento, per il riconoscimento della costituzione come patto (Luigi Filippo non è designato per grazia di Dio e si chiama Re dei Francesi e non – come i Borboni – Re di Francia e di Navarra: v. *infra*, § 6), per l'affermarsi dell'indipendenza del potere giudiziario;

e) le *costituzioni dei Paesi latino-americani*, promulgate tra il 1819 e 1863 sotto la spinta del "*movimiento constitucionalista*", movimento per l'indipendenza e per la costituzione, modellate sulla costituzione degli Stati Uniti, e dunque caratterizzate dalla forma di Stato repubblicana, dalla divisione dei poteri, dalle garanzie dei diritti dei cittadini, talvolta dalla struttura federale;

f) le *costituzioni democratiche razionalizzate* del primo dopoguerra (Germania 1919 e Austria 1920), che a loro volta influenzarono le costituzioni dei paesi sconfitti o sorti dalla dissoluzione degli Imperi centrali dopo la prima guerra mondiale: Finlandia 1919, Cecoslovacchia 1920, Polonia 1921, Jugoslavia 1921, Turchia 1924, ecc., e che si caratterizzavano sia per le misure di razionalizzazione dei rapporti tra gli organi di Governo, sia per il riconoscimento dei diritti sociali;

g) le *costituzioni di tipo democratico-sociale*. Sono quelle elaborate dopo la seconda guerra mondiale (Francia, Italia, Germania e, più recentemente, Spagna, Portogallo, Grecia), che sviluppano le costituzioni democratiche-razionalizzate, introducono il controllo di costituzionalità delle leggi, riconoscono il pluralismo.

Talvolta, anziché per cicli (che si riconnettono ad archi temporali), si fa riferimento a "**modelli**" i quali si proiettano nel tempo, al di là dei cicli. Sono da ritenersi costituzioni "modello", cioè largamente imitate, quella degli **USA**, che ha avuto molte riproduzioni, sia sotto il profilo del sistema presidenziale, che di quello federale e anche sotto il profilo del controllo di costituzionalità delle leggi e che ha influenzato grandemente le costituzioni, passate e attuali, dei Paesi latino-americani ma anche di altri paesi (ad es. chiari tratti della costituzione americana sono rinvenuti anche nella **costituzione di Cadice**); le costituzioni della rivoluzione francese (e in primo luogo la Dichiarazione dei diritti dell'uomo e del cittadino, che è richiamata nel preambolo della vigente costituzione della V Repubblica); la costituzione spagnola del 1812 (detta di Cadice, dove venne deliberata dalle *Cortes*, sotto la protezione della flotta britannica a fronte dell'incombere delle truppe napoleoniche), che influenzò tra l'altro la costituzione del Portogallo del 1820 e che ebbe una recezione pressoché integrale (quanto breve) a seguito di moti rivoluzionari, sia nel Regno delle due Sicilie (1820), che nel Regno di Sardegna (1821); la già citata carta di Luigi Filippo del 1830; la costituzione del Belgio del 1831; la costituzione di Weimar del 1919 (soprattutto per i diritti sociali); la costituzione austriaca del 1920 (per il controllo di costituzionalità o comunque per il sistema accentrato di tale controllo); la Legge Fondamentale di Bonn del 1949 (*Grundgesetz*, abbr. GG) e la nostra costituzione del 1948 (queste ultime due hanno fortemente influenzato la costituzione spagnola del 1978).

Grande influenza ha avuto anche la **costituzione consuetudinaria inglese** verso gli Stati legati alla Gran Bretagna da legami coloniali (Canada 1867, Australia 1901, Sud Africa 1909, Nuova Zelanda 1931, India 1950, Nigeria 1961, Giamaica 1962), e da particolari ragioni storiche: così la costituzione del Regno di Sicilia del 1812, approvata da un Parlamento convocato a Palermo da un sovrano non sottoposto all'influenza di Napoleone in virtù della protezione britannica.

3.5. Evoluzione del costituzionalismo

Tali classificazioni di cicli o di modelli sono comunque largamente scolastiche perché le costituzioni hanno sovente più di un modello e le generalizzazioni sono sempre convenzionali. Quello che invece in una visione storica è incontestabile è che il costituzionalismo – in quanto del resto fenomeno dialetticamente storico ed ideologico – non è cristallizzabile, e pertanto non si ferma ai sacri postulati dell'art. 16 della Dichiarazione dei diritti, né ai diritti sanciti nei primi dieci emendamenti della costituzione USA: c.d. *Bill of Rights* del 1791. Esso è in **continua evoluzione**: la divisione dei poteri diviene razionalizzazione dei poteri, gli stessi poteri "originari" si frantumano, si arricchiscono, si completano. C'è il potere del Capo dello Stato, che nei regimi parlamentari svolge funzioni di indirizzo costituzionale, oltre che di tutela della costituzione; c'è il potere delle Corti costituzionali; v'è una maggiore articolazione del potere sovrano del popolo (iniziativa popolare, referendum abrogativo, consultivo, traslativo, propositivo, costituzionale, ecc.); c'è una evoluzione, anche in sistemi non federali, verso larghe forme di autonomia; v'è soprattutto un largo sviluppo delle posizioni soggettive garantite dalla costituzione.

Queste ultime non sono solo i diritti fondamentali di tradizione giusnaturalista (le cc.dd. libertà negative rispetto a invasioni o divieti dei pubblici poteri, es. di opinione, di religione, di proprietà, di associazione, di circolazione, di libertà personale, ecc.), ma sono anche i diritti sociali (al lavoro, all'istruzione, all'assistenza, ecc.), che furono immessi nei testi costituzionali a partire dalla costituzione di Weimar (anche se non erano assenti nella costituzione giacobina del 1793, con funzione più di proclama che di norma giuridica. Altro precedente – meno influente anche perché non contenuto in un testo raffinato anche tecnicamente come quello di Weimar, non a caso definita costituzione dei "professori" – è la costituzione del Messico del 1917), e di lì ripresi pressoché ovunque. Ci sono poi i **diritti della "terza generazione"**, *in primis*, quelli all'ambiente, alla partecipazione alle decisioni amministrative, alla protezione dei consumatori o altri diritti che i nuovi costumi e il progresso incessante della scienza e della tecnica proiettano sulla scena della vita: basti pensare a tutti i diritti connessi alla biogenetica, o al c.d. *right to die* (quando le condizioni di vita siano puramente vegetative, senza alcuna, neppur remota, speranza di regresso da tale *status*).

Ed è importante rilevare, a riprova di una *koinè* che lega tutto il costituzionalismo, che tali nuovi diritti e loro tecniche di garanzia (per un es. a proposito dei diritti sociali v. *infra*, § 7) o emergono dalle carte costituzionali, o rimbalzano da una costituzione all'altra, o sono il risultato di interpretazioni della costituzione: i diritti dell'ultima generazione sono affermati (e discussi) negli USA, pur in presenza di una costituzione che neppur lontanamente vi accenna, in virtù della clausola contenuta nel IX emendamento, secondo cui l'enumerazione in costituzione di taluni diritti non può essere interpretata nel senso di escluderne altri (in ciò i costituenti – i *framers* – consci di vincolare "*millions of unborn people*" si resero conto che le esigenze delle future generazioni sarebbero state certamente diverse dalle proprie) (Mattei).

Ma la **forza espansiva del connubio tra diritti della persona umana e garanzie costituzionali** degli stessi conduce a una evoluzione parallela della costituzione e della società. Si pensi agli effetti in punto di rapporti sociali e familiari che ha determinato la giurisprudenza delle Corti costituzionali in tema di aborto, che a sua volta parte dalla libertà di coscienza. Del pari, e il fenomeno è altrettanto significativo e conferma una *koinè* costituzionalistica più intensa che nel passato (anche per la maggiore omogeneità sia degli ordinamenti che delle società dell'Europa occidentale), anche le libertà tradizionali stanno assumendo tratti comuni. Se è vero che in questa materia le costituzioni si somigliano da sempre (ad es. in punto di libertà personale l'art. 7 della costituzione belga è assai simile all'art. 7 della Dichiarazione del 1789), per molto tempo la concreta disciplina di tali diritti è stata assai diversa nei vari paesi, e ciò in considerazione delle profonde diversità strutturali degli ordinamenti (es. diverse garanzie di indipendenza dei giudici, privilegi dell'amministrazione, ecc.), nonché del fatto che il contenuto di tali libertà era demandato, praticamente in bianco, al legislatore (anche se – valga chiarirlo – le dichiarazioni sulle libertà non furono senza effetti, sia perché contribuirono a frenare gli abusi dell'esecutivo, sia perché fecero da "motore" di tante riforme degli istituti coinvolti: ad es. i codici di procedura penale dettero un *minimum* di certezza a chi si imbatteva nella giustizia). L'affermarsi di una **nozione sostanziale dei diritti** (e non meramente formale) grazie anche al controllo di costituzionalità, ha invece dato effettività e omogeneità alle libertà tradizionali (*infra*, § 8). E anche questo è reso possibile dai "sacri" principi del costituzionalismo, dalla loro elasticità razionalizzabile, e dalla fiducia in essi dell'opinione pubblica e della cultura.

3.6. Verso un costituzionalismo globale?

In conclusione volendo delineare un quadro prospettico dell'evoluzione e della diffusione dei processi di costituzionalizzazione, nonché della concorrente affermazione dei principi del costituzionalismo all'inizio del XXI secolo, non possiamo prescindere dalle già richiamate, trasformazioni ordinamentali indotte, da una parte, dalla circolazione dei modelli costituzionali e dei principi del costituzionalismo in esperienze giuridiche diverse da quelle degli Stati di "democrazia classica" e, dall'altra parte, dal dispiegarsi di dinamiche incrementali nel riconoscimento e nella garanzia dei diritti fondamentali, come conseguenza dell'internazionalizzazione dei relativi standard di tutela.

Il riferimento è agli imponenti processi di transizione verso la democrazia che hanno caratterizzato la trasformazione della forma di Stato di una serie di ordinamenti in precedenza ricondotti, secondo gli schemi tradizionali, alle categorie concettuali dello Stato socialista, autoritario e in via di sviluppo, nonché alla parallela tendenza all'internazionalizzazione dei diritti fondamentali attraverso l'affermarsi di un sistema "multilivello" di tutela dei diritti fondamentali, frutto della sovrapposizione e/o integrazione dell'apporto interpretativo delle Corti internazionali e di quelle degli Stati.

Fatto è che tali processi di diffusione dei principi del costituzionalismo in ordinamenti in precedenza fondati su formule politiche e valori del tutto diversi, nonché la concorrente tendenza all'interdipendenza tra ordinamenti indotta dalle convenzioni internazionali in materia di tutela dei diritti fondamentali hanno favorito un processo di germinazione e consolidamento di un patrimonio costituzionale comune. Non solo: le tendenze appena ricordate e comunque il ruolo crescente assunto dalle Corti internazionali nella garanzia di un *minimum standard* di tutela dei diritti umani (che divengono in tale modo patrimonio comune di valori universali che trascendono culture e tradizioni degli Stati comunità), nonché il costante dialogo tra le stesse Corti e quelle nazionali nell'individuazione ed applicazione dei medesimi principi, stanno riducendo la tradizionale sovranità dei singoli Stati.

Per tale motivo, da parte di alcuni studiosi si è parlato di «**costituzionalismo globale** senza limiti geografici e politici» e di «**costituzioni infinite**» (Ferrarese), proprio a evidenziare il carattere universalistico dei diritti umani, frutto della relativa istituzionalizzazione, sia sul piano sociale (anche a mezzo dello scambio e della comunicazione interculturale tra giuristi, politici ed intellettuali dei vari paesi), che giuridico (grazie alla presenza sempre più rilevante su scala globale delle corti internazionali). Dal punto di vista, invece, dei principi in materia di conformazione degli assetti politico-istituzionali, la teorizzazione del concetto di *governance* transnazionale, intesa come affermazione di un'impostazione collaborativa e paritaria, su base orizzontale e reticolare, dei processi decisionali, in quanto fondati sulla integrazione/cooperazione tra Stati ed attori non statali, sia pubblici che privati, dimostrano la crisi della tradizionale articolazione delle istituzioni, in quanto fondata sul criterio gerarchico e sulla centralità degli Stati come istituzioni titolari dei poteri di Governo sulle collettività destinatarie della rispettiva sovranità.

Una tendenza, quest'ultima, rafforzata da fenomeni come quello della globalizzazione economica e giuridico-politica, in quanto in grado di influire profondamente sulla stessa posizione di centralità, tradizionalmente assegnata allo Stato, quale forma storicamente determinata di organizzazione del potere, esercitante il monopolio politico È indubbio, infatti, che le dinamiche indotte dalla globalizzazione dell'economia stiano determinando un **ridimensionamento della sovranità degli Stati**, innanzitutto dal punto di vista dell'erosione dei poteri di Governo sull'economia, in favore di agenzie di regolazione ed istituzioni sovranazionali, di volta in volta di natura pubblicistica o privatistica o anche mista, comunque carenti di legittimazione democratica ed operanti su scala globale (come la WTO, la Banca Mondiale, il Fondo Monetario Internazionale), o regionale (come quelle comunitarie e quelle previste dagli accordi di libero scambio stipulati in altri continenti come l'Associazione delle Nazioni del Sud-Est Asiatico – ASEAN – l'Accordo Nordamericano per il Libero Scambio – NAFTA – il MERCOSUR in America del Sud, il Consiglio di Cooperazione del Golfo e la Comunità di Sviluppo dell'Africa Meridionale).

A ciò si aggiunge il crescente ruolo assunto dalle **sedi informali di cooperazione intergovernativa** come il G 8 e il G 20, nell'ambito della tendenza verso il rafforzamento di una *governance* globale dell'economia, tanto più resa necessaria dagli effetti sistemici indotti dalla grave crisi finanziaria del 2007. Ne deriva che tale processo di erosione della sovranità statale indotto da un'economia globalizzata determina conseguenze più generali (rispetto alla mera dilatazione spaziale dei mercati), sia sul piano del rapporto tra diritto ed economia (per cui il diritto segue il mercato, perdendo i propri confini e la *regola iuris* spesso retrocede dalla dimensione pubblicistica del primato della legge a quella privatistica del contratto e dell'autoregolamentazione degli operatori economici e della conseguente centralità del diritto giurisprudenziale come fondamentale strumento di tutela dei diritti), sia su quello del ruolo e della portata garantista assunti dalle stesse costituzioni degli Stati. Da quest'ultimo punto di vista, infatti, da più parti, è stato evidenziato il rischio per cui una "perdita non compensata" di sovranità in materia economica da parte degli Stati, sia suscettibile di segnare un arretramento in termini di tutela dei diritti fondamentali, soprattutto con riferimento all'acuirsi della tensione tra libertà economiche e diritti della persona (in particolare quelli sociali, con conseguente riflessi sull'effettività della garanzia di quelli civili).

Di fronte ai fenomeni quali quelli da ultimo descritti, di moltiplicazione su base sovranazionale ed infranazionale delle sedi istituzionali di adozione delle decisioni di regolazione di rapporti economici e sociali, nonché di una speculare articolazione e complessità delle sedi di produzione normativa, l'interrogativo che ci si pone è quello di capire in quale misura gli Stati siano ancora i protagonisti di un ordine giuridico globale, spesso articolato in tanti sub-sistemi o sottogoverni di settore (frutto della moltiplicazione delle sedi e delle agenzie di regolazione). Più in generale, ci si chiede se sia possibile configurare una "costituzione senza lo Stato" e, comunque, "oltre gli Stati", che trasfonda in una dimensione globale i fondamentali principi del costituzionalismo, in termini di separazione dei poteri, sovranità popolare e tutela dei diritti fondamentali.

Al riguardo, la risposta da parte degli stessi studiosi che maggiormente hanno dedicato la propria attenzione allo studio del diritto globale (Cassese) non può, tuttavia, essere netta e univoca, laddove alla tendenza, verso la emersione di una legalità globale e di un diritto oltre gli Stati, frutto del lavorio delle organizzazioni internazionali, a loro volta in interazione con apparati giudiziali internazionali e nazionali e con i diritti interni degli Stati, fa riscontro la permanenza della diversità tra i diritti nazionali e comunque la costruzione di un ordine binario dove i particolarismi convivono con un sistema di principi comuni (Morbidelli).

Una conclusione confermata del resto dal fatto che, da una parte, la legittimazione del ruolo e del potere delle organizzazioni e delle Corti internazionali risiede negli Stati che le hanno istituite, mentre, dall'altra parte, lo stesso processo di affermazione su scala globale di taluni principi del costituzionalismo non risulta accompagnato da alcuni connotati essenziali dei processi di costituzionalizzazione (dal punto di vista dell'esistenza di un potere costituente, della nascita di un *demos* corrispondente, dell'approvazione di una costituzione formale, che traduca il patto fondamentale tra cittadini ed istituzioni).

A ciò si aggiunga l'ulteriore, fondamentale osservazione per cui il medesimo processo di costruzione di un ordine giuridico globale non è immune da problemi e spinte contrapposte come quelle, già richiamate, derivanti dalla **difficoltà di radicare i medesimi principi del costituzionalismo** (ed i valori ad essi sottesi) in ordinamenti connotati da un sostrato politico-istituzionale, nonché da fattori culturali, sociali, etnico-religiosi, in grado di impedire e, comunque, di ostacolare l'effettiva attuazione dei principi affermati e dichiarati nelle carte internazionali.

Un fenomeno che investe, da ultimo, anche lo "**scontro di civiltà**" in atto in ordinamenti, in cui al tentativo di "esportare la democrazia" a seguito della caduta di precedenti regimi autocratici, ha fatto riscontro la spinta contrapposta verso l'affermazione di un modello di *governance* fortemente improntato dal primato del fattore religioso. Talché, anche per tali motivi, a fronte di processi quali quelli della mondializzazione dell'Islam (per effetto della notevole crescita degli aderenti alla fede musulmana e della conseguente influenza islamica nella conformazione dei principi fondanti l'assetto politico-istituzionale di taluni Stati), nonché della rapida crescita dell'influenza economica della Cina e delle c.d. tigri asiatiche, da più parti si preferisce parlare non di un'unica globalizzazione (di matrice occidentale), ma di una pluralità di globalizzazioni, espressioni di culture e tradizioni diverse e della conseguente competizione tra diversi "attori della globalizzazione" (appunto l'Occidente, l'Islam e l'Asia orientale).

4. Altre nozioni di costituzione

La nozione di costituzione letta attraverso il costituzionalismo impedisce di seguire la tesi che ravvisa la costituzione nelle norme che regolano la produzione delle norme o nella stessa *Grundnorm* che si pone come matrice inespressa di tutto l'ordinamento (Kelsen): essa infatti è del tutto restrittiva, alla luce del contenuto delle attuali costituzioni (e anche di quelle classiche). Tuttavia di tale tesi si segue – nella costituzione italiana e in tutte le costituzioni ispirate al costituzionalismo – il principio della supremazia normativa della costituzione, e cioè della collocazione della costituzione al vertice della gerarchia delle fonti, anche se questo era già un prodotto del costituzionalismo americano (la costituzione si autoproclama come ***the supreme law of the land***, e di lì la Corte Suprema aveva ricavato il principio della sottoponibilità della legge al *judicial review*, v. *supra*, § 2).

È invece eccessivamente estesa (sempre in rapporto alle vigenti costituzioni) la tesi che identifica la costituzione con l'***intera organizzazione della comunità*** e dunque con tutto il diritto: «il complesso delle leggi e degli usi che fanno di una società umana il corpo politico che dicesi Stato». Le costituzioni vanno a coincidere, secondo tale concezione, oltre che con tutta la legislazione, con le consuetudini, con il sentimento politico, con la storia. Tale concezione finisce per svilire la forza superiore della costituzione, così confusa con tutte le altre fonti.

Non può neppure essere seguita – ma va ricordata per completezza, in quanto esprime al massimo livello la tesi della *equivalenza tra diritto e forza* – la tesi esposta nel secolo scorso da Ferdinand Lassalle, secondo cui la costituzione formale di uno Stato è un semplice ***pezzo di carta***, in quanto la vera costituzione è rappresentata dall'esercito e dai cannoni di cui il Governo e, attraverso di esso, le forze dominanti dispongono. In tal maniera – perlomeno secondo l'ideologia e la prassi del costituzionalismo – si trascura il "contratto sociale" che invece sta dietro ad ogni costituzione (ma in realtà Lassalle – come ha osservato Pace – non intendeva proporre una teoria scientifica del concetto di costituzione, bensì criticare politicamente la situazione costituzionale della Prussia del tempo).

4.1. Costituzione formale e costituzione materiale

Per *costituzione formale* si intende la costituzione nel testo approvato dall'Assemblea costituente o da altro organo a ciò competente (ed eventualmente modificato secondo le procedure espressamente previste a tal fine). Alla costituzione formale si contrappone la *costituzione materiale*. Mentre la prima si esprime in un testo scritto (o in una serie di consuetudini accertate), la seconda si esprime come valore fondamentale che sorregge la costituzione formale. In altre parole, la costituzione materiale è lo stesso modo di esistere dello Stato; è la condizione della sua unità politica, in virtù della quale v'è un ordine. Questa nozione, che si fa risalire al pensiero di Hobbes, di Hegel, e poi soprattutto di Carl Schmitt, e che ravvisa nella costituzione il principio di unità e di ordine politico e nel contempo la decisione politica fondamentale, risponde al fine di comprendere, al di là dei dati formali rappresentati dalla costituzione scritta, le finalità ultime ed essenziali attorno cui si impernia e si regge la comunità politica. Più in dettaglio, secondo lo studioso che in Italia l'ha più approfonditamente teorizzata (Mortati), la nozione di **costituzione materiale** si identifica con i fini politici fondamentali di una comunità e/o con le forze sociali e politiche in essa dominanti, in quanto stabilmente organizzate in un assetto di interessi unificato in senso materiale. In altri termini, la costituzione materiale esprime l'ordine di una società che è caratterizzata (e "ordinata") «secondo una particolare visione politica sostenuta da un insieme di forze collettive che sono portatrici della visione stessa e riescono a farla prevalere» (Mortati). Il che vuol dire che la costituzione materiale è quella costituzione che, partendo dalla costituzione formale (e dunque non disattendendola), la integra con le decisioni politiche fondamentali in cui si riconoscono le forze della comunità (istituzioni sociali e pubbliche).

Non v'è dubbio che la teoria della costituzione materiale ha il grande merito di sollecitare a sviluppare l'analisi giuridica oltre il dato formale delle disposizioni, onde guardare alle forze reali che determinano il formarsi e il vivere dell'ordinamento. Sotto questo profilo, la costituzione materiale **non è una fonte del diritto**, ma inerisce al metodo di indagine del diritto costituzionale (Bartole), e si pone in particolare antitesi con la scuola tedesca del diritto pubblico, dominante anche in Italia fino alla costituzione (e anche dopo), che teorizzava la purezza del metodo e la divisione netta tra fenomeno giuridico e fenomeno politico, cristallizzando il primo nella rigidità di formule astratte e generali. Al contrario, è ormai acclarato che si deve sollevare il velo formale della norma astratta, onde valutare la concretezza dei rapporti giuridici, la loro storia, la loro dialettica con la società, e con l'evolversi di essa. Resta però il fatto che il richiamo alla nozione di "fine politico fondamentale" introduce un fattore di instabilità dal momento che rimanda ad un dato storicamente mutevole. Del resto, l'esclusiva volontà dei gruppi assurti a una posizione di dominio se non si esprime in atti formali (e allora è attuazione di costituzione) cosa è se non un qualcosa di assai prossimo all'attività costituente? Con la conseguenza che la teoria della costituzione materiale rischia di far sì che **il diritto si risolva nel mero fatto e nella effettività**. Talché potrebbe avvenire che le norme della costituzione materiale prevalgano su quelle della costituzione formale in quanto così ritengono e pretendono le forze politiche dominanti. E del resto, di fronte a stravolgimenti della costituzione o a violazioni della costituzione o anche di fronte a reati (ad es., il finanziamento illecito ai partiti), ci si è appellati nel linguaggio corrente alla costituzione materiale. Sicché la tesi della costituzione materiale rischia di porre il presupposto per la prevalenza del fatto sul diritto. Si deve invece avere la contezza che la costituzione materiale non può prevaricare la costituzione formale. Pertanto essa non può che avere una corretta funzione di carattere interpretativo; poiché la nozione esprime l'obiettivo significato politico-istituzionale della volontà delle forze costituenti e di quelle che a essa si riconducono, essa reca principi idonei a integrare i significati desumibili dalle diverse disposizioni costituzionali scritte e, per un altro verso, rappresenta un canone interpretativo della costituzione aderente all'evoluzione sociale. Il ricorso alla costituzione materiale **facilita un'interpretazione evolutiva del dettato costituzionale**, consentendo al giurista di raccordare le norme desunte da un approccio logico al testo con quelle desumibili dal suo collegamento con la base sociale che l'ha originato e con quella in cui si situa la sua attuazione storica. Collegamenti che si traducono in comportamenti ripetitivi o comunemente accettati che dunque determinano equilibri di fatto, che a loro volta giustificano e sorreggono interpretazioni senza però che il testo formale venga del tutto modificato.

Di qui un'ulteriore conseguenza: la teoria della costituzione materiale, in quanto collegata alle decisioni costituenti e alla *communis opinio* delle forze pubbliche dominanti, fattori che a loro volta incidono sul processo interpretativo, **serve a individuare i "valori" dominanti, o i "superprincipi" della costituzione**, cosa che per la via della interpretazione limitata agli aspetti formali non sarebbe possibile, attesa la pariordinazione delle disposizioni inserite nella stessa fonte costituzionale. La costituzione materiale diventa allora il fattore ordinante di una "*gerarchia*" all'interno della stessa costituzione, il che è di grande rilievo sia ai fini del bilanciamento tra le norme costituzionali, sia per individuare i limiti impliciti della costituzione.

Un esempio fra tutti: la "superprimarietà" del valore ambiente non nasce da una particolare decisione politica dei costituenti – che anzi intendevano, con l'art. 9 cost., tutelare il paesaggio inteso come pura "bellezza naturale" – ma dall'emergere, a causa dello sviluppo industriale, della evoluzione dei consumi, dei mezzi di trasporto, delle tecniche di produzione, delle conseguenti alterazioni ambientali che vengono provocate, di una forte esigenza di difendere l'ambiente in tutti i suoi aspetti (aria, acqua, suolo, fauna, flora) e da ogni forma di aggressione verso l'equilibrio ecologico. Il che ha determinato – sotto la spinta della dottrina (Predieri) – una lettura dell'art. 9 cost. in combinato con l'art. 32 cost. sulla tutela della salute, tale da assegnare al principio di difesa dell'ambiente un ruolo superprimario. Si può pertanto dire che, nella costituzione formale, la previsione per cui la Repubblica tutela il paesaggio è una disposizione come tutte le altre, mentre nella costituzione materiale, cioè la costituzione letta anche secondo le teorie dei valori e le esigenze sociali, è una supernorma che tra l'altro agisce anche sul contenuto del bene protetto (da paesaggio ad ambiente).

A guardar bene, nelle sue origini (costituzioni nordamericane e costituzioni della Rivoluzione), la costituzione aveva all'un tempo il significato di centro di valori, di ideali, di programmi (era cioè un principio fondamentale dell'ordinamento in senso sostanziale-contenutistico) e il significato di legge superiore anche in senso formale: dunque essa era pure un principio fondante in senso formale-produttivistico. Le esigenze di certezza del positivismo, e l'elegante razionalità di una costruzione gerarchica delle fonti, hanno finito con il fermare l'accento soprattutto sul secondo dei due significati, ma non hanno mai potuto mettere a tacere il primo significato, così come mai si è potuta avere una interpretazione delle leggi meccanicistica e automatica. La costituzione materiale non è dunque un qualcosa di diverso dalla costituzione formale e tanto meno un qualcosa che passa sopra di essa e la schiaccia sotto il peso di regole di forza o della mera convenienza politica.

La costituzione materiale parte da quella formale, e da essa diverge perché la riempie dei significati desunti dai valori, dai fini, dagli ideali, positivizzati o presupposti dalle forze sociali e politiche dominanti, che si riconoscono nella scelta costituzionale sempre però in modo tale da non stravolgere la costituzione formale. In questa accezione, la costituzione materiale recupera giuridicità, perché non è solo finalità politica, ma anche preciso comando giuridico: *è la costituzione formale che abbandona la finzione della assoluta separazione tra diritto e politica.*

5. Nozione di potere costituente

La nozione di costituzione si precisa e si chiarisce attraverso il suo momento genetico.

5.1. Definizione e caratteri

La costituzione non si basa su una norma esistente, che legittima l'esercizio del potere costituente (cosi come, ad. es., le Regioni sono legittimate a darsi uno statuto in virtù dell'art. 123 cost.); **si basa solo su di una volontà politica dotata di particolare forza**, in virtù di situazioni storiche o comunque di rapporti fattuali esistenti in un determinato paese. Tale volontà politica è appunto il potere costituente. Carattere tipico del potere costituente è la sua originarietà, il che significa che si legittima in via di fatto. Anche quando vi sia un formale rispetto dell'ordinamento e la nuova costituzione venga dettata da un organo del precedente ordinamento, proprio il fatto che venga istituito un nuovo ordine, dimostra che siamo di fronte ad un esercizio del potere costituente: come è spesso avvenuto nel secolo XIX, quando le concessioni di carte costituzionali da parte di Sovrani assoluti determinarono di conseguenza il venir meno del carattere assoluto dell'autorità regia e dunque una innovazione radicale del sistema costituzionale (cap. IV, § 4). Nei fatti, il potere costituente è appartenuto (e talvolta appartiene) al Sovrano o a un'oligarchia o a un potere esterno allo Stato. Ma secondo la teoria del costituzionalismo, il potere costituente appartiene al popolo. Secondo lo stesso diritto naturale il potere costituente, in quanto incidente sui diritti fondamentali dell'uomo e in quanto espressione di sovranità, non può che appartenere al popolo. E anche se esso si conclude con il suo stesso esercitarsi (dettando la costituzione), è sempre presente e latente come un fuoco che cova sotto le ceneri e pertanto può sempre riemergere.

Al contrario, **ogni decisione successiva**, che viene presa dopo che il potere costituente si è esaurito, è **sempre espressione di potere costituito**, anche se detta una revisione totale o parziale della costituzione, e ciò in quanto è una decisione già prevista e regolata dalla costituzione. Il potere costituito opera seguendo e interpretando le indicazioni date dal potere costituente: è dunque un potere soggetto a seguire regole predeterminate, mentre il potere costituente è libero e non irreggimentabile in forme prestabilite.

La distinzione tra potere costituito e potere costituente si fa risalire a Sieyès e ai teorici della Rivoluzione (in cui è fortemente sviluppata la tesi per cui il potere costituente appartiene al popolo, in contrapposizione così all'*Ancien Régime*), ma emergeva già nelle costituzioni degli Stati del Nord America, configurate solennemente come espressione di un patto sociale stipulato tra i membri della collettività.

La riserva del potere costituente a favore del popolo e i caratteri di tale potere sono testualmente codificati nell'art. 28 della costituzione francese del 24 giugno 1793: «Un popolo ha sempre il diritto di rivedere, riformare e modificare la sua costituzione». Ne consegue che è **un potere inviolabile, irrevocabile, non trasmissibile**. Il potere costituente fonda, infatti, la propria origine sul principio della sovranità popolare, sul carattere contrattuale della costituzione, sul "diritto alla rivoluzione" a tutela del diritto naturale preesistente all'organizzazione dello Stato. Il potere costituente si esprime sopprimendo la vecchia costituzione e ponendo una nuova costituzione, oppure anche modificando la vecchia costituzione nei suoi principi fondamentali. Tali modifiche, in quanto non previste dalla precedente costituzione, e anzi da essa vietate (espressamente o no) non possono, infatti, definirsi manifestazione di potere costituito.

5.2. Le matrici ideologiche del potere costituente

La teoria del potere costituente ha avuto una forza trainante. Vero è che con la Restaurazione conobbe – nella elaborazione giuridica – una fase di eclissi sia perché considerata espressione dei "tempi rivoluzionari", sia perché determinava un *vulnus* al principio del primato della legge: e infatti i nostri teorici del diritto, vigente lo statuto albertino, esclusero l'esistenza di un potere costituente superiore al potere costituito, che avrebbe depotenziato i poteri sovrani del Parlamento, e videro la costituzione come la *summa* dei principi, delle tradizioni, delle istituzioni positive storicizzate e accettate dalla coscienza sociale (Fioravanti). Ma ad onta di tale (temporanea) involuzione a livello di pensiero giuridico, fatto sta che rivoluzioni, lotte di classe, autodeterminazione dei popoli, abbattimento di costituzioni censitarie ed oligarchiche e, da un punto di vista più strettamente giuridico, superiorità della costituzione e controllo di costituzionalità, hanno trovato il loro *humus* nella teoria del potere costituente, di cui è depositario il popolo, unico legittimato a decidere il proprio destino.

Sono strettamente **legate alla teoria del potere costituente quella del contratto sociale** (*supra*, § 2.2), quella della sovranità popolare, quella del diritto di resistenza.

Certamente vi sono state diverse letture del potere costituente: chi (i padri costituenti americani) ha enfatizzato la provenienza popolare, e dunque l'ha per così dire eretto a principio ontologico e nel contempo finalistico e strutturale dello Stato; chi l'ha configurato come particolare capacità ed espressione della nazione di trasformare il proprio diritto naturale in leggi fondamentali di composizione del potere politico (Sieyès); chi vi ha visto l'espressione della capacità ordinatrice del popolo, attraverso una decisione politica istituente e fondamentale, in cui non si conoscono né giudici né leggi (Schmitt). Ma tutte queste concettualizzazioni convengono su un dato: che il potere costituente esprime una situazione fattuale che però si autolegittima in virtù del proprio affermarsi e che si compendia nella formula per cui non è legale (nel senso che non è conforme all'ordinamento vigente), ma è legittimo (perché fondato sulla legge "superiore").

5.3. Giustificazione del potere costituente

Ma qual è la giustificazione del potere costituente, al di là del suo radicamento in concetti di filosofia politica?

L'idea di dare una base giuridica e dunque di legittimare l'ordinamento in se stesso è del resto antica e ricorrente: si pensi alla **tesi del legittimismo**, che giustificava i diritti del Monarca come diritti acquisiti (quasi come fossero diritti patrimoniali), o sull'investitura divina (e a tal fine essa richiedeva la formale investitura da parte dell'autorità religiosa), o sulla rinuncia dei Sovrani spodestati, o anche sulla prescrizione (in quanto, come nei rapporti giuridici privati, il decorso del tempo fa nascere dei diritti). Il costituzionalismo – come già detto – giustifica l'ordinamento nel suo complesso con le teorie del contratto sociale e della sovranità popolare.

Resta però da definire come si giustifichi la manifestazione concreta della sovranità popolare che, al momento in cui si esprime, è antigiuridica, o comunque non conosce limiti giuridici. Questa giustificazione non può che essere ritrovata nel fatto che «una costituzione è legittima, cioè riconosciuta non solo come situazione di fatto, ma anche come ordinamento giuridico, quando è riconosciuta la forza e l'unità del potere costituente, sulla cui decisione essa si basa» (S. Romano). Vale a dire *quando il nuovo ordinamento giuridico diviene effettivo*, nel senso che acquisisce riconoscimento e stabilità presso i consociati (quando cioè, come scriveva Esposito, all'atto di imposizione della costituzione fa seguito una consuetudine di obbedienza e di esecuzione).

Proprio perché sorge, e si afferma in via di fatto e in virtù del fatto, **la volontà costituente del popolo non è riconducibile a nessun procedimento formale**. Sicché la legittimazione, se può essere rilevante sul piano storico (e dei rapporti internazionali) si radica solo in se stessa. Proprio per questo la teoria del potere costituente è stata più volte criticata, sotto il profilo giuridico, perché tende a giustificare ciò che non è giustificabile: la costituzione, regola giuridica fondamentale che nasce da un'attività antigiuridica. Si è parlato appunto di *monstrum*, posto a confine tra diritto e politica, stretto tra le contraddizioni di essere decisione politica che pone il nuovo diritto (e dunque potere in senso formale) e nello stesso tempo decisione che butta a mare il vecchio diritto (e dunque potere come forza di fatto).

Sennonché il connubio, proprio del costituzionalismo, tra potere costituente e diritti inviolabili del popolo, in molti casi dà una risposta al quesito. Ciò avviene quando vengono previsti meccanismi di consenso anche formale: si pensi al referendum istituzionale del 2 giugno 1946 in Italia o al referendum di approvazione della costituzione in Francia nella IV e V Repubblica. In tal maniera, quello che era fatto (fino a quel momento), viene giustificato con una formale decisione del popolo.

5.4. Varietà dei procedimenti costituenti

Come già rilevato, non è possibile rintracciare un diritto che regoli, nel senso vero e proprio della parola, i vari momenti in cui si svolge l'instaurazione di fatto del nuovo regime. Il potere costituente non presenta infatti forme predeterminate per manifestarsi (Sieyès).

Dal punto di vista dell'**analisi storica**, si può comunque osservare che **nel procedimento costituente l'iniziativa appartiene a un'autorità straordinaria**. Tale autorità: a) può essere un organo *ad hoc*, costituitosi per svolgere tale ruolo; b) può essere anche un organo previsto dalla costituzione fino ad allora vigente ma che, comunque, acquista la natura di organo straordinario perché elabora ed esprime la decisione politica di mutare, **non secondo forme previste dall'ordinamento**, la costituzione. **In entrambi i casi v'è un'assunzione fattuale di poteri non contemplati dall'ordinamento costituito**.

Gli esempi della prima categoria di **organi straordinari** (cioè del tutto nuovi) sono numerosi: basti pensare al Governo provvisorio di Ledru-Rollin che venne formato nel 1848 in Francia, per acclamazione popolare, all'interno delle Camere invase dai rivoltosi contro il regime di Luigi Filippo; o al Governo "della difesa nazionale" acclamato da un movimento popolare a seguito della sconfitta di Sedan nel 1870; o al Governo provvisorio assunto in Germania da Ebert nel novembre del 1918 in nome del Consiglio dei delegati del popolo; o ancora, al Governo provvisorio della Cecoslovacchia (costituitosi in esilio durante la prima guerra mondiale) che, dopo aver chiesto ed ottenuto il riconoscimento dell'indipendenza dall'Austria, nel novembre 1918 riunì a Praga una Assemblea Nazionale che approvò una costituzione provvisoria e poi quella definitiva; o al maresciallo Pilsudsky, che nel novembre 1918 in Polonia si insediò come organo di Governo provvisorio ed indisse elezioni per la costituente; oppure in Spagna nel 1931, quando, a seguito delle elezioni municipali che videro il successo dei partiti di opposizione, e dopo che il Re ebbe abbandonato il suo trono, fu costituito un Governo provvisorio che proclamò la Repubblica e convocò la *Cortes* costituente. O si pensi al caso più recente della Romania, dove alla fuga del dittatore Ceausescu è seguito l'affermarsi del Consiglio del Fronte di salvezza nazionale che ha assunto il potere (con il nome di Consiglio provvisorio di unione nazionale), ed ha attivato il procedimento costituente, attraverso l'emanazione di una nuova legge elettorale per le Camere, a cui è stato affidato il compito di adottare una nuova costituzione. Ancora, nel 2006, in Nepal, in seguito all'accordo tra i ribelli maoisti e il Governo centrale, è stata formata un'Assemblea costituente, incaricata di scrivere la nuova carta costituzionale *ad interim* del paese, approvata successivamente dal Parlamento nepalese il 15 gennaio 2007. Anche in questo caso, il procedimento di riforma è del tutto estraneo a quanto previsto in precedenza dall'art. 116 della medesima carta fondamentale, talché esso deve considerarsi l'espletarsi di un processo costituente *extra ordinem*. L'assunzione di poteri straordinari, in funzione costituente, al di fuori delle regole codificate dall'ordinamento costituzionale previgente, ricorre sovente nei processi di *peace-building*, laddove, come in Kosovo o Timor Leste, un'organizzazione internazionale (l'ONU) è stata investita dei completi poteri di Governo in vista dell'indipendenza della regione amministrata.

Altrettanto numerosa è la casistica dell'**assunzione del potere costituente da parte di organi del precedente ordinamento costituzionale**: gli Stati generali nella Francia del 1789 che, convocati secondo le norme vigenti, assumono (per impulso del Terzo Stato e del basso clero), il nome di Assemblea Nazionale, con il potere (e il titolo di) costituente. Può anche avvenire che gli organi del precedente ordinamento costituzionale decidano di convocare un'**Assemblea costituente** (così nel 1814 il Governatore Generale della Norvegia, ed erede al trono danese, principe Cristiano Federico, decretò l'elezione generale per la formazione di una Assemblea costituente, composta da rappresentanti scelti direttamente dal popolo). Si può anche ricordare un esempio più recente: nel 1999 il neo eletto Presidente della Repubblica Venezuelana Hugo Chávez ha indetto un referendum consultivo per la convocazione di un'Assemblea costituente (non prevista dalla costituzione), instaurando così un processo che si è concluso con una nuova costituzione.

Possono poi darsi **casi intermedi**: in Austria, nel 1918, i 210 membri tedeschi della Camera dei deputati della vecchia Monarchia si costituiscono, come rappresentanti di tutta la Nazione tedesca d'Austria, in Assemblea Nazionale provvisoria, con il compito, tra l'altro, di proporre una nuova costituzione da sottoporre a una successiva Assemblea costituente. O ancora può darsi che i vecchi organi costituzionali promuovano la modifica della costituente inserendo nel procedimento costituente soggetti fino ad allora esclusi o sottorappresentati: così la costituzione del Sud Africa del 1996, nata da una negoziazione articolata (c.d. *multy-party negotiation process*) tra Governo e organizzazioni politiche, tra cui, *in primis*, quelle espressive delle etnie fino ad allora discriminate.

Oppure ancora possiamo avere i **vecchi organi** che, attraverso una loro catarsi (l'adozione di una legge elettorale che consente di dare nuova legittimazione alle Assemblee elettive, come è avvenuto in Ungheria nel 1990, o comunque una loro radicale rinnovazione), ma poi seguendo la procedura di revisione "costituita", danno luogo a nuove costituzioni: in tutti i paesi dell'Est, con l'eccezione di Romania e Russia, le nuove costituzioni sono state approvate attraverso le procedure di revisione previste dai precedenti ordinamenti a regime socialista.

La funzione dell'autorità straordinaria che assume l'iniziativa costituente (sia un organo del tutto nuovo, sia un organo costituito, modificato o no, che assume tale potere), è di norma finalizzata alla preparazione dell'Assemblea costituente e, dunque, alla predisposizione della legislazione o di quanto necessario per l'elezione di tale Assemblea.

Di solito l'Assemblea (talvolta definita convenzione, secondo la terminologia americana, che a sua volta nasce dal termine inglese impiegato per indicare il Parlamento autoconvocato) ha solo la funzione costituente cui si aggiungono, al più, funzioni accessorie (come è avvenuto in Italia nel 1946-1947). Nel frattempo il titolare del potere di iniziativa si autoqualifica Governo provvisorio e, nella sua qualità, svolge sia le funzioni di Governo in senso stretto, sia, in base al principio di necessità e di urgenza, le funzioni legislative. Se invece l'iniziativa è degli organi costituiti, saranno essi che continueranno a svolgere le ordinarie funzioni legislative e di direzione politica.

Le regole sulla composizione dell'Assemblea e sulle procedure da seguire sono diverse di volta in volta, anche se – secondo il principio di sovranità popolare – la composizione deve fondarsi su libere elezioni a suffragio universale.

Come abbiamo già ricordato, non sempre la approvazione da parte di una Assemblea rappresentativa conclude il procedimento costituente. E infatti molto diffusa è la "**ratifica**" **della costituzione a mezzo di referendum** popolare in applicazione del principio – elaborato dal Condorcet – per cui il popolo non delega il diritto di accettare o di rifiutare la costituzione.

Ciò avvenne per la prima volta con la costituzione del Massachusetts del 1780, e poi con le costituzioni francesi del 1793, del 1795, del 1799, del 1804, del 1852 (in questi casi si trattò, per il vero, di "plebisciti", ossia quando la costituzione – o altra decisione da approvare – proviene da un potere esterno al popolo, v'è assenza di dibattito democratico e non vi sono alternative, sicché l'esito della consultazione popolare è, per più ragioni, scontato), del 1946 (dopo che una prima costituzione venne respinta dal referendum) e del 1958 (in tal caso il referendum era reso vieppiù necessario dal fatto che la costituzione non era stata approvata da una Assemblea costituente, ma dal Governo su delegazione dell'Assemblea Nazionale). Dalla Francia il referendum approvativo della costituzione raggiunse la Svizzera, allora occupata dalle truppe francesi: vi si fece ricorso nella costituzione del 1802, e poi nella costituzione del 1848, che la impose anche ai Cantoni, e da ultimo, nel 1999, quando è stata approvata con referendum, con il quale è stata raggiunta la maggioranza sia dei voti popolari che dei Cantoni, la nuova costituzione elvetica, entrata in vigore il 1° gennaio del 2000. Di recente, l'approvazione per referendum ha contribuito al procedimento di formazione della costituzione di Spagna. Mentre in Italia il popolo, con il referendum istituzionale del 2 giugno 1946, ha deciso la forma repubblicana. La stessa adozione del Trattato di Lisbona ha richiesto l'approvazione finale da parte dei cittadini di alcuni degli Stati membri. In generale, l'approvazione di un nuovo testo costituzionale mediante referendum costituisce una prassi diffusa nei processi di transizione politica post-bellica. La costituzione irachena del 2005 (art. 139), ad esempio, ha previsto la propria entrata in vigore a seguito dell'esito favorevole di un referendum popolare.

5.5. Tendenze verso la giuridicizzazione del potere costituente

La giuridicizzazione del potere costituente, che da principio ideologico e al più fatto di legittimazione politica sta divenendo principio di diritto (quantomeno nel diritto internazionale), avviene anche su un altro versante. Se è vero che la via del "potere costituente" attraverso la rottura o la discontinuità costituzionale con il precedente regime è stata ed è nella prassi la via di gran lunga prevalente, è anche vero che **talune costituzioni disciplinano espressamente la revisione totale** della costituzione (Austria, Bulgaria, Spagna, Svizzera). Non molto diverso dall'istituto della revisione generale era la previsione della nostra l. cost. n. 1/1993 che introduceva un procedimento costituente *ad hoc*, volto a revisionare tutta la parte II della costituzione (salvo il titolo VI), nonché la l. cost. n. 1/1997, che istituiva una "Commissione parlamentare per le riforme costituzionali". Tali norme costituzionali – su cui torneremo più avanti: v. *infra*, II, § 3 – sono sintomatiche di una tendenza a imbrigliare il processo costituente, che porta a concepire quest'ultimo, non più come una transizione «dal nulla alle norme giuridiche», ma come un adeguamento, democraticamente regolato, agli eventuali mutamenti incidenti sull'identità culturale della comunità (Häberle).

La tesi tradizionale – come si è già notato – è che il potere costituente non incontra limiti giuridici: è un potere di mero fatto, ed ha pertanto solo quei limiti (di procedura e di contenuto) che il detentore del potere costituente, per motivi politici, riterrà di osservare (Pace). Nell'ottica del costituzionalismo (e soprattutto nel nuovo ordine mondiale, tracciato dalle Dichiarazioni internazionali dei diritti), vi sono invece dei limiti, rappresentati soprattutto dal rispetto dei diritti fondamentali e dal principio della sovranità popolare: limiti che tendono ad "imbrigliare" il potere costituente. Esempi di tale imbrigliamento sono dati, appunto, dalle previsioni costituzionali sulla "revisione totale", che tendono a ricondurre le revisioni costituzionali anche più intense nell'alveo della costituzione o meglio dei valori di fondo della costituzione stessa. Le costituzioni rafforzate prevedono modifiche di grande intensità attraverso procedure costituite, che pure non possono non essere eccezionali e dunque costituiscono lo svolgimento di una volontà politica ordinante (e pertanto assai vicina al potere costituente).

Così, **il potere costituente**, se da un lato mantiene la sua forza creativa, la sua derivazione popolare, la sua espressione di sovranità che si fonda sul consenso popolare, dall'altra **fuoriesce dal "non diritto", e si giuridicizza**. Si è parlato in proposito di teoria evoluzionistica del «potere costituente» (Häberle), e in realtà si tratta di un'aspirazione "razionale" a prevenire rotture rivoluzionarie e a garantire una continuità istituzionale pur nell'ipotesi di rovesciamento dei valori di fondo della costituzione.

Come è stato rilevato da un profondo studioso del costituzionalismo (Baldassarre), è ragionevole prevedere che il modello delle "revisioni totali" della costituzione abbia una **crescente e rapida diffusione pratica**. Ciò soprattutto nell'occidente, profondamente unito da una larga condivisione dei principi di libertà e di legalità, e in cui gli stabili legami internazionali (anche di alleanza militare) fanno da freno all'affermarsi di poteri straordinari di fatto.

Del resto, quasi tutte le nuove **costituzioni degli Stati ex comunisti** (Ungheria, Cecoslovacchia – ci riferiamo alla costituzione del 1991 prima dello smembramento – Bulgaria) sono state il risultato di procedure "legali", in quanto messe in atto dagli organi istituiti secondo le precedenti costituzioni. Non v'è dubbio che in tali situazioni v'è stato esercizio del potere costituente: ad es. in Bulgaria, prima l'Assemblea Nazionale (gennaio 1990) ha abrogato la disposizione all'art. 1 cost. che affermava il ruolo guida del Partito comunista, con il che incidendo su uno dei punti cardine della costituzione; indi ha consentito e incoraggiato il pluralismo dei partiti; successivamente le decisioni politiche fondamentali sono state assunte in una "tavola rotonda" tra i rappresentanti del Partito comunista e delle forze di opposizione (organo di fatto, come fu il nostro CLN); infine (10 giugno 1990) si è giunti alle elezioni politiche per l'Assemblea costituente.

Certo ci si può chiedere se, allora, davvero di **potere costituente** si tratti, perché **non riposa sul mero fatto**. La risposta è negativa, ove si segua la tesi tradizionale per cui il potere costituente si svolge *non secondo le forme previste dall'ordinamento* e si abbia come punto di riferimento la costituzione formale. Se invece si tiene presente – a questi fini – la costituzione materiale intesa come insieme dei principi di fondo della costituzione ricavabili attraverso la decisione costituente o i valori in cui si riconoscono le forze politiche e sociali dominanti (come era ad es. nelle costituzioni degli Stati socialisti l'assenza del pluralismo dei partiti e la economia collettivista), si ha procedimento costituente quando questi vengono alterati, se pur con le forme legali. Di qui l'uso polivalente del concetto di potere costituente, a seconda che si abbia come riferimento la costituzione formale o la costituzione materiale. Sicché, sarebbe forse preferibile distinguere tra potere costituente "rivoluzionario" o "originario" e potere costituente "istituzionalizzato" (Burdeau).

Questioni terminologiche a parte, è evidente che ci troviamo di fronte ad **una *nuova via* del potere costituente**, la quale dimostra comunque la potenzialità del costituzionalismo, come tecnica di limitazione dei poteri e di tutela dei diritti fondamentali, e che sta trovando al suo interno una soluzione per superare le incertezze (e gli arbìtri) delle fasi di transizione, che ciclicamente si pongono anche negli Stati di più collaudata democrazia.

6. Classificazione delle costituzioni

Una prima classificazione è data dal modo in cui le costituzioni vengono formate.

6.1. Secondo il loro formarsi

Le costituzioni che nascono in virtù del potere costituente esercitato dal popolo (o potere costituente *tout court* secondo il costituzionalismo) sono definite costituzioni popolari, in quanto espressione della sovranità popolare, che individua e designa l'autorità costituente (e talvolta conferma il risultato della costituente con referendum). Le costituzioni possono però avere altre origini: così possono esserci costituzioni concesse; possono esserci costituzioni pattizie; possono esserci costituzioni provenienti da ordinamenti esterni (o costituzioni imposte o eteronome).

Per **costituzioni concesse** (o *octroyées*) si intendono quelle che sono **frutto di un'autolimitazione del Sovrano**, che concede la "costituzione", la quale quindi formalmente costituisce espressione del potere costituente di quest'ultimo anche se dietro vi sono pressioni popolari e comunque influssi dell'opinione pubblica, sicché non nascono da una attività del tutto spontanea del Sovrano [4].

Costituzioni pattizie sono quelle che **si fondano sull'accordo tra Re e Assemblea rappresentativa** del popolo (Biscaretti di Ruffia) [5]. Si è parlato – ma provocatoriamente – di costituzione pattizia anche a proposito della costituzione della V Repubblica, per evidenziare che è stato il risultato di un'intesa tra il generale De Gaulle e il corpo elettorale con il referendum approvativo del progetto predisposto dal Governo presieduto da De Gaulle.

Costituzioni plebiscitarie. Con tale termine si intendono quelle costituzioni che sono approvate dal popolo con un plebiscito: il che significa da un lato che provengono da un potere estraneo nel senso che non è direttamente rappresentativo del popolo, e dall'altro e soprattutto che v'è una carenza di dibattito democratico e di alternativa, per cui la consultazione popolare è ampiamente condizionata. Spesso poi non si vota tutta la costituzione, ma solo una formula di sintesi: così nel 1802 al popolo francese si chiese solo "Deve essere Napoleone console a vita?" [6]. Sono pure da considerare plebisciti, per l'assenza di pluralismo e di garanzie democratiche, i referendum approvativi di costituzioni che si sono avuti in taluni regimi comunisti: così con riferimento alla seconda costituzione della Repubblica Democratica Tedesca del 1968 e alle costituzioni di Bulgaria del 1968 e di Cuba del 1976.

Quando invece la costituzione è data da un **ordinamento esterno**, e ciò avviene a seguito di **eventi bellici** o in correlazione con la concessione di **indipen-**

---

[4] Tipica costituzione di tal genere è lo statuto albertino (1848); si possono ricordare anche la carta constitucional del 1826 del Portogallo, la costituzione francese (carta) del 1814, le costituzioni "elargite" dai principi tedeschi dopo il Congresso di Vienna (Baviera 1818, Baden 1819, Assia 1820, Sassonia 1821, ecc.), la carta di Bayona del 1808 (la prima costituzione spagnola), la costituzione spagnola del 1834 (c.d. Estatuto Real); la costituzione giapponese del 1898; la costituzione d'Etiopia del 1931, molte delle costituzioni concesse in Italia nel 1848 (Granducato di Toscana, Regno di Sicilia, statuto del governo temporale sanzionato da Pio IX, ecc.), il c.d. "Manifesto delle Libertà", concesso da Nicola II nel 1905 (anche se scientemente non venne usato il termine costituzione, è ad essa parificabile) ed anche le costituzioni del Principato di Monaco (del 1911 e del 1962). La costituzione dello Swaziland del 2003 può ricomprendersi tra le costituzioni concesse, in quanto elaborata esclusivamente da stretti collaboratori del sovrano e da questi emanata.

[5] Tali sono la costituzione di Svezia del 1809, quella francese del 1830, quella danese del 1848, quella di Prussia del 1850.

[6] Si possono ricordare, oltre alle costituzioni del 1799, del 1802 (o appunto del Consolato a vita), del 1804 (o dell'Impero), la costituzione di Luigi Bonaparte del 1852 (qui il plebiscito fu preventivo: il futuro Imperatore Luigi Bonaparte chiese ai cittadini di delegargli i poteri necessari per la redazione di una costituzione sulla base dei principi enunciati nel proclama sottoposto a plebiscito), la costituzione di Napoleone III del 1870, la costituzione portoghese del 1933, quella greca del 1968, quella argentina del 1976, dell'Iran del 1979, del Cile del 1980.

denza (la quale concessione viene per così dire abbinata con la dichiarazione di indipendenza), si parla di costituzioni imposte o eteronome[7]. Anche la recente cost. Albania (1998) può essere considerata una costituzione imposta, dato che organizzazioni internazionali (OCSE, ONU, UE) hanno subordinato gli aiuti all'inserimento di una serie di garanzie a tutela del pluralismo e dei diritti umani. Allo stesso modo possono essere considerate costituzioni imposte quelle più recenti di **Iraq (2005) e Afghanistan (2004)**. In Iraq, a seguito dell'occupazione anglo-americana, nel marzo del 2004 venne adottata dal Consiglio di Governo iracheno (*Governing Council* – nominato dagli USA), e approvata dall'Autorità di occupazione (*Coalition Provisional Authority*), una costituzione *ad interim* (*Transitional Administrative Law* – TAL). La TAL è stata poi sostituita dalla nuova costituzione dell'ottobre 2005, il cui testo è stato adottato da un organo indirettamente eletto dai cittadini iracheni (una speciale commissione frutto delle elezioni del gennaio 2005) e approvato mediante un (contestato) referendum. Sebbene il paese mesopotamico non sia nuovo a esperienze di costituzioni provvisorie (adottate precedentemente nel 1958, 1964, 1968 e 1970), la costituzione *ad interim* del 2004, in quanto frutto dell'elaborazione di un gruppo ristretto di soggetti posti *de facto* sotto la tutela statunitense, e, soprattutto, essendo stata promulgata dall'occupante, è da ascrivere *tout court* alle costituzioni imposte. Quanto alla costituzione vera e propria del 2005 va rilevato che, sebbene formalmente i passaggi parlamentare e referendario lascino pensare a un processo costituente avulso da interferenze esterne, tuttavia anche questa deve comunque considerarsi una costituzione imposta poiché: a) è stata la medesima TAL a prevedere, nello specifico, modi e tempi delle elezioni parlamentari e dell'adozione del nuovo testo costituzionale; b) le istituzioni provvisorie irachene erano di fatto poste sotto la protezione e l'autorità dell'occupante, talché questa ha rappresentato il motore primo e la *conditio sine qua non* del nuovo processo costituente; c) il processo di formazione del testo è avvenuto a porte chiuse, praticamente senza la partecipazione della minoranza sunnita, che però, *in extremis*, ha ottenuto la possibilità di una revisione del testo in un futuro molto prossimo. La medesima *ratio* porta a concludere per la natura di costituzione imposta della carta costituzionale afgana del 2004. Da un lato, infatti, il testo costituzionale è stato elaborato da una speciale commissione (già prevista

---

[7] Gli esempi sono numerosi: dalle costituzioni delle Repubbliche giacobine italiane, condizionate dalla costituzione francese del 1795, all'"atto di mediazione" del 1803, con cui Napoleone dettò la costituzione della Confederazione elvetica, dalle costituzioni delle cc.dd. democrazie popolari dopo il 1946, che vennero redatte secondo il modello della costituzione staliniana del 1936, alla costituzione giapponese del 1946, che venne redatta seguendo un modello imposto dal Comando della forza alleata di occupazione, dalla Legge Fondamentale tedesca del 1949, i cui principi fondamentali sono stati dettati dalle potenze alleate occupanti, a gran parte delle ex colonie e degli ex possedimenti britannici, la cui costituzione è data da provvedimenti adottati a Londra (v. ad es. il *British North America Act* del 1867 per il Canada).

negli accordi di Bonn del 2001 e nominata dall'Amministrazione di transizione – *Afghanistan Transitional Authority* – ATA), e successivamente approvato da parte dell'Assemblea dei capi tribali (*Constitutional Loya Jirga*); dall'altro, esso: a) trova la propria ragion d'essere nella tutela militare accordata dalle Forze armate straniere *in loco*; b) è stato predisposto senza un'effettiva partecipazione della popolazione ed è stato influenzato massicciamente dall'opera di consulenti militari spiegati sul posto. Entrambe le nuove costituzioni di Iraq e Afghanistan, inoltre, mutano la precedente forma di Governo dei rispettivi paesi, introducendo elementi di federalismo e presidenzialismo cari soprattutto alla tradizione politica statunitense (ossia quella dell'occupante), ma estranea a quella locale.

Altre volte la costituzione è di derivazione estera in virtù di **accordi internazionali**: caso classico è quello della costituzione di Cipro, redatta sulla scorta di un Trattato intercorso tra Gran Bretagna, Grecia e Turchia. Ove poi si qualifichi il *Constitutional Framework* del Kosovo una carta costituzionale, può rilevarsi come anch'esso sia nato per effetto diretto dell'adozione di strumenti giuridici internazionali, rappresentati, nel caso di specie, dalla risoluzione del Consiglio di sicurezza n. 1244/1999.

Quando la decisione costituente proviene da un organo di uno Stato diverso da quello ove la costituzione è destinata ad avere vigore, non si può davvero parlare di "potere costituente" (S. Romano). Devesi però precisare che nel caso di costituzioni dettate da Stati titolari di poteri coloniali, di solito la costituzione è il frutto di trattative con gli esponenti politici locali, e recepisce i principi tradizionali delle *ex* colonie. Ma soprattutto devesi considerare che una volta acquisita l'indipendenza, lo Stato divenuto sovrano ha il potere di revisionare la costituzione e anche quello di riformarla *ex novo* attraverso il potere costituente di cui dispone il popolo, sicché il mantenimento della costituzione di provenienza "esterna" significa accettazione implicita di tale imposizione, il che fa sì che la costituzione divenga a tutti gli effetti costituzione autoctona.

Diverse dalle costituzioni imposte sono le **costituzioni condizionate** (o parzialmente imposte). Si tratta di quelle ipotesi in cui la libertà del potere costituente non è illimitata ma è, invece, condizionata da accordi internazionali: ad es. la costituzione di Weimar del 1919 doveva tener conto dei vincoli imposti dal Trattato di Versailles (v. art. 178). Naturalmente questo condizionamento non è definitivo, perché può venire meno a seguito dell'evoluzione dei rapporti internazionali.

6.2. Costituzioni rigide e costituzioni flessibili

Un'ulteriore e classica distinzione è quella tra **costituzioni rigide** e **costituzioni flessibili**. Si definiscono rigide quelle costituzioni che per essere variate richiedono **procedure aggravate**, cioè più complesse di quelle che si richiedono per l'approvazione delle leggi ordinarie (a proposito della revisione costituzionale v. sez. II). Di converso le **costituzioni flessibili sono quelle modificabili anche con leggi ordinarie**: hanno perciò un valore "politico", al massimo di guida della interpretazione delle leggi ordinarie, ma non di più. È rigida la costituzione USA, come erano rigide le costituzioni francesi del 1791, 1793, 1795 e quella del Belgio del 1831. Sono rigide tutte le più importanti costituzioni del XX secolo. Costituzioni flessibili erano la costituzione del Consolato (1799), le carte francesi del 1814 e del 1830, la costituzione spagnola del 1808 (c.d. costituzione di Bayona), la costituzione dell'Unione del Sudafrica del 1909 (salvo talune parti), nonché lo statuto albertino. Attualmente, a parte la costituzione inglese, si considerano flessibili la costituzione della Nuova Zelanda (si veda in merito la recente istituzione, nel 2003, della Corte Suprema neozelandese, avvenuta mediante la semplice adozione del *Supreme Court Act*), quella del Principato di Monaco e – in parte – quella di Israele (che è composta da più leggi fondamentali). In quest'ultimo ordinamento si considerano non disponibili da parte della legislazione le leggi fondamentali in materia di diritti umani del 1992 (*Human Dignity and Liberty* e *Freedom of Occupation*), a meno che non vengano comunque rispettati i valori dello Stato di Israele e il principio di proporzionalità tra mezzi e fini: la relativa valutazione è rimessa ai giudici (modifiche alla *Freedom of Occupation* richiedono comunque la maggioranza assoluta della *Knesset*, sicché tale legge ha una posizione sovraordinata rispetto alle altre leggi).

Come già rilevato, **la rigidità è una caratteristica del costituzionalismo**, perché non solo garantisce durata e stabilità, ma dà una particolare forza al prodotto del potere costituente, forza che si esprime in primo luogo come superiorità gerarchica rispetto a tutte le altre fonti.

E infatti gli esempi del XIX secolo di costituzioni flessibili sono la conseguenza di fasi di involuzione del costituzionalismo, nel senso che si trattava di costituzioni concesse dal Sovrano, nelle quali pertanto la particolare energia giuridica delle costituzioni espresse dal popolo era assente. Non a caso tali costituzioni erano solitamente definite "carte" o "statuti" e anche questa terminologia è sintomatica della involuzione rispetto al valore mistico che lo stesso termine "costituzione" aveva assunto sulla spinta delle ideologie rivoluzionarie. Va tuttavia precisato che la flessibilità di talune costituzioni, particolarmente di quelle *octroyées*, è una conseguenza dell'assenza di procedure "rinforzate" di revisione, nonché dell'assenza di un controllo di costituzionalità delle leggi. Non è invece conseguenza del dettato della costituzione medesima, che anzi di solito dichiarava se stessa "inviolabile" e "immodificabile": al punto che taluno (Pace) sostiene che la flessibilità è il risultato di tesi dottrinarie, che hanno prevalso per ragioni politiche, ma scientificamente infondate perché tutte le costituzioni sarebbero in qualche misura rigide per definizione.

Vero è che **le costituzioni flessibili avevano davanti anche il modello britannico** in cui la costituzione è data dalla risultante di assestamenti e di equilibri tra Re e assemblee parlamentari, compendiatesi in consuetudini e in leggi, e di cui solitamente si suole affermare la natura flessibile. In realtà, se si pensa bene all'origine e alla conformazione della costituzione inglese, che non si traduce in un sacro, solenne e unitario testo, ma in una serie di leggi nate a seguito di conflitti e tensioni (ma comunque espressione di potere costituente inteso come volontà politica che pone stabili principi regolatori dei sommi poteri pubblici, e di consuetudini, e dunque come espressione della storia e delle tradizioni di quel paese a cui corrisponde la "reverenza" dei cittadini), ci si avvede che **la costituzione della Gran Bretagna è più rigida di quelle del continente**. Per modificarla non sono sufficienti formali procedure aggravate ma occorre un largo consenso o, meglio ancora, occorre che le nuove norme siano acquisite nello spirito nazionale, che crede fortemente nelle proprie istituzioni (un tempo addirittura si scriveva che il popolo le "venerava").

Se la costituzione è frutto di un lungo processo naturale è evidente che per modificarla occorre seguire processi della stessa natura. Così i recenti *Government of Wales Act 2006* (che dota l'Assemblea del Galles del potere legislativo sulle materie già devolute con il *Government of Wales Act 1998*) e *Northern Ireland (St Andrews Agreement) Act 2006* (che prevede l'insediarsi, nell'Ulster, di un'Assemblea parlamentare transitoria, in attesa della ricostituzione dell'Assemblea dell'Irlanda del Nord, avvenuta l'8 maggio del 2007) sono frutto di un lungo, e a volte travagliato, processo storico e sociale che ha condotto alla loro adozione, incidendo profondamente sulla forma di Governo in vigore nel paese (si ricordino i *Northern Ireland Acts 1998*, *2000* e *2006*). In aggiunta, **nella costituzione inglese si ravvisano principi assolutamente non modificabili** rappresentati da leggi come l'*Habeas Corpus* del 1679 e il *Bill of Rights* del 1689, o da consuetudini come il *judicial review* e la sovranità parlamentare. Ecco perché in Gran Bretagna non si parla di costituzione rigida e non esiste una Corte costituzionale: perché non si ritiene di avere bisogno di tali strumenti formali, che stanno a guardia di costituzioni frutto di processi razionali, e ciò in quanto la costituzione è un "valore" che viene continuamente sentito, praticato, rispettato. Ma è evidente che anche qui, quando si parla di maggiore rigidità in via di fatto della costituzione britannica rispetto alle altre costituzioni europee, abbandoniamo la nozione di costituzione in senso formale, e abbracciamo quella di costituzione in senso materiale. Peraltro, a seguito dell'approvazione del *Constitutional Reform Act 2005*, anche nel Regno Unito è stata istituita una Corte Suprema, mentre la *House of Lords* e, parzialmente, il *Judicial Committee of the Privy Council* sono stati spogliati della funzione giurisdizionale.

Di converso e sempre secondo la concezione materiale, le costituzioni degli **Stati socialisti**, per quanto formalmente rigide, non lo erano, stante l'egemonia del partito comunista che, attraverso i suoi rappresentanti che ricoprivano quasi tutti i seggi delle Assemblee legislative, era in grado di modificare agevolmente la costituzione, sicché le procedure aggravate, nei fatti, non fungevano per nulla da garanzia.

6.3. Costituzioni scritte e costituzioni consuetudinarie

Un'altra distinzione è quella tra **costituzioni scritte e costituzioni consuetudinarie**. Costituzioni consuetudinarie sono quelle che nascono dal ripetersi e dal consolidarsi di usi e di tradizioni che a un certo punto sono sentiti come vincolanti, e che si amalgamano e si integrano con leggi formali. Esempio tipico – e irripetibile nell'era contemporanea – di costituzione consuetudinaria è quella britannica; in precedenza invece in molti casi si poteva ravvisare una costituzione consuetudinaria, ad es., in quella dell'Impero germanico, che si fondava, soprattutto per quanto concerne i rapporti tra l'autorità imperiale e gli Stati dell'Impero, sul diritto consuetudinario. La costituzione inglese non è formata solo da consuetudini, ma anche da leggi: anche a non voler considerare la *Magna Charta*, vanno menzionati almeno il *Bill of Rights* del 1689, l'*Act of Settlement* del 1701, lo *Scotland Act* del 1706, il *Parlament Act* del 1911, lo *Statute of Westminster* del 1931, lo *Human Rights Act* del 1998, lo *Scotland Act* del 1998 (che ha istituito il Parlamento scozzese in attuazione della c.d. *devolution*), lo *House of Lords Act* del 1999. È pertanto preferibile qualificarla come costituzione *organica* o *storica* o *cumulativa*, per evidenziare il suo formarsi attraverso l'accumulo graduale di leggi, consuetudini, tradizioni, atti (cap. VII, §§ 4, 5).

Del resto, oggi, che la costituzione debba essere scritta a **salvaguardia dei contenuti e della chiarezza della costituzione** stessa sembra la cosa più ovvia di questo mondo. Ma se quest'esigenza si affermò, prima negli Stati del Nord America, e poi in Francia, e di lì in tutta Europa, lo si deve alla necessità di rompere drasticamente con il passato. Se la costituzione inglese era il frutto della storia, le costituzioni del Nuovo mondo non potevano fare propria la storia della madrepatria da cui si distaccavano: potevano sì prendere a modello istituzioni e principi, ma recependoli e integrandoli in un documento solenne, nascente dalla loro sovranità. In Francia poi la nuova costituzione significava abolizione dell'*Ancien Régime*, sicché occorreva una formale enunciazione del nuovo ordinamento (cap. IV, §§ 3, 4).

Tra l'altro, concorrevano a suggerire la forma scritta e chiara quelle stesse **esigenze di razionalità, di certezza del diritto, di eguaglianza, di conoscibilità**, che nel secolo dei lumi avevano portato all'elaborazione dei codici (di diritto privato, e poi di diritto penale e delle procedure). La costituzione scritta è garanzia delle libertà e della proprietà, è segno tangibile e positivo delle garanzie verso lo Stato e i suoi poteri, è frutto di conquista politica e, dunque, il segno di una *libertà dallo Stato*. La costituzione scritta è però anche *libertà attraverso lo Stato* e ciò grazie alle "pretese alla sicurezza" che il contratto sociale comporta.

Eppure la costituzione scritta, e quindi la possibilità di fissare in regole fisse e a lunga stabilità l'ordinamento fondamentale dello Stato, è stata oggetto di non poche critiche, e non solo dai grandi pensatori inglesi. Questi, per attaccamento alla propria **costituzione consuetudinaria**, ne rilevavano l'insopprimibile carattere storico come patrimonio ereditario (Burke), che nasce, si adegua e si rinnova con la vita stessa del popolo. Tali tesi, che nascevano dalla fiducia guadagnata sul campo dalle istituzioni inglesi, vennero riprese nel continente per svilire le finalità "eversive" delle "costituzioni" (non dimentichiamo che, nel linguaggio dei primi dell'ottocento, i "costituzionalisti", cioè coloro che volevano la costituzione, venivano assimilati ai rivoluzionari); così Joseph de Maistre, nel suo saggio su "*Precarietà della scrittura nelle costituzioni*", osservava che «ciò che vi è di più essenziale, di più intrinsecamente costituzionale e di veramente fondamentale non è mai scritto, e neppure potrebbe esserlo, senza esporre a pericolo lo Stato. La debolezza e la fragilità di una costituzione sono direttamente proporzionali proprio alla molteplicità degli articoli costituzionali scritti». E ancora, partendo dalla costituzione inglese, osservava: «Certamente essa non è stata fatta *a priori*. Non è mai accaduto che uomini di Stato si siano riuniti e abbiano detto: creiamo tre poteri, bilanciandoli in questo modo, ecc. Nessuno ha mai pensato a una cosa del genere. La costituzione è l'opera delle circostanze e il numero di queste circostanze è infinito. Le leggi romane, le leggi ecclesiastiche, le leggi feudali, i costumi sassoni, normanni e danesi; i privilegi, i pregiudizi e le pretese di tutti gli ordini sociali, le guerre, le rivolte, le rivoluzioni, la conquista, le crociate; tutte le virtù, tutti i vizi, tutte le conoscenze, tutti gli errori, tutte le passioni; tutti questi elementi, insomma, agendo insieme e formando attraverso la loro mescolanza e la loro azione reciproca combinazioni moltiplicate per miriadi di milioni, hanno prodotto infine, dopo molti secoli, l'unità più complicata e il più bell'equilibrio di forze politiche che si sia mai visto al mondo».

È questa la lettura delle costituzioni secondo la lente della **Restaurazione**, il che spiega la caduta di tono delle costituzioni in Europa in quel periodo: non rigide, o comunque considerate solo come leggi, se pur di rilievo, e destinate a essere modificate a seguito dell'evoluzione dell'ordinamento attraverso leggi e consuetudini. È evidente che, così configurata, anche se scritta, la costituzione non si caratterizza più come documento solenne e sovraordinato come invece vogliono i principi del costituzionalismo secondo cui scritta significa anche rigida e stabile (esempio paradigmatico di stabilità è ancora dato dalla costituzione USA; molto minore è stato l'esempio di stabilità dato dalle costituzioni francesi, almeno prima della III Repubblica). Il fatto poi che ci si trovi di fronte ad una costituzione scritta non vuol dire che essa sia insensibile alle evoluzioni della società: anch'essa, come le costituzioni consuetudinarie, è in continuo divenire a prescindere da revisioni formali, come dimostra la costituzione USA, che in meno di cento anni è passata da costituzione a modello liberale-classico a costituzione di uno Stato democratico tendenzialmente sociale (Bognetti).

7. Il contenuto delle costituzioni

Si fa distinzione, ancora, tra **costituzioni brevi e costituzioni lunghe**. *Brevi* sono le costituzioni che disciplinano le competenze e l'assetto degli organi di vertice dello Stato e, al più, si limitano a enunciare le libertà fondamentali che la costituzione garantisce. **Chiaro esempio di costituzione breve è la costituzione USA** comprendente soli 7 articoli (anche se divisi in numerose sezioni). Essa, tra l'altro, non conteneva previsioni in punto di libertà, poi oggetto dei primi dieci emendamenti approvati nel 1791 (c.d. *Bill of Rights*). Costituzioni brevi sono la gran parte delle costituzioni dell'800, tra cui lo statuto albertino (ma non tutte: la costituzione di Cadice aveva quasi quattrocento articoli; come era lunghissima la costituzione francese del 1795, detta del Direttorio, composta di trecentosettantasette articoli, in quanto pretendeva di disciplinare una innumerevole serie di rapporti, di diritto privato e di diritto pubblico). Successivamente, sotto la spinta del pluralismo e comunque della evoluzione delle forze sociali, le costituzioni da pura carta di equilibrio dello scontro tra Re (e nobiltà con lui) e Assemblea legislativa (e con essa la borghesia), dovettero tener conto delle nuove classi sociali emergenti e del conseguente moltiplicarsi di interessi che attraversavano le singole istituzioni (specialmente le Camere). Le costituzioni ebbero così a introdurre **regole di razionalizzazione** dei rapporti tra gli organi di vertice, a riconoscere e disciplinare i diritti sociali, a dettare norme a protezione delle autonomie, a introdurre misure a tutela delle minoranze (linguistiche, etniche), a riconoscere il ruolo istituzionale dei partiti politici, sino da ultimo a disciplinare i cc.dd. "diritti della terza generazione" (es.: all'informazione, all'ambiente, ecc.). Cosicché esse hanno finito con il perdere la struttura sintetica di *summa* di principi, per divenire complessi elaborati normativi, che talvolta sfiorano o superano i trecento articoli[8].

Aggiungasi che molte costituzioni, soprattutto degli Stati di più recente indipendenza, sono intrise di **dichiarazioni ideologiche e di programmi**, il che contribuisce alla lievitazione del testo costituzionale.

Un caso a sé è quello della Svizzera in cui l'iniziativa popolare per la modifica costituzionale è costellata di disposizioni che sono il frutto di larghe intese sociali, ma che certamente non sono consone alla stabilità e alla solennità dei testi costituzionali. Per esempio, la vecchia costituzione federale del 1874 (per effetto di successivi emendamenti) disponeva la demolizione di impianti e costruzioni realizzati dopo il giugno 1983 nella zona palustre protetta della valle di Rothenturm e prevedeva la scuola federale di ginnastica e sport. Anche la vigente costituzione

---

[8] Si vedano ad esempio la costituzione indiana, la costituzione portoghese, la costituzione jugoslava del 1974, la costituzione turca, composta di centosettantasette articoli ma lunghissimi, costituzione del Kenia del 1964 di duecentoquarantasette sezioni per oltre trecento pagine, la costituzione del Sud Africa del 1996 composta di duecentoquarantatre articoli e sette allegati.

(del 1999) contiene disposizioni di tono non costituzionale: es. le norme sulle tasse sui veicoli a motore e sul traffico pesante, sui giochi d'azzardo, sull'imposta sul valore aggiunto.

Pur convenendo con chi sostiene che la costituzione breve è una garanzia per i cittadini che sono più facilmente in grado di comprenderla (Denninger) e di portarla facilmente con sé (come voleva Paine), è invece da contestare che così sia più chiara, perché la disposizione sintetica si presta di più al lavorio interpretativo. Si deve peraltro convenire che costituzioni brevi, come quella USA, non sono più concepibili nelle attuali società pluralistiche e diversificate. È stato detto che le costituzioni brevi hanno soprattutto lo scopo di limitare il potere, mentre quelle lunghe conformano e indirizzano il potere. Questa osservazione però non tiene conto che nella società pluralista la limitazione del potere ha necessità di tutta una serie di razionalizzazioni e di regole procedurali, nonché di obiettivi sostanziali (che tendono all'eguaglianza sostanziale), il che porta all'allungamento delle costituzioni.

Cosa diversa è la c.d. **piccola costituzione** (come in Polonia nel 1919, 1947 e 1992), termine con cui si definisce una costituzione che regola i rapporti fondamentali tra i poteri dello Stato e che anticipa la costituzione vera e propria.

7.1. I diritti fondamentali: categorie e garanzie. Cenni

Nella ricostruzione della nozione di costituzione, come del resto era già presente nella Dichiarazione dei diritti dell'uomo e del cittadino (v. art. 16), assumono un ruolo centrale il riconoscimento e la tutela dei diritti fondamentali. A questo tema è dedicato l'intero Capitolo V, tuttavia è opportuno in questa sede farvi qualche cenno.

Nella concezione di fondo del costituzionalismo, segnatamente di quello americano, i diritti vengono prima della costituzione, costituiscono un patrimonio soggettivo proprio e inalienabile dei cittadini e anzi da tali diritti nasce l'atto di delega ai rappresentanti, titolari del potere legislativo (la legge cioè nasce dai diritti. E infatti le costituzioni – di solito – non stabiliscono i diritti bensì li riconoscono, v. ad es. l'art. 2 cost. it.). Tra i diritti oggetto di garanzie costituzionali vi sono:

I) **i diritti tradizionali**, cioè le cc.dd. libertà negative (o libertà da), che si esplicano di per sé, in virtù dell'assenza di imposizioni, limitazioni o divieti da parte dello Stato; imposizioni che, ove vi siano, sono tendenzialmente eccezionali, devono avere caratteristiche generali ed astratte, essere previste da leggi (riserva di legge), e nei casi in cui sono più intense, devono essere applicate dall'autorità giudiziaria (riserva di giurisdizione)[9]. Talune costituzioni – come

---

[9] Si ricomprendono tra le libertà negative, oltre alla libertà personale, le libertà di religione, di

la nostra – definiscono tali diritti "**inviolabili**" [10]. Non è tuttavia agevole stabilire il contenuto dei diritti fondamentali che è da considerarsi essenziale e perciò intangibile sia da parte dell'amministrazione, che dello stesso legislatore. Operazione questa che è rimessa alla giurisprudenza la quale valuta caso per caso;

II) **le libertà positive** (o libertà di) che comprendono l'insieme di quei valori diretti a garantire l'autonomia individuale nella vita di relazione, cioè lo svolgimento della personalità nei rapporti politici e in quelli economico-sociali. Sono tali: a) le libertà garantite ai singoli come diritti politici o diritti pubblici (libertà di voto, libertà di associazione politica, diritto di asilo, ecc.); b) i diritti sociali o meglio i diritti a prestazioni dello Stato (al lavoro, all'istruzione, alla previdenza, all'assistenza sanitaria, ecc.) [11]. L'attuazione di tali diritti richiede un intervento positivo sia del legislatore che dell'amministrazione. Si tratta cioè di diritti condizionati alla presenza di adeguate risorse pubbliche: la loro affermazione peraltro incide sulla stessa distribuzione delle risorse e, in definitiva, sulla discrezionalità del legislatore.

Per taluni costituiscono un'autonoma categoria di diritti fondamentali anche:

III) **i diritti cc.dd. della terza generazione**, o diritti nuovi: all'ambiente, all'informazione, alla tutela della *privacy*, all'obiezione di coscienza, alla protezione dei consumatori, alla tutela da manipolazioni genetiche, alla partecipazione alle decisioni amministrative, o altri diritti che i nuovi costumi e il progresso incessante della scienza e della tecnica proiettano sulla scena della vita (basti pensare a tutti i diritti connessi alla biogenetica o al c.d. *right to die*). Diritti questi che in occidente si sono affermati per lo più in via giurisprudenziale, ma che, peraltro, sono elencati nelle costituzioni dell'Est Europa, anche se in definitiva possono essere ricondotti ai tradizionali diritti dell'uomo.

La già ricordata Carta dei diritti fondamentali dell'Unione Europea riconosce e afferma la tutela di una serie di diritti fondamentali raggruppati attorno a valori o principi fondamentali quali dignità, uguaglianza, solidarietà, ecc. Come già rilevato, la Carta ha assunto valore direttamente precettivo solo a partire dal dicembre del 2009, tuttavia già in precedenza veniva considerata come ricognitiva e rafforzativa dei diritti fondamentali già riconosciuti nei distinti ordinamenti degli Stati dell'Unione Europea.

---

manifestazione del pensiero, di stampa, di sicurezza, di proprietà. Sono i diritti del *Bill of Rights* della costituzione federale americana che ha largamente influenzato il costituzionalismo classico.

[10] L'inviolabilità ha un duplice profilo: a) sono diritti di fronte ai quali si arresta la possibilità di svuotamento o di eliminazione da parte di tutti i poteri pubblici costituiti, compreso il potere di revisione costituzionale (inviolabilità "negativa"); b) sono diritti che, se pure soggetti a bilanciamento e a commisurazione con altri beni costituzionalmente protetti, hanno un'immediata efficacia *erga omnes* ed esigono un'attuazione diretta nei rapporti della vita associata, sicché anche nella interpretazione si deve tener presente la loro posizione privilegiata (inviolabilità "positiva").

[11] I diritti sociali sono quelli affermati con vigore dalla costituzione di Weimar del 1919, e da questa passati nelle costituzioni del secondo dopoguerra (Italia, Germania Federale, Spagna).

Nella varietà delle loro espressioni (libertà negative, diritti politici, diritti sociali) i diritti fondamentali sono gli elementi costitutivi del quadro costituzionale e rappresentano le categorie *a priori* della democrazia pluralistica. Il riconoscimento e la tutela dei diritti dell'uomo stanno alla base delle costituzioni democratiche moderne. Senza di essi, infatti, la democrazia non solo non può funzionare, ma non può neppure essere concepita [12].

Si deve però tener presente che l'elencazione nelle Carte è solo un primo passo. Ciò che più conta sono le **garanzie di tutela ed effettività di tali diritti**.

Va anzitutto ricordato che sotto questo profilo le moderne costituzioni si distaccano notevolmente dalle costituzioni ottocentesche. In quest'ultime le garanzie dei diritti dell'uomo erano riassunte nella formula dello "Stato di diritto". Si tratta di una formula che essenzialmente consisteva in cinque principi: a) lo Stato deve limitarsi a garantire i cittadini da abusi e torti, che prevarichino le libertà individuali; b) tuttavia le libertà individuali non possono essere illimitate e senza freni (ché, nel caso, danneggerebbero le libertà degli altri); c) i limiti alle libertà individuali possono essere posti soltanto attraverso la legge o in base ad essa (principio di legalità); d) i poteri pubblici devono essere tra loro divisi, in modo che tra legislativo, esecutivo e giudiziario vi siano reciproca indipendenza e reciproche forme di controllo e di bilanciamento, secondo le regole della divisione dei poteri; e) il rispetto del principio di legalità viene garantito attraverso la possibilità dei singoli di ricorrere a giudici indipendenti (garanzia giurisdizionale dei diritti).

Lo Stato delle democrazie pluralistiche è, invece, uno "Stato costituzionale" (Häberle). In esso i principi del costituzionalismo tradizionale permangono nella loro sostanza, ma sono sottoposti a tutta una serie di "rafforzamenti".

In primo luogo i **diritti fondamentali** possono essere limitati dalla legge (principio della riserva di legge), ma quest'ultima non può disporre limiti che non siano espressamente previsti nella costituzione o che non possano ricavarsi dalle norme costituzionali a seguito di un "bilanciamento" di quei diritti con valori costituzionali equiordinati [13].

---

[12] Quest'affermazione non è soltanto la conseguenza di precise analisi empiriche ma anche di un puntuale riscontro logico. Dire che i diritti fondamentali sono le istituzioni strategiche della democrazia pluralistica non ha altro significato che riformulare, in termini di libertà, il principio del primato sullo Stato della persona umana considerata nella sua universalità di valore (Baldassarre). Tanto più che il riconoscimento dei diritti dell'uomo si proietta sul piano internazionale e contribuisce a una democratizzazione del sistema internazionale, e dunque pone le condizioni per la risoluzione dei conflitti e il perseguimento degli obiettivi di pace (Bobbio).

[13] La pluralità dei diritti fondamentali determina di necessità un rapporto di reciproco condizionamento tra i diritti stessi. Per cui il loro contenuto e i loro limiti vengono determinati tout court dal quadro complessivo e coordinato di tutti i diritti che si intersecano. Tale determinazione avviene attraverso il bilanciamento o la ponderazione, determinazione che si affida ai criteri della ragionevolezza, della proporzionalità, dell'adeguatezza del fine (ad es., non è ammessa una legge che restringa un diritto fondamentale più di quanto sia necessario per la tutela di beni giu-

In secondo luogo, la **divisione dei poteri** – divisione che riconosceva la sua unità nel principio della sovranità della legge – si trasforma nella ripartizione della sovranità fra una pluralità di poteri tra loro indipendenti, o autonomi, che riconoscono la loro unità nel principio della sovranità della costituzione e la loro garanzia nel controllo (anche attraverso i canoni della ragionevolezza) della Corte costituzionale.

In terzo luogo, nello "Stato costituzionale" viene instaurata una **giurisdizione** costituzionale dei diritti fondamentali, nel senso che tanto l'attività legislativa di limitazione dei diritti, quanto l'applicazione di tali limiti ad opera dei giudici, dovendo essere conformi alla costituzione, sono sottoposte alla possibile verifica di un giudizio di legittimità costituzionale, il quale, rispetto ai diritti fondamentali, rappresenta la garanzia più pregnante e definitiva (Baldassarre).

La differenza tra lo Stato parlamentare (legale) di diritto e lo Stato costituzionale di diritto ha grande rilievo dal punto di vista delle garanzie dei diritti fondamentali. Lo "Stato di diritto" ottocentesco era un concetto prevalentemente formale, nel senso che la garanzia delle libertà individuali riposava sull'esigenza che per limitarle si dovessero seguire determinate procedure. Nell'ordinamento inglese, addirittura, era fermo il principio per cui le libertà civili non nascevano dalla legge o dalla costituzione, ma dall'assenza di divieti in specifiche disposizioni di legge (mentre negli Stati Uniti, come si è rilevato, i diritti precedevano le stesse costituzioni: in ciò è evidente la teoria del diritto naturale).

Le libertà potevano così essere sempre limitate purché si seguisse una determinata procedura, in virtù della sovranità del Parlamento. Di qui la definizione di quella formula come Stato di diritto "formale" (Benda) o anche procedurale (Luhmann). Al contrario, lo Stato costituzionale di diritto è essenzialmente un concetto che si commisura alla tutela di valori materiali, come le libertà fondamentali e i principi democratici, che sono ritenuti supremi e, quindi, tali da informare di sé, del loro senso normativo, l'intero sistema. Si parla perciò di Stato di diritto "materiale" (Benda), volendo indicare il suo fondamento e la sua ragion d'essere nell'attuazione dei valori costituzionali (Baldassarre).

Da quanto detto, emerge altresì il ruolo primario, nella garanzia dei diritti, svolto dalla interpretazione giurisprudenziale. Si pensi ad es. al poderoso sviluppo che hanno avuto le garanzie sulle libertà fondamentali in USA sotto la spinta della Corte Suprema[14] e alla concreta affermazione dei vari diritti garan-

---

ridici di rango superiore o paritario, oppure nelle situazioni di emergenza sono consentite limitazioni più intense di quelle ammissibili nei periodi normali).

[14] È sufficiente ricordare l'evoluzione in tema di uguaglianza razziale, di aborto, di libertà di stampa, di tutela della riservatezza e di accesso alla giustizia. L'effettivo riconoscimento, seppur parziale e talvolta lacunoso, di tali garanzie da parte della suprema corte statunitense non si è interrotto neppure a seguito della recente normativa antiterrorismo, come evidenziano le sentenze del 2004, 2006 e 2008 in materia di riconoscimento del diritto di *habeas corpus* ai prigionieri di quella che veniva chiamata "guerra al terrorismo".

titi dalla nostra costituzione, sulla base del "bilanciamento" con gli altri diritti operato dalla Corte costituzionale [15].

Infine, non possiamo non ricordare che, soprattutto per quanto concerne i "diritti sociali" (ma anche le libertà fondamentali: si pensi alle garanzie in tema di libertà personale laddove, ad es. nelle organizzazioni carcerarie o in quelle ospedaliere, manchino i più elementari requisiti a tutela della dignità), è indispensabile un corretto funzionamento **dell'amministrazione** e della **giurisdizione**.

Infatti, l'affermazione dei diritti dell'uomo è soprattutto espressione di un ideale, per quanto vincolante il diritto positivo, ma l'effettività di tali diritti postula la collaborazione e l'efficienza di tutto lo Stato-comunità.

Sicché il vero problema delle libertà, del loro contenuto, del loro spiegarsi è un problema che passa sia attraverso la funzione giurisdizionale, per il ruolo interpretativo dei giudici e per la prontezza di risposta alle controversie («giustizia lenta non è giustizia»: Calamandrei), sia attraverso la funzione amministrativa, in quanto i diritti all'assistenza, alla scuola, all'ambiente, ecc. devono essere garantiti soprattutto per il tramite dell'attività delle amministrazioni pubbliche.

8. Preamboli e norme programmatiche delle costituzioni

Di norma, le costituzioni contengono, prima delle disposizioni vere e proprie, dei "**preamboli**", in cui **si esprimono gli obiettivi della costituzione, i programmi, le ideologie** caratterizzanti la costituzione.

8.1. Preamboli

Esempi di tali preamboli sono nella **costituzione USA**, laddove richiama la derivazione popolare della costituzione («Noi, popolo degli Stati Uniti ... decretiamo e stabiliamo questa costituzione degli Stati Uniti d'America»); in quella di Weimar, che richiama la «volontà del popolo tedesco» e si appella alle finalità di pace, di giustizia, di libertà; nella costituzione polacca del 1997, che richiama la riconquista della libertà avvenuta nel 1989, ringrazia gli avi per la lotta per l'indipendenza e per la cultura radicata nel retaggio cristiano della nazione e i compatrioti sparsi per il mondo. Molto articolati sono i preamboli delle costituzioni francesi della IV e della V Repubblica, della costituzione giapponese (che contiene un riconoscimento delle colpe del passato regime e richiama

---

[15] Così, con riferimento al diritto di proprietà e al diritto di impresa, la Corte costituzionale ha ravvisato l'esistenza di un contenuto minimo e intangibile di tali diritti. D'altra parte i rapporti di complementarietà che corrono tra i vari diritti garantiti in costituzione e l'unità di fondo degli obiettivi costituzionali impongono una interpretazione sistematica della costituzione.

giusnaturalisticamente le leggi universali della moralità pubblica), della costituzione portoghese (che richiama la caduta del regime fascista e la liberazione dal colonialismo). Più precisamente i preamboli sono soliti riferirsi a dati trascendenti (richiamando così le divinità: v. cost. Germania, Svizzera, Grecia), cui si aggiungono i presupposti politici, storici, ideologici che hanno informato la attività costituente. Talvolta sono lunghissimi: il preambolo della costituzione dell'Iran è di oltre 14 pagine, in quanto da un lato espone la storia della rivoluzione islamica, dall'altro contiene una sorta di illustrazione dei principi fondamentali della nuova costituzione.

Il preambolo – come è stato detto (Smend) – **proclama il nuovo *ethos* statale, i fini ultimi della costituzione**, e perciò si esprime in forma solenne.

Vi sono dei preamboli che giungono a stabilire, per quanto in estrema sintesi, taluni principi costituzionali e politici: ad es. nella costituzione del Portogallo il preambolo richiama lo Stato di diritto e la garanzia dei diritti fondamentali. Sicché possono essere definiti dei concentrati della costituzione. Talvolta addirittura i preamboli rielaborano e sintetizzano precedenti "dichiarazioni": così i preamboli delle costituzioni sovietiche del 1918 e del 1922 costituiscono il riassunto della "Dichiarazione dei diritti del popolo lavoratore e sfruttato" e della "Dichiarazione dei diritti dei popoli della Russia". Ma in ogni caso, anche ove assumano tale contenuto, **è da escludere che i preamboli esprimano** norme precettive, ovverosia comandi puntuali e immediatamente eseguibili. Al più esprimono principi attivabili in chiave interpretativa, come espressione della decisione politica fondamentale (Schmitt). Concorrono cioè a "rivelare" la costituzione materiale e dunque sono utilizzabili per interpretare le disposizioni della costituzione. La stessa Corte Suprema USA vi ha fatto talvolta ricorso: v. *Goldberg* v. *Kelly*, 397 U.S. 254 (1970).

8.2. Disposizioni programmatiche

I preamboli hanno punti di contatto con le disposizioni programmatiche. Le norme delle costituzioni sono infatti distinguibili tra **precettive e programmatiche**: le prime hanno un contenuto concreto e puntuale, immediatamente applicabile senza necessità di alcuna interposizione legislativa (es. art. 21, c. 2, cost. Italia: «la stampa non può essere soggetta ad autorizzazione o censure», disposizione questa che determina la incostituzionalità di qualunque misura contraria, e che di per sé rende la stampa libera da condizionamenti di tal tipo). Le norme programmatiche (c.d. *State goals*) si limitano per contro a porre obiettivi che devono essere sviluppati dal legislatore e in genere dalle istituzioni: es. nella nostra costituzione «la Repubblica riconosce a tutti i cittadini il diritto al lavoro e promuove le condizioni che rendono effettivo questo diritto» (art. 4), oppure «la Repubblica incoraggia e tutela il risparmio» (art. 47).

Questa distinzione è quanto mai chiara nella **costituzione spagnola**, che dedica un espresso capitolo (cap. III della Parte II) ai «principi informatori della politica sociale ed economica» (ad es. tutti gli spagnoli hanno diritto di fruire di un'abitazione degna e adeguata: art. 47).

Tuttavia il fatto che questa categoria di norme necessiti di svolgimento, non vuol dire che non abbiano alcuna efficacia. L'inclusione nel testo costituzionale ne determina un'efficacia cogente verso legislatori, amministratori, giudici, anche se la precettività non opera direttamente ma in via di riflesso (sempre però cogente) sui soggetti che si vengono a trovare in rapporti con tali norme. Si deve cioè escludere che le norme programmatiche abbiano una funzione meramente dichiarativa ed esortativa come certi articoli delle costituzioni della Rivoluzione francese (in cui si esortavano i cittadini a essere buoni figli, buoni fidanzati, buoni sposi). Se si tiene conto della notevole portata che ha assunto il sindacato di ragionevolezza, si può comprendere come, per questa via, si giunga sia a frenare, sia a orientare il legislatore che non tenga nel debito conto i diritti sociali.

Per chiarire. È vero che i diritti sociali (previsti appunto dalle norme programmatiche) sono definiti condizionati, in quanto presuppongono, per il loro effettivo godimento, la sussistenza di strutture organizzatorie indispensabili all'erogazione delle prestazioni garantite, o al compimento delle condotte di cui consta il contenuto del diritto considerato (diritto al lavoro, diritto all'istruzione, ecc.). Sicché il come e il quando assicurare in concreto quei diritti è rimesso alla discrezionalità del legislatore. Tuttavia la giurisprudenza (in specie del Tribunale costituzionale federale tedesco) ha messo in luce che **la garanzia concreta dei diritti sociali è posta non solo"sotto la riserva del possibile" o del "ragionevole"**, ma anche sotto "la pretesa del reale" (*Anspruch des Wirklichen*). Ciò significa che le Corti costituzionali possono sindacare l'attività legislativa ove, nel determinare il *quomodo* e il *quando* della garanzia dei diritti sociali, il legislatore non abbia usato la dovuta ragionevolezza nel ponderare l'attuazione dei diritti stessi all'interno del bilanciamento con gli altri interessi primari garantiti dalla costituzione e con le imprescindibili esigenze del bilancio. Infatti lo Stato costituzionale deve fare sì che i diritti possano essere goduti *effettivamente* da tutti e non soltanto da pochi privilegiati.

In secondo luogo le norme cc.dd. programmatiche, in quanto caratterizzate da un contenuto elastico e da cc.dd. "**clausole valvola**", quali ad es. solidarietà, partecipazione, fini sociali, sono il veicolo principale (anche se non unico) della interpretazione evolutiva della costituzione. E comunque la legislazione contrastante con le norme programmatiche è da ritenersi incostituzionale (ad es. una normativa che scoraggiasse il risparmio). In tal senso ebbe a pronunciarsi – dopo che la Corte di cassazione aveva sostenuto che le norme programmatiche avevano una funzione puramente esortativa – la prima sentenza della Corte costituzionale italiana (n. 1/1956). Questo principio tracciato dalla nostra Corte è positivizzato nell'art. 53, c. 3 cost. Spagna, secondo cui i princìpi informatori della politica sociale ed economica (cioè i princìpi programmatici), informano la legislazione positiva, la funzione giudiziaria e l'azione dei pubblici poteri.

9. Ulteriori definizioni di costituzione

Si distingue tra costituzioni contenute in un **unico testo**, salvi i successivi emendamenti, definite perciò **costituzioni documentali o costituzioni unitestuali** (e tale è appunto la stragrande maggioranza delle costituzioni) e le costituzioni rappresentate da **più testi**, cc.dd. **costituzioni pluritestuali**.

9.1. Costituzioni pluritestuali, costituzioni provvisorie, costituzioni instabili

Un esempio di *costituzione pluritestuale* è dato dall'ordinamento costituzionale della **III Repubblica francese**, ove la costituzione era rappresentata da tre leggi distinte del 1875, relative una all'organizzazione dei poteri pubblici, una all'organizzazione del Senato, la terza ai rapporti tra i poteri pubblici. Un'altra è la costituzione del **Canada** che si compone sia della legge costituzionale sul Canada del 1982, sia delle varie leggi indicate in allegato alla stessa legge (v. art. 52, c. 2) tra cui il *British North America Act* del 1867, lo *Statute of Westminster*, e numerose leggi e documenti relativi alle varie Province. Sono, inoltre, pluritestuali le costituzioni di Israele e Nuova Zelanda. Era pluritestuale anche la costituzione della Finlandia del 1919 (ora sostituita nel 1999 da una nuova costituzione). In taluni ordinamenti, alla costituzione scritta, si accompagnano una molteplicità di leggi costituzionali, di tale intensità da far parlare di *costituzione frammentata*: tali sono i casi della Svezia, e soprattutto dell'Austria, che è caratterizzata da numerose leggi costituzionali, nonché da trattati internazionali di livello costituzionale.

Possono poi esservi in via eccezionale, **costituzioni provvisorie**. In genere ciò avviene in vista di una costituzione più approfondita e completa per la quale – per ragioni di vario genere – i tempi non sono maturi: tale era la costituzione del Sud Africa (1993), ove, pur nella necessità di dotarsi di una nuova costituzione che ponesse fine alle disuguaglianze razziali, si era convenuto che la costituzione definitiva (1996) dovesse essere approvata dalla Camera prevista dalla costituzione (provvisoria). Altro esempio di costituzione provvisoria è quello della Repubblica democratica del Congo, adottata il 1° aprile 2003 e rimasta in vigore per circa tre anni, fino al 18 febbraio 2006. Provvisorio era qualificato il *programma comune* (ma vero e proprio testo costituzionale) approvato dalla Conferenza politica consultiva del popolo cinese nel 1949: ciò in quanto non approvato da una Assemblea costituente che, nella difficile situazione dell'epoca, non era convocabile. Come pure erano provvisorie le varie costituzioni che si succedettero in Austria dalla istituzione della Repubblica (30 ottobre 1918) alla costituzione del 1° ottobre 1920. È stato, altresì, definito costituzione provvisoria il d.lgt. 25 giugno 1944, n. 151 con cui il Governo italiano stabilì i presupposti e le procedure per un nuovo assetto costituzionale. Provvisoria è la nuova carta costituzionale nepalese, entrata in vigore il 15 gennaio 2007, e provvisoria era la mini-costituzione *ad interim* thailandese (39 articoli), adottata il 1° ottobre 2006 a seguito del colpo di Stato del 19 settembre dello stesso anno e rimasta in vigore fino all'agosto del 2007 quando, con un controverso referendum, è stata approvata la nuova costituzione permanente della Thailandia. Provvisorio era senza dubbio il *Constitutional Framework* del Kosovo, adottato dall'amministrazione ONU (UNMIK) nel 2001 quale testo giuridico fondamentale di riferimento per le nascenti istituzioni kosovare e poi sostituito dalla nuova costituzione entrata in vigore il 15 giugno 2008.

Talvolta – ma la terminologia è specificatamente politologica – si parla di *costituzioni instabili* laddove, soprattutto nei paesi di recente indipendenza o di incerta democrazia, lo scontro politico è sempre forte e ciò determina continue modifiche costituzionali, anche attraverso procedure non legali.

9.2. Costituzione vivente, costituzione in senso sostanziale, costituzione bilancio, costituzione programma

Come si è visto in precedenza (*supra*, § 4.1), con il termine **costituzione formale** si intende il complesso delle disposizioni della costituzione e delle leggi di revisione costituzionale. La nozione di costituzione formale viene impiegata soprattutto in contrapposizione con la nozione di costituzione materiale, per esprimere il puro dato formale della costituzione. Da avvertire che talvolta per costituzione materiale si intende la costituzione così come interpretata dalla giurisprudenza prevalente (*in primis* dalla Corte costituzionale) e come integrata dalle consuetudini. Poiché, come si è visto, la costituzione materiale significa invece altra cosa (il principio ordinante delle costituzioni che si traduce in criteri interpretativi e nell'identificazione dei superprincipi), tale ricordata concezione (di costituzione materiale) è invece da ricomprendere sotto la dizione di **costituzione vivente**: la costituzione cioè nel suo spiegarsi interpretativo, nel suo divenire incessante sotto la spinta delle consuetudini, delle sentenze della Corte costituzionale, ma sempre partendo dalla costituzione formale e scritta, se pur "rivestita" dal complesso lavoro interpretativo.

Diversa, invece, la nozione – da taluni elaborata (Lavagna) – di **costituzione in senso sostanziale**: essa comprende tutto il complesso delle norme concernenti la materia costituzionale secondo la tradizione, qualunque sia la fonte di tale materia (cioè la materia costituzionale *ex* art. 72, c. 4, secondo la tesi prevalente: v. *supra*, § 7), e dunque abbraccia, oltre che la costituzione, le leggi costituzionali, le consuetudini costituzionali, anche le leggi ordinarie attinenti ad es. alle fonti, alla cittadinanza, al sistema elettorale, ai rapporti con le confessioni religiose, alla stampa e alla radiotelevisione, alla disciplina dei partiti, i regolamenti parlamentari.

Sotto l'angolazione prevalentemente politica si suole distinguere tra **costituzioni bilancio e costituzioni programma**. Le prime sono quelle che rispecchiano e canonizzano la situazione preesistente, conservano cioè, e al più razionalizzano, l'ordinamento esistente e stabilizzato. Le seconde sono invece quelle che si propongono numerose e radicali trasformazioni e dunque sono costellate di norme programmatiche (la costituzione italiana è in parte tale e in parte però, laddove conclama principi tradizionali, come quelli sulla famiglia, sui rapporti tra Stato e Chiesa, su taluni diritti di libertà, può essere definita costituzione-bilancio).

Riferimenti bibliografici

In generale sull'argomento cfr. C. MORTATI, voce *Costituzione (Dottrine generali)*, in *Enc. dir.*, XI, Giuffrè, Milano, 1962 cit. in bibl. cap. I; V. CRISAFULLI, voce *Costituzione*, in *Enc. Novecento*, I, Istituto dell'Enciclopedia, 1970; F. MODUGNO, *Il concetto di costituzione*, in *Aspetti e tendenze del diritto costituzionale, Scritti in onore di C. Mortati*, I, Giuffrè, Milano 1977; dello stesso Autore v. anche la voce *Costituzione (Teoria generale)*, in *Enc. giur.*, XI, 1989; S. BARTOLE, voce *Costituzione (Dottrine generali e diritto costituzionale)*, in *Dig. pubbl.*, IV, 1989; M. BARBERIS, *Progetto per la voce "Costituzione" di una enciclopedia*, in *Fil. pol.*, 1991, 351-369; A. BARBERA (ed.), *Le basi filosofiche del costituzionalismo*, Laterza, Bari 1997; ID., *Costituzione della Repubblica italiana*, in *Annali Enc. dir.*, 2015.

Sui problemi storici, politici e giuridici della costituzione, P. BARILE, M. FIORAVANTI, voce *Costituzioni*, in *Enc. scienze sociali*, II, Treccani, Roma, 1992; M. FIORAVANTI, *Costituzione*, il Mulino, Bologna, 1999; R. NANIA, *Il valore della Costituzione*, Giuffrè, Milano, 1986; M. DOGLIANI, *Introduzione alla costituzione*, il Mulino, Bologna, 1994.

Nella dottrina tedesca, si veda G. JELLINEK, *Gesetz und Verordnung*, Mohr, Freiburg 1887, trad. it. *Legge e decreto*, Giuffrè, Milano, 1997; P. LABAND, *Das Staatsrecht des deutschen Reichs*, 5ª ed., Laup, Tübingen-Leipzig, 1911-14, trad. it. *Diritto pubblico dell'impero germanico*, Einaudi, Torino, 1914; H. KELSEN, *Allgemeine Staatslehre*, Dunkel & Humblot, Berlin, 1925, trad. it., *Teoria generale del diritto e dello Stato*, 3ª ed., Edizioni Comunità, Milano, 1954; C. SCHMITT, *Verfassungslehre*, Dunkel & Humblot, Berlin, 1928, trad. it. *Dottrina della costituzione*, Giuffrè, Milano, 1984; R. SMEND, *Verfassung und Verfassungsrecht* (1928), trad. it. *Costituzione e diritto costituzionale*, Giuffrè, Milano, 1988 con introduzione di G. ZAGREBELSKY; K. HESSE, *Die normative Kraft der Verfassung*, Mohr Siebeck, Tübingen, 1959, trad. it. *La forza normativa della Costi-*

tuzione, Herrenhaus, Seregno, 2008; E. BENDA, *Der Soziale Rechtsstaat*, in E. BENDA, W. MAIRHOFER, H.J. VOGEL (eds.), *Handbuch des Verfassungsrechts der Bundesrepublik Deutchland*, cit. in bibl. gen.

Nella dottrina britannica, V. DICEY, *Introduction to the Study of the Law of the Constitution*, 8ª ed., McMillan & c., London, 1915; I. JENNINGS, *The Law and the Constitution*, University of London Press, London, 1952.

Nella dottrina francese, v. R. CARRÈ DE MALBERG, *Contribution à la Théorie générale de l'État*, Sirey, Paris, 1922; M. HAURIOU, *Précis de droit constitutionnel*, Sirey, Paris, 1929; B. MIRKINE-GUETZEVITCH, *Le nouvelles tendances du droit constitutionnel*, Paris, 1936, trad. it. *Le nuove tendenze del diritto costituzionale*, in *Comparazioni teoriche e razionalizzazioni costituzionali*, Pensa, San Cesario di Lecce, 2009; G. BURDEAU, *Une survivance: la notion de Constitution*, in *Études Mestre*, Sirey, Paris, 1956.

Per la dottrina americana, CORWIN e LUTZ citati più avanti; *Dottrina pura e teoria della Costituzione in Kelsen*, nonché G. BOGNETTI, *Lo spirito del costituzionalismo americano*, Giappichelli, Torino, I, 1998 e 2ª ed., 2000.

Per il quadro comparatistico, K.C. WHEARE, *Modern Constitutions*, Oxford U.P., London, 1966.

Sulla costituzione come norma fondamentale in senso logico giuridico, H. KELSEN, *Allgemeine Staatslehre*, cit.; ID., *La dottrina pura del diritto*, cit. in bibl. cap. I. (su cui v. A. GIOVANNELLI, *Dottrina pura e teoria della costituzione in Kelsen*, Giuffrè, Milano, 1979).

Sulla costituzione come norma fondamentale, sotto il profilo giuridico positivo, C. MORTATI, voce *Costituzione* cit. in bibl. cap. I; A. ROSS, *Theorie der Rechtsquellen*, Wien, 1929; K. ENGISCH, *Die Einheit der Rechtsordnung*, Winter, Heidelberg, 1935.

Sulla costituzione come organizzazione politica, come esistenza concreta della coesione sociale e dell'ordine politico, C. SCHMITT, *Verfassungslehre*, cit.; S. ROMANO, *L'ordinamento giuridico*, cit. in bibl. cap. I.

Per un'elencazione delle varie accezioni del termine costituzione, v. G. JELLINEK, *La dottrina generale del diritto dello Stato*, Giuffrè, Milano, 1949, con introduzione di V.E. ORLANDO; P. PIOVANI, *Giusnaturalismo ed etica moderna*, Laterza, Bari, 1961.

Sull'affermarsi della nozione di legge fondamentale o di legge superiore nel tardo Medioevo e nel Rinascimento, v. M. CAPPELLETTI, *Il controllo giudiziario di costituzionalità nel diritto comparato*, Giuffrè, Milano, 1973; C.H. MCILWAIN, *Constitutionalism: Ancient and Modern*, Cornell U.P., New York, 1947, trad. it. *Costituzionalismo antico e moderno*, Neri Pozza, Vicenza-Venezia, 1956; F.D. WORMUTH, *The Origin of Modern Constitutionalism*, Harper Bros, New York, 1949; G.L. MOSSE, *The Struggle Sovereignity in England*, Michigan U.P., East Lansing, 1950; J.M. GOUGH, *Fundamental Law in English Constitutional History*, Clarendon Press, Oxford, 1955; D.S. LUTZ, *The Origin of American Constitutionalism*, Louisiana State U.P., Baton Rouge, 1988; E.S. CORWIN, *The «Higher Law» Background of American Constitutional law*, in *Harv. L. R.*, 1928, trad. it. *L'idea di "legge superiore" e il diritto costituzionale americano*, Neri Pozza, Vicenza-Venezia, 1947; N. MATTEUCCI, *Organizzazione del potere e libertà. Storia del costituzionalismo moderno*, Utet, Torino, 1976; ID., *La rivoluzione americana: una rivoluzione costituzionale*, il Mulino, Bologna, 1987.

Sulla storia costituzionale inglese, F.W. MAITLAND, *The Constitutional History of England*, Cambridge U.P., Cambridge, 1961; M.J.G. VILE, *Constitutionalism and the Separation of Powers*, Clarendon Press, Oxford, 1967; G.G. FLORIDA, *La costituzione dei moderni, dal medioevo inglese al 1791*, I, Giappichelli, Torino, 1991. Sui testi fondamentali attorno a cui si è formata la costituzione inglese, W. STUBBS, *Selected Studies and other Illustrations of the English Constitutional History*, Oxford U.P., Oxford, 1905.

Sulla dottrina elaborata dai Parlamenti francesi del primato delle leggi fondamentali del reame (c.d. dottrina della "heurese impuissance"), v. A. LEMAIRE, *Les lois fondamentales de la monarchie française*, Thorin, Paris, 1907; M. DUVERGER, *Droit constitutionnel et institutions politiques*, 18ª ed., Puf, Paris, 1990.

Sulla nozione di costituzionalismo, il suo sorgere e i suoi cicli., oltre agli studi già citati ad es. M.J.C. VILE, *Constitutionalism and the Separation of Powers* poco sopra cit. e G. REBUFFA, *Costituzioni e costituzionalismi* cit., si veda N. MATTEUCCI, *Costituzionalismo*, in N. BOBBIO, N. MATTEUCCI, G. PASQUINO (eds.), *Dizionario di Politica*, Utet, Torino, 1983, ora in N. MATTEUCCI, *Lo Stato moderno: lessico e percorsi*, il Mulino, Bologna, 1992; L. COMPAGNA, *Gli opposti sentieri del costituzionalismo*, il Mulino, Bologna 1998.

Sulle vicende (e sull'attualità) della nozione di costituzione sia come norma superiore, sia come espressione di ordine costituzionale, v. N. LUHMANN, *Politische Verfassungen im Kontext des Gesellschaftssystems*, in *Der Staat*, n. 12, 1973.

Sulla nozione di costituzione nel secolo scorso, v. M. FIORAVANTI, *Giuristi e costituzione politica nell'ottocento tedesco*, Giuffrè, Milano, 1979; M. BARBERIS, *Rivoluzione, Costituzione, Progresso*, il Mulino, Bologna, 1988.

Sul tempo delle codificazioni costituzionali, v. P. BISCARETTI DI RUFFIA, voce *Costituzionalismo*, in *Enc. dir.*, XI, 1962; F. VENTURI, *Settecento riformatore*, IV, *La caduta dell'antico regime (1776-1789)*, Einaudi, Torino, 1984.

Sulle costituzioni italiane e per un *excursus* sulla nozione di costituzione nei pensatori (con particolare riguardo a Pellegrino Rossi) e nei politici del secolo scorso, v. C. GHISALBERTI, *Stato e costituzione nel Risorgimento*, Giuffrè, Milano, 1972.

Sul costituzionalismo, la nozione di costituzione e la nozione di potere costituente, v. A. ACQUARONE, *Due costituenti settecentesche*, Nistri-Lischi, Pisa, 1959; M. GALIZIA, voce *Diritto costituzionale (profili storici)*, in *Enc. dir.*, XII, 1962; A. SAITTA, *Costituenti e costituzioni della Francia rivoluzionaria e liberale (1789-1875)*, Giuffrè, Milano, 1975; C. GHISALBERTI, *Storia costituzionale d'Italia (1848-1948)*, Laterza, Bari, 1989; M. FIORAVANTI, *Appunti di storia delle costituzioni moderne*, Giappichelli, Torino, 1991; L. BORSI, *Classe politica e costituzionalismo*, Giuffrè, Milano, 2000; G. VOLPE, *Il costituzionalismo del Novecento*, Laterza, Bari, 2000; A. SPADARO, *Contributo per una teoria della Costituzione*, I, Giuffrè, Milano, 1994; G. ZAGREBELSKY, P.P. PORTINARO, J. LUTHER (eds.), *Il futuro della Costituzione*, Einaudi, Torino, 1996.

Nella letteratura straniera, v. tra i tanti v. G.S. WOOD, *The Creation of the American Republic*, 1776-1787, New York-London, 1969; J. GODECHOT (ed.), *Les Constitutions de la France depuis 1789*, Garnier-Flammarion, Paris, 1979; M.TROPER, *La séparation des pouvoirs et l'histoire constitutionnelle française*, Lgdj, Paris, 1980; W.P. ADAMS, *The First American Constitution*, University of North Carolina Press, Chapel Hill, 1980; S. RIALS, *La Déclaration des droits de l'homme et du citoyen*, Hachette, Paris, 1988; L.

JAUME, M. TROPER, *1789 et l'invention de la Constitution*, Lgdj, Paris, 1990.

Sui cicli del costituzionalismo, P. BISCARETTI DI RUFFIA, *Introduzione al diritto costituzionale comparato*, 6ª ed., Giuffrè, Milano, 1988; G. DE VERGOTTINI, *Diritto costituzionale comparato*, 9ª ed., Cedam, Padova, 2013.

Sugli effetti sia pure indiretti della costituzione di Weimar sulle costituzioni del dopoguerra, si veda C. MORTATI, *Introduzione alla Costituzione di Weimar*, ora in C. MORTATI, *Raccolta di scritti*, IV, Giuffrè, Milano, 1972.

Sulle recenti tendenze del costituzionalismo, v. P. HÄBERLE, *La controversia sulla riforma della legge fondamentale tedesca*, in *Quad. cost.*, 1993.

Sulla costituzione degli USA come modello, v. K. VON BEYME, *America as a Model: the Impact of American Democracy in the World*, Gower, Aldeishot, 1987.

Sull'idea di diritto costituzionale comune, di cui spesso è espressione anche la giurisprudenza delle Corti internazionali di giustizia, v. G. ZAGREBELSKY, *La giustizia costituzionale*, 2ª ed., il Mulino, Bologna, 1988.

Sul processo di tendenziale convergenza di orientamenti delle Corti costituzionali europee e della Corte Suprema USA, v., tra i molti, L. ELIA, *Giustizia costituzionale e diritto comparato*, in *Quad. cost.*, 1984; C. LANDFRIED, *Constitutional Review and Legislation*, Nomos, Baden-Baden, 1988; il saggio di S. VOLTERRA, *La giurisprudenza statunitense nelle pronunce della Corte Suprema Federale del Canada*, in *Studi in memoria di G. Gorla*, I, Giuffrè, Milano, 1994.

Per quanto riguarda i modelli tratti dal costituzionalismo occidentale nei testi delle costituzioni approvate dopo il crollo dell'URSS, v. S. BARTOLE, P. GRILLI DI CORTONA (eds.), *Transizione e controllo democratico nell'Europa Centro-Orientale*, Giappichelli, Torino, 1998.

Sulle transizioni costituzionali in senso democratico di questi ultimi anni, v. G. DE VERGOTTINI, *Le transizioni costituzionali. Sviluppo e crisi del costituzionalismo alla fine del XX secolo*, il Mulino, Bologna, 1998.

Sui recenti sviluppi del costituzionalismo in Africa, cfr. V. PIERGIGLI, I. TADDIA (eds.), *International Conference on African constitutions*, Giappichelli, Torino, 2000.

Sulla dottrina della costituzione materiale, C. MORTATI, *La costituzione in senso materiale*, Giuffrè, Milano, 1940 (rist. a cura di G. ZAGREBELSKY, Milano, 1998); ID, *La costituente. La teoria. La storia. Il problema italiano*, La Darsena, Roma, 1945; G. GUARINO, *I decreti luogotenenziali. Sulla normatività della costituzione materiale*, in *Foro pen.*, 1947.

Sulla tesi pluralistico-compromissoria del dominio politico, P. BARILE, *La costituzione come norma giuridica* sopra cit.

Da molti viene sottolineata la vicinanza se non la discendenza della dottrina di Mortati da Schmitt (v. ad es. G. BALLADORE PALLIERI, *Dottrina dello Stato*, Cedam, Padova, 1964), ma non sono da trascurare gli influssi di Hauriou e di Smend: v. F. RIMOLI, *Costituzione rigida, potere di revisione e interpretazione per valori*, in *Giur. cost.*, 1992.

Sui vari significati che ha assunto la nozione di costituzione materiale, v. G. ROLLA, *Riforme delle istituzioni e costituzione materiale*, Giuffrè, Milano, 1980; S. BARTOLE, *Costituzione materiale e ragionamento giuridico*, in *Dir. soc.*, 1982.

Sul significato della norma costituzionale si veda A. PREDIERI, *Urbanistica, tutela del paesaggio, espropriazione*, Giuffrè, Milano, 1969, nonché G. GUARINO, *Riflessioni sui regimi democratici*, in *Pol. dir.*, 1991.

La nozione di costituzione organica si deve a G.I. LUZZATTI, *L'embriologia e l'evoluzione delle costituzioni politiche*, in *Nuova Antologia*, 1880.

Sulla nozione di costituzione nella dottrina italiana, S. ROMANO, *L'instaurazione di fatto di un ordinamento costituzionale e la sua legittimazione*, ora in *Lo Stato moderno e la sua crisi. Saggi di diritto costituzionale*, Giuffrè, Milano, 1969; G. ARANGIO RUIZ, *Del potere costituente*, Tip. Perrotti, Napoli, 1887; C. MORTATI, *La costituente* sopra cit.

Sulla nozione di potere costituente, v. E.S. SIEYÈS, *Qu'est-ce que le tiers état?* (1789), trad. it. *Che cosa è il terzo Stato?* (1789), Roma, 1972, e in *Opere e testimonianze politiche. Scritti editi*, I, Giuffrè, Milano, 1993; A. BARNAVE, *Potere costituente e revisione costituzionale* (1791), Piero Lacaita Ed. Manduria, 1996.

Sul potere costituente e la partecipazione del popolo nella dottrina tedesca, E. ZWEIG, *Die Lehre vom Pouvoir Constituant. Ein Beitrag zum Staatsrecht der französischen Revolution*, Mohr, Tübingen, 1909; K. LOEWENSTEIN, *Volk und Parlament nach der Staatstheorie der französischen Nationalversammlung von 1789* (München, 1922) Scientia, Aalen, 1964; H. EHMKE, *Grenzen der Verfassungsänderung*, Dunker & Humblot, Berlin, 1966; U. STEINER, *Verfassungsgebung und Verfassungsgebende Gewalt des Volkes*, Dunker & Humblot, Berlin, 1966; K. VON BEYME, *Die verfassungsgebende Gewalt des Volkes. Demokratische Doktrin und politische Wirklichkeit*, Mohr, Tübingen, 1968; S. BREURER, *Nationalstaat und "pouvoir constituant" bei Sieyès und Carl Schmitt*, in *Archiv für Recht und Sozialphilosophie*, 1984.

Sul potere costituente nella nostra dottrina, v. M. DOGLIANI, *Il potere costituente*, Giappichelli, Torino, 1986; P. POMBENI (ed.) *Potere costituente e riforme costituzionali*, il Mulino, Bologna, 1992.

Sul caso italiano, V. ANGIOLINI, *Costituente e costituito nell'Italia repubblicana*, Cedam, Padova, 1995; G. SILVESTRI, *Il potere costituente come problema teorico-giuridico*, in *Studi in onore di Elia*, II, Giuffrè, Milano, 1999.

Sulla giuridicità o meno del potere costituente: G. BURDEAU, *Traité de sciences politiques*, IV, 3ª ed., Lgdj, Paris, 1984; R. CARRÈ DE MALBERG, *Contribution à la Théorie générale de l'État* sopra cit.; A. NEGRI, *Il potere costituente*, Sugarco, Milano, 1992; J. RAWLS, *A Theory of Justice*, Harvard U.P., Cambridge, MA, 1971.

Sulla tesi del potere costituente come controlimite e legittimazione della giustizia costituzionale, G. VEDEL, *Le Conseil constitutionnel, gardien du droit positif ou défenseur de la trascendance des droits de l'homme?*, in *Pouvoirs*, 1988.

Sulle tendenze a una giuridicizzazione del potere costituente, v. P. HÄBERLE, *Die verfassungsgebende Gewalt des Volkes im Verfassungsstaat-eine vergleichende Textstufenanalyse*, in *Archiv des öff. Rechts*, 1987; E.W. BÖCKENFÖRDE, *Die verfassungsgebende Gewalt des Volkes. Ein Grenzbegriff des Verfassungsrechts*, in *Staat, Verfassung, Demokratie*, 2ª ed., Suhrkamp, Frankfurt a.M., 1992; A. BALDASSARRE, *Il "referendum" costituzionale*, in *Quad. cost.*, 1994; M. DOGLIANI, *Potere costituente e revisione costituzionale*, in *Quad. cost.*, 1995.

Sui procedimenti di formazione delle costituzioni, C. MORTATI, *La Costituente*, e C. SCHMITT, *Dottrina della costituzione*, entrambi citati in questo capitolo; G. DE VERGOTTINI, *Diritto costituzionale comparato*, cit.; A. PACE, *L'instaurazione di una nuova Costituzione. Profili di teoria costituzionale*, in *Quad. cost.*, 1997.

Sulla distinzione tra costituzioni date e costituzioni autoctone, S.A. De Smith, *The New Commonwealth and the Constitutions*, Stevens & Sons, London, 1964.

Per un'indicazione di costituzioni influenzate da situazioni di sostanziale soggezione sul piano internazionale, G. Burdeau, *Le regime parlementaire dans les constitutions d'après-guerre*, Edition Internationales, Paris, 1932, trad. it. *Il regime parlamentare nelle costituzioni europee del dopoguerra*, Comunità, Milano, 1950 (con prefazione di M.S. Giannini).

Sulla classificazione delle costituzioni (rigide e flessibili, brevi e lunghe, ecc.) e il loro contenuto si veda oltre ai vari saggi sulla nozione di costituzione già ricordati, J. Bryce, *Flexible and Rigid Constitutions*, in *Studies in History and Jurisprudence*, I, Oxford U.P., Oxford, 1901, trad. it. *Costituzioni flessibili e rigide*, Giuffrè, Milano, 1998; A. Pace, *La causa della rigidità costituzionale*, 2ª ed., Cedam, Padova, 1996; J. De Maistre, *Saggio sul principio generatore delle costituzioni politiche e delle altre istituzioni umane*, è ora in D. Fisichella, *De Maistre*, Laterza, Bari, 1993.

Sulla nozione di costituzione sostanziale, che equivale all'ordinamento costituzionale, C. Lavagna, *Istituzioni di diritto pubblico*, 6ª ed., Utet, Torino, 1985.

Sulla Dichiarazione dei diritti, M. Villey, *Le droit et les droits de l'homme*, Puf, Paris, 1990; L. Jaume, *Les déclarations des droits de l'homme, Flammarion*, Paris, 1989; AA.VV., *La déclaration des droits de l'homme et du citoyen et la jurisprudence*, Puf, Paris, 1989; F. Battaglia (ed.), *Le Carte dei diritti (dalla Magna Charta alla Carta di S. Francisco)*, Sansoni, Firenze, 1946; L. Carlassare, *La dichiarazione dei diritti del 1789 e il suo valore attuale*, in L. Carlassare (ed.), *Principi dell'89 e Costituzione democratica*, Cedam, Padova, 1991.

Sui preamboli delle costituzioni, P. Häberle, *Präambeln im Text und Kontext von Verfassungen*, in *Demokratie in Anfechtung und Bewährung, Festschrift für J. Broermann*, Duncker & Humblot, Berlin, 1982.

Sui rapporti degli ordinamenti nazionali con l'ordinamento comunitario, v. AA.VV., *L'integrazione dei sistemi costituzionali europeo e nazionali: atti del XX Convegno annuale AIC: Catania 14-15 ottobre 2005*, Cedam, Padova, 2007; A. Von Bogdandy, *I principi fondamentali dell'Unione europea, un contributo allo sviluppo del costituzionalismo europeo*, trad. it., Es, Napoli, 2011.

In tema di costituzionalismo e globalizzazione, v. AA.VV., *Costituzionalismo e globalizzazione: atti del XXVII Convegno annuale AIC: Salerno 22-24 novembre 2012*, Napoli, 2014; A. Baldassarre, *Globalizzazione contro democrazia*, Laterza, Bari, 2002; S. Besson, *Whose Constitution(s)? International Law Constitutionalism and Democracy*, in J.L. Dunoff, J.P. Trachtman (eds.), *Ruling the World? Constitutionalism, International Law and Global Governance*, Cambridge U.P., Cambridge-New York, 2009; S. Cassese, *Oltre lo Stato*, Laterza, Roma-Bari, 2002; P. Dobner, M. Loughlin (eds.), *The Twilight of Constitutionalism?*, Cambridge U.P., Cambridge, 2009; M.R. Ferrarese, *Le istituzioni della globalizzazione. Diritto e diritti nella società transnazionale*, il Mulino, Bologna, 2000; Id., *Società e diritto*, il Mulino, Bologna, 2005; Id., *Diritto sconfinato. Inventiva giuridica e spazi nel mondo globale*, Laterza, Roma-Bari, 2006; F. Galgano, *La globalizzazione nello specchio del diritto*, il Mulino, Bologna, 2005; S.P. Huntington, *The Clash of Civilization and the Remaking of World Order*, Simon & Schuster, New York, 1996, trad.it. *Lo scon-*

tro delle civiltà e il nuovo ordine mondiale, Garzanti, Milano, 2001; G. MORBIDELLI, *Diritto amministrativo fra particolarismo e universalismo*, Es, Napoli, 2012; J.H.H. WEILER, *The Geology of International Law-Governance, Democracy and Legitimacy*, in *Zeitschrift für Ausländisches Recht und Völkerrecht*, 64, n. 3, 2004.

Sezione II – *Le dinamiche della costituzione*

di *Giuseppe Morbidelli*

1. Il principio della "revisionabilità" e i suoi limiti

La costituzione reca con sé un implicito carattere di stabilità. In quanto frutto dell'esercizio del potere costituente, cioè di quel particolare potere che si esprime in momenti di crisi e di "rifondazione" dello Stato, la costituzione si proietta nel tempo per regolare l'attività dei governanti e dei cittadini.

La stabilità peraltro non è assoluta. Le costituzioni infatti possono essere modificate (nella terminologia giuridica corrente, le modifiche alle costituzioni vengono definite revisioni). **La revisionabilità**, anzi, **è una caratteristica ineliminabile delle costituzioni**: ciò in virtù del principio già solennemente stabilito all'art. 23 della costituzione francese del 1793, secondo cui «un popolo ha sempre il diritto di rivedere, riformare e cambiare la propria costituzione. Una generazione non può assoggettare alle sue leggi le generazioni future».

1.1. La revisione delle costituzioni flessibili

La revisione si atteggia in maniera diversa a seconda se la costituzione è rigida o flessibile. Nelle costituzioni flessibili la revisione non incontra alcun limite. Di solito, in tali costituzioni, la revisione non è neppure regolata. Possiamo ricordare le costituzioni francesi del 1799, 1814, 1815, 1830, 1852, lo statuto albertino, le costituzioni spagnole del 1834, 1837, 1845 e del 1876. Tale silenzio ha dato luogo a una lettura, propria anche di Tocqueville (in *La democrazia in America*), secondo cui la riforma della costituzione sarebbe radicalmente vietata, in quanto non prevista. Ma tale interpretazione è insostenibile: nessuna costruzione umana può essere eterna e immutabile. Anche le costituzioni debbono adattarsi alle variabili concezioni politiche e sociali e seguirne il corso. Del resto l'opinione dominante è stata sempre nel senso della possibilità della revisione, anzi della sua necessità, non potendosi neanche immaginare una cristallizzazione della costituzione che significherebbe fermare la storia. In assenza di norme costituzionali in proposito, ed essendo impensabile far "risorgere" ogni volta che fosse necessario gli organi costituenti (come pure taluno ha sostenuto), per definizione transitori, si è dedotto che lo strumento per modificare anche le norme supreme si sarebbe dovuto rinvenire negli organi dello Stato, cosi come costituiti. Di qui la **revisionabilità attraverso la semplice legge ordinaria**, ovvero la **flessibilità della costituzione**.

Da rilevare che a ciò si giunse, in Italia, malgrado nel preambolo lo statuto fosse dichiarato «legge fondamentale, perpetua ed irrevocabile della monarchia». Si osservò infatti che il silenzio di una legge intorno ad un argomento altro non significa che il volersi riferire ai principi generali del diritto: «siccome è principio fondamentale che ogni legge è modificabile, così il silenzio del nostro statuto sul modo di sua riforma non può implicare che esso non possa essere riformato» (Orlando). Tale conclusione veniva rinforzata dalla tesi per cui le modifiche allo statuto a mezzo di leggi ordinarie erano il prodotto di una consuetudine (integrativa dello statuto).

Sicché la costituzione flessibile opera al più come criterio interpretativo, dovendosi ritenere in via di principio la volontà del legislatore ordinario di non modificare la costituzione. In sostanza si nega la distinzione tra potere costituente e potere costituito: si contrappone al potere costituente della Rivoluzione una costituzione intesa come insieme di principi tradizionali dell'ordinamento e di equilibrato e solido assetto dei poteri pubblici. D'altra parte, la flessibilità era consona al principio della sovranità del Parlamento: la rigidità impone vincoli e limitazioni al potere delle assemblee legislative. La costituzione flessibile non è perciò un sistema chiuso da una legge superiore, ma un sistema sempre in movimento, sotto la spinta delle leggi ordinarie e delle consuetudini.

1.2. La revisione delle costituzioni rigide: i limiti sostanziali (di tempo, di circostanza, di contenuto)

Nelle costituzioni rigide la revisione è sottoposta sia a **limiti procedurali** sia a **limiti sostanziali**. I limiti sostanziali sono di tre tipi: di tempo, di circostanza, di contenuto.

I **limiti temporali** all'esercizio del potere di revisionare sono quelli per cui in un determinato periodo di tempo è vietata la revisione della costituzione.

Così la costituzione francese del 1791 prevedeva che essa non fosse modificabile prima di dieci anni; otto anni di immutabilità erano invece previsti dalla costituzione di Cadice del 1812; limiti temporali erano fissati dalle costituzioni portoghesi del 1822 e del 1826 e da numerose costituzioni di Stati latino-americani (art. 122 cost. Paraguay 1870; art. 263 cost. Nicaragua 1911; art. 164 cost. Ecuador 1929). Attualmente, una prescrizione del genere è prevista dalla costituzione portoghese del 1976, che ammette revisioni solo decorsi 5 anni dall'ultima legge di revisione (art. 284, c. 1). Analogamente la costituzione greca (art. 110, c. 6) prescrive una moratoria di 5 anni tra una revisione e l'altra. La stessa cost. USA, seppur con riferimento a talune disposizioni (prima e quarta clausola della sezione nona dell'art. 1), poneva un divieto "a tempo" di revisione. Scaduti tali termini, riemerge infatti la piena revisionabilità. Tra le nuove carte costituzionali, la costituzione irachena del 2005 (art. 126, c. 2) proibisce la revisione della prima parte del testo costituzionale prima che siano completati due "cicli parlamentari", mentre la costituzione serba (art. 203) prevede un periodo minimo d'attesa di 12 mesi prima di riproporre una modifica costituzionale precedentemente respinta.

I cc.dd. **limiti circostanziali** (termine usato dall'art. 289 cost. Portogallo) sono rappresentati da quelle disposizioni costituzionali che vietano la revisione in situazioni di emergenza (art. 146 cost. Afghanistan 2004; art. 204 cost. Serbia 2006; art. 219 cost. Rep. dem. del Congo 2005; art. 147 cost. Lituania) e di tensione (tipici lo stato di guerra o lo stato d'assedio, v. ancora ad es. art. 147 cost. Lituania; art. 152, c. 3, cost. Romania; ma anche durante la "reggenza": così art. 115 cost. Lussemburgo e art. 197 cost. Belgio; art. 198 cost. Olanda del 1887; art. 85 cost. Romania del 1923), o che comunque sono suscettibili di tradursi in alterazioni della necessaria serenità ed autonomia del potere costituente (v. art. 169 cost. Spagna; art. 289 cost. Portogallo; art. 89, c. 4, cost. Francia del 1958; art. 94 cost. Francia del 1946).

Se le costituzioni sono sempre modificabili, salve le eccezioni – del resto circoscritte – rappresentate dalle interdizioni temporali o circostanziali appena ricordate, **non sono invece modificabili in ogni loro parte**. In altre parole ci sono determinati punti delle costituzioni che non sono passibili di revisione: il che significa che la revisione costituzionale incontra dei **limiti di contenuto**. Tali limiti possono essere **espliciti o impliciti**. Sono espliciti quando il divieto di revisione è espressamente sancito dalla costituzione stessa. Si tratta delle cc.dd. *unchangeable provisions* o *perpetuity clauses*, che ricorrono spesso nelle moderne costituzioni [16]. Altre volte, addirittura, i limiti espliciti non riguardano articoli della costituzione, ma valori e principi: così l'art. 9, c. 2, cost. Repubblica Ceca vieta la modifica delle caratteristiche essenziali dello Stato di diritto democratico; l'art. 60 cost. Brasile sottrae al potere di revisione, tra l'altro, la separazione dei poteri, i diritti e le garanzie individuali; l'art. 152 cost. Romania esclude dalla revisione il carattere unitario, indipendente e indivisibile dello Stato, la forma di Governo repubblicana, l'integrità territoriale, l'indipendenza della magistratura, il pluralismo politico e la lingua ufficiale; l'art. 3 cost. Cuba (come modificato dalla *Ley de reforma constitucional* del 26 giugno 2002) afferma l'"irrevocabilità" del socialismo e del sistema politico e sociale rivoluzionario stabilito dalla costituzione.

Si ritiene peraltro che la costituzione includa dei **limiti impliciti**, a meno che la stessa costituzione espressamente non dichiari che non c'è alcun limite al potere del Parlamento di modificare qualsiasi disposizione costituzionale (così art. 239, c. 6, cost. Pakistan). In tal caso infatti è la stessa costituzione che riconosce la sua emendabilità senza limiti di sorta. Il problema dei limiti impliciti riguarda sia le costituzioni che non contengono *perpetuity clauses* (ad es. costituzioni di Belgio, Olanda, Austria, Svezia, Polonia), sia quelle costituzioni che si limitano

---

[16] Alcuni esempi: l'art. 139 della nostra costituzione stabilisce che «la forma repubblicana non può essere oggetto di revisione costituzionale»; analogamente l'art. 89 cost. Francia V Repubblica dispone che la forma repubblicana di governo non può costituire l'oggetto di una revisione (art. 89, c. 5), mentre l'art. 79, c. 3, GG stabilisce che non è ammissibile una modifica che tocchi l'articolazione del *Bund* in *Länder*, la partecipazione dei *Länder* alla legislazione, e i principi enunciati dagli artt. 1 e 20. E ancora: art. 110 cost. Grecia, che esclude dalla revisione, oltre alla forma di governo di Repubblica parlamentare, il principio di rispetto e protezione della dignità umana (art. 2, c. 1), il principio di uguaglianza (art. 4, c. 1) e di partecipazione (art. 5, c. 1), l'inviolabilità della libertà (art. 5, c. 3), la libertà di coscienza (art. 13), la separazione dei poteri (art. 26); art. 288 cost. Portogallo, che indica una serie di principi intangibili, tra cui non solo l'indipendenza nazionale e l'unità dello Stato, ma anche i diritti, le libertà e le garanzie dei cittadini, il suffragio universale diretto e segreto, ecc., sino all'autonomia politico-amministrativa degli arcipelaghi delle Azzorre e di Madera (lett. o); art. 220 cost. Rep. dem. del Congo 2005, che proibisce finanche la limitazione dei poteri delle Province e degli enti autonomi; art. 178 cost. Algeria, che non considera revisionabile la forma repubblicana, l'Islam come religione di Stato, l'arabo come lingua ufficiale e di Stato, le libertà fondamentali, i diritti dell'uomo e del cittadino, l'integrità e l'unità del territorio nazionale, la bandiera e l'inno nazionale in quanto simboli della rivoluzione e della repubblica. Allo stesso modo la costituzione afgana del 2004 (art. 149) considera immodificabili i principi costituzionali di rispetto della religione islamica o della propria forma di Stato (repubblica islamica), e esplicitamente proibisce modifiche *in peius* dei diritti individuali garantiti nel testo. Anche la costituzione della Federazione russa (1993) prevede l'assoluta non emendabilità di certi capitoli: e cioè il primo che stabilisce i principi costituzionali di fondo, il secondo che stabilisce i diritti e le libertà dei cittadini e il nono, che disciplina la revisione costituzionale (v. art. 135, c. 1).

a porre preclusioni riguardanti la sola forma di Stato (così cost. Italia che sancisce la irrivedibilità della forma repubblicana), o la rappresentatività degli Stati membri (v. art. V cost. USA), o i principi relativi alla religione islamica e alla forma di Stato monarchico (v. ad es. art. 106 cost. Marocco), e che invece non garantiscono espressamente la invulnerabilità dei diritti fondamentali di fronte alla revisione. Pur in assenza di previsioni espresse di immodificabilità circoscritta a specifiche disposizioni (ad es. la forma repubblicana), da parte della maggioranza degli studiosi **si ritiene che la costituzione non sia comunque emendabile nelle sue norme chiave**, quelle che cioè contengono i principi di struttura dell'ordinamento.

Tale teoria viene giustificata sulla base del rilievo che la costituzione ha al suo interno principi caratterizzanti o valori supremi, attorno a cui si è sviluppato il processo costituente (c.d. **supercostituzione**). E invero non può negarsi che all'interno di ciascuna costituzione vi sono regole che, se alterate, darebbero luogo ad una costituzione completamente diversa: ad es., ciò accadrebbe se in Italia si incidesse sul principio di eguaglianza (Paladin), o se si eliminasse la segretezza del voto, o il controllo di costituzionalità delle leggi, o la rappresentatività della Camera dei deputati o la superiorità-rigidità della costituzione. Modifiche di questo genere infatti costituirebbero un fatto rivoluzionario perché varierebbero sostanzialmente l'identità dell'ordinamento costituzionale.

Nell'**ordinamento italiano**, la teoria dei limiti impliciti ha anche dei riferimenti formali: si veda l'art. 2 cost. laddove stabilisce che «la Repubblica riconosce e garantisce i diritti inviolabili dell'uomo, sia come singolo sia nelle formazioni sociali» (e l'inviolabilità è espressamente sancita anche a proposito della libertà personale, della libertà di domicilio, della libertà di corrispondenza, del diritto di difesa: v. rispettivamente artt. 13, 14, 15, 24 cost.). E d'altra parte il limite espressamente sancito della forma repubblicana (v. art. 139 cost.) non può essere isolato in quanto si inserisce in un complesso di principi (rappresentatività, principio associativo, partecipazione politica, rigidità della costituzione), che con esso formano sistema: non è cioè un elemento a sé stante e come tale isolabile (Reposo). Alle stesse conclusioni si giunge attraverso un esame sistematico della costituzione, da cui si ricava una carta di valori che la costituzione fa propria e protegge con particolare intensità: così la sovranità popolare (art. 1), il principio di solidarietà (art. 2), il principio di eguaglianza (art. 3), il principio internazionalista (artt. 10, 11), il principio regionalista (art. 114 ss.).

Vero è che l'identificazione dei limiti impliciti, e dunque dei principi inderogabili, non è sempre agevole, ma questa difficoltà interpretativa non è un argomento per respingere la tesi. Fatto sta che la tesi dei limiti ulteriori rispetto a quello espresso della forma repubblicana ha trovato rispondenza nella giurisprudenza costituzionale, che più volte ha riconosciuto la esistenza di **principi supremi dell'ordinamento costituzionale** (e ciò sia in riferimento alla legge di esecuzione dei Patti Lateranensi: v. le sentenze nn. 30, 31 e 32/1971; 12 e 195/1972;

175/1973; 1/1977; 16 e 18/1982; sia in relazione alla normativa discendente dal Trattato CEE: v. le sentenze nn. 98/1965; 183/1973; 170/1984 e 232/1989). A proposito di una legge costituzionale (lo statuto del Trentino Alto Adige), la Corte ha affermato che la nostra costituzione contiene alcuni principi supremi che non possono essere sovvertiti o modificati nel loro contenuto essenziale neppure da leggi di revisione costituzionale o da altre leggi costituzionali: «Tali sono tanto i principi che la stessa costituzione esplicitamente prevede come limiti assoluti al potere di revisione costituzionale, quale la forma repubblicana (art. 139 cost.), quanto i principi che, pur non essendo espressamente menzionati fra quelli non assoggettabili al procedimento di revisione costituzionale, appartengono all'essenza dei valori supremi sui quali si fonda la costituzione italiana». In sintesi, il potere di revisione non può toccare il cuore, l'essenza della costituzione; se lo facesse, sarebbe esercizio del potere costituente e non si potrebbe più parlare di potere costituito. In realtà rileva qui la nozione di costituzione intesa non in senso formale, ma come tavola di valori che si riconoscono attorno ad un nuovo principio aggregativo, secondo le concezioni della costituzione materiale.

Anche negli altri ordinamenti le Corti sono giunte a risultati analoghi a quelli visti in Italia (così ad es. in Austria e in Svizzera). Singolare è il caso dell'**India**, dove la Corte Suprema ha prima affermato che possono essere modificate anche le norme sui diritti fondamentali, precisando tuttavia che per far ciò occorre una nuova costituente; poi v'è stata un'espressa norma di revisione – art. 368, c. 5 – introdotta nel 1976, volta a stabilire che il potere emendativo della costituzione non ha limiti. Tale norma è stata tuttavia dichiarata incostituzionale dalla Corte Suprema nel 1980 con la sentenza *Minerva Mills Ltd* v. *Union of India and Others*. Successivamente la Corte Suprema ha individuato una serie di *basic features* della costituzione, che non possono essere modificate, quali ad esempio la "supremazia della Costituzione", la forma di Governo democratica e repubblicana, la laicità dello Stato, la separazione dei poteri (v. ad es. sent. *State of Bihar* v. *Bal Mukund Sah* del 2000) (Agarwal).

Non va però trascurata l'obiettiva difficoltà di individuare in concreto i limiti massimi di vulnerabilità (c.d. **contenuto essenziale**) dei diritti fondamentali. Infatti la non revisionabilità riguarda il principio (es. le garanzie giurisdizionali), o la singola libertà (es. di manifestazione del pensiero), ma non tutta la relativa disciplina costituzionale (così, in Italia, non è immodificabile tutto l'art. 21 cost., in particolare le procedure e i tempi per il sequestro degli stampati). E soprattutto non sono predeterminabili i contenuti dei singoli diritti (si pensi al dibattito in USA sul diritto alla *privacy* o, ancora, a quello sui limiti della libertà di manifestazione del pensiero o del diritto di cronaca). Sicché spesso non è chiaro se certe modifiche toccano o no il nucleo essenziale e intangibile del diritto o, comunque, della disciplina costituzionalmente tutelata (v. anche cap. IX, § 25).

Del tutto diverso è stato, invece, l'approdo cui le riflessioni sull'emendabilità delle costituzioni rigide hanno condotto in Ungheria. L'esperienza di tale paese, infatti, risulta esemplare sotto questo profilo nonché dal punto di vista della rottura rispetto al quadro dei principi del costituzionalismo. Nell'ordinamento magiaro, infatti, successivamente alle elezioni del 2010, in cui la coalizione conservatrice risultata vittoriosa guidata da Viktor Orbán otteneva, grazie al premio di maggioranza del 15% previsto dalla legge elettorale, la maggioranza qualificata dei 2/3 dei seggi nel Parlamento monocamerale, necessaria a modificare la costituzione del 1949 (già nettamente revisionata nel 1989), veniva avviato un corposo progetto di riforma costituzionale culminato con l'approvazione, il 19 aprile 2011, del nuovo testo della Legge fondamentale dell'Ungheria – *Magyarország Alaptörvénye*, poi entrato in vigore il 1° gennaio 2012. Grazie al contestuale varo di una serie di disposizioni transitorie, si è di fatto permesso alla maggioranza parlamentare di conferire forza sostanzialmente costituzionale al proprio programma di Governo (attraverso l'estensione a una serie di materie, quali l'acquisto della proprietà e l'utilizzo dei terreni agricoli, della riserva di legge c.d. "cardinale", ovvero da adottarsi a maggioranza qualificata dei 2/3, in modo tale che il *quorum* per il varo di tale categoria di leggi è lo stesso di quello per modificare la costituzione), così da snaturare la funzione stessa di tale categoria di legge: da strumento di garanzia per tutti a strumento per cristallizzare le politiche particolari e vincolare le future maggioranze. La Corte costituzionale ha dichiarato l'illegittimità di una serie di disposizioni transitorie in quanto, non avendo tale natura, si ponevano in violazione della Legge fondamentale del 2011 che non autorizza l'introduzione di precetti del genere al di fuori del corpo della stessa costituzione. La maggioranza parlamentare ha replicato tramite l'approvazione di un IV emendamento alla costituzione che, oltre a ripristinare le disposizioni transitorie caducate dalla Corte incorporandole nel testo della Legge fondamentale, ha introdotto: significativi limiti ai poteri della corte (ad esempio, modificando l'art. 24 § 5 in modo da limitare il sindacato sulle leggi costituzionali, censurabili non per il merito ma solo per vizi inerenti la procedura di approvazione); significativi limiti ed ingerenze al potere giudiziario (ad esempio, introducendo all'art. 27 § 4 il potere del Presidente dell'Ufficio giudiziario nazionale di trasferire la competenza in violazione del principio del giudice naturale); nonché limitazioni all'informazione pluralistica (ad es., modificando l'art. IX di modo da prevedere il divieto per le emittenti private di concedere spazi per la propaganda politica durante il periodo elettorale). Tali riduzioni di garanzie hanno determinato forti prese di posizione soprattutto ad opera dell'UE tramite in particolare la risoluzione del Parlamento Europeo del 3 luglio 2013, cosicché è stato varato un quinto emendamento alla legge fondamentale che ha parzialmente temperato alcuni tra i profili critici sopra segnalati (a titolo di esempio abrogando la disposizione che consentiva di ledere il principio del giudice naturale oppure modificando l'art. IX in modo da consentire anche alle emittenti private di offrire spazi per la comunicazione politica durante le campagne elettorali). Rimane comunque problematica la disciplina in essere, sia sotto il profilo dell'equilibrio fra i poteri che sotto quello del sistema di tutela dei diritti delle minoranze.

2. Procedure di revisione

2.1. Le procedure di revisione nelle costituzioni rigide: tipologie principali

Le costituzioni rigide, come già rilevato, si definiscono tali perché per essere modificate hanno necessità di **procedure aggravate** rispetto alle ordinarie procedure legislative, se non di procedure del tutto speciali. L'aggravamento non ha – come invece spesso si dice – il puro scopo di rendere più difficile la revisione, bensì quello di ricercare, attraverso la procedura più complessa, un consenso più vasto e/o più meditato e consolidato (Mortati). Ciò rende evidente l'infondatezza della tesi, pure sostenuta da illustri studiosi, secondo cui la richiesta di maggioranza qualificata sarebbe in contrasto con il principio democratico, in quanto dà alla minoranza il potere di bloccare la volontà della maggioranza: la costituzione, infatti, per la sua posizione di norma delle norme e di "ordinatore" della società, richiede vasti consensi e una espressa maturazione dello spirito collettivo, che ne assicurino stabilità e autorità. Vero è, semmai, che procedure eccessivamente complesse e defatiganti tendono ad aprire la strada a modifiche surrettizie o, comunque, a modifiche che non seguono la procedura tipica di revisione (interpretazioni evolutive, consuetudini, ecc.: v. *infra*, § 3).

Le procedure di revisione non sono uniformi. Anzi, all'interno della stessa costituzione si possono avere anche due o tre o più procedure. Per chiarezza, è opportuno procedere a una classificazione per "tipi". Solitamente si distingue tra:

a) **potere di revisione affidato ad una Assemblea *ad hoc*** che ha la funzione esclusiva di procedere alla revisione: v. cost. Francia 1793 (artt. 115-117) e cost. Francia 1848 (art. 111); cost. Portogallo 1911; cost. Grecia 1928 e – se pur non come procedura esclusiva – cost. USA (art. V), che prevede un'Assemblea su richiesta dei 2/3 dei legislativi degli Stati membri. Molte costituzioni definiscono espressamente tale organo Assemblea costituente anche se tale non è, perché non è originario, ma espressione di un potere costituito. Si vedano l'art. 331 cost. Uruguay, che prevede la elezione di una Assemblea costituente, a seguito dell'approvazione a maggioranza assoluta dei componenti della Camera, del progetto di riforma costituzionale; cost. Colombia (art. 376), in cui il ricorso all'Assemblea costituente è eventuale: è infatti il Congresso, attraverso una legge, a stabilire di chiamare il popolo perché, per mezzo del referendum, decida se convocare un'Assemblea costituente con la competenza, la durata e la composizione che la stessa legge determina (sul punto, nel 2003, la Corte costituzionale colombiana ha precisato che la convocazione dell'Assemblea costituente sarà necessaria nel caso in cui le riforme costituzionali da attuarsi vadano a modificare il nucleo fondamentale del regime costituzionale democratico); e anche la costituzione del Guatemala (1996), la quale prevede che per la riforma degli articoli del Capitolo I del Titolo II della costituzione riguardante i diritti fondamentali, è obbligatoria la convocazione di una Assemblea Nazionale costituente da parte del Congresso della Repubblica, con il voto favorevole dei 2/3 dei suoi membri (art. 278). Nel 2006, in Bolivia è stata adottata a maggioranza dei 2/3 del Parlamento la *Ley Especial de Convocatoria a la Asamblea Constituyente*, a seguito della quale, nel luglio 2006, è stata eletta dai cittadini un'Assemblea costituente con l'incarico di provvedere alla riforma dell'intera costituzione, come previsto dall'art. 232 della costituzione boliviana del 1994, novellato dalla l. cost. n. 2631/2004. La costituzione è stata revisionata alla fine del 2007 ed è entrata in vigore nel 2008. Attualmente il meccanismo di revisione è disciplinato dall'art. 411 il quale prevede che, nel caso di una revisione totale o riguardante le "basi fondamentali" della costituzione, la riforma sia affidata ad un'Assemblea costituente attivata tramite referendum. Tale referendum può essere indetto per iniziativa popolare, con la firma di almeno il 20% dell'elettorato, oppure tramite la maggioranza assoluta della *Asamblea Legislativa Plurinacional* oppure dal Presidente. La revisione stessa sarà poi sottoposta a nuovo referendum. Nei casi di "riforme parziali", esse potranno essere avviate sempre per iniziativa popolare con la firma del 20% dell'elettorato oppure dall'*Asamblea Legislativa Plurinacional* tramite legge di riforma costituzionale approvata a maggioranza assoluta. Anche in questo caso, la riforma dovrà essere poi sottoposta a referendum per l'approvazione definitiva;

b) **potere di revisione affidato alla ordinaria Assemblea legislativa**: art. 138 cost. Italia (seppur con procedure aggravate rappresentate da maggioranze qualificate rispetto a quelle ordinarie); art. 79 GG, ai sensi del quale la legge di revisione richiede l'approvazione dei 2/3 dei membri del *Bundestag* e dei due terzi dei voti del *Bundesrat* (sulla base di questo articolo è stata posta in essere la riforma costituzionale dell'agosto 2006); art. 286 cost. Portogallo (che richiede il voto favorevole di 2/3 dei deputati «nel pieno esercizio delle loro funzioni»); art. 235 c. 4 cost. Polonia (che richiede la maggioranza qualificata per la *Sejm*, cioè i 2/3 dei voti dell'Assemblea, con la presenza di almeno la metà dei deputati, mentre solo la maggioranza assoluta per il Senato, sempre con la presenza di almeno la metà dei senatori); art. 177 cost. Albania del 1998 (2/3 dei componenti dell'Assemblea); art. 155 cost. Timor Leste 2002 (2/3 dei componenti il Parlamento); art. 74 cost. Sud Africa (il 75% dei membri dell'Assemblea nazionale e il Consiglio Nazionale delle Province – *National Council of Provinces* – con il voto di almeno sei Province per le modifiche degli artt. 1 e 74, c. 1, della costituzione; i 2/3 dei membri dell'Assemblea nazionale e il Consiglio nazionale delle Province con il voto di almeno sei Province per le modifiche degli artt. 7-39 e per gli emendamenti che coinvolgono le Province; solo i 2/3 dell'Assemblea nazionale per tutte le altre modifiche); art. 62 cost. Repubblica Popolare Cinese 1982 che attribuisce all'Assemblea nazionale del popolo (ossia l'organo supremo dello Stato) il potere di emendare la costituzione nei modi stabiliti al successivo art. 64 (ovvero su proposta del Comitato permanente, costituito in seno all'Assemblea nazionale, oppure su proposta di più di 1/5 dei membri dell'Assemblea nazionale; dopodiché, per il varo della riforma, occorre l'approvazione di più dei 2/3 dei membri dell'Assemblea nazionale, mentre per le altre leggi basta la maggioranza di più della metà);

c) **potere di revisione ancora affidato alla ordinaria Assemblea legislativa**, in cui l'aggravamento consiste (anche) nella necessità di **due approvazioni ad intervallo di tempo ad opera della stessa Assemblea**: ancora art. 138 cost. Italia; art. 110, c. 2, cost. Grecia; art. 148, c. 3, cost. Lituania; art. 60 cost. Brasile;

d) **potere di revisione affidato ad un organo formato nel contesto di organi già esistenti**. È una procedura che ha il suo modello nella Francia della III Repubblica dove l'art. 8 della legge costituzionale del 25 febbraio 1875 relativa alla organizzazione dei poteri pubblici affidava la revisione alle due Camere riunite in Assemblea Nazionale. Altri esempi: art. 89, c. 3, cost. Francia, ai sensi del quale il progetto di revisione viene sottoposto – su richiesta del Presidente della Repubblica – al Parlamento convocato in Congresso (si tratta di una procedura che può svolgersi in tempi molto brevi: nel 1995, in meno di un mese, i deputati e senatori francesi, riuniti in una seduta comune, hanno modificato la costituzione della V Repubblica su tre punti, due dei quali particolarmente delicati dal punto di vista dell'equilibrio istituzionale: l'estensione del campo di utilizzo del referendum da parte del Presidente, art. 11, e l'istituzione di una sessione parlamentare unica, art. 28. Il terzo punto riguardava l'art. 26 sulla revisione delle norme sull'immunità parlamentare. Anche l'ultima importante revisione, quella attuata con la *Loi constitutionelle* n. 2008-724 del 23 luglio 2008 sulla modernizzazione delle istituzioni, è stata approvata in soli tre mesi sulla base dell'art. 89, c. 3. Tale procedura non prevede un referendum di approvazione, a differenza di quanto avviene per l'altra procedura di revisione, disciplinata dall'art. 89, c. 2, in cui il progetto viene inviato alle assemblee separatamente e, se da esse approvato, deve necessariamente essere sottoposto a referendum); art. 151, c. 2, cost. Romania secondo cui, in caso di disaccordo tra le due Camere, si prevede una riunione congiunta ed una approvazione in tale sede a maggioranza dei 3/4 dell'intero complesso di deputati e senatori. Da ricordare anche la cost. Grecia del 1927 che prevedeva, prima, l'approvazione a maggioranza assoluta dei due rami del Parlamento e, poi, l'approvazione di Camera e Senato riuniti appositamente in Assemblea Nazionale con la maggioranza dei 3/5 (v. art. 125);

e) **potere di revisione affidato nella fase di iniziativa alla ordinaria Assemblea legislativa cui segue lo scioglimento dell'Assemblea stessa**, dopo di che l'approvazione della riforma è affidata alla nuova Assemblea. Tale *iter* è diffusissimo (talvolta in maniera esasperata: la costituzione francese del 1791 prevedeva tre voti conformi espressi in tre distinte legislature e poi il voto definitivo nella quarta legislatura): v. art. 195 cost. Belgio; art. 94 cost. Danimarca 1915; art. 88 cost. Danimarca 1953; art. 125 cost. Spagna 1931; art. 79 cost. Islanda; art. 114 cost. Lussemburgo; art. 68 cost. Romania del 1953; art. 110 cost. Grecia; art. 108 cost. Grecia 1952; capitolo VIII, art. 14 della legge sugli strumenti di Governo in Svezia; art. 112 cost. Norvegia, art. 137 cost. Olanda. In sostanza, il procedimento di revisione viene scisso in due fasi: legislatura di proposta (talvolta si parla di Assemblea pre-costituente), e legislatura di decisione, sicché le elezioni che vengono tenute dopo la proposta di revisione costituiscono uno strumento di verifica popolare semidiretta della proposta (de Vergottini);

f) **revisione** – e questo è tipico delle costituzioni federali – **con partecipazione degli Stati membri** nel senso che è necessaria l'approvazione da parte di un certo numero degli Stati membri: art. V cost. USA; art. 135 cost. Messico; art. 38 cost. Canada del 1982; art. 195 cost. Svizzera; art. 128 cost. Australia. In queste ultime due intervengono non i legislativi degli Stati, ma i relativi corpi elettorali (attraverso referendum). Tale procedura costituisce espressione del principio per cui la sovranità è ripartita tra il popolo e gli Stati. Da avvertire che questa procedura non è una costante delle costituzioni federali: altre volte la partecipazione degli Stati membri alla revisione avviene attraverso la seconda Camera, rappresentativa degli Stati (negli USA sono presenti entrambe le alternative): in tale senso, oltre al GG, si vedano le costituzioni di Argentina, Belgio, Brasile, Sud Africa (si guardi in merito alla recente riforma del 2005, sull'estensione geografica delle nove Province della Repubblica Sudafricana, cui ha partecipato il Consiglio nazionale delle Province *ex* art. 74 cost.). In alcuni casi l'approvazione degli Stati membri è necessaria solo per la revisione di alcune parti della costituzione, così ad esempio l'art. 368, c. 2, cost. India elenca i casi in cui la revisione deve essere ratificata dagli Stati, in particolare da almeno la metà di essi (ad es. se vengono modificati lo stesso art. 368, gli artt. 54-55 sull'elezione del Presidente, gli artt. 73 e 162 sui poteri esecutivi, il primo capitolo della parte XI riguardante la ripartizione delle competenze legislative tra Stato e Unione, ecc.); in Austria l'approvazione dei *Länder* – che avviene tramite il *Bundesrat* – è necessaria solo per le revisioni che riguardano le competenze legislative e/o esecutive di questi ultimi (art. 44, c. 2, cost. Austria);

g) **revisione affidata alle Assemblee legislative ma "sanzionate" da referendum obbligatorio**: art. 44, c. 3, cost. Austria (per la revisione totale); art. 46 cost. Irlanda; art. 88 cost. Danimarca 1953; art. 89 cost. Francia (tuttavia, ai sensi dell'art. 89, c. 3, il progetto di revisione non è sottoposto a referendum quando il Presidente della Repubblica decide di sottoporlo al Parlamento convocato in seduta comune; in tal caso, il progetto di revisione è approvato se ottiene la maggioranza dei 3/5 dei voti espressi); art. 105 cost. Marocco; art. 96 cost. Giappone; art. 193 cost. Svizzera; art. 163 cost. Estonia e art. 77 cost. Lettonia (queste ultime solo per certe materie); art. 151, c. 3, cost. Romania; art. 126 cost. Iraq 2005. Anche tutti gli Stati degli USA – salvo il Delaware – prevedono il referendum obbligatorio (talvolta anzi con maggioranza qualificata) per le revisioni delle loro costituzioni: del resto questo metodo è nato proprio negli Stati americani. Come pure il referendum è previsto in Svizzera per le revisioni delle costituzioni dei Cantoni. In tali norme viene codificata la tesi per cui Camere e popolo hanno pari poteri di revisione costituzionale. In Danimarca l'art. 88 cost. stabilisce che dopo l'approvazione della proposta di modifica costituzionale ad opera del *Folketing* segua lo scioglimento della medesima Assemblea, vengano indette nuove elezioni parlamentari e la proposta di modifica debba essere approvata nello stesso testo anche dal neoeletto *Folketing*. A distanza di sei mesi dalla definitiva approvazione parlamentare, tuttavia, la revisione costituzionale è necessariamente sottoposta a referendum popolare confermativo, sì che la modifica entra in vigore solo se si esprime a favore di essa la maggioranza dei voti validi espressi, pari ad almeno il 40% degli aventi diritto al voto. Talvolta il referendum viene "saltato" (e non è neppure eventuale, come nell'ipotesi *sub* h)) se la revisione è stata approvata con maggioranza ultraqualificata: v. art. 90, c. 5, cost. Francia 1946; art. 138, c. 3, cost. Italia; o se il Presidente della Repubblica lo esclude (ma in tal caso occorrono maggioranze più elevate), v. art. 77 cost. Tunisia 1959;

h) **revisione affidata alle Assemblee legislative ma sanzionata con referendum eventuale**: art. 170 cost. Slovenia se lo richiedono almeno trenta parlamentari; art. 16 cost. Svezia, il cui referendum – su richiesta di 1/10 dei membri del *Riksdag* approvata da almeno 1/3 di tali membri – si colloca tra la fase di iniziativa e di approvazione, cioè in contestualità con la elezione della nuova Camera: v. *sub* e); art. 138 cost. Italia: ove non vi sia la maggioranza qualificata dei 2/3 dei componenti delle Camere alla seconda votazione, e vi sia la richiesta di referendum da parte di 1/5 dei membri di una Camera o di cinque Consigli regionali o di 500.000 elettori; art. 128 cost. Australia (quando sulla revisione costituzionale non vi è concordia tra le due Camere); art. 235 cost. Polonia del 1997 (ai sensi di tale disposizione 1/5 dei membri della Dieta o del Senato o il Presidente della Repubblica possono chiedere un referendum – definito di "conferma" – per la revisione che investa le norme fondanti sulla struttura dello Stato, sulle autonomie, sulle garanzie); v. altresì art. 167 cost. Spagna, per la revisione parziale: il referendum può sempre essere tenuto – a prescindere dalla maggioranza con cui è stata approvata la revisione – se c'è la richiesta di 1/10 dei membri delle due Camere; art. 177 cost. Albania: il referendum può essere richiesto preventivamente dall'Assemblea (a maggioranza dei 2/3), o successivamente, su richiesta di 1/5 dei componenti dell'Assemblea: nel primo caso ha una funzione di rafforzamento dell'innovazione costituzionale, nel secondo caso ha una funzione di garanzia; art. 206 cost. Perù 1993: il referendum non è necessario in caso di approvazione del progetto di riforma costituzionale da parte dei 2/3 dei componenti del Parlamento; art. 203 cost. Serbia 2006: il referendum confermativo é obbligatorio in casi tassativamente previsti (modifiche al preambolo, ai principi fondamentali, a norme riguardanti i diritti umani, le minoranze, la proclamazione dello stato di guerra e di emergenza, ecc.); art. 246 cost. Swaziland 2003 (in vigore dal 2006): il referendum è previsto solamente allorquando le modifiche in parola riguardano una serie di materie minuziosamente elencate, andando a influire in maniera incisiva sulla forma di Governo (qui il meccanismo di revisione è talmente complesso da far pensare a una costituzione "ultra-rigida"); art. 218 cost. Rep. dem. del Congo 2005: il referendum non è previsto se la modifica alla costituzione è approvata dai 3/5 dei membri delle Camere in seduta congiunta; art. 175 cost. Turchia del 1982 (così come emendata nel 1987) secondo cui, dopo che il progetto di revisione è stato approvato dai 2/3 dei membri della Grande Assemblea Nazionale, il Presidente della Repubblica, direttamente o dopo l'eventuale rinvio al Parlamento dello stesso progetto, può richiedere che lo stesso sia sottoposto a referendum confermativo; art. 144 cost. Tunisia del 2014 secondo cui, se il Presidente della Repubblica lo richiede, dopo che il progetto di revisione è stato approvato dai 2/3 dei membri dell'Assemblea dei Rappresentanti, questo entra in vigore solo se a seguito di referendum confermativo ottiene il consenso della maggioranza dei votanti.

Se il referendum non viene attivato, si ritiene che il popolo esprima un consenso tacito (s'intende questo vale solo nelle ipotesi in cui l'eventuale referendum è rimesso al popolo e non quando è rimesso ad altri soggetti) (Carré de Malberg);

i) **revisione effettuabile con procedure diverse**, nel senso che non v'è una via unica (e non perché trattasi di procedure che si diversificano a un certo punto, ad es. quando non si sono raggiunte determinate maggioranze per cui – è il caso italiano – la procedura si può arricchire del referendum), ma di procedure diverse *ab origine*: oltre alla cost. USA, v. cost. Estonia, che prevede tre vie alternative di revisione (con referendum; attraverso due approvazioni successive a intervallo di tempo; con una sola approvazione in caso di urgenza e maggioranza dei 2/3); art. XVII cost. Filippine, che prevede la revisione attraverso deliberazioni del Congresso con maggioranza dei 3/4 dei membri o attraverso una convenzione (convocata dal Congresso con maggioranza dei 2/3 dei membri); art. 331 cost. Uruguay 1967, che prevede ben quattro procedure di revisione;

l) **revisione internazionalmente orientata**. Emblematico è il caso dell'Armenia dove l'originaria costituzione post-sovietica entrata in vigore nel 1995 è stata il frutto di un processo costituente sostanzialmente autonomo (nomina da parte del *Soviet* supremo della Repubblica Socialista Sovietica di Armenia di una Commissione *ad hoc* per l'elaborazione di un nuovo testo costituzionale, approvazione del testo da parte del Parlamento e successiva ratifica referendaria), mentre la successiva revisione avviata nel 1998 e conclusasi nel 2005 è stata effettuata, su richiesta delle stesse autorità armene, in stretta interazione con la Commissione di Venezia (ovverosia la Commissione per la democrazia attraverso il diritto) del Consiglio d'Europa. La Commissione ha infatti emanato nell'ottobre 2000 le cc.dd. *Basic provisions for the concept of reforming the Constitution of the Republic of Armenia* in base alle quali la riforma avrebbe dovuto contemplare, da un lato, un rafforzamento degli strumenti di tutela dei diritti e delle libertà fondamentali dell'uomo già proclamati nel testo costituzionale e, dall'altro, un maggior equilibrio tra i poteri dello Stato. Indicazioni poi recepite nel testo finale che ha, ad esempio, esplicitato le tipologie dei casi in cui la legge può intervenire a limitare la libertà personale e ha ridotto i poteri in capo al Presidente della Repubblica (originariamente disegnati sulla falsariga del modello russo) cui, ad esempio, non è più consentito revocare unilateralmente il Primo Ministro o sciogliere discrezionalmente l'Assemblea nazionale. Il ruolo della Commissione è stato essenziale nell'orientare e guidare le autorità nazionali durante tutto il processo di revisione e da ultimo si è concretizzato in un'attestazione di conformità del nuovo progetto di costituzione ai parametri definiti dal Consiglio d'Europa.

Caratteristiche del tutto peculiari riserva il progetto di revisione previsto dalla costituzione afgana del 2004. La bozza del testo di modifica costituzionale viene elaborata da una commissione, nominata per decreto presidenziale, della quale fanno parte membri della Corte Suprema, del Parlamento e del Governo. La bozza di revisione viene poi passata all'esame della *Loya Jirga*, l'Assemblea che riunisce i capi di tutte le tribù del paese, per una formale approvazione, a maggioranza dei 2/3 (art. 150).

Queste grandi "famiglie" di tipologie di revisione possono intersecarsi e combinarsi tra di loro o, comunque, sono soggette a specifici aggravamenti: così la cost. Svizzera prevede che la revisione debba essere accettata sia dalla maggioranza dei Cantoni che dalla maggioranza dei cittadini che partecipano alla consultazione referendaria (v. art. 195); mentre la costituzione del Belgio, dopo la deliberazione delle Camere di procedere a revisione e il successivo scioglimento delle Camere, prevede che le nuove Camere devono approvare l'emendamento con la maggioranza dei 2/3 dei voti (e i votanti devono essere perlomeno i 2/3 dei membri delle Camere: art. 195); la costituzione greca, del pari, richiede che le deliberazioni di proposta siano approvate a maggioranza dei 3/5 del numero complessivo dei membri di ciascuna Camera e ciò in due scrutini separati da un intervallo di almeno un mese, e se si ottiene solo la maggioranza assoluta, la maggioranza dei 3/5 deve essere raggiunta nella deliberazione di revisione nella successiva legislatura (art. 110). La l. cost. italiana n. 1/1993 (v. *infra*, § 3.1) prevedeva sia il referendum approvativo, sia la maggioranza qualificata, e due distinte approvazioni da parte di ciascuna Camera con intervallo non minore di 3 mesi (v. art. 3).

In tale senso anche la l. cost. n. 1/1997 che prevedeva, oltre al voto referendario a conclusione dell'*iter* di revisione, che il progetto o i progetti di legge costituzionali fossero adottati da ciascuna Camera «con due successive deliberazioni a intervallo non minore di tre mesi» e «approvati articolo per articolo dalle Camere senza voto finale su ciascun progetto, ma con voto unico sul complesso degli articoli di tutti i progetti» (nella seconda deliberazione per il voto unico finale è richiesta la maggioranza assoluta dei componenti di ciascuna Camera, v. art. 3, c. 4). Comunissima, comunque, è la richiesta di **maggioranza qualificata**, in combinato con uno o più degli aggravamenti già visti (referendum, intervalli temporali, scioglimento delle Camere, ecc.).

Da aggiungere, a riprova del caleidoscopio delle procedure di revisione, che sovente la revisione si differenzia dalla legislazione ordinaria sotto il profilo della **titolarità del potere di iniziativa**: v. ad es. cost. Spagna 1931, che riservava la iniziativa al Governo o a 1/4 dei membri del Parlamento; art. 125 cost. Turchia 1924, che richiedeva l'iniziativa per opera di almeno 1/3 dei membri dell'Assemblea; art. 161 cost. Estonia: 1/10 dei membri dell'Assemblea o Presidente della Repubblica; art. 146 cost. Romania, in cui l'iniziativa appartiene al Capo dello Stato, su proposta del Governo, o di 1/5 dei membri o dei deputati o 500.000 elettori; art. 168 cost. Slovenia: il Governo, 30.000 elettori o venti parlamentari; art. 142 cost. Croazia: l'iniziativa appartiene al Presidente della Repubblica, al Governo o a 1/5 dei membri della Camera dei rappresentanti; artt. 174 e 177 cost. Algeria: l'iniziativa spetta al Presidente della Repubblica o a 3/4 dei membri del Parlamento riunito.

Infine, vi sono costituzioni (es. art. 66 cost. Brasile e art. 135 cost. Messico) che escludono le revisioni costituzionali dal potere di "sanzione" del Capo dello Stato: questo sul presupposto che si tratti di una decisione sovrana del Congresso che esercita nella specie la rappresentanza sia del popolo sia degli Stati.

Non è certo necessario insistere su tutte queste procedure, invero complesse e fonti di non poche incertezze (basti pensare a tutte le questioni cui ha dato vita l'art. 138 della nostra costituzione). La loro macchinosità ha comunque la funzione di assicurare il rispetto dei principi di cui la costituzione è portatrice e una protezione di essi nei confronti di maggioranze occasionali.

2.2. Le procedure di revisione delle costituzioni cc.dd. "a rigidità variabile"

All'interno della stessa costituzione vi possono essere vari gradi di rigidità, nel senso che, fermo restando l'aggravamento delle procedure per modificare la costituzione, talune revisioni richiedono un aggravamento ancora più intenso.

Un esempio è dato dall'art. 132, c. 1 della nostra costituzione, ai sensi del quale la fusione di Regioni esistenti o la creazione di nuove Regioni richiede, oltre alla legge costituzionale (che si traduce in legge di revisione costituzionale dell'art. 131 che elenca le Regioni), l'iniziativa da parte di tanti Consigli comunali che rappresentino almeno 1/3 della popolazione interessata. Inoltre tale proposta va approvata con referendum da parte della maggioranza delle popolazioni interessate.

Le rigidità aggravate (o meglio, le **forme di superaggravamento**) di solito sono finalizzate alla tutela del "patto federale" che ha dato luogo all'istituzione dell'ordinamento federale: così l'art. V cost. USA stabilisce che «nessuno Stato senza il proprio consenso potrà essere privato dalla parità di rappresentanza nel Senato», sicché una eventuale modifica all'art. 1, sez. 3 di quella costituzione volta a cambiare, per uno o più Stati, la regola per cui il Senato degli Stati Uniti è composto da due senatori per ogni Stato, richiede, oltre alla complessa procedura di revisione ordinaria, il consenso degli Stati interessati (analogamente v. art. 118 cost. Australia e art. 74 cost. Sud Africa, mentre l'art. 239 cost. Pakistan prevede che la revisione interessante una Provincia debba avere l'assenso di almeno 2/3 dei membri dell'Assemblea della Provincia interessata).

La procedura di superaggravamento talvolta è riferita all'**importanza delle materie**: ad es. per la cost. India gli emendamenti devono essere approvati dalla maggioranza dei membri di ciascuno dei due rami del Parlamento (*Council of States* e *House of the People*) e con la maggioranza dei 2/3 dei membri presenti e votanti; se però gli emendamenti riguardano materie di grande rilievo (tra cui: elezione del Presidente, rappresentanza degli Stati in Parlamento, procedura di revisione), devono essere approvati anche dal voto di almeno la metà dei legislativi degli Stati (v. art. 368). In Sud Africa, come si è visto, la partecipazione delle Province attraverso il *National Council of Provinces* si ha solo in relazione a determinate materie (*Bill of rights*, poteri e funzioni dello stesso *National Council of Provinces*, confini, attribuzioni e poteri delle Province, art. 74, cc. 2 e 3).

Quasi tutte le più recenti costituzioni sono caratterizzate da **rigidità variabile**: v. ad es. art. 66 cost. Malta; art. 163 ss. cost. Estonia, che prevede per certe materie il referendum obbligatorio; art. 148 cost. Lituania, dove si va dalla procedura aggravata "ordinaria" (che richiede comunque l'approvazione da parte di 2/3 dei membri dell'Assemblea, in due volte a intervallo di almeno tre mesi), alla procedura aggravata con referendum, al referendum approvato dai 3/4 dell'elettorato (per la revisione che investe la forma di Stato).

Particolarmente interessante in questo panorama di carte costituzionali a "rigidità variabile" è la **costituzione canadese**. Va anzitutto ricordato che lo *Statute of Westminster* del 1931, che perfezionava e riconosceva l'indipendenza e la sovranità di quello Stato, stabiliva però che ogni revisione al *British North America Act* del 1867 (all'epoca, la costituzione del Canada) fosse di competenza del Parlamento britannico. Solo così, infatti, si riuscì a raggiungere un'intesa tra i delegati canadesi appartenenti a diverse nazionalità. Nel 1949, con il *British North Ame-*

rica Act n. 2, si dispose (v. art. 91) un "rimpatrio" del potere di revisione costituzionale al Parlamento canadese. Esso fu peraltro parziale in quanto talune materie, particolarmente delicate soprattutto dal punto di vista politico e federalistico, rimasero di competenza del Parlamento britannico. Si venne cosi a creare una costituzione con rigidità di diverso grado, finalizzata ad una mediazione con tutte le Province per salvare il delicato equilibrio federalistico. Tale modulo è stato poi ripreso con la legge costituzionale del 1982 che prevede ben cinque diverse procedure di revisione: 1) procedura ordinaria "*seven-fifty*" (art. 38); 2) procedura superaggravata (art. 41); 3) procedura per modifiche che incidono su alcune ma non tutte le Province (art. 43); 4) procedura che coinvolge solo il Parlamento federale (art. 44); 5) procedura riguardante le costituzioni provinciali (art. 45). In particolare, l'art. 38 (procedura ordinaria) stabilisce che la costituzione del Canada è modificabile con deliberazione del Parlamento federale (Senato e Camera dei Comuni), nonché dei legislativi di almeno 2/3 delle Province rappresentanti almeno il 50% dell'intera popolazione (le deliberazioni di revisione si traducono in una «autorizzazione alla promulgazione» da parte del Governatore generale).

L'art. 41 prevede invece una procedura speciale (c.d. "*amendment by unanimous consent*") per le modifiche che riguardano materie ritenute particolarmente rilevanti (e quindi superprotette), quali la Corona, il Governatore generale, l'aumento della rappresentanza provinciale alla Camera dei Comuni, la composizione della Corte Suprema e l'uso delle due lingue ufficiali, nonché la modificazione della stessa norma sulla revisione: in questi casi è necessaria la deliberazione sia delle due Camere federali che di tutte le Province. Se le modifiche incidono su alcune ma non su tutte le Province (incluse le modifiche dei confini territoriali o dell'uso dell'inglese e del francese nelle Province interessate), allora la procedura prevede la deliberazione del Parlamento Federale e dell'Assemblea legislativa di ciascuna Provincia interessata (art. 43). Vi sono poi modifiche che coinvolgono solo il Parlamento in relazione al Governo esecutivo del Canada nonché al Senato e alla Camera dei Comuni (art. 44). Infine, la modificazione delle costituzioni provinciali spetta al legislativo delle rispettive Province, a meno che non riguardi materie di cui all'art. 41 (art. 45). In tale quadro, risulta singolare la mozione approvata dalla Camera dei Comuni canadese nel novembre 2006 sull'annosa questione dell'indipendenza del Québec: esso viene difatti definito una «nazione in seno al Canada unito». Sebbene la mozione abbia valore squisitamente simbolico e, al massimo, politico, essa potrebbe costituire un primo passo verso un processo di riforma della carta costituzionale e della forma di Governo.

Altro esempio di rigidità variabile (ma sarebbe più esatto dire – con una brutta parola – di "decostituzionalizzazione"), è offerto dalle norme degli **statuti speciali della Valle d'Aosta e della Sardegna**, approvati con legge costituzionale e dunque modificabili solo a mezzo di tale fonte, ma con eccezione del c.d. statuto interno: infatti, a norma degli artt. 50, c. 3, St. Valle d'Aosta e 54, c. 4, St. Sardegna, sono modificabili con il procedimento semplificato di cui all'art.

123 cost. le norme degli statuti speciali nelle materie cui fa riferimento, per le Regioni ordinarie, lo stesso art. 123 cost.

3. Tipologie delle revisioni

3.1. Le revisioni totali

Discorso a parte meritano le **revisioni totali**, quelle, cioè, che investono l'intera costituzione (o gran parte di essa). Secondo una parte della dottrina, le revisioni costituzionali totali non sarebbero ammissibili, perché in realtà saremmo di fronte all'esercizio del potere costituente che non può per definizione svolgersi come potere costituito (Mortati): si è affermato che una revisione totale compiuta secondo le regole giuridiche in vigore sarebbe una contraddizione (Barile). Tuttavia (v. quanto rilevato alla sez. I), l'evoluzione del **costituzionalismo tende a disciplinare anche l'esercizio del potere costituente** e così talune costituzioni prevedono espressamente procedure di revisione totale. Del resto – anche a prescindere dalle costituzioni che prevedono espressamente la revisione totale – storicamente l'instaurazione di un nuovo ordinamento attraverso la procedura di revisione, e quindi in un quadro di legalità formale, è relativamente frequente, tanto da porre talvolta, caso mai, proprio il problema opposto di accertare se fra vecchio e nuovo ordinamento vi sia stata o no **rottura**. Basta richiamare la l. 10 luglio 1940 con la quale, formalmente rispettando il dettato dell'art. 8 della l. cost. 25 febbraio 1875, l'Assemblea Nazionale francese, riunita a Vichy, votò la revisione delle leggi costituzionali del 1875, dando al Maresciallo Pétain il potere di «*promulguer par un ou plusieurs actes une nouvelle constitution de l'État français*». Analogamente può dirsi per quanto riguarda il **passaggio dalla IV alla V Repubblica**: infatti, la *Loi constitutionnelle* del 3 giugno 1958 con la quale il Governo presieduto dal generale De Gaulle fu autorizzato, in deroga a quanto disposto dall'art. 90 della costituzione, a presentare un progetto costituzionale da sottoporre direttamente al referendum popolare, fu votata sia dall'*Assemblée Nationale* che dal *Conseil de la République* con il procedimento e con le maggioranze richieste dal medesimo art. 90. D'altro canto l'*Assemblée Nationale*, il 24 maggio 1958, e il *Conseil de la République*, il 19 luglio dello stesso anno, già avevano approvato delle risoluzioni nelle quali si dichiarava la volontà di procedere alla revisione della costituzione e, in particolare, dell'art. 90.

Anche la vigente **costituzione spagnola** è stata aggiornata nel pieno rispetto formale della procedura prevista dall'art. 10 della *Ley de sucesión*. In maniera analoga, il successo del referendum indipendentista in Montenegro del giugno 2006 ha condotto il Parlamento serbo a porre mano alla riforma integrale della propria carta costituzionale, secondo quanto stabilito dall'art. 73 della costituzione in vigore fino al 2006, sottoponendo il nuovo testo ad approvazione popolare, mediante referendum, e parlamentare a maggioranza dei 2/3 dei membri dell'Assemblea (il procedimento di revisione costituzionale è ora disciplinato dall'art. 203 cost.). Ancora, la riforma del 2005 della **costituzione cilena** (il cui esito può essere qui equiparato alla promulgazione di un nuovo testo costituzionale) è stata parimenti attuata mediante l'adozione degli emendamenti da parte di entrambi i rami del Parlamento a maggioranza qualificata dei 2/3, secondo il procedimento di cui al cap. XIV della costituzione del 1980.

Invero, nel dibattito se le revisioni totali costituiscano o meno esercizio del potere costituente si annida un **equivoco, nascente dalle due diverse letture di costituzione**. Se si concepisce la costituzione nel suo aspetto formale di norma sulle norme, e si vede il potere costituente solo come forza politica svincolata dal diritto, è chiaro che questo non è potere costituente. Se, invece, per costituzione si intende quella materiale, cioè un sistema ordinato attraverso un complesso di valori in cui si riconoscono le forze politiche e sociali prevalenti, è evidente che ove tale sistema venga alterato (sia pure con procedura prevista dalla norma sulle norme) siamo di fronte ad un procedimento costituente.

Il fatto è che vi sono costituzioni che prevedono la revisione totale, e pertanto non possiamo disconoscere questa nuova frontiera del costituzionalismo: di volta in volta, a seconda se tale potere "costituito" venga esercitato per alterare la costituzione materiale o no, potremmo anche parlare di potere costituente che però non si muove sul solo piano della politica e del fatto compiuto, secondo la concezione tradizionale di potere costituente: ad es. le nuove costituzioni dei paesi dell'Europa dell'Est sono state poste attraverso procedure costituite, ma hanno dato certamente luogo – a vedere la costituzione come sistema di valori – a procedimenti costituenti. In altre parole, è indubbio che di fronte a previsioni costituzionali di un procedimento idoneo all'instaurazione legale di un nuovo ordinamento, ci si trova di fronte a una vicenda normativa che è ben difficile ricondurre negli schemi sui quali, di fatto, siamo abituati a ricostruire il sistema delle fonti degli ordinamenti costituzionali contemporanei (F. Pizzetti). L'aspetto essenziale di tale vicenda, infatti, è che il **potere costituente originario** non si limita a disciplinare il potere costituito ma **giunge a disciplinare anche le modalità legali di formazione e di esercizio del potere costituente**, per tradizione e per definizione "originario".

La revisione totale è prevista dalle costituzioni di Svizzera (art. 193), Romania (art. 97 cost. 1938), Austria (art. 44, c. 3), Venezuela (art. 347), Costa Rica (art. 196), Olanda (art. 211), Bulgaria (art. 158), Spagna (art. 168), Paraguay (art. 289), Uruguay (art. 331), Nicaragua (art. 193), Perù (art. 177 cost. del 1828 e art. 32 cost. del 1993) ed era prevista ogni 25 anni dalla costituzione polacca del 1921. Si può parlare di revisione totale anche a proposito della costituzione della Federazione Russa, laddove prevede la modificabilità dei capitoli primo, secondo e nono (riguardanti proprio le *basic features* della costituzione, e per un totale di sessantasei articoli) attraverso la decisione dei 3/5 dei membri del Consiglio della Federazione (la Camera rappresentativa degli Stati) e della *Duma* (la Camera rappresentativa del popolo), che convoca un'Assemblea costituente, la quale può approvare una nuova costituzione con il voto dei 2/3 dei membri di tale Assemblea (se non raggiunge tale maggioranza la nuova costituzione è sottoposta a referendum) (v. art. 135).

La revisione totale richiede, di solito, procedure particolarmente complesse; altre volte, invece, non si distingue dalle procedure di revisione ordinarie: così in Argentina. Abbiamo già ricordato la procedura prevista dalla costituzione della Russia. Ancora più complessa la procedura stabilita dalla **costituzione spagnola**, la quale prevede in sequenza: a) l'approvazione della decisione (*aprobación del principio*) di procedere alla riforma a maggioranza dei 2/3 di ciascuna Camera; b) lo scioglimento delle Camere (*Cortes*); c) le Camere elette devono ratificare la decisione di revisione e procedere alla stesura del nuovo testo costituzionale, che dovrà essere approvato a maggioranza dei 2/3 da entrambe le Camere; d) dopo l'approvazione da parte delle Camere la revisione dovrà essere approvata con referendum (v. art. 168). Nella **costituzione svizzera** del 1999 (v. art. 193) la revisione totale richiede: a) la richiesta di centomila cittadini; b) oppure la richiesta di una delle Camere (Consiglio Nazionale e Consiglio degli Stati); c) una decisione dell'Assemblea federale; d) se la revisione è di iniziativa popolare (caso a) o se una delle due Camere non condivide l'iniziativa dell'altra (caso b), viene rimesso a referendum lo stabilire se la revisione totale debba aver luogo (c.d. valutazione preliminare); e) se il referendum ha esito positivo per la revisione, le Camere vengono sciolte, sicché saranno le nuove Camere a provvedere alla revisione totale; f) per entrare in vigore la costituzione revisionata deve essere accettata dalla maggioranza dei cittadini che partecipano alla votazione referendaria e dalla maggioranza dei Cantoni (art. 195): da tener presente che il risultato della votazione popolare in ciascun Cantone vale come voto del Cantone.

È sorta la **questione se la revisione totale incontri limiti impliciti**. Chi accosta al potere costituente la revisione totale, sostiene che limiti non ve ne possano essere. Ciò sarebbe confermato dalla costituzione spagnola, che prevede, attraverso la procedura superaggravata della revisione totale, la modificabilità del titolo preliminare (che esprime i principi fondamentali della costituzione: Stato sociale, Stato di diritto, sovranità popolare, Monarchia, pluralismo, ecc.), del titolo I, capitolo II (dedicato a "diritti e libertà"), del titolo II (che disciplina la Corona) e dunque i principi di fondo della costituzione (formale e anche materiale) sono sottoponibili a revisione. Sennonché proprio in Spagna (ma anche in Svizzera) molti Autori sostengono che la revisione totale incontri i limiti dei principi fondamentali (De Vega). La stessa tesi viene sostenuta anche a fronte di disposizioni costituzionali che prevedono la convocazione, in determinate circostanze, di assemblee costituenti (cost. Bulgaria, cost. Russia): a fronte cioè di organi deputati, per definizione, a dettare una nuova costituzione (Siegenthaler). Va detto peraltro che, se si segue la tesi per cui il potere costituente deve comunque restare nell'alveo dei principi del costituzionalismo, ciò a maggior ragione vale per il potere di revisione costituzionale totale. Del resto, l'esistenza di limiti espliciti e impliciti all'esercizio del potere di revisione costituzionale è stata anche recentemente riconosciuta da diversi giudici costituzionali (v. sent. 21 gennaio 2003 del *Tribunal Constitucional* peruviano e sent. 2 settembre 1992 del *Conseil constitutionnel* francese; *contra*, v. però sent. 26 marzo 2003 del medesimo *Conseil constitutionnel*).

Il tema della **revisione totale ha assunto particolare rilievo in Italia** negli anni '90. Di fronte alle diffuse e ampiamente sentite richieste di profonde revisioni costituzionali che investivano molti articoli della parte II della costituzione (dal Parlamento alle Regioni al Governo), da parte di molti si è chiesta la convocazione (a seguito – sia chiaro – di una legge costituzionale *ad hoc*) di una Assemblea costituente, eletta con sistema proporzionale. Anche perché – secondo un'autorevole tesi – la procedura di revisione costituzionale *ex* art. 138 non può investire interi "pacchetti" di riforme: potrebbe semmai investire singole disposizioni o al massimo gruppi di disposizioni strettamente collegate. Ciò in quanto il referendum successivo (anche se eventuale) deve attenersi a un tema omogeneo, altrimenti la volontà popolare in sede di giudizio referendario verrebbe a essere alterata (alla luce dei noti principi elaborati dalla giurisprudenza costituzionale in tema di limiti impliciti al referendum abrogativo *ex* art. 75 cost., che a maggior ragione valgono nel caso in esame). In altre parole, la revisione *ex* art. 138 cost. riguarda solo parziali e circoscritte modifiche della costituzione, ma non la "riforma" della costituzione. Si distingue appunto tra revisioni in senso proprio e riforme: le prime sono quelle che riguardano aspetti limitati; le seconde invece sono quelle che per la loro vastità, completezza e organicità, producono una rottura dell'equilibrio originario della costituzione e pertanto sarebbero da ritenersi illegittime. La maggioranza dei costituzionalisti respinge però la soluzione dell'Assemblea costituente perché, non essendo prevista dalla costituzione, si configura come la procedura tipica delle situazioni che emergono a seguito della caduta del sistema costituzionale in vigore e dunque avrebbe intanto il significato di depotenziare, se non svilire, l'attuale costituzione. Inoltre sarebbe singolare la presenza contemporanea di due Assemblee diverse: l'una eletta con sistema proporzionale e competente a definire, in misura più o meno ampia, le regole del sistema futuro, le altre due (Camere e Senato) elette con sistema maggioritario competenti a gestire insieme al Governo, il sistema esistente.

Come è evidente, tutti questi problemi nascono dall'**assenza di una disciplina costituzionale sulla revisione totale**, perché altrimenti le istanze di revisione di ampio respiro si sarebbero incanalate in una procedura *ad hoc*. Tanto che, già nella XI legislatura, la Commissione per le riforme istituzionali (c.d. "De

Mita-Iotti", dai nomi dei due presidenti che si susseguirono nell'incarico), composta da trenta senatori e trenta deputati, arrivò a formulare un progetto di legge costituzionale (l. cost. n. 1/1993) che poneva una procedura speciale di revisione della II parte della costituzione avente il suo fulcro nella c.d. "Commissione bicamerale per le riforme". In particolare, la l. cost. n. 1/1993 istituiva una procedura con carattere temporaneo e derogatorio *una tantum* rispetto all'art. 138 cost., poiché prevedeva la sottoposizione obbligatoria del futuro progetto al referendum popolare, allontanandosi così dalla lettera e dallo spirito dell'art. 138 cost. (ai sensi del quale il referendum è solo eventuale). Si trattava di un tentativo di profonda revisione costituzionale che venne però interrotto dagli eventi politici (lo scioglimento delle camere del 1994 e la conseguente riforma del sistema elettorale). Lo spirito della l. cost. n. 1/1993 fu tuttavia ripreso con la l. cost. n. 1/1997 che prevedeva un'analoga procedura di revisione della II parte della costituzione, incentrata sulla "Commissione parlamentare per le riforme costituzionali" composta di 35 deputati e 35 senatori, nominati rispettivamente dai Presidenti della Camera e del Senato, su designazione dei gruppi parlamentari, rispettando la proporzione esistente tra i gruppi medesimi (art. 1, c. 1). Anche in questo caso la procedura di revisione prevedeva una parziale deroga alle norme procedurali stabilite dalla costituzione e dai regolamenti parlamentari per l'approvazione di modifiche alla costituzione: in particolare, rispetto alla procedura stabilita dall'art. 138 cost., la l. n. 1/1997 prevedeva il referendum popolare confermatorio sulla legge di revisione costituzionale *non in via eventuale*, ma *in via necessaria*, entro tre mesi dalla pubblicazione (art. 4). Per la promulgazione della legge di revisione costituzionale era inoltre richiesta, a differenza di quanto previsto dall'art. 138 cost., non solo la sua approvazione dalla maggioranza dei voti validi, ma anche la partecipazione al referendum della maggioranza degli aventi diritto. Tuttavia anche questo tentativo di introdurre, tramite legge costituzionale, una procedura di profonda revisione costituzionale, era destinato a fallire per il disaccordo delle parti politiche riguardo a talune clausole fondamentali.

3.2. Le revisioni tacite

Le revisioni fin qui esaminate sono quelle **espresse**, con le quali cioè formalmente e secondo procedure costituite viene modificata la costituzione. Le modifiche della costituzione possono però avvenire anche in via tacita (per quanto da molti ciò venga contestato, perché in contrasto con le ragioni stesse della costituzione scritta).

Sono considerate tali quelle che avvengono in **via di evoluzione interpretativa** (Wheare). La costituzione è in continuo divenire, essendo soggetta come tutte le leggi, e anche molto di più, all'evoluzione dei costumi, del sentire sociale, della coscienza giuridica, dei rapporti internazionali, dei rapporti politici e così via. La costituzione è – come dicono gli americani – ciò che la Corte Suprema dice essere. Del resto la nostra Corte costituzionale più volte ha affermato la necessità di una **interpretazione** "**evolutiva**" del testo costituzionale (v. ad es. le sentenze nn. 173 e 174/1981; 225/1983; 151 e 153/1986; 183/1987).

Le costituzioni si modificano anche per effetto della **legislazione ordinaria**, laddove questa modifichi i termini di riferimento della legislazione positiva su cui si è fondato il costituente.

Si pensi poi alle leggi elettorali che sovente determinano effetti sulle forme di Governo e quindi sull'assetto costituzionale: come – secondo taluni Autori – è avvenuto recentemente in Italia.

Altre ipotesi di **modifiche tacite** sono quelle che trovano la loro origine in **consuetudini e convenzioni**. Emblematica in proposito l'esperienza norvegese dove, anche a causa della longevità del testo fondamentale (il più antico, dopo quello statunitense, ancora in vigore), il ruolo delle consuetudini e delle convenzioni costituzionali (come pure quello dell'interpretazione evolutiva) è di primaria importanza, avendo dato vita a rilevanti modifiche tacite mai trasfuse in revisioni formali del testo: si pensi alla introduzione, in via consuetudinaria, del funzionamento in senso parlamentare della forma di Governo, o al nascere e consolidarsi del sindacato diffuso di costituzionalità ad opera dei tribunali ordinari. Analogamente il ruolo meramente formale della Corona in Danimarca o la presenza del controllo diffuso di costituzionalità in Islanda sono espressione di consuetudini che hanno modificato tacitamente i rispettivi testi costituzionali.

Si deve tenere presente che, a fronte di consuetudini lunghe e rigide, lo spazio per la consuetudine è limitato: sono ammesse solo consuetudini integrative, cioè che precisano la costituzione o che colmano spazi vuoti, ma non in contrasto con la costituzione; lo stesso vale per le convenzioni costituzionali (v. sul punto cap. II, II, § 3 e 4).

3.3. Le revisioni conseguenti alla ratifica di trattati comportanti limitazioni di sovranità

Di **modifiche tacite** della costituzione (o meglio di modifiche che avvengono al di fuori della procedura dì revisione) si può parlare anche con riferimento alla **ratifica di trattati che incidono sulle competenze costituzionalmente costituite**. In particolare, l'istituzione dell'**ordinamento comunitario**, con correlativa attribuzione a organi dell'Unione Europea di funzioni legislative e giurisdizionali, ha senz'altro inciso sulla nostra costituzione, in quanto modifica le norme costituzionali in tema di esercizio della funzione legislativa e di monopolio statale della giurisdizione, e forse modifica anche la forma di Stato dei paesi membri (da molti definita "prefederale"). La **Corte costituzionale italiana** ha fondato la legittimità del sistema europeo sulla base dell'art. 11 della costituzione, ravvisando nel Trattato di Roma una piena rispondenza alle finalità indicate da tale norma. Dall'altro lato ha riservato all'ordinamento interno (attraverso il sindacato di costituzionalità) la verifica del rispetto da parte delle norme comunitarie dei principi fondamentali del sistema costituzionale italiano e, in particolare, dei diritti inviolabili della persona umana. Secondo la nostra Corte costituzionale, se pure vi sono decisioni o atti normativi che producono (dall'esterno) una limitazione della sovranità, sovrana resta la costituzione, tanto che l'operare nell'ordinamento interno degli atti comunitari deriva da un'autolimitazione prevista dalla costituzione stessa. Vero è che le limitazioni che subiscono i poteri sovrani dello Stato sono profonde e toccano il tessuto costituzionale, incidendo sulle fonti primarie (che vengono sostanzialmente degradate a fonti subprimarie) e sulla giurisdizione. Ma rimane salvo il nucleo essenziale dei valori costituzionali, il quale dà senso alla sovranità popolare all'interno dello Stato italiano e non può entrare nella quota di sovranità affidata all'Unione Europea.

In altri termini, il Trattato non impinge sulla "costituzione dei diritti" ma sulla "costituzione dei poteri" (che peraltro è strumentale alla tutela dei diritti).

Da ultimo però, a seguito delle rilevanti e progressive revisioni sia per il numero degli Stati aderenti sia per disciplina ed estensione di competenze che hanno investito l'originario Trattato di Roma (risalente al 1957), numerosi Stati hanno dato corso a revisioni costituzionali. In **Francia**, ad es., vi è stata una presa di posizione del *Conseil constitutionnel* secondo il quale l'autorizzazione a ratificare con legge il Trattato di Maastricht richiedeva la previa revisione della costituzione (v. la sent. 9 aprile 1992). A questa sentenza ha fatto seguito la l. cost. 25 giugno 1992, n. 92-554, che ha introdotto nella costituzione un nuovo titolo (XV) intitolato "Le Comunità Europee e l'Unione Europea", nel quale l'art. 88.2. stabiliva che «sotto riserva di reciprocità e secondo le modalità previste dal Trattato sull'Unione Europea firmato il 7 febbraio 1992, la Francia acconsente ai trasferimenti di competenze necessari per l'istituzione dell'Unione economica e monetaria europea, nonché per la determinazione delle regole relative alla liberalizzazione delle frontiere esterne degli Stati membri della Comunità europea». Successivamente, il Consiglio costituzionale ha ritenuto contrario alla costituzione l'art. 73, c. 2 del Trattato di Amsterdam del 1997, in quanto disciplinante una materia concernente le condizioni essenziali della sovranità nazionale: e ancora una volta si è dovuto dar luogo a una revisione costituzionale (dell'art. 88). Nel 2004, il *Conseil*, in sede di verifica di costituzionalità del "Trattato che istituisce una costituzione per l'Europa", ha ritenuto invece non necessarie modifiche della costituzione francese in conseguenza della ratifica dell'art. I-6 del medesimo Trattato (che disponeva esplicitamente il primato del diritto comunitario su quello nazionale). Ciò poiché il Trattato non sarebbe andato ad alterare la gerarchia delle fonti nel sistema giuridico francese, al cui apice rimane la costituzione (alle stesse conclusioni è giunto il Tribunale costituzionale spagnolo nel dicembre 2004). Diversa è stata invece la pronuncia del *Conseil constitutionnel* in merito al Trattato di Lisbona: nella sentenza del 20 dicembre 2007 (*Décision* n. 2007-560 DC), il Consiglio costituzionale ha infatti rilevato che la ratifica del Trattato di Lisbona, firmato il 13 dicembre 2007, «richiede una revisione costituzionale». Nel 2008 la Francia è dunque tornata a intervenire sul titolo XV della costituzione con la *Loi constitutionnelle* n. 2008-103 del 4 febbraio 2008 che ha modificato gli artt. 88.1 e ss. e che è entrata in vigore con l'entrata in vigore del Trattato di Lisbona. Dopo tale modifica, il nuovo art. 88.1 stabilisce che «La Repubblica partecipa all'Unione Europea, costituita da Stati che hanno scelto liberamente di esercitare in comune alcune delle loro competenze in virtù del Trattato sull'Unione Europea e del trattato sul funzionamento dell'Unione Europea, quali risultanti dal trattato firmato a Lisbona il 13 dicembre 2007» (il nuovo art. 88.2 riguarda invece il mandato di arresto europeo).

Anche la **Repubblica federale tedesca**, con legge di revisione costituzionale 21 dicembre 1992, ha modificato l'art. 23 GG. In Germania, peraltro, se l'integrazione europea ha richiesto un processo di adattamento del testo della costituzione, ciò non ha inciso in maniera fondamentale sul meccanismo del controllo di costituzionalità degli atti comunitari e dell'Unione, che la Corte costituzionale tedesca continua a ritenere di propria pertinenza. Si vedano, sul punto, le sentenze *Solange I* e *Solange II*, rispettivamente del 1973 e del 1976, e la decisione del 18 luglio 2005 sull'incostituzionalità del mandato di arresto europeo. A ogni buon conto, proprio l'introduzione di tale mandato d'arresto era stata a sua volta possibile grazie alla riforma del 2000 del divieto generale di estradizione per i cittadini tedeschi, previsto in origine dall'art. 16, c. 2, GG. In **Spagna** la procedura di revisione costituzionale del 21 dicembre 1992 ha riguardato la sola disciplina dell'eleggibilità dei cittadini comunitari ivi residenti. Anche taluni **Stati dell'Est** ammessi a entrare nell'UE hanno dato corso a revisioni costituzionali che hanno autorizzato la cessione all'Unione di parte di sovranità nazionale (ad esempio in Lettonia e Slovacchia). Nel 2005 in **Portogallo** è stato necessario derogare alla costituzione vigente (a mezzo di apposita legge costituzionale) per poter sottoporre a referendum popolare l'adozione del Trattato che istituisce una costituzione per l'Europa, stante l'impossibilità di sottoporre a referendum i trattati internazionali, sancita dall'art. 115 cost. In tal caso quindi, a rigore, la modifica in parola non sarebbe stata richiesta per ratificare il Trattato, ma si è resa necessaria come conseguenza della volontà politica di far esprimere il corpo elettorale sulla questione dell'adesione del paese alla "costituzione europea". Allo stesso modo in Francia, con la l. cost. n. 204/2005, da un lato, si sono eliminati gli ostacoli che impedivano la ratifica del Trattato, dall'altro, si è consentito lo svolgimento del referendum deliberativo, che si è tenuto il 29 maggio 2005 ed ha respinto l'adesione della Francia alla "costituzione europea" (il Trattato di Lisbona, invece, non è stato sottoposto a referendum ma è stato ratificato per via parlamentare, tramite l'approvazione delle due camere riunite in Congresso il 4 febbraio 2008).

4. L'eccesso di costituzionalizzazione

Il tema della revisione della costituzione ha dei punti di contatto con la materia costituzionale. Già si è avuto modo di notare che non esiste, nella costituzione, una **nozione ontologica di materia costituzionale, nel senso di materia riservata alla costituzione**. Non esiste nella costituzione flessibile, in quanto in essa la costituzione finisce per confondersi con i principi generali dell'ordinamento, con le tradizioni, con le istituzioni come prodotto complessivo della storia del popolo e anima del popolo stesso (si giunse, con V.E. Orlando, a identificare la costituzione nel sentimento politico, nella storia del risorgimento nazionale, in tutta la legislazione). Ma non esiste nemmeno nella costituzione rigida, in quanto ciò che la costituzione disciplina è un puro dato storico, e le svariatissime materie assunte a dignità costituzionale lo comprovano: si va dai valori postali (art. 88, c. 2, cost. Weimar), alle imposte sul tabacco e sulla birra (cost. Svizzera del 1874: v. rispettivamente artt. 41-*bis* e 41-*ter*). Un eccesso di costituzionalizzazione è ravvisabile anche nell'art. 111 della nostra costituzione, così come modificato dalla l. cost. 23 novembre 1999, n. 2, che giunge a disciplinare, per dare concretezza al principio del giusto processo, l'interrogatorio di persone che abbiano reso dichiarazioni a carico della persona accusata di un reato, con prescrizioni dettagliate tipiche semmai di un codice di procedura penale. Per meglio dire, non esiste una nozione complessiva di materia costituzionale, tale da identificare tutto ciò che *può* andare in costituzione; c'è, invece, una nozione di materia costituzionale minima o obbligatoria, sì da identificare ciò che *deve* andare in costituzione (secondo la teoria del costituzionalismo). Tale contenuto minimo in sostanza si rifà all'art. 16 della Dichiarazione dei diritti dell'uomo e del cittadino: norme a garanzia dei diritti fondamentali e pluralismo dei poteri sommi (il che comprende la regolazione delle relative competenze), che appunto configurano, la c.d. materia *tipica* della costituzione.

Nelle costituzioni di questo secolo, che sono pressoché tutte costituzioni lunghe, il problema del non raggiungimento dello *standard* minimo di contenuti perché possa parlarsi di costituzione, non si pone mai (altro naturalmente è il problema dell'effettività, cioè se davvero le garanzie sono praticate e se, a onta della formale ripartizione dei poteri, nei fatti non vi sia una concentrazione degli stessi; ma tale analisi fuoriesce dall'indagine giuridica, anche se la costituzione e le tecniche di difesa di questa sono finalizzati a che ciò non avvenga). Si pone, invece, il problema opposto: cioè dell'**eccesso di materie costituzionalizzate**, perché così si cristallizza l'ordinamento e si rischia di condizionare oltre modo il legislatore ordinario.

Chiaramente tale problema di eccesso non si pone, sul piano giuridico, di fronte al potere costituente, che è libero di esprimere la sua forza politica fondante verso la regolazione dei più vari settori. Il problema si pone, invece, per il potere costituito. Atteso che, attraverso le tecniche di revisione, la costituzione è emendabile, è possibile per tale strada ampliare *ad libitum* le materie costituzionali? Così facendo, determinate maggioranze – magari più o meno occasionali ancorché qualificate – potrebbero condizionare per lungo tempo la società e le istituzioni, sottoponendole a norme gerarchicamente superiori pur non essendo in discussione i poteri costituzionali o le garanzie dei diritti fondamentali, così come abbiamo riscontrato con riguardo alle recenti vicende ungheresi (*supra*, § 1.2). Il pericolo è ancora più grave laddove la revisione avviene (o può avvenire) senza referendum, e dunque senza ratifica popolare.

Per evitare questo rischio (che poi finisce anche per snaturare di significato la costituzione) molte costituzioni prevedono che le modifiche o le integrazioni alla costituzione debbono compendiarsi in **modifiche espresse del testo di essa** (v. art. 46 cost. Irlanda; art. 79, c. 1, GG; art. 287 cost. Portogallo; art. 141 cost. Olanda). Di modo che ogni modifica finisce con l'attenere a una materia già inserita nella costituzione, e dunque non si "costituzionalizzano" altre materie, oltre quelle individuate dal potere costituente (come invece è avvenuto in Messico, la cui costituzione del 1917 è stata interessata da oltre 350 emendamenti, molti dei quali riguardanti oggetti tipici di leggi ordinarie).

La regola estrapolabile da queste disposizioni, per cui **la costituzione, nella sua estensione, è quella dettata dal potere costituente**, può considerarsi un principio generale del costituzionalismo. Né è smentita dalla costituzione USA, che si modifica con "emendamenti" aggiuntivi, mentre il testo della costituzione rimane sempre invariato, anche se va letto in combinato con gli emendamenti, i quali rimangono in allegato alla costituzione pur se sono contraddetti da emendamenti successivi (come è avvenuto, ad es. per il XVIII emendamento sul proibizionismo, poi abrogato dal XXI emendamento, e poi anche con il XXIV emendamento, che perfeziona e integra il XV, che a sua volta integrava e perfezionava il XIV, tutti in tema di diritto di voto). Ciò deriva dalla considerazione "sacrale" e perciò "intangibile", quantomeno nella memoria, del testo dettato dai Padri costituenti. Testo che non viene perciò alterato né tantomeno cancellato, anche se è integrato con gli emendamenti, nonché con le consuetudini e con la giurisprudenza: ma per quanto riguarda il pericolo di eccesso di costituzionalizzazione, esso è frenato dalla complessità del procedimento di revisione della costituzione USA.

In **Italia** il problema dell'eccesso di costituzionalizzazione si pone anche perché la costituzione prevede, accanto alle leggi di revisione costituzionale (cioè che modificano espressamente la costituzione e dunque si pongono per definizione come integrazioni o al più sviluppo del testo costituzionale originario), la categoria delle leggi costituzionali (v. art. 138, c. 1), le quali seguono le stesse procedure delle leggi di revisione. Per quanto la questione sia controversa e anzi la maggioranza degli Autori sia propensa a ritenere che le leggi costituzionali si caratterizzino solo per la procedura aggravata, ma non avrebbero anche limiti di contenuto, essendo il frutto di valutazioni politiche delle Camere, e dunque costituirebbero una categoria "aperta", è da ritenere che le uniche leggi costituzionali ammissibili siano quelle espressamente previste dalla costituzione (v. ad es. artt. 71, 96, 116, 132, 137 e XI disp. trans.). In queste materie v'è, infatti, un'espressa previsione di **riserva di legge costituzionale**; se non v'è tale previsione, il ricorso alle leggi costituzionali si rivela del tutto irragionevole, per l'effetto di cristallizzazione e di vincolo che si verifica nei confronti del legislatore ordinario, deputato istituzionalmente a coprire tale materia (principio della preferenza della legge ordinaria). O al massimo, il ricorso alla legge costituzionale deve trovare fondamento in decisioni attinenti ai nuclei essenziali della costituzione dello Stato in considerazione di fatti o di emergenze non previste nella costituzione e dunque si configura come una "rottura" della costituzione (*infra*, § 5): così la l. cost. 3 aprile 1989, n. 2, che ha previsto un referendum di indirizzo sul conferimento di un mandato costituente al Parlamento Europeo, e ciò ai fini della trasformazione delle Comunità Europee in effettiva Unione, con evidente modifica dell'assetto costituzionale dello Stato e della stessa sovranità. Così ancora la l. cost. n. 1/1993, che aveva attribuito alla Commissione parlamentare per le riforme istituzionali (già istituita con deliberazioni della Camera dei deputati e del Senato della Repubblica del 23 luglio 1992), la funzione di elaborare un progetto organico di revisione costituzionale relativo alla parte II della costituzione (a esclusione della sezione II del titolo VI) dettando una procedura speciale per l'approvazione di tale revisione (v. artt. 1-3).

D'altra parte, laddove v'è un'**espressa previsione della categoria "legge costituzionale"**, come in Austria (v. art. 44), si è arrivati a una proliferazione di leggi costituzionali che ha finito per depotenziare la costituzione.

Proprio la distinzione della nostra costituzione tra leggi di revisione e leggi costituzionali, e il fatto che vi sia tutta una serie di riserve di legge costituzionale, inducono a ritenere che queste ultime abbiano una sfera di operatività relativa alle speciali indicazioni costituzionali o, al più, che siano utilizzabili per regolare interessi "sovraordinati" al contenuto tipico della costituzione – ed in tal caso si atteggiano come "rotture" della costituzione e non come semplici allargamenti della materia costituzionale.

Per contro, le leggi costituzionali tipizzate sono sottoposte non solo ai limiti delle leggi di revisione, ma anche ai limiti dei principi complessivi ricavabili dalle norme costituzionali afferenti al settore in cui operano (ad es., mentre la l. cost. di fusione di Regioni o di istituzione di nuove Regioni deve avvenire nel rispetto dei criteri di cui all'art. 131 cost. e lasciando inalterato l'ordinamento regionale, le leggi di revisione della costituzione potrebbero modificare i principi costituzionali dell'ordinamento regionale).

5. Deroga o rottura della costituzione

5.1. Deroga

La **deroga** è un istituto di carattere generale, in virtù del quale una determinata disposizione non trova applicazione, in via definitiva o temporanea, in presenza di determinate circostanze "derogatorie". La deroga quindi non determina, come la revisione, l'abrogazione o la sostituzione di una o più disposizioni costituzionali: **la costituzione rimane integra**, solo che determinate disposizioni sono sottratte al regime costituente ordinario e invece sottoposte a una normativa *ad hoc*, a carattere speciale e/o tendenzialmente limitata nel tempo.

5.2. Rottura

Con riguardo alle deroghe alla costituzione, peraltro, è invalsa l'adozione non già del termine deroga (che si usa comunemente con riguardo alla legge), bensì l'uso del termine "**rottura**" della costituzione (*Verfassungsdurchbrechung*), senza che il termine assuma alcuna connotazione negativa, come invece il senso comune lascerebbe intendere. Esso vuole solo descrivere, senza implicazione di disvalore, il fenomeno di circoscritta frattura dell'armonia della costituzione, che la deroga-rottura va a determinare.

Tipico esempio di rottura è la l. 1958 con cui il Governo presieduto dal generale De Gaulle fu incaricato di predisporre un progetto di riforma costituzionale, in deroga all'art. 90 cost. Nel nostro ordinamento possiamo richiamare la l. cost. n. 2/1989, che, in deroga all'art. 75 cost., ha consentito lo svolgimento di un referendum di tipo consultivo sull'Unione Europea (Caravita) e le ll. cost. nn. 1/1993 e 1/1997 che, in deroga all'art. 138 cost., prevedevano una particolare procedura di revisione della parte II della costituzione (*infra*, § 3.1).

Poiché **la rottura costituisce una modifica della costituzione** (di cui rappresenta una *species* – come abbiamo visto – per il contenuto e per gli effetti circoscritti), essa si compie nelle forme procedurali della revisione ed è soggetta, tendenzialmente, agli stessi limiti, espressi o taciti, talché, ad es., non può mai giungere a sacrificare i diritti inviolabili, nella misura in cui non sono sottoponibili a revisione.

5.3. Autorottura

In alcuni casi le stesse costituzioni impongono o facoltizzano espressamente discipline derogatorie.

Nella prima ipotesi si parla di "**autorottura**", come ad es. nel caso della XII e XIII disposizione transitoria e finale della costituzione italiana, che vietano la riorganizzazione, sotto qualsiasi forma, del disciolto partito fascista (in deroga all'art. 49 cost.) e introducono vari limiti al diritto del voto, all'accesso alle cariche pubbliche, all'ingresso e al soggiorno nel territorio nazionale dei membri di Casa Savoia, nonché dispongono l'avocazione allo Stato dei beni esistenti sul territorio nazionale degli ex re di Casa Savoia, delle loro consorti e dei loro discendenti maschi. Da avvertire che, per effetto dell'art. 1, l. cost. 23 ottobre 2002, n. 1, che ha dichiarato inefficaci i cc. 1 e 2 della XIII disp. trans. e fin., è rimasto in vigore solo il c. 3, relativo all'avocazione dello Stato dei beni dei Savoia (e alla nullità dei contratti di trasferimento relativi a tali beni stipulati dopo il 2 giugno 1946).

5.4. Rottura autorizzata

Nella seconda ipotesi, cioè quando le costituzioni facoltizzano la deroga, siamo in presenza di **rotture "autorizzate"**: v. ad es. l'art. 116, c. 3, della cost. italiana (così come modificato dall'art. 2, l. cost. 18 ottobre 2001, n. 3) che consente di attribuire alle Regioni ordinarie forme e condizioni particolari di autonomia in determinate materie, con leggi approvate dalla Camera a maggioranza assoluta dei componenti, sulla base di intesa tra lo Stato e la Regione interessata, nonché, ancora, la XII disp. trans. e fin che prevede, per un quinquennio, la possibilità di limitare con legge il diritto di elettorato attivo e passivo dei «capi responsabili del regime fascista» (v. c. 2) o l'art. 80, c. 3, GG che consente, in deroga a quanto stabilito da altra disposizione costituzionale, l'applicazione di decreti legislativi (sullo stato di difesa) sulla base di decisioni prese da un organo internazionale nel quadro di un Trattato di alleanza.

5.5. Sospensione

La **sospensione** della costituzione costituisce una figura affine alla rottura, anzi talvolta di difficile distinzione (si pensi ad es. a una disposizione che proroghi i poteri del Parlamento oltre la scadenza della legislatura, al di fuori dei casi previsti dall'art. 60 cost. it.).

Gli elementi differenziatori di questo istituto rispetto alla rottura sono rappresentati dalla necessaria **temporaneità** (mentre nella rottura è solo eventuale) e dall'**incidenza estesa all'efficacia di tutta o di parte della costituzione**. Si ha, infatti, sospensione ogniqualvolta l'intera carta costituzionale o, più frequentemente, determinate disposizioni costituzionali, concernenti in genere il riparto delle attribuzioni tra i vari organi e le garanzie delle libertà fondamentali, vengono provvisoriamente rese inefficaci per fronteggiare situazioni di crisi interna o internazionale (stato di guerra, d'assedio, di crisi, di emergenza, di eccezione, ecc.), mediante l'instaurazione di un ordinamento o regime detto anch'esso di emergenza (o di crisi, di eccezione, ecc.).

Così come nell'antica Repubblica romana, *in asperioribus bellis aut in civili motu difficiliore*, si provvedeva alla nomina del *dictator*, oggi, dinanzi all'aggressione in atto o minacciata da parte di potenze straniere, a insurrezioni o stati di disordine interno, e anche a calamitosi eventi naturali (terremoti, cataclismi, epidemie) che possano pregiudicare la stabilità del sistema costituzionale, salvo rare eccezioni (ad es. l'art. 187 cost. Belgio, che vieta esplicitamente la sospensione totale o parziale della costituzione stessa), gli ordinamenti prevedono o comunque consentono in via implicita la temporanea paralisi delle regole ordinarie, in funzione di estrema difesa dello Stato. Anche ove le carte costituzionali difettino di disposizioni *ad hoc*, è opinione comune che la situazione di emergenza legittimi *ex se* l'adozione di misure eccezionali, il cui fine sia quello di assicurare la conservazione dello Stato e che appunto mettono da parte la stessa costituzione.

La **giustificazione** della sospensione della costituzione viene rinvenuta o nel **principio di necessità** che assurge in tal modo a **fonte di diritto**, operante quando il sistema delle fonti di produzione disciplinato dalla costituzione non è più sufficiente ad assicurare la difesa delle istituzioni, oppure ancora nel principio di necessità, non come fonte, ma come **mera *occasio*** nella quale i fini fondamentali che compongono la c.d. costituzione materiale acquisiscono essi stessi forza normativa, forgiando gli istituti necessari alla sopravvivenza dell'ordinamento. La costituzione viene disattesa in nome di se stessa: essa viene conservata proprio ricorrendo a un regime eccezionale e derogatorio. Si fa cioè richiamo al **principio di conservazione dell'assetto costituzionale**, che per definizione non può essere contrario a misure finalizzate alla sua tutela.

Inutile dire che la "autolegittimazione" del potere conseguente all'applicazione del principio di necessità e di quello di conservazione comporta rischi gravissimi per l'ordine costituzionale, potendo facilmente degenerare in un colpo di Stato. Ciò, ad es., è quanto è accaduto nella Repubblica di Weimar, in quanto fu proprio un decreto per la protezione del popolo e dello Stato emanato ai sensi dell'art. 48 della costituzione dal Presidente del *Reich* il 28 febbraio 1933 (dopo l'incendio dell'edificio del *Reichstag* a Berlino avvenuto nella notte del 27 febbraio) ad aprire la porta alla dittatura nazionalsocialista.

È questa la ragione per cui la maggior parte delle costituzioni tende, in diversa misura e con una notevole varietà di soluzioni, a **regolamentare gli stati di emergenza**, disciplinando i presupposti, i soggetti istituzionali competenti, i controlli su di essi, i limiti e le modalità di esercizio dei poteri, gli effetti normativi, non solo al fine di assicurare un'adeguata risposta organizzativa alle situazioni di emergenza, ma anche allo scopo di prevenire i pericoli di eversione connessi al regime (o ordinamento) di emergenza.

Mentre le costituzioni monarchiche del XVIII e del XIX secolo prevedevano, in situazioni di crisi, la riappropriazione di pieni poteri da parte del Sovrano (cc.dd. "**clausole di salvaguardia dell'assolutismo**": v. ad es. la costituzione austriaca del 1867, art. 14), nelle costituzioni contemporanee, si assiste a una progressiva razionalizzazione degli stati di emergenza, al fine di sottoporre l'inevitabile concentrazione di poteri in capo ad un organo costituzionale, c.d. "**dittatura costituzionale**" o "**commissariale**". La dittatura nel senso comune del termine consiste in un'assunzione di tutti i poteri in capo a un solo soggetto e in via permanente (cap. IV, § 6). La dittatura costituzionale ha invece natura transitoria, è finalizzata a difendere la costituzione, è sottoposta a limiti e controlli anche se i poteri attribuiti al dittatore – cioè all'organo che in quello specifico ordinamento assume i poteri d'emergenza – possono giungere a limitare le ordinarie garanzie costituzionali a garanzie procedurali e a controlli tali da scongiurare tentazioni golpiste o, comunque, un'eccessiva compressione delle libertà fondamentali. Un'ulteriore linea evolutiva, manifestatasi però solo in alcuni ordinamenti, è rappresentata dall'accentuazione, in questi casi, del ruolo del Parlamento rispetto al "naturale" espandersi dalle funzioni dell'Esecutivo (*infra*, § 6).

Resta però il fatto che le **situazioni di emergenza e di crisi** sono per definizione imprevedibili nella loro portata, e dunque anche la razionalizzazione in sede costituzionale delle misure anticrisi non può non avere lacune, di fronte alle quali si ricorre ancora al principio della conservazione della costituzione e a quello di necessità. E anzi l'eccessiva razionalizzazione finisce per dare carattere di normalità all'emergenza: in proposito l'esperienza di taluni Stati latino-americani è significativa. Interessante è anche quanto avvenuto in Egitto a partire dal 2007. Nell'aprile del 2007, ha avuto luogo una riforma costituzionale quantomeno ambigua. Essa infatti, da un lato doveva condurre all'abrogazione dello stato di emergenza in vigore nel paese dal 1981 (assassinio del Presidente Sadat), che di fatto aveva concesso alle pubbliche autorità poteri straordinari in materia di sicurezza (arresti arbitrari e ricorso a tribunali speciali militari), dall'altro, conteneva un articolo, l'art. 179, che demandava la disciplina dello stato di emergenza a un'apposita legge antiterrorismo la quale ha introdotto il potere di sospendere gli articoli che sancivano le garanzie di libertà individuale e il potere del Presidente di sottoporre gli accusati di crimini legati al terrorismo al giudizio di tribunali speciali. Ciò ha portato alcuni a ritenere tali modifiche come recanti una vera e propria "normalizzazione dell'emergenza" nel paese, per di più espressamente prevista dalla carta fondamentale e non più solo con mera legge straordinaria. Peraltro, a giugno 2008, il Parlamento egiziano, dietro pressioni del Governo, ha varato un'estensione dello stato di emergenza di altri due anni (fino ad aprile 2010), al termine dei quali lo stato di emergenza è stato ulteriormente prolungato fino al 2012. Il quadro è tuttavia completamente mutato alla luce dei tormentati eventi successivi: dapprima, a gennaio-febbraio

2011 con la c.d. "rivoluzione del loto" che ha portato all'approvazione, tramite referendum tenutosi il 19 marzo 2011, di una serie di emendamenti della costituzione tra i quali l'eliminazione dell'art. 179 cost. e la modifica dell'art. 59 cost. sullo stato di emergenza (in particolare, ai sensi di tale articolo, era previsto che lo stato di emergenza, non potesse avere una durata superiore ai sei mesi e potesse essere prolungato solo se l'estensione fosse stata approvata dal popolo tramite referendum); poi, a seguito del golpe militare del 2013 che ha visto innescare un nuovo processo di revisione sfociato nel referendum del 14-15 gennaio 2014 con cui è stata approvata la vigente costituzione egiziana, all'art. 154 è stata introdotta la nuova disciplina sui poteri d'emergenza (in forza della quale è il Presidente della Repubblica che decreta e dichiara lo stato d'emergenza, il quale entro i successivi sette giorni deve essere sottoposto a ratifica dalla Camera dei deputati da disporre a maggioranza assoluta e comunque per un periodo determinato non superiore ai tre mesi, salvo proroga – per ulteriori tre mesi – deliberata a maggioranza dei due terzi).

6. Lo stato di crisi

Va premesso che l'esame comparativo delle costituzioni evidenzia una notevole varietà di soluzioni. L'analisi, inoltre, non può limitarsi ai testi costituzionali, poiché la **disciplina dei regimi di crisi è spesso contenuta** (*in toto* o a completamento delle scarne previsioni costituzionali) **in leggi ordinarie**. Una tendenza comune è però individuabile nell'accentuazione, dinanzi alla richiesta di "Governo" che si pone nelle situazioni di emergenza, dei poteri operativi dell'organo più attrezzato per capacità decisionali e disponibilità di mezzi a fornire una risposta adeguata, e cioè dell'Esecutivo.

6.1. Disciplina

Ciò è particolarmente evidente in un ordinamento presidenziale a esecutivo monista come quello degli **Stati Uniti**, in cui neanche la previsione costituzionale di una specifica competenza del Congresso in ordine alla dichiarazione di guerra e all'impiego della milizia «per dare esecuzione alle leggi dell'Unione, per reprimere le insurrezioni o per respingere le invasioni» (v. art. 1, sez. 8) ha impedito l'affermazione del *presidential war-making power* e degli *emergency powers* di pertinenza anch'essi del Presidente. Poteri che consentono, per opinione pacifica, deroghe temporanee alla costituzione. In tal quadro il *War Powers Act* del 1973 è un tentativo (peraltro contestatissimo dal Presidente che oppose il veto e che lo considerò incostituzionale) di limitare lo "strapotere" presidenziale, imponendo un obbligo di informazione del Congresso per ogni operazione bellica e l'acquisizione del consenso parlamentare in caso di protrazione dell'impiego di forze armate oltre sessanta giorni. Del pari, il *National Emergencies Act* del 1976 e l'*International Emergency Economic Powers Act* del 1977 confermano l'ampiezza dei poteri presidenziali, assegnando alle Camere un ruolo collaterale. Tali poteri di guerra, peraltro, sembrano essere stati esercitati dal Presidente USA anche al di fuori del mandato ricevuto dal Congresso, come recentemente stabilito dalla Corte Suprema americana nel caso *Hamdam* v. *Rumsfeld* (2006), a proposito dell'introduzione, mediante regolamenti presidenziali e del Dipartimento della difesa, di un sistema penale speciale (basato sulle *Military Commissions*) di lotta al terrorismo. La censura della suprema corte ha infine portato all'adozione, da parte del Congresso, del discusso *Military Commissions Act 2006*.

Particolarmente accentuati – per non dire di più – sono i poteri presidenziali nelle situazioni di crisi secondo le costituzioni degli **Stati latino-americani**: si considerino, ad esempio, l'art. 137 cost. Perù (invocato dal Presidente peruviano Alejandro Toledo nel proclamare lo stato d'emergenza nel maggio 2003) e l'art. 213 cost. Colombia. In Colombia, peraltro, una coraggiosa sentenza della Corte costituzionale del 2003 ha tentato di riequilibrare l'esercizio dei poteri presidenziali: la Corte ha invalidato l'atto di proroga dello stato di sommossa interna, emanato dal Presidente, per via della mancata preventiva richiesta al Senato di un parere sull'iniziativa, come stabilito dallo stesso art. 213 cost. e dalla *Ley estatutaria de los estados de excepción* del 1994.

Il rafforzamento dei poteri del Capo dello Stato non è comunque esclusivo degli ordinamenti a tendenza presidenziale. Ad es. anche l'art. 48 della costituzione di **Weimar** prevedeva l'assunzione di poteri amplissimi da parte del Presidente del *Reich*, il quale, quando fossero «gravemente turbati o compromessi» la sicurezza o l'ordine pubblico, poteva prendere le «misure necessarie per ristabilirli», facendo ricorso alle forze armate e alla sospensione temporanea dei diritti di libertà. La concentrazione del potere era, pertanto, assoluta e aperta a soluzioni non giuridicamente prevedibili, anche se il Presidente aveva l'obbligo di portare a conoscenza del *Reichstag*, senza indugio, le misure adottate e di revocarle, se richiesto (ma per la debolezza dell'Assemblea ciò accadde solo in un'occasione).

Negli ordinamenti a esecutivo dualista, tipici delle forme di Governo parlamentare e semipresidenziale, il rafforzamento dell'esecutivo può riguardare tanto il Capo dello Stato quanto il Governo.

Ad es. è fortemente accentrato sulla figura del Presidente l'ordinamento d'emergenza disciplinato dalla costituzione francese della **V Repubblica**. L'art. 36, infatti, affida alla competenza del Consiglio dei Ministri la decretazione dello stato d'assedio, ma trattasi di una situazione i cui poteri di eccezione sono disciplinati con legge, che conserva integri tutti i diritti garantiti dalla costituzione. Invece l'art. 16 assegna al Presidente, senza controfirma ministeriale, sia la dichiarazione dello stato di crisi in caso di minaccia grave e immediata alle istituzioni, all'indipendenza e all'integrità territoriale della Nazione, all'esecuzione degli impegni internazionali (previa consultazione del Primo ministro, dei Presidenti delle Assemblee legislative e del Consiglio costituzionale), sia l'adozione delle contromisure, anche *extra ordinem*, richieste da tali circostanze: De Gaulle vi fece ricorso per ben diciotto volte nel 1961 durante la guerra d'Algeria, arrivando anche a sospendere il principio di inamovibilità dei magistrati garantito dall'art. 64 cost. Fino alla revisione costituzionale del 2008, l'unico contraltare al potere del Presidente era rappresentato dal fatto che il Parlamento rimaneva convocato di diritto e l'Assemblea Nazionale non poteva essere sciolta, sì che, in caso di abuso dei poteri presidenziali, poteva essere intrapresa la procedura di messa in stato di accusa per alto tradimento (procedura che è stata sostituita nel 2007 con quella di destituzione a causa di «inadempimento dei doveri presidenziali incompatibile con l'esercizio del mandato», v. art. 68 cost. come modificato dalla *Loi constitutionelle* n. 2007-238 del 23 febbraio 2007).

Con la *Loi constitutionelle* n. 2008-724 del 23 luglio 2008 sulla modernizzazione delle istituzioni, invece, al fine di limitare il potere del Presidente, è stato introdotto all'art. 16 un nuovo comma (c. 6) ai sensi del quale, dopo trenta giorni dall'inizio dell'esercizio dei poteri eccezionali, il Presidente dell'Assemblea nazionale, il Presidente del Senato, sessanta deputati o sessanta senatori possono adire il *Conseil constitutionnel* affinché esso valuti se permangono le condizioni per la dichiarazione dello stato di crisi. Il *Conseil* deve pronunciarsi il prima possibile tramite avviso pubblico. Passati sessanta giorni dall'inizio dello stato di eccezione il *Conseil* procede "a pieno diritto" a tale verifica e, nel caso di estensione dello stato di crisi oltre sessanta giorni, esso può valutare l'effettivo permanere delle minacce che rendono necessari i poteri eccezionali in qualsiasi momento di propria iniziativa. In via del tutto particolare, l'ordinamento francese riconosce un terzo strumento derogatorio delle libertà costituzionali, ovvero l'*état d'urgence*, previsto e regolato da una legge ordinaria del 1955, modificata da ultimo a maggio del 2011. Lo stato d'urgenza può venire dichiarato dal Governo (con decreto del Consiglio dei Ministri) per un periodo non superiore ai dodici giorni, prorogabili dall'Assemblea nazionale con legge ordinaria, che specifichi però la durata dell'emergenza. Lo stato d'urgenza è stato, da ultimo, decretato tra il novembre 2005 e il gennaio 2006 per reprimere i gravi disordini accaduti nella *banlieue* parigina.

Tra le ultime carte costituzionali adottate in paesi a ordinamento presidenziale, la costituzione afgana del 2004 (art. 144) prevede esplicitamente che il Presidente, durante lo stato d'emergenza, possa trasferire parte dei poteri propri del Parlamento al Governo.

Nelle **forme di Governo parlamentari** tende, comunque, a prevalere la posizione del Governo, in via esclusiva (v. ad es. art. 119 ss. cost. Turchia; art. 28

cost. Irlanda) o con la concorrente competenza, di intensità variabile, del Capo dello Stato. Paradigmatici sono ad es. gli artt. 78 e 87 della costituzione italiana relativi allo stato di guerra, il quale è deliberato dalle Camere, dichiarato dal Presidente della Repubblica e "gestito" (previo conferimento dei necessari poteri da parte del Parlamento) dal Governo. Un controllo presidenziale è previsto anche sui decreti legge a cui può ricorrere il Governo in casi straordinari di necessità e di urgenza ai sensi dell'art. 77 cost., al quale la dottrina più autorevole (Esposito) riferisce la disciplina applicabile nei casi di emergenza interna, sino a consentire la sospensione di taluni diritti garantiti in costituzione. Va, peraltro, ricordato che sono ancora formalmente in vigore gli articoli del Testo unico di pubblica sicurezza del 1931 (r.d. 18 giugno 1931, n. 773, art. 214 ss.) che disciplinano lo stato d'assedio, nelle due figure di intensità crescente dello stato di pericolo pubblico e dello stato di guerra interna, e che prevedono un potere di ordinanza c.d. "libera" (e cioè *extra ordinem*) del Ministro dell'Interno e l'assunzione di poteri, anche normativi, da parte dell'autorità militare. Tali disposizioni, quantomeno nelle parti in cui consentono limitazioni a diritti costituzionalmente garantiti, sono però da ritenere incostituzionali. Tra le costituzioni più recenti, la costituzione serba del 2006 affida ampi poteri all'Assemblea nazionale durante periodi di emergenza (art. 200 cost.): è l'Assemblea che dispone sulle eventuali misure derogatorie da prendersi e, solo nel caso essa non riesca a riunirsi, la decisione sulle medesime misure passa a: 1) Presidente della Repubblica, Presidente del Parlamento e Primo Ministro insieme; 2) Governo e Presidente della Repubblica (co-firmatario) nel caso le misure da prendersi riguardino i diritti dell'uomo o dei minori.

Un caso a parte, per le peculiarità di tale ordinamento, è rappresentato dalla **Gran Bretagna**, nella quale il Primo ministro, in situazioni di crisi, cumula l'esercizio delle *royal prerogatives* previste dalla *common law* con la titolarità degli *statutory powers* conferitigli con leggi *ad hoc* del Parlamento (ad es. gli *Emergency Powers Defence Act* del 1939 e del 1940).

6.2. Le competenze dei Parlamenti in regime di crisi

Va infine messo in risalto come abbiano acquisito maggior ampiezza, nelle esperienze costituzionali più recenti, le competenze parlamentari.

Non intendiamo riferirci alle funzioni di controllo politico che, nei sistemi fiduciari, i Parlamenti esercitano nei confronti dell'esecutivo e che non vengono meno neanche negli ordinamenti di emergenza. Infatti, persino nelle ipotesi di autoassunzione da parte del Governo dei poteri d'eccezione, come ad es. è accaduto nell'Italia statutaria per reprimere disordini popolari, l'assenza di una successiva ratifica parlamentare era da intendersi come tacito consenso all'operato del Governo.

Ci si vuol piuttosto riferire al **ruolo attivo a cui sono chiamati i Parlamenti**, ad es. conferendo al Governo i poteri necessari (art. 78 cost. it.) o autorizzandolo a dichiarare lo stato di eccezione (art. 116, c. 3, cost. Spagna che affida al Governo la dichiarazione dello stato di eccezione tramite decreto deciso dal Consiglio dei Ministri e previa autorizzazione del *Congreso de los Diputados*); o deliberando lo stato di assedio (art. 116, c. 4, cost. Spagna secondo cui lo stato di assedio è dichiarato dal *Congreso de los Diputados* a maggioranza assoluta su esclusiva proposta del Governo). Si veda anche l'art. 80 GG, che attribuisce al Parlamento il potere di dichiarare, a maggioranza dei 2/3, l'entrata in vigore dello stato di tensione e di annullare i provvedimenti governativi o sottoporli ad approvazione entro un determinato tempo, a pena di perdita di efficacia (come in Gran Bretagna nei riguardi degli *orders in council* emessi, rispettivamente, in tempo di guerra e in caso di emergenza interna; e, limitatamente al secondo profilo, in Italia relativamente ai decreti legge emanati ai sensi dell'art. 77 cost.); art. 103 cost. Paesi Bassi, che demanda al Parlamento la concreta disciplina e durata dell'emergenza. Analogamente la costituzione portoghese affida al Parlamento (Assemblea della Repubblica) il compito di autorizzare e confermare la dichiarazione dello stato di polizia e dello stato di emergenza (il problema principale dello stato di emergenza non è però quello della competenza e delle procedure, bensì quello del contenuto e dell'estensione delle limitazioni ammissibili).

6.3. Contenuti e limiti della sospensione in regime di crisi

Una volta acclarato che, o per disposizione espressa o in applicazione del principio di conservazione della costituzione, è sempre possibile la **dichiarazione dello stato di emergenza e di crisi**, con la connessa istituzione di un regime di sospensione o di affievolimento dei diritti, il problema di fondo è quello di stabilire i **limiti di tale regime**.

La costituzione **portoghese** (art. 19) è particolarmente dettagliata sul punto: stabilisce i presupposti per la dichiarazione dello stato di polizia e dello stato di emergenza («soltanto nei casi di aggressione effettiva e imminente di forze straniere, di grave minaccia o perturbazione dell'ordine costituzionale democratico o di calamità pubblica»); il rispetto del principio di proporzionalità, dovendosi le misure poste in essere limitare «con particolare riferimento alla loro estensione e durata e ai mezzi utilizzati, a quanto è strettamente necessario al pronto ristabilimento della normalità costituzionale». È altresì previsto l'obbligo di dichiarazione di contenuto dello stato di crisi e di emergenza, ovvero «l'obbligo di motivazione e l'obbligo di specificazione dei diritti, delle libertà e delle garanzie il cui esercizio rimane sospeso». Infine si stabilisce che «la dichiarazione dello stato di polizia e dello stato di emergenza in nessun caso può intaccare i diritti alla vita, all'integrità personale, alla identità personale, alla capacità civile e alla cittadinanza, la irretroattività della legge penale, il diritto alla difesa degli imputati e la libertà di coscienza e di religione» e che «la dichiarazione dello stato di polizia o dello stato di emergenza può alterare la normalità costituzionale soltanto nei termini previsti nella costituzione e nella legge e non può invalidare l'applicazione delle regole costituzionali relative alla competenza e al funzionamento degli organi sovrani e di Governo delle Regioni autonome o i diritti e le immunità dei rispettivi titolari».

Analogamente l'art. 37 cost. **Sud Africa**, nel disciplinare lo stato di emergenza, elenca i diritti non derogabili (eguaglianza, dignità umana, vita, libertà dell'individuo, e altro ancora). Anche la costituzione della Rep. dem. del Congo del 2005 (art. 61) impone i limiti espliciti alle misure derogatorie da adottarsi; così anche la costituzione serba del 2006 (art. 202) e quella dello Swaziland del 2003 (art. 38). La **costituzione spagnola** (v. art. 55), invece, elenca positivamente quali sono i diritti sospendibili quando venga dichiarato lo stato d'assedio o lo stato di eccezione. Lo stesso elenco tassativo è previsto nella costituzione afgana del 2004 (art. 145). Una descrizione, invero assai minuziosa, delle misure adottabili durante lo stato di assedio in deroga alle normali garanzie è stabilita dall'art. 139 cost. **Brasile** e dall'art. 123 cost. **India**: in applicazione di tale ultima disposizione, un'ordinanza presidenziale dell'ottobre 2001 ha introdotto una serie di deroghe al diritto di difesa, alle garanzie delle libertà personali, al diritto dal giudice naturale, ed è stata introdotta la pena di morte. Da ultimo, va precisato che vi sono costituzioni che non prevedono la deroga o la temporanea sospensione di diritti costituzionalmente garantiti neppure durante lo stato di emergenza: si vedano, ad esempio, le costituzioni di Ungheria e Romania. Talvolta, poi, come nel caso della Polonia, si prevede solamente una parziale limitazione all'esercizio di taluni di essi (art. 233 cost.).

Di norma però le costituzioni prevedono **disposizioni del tutto generiche**, oppure rinviano alla legislazione ordinaria (così anche la costituzione spagnola per le sospensioni non generalizzate, ma relative a persone determinate – v. art. 55, c. 2 – e la cost. irachena del 2005, art. 58, c. 9). Comunque, anche quando sono indicati i diritti sospendibili, resta da vedere se la sospensione può giungere a incidere sul contenuto minimo di tali diritti. In pratica, i limiti della sospensione alle garanzie costituzionali sono tracciati dalla legislazione ordinaria e dalla giurisprudenza.

Ma ancora più degno di nota è il fatto che, nell'esperienza più recente, si suole prescindere anche dalla **dichiarazione formale dello stato di emergenza** e di tensione. Questo avviene soprattutto per non dichiarare ufficialmente la situazione di emergenza. Ciò malgrado si dà luogo, per effetto della legislazione ordinaria, a limitazioni delle garanzie. In materia è significativa l'**esperienza degli USA**.

In tale paese, accanto alle previsioni costituzionali (v. art. 1, sez. 9, che prevede la sospensione dell'*habeas corpus* quando lo esige la sicurezza pubblica in caso di ribellione o di invasione, e il V emendamento, che esclude le garanzie di difesa ai militari in tempo di guerra o di pericolo pubblico), la legislazione ordinaria ha introdotto notevoli limitazioni ai diritti garantiti in costituzione. Quelle introdotte durante le due guerre mondiali hanno avuto l'avallo della Corte Suprema, mentre, di recente, in un buon numero di casi, la stessa Corte si è pronunciata in maniera avversa ai provvedimenti adottati dal Governo USA nella c.d. "guerra al terrorismo". Le intense limitazioni ai diritti civili, introdotte dopo gli eventi dell'11 settembre 2001 (ad es. con gli *USA Patriot Acts I* e *II*), hanno sollevato un acceso dibattito, soprattutto per le ridotte garanzie di difesa e le restrizioni alle libertà personali imposte ai cittadini stranieri e per l'ampia facoltà di intercettazione delle comunicazioni (specie di quelle elettroniche) in contrasto con il IV emendamento.

Alle proteste avanzate da organizzazioni per la difesa dei diritti civili avverso il regime speciale creato dall'amministrazione USA per giudicare i prigionieri stranieri catturati all'estero e detenuti nella base americana di Guantanamo (nell'isola di Cuba) si sono aggiunte pronunce delle corti statunitensi sui limiti ai poteri di guerra conferiti dal Congresso al Presidente e sulle possibili restrizioni al meccanismo di *habeas corpus* per i prigionieri. In proposito, alcune **decisioni della Corte Suprema** del 2004 e del 2006 hanno progressivamente sancito: a) l'estensione dell'*habeas corpus* ai prigionieri di **Guantanamo**; b) la competenza delle corti federali a pronunciarsi sulle istanze *de quibus*; c) la necessità di un bilanciamento tra il diritto alla libertà dei civili statunitensi internati e le esigenze di sicurezza federale; d) l'applicabilità ai prigionieri delle garanzie minime previste dalla Convenzione di Ginevra del 1949; e) l'incostituzionalità dei provvedimenti (amministrativi) con cui il Presidente e il Segretario alla difesa avevano introdotto e disciplinato le *Military Commissions*; f) la necessità di processare gli imputati secondo le regole della procedura penale militare o ordinaria (senza creare un *tertium genus* procedurale); g) la necessità di istituire le commissioni militari con un atto del Congresso e non con un atto presidenziale.

Le **censure costituzionali individuate dalla Corte Suprema** hanno portato nel 2006 all'adozione del *Military Commissions Act 2006* (MCA), con cui sono state formalmente instaurate e disciplinate dal Congresso le Commissioni militari. A ben vedere, però, l'MCA 2006 (e, prima ancora, il c.d. *Detainee Treatment Act 2005* o DTA, v. § 1005) vietava alle corti federali di pronunciarsi sulle istanze di *habeas corpus* avanzate dai "combattenti nemici illegittimi" ("*unlawful enemy combatants*"), impediva di utilizzare in giudizio il diritto straniero o internazionale quale forma cognitiva del giudice, definiva in maniera generica la categoria dei "combattenti nemici illegittimi", consentiva al Presidente di stabilire in cosa consistesse una violazione delle Convenzioni di Ginevra, e impediva agli imputati di invocare direttamente le medesime convenzioni in giudizio. Come si vede, se, da un lato, l'MCA cercava di sanare le "deroghe costituzionali" introdotte col sistema penale speciale, riequilibrando (formalmente) l'ordine dei poteri costituzionalmente previsti a vantaggio del legislatore, dall'altro non eliminava i dubbi sulla costituzionalità complessiva del sistema, dal punto di vista procedurale e, prevalentemente, sostanziale. Peraltro, alcune pronunce di corti federali statunitensi (dicembre 2006 e febbraio 2007) hanno confermato la legittimità del c.d. *habeas stripping*, ovvero della privazione del controllo giurisdizionale di garanzia, previsto dall'MCA (e, prima ancora, dal DTA) in danno degli imputati. Secondo le motivazioni dei giudici americani, l'MCA 2006 abrogava l'*habeas corpus* come disciplinato dalle leggi federali ma non dal *common law*, che garantisce l'*habeas*, all'estero, solamente ai cittadini americani (Guantanamo non era considerato in queste sentenze parte del "territorio sovrano" statunitense). In conseguenza di ciò gli imputati stranieri detenuti a Guantanamo o in altri centri di detenzione all'estero non potevano, secondo i giudici, fare ricorso ai tribunali federali americani.

Come era prevedibile, i casi in questione sono stati riassunti innanzi la Corte Suprema che, nella sentenza del 12 giugno 2008 *Boumediene et al.* v. *Bush*, è tornata a pronunciarsi sul diritto penale speciale USA post-11 settembre. La Corte ha riconosciuto ai detenuti di Guantanamo il diritto di ricorrere ai tribunali ordinari americani contro la loro detenzione e ha affermato che la settima sezione del MCA 2006 – quella che riguardava appunto lo *habeas corpus* – «opera una sospensione incostituzionale» del ricorso per *habeas corpus*. La sentenza sottolinea l'**importanza del diritto di *habeas corpus*** (definito «uno strumento vitale per la protezione delle libertà individuali» e «un meccanismo essenziale nella separazione dei poteri») e giustifica l'incostituzionalità della sezione 7 MCA affermando che «il processo di revisione previsto dal DTA non costituisce un valido sostituto dello *habeas corpus*» («*Petitioners have met their burden of establishing that the DTA review process is, on its face, an inadequate substitute for habeas corpus. [...] The Government has not established that the detainees'access to the statutory review provisions at issue is an adequate substitute for the writ of habeas corpus. MCA § 7 thus effects an unconstitutional suspension of the writ*»). Anche a seguito di tale sentenza, è stato infine emanato il *Military Commissions Act 2009* che modifica il precedente MCA 2006: tra le altre cose, è stata eliminata la sezione 7 che sospendeva il diritto di *habeas corpus* per i "combattenti nemici" (ora definiti «*unprivileged enemy belligerents*», «belligeranti nemici non privilegiati») e sono state dettate disposizioni atte a garantire una maggiore tutela dei diritti fondamentali (ad es. il divieto espresso dell'uso di metodi coercitivi per le testimonianze). Se si eccettua l'abrogazione della sezione 7 dell'MCA 2006, non si tratta tuttavia di modifiche sostanziali dell'intero sistema delle *Military Commissions*, il quale continua a sollevare forti dubbi di costituzionalità.

Altrettanto forti sono le limitazioni che incontriamo nell'**ordinamento britannico** (v. *Antiterrorism, Crime and Security Act 2001* – ATCSA; *Prevention of Terrorism Act 2005* – PTA; *Terrorism Act 2006*), che consentiva (fino a una celebre sentenza della *House of Lords* del 2004) la detenzione "extragiudiziaria" a tempo indeterminato di stranieri meramente sospettati di terrorismo; peraltro limitazioni di eguale entità erano già state introdotte nella legislazione volta a combattere il terrorismo irlandese, già negli anni '20 del secolo scorso. Anche nel Regno Unito, successive pronunce dell'autorità giudiziaria hanno progressivamente riequilibrato l'effettivo esercizio dei diritti civili da parte degli individui (cittadini o stranieri) con le esigenze connesse alla sicurezza dello Stato. Nello specifico: la detenzione (extragiudiziaria) di stranieri a tempo indeterminato, qualora sia impossibile dare luogo alla loro espulsione verso paesi terzi (art. 23 ss. ATCSA), è stata censurata dalla *House of Lords* nel 2004; l'utilizzabilità di prove (probabilmente) estorte con la tortura è stata dichiarata illegittima dai medesimi *Law Lords* nel 2005 (se mai ce ne fosse stato bisogno!); nel 2006 l'*High Court* ha stabilito l'illiceità dei *Control Orders* (misure di sicurezza, anche custodiali, introdotte con le prime nove sezioni del *Prevention of Terrorism Act 2005*, dopo la sentenza dell'*House of Lords* del 16 dicembre 2004, al fine di conferire al Governo il potere di intervenire laddove i servizi di *intelligence* segnalino un'attività sospetta a carico di un qualsiasi soggetto che si trovi nel Regno Unito), in quanto in conflitto con l'art. 6 CEDU (diritto a un giusto processo). In quest'ultimo caso, però, il giudizio di appello, annullando la decisione di primo grado, ha concluso che, poiché l'autorità giudiziaria rimane competente al controllo, ed eventualmente, all'invalidazione degli ordini *de quibus*, l'art. 6 CEDU non può ritenersi violato.

Peraltro il 21 febbraio 2008 la Camera dei Comuni ha provveduto a prorogare per un ulteriore anno, a partire dall'11 marzo 2008, le prime nove sezioni del *Prevention of Terrorism Act 2005* confermando così il potere del Governo di emanare *Control Orders* contro cittadini britannici o stranieri sospettati di essere implicati in attività connesse al terrorismo. L'11 marzo 2009 la proroga è stata rinnovata per un altro anno; lo stesso è avvenuto l'11 marzo del 2010 e l'11 marzo del 2011. L'ordinamento britannico prevede ancora oggi udienze di convalida delle misure di sicurezza, anche custodiali, a porte chiuse, l'uso di avvocati di parte scelti non dagli indiziati ma dall'Esecutivo, l'utilizzo da parte del Governo (ma non della magistratura) di informazioni estorte potenzialmente con la tortura in paesi terzi e di *black lists* delle organizzazioni terroristiche. Inoltre, va segnalata la recente introduzione di nuove fattispecie penali (anche meramente apologetiche) connesse con il terrorismo (come la *glorification of terrorism* introdotta con il *Terrorism Act 2006*) e l'estensione fino a 28 giorni del fermo di polizia a carico degli indiziati, senza il bisogno per le autorità di pubblica sicurezza di formalizzare alcuna accusa.

Le **limitazioni alle garanzie costituzionali vengono fondate** – in assenza di una espressa previsione costituzionale o al fine di estenderne il campo di applicazione – **nel diritto alla sicurezza**, che fa da controlimite agli altri diritti: emblematica è la sentenza 2 luglio 2001 della Corte europea dei diritti dell'uomo, relativa al partito turco *Refah Partisi*, ovvero "Partito della Prosperità", la quale ha osservato che il diritto di associazione politica è cedevole di fronte alla sicurezza nazionale e alla sicurezza pubblica. Sulla base della stessa *ratio*, il 31 maggio 2005, i giudici di Strasburgo si sono pronunciati sulle finalità sovversive del partito dei lavoratori curdi (*Emek Partisi*), senza però riscontrarle. I rappresentanti del partito curdo avevano adito la Corte Suprema dei diritti dell'uomo ricorrendo avverso una sentenza della Corte costituzionale turca la quale aveva nel 1997 sanzionato come legittimo lo scioglimento del partito per minaccia all'integrità territoriale e all'unità nazionale della Turchia.

7. La difesa della costituzione

La rigidità e la tendenziale stabilità della costituzione hanno, all'interno della stessa costituzione, una serie di **linee di difesa**.

7.1. Premessa di metodo

La più nota (e più efficace) è quella rappresentata dal **controllo di costituzionalità delle leggi**, cui si aggiungono ulteriori forme di controllo costituzionale che svolgono le Corti costituzionali (ad es., in Italia, in caso di conflitto di attribuzioni tra i poteri dello Stato). Altrettanto importante è la difesa attraverso le **procedure aggravate di revisione costituzionale** o, attraverso la riserva di legge organica e comunque di legge rinforzata da approvarsi con procedure speciali o con maggioranze qualificate (pensiamo all'art. 81, c. 6, cost. Italia, così come modificato dalla l. cost. n. 1/2012, secondo cui «il contenuto della legge di bilancio, le norme fondamentali e i criteri volti ad assicurare l'equilibrio tra le entrate e le spese [...] e la sostenibilità del debito» sono «stabiliti con legge approvata a maggioranza assoluta dei componenti di ciascuna Camera»). La stessa sospensione della costituzione ha lo scopo di difendere quest'ultima ove risulti minacciata da gravi pericoli di disgregazione interna o esterna.

Ma la difesa della costituzione è un **obbligo che grava su tutti**, e che involge globalmente lo Stato-comunità. In primo luogo, tutti i titolari di funzioni pubbliche (costituzionali o no) devono concorrere alla difesa della costituzione, essendo questo compito un derivato intrinseco della nozione stessa di costituzione, che vincola alla propria osservanza i poteri costituiti, e di conseguenza impone reciproci controlli e bilanciamenti volti anche ad assicurare il rispetto delle regole della costituzione: del resto, anche simbolicamente, questo dovere è sancito dal giuramento di fedeltà alla costituzione richiesto per i titolari di organi costituzionali (v. art. II, sez. 1, cost. USA, per il Presidente degli Stati Uniti; art. 91 cost. Italia, per il Presidente della Repubblica; art. 91 cost. Belgio, per il Re; art. 56 GG, per il Presidente federale; art. 59 cost. Grecia, per i deputati) e talvolta anche per tutti coloro cui sono affidate funzioni pubbliche (art. 54, c. 2, cost. Italia; art. VI cost. USA) [17].

In secondo luogo, anche i semplici cittadini hanno il **dovere di essere fedeli** alla Repubblica e di osservarne la costituzione e le leggi: v. art. 54, c. 1, cost. Italia, che si ricollega al dovere di fedeltà di cui all'art. 54, c. 2, che è definito di fedeltà qualificata (Lombardi) [18]. D'altra parte tale fedeltà si allaccia al tradizionale dovere che il suddito ha nei confronti del Sovrano, correlativo alla protezione ricevuta.

In proposito, e lasciando da parte i compiti dei giudici e della Corte costituzionale, si possono richiamare le disposizioni sulla responsabilità degli organi costituzionali per attentato alla costituzione (v. ad es. art. 90 cost. Italia). La difesa della costituzione si esprime anche attraverso atti tipici affidati a organi costituzionali: così in Italia, ove il Presidente della Repubblica in sede di promulgazione delle leggi o di emanazione di atti aventi forza di legge o di regolamenti, o le commissioni affari costituzionali di Camera e Senato in sede di esame delle proposte di legge, devono fare uno specifico esame di costituzionalità di tali atti. Ma in questa accezione la nozione di difesa della costituzione si allarga a dismisura.

In questa sede intendiamo trattare non della difesa della costituzione in tutti i suoi risvolti e aspetti che permeano l'ordinamento (e che, peraltro, esamineremo in altri capitoli), ma intendiamo riferirci a peculiari forme di difesa. La prima, la quale condivide con istituti quali il controllo di costituzionalità e la rigidità delle costituzioni il fine di tutelare la società contro i governanti, è la difesa svolta dal popolo attraverso il c.d. **diritto di resistenza**, il cui valore storico costituzionale emerge, se non altro, dal suo essere stato uno dei principi forti della dottrina teologica (a difesa dell'ordine divino), sia del pensiero illuministico. La seconda, invece, chiama in causa la necessità di tutelare l'ordinamento costituzionale contro taluni segmenti sociali (partiti c.d. antisistema, movimenti terroristici, ecc.) che ambiscono a sovvertire la vigente forma di Stato per sostituirla con una radicalmente antitetica, ed è la difesa offerta dai cc.dd. **istituti di democrazia protetta,** ovvero una serie di politiche specifiche, di protezione dei valori della costituzione.

7.2. Il diritto di resistenza

La prima forma classica di difesa della costituzione è **il diritto di resistenza** di cui dispone il popolo. Esso veniva espressamente sancito in talune costituzioni settecentesche ed è previsto anche nel GG (v. art. 20, c. 4: «Tutti i tede-

---

[17] L. Pegoraro, *Para una classificatión ductil de democracia militante*, in *R.V.A.P.*, n. 96, Mayo-Agosto, 2013.

[18] G.M. Lombardi, *Contributo allo studio die doveri costituzionali*, Giuffrè, Milano, 1967.

schi hanno diritto alla resistenza contro chiunque tenti di sopprimere l'ordinamento vigente, ove non sia possibile alcun altro rimedio»).

Il diritto di resistenza consiste nella inosservanza dei comandi incostituzionali, pur provenienti da organi costituiti (**resistenza passiva**), o anche nella reazione verso comportamenti incostituzionali (**resistenza attiva**), che può andare dallo sciopero a pubbliche manifestazioni o anche oltre, sino all'insurrezione: «Quando il Governo viola i diritti del popolo, l'insurrezione è per il popolo e per ciascuna parte del popolo il più sacro dei diritti e il più indispensabile dei doveri» (v. art. 35 costituzione francese 1793, ma v. anche art. 2 Dichiarazione dei diritti dell'uomo e del cittadino).

La resistenza vera e propria è quella **collettiva** come diritto della gente a opporsi a uno Stato tiranno. Come la costituzione nasce dal popolo sovrano attraverso il potere costituente, così la costituzione viene sempre difesa dallo stesso popolo.

Il diritto di resistenza costituisce il *Leitmotiv* della famosa *Declaration of Independence* del 1776 e di altri importanti documenti costituzionali delle *ex* colonie del Nord America quali il *Bill of Rights* premesso alla costituzione della Pennsylvania, e analoghi "*Bills*" della Virginia e del Massachusetts. Il fondamento giuridico e politico di tali dichiarazioni sta nel contratto sociale e nella derivazione popolare del potere, sicché il Governo non può mai distaccarsi dalle regole di tale contratto di investitura dei governanti. Pertanto, nell'ipotesi in cui i titolari degli organi costituzionali vengano meno ai doveri di correttezza, commettendo "*a long trial of abuses*", si giustifica da parte dei cittadini politicamente attivi un'opposizione che, pur essendo proceduralmente anticostituzionale (in quanto si estrinseca con atti formalmente illegali), è tuttavia rivolta al ristabilimento della "legalità" costituzionale (Reposo)[19].

Storicamente il diritto di resistenza riceve una prima teorizzazione dalla **dottrina cristiana**, per significare che, in caso di conflitto tra precetti provenienti dal potere civile e precetti provenienti dall'ordine divino, i secondi hanno la prevalenza. Nel Medioevo, nella continua dialettica tra poteri temporali e poteri spirituali che caratterizzò questa era, il diritto di resistenza trova fondamento nella legge superiore (rappresentata dalle tradizioni e dai precetti che sono lo svolgimento di indicazioni della dottrina cristiana) cui è sottoposto anche il Re. Teorizzato dal pensiero politico e teologico del tempo, come difesa dei singoli, delle città, dei ceti, di fronte alla prevaricazione dei Sovrani, venne spesso positivizzato negli statuti e nei capitolati medioevali; trovò poi larga espansione con le guerre di religione del XVI secolo (molti ravvisavano in un passo di Calvino l'elaborazione e la definizione dello *ius resistendi*). I teorici tomisti (Suarez, Bellarmino e poi anche i cc.dd. monarcomachi dei secoli XVI e XVII) da tale *ius* trassero il fondamento giuridico del tirannicidio, inteso come l'unico mezzo per

---

[19] A. Reposo, *La disciplina dell'opposizione anticostituzionale negli Stati Uniti d'America*, Cedam, Padova, 1977.

impedire la violazione da parte dei governanti della legge di natura stabilita da Dio. Parimenti, i teorici protestanti (Plessis de Mornay, Althusius) affermarono la legittimità dell'azione dei sudditi che si ribellano al dominio del tiranno, traendo argomenti dal valore fondamentale attribuito dal calvinismo e dal puritanesimo alla libera coscienza dell'uomo. Di lì venne ripreso dalla dottrina del diritto naturale attraverso il *background* ideologico della "gloriosa rivoluzione", giustificata con il ricorso all'immaginario "*contract between King and People*", la cui infrazione da parte del Sovrano avrebbe costituito un vero e proprio illecito costituzionale, tale da legittimare la ribellione dei sudditi (in Locke v'è la più compiuta teorizzazione del diritto di resistenza come diritto naturale).

Dalla sede teorica il diritto di resistenza passa nelle **costituzioni degli Stati del Nord America** (e anzi, prima, aveva giustificato la rivoluzione, in quanto la madrepatria aveva violato la legge superiore) e di qui rimbalza nelle prime costituzioni francesi. Non è però presente nella costituzione dell'anno III e in quelle successive. E non è presente nella costituzione USA, non tanto perché già sancito in molte costituzioni degli Stati (perché così non avrebbe valore verso il potere federale), quanto perché si riteneva che l'assetto razionalizzato dei poteri e delle garanzie non si conciliasse con tale potere *extra ordinem.*

E invero, dopo il periodo "aureo" delle rivoluzioni, caratterizzato dall'instabilità (sicché il diritto di resistenza costituiva la prosecuzione della rivoluzione contro la presumibile reazione), il diritto di resistenza entra in una **fase di involuzione**: contrastato da Kant, dalla reazione, dal positivismo e, infine, dai controlli anche giurisdizionali di costituzionalità. Nello Stato di diritto vi sono infatti molteplici strumenti a garanzia dei cittadini, tra cui i diritti di libertà politica (cc.dd. "mezzi morali di resistenza") (Orlando). Oggi solo una minoranza delle costituzioni lo prevede, tra cui la costituzione tedesca (permeata di giusnaturalismo anche per reazione alla stretta legalità che aveva lasciato mano libera al nazismo), talune costituzioni dei *Länder* tedeschi (es.: Assia, Brandeburgo, Brema), la costituzione portoghese (v. art. 21).

La nostra costituzione, malgrado il diritto di resistenza fosse stato inserito nel progetto di costituzione, non lo prevede, essendo prevalsi i timori per la difficoltà di disciplinare giuridicamente le condizioni che fanno nascere tale diritto e le sue modalità di esercizio. E invero mancano i mezzi per accertare se la reazione popolare contro i titolari degli organi supremi sia effettivamente la conseguenza di un illecito costituzionale compiuto dai titolari stessi, nonché per valutare il grado di illecito che giustifica la resistenza (è un diritto non disciplinabile, come scriveva Schmitt).

Infatti **il diritto di resistenza comincia laddove ogni rimedio giuridico non è più consentito**; e la sua affermazione come diritto richiede, in via di pura fattualità, la cessazione del comportamento anticostituzionale. In altre parole, la resistenza in tanto è lecita, sul piano del diritto positivo, in quanto sia vittoriosa: se sconfitta, viene considerata un'attività antigiuridica dell'ordinamento contro i cui abusi la resistenza era rivolta (al più in futuro, scriveva Fichte, il resistente sconfitto potrà essere inserito tra i martiri).

In ogni caso, seppur non espressamente previsto nella costituzione, il diritto di resistenza – di cui peraltro taluni sostengono la vigenza anche nella nostra costituzione come diritto positivo senza peraltro chiarire i presupposti soggettivi e oggettivi della condotta "sovversiva" che darebbe titolo alla legittima reazione – trova numerosi riconoscimenti sul piano ordinamentale: ad es., la resistenza si configura senz'altro come reato politico, il che impedisce l'estradizione sia dello straniero che del cittadino (v. artt. 10 e 26 cost.). Si configura inoltre come applicazione del diritto di resistenza l'art. 650 c.p., che non considera punibili l'inosservanza dei provvedimenti dell'autorità non legalmente dati.

7.3. La democrazia protetta

Una seconda **forma di difesa della costituzione** si raggiunge attraverso le regole che vietano e sanzionano i comportamenti volti a **scardinare la costituzione** stessa e, in modo particolare, quelli che ne sono i principi e i valori fondamentali.

È sin troppo scontato che qualunque ordinamento sanziona ogni comportamento volto a sovvertire l'ordinamento stesso, e ciò soprattutto con sanzioni penali, perché l'attentato alla costituzione è al vertice dei "disvalori". La norma penale, infatti, protegge dei "beni" rappresentanti un valore per la comunità secondo la valutazione della coscienza sociale operata dal legislatore, e di conseguenza punisce i comportamenti che si traducono in disvalori perché sacrificano tali beni: la vita, la sicurezza pubblica e privata, il senso del pudore, la dignità e la reputazione personale, la proprietà, l'ambiente, la salute, ecc. Tra questi beni che in parte sono in continuo modificarsi e assestarsi (ad es.: è recente lo sviluppo della normativa penale a tutela dell'ambiente o della *privacy*; non è più punito – in Italia – l'adulterio; molti ordinamenti non puniscono la bestemmia; ecc.) non possono mancare quelli rappresentati dalla sicurezza dello Stato, e con essa la sua continuità, la sua immagine e dignità, tanto laddove lo Stato si identifica con l'ordinamento complessivo (*in primis*, la costituzione), quanto con gli organi costituzionali (ma anche con i pubblici ufficiali).

In tale normativa di difesa dello Stato spesso vengono inserite misure di **repressione del dissenso ideologico e politico**. Tuttavia, come ben dimostra il dibattito che si è svolto in Italia a proposito delle associazioni sovversive, e dei reati di vilipendio delle istituzioni, non è chiaro il confine tra la difesa della costituzione e la lesione del libero esercizio del diritto di manifestazione del pensiero e di critica o del diritto di associazione.

Per comprendere meglio i termini del problema, occorre chiarire che la finalità di preservare il sistema costituzionale rispetto a tendenze disgregatrici dello stesso è avvertita del pari dagli ordinamenti liberal-democratici e da quelli autoritari e illiberali. Sennonché, vi è poi un forte divario tra le due tipologie di esperienze per quanto concerne il modo di perseguire tale obiettivo. Infatti, nei paesi a vocazione autoritaria, sono "normali" proprio le disposizioni che pongono il divieto di qualunque **attività critica delle istituzioni** nonché, quelle che privano di ogni garanzia l'opposizione e qualsivoglia altro tentativo "dal basso" di instaurare un regime costituzionale o sociale differente da quello in atto. In particolare, limitazioni della libertà di manifestazione del pensiero e di associazione (oltre, naturalmente, la limitazione di fondo, presupposto e causa di ogni altra limitazione: quella che esclude il pluralismo dei partiti e la dialettica delle forze politiche) sono largamente conosciute all'interno degli ordinamenti a partito unico. Questo perché in essi – come ebbe a rilevare Schmitt – non possono esistere avversari politici delle forze dominanti, ma solo "nemici" dello Stato-partito.

Invece negli ordinamenti che si richiamano al modello dello Stato costituzionale, liberale e democratico, le summenzionate esigenze di autotutela conducono a una "contraddizione", ovvero quella per cui da un lato, siamo in presenza di una forma di Stato in cui i principi liberal-democratici imporrebbero di permettere a qualsiasi forza politica, anche se illiberale, la chance di conquistare il Governo del paese tramite libere elezioni (Reposo); dall'altro lato, un sistema non può non adottare contromisure contro chi propone un modello che neghi tutto quello che detto sistema incarna. Insomma, si è al cospetto di un conflitto tra due valori costituzionalmente protetti: l'uno, il diritto dei cittadini ad associarsi e a manifestare liberamente il proprio pensiero in materia politica; l'altro, la difesa del "cuore" della stessa Costituzione da iniziative tendenzialmente eversive.

Gli Stati democratico-costituzionali hanno cercato di comporre in modo assai variegato fra loro il dilemma seguendo due macro modelli.

Il primo è quello degli ordinamenti che optano per un contegno di non difesa (c.d. "**liberalismo non protetto**" o "**democrazia pura**"), e che si esprime attraverso la piena tolleranza nei confronti dell'opposizione "anticostituzionale", il che consente la formazione di organizzazioni politiche e lo svolgimento di un'attività propagandistica volte al ribaltamento dei principi della costituzione. Tali modelli si spiegano anche in ragione del fatto che negli Stati liberali, sino all'inizio del secolo XX, non vi erano veri e propri movimenti politici organizzati che combattessero i principi che ispiravano gli ordinamenti di tali Stati. Una situazione, questa, che è però mutata radicalmente con l'avvento dei partiti "totalitari" dopo la prima guerra mondiale, i quali rifiutavano i principi e la prassi dello Stato liberale e, nei vari tipi di ordinamenti dove si erano affermati, assumevano la posizione di organi costituzionali o di enti di fatto dominanti lo Stato. Il tutto, senza considerare che, anche laddove la democrazia classica resisteva, si assisteva sempre più spesso alla formazione di movimenti aventi lo scopo di sovvertire le istituzioni, anche con la violenza. L'assenza di presidi a difesa da movimenti eversivi determinò del resto l'affermarsi di regimi totalitari in Italia, Germania, Spagna, Portogallo. Di qui, l'avvio di un processo che portò all'introduzione, anche in paesi a più forte tradizione costituzional-liberale, di una specifica disciplina relativa all'opposizione anticostituzionale (Reposo). Appunto il secondo modello: ovvero quello degli ordinamenti a "**democrazia protetta**" i quali non si caratterizzano per il fatto di adottare strumenti che reprimono la violenza (perché di questo lo Stato, qualunque tipo di Stato non può non occuparsi, e anzi è titolare esclusivo degli strumenti di reazione). La cifra di tale secondo modello va invece ricercata nella circostanza che esso intende reprimere le idee aventi un contenuto di istigazione violenta a sovvertire l'ordine costituzionale, espresse da partiti o movimenti. Si tratta in sostanza di un'anticipazione della tutela rispetto all'eventuale messa in opera di azioni sovversive. Un'anticipazione che pone tali ordinamenti in una sorta di confronto permanente con le norme e i principi costituzionali relativi ai diritti di libertà poiché la repressione dell'estremismo politico, se certamente si giustifica con l'esigenza di tutela dei valori democratici, di rimando attenua la "libera" concorrenza ideologica che pure si colloca alla base del metodo democratico. Di qui il **dibattito sul partito "antisistema"** che secondo alcuni può essere individuato soltanto sulla base di un obiettivo e provato carattere violento della sua azione; secondo altri, invece, vedrebbe acclarata la propria "antidemocraticità", già sulla base di una indagine del programma politico e, dunque, sull'ideologia.

7.4. Disciplina della c.d. "opposizione anticostituzionale"

Sintomatica di queste difficoltà di contemperamento, e della varietà delle norme di contromisura, è la molteplicità delle soluzioni riscontrabili sul piano empirico, le quali rendono estremamente difficoltosa l'opera di ricostruzione scientifico-sistematica, entro precise categorie, delle varie esperienze. Ad ogni modo, almeno al fine di tracciare delle linee di tendenza secondo un approccio duttile può essere utile porre e poi incrociare una serie di dati. In primo luogo, la natura della fonte che introduce clausole contro movimenti antisistema, la quale si rinviene, talvolta, espressamente nella costituzione (ad es.: la Germania che, con gli artt. 9, c. 2, 21, c. 2 e 18 GG, rispettivamente, vieta le associazioni che si prefiggono di abbattere l'ordinamento costituzionale, i partiti intenzionati a eliminare l'ordine democratico e, infine, nei confronti di cittadini che lottano contro quest'ultimo, prevede la perdita dei diritti pubblici soggettivi; l'Italia che, con la XII disp. trans e fin. cost., vieta la riorganizzazione sotto qualsiasi forma del disciolto partito fascista; ecc.); talaltra, in una legge organica o comunque approvata a maggioranza qualificata (come nel caso della Spagna, con la l. org. n. 6/2002); talaltra ancora, in una legge ordinaria (per lo più a carattere penale che, in qualche caso, opera in forza di rinvio da parte della stessa costituzione, come nel caso dell'art. 48, c. 3, cost. Estonia o del già citato art. 9, c. 2, GG, con il potenziale rischio di lasciare una materia tanto delicata a una maggioranza semplice) o, addirittura, in atti dell'esecutivo (come accaduto in

USA, dove la costituzione nulla prevede in merito). In secondo luogo, l'oggetto della protezione che, come già si è osservato, non si identifica soltanto con l'ordinamento costituzionale democratico e pluralistico ma anche con altri beni più specifici (come quello dell'integrità territoriale per la Spagna e per l'art. 68 cost. Turchia; della laicità dello Stato, secondo l'art. 130 cost. Messico che vieta partiti politici confessionali; ecc.). In terzo luogo, la natura dei movimenti vietati per cui talvolta vengono delineati per caratteri generali atti a comprendere una vastissima gamma di gruppi antisistema (c.d. protezione ideologica bilaterale, così come accade in Germania); talaltra vengono qualificati secondo categorie storiche più specificamente determinate (c.d. protezione ideologica unilaterale, così come accade in Italia, dove il modello ideologico vietato dalla XII disp. trans e fin. è solo quello del partito fascista). In quarto luogo, un criterio da tenere presente è quello dell'organo cui è attribuito il sindacato sulla natura antisistemica di una organizzazione: in certi casi è la Corte costituzionale (art. 18 GG in Germania; art. 13 cost. Polonia), in altri casi è il potere giudiziario, in altri meno garantistici è lo stesso esecutivo.

La materia richiede esemplificazioni. In USA dove la Costituzione al di là del potere del Congresso di contrastare insurrezioni e invasioni, non prevede alcun meccanismo di repressione per i movimenti antisistema, durante la guerra fredda, furono adottate leggi (*International Security Act* e *Communist Control Act*) con cui venivano poste gravissime restrizioni a carico di un partito politico nominativamente indicato e dei suoi membri. Con l'entrata in vigore di questa normativa, si introdusse un **ordinamento "protetto"**, giacché la determinazione di ciò che fosse democratico veniva assunta dal legislatore ordinario. La legislazione di protezione – pur con molte discussioni in dottrina – ha avuto l'avallo della Corte Suprema (nel *balancing test* tra libertà di manifestazione del pensiero e tutela della sicurezza delle istituzioni, messe in pericolo dagli oppositori, prevalse la seconda). Il principio di prevalenza dell'ordine pubblico (valutato discrezionalmente dal potere pubblico) ha poi consentito l'introduzione di norme (anche penali) finalizzate a impedire, sin dall'origine, manifestazioni pubbliche ritenute suscettibili di minacciare la *public peace*, incidendo così sul libero diritto di riunione. D'altra parte, la prevalenza della "sicurezza" dello Stato rispetto ai principi liberali ha in USA una lunga tradizione. Senza rievocare il periodo della guerra di secessione, già durante la prima guerra mondiale si era affermata una legislazione di repressione delle manifestazioni di pensiero e di movimenti politici ritenuti sovversivi perché portatori di principi del tutto diversi da quelli della costituzione; e la Corte Suprema aveva teorizzato che anche la pura manifestazione del pensiero poteva considerarsi incostituzionale ove ritenuta in astratto foriera di disordini e di sovversioni, sulla base di una verifica della sussistenza del *clear and present danger* (cioè un prevedibile stretto rapporto di causalità tra propaganda e attività materiale lesiva delle istituzioni), effettuata caso per caso dai giudici.

La **disciplina di difesa è ben presente nel** GG: secondo l'art. 18 il Tribunale costituzionale federale può dichiarare la perdita dei principali diritti pubblici soggettivi per quei cittadini che ne abbiano abusato al fine di combattere l'ordinamento fondamentale democratico e liberale. In applicazione di tale norma, la legge sul *Berufsverbot* impedisce l'assunzione nella pubblica amministrazione, e provoca il licenziamento, se già in servizio, di quanti «facciano sorgere qualche dubbio circa la loro disponibilità a sostenere in qualunque momento il libero e democratico ordinamento costituzionale». Inoltre l'art. 9, c. 2, GG proibisce le associazioni "anticostituzionali". Sono tali le associazioni «i cui scopi e le cui attività contrastino con le leggi penali, o siano dirette contro l'ordinamento costituzionale o contro il principio della comprensione fra i popoli». L'art. 21, c. 2, infine, vieta i partiti antisistema, vale a dire quelli che «si prefiggono di danneggiare o eliminare l'ordinamento fondamentale democratico e liberale». Ma ciò che ancor più del dato formale risulta interessante è rilevare che, sul piano fattuale, tali **divieti sono stati applicati con ragionevolezza e proporzionalità**.

Così il Tribunale costituzionale tedesco ha sentenziato che il disconoscimento dei supremi valori propri dell'ordinamento democratico e liberale non è sufficiente, da solo, per realizzare il contenuto materiale del concetto di "partito antisistema". L'art. 21, c. 2, GG viene infatti interpretato nel senso che all'opposizione "ideologica" si deve aggiungere un comportamento «attivamente combattivo e aggressivo nei confronti dell'ordinamento giuridico vigente». Un partito, cioè, è da considerare incostituzionale quando, con azioni concrete, dimostra una vera intenzione di danneggiare o eliminare il sistema di valori instaurato dal GG, sì da far emergere una seria "preoccupazione per il futuro". Nel 2002 una decisione del Tribunale amministrativo federale tedesco ha convalidato lo scioglimento di un'associazione religiosa (dal nome *Kalifatstaat*) in quanto rifiutava i principi e i diritti fondamentali tipici degli ordinamenti democratici e in particolare la dignità umana: tale associazione, formata da immigrati turchi, aveva un programma di lotta ai principi della democrazia liberale e si proponeva l'instaurazione in Turchia di un regime fondato sulla legge coranica. Ugualmente è stata vietata in Germania, all'inizio del 2003, la costituzione dell'organizzazione islamica *Hizb ut-Tahrir* che negava il diritto di esistere dello Stato di Israele e aveva contatti con l'estrema destra tedesca[20]. In ogni caso, tale normativa (costituzionale e ordinaria) fa sì che l'ordinamento tedesco (al pari di quello statunitense) sia classificabile tra le cc.dd. "**democrazie che si difendono**", le quali si caratterizzano per il difetto di legittimazione del dissenso che si manifesti rispetto a norme fondamentali della costituzione.

---

[20] Da sottolineare che in Germania la disciplina del diritto di associazione era stata rimodellata nel dicembre 2001 con l'abolizione del divieto di scioglimento delle organizzazioni religiose (*Religionsprivileg*) e poi dalla l. 22 agosto 2002 e dalle due leggi sul terrorismo internazionale rispettivamente del 9 gennaio 2002 e dell'11 gennaio 2007 (che hanno ampliato i casi di scioglimento di associazioni i cui membri siano cittadini stranieri).

Nella stessa direzione si è mossa la **Spagna**, con la l. organica 27 giugno 2002, n. 6. Essa vieta i partiti che svolgano attività suscettibili di mettere a repentaglio i principi democratici e i diritti dell'uomo, o che approvino, anche in maniera tacita, il terrorismo. La relativa valutazione è rimessa ai giudici. In applicazione di tale legge il Tribunale Supremo ha disposto la cessazione dell'attività e lo "scioglimento" del partito indipendentista basco *Herri Batasuna*. A tale decisione hanno fatto seguito analoghe pronunce come quelle avverso il gruppo parlamentare basco socialista *Abertzaleak*, nel 2003, o i gruppi che si presentavano sotto il nome di *Euskal Herritarrok*.

La protezione dell'ordinamento da forze antisistema è ormai radicato anche nelle costituzioni dei **paesi ex socialisti** nate a seguito della c.d. "terza ondata" di democratizzazioni (cioè dopo il 1989). L'esteso controllo sulle effettive finalità dei partiti, operato nelle costituzioni dei paesi dell'Est Europa, viene considerato da alcuni quale segno evidente di una forte difesa dell'ordinamento rispetto alle forze politiche che si richiamano ai passati regimi totalitari. In tale quadro si distinguerebbe la posizione della Bosnia Erzegovina, il cui mini-testo costituzionale (allegato 4 agli Accordi di Dayton del 1995) non prevede alcuna formula "protettiva". Eppure, nel luglio del 2006, proprio la Corte costituzionale bosniaca ha confermato la sentenza di primo grado con cui il "Partito popolare democratico della Bosnia Erzegovina" (*Demokratska Narodna Zajednica BiH*) veniva multato per aver affisso manifesti in cui appariva l'ex presidente del partito, condannato per crimini di guerra, non riconoscendo alla mera sanzione pecuniaria una violazione del diritto a libere elezioni, come invece lamentato dai ricorrenti. Di contro, l'affissione dei manifesti elettorali, secondo il tribunale di primo grado (sulla cui decisione è stato promosso il ricorso di costituzionalità), costituiva un'ipotesi di incitamento alla violenza e all'odio.

In linea generale, è stato sottolineato come tutte le costituzioni della "terza ondata", indipendentemente dall'area geografica di provenienza, contengano disposizioni di protezione e, in alcuni casi (ad es., l'art. 13 cost. Polonia, con il richiamo al nazismo, al fascismo e al comunismo) indichino espressamente le potenziali minacce al sistema politico da cui proteggersi.

Un altro esempio di "democrazia protetta" è rappresentato dalla costituzione irachena del 2005 laddove, all'art. 7, bandisce dal paese il partito *Baath*, cioè quello che aveva condotto al potere Saddam Hussein, e ne proibisce espressamente la rifondazione.

7.5. In Italia

In Italia la protezione dell'ordinamento si invera, *in primis*, nella costituzione mediante la **XII disp. trans. e fin.**, che **vieta la riorganizzazione sotto qualsiasi forma del disciolto partito fascista**. Norma peraltro che ha non solo una specifica copertura (leggasi: imposizione) internazionale, in quanto il Trattato di pace obbliga l'Italia a non permettere la rinascita nel territorio italiano di organizzazioni fasciste, siano esse politiche, militari, o militarizzate (v. parte II, sez. I, art. 17), ma si ricollega anche a una libera scelta del potere costituente, che ha cominciato a esprimersi subito dopo il 25 luglio del 1943 e la caduta del fascismo, e in opposizione a esso. Sicché può ben dirsi che la disposizione in esame ha carattere addirittura supercostituzionale, in quanto identifica la fondamentale decisione politica sulla quale i costituenti basarono il nuovo assetto politico in via di instaurazione: e cioè l'antitesi rispetto al regime totalitario precedente le cui finalità si incuneano nei partiti politici la cui ricostituzione è vietata (Reposo).

Al di fuori della normativa sul divieto di ricostituzione del partito fascista (v'è una legislazione specifica attuativa della XII disp. trans. e fin.), il conflitto tra il valore della difesa della costituzione e la tutela dei diritti fondamentali di manifestazione del pensiero e politico in genere, viene risolto dalla giurisprudenza, che si trova di fronte ad una contrapposizione di norme che hanno origine e caratteri contrastanti: le disposizioni penali introdotte dal fascismo in materia di **vilipendio delle istituzioni, di apologia e di propaganda sovversiva**, di associazione sovversiva, di cospirazione politica, di istigazione a disobbedire alle leggi, coesistono con le affermazioni costituzionali dei diritti di libertà.

La materia è stata da ultimo disciplinata con la l. 24 febbraio 2006, n. 85, intitolata «Modifiche al codice penale in materia di reati di opinione». In linea generale, la legge in parola va ad abrogare (artt. 269, 272, 279, 292-*bis*, 293 e 406 c.p.), o modificare (artt. 241, 270, 283, 289, 290, 291, 292, e, con riguardo all'offesa alle confessioni religiose, 403, 404, 405 c.p.), le già menzionate disposizioni del codice penale le quali appunto si riferivano a un concetto di Stato ancora agganciato a categorie etiche, ovvero portatore di autonomi interessi, che prevalevano, sul piano dei valori protetti, sulla tutela della libertà di pensiero: è evidente come tale *ratio* mal si addicesse alla logica di un ordinamento democratico e pluralista[21]. In tale ottica, gli articoli riformulati tendono a dar corpo a una maggiore specificità della condotta incriminata. Così, in conseguenza della riforma, l'art. 270, c. 1, c.p. (**Associazioni sovversive**) stabilisce ora la punibilità di chiunque promuova, costituisca, organizzi o diriga associazioni dirette o idonee a sovvertire violentemente gli ordinamenti economici o sociali costituiti nello Stato ovvero a sopprimere violentemente l'ordinamento politico e giuridico dello Stato. Rispetto al precedente testo, la novella introdotta precisa meglio l'oggetto della condotta incriminata, che dovrà essere non solo diretta, ma anche "idonea" a conseguire l'effetto sovversivo. A ben vedere, comunque, vigente la precedente disposizione, di cui al medesimo articolo, la

---

[21] Si veda in argomento, P. NUVOLONE, *Codice penale e costituzione*, in *Ind. pen.*, 1970; ID., *Il diritto penale della stampa*, Cedam, Padova, 1971.

giurisprudenza aveva già sostenuto che le associazioni vietate dall'art. 270 c.p. fossero quelle caratterizzate dal programma di violenza, che si sostanziava in qualsiasi illegittima forza morale o fisica, contro le persone o sulle cose. In altre parole, il requisito della sovversività sussiste quando l'associazione non si limiti a propagandare o a perseguire trasformazioni dell'ordinamento, ma miri a realizzazioni pratiche di un programma di azione politica, realizzazioni da conseguirsi usando concretamente un metodo di lotta violenta contro la resistenza che l'ordinamento necessariamente (e legittimamente, visto che l'unico metodo di lotta politica consentita è quello democratico), opporrebbe a ogni tentativo di sovvertimento.

Tale indirizzo giurisprudenziale ha dato luogo a una interpretazione adeguatrice ai principi costituzionali, perché nell'intenzione dei redattori del codice penale, come si ricava dalla relazione ufficiale al relativo progetto, erano ritenute sovversive anche quelle associazioni che si limitassero alla diffusione delle idee, cioè all'affermazione teorica degli obiettivi politici che costituiscono il loro programma. Ad analoga interpretazione adeguatrice sono state sottoposte le norme che prevedono la propaganda e l'apologia sovversiva (art. 272 c.p., oggi abrogato), l'apologia e l'istigazione a commettere delitti contro la personalità dello Stato (art. 302 c.p., rimasto in vigore), l'istigazione a disobbedire alle leggi (art. 415 c.p.), onde risolvere il conflitto con l'ampia tutela accordata in costituzione alla libertà di manifestazione del pensiero. Sul presupposto (contestato in dottrina) che **il valore tutelato dall'art. 21 cost. sia il pensiero "puro"** quale può essere quello scientifico, didattico, artistico, o religioso, o comunque rappresentante un'opinione, che tende solo a far sorgere una conoscenza, oppure a sollecitare un sentimento in altre persone, si è ritenuto che la propaganda e l'apologia rimangono estranee a tale nozione. Ciò perché, essendo in rapporto diretto e immediato con un'azione, risultano idonee a determinare reazioni delittuose che sono pericolose per la conservazione di quei valori che ogni Stato, per necessità di vita, deve pur garantire (Corte cost. n. 87/1965 e n. 65/1970). Se ciò è vero, vi rimane *a fortiori* estranea l'istigazione, che si rivolge non all'intelletto ma alla volontà, assumendo un'intensità (anche in considerazione delle circostanze di tempo e di luogo in cui si effettua) tale da potersi considerare essa stessa azione, di talché appare diretta e concretamente idonea a provocare delitti (v. Corte cost. n. 108/1974). Particolarmente significativa è quest'ultima sentenza, che a fronte del reato di cui all'art. 415 c.p., che punisce chiunque pubblicamente istighi alla disobbedienza dalle leggi di ordine pubblico, ovvero all'odio tra le classi sociali, l'ha fatto oggetto di una sentenza "manipolativa", nel senso che l'art. 415 c.p. è stato ritenuto incostituzionale «nella parte in cui non specifica che l'istigazione all'odio tra le classi sociali deve essere attivata in modo pericoloso per la pubblica tranquillità».

È evidente come le sentenze in oggetto si avvicinino alla nozione di ***clear and present danger***, e dunque a quel requisito di "concretezza del pericolo" elaborato dalla giurisprudenza americana, in base al quale possono essere perseguite quelle manifestazioni del pensiero idonee a determinare in modo diretto e immediato un'azione penalmente illecita.

Nello stesso senso, infine, sono orientate le sentenze che hanno escluso il contrasto con la libertà di manifestazione del pensiero dei reati di vilipendio (artt. 290-293 c.p.), sostanziandosi questi non nella critica alle istituzioni, ma nelle manifestazioni dirette a negare ogni rispetto, prestigio, fiducia alle stesse, inducendo i destinatari al disprezzo o addirittura a ingiustificate disobbedienze (Corte cost. nn. 20/1974; 180/1974; 183 e 168/1975). Mentre, invece, è stato ritenuto incostituzionale l'art. 272 c.p., che puniva la semplice propaganda volta a distruggere o deprimere il sentimento nazionale (Corte cost. n. 87/1966). La recente riforma del 2006 ha peraltro del tutto abrogato l'art. 272 c.p. ponendo fine a ogni *querelle* interpretativa [22].

7.6. La protezione della costituzione nelle situazioni di emergenza: il terrorismo internazionale

Come anticipato nei paragrafi precedenti, in periodi di emergenza, molti ordinamenti statuali prevedono forme più o meno intense di **affievolimento o sospensione dei diritti e delle garanzie costituzionali, in funzione protettiva dello Stato**. La dottrina più recente (Bonetti) individua cinque diversi modelli di protezione dell'ordinamento (e, *a fortiori*, del sistema politico in vigore) da minacce esterne e interne, volte al sovvertimento dell'ordine costituito: 1) quello britannico (fondato sulla deliberazione, pressoché libera da ogni effettivo controllo giurisdizionale, del regime di eccezione da parte dell'Esecutivo e con la successiva convalida del Parlamento); 2) quello statunitense (che prevede deroghe ad alcuni diritti costituzionalmente garantiti nei soli casi di ribellione interna o invasione); 3) quello che consente a determinate istituzioni (Presidente, Capo del Governo, Parlamento) di imporre veri e propri stati di eccezione per periodi di tempo limitati (Spagna, Francia, Germania, Portogallo, Paesi Bassi, Paesi dell'Est europeo); 4) quello che considera lo stato di guerra come l'unico regime di eccezione all'applicazione delle norme costituzionali (Italia, Belgio, Svezia, Danimarca, ecc.); e, infine, 5) il sistema che affida al Parlamento la scelta tra: *a*) limitare alcuni diritti con contestuale controllo di merito affidato al giudice costituzionale; o *b*) impor-

---

[22] La medesima novella ha inoltre riformato la fattispecie di cui agli artt. 290-292 c.p., abrogando gli artt. 292-*bis* e 293 c.p. (circostanze aggravanti). Le modifiche introdotte hanno, nel caso di mere espressioni ingiuriose nei confronti della bandiera o di altro emblema dello Stato, mutato le sanzioni custodiali, precedentemente previste dalle norme in questione, con sanzioni pecuniarie di modesta entità. La pena della reclusione viene comunque mantenuta (seppur riducendo il massimo edittale) per il solo danneggiamento (art. 292, c. 2, c.p.).

re sospensioni o deroghe all'applicazione di singole disposizioni o di intere parti della costituzione, evitando ogni eventuale sindacato giudiziale di costituzionalità (Canada e Irlanda)[23]. Peraltro, le deroghe, limitazioni o sospensioni delle garanzie costituzionali debbono oggi armonizzarsi con le numerose disposizioni dei trattati sui diritti umani e con le pronunce degli organi giurisdizionali o di garanzia previsti dai medesimi trattati ratificati dai paesi membri (ad es.: Il Patto sui diritti civili e politici del 1966, la Convenzione europea per la salvaguardia dei diritti dell'uomo e delle libertà fondamentali, la Convenzione americana e quella africana sui diritti dell'uomo, ecc.). Inoltre, il rinnovato impegno militare all'estero in operazioni per il supporto della pace, specialmente dei paesi NATO e alleati, continua a porre il problema della compatibilità del rispetto delle garanzie costituzionali con il principio di necessità militare e, soprattutto, della loro effettiva promozione al di fuori dei confini nazionali.

Il sistema giuridico che deriva dall'applicazione congiunta di garanzie ed eccezioni appare assai composito e per così dire **multilivello**. In un simile quadro, mentre i nuovi confini del costituzionalismo si spostano fino a ricomprendere fonti normative internazionali e sopranazionali, il regime dell'eccezione finisce esso stesso per affievolirsi e non essere più in grado di disciplinare in maniera efficace situazioni di pericolo per gli Stati, specialmente in un sistema globale dove l'effettivo pericolo per la tenuta degli ordinamenti viene posto da minacce transnazionali cc.dd. "asimmetriche" solo in parte riconducibili a singoli paesi. Per converso, poi, proprio l'instaurazione ufficiale di un regime "d'emergenza" in un paese occidentale genererebbe una serie di conseguenze a catena (panico sociale, decrescita economica, ecc.) che probabilmente aggraverebbero, invece di ridurre, i pericoli per la tenuta del sistema politico.

Ecco così che anche il periodo rappresentato dal **terrorismo internazionale** post 11 settembre 2001 ha suggerito ai paesi vittima di attentati di non dichiarare apertamente l'instaurazione di stati d'emergenza ma, nel contempo, di adottare norme antiterrorismo chiaramente derogatorie di garanzie costituzionali fondamentali, talvolta solamente secondo una logica "rassicurativa" per i cittadini. Ciò ha generato: a) una dissociazione tra stato di guerra esterno e pace sul fronte interno; b) una limitazione o sospensione (talvolta discriminatoria, poiché rivolta solamente verso i cittadini stranieri) di taluni diritti o garanzie, anche fondamentali. Inoltre, sebbene alcune leggi disciplinanti misure derogatorie dei diritti costituzionali, appena introdotte, fossero presentate come temporanee (una su tutte, in USA il *Patriot Act*, divenuto nel 2006 *Patriot Act II*), progressivamente, le medesime misure sono diventate permanenti e "organiche" agli ordinamenti interni.

È vero che nel costituzionalismo moderno, soprattutto dopo i fatti dell'11 settembre 2001, il "diritto alla sicurezza", anche in assenza di canonizzazione

---

[23] P. BONETTI, *Terrorismo, emergenza e costituzioni democratiche*, il Mulino, Bologna, 2006.

costituzionale, ha assunto una importanza fondamentale in quanto è indispensabile al godimento di tutte le libertà individuali e rappresenta dunque il "presupposto" degli altri diritti costituzionali. Ed è vero anche che, proprio per questo, la sicurezza può essere considerata un valore superprimario che non può essere sottoposto a bilanciamento secondo i canoni tradizionali ma – sempre nel rispetto del principio della proporzionalità – deve essere tutelato ai massimi livelli (Morbidelli, Cerrina Feroni)[24]. Tuttavia è evidente come le strategie adottate dai paesi minacciati o colpiti da attentati terroristici rechino probabili pericolose involuzioni neo-emergenziali dei sistemi giuridici interni (dallo "stato di diritto" allo "stato di prevenzione") e revisioni tacite dei rispettivi testi costituzionali, poste in essere mediante leggi ordinarie capaci di incidere profondamente sull'effettiva disciplina dei diritti costituzionalmente garantiti.

In merito, si è già sommariamente detto a proposito di **Stati Uniti** e **Regno Unito** quanto la legislazione antiterrorismo introdotta abbia ampiamente derogato alla disciplina del diritto alla libertà personale (Corte Suprema, 2004; *UK Court of Appeals*, 2006), al divieto di discriminazione (*House of Lords*, 2004) e al diritto a un giusto processo (Corte Suprema, 2006 e 2008 e *High Court*, 2006)[25]. Nel Regno Unito, in particolare, l'adozione, dapprima del *Prevention of Terrorism Act 2005* (artt. 1, 5 e 6) e successivamente del *Terrorism Act 2006*, del *Counter Terrorism Act 2008* (normativa poi bocciata dalla Camera dei Lords ed abbandonata dalla maggioranza di Governo) e più di recente del *Terrorism Prevention and Investigation Measures ACT 2011* (che ha abrogato il *Prevention of Terrorism Act 2005*), ha ampliato a dismisura le condotte incriminabili, riconducibili a fattispecie terroristiche. Contestualmente, sono state ridotte le garanzie di libertà degli individui, ad es. attraverso l'allungamento dei termini di carcerazione preventiva senza convalida del Giudice per i sospettati di terrorismo e la creazione di una banca dati a fini investigativi, contenente informazioni relative ai medesimi sospettati (come le impronte digitali e i campioni di DNA). Talché, sempre di più, la repressione per via giudiziaria del terrorismo viene a distaccarsi dall'analisi degli effettivi elementi di prova a carico dell'imputato e a sostanziarsi in un'indagine sulla sua ipotetica pericolosità sociale. Può aggiungersi che gli auspicati effetti repressivi e protettivi per l'ordinamento della legislazione in questione paiono non essersi verificati, anche in ragione dell'esiguo numero di condanne comminate dai giudici interni (rispetto al totale degli individui complessivamente posti sotto indagine) e della generale recrudescenza del fenomeno del terrorismo internazionale su scala globale.

Senonché, proprio per quest'ultima ragione, tanto più alla luce dell'emer-

---

[24] G. Cerrina Feroni, G. Morbidelli, *La sicurezza: un valore super primario*, in *Percorsi costituzionali*, n. 1, 2008.

[25] Si veda in argomento P. Leyland, *Lotta al terrorismo e tutela dei diritti individuali nel Regno Unito: la ricerca di un equilibrio tra disposizioni di legge, potere esecutivo e controllo giurisdizionale*, in T. Groppi (ed.), *Democrazia e terrorismo*, Editoriale scientifica, Napoli, 2006.

sione di nuove figure criminali come quelle dei c.d. *foreign fighters* nonché al cospetto di un teatro mediorientale ancora una volta infiammato dalla recente ascesa del c.d. Stato islamico fra Siria e Iraq (*al-Dawla al-Islāmiyya*), non sembra volersi arrestare il processo di torsione delle garanzie costituzionali di libertà rispetto alle esigenze della sicurezza, come dimostra la recente legislazione di paesi pur apparentemente lontanissimi dagli odierni scenari di terrorismo. Pensiamo, ad es., alla **Nuova Zelanda** dove nel dicembre del 2014 è stato approvato il *Countering Terrorist Fighters Legislation Bill* il quale, tra le misure introdotte, ne prevede alcune estremamente penetranti come il potere per l'autorità di pubblica sicurezza di sorvegliare i sospettati di terrorismo, sostanzialmente con qualsiasi mezzo, per 24 ore senza bisogno di mandato alcuno nonché il potere per il Ministro degli Interni di procedere a ritiro del passaporto per periodi estremamente prolungati (anche fino a tre anni). Ciò spiega perché sia stata prevista una clausola che comporta la caducazione di tali disposizioni nell'aprile 2017 (c.d. *sunset clause*), sulla base dell'auspicio della fine a quella data, dell'emergenza.

In seguito agli attentati dell'11 settembre 2001, anche il **Canada** ha introdotto una serie di leggi particolarmente restrittive di taluni diritti, costituzionalmente garantiti. Si possono ricordare l'*Anti-Terrorism Act 2001* – IRPA (che prevede misure amministrative di espulsione di stranieri – art. 44 ss. – e di detenzione extragiudiziaria, art. 55 ss.) e il *Public Safety Act 2002* (che rafforza le possibilità di controllo delle forze di polizia nei confronti di possibili obiettivi di attacchi come gli *investigative hearings* e l'arresto senza mandato, entrambi mai utilizzati dalle corti canadesi). Sulla base dei primi, le autorità di pubblica sicurezza hanno la facoltà di chiedere all'autorità giudiziaria di interrogare un individuo sospettato di essere a conoscenza di informazioni su un possibile attentato terroristico. Il testimone è peraltro obbligato a rispondere anche nel caso in cui ciò possa portare alla sua incriminazione, in violazione del principio del *nemo tenetur se detegere*. Inoltre, si pensi che, sulla base della legislazione adottata, il Governo canadese può rifiutarsi di rispondere ad un'interpellanza dell'autorità giudiziaria che chiede spiegazioni sull'individuazione, fatta dal medesimo Governo, di un'organizzazione quale gruppo terroristico. Entrambi gli istituti sono comunque decaduti all'inizio del 2007, a seguito del mancato rinnovo *dell'Anti-Terrorism Act 2001*, soggetto a una *sunset clause*, scaduta il 31 dicembre 2006. La Corte Suprema canadese, da parte sua, è intervenuta limitando l'asprezza di tali disposizioni introdotte: in *Suresh* v. *Canada* (11 gennaio 2002) ha precisato una definizione del reato di terrorismo, utilizzata successivamente dalle Corti federali; in *R.* v. *Mentuck* (15 novembre 2001) ha sancito l'incostituzionalità del divieto per le forze di polizia di rendere pubbliche le proprie tecniche operative; in *Vancouver Sun* (*Re*) (23 giugno 2004) ha ribadito l'essenzialità di accesso agli atti processuali per l'imputato; in *Application under s. 83.28 of the Criminal Code* (*Re*) (23 giugno 2004) ha esortato le Corti federali ad una prudente applicazione della nuova normativa antiterrorismo, ricordando come il Governo canadese non avesse fatto uso dei poteri di emergenza conferiti dall'*Emergency Act* del 1986; in *Charkaoui* v. *Canada* (23 febbraio 2007), annullando il giudizio d'appello, ha stabilito l'incostituzionalità delle misure di detenzione amministrativa a carico di stranieri in preparazione all'espulsione (*security certificates*). Del resto, l'applicazione di misure amministrative di sicurezza custodiali, anche a seguito di "certificati di sicurezza" e l'adozione di provvedimenti di espulsione nei confronti di cittadini stranieri sono passati spesso all'esame delle Corti federali (v. *Ali* v. *Canada*, 2004; *Alerei* v. *Canada*, 2005), le quali hanno sovente preso decisioni sulla base di informazioni riservate e non mostrate all'interessato (v. *Sogi* v. *Canada*, 2005; *Alemu* v. *Canada*, 2004).

In **Germania**, dopo la parentesi della lotta al terrorismo interno negli anni '70 e '80, portata avanti anche mediante l'adozione di una vera e propria legislazione di emergenza (l'impianto normativo derivante dall'introduzione delle leggi sul terrorismo del 1977 prevedeva, ad esempio, il divieto di colloquio diretto dell'imputato col proprio difensore, il quale poteva interagire con il proprio assistito solo mediante una "persona di contatto"), il contrasto post-11 settembre al fenomeno del terrorismo della globalizzazione è avvenuto senza modifiche rilevanti al sistema penale. La strategia tedesca è stata quella di modificare e affinare la normativa preesistente in modo da ottimizzarla e sfruttarne a pieno le potenzialità, soprattutto con riguardo al controllo preventivo dei soggetti sospetti tramite il potenziamento e l'estensione delle competenze degli Uffici addetti alla raccolta di informazioni e delle loro possibilità di cooperazione con le forze di polizia. Le due leggi approvate per contrastare il terrorismo rispettivamente nel 2002 e nel 2007, il *Terrorismusbekämpfungsgesetz* (abbr. TBG) e il *Terrorismusbekämpfungsergänzungsgesetz* (TBEG), non fanno che apportare modifiche e aggiustamenti a una serie di leggi preesistenti[26]. In particolare, tra le altre cose, sono stati rafforzati i poteri della polizia criminale federale (BKA) in materia di indagini sul terrorismo (pur rimanendo nei limiti fissati dalla costituzione, la quale attribuisce le funzioni di polizia e sicurezza prevalentemente ai *Länder*) nonché i poteri dell'Ufficio federale per la protezione della costituzione (*Bundesamt für Verfassungsschutz*) al quale è stato conferito il diritto di reperire informazioni dalle compagnie di volo, dai servizi di posta, dalle compagnie telefoniche e dalle banche relativamente a soggetti sospettati di «condotte contrarie al principio della comprensione tra i popoli e alla pace» (da notare che questa categoria di soggetti, nel TBEG, è stata ampliata fino a includere chiunque promuova azioni violente contrarie all'ordine costituzionale). Con le due leggi anti-terrorismo, sono stati ampliati inoltre i poteri del Ser-

---

[26] Quali ad esempio il *Bundesverfassungsschutzgesetz*, la legge sul servizio di difesa militare (MAD-Gesetz), la legge sul servizio di informazione federale (BND-Gesetz), la legge sulla verifica della sicurezza dei soggetti che svolgono funzioni rilevanti per la difesa e la sicurezza dello Stato (*Sicherheitsüberprüfungsgesetz*), la legge sui passaporti, la legge sui permessi di soggiorno e altre ancora.

vizio di informazione federale (*Bundesnachrichtendienst*) e quelli del Servizio di difesa militare (*Militärischer Abschirmdienst*) i quali, in materia di raccolta di informazioni, sono stati sostanzialmente uniformati a quelli del *Bundesamt für Verfassungsschutz* e quindi notevolmente estesi.

Rimarchevole è che le disposizioni previste dal TBG e dal TBEG sono nate ed hanno operato come misure destinate a rimanere in vigore per un arco di tempo determinato, ma in un clima che ha visto le forze politiche di Governo costantemente inclini a prorogarle. A tali provvedimenti normativi si aggiungono: la legge su una banca dati comune per il contrasto del terrorismo internazionale del 22 dicembre 2006 (*Antiterrordateigesetz*) che prevede l'istituzione di una banca dati centrale unificata per la raccolta di informazioni provenienti dalle Autorità di polizia, di informazione e di sicurezza sia federali che dei *Länder* relativamente agli individui sospetti; e la legge sulla sicurezza aerea del 2005 (*Luftsicherheitsgesetz*) che detta disposizioni per la sicurezza del traffico aereo[27]. Rileva infine la riforma costituzionale del 2006, la quale ha portato ad un forte accentramento verso il *Bund* delle competenze in materia di terrorismo internazionale (l. cost. 28 agosto 2006). In seguito alle modifiche introdotte, difatti, la federazione è ufficialmente competente in via esclusiva a legiferare sulla disciplina delle armi-esplosivi (art. 73, c. 1, n. 12, GG) e in materia di terrorismo internazionale (art. 73, c. 1, n. 9a, GG). In quest'ultimo caso, però, solo qualora il pericolo riguardi più di un *Land*, o non sia possibile accertare la competenza di questo, oppure l'intervento dello Stato sia richiesto dal *Land* medesimo. Lo Stato acquista competenza legislativa esclusiva anche sulla disciplina dell'uso dell'energia nucleare e della protezione dal suo sprigionamento (art. 73, c. 1, n. 14, GG). Viene inoltre previsto che le leggi in materia di terrorismo internazionale, adottate dal *Bund* siano approvate anche dal *Bundesrat* (art. 73, c. 2, GG). Dal canto suo il Tribunale costituzionale tedesco (*Bundesverfassungsgericht*), partecipando di quel più globale ruolo riequilibratore (delle garanzie fondamentali) che sembrano assumere oggi le diverse Corti costituzionali nazionali e internazionali (Serra-Cristóbal, Di Satsio)[28] ha emesso una serie di pronunce che hanno via via censurato talune disposizioni introdotte dalla legislazione federale (3 marzo 2004, sulla *privacy* dei soggetti intercettati; 23 maggio 2006, sul trattamento automatico di dati per finalità preventive; 11

---

[27] Questa legge peraltro, oltre a dettare disposizioni in materia di controllo dei passeggeri e dei bagagli, disciplina il concorso delle forze armate nelle attività di sicurezza e implicava inizialmente anche la possibilità di abbattere aerei che potessero costituire un pericolo concreto e imminente per l'incolumità dei cittadini: tale previsione è stata tuttavia giudicata incostituzionale dal Tribunale costituzionale federale nella nota sentenza del 15 febbraio 2006.

[28] SERRA-CRISTÓBAL, *The impact of Counter-Terrorism Security Measures on Foundamental Rights*, in *Democrazia e Sicurezza*, Anno V, n. 2, 2015; C. DI STASIO, *La lotta multilivello al terrorismo internazionale. Garanzia di sicurezza versus tutela die diritti fondamentali*, Giuffrè, Milano, 2010.

marzo 2008 che, con riferimento alla c.d. legge "*Big Brother*" del 31 dicembre 2007 che permetteva l'archiviazione per sei mesi di tutti i dati relativi a comunicazioni elettroniche del paese, ha stabilito che l'utilizzo di tali dati sia possibile solo per i delitti più gravi e dietro autorizzazione del magistrato e dei *Länder* (27 luglio 2005), ovvero hanno ribadito il diritto al contraddittorio prima di eseguire una misura di espulsione di un cittadino straniero (13 giugno 2005).

In materia di terrorismo e sicurezza, in **Francia**, sono state approvate la l. n. 1062/2001 (*Loi relative à la sécurité quotidienne*), che ha rimodellato il reato di terrorismo nel c.p. francese (art. 33); la l. n. 239/2003 (*Loi du 18 mars 2003 pour la sécurité intérieure*), che all'art. 1 definisce la sicurezza come "un diritto fondamentale"; la l. n. 2004-204 (*Loi portant adaptation de la justice aux évolutions de la criminalité* o *Loi Perben*), che prevede incisive restrizioni ad alcune garanzie processuali e procedimenti speciali per gli imputati di una serie di gravi reati tra i quali figura il terrorismo; la l. n. 64/2006 (*Loi relative à la lutte contre le terrorisme et portant dispositions diverses relatives à la sécurité et aux contrôles frontaliers*), che rafforza i poteri investigativi, anche preventivi, della polizia amministrativa e giudiziaria e inasprisce le pene per alcuni reati connessi al terrorismo. Nel caso francese, peraltro, la speciale procedura di controllo di costituzionalità preventivo del *Conseil constitutionnel* sulle leggi approvate dal Parlamento, prevista dall'art. 61 cost., ha costituito un indubbio freno all'introduzione di disposizioni eccessivamente restrittive dei diritti civili o delle garanzie processuali, ovvero che comunque non rispondessero ad un equo bilanciamento tra esigenze di sicurezza e diritti individuali (v. ad es. la sent. n. 492/2004 DC del 2 marzo 2004 sulla *Loi Perben* e la sent. n. 532/2005 DC del 19 gennaio 2006 sulla l. n. 64/2006).

La **Spagna** costituisce un caso a parte, poiché essa se, da un lato, non ha reagito all'attacco terroristico di Madrid dell'11 marzo 2004 con l'adozione di misure emergenziali, dall'altro, in ragione anche dell'annoso contrasto al terrorismo basco, aveva già precedentemente introdotto nel proprio ordinamento penale ampie deroghe processuali al regime ordinario della custodia cautelare e del fermo di polizia in casi riguardanti reati di terrorismo (v. in particolare, gli artt. 509, 520-*bis* e 527 c.p.p. spagnolo). Ulteriori modifiche alla disciplina della custodia cautelare in carcere sono state introdotte con la l. organica 24 ottobre 2003, n. 13, mentre con la l. 6 maggio 2002, n. 2 è stato creato il Centro nazionale per l'*intelligence*, con funzione di coordinamento delle forze di pubblica sicurezza. Già dal 1977, inoltre, era stato individuato come unico foro competente per i procedimenti riguardanti il terrorismo l'*Audiencia National* di Madrid. Da ultimo, a seguito degli attentati di Madrid, è stata approvata la l. organica 10 ottobre 2005, n. 4, in materia di reati di pericolo commessi mediante l'uso di sostanze esplosive. La legge in parola, modificando l'art. 348 c.p. spagnolo, punisce penalmente le violazioni alla normativa sulla sicurezza della produzione, stoccaggio, trasporto e vendita di materiale esplosivo o infiammabile, tutelando il diritto alla vita e all'integrità fisica di cui all'art. 15 della costituzione. Sempre in tema di terrorismo, il Tribunale costituzionale spagnolo, con sent. 26 settembre 2005, n. 237 (resa sul celebre "caso Guatemala") ha riconosciuto la giurisdizione universale dei tribunali spagnoli nei confronti dei crimini contro l'umanità, includendovi il terrorismo.

L'**Italia** ha, invece, reagito al pericolo del terrorismo internazionale con l'unico strumento previsto dalla costituzione per la gestione delle situazioni emergenziali diverse dallo stato di guerra, ovvero l'adozione di decreti legge da parte del Governo. Si vedano, ad esempio, il d.l. 12 ottobre 2001, n. 369, convertito in l. 14 dicembre 2001, n. 431; il d.l. 18 ottobre 2001, n. 374, convertito in l. 15 dicembre 2001, n. 438 (che riforma l'art. 270-*bis* c.p. e introduce l'art. 270-*ter* c.p.); il d.l. 27 luglio 2005, n. 144, convertito in l. 1° agosto 2005, n. 155 (che introduce *ex novo* gli artt. 270-*quater-sexies* c.p.), e per citare da ultimo il più recente, il d.l. 18 febbraio 2015, n. 7, convertito in l. 17 aprile 2015, n. 43 (che si pone nel solco della più recente legislazione di contrasto al fenomeno più sopra ricordato dei *foreign fighters* anche attraverso la predisposizione di più rigide misure di prevenzione, quali la sorveglianza speciale e il temporaneo ritiro del passaporto alle personalità sospettate da parte dell'Autorità di pubblica sicurezza, sebbene sia stata stralciata la norma inizialmente ipotizzata di autorizzare i servizi di polizia a effettuare accessi da remoto per spiare le comunicazioni via *web*).

Dunque la legislazione italiana in tema di terrorismo internazionale non incide, se non parzialmente, sull'effettivo godimento delle garanzie costituzionali in tema di libertà individuale e di accesso alla giustizia. Profili di incostituzionalità potrebbero tuttavia ravvisarsi nella procedura di espulsione immediata di cittadini stranieri sospettati di attività terroristiche che è stata introdotta con l'art. 3, l. n. 155/2005 ed è rimasta in vigore fino al 31 dicembre 2007 (data di decadenza prevista dall'art. 3, c. 6). Avverso il relativo provvedimento era ammesso infatti ricorso esclusivamente al TAR, che tuttavia non poteva sospenderne l'efficacia. Ciò in contrasto con i principi affermati dalla sent. Corte cost. n. 222/2004 sull'obbligatorietà del giudizio di convalida dell'autorità giudiziaria penale in ordine ai provvedimenti amministrativi di espulsione dello straniero. In una ordinanza di rimessione alla Corte costituzionale del maggio 2006 da parte del TAR del Lazio (cui il ricorrente si era rivolto impugnando il decreto di espulsione del Ministro dell'Interno per "motivi di ordine pubblico e sicurezza nazionale"), si lamentava che la norma in questione determinava una violazione dei «diritti garantiti dagli artt. 3 e 24 cost., per un periodo di tempo ritenuto non ragionevole» (ossia appunto fino al 31 dicembre 2007). In sintesi, il legislatore italiano ha preferito muoversi per passi progressivi, dapprima, modificando la fattispecie del reato di terrorismo con la l. n. 438/2001 (art. 270-*bis* c.p.), per poi successivamente prevedere, con la l. n. 155/2005, la punibilità dell'addestramento/reclutamento e una più specifica definizione delle "condotte con finalità di terrorismo", con ciò trasponendo nell'ordinamento interno il disposto della Decisione Quadro del Consiglio dell'Unione Europea del 13 giugno 2002 (2002/475/GAI e divenuto, con lievi modifiche, l'art. 270-*sexies* c.p.). Nell'ordinamento interno italiano, quindi, la minaccia del terrorismo internazionale non è mai assurta al rango di pericolo da affrontarsi con rigide misure *extra ordinem*. Tuttavia, l'uso dei soli strumenti del diritto penale non ha condotto a risultati soddisfacenti. Difatti, dovendo necessariamente definire in maniera generale e astratta le condotte incriminabili, il legislatore si è trovato a dover necessariamente separare l'uso della violenza a fini legittimi da quello a fini "terroristici", senza riuscirvi del tutto. Le norme penali adottate risultano, di conseguenza, poco definite: ad esempio, l'art. 270-*sexies* c.p., come introdotto dall'art. 15, l. n. 155/2005, punendo la mera "destabilizzazione" delle "strutture politiche fondamentali, costituzionali, economiche e sociali di un paese" finisce per ricomprendere tra le attività terroristiche anche ad esempio quelle di un gruppo di dissidenti che, in Italia, si proponga il rovesciamento di un qualunque regime dittatoriale straniero.

Riferimenti bibliografici

Sulla ontologica inammissibilità di costituzioni immodificabili, C. ESPOSITO, *La validità della legge*, Giuffrè, Milano, 1964 (rist.); C. LAVAGNA, *Le costituzioni rigide*, Ricerche, Roma, 1965; A. PACE, *La "naturale" rigidità delle costituzioni scritte*, cit. in bibliografia sezione I.

Sui limiti impliciti alla revisione, W.L. WARBURY, *The Limitation upon the Amending Power*, in *Harv. L. R.*, 1919; P. BARILE, *La revisione della costituzione*, in *Commentario sistematico alla costituzione italiana*, II, Barbera, Firenze, 1950; P. GROSSI, *Introduzione a uno studio sui diritti inviolabili nella costituzione italiana*, Cedam, Padova, 1972; G. SILVESTRI, *Spunti di riflessione sulla tipologia e sui limiti della revisione costituzionale*, in *Scritti in onore di P. Biscaretti di Ruffia*, Giuffrè, Milano, 1987. Sulla revisionabilità delle norme sulla revisione, A. ROSS, *Diritto e giustizia*, Einaudi, Torino, 1965; A. RUGGERI, *Fatti e norme nei giudizi sulle leggi e le "metamorfosi" dei criteri ordinatori delle fonti*, Giappichelli, Torino, 1994; S.M. CICCONETTI, *La revisione della costituzione*, Cedam, Padova, 1982; M.P. VIVIANI SCHLEIN, *Rigidità costituzionale*, Giappichelli, Torino, 1997. Per l'affermazione secondo cui le costituzioni scritte (e rigide) debbano poter essere modificabili con una procedura speciale, T. PAINE, *Rights of Man* (1791-92), trad. it. *I diritti dell'uomo*, Editori Riuniti, Roma, 1978.

La tesi di Jefferson è riportata in J.H. ELY, *Democray and Distrust. A Theory of Judicial Review*, Harvard U.P., London-Cambridge, 1980.

Sulla classificazione delle varie specie di emendamenti della costituzione (addizioni, sottrazione di una parte delle disposizioni, sostituzioni), K. LOEWENSTEIN, *Erscheinungsformen der Verfassungsänderung*, Mohr, Tübingen, 1931.

Sulle procedure di revisione costituzionale, G. DE VERGOTTINI, *Referendum e revisione costituzionale: una analisi comparativa*, in *Scritti in onore di A. Predieri*, I, Giuffrè,

Milano, 1996; E. ROZO ACUÑA (ed.), *I procedimenti di revisione costituzionale nel diritto comparato*, Esi, Napoli, 1999; A. PIZZORUSSO, *La costituzione ferita*, Laterza, Bari, 1999.

Sulla revisione costituzionale negli USA, N. OLIVETTI RASON, *La dinamica costituzionale degli Stati Uniti d'America*, Cedam, Padova, 1984; M.A. KRASNER, S.G. CHABERSKY, *Il sistema di Governo degli Stati Uniti d'America. Profili istituzionali*, Giappichelli, Torino, 1994.

Sul referendum in sede di revisione costituzionale in Svizzera e negli Stati nordamericani, N. JOHNSON, *Types of Referendum*, in A. RANNEY (ed.), *The Referendum Device*, American Enterprise Institute, Washington, 1981.

Sulla revisione totale, oltre alle opere ricordate negli orientamenti bibliografici concernenti la Sez. I, v. P. HÄBERLE, *Die verfassungsgebende Gewalt des Volkes im Verfassungsstaat* in *AöR*, 112, 1987; E.W. BÖCKENFÖRDE, *Die verfassungsgebende Gewalt des Volkes*, cit.; P. BARILE, voce *Potere costituente*, in *Nss. dig. it.*, XIII, 1966.

Sulle revisioni tacite della costituzione, G. JELLINEK, *La dottrina generale dello Stato*, cit. e H. KELSEN, *La dottrina pura del diritto*, entrambi citati in bibl. sez. I.

Sulla rottura della costituzione, W. JELLINEK, *Die Verfassungsänderung des Reichgesetzes*, in *Handbuch des Staatsrechts*, II, Mohr, Tübingen, 1932; G. MOTZO, *Disposizioni di revisione materiale e provvedimenti di "rottura" della costituzione*, in *Rass. dir. pubbl.*, 1964; M. BON VALSASSINA, *Le rotture della costituzione nell'ordinamento statunitense*, Cedam, Padova, 1961.

Sulla sospensione, C.J. FRIEDRICH, *Constitutional Reason of State. The Survival of the Constitutional Order*, Brown U.P., Providence, 1957. Per un quadro storico-comparatistico (anche se non recente), G. CAMUS, *L'état de nécessité en démocratie*, Lgdj, Paris, 1965. Sulla disciplina dello stato di crisi in Francia, P. LEROY, *L'organisation constitutionnelle et les crises*, Pichon et Durand-Auzias, Paris, 1966; M. VOISSET, *L'article 16 de la Constitution du 4 octobre 1958*, Lgdj, Paris, 1969.

Sulla disciplina dello stato di crisi in Germania, K. STERN, *Das Staatsrecht der Bundesrepublik Deutschland, II, Notstandsverfassungsrecht*, Beck, München, 1980.

Sulla disciplina dello stato di crisi in Spagna, P. CRUZ VILLALÓN, *La protezione straordinaria dello Stato*, in A. GARCÍA DE ENTERRIA, A. PREDIERI (eds.), *La costituzione spagnola del 1978*, Giuffrè, Milano, 1982. Sulla disciplina dello stato di crisi in generale, G. DE VERGOTTINI (ed.), *Costituzione della difesa e stati di crisi*, il Mulino, Bologna, 1991.

Sul diritto di resistenza, J. RAWLS, *The Justification of Civil Disobedience*, New York U.P., New York, 1969.

Sulla democrazia protetta (o autoritaria o militante), K. LOEWENSTEIN, *Über das Verhältnis von politischen Ideologien und politischen Institutionen*, in *Beiträge zur Staatssoziologie*, Mohr, Tübingen, 1961; ID., *Contròle législatif de l'extrémisme politique dans les démocraties européennes*, in *Rev. droit publ.*, 1939; E. BRUNNER, *Die Problematik der verfassungsrechtlichen Behandlung extremistischer Parteien in den Westeuropäischen Verfassungstaaten*, Zürich, 1965. Sul partito antisistema in Germania, C. PINELLI, *Disciplina e controllo sulla "democrazia interna" dei partiti*, Cedam, Padova, 1984. Sulla c.d. "opposizione anticostituzionale" (e anche in generale sul tema della democrazia protetta), A. REPOSO, *La disciplina dell'opposizione anticostituzionale negli Stati d'America*, Cedam, Padova, 1977; M. BON VALSASSINA, *Profili dell'opposizione anticostituzionale nello Stato contemporaneo*, in *Riv. trim. dir. pubbl.*, 1957.

In tema di terrorismo, costituzionalismo e difesa della costituzione, v. C. BASSU, *Terrorismo e costituzionalismo*, Giappichelli, Torino, 2010; W.M. BRASH, *America's Unpatriotic Acts*, Peter Lang, New York, 2005; A. DI GIOVINE (ed.), *Democrazie protette e protezione della democrazia*, Giappichelli, Torino, 2005; C. SCHMITT, *Dottrina della costituzione*, cit.; ID., *Le categorie del "politico". Saggi di teoria politica*, il Mulino, Bologna, 1972.

Sezione III – *Costituzioni senza costituzionalismo*

di *Angelo Rinella*

SOMMARIO: 1. Costituzioni senza costituzionalismo. – 2. I diritti dell'uomo senza costituzionalismo nelle costituzioni dei paesi asiatici. – 3. "Costituzione" e "costituzionalismo" a colori cinesi. – 4. Teocrazie costituzionali senza costituzionalismo: Afghanistan e Iran. – Riferimenti bibliografici.

1. Costituzioni senza costituzionalismo

La pluralità e la varietà delle esperienze costituzionali moderne mostra come possano darsi costituzioni senza quel retroterra ideologico, filosofico e politico noto come **costituzionalismo** (*supra*, cap. III, I).

La costituzione, secondo la scienza del diritto costituzionale, consiste in quell'insieme di regole giuridiche fondamentali che sono alla base dell'ordinamento giuridico statale. Esse delineano l'identità dello Stato; tracciano i caratteri della **forma di Stato** (cap. IV), vale a dire del rapporto politico e giuridico che si instaura tra chi governa, e dunque esercita il potere supremo, e chi è governato. Se ci limitiamo a queste essenziali ed elementari funzioni della costituzione, non possiamo non riconoscere che ogni ordinamento statuale non può non avere una propria costituzione, ma potremmo dire anche un proprio statuto, un proprio patto fondativo o semplicemente un atto costitutivo nel quale sono codificati i caratteri genetici o quelli acquisiti che determinano la fisionomia dell'ordinamento statale stesso.

Seppure tradizionalmente, almeno nella prospettiva occidentale, le costituzioni sono il prodotto del costituzionalismo (il costituzionalismo di matrice liberal-democratica), non può negarsi l'esistenza di un fenomeno che vede la presenza di "costituzioni" poste alla base di ordinamenti statuali che poco o nulla hanno a che fare con i principi del costituzionalismo. In altre parole, esistono Stati la cui *forma* è solo apparentemente (oppure non lo è per nulla) riconducibile ai connotati del costituzionalismo e che pur tuttavia hanno una propria costituzione. La prospettiva comparatistica mostra dunque uno scenario complesso e articolato.

È sufficiente ricordare che i valori e i principi del costituzionalismo sono racchiusi nella celebre formula dell'**art. 16 della Dichiarazione dei diritti del-**

l'uomo e del cittadino, approvata il 26 agosto 1789 dall'Assemblea legislativa francese: «ogni società nella quale la garanzia dei diritti non è assicurata, né la separazione dei poteri determinata, non una costituzione». Dunque, una costituzione che sia il prodotto del costituzionalismo deve presentare questi tratti identificativi: l'affermazione dei **diritti dell'uomo** e il loro primato nell'ordinamento statuale; la **tutela dei diritti**, prevista anche nei confronti del potere pubblico, ad opera di giudici che appartengono a un ordine indipendente; il **controllo di costituzionalità** delle leggi da parte dei giudici oppure ad opera di apposite corti o tribunali costituzionali; la **separazione dei poteri** e la previsione di strumenti e tecniche di **limitazione del potere politico**; **tutti, inclusi i pubblici poteri, sono soggetti alla legge**; il fondamento dei poteri sovrani sta nella **legittimazione che deriva dalla nazione o dal popolo**; l'adozione delle decisioni politiche è prevalentemente fondata sul **principio di maggioranza**; la **sfera della politica è autonoma dalla sfera religiosa**, lo Stato e la Chiesa sono separati. Dunque, il costituzionalismo non esprime un concetto neutro di costituzione, ma si riferisce a un preciso ordine di valori costituzionali. La realtà delle esperienze costituzionali mostra, come si diceva, la presenza di costituzioni poste a fondamento di Stati i cui connotati non sono riconducibili ai principi del costituzionalismo.

Vi è poi il caso della **Gran Bretagna** che, pur essendo la patria del costituzionalismo moderno, non possiede una costituzione scritta nel senso tradizionale, ma certamente una **costituzione sostanziale** improntata ai principi del costituzionalismo.

Tornando al tema delle costituzioni senza costituzionalismo, gli elementi che ricorrono in queste esperienze sono riconducibili essenzialmente a tre componenti:

a) l'affermazione dei diritti fondamentali dell'uomo non è assistita da un adeguato apparato di strumenti di garanzia;

b) non è contemplata un'effettiva separazione dei poteri;

c) non è assicurata l'autonomia della politica dalla religione.

La complessità del fenomeno deriva dal fatto che questi tre caratteri, che segnano una frattura rispetto agli ideali del costituzionalismo, non si manifestano in maniera isolata ma il più delle volte si combinano e s'intersecano, come si avrà modo di vedere nel prosieguo. Sul piano del metodo, due ultime osservazioni.

In primo luogo, se si esce dalla prospettiva degli studi ancorati alle visioni eurocentriche o occidentali, è possibile scorgere fenomeni che non sempre sono interpretabili con le categorie giuridiche radicate nell'esperienza costituzionale dell'Occidente. Sicché, lo studio delle costituzioni senza costituzionalismo (il "senza" non vuole essere una connotazione negativa, ma solo una constatazione) richiede un **approccio relativistico**, vale a dire che è necessario leggere e interpretare il documento costituzionale "in relazione" ai principi e valori che qualificano il relativo ordinamento statuale.

In secondo luogo, nello studio del diritto costituzionale comparato si deve spesso fare i conti con fenomeni di circolazione di modelli giuridici caratterizzati da una certa asimmetria o incoerenza. Il caso delle costituzioni senza costituzionalismo è esemplare. Abbiamo detto che le costituzioni in senso moderno sono il prodotto del costituzionalismo; eppure sono rinvenibili costituzioni prive del retroterra di ideali e valori riconducibili al costituzionalismo. Si tratta pertanto di un fenomeno che ha visto circolare il dato formale, la formula linguistica "costituzione", l'involucro esterno denominato "costituzione"; ma non si sono fatti propri i principi e i valori che quella formula intendeva originariamente esprimere. A conferma, dunque, che esistono "**fratture**" che segnano la distanza tra la costituzione formale e la costituzione materiale, tra formule e regole scritte e formule e regole viventi. Le ragioni che inducono uno Stato ad adottare e proclamare formule come "costituzione", "diritti umani", "*rule of law*" e così via, senza riconoscerne la valenza sostanziale e farla propria, sono perlopiù ragioni che si collocano sul piano delle relazioni internazionali e degli interessi economici.

Nei paragrafi seguenti si prenderanno in considerazione alcuni esempi riconducibili alle componenti che meglio qualificano i casi di *costituzioni senza costituzionalismo*.

2. I diritti dell'uomo senza costituzionalismo nelle costituzioni dei paesi asiatici

La parte del globo che convenzionalmente chiamiamo Asia copre un territorio vastissimo, sul quale vive il **sessanta per cento della popolazione mondiale**. Questi popoli, e le relative organizzazioni sociali in forma di Stato, non hanno in comune una tradizione culturale condivisa, e men che meno una tradizione giuridica comune. Le religioni (ebraismo, islamismo, buddismo, induismo, confucianesimo, cattolicesimo, shintoismo) s'intrecciano con sistemi giuridici tradizionali o derivati; il quadro che ne deriva è estremamente articolato e variegato, né è possibile ricercare tracce di un tentativo di armonizzazione o uniformazione perché l'Asia, a differenza di altri continenti, non ha conosciuto in maniera diffusa il fenomeno del colonialismo e l'imposizione di sistemi giuridici omogenei come conseguenza del dominio coloniale.

Se si guarda al tema dei diritti dell'uomo, che come si è visto costituisce uno dei tratti, forse il principale, tra quelli che qualificano il costituzionalismo, deve anzitutto rilevarsi che allo stato attuale non esiste un'organizzazione sovranazionale degli Stati asiatici che abbia posto al centro la sottoscrizione di una dichiarazione o di una convenzione sui diritti dell'uomo; né tantomeno il diritto internazionale dei diritti umani è riuscito a introdurre qualche elemento di omogeneità regionale tra gli Stati dell'area. Il tentativo di considerare l'Asia come una realtà unitaria rivela una prospettiva tipicamente eurocentrica; «infatti l'Oriente, la direzione da cui sorge il sole, è stato il termine usato a lungo per designare l'Asia odierna. Solo una generalizzazione piuttosto audace può sommare tanti popoli in un unico gruppo, visto nella prospettiva di chi abita sulla riva europea del bosforo» (Senn). Tra gli Stati asiatici troviamo gli ultimi **Stati comunisti** del pianeta (Cina, Vietnam, Laos), un **regime militare** (Birmania), un Governo di stampo **autoritario** (Singapore), una **monarchia assoluta** (Sultanato del Brunei), Stati che hanno conosciuto processi relativamente recenti di **democratizzazione** (Filippine, Thailandia, Taiwan, Corea del sud, Indonesia, Malaysia, Cambogia) e **democrazie stabilizzate** (Giappone). I sistemi giuridici di questi paesi risentono dell'influenza dei modelli occidentali, ma anche dei modelli indiano, islamico e cinese.

Oggi lo scenario dei paesi asiatici mostra in tutti gli Stati la presenza di costituzioni o di documenti qualificati come "costituzionali": costituzioni democratiche e costituzioni socialiste, costituzioni eterodirette e costituzioni concesse, costituzioni compromissorie e costituzioni autoritarie, costituzioni stabilizzate e costituzioni più recenti. Dunque, è penetrata nell'esperienza di questi Stati l'esigenza di darsi una costituzione; essa generalmente è posta al vertice del sistema delle fonti, è protetta attraverso una procedura aggravata di revisione costituzionale, contiene la proclamazione dei diritti fondamentali e le loro garanzie e detta le regole fondamentali sull'organizzazione dei poteri. Eppure, a un'analisi più approfondita, questi documenti spesso non sono riconducibili alla tavola dei valori del costituzionalismo, specie con riferimento ai diritti fondamentali dell'uomo.

Secondo la **teoria di "valori asiatici"**, la concezione prevalente in Asia sulla condizione dell'uomo, mal si concilierebbe con i diritti umani. La tradizione asiatica pone l'accento sui doveri che incombono sugli individui nei confronti della collettività; essa non è conciliabile con la visione occidentale dei diritti umani fondati sull'individualismo. I valori asiatici mettono in risalto «il primato degli interessi collettivi, il rispetto degli anziani, la cura per l'ordine e la stabilità, per l'interesse della famiglia, della nazione e della comunità; il valore della frugalità, della parsimonia e del duro lavoro; la disponibilità a sacrificare se stessi e i propri desideri per la famiglia, il rinvio della gratificazione presente per un beneficio a lungo termine» (Ehr-Soon Tay). Ne deriva che nella prospettiva di Governo lo **sviluppo economico** dal quale può trarre vantaggio l'intera comunità è di gran lunga **prevalente rispetto alla tutela dei diritti civili e politici**; un Governo burocratico e autoritario appare più funzionale rispetto al conseguimento del benessere collettivo. Le costituzioni diffuse nei paesi asiatici non sono finalizzate primariamente alla protezione dei diritti dell'uomo. Raramente si rinviene un riferimento al carattere inviolabile o fondamentale di diritti; il tratto universale dei diritti dell'uomo si perde nella tendenza a riconoscere tali diritti solo ai cittadini; non sempre il decalogo dei diritti precede, nel testo costituzionale, le disposizioni sull'organizzazione dei poteri; l'elencazione dei diritti, inoltre, appare quasi sempre circoscritta e mancano in genere clausole di apertura destinate a ovviare a questa limitazione quantitativa.

Oltre al fatto che normalmente i diritti vengono trattati in relazione ai doveri che incombono sui singoli, le stesse carte costituzionali prevedono diffusamente **limiti** ai diritti e alle libertà proclamate. In genere sono previste delle clausole di limitazione specifiche di determinati diritti e libertà; nella maggior parte dei casi spetta alla legge, attraverso una riserva semplice, il compito di imporre il limite. Talvolta viene dettata una clausola generale di limitazione che rimette nelle mani del legislatore la facoltà di imporre limiti all'esercizio dei diritti e delle libertà. In alcuni casi, poi, l'ampiezza delle clausole di limitazione è tale da determinare di fatto la negazione del diritto o della libertà affermata. Quanto poi agli **strumenti di tutela** predisposti per respingere o arginare gli atti lesivi dei diritti e delle libertà fondamentali, il quadro testimonia una sostanziale e diffusa debolezza dell'apparato di garanzia. La salvaguardia dei diritti, al di fuori del contenzioso giudiziario, è generalmente affidata alla riserva di legge, all'affermazione del primato della costituzione, alla proclamazione del principio del *rule of law* e dell'indipendenza della magistratura. La revisione costituzionale è affidata a procedure aggravate, ma raramente si rinvengono limiti materiali a tutela della sfera dei diritti e delle libertà fondamentali. Anche nelle ipotesi in cui, per far fronte a situazioni di emergenza, si assegnano poteri eccezionali al Governo, non si prevedono, contemporaneamente, meccanismi di garanzia, condizioni e i limiti a tutela della sfera dei diritti e delle libertà. In definitiva, la stragrande maggioranza delle costituzioni nei paesi asiatici ha incluso nei propri testi i cataloghi dei diritti e delle libertà scaturiti dal costituzionalismo occidentale. Ciò che accomuna queste carte costituzionali è la sostanziale debolezza delle garanzie previste a favore dei diritti della persona: in ciò sta principalmente la causa della rottura del nesso di collegamento con il costituzionalismo occidentale di matrice liberale.

Gli elementi che più di altri rendono vulnerabile il sistema dei diritti e delle libertà sono: la presenza di clausole di rinvio al legislatore, e dunque alla maggioranza politica del momento, del potere di limitare i diritti proclamati in costituzione; la carenza di adeguati meccanismi di tutela e garanzia dei diritti, sia sul versante istituzionale che sul versante giurisdizionale[29]. Si tratta di elementi

[29] In particolare, la revisione delle norme costituzionali sui diritti non prevede procedure ulteriormente rafforzate, né limiti alla possibilità di modificare quelle stesse disposizioni; non si prevedono garanzie dei diritti nei casi in cui sia proclamato lo stato di emergenza; inoltre, la scarsa adesione al diritto internazionale dei diritti umani; la presenza di Corti costituzionali princi-

che mostrano una concezione della costituzione assai distante da quella che, a partire dalla fine del XVIII secolo, si è andata affermando in Europa e in America del Nord come strumento di garanzia dei diritti e limitazione del potere politico. Le costituzioni asiatiche riproducono nella forma e nella struttura le costituzioni occidentali, ma non ne raccolgono l'eredità ideologica, politica e giuridica racchiusa nel concetto di "costituzionalismo".

3. "Costituzione" e "costituzionalismo" a colori cinesi

Solo nella fase più tarda della dinastia Ch'ing (l'ultima dinastia imperiale, 1644-1911) la parola "costituzione" (xian) venne utilizzata con un significato abbastanza prossimo a quello moderno, nel senso di legge fondamentale dello Stato. Risale infatti al 1908 l'adozione dei «Princìpi costituzionali», una carta che voleva essere l'estremo tentativo di salvare la dinastia imperiale. In passato, con quella stessa espressione si usavano invece indicare codici (una sorta di summa degli usi e delle norme tradizionalmente vigenti) o leggi di tipo ordinario.

Con l'avvento al potere del partito comunista, nel 1949, fu adottata una costituzione sul modello dell'URSS. Mao Zedong riteneva infatti che dopo aver affermato, anche attraverso una rivoluzione, la democrazia, fosse necessario adottare una legge fondamentale nella quale fosse proclamata l'instaurazione di un regime democratico popolare. Nella concezione maoista, questa legge fondamentale doveva essere la costituzione; vale a dire una carta di portata generale nella quale fossero tracciate le linee fondamentali del Governo dello Stato; ma non tanto sotto il profilo dell'architettura, quanto sotto il profilo delle opzioni politiche fondamentali. Dunque una sorta di **costituzione "manifesto"**, da leggersi e interpretarsi insieme allo (o alla luce dello) **statuto del partito comunista cinese** e al suo programma politico. Una costituzione che inoltre presenta un carattere sostanzialmente transitorio: essa cambia al mutare degli orientamenti politici; è legata a un determinato momento storico del quale rappresenta una sorta di bilancio e, allo stesso tempo, delinea il programma politico da eseguire. A seguire il documento costituzionale del 1949, la RPC ha approvato ben quattro costituzioni, fino a quella tutt'ora vigente adottata nel 1982 e emendata quattro volte, fino all'ultima riforma del 2004.

Il pensiero giuridico-politico cinese odierno considera la costituzione come fonte del diritto, cioè ne riconosce lo statuto giuridico; tuttavia la qualifica anche per altre caratteristiche.

Essa è infatti considerata (a) la **legge fondamentale dello Stato**, che ne de-

---

palmente volte a regolare i rapporti tra i poteri piuttosto che a garantire i diritti; la scarsa indipendenza del potere giudiziario da quello politico.

termina la struttura e le finalità; (b) il **riflesso del sistema di Governo** e della **suddivisione in classi** della società cinese, delineando un bilanciamento tra le diverse forze politiche; infine (c) il fondamento delle **garanzie dei diritti e delle libertà** dei cittadini.

a) Quanto al primo aspetto, generalmente vengono sottolineate almeno tre ragioni per qualificare come "fondamentale" la costituzione cinese; essa è tale: perché definisce le **finalità fondamentali** dello Stato cinese (appunto, costituzione "manifesto"); in forza della sua "**superiorità**" rispetto a tutte le altre norme dell'ordinamento cinese (essa ha lo statuto giuridico di "norma suprema", non tollera dunque di essere contraddetta da norme di rango inferiore); a causa, infine, della sua "**rigidità**" essendo emendabile solo dalla Assemblea nazionale del popolo, cioè l'organo rappresentativo del popolo sovrano.

b) La seconda caratteristica della costituzione sta nella sua **natura classista**, cioè nel fatto che essa riflette il contrasto e il bilanciamento tra le diverse classi sociali. Oggi la lettura prevalente preferisce riferirsi al bilanciamento tra le diverse "forze politiche" presenti. Nello scenario cinese contemporaneo, l'idea della presenza di diverse "forze politiche" non è riconducibile all'ipotesi di un pluralismo politico, quanto piuttosto al tentativo di guardare al popolo con uno sguardo più aperto, capace di cogliere anche quelle componenti della società civile che non sono strettamente riducibili al concetto di "classe". Quindi, oltre all'aggregazione in classi dei differenti interessi economici, si vogliono comprendere anche i diversi partiti politici oggi esistenti (una pluralità di soggetti politici non significa necessariamente una pluralità di opinioni politiche) e le differenti nazionalità ed etnie presenti nella Repubblica cinese. Questa visione della società esprime quel compromesso fondamentale tra le diverse istanze politiche presenti nel paese le quali vengono ricondotte tutte ad unità sotto l'ala onnipresente del partito comunista. Proprio questa idea di un partito comunista depositario della matrice unitaria e, al tempo stesso, della forza unificante delle diverse istanze politiche in campo ha giustificato il ruolo che esso di fatto ha assunto rispetto alla costituzione. Esso ha assommato in sé e in via di fatto il compito di "fare" la costituzione e di emendarla, pur se attraverso le procedure legalmente previste[30].

c) La terza caratteristica riconosciuta alla costituzione è quella di garantire, almeno con le parole lì scolpite, i **diritti e le libertà fondamentali degli individui**.

---

[30] Non può destare stupore, allora, che la prima costituzione del regime comunista cinese fosse chiamata "Programma comune" (1949) e che l'ultima revisione costituzionale (2004) sia stata – come le altre – la conseguenza degli importanti nuovi orientamenti del Partito. «Il principio generale della revisione costituzionale è quello di scrivere nella costituzione le importanti teorie e le linee guida tracciate dal XVI Congresso nazionale del Partito comunista cinese». Con questa parole Wang Zhaoguo, membro autorevole dell'Ufficio politico del Comitato centrale del Partito comunista cinese, commentava all'inizio del 2004 i nuovi emendamenti alla costituzione.

Dunque, apparentemente il costituzionalismo non sarebbe estraneo all'esperienza costituzionale della Cina. Ma di quale costituzionalismo si tratta?

L'osservazione della realtà politico-costituzionale del paese mostra una concezione della **costituzione e del costituzionalismo di marcata colorazione cinese**. Colorazione che traspare anche dal testo della stessa costituzione la quale finisce per apparire, all'osservatore occidentale, come una sorta di dichiarazione nazionale, la cui valenza giuridica sembra assai cedevole. Quasi che il "diritto" che essa proclama sia paragonabile a quel "diritto a essere felici" asserito nella dichiarazione di indipendenza americana. Più precisamente:

a) la valenza principalmente politica della costituzione e la sua natura di **manifesto** del pensiero politico dominante la priva della sua sostanziale forza giuridica. Il primato nel sistema delle fonti e la rigidità che la costituzione riconosce a se stessa sono caratteri cedevoli rispetto al primato del partito comunista cinese e alla prevalenza degli obiettivi politici definiti in un dato momento storico. Basti considerare che sono considerate legittime quelle disposizioni legislative che, pur violando la costituzione, sono necessarie per il perseguimento degli obiettivi politici considerati eminenti (ad esempio, lo sviluppo economico); sono dunque contemplate le **violazioni legittime della costituzione**;

b) il **pluralismo di facciata** che la costituzione cinese mostra è quasi rudimentale. Il preambolo della costituzione afferma il primato del partito comunista cinese, unico soggetto politico riconosciuto idoneo a determinare il bene del popolo cinese. Gli altri otto partiti riconosciuti come legittimi portano stampato nel proprio statuto il riconoscimento del primato del partito comunista cinese. Si tratta pertanto di "**vasi da fiore**", destinati a soddisfare le esigenze estetiche di chi vuole intravedere tracce di pluralismo in un ordinamento costituzionale dal quale questa caratteristica manca del tutto;

c) le declamazioni dei diritti e delle libertà fondamentali riprodotte nella costituzione cinese si accompagnano puntualmente alla previsione di **clausole di limitazione rimesse al legislatore ordinario**. In altre parole, come si è visto in genere con riferimento ai paesi asiatici, la limitazione e la sospensione nell'esercizio dei diritti e del godimento della libertà fondamentali è rimessa alla volontà delle forze politiche dominanti, senza alcuna garanzia di tipo costituzionale.

Esiste, in definitiva, una **frattura** profonda tra la **costituzione cinese formale**, apparentemente riconducibile al costituzionalismo di matrice liberal-democratica, e la **costituzione materiale o vivente**. Quest'ultima riflette un'idea di costituzione che è profondamente antitetica non solo rispetto ai valori del costituzionalismo, ma anche alle stesse parole impiegate dalle formule costituzionali cinesi. Parlare, a proposito del sistema della Repubblica popolare cinese, di una costituzione senza costituzionalismo risulta fin troppo elementare. D'altra parte, come si diceva (*supra*, § 1), il concetto di costituzione dello Stato non può essere omologato soltanto ai valori del costituzionalismo.

La costituzione del 1982 resta una **costituzione ideologica**, il cui perno è rappresentato dalle teorie del marxismo-leninismo e dal pensiero di Mao Zedong. Essa esprime uno Stato al cui fondamento sta il **sistema economico**, rispetto al quale **il diritto è nient'altro che una sovrastruttura**; anzi, lo sviluppo dell'economia mal tollera ostacoli di ordine giuridico. Le aspirazioni delle classi dominanti costituiscono l'ossatura delle disposizioni costituzionali. Il che si salda con il primato del partito comunista, espressione della classe lavoratrice. Si è osservato che tutto questo denota un approccio alla costituzione di tipo strumentale e pragmatico: dunque, nell'era della transizione dall'economia pianificata all'economia di mercato l'ordine costituzionale, la certezza e la stabilità delle regole cedono il passo di fronte alle esigenze della politica e dell'ideologia (Yu Xingzhong).

Allora, perché usare formule costituzionali apertamente ispirate al costituzionalismo occidentale? Le riforme della costituzione del 1982 hanno introdotto concetti come libertà economica, *rule of law*, diritti umani. Una sorta di "etichetta" per poter essere accolti nel WTO o per poter ospitare i giochi della XXIX Olimpiade a Pechino. La comunità internazionale, sorda ai gridi di allarme e alle denunce di violazione dei diritti, ha ritenuto più meritevoli di attenzione le enormi opportunità economiche offerte dal mercato cinese. Oppure, ma non in alternativa, ha ritenuto che l'avvio di un processo di liberalizzazione dei mercati e dell'economia cinese potesse essere un viatico per la democratizzazione del paese.

4. Teocrazie costituzionali senza costituzionalismo: Afghanistan e Iran

Lo scenario variegato delle forme di Stato offre, tra gli altri, anche esempi in cui il fattore religioso si interpone nel rapporto tra governanti e governati. Si tratta di quegli ordinamenti nei quali la fede religiosa dominante viene proclamata quale fondamento del potere temporale; il più delle volte i precetti religiosi assumono il ruolo di fonte primaria del diritto vigente. Si tratta di caratteristiche tipiche degli Stati islamici, ove generalmente la costituzione è subordinata alla legge divina (***shari'a***), vale a dire la legge rivelata e immutabile che costituisce il diritto della comunità musulmana. L'Islam è proclamato, in questi ordinamenti, religione di Stato; in tal senso si parla di Stati confessionali.

Nei casi in cui, in seno ad uno Stato confessionale, la massima autorità religiosa coincida con il vertice di Governo dello Stato stesso, il rapporto tra governanti e governati assume le caratteristiche dello Stato teocratico assoluto o della "teocrazia pura". Ne ha rappresentato un'esperienza recente il regime teocratico instaurato in **Afghanistan** tra il 1996 e il 2002, quando i talebani, gli studenti di teologia coranica, imposero la legge islamica in termini integralisti; più indietro nel tempo, può rinviarsi al caso del Sudan del XIX secolo. La realtà odierna mostra tuttavia un'evoluzione che tende a combinare i tratti dello Stato confessionale con alcuni elementi del costituzionalismo. Tale circostanza ha suggerito di qualificare queste esperienze in termini di "**teocrazia costituzionale**" (Hirschl).

L'esperienza dell'Afghanistan può essere illuminante a questo riguardo: dopo la sconfitta dei talebani, nel gennaio 2004 la "grande Assemblea" costituzionale ha approvato una nuova costituzione che ha instaurato uno Stato a forte impronta confessionale. L'Islam viene proclamata come religione di Stato, nessuna legge può porsi in contrasto con la *shari'a*, i titolari delle massime cariche dello Stato devono appartenere alla religione islamica; non ricorre, però, il tratto della identificazione tra autorità religiosa e autorità politica. Dunque, la teocrazia costituzionale realizza una **separazione formale tra leadership politica e autorità religiosa**: il potere politico è assegnato a organi che operano secondo le direttrici tracciate dalla costituzione, posto che la costituzione è impregnata di precetti islamici.

I tratti caratterizzanti il modello di teocrazia costituzionale sono i seguenti: a) proclamazione della religione dominante come religione di Stato; b) riconoscimento costituzionale della religione, dei suoi testi sacri, delle sue prescrizioni e interpretazioni come fonte della legislazione e dell'interpretazione giudiziaria delle leggi; c) riconoscimento in costituzione di alcuni principi fondamentali del costituzionalismo moderno, quali il principio della separazione dei poteri e la previsione di forme di controllo giurisdizionale della legittimità costituzionale; d) distinzione formale tra autorità politica e autorità religiosa; e) presenza di un nesso tra organismi religiosi espressione della confessione di Stato e tribunali; ai primi viene riconosciuto lo *status* di giurisdizioni ufficiali che operano in sostituzione o in collaborazione con le corti di diritto secolare.

Diverse esperienze contemporanee, pur con le loro specificità, possono ricondursi alla categoria delle teocrazie costituzionali: Arabia Saudita (legge fondamentale del 1993), Qatar (costituzione del 2003), Maldive (costituzione del 2008), Afghanistan (costituzione del 2004), Iraq (costituzione del 2005), Yemen (costituzione del 1991), e Iran (costituzione del 1979). Emblematico è il caso della costituzione iraniana: nel preambolo si riconosce la *shari'a* come legge suprema e l'origine divina dell'autorità politica e dell'intero sistema giuridico. Al tempo stesso si affida al popolo il Governo dello Stato; a esso è riconosciuto il diritto a eleggere il Presidente della Repubblica iraniana e i membri dei consigli municipali; inoltre, il potere di revisione della costituzione è affidato al Consiglio dei Guardiani, un organo composto per metà da religiosi (*mullhas*) e per metà da giuristi laici. In definitiva, questa commistione tra supremazia religiosa e sovranità popolare suggerisce di ricondurre anche il caso dell'Iran al modello delle teocrazie costituzionali.

Le teocrazie costituzionali mostrano diversi **segni di frattura rispetto ai valori del costituzionalismo**. La costituzione iraniana, da questo punto di vista, è esemplare. Essa è fondata sul riconoscimento della supremazia della religione islamica; nel preambolo si sottolinea che scopo della costituzione è quello di creare le condizioni necessarie per realizzare una società nella quale possano avverarsi i valori universali dell'Islam. Tutte le leggi umane devono conformarsi ai precetti religiosi; al vertice del sistema delle fonti sta la legge islamica. Ove si determini un conflitto tra leggi religiose e leggi secolari, questo dovrà essere risolto in base al principio generale della supremazia dei principi islamici. I precetti islamici, dunque, costituiscono la fonte primaria dell'ordinamento statale; essi non derivano dallo Stato ma costituiscono la fonte di legittimazione dei poteri statali.

La costituzione vigente, attuata in seguito alla rivoluzione del 1979, esprime la teoria dello Stato (teoria del *Velayat-e Faqih*) elaborata da Khomeini. In base a questa visione, la separazione della religione dal Governo dello Stato è ritenuta estranea all'Islam. L'Islam infatti è una religione che contiene molteplici precetti normativi; il testo sacro del Corano potrebbe pertanto fungere da costituzione. Esso in realtà è qualcosa di più perché, oltre a dettare norme e principi legali, stabilisce anche norme di comportamento relative alla sfera etica, sociale e religiosa.

Il diritto islamico richiede di essere non soltanto studiato, ma anche applicato; per questa ragione l'*ayatollah* Khomeini riteneva indispensabile la presenza di una costituzione e di una struttura statale. Uno Stato e una costituzione, dunque, funzionali all'attuazione dei precetti dell'Islam; sicché, la stessa costituzione intanto era ritenuta giuridicamente vincolante per tutti i pubblici poteri, in quanto fondata sulla legge islamica Tale condizione ha reso impossibile la funzione di limite all'azione del Governo degli istituti previsti nella costituzione e posti a garanzia del sistema, essendo essi stessi soggetti ai precetti religiosi cui la stessa azione di Governo deve ispirarsi. Anche il riconoscimento dei diritti, cui la costituzione dedica un intero capitolo, resta un'esposizione puramente teorica, in quanto le garanzie relative al loro effettivo godimento sono subordinate ai principi islamici. «Le disposizioni costituzionali non sono riuscite nell'intento di preservare e limitare il potere religioso imbrigliandolo all'interno di garanzie costituzionalmente previste, proprio perché non è il sistema religioso che procede da quello costituzionale, ma è quest'ultimo che trae la sua legittimità dal primo. Conseguenza è la previsione della Guida suprema, vertice politico e religioso del sistema giuridico iraniano, non sottoposto ad alcun limite o controllo» (De Grazia).

Si tratta pertanto di un quadro che conferma l'inconciliabilità delle teocrazie costituzionali con il costituzionalismo di matrice occidentale; non sembrano infatti sufficienti a sanare la profonda frattura esistente quegli elementi sopra richiamati che appartengono alla tradizione del costituzionalismo democratico-liberale, ma che svolgono un ruolo marginale nel contesto delle teocrazie costituzionali.

Riferimenti bibliografici

In generale, sull'argomento e su alcuni casi cfr. T. GINSBURG, A. SIMPSER (eds.), *Constitutions in Authoritarian Regimes*, Cambridge U.P., New York, 2014; S. LEVITSKY, A. LUCAN, *Competitive Authoritarianism: Hybrid Regimes After the Cold War*, Cambridge U.P., New York, 2010.

Sui valori asiatici, A. SENN, *Human Rights and Asian Values*, Carnegie Council on Ethics and International Affairs, New York, 1997, trad. it. *Diritti umani e valori asiatici*, in ID., *Laicismo indiano*, Feltrinelli, Milano, 1998; A. EHR-SOON TAY, *I «valori asiatici» e il rule of law*, in P. COSTA, D. ZOLO (eds.), *Lo Stato di diritto*, Feltrinelli, Milano, 2002; T. GROPPI, *Costituzioni senza costituzionalismo? La codificazione dei diritti in Asia agli inizi del XXI secolo*, in *Pol. dir.*, n. 2, 2006.

Sull'ordinamento costituzionale cinese, D.C. CLARKE, *Alternative Approaches to Chinese Law: Beyond the "Rule of Law" Paradigm*, in *Waseda Proceedings of Comparative Law*, 1999; R. DWORKIN, *Taking Rights Seriously in Beijing*, in *The New York Rev. of Books*, New York, 26th september 2002; LIN FENG, *Constitutional Law in China*, Sweet & Maxwell Asia, Hong Kong, 2000; G. CRESPI REGHIZZI, *Verso il mercato e lo stato di diritto: recenti riforme costituzionali in Cina*, in *Dir. pubbl. comp. eur.*, n. 2, 1999; G. CRESPI REGHIZZI, M.E. DELMESTRO, *La Costituzione della Repubblica popolare cinese si aggiorna*, in *Dir. pubbl. comp. eur.*, n. 2, 2004; A. RINELLA, *Cina*, il Mulino, Bologna, 2006.

Sulle teocrazie costituzionali, R. HIRSCHL, *Constitutional Theocracy*, Harvard U.P., Massachusetts, 2010. Sulle fonti del diritto in Iran, L. DE GRAZIA, *Fonti del diritto e fattore religioso*, Es, Napoli, 2013; ID., *Costituzionalismo ed esperienze costituzionali in Iran*, in *AIC*, n. 2, 2015; S.A. ARJOMAND (ed.), *Constitutional Politics in the Middle East: With Special Reference to Turkey, Iraq, Iran and Afghanistan*, Hart, London, 2008; K.M. ABOU EL FADL, S. ARJOMAND, *Democracy and Islam in the New Constitution of Afghanistan*, Rand, New York, 2004; P.L. PETRILLO, *Iran*, il Mulino, Bologna, 2008.

CAPITOLO IV

Le forme di Stato

di *Mauro Volpi*

1. I criteri di classificazione

Il termine **forma di Stato** sta a indicare l'insieme dei princìpi e delle regole fondamentali che caratterizzano un ordinamento statale e, quindi, che disciplinano i rapporti fra lo Stato, inteso non come ordinamento ma come apparato titolare del potere di usare legittimamente la coercizione, da un lato, e la comunità dei cittadini, singoli o associati, dall'altro. Tale concetto è strettamente correlato a quello di **regime politico**, caratterizzato dall'individuazione delle finalità di carattere generale che lo Stato intende perseguire, nonché a quello di **costituzione materiale**, intesa come l'insieme dei princìpi e dei valori dominanti che contrassegnano un ordinamento costituzionale (Mortati) (cap. III, I, § 4.1).

Fin dall'antichità il pensiero filosofico e politico si è proposto di classificare le forme di dominio politico, senza distinguere tra forme di Stato e forme di governo. La classificazione che ha dominato il pensiero politico per quasi duemila anni, è quella di Aristotele (IV sec. a.C.), il quale, sulla scorta di quanto già affermato da Platone, distingue nel III e nel IV libro della *Politica* le forme di governo a seconda del **numero dei soggetti titolari della sovranità**, proponendo la nota tripartizione fra monarchia, aristocrazia, *politèia* (rispettivamente governo di uno, di pochi, di molti). Queste sono le forme "buone" di governo, alle quali corrispondono quelle "degenerate": tirannia, oligarchia, democrazia.

Storicamente più recenti sono la classificazione operata da Machiavelli, soprattutto ne *Il Principe* (1513), fra Principati e Repubbliche e quella di Montesquieu ne *L'esprit des lois* (1748) fra governi monarchici, dispotici e repubblicani (aristocratici o democratici).

In effetti la distinzione fra **Monarchia** e **Repubblica** è stata a lungo proposta come criterio fondamentale di classificazione delle forme di Stato, in quanto poggiava su due contrapposti princìpi: quello monarchico, che faceva del Re l'organo che personificava lo Stato e aveva una legittimazione dinastica e non rappresentativa, e quello repubblicano, che concepiva il Capo dello Stato come uno degli organi dello Stato, legittimato dalla volontà popolare e quindi rappresentativo. Per una certa fase della storia europea l'esistenza di un capo dello Stato monarchico ha contrassegnato la natura della forma di Stato (monarchia assoluta) o della forma di governo (monarchia costituzionale). Ma con l'affermarsi nello scorso secolo del principio repubblicano e con la trasformazione delle monarchie europee in monarchie parlamentari, la distinzione suddetta non appare più decisiva in quanto non è in grado di fungere da discrimine fra quelle democratiche contemporanee, nelle quali l'esistenza di un capo dello Stato monarchico o repubblicano non modifica la sostanza né della forma di Stato né della forma di governo. Diversa è la situazione dei paesi nei quali la monarchia continua a mantenere i caratteri della assolutezza, i quali si configurano pertanto come Stati autocratici [1].

Fra i criteri oggi utilizzati quello più comunemente adottato si rifà alle modalità di derivazione e di gestione del potere politico e porta a una bipartizione delle forme di Stato in due grandi categorie: lo **Stato democratico** e lo **Stato autocratico**.

Per alcuni il primo è caratterizzato da una struttura pluralistica, pluripartitica e a potere ripartito, mentre il secondo è monolitico, monopartitico e a potere concentrato (Lanchester). Altri individuano tre criteri di classificazione relativi alla titolarità e all'esercizio del potere, alle modalità di uso di questo, alla finalizzazione di tale uso (de Vergottini). Sulla base di tali criteri lo Stato democratico risulta fondato sulla titolarità collettiva e su un esercizio ripartito del potere, su una modalità di formazione delle decisioni basata sul consenso popolare e sulle finalità proprie di un'ideologia liberaldemocratica. All'opposto lo Stato autocratico è caratterizzato dalla titolarità ristretta e dall'esercizio accentrato del potere, da una modalità di assunzione e di attuazione delle decisioni basata sull'imposizione e da finalità ispirate ad ideologie antitetiche a quella liberaldemocratica.

La riduzione delle forme di Stato a due grandi categorie si presta ad alcuni rilievi. In primo luogo tale classificazione assume certamente valore con riferimento agli Stati contemporanei, ma non comprende alcune **esperienze del passato**, come lo Stato liberale classico, che non può essere assimilato pienamente allo Stato democratico, e lo Stato assoluto, che a sua volta non è paragonabile allo Stato autocratico.

---

[1] Fra gli Stati contemporanei le monarchie sono attualmente una trentina (escludendo i paesi che fanno parte del *Commonwealt of Nations* e riconoscono formalmente come proprio Capo dello Stato la Regina del Regno Unito). Di queste sono qualificabili come assolute quelle di Arabia Saudita, Brunei, Emirati Arabi, Kuwait, Nepal, Oman, Swaziland.

In secondo luogo anche chi propone una bipartizione distingue poi gli **Stati contemporanei**, a seconda dei diversi sistemi economico-sociali sottostanti e delle differenti ideologie di riferimento, in Stato di derivazione liberale, Stato socialista, Stato autoritario e Stato modernizzatore (de Vergottini).

Infine, occorre precisare che "democrazia" e "autocrazia" sono termini complessi che storicamente e teoricamente possono assumere diversi significati.

2. Democrazia e autocrazia

La concezione di Stato democratico oggi prevalente, soprattutto tra gli studiosi della politica, è di tipo essenzialmente **procedurale**, in quanto configura la democrazia come un processo finalizzato ad adottare le decisioni politiche. Quello democratico viene, infatti, definito come un sistema pluripartitico nel quale una maggioranza governa nel rispetto dei diritti delle minoranze (Sartori).

Anche molti giuristi hanno adottato una concezione della democrazia **in senso formale**, vale a dire come insieme di regole procedurali per assumere decisioni indipendentemente dal contenuto di queste, fondata su una filosofia relativistica dei valori, che sarebbero sempre reversibili data la intercambiabilità al potere di diversi soggetti. Così le regole democratiche sono state rinvenute da Kelsen nell'esistenza di un organo rappresentativo elettivo, nel sistema elettorale proporzionale, nel principio di maggioranza e nel ruolo determinante di mediazione svolto dai partiti politici.

Inaccettabile e superata è la concezione della democrazia **in senso sostanziale** come sistema che garantisce i diritti economico-sociali e intende realizzare un'eguaglianza effettiva, in contrapposizione alla democrazia formale, fondata sulle libertà personali e sull'eguaglianza di fronte alla legge. La negazione delle regole procedurali della democrazia e del valore dei diritti civili è sfociata, infatti, nell'affermazione della superiorità del "governo per il popolo" sul "governo del popolo" e nella instaurazione di Stati autocratici, come ha dimostrato l'esperienza degli Stati socialisti.

Tuttavia rimane vivo il dibattito sulla configurazione della democrazia solo come un insieme di regole formali o anche come sistema basato su un **nucleo minimo essenziale di princìpi e di valori**. Intanto spesso le stesse regole formali incorporano il riconoscimento di un principio o di un valore: così il suffragio universale e il pieno riconoscimento del valore uguale di ogni voto possono essere ritenuti preferibili rispetto al suffragio ristretto o al valore diseguale del voto solo se a monte vengano riconosciuti l'identico valore della persona umana e la pari dignità sociale di ciascuno. Inoltre, se si adotta una concezione solo formale della democrazia, si arriva al **paradosso** per cui, di fronte al diritto della maggioranza del popolo di rinunciare con il voto al sistema democratico, affidando il potere a un dittatore o privando la minoranza dei suoi diritti, o lo si nega, ma in tal modo si disconosce una delle sue regole procedurali fondamentali, o lo si ammette, ma in questo caso si accetta la sua trasformazione in sistema autocratico.

In definitiva la democrazia è sicuramente un **sistema di regole procedurali**, ma anche un **insieme di princìpi e di valori** in esse incorporati o presupposti, che è sancito di solito a livello costituzionale ed è condiviso dalla società e quindi non è liberamente reversibile da una maggioranza elettorale o parlamentare. Essa presenta, quindi, un duplice aspetto: in quanto concetto ideale è una visione complessiva dell'uomo e del mondo che aspira ad andare oltre gli elementi identificativi di una forma di Stato storicamente data, mentre, in quanto entità reale, è un sistema di governo fondato su princìpi e su regole che nell'epoca contemporanea caratterizza un gruppo di ordinamenti statali distinguendolo da tutti gli altri. Questa duplicità fa sì che un sistema democratico non si presenti mai come un "assoluto", in sé compiuto e perfetto, ma piuttosto come un processo in continua evoluzione (e talvolta anche involuzione) e in costante tensione verso la realizzazione dell'ideale democratico.

La categoria "Stato autocratico" viene ad assumere un **carattere residuale e negativo**, in quanto comprende tutte le esperienze che non possono essere qualificate come democratiche. Nell'epoca contemporanea vengono a farne parte ordinamenti statali fra loro assai lontani e talvolta basati su ideologie contrapposte, come lo Stato socialista e quello fascista, o appartenenti a una categoria complessa e in continua trasformazione, come è quella di "Stato in via di sviluppo".

Dal punto di vista teorico il termine "autocrazia", che significa etimologicamente "governo di uno" ricopre concetti, come quelli di dittatura, di regime autoritario, di regime totalitario, che sono distinti, anche se nel linguaggio comune vengono impiegati in maniera indifferenziata.

La **dittatura** è una forma di concentrazione del potere nelle mani di un organo, di solito monocratico, che si divide in due categorie fondamentali, a seconda che si configuri come commissariale o come sovrana (Schmitt). La dittatura **commissariale** fa riferimento all'esperienza verificatasi a Roma fra il V e il III secolo a.C.: il *dictator* è un magistrato straordinario nominato da uno dei consoli in circostanze eccezionali, come la guerra o la sedizione interna, il quale esercita sia il comando interno (*imperium domi*), sia quello esterno (*imperium militiae*). Si tratta di un potere legittimo e costituito, in quanto previsto e disciplinato dalla costituzione, che ha come proprio presupposto lo stato di necessità. Sue caratteristiche essenziali sono la temporaneità della carica e l'eccezionalità dei poteri, che possono comportare anche la sospensione delle garanzie costituzionali.

La dittatura **sovrana** determina, invece, la vigenza di una nuova costituzione attraverso l'esercizio di un potere costituente che agisce in totale rottura con l'ordinamento costituzionale preesistente e quindi si configura come un potere illegittimo e di fatto. Essa deriva, pertanto, non da uno stato di necessità eccezionale e contingente, ma da una vera e propria crisi di regime e, pur presentando i caratteri della temporaneità e della straordinarietà dei poteri, sfocia non nel ripristino della costituzione, ma nella instaurazione di una nuova forma di Stato.

In entrambi i significati la dittatura non costituisce una forma di Stato a sé, ma è una fase transitoria che si conclude o con il ritorno al funzionamento normale dell'ordinamento preesistente o con il suo definitivo superamento e con la formazione di un nuovo ordinamento.

Di **regime autoritario** si parla talvolta in senso generico per tutte quelle forme di dominio politico che si fondano su una forte concentrazione del potere, un basso livello di consenso e di mobilitazione popolare, l'uso della forza e la repressione dell'opposizione. In senso più circoscritto, i giuristi definiscono come "autoritaria" la forma di Stato che si è affermata in Europa fra le due guerre mondiali e ha avuto le sue realizzazioni più significative nella Germania nazionalsocialista e nell'Italia fascista, anche se si è prolungata fino alla metà degli anni '70 dello scorso secolo con il regime salazariano in Portogallo e quello franchista in Spagna. La stessa dizione viene spesso utilizzata per i regimi autocratici dell'Africa, dell'Asia e dell'America Latina.

Il **regime totalitario** assume caratteristiche proprie che lo distinguono da un regime genericamente autoritario. Il termine "totalitarismo" è stato riferito a esperienze diverse: al regime fascista, i cui teorici hanno usato tale espressione per indicare l'aspirazione dello Stato a occuparsi di ogni aspetto della vita sociale, ma soprattutto al regime nazionalsocialista della Germania e a quello comunista dell'Unione sovietica.

Le caratteristiche essenziali del regime totalitario consistono, in primo luogo, nella proclamazione di un'**ideologia ufficiale dello Stato** che viene inculcata, mediante l'uso manipolato della cultura, dell'informazione e della propaganda, nelle coscienze dei singoli. In secondo luogo la fonte suprema del potere è il **partito unico**, i cui organi, anche se distinti da quelli dello Stato, si sovrappongono di fatto a questi, e in particolare è il **capo carismatico**, che, essendo alla guida del partito e incarnando l'ideologia ufficiale, è la personificazione stessa del potere. In terzo luogo il totalitarismo si fonda su una **mobilitazione permanente delle masse**, realizzata mediante un'organizzazione capillare e coattiva della società, e sulla costante ricerca del consenso popolare tramite metodi di tipo plebiscitario e che non consentono reali alternative. In quarto luogo il regime totalitario si fonda su una **struttura di tipo poliziesco**, che prevale su quella militare, e utilizza le armi della delazione e della provocazione contro i "nemici" reali o presunti.

In definitiva il totalitarismo è un fenomeno recente, tipico del secolo scorso, che presuppone l'irrompere delle masse sulla scena politica e l'utilizzazione di forme sofisticate e tecnologicamente avanzate di dominio sulla società e sui singoli. In questo senso esso indica la particolare capacità di penetrazione e di diffusione di un potere di tipo autocratico, ma non costituisce una forma di Stato a sé, riguardando esperienze diverse (come lo Stato autoritario e quello socialista).

Più in generale il termine “Stato autocratico” risulta troppo ampio, anche se può ben essere utilizzato nella polemica politico-ideologica con una finalità critica verso tutti i sistemi che negano la democrazia e i suoi presupposti.

3. L'evoluzione storica: l'ordinamento feudale

Se si vuole dare un quadro completo, dal punto di vista sia diacronico che sincronico, delle forme di Stato, è preferibile utilizzare una pluralità di criteri, che tenga conto sia dell'evoluzione storica degli ordinamenti statali dopo la nascita dei moderni Stati-nazione sia della complessità, soprattutto in quelli contemporanei, delle diverse forme di organizzazione del rapporto fra Stato e società, che mal si presta a semplificazioni riduttive.

È possibile, quindi, esaminare le diverse forme di Stato, seguendone l'evoluzione storica, alla luce dei seguenti criteri:

– la **natura del rapporto fra Stato e società civile** e quindi tra sfera pubblica e sfera privata, che a sua volta dipende strettamente dal sistema economico e dalla ideologia dominanti;

– l'individuazione del **titolare** del potere politico e del **modo di esercizio**, ripartito o accentrato, dello stesso;

– la **derivazione del potere**, e quindi l'individuazione della sua fonte di legittimazione, e la sua natura monolitica o pluralistica;

– il riconoscimento o meno dei **diritti di libertà** e delle garanzie della loro effettività;

– l'esistenza o meno di una **costituzione** e il ruolo svolto da questa nella regolazione dei rapporti fra Stato e società e fra i pubblici poteri.

Applicando tali criteri all'evoluzione storica delle forme di Stato, si può operare la distinzione fra Stato assoluto, Stato liberale e, nell'ambito dello Stato contemporaneo, fra Stato autoritario, Stato socialista e Stato democratico.

Di forma di Stato in senso proprio si può parlare solo con la nascita degli Stati-nazione, che prende avvio in Europa dalla seconda metà del XIV secolo. Non è quindi tale l'**ordinamento feudale,** che si afferma in Europa a partire dal IX secolo con l'Impero carolingio e si protrae fino al XII secolo. Esso si fonda su un tessuto sociale costituito da comunità di ridotte dimensioni e isolate l'una dall'altra e su un'economia agricola autosufficiente e basata sullo scambio in natura.

In questo contesto non si può parlare di Stato in senso proprio, in quanto vi è una totale identificazione fra la persona fisica del Signore (o del Re) e la proprietà privata della terra da un lato e il potere esercitato sulle masse contadine dall'altro. Per questo si è parlato di un **«ordinamento patrimoniale-privatistico»**, per sottolineare che esso ha un fine non pubblicistico, consistente nella cura di interessi generali, ma incentrato sulla salvaguardia e sull'incremento della proprietà terriera del Signore, e si fonda su rapporti di tipo privatistico-contrattuale fra Re e feudatari e fra questi e uomini liberi (Mortati).

Di particolare importanza è il rapporto che si instaura fra il Re e i suoi feudatari, in base al quale questi ultimi acquisiscono il dominio politico del feudo (derivante dal termine latino *foedus*, che significa patto, alleanza) e si obbligano a procurare al primo la forza armata e le entrate necessarie alla difesa o all'eventuale espansione del regno. Tipica natura pattizia assume la *Magna Charta*, concessa in Inghilterra nel 1215 da Giovanni Senzaterra, nella quale il Re si obbliga a convocare i rappresentanti della nobiltà fondiaria ogni volta che dovrà fare ricorso alla imposizione di tributi. Natura contrattuale, anche se di tipo diseguale, assume a sua volta il rapporto che viene a costituirsi fra il feudatario, che si impegna a garantire la protezione armata nell'ambito del feudo, e la comunità contadina, la quale è obbligata a fornirgli una rendita in natura pari all'intera produzione, detratto quel che è strettamente necessario per la propria sopravvivenza.

La sovranità del Re è puramente teorica, in quanto ogni feudo costituisce un ordinamento autonomo posto sotto la *iurisdictio* del singolo feudatario e un fenomeno analogo si verifica per le comunità urbane di tipo comunale che si sviluppano soprattutto in Italia e nelle Fiandre dall'XI secolo. Nella società feudale, inoltre, non vi è un unico ordinamento sovrano, posto al di sopra degli altri, ma **una pluralità di ordinamenti autonomi**: la Chiesa, che svolge un ruolo essenziale nella cura di interessi collettivi (quali l'istruzione e l'assistenza); le comunità urbane, che si danno proprie regole statutarie; i ceti artigianali e mercantili; le terre comuni di proprietà contadina.

Per quel che riguarda la derivazione e la natura del potere, nel feudo vi è un embrione di potere politico, ma fanno difetto elementi essenziali perché si possa parlare di un potere di tipo statale: non vi è un apparato militare permanente, in quanto l'esercito del Regno è una sommatoria di milizie private costituite da mercenari, e non vi è l'impersonalità del potere, che di fatto è nelle mani della persona fisica del feudatario, legato al Re da un rapporto *intuitu personae*, mentre in linea teorica continua a essere imputato ai sempre più distanti poteri centrali (Impero e Papato).

Nella società feudale non si può parlare di veri e propri diritti di libertà. La grande massa della popolazione è contadina e vive in una situazione di servaggio, senza poter far valere nessuna pretesa di tipo soggettivo. Solo gli uomini liberi, e in particolare gli appartenenti alla nobiltà e al clero che hanno un titolo di proprietà, possono rivendicare alcuni **privilegi**, come quello di essere giudicati solo dai propri pari (art. 33 della *Magna Charta*), fondati su antiche consuetudini oppure di origine pattizia. Infine non esiste una costituzione feudale, intesa come regolamentazione dei poteri pubblici e riconoscimento dei diritti, ma si può parlare di "costituzione" solo nel significato antico e generico di vigenza di tradizioni secolari e di rapporti di dominio tramandatisi nel tempo.

4. Lo Stato assoluto

Lo Stato assoluto si sviluppa in Europa dalla seconda metà del XIV secolo e costituisce storicamente la prima forma di Stato, in quanto si identifica con la nascita dello Stato-nazione. Questa è determinata dalla progressiva unificazione sotto il dominio del Re di ampi territori, soprattutto in Inghilterra, in Francia e in Spagna, mentre l'Italia e la Germania continueranno a lungo a suddividersi in una pluralità di Regni e di Principati.

Lo Stato assoluto ha alla propria base un'**economia** che combina il tradizionale assetto agricolo con lo sviluppo del capitalismo mercantile e manifatturiero e sostituisce allo scambio in natura quello fra merci e denaro, da cui prendono avvio le prime manifestazioni del capitale finanziario. Esso, garantendo l'unificazione del mercato nazionale, la maggiore sicurezza dei traffici commerciali, la conquista di nuovi territori e di nuovi mercati tramite la guerra, determina condizioni favorevoli al rafforzamento della borghesia. Ma vi sono anche altre ragioni alla base della nascita dello Stato assoluto, quali l'espansione demografica, lo sviluppo di un *surplus* nella produzione agricola che incoraggia gli scambi con le comunità più vicine, il desiderio del Re di riaffermare in concreto, e non più solo in via teorica, il dominio politico sui suoi territori.

Nello sviluppo dello Stato assoluto è possibile distinguere due fasi: l'assolutismo **empirico** e l'assolutismo **illuminato**. Nella prima, fra il '500 e il '700, ancora si parla di **Stato patrimoniale**, in quanto resta forte l'intreccio tra fine pubblicistico e fine privatistico. Nella seconda, che trova la sua massima realizzazione in Austria e in Prussia alla fine del '700, si parla di **Stato di polizia**, che deriva dal termine greco *pólis* e sta a indicare che lo Stato persegue la finalità pubblicistica di realizzare il benessere dei sudditi, e quindi non va confuso con lo Stato poliziesco, tipico delle esperienze totalitarie del secolo scorso.

Con l'assolutismo nasce uno **Stato-apparato**, separato dalla società, che persegue in nome e per conto del Re fini di tipo pubblicistico. Gli elementi che costituiscono tale apparato sono: un **corpo amministrativo-burocratico** di funzionari stipendiati, formato da ecclesiastici, giuristi e nobili; un **esercito permanente**, che comprende soldati di professione, ma viene sempre più integrato in modo cospicuo da appartenenti ai ceti popolari grazie alla coscrizione obbligatoria, che ha il compito di garantire il mantenimento della pace all'interno e di condurre guerre, spesso prolungate e sanguinose, all'esterno; un sistema coordinato ed esteso di **esazione dei tributi**, che serve a finanziare i costi sempre più elevati richiesti dal mantenimento dell'apparato statale. Infine viene stabilita la distinzione fra patrimonio privato del Re e patrimonio pubblico, che acquista i caratteri della inalienabilità e della indisponibilità.

Nel 1576 in *Les six livres de la République* il giurista francese Jean Bodin elabora il concetto di **sovranità** come potere assoluto, perpetuo e indivisibile. La titolarità della sovranità spetta al Re o meglio alla **Corona**, cioè a un organo dello Stato che presenta le caratteristiche della impersonalità e della continuità, garantite da rigorose leggi di successione volte ad impedire la vacanza del trono. Tali leggi, insieme a quelle naturali e di origine divina, si impongono alla persona del Sovrano, il quale per il resto è *legibus solutus* e può far valere il principio di autorità, basato sulla superiorità gerarchica dell'ordinamento statale su tutti gli ordinamenti particolari operanti al suo interno.

Il **potere è accentrato** nelle mani del Monarca, ma non in modo così rigido e compiuto come avviene nei regimi autocratici contemporanei. Infatti continuano a operare gran parte degli ordinamenti autonomi e di tipo corporativo presenti nella società feudale, pur se sono assoggettati al principio di autorità. La gestione del potere in ampi territori, dati i mezzi di comunicazione dell'epoca, lascia notevole spazio alle autorità locali [2]. A livello centrale il Re concentra nelle proprie mani non solo il potere esecutivo, ma anche quello legislativo, riducendo le Assemblee rappresentative di origine medievale a un ruolo prevalentemente consultivo e rifiutandosi di convocarle per interi decenni. Il potere giudiziario viene amministrato da corti e tribunali composti da giudici nominati dal Re, ma per alcuni aspetti resta affidato ai ceti e alle corporazioni [3].

Il potere del Re è di origine divina e si trasmette per via ereditaria; non ha, quindi, natura rappresentativa. Fortemente ridimensionato è il ruolo rappresentativo delle Assemblee medievali; la **rappresentanza** si configura **come un rapporto di diritto privato**, nel quale il rappresentante agisce come mandatario legato a vincoli e direttive da parte dei rappresentati. Anche se di esse entrano a far parte i rappresentanti della borghesia, oltre a quelli della nobiltà e del clero, si tratta pur sempre di una rappresentanza non "del potere", ma "di fronte al potere", di cui resta titolare il Monarca. Lo Stato assoluto inoltre non è di tipo pluralistico, in quanto, anche se in esso si manifesta un pluralismo di natura economico-sociale fondato sulla coesistenza, più o meno conflittuale, fra aristocrazia e borghesia, il potere politico rimane espressione di un'unica classe e ed è nelle mani di un organo monocratico.

Così come nell'ordinamento feudale, nello Stato assoluto non si può parlare di diritti, ma solo di **pretese di natura privatistico-patrimoniale**, di cui sono titolari coloro che possono vantare un titolo di proprietà. Questi, se subiscono dei danni ingiusti, possono rivalersi nei confronti del **fisco**, cioè di un fondo patrimoniale dello Stato alimentato dalle entrate tributarie. Si afferma inoltre la distinzione fra "atti di imperio", che intervengono in materia pubblicistica e costituiscono esercizio di sovranità, e "atti di gestione", impugnabili in via giurisdizionale qualora violino le situazioni soggettive patrimoniali. Altra distinzione

---

[2] Tali sono in Francia gli Intendenti posti a capo delle Province, mentre in Inghilterra si afferma il principio del *self-government*, secondo il quale i titolari delle cariche periferiche sono funzionari onorari rappresentanti della comunità locale.

[3] Ciò si verifica in Francia con i *Parlements*, i quali sono organi giurisdizionali competenti nei confronti dei propri pari e agiscono spesso in contrasto con la volontà del Monarca.

importante è quella fra "leggi", che sono atti generali e astratti resi pubblici e vincolanti anche per i funzionari, e "ordinanze", che sono provvedimenti concreti della singola autorità e non possono costituire il fondamento di situazioni giuridiche soggettive. Tuttavia il Sovrano non è rigidamente vincolato dalle leggi: vi sono infatti le cosiddette "leggi di polizia", non pubblicate e non vincolanti, che incontrano solo il limite dei "diritti patrimoniali", ma anche tale limite può essere posto nel nulla dal ricorso alla "ragione di Stato".

Infine lo Stato assoluto non è uno Stato costituzionale, basandosi su un concetto di sovranità che contrasta con l'idea della costituzione come limite del potere: gli unici limiti, come si è detto, sono rappresentati dalle leggi supreme del Regno (quelle di successione e quelle di origine divina e naturale).

Al di là delle sue comuni caratteristiche generali, lo Stato assoluto si configura assai diversamente in Inghilterra e nei paesi dell'Europa continentale. Oltremanica il principio assolutistico non si afferma mai compiutamente per varie ragioni: economico-sociali, consistenti nell'intreccio fra la borghesia e una parte dell'aristocrazia rurale, la quale trasforma la rendita fondiaria in impresa manifatturiera, e giuridico-istituzionali, derivanti dal notevole peso dei particolarismi e dei privilegi feudali, che si basano su antiche consuetudini e assurgono al rango di veri e propri diritti grazie al loro riconoscimento formale nelle leggi del Parlamento. Al contrario nel continente, e in particolare in Francia, l'assolutismo trionfa e si esprime da un lato nell'attribuzione alla burocrazia di un potere sempre più dispotico e oppressivo, dall'altro nel mantenimento in capo alla nobiltà e all'alto clero dei privilegi feudali e della rendita parassitaria derivante dalla proprietà della terra. Si determina quindi una netta frattura sociale e politica con la borghesia, destinata a ripercuotersi sulle modalità del passaggio allo Stato liberale.

5. Lo Stato liberale

La crisi dello Stato assoluto è determinata da molteplici ragioni: finanziarie, derivanti soprattutto dal costo crescente dell'apparato burocratico e militare; economico-sociali, conseguenti alla rivoluzione industriale e alla crescente egemonia borghese; politiche, consistenti nella necessità per la borghesia di conquistare il potere politico e di piegarlo alla tutela dei propri interessi.

La base economica dello Stato liberale è costituita dal **modo di produzione capitalistico**, basato sulla proprietà privata dei mezzi di produzione, sulla libera concorrenza, sulla ricerca del profitto come fine ultimo dell'attività economica, sulla centralità del mercato come misura del valore delle merci e della stessa forza-lavoro.

Naturalmente il passaggio alla nuova forma di Stato avviene con tempi e modalità profondamente diversi nei vari paesi, per cui si può dire che esistono vari

liberalismi, anche se ciò non inficia la possibilità di costruire un modello teorico generale per quanto complesso.

Lo Stato liberale nasce assai presto in **Inghilterra** in seguito alle due rivoluzioni condotte vittoriosamente dal Parlamento contro la dinastia degli Stuart[4]. Ciò deriva dal fatto che la borghesia inglese può utilizzare i canali ereditati dall'epoca feudale; tramite le leggi del Parlamento essa trasforma gli antichi privilegi in diritti e pone una serie di limiti al potere del Monarca[5]. Quindi il passaggio allo Stato liberale avviene con una certa gradualità e senza fortissimi traumi politici e sociali.

Negli **Stati Uniti** la costruzione dello Stato liberale avviene in modo del tutto naturale, all'indomani della vittoriosa guerra di indipendenza dalla Gran Bretagna e soprattutto con la costituzione di Filadelfia (1787), costituendo il prodotto di una società formata da uomini liberi e proprietari, che non deve fare i conti con una nobiltà inesistente e nella quale le differenze di ricchezza sono attenuate da un forte spirito di gruppo e comunitario. La ricerca della massima espansione possibile dei diritti individuali, a cominciare da quello di proprietà, e della loro garanzia sancita da una "legge superiore" ne costituisce l'effetto logico e naturale.

Al contrario in **Francia** il passaggio allo Stato liberale avviene in forme traumatiche e violente, in quanto la borghesia è costretta ad affermare i suoi princìpi ed interessi in contrasto sia con i privilegi della nobiltà e del clero sia con il potere dispotico che caratterizza l'*Ancien Régime*. Si verifica, quindi, un aspro conflitto di tipo rivoluzionario, nel corso del quale vi è un'oscillazione fra ideologia liberale e concezioni democratico-radicali (che si riflettono rispettivamente nelle costituzioni del 1791 e del 1793).

Ancora diversa è la situazione che si determina in **Germania** e in **Italia**. La debolezza della borghesia, derivante da uno sviluppo industriale ritardato, e l'esistenza di una forte aristocrazia terriera e militare fanno sì che lo Stato liberale nasca come frutto di un compromesso e di una rivoluzione "dall'alto", realizzata grazie all'espansione progressiva rispettivamente dello Stato prussiano e del Regno di Sardegna. Per questi motivi fin dall'origine esso assume una connotazione fortemente statalista e centralista.

Una volta chiarita la diversità delle singole esperienze, è possibile individuare i caratteri istituzionali essenziali della forma di Stato liberale. In primo luogo esso distingue nettamente fra **sfera pubblica**, che ha per oggetto essenzialmente

---

[4] La prima rivoluzione si conclude nel 1649 con la decapitazione di Carlo I, la seconda, detta "*Glorious Revolution*", nel 1688-89 con lo spodestamento di Giacomo II e l'affidamento del trono a Guglielmo d'Orange.

[5] Nel corso del '600 il Parlamento approva la *Petition of Rights* (1628), con la quale riafferma i diritti e i privilegi di origine feudale violati dal Re, l'*Habeas Corpus Act* (1679), che tutela la libertà personale, il *Bill of Rights* (1689), che riconosce i diritti individuali e i poteri del Parlamento. Infine nel 1701 l'*Act of Settlement* stabilisce che il potere del Re e dei suoi funzionari deve essere esercitato in conformità delle leggi e ratifica tutte quelle approvate in precedenza.

il mantenimento dell'ordine e l'uso legale della forza all'interno e all'esterno, e **sfera privata**, nella quale si esplicano liberamente i rapporti economici e gli interessi privati fondati sulla proprietà e sul contratto. Alla base della distinzione vi è una ideologia individualistica, che afferma il valore della persona come soggetto in sé, avulso dai rapporti sociali e che agisce in una sfera privata teoricamente intangibile.

Sul terreno politico-sociale tale impostazione determina la soppressione degli ordinamenti corporativi e degli organismi intermedi ancora presenti nello Stato assoluto e la grande debolezza dei nuovi organismi associativi, come i partiti politici che hanno un carattere elitario e interprivato.

Sul terreno economico si parla di **Stato non interventista**, anche se nella realtà un intervento dello Stato c'è dovunque e in Germania alla fine dell'800 è così rilevante da far coniare il termine "liberalismo di Stato". Tuttavia nella maggioranza dei casi si tratta di un intervento o puramente negativo, in quanto volto a garantire dall'esterno le condizioni per il libero svolgimento dell'attività economica privata, o di tipo sussidiario e servente nei confronti del capitale (finanziamenti ai privati, assunzione in proprio di servizi particolarmente onerosi, interventi assistenziali volti a evitare le forme più esasperate di protesta sociale).

In generale si può affermare che, sottraendo l'economia al terreno della decisione politica, lo Stato liberale tende a subordinare il fattore politico a quello economico, ma ciò non comporta la debolezza dello Stato, che si caratterizza per la sua autonomia nei confronti della società. Esso ha il monopolio della forza legale, utilizzata sia all'interno per garantire la "pace sociale", sia all'esterno nel ricorso alla guerra e all'espansione coloniale, e non esita a sottoporre a serie limitazioni gli stessi diritti civili quando lo ritenga indispensabile ai fini della salvaguardia dell'interesse generale della classe borghese.

Titolare della sovranità non è più la Corona, ma la **Nazione**, intesa come entità unitaria e indivisibile che trascende la volontà dei singoli[6]. Il concetto di "Nazione" non comprende l'intero popolo, ma solo coloro che esprimono una comune visione ideale e sociale e quindi tende ad individuare la borghesia quale classe dominante portatrice dell'interesse generale. Tuttavia in concreto la Nazione può agire solo attraverso gli organi dello Stato, per cui di fatto la sovranità nazionale diventa o sovranità dello Stato (soprattutto in Germania e in Italia, ordinamenti nei quali lo Stato viene considerato persona giuridica e si afferma la concezione dell'origine statuale del diritto) o sovranità del Parlamento, quale organo titolare della funzione di fare le leggi, che sono fonte primaria del diritto ed espressione della volontà generale (in Francia e in Gran Bretagna, con la differenza che nel secondo paese l'onnipotenza della legge è limitata da antiche consuetudini e dal ruolo creativo della giurisprudenza).

---

[6] Vedi in tal senso l'art. 3 della Dichiarazione francese dei diritti dell'uomo e del cittadino del 26 agosto 1789.

La **separazione dei poteri** è uno dei princìpi-cardine dello Stato liberale. La tripartizione fra potere legislativo, esecutivo e giurisdizionale risale, com'è noto, soprattutto a Montesquieu nel già citato *L'esprit des lois* (*supra*, § 1). L'origine storica dell'affermazione di tale principio va ricercata nella volontà della classe borghese di spezzare l'assolutismo monarchico, garantendo una distribuzione del potere sovrano fra diversi soggetti, e nel fatto che il potere legislativo e quello esecutivo rappresentano due diverse classi sociali ed è all'interno del primo che la borghesia afferma dapprima la propria egemonia. Nello Stato liberale tale principio viene assolutizzato, nel senso di prefigurare una perfetta corrispondenza fra organo, funzione attribuita, forma ed efficacia degli atti prodotti nel suo esercizio. Tuttavia ciò non corrisponde pienamente al pensiero di Montesquieu, il quale sottolineava come fra i tre poteri dovessero esistere forme di reciproco controllo e condizionamento, al fine di evitarne la degenerazione, impostazione questa effettivamente ripresa nell'esperienza degli Stati Uniti dei *checks and balances* (cap. VII, § 13). Inoltre nell'applicazione pratica del principio si hanno fin dall'origine interferenze funzionali fra i vari poteri, per cui si verifica una combinazione fra il principio della separazione e quello della collaborazione fra di essi.

In particolare **l'indipendenza del potere giudiziario** si impone naturalmente nei paesi anglosassoni di *common law*, trovando solide fondamenta nell'attività di produzione normativa svolta dai giudici e quindi nell'autorevolezza delle loro decisioni. Invece nei paesi di *civil law* dell'Europa continentale il processo è molto più lento e faticoso, in quanto i giudici sono un corpo di funzionari pubblici costituito in "ordine", soggetto alla legge e garantito da uno *status* particolare, che è condizionato quanto alla sua organizzazione dal potere esecutivo e nello svolgimento della funzione giurisdizionale dalla volontà del legislatore.

Con lo Stato liberale si afferma anche il principio della **rappresentanza politica**, che si differenzia nettamente dalla rappresentanza medievale di stampo privatistico. Infatti la nazione, titolare della sovranità, può operare solo tramite rappresentanti provenienti dal suo seno, che sono chiamati a curare finalità generali e quindi di natura politica. Le **elezioni** diventano lo strumento fondamentale per la scelta dei "migliori", vale a dire di rappresentanti chc rivestono una particolare posizione sociale e sono legittimati a manifestare una volontà libera, non più vincolata a precise direttive dei propri elettori. Viene sancito, quindi, a partire dalla costituzione francese del 1791, il principio del **divieto del mandato imperativo**, in base al quale gli eletti rappresentano non coloro che li hanno votati, ma l'intera Nazione e quindi non interessi particolari ma l'"interesse generale". Tuttavia lo Stato liberale è sì rappresentativo ma **omogeneo** o "monoclasse" (Giannini), in quanto attraverso il suffragio ristretto, basato sul censo o sul reddito degli elettori, esclude dal voto la grande maggioranza del popolo (e in particolare le donne) e i rappresentanti sono notabili provenienti dalle classi più agiate[7]. Quindi lo Sta-

[7] Così nel Regno d'Italia nel 1861 ha diritto di voto l'1,9% della popolazione, nel 1909 l'8,3%

to liberale non è democratico ma oligarchico, anche se il principio della rappresentanza tramite le elezioni costituisce il canale fondamentale attraverso il quale potranno ottenere riconoscimento gli interessi delle classi popolari e trovare attuazione il suffragio universale.

Altra caratteristica essenziale dello Stato liberale sta nel riconoscimento costituzionale dei **diritti di libertà**. Questi si identificano con i diritti civili, intesi come diritti della persona considerata nella sua individualità, e come **libertà negative** o dallo Stato, derivanti dal riconoscimento a ciascun cittadino di una sfera privata che deve restare libera da ogni ingerenza esterna, anche dei pubblici poteri. Di tali diritti fa parte il diritto di proprietà, che, anzi, in quanto "diritto esclusivo al godimento di un bene", costituisce il parametro sul quale vengono strutturati tutti i diritti della persona.

Ma lo Stato liberale **non è pienamente libero**, in quanto una volta consolidato esso ostacola l'estensione del riconoscimento dei diritti civili e di quelli politici alle classi subalterne, i cui componenti non sono "soggetti" di diritto, ma vengono "assoggettati" al diritto (Allegretti). Gli stessi diritti di libertà vengono riconosciuti con notevole diversità di ampiezza e di garanzie nei vari ordinamenti. Il loro radicamento è più forte nei paesi nei quali si affermano per via consuetudinaria (Inghilterra) o rivoluzionaria (Stati Uniti e Francia), dove vengono teorizzati come "diritti naturali" preesistenti allo Stato e fondati su una "legge superiore" rappresentata dalla costituzione. È più debole in Germania e in Italia, dove vengono configurati come "diritti pubblici soggettivi", i quali costituiscono il frutto del riconoscimento da parte dello Stato del potere degli individui di far valere proprie situazioni giuridiche soggettive o *status*.

Grande conquista dello Stato liberale è infine la **costituzione** quale atto fondamentale che assicura la garanzia dei diritti e stabilisce la separazione dei poteri (come recita l'art. 16 della Dichiarazione francese del 1789). La costituzione si configura come "legge superiore" nei confronti della legge ordinaria solo laddove è il frutto di un processo rivoluzionario o dell'ottenimento dell'indipendenza nazionale (costituzione nordamericana del 1787, costituzioni rivoluzionarie francesi, costituzione belga del 1831), mentre è, se non in via teorica, di fatto derogabile dalla legge ordinaria quando deriva da una concessione del Monarca o ha un'origine compromissoria (costituzioni dell'epoca della Restaurazione, statuto albertino del 1848, costituzione prussiana del 1850). Si può quindi parlare dello Stato liberale come **Stato legislativo**, in quanto è la legge l'atto fondamentale chiamato a garantire un equilibrio fra l'autorità dello Stato e la libertà dei singoli. D'altra parte la mancata previsione in molte costituzioni di procedimenti aggravati per la loro modificazione, che le rende di fatto cede-

---

e solo nel 1912 viene introdotto il suffragio universale maschile, che si era affermato in Francia e in Svizzera nel 1848, negli Stati Uniti nel 1868 (XIV emendamento), in Germania nel 1871, in Belgio nel 1893.

voli nei confronti della legge, deriva dalla forte omogeneità politico-ideologica della rappresentanza parlamentare, per cui non sussiste il timore che una maggioranza legislativa possa pregiudicare i princìpi e gli interessi comuni.

Nello Stato liberale si afferma la concezione dello **Stato di diritto**, inteso in senso lato come sottoposizione degli stessi poteri pubblici a un insieme di regole astratte e generali predeterminate, in senso stretto come Stato fondato sul riconoscimento di un corpo di princìpi (supremazia della legge, legalità in senso formale, separazione dei poteri) e sulla garanzia giurisdizionale dei diritti di libertà. Tuttavia anche lo Stato di diritto assume caratteristiche diverse nei vari ordinamenti (Amato): nei paesi anglosassoni la *rule of law* comporta la supremazia della legge sugli altri atti dei pubblici poteri, ma entro i limiti rappresentati da diritti e garanzie consuetudinarie secolari o sancite nella costituzione; in Europa continentale la garanzia dei diritti è stabilita nei confronti del potere amministrativo in base al **principio di legalità**, ma non costituisce un limite nei confronti della legge del Parlamento (Francia e Italia) o in tanto è effettiva in quanto l'interesse del singolo coincida con un interesse pubblico e quindi sia il frutto di un'autolimitazione del potere amministrativo (concezione del *Rechtsstaat* in Germania).

6. Lo Stato autoritario

Il termine "Stato autoritario" in senso stretto è stato applicato ai regimi che si sono imposti in Europa fra le due guerre mondiali, ispirati ad un'ideologia di tipo fascista o ultranazionalista di destra. A parte l'esperienza di alcuni paesi dell'Europa centro-orientale (Polonia e Cecoslovacchia negli anni '20, Austria dopo il 1934), della Spagna franchista (1936-1975), e del Portogallo salazariano (1926-1974), gli esempi più significativi sono stati quelli dell'Italia fascista (1922-1943) e della Germania nazionalsocialista (1933-1945). Ciò non è frutto del caso, ma deriva dalla debolezza degli istituti liberal-democratici e dal carattere compromissorio e fortemente statalistico assunto dallo Stato liberale in questi due paesi.

Al pari dello Stato democratico, lo Stato autoritario nasce come risposta alla crisi dello Stato liberale e ha come sostrato economico lo sviluppo del grande capitale e l'intervento dello Stato in economia, ma assume **opposte caratteristiche sociali**, essendo la sua base di massa soprattutto la piccola borghesia, **ideali**, in quanto assertore di un'ideologia illiberale e antipluralistica, e **istituzionali**, poiché dà vita a un sistema di potere autocratico. In pratica lo Stato autoritario, anziché allargare la base di massa dello Stato liberale e garantire l'integrazione delle organizzazioni del movimento operaio, si propone di distruggere quest'ultimo e di sopprimere ogni forma di conflitto e di dissenso.

Fra il regime fascista italiano e quello nazionalsocialista tedesco esistono alcune diversità, anche se queste non impediscono di costruire una categoria unitaria di Stato autoritario o fascista (Collotti).

Dal punto di vista ideologico entrambi esaltano il concetto di **Nazione**, ma, mentre il fascismo italiano la considera come un'unità «morale, politica ed economica» [8], il nazionalsocialismo ne individua il fondamento nella "comunità popolare" (*Volksgemeinschaft*), basata sull'unità di sangue e di razza del popolo tedesco. Fin dall'origine, quindi, l'esperienza nazista assume connotati apertamente razzisti soprattutto nei confronti degli ebrei (a partire dalle leggi di Norimberga del 1935), ma in generale nei confronti di tutti i "diversi" che pregiudicherebbero la purezza della razza "ariana" (gli asociali, gli affetti da malattie mentali, sottoposti alla pratica della sterilizzazione forzata, le razze "inferiori" come zingari e slavi e tutti i nemici politici del regime) [9]. Non si possono, tuttavia, dimenticare le leggi razziali antiebraiche adottate nel 1938 dal regime fascista (a partire dal r.d.l. n. 1728), che impongono una serie di odiose misure discriminatorie nei confronti dei cittadini di origine israelitica, né che la Repubblica sociale italiana, creata da Mussolini nel Nord del paese dopo la caduta del regime fascista nel luglio 1943, collabora attivamente con l'occupante tedesco nella persecuzione degli ebrei.

Una seconda diversità riguarda la natura dei **rapporti fra Stato e partito** al potere. In Italia si afferma il principio dell'integrazione del partito nello Stato, come dimostra la statalizzazione di alcuni organismi di partito [10]. In Germania si afferma, invece, la concezione tripartita, teorizzata da Schmitt, che sostiene la superiorità dell'elemento «dinamico», costituito dal partito e dal suo *leader* carismatico, sullo Stato, che è l'elemento «statico», e sul popolo, che è l'elemento «non politico». Ne deriva una distinzione fra organi del partito e organi dello Stato, che crea spesso confusione e sovrapposizione di competenze, dando vita a una sorta di "doppio Stato", basato sulla scissione fra legalità e legittimità (Fraenkel), anche se vi è una frequente identificazione fisica fra le alte gerarchie del partito e i titolari delle massime cariche statali. In pratica lo Stato nazista si fonda sull'intreccio fra i vertici del partito e la vecchia classe dirigente burocratico-militare.

Una terza diversità, sottolineata da vari storici e giuristi, consiste nel rilevare che solo il regime nazionalsocialista assume i caratteri del **totalitarismo**, mentre quello fascista può essere qualificato solo come **autoritario**. In particolare si è sottolineato che in Italia vengono fatte salve la libertà religiosa e quella economica; viene mantenuta l'autonomia della magistratura ordinaria; permane al

---

[8] Così recita la Carta del lavoro approvata con l. n. 2832/1928.

[9] La legge del 15 settembre 1935 introduce la distinzione fra «cittadini» di sangue tedesco e «sudditi dello Stato».

[10] Le squadre di azione vengono costituite in Milizia volontaria per la sicurezza nazionale nel 1923 e l'anno successivo sono incorporate nelle Forze Armate. Il Gran Consiglio del fascismo, creato nel 1923, diventa organo dello Stato nel 1928.

vertice dello Stato la Corona (mentre in Germania nel 1934 Hitler assume anche la carica di Capo dello Stato); infine non si realizza la piena integrazione delle masse nel regime tramite il periodico ricorso a strumenti di tipo plebiscitario come invece avviene in Germania.

Occorre tuttavia precisare che in Italia la libertà religiosa riguarda la sola religione cattolica, che salvaguarda la propria autonomia e ottiene posizioni di privilegio grazie ai Patti Lateranensi fra Stato e Chiesa del 1929; che la libertà economica, almeno per quel che riguarda l'autonomia e anzi il rafforzamento del grande capitale, viene mantenuta anche in Germania; che in Italia a fianco della magistratura ordinaria vengono istituite magistrature speciali [11]; che la Corona svolge un ruolo prevalentemente simbolico e formale, tornando ad assumere una funzione decisionale solo con la destituzione di Mussolini da Capo del Governo in seguito all'ordine del giorno approvato dal Gran Consiglio del fascismo il 25 luglio 1943. Da ultimo esistono anche in Italia le premesse di un assetto totalitario, che viene teorizzato da esponenti e da teorici del regime, quali l'ideologia ufficiale di Stato, il partito unico, il ruolo determinante del capo carismatico, l'inquadramento della società in organizzazioni collaterali al partito. Ma è indubbiamente vero che la mobilitazione delle masse resta passiva, che il ricorso al plebiscito viene rapidamente abbandonato, che Stato e partito si burocratizzano. In definitiva pare corretto qualificare il fascismo italiano come un regime totalitario «ancora in costruzione» che mescola tratti totalitari e tratti autoritari (Melis).

Possiamo ora esaminare le caratteristiche comuni della forma di Stato. Nello Stato autoritario si attenua la separazione Stato-società, in quanto viene attuata una **statalizzazione coattiva** della società civile, che distrugge o sottopone a controllo gli organismi intermedi e penetra nella sfera privata dei cittadini, imponendo il giuramento di fedeltà al regime di tutti i dipendenti pubblici e utilizzando la cultura come veicolo di propaganda dell'ideologia ufficiale. Sul terreno economico lo Stato autoritario è anch'esso interventista. In Italia si assiste a una proliferazione di enti pubblici e di società a partecipazione statale o mista [12]. Lo Stato autoritario sviluppa anche un significativo intervento di tipo sociale ed assistenziale, ma calato dall'alto, al quale non corrisponde il riconoscimento di diritti sociali a favore dei cittadini.

La **concentrazione del potere** è fortissima a livello sia verticale sia orizzonta-

---

[11] Tale è il Tribunale speciale per la difesa dello Stato, creato dalla l. n. 2008/1926 per perseguire i reati politici e composto da militari, il quale con sentenze non appellabili condanna a migliaia di anni di carcere o di confino gli oppositori del regime.

[12] Nel 1931 viene istituito l'IMI (Istituto mobiliare italiano) per il credito a medio termine alle imprese industriali; nel 1933 nasce l'IRI Istituto per la ricostruzione industriale) finalizzato a garantire il credito a lungo termine alle industrie in crisi e la gestione di importanti imprese industriali e istituti di credito; nel 1936 la riforma bancaria sancisce la rilevanza pubblicistica del sistema creditizio, al centro del quale viene collocata la Banca d'Italia come istituto di diritto pubblico.

le. Le autonomie territoriali o vengono soppresse (come i *Länder* tedeschi fra il 1933 e il 1934) o sono presiedute da organi monocratici non elettivi i cui titolari sono funzionari statali (in Italia il Podestà per il Comune e il Preside per la Provincia). Nell'organizzazione dello Stato centrale il potere legislativo è nettamente subordinato a quello esecutivo, il quale legifera in prima persona tramite decreti con forza di legge o regolamenti in materie a esso riservate. Una posizione di assoluto predominio è riconosciuta al Capo del Governo (come viene definito in Italia il Presidente del Consiglio dalla l. n. 2263/1925) nella scelta dei Ministri, che sono a esso gerarchicamente subordinati e non sono più legati al rapporto fiduciario con il Parlamento, nella direzione politica del paese (in Italia le proposte che sottopone alla Corona assumono di fatto carattere vincolante) e nel comando delle Forze armate. In Germania il "principio del comando" (*Führerprinzip*) attribuisce al *Führer* il compito di unire partito, Stato e popolo e di assumere la guida di tutte le funzioni fondamentali dello Stato.

In Italia va sottolineato il ruolo del **Gran Consiglio del fascismo**, costituzionalizzato con la l. n. 2693/1928, composto da membri di diritto provenienti dal partito fascista (oltre che dai Presidenti delle Camere) e presieduto dal Capo del Governo. Tale organo è titolare di importanti funzioni: esprime pareri obbligatori sulle leggi relative a materie fondamentali (successione al trono, organi costituzionali, ordinamento sindacale, rapporti Stato-Chiesa, principali trattati internazionali); stabilisce la lista dei candidati alla carica di Capo del Governo; sceglie la lista bloccata di quattrocento deputati da sottoporre all'approvazione del corpo elettorale. In una parola il Gran Consiglio coopera con il Capo del Governo nella determinazione dell'indirizzo politico e questa sua posizione gli consentirà di svolgere un ruolo importante nell'allontanamento di Mussolini dal potere.

Lo Stato autoritario sostituisce alla rappresentanza politica di tipo elettivo una **rappresentanza monopartitica e corporativa**. Il Parlamento viene dapprima controllato grazie a leggi elettorali che favoriscono il partito al potere, per poi essere assimilato completamente al regime perdendo la sua origine elettiva. In Italia la legge Acerbo n. 2444/1923 attribuisce i due terzi dei deputati alla lista di maggioranza che superi il 25% dei voti, come si verifica a vantaggio del partito fascista nelle elezioni del 1924 le quali si svolgono in condizioni di semilegalità. La l. n. 1019/1928 prevede che il corpo elettorale si pronunci su una lista bloccata di quattrocento deputati designati dal Gran Consiglio del fascismo entro un elenco più ampio di nomi proposti dal sindacato e da altre organizzazioni ufficiali di regime, per cui le elezioni del 1929 e del 1934 assumono carattere plebiscitario. Infine la l. n. 129/1939 sostituisce la Camera dei deputati con la Camera dei fasci e delle corporazioni, che non è elettiva ma è composta dai consiglieri nazionali delle corporazioni e del partito e dai membri del Gran Consiglio.

La natura antidemocratica e antipluralistica del regime autoritario si manifesta nel ruolo del **partito unico**. Dopo una prima breve fase di governo di coalizione e di relativa tolleranza verso le opposizioni, sia in Germania sia in Italia tutti gli altri partiti vengono messi fuorilegge e i loro esponenti sono arrestati e condannati al carcere o al confino. Il partito al potere, rigidamente gerarchizzato e posto al servizio del capo, viene alla fine trasformato in ente di diritto pubblico[13].

Lo Stato autoritario si caratterizza inoltre come **corporativo**, in nome di un'ideologia che, al fine di salvaguardare la nazione e la concordia fra le categorie sociali, nega il pluralismo e la legittimità del conflitto. In Italia i rapporti di lavoro vengono disciplinati da contratti collettivi di diritto pubblico, stipulati dal sindacato ufficiale e validi per tutti gli appartenenti alla categoria interessata; lo sciopero viene punito come reato e gli eventuali conflitti sono risolti dalla "magistratura del lavoro" (formata da sezioni specializzate delle corti di appello). Con la l. n. 563/1926 si prevede la costituzione delle Corporazioni, che avviene solo nel 1934, quali organismi di diritto pubblico che comprendono per ogni categoria i rappresentanti dei datori di lavoro e dei lavoratori. Con decreti del Capo del Governo vengono istituite ventidue Corporazioni presiedute da un Ministro o dal segretario del partito fascista. Esse hanno la facoltà di emanare norme giuridiche tramite le "ordinanze corporative" in materia di rapporti economici e di fissazione di tariffe e di prezzi amministrati ed esercitano funzioni consultive. Di fatto il sistema corporativo ha scarsa rilevanza e poca influenza sulle decisioni politiche e sul funzionamento dell'economia.

In Germania l'idea corporativa non viene mai compiutamente realizzata, anche perché urta con il principio del "primato della politica". Il regime da un lato smantella le organizzazioni sindacali e sociali (il Consiglio economico e sociale e i Consigli di azienda) operanti durante la Repubblica di Weimar, dall'altro inserisce obbligatoriamente i datori di lavoro, i lavoratori autonomi e quelli dipendenti in strutture distinte che prevedono una camera nazionale e camere regionali, ispirate al *Führerprinzip* e a rigidi criteri gerarchici. La soppressione di fatto della contrattazione collettiva nazionale e dei diritti di organizzazione e di azione dei lavoratori, nonché l'eliminazione di molte piccole imprese, determinano il rafforzamento delle grandi concentrazioni economiche. In definitiva il corporativismo è l'ideologia che copre l'assenza di una concezione autonoma dell'economia dello Stato autoritario, il quale si fonda su un'economia capitalistica, il cui sviluppo è garantito dall'intervento dello Stato e dalla neutralizzazione delle classi sociali subalterne.

Lo Stato autoritario è **illiberale e repressivo**, in quanto non solo nega i diritti politici, ma limita pesantemente gli stessi diritti civili. In Italia i due testi unici delle leggi di pubblica sicurezza n. 1848/1926 e n. 773/1931 attribuiscono enormi poteri alle autorità di polizia e stabiliscono vincoli penetranti alle attività dei privati. Il codice penale del 1930 prevede una serie di «reati politici» e «di opinione», che vengono utilizzati contro gli oppositori del regime.

---

[13] Ciò avviene in Germania con la legge dell'1 dicembre 1933, in Italia con il regio decreto n. 513/1938.

La costituzione preesistente rimane formalmente in vigore, ma viene progressivamente erosa e di fatto superata da un insieme di leggi e di prassi, che danno origine a una **costituzione vivente**, frutto della progressiva integrazione o cooperazione fra Stato e partito. Dietro l'apparente continuità giuridica con il precedente assetto costituzionale, vi è quindi una rottura che ne modifica i princìpi e i meccanismi di funzionamento.

7. Lo Stato socialista

Lo Stato socialista, affermatosi in Russia in seguito alla rivoluzione del 1917 e a partire dal 1922 nell'Unione delle Repubbliche socialiste sovietiche (URSS), si è esteso dopo la seconda guerra mondiale a vari paesi dell'Europa centro-orientale, dell'Asia (in particolare con la creazione della Repubblica popolare cinese nel 1949) e a Cuba (in seguito alla rivoluzione castrista del 1959 contro la dittatura di Batista). La crisi dello Stato socialista, che nell'ultimo decennio del secolo scorso ha travolto l'URSS e tutti i regimi comunisti europei, non deve far trascurare una forma di Stato alla quale ancora si richiamano, anche se in modo diverso, vari Stati asiatici (Cina, Corea del Nord, Laos, Vietnam [14]) e la Repubblica di Cuba.

Anche lo Stato socialista nasce in contrapposizione allo Stato liberale, assumendo alcune caratteristiche istituzionali e politiche simili a quelle dello Stato autoritario (partito unico, concentrazione e personalizzazione del potere, negazione dei diritti civili e dei diritti politici). Tuttavia, al di là del comune carattere autocratico, varie sono le differenze sul terreno economico e su quello ideologico. Mentre lo Stato autoritario convive con il mercato capitalistico, nello Stato socialista si impone un **modo di produzione collettivistico**, basato sulla statalizzazione dei mezzi di produzione, e che sostituisce al mercato un piano economico quinquennale centralizzato, nel quale sono stabiliti gli obiettivi dei vari settori e delle singole unità produttive.

Non ha avuto fortuna il tentativo, seguito nella Repubblica socialista federativa di Jugoslavia (RSFJ), di seguire una via fondata sulla concezione della socializzazione dei mezzi di produzione e denominata "autogestione". Tale modello ha riconosciuto l'autoamministrazione delle singole unità produttive, dotate di propri Consigli elettivi, dei servizi sociali e delle collettività territoriali. Il tentativo è fallito, in quanto sul piano politico-istituzionale non ha intaccato il

---

[14] Peculiare è la forma di Stato della Cambogia, che dopo il regime totalitario e terroristico dei Khmer Rossi, interrotto dall'intervento militare del Vietnam nel 1979 e il ritiro delle truppe vietnamite nel 1989, ha adottato nel 1993 una costituzione sotto egida ONU, che definisce lo Stato come «neutrale», prevede un sistema economico di mercato e una forma di governo monarchico-parlamentare. Tuttavia il partito che dal 1979 gestisce il potere è di stampo comunista, anche se vi è un secondo partito nazionalista che alle elezioni del 2011 ha avuto un notevole consenso.

monopolio del potere del partito comunista e quindi non ha democratizzato lo Stato, mentre sul terreno economico-sociale ha approfondito le differenze fra i livelli di vita delle diverse nazionalità, che, una volta venuto meno lo Stato monopartitico, hanno contribuito al riaccendersi in forme drammatiche e sanguinose dei conflitti interetnici. Una parziale e graduale accettazione del mercato si è avuta in URSS nel 1990 sotto la presidenza di Gorbaciov, ma la crisi disgregativa del 1991 non ha consentito di verificarne le potenzialità. Processi di apertura al mercato e al riconoscimento di attività economiche private si sono verificate, soprattutto dopo la crisi del blocco sovietico in Cina, Vietnam e Cuba (*infra*, § 9).

All'opposto della ideologia dello Stato autoritario, che è individualista, corporativa e nazionalista, l'**ideologia dello Stato socialista** è collettivistica, classista e internazionalista. Essa si fonda sul marxismo-leninismo nella sua versione più dogmatica, che concepisce lo Stato come strumento della dittatura di classe e quindi la "dittatura del proletariato" come fase necessaria di passaggio ad una società comunista senza classi. Va sottolineato come le originarie prefigurazioni teoriche di Marx sulla socializzazione dei mezzi di produzione e sul progressivo deperimento dello Stato fino alla sua definitiva estinzione siano sfociate nella prassi degli Stati socialisti nel loro esatto contrario: la statalizzazione dell'economia e un suo funzionamento rigidamente dirigista, con la conseguente estraneazione dei produttori dalle principali scelte economico-sociali, e uno Stato ipertrofico e onnivoro.

La **statalizzazione** determina una netta preponderanza della politica sull'economia e della sfera pubblica su quella privata. Lo Stato-apparato viene a essere gestito da un ceto burocratico, di notevole consistenza e costantemente integrato mediante cooptazione, che adotta tutte le decisioni e gode di condizioni di vita privilegiate rispetto alla grande maggioranza della popolazione. La società è organizzata in strutture associative (collettivi di lavoro, sindacati, organizzazione delle donne, dei giovani ecc.) collaterali al partito comunista e veicolo della sua ideologia e della sua linea politica.

Soprattutto nella fase staliniana l'URSS si configura come un classico esempio di **regime totalitario**, caratterizzato dall'ideologia ufficiale di Stato, dal ruolo determinante del partito unico e del suo capo carismatico, dall'organizzazione capillare e dalla mobilitazione permanente dei cittadini a sostegno del regime.

Le costituzioni socialiste sanciscono il principio della sovranità popolare, ma precisano che questa si esercita tramite gli organi del potere statale e che per «popolo» deve intendersi l'«alleanza degli operai e dei contadini» sotto la guida della classe operaia [15].

Il principio della separazione dei poteri viene apertamente rifiutato in nome dell'opposto principio dell'**unità del potere statale**, che a livello teorico si espri-

[15] Artt. 1 e 2 della costituzione dell'URSS del 1977 e art. 1 della costituzione cinese vigente.

me nella qualificazione dell'organo parlamentare di origine elettiva (Soviet supremo in URSS, Assemblea popolare nazionale in Cina, Assemblea nazionale del potere popolare a Cuba) come organo "superiore" o "supremo" del potere statale. Questo esercita tutti i poteri e in particolare quello legislativo e quello di nomina e di revoca dei titolari delle massime cariche dello Stato. Dagli organi parlamentari del potere statale, che operano ai diversi livelli territoriali, derivano gli organi della amministrazione statale (in URSS "comitati esecutivi", in Cina "comitati permanenti") che hanno al vertice l'organo collegiale di governo ("Consiglio dei Ministri" in URSS e "Consiglio degli affari di Stato" in Cina).

Il funzionamento dello Stato si basa sul **principio della doppia dipendenza**, secondo il quale ogni organo del potere statale dipende orizzontalmente dal rispettivo corpo elettorale e verticalmente dall'organo di livello superiore (fino a giungere al Parlamento nazionale) e ogni organo dell'amministrazione statale dipende orizzontalmente dall'organo parlamentare che lo ha eletto e verticalmente dall'organo superiore (fino al governo centrale del paese).

Tuttavia la configurazione "assembleare" della forma di governo è puramente teorica a causa del carattere pletorico del Parlamento e della rarità e brevità delle sessioni parlamentari. Di conseguenza l'organo che finisce per essere preminente è la Presidenza collegiale del Parlamento (*Presidium* in URSS, Consiglio di Stato in vari paesi socialisti europei e a Cuba, Comitato permanente in Cina), il quale, oltre ad essere titolare di poteri di controllo sull'attività degli organi amministrativi, esercita tramite decreti il potere legislativo e quello di nomina e di revoca spettanti all'Assemblea quando questa non è in sessione. Di tale organo fanno parte di solito i massimi esponenti del partito ed è sovente presieduto dal segretario del partito. Inoltre nella maggioranza dei casi esso svolge anche le funzioni di Capo dello Stato collegiale (rappresentanza del paese all'estero, ratifica dei trattati, proclamazione dello stato di guerra o di assedio), in quanto la carica di Presidente della Repubblica come organo monocratico è prevista abbastanza raramente [16]. In pratica il potere reale è concentrato negli organi più ristretti, posti al vertice del Parlamento e dell'amministrazione, e assume connotati di forte personalizzazione a favore del segretario del partito al potere.

In URSS l'impostazione della fase rivoluzionaria (cost. russa del 1918 e cost. sovietica del 1924), che si proponeva il superamento della democrazia rappresentativa attraverso un sistema di consigli (*soviet*) il quale partendo dai livelli territoriali inferiori attraverso successive delegazioni giungeva fino al Congresso nazionale dei *soviet* (anche se nei fatti la preminenza spettava al *Presidium* e al Comitato esecutivo), viene abbandonata con la costituzione del 1936, che introduce l'elezione del Soviet supremo a suffragio universale, diretto e segreto. Successivamente anche gli altri Stati socialisti adottano il principio della rappresentanza parlamentare.

---

[16] Ciò si verifica in Cecoslovacchia, Romania, Laos, Vietnam, nelle costituzioni cinesi del 1954 e del 1982, ma non in quelle del 1975 e del 1978, in URSS solo nella fase gorbacioviana con la revisione costituzionale del marzo 1990.

Tuttavia rispetto al modello democratico vi sono due differenze importanti. La prima consiste nella proclamazione del principio del **mandato imperativo** e della revocabilità degli eletti da parte dei propri elettori, anche se tale principio di ispirazione giacobina rimane solo sulla carta, fornendo una copertura ideologica alla subordinazione dei parlamentari alle direttive del partito. La seconda differenza è data dal **carattere monolitico e omogeneo della rappresentanza**, chiamata ad esprimere gli interessi unitari del popolo. L'elezione del Parlamento non è realmente libera, basandosi su un sistema di candidature rigidamente selezionate dagli organi di partito e dalle organizzazioni sociali e poi confermate dal corpo elettorale con una partecipazione ed un consenso plebiscitari.

Il **ruolo guida del partito comunista** nei confronti dello Stato e della società viene espressamente riconosciuto dalla costituzione [17]. In teoria le organizzazioni del partito sono nettamente separate dagli organi dello Stato, ma di fatto il dualismo è attenuato dal cumulo delle cariche. Inoltre tutte le decisioni fondamentali (compresa l'adozione di un nuovo testo costituzionale) sono prima prese dall'organo di vertice del partito (il comitato centrale) per essere poi approvate dai competenti organi statali.

Il principio che regola il funzionamento interno del partito, successivamente esteso all'organizzazione dell'intero apparato statale, è quello del **centralismo democratico**, che si articola in tre proposizioni: ogni organo è eletto ed è responsabile verso i propri elettori; le decisioni degli organi di livello superiore sono vincolanti per quelli inferiori; la linea approvata dalla maggioranza deve essere disciplinatamente attuata. Di fatto il centralismo, sia nel partito che nello Stato, finisce per soppiantare qualsiasi spazio democratico, in quanto, pur non escludendo in via teorica il dissenso, ne impedisce e ne reprime l'organizzazione, immediatamente bollata con l'accusa di "frazionismo", e sostituisce di fatto al principio di maggioranza quello di unanimità nell'adozione delle decisioni. Inoltre anche nel partito il potere si concentra nelle mani degli organi più ristretti (ufficio politico, segreteria e soprattutto segretario generale) rispetto all'organo teoricamente "supremo" (congresso) o "permanente" (comitato centrale).

Le costituzioni socialiste contengono una parte relativa ai diritti e ai doveri dei cittadini. Ampio spazio è riconosciuto ai **diritti economico-sociali**, che di solito precedono gli altri. Ma vengono riconosciuti anche i diritti civili e quelli politici, dei quali si sottolinea l'effettività, che li distinguerebbe dalle libertà "formali" riconosciute nelle costituzioni occidentali. Tuttavia i testi non devono trarre in inganno, in quanto non viene riconosciuto il principio personalistico né il valore universale dei diritti dell'uomo. Inoltre i diritti civili e quelli politici sono funzionalizzati alla tutela «degli interessi dello Stato, della società e della collettività» (art. 51 cost. cinese) e non possono essere esercitati «contro l'esistenza e le finalità dello Stato socialista» (art. 62 cost. cubana). Ciò fa sì che nella prassi l'esercizio

---

[17] Art. 6 cost sovietica del 1977, Preambolo cost. cinese, art. 5 cost. cubana.

dei diritti costituzionali venga negato alle opposizioni e ai dissidenti, sottoposti a pene detentive o a misure odiose e disumane (come l'internamento negli ospedali psichiatrici in URSS o nei "campi di rieducazione" in Cina).

L'effettività dei diritti è pregiudicata dall'inesistenza di uno Stato di diritto. Il **principio della legalità socialista**, che impone il rispetto della costituzione e delle leggi da parte dei cittadini, delle organizzazioni sociali e degli organi statali, è qualificato da una finalizzazione di carattere ideologico e soprattutto, per quel che riguarda gli atti di carattere legislativo, non è assistito da un effettivo sistema di giustizia costituzionale. Ciò deriva dalla difficoltà di ammettere sul piano teorico l'istituzione di un organo che eserciti il controllo sulle leggi del Parlamento, cioè dell'organo supremo titolare di tutti i poteri. Di conseguenza il sindacato di costituzionalità o è affidato alla stessa Assemblea o in via eccezionale a un organo eletto dal Parlamento e chiamato a collaborare con questo (cap. IX, § 4). Infine non è garantita l'indipendenza della magistratura. I giudici sono eletti dai cittadini o più frequentemente dagli organi parlamentari e sono revocabili in qualsiasi momento dalla carica; per le condizioni materiali di vita e di lavoro dipendono dalle autorità locali e rispondono di fatto delle loro decisioni ai dirigenti del partito. Vi è poi un potere del tutto peculiare, rappresentato dalla **Procura**, che ha il compito di vigilare sul rispetto della legalità socialista, ed è presieduta da un organo di vertice monocratico (Procura generale in URSS e a Cuba, Procura popolare suprema in Cina), che è eletto dal Parlamento nazionale verso cui è responsabile ed è assistito da uffici di procuratore corrispondenti ai diversi livelli di governo e a lui gerarchicamente subordinati.

Gli Stati socialisti, al fine di sottolineare il passaggio ad un nuovo sistema economico-sociale, adottano costituzioni, le cui caratteristiche progressivamente si modificano. All'inizio si configurano come **costituzioni-bilancio brevi e flessibili**, che si limitano a formalizzare le realizzazioni compiute soprattutto sul terreno economico-sociale. In seguito al consolidamento del potere vengono adottate **costituzioni programmatiche, lunghe e rigide**, che contengono i princìpi e le finalità da perseguire per il futuro e sono revisionabili con il voto di una maggioranza qualificata del Parlamento. Tuttavia la rigidità costituzionale, oltre ad essere solo teorica in sistemi nei quali la regola dominante è quella del voto all'unanimità, assume un significato diverso rispetto a quello di garanzia del pluralismo tipico delle costituzioni democratiche, in quanto sottolinea il passaggio da una fase transitoria ad una più consolidata e frequentemente consacra la linea vincente nell'ambito del partito, come dimostra il fatto che dopo una dura lotta intestina il gruppo vincente fa sempre approvare una nuova costituzione o un'importante revisione di quella vigente. Di conseguenza nei più importanti paesi socialisti l'assetto costituzionale risulta poco stabile e si succedono nel tempo vari testi e importanti revisioni costituzionali [18].

---

[18] Si sono avute quattro costituzioni, senza considerare varie importanti revisioni costitu-

8. La crisi dell'URSS e degli Stati socialisti europei

La crisi dello Stato socialista in Unione Sovietica ha origine dal tentativo di riforma del sistema avviato in seguito alla nomina nel marzo 1985 di Gorbaciov a segretario generale del partito comunista dell'URSS. La riforma, attraverso importanti revisioni costituzionali fra il 1988 e il 1990, consiste in una attenuazione del carattere collettivistico e pianificato dell'economia, nel riconoscimento del principio della separazione dei poteri, nel rafforzamento del Parlamento grazie ad un'ampia durata delle sessioni parlamentari, nella modificazione del sistema elettorale in modo da incoraggiare una pluralità di candidature, nella previsione di un presidente come organo monocratico, nel ridimensionamento dei poteri del *Presidium*, nel riconoscimento del pluralismo politico, dei diritti fondamentali della persona, dell'indipendenza della magistratura e infine nella creazione di un organo di giustizia costituzionale.

Tali riforme erodono le basi fondamentali dello Stato socialista, e non riescono a impedire l'esplosione delle sue contraddizioni interne, dovute sia all'arretratezza del sistema economico-sociale sia alla difficoltà di un'effettiva affermazione del pluralismo. L'URSS si disgrega in seguito al fallito tentativo di colpo di Stato del 19 agosto 1991 da parte degli elementi più conservatori del partito e dello Stato: fra agosto e settembre gli organi parlamentari mettono fuori legge il partito comunista, sospendono la costituzione e danno vita a un regime transitorio; in rapida successione tutte le Repubbliche facenti parte dell'URSS dichiarano la propria indipendenza, come già avevano fatto le tre Repubbliche baltiche (Estonia, Lettonia, Lituania) nel 1990; l'8 dicembre la Conferenza di Minsk fra i Presidenti e i Capi di Governo di Russia, Ucraina e Bielorussia constata che l'URSS ha cessato di esistere e decide di dare vita ad una **Comunità di Stati Indipendenti**, della quale fanno parte attualmente dieci Stati della ex-URSS [19]; la Federazione russa subentra all'URSS come nuovo soggetto di diritto internazionale (e membro permanente del Consiglio di Sicurezza dell'ONU).

Parallelamente e sotto la spinta delle trasformazioni in URSS, fra il 1989 e il 1991 si verifica un analogo processo di **caduta dei regimi socialisti in tutti i paesi dell'Europa centro-orientale**. Varie sono le modalità di superamento del regime: nella maggioranza dei paesi ad una rottura dal punto di vista sostanziale rispetto ai princìpi ed ai valori dominanti si accompagna una parziale continuità dal punto di vista formale, che vede spesso come protagonista il Parlamento, eletto con nuove regole elettorali tali da garantire il pluralismo, il quale assume

---

zionali, sia in URSS (1918 per la sola Russia, 1924, 1936, 1977) sia in Cina (1954, 1975, 1978, 1982).

[19] Sono membri permanenti della CSI Armenia, Azerbajgian, Bielorussia, Kazachstan, Kirghizstan, Moldavia, Russia Tagikistan e Uzbekistan, mentre il Turkmenistan è membro associato. Georgia e Ucraina hanno abbandonato la Comunità rispettivamente nel 2008 e nel 2014.

di fatto una funzione costituente mediante l'approvazione di una nuova costituzione o di una revisione sostanziale di quella vigente. È quel che si verifica in Bulgaria, Cecoslovacchia, Polonia e Ungheria in seguito ad accordi politici fra il partito nato da quello al potere e le opposizioni, spesso imposti da imponenti e pacifiche manifestazioni di massa. La Cecoslovacchia fornisce, inoltre, un esempio interessante di superamento pacifico e concordato di uno Stato federale: dal 1° gennaio 1993 essa si divide, dopo il voto favorevole del Parlamento federale, in due nuovi Stati: la Repubblica Ceca e la Repubblica Slovacca. In altri Stati il superamento del regime è più traumatico, verificandosi in seguito ad un colpo di Stato (Romania) o al rischio di una guerra civile (Albania).

Molto più travagliato è il processo che porta allo **smembramento della Jugoslavia** in sette diversi Stati: fra il 1991 e il 1992 dichiarano la propria indipendenza la Croazia, la Slovenia, la Macedonia e la Bosnia; nell'aprile 1992 viene creata la Repubblica federativa di Jugoslavia fra Serbia e Montenegro, che viene sciolta in seguito al referendum tenutosi in Montenegro nel 2006, con la nascita della Repubblica di Serbia e della Repubblica del Montenegro. Questo processo è accompagnato da sanguinose guerre fra nazionalità, spesso ispirate al criterio della "pulizia etnica", che mira alla creazione di Stati a nazionalità unica o nettamente dominante. Nel 1995, dopo una lunga e feroce guerra interetnica la Bosnia-Erzegovina si trasforma in una sorta di confederazione, costituita da una Federazione croato-musulmana e da una Repubblica serbo-bosniaca. Infine nel 1999, dopo la repressione da parte della Jugoslavia della popolazione albanese e la guerra aerea della NATO, l'ex Provincia jugoslava del Kosovo diventa una specie di protettorato dell'ONU e nel 2008 proclama la propria indipendenza.

Fra il 1989 ed il 1998 tutti gli Stati ex socialisti danno vita a nuove costituzioni o, com'è il caso dell'Ungheria, modificano in profondità quella vigente, in modo da disegnare una forma di Stato in totale rottura con il passato e avviare la transizione verso un modello democratico-pluralistico, il cui compimento richiede complesse trasformazioni non solo costituzionali, ma economiche, sociali e politiche. I princìpi proclamati nei testi costituzionali sono quelli tipici di uno Stato democratico: la separazione dei poteri, il pluralismo, la rappresentanza politica, il riconoscimento e la garanzia dei diritti civili, politici e sociali, l'indipendenza della magistratura, lo Stato di diritto costituzionale.

Tuttavia le situazioni concrete, dipendenti anche dalle diverse tradizioni storiche e culturali, dei vari Stati sono molto differenziate e il processo di democratizzazione, anche in paesi che avevano conosciuto precedenti storici di tipo liberale o democratico, appare tutt'altro che lineare e irreversibile. In vari paesi emergono seri problemi, come il mancato o parziale riconoscimento dei diritti delle minoranze nazionali, l'arretratezza economica e politica, la limitazione dei diritti dell'opposizione, l'accentramento del potere e l'emergere di *leadership* ultranazionaliste e populiste, tutti elementi che tendono a configurarli come «democrazie di facciata» (Lanchester).

Rientra in questa categoria l'**Ungheria** dopo l'entrata in vigore l'1 gennaio 2012 della nuova costituzione approvata dalla maggioranza parlamentare di centro-destra. Essa è caratterizzata da un'impostazione nazionalistica, integralista e tradizionalista, che comprime i diritti delle minoranze nazionali ed etniche, la libertà di professare un credo religioso diverso da quella cristiano, il diritto delle donne ad una maternità libera e consapevole, il diritto alla diversità sessuale, i diritti dei conviventi di fatto. Questa impostazione trova riscontro nell'indebolimento delle garanzie costituzionali (Corte costituzionale e magistratura) e quindi nella sostanziale ineffettività di importanti diritti civili e politici, ma soprattutto nel netto ridimensionamento dei diritti sociali, concepiti piuttosto come doveri e riconosciuti solo in via residuale e subordinata rispetto alle esigenze di natura economico-finanziaria. Infine viene pregiudicato l'equilibrio tra i poteri a favore del Governo e del Primo Ministro, che contano su una larga maggioranza parlamentare e possono fare ampio ricorso a leggi organiche, adottate dal Parlamento a maggioranza dei due terzi dei presenti, per decostituzionalizzare materie importanti e condizionare in altre materie le future maggioranze rendendo difficile la modificazione delle scelte legislative da essa compiute.

La **Federazione Russa** costituisce il principale esempio di una democrazia di facciata: la gestione accentrata del potere da parte del Presidente (cap. VII, § 12), la debolezza del Parlamento, il ruolo importante di gruppi affaristici e criminali, la sanguinosa guerra in Cecenia, la repressione nei confronti dell'opposizione, l'assassinio di giornalisti indipendenti, le leggi limitative dei diritti civili e politici, sono tutti aspetti che sottolineano i problemi e le difficoltà del processo di transizione. Infine gli Stati nati dallo smembramento dell'URSS e facenti parte della CSI si trovano in una situazione arretrata, derivante dal fatto che non sono cambiati né la classe politica al potere, proveniente in gran parte dal vecchio regime, né i metodi di gestione dello stesso, ed è molto forte l'influenza del modello russo.

9. L'evoluzione dello Stato socialista in Asia e a Cuba

La crisi del modello sovietico non è priva di conseguenze per gli Stati che continuano a definirsi socialisti, i quali ricorrono a innovazioni, più o meno significative soprattutto a livello economico e ad aperture verso l'esterno. L'unica eccezione è rappresentata dalla **Corea del Nord** (Repubblica democratica popolare di Corea), che si caratterizza come un regime totalitario, repressivo dei diritti umani e fondato sul monopartitismo e su un grottesco culto della personalità a vantaggio del Presidente dell'organo esecutivo[20].

---

[20] La costituzione del 1972 (modificata nel 1992 e nel 1998) nel preambolo definisce la Corea

Le trasformazioni più significative avvengono in **Cina**, dove sull'onda di una impetuosa crescita della produzione economica e del costante incremento degli scambi con il mondo occidentale, si verifica il parziale superamento dell'economia statalizzata e pianificata attraverso la creazione di una "economia di mercato socialista", la quale, pur affermando il principio della proprietà statale o collettiva dei grandi mezzi di produzione, consente lo sviluppo di un settore economico privato sempre più consistente (Rinella). La costituzione del 1982 viene sottoposta a successive revisioni. Nel 1988 viene introdotto il riconoscimento delle imprese private e del loro carattere complementare rispetto all'economia pubblica socialista, anche se il settore privato è soggetto agli indirizzi e al controllo delle autorità statali. Nel 1999 il settore delle "imprese individuali" e di quelle "private", viene a costituire una «componente importante dell'economia socialista di mercato». Nel 2004 la protezione statale dei diritti e degli interessi dell'economia individuale e di quella privata viene estesa ai «settori non pubblici dell'economia», per i quali la guida da parte dello Stato riguarda solo lo sviluppo e non la gestione delle imprese; il nuovo art. 13 riconosce per la prima volta in termini generali il diritto di proprietà, e quindi anche quello dei mezzi di produzione, affermandone l'inviolabilità e subordinando l'eventuale requisizione o espropriazione all'esistenza di un pubblico interesse, al rispetto delle previsioni di legge e al pagamento di un indennizzo. Viene quindi dato ampio spazio ad uno sviluppo economico di tipo capitalistico, basato su un mercato scarsamente regolato e sul mancato riconoscimento dei diritti dei lavoratori, il che accentua le profonde diseguaglianze esistenti nella società e quindi, come recita il nuovo art. 14, richiede la istituzione da parte dello Stato di «un sistema di garanzie sociali compatibile con il livello di sviluppo dell'economia». Problemi si pongono anche per il riconoscimento e la tutela dei diritti fondamentali. Anche qui non mancano segnali di novità. Così il nuovo art. 33, revisionato nel 2004, stabilisce che «lo Stato rispetta e tutela i diritti umani»; inoltre la Cina aderisce a varie importanti Convenzioni internazionali sui diritti. Ma viene ribadita la prevalenza dei diritti economici su quelli civili e politici nonché il divieto di esercitarli in contrasto con le finalità dello Stato socialista. Nei fatti non è assicurata l'effettività dei diritti e vi è una rigida repressione del dissenso che non esita a ricorrere all'intervento armato dell'esercito[21]. Inoltre il sistema politico continua a essere incentrato sul monopolio del potere da parte del partito comunista. In definitiva la forma di Stato viene a combinare un si-

---

come uno «Stato socialista che ha il compito di realizzare le idee e la leadership di Kim Il Sung», definito come fondatore e padre della Corea socialista. Alla sua morte nel 1994 la carica di Presidente della Repubblica viene abolita e il massimo organo dello Stato diviene il Presidente della Commissione nazionale di difesa, carica affidata prima al figlio Kim Jong Il e dopo il suo decesso nel 2011 al figlio di questi Kim Jong Un.

[21] L'episodio più sconvolgente è costituito dall'intervento dell'esercito in piazza Tiananmen a Pechino il 3/4 giugno 1989 che provoca migliaia di morti tra i manifestanti.

stema economico misto, statale-capitalistico, caratterizzato da un assetto autocratico del potere politico-istituzionale che continua ad ispirarsi al modello vetero-socialista.

Anche in **Vietnam** e, in misura più contenuta, nel **Laos** si verificano innovazioni, derivanti dallo sviluppo di ampi scambi commerciali, come dimostra l'adesione dei due paesi all'ASEAN (Associazione delle nazioni del Sud-Est asiatico) nel 1995 e nel 1997 e al WTO (Organizzazione mondiale del commercio) nel 2007 e nel 2013. Il Vietnam a partire dal 1986 dà l'avvio a riforme tendenti a creare una economia socialista di mercato, riconoscendo il ruolo delle imprese private e della proprietà contadina e stabilendo una parziale liberalizzazione del commercio con l'estero. Tuttavia le costituzioni di entrambi i paesi (del 1991 nel Laos e del 2014 in Vietnam) continuano a sancire il ruolo-guida del partito unico al potere e i principi di funzionamento propri del tradizionale modello socialista, e, pur riconoscendo i diritti fondamentali, non prevedono adeguate garanzie per renderli effettivi.

A **Cuba** si verificano alcuni cambiamenti dopo che nel 2008 nella carica di Presidente del Consiglio di Stato e capo del Governo subentra Raúl Castro al posto del fratello Fidel, che era stato ininterrottamente al potere fin dalla rivoluzione vittoriosa del 1959 contro la dittatura di Batista. Soprattutto a partire dal 2011 vengono introdotte varie novità: la privatizzazione di diverse attività commerciali, la concessione in usufrutto di terre ai contadini, la libertà dei cubani di acquistare case e di poter espatriare senza sottostare al permesso delle autorità statali. Infine nel 2014 viene autorizzato l'investimento di capitali stranieri, per i quali sono previste esenzioni fiscali, in tutti i settori ad eccezione della sanità e dell'istruzione. La costituzione cubana del 1976, ampiamente modificata nel 1992 e nel 2002, contiene aspetti interessanti: il riconoscimento come ideologia dello Stato, accanto a quella marxista-leninista, del pensiero di José Martì, padre storico dell'indipendenza del paese all'inizio del '900, l'ampiezza del catalogo dei diritti, la valorizzazione delle assemblee del potere popolare a livello locale. Tuttavia il potere rimane monolitico sotto il controllo del partito comunista e il dissenso viene represso. Ulteriori prospettive di innovazione potrebbero derivare dalla normalizzazione dei rapporti con gli Stati Uniti, annunciata alla fine del 2014 dal Presidente Obama, che dovrebbe comportare la fine dell'embargo in atto dal 1960 e permettere l'ingresso di capitali americani e lo sviluppo di ampi rapporti commerciali tra i due paesi.

In definitiva la situazione degli Stati socialisti appare tutt'altro che statica, ma la sua evoluzione dipenderà dal verificarsi o meno di un processo di democratizzazione e dal riconoscimento effettivo del pluralismo e dei diritti civili e politici.

10. Lo Stato democratico

Lo Stato democratico nasce dalla crisi dello Stato liberale come risposta alla crescente insicurezza sociale determinata dallo sviluppo del capitalismo e alle ricorrenti crisi distruttive (come quella del 1929), che rendono necessaria un'attività di regolamentazione del mercato e di attenuazione delle contraddizioni sociali. Esso si pone nei confronti dello Stato liberale in un rapporto di continuità, in quanto fa propri principi e istituti di origine liberale, ma anche di discontinuità, poiché estende quei principi e istituti a ceti sociali che prima ne erano esclusi e introduce nuovi valori e istituzioni. In alcuni paesi, come Germania e Italia, la discontinuità è anche storico-pratica, in quanto fra Stato liberale e Stato democratico vi è entro le due guerre mondiali la cesura rappresentata dal regime autoritario.

Alla base dello sviluppo dello Stato democratico vi sono due novità fondamentali. A livello economico lo sviluppo del capitalismo in senso monopolistico e l'emergere delle contraddizioni sociali determinano l'esigenza di un **intervento regolatore dello Stato**. A livello politico-sociale l'integrazione di nuove classi sociali passa attraverso lo sviluppo del movimento operaio quale forza organizzata e il conseguente affermarsi, soprattutto in Europa, dei moderni **partiti di massa**, che divengono la struttura organizzativa tipica anche dei partiti che rappresentano la borghesia. Tali partiti sono caratterizzati da una forte centralizzazione e da un'organizzazione aperta, fondata su un'ampia base di militanti e dotata di una struttura organizzativa capillare e di un apparato professionale permanente.

La prima caratteristica essenziale che differenzia lo Stato democratico da quello liberale è che in esso **si attenua la separazione fra Stato e società** e fra politica ed economia. Lo stesso concetto di società evolve, in quanto questa non è più concepita come una sommatoria di individui, ciascuno dei quali titolare di una propria sfera di libertà, ma anche come un insieme di gruppi organizzati che esprimono bisogni, interessi e volontà diversificati.

L'**ideologia democratica** non rinnega affatto il principio del valore della persona umana, ma intanto afferma la pari dignità di tutte le persone indipendentemente dalla loro condizione sociale, poi considera l'individuo non più chiuso in sé, nella sua sfera privata, ma nel rapporto con gli altri e con la società. Inoltre il principio personalistico viene a convivere con quello solidaristico e con quello egualitario, volto a garantire la più ampia partecipazione alla vita politica anche dei cittadini più svantaggiati dal punto di vista economico-sociale. Per dirla con Kelsen, ciò che separa la democrazia dal liberalismo è «la trasformazione del concetto di libertà, il quale, dall'idea di una libertà dell'individuo dal dominio dello Stato, si trasforma in partecipazione dell'individuo al potere dello Stato».

L'economia non costituisce più una sfera separata, ma diventa oggetto di decisioni politiche e si configura come un'economia mista, basata sull'intervento congiunto del privato e del pubblico, e come un'**economia di mercato sociale**, nella quale al riconoscimento della proprietà privata dei mezzi di produzione e del ruolo del mercato si accompagna un intervento regolatore dello Stato volto a garantire da un lato la libera concorrenza, dall'altro il soddisfacimento di primari interessi sociali e il rispetto della dignità della persona umana.

Lo Stato democratico viene perciò qualificato come **Stato sociale** o **Stato del benessere** (*Welfare State*), proprio per sottolineare la sua nuova finalità di operare una redistribuzione del reddito, in modo da ridurre le disuguaglianze e favorire l'integrazione delle classi più deboli. Esso interviene in varie forme sul terreno economico-sociale. In primo luogo gestisce le imponenti risorse finanziarie che derivano dal prelievo fiscale, in modo da incentivare o deprimere investimenti e consumi. In secondo luogo compie diretti investimenti pubblici, che talvolta danno vita a imprese statali o a società di capitali controllate dallo Stato oppure costituiscono forme di sostegno ai privati di tipo diretto (finanziamenti) o indiretto (defiscalizzazioni, ammortizzatori sociali per i lavoratori esclusi dal mercato del lavoro, ecc.). Infine e soprattutto lo Stato interviene sul terreno sociale, assicurando l'erogazione di servizi volti a soddisfare i bisogni primari (come l'istruzione e la salute) e l'assistenza nei confronti delle persone più deboli e prive di adeguati mezzi di sostentamento.

Sul **terreno politico-sociale** si sviluppa una fitta rete di organismi intermedi fra i cittadini e lo Stato. Tra questi assumono particolare rilievo i **partiti politici**, i quali costituiscono il principale canale di collegamento fra comunità sociale e soggetti pubblici, svolgendo una molteplicità di funzioni volte ad assicurare la partecipazione politica dei cittadini, l'organizzazione del corpo elettorale, la selezione del personale politico, l'aggregazione degli interessi intorno a programmi politici generali, l'attuazione del programma da parte delle istituzioni pubbliche. Per questi motivi i partiti divengono un elemento costitutivo della stessa forma di Stato e del concetto di democrazia, tanto che lo Stato democratico contemporaneo viene qualificato come uno «Stato di partiti» (Leibholz).

Il principio per così dire costitutivo dello Stato democratico è quello per cui **la sovranità appartiene al popolo**, inteso come l'insieme dei cittadini titolari dei diritti politici (cap. VIII, II, § 1). Tuttavia la concezione dominante nelle democrazie pluralistiche non è quella di tipo diretto o identitario, ma quella rappresentativa, che considera la sovranità popolare un principio fondamentale da esercitare secondo le modalità e nei limiti stabiliti nella costituzione. In effetti lo Stato democratico è un sistema complesso, formato da una pluralità di poteri, alcuni dei quali titolari di funzioni di garanzia e non provenienti da un voto popolare (come il potere giudiziario nella grande maggioranza dei paesi democratici), e fondato su di un rapporto distinto ma equilibrato (e garantito) fra maggioranza e opposizione.

La **separazione dei poteri** non corrisponde più a diversi interessi sociali, i quali si esprimono ormai all'interno degli organi rappresentativi e ne condizionano il funzionamento. Rispetto alla concezione liberale il principio in questione subisce una serie di modificazioni e di adattamenti:

– si moltiplicano le funzioni statali non riconducibili alle tre tradizionali, quali la funzione di indirizzo politico o di governo e la funzione di revisione costituzionale, che in sistemi a costituzione rigida è nettamente distinta da quella legislativa;

– si affermano nuovi poteri costituzionali, che non rientrano in nessuno dei tre tradizionali, ma svolgono funzioni di garanzia, controllo e intermediazione nei confronti degli organi titolari delle altre funzioni: il classico esempio è rappresentato dalle Corti costituzionali;

– sono riconosciuti a livello legislativo soggetti, quali le autorità amministrative indipendenti, che non solo non fanno parte di nessuno dei poteri tradizionali, essendo indipendenti dai titolari dell'indirizzo politico, ma, nello svolgimento di funzioni di controllo e di arbitrato in importanti settori (concorrenza, informazione, tutela della *privacy*, ecc.), esercitano funzioni di tipo amministrativo, normativo e talvolta anche giurisdizionale;

– si verificano numerose interferenze funzionali fra i poteri con un superamento della concezione della esclusività della funzione attribuita a ciascuno (così il Parlamento svolge anche funzioni amministrative e giurisdizionali e il Governo funzioni materialmente legislative);

– assumono un ruolo determinante soggetti esterni allo Stato-apparato, quali i partiti politici, il che contribuisce a giustapporre alla classica divisione dei poteri quella fra potere di maggioranza e potere di opposizione.

In definitiva nello Stato democratico il principio della separazione dei poteri implica i seguenti aspetti: l'esistenza di funzioni e di poteri ulteriori rispetto a quelli tradizionali; l'attribuzione al potere legislativo e a quello esecutivo di una funzione non esclusiva ma prevalente, mentre a quello giudiziario è attribuita la funzione giurisdizionale in via quasi esclusiva; la diffusione dei centri di potere a livello sia orizzontale, mediante la partecipazione di più soggetti al processo decisionale, sia verticale, tramite forme di decentramento politico dei poteri; la concorrenza fra più soggetti politici per conquistare la titolarità della funzione di governo, da esercitarsi nel rispetto dei diritti dell'opposizione.

Lo Stato democratico è uno **Stato rappresentativo**, ma, a differenza di quello liberale, è **pluralistico** o "pluriclasse". Ciò deriva soprattutto dal riconoscimento del suffragio universale e del principio dell'eguaglianza del voto (*one man one vote*)[22]. Ne consegue che anche il principio della **rappresentanza poli-**

---

[22] Il suffragio universale si afferma nel 1893 in Nuova Zelanda, nel 1902 in Australia, nel 1920 negli Stati Uniti (ma per i neri degli Stati del Sud solo nel 1965), nel 1928 nel Regno Unito, nel 1944 in Francia, subito dopo la seconda guerra mondiale in Belgio, Germania e Italia e nel 1971 in Svizzera.

tica, ereditato dallo Stato liberale, cambia parzialmente natura, estendendosi a una pluralità di classi e di gruppi sociali prima esclusi da essa. Infatti i rappresentanti devono esprimere la volontà popolare e vi è un legame molto più stretto fra eletti ed elettori, in quanto con le elezioni il popolo non sceglie solo i rappresentanti, ma manifesta opinioni e interessi diversificati.

Accanto alle elezioni, che rimangono il nucleo fondamentale della rappresentanza politica, sono previsti altri meccanismi volti a garantire il mantenimento di un rapporto di consonanza fra elettori e organi rappresentativi (quali i partiti politici, gli istituti di democrazia diretta, un'opinione pubblica vigile, alimentata da un'informazione libera e pluralistica).

La responsabilità politica degli eletti si manifesta di solito nella non rielezione alla carica al termine del mandato, mentre è abbastanza raro che possa portare alla revocabilità dalla stessa (cap. VIII, II, § 3). Infatti negli Stati democratici ha prevalso non il principio di ispirazione giacobina che configura gli eletti come mandatari dei propri elettori, ma il principio del **divieto del mandato imperativo**. Questo, tuttavia, deve essere inteso come garanzia non di un aprioristico interesse comune, come nello Stato omogeneo liberale, ma del pluralismo e quindi della necessità di contemperare e portare a sintesi i diversi punti di vista manifestati dal corpo sociale.

Il principio del **pluralismo** significa che l'ordinamento statale riconosce e garantisce l'esistenza e l'attività di una pluralità di gruppi economico-sociali, religiosi, etnici, culturali (pluralismo sociale), il pluripartitismo (pluralismo politico) e diversi livelli di governo territoriali (pluralismo istituzionale). Di conseguenza lo Stato democratico riconosce la liceità del conflitto fra i diversi gruppi e interessi, purché questo si svolga nel rispetto del metodo e delle procedure democratiche.

La democrazia pluralistica non si limita a estendere le regole proprie dello Stato liberale a nuovi gruppi sociali, ma incide sulle modalità della loro applicazione. Ciò vale in particolare per il **principio di maggioranza**, in base al quale le decisioni dell'organo parlamentare sono adottate a maggioranza. Tale regola poteva essere applicata senza limiti nello Stato liberale, dove l'omogeneità della rappresentanza garantiva contro il rischio della "tirannia della maggioranza". Ma in una democrazia pluralistica la salvaguardia delle minoranze politiche richiede che quel principio sia limitato da vari istituti di garanzia: la previsione di maggioranze assolute o qualificate per alcune decisioni importanti (a cominciare dalla revisione della costituzione), l'attribuzione alle minoranze di cariche (come la presidenza di commissioni parlamentari di controllo) o di poteri specifici (come quelli di impugnare una legge davanti al giudice costituzionale o di attivare una commissione di inchiesta o di ricorrere al referendum), la sottrazione di talune decisioni al circuito democratico-rappresentativo (come si verifica per quelle affidate alle autorità amministrative indipendenti), l'esistenza di un sindacato sulla legittimità costituzionale delle leggi.

Più in generale è lo stesso processo decisionale a diventare più complesso, dovendo prendere in considerazione una pluralità di interessi coinvolti. In particolare per quel che riguarda le questioni economico-sociali, spesso le più rilevanti sono affrontate mediante procedure definite "neo-corporative" di concertazione fra Stato, organizzazioni dei datori di lavoro e sindacati dei lavoratori, per poi essere ratificate con atti del Parlamento o del Governo.

Dalla combinazione fra democrazia e pluralismo scaturiscono le odierne «**poliarchie**» (Dahl), vale a dire sistemi basati su una pluralità di gruppi in competizione per la gestione del potere, che accresce il livello della partecipazione popolare e arricchisce la democrazia reale. Due sono i loro caratteri distintivi fondamentali: la massima estensione possibile della cittadinanza (che le distingue dai regimi oligarchici), il pieno riconoscimento dei diritti e, sempre più frequentemente, di una vera e propria "funzione" costituzionalmente garantita dell'opposizione (che le differenzia dai regimi autoritari).

Nello Stato democratico si affermano, accanto ai tradizionali diritti civili, nuove categorie di diritti che si configurano come **libertà positive**, in quanto per la loro realizzazione richiedono un intervento attivo dello Stato. Tali sono i **diritti politici** o "nello Stato", attraverso i quali i cittadini partecipano attivamente alla vita pubblica con una dimensione collettiva sconosciuta all'epoca liberale (diritto di voto, libertà di associazione politica, ecc.), e i **diritti sociali** o "attraverso lo Stato", che sono diritti ad ottenere prestazioni dello Stato (al lavoro, all'istruzione, alla salute, ecc.) (cap. V, § 3).

Gli stessi diritti civili assumono caratteri parzialmente nuovi sia perché non sono più strutturati sul parametro rappresentato dal diritto di proprietà, che è certamente riconosciuto dalle costituzioni, ma è soggetto a limitazioni derivanti dalla necessità di salvaguardare altri diritti costituzionali, sia perché, nel quadro di uno sviluppo completo della persona umana, essi vengono ad integrarsi con le libertà positive. Per dirla con Kelsen, «la caratteristica della democrazia» è «la sintesi» dei principi di libertà e di uguaglianza. Quest'ultima va intesa sia **in senso formale** come pari accesso al godimento dei diritti e come divieto di discriminazioni arbitrarie, sia **in senso sostanziale** come parità delle posizioni di partenza ed obbligo del legislatore di rimuovere gli ostacoli al pieno dispiegamento delle potenzialità di ciascuno.

La teoria dei «diritti pubblici soggettivi» entra irrimediabilmente in crisi, in quanto vengono messe in discussione le sue premesse costitutive: la concezione della superiorità dello Stato-persona sui cittadini e quella del necessario riconoscimento legislativo di diritti che ormai trovano il loro fondamento in una legge superiore e basata su valori indisponibili da parte dello stesso legislatore.

Lo Stato democratico-pluralistico, infine, è a pieno titolo uno **Stato costituzionale**. Infatti la necessità di garantire la convivenza fra gruppi diversi e di conciliare valori potenzialmente conflittuali mette in crisi le tradizionali concezioni della spettanza della sovranità, tanto che si può parlare di "sovranità della costituzione". Le costituzioni democratiche si configurano come "costituzioni aperte", in quanto affermano una serie di principi basati su valori condivisi dal (e non imposti al) corpo sociale e ne garantiscono la costante integrazione; come "costituzioni lunghe", poiché per lo più incorporano le dichiarazioni dei diritti e disciplinano più ampiamente i rapporti tra i poteri pubblici; come "costituzioni rigide", essendo la superiorità sulle altri fonti del diritto assicurata dalla previsione di un procedimento aggravato per la propria revisione, posto a garanzia del patto concluso tra forze sociali e politiche eterogenee e pertanto non modificabile da una maggioranza parlamentare semplice (cap. III, II, § 2).

Anche la concezione dello **Stato di diritto** evolve. Alla concezione liberale della **legalità in senso formale**, che si ritiene soddisfatta quando il potere amministrativo si esercita sulla base di una previa autorizzazione legislativa, subentra quella della **legalità in senso sostanziale**, in quanto la legge è chiamata a stabilire anche le finalità, le procedure, l'oggetto e la forma del provvedimento amministrativo. Inoltre lo "Stato sociale di diritto" è caratterizzato da una doppia legalità: accanto a quella "ordinaria" vi è, infatti, quella "costituzionale", fondata su valori superiori che si pongono come criteri di orientamento e come limiti per l'attività di tutti i poteri, compreso quello legislativo. Ciò deriva dal fatto che la legge non è più l'espressione di una società omogenea, ma eterogenea e diventa pertanto sempre di più un atto compromissorio; di conseguenza l'unità dell'ordinamento va ancorata a principi e valori superiori contenuti nella costituzione.

Le **garanzie giurisdizionali** dei diritti conoscono una duplice espansione: nei confronti degli atti della pubblica amministrazione; nei riguardi delle leggi ordinarie grazie all'attività del giudice costituzionale chiamato a garantire il rispetto dei diritti e dei principi costituzionali. Infine nello Stato costituzionale di diritto cambia parzialmente il ruolo del giudice, che non è più semplice "bocca della legge", secondo l'impostazione positivistico-liberale ottocentesca, ma è chiamato a svolgere un'azione di prudente mediazione fra il potere statale, che si esprime attraverso la legge, e le rivendicazioni della società, basate su principi di giustizia e sui diritti sanciti nella costituzione.

11. La diffusione del modello democratico e i problemi della democrazia

Nel mondo contemporaneo lo Stato democratico sta vivendo una situazione paradossale: da un lato si è notevolmente diffuso in aree geografiche nelle quali a lungo hanno prevalso regimi di tipo autocratico; d'altro lato negli stessi paesi di democrazia consolidata si sono manifestati segnali di crisi che pongono seri interrogativi sulla qualità del modello democratico e sulla sua evoluzione futura.

La **diffusione del modello democratico**, che si è verificata dopo la seconda guerra mondiale, si è manifestata in quattro successive fasi: nell'immediato dopoguerra con la costruzione di sistemi democratici in Germania, Giappone e Italia; alla metà degli anni '70 con la caduta di regimi autocratici e l'adozione di costituzioni democratiche in Grecia, Portogallo e Spagna; a partire dagli anni '80 il processo di democratizzazione ha interessato molti paesi in via di sviluppo; infine negli anni '90 ha coinvolto tutti i paesi ex socialisti europei e quelli facenti parte dell'ex Unione sovietica. Si tratta di un processo che dimostra la vitalità dei principi e delle istituzioni della democrazia, ma che pone anche seri problemi.

Innanzitutto, quanti sono i paesi realmente democratici? Dal rapporto annuale 2014 della *Freedom House* risulta che nel 2013, se il numero delle "democrazie elettorali", vale a dire degli ordinamenti nei quali si svolgono regolari elezioni competitive, è di 122 paesi su 194, quello degli Stati "liberi", caratterizzati dall'effettività dei diritti, si riduce a 88; inoltre per l'ottavo anno consecutivo vi sono stati più cali che aumenti di Stati democratici[23]. Quindi la tendenza verso la democrazia non è affatto lineare né uniforme (*infra*, § 12).

In secondo luogo la crisi del mondo bipolare ha dato vita a due contrapposte teorizzazioni: la tesi della «fine della storia», che deriverebbe dalla inarrestabile universalizzazione del sistema basato sull'economia di mercato e su istituzioni democratico-liberali (Fukuyama), la tesi dello «scontro delle civiltà», secondo la quale il mondo multipolare sarebbe caratterizzato dal conflitto tra la civiltà occidentale ed altre civiltà a questa contrapposte, a cominciare da quella islamica (Huntington). La prima tesi è stata smentita, oltre che dalle difficoltà e dalle involuzioni dei processi di democratizzazione, anche dagli interventi militari dell'Occidente, dalla prima guerra del Golfo nel 1991 all'intervento in Libia nel 2011, che hanno visto in primo piano la più grande potenza mondiale, e dallo sviluppo del **terrorismo internazionale**, trasversale agli Stati, che ai riferimenti ideologici e religiosi tradizionalisti accompagna il ricorso a strumenti finanziari e tecnologici complessi, al fine di costruire una rete in grado di compiere attentati devastanti nel cuore stesso dei paesi democratici. Anche la tesi dello scontro tra civiltà non convince in quanto da un lato sottovaluta la lunga fase democratica che hanno conosciuto nel secondo dopoguerra paesi appartenenti a civiltà diverse da quella occidentale, come il Giappone e l'India, dall'altro dà una lettura semplificata del mondo islamico, che è attraversato da profonde differenziazioni interne. La prospettiva da perseguire è quindi quella della convivenza tra civiltà, che deve escludere qualsiasi idea di unilateralismo e di superiorità di una sulle altre e saper pazientemente adattare gli ideali e le istituzioni della democrazia alle diverse realtà.

---

[23] Cfr. *Freedom in the World 2014*, in *www.freedomhouse.org*. La *Freedom House* è un'organizzazione non governativa internazionale fondata nel 1941 che dal 1973 pubblica un rapporto annuale sullo stato della democrazia nel mondo.

In terzo luogo si è manifestata una **crisi interna allo Stato democratico-sociale** su tre terreni distinti ma fra loro connessi: economico-sociale, politico e giuridico-costituzionale.

Sotto il primo profilo le ragioni della crisi possono essere rinvenute nella globalizzazione dell'economia, nel parziale declino dello Stato-nazione, nella difficoltà dello Stato sociale a continuare a far fronte ai suoi compiti tradizionali.

Per **globalizzazione** si intende il fenomeno per cui il mercato economico-finanziario è diventato mondiale, sfuggendo sempre più alle capacità di previsione e di controllo dei singoli Stati. Essa presenta aspetti positivi, in quanto fornisce nuove occasioni di sviluppo economico-sociale in aree arretrate e determina un'integrazione economico-finanziaria crescente a livello mondiale. Tuttavia, oltre a non garantire di per sé anche uno sviluppo democratico e culturale delle aree che coinvolge e ad accentuare le differenze fra i paesi ricchi e quelli più poveri privi di materie prime, pone enormi problemi allo Stato democratico. In primo luogo capovolge il rapporto politica-economia nel senso che la seconda tende a prevalere, in quanto si sottrae sempre più alle scelte politiche del singolo Stato e anzi ne condiziona le decisioni in materia finanziaria e sociale, imponendo una crescente flessibilità del lavoro e una riduzione della pressione fiscale. Il rischio è che, al fine di garantire la competitività sul mercato mondiale, si manifesti nei paesi più avanzati una tendenza all'appiattimento verso il basso della tutela dei diritti economico-sociali. In secondo luogo il "mercato" tende ad assumere natura costituente e a divenire il valore dominante e si nega la necessità che venga sottoposto a regole, sostenendone la capacità «naturale» di autoregolamentazione (von Hayek). Vengono quindi a essere intaccati due elementi basilari del sistema democratico: la prevalenza della politica, che si esprime tramite libere decisioni adottate da organi democraticamente eletti, sulla economia e il riconoscimento del mercato come "spazio costituito", cioè soggetto a regole e a limiti. In particolare l'esistenza di un mercato finanziario non soggetto a regole né a controlli effettivi può determinare crisi economico-finanziarie gravissime e di proporzioni planetarie, come quella che si è aperta nel 2008.

Dalla globalizzazione e dallo sviluppo di organizzazioni sovranazionali, come l'Unione Europea (cap. VI, II), è derivato un **ridimensionamento del ruolo degli Stati-nazione**, i quali avevano costituito il quadro geo-politico entro il quale si erano affermati i princìpi e gli istituti democratici. Tale ridimensionamento è stato accentuato in Europa dalla crisi economico-finanziaria iniziata nel 2008, in conseguenza della quale i paesi più indebitati sono stati costretti ad adottare politiche di austerità e ad assumere decisioni finanziarie che hanno gravato soprattutto sui settori medio-bassi della popolazione su diretta sollecitazione di organismi tecnici (come il Fondo monetario internazionale e la Banca centrale europea) o comunque privi di una diretta legittimazione popolare. D'altra parte gli Stati-nazione devono affrontare anche la sfida rappresentata al proprio interno dalle rivendicazioni di autonomia da parte delle collettività territoriali, le quali, se possono garantire politiche più democratiche, in quanto più vicine ai cittadini e quindi più controllabili da questi, pongono il delicato problema delle differenziazioni delle condizioni economico-sociali fra le diverse aree geografiche e quindi della garanzia di *standard* minimi di trattamento e di tutela dei diritti sociali.

Infine tutti i fenomeni appena indicati determinano una **crisi dello Stato sociale**, il quale con sempre maggiore difficoltà riesce a far fronte alle domande che il suo sviluppo ha contribuito a suscitare. In tutti gli ordinamenti, quindi, si propone una riforma dello Stato sociale, che richiede un approccio di tipo sovranazionale. Tale riforma dovrebbe garantire un sistema fiscale equo e meno oppressivo, l'efficienza dei pubblici servizi, la riduzione della spesa pubblica. Il problema è di come si possano realizzare questi obiettivi mantenendo un livello adeguato di prestazioni sociali ed anzi estendendo la tutela sociale agli strati più emarginati della popolazione.

In definitiva la questione di fondo per gli Stati democratici è come garantire, senza pregiudicare le libertà politiche dei cittadini, la coesistenza fra scelte economico-sociali, che oggi sfuggono in larga misura al controllo democratico e tendono a ridurre la garanzia dei diritti sociali, e un adeguato livello di coesione sociale, che può essere messo in crisi da differenziazioni e da conflittualità troppo elevate.

La **crisi politica** dello Stato democratico-pluralistico deriva in gran parte dalla crisi dei partiti. Questa è di triplice natura: ideale, funzionale e strutturale.

Soprattutto i partiti europei risentono della crisi delle ideologie, intese come versioni totalizzanti della realtà. Essi tendono sempre più, al pari dei partiti nordamericani, a svolgere l'attività politica senza alcuna visione ideale o anche solo programmatica, riducendosi a strumenti di gestione del potere, il cui fine essenziale è quello di garantire la perpetuazione della propria presenza al governo anziché utilizzare l'accesso al potere per praticare politiche e attuare programmi.

In secondo luogo i partiti trovano difficoltà crescenti a svolgere la tradizionale funzione di collegamento fra comunità sociale e Stato, sia per la tendenza ad appiattirsi sulla gestione delle istituzioni, sia per il carattere complesso di una società che si organizza intorno ad una molteplicità di interessi e utilizza nuovi canali di espressione e di comunicazione con il potere pubblico.

Infine vi è una crisi strutturale, derivante dal declinare del carattere "di massa" dei partiti, che è dovuta da un lato alla contrazione del numero degli iscritti e di coloro che partecipano effettivamente alla vita politica, dall'altro al ruolo determinante di un apparato oligarchico, posto di solito al servizio di un *leader*, il quale adotta le decisioni fondamentali per lo più al di fuori di procedure e di controlli pienamente democratici.

La crisi dei partiti di massa determina effetti particolarmente negativi sul sistema politico-istituzionale: in primo luogo la lievitazione dei costi della politica, al fine di mantenere apparati sempre più distaccati dalla società, produce il ricorso frequente a forme occulte o illecite di finanziamento; in secondo luogo la crisi dei partiti permette in alcuni casi l'ascesa al potere di personalità direttamente provenienti (o fortemente condizionate) dal sistema economico-finanziario ed espressione di potenti interessi privati; infine l'indebolimento dei partiti, la crescente personalizzazione del potere e lo sviluppo dell'influenza dei *media* favoriscono l'emergere di movimenti e di tendenze populistico-plebiscitarie che si propongono di delegittimare i tradizionali canali di mediazione politici e istituzionali della democrazia. Alla democrazia dei partiti si sostituisce la "democrazia del pubblico", fondata sulla personalizzazione della politica, sulla centralità dei *media* e sulla scambio diretto tra leader e opinione pubblica (Manin).

Poiché lo Stato democratico non può fare a meno dei partiti come strumenti di organizzazione e di espressione della volontà politica dei cittadini, appare necessario che i partiti si rinnovino, diventando capaci di esprimere valori presenti nella società e di competere per la conquista del Governo, al fine di realizzare i programmi sottoposti al giudizio del corpo elettorale, e infine di adottare un'organizzazione basata su procedure democratiche e trasparenti.

Si manifesta, da ultimo, una **crisi giuridico-costituzionale** dello Stato democratico, che assume varie forme. In primo luogo il **voto popolare** è sempre più condizionato dall'uso dei *mass media* e dalla promessa di vantaggi e di contropartite, che determina una crescita del "voto di scambio" rispetto al "voto di opinione" (che si esprime sui programmi politici e sulle persone che devono attuarli) e al "voto di appartenenza" (che deriva dall'adesione a un'ideologia ed al partito che la incarna). Inoltre l'uso dei moderni mezzi di comunicazione di massa tende a trasformare la politica in «video-politica» e l'elettore in un «video-bambino», che vota sulla base di suggestioni mediatiche superficiali, con una drastica riduzione della qualità del sistema democratico (Sartori). Tale stato di cose è aggravato dal fatto che a livello mondiale ed all'interno di singoli paesi si verifica una concentrazione in poche mani dei mezzi di comunicazione di massa. Più in generale la partecipazione al voto risulta ovunque in declino e cresce la sfiducia nei confronti del sistema politico-rappresentativo.

In secondo luogo vi è una **crisi del Parlamento** e quindi dello stesso principio della rappresentanza politica. Questa deriva da almeno due ragioni: il passaggio nel secolo scorso dallo "Stato legislativo", nel quale le decisioni statali erano adottate prevalentemente nella forma della legge, allo "Stato amministrativo", nel quale la maggioranza delle decisioni vengono prese dal potere esecutivo mediante atti di tipo regolamentare o amministrativo. La seconda e più recente ragione sta nella difficoltà per l'organo rappresentativo di fornire risposte soddisfacenti ad una società sempre più complessa e frammentata e nella tendenza di questa a contrattare le decisioni direttamente con il potere esecutivo.

In terzo luogo la crisi della politica e del principio di rappresentanza politica favoriscono l'**ascesa a ruoli di governo dei detentori del potere economico**, dando vita a situazioni nelle quali vi è un forte intreccio tra potere politico, economico-finanziario e mediatico che può pregiudicare il funzionamento della democrazia. Inoltre si manifestano tendenze populistiche nelle quali il *leader* posto al vertice del potere esecutivo, anche quando non sia eletto a suffragio universale, si ritiene plebiscitato dal popolo e tende a rivolgersi a questo scavalcando gli organismi intermedi politici e istituzionali e dimostrando insofferenza per le limitazioni del potere e le garanzie stabilite nella costituzione.

In quarto luogo la risposta all'offensiva del terrorismo internazionale ha portato all'adozione di provvedimenti **limitativi delle libertà civili** e delle garanzie giurisdizionali predisposte a tutela di queste, come si è verificato negli Stati Uniti, all'indomani dell'attentato dell'11 settembre 2001 alle Torri gemelle di New York, con l'approvazione del *Patriot Act* e di varie misure amministrative e di tipo poliziesco, e in Francia con la decretazione dello stato di emergenza da parte del Governo il 13 novembre 2015 in seguito alle stragi terroristiche di Parigi.

In alcuni paesi, infine, si verifica una **crisi dell'idea di costituzione**, derivante dall'affermarsi di concezioni svalutative, le quali sostengono la superiorità della «costituzione vivente», identificata nel sistema politico e in quello elettorale, su quella vigente o concepiscono la costituzione come «pagina bianca» o insieme di generalissime norme-quadro, che possono essere riempite dai più diversi contenuti (Dogliani).

L'individuazione dei numerosi problemi che lo Stato democratico si trova a dover affrontare nel mondo contemporaneo non deve portare a ritenere ineluttabile il suo declino. Infatti la democrazia pluralistica e costituzionale ha dimostrato la sua superiorità storica su ogni altro tipo di regime contemporaneo (come quello autoritario fascista e quello statale-collettivistico sperimentato nei paesi socialisti) né è pensabile un ritorno ad esperienze del passato (come quella liberale-liberistica ottocentesca). Inoltre la forma di Stato democratica è la sola che è riuscita a conciliare valori originariamente e potenzialmente antitetici: libertà e eguaglianza, diritti civili e diritti sociali, principio della sovranità popolare e principio rappresentativo. Ma non vanno neppure sottolineati i rischi di involuzione e la difficoltà della duplice sfida che lo Stato democratico è chiamato ad affrontare: quella di coniugare efficienza e benessere con la salvaguardia dei propri principi e valori all'interno, ma anche quella di uscire dal quadro dello Stato nazionale per proiettarsi verso una dimensione sovranazionale e internazionale, nell'intento di sottoporre a regole i processi decisionali reali e di garantire la difesa e l'espansione dei principi democratici.

12. La forma di Stato nei paesi in via di sviluppo

Con il termine **Stati in via di sviluppo** vengono di solito indicati circa i due terzi degli Stati oggi aderenti all'ONU i quali cercano di superare una condizione di arretratezza economica, sociale, politica e istituzionale, dando spesso vita ad assetti statuali peculiari rispetto a quelli fin qui esaminati. In passato si è parlato di **paesi del Terzo Mondo**, utilizzando un termine coniato nel 1955 alla Conferenza di Bandung dei paesi "non allineati", non rientranti né nel mondo capitalista né in quello socialista, ma tale definizione, oltre a non avere alcun valore caratterizzante, ha perso gran parte del suo significato in seguito alla crisi del blocco sovietico e al fenomeno della globalizzazione. Si parla anche di **forma di Stato della modernizzazione**, per sottolineare la finalità principale che tali Stati perseguono (de Vergottini), anche se non mancano esperienze di ricerca di soluzioni di tipo fortemente tradizionalista. Fanno parte di tale categoria la grande maggioranza dei paesi dell'Africa, dell'Asia e dell'Oceania. Una posizione peculiare assumono i paesi dell'**America latina**, che hanno ottenuto l'indipendenza nel corso del XIX secolo e hanno conosciuto fasi più o meno prolungate di assetti liberali o democratici. Tuttavia anche essi presentano alcune problematiche comuni agli Stati in via di sviluppo e hanno visto l'affermazione, frequente o periodica, di regime dittatoriali, per lo più di tipo militare, particolarmente odiosi.

In pratica la categoria dello Stato in via di sviluppo assume carattere residuale, ricoprendo esperienze molto diverse, alle quali non sempre è possibile applicare le categorie elaborate in Occidente per la profonda diversità del contesto economico-sociale, politico e giuridico. È possibile comunque individuare alcuni elementi di fondo comuni a gran parte di questo gruppo di Stati: la colonizzazione, il sottosviluppo, la debolezza dell'identità nazionale.

Quasi tutti i paesi in via di sviluppo hanno conosciuto il **dominio coloniale** o comunque hanno subito l'influenza economico-finanziaria e spesso politica degli Stati più avanzati. Gran parte dei paesi africani e asiatici ottengono l'indipendenza nel XX secolo e molti solo dopo la seconda guerra mondiale. Diverso è il discorso per i paesi dell'America latina, che conquistano l'indipendenza dalla Spagna e dal Portogallo fra il 1810 e il 1825. Tuttavia, una volta ottenuta l'indipendenza, stentano a costruire una sicura identità nazionale, come dimostrano le guerre interne al continente verificatesi soprattutto nel XIX secolo, e finiscono per subire una forma di colonizzazione indiretta ad opera degli Stati Uniti a livello sia economico che politico.

Altro dato comune è quello del grave **sottosviluppo**, che è prima di tutto economico-sociale. Qui occorre distinguere tra paesi, tra i quali Brasile, India e Sud Africa, che, insieme a Cina e Russia[24], hanno avuto specie nell'ultimo decennio un tasso di crescita molto più alto di quello del mondo occidentale, e altri paesi, africani e asiatici, che permangono in una situazione di arretratezza. In ogni caso le condizioni di vita restano di gran lunga inferiori a quelle dei

---

[24] I paesi citati vengono indicati con l'acronimo BRICS. Nel 2001 il termine BRIC faceva riferimento a Brasile, Russia, India e Cina; dal 2010 viene adottato il nuovo acronimo che comprende il Sud Africa.

paesi sviluppati, la redistribuzione del reddito avviene in modo iniquo e ampia parte della popolazione vive in condizioni di povertà[25]. Inoltre il sottosviluppo non è solo un fenomeno economico-sociale, ma si verifica anche sui terreni culturale, politico e giuridico-istituzionale.

Infine molti Stati in via di sviluppo nascono prima che si sviluppi un'**effettiva identità nazionale**, spesso entro confini arbitrariamente disegnati dalle potenze coloniali (com'è avvenuto per i paesi dell'Africa nera) o che non garantiscono una contiguità geografica[26] o determinano una grande dispersione territoriale[27]. Quasi tutti conoscono un grande **pluralismo** etnico o di tipo tribale (soprattutto in Africa) o la divisione in caste (come quella determinata in India dalla tradizione induista). Ciò spinge l'*élite* dirigente ad assumere un'**ideologia ultranazionalista**, utilizzata dapprima in negativo in contrapposizione al dominio coloniale, poi in positivo come riscoperta di legami con le proprie tradizioni e strumento di realizzazione dell'unità nazionale. Ma spesso il nazionalismo viene utilizzato come copertura ideologica al dominio di un capo o di una fazione etnica o religiosa o di un partito unico.

Nell'evoluzione costituzionale dei paesi in via di sviluppo sono stati individuati quattro cicli (de Vergottini). Il **primo ciclo** è caratterizzato dall'adozione di costituzioni che si ispirano al modello liberal-democratico: quello dell'ex potenza coloniale[28] o del paese del quale subiscono l'influenza determinante[29]. Le ragioni sono evidenti: il più delle volte l'indipendenza viene concessa dalla (o concordata con la) potenza coloniale; i ristretti gruppi dirigenti dei nuovi Stati sono formati nelle scuole o secondo le concezioni proprie del paese colonizzatore; spesso le costituzioni vengono elaborate con il contributo di esperti occidentali. Questo primo ciclo si conclude con un sostanziale fallimento, in quanto troppo diverse sono le condizioni economiche, sociali e culturali rispetto al paese preso a modello per garantirne un funzionamento soddisfacente. In pratica i regimi che si ispirano al modello occidentale si connotano come regimi oligarchici, nei quali il potere appartiene ad un gruppo ristretto e privilegiato e si concentra nelle mani dell'organo di vertice del potere esecutivo.

Le due esperienze più significative di paesi che nel XX secolo conoscono u-

---

[25] Secondo i dati di fonte ONU contenuti nel rapporto sullo sviluppo umano del 2013 la povertà mondiale sta diminuendo, ma comunque 1 miliardo e 600 mila persone vivono in condizioni di povertà e di queste un miliardo (più del 90% delle quali appartengono a paesi in via di sviluppo) sono in stato di estrema povertà con un reddito pro capite inferiore a 1,25 dollari al giorno.

[26] Tale era il Pakistan fino alla separazione del Bangladesh nel 1971.

[27] L'Indonesia comprende circa 3.000 isole abitate con una distanza massima superiore a 4.000 chilometri.

[28] Ciò si verifica per le ex colonie inglesi in Africa, Asia e nei Caraibi, per quelle francesi in Africa e Sud-Est asiatico, per la Somalia nei confronti dell'Italia e per Burundi e Zaire nei confronti del Belgio.

[29] Gli Stati Uniti sono presi a modello, oltre che dai paesi latino americani, da Liberia, Filippine e Corea del Sud.

na fase democratica prolungata sono quelle del **Messico** (dopo l'abbattimento della dittatura di Porfirio Diaz nel 1910) e dell'**India** (dopo la conquista dell'indipendenza nel 1947). Al di là delle grandi differenze fra i due paesi (a livello costituzionale il primo si ispira al modello statunitense, il secondo a quello inglese), essi hanno in comune l'esperienza di una rivoluzione nazionale guidata da un movimento che si trasforma poi in partito dominante (il partito rivoluzionario istituzionale in Messico, il partito del congresso in India). Tale partito gestisce a lungo il potere statale: in Messico fino alla sconfitta del suo candidato alle elezioni presidenziali del 2000, per poi tornare a vincere nel 2012, in India fino al 1977, mentre dopo tale data si verifica un'alternanza al potere derivante dalla crescita del partito nazionalista indù. Inoltre entrambi i paesi adottano una costituzione democratica (rispettivamente nel 1917 e nel 1950), che riconosce il pluralismo e istituisce un sistema federale. Tuttavia nella prassi le istituzioni democratiche non riescono ad avviare il superamento dello stato di povertà in cui vive la maggioranza della popolazione né delle situazioni economico-sociali più arretrate (come la struttura latifondista dell'agricoltura in Messico e la rigida organizzazione castale della società in India) e si verificano frequenti violazioni delle garanzie democratiche e dei diritti delle minoranze[30].

Un **secondo ciclo costituzionale** si produce in seguito all'instaurazione, spesso mediante colpi di Stato militari, di regimi autoritari, i quali, in nome dell'esigenza dell'unità nazionale o per contrapporsi a una presunta minaccia "comunista", realizzano una forte concentrazione dei poteri, l'annullamento delle garanzie costituzionali, la persecuzione della opposizione[31]. Va sottolineato che nei paesi in via di sviluppo l'**esercito svolge un ruolo fondamentale**, essendo spesso il più forte e coeso gruppo di pressione in situazioni di fragilità del pluralismo sociale e politico. In alcuni casi i militari si limitano a sostenere il governo civile; in altri esercitano un'influenza determinante sulle decisioni governative; infine talvolta gestiscono il potere o attraverso governi civili compiacenti o in prima persona.

Un **terzo ciclo costituzionale** riguarda i paesi che si definiscono "socialisti" e sviluppano stretti rapporti con l'URSS e con il campo socialista. Tuttavia occorre distinguere due diverse situazioni: alcuni Stati asiatici e Cuba adottano l'ideologia

---

[30] In India nel 1975 il Primo ministro Indira Ghandi ha proclamato lo "stato di urgenza", che ha sospeso i diritti costituzionali e portato all'arresto di vari esponenti dell'opposizione. In Messico nel 1994 si è verificata una rivolta armata della popolazione amerindiana nello Stato del Chiapas, cui ha fatto seguito il massiccio intervento repressivo dell'esercito; si sono inoltre verificati dei massacri di studenti compiuti dalle forze armate e di sicurezza, come quella di Città del Messico nel 1968 e di Iguala nel 2014.

[31] Negli anni '60 e '70 del secolo scorso si sono avuti numerosi colpi di Stato militari in paesi africani (Algeria, Alto Volta, Burundi, Congo, Zaïre, Dahomey, Etiopia, Ghana, Libia, Madagascar, Mali, Niger, Nigeria, Repubblica centrafricana, Ruanda, Sierra Leone, Somalia, Sudan, Togo, Uganda), medio-orientali (Irak, Siria, Turchia), asiatici (Afghanistan, Birmania, Corea del Sud, Indonesia, Pakistan), sud-americani (Argentina, Brasile, Cile, Ecuador, Uruguay), centro-americani (Guatemala. Honduras, Panama).

marxista-leninista e il modello sovietico, rientrando a pieno titolo nella forma di Stato socialista; altri Stati negli anni '60[32] e '70[33] proclamano sistemi di **socialismo nazionale** peculiari e non inquadrabili nello Stato socialista. Infatti essi rifiutano il marxismo-leninismo, adottando un'ideologia nazionalista, e utilizzano l'intervento statale e una pianificazione economica elastica al fine di accelerare lo sviluppo dell'economia, anche privata, usufruendo degli aiuti degli Stati socialisti.

Il **quarto ciclo costituzionale**, apertosi alla fine degli anni '80, vede l'adozione di nuove costituzioni, le quali prendono come modello quelle democratiche, nella quasi totalità dei paesi dell'America latina, ma anche in vari paesi asiatici e africani[34]. Diverse ne sono le cause: la caduta negli anni '70 degli ultimi regimi autoritari esistenti in Europa occidentale, la crisi del campo socialista, la nuova politica seguita dagli Stati Uniti in America latina, la crisi del regime a partito unico in vari paesi (soprattutto in Africa).

L'esempio più significativo di un paese passato da un regime autoritario e razzista ad uno democratico è quello della **Repubblica sudafricana**. Il paese, ottenuta l'indipendenza nel 1961, rimane a lungo sotto il dominio della minoranza bianca (pari al 14% della popolazione), la quale porta avanti la politica dell'*apartheid*, consistente nella negazione dei diritti alla popolazione nera e nella sua segregazione in aree periferiche dei centri industriali (*township*) e in aree territoriali "autonome" (*bantustans*). In seguito alla protesta popolare, di cui si fa portavoce soprattutto l'*African National Congress*, nel 1984 viene adottata una nuova costituzione, che istituisce un Parlamento composto di tre Camere (una eletta dai bianchi, una dagli asiatici, una dai meticci), continuando ad emarginare i neri (circa il 70% della popolazione). Finalmente nel 1989 con l'elezione del Presidente De Klerk e la liberazione dal carcere del *leader* dell'ANC Mandela viene avviato un processo costituente, che porta nel novembre 1993 all'adozione da parte di un organismo rappresentativo delle forze politiche di una costituzione provvisoria, entrata in vigore nell'aprile 1994, contestualmente alle elezioni dell'Assemblea nazionale e del Senato, nelle quali l'ANC ottiene la maggioranza assoluta dei seggi, cui fa seguito l'elezione di Mandela a Presidente della Repubblica. Le due Camere, riunite in seduta comune, formano l'Assemblea costituzionale, la quale nel maggio 1996 adotta a larga maggioranza la nuova costituzione. Questa contiene una dettagliata carta dei diritti, la proclamazione dei fondamentali princìpi democratici, il riconoscimento di un'ampia autonomia alle nove Province in cui è suddiviso il paese, una forma di governo

---

32 Algeria, Irak, Siria, Congo, Birmania.

33 Egitto, Etiopia, Yemen del Sud, Libia, Somalia, Angola, Mozambico, Madagascar, Nicaragua.

34 V. le Costituzioni in Centro e Sud America di Brasile ((1988), Colombia (1991), Paraguay (1992), Uruguay (1984), Nicaragua (1987); in Asia di Corea del Sud (1987), Filippine (1987), Nepal (1990), Turchia (1982); in Africa di Algeria (1989), Benin (1990), Burundi (1992), Congo (1992), Gabon (1991), Ghana (1992), Gibuti (1992), Madagascar (1992), Mali (1992), Mauritania (1991), Namibia (1990), Niger (1992).

peculiare (con un Presidente-capo dell'Esecutivo designato dal partito di maggioranza e poi votato dal Parlamento).

Tuttavia il processo di democratizzazione ha avviato in vari paesi una *fase di transizione* dagli esiti contraddittori e incerti, il che pone interrogativi sulla difficoltà di trapiantare istituzioni che rispondono a principi e valori propri dell'Occidente in realtà diverse che non li hanno fatti propri o esprimono valori divergenti (de Vergottini). In particolare si è determinato il fenomeno dell'emergere di "democrazie imperfette" o "di facciata" o di "democrature", nelle quali vi è un netto scarto fra le proclamazioni contenute nelle costituzioni adottate e la realtà, caratterizzata dalla non effettività dei diritti, dalla debolezza del pluralismo e dalla repressione delle opposizioni e delle minoranze nazionali, dal ruolo determinante e paradittatoriale svolto da un presidente plebiscitato dal popolo e dall'influenza importante del fattore militare e/o di quello religioso sul potere civile.

In alcuni paesi dell'**America latina** (Bolivia, Ecuador, Venezuela) la forma di Stato tende a combinare la tradizionale componente populistica con una ideologia che si richiama ai principi del "socialismo bolivariano"[35] e attribuisce un potere preponderante al Presidente eletto dal popolo, determinando una forte conflittualità politico-sociale. L'esperienza del Venezuela è la più significativa: nel 1998 l'elezione alla presidenza della Repubblica di Hugo Chavez sfocia l'anno successivo nell'approvazione con referendum popolare di una nuova costituzione, che contiene aspetti originali rispetto allo Stato democratico: l'aggiunta ai tre poteri tradizionali dello Stato del "potere cittadino" e del "potere elettorale", la previsione della revoca popolare dei titolari di cariche pubbliche, l'elettività dei giudici[36].

Nel **mondo arabo** si manifestano elementi di involuzione. In **Algeria** il processo democratico avviato con la costituzione del 1989 subisce una battuta d'arresto nel 1992, quando i militari annullano le elezioni vinte dal partito fondamentalista islamico e il paese precipita in una guerra sanguinosa fra i terroristi islamici e l'esercito a danno dell'inerme popolazione civile. Nel 2011 suscita speranza la "primavera araba", caratterizzata da ampie manifestazioni di massa, composte in gran parte da giovani e indette e divulgate tramite Internet, che portano alla caduta della dittatura di Ben Ali in Tunisia e di Mubarak in Egitto. La rivolta si estende ad Algeria, Marocco, Yemen, Bahrain, Siria, Arabia Saudita, Sudan. In Libia si sviluppa una guerra civile che, grazie all'intervento militare della NATO, porta alla caduta del regime di Gheddafi. Tuttavia in alcuni paesi le manifestazioni sono duramente represse, mentre in altri si tengono ele-

---

[35] Simón Bolívar nei primi decenni dell''800 è stato protagonista della liberazione dal dominio coloniale di vari paesi latino americani (Bolivia, Colombia, Ecuador, Panama, Perù e Venezuela) e tra il 1819 e il 1830 è stato Presidente della Grande Colombia, tentativo di dare vita ad un unico grande Stato costituito da Colombia, Ecuador, Panama e Venezuela.

[36] Chavez resta in carica grazie a tre successive rielezioni fino alla sua morte nel 2013. Alle elezioni presidenziali del 2013 viene eletto Nicolás Maduro, che conquista la carica di Capo dello Stato e di Presidente del partito al potere (partito socialista unito del Venezuela).

zioni che danno un consenso maggioritario a partiti islamici (Egitto, Marocco e Tunisia). In Egitto nel luglio 2013 viene attuato un colpo di Stato militare che depone il Presidente eletto un anno prima, leader dei Fratelli musulmani, e impone un regime fortemente repressivo. In Irak e in Libia all'intervento militare di paesi occidentali fa seguito una frammentazione del potere tra opposte fazioni religiose e tribali. In questi paesi e in Siria, in seguito alla rivolta armata contro il regime di Assad, si afferma dal giugno 2014 una formazione terroristica integralista, come l'ISIS (Stato islamico dell'Irak e della Siria), che dà vita ad un "Califfato" in guerra con alcuni governi dei paesi arabi, con i musulmani sciiti e con l'Occidente, facendo ricorso ad azioni criminali e disumane.

In vari paesi si manifestano **controtendenze di tipo autoritario**. In alcuni avvengono colpi di Stato o si affermano regimi di tipo militare[37]. In altri si producono sanguinosi conflitti interetnici o fra diversi *clan* armati[38].

Infine un importante assetto di tipo autocratico è costituito da una **forma di Stato tradizionalista**, che si basa su modalità arcaiche di organizzazione del potere, al vertice del quale è posto un sovrano assoluto, che non incontra limiti o per l'inesistenza di un testo costituzionale o in presenza di una costituzione che ha scarso valore effettivo[39]. Tale assetto si sposa talvolta con il fenomeno religioso. In particolare la proclamazione della *religione* come fondamento del potere temporale caratterizza gli **Stati islamici**, nei quali vige il principio che la costituzione è subordinata alla *Shari'a*, vale a dire alla legge divina, che costituisce il diritto della comunità musulmana ed è rivelata e immutabile. La grande maggioranza degli Stati islamici si configurano come Stati confessionali, in conseguenza della proclamazione dell'Islam come religione di Stato e di previsioni come quella che stabilisce l'appartenenza alla religione musulmana del Capo dello Stato. In alcuni casi si può parlare di **Stato teocratico**, o nella forma della monarchia, nella quale il monarca assoluto è anche capo della comunità dei credenti (come si verifica in Arabia Saudita) o in quella della Repubblica, come si verifica in Iran, dove la Costituzione del 1979 pone a proprio fondamento i principi del Corano e colloca al vertice dello Stato i massimi esponenti dell'Islam. Altro esempio di regime teocratico è stato quello dell'Afghanistan dal 1996 al 2002, dove i *Talebani* (studenti di teologia coranica) hanno imposto la legge islamica in forme particolarmente odiose e oscurantiste[40].

---

[37] In Birmania dopo il 1988, in Thailandia nel 1991 e nel 2006, in Nigeria dal 1983 al 1999.

[38] Somalia, Ruanda, Sudan, Liberia, Zaire.

[39] Rientrano nella prima ipotesi Arabia Saudita, Bhutan, Unione degli emirati arabi, Oman e Qatar, nella seconda Bahrein, Brunei, Giordania, Kuwait e Marocco.

[40] Dopo la sconfitta dei Talebani in seguito alla guerra condotta dagli Stati Uniti e da altri paesi occidentali, nel gennaio 2004 è stata approvata dalla "grande assemblea" costituzionale una nuova costituzione che instaura uno Stato a forte impronta confessionale: l'Islam viene proclamato come religione "sacra" di Stato, nessuna legge può essere in contrasto con l'Islam, i titolari delle massime cariche devono appartenere alla religione islamica.

Riferimenti bibliografici

Trattazioni sulle forme di Stato sono presenti in tutti i manuali, italiani e stranieri, di diritto costituzionale e diritto costituzionale comparato. Oltre ai testi citati nella bibliografia generale, si segnalano: F. LANCHESTER, *Gli strumenti della democrazia. Lezioni di Diritto costituzionale comparato*, Giuffrè, Milano, 2004; C. MORTATI, *Le forme di governo. Lezioni*, Cedam, Padova, 1973, cap. I; G.U. RESCIGNO, *Forme di Stato e forme di governo*, in *Enc. giur.*, XIV, Roma, 1989; F. CUOCOLO, *Forme di Stato e di governo*, in *Dig. Pubbl.*, 4ª ed., 1991; C. PINELLI, *Forme di Stato e forme di governo*, 2ª ed., Jovene, Napoli, 2009; G. AMATO, F. CLEMENTI, *Forme di Stato e forme di governo*, 2ª ed., il Mulino, Bologna, 2012.

Sul concetto di democrazia: H. KELSEN, *Vom Wesen und Wert der Demokratie*, Mohr, Tübingen, 1929, trad. it. *Essenza e valore della democrazia*, in *La democrazia*, il Mulino, Bologna, 1984; K. POPPER, *The Open Society and Its Enemies*, Routledge, London, 1945, trad. it. *La società aperta e i suoi nemici*, Armando, Roma, 1945; R. DAHL, *Democracy and its Critics*, Yale U. P., Yale, 1989, trad. it. *La democrazia e i suoi critici*, Editori Riuniti, Roma, 1990; G. SARTORI, *Democrazia. Cosa è*, Rizzoli, Milano, 1994; D. HELD, *Models of Democracy*, Polity Press, Cambridge, 1996, trad. it. *Modelli di democrazia*, il Mulino, Bologna, 1997; N. BOBBIO, *Democrazia*, in N. BOBBIO, N. MATTEUCCI, G. PASQUINO, *Dizionario di politica*, 3ª ed., Utet, Torino, 2004. Sulla dittatura: C. SCHMITT, *Die Diktatur*, 1921, Duncker & Humblot, Berlin, 1994, trad. it. *La dittatura*, Laterza, Bari, 1975.

Sul totalitarismo: H. ARENDT, *The Origins of Totalitarianism*, The World Publishing Company, New York, 1951, trad. it. *Le origini del totalitarismo*, Comunità, Milano, 1967 e D. FISICHELLA, *Totalitarismo. Un regime del nostro tempo*, La Nuova Italia scientifica, Roma, 1987.

Su ordinamento feudale e Stato assoluto: P. ANDERSON, *Dall'antichità al feudalesimo*, il Saggiatore, Milano, 1978 e *Lo Stato assoluto*, il Saggiatore, Milano, 1980. Sul passaggio allo Stato moderno: G. POGGI, *La vicenda dello Stato moderno*, il Mulino, Bologna, 1978.

Sullo Stato liberale: N. MATTEUCCI, *Organizzazione del potere e libertà. Storia del costituzionalismo moderno*, Utet, Torino, 1976; U. ALLEGRETTI, *Profilo di storia costituzionale italiana. Individualismo e assolutismo nello Stato liberale*, il Mulino, Bologna, 1989. La distinzione fra "Stato monoclasse" e "Stato pluriclasse" è in M.S. GIANNINI, *Il pubblico potere. Stati e amministrazioni pubbliche*, il Mulino, Bologna, 1986.

Sullo Stato autoritario: E. COLLOTTI, *Fascismo, fascismi*, Sansoni, Firenze, 1989. Sullo Stato fascista italiano: A. AQUARONE, *L'organizzazione dello Stato totalitario*, Einaudi, Torino, 1965; L. PALADIN, *Fascismo*, in *Enc. dir.*, XVI, 1967; G. MELIS, *Fascismo (ordinamento costituzionale)*, in *Dig. Pubbl.*, 4ª ed., Utet, Torino, 1991; E. GENTILE, *La via italiana al totalitarismo, il partito e lo Stato nel regime fascista*, Carocci, Roma, 1995. Sullo Stato nazionalsocialista: C. SCHMITT, *Staat, Bewegung, Volk*, Hanseatische Verlagsanstalt, Hamburg, 1933; F. NEUMANN, *Behemot: The Structure and Practice of National Socialism*, Victor Gollancz, London, 1942, trad. it. *Behemot. Struttura e pratica del nazionalsocialismo*, Mondadori, Milano, 1977; E. FRAENKEL, *Der Doppelstaat. Recht und Justiz im "Dritten Reich"*, Europäische Varlagsanstalt, Frankfurt a.M., 1974, trad. it. *Il doppio Stato. Contributo alla teoria della dittatura*, Einaudi, Torino, 1983.

Sullo Stato socialista: M. LESAGE, *Les régimes politiques de l'URSS et de l'Europe de l'Est*, Puf, Paris, 1971. Sulla evoluzione della Cina: A. RINELLA, I. PICCININI (eds.), *La costituzione economica cinese*, il Mulino, Bologna, 2010. Sulla crisi degli Stati socialisti europei: S. BARTOLE, *Riforme costituzionali nell'Europa centro-orientale*, il Mulino, Bologna, 1993. Sulla Russia: M. GANINO, *Dallo Zar al Presidente. Ricostruzione del modello di governo della Russia fra trasformazioni costituzionali e continuità*, Cuesp, Milano, 1999 e M. GANINO, A. DI GREGORIO, C. FILIPPINI (eds.), *La Costituzione della Russia a dieci anni dalla sua adozione*, Giuffrè, Milano, 2005.

Sullo Stato democratico, oltre ai testi citati sul concetto di democrazia: N. BOBBIO, *Il futuro della democrazia*, Einaudi, Torino, 1984; R. DAHL, *Polyarchy: Participation and Opposition*, Yale U.P., New Haven, 1971, trad. it. *Poliarchia, partecipazione e opposizione*, Franco Angeli, Milano, 1980 e *On Democracy*, Yale University, Yale, 1998, trad. it. *Sulla democrazia*, Laterza, Roma-Bari, 2000. Sullo Stato costituzionale: E. FORSTHOFF, *Rechstaat im Wandel*, W. Kohlhammer, Stuttgart, 1964, trad. it. *Stato di diritto in trasformazione*, Giuffrè, Milano, 1973; G. ZAGREBELSKY, *Il diritto mite*, Einaudi, Torino, 1992. Sullo Stato dei partiti: G. LEIBHOLZ, *Strukturprobleme der modernen Demokratie (Vorträge und Aufsätze)*, Müller, Karlsruhe, 1958.

Sullo Stato sociale e sui suoi problemi: P. FLORA, A.J. HEIDENHEIMER, *The Development of Welfare States in Europa and America*, Oxford U.P., Oxford, 1981, trad. it. *Lo sviluppo del Welfare State in Europa e in America*, il Mulino, Bologna, 1983; J. O' CONNOR, *The Fiscal Crisis of the State*, St Martin's Press, New York, 1973, trad. it. *La crisi fiscale dello Stato*, Einaudi, Torino, 1977; A. BALDASSARRE, A.A. CERVATI (eds.), *Critica dello Stato sociale*, Laterza, Roma-Bari, 1982.

Sulla diffusione e sulla crisi dello Stato democratico: F. FUKUYAMA, *The End of History and the Last Man*, Free Press, 1992, trad. it. *La fine della storia e l'ultimo uomo*, Rizzoli, Milano, 1992; S.P. HUNTINGTON, *The Clash of Civilizations and the Remaking of World Order*, Simon & Schuster, 1996, trad. it. *Lo scontro delle civiltà e il nuovo ordine mondiale*, Garzanti, Milano, 2000; A. BALDASSARRE, *Globalizzazione contro democrazia*, Laterza, Roma-Bari, 2002; A. DI GIOVINE, S. SICARDI (eds.), *Democrazie imperfette*, Giappichelli, Torino, 2005; C. CROUCH, *Postdemocrazia*, Laterza, Roma-Bari, 2003 e *The Strange Non-Death of Neoliberalism*, Polity Press, Cambridge, 2011, trad. it. *Il potere dei giganti. Perché la crisi non ha sconfitto il neoliberismo*, Laterza, Roma-Bari, 2012; C. GALLI, *Il disagio della democrazia*, Einaudi, Torino, 2011.

Sul pensiero neoliberista è un classico F.A. VON HAYEK, *The Constitution of Liberty*, University of Chicago Press, Chicago, 1960, trad. it. *La società libera*, Soveria Mannelli, Rubbettino, 2007.

Sulla "democrazia del pubblico": B. MANIN, *The Principles of Representative Government*, Cambridge U.P., New York, 1997, trad. it. *Principi del governo rappresentativo*, il Mulino, Bologna, 2010. Sulla "videopolitica": G. SARTORI, *Homo videns. Televisione e post-pensiero*, Laterza, Roma-Bari, 1999.

Sulla svalutazione della costituzione: M. DOGLIANI, *Interpretazioni della Costituzione*, Franco Angeli, Milano, 1982.

Sugli Stati in via di sviluppo: R. MOULIN, *Le présidentialisme et la classification des régimes politiques*, Lgdj, Paris, 1978; B. CHANTEBOUT, *Le Tiers Monde*, 2ª ed., A. Colin, Paris, 1989. Sui cicli costituzionali negli Stati in via di sviluppo: G. DE VERGOTTINI. *Di-*

ritto costituzionale comparato, II, cit. in bibl. gen. Sulle transizioni costituzionali in Africa, nei paesi musulmani, in America Latina e in Africa: L. MEZZETTI, *Teoria e prassi delle transizioni costituzionali e del consolidamento democratico*, Cedam, Padova, 2003. Sull'America latina: T. BERTACCINI, *Le Americhe Latine nel Ventesimo secolo*, Feltrinelli, Milano, 2014. Sul Messico: J.M. SERNA DE LA GAZA, *The Constitution of Mexico. A Contextual Analysis*, Bloomsbury Publishing, Oxford, 2013. Sull'India: D. AMIRANTE, C. DECARO, E. PFÖSTL (eds.), *La Costituzione dell'Unione Indiana. Profili introduttivi*, Giappichelli, Torino, 2013.

Sull'Africa: A.C. VIMBORSATI, *"Teoria" del costituzionalismo africano. Metodo – linguaggi – istituzioni*, Giappichelli, Torino, 2008. Sul Sud Africa: R. ORRÙ, *La Costituzione di tutti. Il Sudafrica dalla segregazione razziale alla democrazia della "rainbow nation"*, Giappichelli, Torino, 1998. Sugli Stati islamici africani: C. SBAILÒ, *Diritto pubblico dell'Islam mediterraneo. Linee evolutive degli ordinamenti nordafricani contemporanei*, Cedam, Padova, 2014.

CAPITOLO V

Diritti e libertà fondamentali

di *Angelo Rinella*

1. Introduzione

I processi rivoluzionari della fine del XVIII secolo segnarono la fine dello Stato assoluto e l'affermazione dello Stato costituzionale di matrice liberale. Questi eventi segnarono altresì l'affermazione del **costituzionalismo** (cap. III, I), vale a dire quel complesso di concetti e principi che trovarono la loro espressione più rilevante nelle carte costituzionali. La Dichiarazione dei diritti dell'uomo e del cittadino del 26 agosto 1789 esprime con particolare efficacia e sintesi tali principi quando, all'art. 16, afferma che «una società nella quale non viene assicurata la garanzia dei diritti e la separazione dei poteri non possiede una costituzione». Lo **Stato costituzionale**, dunque, fonda la sua legittimazione sul riconoscimento dei diritti e delle libertà fondamentali e inalienabili della persona e sulla codificazione di istituti e strumenti idonei a porre limiti al potere politico. La ricerca di un punto di equilibrio tra la libertà degli individui e l'autorità del pubblico potere si declina nella storia attraverso l'evoluzione delle carte costituzionali e dei principi che ne formano l'ossatura: l'affermazione dei diritti e delle libertà fondamentali, l'autonomia dell'individuo e della società civile verso lo Stato, la separazione dei poteri e gli istituti di democrazia, il principio di legalità, l'affermazione del valore primario della legge quale espressione della volontà generale, la riserva di legge, ecc.

È pur vero che non sempre, all'atto della loro approvazione, le costituzioni hanno mostrato entrambe le componenti strutturali, il ***bill of rights*** e il ***frame of government***; nei sistemi federali, la costituzione è stata inizialmente finalizzata a consacrare il ***phoedus***, il patto tra la lo Stato federale e gli Stati membri, rinviando alle costituzioni di questi ultimi il riconoscimento dei diritti e delle libertà. Si pensi agli Stati Uniti d'America, la cui costituzione del 1787 fu integrata nel 1791 con il *Bill of Rights* (i primi dieci emendamenti) destinati a introdurre un impianto di garanzie generali a favore degli individui applicabili in tutti gli Stati membri. Il *Constitution Act* della federazione canadese si compone di due documenti: il *British North American Act* (1867), rivolto a disciplinare i rapporti tra la Federazione e le Province e gli altri profili di organizzazione costituzionale dello Stato, e la Carta canadese dei diritti e delle libertà del 1982 destinata, invece, a codificare diritti e libertà fondamentali oggetto di tutela sull'intero territorio canadese.

Le esperienze costituzionali citate confermano che il costituzionalismo, il quale ha ispirato sia lo Stato liberale sia, successivamente, lo Stato democratico e sociale di diritto (cap. IV, §§ 5, 6 e 7), assegna alle carte costituzionali il compito primario di garantire i diritti e le libertà fondamentali della persona, non solo declinandone i contenuti ma anche disegnando un impianto del sistema di governo caratterizzato da idonee garanzie istituzionali e giurisdizionali. Negli ordinamenti costituzionali liberaldemocratici i diritti e le libertà fondamentali, insieme al relativo apparato di garanzie, concorrono a legittimare l'ordinamento stesso; rappresentano un parametro di validità del diritto positivo e sono dotati di una speciale forza normativa che affonda le sue radici nel riconoscimento della **dignità della persona**, come si rinviene espressamente in numerose costituzioni occidentali e convenzioni internazionali.

Tali diritti e libertà sono qualificati "**fondamentali**" per il fatto di essere a fondamento della legittimazione del diritto positivo e dell'esercizio della pubblica autorità; le disposizioni normative e gli atti di esercizio del pubblico potere intanto sono legittimi, e pertanto validi e meritevoli di essere osservati, in quanto non risultino lesivi dei diritti e delle libertà fondamentali. Habermas assegna al binomio "sovranità popolare-diritti umani" quella capacità di legittimazione dello Stato costituzionale democratico che si è andata sostituendo alla forza ideale esercitata dal diritto naturale. Nell'uso linguistico comune con l'espressione "**diritti fondamentali**" ci si riferisce in linea generale ai diritti proclamati nelle carte costituzionali e riconosciuti come fondamentali; la formula "**diritti umani**" evoca in linea di principio un ideale morale universale; si tratta di quelle situazioni giuridiche soggettive attive riconoscibili a favore di ogni essere umano, indipendentemente dal suo *status* o dalla sua appartenenza giuridico-politica. I diritti umani, frequentemente richiamati dalle carte e dalle dichiarazioni internazionali, assumono quella speciale forza normativa cui prima si accennava a proposito dei diritti fondamentali per effetto della loro incorporazione in un ordinamento nazionale o sovranazionale. Non di rado, tuttavia, le due espressioni vengono utilizzate in modo similare.

2. Le origini storiche dei diritti e delle libertà fondamentali e loro evoluzione

L'attuale quadro dei diritti fondamentali dell'uomo è il risultato di un lungo processo storico, politico e filosofico che si è andato svolgendo nei secoli soprattutto a partire dall'avvento dello Stato moderno. Nel corso di questo ampio arco temporale, i diritti e le libertà fondamentali hanno assunto connotazioni diverse sia per l'influsso delle differenti correnti del pensiero filosofico-politico; sia soprattutto per l'evoluzione dei rapporti fra governanti e governati, rapporti ben rappresentati dai differenti regimi politici che si sono storicamente affermati e che sono stati classificati sotto le diverse "forme di Stato" (cap. IV).

L'idea che l'uomo potesse godere di una sfera intangibile di autonomia personale di fronte alla quale la comunità politica, qualunque fosse il regime che la governava, dovesse limitare la propria interferenza, è un'idea che si afferma solo all'inizio dell'età moderna. Prima di allora, infatti, mancavano le condizioni per fondare l'idea di una libertà giuridica in senso moderno, basata su un sistema di garanzie dell'**autonomia soggettiva** nei confronti dei pubblici poteri; un sistema di garanzie capace di assicurare la completa realizzazione della persona nella sua dignità e nella integralità delle sue componenti materiali e spirituali, individuali e sociali. Per individuare il momento storico nel quale collocare la genesi dei diritti dell'uomo, le ipotesi teorizzate sono molteplici e tutte dotate di elementi suggestivi.

Secondo un'autorevole opinione (Bognetti), la genesi giuridica dei diritti inalienabili della persona affonderebbe le sue radici in quelle concezioni di vita e di pensiero di carattere "**umanistico**" che hanno caratterizzato, sia pure in forme diverse, il movimento rinascimentale e la Riforma protestante. Secondo questa lettura, l'umanesimo rinascimentale introdusse una nuova visione dei rapporti sociali, delle relazioni politiche, delle strutture economiche, ma anche dell'arte, della natura e della morale; è l'epoca in cui muta l'ottica teocentrica medioevale e si afferma una concezione antropocentrica del mondo e della vita che sovverte completamente il piano delle certezze e degli equilibri su cui reggeva l'intero sistema medioevale. L'essere umano appare ora dotato di una sua autonomia e di una propria dignità personale che lo rende protagonista della vita sociale, politica, economica.

Le grandi trasformazioni e il graduale superamento delle strutture tipiche della società medioevale che si registrarono nel corso del XVI e del XVII secolo, consacrarono la **borghesia** come classe sociale emergente. Per affermare il suo nuovo ruolo di protagonista della vita economica e sociale, la borghesia reclamò nei confronti dell'autorità politica e del potere statuale il riconoscimento di libertà individuali, forme di autonomia e strumenti di partecipazione politica idonei a consolidare la posizione di preminenza che essa aveva acquisito all'interno della società civile (Peces-Barba Martinez).

Di fronte a queste nuove istanze la **Gran Bretagna** e alcuni Stati dell'Europa continentale (la **Francia** in particolare) si mostrarono particolarmente sensibili, seppure con diverse impostazioni. La storia del pensiero politico e dell'ordinamento giuridico britannico mostra come i diritti e le libertà fondamentali siano stati concepiti come elemento di struttura dell'ordinamento collocato su un piano logicamente anteriore rispetto allo stesso potere costituito. Le prime codificazioni inglesi delle libertà fondamentali, vale a dire la *Magna Charta Libertatum* del 1215, la *Petiton of Rights* del 1628, l'*Habeas Corpus Act* del 1679, il *Bill of Rights* del 1689 e l'*Act of Settlement* del 1701, si limitavano a riconoscere o a confermare le antiche e intangibili libertà che affondavano le loro radici nel patrimonio genetico del popolo britannico: non si trattava dunque di creare nuovi diritti, ma di affermare ciò che stava scritto nel DNA storico, sociale, politico e giuridico di quel popolo.

Questa concezione fu portata con tutto il proprio bagaglio di valori, principi e credenze, dai coloni che traversarono l'oceano per fondare le colonie nel nuovo continente nordamericano. Quando, dopo le vicende che portarono alla **Dichiarazione di indipendenza** nel 1776, si formarono i nuovi Stati americani, essi recepirono nelle proprie strutture ordinamentali quelle istanze originarie che riconoscevano l'uomo come portatore di propri diritti e libertà fondamentali. Le prime Carte o Dichiarazioni dei diritti (Virginia, 1776; Pennsylvania, 1776; Massachussets, 1780, ecc.) esprimevano questa concezione, che ritroviamo poi sostanzialmente ripresa dalla costituzione federale degli Stati Uniti d'America del 1787, la quale pone a suo stesso fondamento i diritti dell'uomo e i valori della dignità della persona (I emendamento, 1791: «Congress shall make no law respecting an establishment of religion, or prohibiting the free exercise thereof; or abridging the freedom of speech, or of the press; or the right of the people peaceably to assemble, and to petition the Government for a redress of grievances»). In particolare, la disposizione costituzionale introdotta nel 1791 reca in sé l'idea che i diritti umani siano da ritenere intangibili anche nei confronti del Parlamento, nonostante questo sia l'organo politicamente rappresentativo della volontà popolare.

Negli Stati europei continentali l'evoluzione dei diritti e delle libertà fondamentali risentì profondamente delle concezioni assolutistiche proprie degli Stati monarchici. In questi ordinamenti, lo Stato (impersonificato dal sovrano) era posto al centro del sistema; la cura dell'interesse generale era rimessa alla sua volontà. Occorre attendere la diffusione del pensiero illuminista e la **Rivoluzio-**

ne francese del 1789 per assistere alla rottura degli equilibri propri dei sistemi assolutistici.

L'affermazione del principio della separazione dei poteri e delle caratteristiche proprie dello Stato di diritto spostarono l'asse del sistema verso gli individui. Nello **Stato liberale**, che rappresenta la prima versione in senso democratico dello Stato di diritto, si afferma l'esigenza di garantire e di coordinare i **diritti "naturali"** dei singoli, intesi come sfere inviolabili di libertà individuale. In questa prospettiva i diritti di libertà sono configurati come strettamente individuali; lo Stato liberale si limita ad amministrare la giustizia, tutelare l'ordine pubblico e garantire la conservazione sociale. È in questa fase che negli ordinamenti liberali matura il convincimento che i diritti dell'uomo siano dotati di uno specifico statuto giuridico. Si afferma l'idea della necessità di "**positivizzare" i diritti fondamentali**, vale a dire di conferire loro una formale enunciazione attraverso l'incorporazione nelle leggi e nelle carte costituzionali: solo se formalmente enunciati i diritti possono vedere garantita una loro efficacia giuridica a livello ordinamentale.

Nel corso del XX secolo si compie un processo di espansione e generalizzazione dei diritti fondamentali; si assiste al loro progressivo riconoscimento a favore di tutte le componenti individuali e collettive della società politica in con trapposizione al "riduzionismo liberale": i diritti fondamentali non sono più riservati ai soli appartenenti a determinate classi sociali, ma appartengono a tutti gli esseri umani. Questa impostazione trova poi la sua espressione più rilevante in seno all'esperienza dello **Stato sociale** contemporaneo che si afferma a partire dalla seconda metà del '900 negli Stati di matrice democratica occidentale.

Lo Stato sociale assume il compito di rimuovere gli ostacoli di ordine economico e sociale che impediscono di fatto il pieno godimento delle libertà fondamentali e la piena affermazione dell'uguaglianza tra i consociati. Al centro del sistema ordinamentale viene collocata la **persona umana** e la sua dignità; il riconoscimento e le garanzie delle libertà fondamentali sono finalizzate ad assicurare il pieno sviluppo e l'affermazione della personalità umana. In questo quadro, i diritti dell'uomo assumono una particolare forza giuridica e costituzionale e conoscono una significativa evoluzione sia sul piano quantitativo che qualitativo. Tutto questo è reso evidente da un lato dalle costituzioni che tendono a riconoscere un numero sempre maggiore di diritti inviolabili, non solo estendendo la sfera dei soggetti titolari, ma anche integrando il tradizionale catalogo delle libertà civili ed economiche con nuove categorie di libertà e diritti. Dall'altro lato, si assiste a un parallelo e progressivo fenomeno d'**internazionalizzazione** degli stessi diritti essendo sempre più avvertita e diffusa l'esigenza di assicurare l'insieme dei valori relativi alla persona umana anche nella dimensione interstatale e sovranazionale.

3. Generazioni e classificazioni dei diritti e delle libertà fondamentali

A fini classificatori e per una lettura diacronica dei diritti e delle libertà, convenzionalmente essi sono stati distinti dalla dottrina in base a **generazioni** o **cicli**; nel senso che la loro evoluzione scandita in fasi temporali può offrire l'opportunità di riunire in gruppi tendenzialmente omogenei i diversi diritti e le diverse libertà riconosciute agli individui.

La **prima generazione** dei diritti, che si colloca tra la Gloriosa rivoluzione inglese e le rivoluzioni francese e americana di fine '700, include i c.d. **diritti di libertà civili** e in particolare i **diritti economici**; si tratta di quei diritti riconosciuti ai cittadini e che si sostanziano nella pretesa verso i pubblici poteri di astenersi dall'intervenire nella sfera privata del singolo. Allo scopo di prevenire le intrusioni da parte dei soggetti pubblici, tali diritti "negano" ad essi il potere di invadere la sfera individuale: ecco perché vengono anche definite "**libertà negative**"; così come per il **diritto di proprietà**, che funge da prototipo di questi diritti, in forza del quale il titolare ha il potere di escludere altri soggetti, pubblici e privati, dal godimento del bene oggetto di proprietà. In realtà, l'esperienza ha mostrato come anche i diritti e le libertà *negative* richiedano da parte dei pubblici poteri un'azione congiunta affinché i titolari ne possano effettivamente godere; si tratta in altri termini di interventi (del legislatore, dell'amministrazione, della giurisdizione) volti a rimuovere quegli ostacoli che di fatto impediscono la fruizione dei diritti e delle libertà. Nella fase di prima generazione appaiono anche i c.d. **diritti politici**, rivendicati durante la rivoluzione francese come imputabili alla generalità dei cittadini e affermati dalla borghesia inglese come segno di appartenenza ad una classe economicamente sempre più rilevante (*no taxation without representation*).

È però nella **seconda generazione** che i **diritti politici** assumono contorni pieni con l'estensione del suffragio universale prima agli uomini e poi anche alle donne. Si tratta di un periodo temporale assai ampio (orientativamente dal 1830 fino all'immediato secondo dopo guerra) nel corso del quale la conquista del suffragio universale innesca anche un'importante evoluzione dei diritti civili. Basti pensare all'affermarsi delle libertà associative che, sotto la spinta della Rivoluzione industriale e di fronte alle gravi ed emergenti contraddizioni sociali, danno vita alle **organizzazioni sindacali** e ai **partiti**. In aperta controtendenza con il pensiero liberale, le stesse libertà economiche sono poste di fronte a limitazioni e controlli delle pubbliche autorità al fine di bilanciare in chiave solidaristica l'allocazione delle risorse.

Caratterizza in modo peculiare la seconda generazione dei diritti l'affermarsi dei **diritti sociali**. Lo Stato sociale si pone l'obiettivo di realizzare condizioni di vita tali da assicurare alla generalità dei cittadini la libertà dalle condizioni di bisogno e il soddisfacimento delle aspettative di sicurezza sociale. Il valore della dignità della persona e l'esigenza di attivazione di meccanismi di solidarietà diventano finalità prioritarie dell'azione politica dello Stato; i principi dell'economia liberale sono contemperati dall'esigenza di indurre il senso di appartenenza allo Stato anche tra le classi più disagiate della popolazione. Sicché i pubblici poteri – specie tra gli anni '40 e '50 dello scorso secolo – vedono crescere il loro obbligo di erogare prestazioni a favore dei cittadini, in forma di servizi, assistenza, prestazioni materiali o finanziarie, per dare concreta attuazione all'idea di *welfare state*. A differenza dei diritti civili di prima generazione, che postulavano un'astensione da parte dei pubblici poteri, i diritti sociali presuppongono un'azione positiva, un intervento nell'arena sociale con finalità solidaristiche e di giustizia. A seconda della formulazione con cui tali diritti vengono richiamati in costituzione, possono essere direttamente azionabili e giustiziabili ovvero rimessi a iniziative del legislatore nell'ambito di programmi di intervento intesi a realizzare le finalità proprie dello Stato sociale o dell'economia sociale.

Malgrado i diritti sociali ricevano un riconoscimento aperto e diffuso nelle costituzioni della seconda metà del Novecento, essi non sono in genere equiparati ai diritti di libertà e civili. La ragione principale sta nel fatto che i diritti sociali sono affidati dalla costituzione a **norme programmatiche** che impegnano lo Stato al perseguimento di una finalità attraverso l'azione del legislatore e degli altri apparati pubblici, ma non pongono per esso un vincolo giuridico. Dunque i tempi e le modalità di attuazione dei diritti sociali sono nella disponibilità del legislatore. Peraltro, l'avvento dei diritti sociali ha portato con sé un ridimensionamento dei diritti civili, specie quelli a contenuto economico, fino ad allora ritenuti dal pensiero liberale come inviolabili e incomprimibili; si pensi alle prime misure a favore dei lavoratori e alla compressione che esse determinarono per i diritti dei proprietari terrieri e industriali.

La terza generazione vede la luce nelle costituzioni degli anni '70 e degli anni '90: si tratta dei **diritti della personalità** che fino ad allora si erano affermati principalmente nelle sfera delle relazioni inter-privati e che in questa fase assumono una rilevanza anche costituzionale: diritto all'immagine, al nome, all'identità, alla riservatezza, all'onore. Nello stesso periodo si affermano i **diritti culturali e dei gruppi**, che rinviano a una pretesa che può essere azionata da una collettività e che cionondimeno possono essere rivendicati dai singoli; un particolare rilievo assumono quei diritti che riconducono alle tradizioni e alla identità culturale di una comunità: identità etnica, religiosa, tradizioni culturali e linguistiche.

Quella della terza generazione è comunemente considerata anche la fase nella quale si diffonde un'idea dei diritti profondamente umanizzati, è l'epoca dei **diritti umanitari** o di **solidarietà umana**. Alla base di questa generazione di diritti sta l'esigenza di contrapporre, al nuovo ordine economico internazionale, un nuovo ordine umanitario internazionale, fondato sulla solidarietà tra gli appartenenti al genere umano. I diritti di terza generazione ricevono la loro formulazione principalmente nei documenti di diritto internazionale e si sviluppano lungo quattro direttrici fondamentali: il diritto alla pace, il diritto alla salvaguardia dell'ambiente, il diritto per l'individuo e la famiglia alle necessarie condizioni di sviluppo, il diritto al patrimonio comune dell'umanità.

Infine, la **quarta generazione** trae origine dalla nuova dimensione tecnologica della comunicazione e dell'informazione. Di fronte all'avvento della "nuova economia", delle nuove tecniche di acquisizione e trattamento delle informazioni e di diffusione e trasmissione delle stesse (da internet alla rete satellitare), si sono venuti configurando i cosiddetti **diritti della società tecnologica**. Tra le nuove situazioni giuridiche soggettive che si vanno delineando nell'era contemporanea, una dimensione particolare occupano quelle connesse alle (o derivanti dalle) biotecnologie a causa delle implicazioni nella sfera della bioetica e della **bio-giuridica**. La scienza e la tecnologia hanno conosciuto uno sviluppo tale e talmente rapido da incontrare sempre meno ostacoli sul terreno della vita e delle sue diverse espressioni. Le tecnoscienze interferiscono direttamente sulla configurazione di nuovi diritti e nuove pretese e soprattutto creano un ponte con le generazioni future. Il quadro valoriale che ha rappresentato per lungo tempo la base di riferimento dei diritti e delle libertà fondamentali subisce, per effetto della rivoluzione scientifica e tecnologica, una profonda crisi di identità cui le comunità politiche reagiscono tentando di ricostruire una trama di legittimazione. Sorgono quindi numerosi e a diversi livelli i **comitati etici** affinché esprimano valutazioni da diffondere nell'opinione pubblica sulle nuove questioni bio-giuridiche, bio-economiche e così via. In tal modo si tenta di recuperare – attraverso meccanismi e procedure di conoscenza e valutazione condivisa – quella legittimazione delle nuove situazioni giuridiche soggettive che le tecnoscienze hanno sradicato dal tradizionale quadro di riferimento valoriale [1].

---

[1] I diritti possono essere distinti anche in base ad alcune delle caratteristiche sostanziali. Ad esempio, si distingue tra **libertà individuali** e **libertà collettive**. Le prime sono quelle libertà il cui esercizio si concretizza negli atti posti in essere dai singoli individui o nelle pretese che ciascuno può vantare *uti singuli*: è il caso della libertà personale, dal punto di vista fisico; il diritto all'integrità fisica e alla salute; il diritto alla difesa giudiziale; la libertà di circolazione; la libertà di espressione del pensiero; e così via. Le seconde sono quelle libertà il cui esercizio presuppone l'esistenza di un raggruppamento, a vario titolo, di individui: la libertà di associazione, la libertà di riunione, le libertà sindacali, il diritto di sciopero, i diritti della famiglia, i diritti di partecipazione, la libertà di insegnamento, ecc.

Un'altra distinzione diffusa nella dottrina è quella tra **libertà fisiche** e **libertà intellettuali** o **spirituali**. Tra le prime, quelle libertà il cui esercizio concorre alla realizzazione delle aspirazioni della persona sul piano materiale e fisico: il diritto alla sicurezza, la libertà di circolazione, la libertà di procreazione, il diritto alla riservatezza e alla vita privata, la libertà di corrispondenza, la libertà di domicilio, ecc. Le libertà intellettuali o spirituali concorrono invece alla realizzazione delle aspirazioni immateriali che sono proprie di ogni persona umana: libertà di opinione, di fede religiosa, di stampa, di arte e scienza, di insegnamento, e così via.

Distinzioni come queste possono semplificare il quadro a fini didattici, ma non sempre riescono a delineare con puntualità il complesso quadro dei diritti e delle libertà fondamentali come si danno nella realtà ordinamentale.

4. La codificazione dei diritti e delle libertà

La trasposizione degli ideali di libertà e del riconoscimento della centralità della persona umana e dei suoi diritti nelle costituzioni ha conosciuto nel tempo vie e forme diverse.

Sul piano formale possiamo distinguere tra ordinamenti che prevedono la proclamazione dei diritti e delle libertà nel testo costituzionale (ad es., Italia, Spagna, Portogallo, Germania) e ordinamenti che invece contemplano un apposito e autonomo documento o carta dei diritti che reca la disciplina dell'intea materia (è il caso del Canada, Nuova Zelanda, Sudafrica)[2]. Anche nell'Unione Europea si è scelto di approvare un documento apposito, la **Carta dei diritti fondamentali** (Nizza, 2000), successivamente incorporato nel Trattato sull'Unione Europea del 2009 (art. 6 TUE). Sempre sotto il profilo formale, si distingue l'esperienza dell'ordinamento costituzionale francese il quale, nella costituzione del 1958 tuttora vigente, non contempla un catalogo dei diritti e delle libertà; tuttavia, nel preambolo alla costituzione medesima si legge un solenne richiamo alla **Dichiarazione dei diritti dell'uomo del cittadino del 1789** e alla costituzione del 1946, richiamo che ha determinato una costituzionalizzazione dei diritti e delle libertà fondamentali.

Un'altra distinzione che può essere fatta sul piano formale è quella tra costituzioni che riconoscono i diritti e le libertà fondamentali alla generalità degli individui, delle persone o degli esseri umani, e costituzioni che invece precisano, di volta in volta, se i diritti affermati siano riconosciuti a tutti gli individui oppure riservati a determinate categorie, quali i cittadini, determinati gruppi di individui, determinate categorie di persone (minori, consumatori, anziani, disabili, ecc.).

È piuttosto diffusa la tendenza a specificare i diritti e le libertà fondamentali in ampi e articolati cataloghi che enumerano, in modo talvolta analitico, le situazioni giuridiche soggettive tutelate.

---

[2] Nell'area degli ordinamenti di matrice anglosassone, il Canada si segnala come esperienza originale. Prima del 1982 l'ordinamento canadese non prevedeva, a livello federale, una codificazione dei diritti e delle libertà fondamentali di rango costituzionale. La materia era disciplinata all'interno di ciascuna Provincia da una propria Carta dei diritti, mentre il *Canadian Bill of Rights* nel 1960 non era dotato di forza di legge costituzionale e pertanto le sue disposizioni erano suscettibili di essere derogate da parte del legislatore federale ordinario. Con l'approvazione nel 1982 del *Constitution Act*, recante al suo interno la Carta canadese dei diritti e delle libertà, il Canada si dota di uno strumento di grado costituzionale in grado di imporsi dal livello federale a tutte le province canadesi. L'art. 51, c. 1, stabilisce il primato gerarchico della costituzione affermando che ogni legge in contrasto con essa è inapplicabile; inoltre, all'art. 52 c. 3, si stabilisce che nessuno può essere apportato alla carta costituzionale se non con le apposite procedure aggravate previste espressamente, stabilendosi con ciò il principio della rigidità della costituzione. L'originalità dell'esperienza canadese sta dunque principalmente nel fatto che, seppure l'ordinamento sia di matrice anglosassone, le disposizioni della Carta canadese dei diritti e delle libertà fungono da parametro di legittimità delle leggi in sede di *judicial review*.

La Carta dei diritti fondamentali dell'Unione Europea classifica i diritti e libertà attraverso il riferimento ad alcuni valori ampiamente condivisi (**dignità**, **libertà**, **uguaglianza**, **solidarietà**, **cittadinanza** e **giustizia**). Il sistema che ne deriva pone al vertice la persona umana e quei principi che la valorizzano; i diritti declinati analiticamente rappresentano gli strumenti attraverso i quali quei valori trovano piena realizzazione nell'ordinamento europeo.

Volgendo lo sguardo alle carte costituzionali, è possibile osservare come i cataloghi dei diritti della persona appaiono più articolati e dettagliati in quegli ordinamenti che sono nati a seguito della **caduta di regimi autoritari**. È il caso delle costituzioni dei paesi che, all'indomani della seconda guerra mondiale, hanno sancito la fine dei regimi fascisti o nazionalsocialisti (Italia e Germania); è altresì il caso delle costituzioni degli anni '70, nate sulle spoglie dei regimi autoritari (Grecia, Spagna, Portogallo), e delle costituzioni degli anni '90 che nei paesi dell'Europa centro-orientale hanno fatto seguito al crollo dei regimi comunisti.

Fuori dell'Europa, un quadro non dissimile può rinvenirsi nelle esperienze costituzionali dell'America Latina e dei nuovi Stati dell'Africa, anch'essi travagliati da esperienze golpiste. Ciò si spiega con l'intento di segnare una netta cesura con i passati regimi, caratterizzati in genere da una visione totalitaria dei sistemi politici e al tempo stesso di offrire riferimenti di dettaglio per quegli organi che, in diverso modo, sono chiamati a dare attuazione al sistema di tutela dei diritti e delle libertà: i giudici, gli organi della pubblica amministrazione e lo stesso legislatore, quando fosse chiamato a dare impulso all'attuazione del disposto costituzionale.

In quegli ordinamenti costituzionali dove invece le vicende storiche non hanno segnato, almeno nei tempi più recenti, rotture significative, la lista dei diritti e delle libertà sanciti in costituzione ha conosciuto una graduale evoluzione senza tuttavia alterare il carattere semplificato della struttura normativa e, tutto sommato, la dimensione contenuta delle stesse disposizioni. Questo tratto formale deve ricondursi all'idea che la costituzionalizzazione dei diritti è tanto più efficace quanto più sono radicati nella coscienza della comunità politica e sociale i valori e i sentimenti che sono a fondamento del **primato della persona umana**. In altre parole, non è tanto l'ampiezza dei cataloghi e l'ipertrofismo dei diritti e delle libertà riprodotti nelle carte costituzionali che assicura una sostanziale tutela dei diritti della persona; ma è piuttosto la diffusa sensibilità politica e sociale verso i diritti e le libertà fondamentali, unita alla presenza di specifici strmenti di garanzia. Sotto quest'ultimo profilo, là dove l'ordinamento costituzionale presenti i tratti propri del costituzionalismo e dello Stato di diritto (principio democratico, rigidità della costituzione, giustizia costituzionale, principio di legalità, riserva di legge, separazione dei poteri), la tutela dei diritti e delle libertà fondamentali conosce i più elevati livelli di efficacia. È infatti difficilmente confutabile che i sistemi democratici rappresentino le formule di governo più rispettose della dignità dell'uomo e che i principi del costituzionalismo siano orientati a favorire il libero sviluppo della persona umana.

Tra le esperienze costituzionali più rilevanti merita qualche ulteriore considerazione quella del **Regno Unito**, la quale sul terreno dei diritti e delle libertà fondamentali offre una antica tradizione. In una primissima fase i diritti furono codificati sotto forma di deroghe o privilegi limitati a determinati gruppi di persone. La ***Magna Charta*** del **1215** costituiva un documento solenne con il quale il Re concedeva alcuni privilegi e condizioni di favore – acconsentendo quindi ad alcune limitazioni del proprio potere sovrano – verso determinate categorie di individui: i baroni e i conti, i quali sarebbero stati sottoposti al giudizio esclusivamente da parte di loro pari; gli ecclesiastici, che sarebbero stati tenuti a osservare gli ordini dell'autorità monarchica solo limitatamente alle questioni concernenti i feudi laici; i mercanti, cui veniva riconosciuta la libertà di commercio nel regno; i contadini, ai quali non si sarebbero potuti imporre prestazioni particolarmente onerose se non per consuetudine. Quindi, nel riconoscere agli appartenenti a questi gruppi sociali privilegi e deroghe di favore, in definitiva s'introducevano limiti all'arbitrio del sovrano.

Solo in un tempo successivo la titolarità dei diritti fu estesa a una sfera più ampia di individui; con l'***Habeas Corpus Act*** del **1679** furono introdotte alcune garanzie a favore degli individui nei confronti delle limitazioni arbitrarie della libertà personale: nel caso in cui taluno fosse stato arrestato fuori dei casi previsti dalla legge, questi poteva presentare reclamo al magistrato competente per ottenere la libertà. Sulla scia, invece, delle limitazioni alle prerogative regie si pone il ***Bill of Rights*** del **1689**: con questo atto importanti poteri decisionali vengono trasferiti dalla Corona al Parlamento, segnando con ciò la fase di transizione dalla monarchia assoluta al regime parlamentare. E sarà proprio il primato della sovranità parlamentare a rappresentare uno degli ostacoli più rilevanti alla codificazione formale dei diritti e delle libertà fondamentali nell'ordinamento britannico. In forza dei principi di democrazia rappresentativa, il Parlamento ha sempre conservato la piena disponibilità della materia dei diritti e delle libertà fondamentali; nel corso dell'800 è intervenuto più volte con propri atti legislativi per garantire il pieno godimento dei diritti civili, la rimozione dei limiti al diritto di voto per ragioni di ordine religioso, l'estensione del suffragio; nel corso del secolo successivo poi il Parlamento ha bandito le discriminazioni razziali (1968) e quelle sessuali (1975). L'idea di fondo radicata nel pensiero politico e costituzionale britannico è che il Parlamento non possa essere privato del potere di abrogare o emendare qualunque legge indipendentemente dalle eventuali conseguenze sui diritti e sulle libertà dei singoli; diritti e libertà che affonderebbero le loro radici nel *common law* e che pertanto sarebbero in grado di resistere anche agli arbìtri giudiziari (Dicey). Questi radicati convincimenti hanno tradizionalmente dissuaso le autorità politiche dall'avviare un processo di codificazione dei diritti e delle libertà fondamentali.

Per effetto dell'ingresso nella Comunità economica europea, il Regno Unito si è tuttavia assai gradualmente avvicinato all'idea di una codificazione, per il fatto che i diritti fondamentali sono comunemente ritenuti parte dei principi generali del diritto europeo in quanto ricavabili dalle tradizioni costituzionali comuni degli Stati membri. Sicché, con l'approvazione dello *Human Rights Act* nel 1998, il Regno Unito ha incorporato la CEDU (Convenzione europea per la salvaguardia dei diritti dell'uomo e delle libertà fondamentali, Roma 1950): nel caso in cui un giudice rilevi l'incompatibilità di una norma interna con la CEDU, egli non potrà procedere a un controllo di legittimità, né potrà dichiarare l'incostituzionalità o la disapplicazione della norma interna; resta infatti nelle mani del Parlamento la decisione sulla opportunità di modificare la norma interna incompatibile, seppure con una procedura abbreviata (*remedial order*).

La **Rivoluzione americana** segna un momento storico determinante per l'affermazione costituzionale dei diritti e delle libertà (cap. III, I, § 1.3). Il costituzionalismo inizia a imprimere tracce profonde nell'esperienza politica americana sin dalla seconda metà del '700: è questa l'epoca in cui tra i coloni americani si diffondono i primi sentimenti di rivolta verso la madre patria, proprio muovendo dall'affermazione del principio in forza del quale nessuna tassazione può essere imposta se non da chi ha la rappresentanza politica dei destinatari dell'imposizione (*no taxation without representation*). In base a tale principio costituzionale, e in assenza di una rappresentanza politica dei coloni nel Parlamento britannico, gli atti di imposizione provenienti da oltre oceano venivano sistematicamente censurati per la loro incostituzionalità. Il famoso *pamphlet* di Thomas Paine, *Common Sense* (1776) e la Dichiarazione di indipendenza degli Stati Uniti d'America (1776) segnano, con toni e modalità diverse, l'affermazione degli ideali del costituzionalismo di matrice liberale per scardinare il vincolo di sudditanza verso Re Giorgio III (McIlwain).

È in questo contesto politico e sociale che si diffondono tra le colonie e, in seguito, tra gli Stati indipendenti, i primi documenti costituzionali scritti, dotati di una forza giuridica superiore, destinati a edificare un sistema di governo stabile e a tutelare i diritti dei singoli. Naturalmente in questa fase la combinazione tra *frame of government* e *bill of rights* non è ovunque omogenea; si registrano diversi modi di intendere le tensioni tra le esigenze di democratizzazione della politica, di conservazione dei valori tradizionali e di protezione della persona umana in quanto tale. Sono pertanto numerose, prima e dopo la Dichiarazione di indipendenza, le carte costituzionali e dei diritti approvate dalle ex colonie (cap. IX, § 2). Tutt'altro che agevole, dunque, si presentò il compito dei *founding fathers* nel tentativo di declinare, prima a livello confederale e poi federale, l'impianto costituzionale della nazione americana. Il primo documento costituzionale sovrastatale approvato fu quello recante gli ***Articles of Confederation***, del 15 novembre 1777, entrato in vigore – con l'ultima ratifica da parte del Maryland – nel 1781. Si tratta, come è noto, di un trattato internazionale tra Stati indipendenti che conservavano «sovranità, libertà, indipendenza e ogni potestà» (art. 2). Il tema delle libertà e dei diritti resta dunque un tema interno ai singoli Stati: le disposizioni dettate a livello statale meglio esprimono le tradizioni e le sensibilità locali.

La **Convenzione di Filadelfia**, espressione del popolo americano, nell'estate del 1787 conferisce al vincolo che lega gli Stati americani un carattere ben più stretto e solido di quello confederale. La transizione verso lo Stato federale appare ai più il rimedio necessario alle difficoltà di funzionamento della Confederazione di Stati; la Federazione, dotata di una sua propria sovranità, di un esecutivo forte, della potestà di governo dell'economia e della politica estera, nonché di un apparato giudiziario federale, nasce sulla base di un patto (*phoedus*) tra gli Stati americani che viene formalizzato nella costituzione federale del 1789.

Nella sua stesura originale, la costituzione federale è totalmente dedita a tracciare le linee del *frame of government*, con particolare attenzione alle relazioni tra la Federazione e gli Stati membri. Con l'elezione del primo presidente degli Stati Uniti, George Washington, si creano le condizioni di consolidamento del sistema di regole federali e si avvia la fase degli emendamenti alla costituzione. I primi dieci emendamenti, approvati nel 1791, sono destinati a definire i rapporti tra Federazione e cittadini americani: è il ben noto ***Bill of Rights*** che, con un linguaggio sobrio e semplificato, declina una lista di diritti e libertà fondamentali che affondano le loro radici nei valori liberali del costituzionalismo britannico, coniugano le istanze del giusnaturalismo di matrice francese e del *republicanism* americano; disegnano i tratti della condizione giuridica soggettiva del cittadino americano, senza pretese di universalità (la costituzione americana non evoca i diritti dell'uomo in genere). Il che può apparire in contrasto con la tensione universale che si era invece colta nel testo della Dichiarazione di indipendenza, nella quale si proclamava: «Noi riguardiamo come incontestabili ed evidenti per sé stesse le seguenti verità: che tutti gli uomini sono stati creati uguali, che essi sono stati dotati dal creatore di certi diritti inalienabili, che tra questi diritti sono, in primo luogo, la vita, la libertà e la ricerca della felicità». Sul piano giuridico formale, va poi segnalato il fatto che per la prima volta una dichiarazione dei diritti e delle libertà fondamentali è inserita nel testo di una costituzione rigida, con la conseguenza di essere sottratta alla disponibilità della potestà legislativa ordinaria e di vedere così rafforzata la loro tutela.

Nel continente europeo, con un parallelismo temporale che la storia non di rado mostra, si dettano e si scrivono le parole della **Dichiarazione dei diritti dell'uomo e del cittadino** del **1789**. Si tratta di un documento che esprime una visione universale della condizione dell'uomo. In esso si combinano i tratti della cultura illuministica dominante con le sue diverse radici: da un lato il pensiero di Jean-Jaques Rousseau (1712-1778), secondo il quale l'uomo è titolare di diritti e libertà innate e naturali che una società civile perfetta non può che riconoscere e proteggere. Dall'altro, quello di Charles Montesquieu (1689-1755) che vedeva nella legge l'espressione della ragione umana, in grado di disciplinare razionalmente i rapporti civili e sociali tra gli individui. Nella visione rivoluzionaria francese, la legge – che è la massima espressione della sovranità nazionale – diventa la cerniera di connessione tra i diritti naturali e i diritti positivi; per il suo tramite, i diritti innati ed eterni dell'uomo entrano nell'arena politica come diritti e libertà civili del cittadino.

L'Assemblea degli Stati generali, convocata nell'agosto del 1789, assunti i poteri di Assemblea costituente, in seguito al precipitare degli eventi (presa della Bastiglia) e agli echi circa i progetti di integrazione della costituzione americana con il *Bill of Rights*, decide di far precedere l'adozione della nuova costituzione (1791) dall'emanazione della Dichiarazione dei diritti dell'uomo e del cittadino (1789). In essa ritroviamo le premesse ideologiche cui si è fatto cenno: i diritti dell'uomo sono riconosciuti come «naturali, inalienabili e sacri» e pertanto sotto questo profilo tutti gli uomini sono uguali (Preambolo). Il primo effetto che ne consegue è che la conservazione e la tutela dei diritti naturali e imprescrittibili dell'uomo deve ritenersi il fine ultimo di qualsiasi associazione politica (art. 2). Dunque, la costituzione di istituzioni democratiche poste a capo della società civile non può prescindere dal riconoscimento del primato dell'individuo e del suo bagaglio di diritti innati. Diritti che rappresentano il fondamento della legittimazione dello Stato liberale moderno.

Tra i diritti naturali e imprescrittibili, la Dichiarazione indica la libertà personale, la proprietà, la sicurezza e la resistenza all'oppressione. Le disposizioni dedicate ai diritti del cittadino presentano perlopiù aspetti di organizzazione delle istituzioni democratiche e delle forme di garanzia, fino al già citato art. 16 secondo il quale sarebbe priva di costituzione quella società che non garantisce i diritti e non riconosce la separazione dei poteri. Nella prospettiva continentale europea, il fondamento del costituzionalismo moderno va rinvenuto in queste affermazioni. Ed è proprio l'avvento del costituzionalismo moderno che segna dunque un passaggio assai rilevante nell'evoluzione dei sistemi dei diritti e delle libertà:

– si consolida un riconoscimento dei diritti e delle libertà a base universale, piuttosto che particolare;

– si delinea un armamentario giuridico di strumenti di garanzia, che nel tempo vedrà crescere il proprio grado di complessità ed efficacia in relazione al profilarsi delle nuove frontiere dei diritti e delle libertà;

– i diritti di libertà qualificano l'ordine politico in quanto fine ultimo dello stesso;

– infine, rispetto allo Stato, fondano la legittimazione stessa di esso, sia sul piano democratico, che sul piano dell'organizzazione e della disciplina delle sue funzioni.

L'analisi comparata dei modelli costituzionali di tutela e garanzia dei diritti e delle libertà mette in luce alcuni dati ricorrenti. Il dato quantitativo da registrare preliminarmente è l'espansione del processo di codificazione dei diritti e delle libertà a livello costituzionale. Espansione che non ha conosciuto soluzione di continuità anche con riferimento ai processi costituenti più recenti, quali quelli che hanno interessato i paesi dell'Europa centro-orientale. Sempre sul piano dell'analisi quantitativa, si è già fatto cenno alla crescente ipertrofia dei testi costituzionali, specie in quelle parti ove si dichiarano i diritti della persona. Da una prospettiva più strettamente giuridica, la disciplina costituzionale dei diritti di libertà presenta alcuni caratteri che è opportuno evidenziare:

– in primo luogo, la diffusa affermazione del principio della rigidità della costituzione produce l'effetto di sottrarre al legislatore ordinario, e alla maggioranza che opera all'interno dell'organo parlamentare, la disponibilità dei diritti e delle libertà. Siffatta indisponibilità, peraltro, diventa assoluta con riferimento al nucleo essenziale delle norme costituzionali poste alla base del sistema dei diritti e delle libertà fondamentali. È convincimento diffuso, infatti, che il nucleo dei "diritti inviolabili" sia sottratto anche alla procedura aggravata di revisione della costituzione (cap. III, II, § 1.2);

– in secondo luogo, l'indisponibilità di cui si è detto è rafforzata dalla previsione del sindacato di costituzionalità delle leggi (cap. IX, § 16); istituto che, seppure con forme procedurali diverse, può ben essere inteso alla stregua di una giurisdizione dei diritti di libertà (Cappelletti);

– in terzo luogo, tali diritti vengono in genere definiti nell'ambito di un'articolata disciplina costituzionale. Disciplina che, per quanto puntuale, tende in genere a mantenere un carattere aperto verso quelle nuove situazioni giuridiche soggettive che l'evolversi delle relazioni sociali e culturali facciano emergere e che, al tempo stesso, risultino meritevoli di tutela costituzionale;

– è a livello di disciplina costituzionale che vengono altresì indicati i limiti i quali soli, legittimamente, possono essere imposti all'esercizio degli stessi diritti di libertà fondamentali;

– infine, il modello costituzionale di tutela dei diritti di libertà presenta di norma due tipi di riserva: una riserva di legge, quanto allo svolgimento e all'attuazione dei principi costituzionali in materia di diritti di libertà (cap. II, III, § 2.2); una riserva di giurisdizione, essendo riservata in ultima istanza all'autorità giudiziaria – e non ad altre – l'applicazione dei limiti previsti nelle carte costituzionali in ordine all'esercizio dei diritti medesimi.

In conclusione, la codificazione costituzionale dei diritti di libertà, che così vasta diffusione ha conosciuto sul finire del millennio, sembra rispondere ad almeno tre basilari esigenze: il riconoscimento dei diritti fondamentali e la predisposizione di un apparato di garanzia giuridicamente strutturato; la definizione delle clausole di limitazione di tali diritti sulla base di parametri oggettivi adeguatamente specificati; la predisposizione dei meccanismi necessari a determinare una pronuncia di incostituzionalità delle leggi e degli atti lesivi dei diritti fondamentali codificati (Alston).

5. I limiti ai diritti e alle libertà fondamentali

La teoria secondo la quale i diritti e le libertà fondamentali sarebbero tali da non tollerare alcuna limitazione poteva avere una sua ragion d'essere al tempo dell'affermazione del regime democratico in contrasto alla monarchia assoluta; una volta che il costituzionalismo ha potuto dispiegare, più o meno estensivamente, i propri effetti, è sembrato del tutto ragionevole che i diritti e le libertà fondamentali, ancorché tutelati al livello costituzionale, richiedessero ove necessario un bilanciamento, e dunque una limitazione, rispetto ad altri principi e valori non meno rilevanti. L'idea che possano darsi dei **diritti assoluti**, illimitati, non restringibili, siano essi di livello nazionale o sovranazionale, non trova oramai consensi né in dottrina né tra i giudici costituzionali. Gli stessi giudici delle Corti di Strasburgo e di Lussemburgo hanno riconosciuto la necessità di contemperare la tutela dei diritti fondamentali con la difesa dell'ordine democratico vigente o con la funzione sociale dei beni e delle attività che quegli stessi diritti intendono salvaguardare.

Nell'ambito degli ordinamenti nazionali, la problematica della determinazione delle **fonti normative** idonee a porre limiti ai diritti e alle libertà fondamentali ha conosciuto un andamento evolutivo. Sotto l'influenza del pensiero rivoluzionario francese, l'idea dominante era che i limiti ai diritti e alle libertà potessero derivare soltanto dalla legge. Ma nel corso dell'Ottocento, le costituzioni *octroyeés* che rimettevano alla legge eventuali limitazioni ai diritti proclamati, finirono per legittimare qualsiasi restrizione. Il costituzionalismo del secondo dopoguerra tende invece ad assicurare un costante **bilanciamento** tra principi, valori, diritti e libertà, facendo sì che il divario tra costituzione formale e costituzione vivente sia il più sottile possibile. In tale contesto la riserva di legge in materia di limiti ai diritti e alle libertà assume una funzione di garanzia in quanto immediatamente giustiziabile ad opera del giudice delle leggi. Spetta dunque ai giudici costituzionali assicurare quel bilanciamento che, nel riconoscere la **relatività dei diritti e delle libertà fondamentali**, ne consenta il sacrificio solo di fronte a principi e valori di ordine superiore. A tale proposito, l'esperienza della giurisprudenza costituzionale a livello comparato mostra come alcuni criteri di interpretazione siano diffusamente utilizzati per assicurare questo equilibrato contemperamento.

In primo luogo, il **principio di proporzionalità**: in base a tale principio occorre determinare un ragionevole equilibrio tra diritti potenzialmente in conflitto; in altre parole, il principio di proporzionalità richiede che il godimento di un determinato diritto sia tale da non ledere o comprimere i diritti di altri soggetti in misura non proporzionata agli interessi che si vuole tutelare. L'art. 52 della Carta dei diritti fondamentali dell'Unione Europea afferma che eventuali limitazioni ai diritti fondamentali possono essere apportate soltanto nel rispetto del principio di proporzionalità e laddove siano necessarie e rispondano effettivamente a finalità di interesse generale riconosciute dall'Unione o all'esigenza di proteggere i diritti e le libertà altrui. Una clausola simile è rinvenibile anche in alcune costituzioni europee quali quella greca (art. 25), quella portoghese (art. 18), quella svedese (art. 12).

I giudici costituzionali in diversi ordinamenti hanno fatto uso del principio di proporzionalità anche se non formalizzato nelle costituzioni dei propri ordinamenti, considerando tale principio parte dei principi generali del diritto costituzionale. L'opera della giurisprudenza costituzionale ha così messo in luce in cosa concretamente si esplica l'applicazione del principio in esame sul piano della logica dell'interpretazione. In base al principio di proporzionalità, è necessario verificare che il contenuto della limitazione e le finalità che si intendono perseguire con esse siano costituzionalmente legittime; è altresì necessario rilevare il nesso funzionale tra il contenuto della limitazione e le finalità perseguite; infine, deve risultare che il limite imposto non risulti irragionevole, arbitrario, oppressivo oltre il necessario e che comunque non risulti tale da determinare il totale annullamento del diritto stesso. La giurisprudenza costituzionale ha, di volta in volta, integrato il principio di proporzionalità ricorrendo ad altre clausole di interpretazione quale il necessario rispetto del contenuto essenziale dei diritti che si intendono limitare; oppure l'applicazione del criterio del "**ragionevole accomodamento**", in forza del quale si riconosce come legittimo introdurre una deroga alla regola generale quando ciò sia necessario per contemperare posizioni soggettive costituzionalmente tutelate e tuttavia in conflitto tra loro.

6. I diritti non codificati

Di fronte all'ampliamento degli orizzonti culturali, sociali, economici, politici e al progredire delle conoscenze scientifiche e tecnologiche, le elencazioni costituzionali dei diritti e delle libertà tendono a risultare inadeguate e non esaustive se non integrate con continuità attraverso appositi procedimenti di revisione costituzionale. L'esperienza costituzionale mostra dunque che attraverso l'opera degli interpreti i cataloghi dei diritti e delle libertà vengono integrati attraverso il riconoscimento di diritti non enumerati o non espressamente enumerati. A tal fine, non di rado i legislatori costituenti hanno introdotto nel testo delle carte costituzionali delle **clausole di apertura** destinate a favorire l'interpretazione in senso evolutivo delle disposizioni in materia di diritti e libertà fondamentali.

Alcune di queste clausole sono destinate a consentire un'interpretazione nel senso estensivo della sfera soggettiva tutelata; un'interpretazione ovviamente radicata nella trama della stessa costituzione, senza che sia lasciato margine a una creatività spontanea. D'altra parte, proprio per la loro stretta correlazione alle vicende della vita umana e sociale, i diritti e le libertà connessi alla **dignità della persona** e al **principio di uguaglianza** sono per loro stessa natura in profonda e costante evoluzione. L'esigenza di adeguare il catalogo dei diritti e delle libertà alle nuove visioni della vita costituisce un fattore di vitalità della stessa costituzione. Pertanto, tali clausole si prefiggono di assicurare un'armonizzazione costante tra le disposizioni costituzionali e i valori contemporanei, o se vogliamo, tra diritto e storia (Rolla).

Una certa diffusione conoscono quelle clausole che richiamano espressamente la centralità della persona: l'art. 2 della costituzione italiana, in forza del quale la Repubblica riconosce e tutela i diritti inviolabili dell'uomo, sia come singolo, sia nelle formazioni sociali ove si svolge la sua personalità; l'art. 2 della costituzione tedesca, in base al quale tutti hanno diritto al libero sviluppo della propria personalità; l'art. 10 della costituzione spagnola, secondo cui la dignità della persona, i diritti inviolabili, il libero sviluppo della personalità, il rispetto della legge e dei diritti altrui sono il fondamento dell'ordine politico e della pace sociale; l'art. 5 della costituzione greca, che garantisce a tutti il diritto a sviluppare liberamente la propria personalità e a partecipare alla vita sociale, economica e politica del paese; l'art. 7 della costituzione finlandese, per il quale tutti hanno diritto alla vita e alla libertà personale, all'integrità fisica e alla sicurezza personale.

Si tratta di clausole che hanno lasciato un certo margine di libertà d'interpretazione dei cataloghi dei diritti e delle libertà ad opera dei giudici costituzionali; il che ha consentito di includere tra i diritti individuali posizioni giuridiche soggettive che in precedenza non rilevavano o apparivano controverse. Risultano meno frequenti quelle clausole che esplicitamente richiamano la possibilità di riconoscere in futuro nuovi diritti al momento non previsti. Così come si legge nella costituzione negli Stati Uniti (IX emendamento), queste clausole si ispirano al principio per cui l'espressa enumerazione dei diritti non produce una lista tassativa dei medesimi e dunque non preclude la possibilità di essere integrata con altri diritti ancorché non espressamente formulati[3].

---

[3] Come esempio si può riportare anche l'art. 16, c. 1, della costituzione portoghese, in base al quale i diritti fondamentali riconosciuti espressamente non escludono altri diritti previsti dalle leggi e dalle norme applicabili del diritto internazionale. La disposizione citata della costituzione portoghese contempla anche un'altra clausola che è possibile rinvenire nelle costituzioni odierne; vale a dire il riferimento al diritto internazionale come formula di apertura del catalogo dei diritti e delle libertà. Simili clausole si rinvengono anche in alcune costituzioni dell'Est europeo e dell'America latina.

In particolare è sempre più frequente l'inserimento nei testi costituzionali di apposite clausole che impongono all'interprete di applicare le disposizioni della carta costituzionale stessa in conformità alle dichiarazioni internazionali in tema di diritti umani. Oppure, come nel caso della costituzione italiana (artt. 2 e 10, c. 1), vengono incluse nel testo costituzionale disposizioni che producono l'effetto di un *rinvio mobile* al diritto internazionale umanitario con la conseguenza che le disposizioni delle *carte* internazionali a tutela dei diritti umani si riversano costantemente

7. Universalità dei diritti e loro internazionalizzazione

A partire dal secondo dopoguerra, i diritti di libertà hanno conosciuto un processo di espansione ben al di là dei confini nazionali. Insieme alla valorizzazione costituzionale dei diritti e delle libertà fondamentali si è andato sviluppando un fenomeno parallelo e progressivo di **internazionalizzazione** degli stessi diritti dell'uomo. La ragione che ha dato vita a questo fenomeno va ricondotta alle esigenze di salvaguardare l'insieme dei valori relativi alla persona umana anche in una dimensione interstatale e sovranazionale. Le grandi violazioni dei diritti perpetrate durante le guerre dello scorso secolo hanno determinato non solo quel processo di costituzionalizzazione dei diritti fondamentali di cui si è detto sopra, ma anche una rilevante espansione del diritto internazionale nel campo della tutela dei diritti individuali: la Società delle nazioni ha prodotto un **diritto internazionale generale umanitario**; si sono introdotti meccanismi di protezione internazionale dei diritti umani fino ad affermare la **responsabilità penale internazionale** dei singoli e degli Stati per violazione dei diritti umani; sono stati legittimati **interventi umanitari** anche in violazione della sovranità nazionale.

I documenti e i protocolli internazionali adottati per garantire una migliore tutela dei diritti umani anche all'interno degli stessi Stati parte hanno inteso produrre principalmente due effetti. Il riconoscimento dei diritti umani formalizzato a livello internazionale si riflette e incide indirettamente sulle discipline statuali dettate in materia: da una parte, sul piano sostanziale, determinando una estensione dell'area soggettiva della titolarità diritti e delle libertà (estensione che opera principalmente, come si è visto nel precedente paragrafo, attraverso l'opera di interpretazione delle Corti); da un'altra parte, sul piano procedurale, introducendo adeguati meccanismi di reazione giudiziale, attivabili anche dalle singole persone, nei confronti delle violazioni dei diritti da parte degli stessi Stati firmatari. In particolare, quest'ultimo aspetto merita di essere sottolineato: l'internazionalizzazione dei diritti si concretizza, a partire dal secondo dopoguerra, nella redazione e ratifica di trattati da cui far derivare la diretta tutela dei diritti della persona e la realizzazione di meccanismi di garanzia attraverso i quali far valere quella tutela.

La **Carta della Nazioni Unite**, adottata a San Francisco nel 1945, indica tra gli scopi dell'organizzazione (art. 1, c. 3), quello di «Conseguire la cooperazione internazionale nella soluzione dei problemi internazionali di carattere economico, sociale, culturale o umanitario, e nel promuovere e incoraggiare il rispetto

---

nell'ordinamento costituzionale interno. Nel caso italiano, peraltro, concorre a determinare l'adeguamento del diritto interno ai trattati internazionali, anche umanitari, l'art. 117, che subordina l'esercizio della potestà legislativa, sia statale che regionale, al rispetto «dei vincoli derivanti dall'ordinamento comunitario e dagli obblighi internazionali».

dei diritti dell'uomo e delle libertà fondamentali per tutti senza distinzioni di razza, di sesso, di lingua o di religione»; a tal fine, conferisce all'Assemblea generale il compito di adottare raccomandazioni e di prestare assistenza in tema di tutela dei diritti e delle libertà (art. 13). Dunque, la Carta delle Nazioni Unite apre la via della internazionalizzazione dei diritti della persona sottraendoli al monopolio degli Stati nazionali.

L'Assemblea generale, all'indomani della sua costituzione, avviò subito i lavori per la redazione della **Dichiarazione universale dei diritti umani** che verrà poi approvata il 10 dicembre 1948. Essa ha rappresentato una svolta nella storia dei diritti della persona, il cui valore va al di là della definizione dei diritti enumerati nel catalogo, ponendo le radici di un processo di gemmazione di ulteriori carte e documenti di diritto internazionale le quali hanno portato la questione dei diritti umani sulla scena globale. Negli ultimi decenni, infatti, si è assistito alla diffusione di documenti giuridici internazionali e regionali che hanno trasformato i diritti umani in un fenomeno cosmopolita: si tratta cioè di diritti non suscettibili di essere contenuti negli angusti confini nazionali e, al tempo stesso, capaci di essere modellati secondo le differenti culture e tradizioni, seppure la loro origine sia da rinvenirsi nella storia e nella cultura occidentali.

Specie in alcune regioni del globo, culturalmente e tradizionalmente estranee all'idea del riconoscimento dei diritti della persona, l'apertura verso i diritti umani potrebbe apparire come una forma di assimilazione ai processi culturali occidentali; né può essere del tutto escluso che la diffusione dei diritti umani risponda anche all'intento paternalistico ed etnocentrico di occidentalizzare il mondo. C'è da dire, tuttavia, come meglio si vedrà a proposito dei processi di regionalizzazione dei diritti umani (*infra* § 8), che l'assimilazione – ove vi sia stata effettivamente – ha portato a risultati di sincretismo culturale nel rispetto della cultura e della tradizione locale. D'altra parte, per sedere nei "salotti" che contano a livello politico ed economico internazionale, occorre mostrare la propria dichiarazione dei diritti, anche se solo di facciata[4].

Pur in considerazione delle inevitabili e diversificate riletture del significato dei diritti umani, dietro la diffusione della cultura dei diritti a livello universale sta il tentativo di offrire agli esseri umani, ovunque si trovino, la possibilità di avvalersi di strumenti giuridici idonei a tutelare e proteggere la dignità della persona. La Dichiarazione universale dei diritti, dunque, declinando una serie di diritti civili, politici, economici, sociali e culturali, ha inteso offrire un fondamento giu-

---

[4] Il caso della Repubblica Popolare Cinese al riguardo è emblematico: la modifica della Costituzione introdotta nel 2004 ha affidato alla Stato il compito di proteggere i diritti umani (art. 33); ma alla luce dei rapporti periodici di Amnesty International è del tutto evidente che la concezione dei diritti umani da parte delle autorità cinesi è del tutto peculiare. D'altra parte, l'affermazione quanto meno formale della tutela dei diritti umani in costituzione era necessaria a salvaguardare l'ingresso della Cina nel salotto del WTO e il beneplacito della comunità internazionale a fare di Pechino la sede delle Olimpiadi del 2008.

ridico a un sistema di valori radicati nella coscienza storica dell'umanità e avviare un percorso di definizione degli strumenti giuridici che, alle diverse latitudini, siano in grado di apprestare garanzie effettive ai diritti proclamati.

Negli anni successivi, la comunità internazionale ha adottato ulteriori documenti e convenzioni con le quali si è avviato un processo di specificazione dei diritti che si intendono tutelare: nel 1952 la **Convenzione sui diritti politici della donna**; nel 1959 la **Dichiarazione dei diritti del fanciullo**; nel 1966 il **Patto sui diritti economici, sociali e culturali** (**CESCR**) e il **Patto sui diritti civili e politici** (**CCPR**). In particolare, questi due ultimi documenti prevedono meccanismi di monitoraggio basati sui rapporti redatti dagli Stati e la previsione di procedure interstatali di conciliazione. Dal 1976 vige il primo protocollo del CCPR che consente alle vittime di violazioni dei diritti civili e politici, e che abbiano esaurito i rimedi domestici, di presentare petizioni sulle quali viene avviata un'inchiesta in contraddittorio con lo Stato interessato. La previsione dell'istituzione di **commissioni di vigilanza** sul comportamento degli Stati firmatari e sull'attuazione delle regole pattizie è piuttosto diffusa nei trattati che si occupano dei diritti umani; in alcuni casi si prevedono o forme di reclamo individuale ovvero meccanismi di *early warning* che consentono una reazione rapida contro violazioni di particolare gravità.

8. La regionalizzazione dei diritti e delle libertà fondamentali

La regionalizzazione dei diritti e delle libertà fondamentali è quel fenomeno che, muovendo da e avendo come riferimento assiologico e normativo la Dichiarazione universale dei diritti dell'uomo, tenta di coniugare a livello continentale (e dunque in un contesto culturale tendenzialmente omogeneo) la vocazione universalistica dei diritti umani con le peculiarità proprie delle singole culture allo scopo di determinare quei meccanismi di garanzia dei diritti in grado di operare concretamente negli ordinamenti nazionali e sovranazionali.

La regionalizzazione dei diritti postula dunque l'idea che dei diritti universali si possa offrire una interpretazione diversa a seconda del contesto geopolitico e culturale nel quale vengono riconosciuti e tutelati. Esistono evidentemente margini d'interpretazione che derivano dalle diverse tradizioni e culture; basti pensare a quei paesi con tradizioni filosofiche, religiose, culturali non antropocentriche che prediligono meccanismi di garanzia dei diritti della persona rispettosi di una scala gerarchica valoriale diversa da quella dominante nelle società antropocentriche. Ciò non toglie tuttavia che il contributo all'universalizzazione dei diritti umani, che pure le carte regionali offrono, deve riconoscersi nel fatto che si focalizza l'attenzione degli ordinamenti giuridici sul tema della dignità della persona, ancorché declinata e interpretata diversamente a seconda delle latitudini.

8.1. La regionalizzazione dei diritti in Europa

L'omogeneità culturale che caratterizza l'Europa continentale ha reso possibile un'efficace sintesi tra la dimensione universale dei diritti che abbiamo rinvenuto nella Dichiarazione nel 1948 e la dimensione regionale.

Il primo documento che, all'indomani della seconda guerra mondiale, registra la volontà dei popoli europei di fare propri quei diritti che la Società delle nazioni aveva proclamato come universali nel 1948 è la **Convenzione per la salvaguardia dei diritti dell'uomo e delle libertà fondamentali** (c.d. Convenzione Europea dei diritti dell'uomo, **CEDU**), firmata a Roma il 4 novembre 1950 nell'ambito del Consiglio d'Europa ed entrata in vigore il 3 settembre 1953. Il primo dato che emerge dalla lettura della Convenzione Europea è il suo stretto legame ideale e sostanziale con la Dichiarazione universale: quest'ultima è espressamente richiamata nel preambolo della CEDU; inoltre, i primi cinque articoli di entrambi i documenti presentano un parallelismo evidente. Entrambi i documenti, infatti, richiamano nei primi articoli il diritto alla vita, il diritto alla libertà e alla sicurezza, il divieto di riduzione in schiavitù e di tortura. Altre analogie emergono, nel seguito dei due documenti, in materia di equo processo, rispetto della vita privata e familiare, libertà di pensiero e di espressione, diritto al matrimonio tra uomo e donna e alla formazione della famiglia. Mentre, sulla scia dell'analogia tra i due documenti, sono scarsi i riferimenti ai diritti sociali; in effetti, il Consiglio d'Europa sottoporrà alla firma degli Stati aderenti una **Carta sociale europea** solo nel 1961, e le Nazioni Unite adotteranno il **Patto sui diritti economici, sociali e culturali** nel dicembre 1966.

Il filo rosso che lega questi documenti internazionali include anche la **Carta dei diritti fondamentali dell'Unione Europea** (detta anche **Carta di Nizza**) siglata il 7 dicembre del 2000. Si tratta di un documento che inizialmente fu inglobato nel Trattato costituzionale europeo, firmato a Roma il 29 ottobre 2004. Il Trattato costituzionale non entrò mai in vigore a causa della mancata ratifica da parte di alcuni Stati membri; di conseguenza la Carta di Nizza fu oggetto di rinvio e di incorporazione nel Trattato sottoscritto a Lisbona il 13 dicembre 2007 dai Capi di Stato e di Governo dei paesi membri dell'Unione Europea, trattato entrato in vigore il 1° dicembre 2009. Con il **Trattato di Lisbona** l'Unione Europea ha aderito alla Convenzione europea per la salvaguardia dei diritti dell'uomo delle libertà fondamentali, affermando che i diritti fondamentali proclamati dalla CEDU e derivanti dalle tradizioni costituzionali comuni agli Stati membri «fanno parte del diritto dell'Unione in quanto principi generali» (art. 6, c. 3).

La Carta di Nizza, dunque, si prefiggeva sostanzialmente il compito di consolidare in un testo unico quei diritti e quelle libertà proclamati in una pluralità di documenti e riconosciuti dalla giurisprudenza della Corte di Giustizia delle Comunità Europee e della Corte europea dei diritti dell'uomo, catalogandoli però in maniera originale in base ai valori riconosciuti come comuni ai popoli europei: dignità della persona (artt. 1-5), libertà (artt. 6-19), uguaglianza (artt. 20-26), solidarietà (artt. 27-38), cittadinanza (artt. 39-46), giustizia (artt. 47-50). Sul piano dei contenuti, tra la CEDU e la Carta di Nizza esiste una sostanziale convergenza; ritroviamo espliciti riferimenti al diritto alla vita, al divieto della pena di morte, alla proibizione della tortura e dei trattamenti inumani o degradanti, la proibizione della schiavitù e del lavoro forzato, il diritto alla libertà e alla sicurezza, il rispetto della vita privata e di quella familiare, il diritto di un uomo e una donna di sposarsi e costituire una famiglia, libertà di pensiero, di coscienza e di religione, la libertà di espressione e d'informazione, la libertà di riunione e associazione, il divieto di discriminazioni, il diritto a un giusto processo e a un giudice imparziale. Quanto ai diritti sociali, la Carta dei diritti fondamentali del 2000 si riferisce a quanto dettato dalla **Carta comunitaria dei diritti sociali fondamentali dei lavoratori**, adottata dal vertice dei Capi di Stato e di Governo tenutosi a Strasburgo, il 9 dicembre 1989.

La Carta di Nizza, pur riferendosi in maniera esplicita e puntuale ai documenti europei che l'hanno preceduta, presenta alcune novità di tutto rilievo. La prima si è già citata: vale a dire, la particolare catalogazione dei diritti con riferimento a sei valori riconosciuti come appartenenti al patrimonio morale e politico comune ai popoli europei. L'altro elemento di novità consiste nel fatto di aver incluso nella Carta alcuni diritti del tutto estranei ai documenti che l'avevano preceduta, in particolare alla Convenzione europea. I diritti del bambino (art. 24), i diritti degli anziani (art. 25) e i diritti dei diversamente abili (art. 26), i diritti dei consumatori (art. 38): la previsione di queste particolari posizioni giuridiche soggettive da tutelare apre quel processo che la dottrina ha qualificato come "**specificazione dei diritti**", consistente nel «passaggio graduale ma sempre più accentuato verso una determinazione dei soggetti titolari dei diritti» (Bobbio). Il richiamo poi dei diritti ambientali, del diritto all'integrità della persona e del principio di tutela del genoma umano (divieto delle pratiche eugenetiche e proibizione della clonazione riproduttiva degli esseri umani) getta un ponte tra la generazione presente e quella futura nel senso di delineare una responsabilità intergenerazionale; nel preambolo della Carta si legge infatti che «il godimento di questi diritti fa sorgere responsabilità e doveri nei confronti degli altri come pure della comunità umana e delle generazioni future».

8.2. La regionalizzazione dei diritti in America

Il processo di regionalizzazione dei diritti umani nel continente americano prende avvio con la Conferenza interamericana, riunitasi a Bogotá il 2 maggio 1948, per l'adozione della **Carta istitutiva dell'Organizzazione degli Stati Americani (OSA)** e, contestualmente, della **Dichiarazione americana dei diritti e dei doveri dell'uomo**. La Dichiarazione di Bogotá precede la Dichiarazione universale delle Nazioni Unite e pertanto rappresenta il primo documento che, all'indomani della seconda guerra mondiale, pone sul piano internazionale il tema della tutela dei diritti umani. Essa inoltre rappresenta per l'OSA la carta dei valori comuni alle nazioni del continente americano: una sorta di indirizzo morale e valoriale condiviso (almeno nelle intenzioni). I parametri valoriali che si traggono dalla Dichiarazione, peraltro, hanno assunto nel tempo il ruolo di criteri di interpretazione di quelle disposizioni della Carta istitutiva dell'OSA che si riferiscono ai diritti umani.

Quanto ai contenuti, il tratto che contraddistingue la Dichiarazione di Bogotá è di aver posto sullo stesso piano **i diritti e i doveri**. Nel preambolo si legge che «il compimento dei doveri di ciascuno è una condizione preliminare al diritto di tutti. I diritti e i doveri si completano correlativamente, in tutte le attività politiche e sociali dell'uomo. Se i diritti esaltano la libertà individuale, i doveri esprimono la dignità di questa libertà». Oltre ai doveri che vanno adempiuti verso lo Stato, la Dichiarazione proclama anche alcuni diritti-doveri: il diritto all'educazione contempla anche il dovere dell'istruzione, il diritto al lavoro prevede anche il dovere di lavorare, il diritto all'assistenza sociale si affianca al dovere di mutua assistenza, il suffragio elettorale si concretizza nel diritto-dovere di voto. Quanto ai diritti enunciati nella Dichiarazione di Bogotá, ritroviamo i classici diritti civili e politici e i diritti sociali della tradizione liberale occidentale. Si colgono alcuni cenni sommessi alla tradizione latino-americana nei riferimenti trascendentali del preambolo.

Allo scopo di promuovere il rispetto dei diritti umani in tutti gli Stati membri dell'OSA, nel 1959 viene istituita la **Commissione interamericana dei diritti umani**. Si tratta di un organo politico che svolge principalmente attività di promozione dei diritti (elabora e pubblica rapporti su temi specifici, pubblica il rapporto annuale sullo stato dei diritti umani nei paesi membri dell'OSA, promuove eventi educativi e formativi); svolge inoltre attività di protezione dei diritti: promuove inchieste e indagini su situazioni particolari di violazione dei diritti sulla base di petizioni individuali o anche sulla base delle comunicazioni ricevute da altro Stato membro circa le presunte violazioni dei diritti umani commesse da un altro Stato dell'Organizzazione; rivolge raccomandazioni agli Stati membri e in casi urgenti richiede che siano adottate misure cautelari.

Nel 1969, il Consiglio permanente dell'OSA riunito a San José di Costarica, approva la **Convenzione americana dei diritti dell'uomo** (c.d. **Patto di San José**) ispirandosi diffusamente alla Convenzione europea del 1950. Il Patto intende tradurre sul terreno della realtà contemporanea l'effettiva tutela dei diritti umani proclamati nella regione americana: ratificata da 25 Stati, esclusi gli USA, è entrata in vigore nel 1978. Il Patto di San José richiama frequentemente nel testo il concetto di ***diritti essenziali*** della persona, «riconoscendo che essi non derivano dall'appartenenza a un determinato Stato, ma gravano sugli attributi della persona umana e che, in ragione di ciò, si giustifica una protezione internazionale di ordine convenzionale, assecondando o completando quella [protezione] che procura il diritto interno degli Stati americani ...» (Preambolo). In altre parole, il pensiero americano che si esprime in questo documento riconosce un'origine pre-giuridica dei diritti umani; una concezione che si contrappone a quella riduzionistica, secondo la quale i diritti umani positivizzati dal diritto internazionale sarebbero espressione della sola volontà delle parti di farne oggetto di un accordo generale ai fini della predisposizione di strumenti comuni di tutela e garanzia. Il regionalismo americano dei diritti umani è invece segnato da una **concezione non positivistica** dei diritti e da un'apertura verso l'idea di una fondazione morale dell'ordine giuridico. Quanto ai contenuti, si riproducono – secondo la tendenza classica e in adesione al modello della Convenzione europea – i tradizionali diritti civili e politici, tralasciando invece quelli economici e sociali. Questi ultimi assumeranno pieno riconoscimento giuridico con il Protocollo aggiuntivo di San Salvador del 1988, entrato in vigore nel 1999.

Un grande rilievo ha assunto la **Corte interamericana dei diritti** istituita con il Patto di San José con la funzione di proteggere i diritti umani in relazione agli impegni assunti dagli Stati aderenti al Patto. La Corte, che ha iniziato a funzionare in concreto nel 1979, esercita principalmente due funzioni: l'una consultiva, sulla interpretazione e applicazione della Convenzione; l'altra contenziosa, sui ricorsi presentati da uno Stato membro per far valere la responsabilità di un altro Stato componente dell'OSA per violazione dei diritti sanciti dalla Convenzione.

8.3. La regionalizzazione dei diritti in Africa

Mentre in Europa e in America si sviluppa una visione dei diritti e delle libertà fondamentali sostanzialmente omogenea, lo scenario dei valori di riferimento muta nel continente africano e, di conseguenza, mutano le categorie inerenti alla questione dei diritti e delle libertà fondamentali. Il carattere "**universale**" della Dichiarazione della Nazioni Unite del 1948 si coglie anche nella scelta di alcune formulazioni che sembrano voler andare oltre la concezione occidentale e individualistica dei diritti e delle libertà. Nel preambolo, infatti, si legge: «considerato il riconoscimento della dignità inerente a tutti i membri della **famiglia umana**», dove il tema della "dignità" evoca la condizione individuale della persona, mentre il richiamo alla "famiglia umana" sottolinea l'elemento relazionale di appartenenza dell'essere umano ad una comunità; in tal modo si prospetta, attraverso l'uso di un linguaggio evocativo, una sintesi tra individualismo e comunitarismo. Peraltro, il richiamo a una concezione comunitarista dei diritti umani rileva anche da altre disposizioni della Dichiarazione universale dei diritti (artt. 1, 16, c. 3, 29), nel senso che la comunità viene considerata come il luogo ideale in cui l'uomo sviluppa la sua personalità attraverso l'adempimento dei doveri sociali. Questa visione rappresenta una chiave fondamentale per sviluppare un dialogo sui diritti umani con quelle culture che, a differenza dell'ideologia liberale di matrice occidentale, non riconoscono il tratto individualistico dei diritti.

La **Carta africana dei diritti umani e dei popoli**, approvata a Nairobi il 27 giugno 1981 ed entrata in vigore il 21 ottobre 1986, meglio conosciuta come **Carta di Banjul**, è il risultato di un lungo processo di negoziazione tra i governi degli Stati membri dell'Organizzazione dell'Unità Africana (OUA), dal 2002 Unione africana. Il tratto peculiare della Carta sta nella valorizzazione delle tradizioni delle comunità africane precoloniali: di conseguenza, la concezione dei diritti e delle libertà non risulta essere in linea di continuità con la tradizione europea e occidentale. Infatti, la Carta africana tende a coniugare diritti e doveri, individui e collettività; l'intera architettura della Carta si fonda su due componenti principali: la stretta combinazione tra diritti e doveri in una prospettiva comunitarista e la previsione dei diritti dei popoli.

Quanto al primo profilo, il primato della dimensione comunitaria non è tale da escludere ogni forma di riconoscimento dei diritti individuali dell'uomo. Ciò che muta, da una latitudine all'altra, è la percezione dei diritti soggettivi: il regionalismo africano rappresenta il tentativo concreto di adattare i diritti umani di matrice occidentale a una antropologia comunitaria radicata nelle tradizioni dei popoli africani. La Carta di Banjul, sin dal preambolo, infatti dichiara il suo intento di voler riconoscere i diritti umani sulla base delle virtù tradizionali degli Stati africani, del riconoscimento dei diritti dei popoli e dell'indissolubile legame tra diritti e doveri. Proprio il tema dei diritti dei popoli e quello dei doveri verso la comunità mostra la vocazione comunitaria della Carta africana. La visione degli esseri umani principalmente come membri di una comunità ha condotto a ritenere i soggetti collettivi come soggetti giuridicamente rilevanti poiché tramite essi si delinea la persona come parte di una comunità meritevole di tutela.

La Carta di Banjul, dunque, rivolge la sua attenzione verso la famiglia (art. 18) e i gruppi etnici (art. 2); guarda ai diritti sociali in una prospettiva comunitaria (per esempio, il diritto a un ambiente favorevole allo sviluppo, art. 24; il diritto alla pace, art. 23); proclama solennemente i diritti dei popoli (artt. 19-24). In particolare, si affermano: il principio di uguaglianza tra tutti i popoli (art. 19), il diritto all'autodeterminazione (art. 20), il diritto di disporre liberamente delle proprie risorse naturali (art. 21), il diritto allo sviluppo economico, sociale e culturale (art. 22), il diritto alla pace e alla sicurezza nazionale (art. 23), il diritto a vivere in un ambiente favorevole allo sviluppo dei popoli (art. 24).

Sul versante dei doveri, la Carta di Banjul (non diversamente dalla Dichiarazione americana del 1948) ne contempla un'elencazione che richiede di essere letta e interpretata alla luce della peculiare tradizione culturale africana. Infatti, il contesto di riferimento dei doveri enunciati è dato dalla vita familiare e comunitaria in cui l'individuo sviluppa la propria personalità. Pertanto la persona è considerata meritevole di attenzione giuridica nella misura in cui adempie i propri doveri nei confronti della famiglia, della società, delle altre comunità riconosciute dello Stato. D'altra parte, nella cultura africana il riconoscimento dei diritti non sarebbe concepibile se non con la correlativa imposizione di doveri di ordine sociale.

La capacità pervasiva dell'ideologia dei diritti individuali che il mondo occidentale ha promosso a partire dall'avvento dello Stato liberale, e che è trasmigrata anche in Africa per il tramite della colonizzazione, sembra trovare una sorta di barriera culturale in quelle affermazioni della Carta di Banjul che sono tutte rivolte a preservare e rafforzare i valori culturali africani. In altre parole, la puntuale previsione dei doveri e delle loro connotazioni sociali vorrebbe rappresentare una barriera etica e culturale alla diffusione incondizionata di valori non propriamente africani. I doveri sono frequentemente enunciati in termini vaghi e finiscono per assumere una funzione di limite a particolari categorie di diritti. Emblematico, a questo riguardo, è il contenuto dell'art. 27, comma 2, della Carta in esame: «i diritti e le libertà di ogni individuo devono essere esercitati con molto riguardo ai diritti degli altri, alla sicurezza collettiva, alla moralità e all'interesse comune». Si tratta di una clausola che apre anche all'interpretazione restrittiva dei diritti e delle libertà, giustificata dall'esigenza di impedire derive individualistiche; ma, al tempo stesso, accresce il potere degli Stati nell'interpretare in maniera arbitraria le disposizioni della Carta a discapito delle garanzie dei diritti individuali.

8.4. La regionalizzazione dei diritti nell'area di cultura araba

Abbiamo già detto che i diritti dell'uomo rappresentano la piattaforma più idonea a ospitare un dialogo tra le culture in quanto, almeno in via di principio, sono ampiamente riconosciuti da tutti, seppure da diverse prospettive. Anche il mondo arabo ha prodotto dichiarazioni e documenti di rango sovrastatale in tema di diritti e libertà fondamentali, ma evidentemente attraverso un processo di rivisitazione culturale dei diritti medesimi. Ciò che caratterizza maggiormente le proclamazioni arabe in tema di diritti è il costante riferimento alla **religione**, talvolta preponderante, e i frequenti richiami testuali ai **precetti religiosi**.

L'**OCI**, l'**Organizzazione della Conferenza Islamica**, che riunisce esclusivamente paesi di fede islamica, è la prima organizzazione internazionale che pone l'adesione all'Islam come unico criterio di appartenenza. Di natura parzialmente diversa è invece la **Lega araba**, che raccoglie una serie di Stati secondo un criterio geografico (paesi nordafricani e mediorientali), anche se ovviamente non è del tutto scevra da influssi ideologici e religiosi. Prevale in ogni caso l'idea che gli Stati arabi si riconoscano in una matrice culturale comune, la civiltà islamica, non tanto sulla base di una qualificazione territoriale o etnica, ma piuttosto sulla base di una inclusione elettiva. I diversi caratteri di queste due organizzazioni internazionali si riflettono, come vedremo, nei principali documenti approvati in seno al mondo arabo in tema di diritti e libertà fondamentali.

I principali documenti che meritano di essere considerati e che hanno determinato una regionalizzazione araba dei diritti dell'uomo sono i seguenti: la **Dichiarazione islamica dei diritti dell'uomo** (detta anche **Dichiarazione del Cairo**), adottata il 5 agosto **1990** dalla XIX Conferenza dei ministri degli affari esteri dei paesi aderenti all'OCI; la **Carta Araba dei diritti dell'uomo**, adottata dalla Lega Araba nel **1994** e la **Nuova Carta Araba dei diritti dell'uomo**, adottata sempre dalla Lega Araba nel 2004, entrata in vigore il 15 gennaio **2008**. Sul piano sostanziale la peculiarità di questi documenti è quella di trattare dei diritti e delle libertà fondamentali con riferimento costante al fattore religioso.

In generale, i diritti dell'uomo non sono ritenuti il frutto di una scelta politica e volontaria operata dalla società organizzata in forma di Stato, ma sono strettamente collegati a una visione trascendente, religiosa, islamica della vita. Quella dignità della persona che giustifica il riconoscimento di diritti e libertà giuridicamente rilevanti deriva all'uomo direttamente da Dio. Come si legge nel preambolo della Dichiarazione del Cairo, la dignità nell'uomo deve ricondursi a Dio; la volontà di Dio riguardo all'uomo si esprime positivamente nel Corano e nella Sunna; da queste due fonti deriva la *Shari'a*, la legge islamica fondamento ultimo dei diritti dell'uomo.

I riferimenti alla *Shari'a* sono ampiamente diffusi nel testo della Dichiarazione; ma in particolare gli artt. 24 e 25 dettano una sorta di disposizione di chiusura del sistema quando affermano che: «tutti i diritti e le libertà enunciati in questo documento sono subordinati alle disposizioni contenute nella Legge islamica» (art. 24); «La Legge islamica è il solo riferimento valido al fine di interpretare e chiarire qualunque articolo nella presente dichiarazione» (art. 25). Dunque è del tutto evidente che la concezione dominante in questo documento è che i diritti fondamentali e le libertà universali dell'uomo nel mondo islamico sono da ricondurre alla religione islamica; inoltre, come si evince dalle disposizioni della Dichiarazione, i diritti enunciati sono strettamente collegati a obblighi di ordine morale ai quali il buon musulmano deve attenersi; le enunciazioni a proposito dei diritti includono costantemente riferimenti ai supremi valori della vita, dell'uguaglianza, della famiglia in conformità alla volontà di Dio.

Agli inizi degli anni '90, la Lega Araba promuove l'elaborazione e l'approvazione della **Carta Araba dei diritti dell'uomo** (15 settembre 1994), un documento dai tratti più marcatamente laici rispetto alla precedente Dichiarazione del Cairo. In essa, infatti, sin dal preambolo, vengono richiamati i principi sanciti dalla Carta delle Nazioni Unite, dalla Dichiarazione universale dei diritti dell'uomo e dai Patti sui diritti civili e politici e sui diritti economici, sociali e culturali. Al tempo stesso vengono richiamati i principi affermati dalla Dichiarazione del Cairo a proposito dei diritti dell'uomo nell'Islam; sempre nel preambolo si rinviene poi l'unico riferimento alla *Shari'a* dell'intero documento.

L'approvazione della Carta Araba va inserita in un processo di graduale e tuttavia parziale avvicinamento del mondo arabo verso la categoria tipicamente occidentale dei diritti dell'uomo; avvicinamento dettato principalmente da esigenze di ordine economico e politico che, nella prospettiva di più intense relazioni internazionali, hanno imposto – quanto meno esternamente – la previsione di un livello standard di riconoscimento e di tutela dei diritti fondamentali. In altre parole i principi internazionali relativi ai diritti e alle libertà fondamentali diventano oggetto del tentativo di una loro rilettura alla luce della specificità culturale araba e musulmana. Fatto sta che la Carta Araba nel 1994 non è mai entrata in vigore a causa della mancata ratifica da parte del numero necessario di paesi firmatari come previsto dalla stessa.

Nel frattempo, anche a seguito degli avvenimenti dell'11 settembre 2001 e della pressione dell'opinione pubblica internazionale e araba, il Consiglio della Lega, nel marzo del 2003, avviò per il tramite della Commissione araba per i diritti dell'uomo, un processo di elaborazione di un nuovo documento che muovendo dal precedente introducesse nuovi elementi in linea con gli standard internazionali. Nel gennaio 2004 venne così approvata la **Nuova Carta Araba** dei diritti dell'uomo, entrata in vigore il 15 gennaio 2008. Si tratta del documento che segna una prima importante apertura del mondo arabo e musulmano verso i diritti dell'uomo, testimoniata anche dai riferimenti ai fondamentali documenti internazionali in materia di diritti umani. Quanto ai contenuti, conviene segnalare alcune peculiarità.

La prima, non del tutto originale, è il riferimento ai **diritti dei popoli**: il popolo inteso come soggetto giuridico può vantare il diritto all'autodeterminazione, il diritto alla sovranità nazionale e all'unità territoriale, il diritto a far valere i propri diritti attraverso il rifiuto del razzismo, del sionismo, dell'occupazione e del dominio straniero, il diritto di resistenza contro l'occupazione.

Il richiamo alla **sovranità nazionale** richiederebbe un bilanciamento con l'aspirazione, che è la ragione ultima della Nuova Carta Araba, ad apprestare un sistema di tutela sovra-statale dei diritti dell'uomo. In realtà, come si evince anche da alcune disposizioni della Carta (in particolare artt. 2 e 4), la sovranità nazionale, il cui esercizio è inteso come diritto dei popoli, consente agli Stati contraenti di derogare a quanto previsto in caso di «pubblica emergenza che metta in pericolo la vita della nazione»; tutto ciò rende difficile realizzare nel sistema arabo un'efficace meccanismo di tutela dei diritti.

Una seconda peculiarità, anche questa rinvenibile nei documenti africani, è l'importanza del **legame sociale**, il dato della **fratellanza**, il carattere relazionale della persona. La dimensione comunitaria abbraccia tutti i fedeli musulmani e rappresenta l'ostacolo culturale più rilevante all'affermarsi di quella concezione individualistica dell'uomo tipica del mondo occidentale. Il terzo dato che merita di essere segnalato è il legame indissolubile tra religione e politica: l'Islam infatti si configura al tempo stesso come religione, progetto politico e ordinamento giuridico.

Veniamo infine ai **diritti** enunciati dalla Nuova Carta Araba. In essa ritroviamo un'ampia catalogazione di diritti che possono essere divisi in quattro categorie: la prima riguarda i diritti individuali; la seconda categoria riguarda i diritti connessi all'amministrazione della giustizia; la terza riguarda in particolare i diritti civili e politici e l'ultima, infine, elenca i diritti economici, sociali e culturali. La Carta si conclude con una serie di disposizioni esortative verso gli Stati firmatari affinché adottino le leggi necessarie a rendere effettivi negli ordinamenti interni i diritti proclamati dalla Carta stessa. In conclusione, la Nuova Carta Araba rappresenta il tentativo concreto di costruire un ponte tra mondo arabo e diritti dell'uomo; esprime inoltre, sul piano teorico, la confutazione della tesi della incompatibilità tra Islam e diritti umani. Tuttavia, per limitarsi a due semplici osservazioni, la preminente influenza del fattore religioso sull'ordinamento giuridico e la diffusione di pratiche incompatibili con l'affermarsi del principio di uguaglianza mettono in evidenza la presenza di diverse questioni aperte a proposito della "lettura araba" dei diritti e delle libertà fondamentali.

8.5. Diritti dell'uomo e valori asiatici

A differenza delle aree geopolitiche e culturali che si sono considerate fin qui, i paesi asiatici non hanno dato vita a una organizzazione regionale capace di riunire intorno a un documento giuridicamente rilevante le istanze condivise in tema di diritti e libertà fondamentali.

L'organizzazione più importante che riunisce dieci paesi asiatici è l'**ASEAN** (*Association of the South-Est Asian Nations*, istituita nel 1967), la quale tuttavia non ha come finalità quella di promuovere a livello regionale i diritti e le libertà fondamentali. O meglio, tra le politiche varate dall'ASEAN, nel 2004 fu avviato un programma comune per la promozione dei diritti umani e la realizzazione di meccanismi regionali di tutela degli stessi. Si tratta dunque di documenti programmatici la cui attuazione resta subordinata a una innumerevole quantità di variabili. Le buone intenzioni tuttavia risultano anche dal fatto che nel 2009 è entrata in funzione, nell'ambito delle istituzioni comuni dell'ASEAN, una ***Intergovernmental Commission on Human Rights***. Resta tuttavia un dato: nel continente asiatico al momento non esistono dichiarazioni regionali dei diritti o strumenti sovranazionali di tutela delle prerogative individuali.

In vista della Conferenza mondiale sui diritti umani del **1993**, i paesi asiatici partecipanti elaborarono un documento, noto come **Dichiarazione di Bangkok**, nel quale venivano posti in risalto i valori della cultura asiatica e, in relazione alla tutela dei diritti umani, si sosteneva che, secondo quella tradizione, maggiore attenzione viene rivolta al bene comune della collettività piuttosto che ai diritti dell'individuo; si affermava che la famiglia costituisce la pietra angolare dell'edificio della società asiatica e che la ricerca del consenso e della mediazione sono preferiti alla contrapposizione e alla controversia. La Dichiarazione di Bangkok non è in alcun modo comparabile con le dichiarazioni e le convenzioni regionali che abbiamo esaminato nei paragrafi precedenti; non condivide con loro né la natura, né le finalità. Ha tuttavia il merito di offrire una base rilevante al dibattito sul rapporto valori asiatici-diritti e libertà fondamentali dell'uomo.

In termini generali, con l'espressione "**valori asiatici**" si intende far riferimento a un sistema gerarchico di valori e finalità primarie che risulta essere assai lontano dalla cultura occidentale e soprattutto è caratterizzato da una radicale pragmaticità. Nella fase storica corrente, il sistema dei valori asiatici è tutto orientato a porre il fine dello sviluppo economico al vertice della scala gerarchica; lo sviluppo economico nazionale è inteso come la via necessaria da percorrere per assicurare migliori condizioni di vita agli individui. Pertanto, i diritti civili e politici possono essere sacrificati legittimamente quando ciò sia reso necessario dalle esigenze del progresso economico. Questa visione giustifica anche l'istituzione di un governo burocratico e autoritario, in grado con i suoi poteri di pervadere capillarmente la vita degli individui: non c'è sfera della vita privata che non possa essere regolata e disciplinata dai pubblici poteri.

Sul piano teorico e filosofico, i valori asiatici incorporano principalmente le virtù cardinali del confucianesimo: **il primato degli interessi collettivi** rispetto a quelli individuali; la necessità di assicurare un'**armonia sociale** anche a costo di sacrificare le aspettative dei singoli; la prevalenza degli interessi della **famiglia**, della comunità, della nazione; la cura per l'**ordine e la stabilità**; il valore della sobrietà e della parsimonia; la disponibilità a sacrificare se stessi per il bene della comunità; la rinuncia alla gratificazione presente in vista di un beneficio futuro; e così via. Per meglio comprendere come una siffatta visione si traduca nel concreto di un ordinamento giuridico, in mancanza di un documento sovranazionale della regione asiatica che proclami i diritti della persona, conviene prendere in considerazione un caso esemplare qual è quello offerto dalla **Repubblica popolare cinese**.

Secondo la prospettiva confuciana, profondamente radicata nel pensiero cinese anche se avversata dalla classe politica dominante in Cina, l'uomo che intenda coltivare le virtù individuali ha un'unica strada da percorrere: quella dell'adempimento dei doveri e delle responsabilità che nascono dalle relazioni con gli altri individui. In altre parole, solo attraverso l'adempimento degli **obblighi reciproci che incombono sui membri della collettività**, ciascun individuo realizza pienamente la propria personalità. Per questa ragione è assai difficile delineare, in un ordinamento permeato dai tratti del confucianesimo, una posizione giuridica soggettiva individuale nettamente separata dalla collettività. Per altro verso, la società cinese, che per lungo tempo ha conosciuto una struttura di tipo feudale, ancora oggi porterebbe in sé le tracce di una dimensione gerarchica delle relazioni, piuttosto che egualitaria. Combinando questa condizione con la storica mancanza di una tradizione democratica e l'influenza del confucianesimo, ne deriva che la coscienza dei propri diritti e delle proprie libertà individuali non ha radici nel modo di pensare della popolazione cinese.

La tesi ufficiale in Cina fa leva sulla **teoria della priorità dello sviluppo**, in base alla quale il diritto allo sviluppo economico e sociale e il diritto alla sopravvivenza (cioè, al cibo e ai bisogni essenziali) hanno la priorità sugli altri diritti fondamentali. Detto in altri termini, tutti i diritti umani sono egualmente meritevoli di tutela; tuttavia in un paese in cui esistono vaste fasce della popolazione in condizioni di profonda povertà e in cui, per effetto delle punte di sviluppo economico, si scavano nuovi solchi tra le diverse componenti sociali, il diritto alla sopravvivenza dignitosa e allo sviluppo della propria condizione sociale ed economica va garantito prima ancora che gli altri diritti. In un paese con la popolazione più numerosa al mondo (quasi 1,3 miliardi di individui) sostenuta da terre coltivabili che rappresentano solo il 7% sul totale mondiale, i diritti della prima generazione non possono che cedere il passo di fronte a quelli della seconda e, in parte, della terza; cioè quei diritti che fanno capo alla collettività piuttosto che all'individuo.

In base alla teoria dello sviluppo si giustificano dunque **limitazioni e restrizioni alle libertà civili e ai diritti politici**. Diritti e libertà che non vengono ritenuti di per sé meritevoli di tutela; ma vengono concepiti come strumenti possibili per il conseguimento di obiettivi sociali. Inoltre, come viene sottolineato dalla voce ufficiale della Cina, non v'è diritto che non debba essere bilanciato dai doveri che incombono sui cittadini, in forza del dettato costituzionale o della legge.

Successivamente, specie negli ultimi quattro decenni, la Cina si è aperta in qualche modo alle concezioni occidentali in materia di diritti umani. Segnali interessanti a questo proposito vengono dalla sottoscrizione da parte della Cina di importanti convenzioni internazionali sui diritti (ad oggi sono oltre venti i patti e le dichiarazioni internazionali siglate dal Governo cinese in tema di diritti, anche se ratificate solo in minima parte dall'Assemblea popolare nazionale); dalla costante attenzione mostrata dal Governo cinese verso la cooperazione internazionale per la tutela dei diritti umani (il che significa che, in qualche misura, la Cina ha accettato di lasciarsi "osservare" dalla comunità internazionale quanto alle politiche di protezione dei diritti umani); dalla riforma della Costituzione cinese intervenuta nel 2004, che ha introdotto una nuova formulazione dell'art. 33 in base alla quale lo Stato **«rispetta e protegge i diritti umani»**.

Malgrado ciò, prevale la convinzione, propria di una prospettiva socialista, per cui i diritti umani non sono qualificabili come diritti assoluti. Essi sono i diritti che afferiscono alle necessità essenziali degli esseri umani e, in quanto tali, sono più diffusamente invocati rispetto agli altri diritti. Non vi sarebbero altre differenze di *status*. I diritti scaturiscono dalla legge che ne riconosce la legittimità in connessione a determinate relazioni sociali. Per cui, se non vi fosse una previsione normativa, anche i diritti umani sarebbero irrealizzabili, resterebbero semplici enunciazioni verbali. Sulla base di questo orientamento, l'ordinamento cinese contempla diversi **tipi di restrizioni ai diritti e alle libertà fondamentali**[5].

9. Il principio di uguaglianza quale pre-condizione della garanzia dei diritti e delle libertà

La libertà da ingiustificate discriminazioni o, più comunemente, l'**uguaglianza di fronte alla legge** costituisce un rilevante strumento di tutela dei diritti in-

---

[5] Secondo l'approccio marxista, il contenuto e la natura dei diritti umani sono determinati dallo sviluppo economico della società in relazione a un dato momento storico. La prima categoria di legittime restrizioni, dunque, deriva dalle particolari condizioni dello sviluppo economico in Cina. Una seconda categoria di limiti è quella che deriva dalla politica. Alla base di questo convincimento sta l'idea per cui il possesso del potere politico da parte del popolo è la precondizione per il godimento e l'esercizio dei diritti umani. Solo una politica democratica, nel senso socialista dell'espressione, è in grado di esprimere e, al tempo stesso, garantire il godimento dei diritti dell'uomo. Ne deriva che dalla politica possono scaturire legittime restrizioni al godimento dei diritti e delle libertà. Ancora, limitazioni possono derivare dalla legge. I diritti esistono in un ordinamento solo in quanto espressamente disciplinati dalla legge; essi sono relativi e non assoluti; va da sé, dunque, che alla legge è consentito apporre limiti al godimento dei diritti stessi. In una visione socialista, questa categoria di limiti finisce per confondersi con i limiti dettati dalla politica. Infine, viene indicata una categoria di limiti culturali. Si ritiene comunemente che il contenuto e il valore dei diritti umani scaturiscano dalla cultura dominante in un dato Paese. La diversità di culture giustifica una diversità di interpretazione dei diritti umani e del grado della loro tutela. Da ciò deriva che nel bilanciamento tra diritti umani eventualmente in conflitto, gli uni prevarranno e gli altri subiranno limitazioni in relazione ai tratti culturali dominanti in quel paese. Ad esempio, come già si è detto, la cultura asiatica privilegia la collettività sull'individuo.

La concezione cinese dei diritti, nel suo quadro di insieme, è stata qualche anno fa criticata da Ronald Dworkin, in un breve articolo dal suggestivo titolo *Taking Rights Seriously in Beijing*. A conclusione di un ciclo di conferenze nelle università cinesi, nel corso del quale aveva avuto incontri formali e informali con dirigenti del partito, studiosi e studenti universitari, Dworkin metteva in dubbio l'argomento, generalmente accolto dai più, secondo il quale i "valori asiatici" radicati in Cina sarebbero meno idonei a tutelare i diritti individuali dell'uomo sulla base di una concezione più collettivista dei diritti e dei doveri dei singoli. Per Dworkin, i diritti umani generalmente riconosciuti nelle democrazie occidentali riposano su due principi: il primo è che il destino di tutti gli esseri umani è egualmente importante; il secondo è che ogni persona ha una specifica responsabilità riguardo al successo della propria vita.

In base al primo principio deve escludersi il sacrificio di determinate persone solo perché ciò è richiesto dall'interesse della collettività (come nel caso della scelta del Governo cinese di concentrare gli investimenti stranieri in alcune città costiere a scapito della popolazione rurale). Il secondo principio richiede che il Governo assicuri il godimento di quei diritti che sono necessari alla persona per realizzare pienamente la propria vita (principio violato dalle persecuzioni verso i dissidenti politici e i movimenti religiosi). Dworkin ritiene che, seppure esistano delle differenze tra i valori asiatici e i valori occidentali, «malgrado le grandi diversità storiche e culturali, noi tutti condividiamo la medesima situazione umana fondamentale. Noi abbiamo una vita da condurre e una morte da affrontare. Noi condividiamo lo stesso desiderio di avere una giusta parte delle risorse disponibili e una giusta occasione di realizzare la nostra vita, piuttosto che quella di altri».

violabili. Naturalmente tale principio non esaurisce la propria "forza" nella sfera delle libertà fondamentali; esso, infatti, pervade l'intero ordinamento e rappresenta un limite generale all'esercizio della funzione legislativa. Ne deriva che il legislatore, quale che sia la materia oggetto di disciplina, nel legiferare dovrà procedere a una valutazione secondo ragionevolezza delle diverse situazioni giuridiche. Muovendo dal presupposto dell'uguale dignità delle persone, il legislatore potrà approvare norme che dispongono trattamenti differenziati a seconda della condizione giuridica dei destinatari. Trattamenti differenziati che potranno ritenersi legittimi solo se ragionevoli e, dunque, rispettosi del principio di uguaglianza.

Il principio di uguaglianza compare nei testi costituzionali a partire dalle costituzioni democratiche del XX secolo. Il tema dell'uguaglianza – che pure aveva impegnato filosofi e pensatori e aveva trovato alcune affermazioni anche nella legislazione rivoluzionaria come espressione della volontà generale e della sovranità popolare, assume ora il ruolo e la posizione di **principio costituzionale**. Ne deriva che gli organi costituzionali e i pubblici poteri, a partire dai giudici, sono tenuti a svolgere le proprie funzioni nel rispetto del principio costituzionale di uguaglianza: si tratta cioè di assicurare, pur nel proprio ruolo istituzionale e in relazione alle proprie pubbliche funzioni, il **mantenimento dell'ordine politico e giuridico democratico**; ordine che non potrebbe essere assicurato in alcun modo se si prescindesse dall'osservanza del principio di uguaglianza. La natura di principio costituzionale riconosciuta in tal modo al principio di uguaglianza fa sì che anche la legge, seppure espressione della sovranità popolare, incontri in quel principio un preciso limite alla propria forza.

Il principio di uguaglianza trova attuazione quando la legge e, in genere, gli atti delle pubbliche autorità trattano in modo uguale coloro che la costituzione considera uguali (**uguaglianza formale**); l'intenzione – che ha radici nella Rivoluzione francese – è quella di escludere che si determinino condizioni di privilegio. Al tempo stesso, il carattere democratico e sociale delle costituzioni del Novecento imprime al principio di uguaglianza anche una valenza sostanziale: l'**uguaglianza sostanziale** richiede che coloro che oggettivamente versano in condizioni differenti siano trattati diversamente. Esistono infatti condizioni materiali che, a dispetto delle condizioni formali, determinano oggettivi impedimenti al godimento dei diritti e delle libertà fondamentali. Lo Stato democratico-sociale assume tra i propri compiti quello di rimuovere gli ostacoli che di fatto impediscono l'eguale dignità delle persone e l'esercizio dei diritti fondamentali; a tal fine possono essere approvate leggi che introducono trattamenti diversi per situazioni soggettive solo apparentemente uguali, ma sostanzialmente differenti.

Nella tradizione delle costituzioni di matrice liberale, è prevalente l'idea che sussista una vera e propria **presunzione di illegittimità costituzionale delle leggi che determinano differenziazioni di trattamento**. Al tempo stesso, tuttavia, si ritiene che tale presunzione di illegittimità venga meno qualora si dimostri la

ragionevolezza delle differenziazioni previste dal legislatore. In altre parole, il divieto di "distinzione" mantiene un carattere assoluto quando il sesso, la razza, la lingua, ecc. siano assunti a motivo di discriminazione; perde, invece, rigidità e rigore quando il legislatore introduca ragionevoli differenziazioni basate sui fattori specificati. È ciò che avviene quando, ad es., il legislatore intenda promuovere con una legislazione "premiale" i soggetti appartenenti a questa o a quella categoria di fatto svantaggiata.

Il pericolo che il legislatore introduca **trattamenti differenziati arbitrari e irragionevoli**, violando il principio costituzionale di uguaglianza e stabilendo condizioni di ingiustificato privilegio, chiama in causa i giudici e la funzione giurisdizionale; più precisamente, conferisce alla **giurisdizione costituzionale di legittimità** un ruolo determinante per il mantenimento dell'ordine democratico e la tutela dei diritti fondamentali attraverso l'interpretazione e l'applicazione del principio di uguaglianza.

Lo Stato sociale democratico e pluriclasse odierno esige che il giudice costituzionale valuti e colpisca le leggi che introducono trattamenti differenziati arbitrari e ingiustificati, determinando una sostanziale discriminazione e la costituzione di posizioni di privilegio. L'ipertrofia legislativa e il carattere minuto delle disposizioni che sempre più frequentemente rispondono a puntuali esigenze e problematiche di categoria, espongono apertamente la legislazione al pericolo di violazione del principio di uguaglianza. L'azione della giurisdizione costituzionale rappresenta oggettivamente lo strumento più idoneo a garantire la ragionevolezza delle differenziazioni e, in definitiva, la tutela della dignità della persona e dei suoi diritti fondamentali.

10. La giurisdizione costituzionale delle libertà

«In tutti gli ordinamenti retti da una costituzione rigida e lunga ... occorre che i diritti costituzionalmente disciplinati nelle grandi linee dalla costituzione siano garantiti in sede giurisdizionale nei confronti di ogni possibile tipo di violazione. È anche e soprattutto a questo scopo (...) che in molti Stati funzionano apposite Corti o Tribunali costituzionali» (Paladin).

La codificazione dei diritti e delle libertà fondamentali, conosciuta a livello costituzionale, internazionale e regionale, è necessariamente completata da un apparato destinato a garantire l'effettivo godimento dei diritti proclamati. Come si è visto (*supra*, § 4), l'incorporazione dei diritti e delle libertà fondamentali all'interno delle costituzioni rigide li ha sottratti alla disponibilità della legge. In precedenza, infatti, i diritti scaturivano dalla legge ed erano nella disponibilità del legislatore: spettava a esso attribuirli, limitarli e revocarli. Con l'inserimento nelle carte costituzionali rigide, i diritti costituzionalmente previsti sono divenuti essi stessi un limite all'azione del legislatore: la legge non può dettare norme contrarie alla costituzione né violare o limitare i diritti sanciti in costituzione, salvo quanto previsto dalla stessa carta costituzionale.

La tutela dei diritti fondamentali e la predisposizione di rimedi efficaci per contrastare la loro violazione da parte dei pubblici poteri, costituisce la trama portante degli ordinamenti costituzionali di matrice liberale e democratica. A ogni livello della struttura pubblica, la centralità della persona e la tutela dei suoi diritti dovrebbe costituire il criterio permanente di orientamento dell'azione dei pubblici poteri. La frequente violazione – di diverso spessore a seconda della latitudine dei luoghi e della cultura giuridica dominante – dei diritti che le odierne società registrano mostra l'esigenza che siano apprestati rimedi efficaci. L'art. 13 della CEDU prevede che «Ogni persona i cui diritti e le cui libertà riconosciuti nella presente Convenzione siano stati violati, ha diritto a un ricorso effettivo davanti a un'istanza nazionale, anche quando la violazione sia stata commessa da persone che agiscono nell'esercizio delle loro funzioni ufficiali».

Possono darsi rimedi politici – in genere di scarsa efficacia – o para-giurisdizionali (si pensi alle figure dell'*ombudsman* o del *defensor del pueblo*); ma la via che comunemente si ritiene la più efficace è quella giurisdizionale, per quanto anch'essa non sempre risulta idonea a produrre la *restitutio in integrum*.

In questo contesto, è andato gradualmente crescendo all'interno degli ordinamenti costituzionali il ruolo e la posizione dei Tribunali costituzionali. In particolare, essi hanno assunto un ruolo determinante nel sistema di protezione dei diritti fondamentali.

In primo luogo, questo appare in modo evidente nelle fasi di transizione democratica; il ruolo dei Tribunali costituzionali nei processi di democratizzazione che si instaurano a seguito della caduta di un regime autoritario si è rivelato determinante anche in relazione all'affermazione, non solo verbale, dei diritti e delle libertà fondamentali. Non di rado i giudici costituzionali hanno accompagnato l'opera di instaurazione delle giovani democrazie con un ruolo di supporto alla interpretazione e applicazione delle nuove disposizioni costituzionali; talvolta la giurisprudenza costituzionale ha materialmente colmato le omissioni del legislatore. Quest'opera è stata particolarmente significativa proprio in tema di tutela dei diritti e delle libertà fondamentali: la giurisprudenza costituzionale ha saputo contribuire sapientemente a radicare nella cultura delle nuove democrazie una certa sensibilità per i diritti e le libertà, offrendo all'opinione pubblica le coordinate delle nuove istituzioni democratiche.

L'opera dei giudici costituzionali in materia di diritti e libertà fondamentali ha assolto un ruolo rilevante anche nelle democrazie mature. I Tribunali costituzionali hanno saputo rileggere i più o meno lunghi cataloghi di diritti e libertà scolpiti nelle costituzioni allo scopo di reinterpretarli alla luce delle nuove istanze emergenti dalla società contemporanea. Attraverso l'interpretazione costituzionale, le parole della costituzione aderiscono alla realtà odierna: le nuove esigenze della persona umana possono trovare accoglimento nelle parole della costituzione in tema di diritti grazie all'interpretazione evolutiva offerta dalla giurisprudenza costituzionale. Inoltre, i giudici costituzionali hanno offerto, attraverso la loro giurisprudenza, un'applicazione equilibrata anche di quei diritti e di quelle libertà suscettibili di entrare in conflitto fra loro. Il bilanciamento operato attraverso l'interpretazione delle disposizioni costituzionali con riferimento a casi concreti ha tendenzialmente impedito che l'applicazione della legge producesse effetti iniqui.

In definitiva, un ordinamento a costituzione rigida è in grado di offrire una protezione efficace dei diritti e delle libertà fondamentali attraverso l'opera dei giudici costituzionali chiamati a garantire l'inviolabilità della costituzione. Questa azione di tutela può anche essere articolata sulla base di un accesso diretto ai tribunali costituzionali da parte dei soggetti che lamentino la lesione di un diritto fondamentale. In alcuni ordinamenti, infatti, sono previsti istituti processuali che vedono come organi giudicanti i Tribunali costituzionali e come attori ricorrenti i titolari di diritti e libertà fondamentali che si sentano lesi nella loro sfera da parte di un atto della pubblica autorità; atto che, in quanto lesivo di un diritto costituzionalmente tutelato, rappresenta esso stesso una violazione della costituzione. I ricorsi diretti a tutela dei diritti sono stati previsti da diverse costituzioni principalmente in America Latina e in Europa, con il fine ultimo di rafforzare i meccanismi di tutela dei diritti costituzionalmente tutelati e di affermare il principio della responsabilità giuridica dei pubblici poteri autori di atti o omissioni in contrasto con le disposizioni costituzionali.

Con l'espressione «**giurisdizione costituzionale delle libertà**» (Cappelletti) si intende includere i ricorsi costituzionali diretti a tutela dei diritti fondamentali che, in diversi ordinamenti, sono previsti e disciplinati anche se con significative differenze. Si tratta di istituti che muovono fondamentalmente dall'esigenza di garantire il primato della costituzione e la sua rigidità; i meccanismi processuali predisposti allo scopo intendono rappresentare un freno e un limite agli atti dei pubblici poteri che, in contrasto con i valori costituzionali, risultino lesivi dei diritti fondamentali.

Le modalità concrete che hanno poi dato vita a questo istituto nei vari ordinamenti nazionali risultano diversificate. I due principali prototipi sono generalmente individuati nel *juicio de amparo* di origine messicana, che ha conosciuto amplissima diffusione in America Latina; e la *beschwerde* austriaca, che in Europa rappresenta il modello di riferimento. Prima di passare a esaminare i prototipi e le principali esperienze costituzionali in tema di ricorso diretto a tutela dei diritti fondamentali, conviene tener conto di quali siano le principali differenziazioni che si rilevano da una prospettiva comparatistica.

Un primo aspetto che va considerato riguarda la **legittimazione attiva**, vale a dire quali sono i soggetti legittimati a presentare ricorso contro atti della pubblica autorità che si ritengono lesivi di diritti e libertà fondamentali. Naturalmente essa viene riconosciuta a tutti coloro che ritengono di aver subito una lesione nella sfera delle proprie libertà fondamentali, secondo quanto stabilito dalla costituzione. A costoro possono aggiungersi, a seconda degli ordinamenti nazionali, anche altri soggetti i quali, pur non avendo motivo di lamentare una lesione diretta dei propri diritti o delle proprie libertà, sono tuttavia investiti di funzioni pubbliche che prevedono l'attivazione di meccanismi processuali a tutela di diritti e libertà di altri soggetti (ad esempio, il *defensor del pueblo* in Spagna).

Un secondo profilo di differenziazione che merita di essere segnalato riguarda l'**organo competente** a decidere se la lesione dei diritti fondamentali lamentata si sia effettivamente prodotta a danno del ricorrente. In alcuni sistemi, principalmente dell'America latina, i ricorsi sono rivolti all'autorità giurisdizionale ordinaria (Cile, Argentina, Messico, Colombia, Ecuador, Brasile, Panama). Altri sistemi, invece, prevedono che il ricorso sia rivolto al Tribunale costituzionale. Occorre però distinguere a seconda che il Tribunale costituzionale sia chiamato a decidere in via esclusiva sulla violazione dei diritti fondamentali oppure che decida come giurisdizione di revisione. La prima ipotesi è quella ricorrente in Europa: Repubblica federale di Germania, Austria, Spagna e diversi Stati dell'Europa centro-orientale hanno assegnato in via esclusiva tale competenza ai rispettivi Tribunali costituzionali, in linea peraltro con l'assetto accentrato del sistema di giustizia costituzionale affermatosi in quei paesi. Nei paesi dell'America latina che hanno optato per i ricorsi costituzionali piuttosto che per i ricorsi ordinari, i Tribunali costituzionali esercitano una potere di revisione delle decisioni assunte dai giudici ordinari; Nicaragua, Perù, El Salvador e Colombia rappresentano casi nei quali i giudici costituzionali intervengono, se aditi, come giudici di secondo grado rispetto alle decisioni adottate dai giudici ordinari.

Il riparto di competenze tra giudici ordinari e giudici costituzionali in materia di garanzie dei diritti e delle libertà fondamentali conosce in America latina anche una ulteriore distinzione. La competenza viene talvolta differenziata a seconda dell'organo da cui proviene l'atto che si assume lesivo dei diritti e delle libertà. Ad esempio, in Guatemala, il Tribunale costituzionale giudica in via esclusiva sui ricorsi presentati contro atti provenienti dal Presidente o dal Vice Presidente della Repubblica, dal Parlamento o dalla Corte Suprema; per gli atti provenienti da altri pubblici poteri, il ricorso va presentato dinanzi ai giudici ordinari e, in tal caso, il Tribunale costituzionale interviene come giudice di secondo grado con poteri di revisione della decisione di primo grado.

Un terzo aspetto che può essere rilevato attiene all'**oggetto del ricorso**, vale a dire l'atto della pubblica autorità contro il quale viene rivolta l'accusa di aver leso un diritto o una libertà fondamentale. Alcuni ordinamenti non prevedono alcuna limitazione. Qualunque atto proveniente da un pubblico potere può essere impugnato per la tutela dei diritti e delle libertà (Germania, Austria, Spagna, alcuni Stati dell'Europa centro-orientale, e in America latina (Cile, Messico, Panama, Ecuador, Bolivia, ecc.). Altri ordinamenti invece escludono determinati atti dalla possibilità di essere impugnati per violazione dei diritti delle libertà; ad esempio le decisioni dei giudici (Colombia) o gli atti degli organi federali (Svizzera). Altri ancora, invece, contemplano la possibilità che gli atti impugnabili attraverso il ricorso diretto per la tutela dei diritti di libertà possano essere non solo quelli provenienti da un pubblico potere, ma anche quelli posti in essere da un soggetto privato (Argentina, Bolivia, Costarica, Guatemala, Colombia).

Infine, deve segnalarsi che in alcuni paesi di origine socialista (Polonia, Ungheria e Russia) è possibile ricorrere in via diretta per la tutela dei diritti delle libertà anche nei confronti delle leggi e degli atti aventi forza di legge. Il procedimento previsto a questo proposito si differenzia – e si pone su un binario parallelo – rispetto a quello previsto per il controllo di costituzionalità delle norme primarie.

Un ultimo profilo che merita di essere segnalato, e che consente di orientarsi tra le diverse esperienze costituzionali, consiste nella distinzione tra quei sistemi che offrono una **garanzia generale dei diritti e delle libertà** fondamentali tutelati dalla costituzione e quei sistemi che, invece, prevedono una **giurisdizione costituzionale limitata a determinati diritti** o a un particolare diritto o a un gruppo omogeneo di diritti. Hanno una vocazione generale i sistemi di tutela apprestati in Austria, in Germania, e in genere ove è previsto l'istituto dell'*amparo* costituzionale; presenta lo stesso carattere di generalità la tutela apprestata per il tramite dei ricorsi sovranazionali. Costituisce invece uno strumento di tutela particolare l'*habeas corpus*, tramite il quale possono essere impugnati quegli atti dei pubblici poteri che arbitrariamente limitano la libertà personale. Alcuni ordinamenti, poi, prevedono la possibilità di ricorrere direttamente al Tribunale costituzionale a tutela dei diritti connessi alla rappresentanza politica, agli interessi diffusi o collettivi, all'autonomia delle comunità territoriali (Germania, Austria, Spagna, Repubblica Ceca, Croazia, Slovacchia).

In Messico, l'ordinamento prevede sia lo strumento di tutela generale qual è l'*amparo* costituzionale, sia strumenti particolari intesi a tutelare speciali situazioni giuridiche soggettive; ad esempio l'*amparo libertad* inteso a tutelare la libertà e l'integrità della persona nelle sue manifestazioni materiali; oppure l'*amparo* in materia agraria, destinato a proteggere i diritti delle popolazioni rurali o delle comunità di contadini e di pastori. Anche in Spagna coesistono meccanismi di tutela generale e di tutela particolare. La costituzione del 1978 prevede il ricorso di *habeas corpus* contro le forme illegali di limitazione della libertà personale; l'*amparo constitucional*, contro gli atti discriminatori e a tutela della libertà di coscienza e dei diritti fondamentali e l'*amparo* ordinario.

11. Il *juicio de amparo* mexicano e la sua diffusione, specialmente in America latina

Diversamente dal controllo di costituzionalità, che mira a preservare da ogni violazione i precetti costituzionali, il *juicio de amparo* è rivolto alla protezione diretta dei diritti fondamentali della persona e, conseguentemente, dei precetti costituzionali che quei diritti affermano (cap. IX, § 16). Le decisioni che concludono il giudizio determinano la disapplicazione dell'atto lesivo al caso di specie e non un suo annullamento. In linea generale, si tratta di un rimedio giurisdizionale diretto che permette ai cittadini di adire le autorità giurisdizionali competenti contro ogni decisione, atto o omissione illegale o arbitrario posto in essere da organi o poteri dello Stato, anche da singoli soggetti privati. La ragione del ricorso deve essere fondata sulla presunta lesione di diritti e libertà garantiti dalla costituzione. Sono in genere esclusi dalla lista degli atti impugnabili le leggi e gli atti normativi dell'esecutivo con forza di legge, essendo questi in genere soggetti al controllo di costituzionalità (esistono tuttavia alcune eccezioni come nei casi di Guatemala, Costarica, Perù, Nicaragua, El Salvador). I soggetti legittimati a presentare il *recurso de amparo* sono i titolari di diritti lesi, persone fisiche o giuridiche, che possono agire individualmente o collettivamente se i diritti fanno capo a una comunità; alcuni soggetti dell'apparato pubblico, come il Procuratore dei diritti umani (Guatemala) o il Difensore del popolo (Bolivia, Colombia, Ecuador, Perù, Venezuela, ma anche Spagna). Il *recurso de amparo* offre solitamente una tutela nei confronti della generalità dei diritti e delle libertà fondamentali; sono previsti comunque degli strumenti particolari quali l'*habeas corpus* e l'*habeas data* (quest'ultimo rivolto specificamente alla tutela dei dati personali e della propria riservatezza)[6].

Il giudizio di *amparo* nasce in Messico con la costituzione dello Stato dello Yucatan nel 1841; viene poi introdotto a livello federale prima con la revisione del 1847 e successivamente con la costituzione federale del 1957. «*Amparo*» significa letteralmente "protezione"; il ***recurso de amparo*** intende apprestare un meccanismo di protezione a favore di coloro che ritengono di aver subito una lesione dei propri diritti fondamentali. Questi possono adire un giudice federale, e in alcuni casi direttamente la Corte Suprema, per ottenere tutela nei confronti di qualunque atto della pubblica autorità, inclusa la legge (dunque, il *recurso* può anche denunciare l'incostituzionalità della legge). Tuttavia, l'eventuale accoglimento del ricorso non produce l'annullamento dell'atto impugnato, ma la sua disapplicazione nel caso di specie. Sicché, l'atto – ma anche la legge dichiarata incostituzionale – resta in vigore con la possibilità che sia applica-

---

[6] Per una disamina dei profili sostanziali e processuali del *recurso de amparo* si rinvia al cap. IX, in particolare §§ 16 e 23.

to nuovamente. Per impedirne l'applicazione è necessario presentare, da parte di chi vi abbia interesse, un ulteriore *recurso*; sotto il profilo della sua efficacia riguardo agli atti impugnati, il *recurso* mostra un evidente limite e produce una sorta di **attenuazione dello stesso primato della costituzione**[7].

L'esigenza di apprestare un meccanismo di tutela efficace dei diritti e delle libertà fondamentali risentì, in Messico, anche dell'influenza dei colonizzatori spagnoli e delle istanze che la rivoluzione francese diffondeva attraverso la circolazione delle idee. L'istituto, sorto inizialmente per la sola tutela dei diritti, fu esteso alle **violazioni della costituzione in genere** (1917) determinando un incremento esponenziale dei ricorsi. Al punto che, con la riforma della costituzione del 1994, si stabilì che la competenza a decidere sui ricorsi spetta ai giudici federali; la Corte Suprema può avocare a sé i giudizi di *amparo* quando ritenga che sussista un interesse costituzionale che trascende il caso di specie. Certamente l'ordinamento giuridico messicano rappresenta un laboratorio di sperimentazione ed evoluzione dell'istituto che nel tempo si è andato articolando in una pluralità di procedimenti, finalizzati – come si diceva – non solo alla tutela dei diritti fondamentali[8].

L'istituto ha conosciuto una rilevante diffusione, in primo luogo in America latina, proprio per la sua idoneità a offrire un'ampia tutela giurisdizionale dei diritti e delle libertà fondamentali. Diciannove paesi iberoamericani hanno riconosciuto l'istituto nei rispettivi ordinamenti costituzionali (solo Uruguay e Repubblica Dominicana non prevedono specifiche disposizioni costituzionali al riguardo).

Anche in Europa l'istituto è stato progressivamente incorporato in diverse costituzioni: Germania, Austria, Spagna e Svizzera; successivamente diversi paesi dell'Europa centrale, orientale e nella ex Unione Sovietica hanno previsto nei propri ordinamenti costituzionali un meccanismo di accesso diretto alle Corti per difendere i propri diritti fondamentali (Albania, Croazia, Slovacchia, Slovenia, Georgia, Ungheria, Polonia, Repubblica Ceca, Macedonia, Russia, Serbia e Montenegro). Casi isolati di previsione di meccanismi giurisdizionali simili all'*amparo* si rinvengono in Africa e in Asia (Capo Verde, Corea del Sud, Macao).

---

[7] Nel 2011, per porre in qualche modo argine alla limitata efficacia del *recurso de amparo*, è stata approvata una revisione della costituzione che introduce una estensione degli effetti della pronuncia di incostituzionalità. In particolare, in base al nuovo art. 107, c. 2, cost., quando la Corte Suprema dichiara l'incostituzionalità di una norma generale per la seconda volta, ne dà informazione ufficiale all'autorità da cui quella norma promana. Ugualmente, si procede in tal modo quando la giurisprudenza dei giudici federali so mostri costante riguardo alla incostituzionalità di una norma. Decorsi novanta giorni senza che l'autorità informata abbia provveduto a rimuovere la causa della illegittimità costituzionale, la Corte suprema può dichiarare l'incostituzionalità della norma con effetti *erga omnes*. Da questa procedura sono escluse le norme in materia tributaria.

[8] Il *juicio de amparo* in Messico include tre tipi di procedimento: *amparo de la libertad e integridad personales*, che consente di impugnare gli atti e le omissioni che limitino la libertà e l'integrità personale al di fuori dei processi; *amparo contra leyes*, che denuncia la violazione di una libertà da parte di norme generali; *amparo judicial*, che consente di impugnare le decisioni giudiziali.

12. Il ricorso diretto a tutela dei diritti in Europa: Svizzera, Germania e Spagna

Le origini della giurisdizione costituzionale dei diritti e delle libertà in Europa devono farsi risalire ad alcune esperienze maturate nella Svizzera e nello Stato della Baviera.

La costituzione della **Confederazione Svizzera** nel 1848 prevedeva che nell'ipotesi di violazione dei diritti costituzionalmente garantiti poteva essere presentato ricorso per la loro tutela. In una prima fase il ricorso si doveva presentare all'Assemblea federale la quale, a suo insindacabile giudizio, valutava se sottoporre la questione al Tribunale federale. La funzione di filtro assegnata all'organo parlamentare rispondeva all'idea radicata in quell'epoca che il controllo sull'osservanza delle disposizioni costituzionali dovesse essere in primo luogo di tipo "politico". Con la revisione della costituzione federale del 1874 il filtro politico fu eliminato e si ammise il ricorso diretto al Tribunale federale da parte di chiunque ritenesse che un proprio diritto fosse stato leso da un atto emanato dalle autorità cantonali o federali. Anche in Germania, nell'ambito dei meccanismi volti ad assicurare il rispetto delle costituzioni, alcuni Stati avevano previsto il ricorso a tutela dei diritti seppure, in un primo tempo, attraverso la mediazione di organi politici (Württemberg, 1819, Baviera, 1818). Ma è a partire dalla costituzione austriaca del 1920 che si realizza in Europa il primo modello compiuto di ricorso costituzionale a tutela dei diritti (Rolla). Su queste basi poggiano le esperienze odierne di maggior rilievo in tema di tutela dei diritti fondamentali attraverso l'accesso diretto ai tribunali costituzionali, vale a dire le esperienze tedesca e spagnola.

In **Germania**, il ricorso costituzionale diretto al Tribunale costituzionale federale (***Verfassungsbeschwerde***) rappresenta la principale attività, in termini quantitativi, dell'organo di giustizia costituzionale. Contro un atto legislativo, amministrativo o giudiziario, chiunque (cittadino o straniero, persona fisica o giuridica) può presentare ricorso al Tribunale costituzionale federale se ritiene che sia stato leso, in modo diretto, attuale e individuale, un proprio diritto fondamentale garantito dalla costituzione. Nel sistema costituzionale tedesco, il ricorso individuale diretto è ritenuto uno strumento **straordinario e sussidiario**; ci si può avvalere di questo strumento solo se siano stati esperiti tutti gli altri rimedi previsti per rimuovere gli effetti della violazione di un diritto fondamentale. La straordinarietà del ricorso non impedisce tuttavia che il fenomeno si presenti come ipertrofico e dilagante, al punto da interessare la massima parte del lavoro svolto dal Tribunale costituzionale federale; peraltro, la percentuale dei ricorsi accolti risulta bassissima, inferiore al 2,5% del totale dei ricorsi, pur in presenza di sanzioni pecuniarie a carico dei ricorsi temerari.

Dunque, in fase preliminare, il Tribunale verifica l'**ammissibilità del ricorso** sulla base di tre principali criteri: la fondamentale rilevanza costituzionale della lesione lamentata, il carattere particolarmente rilevante del diritto che si vuole garantire, il grado di gravità delle conseguenze che potrebbero colpire il ricorrente nel caso in cui il ricorso fosse respinto. Si tratta evidentemente di valutazioni in gran parte rimesse alla valutazione giurisprudenziale del Tribunale. La decisione conclusiva, in caso di accoglimento del ricorso, produce **effetti *erga omnes*** e determina la nullità, totale o parziale, della legge; l'annullamento dell'atto amministrativo o la sospensione del provvedimento giudiziario. Merita poi di essere segnalata la possibilità che i Comuni presentino un ricorso costituzionale diretto per la tutela del proprio **diritto all'autogoverno comunale** (art. 28 GG). Si tratta del diritto riconosciuto dalla costituzione ai Comuni di regolare, sotto la propria responsabilità, tutti gli affari della comunità locale nell'ambito delle leggi.

Anche l'ordinamento costituzionale della **Spagna** prevede il controllo concreto di costituzionalità per la tutela dei diritti fondamentali sanciti dalla costituzione. Contro le violazioni e le lesioni dei diritti proclamati dagli articoli 14-30 della costituzione (principio di uguaglianza, diritti fondamentali e libertà pubbliche, obiezione di coscienza) **ogni persona, fisica o giuridica**, può presentare **ricorso di *amparo*.** Il ricorso può essere presentato anche dal ***defensor del pueblo* e dal procuratore generale**. Oggetto del ricorso può essere l'atto posto in essere da qualunque pubblico potere. Per contenere in qualche modo l'abuso di tale strumento, anche in Spagna l'ordinamento dispone che al ricorso di *amparo* costituzionale si acceda solo dopo aver esperito tutti i rimedi previsti a tutela dei diritti. In particolare, quando si ritenga che gli organi giudiziari competenti non abbiano provveduto a porre rimedio alle violazioni lamentate dei diritti e delle libertà fondamentali. Sicché, in genere, il ricorso è rivolto contro le decisioni giudiziali che, a detta dei ricorrenti, non hanno rimosso le lesioni lamentate. L'esperienza mostra che la maggioranza dei ricorsi di *amparo* presentati al Tribunale costituzionale sono rigettati in fase preliminare di ammissibilità per carenza sostanziale, mancando il più delle volte il fondamento costituzionale della violazione lamentata. Nel caso di malafede o abuso del diritto alla presentazione del ricorso, l'ordinamento prevede l'irrogazione di sanzioni pecuniarie (lite temeraria); ciononondimeno, il numero dei ricorsi eccede di molto quelli meritevoli di essere accolti e intasa il lavoro del Tribunale.

La costituzione della **Svizzera** (art. 116) prevede la possibilità che una vasta gamma di soggetti possano adire il Tribunale federale a garanzia dei propri diritti. Si tratta del "ricorso in materia costituzionale" per la censura delle "violazioni dei diritti costituzionali", vale a dire dei diritti fondamentali. In linea generale, l'atto sindacabile può essere di tipo legislativo, amministrativo e giurisdizionale. Secondo la giurisprudenza del Tribunale federale, le disposizioni costituzionali che riservano al cittadino una sfera di protezione contro l'invadenza dello Stato o che tutelano interessi privati, sono volte a garantire diritti fondamentali. Tuttavia, essendo la materia dei diritti e delle libertà diffusamente disciplinata nelle costituzioni cantonali, il Tribunale federale esercita le proprie funzioni di garanzia anche avendo riguardo ai **diritti costituzionali cantonali** dei quali si lamenti la lesione, nonché dei diritti che derivano dalla CEDU o da altre Convenzioni internazionali.

Il modello della *Verfassungbeschwerde* tedesca è stato accolto in maniera diffusa dalle costituzioni dei paesi dell'**Europa centro orientale** all'indomani della caduta del muro di Berlino. Per ragioni di ordine storico-politico ben comprensibili, le costituzioni di quei paesi hanno previsto meccanismi di ricorso individuale del privato cittadino direttamente dinanzi alle Corti costituzionali, per lamentare la lesione dei diritti fondamentali da parte di un atto amministrativo, di una decisione giurisdizionale di ultima istanza oppure di un atto normativo (Croazia, Slovenia, Polonia, Ungheria).

13. La tutela "multilivello" dei diritti

Le trasformazioni indotte dalla globalizzazione delle relazioni economiche e politiche hanno prodotto conseguenze rilevanti sul ruolo degli Stati nei vari ambiti riservati tradizionalmente alla loro piena sovranità. Soprattutto a partire dalla seconda metà del Novecento, si è venuta gradualmente manifestando una sorta di **tutela multilivello dei diritti fondamentali**: senza togliere agli Stati nazionali quella centralità di ruolo nella tutela dei diritti proclamati dalle rispettive costituzioni, ad essi si sono affiancati livelli di tutela internazionale e sovranazionale che hanno certamente contribuito a rafforzare la sensibilità universale verso i diritti della persona. Abbiamo già considerato nella prima parte di questo capitolo le Dichiarazioni e le Convenzioni che si sono succedute, su scala internazionale e regionale, con l'obiettivo di promuovere e consolidare la protezione dei diritti dell'uomo. Il moltiplicarsi dei documenti di diritto internazionale e sovranazionale rappresenta un fenomeno di progressiva integrazione della sfera della normativa nazionale in materia di diritti fondamentali. Le proclamazioni e le declinazioni dei diritti contenute nelle costituzioni nazionali vengono integrate, estese nella loro portata, rafforzate nella loro efficacia dalle dichiarazioni internazionali sottoscritte dagli stessi Stati. Se si guarda però alla **tutela giurisdizionale dei diritti** affermati, con specifico riferimento alla possibilità di agire per la tutela delle situazioni giuridiche soggettive lese, la sede principale resta pur sempre il livello statale.

La comunità internazionale, che in origine si è andata configurando come comunità di soli Stati, è andata gradualmente includendo tra i soggetti internazionali legittimati ad agire a quel livello anche entità diverse dagli Stati (per esempio, i governi in esilio, i popoli, i movimenti di liberazione nazionale, eccetera). Tuttavia, per effetto delle dichiarazioni internazionali sulla tutela dei diritti, sia di taglio universale che speciale, la posizione della persona individuale ha assunto un qualche rilievo anche per il diritto internazionale.

Le norme poste a tutela dei diritti umani si rivolgono principalmente agli Stati; esse sono fonte di obblighi degli Stati firmatari di fronte alla comunità internazionale e pertanto può essere fatta valere la loro responsabilità per gli atti lesivi dei diritti fondamentali. Le costituzioni degli Stati spesso prevedono l'adeguamento dell'ordinamento interno alle norme internazionali generalmente riconosciute. È il caso dell'art. 11 della costituzione italiana; ancor più chiaramente l'art. 25 della Legge Fondamentale tedesca prevede che le regole generali del diritto internazionale siano considerate parte integrante del diritto federale e che, prevalendo sulle leggi, fanno sorgere diritti e doveri immediati per gli abitanti del territorio federale.

Si tratta di riferimenti normativi che consentono l'incorporazione automatica del diritto internazionale dei diritti umani nell'ordinamento statale. La tutela giurisdizionale dei diritti resta pertanto saldamente nella sfera di pertinenza degli organi statali, anche quando quei diritti siano internazionalmente riconosciuti. In linea generale le dichiarazioni internazionali per la tutela dei diritti affermano la necessità che gli individui siano messi in condizione, nei rispettivi ordinamenti, di agire per la tutela effettiva dei propri diritti fondamentali[9]; raramente contemplano la possibilità che i titolari dei diritti lesi possano agire giurisdizionalmente dinanzi a organismi internazionali per la protezione delle proprie situazioni giuridiche soggettive. È compito degli Stati garantire al loro interno la valenza delle dichiarazioni internazionali: la tutela dei diritti umani che deriva dalle disposizioni di diritto internazionale impegna direttamente gli Stati. Stati che in linea di tendenza conservano una sorta di **monopolio della tutela giurisdizionale dei diritti**, mentre – come si diceva sopra – hanno perso il monopolio della declaratoria dei diritti.

L'accentramento della tutela giurisdizionale dei diritti nelle mani degli Stati ha conosciuto tuttavia una progressiva evoluzione caratterizzata dall'emergere del ruolo della persona quale attore della tutela dei propri diritti, con la possibilità di accedere in via diretta a organi giurisdizionali istituiti sulla base di accor-

---

[9] Infatti, accanto alla costituzionalizzazione del meccanismo giurisdizionale di tutela delle libertà, devono registrarsi anche i riferimenti rinvenibili nelle Dichiarazioni di livello internazionale e regionale. Così, nella Dichiarazione universale dei diritti dell'uomo del 1948 si prevede la necessità che i paesi firmatari riconoscano nei propri ordinamenti un procedimento semplice e breve che tuteli i singoli contro le violazioni dei diritti 8). Una previsione simile si rinviene nella Dichiarazione americana dei diritti e dei doveri nel 1948 (art. 18). La Convenzione americana di San José (1969) prevede il diritto di ciascuno «a un ricorso semplice e rapido ... che lo tuteli contro atti che violino i suoi diritti fondamentali riconosciuti dalla costituzione, dalla legge o dalla presente Convenzione» (art. 25, c. 1). Nel continente europeo, la Convenzione per la tutela dei diritti e delle libertà fondamentali del 1950 (art. 13) e la Carta di Nizza del 2000 (art. 45) hanno previsto il diritto di ogni persona a un ricorso effettivo e a un tribunale imparziale per ottenere la tutela dei propri diritti e delle proprie libertà qualora abbiano subito una violazione.

di internazionali o di carattere sovranazionale. Si tratta di un'evoluzione che si è potuta registrare soprattutto con riferimento alla sfera della regionalizzazione dei diritti umani; in particolare, nel contesto europeo e nel quadro di un sistema caratterizzato dal c.d. «costituzionalismo multilivello» (Pernice). Secondo questa prospettiva, le costituzioni degli Stati membri, da un lato, e il diritto primario dell'Unione Europea, dall'altro, rappresentano due elementi di un sistema costituzionale composito e integrato; il costituzionalismo multilivello si esprime nel fatto che i due livelli costituzionali, quello nazionale e quello sovranazionale, si influenzano reciprocamente dando luogo ad una dinamica costante di interscambio e di interferenze in diversi ambiti, ma specialmente nella sfera della tutela dei diritti fondamentali. Non diversamente accade in America latina in applicazione del patto di San José.

14. La Convenzione europea dei diritti dell'uomo e la tutela dei diritti

Nel continente europeo la tutela dei diritti rappresenta una sorta di apparato di difesa dei valori comuni della tradizione occidentale. Per questa ragione l'impianto complessivo che mira a salvaguardare i diritti della persona poggia su tre diversi tipi di ordinamenti giuridici: l'ordinamento nazionale, l'ordinamento comunitario e l'ordinamento internazionale.

La **Convenzione europea dei diritti dell'uomo** è un accordo internazionale multilaterale a carattere regionale; spetta agli Stati contraenti determinare, al proprio interno, le modalità e il grado di tutela da apprestare a favore dei diritti proclamati, considerato che il fine ultimo delle disposizioni convenzionali è quello di assicurare l'armonizzazione dei parametri di tutela negli Stati parte. La Convenzione prevede all'art. 19 l'istituzione di una **Corte europea dei diritti dell'uomo** (**Corte EDU**, con sede a Strasburgo), dinanzi alla quale un privato cittadino, un'organizzazione non governativa o un gruppo di privati può presentare ricorso per lamentare la violazione dei diritti riconosciuti nella convenzione e nei suoi protocolli da parte delle autorità pubbliche di uno Stato contraente (art. 34).

L'accesso diretto alla Corte europea dei diritti dell'uomo ha **carattere sussidiario**: è possibile far valere la lesione di un diritto dinanzi ad essa solo dopo aver esperito i rimedi consentiti all'interno dell'ordinamento nazionale. Dunque, lo Stato può essere convenuto in giudizio dinanzi alla Corte sulla base della impugnativa di atti, comportamenti o omissioni, che sono espressione dei suoi poteri: atti amministrativi, decisioni giurisdizionali, atti legislativi, comportamenti omissivi. Il giudizio della Corte mira a verificare se l'atto o il comportamento posto in essere dallo Stato risulti lesivo di uno dei diritti sanciti dalla Convenzione; non si tratta di mettere a confronto le disposizioni convenzionali con la normativa nazionale, ma piuttosto verificare che l'azione degli Stati contraenti sia coerente con i valori riconosciuti all'atto della sottoscrizione della Convenzione.

Ricorrendo circostanze eccezionali, la stessa Convenzione prevede che gli Stati contraenti possano adottare misure in deroga rispetto agli obblighi previsti (art. 15). Di queste misure dovranno essere fornite le ragioni e i contenuti. La Corte di Strasburgo ha affermato la propria competenza a esercitare il sindacato sulla ragionevolezza delle misure adottate in deroga. Essa ha riconosciuto l'esistenza di un "**margine di apprezzamento**" in capo agli Stati circa la necessità di introdurre limitazioni dei diritti e delle libertà; si tratta di un apprezzamento discrezionale che deve contemperare la tutela dei diritti e delle libertà con l'esigenza di assicurare gli interessi generali fondamentali dello Stato; alla Corte spetta solo di valutare la ragionevolezza della scelta politica operata qualora fosse adita. La giurisprudenza della Corte ha mostrato nel tempo di sapersi avvalere delle tecniche diffuse tra le Corti costituzionali nazionali: dal **bilanciamento** tra diritti, tra diritti e valori o interessi generali della comunità, all'applicazione del **principio di proporzionalità**; ha generalmente utilizzato formule di interpretazione delle disposizioni convenzionali di tipo estensivo. In quanto organo di un ordinamento internazionale, privo di una legittimazione democratica, la Corte non è chiamata ad applicare leggi o atti normativi che sono il prodotto della manifestazione della sovranità popolare; essa interpreta e applica disposizioni della Convenzione e pertanto la sua giurisprudenza è destinata a vincolare gli atti e i comportamenti degli Stati contraenti.

15. La Corte di giustizia europea e la tutela dei diritti

Originariamente, l'ordinamento comunitario aveva previsto un sistema di tutela dei diritti fondamentali riconosciuti dai Trattati istitutivi coordinato con il sistema di tutela assicurato dalle costituzioni nazionali. Secondo una visione ordinata del complesso sistema, i **diritti fondamentali comunitari** erano garantiti dalla **Corte di giustizia** nei confronti degli atti delle istituzioni comunitarie, sulla base dei principi derivati dalle costituzioni nazionali degli Stati membri e dalla Convenzione europea. Parallelamente, le Corti costituzionali degli Stati membri erano chiamate a garantire i diritti e le libertà fondamentali sancite dalle rispettive costituzioni nei riguardi degli atti delle autorità nazionali, salvo il caso in cui tali atti dessero attuazione a disposizioni comunitarie. Questa netta separazione degli ambiti di intervento non ha retto alla prova dei fatti. Tant'è che ben presto si sono andate configurando alcune problematiche proprio con riferimento alla sovrapposizione tra le due sfere di tutela dei diritti; ci si riferisce al tema dei **controlimiti** e a quella della ***incorporation***.

Quanto alla prima problematica, essa scaturì dalla presa di posizione delle Corti costituzionali italiana e tedesca: per quanto la giurisprudenza della Corte di giustizia di Lussemburgo in tema di tutela dei diritti fondamentali avesse sempre fatto riferimento alle **tradizioni costituzionali comuni** agli Stati membri, le Corti in questione hanno affermato che diritti inviolabili tutelati dalle costituzioni nazionali rappresentano un limite anche per le istituzioni comunitarie. Pertanto, la tutela del nucleo essenziale di diritti fondamentali sanciti dalle costituzioni nazionali deve restare saldamente nelle mani delle Corti costituzionali, anche quando la loro violazione derivi da atti delle istituzioni comunitarie. In base alla **dottrina dei controlimiti**, dunque, la giustizia costituzionale nazionale non può osservare il principio della separazione degli ordinamenti quando gli atti comunitari ledano i diritti fondamentali e i valori dell'ordinamento costituzionale nazionale. Nell'esperienza concreta, questa dottrina ha mantenuto una valenza puramente teorica; nei fatti essa non ha trovato l'occasione di essere applicata stante l'evoluzione della giurisprudenza della Corte di giustizia nel senso di una piena adesione ai principi e ai valori della tradizione costituzionale degli Stati membri.

Di segno opposto alla dottrina dei controlimiti è la **teoria della *incorporation*** elaborata dalla Corte di giustizia. Muovendo pur sempre dal tema della sovrapposizione tra la tutela nazionale e la tutela comunitaria dei diritti fondamentali, la Corte di giustizia ha sviluppato una giurisprudenza di tipo espansivo in ordine al campo di applicazione dei diritti fondamentali comunitari. Essa infatti ha ritenuto di poter valutare la compatibilità con la tutela dei diritti fondamentali comunitari non solo degli atti delle istituzioni comunitarie, ma anche degli atti delle autorità nazionali in due ipotesi principali: in primo luogo, quando gli Stati pongono in essere atti destinati a dare attuazione e applicazione al diritto comunitario; in secondo luogo, quando gli Stati introducono limiti all'esercizio delle libertà economiche fondamentali garantite dal diritto dell'Unione, invocando le cause di giustificazione previste dai trattati. Ricorrendo queste circostanze, la Corte di giustizia di Lussemburgo ha ritenuto di poter esercitare un controllo ai fini della tutela dei diritti fondamentali anche sugli atti delle autorità nazionali.

Entrambe le teorie, quella dei controlimiti e quella della *incorporation*, hanno conosciuto una affermazione teorica forte, controbilanciata da una applicazione concreta assai prudente. Si tratta però di elementi che lasciano intendere come la netta separazione tra i due livelli ordinamentali, nazionale e comunitario, in tema di tutela dei diritti fondamentali sia assai difficile da preservare. È in questo scenario che la Corte di giustizia ha gradualmente dato un decisivo impulso alla tutela dei diritti a livello sovranazionale, includendo nella sua azione anche **situazioni giuridiche soggettive non espressamente contemplate nei trattati**. In una prima fase, la Corte di Lussemburgo si è limitata a tutelare i diritti e le libertà attinenti la sfera economica; successivamente, con l'avvio del processo di integrazione politica, si è andata delineando una visione degli individui non solo come soggetti economici, ma anche come persone. In questa prospettiva, la Corte di giustizia ha progressivamente esteso la sua azione di garanzia anche verso diritti non espressamente tutelati della normativa comunitaria e richiamandosi ai diritti sanciti dalla Convenzione europea dei diritti dell'uomo e ai diritti facenti parte, per tradizione, del patrimonio costituzionale degli Stati membri.

Con l'approvazione della **Carta dei diritti di Nizza** (2000) e la sua incorporazione nel **Trattato di Lisbona** (2009, art. 6 TUE), che le ha conferito la medesima forza vincolante dei trattati, il livello di tutela dei diritti e delle libertà fondamentali che la Corte di giustizia è in condizione di assicurare è certamente di grado superiore rispetto agli standard garantiti dalla CEDU. Ma, come si precisa nella stessa Carta, da un lato, la definizione del significato e l'interpretazione delle disposizioni che delineano i diritti e le libertà meritevoli di tutela deve tener conto delle tradizioni costituzionali comuni agli Stati membri, nonché delle legislazioni e delle prassi nazionali. Dall'altro, la forza espansiva dei diritti proclamati nella Carta di Nizza si scontra con la **natura limitata dell'ambito di applicazione** della stessa ai sensi dell'art. 51: «Le disposizioni della presente Carta si applicano alle istituzioni, organi e organismi dell'Unione nel rispetto del principio di sussidiarietà, come pure agli Stati membri esclusivamente nell'attuazione del diritto dell'Unione. Pertanto, i suddetti soggetti rispettano i diritti, osservano i principi e ne promuovono l'applicazione secondo le rispettive competenze e nel rispetto dei limiti delle competenze conferite all'Unione nei trattati.»

Il disegno, ancorché non perfettamente coordinato, che sembra emergere affida la tutela dei diritti e delle libertà fondamentali a un **sistema di protezione multilivello** basato su quella osmosi che nel tempo si è venuta determinando tra l'ordinamento sovranazionale (Corte di giustizia e Corte europea dei diritti dell'uomo) e gli ordinamenti nazionali. Ora, l'art. 263, c. 4, TFUE, prevede che «qualsiasi persona fisica o giuridica può proporre un ricorso [*dinanzi alla Corte di giustizia*] contro gli atti adottati nei suoi confronti o che la riguardano direttamente e individualmente, e contro gli atti regolamentari che la riguardano direttamente e che non comportano alcuna misura di esecuzione». La Corte, come ha dimostrato nella sua giurisprudenza, non soltanto ha in genere interpretato in senso restrittivo le condizioni di ammissibilità del ricorso; ma soprattutto non sembra interpretare il ruolo di una **corte dei diritti**. In effetti, limitandosi a considerare la più recente giurisprudenza nella quale vengono in rilievo i diritti fondamentali, appare chiaramente che il fine ultimo della Corte non è tanto quello di apprestare una tutela dei diritti in quanto tali, ma piuttosto l'affermazione del **primato del diritto dell'Unione** da cui quei diritti promanano. Come la stessa Corte sostiene, l'azione di protezione dei diritti fondamentali è resa necessaria dalla esigenza di evitare una tutela dei diritti stessi variabile a seconda dell'ordinamento nazionale; il che pregiudicherebbe «l'unità, il primato e l'effettività del diritto dell'unione» (C-206/13 del 6 marzo 2014).

16. La tutela giurisdizionale sovranazionale dei diritti in America e in Africa

Allo scopo di promuovere il rispetto dei diritti umani in tutti gli Stati membri dell'OSA, l'**Organizzazione degli Stati Americani** (*supra*, § 8.2), nel 1959 viene istituita la **Commissione interamericana dei diritti umani**. Si tratta di un organo politico che svolge principalmente attività di promozione dei diritti (elabora e pubblica rapporti su temi specifici, pubblica il rapporto annuale sullo stato dei diritti umani nei paesi membri dell'OSA, promuove eventi educativi e formativi); svolge inoltre attività di protezione dei diritti: promuove inchieste e indagini su situazioni particolari di violazione dei diritti sulla base di **petizioni individuali** o anche sulla base delle comunicazioni ricevute da uno Stato membro circa le presunte violazioni dei diritti umani commesse da un altro Stato dell'Organizzazione; rivolge raccomandazioni agli Stati membri e in casi urgenti richiede che siano adottate misure cautelari.

Nel 1969, ispirandosi diffusamente alla Convenzione europea del 1950, il Consiglio permanente dell'OSA riunito a San José di Costarica, approva la **Convenzione americana dei diritti dell'uomo** (c.d. **Patto di San José**) e, con essa, istituisce la **Corte interamericana dei diritti**. Istituita con la funzione di proteggere i diritti umani in relazione agli impegni assunti dagli Stati aderenti al Patto, essa è venuta assumendo un ruolo di grande rilievo. La Corte, che ha iniziato a funzionare in concreto nel 1979, esercita principalmente due funzioni: l'una **consultiva**, sulla interpretazione e applicazione della Convenzione; l'altra **contenziosa**, sui ricorsi presentati da uno Stato membro per far valere la responsabilità di un altro Stato componente dell'OSA per violazione dei diritti sanciti dalla Convenzione. Si tratta di funzioni complementari rispetto a quelle esercitate dalla Commissione interamericana: in particolare la Corte viene sentita sulla compatibilità delle leggi con gli strumenti internazionali a tutela dei diritti; predispone un rapporto annuale per l'Assemblea generale dell'OSA segnalando i casi in cui uno Stato si sia sottratto all'esecuzione delle misure dettate dalla stessa Corte.

Il sistema regionale americano di tutela dei diritti dell'uomo presenta una particolare asimmetria: l'apparato di protezione dei diritti fa leva su un organo politico, la Commissione interamericana, dinanzi alla quale il singolo individuo può portare la propria istanza senza particolari condizioni (ad esempio, non è necessario aver esaurito i rimedi domestici): la Convenzione di San José infatti considera il ricorso individuale come lo strumento primario di attivazione delle funzioni ispettive della Commissione, mentre il ricorso interstatale è ritenuto eccezionale. Sicché, mentre in virtù di questa apertura, alla singola persona, ma anche ai gruppi di individui e alle organizzazioni non governative, è riconosciuta la legittimazione attiva dinanzi alla Commissione interamericana, la stessa apertura non si registra per la Corte interamericana dei diritti umani, alla quale si possono rivolgere la Commissione, gli Stati, ma non i singoli o i gruppi di individui.

La tutela effettiva dei diritti enunciati nella Carta di Banjul (*supra*, § 8.3), in Africa, secondo uno schema che si rifà alla CEDU e adottato anche dall'OSA, fa perno su due istituzioni: la **Commissione africana dei diritti dell'uomo** e la **Corte africana dei diritti dell'uomo**.

La **Commissione**, il cui regolamento di attuazione è stato adottato nell'ottobre del 1995, è un organo di natura politica con il compito di promuovere i diritti umani e i diritti dei popoli, secondo la concezione africana; garantire la protezione degli stessi diritti e fornire pareri sulla interpretazione delle disposizioni della Carta. Oltre alla predisposizione periodica di rapporti sullo stato di attuazione delle disposizioni convenzionali, la Commissione può avviare procedure di inchiesta sulla violazione dei diritti sulla base di istanze presentate dagli Stati, ma anche da individui o da organizzazioni non governative. Tuttavia, le risoluzioni adottate dalla Commissione non hanno efficacia vincolante per gli Stati; anche per questa ragione, l'Organizzazione dell'Unità Africana (OUA) con un protocollo aggiuntivo alla *Carta di Banjul* sottoscritto il 10 giugno 1998 a Ouagadougou (Burkina Faso), ha istituito la **Corte africana** dei diritti dell'uomo e dei popoli. Il protocollo è entrato in vigore nel gennaio 2004, ma la Corte ha materialmente iniziato a operare solo a partire dal 2006. Nel frattempo l'Unione Africana (UA), istituita nel 2000 a Lomè (Togo), si è sostituita all'OUA.

In base alle disposizioni del protocollo istitutivo, la Corte può essere adita dalla Commissione, da uno Stato membro, oppure da singoli individui e organizzazioni non governative. La possibilità che la Corte si pronunci su un'istanza proveniente da un individuo o da una ONG è subordinato alla condizione che lo Stato imputato di aver violato i diritti sanciti nella Carta abbia ammesso questa possibilità; e cioè di essere chiamato in causa per violazione dei diritti da parte di un singolo individuo o di una ONG. La possibilità di ricorrere alla Corte è subordinata all'esaurirsi dei rimedi giurisdizionali interni. L'esecuzione da parte dello Stato condannato è puramente volontaria ed è soggetta al controllo del Consiglio dei ministri dei paesi aderenti. La Corte, in casi di straordinaria necessità e urgenza, al fine di evitare danni irreparabili alle persone, può ordinare le misure provvisorie necessarie.

Con il protocollo di Maputo (Mozambico) del 2003, l'UA ha istituito una corte parallela, la **Corte di giustizia dell'Unione Africana**, con finalità di interpretazione e applicazione dell'Atto istitutivo dell'UA e di tutte le altre disposizioni di diritto internazionale. Anche questa Corte può essere adita dai singoli e dalle ONG. Il protocollo di Malabo (Guinea Equatoriale) del dr 2014, ha stabilito che la Corte di giustizia e dei diritti umani assorba le funzioni della Corte africana dei diritti umani, con la conseguente cessazione di quest'ultima. Il quadro complessivo appare disorganico e l'istituzione di organismi destinati a rendere effettiva la tutela dei diritti umani a livello sovrastatale in Africa ha finora prodotto un sistema che risulta ancora alquanto rudimentale.

Con riferimento alle regioni del **mondo arabo** e **asiatico**, non si danno al momento strumenti sovranazionali di un qualche rilievo destinati ad assicurare la tutela giurisdizionale dei diritti. In Asia, come si è detto (*supra*, § 8.5), manca una Carta sovranazionale che affermi la tutela dei diritti umani; nel mondo arabo i documenti internazionali sono stati elaborati e sottoscritti, ma in essi in genere si limitano alla enunciazione dei diritti senza fare il minimo riferimento alla predisposizione di sistemi sovranazionali di tutela dei diritti (*supra*, § 8.4).

Riferimenti bibliografici

La letteratura sul tema è sterminata. Per un inquadramento storico e filosofico: C.H. McIlwain, *The American Revolution: a Constitutional Interpretation*, Cornell U.P., Ithaca, 1923, trad. it. il Mulino, Bologna, 1965; G. Peces-Barba Martínez, *Derechos fundamentales, Teoria dei diritti fondamentali*, Giuffrè, Milano, 1993; R. Dworkin, *Taking Rights Seriously*, Bloomsbury, London-New York, 1977, trad. it. *I diritti presi sul serio*, il Mulino, Bologna, 1982; R. Alexy, *A theory of constitutional rights*, Oxford U.P., Oxford, 2002; trad. it. *Teoria dei diritti fondamentali*, il Mulino, Bologna, 2012; N. Bobbio, *L'età dei diritti*, Einaudi, Torino, 1992; L. Ferrajoli, *Diritti fondamentali*, Laterza, Roma-Bari, 2008; F. Viola, *Etica e metaetica dei diritti umani*, Giappichelli, Torino, 2000; C. Gearty, *Can Human Rights Survive?*, Cambridge U.P., Cambridge, 2006.

In relazione allo Stato e alla costituzione: J. Habermas, *Die Einbeziehung des Anderen. Studien zur politischen Theorie*, Suhrkamp, Frankfurt a.M., 1996, trad. it. *Legittimazione tramite diritti umani*, in Id., *L'inclusione dell'altro. Studi di teoria politica*, Feltrinelli, Milano, 1998; P. Ridola, *Diritti di libertà e costituzionalismo*, Giappichelli, Torino, 1997; A.V. Dicey, *An Introduction to the Study of the Law of the Constitution*, 1885, trad. it. *Introduzione allo studio del diritto costituzionale. Le basi del costituzionalismo inglese*, il Mulino, Bologna, 2003. Sulla dimensione sovranazionale dei diritti fondamentali: P. Alston, *Diritti umani e globalizzazione. Il ruolo dell'Europa*, Gruppo Abele, Torino, 2002; I. Pernice, *Multilevel constitutionalism in the European Union*, in *European Law Review*, 1999; A. Pisanò, *I diritti umani come fenomeno cosmopolita*, Giuffrè, Milano, 2011; I. Trujillo, *Giustizia globale. Le nuove frontiere dell'uguaglianza*, il Mulino, Bologna, 2007; M. Cartabia (ed.), *I diritti in azione*, il Mulino, Bologna, 2007; F. Macmillan, *The World Trade Organization and Human Rights*, Hart, London, 2015. Per un riferimento all'inquadramento del tema dei diritti fondamentali nelle diverse aree culturali: D. Anselmo, *Shari'a e diritti umani*, Giappichelli, Torino, 2007; G. Bognetti, *Lo spirito del costituzionalismo americano. La Costituzione democratica*, 2 voll., Giappichelli, Torino, 2000; G.F. Ferrari, *Le libertà. Profili comparatistici*, Giappichelli, Torino, 2011; K. Gledhill, *Human Rights Acts. The Mechanisms Compared*, Hart, London, 2015; J. Brage Camazano, *Lo límites a los derechos fundamentales*, Dykinson, Madrid, 2004. A proposito del principio di uguaglianza, nell'ottica che qui interessa, possono vedersi: A.K. Sen, *Inequality Reexamined*, Oxford U.P., Oxford, 1992, trad. it. *La diseguaglianza*, il Mulino, Bologna, 1994; L. Paladin, *Il principio costituzionale di uguaglianza*, Giuffrè, Milano, 1965; A. Giorgis, *La costituzionalizzazione dei diritti al-*

l'uguaglianza sostanziale, Jovene, Napoli 1999; e soprattutto i saggi raccolti da M. CARTABIA, T. VETTOR (eds.), *Le ragioni dell'uguaglianza*, Giuffrè, Milano, 2009.

Infine, a proposito dei meccanismi giurisdizionali di tutela dei diritti fondamentali: M. CAPPELLETTI, *Il controllo giudiziario di costituzionalità delle leggi nel diritto comparato*, Giuffrè, Milano, 1976; L. PALADIN, *La tutela delle libertà fondamentali offerta dalle Corti costituzionali europee: spunti comparatistici*, in ID., *Le garanzie giurisdizionali dei diritti fondamentali*, Cedam, Padova, 1988; G. ROLLA, *La tutela dei diritti costituzionali*, Carocci, Roma, 2012. Sull'*amparo* in generale: H. FIX-ZAMUDIO, E. FERRER MAC-GREGOR (eds.), *El derecho de amparo en el mundo*, Unam-Iij, México, 2006; sull'*amparo* spagnolo dopo la riforma: F. FERNÁNDEZ SEGADO, *La reforma del régimen jurídico-procesal del recurso de amparo*, Dykinson, Madrid, 2008; sul *Verfassungsbeschwerde*: R. ZUCK, *Das Recht der Verfassungsbeschwerde*, 2ª ed., Zuck, Munchen, 1988; sulla tutela multilivello: A. D'ATENA, P. GROSSI (eds.) *Tutela dei diritti fondamentali e costituzionalismo multilivello. Tra Europa e Stati nazionali*, Giuffrè, Milano, 2004; G. DE VERGOTTINI, *Oltre il dialogo tra le Corti. Giudici, diritto straniero, comparazione*, il Mulino, Bologna, 2010; S. PANUNZIO, *I diritti fondamentali e le Corti in Europa*, Jovene, Napoli, 2005.

CAPITOLO VI

La distribuzione territoriale dei poteri: tipi di Stato e Unione Europea

di *Mauro Volpi*

Sezione I – *I tipi di Stato*

1. Stato unitario e Stato composto

Si è visto in precedenza (cap. IV, § 1) che uno dei criteri utili a distinguere le forme di Stato è quello dell'esistenza o meno di una separazione tra i poteri collocati al vertice dello Stato. Accanto a questa **separazione orizzontale**, che riguarda poteri tra loro equiparati, può essere prevista una **separazione verticale** che intercorre tra Stato centrale ed enti territoriali decentrati, i quali sono autonomi rispetto allo Stato senza essere a esso parificati.

Alla luce del secondo dei significati richiamati, si opera la distinzione fra **Stato unitario e Stato composto**, definito da alcuni autori anche come "autonomico" (Reposo). La prima ipotesi si verifica quando il potere viene attribuito solo allo Stato centrale o a soggetti periferici da esso dipendenti (in questo caso si parla di **decentramento burocratico** o funzionale, in quanto tali soggetti fanno parte dell'organizzazione dello Stato) o ad istituzioni territoriali dotate di condizioni di autonomia assai ridotte e che non sono direttamente rappresentative delle popolazioni locali. Lo Stato composto si realizza quando il potere viene distribuito fra lo Stato centrale ed enti territoriali titolari di poteri propri, anche legislativi e di indirizzo politico, e dotati di organi rappresentativi delle popolazioni locali (in questo caso si parla di **decentramento politico** o istituzionale, trattandosi di istituzioni distinte e autonome rispetto a quelle statali).

Lo Stato unitario ha caratterizzato alcuni paesi europei che hanno avuto storicamente una forte impronta di tipo centralistico (Francia, Spagna, Italia) ed è tipico della grande maggioranza dei paesi in via di sviluppo. Al contrario negli Stati Uniti, in Svizzera e in Germania lo Stato nazionale è nato come Stato federale, costituendo il modello originario dello Stato composto. Tuttavia negli ultimi decenni si sono verificati processi di decentramento politico in molti paesi, derivanti da forti rivendicazioni autonomistiche, nazionali o regionali. Questo fenomeno interno agli Stati, e quello parallelo di partecipazione degli Stati a organismi di tipo sovranazionale all'esterno, hanno messo in crisi la tradizionale concezione della sovranità assoluta dello Stato. Alla luce di tale evoluzione è possibile individuare varie ipotesi di tipo federativo non tutte rientranti nella storica e tradizionale contrapposizione fra Stato unitario e Stato federale.

Storicamente viene innanzitutto in considerazione la **Confederazione di Stati**, i cui esempi più noti sono quelli degli Stati Uniti (1777-1787), della Svizzera (1815-1848) e della Germania (1815-1867). In questa ipotesi vari Stati indipendenti e sovrani danno vita a un'organizzazione comune per affrontare questioni di carattere economico e militare. Ma questa unione non dà vita a un nuovo tipo di Stato, in quanto si fonda su un patto di diritto internazionale liberamente sottoscritto, e in ogni momento revocabile, dagli Stati partecipanti, e non su una costituzione posta al vertice di un nuovo ordinamento giuridico statale.

Le caratteristiche essenziali della Confederazione consistono nell'esistenza di un'**organizzazione comune semplificata**, che prevede un organo rappresentativo dei vari Stati titolare di alcuni poteri in materia di politica estera, di difesa e di economia, nella **pariteticità** della rappresentanza degli Stati all'interno di tale organo, nella regola della **unanimità** nell'adozione delle principali decisioni e nel **carattere vincolante** di queste nei confronti degli Stati e non direttamente dei rispettivi cittadini. La fragilità dell'organizzazione comune, che dipende finanziariamente dai contributi versati dai singoli Stati, sfocia storicamente nella tendenza delle Confederazioni a trasformarsi in Stati federali, apparendo questa come l'unica via per creare un vincolo più solido fra gli Stati membri e garantire l'autonomia finanziaria degli organi comuni.

2. Lo Stato federale

Il **federalismo** si configura sia come una teoria politico-filosofica sia come una categoria giuridica. Sotto il primo punto di vista esso viene teorizzato da pensatori di estrazione liberale (Kant), socialista (Proudhon) e democratica (Friedrich) come un'unità di ordine superiore, o addirittura come governo mondiale dell'umanità, volto a garantire l'eguaglianza e la pacifica convivenza fra i popoli, riconoscendone le diversità, e quindi si colloca in netta antitesi rispetto a ogni concezione nazionalistica e particolaristica che punta a far prevalere l'identità nazionale o locale su quella sovranazionale o comunitaria.

Lo **Stato federale** costituisce l'espressione tipica del federalismo come categoria giuridica. Esso nasce storicamente per **associazione o integrazione di Stati indipendenti**, spesso derivando da precedenti Confederazioni di Stati, come si verifica per gli Stati federali più antichi (Stati Uniti 1787, Svizzera 1848, Federazione tedesca del Nord 1867 e Impero tedesco 1871). Vi sono poi Stati che si danno un assetto federale al momento della conquista dell'indipendenza nazionale (Canada 1867, Australia 1900, India 1950). Infine alcuni Stati federali si costituiscono per **dissociazione di un precedente Stato unitario** (Argentina 1853, Brasile 1891, Messico 1917, Austria 1920, Germania 1949, Venezuela 1961)[1]. Significativo è l'esempio del Belgio, che si è trasformato dapprima da Stato unitario in Stato regionale (1970/71), infine in Stato federale (con la nuova costituzione del 1994).

I caratteri giuridici comuni che mediamente contrassegnano lo Stato federale sono i seguenti:

– l'esistenza di un **ordinamento statale federale**, fondato su una costituzione scritta e superiore, che riconosce l'autonomia di enti politici territoriali collocati fra lo Stato e gli enti locali e variamente denominati ("Stati membri" negli Stati Uniti e in Australia, Brasile, India, Messico, Venezuela, "Cantoni" in Svizzera, "*Länder*" in Austria e Germania, "Province" in Canada e Argentina, "Comunità" e "Regioni" in Belgio, "Repubbliche" nella Federazione Russa)[2], i quali hanno proprie costituzioni subordinate a quella federale;

– la previsione **nella costituzione federale della ripartizione delle competenze** fra Stato centrale e Stati membri, che riguardano sempre due dei tre poteri fondamentali dello Stato (legislativo ed esecutivo) e, in alcuni casi (Stati Uniti, Svizzera) anche quello giurisdizionale, e la conseguente eventuale modificazione di tale ripartizione solo mediante il procedimento di revisione costituzionale;

– l'**assetto bicamerale del Parlamento**, costituito da una camera espressione dell'intero corpo elettorale nazionale e da una seconda camera rappresentativa degli Stati membri (il "Senato" negli Stati Uniti, Argentina, Belgio, Brasile, Canada, Messico, il "Consiglio degli Stati" in India e Svizzera, il "Consiglio federale" in Austria e Germania, il "Consiglio della Federazione" in Russia)[3]. La concreta configurazione della seconda Camera varia notevolmente sia per la compo-

---

[1] Del tutto peculiare è la Federazione della Russia, dove la costituzione del 1993 riconosce il federalismo, articolando lo Stato in Repubbliche e in Regioni autonome, ma si tratta di un federalismo fortemente centripeto a causa della tendenza all'accentramento e alla concentrazione dei poteri nelle mani del Presidente del Governo della Federazione di Russia.

[2] In Russia sono soggetti della Federazione anche i Territori, le Regioni, le Città federali (Mosca e San Pietroburgo), i Circondari.

[3] L'eccezione è rappresentata dal Venezuela, dove la costituzione del 1999 ha abolito la seconda Camera, anche se ha stabilito che ogni entità federata e le popolazioni indigene eleggono tre deputati dell'Assemblea nazionale.

sizione che per le funzioni svolte. Essa può essere composta in base a un **criterio paritetico**, che attribuisce a ogni entità federata lo stesso numero di rappresentanti (Argentina, Australia, Brasile, Messico, Russia Stati Uniti, Svizzera) o **differenziato** in relazione alla popolazione degli Stati membri (Austria, Belgio, Canada, Germania, India). I senatori possono essere eletti dal corpo elettorale (Australia, Belgio fino al 2013, Stati Uniti dal 1913, maggioranza dei Cantoni svizzeri, Stati latino-americani) o designati dai Parlamenti statali (Austria, Belgio dal 2013, India, Stati Uniti fino al 1913) o nominati dai Governi statali (Germania) o dall'Esecutivo federale (Canada)[4] (cap. VIII, III, § 1). Due sono i modelli adottati da un punto di vista funzionale: quello, molto più frequente, del **Senato**, nel quale i senatori esprimono il loro voto individualmente e senza vincolo di mandato e quello del **Consiglio**, tipico dell'esperienza tedesca, nel quale i consiglieri sono delegati dei Governi statali, esprimono un unico voto come delegazione di ogni *Land* e sono soggetti alle direttive politiche del rispettivo Governo;

– una **composizione del Governo rappresentativa** della natura composita dello Stato, prevista nei testi costituzionali (Belgio e Svizzera) o affermatasi in via di prassi (Australia e Canada) o come criterio condizionante la nomina presidenziale dei Ministri (Stati Uniti e Messico) (cap. VIII, IV, § 1);

– la partecipazione degli Stati membri **al procedimento di revisione costituzionale**, che può esercitarsi o indirettamente, tramite l'approvazione della seconda Camera (con i 2/3 dei voti del *Bundesrat* in Germania e del Senato in Belgio), o direttamente, attraverso l'approvazione dei Parlamenti statali (3/4 degli Stati membri negli Stati Uniti, 2/3 delle Province in Canada, maggioranza degli Stati in Messico) oppure con il voto diretto del corpo elettorale (in Australia e in Svizzera il voto favorevole deve essere maggioritario su scala nazionale e in più della metà degli Stati membri) (cap. III, II, § 2.1.);

– l'istituzione di un **organo federale di tipo giurisdizionale**, al quale è attribuito il potere di risolvere i conflitti fra Stato federale e Stati membri (Corte costituzionale in Austria e Germania, Corte Suprema in Argentina, Australia, Brasile, Messico e Stati Uniti, Tribunale federale in Svizzera, *Cour d'Arbitrage* in Belgio, Tribunale supremo di giustizia in Venezuela).

3. Le teorie sulla natura giuridica dello Stato federale

Fra le teorie sulla natura dello Stato federale va presa innanzitutto in considerazione quella che adotta il criterio dell'**individuazione del soggetto titolare della sovranità**, intesa nella sua accezione classica di potestà originaria e assoluta.

La teoria che sta all'origine dello Stato federale ritiene che **la sovranità sia**

---

[4] In Russia il Consiglio della Federazione è costituito da due rappresentanti per ogni soggetto della Federazione, uno per l'organo rappresentativo e uno per quello esecutivo.

ripartita fra Stato centrale e Stati membri e quindi configura lo Stato federale come Stato di Stati. Così nel n. 39 del *Federalist*[5] Madison afferma che nel sistema federale «le autorità locali e municipali formano porzioni distinte e indipendenti della sovranità, non più soggette entro le rispettive sfere all'autorità generale, di quanto questa non sia soggetta a loro entro la propria sfera» e che il potere del Governo federale «si estende solo ai pochi oggetti enumerati e lascia ai diversi Stati una residua sovranità inviolabile su tutti gli altri oggetti». Si tratta di una tesi fortemente condizionata dall'origine storica degli Stati Uniti, che deriva da una precedente Confederazione e quindi dalla decisione di Stati originariamente sovrani di devolvere parte dei propri poteri alla nuova entità federale.

Una seconda teoria sostiene che **titolari della sovranità siano gli Stati membri** (Calhoun), ma si tratta di una teoria che riveste un interesse di carattere storico, in quanto fu sostenuta in situazioni nelle quali alcuni Stati membri (quelli secessionisti del Sud nei confronti degli Stati Uniti nel 1861 e la Baviera nei confronti dell'Impero germanico a metà '800) rivendicarono la loro indipendenza, ma con esiti opposti a quelli desiderati. L'attualità della tesi è, se mai, di carattere negativo, nel senso che il suo accoglimento, comportando secondo i suoi sostenitori il riconoscimento del principio di unanimità nell'adozione delle decisioni federali, il diritto di secessione di ogni Stato dall'originario patto, concepito alla stregua di un trattato internazionale, il diritto di annullamento da parte dei singoli Stati delle decisioni federali in contrasto con la costituzione, avrebbe come conseguenza la piena assimilazione dello Stato federale alla Confederazione di Stati.

La teoria oggi prevalente attribuisce **la sovranità allo Stato federale** (Lucatello, de Vergottini), sulla base di argomenti tratti da previsioni contenute nelle costituzioni federali. Questi riguardano la superiorità della costituzione federale su quelle statali e più in generale del diritto federale su quello degli Stati, l'attribuzione allo Stato federale della "competenza delle competenze", cioè del potere di decidere la ripartizione delle competenze fra lo Stato e le entità federate, il riconoscimento a un organo federale del potere di revisione costituzionale, esercitabile anche contro la volontà del singolo Stato membro, e ad un giudice federale del potere di decidere sui conflitti relativi al riparto delle competenze e di interpretare la costituzione in modo da garantire l'uniforme applicazione del diritto federale, infine la previsione di poteri di intervento dello Stato federale sugli affari interni degli Stati membri sotto forma di attività di controllo (ispezione federale), di misure coercitive volte a garantire l'adempimento degli obblighi federali (esecuzione federale) e di azioni militari finalizzate ad assicurarne la sicurezza interna ed esterna.

Ne deriva che gli Stati membri sono da considerare **enti non sovrani ma au-**

---

[5] Il *Federalist* è la raccolta di saggi pubblicati da Hamilton, Jay e Madison fra il 1787 e il 1788 al fine di convincere gli Stati della Confederazione nordamericana ad approvare la costituzione di Filadelfia.

tonomi e quindi sostanzialmente parificati alle Regioni, ma a questo punto, trattandosi di definire la qualità di tale autonomia, si apre una divaricazione fra i suoi sostenitori, in quanto alcuni giungono alla conseguenza estrema di considerare lo Stato federale come una sottospecie dello Stato unitario (Paladin), mentre altri lo fanno rientrare in una forma di Stato decentrato distinto dallo Stato unitario (Lucatello).

Da ultimo, vanno menzionate le teorie, sostenute soprattutto da autori di lingua tedesca, basate su **uno schema tripartito**, che considerano lo Stato federale come l'insieme di tre diversi ordinamenti giuridici: quello degli Stati membri, quello dello Stato centrale e quello totale o complessivo (*Gesamstaat*), che deriva dalla sintesi dei primi due (Kelsen). È stato tuttavia sottolineato come tale teoria non trovi riscontro nella realtà, non essendovi negli ordinamenti federali distinzione alcuna fra gli organi dello Stato federale e quelli del presunto ordinamento totale e risulti smentita dall'evoluzione della giurisprudenza del Tribunale costituzionale tedesco verso un orientamento di tipo "bipartito" (de Vergottini).

Le teorie fin qui esaminate hanno in comune il riferimento a un concetto di Stato e ad uno di sovranità che sono oggi profondamente in crisi. La crisi dello Stato-nazione e delle impostazioni idealistiche che ne avevano accompagnato l'ascesa deriva, all'interno, dal carattere pluralistico e complesso dello Stato democratico contemporaneo, che impone la valorizzazione delle autonomie e la ricerca costante della composizione fra gli interessi dei diversi gruppi sociali, all'esterno dai processi di integrazione sovranazionale. Di conseguenza la sovranità perde qualsiasi carattere di assolutezza e subisce una serie crescente di limitazioni.

Un altro gruppo di teorie prende le mosse dal riconoscimento della supremazia dello Stato federale e della **natura non statale** (o statale solo in via residuale) delle diverse entità federate che ne fanno parte.

I princìpi costituzionali che regolano i rapporti fra i diversi livelli di governo vengono individuati nel principio di **autonomia costituzionale** e in quello di **partecipazione**. L'autonomia costituzionale definita anche "autonomia residua" (La Pergola), distinguerebbe gli Stati membri sia dalle Regioni, dotate solo di autonomia legislativa o "ottriata", sia dagli enti locali dotati di autarchia. Tuttavia varie sono le accezioni del principio di autonomia costituzionale degli Stati membri. Questo, a seconda degli autori, viene riferito o al carattere originario degli ordinamenti federati o alla garanzia costituzionale della loro autonomia, che preclude in particolare la revisionabilità del principio federale, o alla potestà degli Stati membri di darsi proprie costituzioni, soggette ad un controllo solo successivo e limitato al rispetto dei princìpi della costituzione federale, o al potere di autorganizzazione, consistente nella libera scelta della forma di governo o nella disciplina di funzioni legislative, amministrative e giurisdizionali. Due sono gli aspetti essenziali nei quali si concretizza il principio della partecipazione delle entità federate alla formazione della volontà politica dello Stato:

l'esistenza di una seconda Camera direttamente rappresentativa degli Stati membri e la necessità del consenso della maggioranza degli Stati membri alla revisione costituzionale.

In definitiva per i sostenitori di tali teorie lo Stato federale si caratterizza come uno Stato politicamente decentrato, basato su forti autonomie territoriali. Essi giungono quindi ad una conclusione analoga a quella cui pervengono gli autori che considerano il solo Stato federale titolare della sovranità, ma, a differenza di questi, distinguono lo Stato federale sia dallo Stato unitario, basato al più su un decentramento di tipo autarchico, sia dallo Stato regionale, che riconosce alle Regioni l'autonomia legislativa ma non quella costituzionale.

A differenza delle teorie fin qui considerate che hanno natura "statica", in quanto si propongono di individuare una nozione di Stato federale valida in assoluto, altre teorie sono "**dinamiche**", in quanto considerano lo Stato federale come un fenomeno evolutivo, al pari degli altri processi federativi che caratterizzano l'epoca contemporanea.

Punto di riferimento comune è la teoria empirica del *federalizing process* di Friedrich, la quale, a dire il vero, si propone di andare oltre le concezioni dei giuristi e lo stesso concetto di Stato, che viene sostituito da quello più ampio di "comunità politica". Tuttavia nella sua concezione Friedrich attribuisce particolare importanza alle comunità politiche territoriali e alle regole costituzionali (*constitutional arrangement*) che disciplinano i rapporti fra comunità centrale e comunità periferiche, sulla base del principio del *consent* di queste alle modificazioni del riparto delle competenze (e quindi della loro partecipazione mediante una Camera rappresentativa al procedimento di revisione). Pertanto, se non è in sé una teoria dello Stato federale, quella di Friedrich può essere utilmente applicata allo Stato federale.

A una concezione dinamica si rifanno varie teorie le quali collocano i processi federativi lungo una linea continua, i cui estremi sono da un lato lo Stato unitario, dall'altro l'unione sovranazionale di Stati. Tali teorie muovono anche da presupposti assai lontani.

Così Kelsen fa discendere dalla sua concezione positivistica e monistica una costruzione a gradi delle comunità giuridiche, dai Comuni fino a quella internazionale (collocata al vertice), nella quale queste si distinguono solo per il diverso livello di decentramento senza soluzione di continuità.

Del tutto opposto è l'approccio realista, il quale, muovendo da una rigida critica delle tradizionali concezioni positivistiche basate sul criterio della spettanza della sovranità, giunge a sottolineare il carattere dinamico dei processi federativi, che si manifesta nel corso stesso dell'evoluzione dello Stato federale (Bognetti). Decisivo è sotto questo punto di vista **il passaggio dallo Stato federale liberale allo Stato federale sociale**, che è legato in ultima analisi ai diversi valori di riferimento dei quali si vuole ottenere nei due tipi di Stato il soddisfacimento. Nel primo viene perseguita la libertà dei privati e del mercato, che è incentivata dalla sottrazione agli Stati membri di competenze in materia economica e finanziaria, cui corrisponde l'attribuzione allo Stato federale di un nucleo ridotto di poteri, e dalla creazione di un mercato comune nazionale. Nello Stato federale sociale, che si caratterizza per il suo interventismo economico-sociale, i valori perseguiti sono quelli della partecipazione delle collettività locali alle scelte politiche, dell'articolazione della classe politica in modo da impedire la concentrazione oligarchica del potere, dell'avvicinamento delle decisioni alle domande e ai bisogni dei cittadini.

In definitiva nell'epoca contemporanea vi è un rapporto stretto tra federalismo e democrazia pluralistica, in quanto l'attribuzione ai diversi gruppi sociali di forme di autonomia e di partecipazione alla formazione della volontà dello Stato incentiva il riconoscimento di strutture di autogoverno di tipo territoriale.

4. L'evoluzione degli Stati federali

L'analisi della concreta evoluzione storica degli Stati federali sottolinea le differenziazioni esistenti dal punto di vista sia diacronico sia sincronico fra le varie esperienze. La distinzione principale è quella fra **modello anglosassone e modello europeo** (Croisat) o fra modello statunitense e modello tedesco (Pizzetti).

Essa riguarda innanzitutto il **riparto delle competenze legislative**. Nel primo modello vi è la tendenza a distinguere in modo formalmente rigido le attribuzioni esclusive del Governo centrale e di quelli periferici, mediante l'elencazione delle materie di rispettiva competenza e l'attribuzione dei poteri residui agli Stati membri (Argentina, Australia Messico, Stati Uniti, Venezuela). Fanno parzialmente eccezione Brasile, Canada e India, nelle cui costituzioni la clausola dei poteri residui è posta a vantaggio dello Stato federale. Tuttavia, al di fuori degli Stati Uniti, vi è stata la tendenza verso un federalismo di tipo cooperativo, anche mediante la previsione in alcuni ordinamenti di una competenza legislativa concorrente (cap. II, III, § 5.2.1). Anche negli Stati federali europei (Belgio, Germania, Svizzera) la clausola dei poteri residui è disposta a vantaggio degli Stati membri, ma in Germania (fino al 2006) e in Svizzera è costituzionalmente prevista un'ampia fascia di competenze legislative concorrenti, nella quale lo Stato fissa solo i princìpi, ma in alcune materie può intervenire anche con normative di dettaglio[6].

---

[6] In Germania l'importante revisione costituzionale del 2006 ha riordinato la materia, abolendo la "legislazione quadro" e, per quel che riguarda la legislazione concorrente, riducendo l'ambito di applicazione della "clausola di necessità" (che consentiva al *Bund* di legiferare per tutelare equivalenti condizioni di vita sul territorio federale o l'unità giuridica ed economica nell'interesse delle Stato) per alcune materie, mentre per altre ha ampliato la possibilità di intervento incondizionato del *Bund*, che è parzialmente compensato dal potere riconosciuto ai *Länder* di adottare entro sei mesi disposizioni in deroga rispetto alla disciplina federale.

La differenza appena segnalata si riflette sul riparto delle funzioni amministrative. Infatti, mentre nei paesi anglosassoni e in quelli latino-americani di regola queste seguono le competenze legislative, per cui gli Stati membri sono responsabili nelle stesse materie sia della legislazione che dell'esecuzione delle leggi, in Germania e in Svizzera il federalismo si configura come un **federalismo di esecuzione**, nel quale al predominio federale nella legislazione corrisponde l'intervento preponderante dei *Länder* e dei Cantoni nell'amministrazione e quindi nell'attuazione delle scelte normative.

Del tutto peculiare è poi lo Stato federale che si è andato realizzando in **Belgio**, che costituisce un caso di **federalismo di sovrapposizione, asimmetrico e di dissociazione**[7].

Pur con le differenze indicate, con l'affermarsi dello Stato sociale gli Stati federali manifestano alcune linee di tendenza comuni. Innanzitutto **si rafforza il ruolo dello Stato centrale**. Varie sono le ragioni che determinano tale evoluzione: ragioni sociali, derivanti dall'affermarsi dei diritti sociali e di una comune cittadinanza, che esigono interventi perequativi e di tipo solidaristico; ragioni politiche, dipendenti dal ruolo di unificazione della politica svolto dai partiti di massa; ragioni economico-finanziarie, attinenti ai processi di concentrazione e al crescente intervento regolatore svolto dallo Stato; ragioni militari, consistenti nella necessità di garantire la gestione centralizzata della forza militare e dei moderni armamenti tecnologici; infine negli Stati latino-americani e in India ruolo centralizzatore svolto dal Presidente eletto dal popolo. Il rafforzamento dello Stato centrale si concretizza soprattutto nell'ampliamento delle competenze esercitate a livello federale, favorito dalle clausole costituzionali che attribuiscono al Parlamento federale i cosiddetti "poteri impliciti", cioè quelli stru-

---

[7] In Belgio si è realizzata la sovrapposizione di quattro aree linguistiche (francese, olandese, tedesca, bilingue di Bruxelles) e di due entità federate: le tre Regioni (vallona, fiamminga e di Bruxelles) e le tre Comunità (francese, fiamminga e germanofona), fra le quali non vi è coincidenza territoriale. A tale asimmetria territoriale se ne aggiunge una istituzionale, in quanto mentre Comunità fiamminga e Regione fiamminga agiscono tramite gli organi della Comunità, lo stesso non si verifica per la Comunità francese, della quale fa parte la grande maggioranza degli abitanti della Regione di Bruxelles, e per la Regione vallona, che comprende la Comunità germanofona. Vi è infine una asimmetria materiale, derivante dal fatto che i trasferimenti di competenze operati in virtù delle successive revisioni costituzionali hanno determinato nel Sud del paese l'esistenza di quattro entità titolari di competenze legislative (Comunità francese, Comunità germanofona, Regione vallona, Commissione della Comunità francese a Bruxelles). In terzo luogo il federalismo belga si configura come bipolare o di tipo dualista, in quanto è basato sulla distinzione fra i due principali gruppi linguistici (francese e olandese) nell'ambito sia del Parlamento sia del Governo e sulla netta separazione delle competenze. In quarto luogo a Comunità e Regioni sono attribuite competenze legislative e amministrative, ma non giurisdizionali, in quanto queste rimangono appannaggio dello Stato federale. Infine il Senato, pur riformato nel 2013 con l'introduzione dell'elezione indiretta di gran parte dei senatori da parte dei Parlamenti delle entità federate, difficilmente può essere considerato come una Camera rappresentativa delle entità federate sia per la sua composizione fortemente politica sia per la netta subordinazione nei confronti della Camera bassa.

mentali all'esercizio delle competenze federali (Australia, Stati Uniti), e dall'evoluzione della giurisprudenza costituzionale, volta a garantire l'attuazione dei princìpi dello Stato sociale e l'eguaglianza dei diritti.

D'altra parte si manifestano anche **tendenze di tipo centrifugo**. Queste sono state dirompenti negli Stati ex socialisti, come conseguenza della crisi del vecchio assetto centralizzato di potere, che ha prodotto il riemergere di antiche e mai sopite fratture nazionali, determinando la distruzione dello Stato centrale (Cecoslovacchia, Jugoslavia, URSS) e, in qualche caso, la formazione di unioni sovranazionali che si collocano al di sotto di una Confederazione di Stati (come la Comunità di Stati indipendenti costituita alla fine del 1991 fra alcuni degli Stati facenti parte dell'ex URSS). Diversamente in Belgio e in Canada le tendenze centrifughe affondano le proprie radici nella separazione che intercorre fra le due principali comunità etniche (rispettivamente vallona e fiamminga, anglofona e francofona), per cui si determina una dialettica non fra centro e periferia, come nei principali Stati federali, ma fra due "periferie" fortemente divise.

L'altra tendenza che si riscontra nei principali Stati federali di tipo sociale è l'affermarsi del **federalismo cooperativo** in sostituzione dell'originario *dual federalism* tipico dell'epoca liberale, anche negli ordinamenti nei quali più rigido era il riparto costituzionale di competenze fra Stato federale e Stati membri. Progressivamente si fa strada l'idea che qualsiasi attività pubblica di rilievo, indipendentemente dall'attribuzione formale della relativa competenza, deve essere oggetto dell'intervento congiunto e coordinato dei diversi livelli di governo. Il federalismo cooperativo è caratterizzato dall'affermarsi di tre princìpi fondamentali: il principio di sussidiarietà, il federalismo fiscale, il principio di collaborazione.

Il **principio di sussidiarietà** comporta che gli interventi del livello superiore di governo siano giustificati solo quando non possano essere efficacemente compiuti dal livello inferiore o allorché sia in gioco l'interesse nazionale o l'esigenza di un'uniforme disciplina della materia (**sussidiarietà verticale**). Esso affonda le sue radici nella dottrina sociale della Chiesa, nell'ambito della quale assume una portata più ampia, essendo posto a tutela delle autonomie sociali ed individuali nei confronti del potere pubblico (**sussidiarietà orizzontale**).

Tale principio, originariamente concepito per proteggere le competenze attribuite alle entità federate, ha inevitabilmente assunto un carattere ambivalente, in quanto può anche comportare un'estensione delle funzioni dello Stato, quando questo ritenga indispensabile il proprio intervento, anche in settori originariamente riservati agli Stati membri. Di fatto in molti Stati federali si è avuta la prevalenza di questa seconda accezione, per cui il livello centrale di governo ha spesso esercitato un potere di intervento sostitutivo nelle materie di competenza degli Stati membri. Questa evoluzione è stata facilitata dal fatto che l'applicazione del principio è legata a criteri flessibili e di natura politica più che giuridico-formale. Ne consegue che in pratica non esistono più competenze assolutamente esclusive degli Stati membri o, per meglio dire, più che la titolarità formale delle stesse conta il loro effettivo esercizio. Ciò determina il costante ampliamento delle materie oggetto di un intervento coordinato dello Stato federale e delle entità federate.

Il **federalismo fiscale** comporta che ogni livello di governo si procuri autonomamente, mediante tributi propri, risorse adeguate all'esercizio delle proprie competenze e al volume delle spese, salvi restando gli interventi redistributivi e perequativi fra le diverse situazioni da parte dello Stato. Tuttavia è assai lontana dalla realtà l'idea che negli Stati federali ogni entità, federata o locale, sia in grado di garantirsi l'autosufficienza finanziaria attraverso la piena autonomia nella imposizione e nella riscossione dei tributi. In nessuno Stato federale le entità federate godono di un'autonomia esclusiva nella percezione delle entrate, come tipicamente avviene in una Confederazione di Stati. Anche nel modello degli Stati Uniti, originariamente caratterizzato da un sistema di separazione rigida fra poteri fiscali centrali e periferici, si è avuta un'alterazione dell'originario equilibrio a favore dello Stato federale, a partire soprattutto dal XVI emendamento (1913), che ha attribuito al Congresso «la facoltà di stabilire ed esigere imposte sui redditi derivanti da qualunque fonte senza ripartirle tra i vari Stati e senza dover tenere conto di alcun censimento o valutazione».

Assai variabile è la situazione negli altri Stati federali: si va da un'ipotesi di sostanziale centralismo fiscale (Australia) a una di partecipazione degli Stati membri al gettito di imposte le cui aliquote sono stabilite a livello centrale (Germania) fino al riconoscimento di un autonomo potere di fissazione delle aliquote per certi tipi di imposta (Canada, Svizzera), ma ciò avviene sempre entro princìpi volti a garantire una certa uniformità del sistema fiscale fra centro e periferia. In pratica lo Stato centrale non solo gestisce una quota non irrilevante delle risorse finanziarie, ma predetermina o condiziona l'assetto dei sistemi locali di prelievo fiscale e incide sulla distribuzione effettiva delle risorse attraverso interventi finanziari di vario tipo (sovvenzioni federali settoriali, fondi perequativi a favore degli Stati membri più poveri, ecc.).

Infine, il **principio di collaborazione** comporta che una gestione ottimale delle risorse renda indispensabili forme di accordo e di cooperazione fra i diversi livelli di governo, che possono essere **orizzontali**, quando riguardano le entità federate, o **verticali**, allorché intercorrono fra il governo centrale e quelli periferici. La realizzazione di tale principio avviene attraverso gli strumenti più diversi (seconda Camera, partecipazione a organi misti, intervento nel procedimento mediante proposte o pareri, accordi settoriali, ecc.). La cooperazione può essere inoltre **istituzionalizzata** o **spontanea**, a seconda che si basi su strutture e procedure normativamente prefissate o sia lasciata alla libera iniziativa dei diversi livelli di governo. Quella istituzionalizzata può essere **obbligatoria** o **facoltativa**, la quale ultima si verifica quando è richiesta l'iniziativa di uno dei possibili *partners*. Infine la cooperazione può avere a oggetto l'attività normativa o, più frequentemente, quella amministrativa e in particolare l'esecuzione delle norme federali.

In conclusione la difficoltà di individuare un modello compiuto di Stato federale deriva non solo dalla diversità delle esperienze concrete, ma anche dalla oscillazione costante fra tendenza centripeta e tendenza centrifuga, che affonda le sue radici nella dialettica, per così dire, costitutiva di tale tipo di Stato, fra unità e diversità. In linea generale si può affermare che gli Stati federali contemporanei sono caratterizzati dalla vigenza di una costituzione rigida, la quale prevede accanto ad un governo centrale collocato in posizione preminente l'esistenza di governi locali dotati di autonomia politica e che partecipano in vario modo, ma per lo più in posizione subordinata, alla determinazione dell'indirizzo politico-amministrativo nazionale. Si tratta, quindi, non tanto di uno "Stato composto" secondo la terminologia tradizionalmente in voga, quanto di uno Stato politicamente decentrato, che si distingue sia dalla Confederazione di Stati sia dallo Stato unitario. Occorre tuttavia considerare che, se la tendenza prevalente nell'ultimo secolo è stata di tipo centripeto, non si possono escludere diverse evoluzioni, come quella parzialmente verificatasi negli Stati Uniti durante l'amministrazione Reagan (1981-1989) e concretizzatasi nella formula del *new federalism* o "federalismo competitivo", la quale si proponeva di superare sia la concezione duale sia quella cooperativa in direzione di una rivalutazione del ruolo e dei poteri dei governi periferici e di una competizione economica, valutabile in termini di rapporto costi-benefici dei servizi prestati, fra i diversi livelli di governo.

Si pone da ultimo la questione di quale potrà essere l'evoluzione dello Stato federale in una fase di crisi dello Stato sociale. In ogni caso non convince l'equazione, che viene talvolta affermata, fra Stato federale e determinati orientamenti politico-ideologici ed economici, come quelli rappresentati dal **neoliberalismo** di stampo liberista (Ortino). Tale equazione è talvolta smentita dai fatti: basti pensare alla politica fortemente centralistica che ha caratterizzato in Gran Bretagna i governi Thatcher, la quale ha portato tra l'altro alla cancellazione dall'aprile 1986 delle Contee metropolitane (compresa quella di Londra). Dal punto di vista teorico, la realizzazione di un orientamento rigorosamente liberista in un quadro di tipo federativo è destinata a produrre differenziazioni crescenti fra aree geografiche, gruppi sociali e cittadini. Quindi, nel quadro di una riforma dello Stato sociale, un ordinamento federale può mantenersi o essere istituito solo se prevede forme di decentramento comunque compatibili con il rispetto dei fondamentali diritti di cittadinanza e con la garanzia del mantenimento di condizioni di vita non troppo sperequate e quindi se è di tipo solidaristico.

Considerazioni analoghe valgono per l'equazione talvolta stabilita fra **Stato federale e presidenzialismo** (Rotelli). L'osservazione delle varie esperienze federali dimostra che queste si sono combinate con tutte le forme di Governo che caratterizzano lo Stato democratico: con quella presidenziale (Stati Uniti e Stati latino-americani), parlamentare (Australia, Belgio, Canada, Germania, India), direttoriale (Svizzera), semipresidenziale (Austria). Quanto all'esigenza spesso invocata di avere un potere centrale forte in grado di controbilanciare le spinte centrifughe che possono derivare dal riconoscimento di importanti entità federate, tale condizione non sempre si verifica nella forma di governo presidenziale e può essere anche garantita dal buon funzionamento di altre forme di governo.

5. Lo Stato regionale

Il "**regionalismo**" come teoria che propugna la suddivisione di uno Stato precedentemente centralizzato in entità autonome caratterizzate da specificità di varia natura (economiche, geografiche, culturali e talvolta anche etniche) **precede la formazione di Stati regionali**.

Tale movimento si è manifestato in vari paesi: in Italia già nel periodo risorgimentale e al momento dell'unificazione nazionale a opera di uomini politici come Mazzini, Cavour, Minghetti; nel primo dopoguerra, soprattutto ad opera del partito popolare e del suo fondatore Luigi Sturzo; in Assemblea costituente dove la prospettiva regionalistica fu alla fine condivisa da tutti i partiti antifascisti; in Spagna al momento della formazione della II Repubblica nel 1931 e dopo la caduta del franchismo; in Francia nel corso della IV Repubblica e all'inizio degli anni '80; in Portogallo dopo la caduta del regime salazariano; in Belgio dalla fine degli anni '60 come processo di progressiva differenziazione istituzionale delle due fondamentali comunità etnico-linguistiche (vallone e fiamminga); nel Regno Unito nella seconda metà degli anni '90 in occasione delle riforme che hanno stabilito la *devolution* di ampi poteri a favore della Scozia e del Galles.

In tutti questi casi il movimento regionalistico si differenzia da impostazioni di tipo federalistico, in quanto concepisce l'ente "Regione" o "Comunità autonoma" come un livello di Governo collocato fra lo Stato e gli enti locali territoriali, al quale si dà vita per fare fronte ad esigenze economiche e talvolta etniche peculiari di certe zone geografiche, ma che in alcuni paesi (come Italia e Spagna) si estende a tutto il territorio nazionale.

È evidente, quindi, la **diversa origine storica dello Stato regionale rispetto a quello federale**. Lo Stato regionale non solo è molto più recente, realizzandosi in alcuni paesi europei soprattutto a partire dagli anni '70 del secolo scorso, ma deriva dalla suddivisione in nuove entità territoriali autonome di Stati caratterizzati da una forte tradizione centralistica, risalente al momento della formazione dello Stato-nazione e aggravata per alcuni di essi (Italia, Portogallo, Spagna) dall'affermarsi per un lungo periodo di tempo di regimi autoritari. Ancora più evidente è la differenza in America latina, dove alcuni paesi (Cile, Nicaragua, Perù) stabiliscono l'esistenza o hanno previsto l'istituzione (Colombia) di Regioni le quali non sono titolari di potestà legislative.

I caratteri comuni che distinguono lo Stato regionale da quello federale sono:

– il riconoscimento nella costituzione statale di **enti territoriali autonomi** (di solito qualificati come “Regioni”, ma in Spagna come “Comunità autonome”) dotati di propri **statuti**, i quali devono essere approvati con legge dello Stato (costituzionale, organica o ordinaria) (cap. II, III, § 5.1);
– l’attribuzione costituzionale alle Regioni di **competenze normative e amministrative**, con esclusione di quelle giurisdizionali e di quelle relative alla polizia giudiziaria e di sicurezza;
– l’esistenza di un **Senato non rappresentativo delle Regioni**, ma solo eletto “a base regionale” (art. 57 cost. italiana, secondo cui la Regione funge come semplice circoscrizione elettorale) o con una rappresentanza limitata delle Comunità autonome (circa 1/5 dei membri del Senato in Spagna) (cap. VIII, III, § 1);
– una **partecipazione limitata** all’esercizio di funzioni statali (iniziativa legislativa, richiesta del referendum, ecc.) e in particolare a quella di revisione costituzionale (o nella sola fase dell’iniziativa o, come in Italia, anche in quella dell’eventuale richiesta del referendum sospensivo);
– l’attribuzione alla Corte costituzionale del **potere di risolvere i conflitti** fra lo Stato e le Regioni, garantendo la preminenza degli interessi nazionali anche nelle materie di competenza regionale.

L’analisi delle esperienze pratiche di regionalismo rivela differenziazioni non minori di quelle che si riscontrano fra gli Stati federali.

Innanzitutto si può parlare di Stato regionale solo quando **l’ente “Regione” è previsto nella costituzione** e quindi la sua esistenza non è nella libera disponibilità del legislatore ordinario.

In secondo luogo il termine “Regione” può assumere almeno tre significati diversi:

– di semplice **circoscrizione o ufficio di decentramento burocratico**. Ciò è avvenuto nel Regno Unito, dove per lungo tempo l’esistenza di una pluralità di organismi regionali, facenti capo ai dipartimenti ministeriali, a svariati comitati statali, ai governi locali o aventi carattere misto, non ha dato vita ad un livello intermedio di governo fra Stato ed enti locali (contee e distretti);
– di **Regione amministrativa**, vale a dire di ente territoriale dotato di autonomia amministrativa ma non legislativa. Ciò si è verificato in Francia con la l. n. 213/1982, la quale ha fatto assurgere le Regioni, che nel 1972 erano diventate enti pubblici con un consiglio non eletto direttamente e un esecutivo rappresentato dal Prefetto, al rango di “collettività territoriali” con un consiglio regionale elettivo e un proprio Presidente eletto dal Consiglio. Analogamente in Portogallo le Regioni amministrative sono espressamente collocate fra le “autarchie locali” insieme alle Parrocchie e ai Comuni e svolgono limitati compiti gestionali e di partecipazione ai piani di sviluppo economico e sociale;

– di **Regione politica**, come quella che si è realizzata in Belgio, Italia, Spagna, nel Regno Unito con la *devolution* di poteri trasferiti a Scozia, Galles e Irlanda del Nord a partire dal 1998 e in Portogallo per le due Regioni "autonome" degli arcipelaghi delle Azzorre e di Madera. Perché si possa parlare di "Regioni politiche" occorre che esse siano fondate sull'elettività dei titolari degli organi di governo e che nelle materie di propria competenza siano libere di perseguire il soddisfacimento degli interessi generali della collettività, mediante la determinazione di un autonomo indirizzo politico-amministrativo e l'esercizio di una potestà legislativa nelle materie di propria competenza.

Altra distinzione importante è quella fra **regionalizzazione omogenea e differenziata**. La prima comporta una disciplina uniforme dell'ente regionale, ma è prevalente la seconda, la quale prevede che alle diverse Regioni sia attribuito un livello di autonomia differenziato.

In questa ipotesi occorre distinguere. Una prima situazione si ha quando ad alcune Regioni, per motivazioni derivanti dalle loro peculiarità etniche, economiche o storico-culturali, sono attribuite condizioni particolari di autonomia, che consistono nella natura costituzionale degli atti di approvazione degli statuti o nella previsione di un procedimento rinforzato per l'adozione dei medesimi e si riflettono sulla quantità e sulla qualità delle competenze decentrate. Tuttavia tali Regioni non assumono natura giuridica differenziata rispetto alle altre. È questo il caso delle Regioni a statuto speciale in Italia e delle Comunità autonome "storiche" in Spagna (Catalogna, Paese Basco, Galizia). In Spagna è stato scelto un modulo flessibile, che consente a tutte le Comunità di accedere alla forma superiore di autonomia mediante il procedimento aggravato *ex* art. 151 cost. (come è avvenuto per l'Andalusia) e lascia ampio spazio agli statuti nella determinazione delle rispettive competenze. In Italia l'originaria rigidità della distinzione è stata attenuata dalla revisione del Titolo V, parte II, cost., in quanto è previsto che le Regioni ordinarie, oltre ad essere anch'esse titolari di una competenza legislativa esclusiva, possano acquisire condizioni particolari di autonomia nelle materie a competenza concorrente ed anche in alcune di quelle riservate allo Stato, in seguito ad una legge statale approvata sulla base di un'intesa fra lo Stato e la Regione interessata (art. 116, cc. 3 e 4). Infine in Francia statuti particolari di autonomia sono riconosciuti alla Corsica e alle Collettività d'oltremare.

Una situazione diversa si ha allorquando la costituzione prevede Regioni aventi natura giuridica differenziata. Ciò si verifica in Portogallo, in quanto, come si è visto, sono previste solo due Regioni politiche titolari di ampi poteri legislativi e di partecipazione, e Regioni amministrative definite come enti autarchici.

Varie differenze dipendono poi dalle competenze attribuite alle Regioni. In passato il **criterio di riparto delle competenze legislative** era di tipo separatista, nel senso che era prevista un'elencazione di quelle regionali e la competenza residuale veniva attribuita allo Stato. Tuttavia tale regola già subiva alcune eccezioni: in Spagna vi è una doppia elencazione di materie regionali e statali, che lascia agli statuti la possibilità di attribuire alle Comunità autonome le competenze non riservate allo Stato e non esclude che in quelle riservate possa esservi una competenza concorrente delle Comunità; in Portogallo il criterio dei poteri residui è disposto a vantaggio delle Regioni autonome, competenti a legiferare in tutte le materie non espressamente riservate agli organi dello Stato; in Italia il nuovo art. 117 cost., introdotto dalla l. cost. n. 3/2001, ha ribaltato il criterio originario di ripartizione delle competenze, attribuendo alle Regioni la potestà legislativa nelle materie non espressamente riservate alla legislazione dello Stato.

Per quel che riguarda le **funzioni regolamentari e amministrative**, il principio del parallelismo delle funzioni, per cui di regola le Regioni intervengono nelle stesse materie nelle quali hanno competenza legislativa, dominante in passato, ha subito importanti eccezioni. In particolare in **Italia** prima con la l. n. 59/1997, poi con la riforma del Titolo V nel 2001 quel principio è stato superato, con l'attribuzione alla Regione della potestà regolamentare in tutte le materie non riservate in via esclusiva allo Stato e con la previsione del principio di sussidiarietà a favore dei Comuni per quanto riguarda l'esercizio delle funzioni amministrative.

In definitiva si può parlare di **Stato regionale in senso proprio** solo quando le Regioni trovano il proprio fondamento nella costituzione o in leggi di rango costituzionale, si caratterizzano come enti politici autonomi, ricoprono l'intero territorio nazionale e sono titolari di competenze legislative. Ne deriva che, dopo la trasformazione del Belgio in Stato federale, rientrano sicuramente in tale categoria l'Italia e la Spagna, mentre per il Regno Unito e per il Portogallo si può parlare di uno Stato solo parzialmente regionalizzato. La **Francia** appare come un paese in via di regionalizzazione, soprattutto alla luce delle novità contenute nella l. cost. n. 276/2003: nell'art. 1 cost. è stato inserito il principio del decentramento, l'art. 72 cost. è stato modificato nel senso di riconoscere, accanto a Comuni, Dipartimenti e Territori d'oltremare (ribattezzati "Collettività d'oltremare"), anche le Regioni; a tutti gli enti autonomi territoriali è stato attribuita potestà regolamentare ed è anche previsto che la legge e il regolamento possano comportare, per un oggetto e una durata limitati, disposizioni a carattere sperimentale in deroga alla normativa generale; per l'esercizio delle competenze è proclamato il principio di sussidiarietà.

6. Le teorie sulla natura giuridica dello Stato regionale

Le teorie sulla natura giuridica dello Stato regionale possono essere ricondotte a tre filoni fondamentali, a seconda che esso sia considerato come *species* dello Stato unitario, come Stato intermedio fra l'unitario e il federale o come Stato decentrato assimilabile a quello federale.

Le concezioni che configurano lo Stato regionale non come forma o tipo di Stato a sé stante, ma come **sottospecie dello Stato unitario** degradano in varia misura le Regioni a enti non qualitativamente diversi dagli enti locali, sostenendo che la potestà legislativa ad esse attribuita sarebbe di natura quasi regolamentare a causa della limitatezza del suo ambito materiale e dei penetranti controlli esercitati dallo Stato sul suo esercizio (Mazziotti). Si tratterebbe quindi di **enti "autarchici"**, titolari della potestà di emanare atti amministrativi che entrano a far parte dell'ordinamento statale con la stessa natura ed efficacia di quelli dello Stato. Altri, pur non negando la natura di enti autonomi delle Regioni, consistente in un potere di autogoverno costituzionalmente garantito, ritengono comunque che la differenza nei confronti degli enti locali sia solo quantitativa, vale a dire basata sulla maggiore o minore ampiezza delle funzioni attribuite, a causa del carattere dipendente e derivato degli ordinamenti regionali (Biscaretti di Ruffia).

Un secondo gruppo di teorie considera lo Stato regionale come un tipo di **Stato intermedio** fra lo Stato federale e lo Stato unitario. Questa è l'ispirazione fondamentale che caratterizzò la costituzione spagnola repubblicana del 9 dicembre 1931, il cui art. 1, c. 2 utilizzava il termine "Stato integrale", per distinguere la nuova forma di Stato sia dallo Stato federale che da quello unitario. Tale impostazione è stata ripresa nel 1933 da Ambrosini, il quale ha coniato il termine "Stato regionale" ed ha esercitato successivamente un'influenza importante sui lavori dell'Assemblea costituente in Italia.

Il concetto fondamentale intorno a cui la teoria richiamata ruota è quello di **autonomia,** intesa, a seconda degli autori, come potestà di un ente pubblico di emanare leggi valide per l'ordinamento generale dello Stato o come titolarità costituzionalmente garantita di poteri propri o ancora come autonomia politica, vale a dire come potestà di assumere un autonomo indirizzo politico anche non coincidente con quello del potere centrale. In ogni caso l'autonomia regionale viene differenziata dall'**autarchia** quale mera potestà amministrativa caratteristica degli enti locali di uno Stato unitario decentrato. D'altra parte lo Stato regionale non sarebbe equiparabile a quello federale, in quanto gli Stati membri, pur non essendo enti sovrani, mantengono, secondo alcuni, la loro qualità di Stati, mentre le Regioni sono al più "frammenti di Stato" (Jellinek), oppure secondo altri sono dotati di un'autonomia costituzionale (definita talvolta "costituente") consistente nella potestà originaria di autorganizzarsi mediante proprie costituzioni, anche se soggetta ai princìpi della costituzione federale (Virga).

Il merito di queste teorie sta nell'aver sostituito al concetto tradizionale di sovranità quello più attuale di autonomia. Tuttavia esse risentono della fase storica nella quale sono state concepite, caratterizzata dall'esigenza di giustificare la nascita delle Regioni differenziandole nettamente dagli Stati membri, in modo da vincere le resistenze dei difensori dello Stato unitario accentrato.

Un terzo orientamento è rappresentato dalle teorie che configurano lo Stato regionale, al pari dello Stato federale, come un **tipo di Stato decentrato** distinto dallo Stato unitario (Lucatello, de Vergottini).

Punto di partenza comune è che le Regioni, così come gli Stati membri sono enti non sovrani ma autonomi. Ora, poiché l'autonomia non può esser confusa con una presunta potestà costituente, in quanto comporta la titolarità di una potestà derivata e subordinata a quella sovrana dello Stato centrale, nessuna differenza qualitativa sussisterebbe fra Stato federale e Stato regionale. In entrambi i casi gli enti territoriali di Governo godono di autonomia non solo amministrativa, ma anche legislativa, la quale è garantita da disposizioni costituzionali. Le differenze che permangono fra le due ipotesi, come la partecipazione degli Stati membri alla funzione di revisione costituzionale e alla formazione del Parlamento nazionale, riguarderebbero non la forma di Stato, ma esclusivamente la forma di governo. Quelle relative al numero e all'importanza delle funzioni decentrate, che sono mediamente più rilevanti negli Stati federali, sarebbero differenze non qualitative ma quantitative, in quanto riguardano il *quantum* di autonomia, non la caratterizzazione giuridica della stessa. D'altro lato lo Stato decentrato si distingue da quello unitario, nel quale il decentramento si manifesta solo attraverso enti autarchici privi di potestà legislativa, i cui poteri amministrativi e regolamentari sono liberamente comprimibili dal legislatore ordinario.

A conclusioni analoghe conducono le teorie "empiriche" del federalismo, le quali fanno rientrare la regionalizzazione fra i processi federativi, mettendo l'accento su differenze di grado o di carattere meramente politico fra Stato federale e Stato regionale (Bognetti).

7. L'evoluzione degli Stati regionali

Due sono le tendenze prevalenti nell'evoluzione degli Stati regionali. La prima è di tipo centrifugo e consiste nel **rafforzamento delle condizioni di autonomia e dei poteri delle Regioni**.

Ciò risulta con particolare evidenza in **Spagna** nel contenuto del nuovo statuto della Catalogna, adottato nel 2006, il quale riconosce l'identità nazionale della Comunità, contiene un ampio catalogo di diritti di libertà e rafforza notevolmente l'autonomia finanziaria della Comunità più ricca del paese, il che secondo alcuni avrebbe posto in pericolo la stessa unità nazionale. D'altro lato il Tribunale costituzionale con la sentenza n. 31/2010 ha parzialmente ridimensionato la portata innovativa dello statuto della Catalogna, dichiarando incostituzionali 14 disposizioni e subordinando la legittimità di altre 27 ad una interpretazione conforme a costituzione. Nel 2013 e nel 2014 le autorità di governo catalane hanno tentato di far pronunciare il popolo sulla indipendenza della Catalogna, ma la "consulta non referendaria", indetta dal governo regionale per il 9 novembre 2014 in base ad una legge approvata dal Parlamento catalano, è stata bocciata dal Tribunale costituzionale su ricorso del Governo spagnolo. Lo stesso giorno si è svolta una "consulta volontaria", priva di qualsiasi valore giuridico, che si è tenuta comunque nonostante l'impugnazione del Governo e la sospensione da parte del Tribunale costituzionale. Alla consultazione ha partecipato circa il 36% dei cittadini catalani, l'81% dei quali ha risposto positivamente ai due quesiti che chiedevano se la Catalogna dovesse essere uno Stato e uno Stato indipendente. Infine nel febbraio 2015 il Tribunale costituzionale ha dichiarato invalida la legge catalana e il decreto di convocazione della consulta, in quanto il carattere generale che questa assumeva la equiparava a un referendum che in base alla costituzione può tenersi solo su autorizzazione dello Stato.

Anche nel **Regno Unito** la volontà indipendentista manifestata dalla maggioranza del Parlamento e dal Governo della Scozia ha avuto modo di manifestarsi nel referendum, concordato con il Governo nazionale, svoltosi il 18 settembre 2014. Alla consultazione ha partecipato circa l'85% degli elettori, il 45% dei quali si è pronunciato a favore dell'indipendenza a fronte del 55% di voti contrari. Tuttavia il Governo scozzese ha dimostrato di avere una capacità contrattuale, derivante anche dalla forza elettorale acquisita dal partito nazionalista scozzese (il quale alle elezioni del 2015 della Camera dei Comuni ha conquistato quasi tutti i seggi della regione), che potrebbe incidere in futuro sull'assetto territoriale del paese determinando un'accentuazione del processo di *devolution*.

In **Italia** la revisione del Titolo V, parte II, della costituzione italiana (leggi cost. n. 1/1999 e n. 3/2001) contiene aspetti di tipo federale, quali il ribaltamento del criterio di ripartizione delle competenze legislative a favore delle Regioni, l'affermazione del principio di sussidiarietà, l'attribuzione alle Regioni ordinarie del potere di adottare lo statuto con una legge regionale rinforzata, il riconoscimento alle autonomie territoriali di un'autonomia finanziaria di entrata e di spesa basata anche su tributi ed entrate propri, l'equiparazione fra Regioni e Stato per l'impugnazione delle leggi di fronte alla Corte costituzionale. D'altro lato non si può qualificare l'ordinamento italiano come federale, in quanto fa difetto un Senato di tipo federale ed è riservata allo Stato la competenza legislativa relativa all'organizzazione e alle funzioni fondamentali di comuni, Province e Città metropolitane.

La seconda tendenza consiste nello sviluppo del **regionalismo cooperativo**. Lo sviluppo della cooperazione si realizza o attraverso la partecipazione delle Regioni alla formazione dell'indirizzo politico statale o mediante un insieme di strutture e di procedure di raccordo, volte a garantire l'integrazione tra sfere di attività statali e regionali non più rigidamente separate. Rientra nella prima ipotesi la presenza delle Regioni in organi statali svolgenti funzioni legislative (è il caso del Senato spagnolo, nel quale siede una rappresentanza delle Comunità autonome in ragione di un senatore per ciascuna più uno per ogni milione di abitanti) oppure in organi consultivi. Questi possono essere organi consultivi del Governo (Conferenza Stato-Regioni in Italia, Consiglio superiore della difesa nazionale in Portogallo) oppure del Capo dello Stato (come avviene in Portogallo per il Consiglio di Stato). In altri ordinamenti (Francia, Spagna) si verificano riunioni congiunte a livello ministeriale o fra Primo Ministro e Presidenti delle Regioni ed esistono vari organi di raccordo settoriale cui partecipano dirigenti statali e regionali. Altra forma di cooperazione si realizza a livello procedimentale mediante svariati strumenti quali intese, pareri, informazioni reciproche, accordi di programma fra diversi livelli di governo.

Di conseguenza lo Stato regionale si differenzia sempre più dallo Stato unitario che riconosce solo l'esistenza di **enti locali**. Occorre tuttavia considerare che è in corso una evoluzione degli enti locali, la quale rende meno agevole la distinzione fra questi e le Regioni. Infatti la linea di divisione non è data dal riconoscimento costituzionale delle seconde, in quanto il più delle volte anche l'esistenza dei primi è stabilita nei testi costituzionali. Al più si può dire che le Regioni godono di una copertura costituzionale, relativa alla loro organizzazione interna e alle funzioni, che gli enti locali non hanno, essendo la disciplina di questi rinviata alla legge dello Stato. Tuttavia non mancano in varie costituzioni (in Belgio, Italia, Spagna e Portogallo) alcune disposizioni di principio, relative all'organizzazione interna degli enti locali, all'esercizio delle funzioni amministrative e alla finanza locale, che limitano la discrezionalità del legislatore ordinario.

Anche la tradizionale qualificazione degli enti locali come "enti autarchici" risulta ormai insufficiente ed è spesso smentita da disposizioni costituzionali che li definiscono espressamente come "enti autonomi". Si tratta, come per le Regioni, di autonomia politica, come si desume dal carattere elettivo degli organi, dalla natura di enti rappresentativi della comunità locale e legittimati a curare i suoi interessi, dal potere di adottare statuti di autonomia nell'ambito dei princìpi fissati dalla costituzione o dalla legge, dalla potestà di determinare autonomamente un proprio indirizzo politico-amministrativo.

Tuttavia fra enti locali e Regioni permangono alcune differenze significative. Le più rilevanti vanno rinvenute nel fatto che le Regioni possiedono anche l'autonomia legislativa e sono titolari di strumenti di partecipazione alla determinazione dell'indirizzo politico dello Stato. Inoltre alle Regioni spettano competenze che incidono sull'ordinamento degli enti locali e sul loro funzionamento. Si tratta di differenze non solo quantitative, ma qualitative, in quanto gli enti locali non hanno la stessa possibilità di incidere politicamente sull'ordinamento generale dello Stato, il quale pertanto, in assenza di un livello regionale di governo, resta fondamentalmente unitario.

8. Stati federali e Stati regionali

Dal **confronto fra esperienze federali e regionali** emerge come elemento unificante il concetto di autonomia, che determina una linea di continuità fra i vari processi di decentramento politico, delimitata ai due estremi dalla Confederazione di Stati e dallo Stato unitario a decentramento burocratico.

Ciò non significa che non vi siano differenze fra i diversi processi di decentramento politico. Fra Stato federale e Stato regionale vi sono infatti **diversità** di origine storica e anche di natura terminologico-simbolica, che evocano nell'immaginario collettivo forme di decentramento politico più o meno "forti", anche in termini di poteri attribuiti ai livelli di governo periferici.

Sotto un profilo più strettamente giuridico, i due concetti fondamentali intorno ai quali ruotano tutte le possibili differenziazioni fra Stato federale e Stato regionale sono quelli dell'autonomia e della partecipazione.

Come si è visto, vari autori ritengono che solo gli Stati membri siano dotati di **autonomia costituzionale**. Tuttavia nessuno dei significati che a tale espressione vengono attribuiti vale a stabilire differenze di tipo qualitativo fra Stato federale e Stato regionale. Intanto autonomia costituzionale **non può significare originarietà**, che si ha quando un ordinamento si autolegittima e quindi la sua fondazione non deriva da un altro ordinamento, neppure per gli Stati membri; infatti una cosa è l'originarietà storica, che si riscontra negli Stati federali nati da Confederazioni di Stati, una cosa ben diversa è l'originarietà giuridica, che gli ordinamenti federati non possono vantare in quanto, essendo, al pari di quelli regionali, subordinati all'ordinamento generale dello Stato, sono ordinamenti derivati. Quanto all'autonomia intesa come **garanzia costituzionale**, questa sussiste nei confronti del legislatore ordinario anche per le Regioni, quando vi sia una normativa costituzionale di principio che ne disciplini l'organizzazione e i poteri. Inoltre le Regioni sono garantite costituzionalmente anche nel senso che in vari Stati regionali il principio autonomistico costituisce uno dei princìpi supremi dell'ordinamento costituzionale e quindi si pone come limite materiale alla stessa revisione della costituzione.

Per quel che riguarda le **competenze**, in ogni caso il riparto delle medesime è stabilito nella costituzione dello Stato centrale e il criterio dei poteri residui gioca in modo differenziato all'interno sia degli Stati federali sia di quelli regionali. Quindi le differenze su questo terreno riguardano il merito delle competenze decentrate e in particolare l'attribuzione ai soli Stati membri di competenze di tipo giurisdizionale e in materia di ordine pubblico, che di regola non sono riconosciute alle Regioni. Tale differenza, se è rilevante ai fini della scelta del tipo di decentramento politico ritenuto più consono a una determinata realtà statuale, non comporta che gli enti decentrati abbiano nei due casi una diversa natura giuridica, in quanto essi non rivestono comunque la qualità di veri e propri Stati. Ciò è confermato dall'esistenza di Stati federali nei quali alle entità federate non sono attribuiti poteri in materia giurisdizionale (Austria e Belgio).

Anche per quel che riguarda il **principio della partecipazione** alla formazione della volontà politica dello Stato, esistono differenze significative. La diversità più rilevante deriva dal fatto che negli Stati regionali non esiste attualmente una Camera rappresentativa delle Regioni quale momento essenziale di compensazione fra l'interesse nazionale e le esigenze degli enti federati. Anche la partecipazione al procedimento di revisione costituzionale degli enti decentrati risulta più limitata negli Stati regionali, anche se non è assente.

Dal punto di vista dinamico la confluenza dei processi federalistici e di quelli regionalistici appare evidente, sia per la comune tendenza verso un modello di tipo cooperativo, sia per il riferimento a condivisi valori di riferimento (partecipazione democratica, articolazione sul territorio della classe politica, avvicinamento delle decisioni pubbliche agli interessi e ai bisogni dei cittadini).

In definitiva Stato federale e Stato regionale **non costituiscono tipi di Stato distinti e inconciliabili**, ma sono due manifestazioni dei processi di decentramento politico che caratterizzano gran parte degli Stati democratici contemporanei. Sotto questo punto di vista si può affermare che la natura democratica della forma di Stato costituisce oggi una pre-condizione indispensabile per il pieno dispiegarsi di processi di autentico decentramento politico. Quindi, soprattutto nell'ambito della forma di Stato democratico-pluralistico, si possono distinguere **due diversi tipi di Stato** a seconda della diversa articolazione del potere sul territorio: quello **unitario** basato su un decentramento di tipo burocratico o istituzionale ma prevalentemente amministrativo, e quello **decentrato** (o autonomistico), che si fonda su un decentramento istituzionale di tipo politico. All'interno dello Stato decentrato la distinzione fra federalismo e regionalismo incide sull'assetto e sul funzionamento degli organi di governo dello Stato, ma anche sulla distribuzione dei poteri fra Stato centrale e autonomie territoriali e quindi fra le esperienze più significative di tipo federale e di tipo regionale continuano ad esistere differenze importanti.

Occorre tuttavia precisare che qualsiasi valutazione relativa alla natura delle varie esperienze federative ha carattere relativo, trattandosi di processi dinamici destinati a variare nel corso del tempo. Allo stato attuale delle cose l'opzione tra federalismo e regionalismo costituisce una scelta non di pura tecnica giuridica, ma è legata ad un contesto più ampio, che comporta la presa in considerazione anche di fattori economici, sociali, culturali e politici.

Riferimenti bibliografici

Sulla distinzione dei tipi di Stato rispetto alle forme di Stato: F. LANCHESTER, *Stato (forme di)*, in *Enc. dir.*, LXIII, Giuffrè, Milano, 1990. Sul concetto di Stato autonomico: A. REPOSO, *Profili dello Stato autonomico: Federalismo e regionalismo*, Giappichelli, Torino, 2000.

Sulle concezioni politico-filosofiche del federalismo: A. ALBERTINI, *Il federalismo. Antologia e definizioni*, 2ª ed., il Mulino, Bologna, 1993.

Sulla Confederazione: G. LUCATELLO, *Confederazione di Stati*, in *Enc. giur.*, VIII, Roma, 1988.

Sulla origine e sulle concezioni dello Stato federale: K.C. WHEARE, *Federal Government*, 4ª ed., Oxford U.P., London, 1963, trad. it. *Del Governo federale*, il Mulino, Bologna, 1997; D.J. ELAZAR, *Exploring Federalism*, University of Alabama Press, 1987, trad it. *Idee e forme del federalismo*, Comunità, Milano, 1995; G. LOMBARDI, *Lo Stato federale. Profili di diritto comparato*, Giappichelli, Torino, 1987; G. DE VERGOTTINI, *Stato federale*, in *Enc. dir.*, LXIII, 1990; S. ORTINO, *Introduzione al diritto costituzionale federativo*, Giappichelli, Torino, 1993.

La tesi della ripartizione della sovranità è di J. MADISON, in A. HAMILTON, J. MADISON, J. JAY, *The Federalist*, I, McLean, New York, 1788, *essay n. 39*, trad. it. M. D'ADDIO, N. NEGRI (eds.), *Il federalista*, il Mulino, Bologna, 1980. La sovranità degli Stati membri è sostenuta da J. CALHOUN, *Disquisition on Government and a Discours on the Constitution and Government of the United States*, Richard K. Cralle, Charleston, 1851, trad. it. *Disquisizione sul Governo e Discorso sul Governo e la Costituzione degli Stati Uniti*, Istituto Enciclopedia Italiana, Roma, 1986. Per la sovranità dello Stato federale: P. ZORN, *Das Staatrecht des deutschen Reiches*, Guttentag, Berlin, 1880; G. LUCATELLO, *Lo Stato federale*, Cedam, Padova, 1939; G. DE VERGOTTINI, *Stato federale* cit *supra*. La concezione "tripartita" è in H. KELSEN, *Die Bunedexekution*, Tübingen, 1927, trad. it. *L'esecuzione federale*, in *La giustizia costituzionale*, Giuffrè, Milano, 1981. Per le teorie basate sui principi di autonomia e partecipazione: G. SCELLE, *Manuel de droit international public*, Domat-Montchrestien, Paris, 1948; J. FERRANDO BADÍA, *El Estado unitario, el federal y el Estado autonómico*, Tecnos, Madrid, 1986. Per le teorie "empiriche": C.J. FRIEDRICH, *Trends of Federalism in Theory and Practice*, A. Praeger, New York, 1968; A. LA PERGOLA, *L'"empirismo" nello studio dei sistemi federali: a proposito di una teoria di Carl Friedrich*, in *Dir. soc.*, 1973.

Per la distinzione tra Stato federale liberale e sociale: G. BOGNETTI, *Federalismo*, in *Dig pubbl.*, VI, Utet, Torino, 1991. Sul rapporto tra federalismo e pluralismo: M. CROISAT, *Le fédéralisme dans les démocraties contemporaines*, Montchrestien, Paris, 1992. La tesi della combinazione tra federalismo e presidenzialismo è in E. ROTELLI, *Federalismo e presidenzialismo*, Anabasi, Milano, 1994.

Sulle principali esperienze federali: F. PIZZETTI, *Federalismo regionalismo e riforma dello Stato*, Giappichelli, Torino, 1996; N. OLIVETTI RASON, L. PEGORARO (eds.), *Esperienze federali contemporanee*, Cedam, Padova, 1996; A. PACE (ed.), *Quale dei tanti federalismi?*, Cedam, Padova, 1997; A. D'ATENA (ed.), *I cantieri del federalismo in Europa*, Giuffrè, Milano, 2008; R. BIFULCO (ed.), *Ordinamenti federali comparati. I. Gli Stati federali classici*, Giappichelli, Torino, 2010; A. BENAZZO (ed.), *Federalismi a confronto. Dalle esperienze straniere al caso Veneto*, Cedam, Padova, 2010. Sul federalismo in America latina: F. FERNÁNDEZ SEGADO, *El federalismo en America Latina*, in ID., *Estudios de Derecho Constitucional Latinoamericano*, Arus, Arequipa-Perú, 2012.

Sulle esperienze europee di regionalismo: Y. MENY, *Dix ans de régionalisation en Europe. Bilan et perspectives (1970-1980)*, Cujas, Paris, 1982. Sullo Stato regionale in Spagna: L. VANDELLI, *L'ordinamento regionale spagnolo*, Giuffrè, Milano, 1980. Sulle

Regioni in Francia: M. CALAMO SPECCHIA, *Un nuovo "regionalismo" in Europa. Il decentramento territoriale della Repubblica francese*, Giuffrè, Milano, 2004. Sul decentramento negli Stati europei: S. GAMBINO (ed.), *Stati nazionali e poteri locali. La distribuzione teritoriale delle competenze. Esperienze straniere e tendenze attuali in Italia*, Maggioli, Rimini, 1998; AA.VV., *Il rafforzamento della democrazia regionale e locale nell'Unione Europea*, vol. 2, Comitato delle Regioni – Unione Europea, Lussemburgo, 2004.

Per la tesi dello Stato regionale come una sottospecie di quello unitario: M. MAZZIOTTI DI CELSO, *Studi sulla potestà legislativa delle Regioni*, Giuffrè, Milano, 1961. Per la tesi dello Stato regionale come Stato intermedio: G. AMBROSINI, *Un tipo intermedio di Stato tra l'unitario e il federale*, in *Riv. dir. pubbl.*, 1933. Sulle Regioni come "frammenti di Stato": G. JELLINEK, *Über die Staatfragmente*, G. Koester Heidelberg, 1896. Per l'equiparazione qualitativa tra Stato regionale e Stato federale: G. LUCATELLO, *Lo Stato regionale quale nuova forma di Stato*, in *Scritti giuridici*, nuova raccolta, Cedam, Padova, 1990.

Sul rapporto tra Stato federale e Stato regionale: M. VOLPI, *Stato federale e Stato regionale: due modelli a confronto*, in G. ROLLA (ed.), *La riforma delle autonomie regionali. Esperienze e prospettive in Italia e Spagna*, Giappichelli, Torino, 1995.

Sezione II – *Organizzazioni sovranazionali: l'Unione Europea*

1. Organizzazioni internazionali, transnazionali, regionali e sovranazionali

Le **organizzazioni internazionali** nascono da accordi fra Stati sovrani, i quali danno vita a soggetti le cui decisioni sono vincolanti solo per gli Stati membri. Ne deriva che la loro attuazione dipende dalla volontà dei singoli Stati e che esse si impongono ai loro cittadini solo nel momento in cui gli Stati le traducono in propri atti normativi interni. Tali organizzazioni nascono soprattutto dopo la seconda guerra mondiale.

Tra di esse la più importante è l'**Organizzazione delle Nazioni Unite** (ONU), nata con la Carta di San Francisco del 26 giugno 1945 sulle ceneri della Società delle Nazioni (1919-1946), della quale oggi fanno parte gran parte degli Stati esistenti (ben 193). L'ONU ha svolto un ruolo decisivo per l'affermazione dell'universalità dei diritti e per la loro internazionalizzazione (cap. V, § 7). Ha quindi dato un contributo importante alla creazione di un **diritto costituzionale internazionale**, fondato sul riconoscimento dei diritti umani e su una tutela giurisdizionale garantita da organi giudiziari permanenti, quali la Corte internazionale di giustizia e la Corte penale internazionale[8].

[8] La Corte internazionale di giustizia, costituita nel 1945 e avente sede a L'Aja, interviene sulle controversie concernenti l'interpretazione di un trattato, una questione di diritto internazionale, la violazione di un obbligo internazionale, ma la sua giurisdizione è obbligatoria solo per gli Stati membri che l'abbiano riconosciuta (art. 36 dello Statuto della Corte, che è parte integrante della Carta dell'ONU). Successivamente l'ONU ha dato vita a varie Corti internazionali per il perseguimento di crimini commessi in alcune aree geografiche (come il Tribunale penale interna-

A tale sviluppo hanno contribuito in Europa anche le Corti di Strasburgo e di Lussemburgo operanti nell'ambito del Consiglio d'Europa e dell'Unione Europea (cap. V, §§ 13-15 e *infra*, § 3). Più debole è stato l'intervento dell'ONU volto a perseguire le sue finalità essenziali: il mantenimento della pace e della sicurezza internazionale, lo sviluppo di relazioni amichevoli tra le Nazioni e la cooperazione internazionale. A ciò sono stati di ostacolo sia la struttura dell'ONU, incentrata sul ruolo preminente del Consiglio di Sicurezza, composto da quindici membri, di cui cinque (Stati Uniti, Regno Unito, Francia, Russia e Cina [9]) membri permanenti e titolari del diritto di veto sulle decisioni di merito, sia la mancata attuazione degli articoli della Carta relativi alla costituzione di un Comitato di Stato Maggiore e di forze armate poste alle dipendenze del Consiglio. Si è quindi verificato che importanti interventi militari internazionali, a partire dalla guerra del Golfo del 1991, siano stati attuati, sotto l'egida o con la copertura delle Nazioni Unite, da parte di singoli Stati (con una posizione dominante degli USA), che avevano la piena direzione delle forze armate impiegate, o di altre organizzazioni internazionali, come la NATO [10] (investita del comando delle forze internazionali in Afghanistan dal 2003 in poi e artefice dell'intervento in Libia nel 2011).

Un secondo fenomeno importante successivo alla seconda guerra mondiale è la nascita di una serie di **organizzazioni transnazionali**, che agiscono soprattutto sul terreno commerciale e finanziario, adottando politiche che sono trasversali rispetto a quelle degli Stati e ne condizionano fortemente il contenuto e gli esiti. Tra questa vanno menzionate: la Banca Mondiale (WR – *World Bank*), costituita nel 1945, che ha come proprie finalità la riduzione della povertà e l'aiuto ai paesi in difficoltà; il Fondo Monetario Internazionale (IMF – *International Monetary Fund*), anche esso creato nel 1945, che persegue la cooperazione monetaria internazionale e l'espansione del commercio internazionale [11]; l'Organizzazione Mondiale del Commercio (WTO – *World Trade Organization*), istituita nel 1995, che si propone di abolire le barriere tariffarie, di favorire le in-

---

zionale per l'ex Jugoslavia nel 1993 e quello per il Rwanda nel 1994). La Corte penale internazionale è nata dal trattato stipulato a Roma nel 1998, è entrata in vigore nel 2002 ed è divenuta operativa dal 2004 con sede a L'Aja. Essa persegue i crimini di genocidio, contro l'umanità, di guerra, di aggressione e le gravi violazioni della Convenzione di Ginevra, per i quali i rappresentanti degli Stati coinvolti non godono di immunità. Purtroppo alla Corte non hanno aderito Stati Uniti, Russia e Cina.

[9] Nel 1971 la Repubblica Popolare Cinese ha sostituito la Repubblica di Cina (Taiwan); nel 1992 la Russia è subentrata all'URSS.

[10] Il North *Atlantic Treaty Organization* (Organizzazione del Trattato del Nord Atlantico) è nato nel 1949 come alleanza difensiva tra gli USA e gli Stati del blocco occidentale.

[11] Il settimo vertice dei BRICS (Brasile, Russia, India, Cina, Sud Africa), svoltosi in Russia nel luglio 2015, ha deciso di dare vita nell'aprile 2016 ad una *Banca di sviluppo*, che avrà al compito di concedere prestiti ai paesi partecipanti senza sottostare alla condizioni strutturali imposte dall'IMF.

tese commerciali e di intervenire sulle relative controversie. L'azione trasversale di questi organismi è al contempo l'effetto e un'ulteriore causa della crisi degli Stati-nazione, i quali non riescono più a governare adeguatamente i principali processi economici e politico-sociali, che assumono una dimensione sovranazionale o addirittura mondiale. Tuttavia la nascita di un **diritto transazionale del mercato** non garantisce affatto il governo mondiale dei processi di globalizzazione e presenta un enorme deficit di legittimazione democratica, derivante sia dalla limitazione delle funzioni svolte dalle organizzazioni citate al terreno commerciale e finanziario, sia dalla loro struttura interna che assicura il predominio dei paesi più ricchi [12].

Un altro fenomeno significativo verificatosi nel secondo dopoguerra è la diffusione di **organizzazioni "regionali"**, che riuniscono gli Stati appartenenti ad un intero continente o caratterizzati da comuni interessi economico-sociali. Basti citare tra le più rilevanti: in **America** l'Organizzazione degli Stati Americani (OAS – *Organization of American States*), che riunisce dal 1948 tutti gli Stati del continente, e la Comunità degli Stati latino-americani e caraibici, (CELAC – *Comunidad de Estados Latinoamericanos y Caribeños*), che comprende dal 2010 tutti gli Stati del continente americano ad eccezione di Stati Uniti e Canada; in **America latina** il Mercato Comune del Sud (MERCOSUR – *Mercado Común del Sur*), che è la più importante organizzazione economica sudamericana e persegue come propria finalità la creazione di un mercato unico tra gli Stati contraenti [13]; in **Africa** l'Unione Africana (AU – *African Union*), succeduta nel 2002 all'Organizzazione dell'Unità Africana creata nel 1963 e che riunisce tutti i paesi africani ad eccezione del Marocco; in **Asia** l'Associazione delle Nazioni del Sud-Est asiatico (ASEAN – *Association of Southeast Asian Nations*), nata nel 1967 e comprendente dieci Stati; in **Europa** il Consiglio d'Europa (CE – *Council of Europe*), costituito nel 1949 e composto oggi da 47 Stati europei, che ha contribuito fortemente allo sviluppo del diritto costituzionale internazionale soprattutto attraverso la Corte

---

[12] Basti dire che in base ad una regola non scritta il Presidente della WB è designato dal Governo degli USA e il Direttore dai governi europei; che nel Consiglio esecutivo dell'IMF vi sono cinque membri permanenti (USA, Francia, Germania, Giappone, Regno Unito) e che il voto è ponderato a seconda della quota di capitale versato (attualmente quella degli USA è del 16,77%); che il WTO riflette la volontà delle multinazionali e dei membri più forti (Stati Uniti, Unione Europea e Giappone), imponendola ai paesi più deboli e si disinteressa delle violazioni dei diritti umani compiute da vari Stati membri.

[13] Gli Stati membri sono attualmente Argentina, Brasile, Uruguay e Venezuela (il Paraguay è sospeso), ma partecipano come membri associati gli Stati della Comunità andina (Bolivia, Cile, Colombia, Ecuador, Perù).

In America latina vi sono poi alleanze tra Stati che rispondono a diverse finalità politico-economiche. Di stampo liberista è l'Alleanza del Pacifico (AL), costituita nel 2011 tra Cile, Colombia, Messico e Perù; di tendenza social-progressista è l'Alleanza bolivariana per le Americhe (ALBA), nata nel 2004 su iniziativa di Cuba e Venezuela e comprendente oggi anche Bolivia, Ecuador, Nicaragua, Repubblica Dominicana e Saint Vincent Grenadine.

europea dei diritti dell'uomo di Strasburgo e svariati organismi di tipo consultivo [14]. Vanno infine menzionate la Lega Araba (LAS – *League of Arab States*), nata nel 1945, della quale fanno parte gli Stati arabi del Maghreb, dell'Africa orientale e del Medio Oriente, e l'Organizzazione per la Sicurezza e lo Sviluppo in Europa (OSCE – *Organization for Security and Co-operation in Europe*), succeduta nel 1995 all'omonima Conferenza, che aveva svolto un ruolo rilevante nel processo di distensione tra Est e Ovest, la quale raggruppa tutti i paesi europei, del Caucaso e dell'Asia centrale, gli Stati Uniti e il Canada. Certo, l'ordinamento interno e la struttura organizzativa delle organizzazioni regionali è molto varia e nella maggioranza dei casi non fuoriescono dal novero di quelle internazionali. Tuttavia vi è una linea di tendenza che rende talvolta incerto il confine con le organizzazioni sovranazionali, sia per le funzioni esercitate, che per alcune riguardano non solo questioni tecniche, economiche e finanziarie, ma politiche e costituzionali, sia per la struttura interna, che è spesso complessa e prevede un organo di tipo parlamentare [15].

Infine dall'esigenza, che stava alla base dell'ONU e di altri organismi internazionali, di evitare nuovi conflitti mondiali e di sviluppare rapporti pacifici e di cooperazione fra gli Stati, ma anche e soprattutto dalla necessità di rispondere alla crisi degli Stati-nazione, hanno avuto origine le **organizzazioni sovranazionali**, le quali, a differenza di quelle internazionali, adottano decisioni che sono direttamente valide ed esecutive all'interno degli Stati membri, e quindi vincolanti anche per le istituzioni locali e per i cittadini di ogni Stato membro, e sono titolari di competenze importanti che implicano corrispondenti cessioni di sovranità da parte degli Stati. Particolarmente significativa sotto questo punto di vista è l'esperienza dell'**Unione Europea**, la cui evoluzione ha stimolato il dibattito sul rapporto tra federalismo ed organizzazioni sovranazionali.

2. Origine ed evoluzione dell'Unione Europea

L'ideale che mirava a dare vita ad una unità di tipo federativo dei paesi europei al fine di superare definitivamente gli orrori della guerra e di garantire lo sviluppo economico, sociale e democratico dei paesi europei ha avuto tra i suoi "padri nobili" l'italiano Altiero Spinelli [16]. Tuttavia, poiché nel dopoguerra ap-

---

[14] Tra questi ha svolto un ruolo importante la Commissione europea per la democrazia attraverso il diritto (*European Commission for Democracy through Law*), nota come Commissione di Venezia, che è intervenuta in modo significativo nel processo di elaborazione delle costituzioni e di leggi di rilievo costituzionale soprattutto nei paesi dell'Europa centro-orientale.

[15] Come l'Assemblea parlamentare nel Consiglio d'Europa, il Parlamento panafricano nell'Unione Africana e il Parlamento arabo nella Lega Araba.

[16] Nel 1941 Spinelli elaborò insieme a Ernesto Rossi e Eugenio Colorni il Manifesto per un'Eu-

pariva assai difficile costruire un'unità politica di tipo federativo, come quella condensata nella formula degli "Stati Uniti d'Europa", è stata prescelta, su impulso dei francesi Jean Monnet e Robert Schuman [17], la strada del ricorso al cd "**metodo funzionalista**", consistente nel trasferimento graduale a istituzioni europee di funzioni specifiche in settori economici determinati, attraverso la successiva creazione di apposite Comunità. La prima è stata la **Comunità europea del carbone e dell'acciaio** (CECA), costituita da Francia, Germania, Italia e dai tre paesi del Benelux (Belgio, Paesi Bassi, Lussemburgo) con il trattato di Parigi del 18 aprile 1951, che aveva come finalità la regolamentazione dell'uso di risorse che era stato oggetto di una costante conflittualità tra Francia e Germania. Con il trattato di Roma del 25 marzo 1957 gli stessi sei paesi hanno dato vita alla **Comunità economica europea** (CEE) e alla **Comunità europea dell'energia atomica** (EURATOM). Finalità della CEE era l'instaurazione di un mercato comune non limitato ai soli settori del carbone e dell'acciaio, attraverso il superamento delle barriere doganali, la libera circolazione delle persone, dei servizi e dei capitali, l'attuazione di politiche economiche comuni in alcuni settori (agricoltura, trasporti, concorrenza). L'EURATOM si proponeva la creazione di un mercato comune e di regole condivise per l'approvvigionamento e l'utilizzazione dell'energia nucleare. Le tre Comunità avevano ciascuna un proprio organo esecutivo (l'Alta Autorità per la CECA, la Commissione per le altre due Comunità) e un organo intergovernativo (il Consiglio dei Ministri). Nel 1965 con il **trattato di Bruxelles** viene sancita l'unificazione degli organi con la creazione di un'unica Commissione e di un unico Consiglio. La struttura della CEE diventa progressivamente più complessa, comprendendo i seguenti organi:

– **Parlamento**, i cui componenti sono eletti dal popolo in ogni Stato membro secondo la rispettiva legge elettorale, che dal 1979 sostituisce l'Assemblea parlamentare, organo rappresentativo di secondo grado, in quanto composto da delegati designati dai Parlamenti nazionali tra i propri membri;
– **Consiglio**, composto da un Ministro per ogni Stato membro, che è titolare della potestà normativa e delibera di regola all'unanimità;
– **Commissione**, composta da membri designati di comune accordo dai Governi degli Stati, che è l'organo esecutivo chiamato a tutelare l'interesse comunitario e delibera a maggioranza assoluta;

---

ropa libera e unita, noto come Manifesto di Ventotene in riferimento al luogo in cui erano stati confinati dal regime fascista. Fu commissario europeo dal 1973 al 1976, parlamentare europeo dal 1979 al 1986 e autore nel 1984 del Programma sull'Unione Europea che influenzò l'Atto unico del 1986.

[17] Jean Monnet, che aveva svolto un ruolo dirigente nella Resistenza francese, fu il primo Presidente della CECA. Robert Schuman, ministro degli esteri francese, nel 1950 rese pubblica una dichiarazione che proponeva di porre la produzione francese e tedesca del carbone e dell'acciaio sotto una comune Autorità nell'ambito di un'organizzazione alla quale potevano aderire gli altri paesi europei; dal 1958 al 1960 fu il primo Presidente dell'Assemblea parlamentare europea.

– **Corte di giustizia**, composta da giudici nominati di comune accordo dai Governi degli Stati membri, che è incaricata di assicurare il rispetto del diritto nella interpretazione e nell'applicazione del trattato.

Una tappa importante per l'evoluzione del quadro comunitario è rappresentata dall'**Atto unico** del 1986, che contiene due novità rilevanti: l'eliminazione degli ostacoli alla realizzazione del mercato unico entro la fine del 1992; il riconoscimento del ruolo del Consiglio europeo, che comprende i Capi di Stato o di Governo e il Presidente della Commissione e si riunisce almeno due volte all'anno, venendo di fatto a costituire l'organo che stabilisce gli indirizzi politici della Comunità.

Con il **trattato di Maastricht** del 1992 (entrato in vigore il 1° novembre 1993) le tre Comunità vengono unificate nella **Comunità europea** (CE) e viene istituita l'**Unione Europea** (U.E.), ciascuna fondata su un distinto trattato. L'U.E. è un'organizzazione politica che agisce sulla base di tre "pilastri": le Comunità, la politica estera e di sicurezza comune (PESC), la cooperazione nei settori della giustizia e degli affari interni (GAI). Il primo pilastro viene a essere regolato dal cd "metodo comunitario", che prevede l'iniziativa della Commissione, le delibere del Consiglio a maggioranza qualificata, l'attribuzione del ruolo di co-legislatore al Parlamento, l'adozione di atti direttamente efficaci negli ordinamenti degli Stati membri. Gli altri due pilastri sono invece assoggettati al "metodo intergovernativo", fondato sulla regola dell'unanimità per le decisioni del Consiglio, su un ruolo consultivo del Parlamento e sulla non sindacabilità degli atti da parte della Corte di giustizia.

Una novità rilevante è costituita dall'introduzione della **cittadinanza europea**, che ha natura derivata, in quanto viene attribuita ai cittadini degli Stati membri. Essa comprende il diritto di circolare e di soggiornare liberamente nel territorio dell'Unione, di avere l'elettorato attivo e passivo nelle elezioni comunali e in quelle europee nello Stato di residenza, di godere della protezione delle autorità diplomatiche e consolari di qualsiasi Stato membro, di presentare petizioni, di rivolgersi al Mediatore europeo, nominato dal Parlamento. Rilevante è anche l'affermazione che l'Unione si fonda sui principi di libertà e democrazia "comuni agli Stati membri" e rispetta i diritti fondamentali garantiti dalla CEDU (cap. V, § 13) «quali risultano dalle tradizioni costituzionali comuni agli Stati membri, in quanto principi generali del diritto comunitario» (art. 6 TUE). Ciò consente alla Corte di giustizia di estendere la sua giurisprudenza alla tutela dei diritti fondamentali.

Vi sono poi novità di tipo organizzativo: viene sancita la natura del Consiglio europeo di istituzione che stabilisce gli orientamenti politici della U.E.; sono estese a nuovi settori le procedure di co-decisione tra Consiglio e Parlamento; vengono istituiti organi con funzioni consultive, come il Comitato economico e sociale e il Comitato delle Regioni; viene prevista l'instaurazione di una moneta unica e sono stabiliti i criteri, relativi al disavanzo e al debito pubblico, che dovranno essere tendenzialmente rispettati dagli Stati membri. I "parametri di Maastricht" sono precisati in un protocollo allegato al trattato, il quale stabilisce come valori di riferimento il 3% per il rapporto fra disavanzo pubblico e Pil, il 60% per il rapporto fra debito pubblico e Pil [18].

L'evoluzione verso l'Unione Europea si accompagna al progressivo **ingresso di nuovi Stati membri**, che si impegnano a rispettare il cd "*acquis* comunitario", vale a dire l'insieme delle regole, degli atti normativi, della giurisprudenza, dei trattati e degli accordi stipulati in sede comunitaria. L'allargamento si realizza in tre successive ondate: nel 1973 con l'adesione di Regno Unito, Danimarca e Irlanda; negli anni '80 con l'ingresso dei tre paesi mediterranei usciti dalla dittatura (Grecia nel 1981, Spagna e Portogallo nel 1986); nel 1995 con l'adesione di Austria, Finlandia e Svezia. L'Europa "a quindici" viene a comprendere quasi tutti i paesi dell'emisfero occidentale [19] e coinvolge più di 370 milioni di abitanti.

Con il **trattato di Amsterdam** del 1997 (entrato in vigore il 1° maggio 1999) viene istituito l'Alto rappresentante per la politica estera e di sicurezza comune, carica attribuita al segretario generale del Consiglio e viene previsto il sistema della "cooperazione rafforzata", che consente ad alcuni Stati di compiere ulteriori passi sulla via della integrazione, ma nel rispetto di regole volte ad evitare che siano intaccate le competenze esclusive dell'Unione o ne siano ostacolati gli obiettivi. In un protocollo allegato al trattato viene a far parte del quadro comunitario l'"*acquis* di Shengen", vale a dire gli accordi e la convenzione stipulati tra il 1985 e il 1995, che ottengono l'adesione degli Stati membri, ad eccezione del Regno Unito e dell'Irlanda, e anche di Norvegia, Svizzera, Islanda e Liechtenstein, i quali stabiliscono la soppressione dei controlli delle persone alle frontiere comuni e la libera circolazione dei cittadini degli Stati firmatari.

Il progetto di unificazione monetaria previsto a Maastricht sfocia nell'istituzione della **Banca centrale europea** nel 1998 e nell'entrata in vigore il 1° gennaio 1999 dell'euro, che viene messo in circolazione nel 2002. Dell'**Eurozona** fanno parte a oggi 19 dei 28 Stati membri [20]. La BCE decide la politica monetaria e di cambio in assoluta indipendenza da governi nazionali e U.E. e ha una struttura costituita da tre organi di vertice: il Consiglio direttivo, che comprende i Governatori delle Banche centrali e i membri del Comitato esecutivo e adotta gli indirizzi generali, il Comitato esecutivo, composto da sei membri nominati dai governi degli Stati membri, che dà attuazione alle decisioni del Con-

---

[18] Il disavanzo o deficit pubblico è il saldo fra entrate e spese maturato nel corso di un anno. Il debito pubblico è il debito dello Stato nei confronti di soggetti creditori che hanno acquistato obbligazioni o titoli di Stato, emessi al fine di coprire le spese e l'eventuale deficit pubblico.

[19] Le uniche eccezioni sono quelle della Norvegia, dove due referendum nel 1972 e nel 1994 respingono la proposta di adesione, della Svizzera, che si limita ad aderire ad alcuni accordi specifici, dell'Islanda e del Liechtenstein.

[20] Austria, Belgio, Cipro, Estonia, Finlandia, Francia, Germania, Grecia, Irlanda, Italia, Lettonia, Lituania, Lussemburgo, Malta, Paesi Bassi, Portogallo, Slovacchia, Slovenia, Spagna.

siglio, e il Presidente, nominato dai governi fra i membri del Comitato esecutivo, che svolge una funzione di direzione, impulso ed esecuzione delle decisioni del Consiglio direttivo.

Il **trattato di Nizza** del 2001 (entrato in vigore il 1° febbraio 2003) riduce i casi in cui il Consiglio deve deliberare all'unanimità e modifica la composizione del Parlamento e della Commissione nella prospettiva dell'allargamento della U.E., con particolare riferimento ai paesi dell'Europa centro-orientale in via di democratizzazione. Ad Atene nel 2003 viene sottoscritto il trattato di adesione tra i 15 Stati membri e 10 nuovi Stati, che entrano a far parte della U.E. nel 2004. Si tratta di Cipro, Estonia, Lettonia, Lituania, Malta, Polonia, Repubblica Ceca, Slovacchia, Slovenia e Ungheria. Dal 1° gennaio 2007 diventano Stati membri la Bulgaria e la Romania e dal 1° luglio 2013 la Croazia. L'allargamento a 28 degli Stati membri pone non pochi problemi, di tipo sia rappresentativo, data l'enorme disparità fra Stati più popolosi e meno popolosi[21], sia economico-sociale, a causa del diverso livello di sviluppo, sia politico-costituzionale, in quanto gli 11 paesi provenienti dall'esperienza comunista hanno intrapreso un processo di democratizzazione solo dopo la caduta del Muro di Berlino nel 1989.

3. Dalla "costituzione europea" al trattato di Lisbona

L'evoluzione dell'Unione da organizzazione essenzialmente economica a soggetto anche politico pone il problema di una sua costituzionalizzazione. Problema di non facile soluzione, vista l'assenza a livello europeo di uno Stato, di un popolo e di una dialettica pluralistica tra forze politico-sociali strutturate. L'idea della "costituzione europea" viene quindi concepita come un presupposto storico e come costruzione di un quadro politico e istituzionale entro il quale possano progressivamente svilupparsi gli elementi costitutivi della statualità.

Un primo passo del processo costituente europeo è rappresentato dalla **Carta dei diritti fondamentali della U.E.**, proclamata a Nizza nel 2001, ma non inserita nei trattati e quindi priva di valore giuridico formale. Il metodo seguito per la sua elaborazione è innovativo, in quanto viene investita del compito una Convenzione, composta da delegati dei Capi di Stato o di Governo, dal Presidente della Commissione e da rappresentanti del Parlamento europeo e dei Parlamenti nazionali. Anche il contenuto è innovativo in quanto fondato sulla catalogazione dei valori comuni (cap. V, § 8.1).

Il passo più significativo del processo costituente è rappresentato dal tentativo operato, su indicazione del Consiglio europeo di Laeken del dicembre 2001, di dare vita ad un **testo costituzionale europeo** che sostituisca i due trat-

---

21 Malta ha una popolazione circa 195 volte minore di quella della Germania.

tati esistenti e dia riconoscimento giuridico alla Carta dei diritti. Anche in questo caso viene seguita la via della Convenzione "mista" (a componenti statali e comunitarie), della quale fanno parte i rappresentanti dei Capi di Stato e di Governo dei 15 Stati membri, di ciascuno dei 13 paesi candidati all'adesione (uno per il Governo e uno per il Parlamento)[22], 30 rappresentanti dei Parlamenti nazionali degli Stati membri, 16 rappresentanti del Parlamento europeo e 2 della Commissione. Il progetto varato dalla Convenzione viene presentato nel luglio 2003, per essere approvato all'unanimità dalla Conferenza intergovernativa, costituita dai rappresentanti dei governi degli Stati membri, tenutasi a Roma il 29 ottobre 2004. Successivamente il progetto viene sottoposto alla ratifica degli Stati membri, ma non entra in vigore in quanto i referendum per la ratifica svoltisi in Francia e nei Paesi Bassi nel 2005 danno esito negativo (rispettivamente con il 55% e il 63% di voti contrari).

Il progetto di "**Trattato che adotta una costituzione per l'Europa**" pone già nella sua formulazione il dubbio se si tratti di un accordo di diritto internazionale o di un testo costituzionale (Grimm). Nella prima direzione va il procedimento di revisione, che richiede la ratifica di tutti gli Stati membri, e il riconoscimento, anche se assoggettato ad un procedimento complesso, del diritto di recesso di ogni Stato. D'altro lato le prime due parti del trattato, la prima relativa a natura, obiettivi, principi e istituzioni, la seconda che recepisce la Carta dei diritti fondamentali, disegnano i contenuti tipici di una costituzione, né va dimenticato che il nuovo testo avrebbe sostituito i due trattati preesistenti. Certo, la parte III del trattato su "Le politiche e il funzionamento dell'Unione" risulta assai poco "costituzionale" per la sua ridondanza (322 articoli sui 438 complessivi) e per il ricorso a formulazioni dettagliate e altamente tecniche, mentre la parte IV contiene le disposizioni generali e finali.

Dopo il fallimento del progetto, nel 2007 il Consiglio europeo di Bruxelles incarica la Conferenza intergovernativa di predisporre un trattato riformato senza alcun riferimento alla costituzione europea. Il testo da questa predisposto viene sottoscritto il 13 dicembre 2007 a Lisbona dai Capi di Stato e di Governo assumendo la denominazione di "trattato modificativo" dei due trattati relativi all'U.E. e alla Comunità europea. Il **trattato di Lisbona** entra in vigore il 1° dicembre 2009 e comprende il **Trattato sull'Unione Europea** (TUE) e il **Trattato sul funzionamento della Unione Europea** (TFUE). Il nuovo testo abbandona i riferimenti sia simbolici (come la bandiera e l'inno) sia sostanziali (come la "legge europea", il "ministro degli esteri dell'Unione") allo Stato europeo. Le novità più significative sono le seguenti:

---

[22] Oltre ai dodici Stati che entreranno a far parte della U.E. tra il 2004 e il 2007, vi sono anche i rappresentanti della Turchia.

– affermazione di importanti valori fondativi[23], che sono alla base dell'adesione di nuovi Stati e la cui violazione grave può determinare la sospensione di alcuni dei diritti attribuiti allo Stato membro dai trattati, su delibera del Consiglio a maggioranza qualificata;

– venir meno della Comunità europea sostituita dalla U.E.;

– attribuzione alla U.E. della personalità giuridica, che la legittima ad essere soggetto di diritto internazionale e a stipulare trattati con soggetti terzi;

– assegnazione alla Carta dei diritti fondamentali dello stesso valore giuridico dei trattati e previsione che la U.E. aderisca alla Convenzione europea per la salvaguardia dei diritti dell'uomo e delle libertà fondamentali;

– previsione del diritto di iniziativa popolare a livello europeo, che può essere esercitato da un milione di cittadini dell'Unione, appartenenti ad almeno sette paesi[24], e consiste nell'invito rivolto alla Commissione a presentare una proposta su materie per le quali i cittadini ritengono necessario un atto giuridico dell'Unione;

– superamento dei tre pilastri e del metodo funzionalista e individuazione delle competenze esclusive e concorrenti della U.E.;

– ampliamento delle decisioni che il Consiglio adotta a maggioranza qualificata;

– varie modifiche istituzionali: attribuzione al Parlamento di un potere di co-decisione sulla funzione legislativa e su quella di bilancio e del potere di eleggere a maggioranza assoluta il Presidente della Commissione, di approvare la Commissione nella sua collegialità e di votare una mozione di censura collettiva nei suoi confronti; riconoscimento formale del Consiglio europeo come organo della U.E. e permanenza in carica per due anni e mezzo del suo Presidente; elezione da parte del Consiglio europeo dell'Alto rappresentante dell'Unione per gli affari esteri e la politica di sicurezza; riconoscimento ai Parlamenti nazionali di diritti di informazione e di poteri di partecipazione alle procedure di revisione dei trattati, alla determinazione di politiche della U.E. e alla loro valutazione.

---

[23] «L'Unione si fonda sui valori del rispetto della dignità umana, della libertà, della democrazia, dell'uguaglianza, dello Stato di diritto e del rispetto dei diritti umani, compresi i diritti delle persone appartenenti a minoranze. Questi valori sono comuni agli Stati membri in una società caratterizzata dal pluralismo, dalla non discriminazione, dalla tolleranza, dalla giustizia, dalla solidarietà e dalla parità tra donne e uomini» (art. 2 TUE).

[24] Come ha precisato il regolamento n. 211/11 del Parlamento e del Consiglio del 16 febbraio 2011.

4. Gli organi dell'Unione Europea: la forma di governo

La struttura istituzionale dell'Unione comprende i seguenti organi svolgenti funzioni di natura decisionale:

– Parlamento europeo;
– Consiglio europeo;
– Consiglio (dei Ministri);
– Commissione europea;
– Corte di giustizia dell'Unione Europea.

Il **Parlamento europeo** è composto da un massimo di 750 deputati più il Presidente, eletti per cinque anni a suffragio universale dai popoli degli Stati membri con sistema elettorale proporzionale, la cui formula è stabilita da ogni Stato, e con una ripartizione dei seggi che tiene conto della popolazione dei vari paesi[25]. La carica di parlamentare europeo è incompatibile con quella di parlamentare nazionale. Il Parlamento svolge funzioni decisionali: in particolare è contitolare con il Consiglio della funzione legislativa e di quella di bilancio; inoltre dà il "parere conforme" (vincolante) sull'adesione di nuovi Stati e sulle sanzioni a carico dello Stato che violi i princìpi fondamentali dell'Unione. Elegge il Presidente della Commissione e approva gli altri suoi componenti. Esercita funzioni di controllo sulla Commissione e può approvare a maggioranza dei due terzi una mozione di censura nei suoi confronti, che determina le dimissioni collettive dei suoi membri. Altri poteri significativi sono la disciplina mediante regolamento dello statuto dei partiti politici europei, la richiesta alla Commissione di presentare proposte sulle questioni sulle quali ritiene necessaria l'elaborazione di un atto dell'Unione, la costituzione di commissioni temporanee di inchiesta sulle denunce di infrazione o di cattiva amministrazione nell'applicazione del diritto comunitario. Infine il Parlamento adotta atti su specifiche questioni politiche (come le risoluzioni) che, pur non vincolando gli organi di Governo, possono influenzarne le decisioni o stimolarne l'intervento per il futuro.

Il **Consiglio europeo** è composto dai Capi di Stato o di Governo degli Stati membri. È l'organo di indirizzo politico, che dà gli impulsi necessari allo sviluppo dell'Unione e definisce gli orientamenti politici generali. Si riunisce due volte a semestre su convocazione del **Presidente**, il quale viene eletto a maggioranza qualificata per un mandato di due anni e mezzo rinnovabile una volta. Nomina a maggioranza qualificata, in accordo con il Presidente della Commissione, l'Alto rappresentante dell'Unione per gli affari esteri e la politica di sicu-

---

[25] Per la legislatura 2014-2019 il Consiglio europeo con la decisione n. 312/2013 ha ripartito il numero dei parlamentari tra gli Stati membri, che va da un massimo di 96 attribuito alla Germania ad un minimo di 6 attribuito a Malta.

rezza, che dirige la politica estera e di sicurezza comune, partecipa alle riunioni del Consiglio europeo, presiede il Consiglio "Affari esteri" ed è vicepresidente della Commissione.

Il **Consiglio** o Consiglio dei Ministri è composto da un rappresentante di ciascuno Stato membro e si riunisce in varie formazioni costituite dai ministri competenti nelle rispettive materie, il cui elenco è adottato dal Consiglio europeo a maggioranza qualificata. È prevista comunque l'esistenza del Consiglio "**affari generali**", che assicura la coerenza del lavoro delle varie formazioni, prepara le riunioni del Consiglio e ne assicura il seguito, e il Consiglio "**affari esteri**", che elabora l'azione esterna dell'Unione. Il Consiglio è la principale istanza decisionale e di governo della Unione, in quanto è contitolare della funzione legislativa e di bilancio insieme al Parlamento, definisce e coordina le politiche economiche e sociali degli Stati membri, esercita funzioni esecutive in materia di politica estera e adotta atti non vincolanti di indirizzo politico generale.

La **Commissione europea** è l'organo esecutivo della U.E. Dal 1° novembre 2014 avrebbe dovuto essere costituita da un numero di componenti pari ai due terzi degli Stati membri, ma con decisione all'unanimità del Consiglio europeo (n. 272/2013 del 22 maggio 2013) si è stabilito che continui ad essere composta da un numero di membri pari a quello degli Stati, per cui attualmente ha 28 componenti. Il **Presidente** è proposto dal Consiglio europeo a maggioranza qualificata, «tenuto conto delle elezioni del Parlamento europeo e dopo aver effettuato le consultazioni appropriate» (art. 17, c. 7, TUE) ed è poi eletto dal Parlamento a maggioranza assoluta. Nelle elezioni europee del 2014 per la prima volta le diverse famiglie politiche europee hanno presentato un candidato alla presidenza della Commissione e il Consiglio europeo ha proposto Jean Claude Juncker, designato dal partito di maggioranza relativa, il partito popolare europeo, il quale è stato poi eletto dal Parlamento. Il Presidente in accordo con il Consiglio individua le personalità che propone quali membri della Commissione, sulla base delle indicazioni provenienti dagli Stati membri. Successivamente il Presidente, l'Alto rappresentante per gli affari esteri e la politica di sicurezza e i membri della Commissione sono soggetti collettivamente ad un voto di approvazione del Parlamento e infine la Commissione è nominata dal Consiglio europeo a maggioranza qualificata. La Commissione dura in carica per cinque anni ed è titolare di poteri di iniziativa degli atti normativi, di esecuzione delle politiche comunitarie e di bilancio, di vigilanza sull'applicazione dei trattati e del diritto dell'Unione, di rappresentanza dell'Unione nel diritto interno e all'esterno.

La **Corte di giustizia dell'Unione Europea** comprende la Corte di giustizia, il Tribunale e Tribunali specializzati. La **Corte di giustizia** con sede a Lussemburgo è composta da un giudice per Stato membro e da nove avvocati generali, nominati di comune accordo dai governi, i quali restano in carica per sei anni.

Assicura il rispetto del diritto nell'interpretazione e nell'applicazione dei trattati, pronunciandosi in via contenziosa sui ricorsi di uno Stato membro, di un'istituzione o di una persona fisica o giuridica e in via pregiudiziale sui ricorsi dei giudici nazionali sull'interpretazione del diritto comunitario o sulla validità degli atti adottati dalle istituzioni europee. Il **Tribunale**, istituito nel 1988 come giudice di primo grado, ha competenze limitate ad alcune categorie di ricorsi (di persone fisiche o giuridiche contro le istituzioni, di Stati membri contro la Commissione o il Consiglio) e le sue decisioni sono impugnabili di fronte alla Corte per motivi di legittimità. I **Tribunali specializzati** sono competenti a giudicare su categorie di ricorsi proposti in materie specifiche determinate dallo Statuto della Corte di giustizia dell'U.E.[26]. Va sottolineato che la Corte di giustizia, soprattutto dopo l'adozione della Carta dei diritti fondamentali della U.E. e l'attribuzione ai diritti in questa contenuti dello stesso valore giuridico dei trattati stabilita a Lisbona, è divenuta, sia pur con alcune limitazioni, anche un giudice dei diritti sanciti in sede europea (cap. V, § 15).

La **forma di governo** della U.E. risulta peculiare e difficilmente inquadrabile nelle categorie elaborate per quelle esistenti a livello statale. Da un lato si può ritenere che essa si sia andata orientando progressivamente verso un assetto di tipo parlamentare, avendo il Parlamento conquistato poteri di co-decisione che in passato non aveva e una potestà di investitura della Commissione e di controllo politico che può giungere fino al voto di sfiducia nei suoi confronti. D'altro lato però il Parlamento non può essere qualificato come l'organo legislativo dell'Unione e un ruolo decisivo spetta a due organi intergovernativi (Consiglio europeo e Consiglio) che non sono in alcun modo responsabili nei confronti del Parlamento e i cui componenti rispondono eventualmente solo nei confronti dei rispettivi Parlamenti nazionali.

5. Le competenze e gli atti giuridici dell'Unione Europea

Il quadro delle competenze della U.E. è stabilito dagli artt. 2-6 del TFUE. Alla U.E. sono attribuite **competenze esclusive**, nelle quali solo l'Unione può legiferare e adottare atti giuridicamente vincolanti, nei seguenti settori:

a) unione doganale;

b) definizione delle regole di concorrenza necessarie al funzionamento del mercato interno;

---

[26] Il Tribunale specializzato che è stato istituito per primo, con decisione del Consiglio n. 752/2004, è il Tribunale della funzione pubblica dell'Unione Europea, composto da 7 giudici nominati per sei anni dal Consiglio, che si pronuncia sulle controversie tra la Commissione e i dipendenti della U.E.

c) politica monetaria per gli Stati membri la cui moneta è l'euro;
d) conservazione delle risorse biologiche del mare nel quadro della politica comune della pesca;
e) politica commerciale comune.

I settori nei quali l'Unione non ha competenza esclusiva né può svolgere azioni a sostegno degli Stati membri, sono a **competenza concorrente** e quindi in questi sia l'Unione, sia gli Stati possono legiferare e adottare atti giuridicamente vincolanti. Tuttavia gli Stati membri esercitano la loro competenza nella misura in cui l'Unione non ha esercitato la propria. I principali settori a competenza concorrente sono i seguenti:

a) mercato interno;
b) politica sociale, per gli aspetti definiti nel trattato;
c) coesione economica, sociale e territoriale;
d) agricoltura e pesca, tranne la conservazione delle ricorse biologiche del mare;
e) ambiente;
f) protezione dei consumatori;
g) trasporti;
h) reti transeuropee;
i) energia;
j) spazio di libertà, sicurezza e giustizia;
k) problemi comuni di sicurezza in materia di sanità pubblica, per gli aspetti definiti nel trattato.

Un protocollo aggiuntivo al trattato precisa che, quando l'Unione agisce in un determinato settore, il suo intervento copre non l'intero settore, ma solo gli elementi disciplinati nel proprio atto, per cui gli Stati possono legiferare nella parte non regolamentata.

Per la politica estera e di sicurezza comune e per quelle economiche e occupazionali è previsto un coordinamento tra le politiche degli Stati e quelle dell'Unione.

Infine in settori di competenza degli Stati l'Unione può svolgere **azioni** intese a sostenere, coordinare o completare l'azione degli Stati[27].

In base all'art. 5 del TUE, la delimitazione delle competenze dell'Unione si fonda sul **principio di attribuzione**, in base al quale l'Unione, in quanto soggetto derivato di diritto internazionale, agisce solo nei limiti delle competenze che le sono attribuite nei trattati dagli Stati membri, ai quali di conseguenza appartiene qualsiasi competenza non attribuita all'Unione.

---

[27] I settori oggetto di azioni sono i seguenti: tutela e miglioramento della salute umana; industria; cultura; turismo; istruzione, formazione professionale, gioventù e sport; protezione civile; cooperazione amministrativa.

L'esercizio delle competenze si fonda sui principi di sussidiarietà e di proporzionalità. Il **principio di sussidiarietà** comporta che nei settori che non sono di competenza esclusiva dell'Unione, questa interviene solo se ricorrono alcune condizioni: l'insufficienza dell'intervento degli Stati, a livello centrale, regionale e locale, ai fini del conseguimento degli obiettivi dell'azione prevista; la presunzione che il migliore conseguimento degli obiettivi possa essere garantito dall'Unione; la dimensione europea della portata e degli effetti dell'azione. Analogamente a quanto è avvenuto negli Stati federali (*supra*, I, § 4), la sussidiarietà, posta in linea teorica a salvaguardia degli Stati, ha determinato per la sua natura ambivalente un confine mobile nella ripartizione delle competenze, in specie di quelle concorrenti, favorendo l'espansione degli interventi dell'Unione al di là delle previsioni dei trattati. A ciò ha contribuito anche la clausola di flessibilità (*ex* art. 352 TFUE), secondo la quale quando un'azione dell'Unione appare necessaria per realizzare uno degli obiettivi stabiliti dai trattati, ma questi non prevedono i poteri relativi, il Consiglio all'unanimità, su proposta della Commissione e previa approvazione del Parlamento, adotta le disposizioni appropriate.

Infine il **principio di proporzionalità** impone, a tutela degli Stati membri, la proporzionalità tra mezzi e fini e quindi che gli interventi dell'Unione, nel contenuto e nella forma, debbano limitarsi a quel che è necessario per conseguire gli obiettivi dei trattati.

Gli **atti giuridici** dell'Unione[28] sono i regolamenti, le direttive, le decisioni, le raccomandazioni e i pareri. I primi tre sono **atti legislativi** in quanto sono adottati con una procedura legislativa ordinaria (decisione del Parlamento e del Consiglio su proposta della Commissione) o speciale (in casi specifici previsti dai trattati decisione del Parlamento con la partecipazione del Consiglio o del Consiglio con la partecipazione del Parlamento). Essi sono giuridicamente vincolanti.

I **regolamenti** sono atti generali ed astratti, obbligatori in tutti i propri elementi per i destinatari e direttamente applicabili in ciascuno degli Stati membri. Quindi acquistano efficacia senza che vi sia bisogno di alcun atto di ricezione o di adattamento da parte degli Stati, i quali non possono in alcun modo adottare misure modificative, e quindi devono essere obbligatoriamente osservati sia dai soggetti pubblici sia da quelli privati operanti al loro interno.

Le **direttive** vincolano lo Stato membro per quanto riguarda il risultato da raggiungere, facendo salva la competenza degli organi nazionali in merito alla forma e ai mezzi necessari. Lo Stato è quindi tenuto a dare attuazione alla direttiva che lo riguarda mediante propri atti normativi interni entro il termine in essa fissato e, se non lo fa, commette una violazione che può dare luogo al ricorso della Commissione alla Corte di giustizia e alla condanna al risarcimento dei danni. Di regola quindi l'efficacia delle direttive è solo mediata in quanto

---

[28] Gli atti giuridici sono disciplinati nella Parte sesta, Titolo I, Capo 2 del TFUE.

diritti e obblighi dei singoli possono essere fatti valere solo in seguito all'entrata in vigore degli atti statali di ricezione. Ma nella prassi si è sviluppato il ricorso alle **direttive dettagliate**, che contengono disposizioni puntuali di dettaglio e quindi sono ritenute direttamente applicabili dalla Corte di giustizia.

Le **decisioni** sono obbligatorie in tutti i loro elementi e, se designano i destinatari, sono obbligatorie solo nei confronti di questi. Si distinguono quindi le decisioni generali, che hanno natura legislativa, e quelle particolari che, designando i destinatari ai quali sono rivolte, non hanno natura legislativa.

Infine le **raccomandazioni** e i **pareri** non sono vincolanti e non assumono natura legislativa. Le prime hanno lo scopo di sollecitare i destinatari ad un certo comportamento e sono adottate dal Consiglio. I pareri, di competenza del Parlamento, indicano il suo punto di vista su questioni specifiche.

6. I rapporti tra il diritto dell'Unione e il diritto degli Stati membri

Il progredire del processo di integrazione e l'allargamento dell'U.E. non sono stati privi di **effetti sugli ordinamenti costituzionali** degli Stati membri. In particolare la maggioranza degli Stati ha riconosciuto espressamente, attraverso specifiche revisioni costituzionali, il ruolo dell'Unione e spesso disciplinato le procedure per l'adozione dei trattati e per la revisione degli stessi[29]. In altri paesi l'U.E. non è espressamente nominata nella costituzione, ma questa contiene previsioni, relative all'adesione a istituzioni internazionali pubbliche comportante cessioni di sovranità dello Stato, che sono applicabili alla Unione[30]. Solo in due Stati l'adesione all'Unione è avvenuta con legge[31].

I rapporti tra il diritto dell'Unione e quello degli Stati membri sono condizionati da due principi affermati progressivamente dalla Corte di giustizia: la diretta efficacia e il primato del diritto dell'Unione. La **diretta efficacia o effetto diretto** degli atti dell'Unione comporta che le norme contenute in atti comunitari che risultino precise e chiare creano diritti ed obblighi a favore dei privati, ai quali corrispondono gli impegni dello Stato di provvedere entro il termine stabilito per la ricezione dell'atto nell'ordinamento interno. L'effetto diretto quindi, a differenza della diretta applicabilità, non riguarda gli atti, ma le nor-

---

[29] Austria, Bulgaria, Cipro, Croazia, Estonia, Francia, Germania, Irlanda, Lituania, Portogallo, Romania, Slovacchia, Svezia, Ungheria. In Italia il fondamento costituzionale della U.E. è stato rinvenuto dalla Corte costituzionale nell'art. 11 cost., relativo alle limitazioni di sovranità volte a favorire genericamente le organizzazioni internazionali che assicurino la pace e la giustizia fra le Nazioni, e solo con la revisione del titolo V della parte II cost. del 2001 sono stati introdotti nella costituzione riferimenti specifici alla U.E.

[30] Belgio, Danimarca, Finlandia, Grecia, Lettonia, Lussemburgo, Paesi Bassi, Polonia, Repubblica Ceca, Slovenia, Spagna.

[31] Si tratta del Regno Unito, dove non c'è costituzione scritta, e di Malta.

me. È ovvio che le norme contenute nei regolamenti, in quanto atti direttamente applicabili, sono direttamente efficaci negli ordinamenti degli Stati membri. Diverso è il discorso per le norme contenute nelle disposizioni dei trattati, delle direttive e delle decisioni, per le quali è stata la giurisprudenza della Corte di giustizia a individuare specifiche disposizioni dei trattati a efficacia diretta e le condizioni che rendono direttamente efficaci le direttive e le decisioni.

Il principio del **primato del diritto della U.E.** implica che in caso di contrasto tra norme della U.E. e norme nazionali, le prime debbono avere la prevalenza. Il principio è stato affermato in importanti sentenze della Corte di giustizia, a partire dalla sent. *Costa* c. *Enel* n. 6/64 e ancora più esplicitamente nella sent. *Amministrazione delle Finanze* c. *Simmenthal* n. 196/77. Esso non è stato recepito nei trattati, ma in seguito alla revisione di Lisbona è stato sancito nella Dichiarazione n. 17 allegata ai trattati e viene oggi riconosciuto espressamente nelle costituzioni di diversi Stati membri[32]. Dal principio deriva che il giudice nazionale deve disapplicare qualsiasi disposizione legislativa nazionale che contrasti con la normativa comunitaria[33]. Ciò ovviamente presuppone che la normativa comunitaria sia legittima, e quindi rientrante tra le competenze della U.E. e adottata in conformità alle procedure stabilite nei trattati. Se la disposizione nazionale è suscettibile di varie interpretazioni, il giudice deve scegliere quella che la rende conforme alla normativa comunitaria. Infine, qualora il giudice nazionale abbia un dubbio sull'esatta interpretazione di disposizioni comunitarie, deve sollevare una questione di pregiudizialità di fronte alla Corte di giustizia.

Più delicata è la questione del **rapporto tra il diritto della U.E. e le costituzioni** degli Stati membri e in particolare se il primo possa derogare alle disposizioni costituzionali e, in caso positivo, entro quali limiti. Le costituzioni di molti Stati membri prevedono il trasferimento di poteri sovrani all'Unione Europea in deroga al quadro delle competenze attribuite agli organi costituzionali interni[34]. In alcuni di questi (Bulgaria, Francia e Spagna) l'adozione di trattati che contengano previsioni contrarie alla costituzione deve essere preceduta da una revisione delle disposizioni costituzionali interessate. D'altro lato in alcune costituzioni e nella giurisprudenza di alcune Corti costituzionali (come quella ita-

---

[32] Croazia, Grecia, Estonia, Irlanda, Italia, Lituania, Polonia, Romania, Slovacchia.

[33] In Italia la Corte costituzionale ha recepito la giurisprudenza della Corte di giustizia con la sent. n. 170/1984, nella quale ha stabilito che, in caso di contrasto tra norme comunitarie ed interne, il giudice, in base al criterio della competenza, deve non applicare la norma interna che risulti incompetente. La distinzione tra disapplicazione e non applicazione sta nel fatto che la prima presuppone un vizio di legittimità dell'atto, mentre la seconda non comporta un giudizio sulla sua validità, ma deriva dalla ripartizione delle competenze stabilita dai trattati. Il primato del diritto comunitario è stato poi recepito nella costituzione con la l. cost. n. 3/2001, che al nuovo art. 117, c. 1, ha stabilito che la potestà legislativa di Stato e Regioni deve rispettare i «vincoli derivanti dall'ordinamento comunitario».

[34] Bulgaria, Croazia, Finlandia, Francia, Germania, Italia, Lussemburgo, Portogallo, Repubblica Ceca, Slovenia, Spagna, Svezia.

liana e quella tedesca) sono posti dei **controlimiti** al primato del diritto della U.E., costituiti dai principi e dai diritti fondamentali contenuti nelle costituzioni che non possono essere violati dalla normativa comunitaria[35]. Può quindi teoricamente verificarsi, come ha affermato la Corte costituzionale italiana, che il giudice costituzionale dichiari l'illegittimità delle leggi di esecuzione dei trattati nella parte in cui hanno consentito l'adozione di norme comunitarie in contrasto con i principi costituzionali. È un'evenienza improbabile, alla luce dei valori della U.E. e del riconoscimento dei diritti sia della Carta europea sia della CEDU sanciti dal trattato di Lisbona, ma non impossibile anche per la difficoltà di asserire una perfetta corrispondenza con i principi e i diritti previsti nell'ordinamento costituzionale interno.

7. La natura giuridica dell'Unione Europea

Non è facile definire la **natura giuridica dell'Unione**, in quanto alcune caratteristiche sembrano assimilarla ad una Confederazione di Stati, altre sono tipiche di uno Stato federale.

Sotto il primo profilo, l'Unione, così come la Confederazione, nasce in base ad un **trattato di diritto internazionale**, con il quale viene creata un'organizzazione centrale comune per l'esercizio di poteri in settori che trascendono l'interesse dei singoli Stati membri. Inoltre gli Stati mantengono il diritto di recesso ed è richiesto il loro consenso unanime per la revisione dei Trattati. Sembra pertanto che la struttura istituzionale dell'Unione **non sia tale da configurare l'esistenza di uno Stato**, in quanto risulta priva di un livello di governo distinto e sovraordinato rispetto a quello degli Stati membri ed in grado di esprimere un proprio indirizzo politico. Infatti la centralità della componente intergovernativa, rappresentata dal Consiglio europeo, e da un organo strettamente controllato dagli Esecutivi dei paesi membri, quale il Consiglio, fa sì che il funzionamento e l'evoluzione dell'ordinamento comunitario siano in gran parte affidati alla cooperazione fra i governi degli Stati. Conferma tale assunto il ruolo del Parlamento europeo che non è titolare esclusivo della potestà legislativa e ha poteri di co-decisione, cooperazione e controllo. Anche la creazione dell'Eurozona e della Banca centrale europea, se da un lato è in grado di condizionare la politica economico-finanziaria dei paesi indebitati, limitandone la sovranità, non ha potuto dare vita ad una politica economica e fiscale comune, attribuendo ampio spazio agli Stati più forti (in particolare alla Germania). Più in generale si pone il problema del "deficit di democraticità" dell'attuale assetto comunitario, che tende a configurarsi come un'Unione più fra i governi che fra i popoli europei (*infra*, § 8).

---

[35] Controlimiti sono previsti nelle costituzioni di Germania, Grecia, Finlandia, Italia (in base alla giurisprudenza costituzionale), Portogallo, Slovenia e Svezia.

D'altra parte va rilevata la presenza nell'ordinamento comunitario di elementi tipici di uno Stato federale. Innanzitutto l'Unione ha come soggetti di diritto non solo gli Stati, ma **anche i cittadini**. In secondo luogo il principio del **primato del diritto comunitario** su quello interno nei settori di competenza dell'Unione comporta la sottrazione di ampi spazi di sovranità agli Stati, anche alla luce della rilevanza degli interventi comunitari in alcuni settori e della progressiva crescita dell'area delle decisioni che possono essere adottate dal Consiglio a maggioranza qualificata. In terzo luogo l'ordinamento comunitario è dotato di autonomi **poteri normativi, amministrativi e giurisdizionali**, la cui effettività nei confronti dei cittadini degli Stati non è così limitata e dipendente dai governi di questi ultimi come nel caso delle Confederazioni. Dal punto di vista istituzionale, accanto alla componente intergovernativa, vi è quella **comunitaria**, rappresentata dal raccordo tra Commissione e Parlamento, i cui poteri di partecipazione alla formazione del diritto comunitario ed all'attività di controllo politico sull'operato del Consiglio e soprattutto della Commissione sono andati progressivamente aumentando. Inoltre è fondamentale il ruolo della Corte di giustizia che con la sua giurisprudenza non solo ha garantito il primato del diritto comunitario, ma ha contribuito ad individuare i princìpi comuni agli Stati membri e i diritti fondamentali da salvaguardare.

In conclusione l'Unione Europea appare oggi difficilmente inquadrabile nelle categorie tradizionali impiegate dai giuristi per qualificare i processi di tipo federalistico. La difficoltà è accentuata dal fatto che si tratta di un fenomeno di tipo dinamico, del quale non si possono prevedere gli sviluppi futuri. Si può comunque affermare che già oggi l'ordinamento dell'Unione si configura come un **ordinamento federativo** dotato di una struttura costituzionale propria e originale.

8. L'Unione Europea di fronte alla crisi: problemi e prospettive

La grave crisi economico-finanziaria globale manifestatasi dal 2008 ha determinato in Europa conseguenze non solo sulle politiche, ma anche sul funzionamento della U.E. In generale si può affermare che l'opzione per politiche rispondenti ad una impostazione ideologica neo-liberista è entrata in tensione con gli assetti e con le politiche sociali degli Stati e con il modello del *Welfare* europeo.

In particolare l'irrigidimento dei parametri di Maastricht, che si era già verificato con l'adozione nel 1997 del **Patto di stabilità e crescita**, costituito da una risoluzione e da tre regolamenti, è stato accentuato con l'approvazione nel 2001 del ***Six Pack***, che comprendeva cinque regolamenti e una direttiva[36], infine è

---

[36] Il *Six Pack* ha istituito il "semestre europeo" quale fase semestrale di coordinamento della politica economica e di bilancio, posta a rotazione sotto la presidenza di uno degli Stati membri. Compete al Presidente stabilire l'agenda dei lavori del Consiglio, presiederlo e rappresentarlo

sfociato nell'entrata in vigore il 1° gennaio 2013 del trattato sulla stabilità, coordinamento e *governance* nell'Unione economica e monetaria, meglio noto come **Fiscal Compact**, sottoscritto da tutti gli Stati dell'Unione, ad eccezione di Regno Unito e Repubblica Ceca. In sintesi le regole più significative oggi in vigore che incombono su ogni Stato membro sono le seguenti:

– impegno a medio termine di un disavanzo strutturale dello 0,5% del Pil, che può salire all'1% per gli Stati il cui debito pubblico è inferiore al 60% del Pil;
– obbligo per gli Stati il cui debito pubblico supera il 60% del Pil di rientrare entro tale soglia ad un ritmo pari ad almeno un ventesimo dell'eccedenza in ciascuna annualità (quindi entro 20 anni);
– impegno di recepire il pareggio di bilancio nei proprio ordinamento giuridico, mediante disposizioni vincolanti e preferibilmente di natura costituzionale;
– obbligo di mantenere il deficit pubblico al di sotto del 3% del Pil;
– obbligo di presentare un documento programmatico di bilancio per l'anno successivo alla Commissione, la quale in caso si disavanzo eccessivo può intimare la revisione complessiva dei conti pubblici.

Nella forma è stato sostenuto che fonti europee gerarchicamente subordinate ai trattati istitutivi non potevano modificarne alcuni aspetti essenziali e quindi sono da considerarsi illegittime (Guarino). Nella sostanza gli obblighi imposti agli Stati hanno determinato una politica di austerità che ha duramente colpito i paesi più indebitati, determinando la crescita della disoccupazione, l'impoverimento di settori ampi della società, il ridimensionamento delle prestazioni di natura sociale. In particolare l'obbligo del **pareggio di bilancio**, che è stato inserito in alcune costituzioni[37], impedisce alle istituzioni democratiche degli Stati membri di utilizzare la leva finanziaria, e anche di fare ricorso a un disavanzo controllato e da ripianare negli anni successivi, per adottare misure anticicliche e redistributive. Infine i capi degli esecutivi dei due paesi più forti (Germania e Francia) hanno assunto di fatto un ruolo direttivo, che è arrivato al punto di anticipare pubblicamente alcune misure che ancora dovevano essere discusse dagli organi dell'Unione, e le condizioni imposte ai singoli Stati, in termini di politiche economiche, fiscali e sociali da adottare per stare all'interno dei nuovi parametri, sono state dettate da una struttura priva di fondamento giuridico, come la cd *Troika*, composta dalla Commissione, dalla Banca centrale europea e dal Fondo monetario internazionale.

In definitiva la politica della U.E. di fronte alla crisi ha portato alla luce i limiti e i problemi che ne caratterizzano l'esistenza. In primo luogo viene in considerazione la discrasia che si è determinata tra l'attribuzione all'Unione della

---

nelle relazioni con altre istituzioni. Il Presidente deve presentare il programma del semestre al Parlamento e sottoporre all'assemblea una relazione a fine semestre che dia conto delle azioni intraprese.

[37] In Germania, Italia, Spagna e in molti paesi dell'Europa centro-orientale.

politica monetaria e il mantenimento in capo agli Stati della **politica fiscale e di bilancio**. Ciò ha prodotto da un lato l'inesistenza di una politica fiscale comune e la difficoltà di concepire un debito solidaristicamente condiviso, d'altro lato la pesante ingerenza di organismi tecnici o non democraticamente legittimati sulle scelte di politica economica e sociale dei singoli Stati, com'è riscontrabile nelle pesanti condizioni imposte nel luglio 2015 dall'*Eurosummit*, costituito dai Capi di Governo o di Stato dei paesi aderenti all'Eurozona, alla Grecia, ridotta a una sorta di protettorato chiamato a dare attuazione alle politiche gradite ai creditori.

Vi è in secondo luogo la questione del **deficit democratico**, che è stata espressa anni fa con la considerazione paradossale per cui se l'Unione chiedesse di diventare membro della U.E., non potrebbe essere ammessa, non essendo in regola con i principi e i parametri da essa richiesti (Dahrendorf). Il deficit riguarda non solo il ruolo del Parlamento elettivo, che non è l'organo legislativo dell'Unione, ma anche il progressivo predominio assunto dalle componenti intergovernative dell'Unione, e quindi di fatto dai governi degli Stati più forti, i quali spesso hanno più a cuore i propri interessi egoistici nazionali che quelli comuni. Il problema di fondo è rappresentato dall'inesistenza del *demos*, quindi di un popolo europeo caratterizzato da una comune identità storico-culturale e dalla debolezza a livello europeo di soggetti politico-sociali dotati di una visione di insieme, che legittimi il conflitto entro regole democratiche. Ciò rischia di dare spazio a rigurgiti populistici e nazionalistici che, insieme a politiche tecnocratiche e verticistiche, potrebbero determinare una grave crisi del processo di integrazione europea.

In definitiva l'U.E. sembra giunta a un punto di non ritorno, nel quale l'alternativa all'involuzione del processo di integrazione può essere solo quella di una Unione politica e democratica, che riveda il suo assetto organizzativo nel quadro di politiche di sviluppo e di tutela dei diritti sociali, Ma si tratta di una prospettiva non facile a causa degli interessi nazionali degli Stati, in particolare di quelli più forti. Non resta che auspicare un cambiamento, al contempo strutturale e politico, in assenza del quale l'Europa, ma anche i singoli Stati che ne fanno parte, sono destinati a divenire sempre meno influenti nel mondo globalizzato.

Riferimenti bibliografici

Sulle origini della Unione Europea: A. SPINELLI, E. ROSSI, *Il manifesto di Ventotene*, Mondadori, Milano, 2006 (riediz. del testo contenuto in *Problemi della federazione europea*, Roma, 1944). Sulla sua evoluzione: G. MAMMARELLA, G. CACACE, *Storia e politica dell'Unione Europea*, Laterza, Roma-Bari, 1998. Per un inquadramento generale giuridico-costituzionale: AA.VV., *La costituzione europea*, Annuario 1999 della Associazione italiana dei costituzionalisti, Cedam, Padova, 2000; F. POCAR, *Diritto dell'unione e delle comunità europee*, 11ª ed., Giuffrè, Milano, 2010; R. BIN, P. CARETTI, G. PITRUZZELLA, *Profili costituzionali dell'Unione Europea*, il Mulino, Bologna, 2015.

Sul tentativo di dare vita ad una "costituzione europea": F. BASSANINI, G. TIBERI (eds.), *La Costituzione europea. Un primo commento*, il Mulino, Bologna, 2004; J. ZILLER, *La nuova Costituzione europea*, 2ª ed., il Mulino, Bologna, 2005. Sul trattato di Lisbona: F. BASSANINI, G. TIBERI (eds.), *Le nuove istituzioni europee. Commento al Trattato di Lisbona*, il Mulino, 2008.

Sull'organizzazione e sulla forma di governo della U.E.: L. ELIA, *Prime osservazioni sulla forma di governo nella costituzione per l'Europa*, in *Dir. pubbl.*, 2003; S. Illari, *Sulla nozione di forma di governo e l'ordinamento dell'Unione Europea. Aspetti problematici del difficile cammino verso un nuovo ordine politico*, in *Nomos*, 2008; A. PERTICI, *L'organizzazione dell'Unione Europea*, in R. ROMBOLI (ed.) *Manuale di Diritto Costituzionale italiano ed europeo*, II. *Le istituzioni politiche*, Giappichelli, Torino, 2011. Sull'Eurozona: N. VEROLA, *Il governo dell'euro*, Passigli, Bagno a Ripoli (FI), 2012.

Sulle fonti del diritto europeo: A RUGGERI, *Le fonti del diritto europeo e i loro rapporti con le fonti nazionali*, in P. COSTANZO, L. MEZZETTI, A. RUGGERI, *Lineamenti di Diritto costituzionale dell'Unione Europea*, 4ª ed., Giappichelli, Torino, 2014.

Sui rapporti tra diritto europeo e diritto degli Stati membri: AA.VV., *L'integrazione dei sistemi costituzionali europeo e nazionali*, Annuario 2005 dell'Associazione italiana dei costituzionalisti, Cedam, Padova, 2007; E. PALICI DI SUNI (ed.), *Diritto costituzionale dei paesi dell'Unione Europea*, 2ª ed., Cedam, Padova, 2011.

Sulla natura giuridico-costituzionale della U.E.: S. ORTINO, *Ordinamenti costituzionali federativi. Analisi sulla natura giuridica delle Comunità europee*, Cedeur, Firenze, 1990; S.P. PANUNZIO (ed.), *I costituzionalisti e l'Europa. Riflessioni sui mutamenti costituzionali nel processo d'integrazione europea*, Giuffrè, Milano, 2002.

Sulla democraticità della U.E.: R. DAHRENDORF, *Dopo la democrazia*, intervista a cura di A. Polito, Laterza, Roma-Bari, 2001; AA.VV., *Unione Europea e principi democratici*, in *il Filangeri*, Quaderno 2014, Napoli, Jovene, 2003; A. MANZELLA, *Sui principi democratici dell'Unione Europea*, Es, Napoli, 2013.

Sui problemi attuali della U.E.: J. HABERMAS, *Zur Verfassung Europas*, Suhrkamp, Berlin, 2011, trad. it. *Questa Europa è in crisi*, Laterza, Roma-Bari, 2012; L. BINI SMAGHI, *Morire di austerità. Democrazie europee con le spalle al muro*, il Mulino, Bologna, 2013; G. TOSATO, *Il fiscal compact*, in G. AMATO, R. GUALTIERI (eds.), *Prove di Europa unita. Le istituzioni europee di fronte alla crisi*, Passigli, Bagno a Ripoli (FI), 2013; G. GUARINO, *Cittadini europei e crisi dell'euro*, Editoriale Scientifica, Napoli, 2014; G. AMATO, E. GALLI DELLA LOGGIA, *Europa perduta?*, il Mulino, Bologna, 2014.

CAPITOLO VII

Le forme di governo

di *Mauro Volpi*

SOMMARIO: 1. Forme di governo e forme di Stato. – 2. I criteri di classificazione. – 3. La monarchia costituzionale. – 4. La forma di governo parlamentare. – 5. La forma di governo parlamentare a prevalenza del Governo: il Regno Unito. – 6. La forma di governo parlamentare a prevalenza del Parlamento: la III Repubblica francese. – 7. La razionalizzazione della forma di governo parlamentare dopo la prima guerra mondiale: la Repubblica di Weimar. – 8. La razionalizzazione nel secondo dopoguerra: la IV Repubblica francese. – 9. La forma di governo parlamentare in Italia. – 10. La forma di governo parlamentare nella Repubblica federale tedesca. – 11. Le tendenze del parlamentarismo contemporaneo. – 12. La forma di governo presidenziale. – 13. Il presidenzialismo negli Stati Uniti d'America. – 14. La forma di governo direttoriale: la Confederazione svizzera. – 15. La forma di governo semipresidenziale. – 16. Il semipresidenzialismo nella V Repubblica francese. – 17. La forma di governo semiparlamentare: lo Stato di Israele dal 1992 al 2001. – 18. Forme di governo e sistemi politici. – Riferimenti bibliografici.

1. Forme di governo e forme di Stato

Il termine **forma di governo** indica l'insieme delle regole che caratterizzano la distribuzione del potere fra gli organi collocati al vertice dell'apparato statale (organi costituzionali). Si tratta quindi di un concetto fortemente correlato a (anche se teoricamente distinto da) quello di forma di Stato (cap. IV, I, § 1).

Innanzitutto la nozione di forma di governo è **più ristretta** di quella di forma di Stato, nel senso che ha per oggetto una parte di un tutto e quindi si inserisce nel contesto della nozione più ampia. In secondo luogo essa è **strumentale** rispetto alla seconda, in quanto lo Stato-apparato costituisce il mezzo per il perseguimento dei fini generali e dei valori che l'ordinamento statale nel suo insieme si propone di realizzare.

In terzo luogo la distinzione tra forma di Stato e forma di governo è **storicamente recente**, in quanto presuppone una separazione fra Stato e società, che si è realizzata solo con il passaggio dall'ordinamento feudale allo Stato assoluto (e quindi con la nascita dello Stato nel senso moderno del termine), e una distribuzione del potere politico fra diversi organi, che si è verificata con l'affermarsi dello Stato liberale e del principio della separazione dei poteri. Ne consegue che la stessa possibilità di distinguere diverse forme di governo sussiste soprattutto, se non esclusivamente, per lo Stato liberale e per quello democratico-pluralistico, mentre è assai problematica nelle forme di Stato di tipo autocratico, caratterizzate da una forte concentrazione del potere, nelle quali si è affermato che «la forma di Stato "assorbe" largamente quella di governo, riducendola a un insieme di modalità organizzative piuttosto marginali» (Elia).

In quarto luogo nello Stato democratico-pluralistico esiste un **legame molto stretto** tra forma di Stato e forma di governo. Si può dire che vi è una «relativa indifferenza» della prima rispetto alla seconda (Elia), nel senso che lo Stato democratico può convivere con diverse forme di governo e diverse soluzioni organizzative (Capo dello Stato monarchico o repubblicano e, nella seconda ipotesi, eletto da un organo parlamentare o dal popolo, Parlamento monocamerale o bicamerale, derivazione o meno del Governo dal Parlamento, ecc.). Ma vi è un punto limite oltre il quale le scelte sulla forma di governo intaccano la natura democratica dello Stato, allorquando tendono a pregiudicare alcuni dei princìpi fondamentali di tale forma di Stato. Così, per fare un esempio tratto dalla storia italiana, durante il regime fascista, che mantenne in vigore formalmente lo statuto albertino, vennero adottate riforme dell'organizzazione costituzionale (come l'istituzione nel 1925 del nuovo organo "Capo del Governo" e nel 1939 della Camera dei fasci e delle corporazioni in sostituzione della Camera dei deputati), che erano in irrimediabile contrasto con i princìpi della separazione dei poteri e della elettività dell'organo parlamentare.

Vi è di più: anche quando rispetta i princìpi fondamentali di uno Stato democratico, la scelta della forma di governo può incidere sul modello di democrazia concretamente operante. Se favorisce il cattivo funzionamento e la deresponsabilizzazione degli organi costituzionali, reca sicuramente danno non solo alle finanze dello Stato, ma anche all'effettività dei diritti dei cittadini. Se garantisce stabilità ed efficienza dell'azione di governo, ma a patto di un'eccessiva personalizzazione-concentrazione del potere e di un netto ridimensionamento del ruolo della rappresentanza politica e della opposizione, limita il principio pluralistico e introduce un fattore plebiscitario, riducendo la qualità del sistema democratico. Insomma le soluzioni attinenti alla forma di governo non sono mai questioni di mera "ingegneria costituzionale", ma coinvolgono scelte di valore e di modello che vanno tenute ben presenti.

2. I criteri di classificazione

Fra i criteri tradizionali di classificazione delle forme di governo vi è quello che fa riferimento al grado di separazione esistente fra i poteri, in base al quale si distinguono le forme di governo **a separazione rigida** (presidenziale) e le forme di governo **a separazione flessibile** o basate sulla collaborazione-confusione tra i poteri (parlamentare). Tale criterio si basa su una visione statica dei rapporti fra i poteri, la quale sottovaluta che nelle forme di governo "a separazione rigida" vi sono istituti di condizionamento reciproco e di controllo che incidono sulla dinamica del loro funzionamento.

Un criterio ampiamente utilizzato dalla dottrina classifica le forme di governo in base all'individuazione dell'organo titolare dell'indirizzo politico. Si distinguono, pertanto, la forma di governo **costituzionale pura** (monarchica o presidenziale), quella **costituzionale parlamentare** (monarchica o repubblicana) e quella **costituzionale direttoriale** (repubblicana), a seconda che la titolarità dell'indirizzo politico venga attribuita rispettivamente al Capo dello Stato, al raccordo Governo-Parlamento o all'organo collegiale che svolge congiuntamente le funzioni di Governo e di Capo dello Stato (Biscaretti di Ruffìa).

La classificazione proposta ha il pregio di sottolineare l'aspetto dinamico e di tipo funzionale che contraddistingue i rapporti fra gli organi nel loro concreto svolgimento. A tale fine essa utilizza un concetto, quello di indirizzo politico, collocato nella linea di confine fra diritto costituzionale e scienza politica. E infatti, al di là della diversa natura (di semplice attività o di vera e propria funzione statale) che gli è stata attribuita, per **indirizzo politico** si può sinteticamente intendere l'attività volta all'individuazione e al perseguimento dei fini politici, i quali condizionano preventivamente l'attività di tutti gli organi costituzionali, e l'insieme degli atti e degli strumenti che ne garantiscono l'attuazione (Martines).

A questa classificazione possono essere mosse due critiche. In primo luogo essa inserisce nella stessa categoria esperienze qualitativamente diverse, come la monarchia costituzionale e la forma di governo presidenziale. Ma soprattutto il criterio è di incerta applicazione, in quanto l'attività di indirizzo politico si configura sempre di più come un'attività complessa, il cui artefice principale nelle forme di governo contemporanee è l'organo di vertice del potere esecutivo, ma alla quale partecipano in varia misura anche altri organi, a cominciare da quello legislativo.

Una distinzione che ha avuto grande fortuna nella dottrina italiana più recente, anche se risalente nel tempo, è quella tra forme di governo **monistiche e dualistiche**. Tuttavia tale distinzione è anche fonte di incertezza perché vari sono i criteri utilizzati per operarla.

Una parte della dottrina si basa sul criterio della composizione del potere esecutivo e distingue, a seconda che al suo vertice sia posto un unico organo (il Governo o il Capo dello Stato) o vi siano entrambi gli organi, tra forme di governo **a esecutivo monista** (presidenziale, parlamentare e direttoriale) e **a esecutivo dualista** (parlamentare, semiparlamentare, semipresidenziale). Il criterio proposto è discutibile per la sua staticità, in quanto, non tenendo conto della dinamica dei rapporti fra i poteri, esclude dalle forme di governo dualistiche quella presidenziale degli Stati Uniti, caratterizzata dalla natura monocratica dell'Esecutivo, impersonato dal Presidente, e vi include le forme di governo parlamentari monarchiche o con un Presidente eletto dal Parlamento.

Questa conclusione contrasta con l'evoluzione storica e con la prassi: l'originario dualismo, proprio della monarchia costituzionale e poi presente nella forma di governo parlamentare nella sua fase iniziale, era un dualismo **di origine sociale**, nel quale il Re e il Parlamento rappresentavano diverse classi. Ciò spiega come mai esso sia entrato in crisi con l'affermazione dell'egemonia della classe borghese e con il rafforzamento del Governo che deriva la sua legittimazione dall'organo elettivo. Nelle forme di governo parlamentari contemporanee rimangono certo tracce dell'originario dualismo nella configurazione costituzionale dei poteri del Capo dello Stato e nella sua collocazione all'interno del potere esecutivo, ma da un'interpretazione sistematica dei testi costituzionali risulta che egli è al di fuori del circuito dell'indirizzo politico ed esercita normalmente funzioni di rappresentanza dello Stato, di garanzia e di controllo, potendo svolgere un ruolo più significativo solo nelle situazioni di crisi del sistema politico-costituzionale.

Il criterio più corrente di distinzione fra monismo e dualismo fa riferimento alla **legittimazione degli organi** posti al vertice del potere esecutivo e di quello legislativo. Pertanto sono considerate **monistiche** le forme di governo nelle quali il solo Parlamento è direttamente legittimato dal corpo elettorale e da questo deriva il Governo: quella direttoriale e quella parlamentare tanto repubblicana, nella quale il Presidente è eletto da un organo parlamentare, quanto monarchica, dal momento che il Re, pur vantando un titolo autonomo di legittimazione, non partecipa all'esercizio del potere esecutivo. Sono **dualistiche** le forme di governo nelle quali i due organi di vertice dell'esecutivo e del legislativo hanno una distinta legittimazione: vi rientrano esperienze del passato, caratterizzate dalla preminenza del Re nel potere esecutivo, come la monarchia costituzionale e il parlamentarismo dualistico, e, fra le forme di governo vigenti, quelle presidenziale, semipresidenziale e semiparlamentare (caratterizzate dall'elezione popolare separata del Presidente nei primi due casi e del Primo Ministro nel terzo).

Alle forme di governo dualistiche viene talvolta attribuita la capacità di garantire l'**equilibrio** fra l'organo legislativo e quello esecutivo e più in generale un rapporto più adeguato fra l'istanza rappresentativa della complessità sociale e quella chiamata a garantire la semplificazione e la stabilità del Governo (Amato). Tuttavia nei fatti la forma di governo presidenziale si è caratterizzata per uno squilibrio a vantaggio del Presidente, con l'eccezione degli Stati Uniti d'America, dove si sono alternate fasi storiche di prevalenza del Parlamento e del Presidente (*infra*, § 13). In quella semipresidenziale l'equilibrio si è rivelato ancora più teorico, in quanto nei fatti vi è una prevalenza del Governo sostenuto dalla maggioranza parlamentare o del Presidente eletto dal popolo. Infine nella forma di governo semiparlamentare, che si è avuta in Israele per un breve periodo, alla legittimazione popolare del Primo Ministro non ha corrisposto la stabilità dei Governi di coalizione, che sono stati il frutto di maggioranze parlamentari eterogenee (*infra*, § 17).

In conclusione la distinzione tra forme di governo monistiche e dualistiche, pur risultando scientificamente fondata, non è sufficiente da sola a dare conto della dinamica effettiva delle forme di governo.

Due sono i criteri che appare più utile impiegare: l'uno attiene al rapporto fra Parlamento e Governo, l'altro alla derivazione del Governo.

Circa il primo aspetto, il criterio più largamente seguito fa riferimento all'esistenza o meno di un **rapporto di fiducia** fra Parlamento e Governo, in base alla quale viene operata la classica bipartizione tra forma di governo **parlamentare** (che lo prevede) e forma di governo **presidenziale** (che lo esclude). Talvolta viene aggiunto un ulteriore elemento, rappresentato dal potere del Capo dello Stato di sciogliere il Parlamento, che è assente nella forma di governo presidenziale, mentre in quella parlamentare viene presentato come la contropartita del potere del Parlamento di votare la sfiducia al Governo. Tuttavia non solo alcune forme di governo parlamentari (come quella della Norvegia) non prevedono tale potere, ma questo presenta «aspetti che sono estranei al funzionamento equilibrato del parlamentarismo» (Lauvaux), essendo ormai diventata assai rara la sua utilizzazione come reazione a un voto di sfiducia.

Vari autori prendono in considerazione una terza categoria, accanto alle due principali: la forma di governo **direttoriale**, la quale costituisce un'ipotesi in certo senso intermedia, in quanto all'investitura iniziale del Governo da parte del Parlamento non corrisponde nel corso della legislatura il potere dell'Assemblea di revocare la fiducia né d'altra parte l'Esecutivo può ricorrere allo scioglimento delle Camere.

Occorre a questo punto precisare cosa debba intendersi per rapporto di fiducia. La classica definizione, secondo cui «l'essenza del parlamentarismo consiste nella prerogativa di cui gode la maggioranza parlamentare di avere il suo ministero» (Mirkine Guetzévitch), potrebbe far intendere che occorra sempre un **voto di investitura iniziale** del Governo da parte del Parlamento. In realtà in molti sistemi "parlamentari" il Governo entra in funzione senza che vi sia un voto del Parlamento e quindi la fiducia è soltanto "presunta". In tale ipotesi, così come in quella in cui è previsto un voto di fiducia iniziale, ma a maggioranza semplice anziché assoluta (come si verifica in Italia), possono costituirsi dei **governi di minoranza**, ai quali è sufficiente non avere contro la maggioranza dell'Assemblea per rimanere in carica.

In ogni caso il rapporto di fiducia comporta la **responsabilità politica del Governo** nei confronti del Parlamento, che questo può far valere mediante l'approvazione di una mozione di sfiducia o di censura che costringe il primo a dimettersi. Che ciò si verifichi negli Stati contemporanei è abbastanza raro, in quanto laddove i governi sono il frutto di accordi di coalizione postelettorali o tra partiti eterogenei la crisi deriva di solito dal contrasto tra le forze politiche della maggioranza, assumendo natura "extraparlamentare", mentre i governi omogenei (di un partito unico o di una coalizione) entrano in crisi per lo più in seguito alla sconfitta alle elezioni politiche successive. Ciò nulla toglie all'importanza della mozione di sfiducia come elemento caratterizzante del parlamentarismo né alla sua capacità deterrente, visto che la sua semplice vigenza induce il Governo a operare in modo da non avere contro di sé la maggioranza dell'Assemblea. A sua volta il Governo può decidere di porre la **questione di fiducia** sulla sua politica generale o su una proposta specifica, con la quale annuncia che in caso di voto negativo del Parlamento rassegnerà le dimissioni. Si tratta di uno strumento connaturato a una visione del rapporto di fiducia come rapporto paritario fra Governo e Parlamento, come dimostra il fatto che si è imposto per lungo tempo in via di prassi e solo nel secondo dopoguerra è stato disciplinato in via positiva.

Il secondo criterio di classificazione consiste nella **derivazione del Governo**, che può essere un'emanazione del Parlamento oppure di un organo monocratico facente parte del potere esecutivo (Capo dello Stato o Primo Ministro). La prima ipotesi si verifica quando a essere eletto dal popolo è il solo Parlamento, il quale a sua volta negli ordinamenti repubblicani elegge il Presidente, per cui Primo Ministro e Governo sono espressione della maggioranza parlamentare ed è quindi tipica della forma di governo parlamentare e di quella direttoriale.

La seconda ipotesi si realizza quando vi è una doppia elezione del Parlamento e del Presidente o del Primo Ministro. Vi rientra naturalmente la forma di governo presidenziale, nella quale il Presidente eletto dal popolo è il Governo e sceglie liberamente i suoi collaboratori. Ma ne fanno parte anche altre due forme di governo di tipo dualistico, quella **semipresidenziale** (a elezione popolare del Presidente) e quella **semiparlamentare** (a elezione popolare del Primo Ministro), nelle quali può verificarsi che il Governo sia un'emanazione non del Parlamento, ma dell'organo monocratico del potere esecutivo eletto dal popolo. In linea generale va rilevato che nelle forme di governo contemporanee la posizione assunta dal Capo dello Stato può risultare significativa, specie se si tratta di un Presidente, in quanto il distacco di tale organo dall'originaria matrice, storica e ideologica, monarchica ne consente la valorizzazione nella dinamica dei rapporti fra i poteri, che è ovviamente più forte quando egli sia eletto dal popolo e sia titolare di poteri di indirizzo politico.

Se si tiene conto congiuntamente dei due criteri proposti, è possibile classificare le forme di governo in **sei categorie**:

– la **monarchia costituzionale**, nella quale non vi è rapporto di fiducia fra Parlamento e Governo e i Ministri sono politicamente responsabili nei confronti del Capo dello Stato monarchico titolare del potere esecutivo e dell'indirizzo politico;

– la forma di governo **parlamentare**, nella quale vi è il rapporto di fiducia, nel senso che il Governo deriva dal Parlamento (anche senza voto di fiducia iniziale) ed è politicamente responsabile nei suoi confronti, e il Capo dello Stato è un monarca o un presidente eletto da un organo parlamentare, che non partecipa alla determinazione dell'indirizzo politico;

– la forma di governo **presidenziale**, nella quale non è previsto il rapporto di fiducia né il potere di scioglimento del Parlamento e il Presidente, investito nella carica dal popolo, è titolare dell'indirizzo politico;

– la forma di governo **direttoriale**, nella quale il Governo è eletto dal Parlamento, ma non è politicamente responsabile nei confronti di questo, non potendo essere sfiduciato nel corso del mandato, e svolge collegialmente anche le funzioni di Capo dello Stato;

– la forma di governo **semipresidenziale**, nella quale il Governo nominato dal Presidente è politicamente responsabile nei confronti del Parlamento, ma nello stesso tempo il Presidente è eletto a suffragio universale ed è titolare di poteri importanti che possono consentirgli di partecipare alla determinazione dell'indirizzo politico;

– la forma di governo **semiparlamentare**, nella quale vi è il rapporto di fiducia, ma il Primo Ministro viene eletto dal popolo, separatamente, anche se contestualmente, rispetto al Parlamento e sia l'approvazione di una mozione di sfiducia sia il ricorso allo scioglimento anticipato del Parlamento comportano la fine del mandato e quindi la rielezione simultanea dei due organi.

Di queste forme di governo la prima riveste solo un valore storico, anche se da essa hanno avuto origine sia quella parlamentare sia quella presidenziale, mentre le altre quattro sono presenti nello Stato democratico contemporaneo, ma di queste solo le prime tre sono nate nello Stato liberale.

3. La monarchia costituzionale

La monarchia costituzionale è la forma di governo che caratterizza il passaggio dallo Stato assoluto allo Stato liberale. Essa si afferma dapprima in Inghilterra, in seguito alle due rivoluzioni del 1649 e del 1688-89, determinate dalla reazione del Parlamento contro le pretese assolutistiche della dinastia degli Stuart, e viene sancita nel *Bill of Rights* (1689), che, oltre a ribadire gli antichi diritti dei sudditi, amplia i poteri del Parlamento e affida il trono a Guglielmo d'Orange, e nell'*Act of Settlement* (1701), che attribuisce ampi poteri al Parlamento in materia di successione al trono, riafferma la responsabilità giuridica dei Ministri firmatari degli atti del Sovrano e stabilisce l'inamovibilità dei giudici (cap. IV, § 5).

In Europa continentale occorre attendere la rivoluzione francese perché la monarchia costituzionale trovi un suo, pur effimero, riconoscimento nella costituzione del 1791, che attribuisce congiuntamente al corpo legislativo e al Re la qualità di «rappresentanti della Nazione», al pari di quel che fanno alcune costituzioni approvate da un'assemblea costituente e basate sul principio della sovranità nazionale (cost. spagnola del 1812 e cost. belga del 1831). Ma è soprattutto nelle carte costituzionali "ottriate", cioè concesse dal Monarca, dell'epoca della Restaurazione (come quella francese del 1814) e in quelle successive ai moti del 1848 (come lo statuto albertino dello stesso anno), che si afferma la monarchia costituzionale, definita anche "**governo costituzionale puro**", in quanto basata sul principio che il potere del Monarca non è più assoluto, ma si esercita entro le regole stabilite nella costituzione.

La monarchia costituzionale è una forma di governo **dualistica**, fondandosi sulla separazione fra il potere esecutivo del Re e quello legislativo del Parlamento, che hanno una distinta legittimazione. Ma non si può parlare di equilibrio fra i poteri. Infatti il Re è titolare di **prerogative**, cioè di poteri propri, che gli derivano dalla sua collocazione al vertice dello Stato, attraverso i quali partecipa all'esercizio della funzione legislativa (con la sanzione delle leggi) e di quella giurisdizionale (con la nomina dei giudici e il potere di concedere la grazia e di commutare le pene). Nella stessa Inghilterra si afferma la concezione secondo la quale il potere legislativo spetta a un organo complesso, il *King in Parliament*, così come quello esecutivo al *King in Council* e quello giudiziario al *King in his Courts*. Inoltre il Monarca ha il potere discrezionale di sciogliere la Camera elettiva, che esercita di solito quando la maggioranza parlamentare contrasti i suoi indirizzi di governo, e quello di nominare come Ministri persone di sua fiducia e politicamente responsabili verso di lui, secondo la classica formula «il Re nomina e revoca i suoi Ministri»[1]. Il Governo non esiste come organo collegiale e, quando i Ministri del Re si riuniscono, danno vita a un organo consultivo (in Inghilterra il Consiglio privato della Corona) che assiste il Monarca nelle sue decisioni politiche.

In definitiva il Re è il vero titolare dell'indirizzo politico, ma ciò non comporta un ruolo secondario del **Parlamento**. Infatti l'Assemblea conquista, oltre al tradizionale potere di decidere sulle entrate, quello di pronunciarsi sulla destinazione delle stesse, potendo in questo modo condizionare la politica del Monarca. Lo stesso scioglimento reale comporta l'obbligo per il Re di convocare una nuova Camera elettiva entro un termine prefissato. Nei confronti dei Ministri, che controfirmano gli atti del Re, la Camera elettiva ha un potere di accusa (in Inghilterra l'*impeachment*, presente fin dall'epoca medievale) e di sottoposizione al giudizio della Camera alta, facendo valere una responsabilità giuridica ma dotata di una forte connotazione politica. Infine al principio della irresponsabilità regia, che si esprime nel classico adagio per cui «il Re non può fare male», corrisponde anche una forma di irresponsabilità del Parlamento, che si concretizza nel riconoscimento delle immunità dei singoli parlamentari e del principio della insindacabilità degli *interna corporis acta*, cioè di tutti gli atti

---

[1] Cfr. art. 65 statuto albertino e art. 65 cost. belga del 1831.

adottati dall'organo assembleare per disciplinare la propria organizzazione e il proprio funzionamento.

In ultima analisi la dinamica della forma di governo in Europa continentale porta a una preminenza del Re, mentre in Inghilterra tende a prevalere l'organo legislativo, anche grazie al passaggio, quasi senza soluzione di continuità, dall'ordinamento feudale allo Stato liberale.

4. La forma di governo parlamentare

La monarchia costituzionale si trasforma per via consuetudinaria e convenzionale in **monarchia parlamentare**. In Gran Bretagna ciò si verifica nel corso del XVIII secolo: dopo il 1714 con l'ascesa al trono di Giorgio I della dinastia degli Hannover, il *Cabinet*, nato fin dall'epoca degli Stuart per riunire i più stretti collaboratori del Re e che derivava la sua denominazione dalla stanza privata di lavoro di questi, si riunisce autonomamente sotto la presidenza di un Ministro (il Primo *Lord* del Tesoro), che assume un ruolo preponderante, trasformandosi progressivamente in Primo Ministro (soprattutto con la nomina di Walpole nel 1729); nel 1782 Giorgio III accetta le dimissioni del Primo Ministro Lord North, sfiduciato dalla Camera dei Comuni per la perdita delle colonie nordamericane, e da quel momento il Re nomina un Primo Ministro che possa godere del sostegno della maggioranza parlamentare.

Un'evoluzione analoga si verifica nel secolo successivo in Europa continentale: in Francia con la costituzione del 1830 si afferma nella prassi la procedura per cui un'interpellanza parlamentare può sfociare in un dibattito e nel voto di un ordine del giorno motivato contro il Governo; anche in Belgio, in Italia e in altri ordinamenti la prassi va nel senso dell'affermarsi della responsabilità politica del Governo nei confronti del Parlamento.

Tuttavia per una lunga fase la forma di governo parlamentare si caratterizza **in senso dualistico o orleanista**[2]. Ciò spinge alcuni studiosi a ritenere che quella dualistica sia la forma di governo parlamentare "classica", in quanto garantirebbe la perfetta eguaglianza fra esecutivo e legislativo attraverso la formula «due poteri, tre organi» (Burdeau). Infatti nell'ambito del potere esecutivo oltre al Re vi è il Governo come organo collegiale presieduto dal Primo Ministro, il quale deve godere di una doppia fiducia: quella del Capo dello Stato e quella del Parlamento (o della sola Camera elettiva). La responsabilità politica del Governo nei confronti del Parlamento si afferma grazie all'evoluzione dell'istituto dell'*impeachment*, attraverso il quale la Camera elettiva si libera dei Ministri politicamente sgraditi, i quali rispondono politicamente degli atti che hanno

[2] L'espressione deriva dalla costituzione francese del 1830, che vede l'avvento al trono di Luigi Filippo d'Orléans.

controfirmato. Tale responsabilità da individuale diventa collegiale, anche grazie al ruolo di direzione svolto dal Primo Ministro.

D'altro lato il Capo dello Stato, su richiesta del Governo, fa ricorso al **potere di scioglimento** in contrapposizione alla volontà politica della maggioranza del Parlamento ostile al Governo, rimettendo la soluzione del conflitto al corpo elettorale. Quindi il Re continua a svolgere un ruolo importante, partecipando insieme al Governo alla determinazione dell'indirizzo politico, ma in una posizione di equilibrio, conflittuale o collaborativo, con un Parlamento titolare non solo del potere legislativo, ma anche di un potere di controllo politico sull'Esecutivo.

In questa fase il **dualismo** è riscontrabile a tre livelli: **istituzionale**, nel rapporto di equilibrio fra potere esecutivo e potere legislativo, **entro il potere esecutivo** che è a due teste, **sociale**, derivante dal confronto fra aristocrazia e borghesia, le quali trovano il proprio punto di riferimento rispettivamente nel Re e nella Camera elettiva. La posta in gioco è rappresentata dalla conquista dell'egemonia sul Governo e quindi della titolarità dell'indirizzo politico. Pertanto storicamente quella dualistica si configura come una fase transitoria, destinata a sfociare nella supremazia dell'organo espressione della classe vittoriosa.

La forma di governo parlamentare si caratterizza **in senso monistico** in Gran Bretagna nel corso del XIX secolo: nel 1832 viene varata un'importante riforma elettorale, che aumenta il corpo elettorale del 50% circa, e ridistribuisce i seggi dai villaggi contadini in via di spopolamento (i cc.dd. "borghi putridi") alle città in espansione, favorendo il rafforzamento della borghesia nella Camera dei Comuni; nel 1834 per l'ultima volta il Re (Guglielmo IV) revoca il Primo Ministro (Lord Melbourne) e scioglie la Camera che sostiene il Governo, ma le elezioni riconfermano la maggioranza uscente e il Re è costretto a inchinarsi alla volontà popolare.

In Francia la responsabilità politica collegiale dei Ministri di fronte alle Camere viene proclamata nelle leggi costituzionali del 1875 che inaugurano la III Repubblica[3], ma l'affermarsi del monismo avviene soprattutto in seguito alla crisi del 16 maggio 1877. Il Presidente della Repubblica Mac Mahon costringe alle dimissioni il Primo Ministro moderato Simon, lo sostituisce con una persona di sua fiducia e scioglie la Camera dei deputati che aveva votato un ordine del giorno contro il nuovo Governo, ma le nuove elezioni danno la vittoria ai repubblicani e il Presidente è costretto prima a sottomettersi alla volontà popolare, accettando di formare un governo espressione della maggioranza, e dopo due anni a dimettersi dalla carica. Negli altri paesi europei l'affermazione del modello monista si accompagna alla progressiva estensione del suffragio e alla graduale emarginazione del Capo dello Stato rispetto alla formazione del Governo e alla determinazione dell'indirizzo politico.

[3] Art. 6 della l. 25 febbraio 1875 sull'organizzazione dei poteri pubblici.

Nella **forma di governo parlamentare monistica** il Governo deriva ormai dalla volontà del Parlamento ed entrambi gli organi sono titolari dell'indirizzo politico. Quindi il Governo è politicamente responsabile non più verso il Capo dello Stato, ma esclusivamente verso il Parlamento. Il Monarca, al di là della sua appartenenza al potere esecutivo e delle prerogative che continuano a essergli formalmente riconosciute, è sostanzialmente estraneo alla determinazione dell'indirizzo politico, secondo la famosa formula «*le Roi règne et ne gouverne pas*». Ciò avviene soprattutto grazie all'evoluzione dell'istituto della **controfirma ministeriale**, che, nata originariamente quale attestazione della volontà manifestata dal Re, assume poi il carattere di attribuzione della responsabilità politica ai Ministri per atti non propri e infine di assunzione da parte di questi della titolarità sostanziale dei medesimi, come logico portato del principio per cui la responsabilità segue il potere e viceversa (cap. VIII, V, § 3).

La maggior parte dei poteri del Capo dello Stato diventano quindi meramente **formali**: alcuni si configurano come "atti dovuti" (così è per la sanzione della legge, che in Inghilterra viene rifiutata per l'ultima volta nel 1707); altri risultano fortemente condizionati dalla volontà della maggioranza parlamentare (come la nomina dei Ministri) o passano sostanzialmente nelle mani del Governo (il che si verifica per tutti gli atti normativi del potere esecutivo e per lo scioglimento del Parlamento) o, più raramente, sono condivisi fra questi e il Capo dello Stato.

In conclusione il **monismo** si realizza a tre livelli: **istituzionale**, con la supremazia del Parlamento sul Re, **entro il potere esecutivo**, al cui vertice si colloca il Governo, **sociale**, grazie all'affermarsi del dominio della borghesia.

Il fatto che la forma di governo parlamentare si sia pienamente realizzata nello Stato liberale oligarchico e monoclasse ottocentesco ha posto il problema della validità di tale categoria **nel quadro dello Stato democratico-pluralistico**. Parte della dottrina ha sostenuto l'inconciliabilità fra governo parlamentare e ordinamenti democratici (Martines). Ora, è indubbio che nello Stato democratico il suffragio universale, l'estendersi dei compiti attribuiti allo Stato e il ruolo determinante dei partiti politici abbiano contribuito a mettere in crisi proprio l'organo che costituiva il perno della forma di governo parlamentare, il quale ha incontrato crescenti difficoltà a combinare la sua nuova composizione pluralistica con la capacità di governare in modo adeguato la società e di adottare le principali decisioni politiche. Ma, a parte il fatto che problemi analoghi si sono posti anche per le altre forme di governo nate nello Stato liberale, come quella presidenziale e quella direttoriale, va sottolineato che proprio lo schema fondamentale della forma di governo parlamentare, una volta abbandonata l'ideologia assembleare e riconosciuta la funzione "governante" dell'Esecutivo, si è dimostrato il più duttile, venendo a essere recepito dalla maggioranza degli ordinamenti democratici.

Questa capacità di adattamento alle mutate condizioni storiche e sociali, se suggerisce l'inopportunità di abbandonare una categoria così importante, ne impone però il costante aggiornamento alla luce della concreta evoluzione storica. Dal punto di vista storico, si possono individuare **tre fasi** distinte della forma di governo parlamentare: una prima che si delinea nella seconda metà del XIX secolo, una seconda compresa fra le due guerre mondiali, una terza successiva alla seconda guerra mondiale. Nella prima fase occorre distinguere **due modelli**: quello **a prevalenza del Governo**, tipico dell'esperienza inglese, e quello **a prevalenza del Parlamento**, tipico dell'esperienza francese.

5. La forma di governo parlamentare a prevalenza del Governo: il Regno Unito

Il Regno Unito può essere considerato come il modello vivente di una forma di governo **parlamentare monista classica**, in quanto non conosce una razionalizzazione mediante norme scritte, ma continua a basarsi in gran parte su regole non scritte, consuetudinarie o convenzionali. Infatti la più significativa peculiarità dell'ordinamento britannico è quella di non avere una costituzione scritta (cap. III, I, § 6.3). Ciò ha consentito una grande adattabilità della forma di governo al mutamento delle condizioni sociali e politiche e una sostanziale continuità nel suo funzionamento dalla seconda metà del XIX secolo fino ai giorni nostri.

Il monismo della forma di governo deriva dalla centralità del rapporto fra corpo elettorale, Camera dei Comuni e Governo, con la conseguente progressiva emarginazione della Corona e della Camera dei *Lords*[4].

Grazie al **sistema politico bipartitico** (basato fino al XIX secolo sulla contrapposizione fra il partito conservatore dei *Tories* e quello liberale dei *Whigs*, poi soppiantato nel secolo scorso dal partito laburista) e al sistema elettorale maggioritario a turno unico in collegi uninominali, introdotto in via definitiva nel 1885 con la terza importante riforma elettorale adottata nel corso del secolo dopo quelle del 1832 e del 1867, che ha favorito il mantenimento del bipartitismo, il corpo elettorale, quando vota per la Camera dei Comuni, dà di regola anche una indicazione di governo a favore del partito che risulterà vincente, il quale di solito ottiene la maggioranza assoluta dei seggi, e del suo *leader*. Tuttavia va sottolineato come il bipartitismo e il sistema elettorale maggioritario a turno unico siano entrati in sofferenza a causa della perdita progressiva di consensi da parte dei due maggiori partiti (che hanno ottenuto il 65% e il 67% dei voti nelle elezioni del 2010 e del 2015), dovuta all'emergere di partiti regionali

---

[4] In particolare con i *Parliament Act* del 1911 e del 1949 la Camera dei Comuni acquisisce una netta prevalenza su quella dei *Lords* (di origine non elettiva) a livello legislativo ed è l'unica Assemblea legittimata a votare la sfiducia al Governo.

(in Scozia, Galles e Irlanda del Nord) e alla presenza di altri partiti nazionali, anche se questi sono fortemente sottorappresentati dal sistema elettorale[5]. Può quindi verificarsi che nessuno dei due maggiori partiti ottenga la maggioranza assoluta dei seggi alla Camera, il che dà vita all'ipotesi di *hung Parliament* (alla lettera "Parlamento appeso"), come è avvenuto nel 1924, 1974 e 2010. Ma, mentre nei primi due casi si è costituito un governo laburista monocolore di minoranza, nel 2010 si è formato un governo di coalizione tra conservatori e liberal-democratici, ben diverso dai governi di unità nazionale nati nello scorso secolo in situazioni eccezionali. Ciononostante nel referendum svoltosi nel maggio 2011 è stata bocciata da una larga maggioranza dei votanti (il 67,9%) la proposta, fortemente sostenuta dai liberaldemocratici, di abbandonare il sistema elettorale maggioritario a turno unico a favore del sistema del "voto alternativo (cap. VIII, II, § 2), che avrebbe consentito agli elettori di indicare una graduatoria dei candidati nel collegio, attenuando gli effetti maggioritari nella ripartizione dei seggi.

Nell'ambito del Governo il **Gabinetto**, che comprende una ventina di Ministri a fronte dei circa cento membri del Consiglio dei Ministri, funge di fatto da "comitato direttivo" del Parlamento, in quanto può contare su una maggioranza disciplinata all'interno della Camera dei Comuni, che approva le leggi necessarie all'attuazione del suo programma. A sua volta il **Primo Ministro**, *leader* del partito che detiene la maggioranza dei seggi alla Camera, svolge un ruolo fondamentale sia nella fase della formazione (con la proposta di nomina e di revoca dei Ministri), sia in quella della direzione del Governo, essendo gerarchicamente collocato al di sopra dei Ministri e potendo avvalersi di organismi ristretti (come il Gabinetto e i comitati interministeriali) e di importanti strutture organizzative. Inoltre egli esercita ampiamente il *patronage*, vale a dire il potere di proporre al Re la nomina dei titolari di svariate cariche (come gli alti magistrati, i *Lords* vitalizi, i più elevati funzionari dell'amministrazione). Infine di fatto è stato per lungo tempo il Primo Ministro a decidere lo **scioglimento della Camera dei Comuni**, il più delle volte quando intendeva scegliere il momento più favorevole al partito di maggioranza per rivincere le elezioni. Ma il *Fixed-term Parliaments Act* del 2011 ha disciplinato sia la durata del Parlamento, fissata in cinque anni, sia le ipotesi di scioglimento anticipato, che può verificarsi o su iniziativa della Camera dei Comuni deliberata dalla maggioranza dei due terzi dei componenti oppure qualora la Camera approvi una mozione di sfiducia, a meno che essa non dia la fiducia a un nuovo Governo entro quattordici giorni.

Per quel che riguarda i **rapporti Parlamento-Governo**, l'Esecutivo, una volta nominato, non ha bisogno di un vero e proprio voto di fiducia iniziale: spetta al

---

[5] Dal 2001 in poi vi è stata una crescita costante del terzo partito, il liberal-democratico, che ha toccato il suo apice nelle elezioni del 2010 con il 23% dei voti, ma è calato all'8% nelle elezioni del 2015, nelle quali ha ottenuto 8 seggi (l'1,1%). A queste ha partecipato anche l'UKIP, partito ultranazionalista che con il 12,6% dei voti ha ottenuto un solo seggio.

Re con il "discorso della Corona" dare lettura all'inizio di ogni sessione annuale del programma di governo, che il Parlamento si limita ad approvare all'unanimità, inviando al Sovrano una mozione di ringraziamento. Tuttavia l'opposizione può presentare emendamenti, attraverso i quali può sindacare singoli aspetti del programma o tentare di far cadere il Governo, anche se ciò in un sistema bipartitico è altamente improbabile. In passato la dottrina britannica ha affermato la c.d. "teoria del mandato", secondo la quale il Governo è tenuto ad attuare esclusivamente le misure contenute nel programma e deve per ogni altra questione chiedere il preventivo assenso del corpo elettorale. Tuttavia nei fatti l'Esecutivo si riserva una notevole libertà di scelta di fronte a situazioni nuove o impreviste.

Per quel che riguarda, infine, la **responsabilità politica del Governo**, del tutto rara è l'eventualità dell'approvazione di una mozione di sfiducia da parte della Camera dei Comuni. Ciò si può verificare solo in presenza di un *hung Parliament*, nel quale nessuno dei due maggiori partiti detiene la maggioranza dei seggi, il che è avvenuto nel secolo scorso solo due volte, nel 1924 e nel 1979, ai danni di un governo laburista di minoranza. Di solito l'approvazione di una mozione di sfiducia comporta lo scioglimento della Camera, essendo improbabile nel contesto politico britannico la formazione di una nuova maggioranza.

Dal quadro tracciato emerge la configurazione della forma di governo britannica come **governo di gabinetto**. Tuttavia negli anni '60 e dopo i due decenni di governi conservatori della Thatcher (1980-1990) e di governi laburisti di Blair (1997-2007) vari autori hanno preferito parlare di "**Governo del Primo Ministro**". Alcuni hanno messo l'accento sul fenomeno della personalizzazione del potere, altri sono arrivati a configurare il Primo Ministro come un «monarca elettivo» o un «dittatore elettivo» (Brazier). Tuttavia nella forma di governo del Regno Unito a fronte dell'aumento della popolarità e dei poteri del Primo Ministro esistono vari **contrappesi**, che rendono inaccettabile una sua configurazione monarchica o dittatoriale: la Corona, il partito di maggioranza, l'opposizione.

La **Corona** è stata nel tempo fortemente ridimensionata, in quanto tutti i suoi più significativi poteri hanno acquistato carattere prevalentemente formale e vengono sostanzialmente esercitati dal Gabinetto e dal Primo Ministro. In particolare gli atti normativi regolamentari (*orders in council*) sono formalmente adottati nel Consiglio privato della Corona, ma di fatto sono decisi dal Gabinetto. In virtù di una convenzione ormai consolidata, il Re nomina come Primo Ministro il *leader* del partito che ha vinto le elezioni e, nel caso in cui questi si dimetta, quello del partito arrivato in seconda posizione. Infine per lo scioglimento della Camera diventa decisiva l'iniziativa del Primo Ministro. Quindi si può affermare, secondo la celebre formula di Bagehot, che il Monarca mantiene «tre diritti: quello di essere consultato, quello di incoraggiare, quello di mettere in guardia».

Tuttavia possono verificarsi situazioni eccezionali nelle quali il Re acquista un certo margine di azione. Così, nelle ipotesi di crisi del partito maggioritario, di mancata indicazione di un *leader* da parte di questo e di *hung Parliament*, la Corona ha una relativa discrezionalità nella nomina del Primo Ministro. Analogamente si ritiene che il Re possa revocare il Primo Ministro, quando questi attenti alla democraticità dell'ordinamento. Infine si afferma che egli può negare lo scioglimento chiesto dal Primo Ministro quando ritenga le elezioni inutili o contrarie all'interesse nazionale (Caravale). È evidente che si tratta di casi limite e che la figura del Re è comunque destinata a restare fuori dalla lotta politica. Cionondimeno la titolarità, anche solo formale, di importanti poteri costituisce un limite obiettivo alla assoluta discrezionalità del Primo Ministro.

Il secondo contrappeso allo strapotere del *Premier* è dato dal **rapporto fra Primo Ministro e partito maggioritario**. Intanto occorre sottolineare che il Primo Ministro non è eletto direttamente dal corpo elettorale, ma diventa tale in quanto è stato scelto come proprio *leader* dal partito maggioritario. Ciò comporta che sia nella formazione sia nella gestione del Governo egli debba tener conto degli orientamenti manifestati dal proprio partito e conservarne la fiducia, senza della quale potrebbe vedersi costretto alle dimissioni. Più in generale il titolare della carica può essere costretto alle dimissioni nel corso del mandato, provocate da motivi personali o politici o, se pure in via eccezionale, dall'approvazione di una mozione di sfiducia[6].

Infine il terzo e più importante contrappeso al dominio del Primo Ministro e della maggioranza è rappresentato dal **ruolo dell'opposizione**, alla quale è attribuito, oltre al diritto di criticare e di controllare l'azione del Governo, quello di avanzare le proprie proposte politiche e organizzative per garantire il realizzarsi dell'alternanza alla guida dell'Esecutivo. Il *leader* del partito di opposizione, che viene direttamente stipendiato dallo Stato in base a una legge del 1937 (*Ministers of the Crown Act*), svolge la funzione di Primo Ministro dello *Shadow Cabinet* (Governo ombra), la cui struttura e la cui attività ricalcano quelle del Gabinetto ufficiale. Inoltre una parte dell'attività parlamentare si svolge sulla base di accordi fra maggioranza e opposizione e a questa sono garantiti spazi certi di intervento, vari strumenti di controllo e possono essere attribuite importanti cariche parlamentari (presidenza di commissioni, ma anche quella di *Speaker* della Camera dei Comuni). Infine il *leader* dell'opposizione viene consultato o informato dal Primo Ministro su decisioni di importanza fondamentale per il paese, come quelle riguardanti la politica estera e la difesa.

In conclusione è soprattutto la dialettica maggioranza-opposizione a garantire nel Regno Unito il funzionamento equilibrato di una forma di governo parlamentare teoricamente "pura", le cui caratteristiche di fondo sono rimaste quasi

---

[6] Dopo la seconda guerra mondiale in sei casi il Primo Ministro si è dimesso nel corso della legislatura per essere sostituito da un altro esponente del partito di governo (Churchill nel 1955, Eden nel 1957, Macmillan nel 1963, Wilson nel 1976, Thatcher nel 1990, Blair nel 2007), mentre in un caso si è dimesso per un voto di sfiducia della Camera (Callaghan nel 1979).

immutate fino a oggi, ma che ha un funzionamento di tipo fortemente maggioritario. Tuttavia la forma di governo si inserisce all'interno di un contesto costituzionale dinamico, nel quale vi sono state importanti riforme costituzionali[7], tese a rafforzare i contrappesi istituzionali (autonomie territoriali, garanzie dei diritti, indipendenza della magistratura) al ruolo del Governo e del Primo Ministro e di un sistema politico più fluido rispetto al passato.

6. La forma di governo parlamentare a prevalenza del Parlamento: la III Repubblica francese

Del tutto diversa da quella britannica è l'evoluzione della forma di governo parlamentare monistica in Francia, dove nel corso della III Repubblica (1875-1940) si afferma la **prevalenza del Parlamento sul Governo**.

Come in Gran Bretagna questo esito è il frutto più di convenzioni di origine politica che dei testi costituzionali. Infatti in linea teorica le tre leggi costituzionali del 1875, derivanti da un compromesso fra repubblicani e monarchici orleanisti, istituiscono una forma di governo parlamentare con forti tratti dualistici. Da un lato viene sancita la responsabilità politica del Governo nei confronti del Parlamento e viene proclamata la Repubblica con un Presidente eletto per sette anni dall'Assemblea nazionale (costituita dalla riunione delle due Camere) e i cui poteri sono soggetti alla controfirma ministeriale. D'altro lato l'Esecutivo è bicefalo, in quanto il Presidente ne è parte integrante; i Ministri sono nominati dal Presidente e nulla esclude che siano responsabili anche nei suoi confronti; accanto alla Camera dei deputati elettiva è posto in una posizione paritaria un Senato, eletto indirettamente e rappresentativo soprattutto dei piccoli Comuni rurali conservatori; infine il Capo dello Stato può sciogliere la Camera su parere conforme del Senato.

Ma l'evoluzione concreta della forma di governo va in tutt'altra direzione, essendo marcata fin dall'inizio dal tentativo fallito del primo Presidente Mac Mahon di imporre l'interpretazione dualistica dei testi costituzionali (*supra*, § 4) e dalla famosa dichiarazione con la quale il suo successore Grévy nel 1879 afferma che non entrerà «mai in conflitto con la volontà nazionale». Nasce in questo modo la c.d. "costituzione Grévy", in base alla quale il potere di scioglimento cade in disuso e il Presidente della Repubblica svolge un ruolo estraneo all'indirizzo politico e, quando tenta di affermare una posizione più attiva, come Millerand nel 1924, è costretto a dimettersi dallo "sciopero dei ministeri", vale a dire dal rifiuto della Camera di collaborare con un qualsiasi governo da lui nominato.

---

[7] Tali sono lo *Scotland Act* e il *Government of Wales Act* del 1998, aggiornati rispettivamente nel 2012 e nel 2006, lo *Human Rights Act* del 1998, l'*House of Lords Act* del 1999, il *Constitutional Reform Act* del 2005, il *Fixed-Term Parliament Act* del 2011.

Nella determinazione dell'indirizzo politico è il **Parlamento** a svolgere un ruolo preponderante, anche grazie alla funzione esercitata dalle commissioni permanenti, che gli consentono non solo di controllare il Governo, ma anche di intervenire attivamente nell'amministrazione dei singoli dicasteri. Inoltre, poiché la responsabilità politica del Governo non è giuridicamente disciplinata, si inaugura la prassi per cui è sufficiente un voto negativo del Parlamento, o anche di una sua commissione, su una proposta dell'Esecutivo per provocarne le dimissioni. Quanto al Governo, i testi costituzionali non prevedono neppure la figura del Presidente del Consiglio, che si afferma in via di prassi fino a essere riconosciuta dalla legge finanziaria del 1934. Va sottolineata tuttavia la tendenza al rafforzamento dell'Esecutivo durante e dopo la prima guerra mondiale, soprattutto grazie al ricorso su autorizzazione del Parlamento ai *décrets-lois*, che possono modificare le leggi vigenti. Tuttavia i governi sono fortemente instabili (in sessantacinque anni se ne formano cento con una durata media di ciascuno inferiore a otto mesi), in quanto derivano da accordi di coalizione fra partiti scarsamente disciplinati e con un ruolo importante dei notabili (donde il fenomeno del "trasformismo" parlamentare, analogo a quello che si verifica in Italia dopo l'unità).

In definitiva l'esperienza francese si basa su una molteplicità di partiti flessibili e sulla supremazia del Parlamento. Perciò è stata definita come un «regime di assemblea» (ma su tale nozione v. *infra*, § 14) o «a parlamentarismo assoluto», nel quale «il Parlamento, divenuto padrone su tutta la linea, domina completamente l'Esecutivo» (Carré de Malberg).

7. La razionalizzazione della forma di governo parlamentare dopo la prima guerra mondiale: la Repubblica di Weimar

All'indomani della prima guerra mondiale in Europa continentale entrano in vigore una serie di costituzioni repubblicane che adottano la forma di governo parlamentare, ma si propongono allo stesso tempo di "razionalizzare" il suo funzionamento, al fine di rafforzare la stabilità dell'Esecutivo, mettendo per iscritto alcune norme relative al rapporto di fiducia e soprattutto stabilendo che il Governo ha l'obbligo di dimettersi solo nell'ipotesi di approvazione di una mozione di sfiducia da parte del Parlamento. Nella maggioranza delle costituzioni, approvate sull'onda dello sfaldamento dell'Impero austro-ungarico e di quello germanico e del manifestarsi di un forte movimento democratico e repubblicano, si afferma una prevalenza del Parlamento sul Governo e un ridimensionamento del ruolo del Capo dello Stato, secondo un'impostazione di tipo monistico [8].

[8] V. le costituzioni di Austria (1920), Cecoslovacchia (1920), Lituania (1920), Estonia (1920), Polonia (1921), Lettonia (1922), Turchia (1924), Grecia (1925), Spagna (1931).

A un monismo forte si ispira la **costituzione austriaca** del 1920, elaborata con il contributo determinante di Kelsen. Al centro della forma di governo vi è infatti il Parlamento, e in particolare il Consiglio nazionale, eletto con sistema proporzionale, visto che la seconda Camera, il Consiglio federale, rappresentativa dei *Länder*, può esercitare solo un potere di veto sospensivo sulle deliberazioni della prima. Dal Parlamento derivano sia il Governo, eletto dal Consiglio nazionale e obbligato a dimettersi da un voto di sfiducia, sia il Presidente della Repubblica, eletto dall'Assemblea federale, che riunisce le due Camere, e i cui atti sono sottoposti alla controfirma ministeriale. Il Consiglio nazionale non può essere sciolto, ma decide il proprio autoscioglimento ed elegge una Commissione centrale, che esprime il proprio consenso sui regolamenti governativi, quando la legge lo richieda, e sui provvedimenti di urgenza adottati a Camere sciolte o fuori sessione. Anche se la prevalenza della Camera elettiva è evidente, sembra eccessivo considerare la forma di governo più "assembleare" di quella della III Repubblica francese o ispirata alla costituzione giacobina del 1793 (come fa Mortati). Infatti viene creato per la prima volta un Tribunale costituzionale, incaricato di controllare la legittimità costituzionale delle leggi e sono previste diverse ipotesi di referendum e di iniziativa popolare in materia legislativa e costituzionale, istituti che mal si conciliano con la concezione della "sovranità del Parlamento" propria dell'esperienza francese.

Altri ordinamenti, invece, adottano un'impostazione **dualistica**, prevedendo accanto al Parlamento un Presidente dotato di una più forte legittimazione, derivante dalla sua investitura da parte del popolo o di elettori designati dal popolo, e titolare di maggiori poteri. Ciò si verifica soprattutto in Germania (costituzione di Weimar del 1919) e in Finlandia (costituzione del 1919), ma una tendenza analoga si manifesta anche in altri paesi, spesso in conseguenza del sostanziale fallimento della razionalizzazione di tipo assembleare operata in precedenza, con importanti revisioni costituzionali (come quella polacca del 1926 e quella austriaca del 1929) o con l'approvazione di nuove costituzioni (Lituania 1928).

In ogni caso sia la regolamentazione del voto di sfiducia sia il rafforzamento dell'uno o dell'altro organo costituzionale non riescono a mettere al riparo le istituzioni democratico-parlamentari da gravi crisi di origine economico-sociale e politica, che decretano il fallimento dei tentativi di razionalizzazione e sfociano nella affermazione di regimi autoritari.

Fra quelle citate un'attenzione particolare merita la **costituzione di Weimar**, che è la prima costituzione democratica della Germania e costituirà un punto di riferimento sia in positivo sia in negativo per le assemblee costituenti del secondo dopoguerra. Essa entra in vigore nel 1919 sulla base di un **compromesso** che è socio-politico, ideale e istituzionale. Alla base vi è una mediazione tra forze popolari (democratiche, cattoliche e socialiste) e forze conservatrici, che rappresentano l'aristocrazia terriera e l'apparato burocratico-militare. Di conseguenza la forma di governo si fonda su un dualismo di princìpi, quello della sovranità popolare e quello della autorità e della unità dello Stato, che trovano il proprio riferimento rispettivamente nella Camera elettiva (*Reichstag*) e nel Presidente del *Reich*.

La novità più rilevante rispetto al parlamentarismo dualistico ottocentesco è rappresentata dalla previsione di un Presidente eletto dal popolo, ma l'originalità della forma di governo fa sì che essa venga definita in modi diversi: come regime «pluralistico» conciliante vari sottosistemi di governo (Schmitt), come regime parlamentare a prevalenza dell'Esecutivo (Burdeau), come forma di governo semipresidenziale (Duverger). Si tratta in ogni caso di una forma di governo dualistica, basata su un equilibrio fragile e precario tra forze contrapposte, su un multipartitismo estremo con consistenti partiti antisistema (di destra e di sinistra) e su un sistema fortemente proporzionale per l'elezione del *Reichstag*, che contribuisce a determinare il frazionamento della Camera e l'instabilità dei governi.

Il principio base è quello della forma di governo parlamentare: alla previsione del **rapporto di fiducia** e dell'obbligo dei Ministri di dimettersi in caso di espresso voto di sfiducia (art. 54 cost.) corrisponde il potere del Presidente di sciogliere il *Reichstag*, anche se «solo una volta per lo stesso motivo» (art. 25), previsione che si presta a essere facilmente aggirata. Tuttavia, poiché l'art. 54 non fissa un termine per l'ottenimento di un voto di fiducia iniziale, si afferma l'interpretazione per cui la fiducia debba essere non espressa, ma solo presunta, il che consente la formazione di governi di minoranza. Il **Parlamento** è costituito, oltre che dalla Camera elettiva, da un Senato (*Reichsrat*), rappresentativo dei governi dei *Länder*, il quale non può far valere la responsabilità politica del Governo, ma ha un potere di veto sulle leggi ordinarie e di revisione costituzionale, che può determinare il ricorso al referendum popolare.

Nell'ambito del **Governo** il principio monocratico, rappresentato dal Cancelliere e dal riconoscimento a questi di un potere di direttiva politica, e il principio collegiale, che impone la decisione del Consiglio dei Ministri su tutte le questioni non rientranti nella competenza del singolo dicastero, si giustappongono senza che nessuno dei due abbia una chiara prevalenza.

Il **Presidente del *Reich*** è eletto a suffragio universale senza turno di ballottaggio (quindi a maggioranza relativa) per sette anni, è rieleggibile ed è titolare di notevoli poteri, anche se i suoi atti devono essere controfirmati: fra questi la nomina e la revoca del Cancelliere e dei Ministri, lo scioglimento della Camera dei deputati, il ricorso al referendum su una legge approvata dal *Reichstag* di propria iniziativa o in seguito all'opposizione del Senato. Inoltre, accanto all'indirizzo politico ordinario, spettante congiuntamente al Governo e al Parlamento, è previsto un indirizzo politico straordinario o «di riserva», attribuito dall'art. 48 al Presidente, il quale, in caso di minaccia o turbamento rilevanti dell'ordine e della sicurezza pubblica, può adottare ogni misura necessaria, compreso l'intervento militare, e sospendere l'efficacia dei diritti sanciti nella costituzione. A fronte di questi rilevanti poteri, la previsione di una destituzione popolare del Presidente su iniziativa del *Reichstag* (art. 43 cost.) risulta di improbabile applicazione sia perché richiede il voto favorevole di una maggioranza qualificata dei due terzi, sia perché il rigetto della proposta da parte del corpo elettorale ha come effetto la rielezione del Presidente in carica e lo scioglimento della Camera.

In definitiva nella forma di governo vi è una **duplice componente**: l'una parlamentare-rappresentativa, basata sul rapporto fiduciario fra Camera elettiva e Governo, l'altra presidenziale-plebiscitaria, fondata sul rapporto diretto fra corpo elettorale e Capo dello Stato, il quale, grazie al meccanismo della "fiducia presunta" può nominare Governi presidenziali extraparlamentari per poi far controfirmare dal nuovo Cancelliere il decreto di scioglimento del *Reichstag*.

Nella **prassi**, fino al 1930 prevale la componente parlamentare della forma di governo con la formazione di governi di coalizione espressione di una maggioranza parlamentare, anche se si tratta di governi eterogenei e instabili (in quattordici anni ve ne sono ventuno con una durata media di otto mesi ciascuno). Successivamente emerge la componente presidenziale attraverso il ricorso del Presidente von Hindenburg[9] alle ordinanze di necessità *ex* art. 48 in materia economica, finanziaria e sociale e alla nomina di governi presidenziali minoritari, immediatamente seguita da ripetuti scioglimenti del *Reichstag* che non intende approvare le misure eccezionali adottate dall'Esecutivo. Infine agli inizi del 1933 il Presidente nomina come Cancelliere Hitler, *leader* del partito di maggioranza relativa, segnando con questo atto la fine dell'esperienza di Weimar e l'avvento del regime nazionalsocialista.

8. La razionalizzazione nel secondo dopoguerra: la IV Repubblica francese

Dopo la seconda guerra mondiale vi sono due successive ondate di costituzioni che si propongono di razionalizzare in modo più penetrante le istituzioni parlamentari e di garantire tanto la democraticità quanto l'efficienza della forma di governo parlamentare. A questi intenti si ispirano le costituzioni entrate in vigore nell'immediato dopoguerra (Francia 1946, Giappone 1946, Italia 1948, Repubblica federale tedesca 1949, Danimarca 1953) e quelle successive che introducono importanti innovazioni (Svezia 1975, Belgio 1994) o sostituiscono un sistema democratico al precedente regime autoritario (Grecia 1975,

---

[9] Von Hindenburg è il primo ed unico Presidente ad essere eletto a suffragio universale nel 1925, in quanto in precedenza il Presidente Ebert era stato eletto per tre anni dall'Assemblea costituente e poi rieletto dal *Reichstag* nel 1922 per altri tre anni.

Spagna 1978). In pratica le uniche costituzioni di tipo parlamentare dell'Europa occidentale che risalgono al secolo scorso, continuando a ispirarsi in teoria a un parlamentarismo puro non razionalizzato, sono quelle del Lussemburgo (1868) e dei Paesi Bassi (1814, ma ampiamente revisionata nel 1983) [10].

La nuova razionalizzazione consiste non solo nel disciplinare il rapporto di fiducia nei suoi vari aspetti, attinenti all'investitura del Governo, alla mozione di sfiducia e alla questione di fiducia, al fine di garantire la stabilità dell'Esecutivo, ma anche nel prevedere vari organi di garanzia (come il Capo dello Stato e la Corte costituzionale), chiamati a mediare e a risolvere i potenziali conflitti fra i poteri dello Stato, in modo da evitare che abbiano effetti distruttivi come quelli prodottisi fra le due guerre mondiali in vari paesi europei. Occorre però rilevare che la razionalizzazione non assume dovunque la stessa ampiezza né produce gli stessi effetti, essendo condizionata dal sistema elettorale e dal contesto socio-politico. Particolarmente interessante sotto questo profilo è la considerazione dei diversi esiti che hanno dato le tre esperienze quasi coeve di Francia, Italia e Germania.

In **Francia**, dopo la parentesi rappresentata dal governo dittatoriale di Vichy (1940-44), che collabora con l'occupante tedesco, all'indomani della liberazione viene inaugurata la **IV Repubblica** con l'approvazione mediante referendum popolare il 13 ottobre 1946 di una nuova costituzione, dopo che un precedente progetto di costituzione era stato respinto dal corpo elettorale nel maggio dello stesso anno. La costituzione prevede una forma di governo **parlamentare monistica razionalizzata**.

Il Parlamento è composto di due Camere, l'Assemblea nazionale, eletta con un sistema proporzionale, e il Consiglio della Repubblica, che rappresenta le collettività locali, ma si tratta di un bicameralismo imperfetto, in quanto la seconda Camera non esercita il controllo politico del Governo e sul terreno legislativo funge da camera di riflessione. L'Esecutivo è bicefalo: da un lato il Presidente della Repubblica è eletto dal Parlamento per sette anni, può essere rieletto una sola volta ed è titolare di poteri ridotti; d'altro lato il Governo è composto dal Consiglio dei Ministri e dal Presidente del Consiglio, al quale i costituenti vorrebbero garantire una posizione autorevole, ispirandosi al modello britannico. Da qui derivano gli elementi di **razionalizzazione** della forma di governo.

Il primo è rappresentato dal procedimento di **formazione del Governo**: l'art. 45 cost. stabilisce che il Presidente del Consiglio viene prima designato dal Presidente della Repubblica, poi ottiene la fiducia dell'Assemblea nazionale a maggioranza assoluta dei componenti, infine viene nominato dal Capo dello

---

[10] Anche la costituzione della Norvegia è del 1814, ma è stata più volte emendata e con la revisione del 2007 sono state previsti il dovere del Governo di dare al Parlamento le informazioni necessarie per discutere delle sue proposte e l'obbligo di dimissioni del Governo e dei singoli ministri in caso di approvazione di una mozione di sfiducia.

Stato insieme ai Ministri da lui scelti. In teoria questo sistema dovrebbe garantire un Primo Ministro forte grazie alla fiducia ottenuta sulla sua persona e sul programma da lui presentato. In realtà l'Assemblea è notevolmente frammentata, a causa del sistema a multipartitismo estremo, e le maggioranze di coalizione risultano fragili e instabili. Nella prassi si verifica che il Presidente del Consiglio, ottenuta la fiducia sulla sua persona, chieda un secondo voto di fiducia sull'intero Governo oppure non riesca a formare una maggioranza o dia vita a compagini deboli, che vengono entro breve tempo sconfitte in Assemblea, il che lo spinge a dimettersi.

Questa situazione determina il varo di due riforme: nel 1951 viene modificata la legge elettorale proporzionale, mediante la previsione che in ogni Dipartimento le liste apparentate le quali ottengano la maggioranza assoluta dei voti conquistino tutti i seggi; nel 1954 viene approvata una revisione dell'art. 45 cost. secondo la quale il Presidente del Consiglio e i Ministri sono sottoposti congiuntamente al voto di fiducia, per l'ottenimento della quale è sufficiente la maggioranza semplice. Ma tali riforme non producono effetti significativi: basti pensare che nell'arco di dodici anni si hanno ventuno governi con una durata media di ciascuno inferiore ai sette mesi.

Altri meccanismi di razionalizzazione relativi al rapporto di fiducia sono previsti dall'art. 49, che disciplina la **questione di fiducia**, la quale può essere posta dal Presidente del Consiglio su delibera dell'organo collegiale su una misura specifica e può essere respinta solo dal voto negativo della maggioranza assoluta dell'Assemblea nazionale, e dall'art. 50, che richiede un'analoga maggioranza per l'approvazione di una **mozione di censura**, che obbliga il Governo a dimettersi. Tuttavia l'efficacia pratica di questi congegni sulla stabilità del Governo è limitata, in quanto nella prassi le crisi di governo derivano dai contrasti interni alla maggioranza e da un qualsiasi voto negativo dell'Assemblea, anche se espresso a maggioranza relativa.

Infine l'art. 51, nell'intento di evitarne un uso arbitrario da parte del Governo, stabilisce rigide condizioni per il ricorso allo **scioglimento** dell'Assemblea nazionale, che può essere deliberato in Consiglio dei Ministri solo quando nell'arco di diciotto mesi si siano avute due crisi di governo parlamentari, vale a dire determinate dal diniego della fiducia o dall'approvazione di una mozione di censura. Che ciò si verifichi è assai difficile e infatti vi è un unico scioglimento governativo nel 1955.

In definitiva la razionalizzazione nella IV Repubblica fallisce sia per le forti divisioni politico-sociali, che si riflettono sulla composizione del Parlamento e sull'azione dei governi, sia perché è in contraddizione con il principio della "sovranità del Parlamento", saldamente radicato nella tradizione parlamentare francese.

9. La forma di governo parlamentare in Italia

In Italia la decisione di dare vita a una forma di governo parlamentare viene compiuta nell'ambito dell'Assemblea costituente il 5 settembre 1946 con l'approvazione nella Seconda Sottocommissione, operante entro la Commissione dei 75 incaricata di approntare il progetto della nuova costituzione, dell'ordine del giorno Perassi, nel quale tuttavia viene messo l'accento sulla necessità di adottare «dispositivi costituzionali idonei a tutelare le esigenze di stabilità dell'azione di governo e a evitare le degenerazioni del parlamentarismo». La scelta della forma di governo parlamentare, così come quella di un sistema elettorale fortemente proporzionale per l'elezione del Parlamento, risulta la più congrua rispetto a un modello costituzionale basato sul compromesso costituente fra diverse forze politico-ideali e sul ruolo determinante attribuito ai partiti di massa al fine di garantire il radicamento del sistema democratico.

La forma di governo è **monistica, razionalizzata e corretta**. Circa il primo aspetto, è decisiva la derivazione del Presidente della Repubblica dal Parlamento (integrato da un numero ridotto di delegati delle Regioni) e la sua configurazione quale «rappresentante dell'unità nazionale» e come potere a sé (secondo l'opinione della dottrina, fatta propria anche dalla Corte costituzionale) distinto dal potere esecutivo. L'elencazione dei poteri attribuiti al Capo dello Stato risente certo ancora della tradizione monarchica e presenta qualche margine di ambiguità, ma un'interpretazione sistematica degli stessi e la considerazione che i suoi atti devono essere controfirmati porta a escludere che egli possa partecipare alla determinazione dell'indirizzo politico.

D'altra parte la rilevanza di alcuni poteri (come la nomina del Governo e lo scioglimento delle Camere) non riduce il Presidente a svolgere una funzione meramente notarile e in situazioni di crisi politico-istituzionale egli assume un ruolo crescente di "intermediazione politica" e di intervento attivo nella polemica politica, talvolta ai limiti dell'ordinamento costituzionale [11]. Tuttavia ciò non deve portare alla sopravvalutazione degli elementi dualistici presenti nel testo costituzionale, in quanto comunque il Presidente non diviene un *leader* politico né un decisore politico di ultima istanza. In particolare, per quel che riguarda i due poteri più rilevanti, il ricorso allo scioglimento viene condizionato dall'orientamento assunto dalle forze politico-parlamentari e la formazione di "governi tecnici" (come il Governo Ciampi nella XI legislatura, il Governo Dini nella XII e il Governo Monti nella XVI), anche se vede un intervento importante del Capo dello Stato nella loro composizione e nell'individuazione di alcuni temi programmatici, non gli permette di imporre un proprio indirizzo

[11] Come si è verificato negli ultimi due anni della Presidenza Cossiga (1990/92), il quale si è fatto portavoce di un progetto mirante a delegittimare la costituzione vigente e a favorire un cambiamento della forma di governo.

politico né di sostituire la propria "fiducia" a quella del Parlamento, trasformandoli in "governi presidenziali".

La razionalizzazione della forma di governo risulta dalla disciplina del rapporto di fiducia, dall'attribuzione al Presidente del Consiglio di una funzione di direzione e di coordinamento dell'attività del Governo, dalla previsione di atti normativi primari di competenza dell'Esecutivo. Tuttavia si tratta di una **razionalizzazione debole**, che si riduce a regolamentare soprattutto la mozione di sfiducia in modo limitato e non adotta meccanismi volti a garantire la stabilità del Governo. Viene, quindi, a prevalere la natura **corretta** della forma di governo, consistente nella previsione di un sistema di limiti e di garanzie nei confronti del potere della maggioranza (quali il decentramento regionale, il controllo sulla legittimità costituzionale delle leggi, il referendum abrogativo), anche se gli istituti di garanzia vengono attuati con notevole ritardo a causa dell'azione di freno svolta dalla maggioranza centrista.

In definitiva la forma di governo risulta flessibile e **aperta** a esiti diversi, dipendenti dal ruolo dei partiti e dall'evoluzione del sistema politico. Il configurarsi di questo come un sistema a multipartitismo estremo e polarizzato è determinante nel caratterizzare per lungo tempo in senso **non maggioritario** il funzionamento della forma di governo. Quindi, anche se contribuisce a realizzare il fondamentale obiettivo storico di garantire la convivenza tra forze divise e il radicamento della democrazia pluralistica, la forma di governo manifesta alcuni limiti (Cheli): l'instabilità e l'eterogeneità dei governi (di coalizione fra più partiti), la debolezza del Presidente del Consiglio, ma anche dell'organo collegiale di governo, a vantaggio dell'autonomia dei singoli Ministri, l'inefficienza del raccordo Parlamento-Governo e l'indebolimento dello stesso Parlamento, la cui teorica centralità viene progressivamente erosa dall'intervento prevaricante dei partiti, dai ritardi e dalle inefficienze provocate dall'esistenza di due Camere titolari delle stesse funzioni, dalla crisi della legge (determinata anche dal numero abnorme di "leggine", approvate soprattutto nelle commissioni legislative) e dal ricorso crescente da parte dell'Esecutivo ad atti normativi che svuotano in gran parte il potere legislativo.

Inoltre l'esistenza per lungo tempo della *conventio ad excludendum*, cioè della regola non scritta che esclude dal Governo la maggiore forza di opposizione, il Partito comunista, ritenuto "antisistema", e il mancato realizzarsi dell'alternanza alla guida dell'Esecutivo, oltre ad accentuare i limiti del parlamentarismo non maggioritario, determinano la tendenza dei partiti di governo a occupare le istituzioni e, a partire dagli anni '70, la frequente confusione di ruoli fra maggioranza e opposizione.

All'inizio degli anni '90 si produce una **crisi del sistema politico**, determinata da fattori sia internazionali (il crollo dell'URSS e del blocco comunista) sia interni (l'emergere del sistema di potere basato sull'occupazione delle istituzioni e sul ricorso sistematico a forme di finanziamento illegale e di corruzione e la crisi dei tre maggiori partiti di massa, la Democrazia cristiana, il Partito comunista e il Partito socialista), con il conseguente affermarsi di nuovi partiti e di nuovi schieramenti politici.

Da qui prende avvio una **fase di transizione**, inaugurata dalla riforma dei sistemi elettorali di Camera e Senato del 1993, i quali vengono trasformati in sistemi maggioritari a turno unico per tre quarti dei seggi e proporzionali di lista per il quarto restante. Di conseguenza il sistema dei partiti tende verso una **bipolarizzazione** fra centro-destra e centro-sinistra, evidente soprattutto nelle elezioni del 1996 e del 2001. Nel 2005 il sistema elettorale viene nuovamente cambiato dalla maggioranza di centro-destra con l'adozione di una formula proporzionale per liste concorrenti bloccate, corretta da soglie di sbarramento e da un premio di maggioranza alla coalizione più votata (il 54% dei seggi alla Camera e il 55% al Senato, dove viene attribuito all'interno di ogni Regione). Le successive elezioni del 2006 rafforzano la tendenza bipolare. Ma si tratta di un **bipolarismo imperfetto** per varie ragioni. Innanzitutto l'aggregazione all'interno delle due coalizioni è determinata più che dalla condivisione di un programma unitario da convenienze elettorali e dall'intento di sconfiggere la coalizione avversaria. In secondo luogo fa difetto la condivisione di comuni principi e valori di riferimento, il che ostacola il pieno riconoscimento reciproco della legittimazione a governare. Infine non si verifica una riduzione significativa del numero dei partiti rappresentati, soprattutto perché i partiti minori possono sfruttare il loro peso, ridotto ma decisivo, per la conquista dei seggi nei collegi uninominali con il sistema maggioritario e del premio di maggioranza con il nuovo sistema elettorale, e condizionare politicamente i partiti maggiori della coalizione.

Le elezioni del 2008 danno vita a una semplificazione del sistema politico, che è costituito da due partiti nettamente più forti all'interno del centro-destra (il Partito della libertà) e del centro-sinistra (il Partito democratico), riducendo a cinque il numero dei partiti rappresentati in Parlamento. Ma si tratta anche qui di un **bipartitismo imperfetto**, in quanto ciascuno dei due maggiori partiti, oltre a presentare importanti divisioni interne, si allea con altri partiti (il Pdl con La Lega nord, che è decisiva per la sopravvivenza del Governo, il Pd con l'Italia dei valori), vi è un partito di centro autonomo (l'Unione dei democratici cristiani) e non è superata la mancanza di condivisione di comuni principi e di una legittimazione reciproca. Inoltre emergono importanti divergenze interne ai due maggiori partiti che sfociano anche in scissioni (l'ala di Fini nel PDL, quella di Rutelli nel PD). La debole coesione della maggioranza è dimostrata sia dalla crisi del secondo Governo Prodi (gennaio 2008), sia dalla crisi del quarto Governo Berlusconi (novembre 2011), il quale poteva contare all'inizio della legislatura su un'amplissima maggioranza parlamentare.

Le elezioni del 2013 sanciscono la crisi del bipolarismo, con l'ingresso in Parlamento di tre poli quasi equivalenti (oltre a quelli di centro-sinistra e di centro-destra, il Movimento 5 Stelle, che raccoglie la forte protesta antipartitica esistente nel paese), ai quali si aggiunge un quarto polo centrista di ridotta dimensione (Scelta civica) e con i due partiti maggiori che ottengono insieme meno del 50% dei voti. L'incapacità delle due principali coalizioni di assumere una responsabilità di governo, già rivelatasi alla fine del 2011 con la formazione del Governo tecnico Monti, si manifesta dopo le ultime elezioni sia con la rielezione, per la prima volta nella storia repubblicana, del Presidente uscente Napolitano (aprile 2013), sia nella successiva formazione del Governo Letta, fondato su una larga coalizione tra PD, PDL e Scelta civica. Nel novembre 2013 Forza Italia, nata dalla maggioranza del PDL, abbandona il governo, mentre la minoranza, che costituisce il Nuovo centro destra, continua a sostenerlo. Nel febbraio 2014 viene costituito il Governo Renzi, presieduto dal segretario del PD, eletto alla carica con primarie aperte agli elettori, e che comprende anche il Nuovo centro destra e Scelta civica.

Da tali vicende emerge la crisi della cosiddetta "Seconda Repubblica", termine assai discutibile in quanto dopo il 1993 non è stata adottata una nuova costituzione. In questo periodo da un lato il funzionamento della forma di governo è solo **tendenzialmente maggioritario**. Aspetti di tipo maggioritario sono rappresentati dal fatto che le elezioni hanno potuto dare quasi sempre una indicazione di governo, anche se talvolta senza una chiara maggioranza in entrambe le Camere, dalla nomina come Presidente del Consiglio del leader proposto dalla coalizione vincente, dalla maggiore rapidità nella formazione del Governo. Tuttavia non si produce un'apprezzabile stabilità del Governo (dal 1994 al 2015 vi sono ben tredici governi), che viene pregiudicata dalla eterogeneità delle maggioranze. D'altro lato la forma di governo assume un **funzionamento squilibrato a favore della maggioranza**, derivante sia dal mancato adeguamento al sistema bipolare dei *quorum* di garanzia (rimanendo sufficiente la maggioranza assoluta per eleggere il Presidente della Repubblica, modificare i regolamenti parlamentari, revisionare la Costituzione), sia dall'assenza di uno "statuto dell'opposizione", che riconosca a questa adeguati poteri e diritti e dal rafforzamento degli istituti di partecipazione popolare. In secondo luogo si verifica un uso abnorme dei poteri del Governo e una corrispondente svalutazione del ruolo del Parlamento, che si concretizza nel ricorso sempre più massiccio da parte del Governo alla delegazione legislativa, ai decreti-legge e alla questione di fiducia.

A oggi non vi è stata **nessuna revisione costituzionale relativa alla forma di governo**. In particolare è naufragato di fronte alla Camera dei deputati il progetto di riforma dell'intera parte seconda della costituzione, varato nel novembre 1997 dalla Commissione bicamerale per le riforme costituzionali istituita con la l. cost. n. 1/1997, il quale proponeva l'adozione di una forma di governo a "semipresidenzialismo temperato", che è stata oggetto di critiche serrate da parte della dottrina costituzionalistica. Un disegno di legge di ampia revisione della parte seconda della costituzione, approvato dalla maggioranza di centro-destra nel 2005, proponeva l'adozione di una forma di governo basata sulla sostanziale elezione popolare del Primo Ministro e sull'attribuzione a questi di ampi poteri, ivi compreso il ricorso allo scioglimento anticipato della Camera dei deputati, che veniva decretato automaticamente anche quando l'Assemblea votasse la sfiducia al Primo Ministro, dando vita a un'ipotesi di concentrazione dei poteri che è stata definita come "premierato assoluto" (Elia). Ma nel referendum costituzionale del giugno 2006 il 61,32% dei votanti ha respinto il progetto. All'inizio del 2014 è stato stipulato un patto tra il leader del Pd e quello di Forza Italia che ha stabilito le linee di una nuova legge elettorale, anche in conseguenza della sentenza n. 1 dello stesso anno, con la quale la Corte costituzionale ha dichiarato l'illegittimità costituzionale di varie previsioni della legge vigente dal 2005 [12], e di una ampia revisione della seconda parte della costituzione, che riguarda in particolare il superamento del bicameralismo perfetto, con la trasformazione del Senato in Camera non elettiva che dovrebbe rappresentare le autonomie territoriali, e la "riforma della riforma" del titolo V della seconda parte, relativa alle Regioni e alle autonomie locali, derivante dai problemi determinati dalla revisione del 2001.

In definitiva, tra le forme di governo parlamentari razionalizzate dell'immediato secondo dopoguerra quella italiana fino agli anni '90 si è collocata per certi aspetti vicino all'esperienza della IV Repubblica francese, dalla quale, tuttavia, si è distinta sia per fattori politici (come il ruolo stabilizzante giocato dalla DC) sia per fattori giuridico-istituzionali (la solidità dell'impianto costituzionale complessivo, pur se bisognoso di alcuni puntuali aggiornamenti, e il ruolo importante svolto dagli organi e dagli istituti di garanzia). La fase apertasi all'inizio degli anni '90 non ha affatto prodotto una stabilizzazione della forma di governo. Da un lato è entrato in crisi il sistema politico bipolare che ha caratterizzato l'ultimo ventennio. D'altro lato la forma di governo parlamentare è entrata in sofferenza e sembra evolvere non verso un funzionamento di tipo maggioritario analogo a quello di altre democrazie, ma verso una tendenza **presidenzialistica di fatto**, nella quale la più forte legittimazione e i più ampi poteri del Governo e del Presidente del Consiglio non sono compensati dal riconoscimento dei contrappesi tipici del presidenzialismo classico. Tale tendenza è favorita dall'approvazione nel maggio 2015 da parte di una maggioranza inferiore a quella di governo di una nuova legge elettorale per la Camera dei deputati (n. 52/2015), che, nel prevedere l'attribuzione di un premio pari al 54% dei seggi alla lista che ottenga al primo turno il 40% dei voti o che prevalga al secondo turno, aperto solo alle prime due liste, e capilista "bloccati" in cento circoscrizioni, assegna un potere determinante al "capo della forza politica" eletto di fatto dal

[12] La Corte ha bocciato il premio di maggioranza sia alla Camera che al Senato per violazione dei valori costituzionalmente protetti della rappresentatività del Parlamento e dell'eguaglianza del voto, e le liste bloccate in ampie circoscrizioni per violazione della libertà del voto degli elettori.

popolo, pregiudicando due capisaldi della forma di governo parlamentare: la derivazione del Governo dal Parlamento e la flessibilità, che consente la sostituzione del Primo Ministro nel corso della legislatura. Tuttavia il testo della costituzione vigente continua a prevedere le regole essenziali della forma di governo parlamentare, anche se l'approvazione della riforma costituzionale proposta dal Governo Renzi contribuirebbe a rafforzare il capo del partito più forte, posto alla testa del Governo e *leader* della maggioranza parlamentare. Solo l'evoluzione futura potrà risolvere la tensione tra disciplina costituzionale vigente e funzionamento di fatto in direzione di una forma di governo parlamentare più fortemente razionalizzata ed equilibrata oppure di un sistema presidenzialistico nettamente squilibrato.

10. La forma di governo parlamentare nella Repubblica federale tedesca

Nel 1949 la "Legge fondamentale" (*Grundgesetz*) di Bonn, così qualificata in attesa della riunificazione del popolo tedesco, ma che dal dicembre 1990 è divenuta la costituzione della Germania unificata, adotta una forma di governo parlamentare **razionalizzata**, che garantisce al **Cancelliere** (che è il Primo Ministro) una posizione importante, tanto che viene da alcuni definita come *Kanzlerdemokratie*.

Gli artt. 63 e 64, nel disciplinare la **formazione del Governo**, prevedono l'elezione diretta del Cancelliere da parte della Camera dei deputati (*Bundestag*). L'Assemblea può eleggere a maggioranza assoluta il candidato proposto dal Presidente federale oppure, se questo non viene eletto, una persona diversa. In caso di esito negativo si procede a una terza votazione, nella quale risulta eletto chi ottiene più voti: se si tratta della maggioranza assoluta, il Presidente è tenuto a nominarlo Cancelliere; se la maggioranza è solo relativa, il Capo dello Stato può scegliere fra la nomina e lo scioglimento del *Bundestag*. Spetta al Cancelliere proporre la nomina, e anche la revoca, dei Ministri al Presidente federale. Quindi egli può contare su una maggioranza parlamentare che si esprime sulla sua persona e si trova in una posizione di preminenza rispetto ai Ministri da lui scelti, anche grazie al potere di determinare le direttive politiche generali (art. 65) e a quello di organizzazione, relativo alla creazione dei ministeri e alla distribuzione delle competenze fra gli stessi. Va sottolineato che fino a oggi tutti i Cancellieri (che sono stati soltanto otto) sono stati eletti a maggioranza assoluta, rendendo teorica la possibilità della nomina di un governo di minoranza.

La posizione del Cancelliere e la stabilità del Governo sono rafforzate da vari meccanismi di razionalizzazione. Il primo e più noto è quello della **mozione**

di sfiducia costruttiva (art. 67 GG), in base al quale il *Bundestag* può votare la sfiducia al Cancelliere solo se ne elegge contestualmente uno a maggioranza assoluta, dovendo intercorrere fra la presentazione della mozione e l'elezione almeno quarantotto ore. I vantaggi di tale congegno consistono non solo nell'evitare i "tempi morti" delle crisi di governo, ma anche nel rafforzare la stabilità dell'Esecutivo in carica, in quanto questo può cadere solamente quando nella Camera si formi una nuova maggioranza in grado di eleggere un altro Cancelliere. E infatti solo in due casi (nel 1972 e nel 1982) viene votata una mozione di sfiducia costruttiva, che nel primo non raggiunge la maggioranza assoluta, mentre nel secondo è approvata grazie al cambiamento di alleanza deciso dai liberali, i quali escono dal Governo presieduto dal socialdemocratico Schmidt, per sostenere l'elezione a Cancelliere del democristiano Kohl.

Il secondo importante fattore di razionalizzazione è rappresentato dalla **questione di fiducia**, che viene posta dal Cancelliere in termini generali o su un progetto di legge governativo e deve ottenere l'approvazione della maggioranza assoluta del *Bundestag* (art. 68 GG). Qualora ciò non si verifichi, se la Camera non elegge a maggioranza assoluta un nuovo Cancelliere entro ventuno giorni, il Presidente può procedere al suo scioglimento su proposta del Cancelliere oppure può dichiarare lo "stato di emergenza legislativa". Anche il ricorso alla questione di fiducia è abbastanza raro; essa viene posta solo cinque volte: nel 1972 da Brandt, nel 1982 da Schmidt e da Kohl, nel 2001 e nel 2005 da Schröder. Tuttavia, mentre nel 1982 (su iniziativa di Schmidt) e nel 2001 corrisponde alla sua funzione precipua di ricompattare la maggioranza, negli altri tre casi viene utilizzata al fine di ottenere un voto negativo del *Bundestag*, anche grazie all'astensione dei deputati della stessa maggioranza, che legittimi il Cancelliere a chiederne lo scioglimento, prontamente decretato dal Presidente federale e ritenuto non in contrasto con la costituzione dal Tribunale costituzionale federale.

Un terzo congegno di razionalizzazione consiste nel ricorso allo **stato di emergenza legislativa**, che può essere dichiarata dal Presidente, su richiesta del Governo e con l'assenso del Senato (*Bundesrat*), quando il *Bundestag* respinga un progetto di legge del quale il Governo abbia dichiarato l'urgenza o nell'ipotesi di mancata approvazione della questione di fiducia (art. 81 GG). In questa ipotesi, qualora il progetto venga nuovamente respinto dalla Camera, diventa legge con l'assenso del solo Senato e nell'arco di sei mesi ogni altro progetto di legge respinto dal *Bundestag* può essere approvato con le stesse modalità. In pratica questo istituto consente a un Cancelliere divenuto "di minoranza" di governare con l'appoggio del Presidente e del Senato per un periodo limitato di tempo, dopo il quale non potrà che dimettersi dalla carica. Tuttavia tale ipotesi non si è fino a oggi mai verificata.

L'ultimo fattore di razionalizzazione riguarda le rigide condizioni alle quali è subordinato lo **scioglimento del *Bundestag*** da parte del Presidente federale. La costituzione prevede due ipotesi: l'elezione di un Cancelliere a maggioranza solo relativa e la mancata approvazione di una questione di fiducia. Gli unici tre casi di scioglimento anticipato derivano dal verificarsi della seconda ipotesi (nel 1972, 1983 e 2005): il Cancelliere pone prima la questione di fiducia con l'esplicito obiettivo di farla respingere per poter chiedere le elezioni anticipate. Questa prassi rende la proposta di scioglimento meno limitata di quanto formalmente previsto, ma non per questo totalmente libera e, quando avviene su iniziativa del Cancelliere, condizionata dalla compattezza della maggioranza parlamentare.

Non possono esservi dubbi sulla natura **monistica** della forma di governo, che si incentra sul rapporto di fiducia fra *Bundestag* e Cancelliere. A questo è estraneo il *Bundesrat*, composto da delegati designati dai Governi dei *Länder*, il quale si trova in una posizione paritaria con la Camera solo in materia di revisione costituzionale e per l'approvazione delle leggi di interesse dei *Länder*. D'altra parte il **Presidente federale** non è titolare di un "potere di riserva" paragonabile a quello del suo predecessore weimariano. Intanto egli non è eletto dal popolo, ma dall'Assemblea federale, costituita dai deputati e da un numero eguale di membri eletti dai Parlamenti dei *Länder*. Per quel che riguarda l'esercizio dei suoi poteri, finché nel *Bundestag* si manifesta una chiara maggioranza, il Presidente non ha nessuna discrezionalità: la designazione del candidato-Cancelliere avviene sulla base delle indicazioni fornite dai partiti parlamentari; il potere di scioglimento è circoscritto e nell'ipotesi prevista dall'art. 68 il Presidente può agire solo su proposta del Cancelliere. Solo nell'eventualità, fin qui mai verificatasi, di inesistenza di una maggioranza politica, il Presidente ha qualche spazio, potendo optare fra la nomina di un Cancelliere di minoranza e lo scioglimento della Camera (e in questo caso il suo decreto non richiede la controfirma) e avendo la possibilità di dichiarare lo stato di emergenza legislativa. Si tratta tuttavia di ipotesi-limite, circondate da una serie di garanzie procedurali e temporali e nelle quali comunque a governare non è il Presidente ma il Cancelliere, con il sostegno della maggioranza relativa del *Bundestag* o con l'assenso del *Bundesrat*.

In definitiva la forma di governo parlamentare in Germania ha un funzionamento di tipo **maggioritario**, reso possibile sia dai meccanismi di razionalizzazione citati sia dalla natura del sistema elettorale e del sistema dei partiti. Il primo è un sistema proporzionale fortemente selettivo (cap. VIII, II, § 2). Il secondo è a multipartitismo temperato con un peso determinante dei due maggiori partiti (democristiano e socialdemocratico), ciascuno dei quali, non ottenendo di regola la maggioranza assoluta dei seggi, costituisce governi di coalizione con partiti minori (liberale o verdi), rivendicando la carica di Cancelliere. In casi eccezionali essi danno vita a governi di "grande coalizione", come si è verificato per tre volte[13]. Di conseguenza non esiste nessuna regola convenzio-

---

[13] V. il Governo Kiesinger tra il 1966 e il 1969 e i due Governi Merkel tra il 2005 e il 2009 e dopo il 2013.

nale che imponga, come nel Regno Unito, la designazione e l'elezione a Cancelliere del *leader* del partito di maggioranza relativa, ma a essere eletto è il *leader* di quello fra i due maggiori partiti che appare in grado di formare un governo di coalizione. In secondo luogo non è affatto escluso che nel corso del mandato il Cancelliere possa essere sostituito nell'ambito del partito di maggioranza (come è accaduto ad Adenauer nel 1962 e a Erhard nel 1966) o in seguito all'approvazione di una mozione di sfiducia costruttiva, conseguente a un cambio di alleanza da parte del partito minore della coalizione (come si è verificato nel 1982 con il già ricordato passaggio dal Governo Schmidt al Governo Kohl). Il ruolo determinante dei partiti nel funzionamento della forma di governo viene a controbilanciare quello personale del Cancelliere, tanto che alcuni presentano quella tedesca come una «democrazia di coalizione» (Götz), la quale, a differenza di quel che si è verificato nella IV Repubblica francese e in Italia, ha saputo garantire una invidiabile stabilità istituzionale.

11. Le tendenze del parlamentarismo contemporaneo

La forma di governo parlamentare è adottata nella maggioranza degli Stati democratici. **Tre tendenze di fondo** ne caratterizzano l'evoluzione: il monismo, la razionalizzazione forte dei rapporti Parlamento-Governo, la prevalenza del Governo e del Primo Ministro.

La **tendenza monistica** si manifesta nella centralità del rapporto fra maggioranza parlamentare e Governo, mentre il Capo dello Stato viene considerato estraneo al gioco politico ed è collocato in una posizione di imparzialità.

Qui occorre distinguere a seconda che il monismo sia **di diritto o di fatto**. La prima ipotesi si realizza nelle **Repubbliche parlamentari**, nelle quali il Presidente è eletto dal Parlamento (Albania, Grecia, Kosovo, Israele, Italia, Lettonia e Ungheria) o da un'Assemblea paritetica di deputati e di delegati degli Stati membri (Germania, India) [14]. Fra le monarchie parlamentari un monismo ancora più estremo si verifica in Giappone, dove la costituzione del 1946, in gran parte imposta dalle potenze alleate, qualifica l'Imperatore come «simbolo dello Stato e dell'unità del popolo» (art. 1) e precisa che «non ha in nessun caso poteri di governo» (art. 4), sottoponendo tutti i suoi atti all'approvazione del Governo (art. 3), e soprattutto in Svezia, dove la costituzione del 1975 lo definisce come «Capo dello Stato» (art. 5), sottraendogli tutti i poteri più significativi, come la nomina del Governo e lo scioglimento dell'Assemblea. In Spagna si

[14] In Estonia il Presidente è eletto di regola dal Parlamento a maggioranza dei due terzi dei membri, ma, dopo il terzo turno infruttuoso di votazione, la sua elezione spetta a un corpo elettorale speciale composto dai parlamentari e da rappresentanti dei consigli delle amministrazioni locali.

può parlare di "monismo attenuato", in quanto il Re, definito «simbolo della ... unità e stabilità» dello Stato (art. 56 cost. 1978), è titolare di poteri significativi, ma li esercita mediante atti controfirmati (dai Ministri o dal Presidente del Congresso) ed è considerato estraneo al potere esecutivo.

Nelle **altre monarchie parlamentari** vi è un dualismo di diritto, in quanto il Re è parte integrante del potere esecutivo ed è titolare di proprie prerogative. Rientrano in tale ipotesi le altre monarchie scandinave e i paesi anglosassoni (Regno Unito, ma anche Australia, Canada, Nuova Zelanda, i quali teoricamente riconoscono come Capo dello Stato il Monarca inglese e sono presieduti da un Governatore generale nominato da questi su parere del Governo). Ma ci è un **monismo di fatto** in quanto il Re, sull'esempio inglese, viene a essere confinato a un ruolo simbolico e formale e anzi ha un'incidenza mediamente inferiore a quella dei Presidenti, i quali possono rivendicare una natura rappresentativa e hanno talvolta utilizzato con una certa libertà il "potere di esternazione" in materia politica, cosa che i Monarchi si guardano bene dal fare per non correre il rischio di mettere in discussione la Corona. In Australia, Canada e Nuova Zelanda il parere del Governo sulla persona del Governatore è politicamente vincolante; questi viene scelto fra i cittadini del paese e non svolge alcun ruolo politico, se non in via del tutto eccezionale.

Una connotazione del tutto peculiare assume la forma di governo parlamentare in **Sud Africa**, dove il Capo dello Stato eletto dal Parlamento svolge anche la funzione di Primo Ministro ed è politicamente responsabile. Ciò, insieme alla forza politica che deriva al Capo dello Stato dall'essere leader del partito dominante, ha fatto parlare di una forma di governo "para-parlamentare" o "quasi-parlamentare", che sul monismo del regime parlamentare «innesta elementi propri del presidenzialismo» (Orrù).

La **seconda tendenza** del parlamentarismo contemporaneo è rappresentata dalla **razionalizzazione** dei rapporti Parlamento-Governo. La forma di governo parlamentare "classica" non razionalizzata continua a sussistere nel Regno Unito, nei paesi anglosassoni (Australia, Canada, Nuova Zelanda), in Lussemburgo e nei Paesi Bassi. Una razionalizzazione moderata vi è in Danimarca, Italia, Norvegia e Svezia. Una razionalizzazione significativa ma con alcuni limiti è riscontrabile in Belgio con la costituzione del 1994. In tutti gli altri ordinamenti vi è una razionalizzazione forte, che prevede norme disciplinatrici della formazione del Governo, del rapporto di fiducia e dello scioglimento del Parlamento.

In sintesi vari ordinamenti prevedono la fiducia parlamentare al solo Primo Ministro (Albania, Germania, Giappone, Spagna, Svezia, Ungheria). Il voto di fiducia iniziale all'intero Governo è previsto in Grecia, Estonia, Kosovo, Italia, Lettonia e avviene in via consuetudinaria in Belgio. In India e nella maggioranza delle monarchie parlamentari il Governo entra in funzione con la nomina del Capo dello Stato e quindi la fiducia del Parlamento è presunta. In alcune costituzioni (come in Grecia) il procedimento di formazione del Governo è molto complesso e dettagliato, il che riduce ulteriormente il ruolo del Capo dello Stato. Al di là delle modalità di investitura del Governo, di solito il Primo Ministro svolge un ruolo preminente, in quanto sceglie i Ministri, può farli revocare e dirige la politica del Governo.

La **mozione di sfiducia** è regolamentata in modo da rafforzare la stabilità del Governo e da evitare che questo sia messo in crisi da un qualsiasi voto negativo del Parlamento (cap. VIII, III, § 5). L'istituto della mozione di sfiducia costruttiva, originario della Germania, viene adottato anche in Belgio, Israele, Polonia, Slovenia, Spagna, Ungheria. Il Governo ha a sua volta la possibilità di ricorrere alla **questione di fiducia**, sulla base di una previsione costituzionale (Germania, Grecia, Spagna) o contenuta nei regolamenti parlamentari (Italia) o in via di prassi (Belgio e Svezia), che può essere posta in astratto o su una sua proposta.

Infine, per quel che riguarda lo **scioglimento del Parlamento**, la titolarità formale del potere spetta sempre al Capo dello Stato (tranne che in Svezia), mentre la sua titolarità sostanziale è di solito del Primo ministro e del Governo, tramite la proposta e/o la controfirma, oppure è un potere condiviso (Italia) o spettante al solo Capo dello Stato (Germania nell'ipotesi di elezione di un Cancelliere a maggioranza relativa, e Lettonia) o attribuito allo stesso Parlamento (Kosovo, Regno Unito dopo il 2011, Ungheria). Inoltre molte costituzioni (Albania, Estonia, Germania, Grecia, Kosovo, Ungheria) disciplinano le cause giustificative dello scioglimento, collegandole per lo più all'incapacità del Parlamento di formare un Governo o di eleggere il Presidente oppure alla crisi di governo provocata dal rigetto della fiducia o dall'approvazione di una mozione di sfiducia.

La terza tendenza del parlamentarismo contemporaneo è quella al **rafforzamento del Governo e soprattutto del Primo Ministro**, che dà vita a un processo di **presidenzializzazione** della forma di governo, consistente nell'adozione da parte dei Primi Ministri di comportamenti e di metodi di esercizio del potere analoghi a quelli della Presidenza statunitense (Elia). A ciò contribuiscono alcuni dei meccanismi di razionalizzazione esaminati, ma soprattutto il declino dei partiti di massa, la personalizzazione della politica e l'influenza determinante dei *media*. Purtuttavia esistono contrappesi di natura istituzionale e politica, quali la dislocazione di poteri in favore delle autonomie territoriali e di organismi sovranazionali, e la necessità per un *leader* di mantenere la fiducia del partito o della coalizione che lo sostiene.

Negli **Stati europei ex socialisti** che adottano una forma di governo parlamentare razionalizzata, si manifestano due linee di tendenza prevalenti. La prima assegna **al Parlamento una posizione centrale**, sia per l'influenza derivante dall'impostazione assembleare proclamata nelle vecchie costituzioni socialiste, sia per il ruolo importante svolto dall'organo parlamentare nel superamento del vecchio regime. Tale centralità si esprime soprattutto su tre terreni: nella prevalenza del monocameralismo; nella previsione che il Governo debba avere un voto di investitura del Parlamento e possa essere sfiduciato in qualsiasi momento; nella stretta regolamentazione dello scioglimento. La seconda linea di tendenza consiste nella **razionalizzazione del rapporto di fiducia** e in particolare nella regolamentazione della mozione di sfiducia.

La considerazione del ruolo svolto dal sistema dei partiti (*infra,* § 18) consente di operare una **sottoclassificazione** delle forme di governo parlamentari.

In particolare nel 1970 Elia ha proposto una tripartizione della forma di governo parlamentare: **a bipartitismo rigido**, tipica del Regno Unito e caratterizzata dalla indicazione popolare del Primo Ministro e dalla prevalenza di questi sul Governo e del Governo sul Parlamento; **a multipartitismo temperato**, contrassegnata dall'assenza sia di un'investitura popolare del Primo Ministro sia di una forte instabilità governativa e comprendente due diverse situazioni, a seconda che i partiti concludano alleanze stabili e bipolari (Germania, Svezia) o diano vita a governi di ampia coalizione (Belgio, Paesi Bassi); **a multipartitismo estremo**, caratterizzata dalla instabilità dei governi e dalla debolezza del Primo Ministro e comprendente i paesi in cui esistono forti partiti antisistema e coalizioni di governo eterogenee (Repubblica di Weimar, IV Repubblica francese, Italia).

In seguito alla più recente evoluzione dei paesi democratici, appare determinante il criterio del carattere **bipolare o multipolare** del sistema dei partiti, e delle diverse conseguenze che ciò comporta in termini di possibilità o meno per il corpo elettorale di indicare una formula di governo e di stabilità o instabilità della maggioranza parlamentare, alla luce del quale si possono distinguere le forme di governo parlamentari contemporanee in **due sottotipi**: maggioritarie e non maggioritarie.

La **forma di governo parlamentare maggioritaria** è caratterizzata da sistemi politici bipartitici o bipolari e si afferma nelle società democratiche nelle quali non vi sono profonde fratture etniche o ideologiche e vi è un nucleo essenziale di valori condivisi. L'esistenza di una maggioranza che emerge dalle elezioni, anche grazie all'adozione di **sistemi elettorali selettivi** (maggioritari o proporzionali corretti) (cap. VIII, II, § 2), e la distinzione fra questa e l'opposizione hanno come conseguenze la formazione di governi stabili, di regola di legislatura, sostenuti da un partito o da una coalizione omogenea, un ruolo direttivo del Governo nel funzionamento del Parlamento, la preminenza del Primo Ministro, l'alternanza alla guida dell'Esecutivo e il riconoscimento del ruolo costituzionale dell'opposizione. Questo modello, tipico in passato del Regno Unito, si è affermato, oltre che nei paesi anglosassoni, in vari paesi europei (soprattutto in Germania, Grecia, Spagna e Svezia, ma una tendenza analoga si è manifestata anche in Danimarca e in Norvegia).

La **forma di governo parlamentare non maggioritaria** è caratterizzata da sistemi politici multipartitici e multipolari ed è favorita da **sistemi elettorali non selettivi** (fortemente proporzionali) (cap. VIII, II, § 2). Essa si afferma nelle società eterogenee, che comprendono sia alcune «democrazie consensuali» (Lijphart), nelle quali le fratture etniche e/o religiose sono superate dal ricorso al principio di concordanza fra tutte le principali forze politiche e dalla frequente formazione di governi di larga coalizione (Belgio, Lussemburgo e Paesi Bassi), sia le democrazie nelle quali vi sono fratture politico-ideologiche (IV Repubblica francese e Italia fino all'inizio degli anni '90). In questi casi i governi sono di coalizione fra più partiti, instabili ed eterogenei, il Primo Ministro svolge una funzione più di mediazione che di direzione politica, il Parlamento è indebolito dall'assenza di una maggioranza stabile e dalle negoziazioni interpartitiche, non vi è alternanza al governo né un chiaro statuto dell'opposizione. Questo modello risulta abbastanza recessivo con riferimento ai paesi che conoscevano profonde divisioni politico-ideologiche che si sono attenuate nel tempo. Tuttavia esso può in parte riproporsi in situazioni di bipolarizzazione imperfetta, nelle quali non sia garantita la coesione delle coalizioni, o che vedano svilupparsi nuove linee di divisione e nuove fratture politiche.

12. La forma di governo presidenziale

La forma di governo presidenziale è caratterizzata dall'esistenza di un **potere esecutivo monocratico**, affidato a un Presidente della Repubblica diretta espressione della volontà popolare, e da una **separazione rigida fra i poteri**, garantita dall'inesistenza del rapporto di fiducia e del potere di scioglimento del Parlamento.

Fra gli ordinamenti democratici consolidati l'unico che ha adottato con continuità tale forma di governo è quello degli Stati Uniti d'America. Il modello nordamericano è stato imitato soprattutto in America latina, ma anche in Asia (Corea del Sud e Filippine) e in Africa (Namibia e Nigeria). Tuttavia nella maggioranza dei casi, a causa della diversità del contesto sociale e politico rispetto a quello originario, la recezione del modello ha dato vita a un'attuazione degenerativa, definita spesso come "**regime presidenzialista**", basata sulla netta preminenza del Presidente, sulla debolezza del Parlamento e del sistema dei partiti e su un rilevante ruolo politico dell'esercito. In particolare in America latina la forma di governo presidenziale è stata attuata con varie "deviazioni" rispetto al suo schema teorico, quali l'attribuzione al Presidente dell'iniziativa legislativa, che è generalizzata, mentre la previsione del potere di scioglimento del Parlamento e della censura parlamentare nei confronti dei Ministri è più limitata (Argentina, Uruguay e Venezuela). Questa situazione ha determinato assetti di governo instabili che sono spesso sfociati in forme di «cesarismo rappresentativo» e di «presidenzialismo autoritario» (Nogueira).

Una tendenza presidenzialistica si è verificata anche nella **Federazione russa** e nella maggioranza degli Stati aderenti alla Comunità di Stati Indipendenti, i quali hanno recepito il modello russo disciplinato dalla costituzione del 1993 [15]. Si tratta di un modello dualistico, che prevede al vertice dello Stato un **Presidente eletto dal popolo**, il quale, oltre a essere Capo dello Stato, «determina le direttive fondamentali della politica interna ed estera del paese» (art. 80, c. 3) ed è titolare di poteri forti non soggetti a controfirma: di iniziativa legislativa, di veto sulle leggi, superabile solo con la maggioranza dei due terzi delle Camere, di ricorso a decreti (*ukaze*) e ordinanze, mediante i quali legifera in tutte le materie non coperte da una disciplina legislativa, di comando delle Forze armate, di dichiarazione dello stato di emergenza, di ricorso al referendum.

Il Governo è doppiamente responsabile verso il Presidente, che lo può revocare, e verso la *Duma* (che è la Camera rappresentativa dell'intera nazione), la quale può votare la sfiducia a maggioranza assoluta, ma il Presidente può esprimere il suo dissenso e, qualora entro tre mesi la *Duma* voti nuovamente la sfiducia, può optare fra l'accettazione delle dimissioni del Governo e lo scioglimento dell'Assemblea. Il Presidente del Governo è nominato dal Capo dello Stato con l'assenso della *Duma*, ma, se questa respinge per tre volte la candidatura proposta, il Presidente della Federazione procede al suo scioglimento.

In definitiva vi è nella costituzione un netto squilibrio a vantaggio del Presidente che non trova eguali in alcuna forma di governo occidentale. Appare quindi condivisibile la tesi che definisce quello russo come «un modello di "preminenza presidenziale", inquadrabile in un tipo post-socialista, o meglio post-sovietico», che è il frutto congiunto della tradizione zarista, di quella socialista e dell'imitazione di modelli occidentali (Ganino).

D'altra parte l'esistenza di situazioni nelle quali il presidenzialismo ha operato a lungo in condizioni di relativa democraticità (soprattutto Costa Rica e Venezuela) e l'ultima ondata di democratizzazione in atto hanno spinto la dottrina, soprattutto politologica, a costruire un modello presidenziale che tenesse conto delle diverse esperienze.

In particolare Shugart e Carey ritengono la forma di governo presidenziale preferibile, in quanto, prevedendo due poteri con una legittimazione elettorale separata, sarebbe in grado di combinare efficienza e rappresentatività e di garantire la responsabilità e la identificabilità della persona posta al vertice del potere esecutivo e l'esistenza di controlli reciproci fra Presidente e Parlamento. I due autori considerano quella nordamericana come una tra le diverse esperienze e qualificano il semipresidenzialismo come un sottotipo della forma di governo presidenziale. Tuttavia pare difficile negare che gli Stati Uniti abbiano costituito un modello di riferimento o siano quantomeno l'esperienza più importante. Inoltre l'inglobamento dei regimi semipresidenziali corre il rischio di rendere troppo ampia la categoria del presidenzialismo, rimettendone in di-

[15] Hanno adottato una forma di governo parlamentare solo la Moldavia con una revisione costituzionale del 2000 e il Kirghizistan con un referendum costituzionale nel 2010.

scussione le caratteristiche di fondo. Infine i due autori costruiscono uno schema ideale di governo presidenziale fondato su tre elementi: l'elezione a maggioranza relativa di un Presidente titolare di poteri legislativi limitati, l'elezione del Parlamento con sistema proporzionale di lista, la simultaneità delle due elezioni. Ma dall'analisi delle esperienze concrete si evince che l'elezione del Presidente a maggioranza relativa anziché a doppio turno ricorre solo nella metà delle esperienze "presidenziali", mentre l'elezione del Parlamento con la proporzionale, se rende difficile coagulare un'opposizione anti-presidenziale, impedisce anche che si crei una maggioranza filo-presidenziale e quindi facilita il fenomeno del "governo diviso", vale a dire della dissociazione politica tra la maggioranza che ha eletto il Presidente e la maggioranza parlamentare, che è la più forte fonte di instabilità e di crisi dei sistemi presidenziali.

Altri autori invece mettono l'accento sui difetti del presidenzialismo, che ravvisano nel carattere squilibrato della forma di governo, nella quale un presidente forte porta a un sistema «troppo maggioritario» e un presidente debole produce «conflitti, frustrazioni e situazioni di stallo» (Lijphart), nella conflittualità latente, non risolvibile con meccanismi costituzionali, insita nella possibilità del "governo diviso" (Linz), nella personalizzazione eccessiva del potere intorno a un unico *leader*, che può essere anche un *outsider* improvvisato il quale utilizza abilmente i mezzi di comunicazione di massa (Sartori), nell'affermazione di una "democrazia di delega", nella quale il presidente plebiscitato dal popolo è libero di gestire il potere senza freni (Stepan e Skach).

Al di là delle diverse opinioni, resta il fatto che il rendimento della forma di governo presidenziale è stato piuttosto negativo nei paesi in via di sviluppo, mentre è stato soddisfacente negli Stati Uniti d'America, che rappresentano la realizzazione più fedele del modello teorico presidenziale.

13. Il presidenzialismo negli Stati Uniti d'America

L'ordinamento degli Stati Uniti, fondato sulla costituzione di Filadelfia del 1787, che è la più antica fra quelle vigenti, è il frutto progressivo di condizioni storiche, sociali e politiche del tutto peculiari. I "Padri fondatori" del sistema costituzionale hanno come punto di riferimento la monarchia costituzionale inglese e quindi adottano una forma di governo **dualistica**, nella quale però il dualismo non è di origine sociale, ma esclusivamente istituzionale e deriva dal compromesso tra federalisti e antifederalisti, che si esprime nella diversa derivazione delle due Camere e in un Esecutivo federale monocratico soggetto a limiti e controlli.

Il **potere legislativo** viene attribuito al **Congresso**, costituito da due Camere: la Camera dei rappresentanti, eletta per due anni dall'intero corpo elettorale con una ripartizione dei 435 seggi proporzionale alla popolazione degli Stati membri, e il Senato, eletto ogni sei anni, ma rinnovato per un terzo ogni biennio, e composto da 100 membri (due per ogni Stato), eletti in origine dai Parlamenti dei singoli Stati e dal 1913 (XVII emendamento) dai rispettivi corpi elettorali.

Il **potere esecutivo** viene affidato a un Presidente, che è anche Capo dello Stato, il quale ha una derivazione popolare e dura in carica per un mandato di quattro anni, rinnovabile una sola volta (XXII emendamento del 1951)[16]. L'**elezione presidenziale** è di secondo grado e avviene in base a un procedimento complesso articolato in due fasi. La **prima fase**, non disciplinata dalla costituzione, sfocia nella designazione dei candidati alla Presidenza e alla Vice Presidenza nelle Convenzioni nazionali del Partito democratico e di quello repubblicano. Mentre fino all'inizio del secolo scorso la scelta dei delegati a tali Convenzioni avveniva a opera di assemblee di partito (*caucus* o *conventions*), in seguito nella maggioranza degli Stati (attualmente in più di quaranta su cinquanta) è stata affidata direttamente al corpo elettorale con il metodo delle **primarie**, disciplinate dalle leggi statali, in base al quale i delegati sono eletti dagli elettori simpatizzanti del relativo partito (primarie **chiuse**) o da qualsiasi elettore (primarie **aperte**).

La **seconda fase**, disciplinata dall'art. 2, sez. 1 cost. e dal XII emendamento del 1804, prevede in ogni Stato ai primi di novembre l'elezione, attribuita dai singoli Stati in origine ai rispettivi Parlamenti, poi al corpo elettorale, degli "elettori presidenziali", in numero pari ai deputati e ai senatori attribuiti a ciascuno. Successivamente questi votano a scrutinio segreto per Presidente e Vice Presidente e all'inizio di gennaio il Presidente del Senato effettua lo spoglio di fronte alle Camere riunite, proclamando eletti i candidati che ottengono la maggioranza assoluta dei voti; infine il 20 gennaio il Presidente prende ufficialmente possesso della carica. Qualora nessun candidato raggiunga la maggioranza prescritta, la Camera elegge il Presidente fra i tre candidati più votati con il voto favorevole della maggioranza degli Stati (in tal caso la rappresentanza di ogni Stato ha un solo voto), mentre il Senato elegge il Vice Presidente fra i due candidati più votati. Quindi in origine i Padri fondatori pensavano che l'elezione dovesse avvenire da parte di un collegio di notabili locali e in via subordinata dovesse subentrare il Congresso. Ma di fatto l'elezione del Presidente si è trasformata in elezione diretta per un insieme di ragioni: l'attribuzione della scelta degli elettori presidenziali al corpo elettorale; l'affermarsi del sistema bipartitico, che ha reso politicamente vincolato il mandato degli elettori presidenziali; il sistema maggioritario di lista, in base al quale il partito che ottiene più voti conquista tutti gli elettori dello Stato (con le uniche eccezioni del Maine e del Nebraska)[17]. Tuttavia il mantenimento dello schema dell'elezione indiretta

[16] L'emendamento fu approvato in conseguenza dei quattro mandati consecutivi, dal 1933 al 1945, del Presidente Franklin D. Roosevelt.

[17] Ciò spiega come mai i casi di elezione parlamentare del Presidente siano stati solo due e siano risalenti: Jefferson nel 1800 e Adams nel 1825.

può determinare l'inconveniente che sia eletto il candidato che ha ottenuto un numero minore di voti popolari (come si è verificato nel 1876, nel 1888 e nel 2000). Inoltre l'autonomia attribuita a ogni Stato in materia di elezione dei grandi elettori e di conteggio dei voti può produrre gravi contenziosi giudiziari (come quello che nel 2000 ha contrapposto il candidato repubblicano Bush a quello democratico Gore in relazione al conteggio dei voti in alcuni collegi della Florida e che è stato alla fine risolto a favore del primo da una decisione della Corte Suprema adottata a oltre un mese di distanza dalle elezioni).

Intorno al Presidente vi è una **struttura esecutiva** che può essere descritta come un insieme di cerchi concentrici (Fabbrini). Nel primo di questi vi sono i suoi più stretti collaboratori, che costituiscono l'*Executive Office*, il quale si articola in varie strutture che svolgono funzioni consultive, di preparazione delle decisioni e di controllo interno sulla loro esecuzione. Il secondo cerchio è costituito dai Dipartimenti, presieduti dai Segretari, nominati e revocabili dal Presidente, fra i quali svolge un ruolo molto importante il Segretario di Stato, che presiede il Dipartimento degli affari esteri. La riunione periodica del Presidente con i Segretari dà vita al Gabinetto, un organo collegiale non previsto dalla costituzione. Nel cerchio più lontano si collocano le *Independent Executive Agencies* e in particolare le *Independent Regulatory Commissions*, che sono autorità indipendenti chiamate a svolgere rispettivamente attività amministrative di settore e attività di carattere economico, in base a leggi del Congresso che affidano loro poteri non solo amministrativi, ma anche normativi e quasi-giurisdizionali nelle materie di loro competenza.

Tradizionalmente si sostiene che la forma di governo degli Stati Uniti è fondata su una **divisione rigida dei poteri**, derivante dall'inesistenza del rapporto di fiducia e del potere di scioglimento e dall'attribuzione a ciascuno di essi di una funzione esclusiva. Tuttavia il principio della separazione va combinato con quello del **bilanciamento dei poteri**, in base al quale attraverso un sistema di *checks and balances* (freni e contrappesi) ogni potere ha la possibilità di controllare e di condizionare gli altri nell'esercizio delle rispettive funzioni. Perciò la dinamica effettiva della forma di governo è stata individuata nell'esistenza di «istituzioni separate che condividono gli stessi poteri» (Neustadt). In effetti vari sono i poteri di interferenza reciproca fra Congresso e Presidente.

Il Parlamento ha innanzitutto il "**potere della borsa**", in quanto attraverso l'approvazione del bilancio e delle più importanti leggi di spesa decide in quale misura stanziare i fondi che occorrono al Presidente per l'attuazione delle sue politiche. In secondo luogo il Congresso esercita un importante **potere di controllo**, che svolge tramite le Commissioni permanenti, le quali procedono frequentemente a udienze conoscitive (*hearings*), anche al fine di prendere in considerazione tutti gli interessi coinvolti dalle politiche pubbliche, e le Commissioni di indagine, di fronte alle quali possono essere obbligati a deporre sia i funzionari pubblici sia i privati cittadini. Specifici poteri di controllo sono attribuiti al **Senato**, che deve dare il suo consenso alle nomine presidenziali dei funzionari federali (compresi i segretari e i giudici della Corte Suprema), e, a maggioranza dei due terzi dei presenti, ai trattati conclusi dal Presidente, anche se questi spesso si sottrae al controllo del Senato stipulando accordi internazionali in forma semplificata (*executives agreements*) talvolta su materie di notevole rilievo. Infine la Camera dei rappresentanti ha il potere di messa in stato d'accusa (*impeachment*) del Presidente e di ogni altro funzionario federale, imputandoli «di tradimento, di corruzione o di altri gravi reati» (art. II, sez. IV, cost.). In tale ipotesi essi sono giudicati dal Senato e, in caso di condanna pronunciata a maggioranza dei due terzi dei presenti, sono rimossi dalla carica [18].

Da parte sua il Presidente può influenzare l'attività legislativa del Congresso. In teoria non ha neppure l'iniziativa legislativa, ma in base a una legge del 1921 (*Budget and Accounting Act*) è autorizzato a presentare ogni anno una proposta di bilancio federale. Più in generale può ricorrere al potere di messaggio e tramite l'annuale "messaggio sullo stato dell'Unione", espone al Congresso un vero e proprio programma legislativo, che si traduce poi nella presentazione dei progetti di legge elaborati dall'amministrazione da parte di parlamentari sostenitori della politica presidenziale.

Inoltre il Presidente ha il **potere di veto** sulle leggi approvate dal Congresso, che può rinviare alle Camere per ragioni sia di legittimità sia di merito politico. Le Camere possono superare il veto solo riapprovando la legge rinviata con la maggioranza dei due terzi del membri. Il progetto approvato diventa legge anche quando il Presidente non lo rinvia entro dieci giorni dalla presentazione, a meno che il Congresso non si aggiorni prima, rendendo impossibile il rinvio: in tale caso il Presidente con la sua inerzia impedisce che il *bill* si trasformi in legge (è questo il c.d. *pocket veto*).

Infine il potere esecutivo ha acquisito il potere, non previsto dalla costituzione, di adottare **atti con forza di legge**, in virtù di una delegazione del Congresso o nelle situazioni di crisi (soprattutto durante lo stato di guerra). Da parte sua il Congresso ha fatto ricorso dagli anni '30 al *legislative veto*, con il quale subordinava l'esercizio della delega legislativa alla condizione che le Camere, o anche una sola di esse, potessero annullare gli atti delegati entro un certo termine, ma la Corte Suprema lo ha ritenuto incostituzionale con una sentenza del 1983 per contrasto con il principio della separazione dei poteri. Più in generale la Corte Suprema con varie sue decisioni ha esercitato un'importante influenza sui rapporti tra i poteri politici e ha contribuito a salvaguardare il principio della divisione dei poteri.

---

[18] I Presidenti Andrew Johnson nel 1868 e Bill Clinton nel 1999 sono stati messi in stato d'accusa dalla Camera, ma al Senato non si è raggiunta la prescritta maggioranza; nel 1874 il Presidente Nixon si è dimesso dopo che la commissione giustizia della Camera aveva formulato tre capi di accusa relativi allo "scandalo Watergate".

L'essenzialità della costituzione, che è laconica specialmente sul ruolo e sui poteri del Presidente, e la natura dualistica della forma di governo spiegano come mai questa abbia attraversato **varie fasi** atteggiandosi diversamente a seconda del contesto. Fino all'inizio del secolo scorso si è affermato il ruolo centrale del Congresso tanto che si è parlato di «*Congressional Government*» (Wilson). Successivamente ha preso avvio una fase di *Presidential Government*, sotto l'impulso decisivo del Presidente Franklin Delanoo Roosevelt (1933-1945), che è culminata nella "Presidenza imperiale" (Schlesinger) di Nixon (1969-1974). Le ragioni di questa trasformazione sono sia istituzionali sia di altra natura.

Circa le prime è decisivo il fatto che il dualismo nordamericano non abbia un'origine sociale come quello europeo e il Presidente goda, a differenza dei Monarchi, di una legittimazione democratica che diventa sempre più forte con la trasformazione della sua elezione da indiretta di diritto a diretta di fatto. Inoltre l'*impeachment* non si trasforma in responsabilità politica del Presidente anche per l'elevata maggioranza richiesta per la condanna da parte del Senato. La preminenza presidenziale deriva poi dal progressivo rafforzamento dello Stato federale rispetto agli Stati membri, che giova soprattutto all'Esecutivo federale, dallo sviluppo dell'interventismo statale in materia economico-sociale negli anni '30, dal ruolo determinante assunto dagli Stati Uniti sulla scena politica mondiale e quindi dalla importanza crescente della politica estera, che è divenuta progressivamente appannaggio del Presidente e dell'Esecutivo.

Negli ultimi decenni del secolo scorso si verifica un altro importante fenomeno, che incide sul funzionamento della forma di governo: si tratta del "**governo diviso**", per cui il Presidente si trova frequentemente a fare i conti con una maggioranza dell'altro partito in uno o in entrambi i rami del Congresso, come è avvenuto per 32 anni su 47 dal 1968 al 2015. Ciò indebolisce l'Esecutivo, costringendo il Presidente a negoziare le sue politiche con i singoli parlamentari e a fare tutta una serie di concessioni localistiche e clientelari. Ma soprattutto dà vita a un inedito «governo di due partiti in cui ciascuno di essi è insediato in uno dei due rami» del potere e «opera come partito di maggioranza» (Lowi), il che contribuisce a favorire politiche conservatrici di pura gestione dell'esistente e pregiudica un funzionamento di tipo maggioritario della forma di governo, appannando la responsabilità dei diversi organi.

Da ultimo va sottolineato il ruolo giocato dal **sistema politico**, che è bipartitico ed è formato da partiti pragmatici, elettorali, non disciplinati e localistici. La debolezza dei partiti e il ruolo importante dei gruppi di pressione (*lobbies*), che è disciplinato dalla legge, producono conseguenze istituzionali importanti. In primo luogo è basso il livello della **partecipazione elettorale** (circa il 50% dei potenziali elettori per le elezioni presidenziali e ancora di meno per quelle parlamentari), anche grazie al meccanismo per cui l'iscrizione nelle liste elettorali non avviene *ope legis*, ma solo su richiesta dell'interessato. In secondo luogo vi è una crescente **personalizzazione** della politica, che riguarda sia il Presidente, alla ricerca di un rapporto sempre più diretto con l'opinione pubblica, sia i *Congressmen*, i quali possono vantare l'appoggio finanziario di importanti *lobbies* e non a caso sono assai spesso confermati nella carica nelle successive elezioni. Infine la natura del sistema politico facilita il funzionamento del governo diviso, in quanto non vi è una disciplina parlamentare e su ogni questione le maggioranze sono trasversali ai due partiti (democratico e repubblicano).

14. La forma di governo direttoriale: la Confederazione svizzera

La forma di governo direttoriale costituisce un *unicum*, essendo tipica della sola Confederazione svizzera, anche se vi è stata talvolta ricompresa l'esperienza dell'Uruguay fra il 1951 e il 1966, caratterizzata dalla presenza di un Capo dello Stato collegiale che nominava i Ministri, ma questi erano politicamente responsabili nei confronti del Parlamento e il contesto era quello di un paese in via di sviluppo.

In passato quella svizzera è stata considerata come l'esempio più importante, anzi l'unico ormai vigente, di una forma di governo definita come **assembleare o convenzionale**, con riferimento alla costituzione giacobina del 1793 e all'esperienza della Convenzione francese tra il 1792 e il 1795 (Bastid). In tale forma di governo il Parlamento, di regola monocamerale e non soggetto allo scioglimento, sarebbe titolare di tutti i poteri e ridurrebbe il Governo a organo meramente esecutivo della sua volontà. La stessa qualificazione viene talvolta applicata alla forma di governo dell'Austria (costituzione del 1920), della III e della IV Repubblica francesi e dell'Italia repubblicana. Tuttavia tale categoria pare discutibile per una ragione teorica ed una di fatto: sotto il primo profilo la concentrazione dei poteri nelle mani di un solo organo intacca lo stesso concetto di forma di governo (e finisce per modificare anche la forma di Stato), mentre, se si tratta di semplice preminenza del Parlamento, è più corretto parlare di una forma di governo parlamentare "a tendenza assembleare"; dal punto di vista empirico si fa riferimento a un modello mai attuato nella realtà (come quello giacobino del 1793) o a esperienze caratterizzate dalla preminenza effettiva del ristretto organo di governo collegiale su quello assembleare (com'è avvenuto in Francia nel periodo della Convenzione e come si verifica in Svizzera).

La forma di governo della Svizzera è modellata su quella adottata dalla costituzione francese dell'anno III della Rivoluzione (1795), la quale prevedeva accanto a un Parlamento bicamerale un Direttorio di cinque membri, eletto ma non revocabile dal primo, che svolgeva contemporaneamente le funzioni di Governo, nominando i singoli Ministri, e di Capo dello Stato. Questo modello è stato importato in Svizzera dalle armate francesi nel 1798 con la creazione della Repubblica elvetica e qui ha trovato condizioni oggettive più favorevoli alla sua sopravvivenza, tanto che è stato recepito nella costituzione del

1848, che ha dato vita allo Stato federale, e mantenuto in quelle del 1874 e del 1999.

La forma di governo svizzera può essere compresa solo alla luce delle peculiari caratteristiche del paese: si tratta di una **nazione** non in senso etnico, in quanto lo Stato comprende una pluralità di comunità etniche, linguistiche e religiose caratterizzate da una tradizione plurisecolare di autonomia a livello cantonale e urbano, ma **in senso politico**, come frutto di una libera scelta rispettosa del pluralismo e delle autonomie e per questo favorevole alla creazione di un organo di Governo-Capo dello Stato collegiale e rappresentativo. Occorre poi tener conto di altri due fattori peculiari: la particolare collocazione internazionale del paese, fondata su una politica di rigorosa neutralità, che ha determinato l'ingresso nell'ONU solo nel 2002, e la mancata adesione all'Unione Europea; il ruolo importante degli istituti di democrazia diretta (iniziativa popolare e referendum).

Nella forma di governo direttoriale l'**organo esecutivo** (Consiglio federale) deriva dal Parlamento, in quanto i suoi membri sono eletti individualmente dall'Assemblea federale (formata dalla riunione delle due Camere, il Consiglio nazionale e il Consiglio degli Stati), ma la derivazione è solo iniziale, in quanto non è previsto un voto di sfiducia per i quattro anni della legislatura. A sua volta il Consiglio federale non ha il potere di scioglimento delle Camere. La forma di governo, quindi, si distingue da quella parlamentare, ma anche da quella presidenziale: infatti l'organo di vertice del potere esecutivo non è eletto dal popolo e non ha natura monocratica, ma collegiale, in quanto fra i sette membri che lo costituiscono uno assume a rotazione per un anno la carica di Presidente della Confederazione, la quale non comporta una posizione di preminenza sugli altri consiglieri.

In teoria, sulla base della lettera della costituzione, secondo la quale l'Assemblea federale «esercita il potere supremo nella Confederazione» (art. 148 c. 1), mentre il Consiglio federale è «la suprema autorità direttiva ed esecutiva della Confederazione» (art. 174), il Parlamento è titolare dell'indirizzo politico, mentre il Consiglio svolge un ruolo esecutivo. Tale interpretazione è rafforzata dalle numerose attribuzioni, ulteriori rispetto a quelle legislative, riconosciute all'Assemblea, alla quale spettano, inoltre, tutte le questioni di competenza federale non attribuite ad altre autorità (art. 173, cc. 1 e 2).

Ma dall'**interpretazione sistematica** del testo costituzionale nascono vari dubbi sull'esattezza di questa ricostruzione. Intanto il potere dell'Assemblea federale è sottoposto al duplice limite rappresentato dai «diritti del popolo e dei Cantoni». In secondo luogo l'Assemblea esercita un controllo sul Consiglio federale e può conferirgli dei «mandati» relativi alle competenze governative (artt. 169, c. 1 e 171), ma non può revocare i consiglieri federali dalla carica. In terzo luogo è sostenibile che l'attribuzione all'Assemblea dei «poteri residui» (non assegnati ad altre autorità) non abbia carattere generale, ma valga solo per gli atti di tipo legislativo (Aubert). Infine varie competenze, come la tutela della sicurezza interna ed esterna, sono attribuite sia all'Assemblea che al Consiglio. In conclusione entrambi gli organi sono titolari dell'indirizzo politico, interpretazione che è rafforzata dalla previsione per cui il Consiglio «definisce i fini e i mezzi della propria politica di governo» (art. 180, c. 1).

Se si guarda all'effettività dei rapporti fra i poteri, si deve constatare che il Consiglio federale riveste una posizione di sicura preminenza. L'organo direttoriale svolge importanti **funzioni di tipo normativo** mediante regolamenti o atti con forza di legge, emanati con o senza delegazione legislativa (ordinanze sostitutive dipendenti o indipendenti) o su autorizzazione del Parlamento (ordinanze di necessità, con le quali il Consiglio esercita i pieni poteri, anche in deroga alle disposizioni costituzionali, com'è avvenuto nel corso delle due guerre mondiali). Bisogna, poi, considerare che le Camere si riuniscono in sessioni ordinarie di breve durata e i parlamentari non esercitano il proprio mandato a tempo pieno e dispongono di una indennità limitata e di mezzi scarsi. Al contrario il Consiglio è formato da un numero ridotto di membri, ciascuno dei quali, eletto personalmente dall'Assemblea federale, è posto a capo di un dipartimento, e dirige l'amministrazione federale.

Inoltre la **composizione del Consiglio** si basa su regole convenzionali che ne assicurano la rappresentatività nei confronti dei Cantoni, dei gruppi etnici, delle confessioni religiose e dei partiti. Pertanto l'organo esecutivo gode di una forte continuità politico-amministrativa e i suoi membri acquisiscono esperienza ed autorevolezza nella direzione degli affari pubblici, il che spiega come mai vengano quasi sempre confermati nella carica alla fine del mandato e siano eccezionali i casi di mancata rielezione o di dimissioni per contrasto politico con il Parlamento.

Per questi motivi la qualificazione della forma di governo come "direttoriale" è la più adeguata, in quanto riesce a dare conto dell'effettivo svolgimento dei rapporti fra gli organi in senso favorevole al Consiglio federale. La forma di governo riesce a combinare fattori potenzialmente contraddittori: la centralità del principio di collegialità dell'azione di governo con il ruolo importante svolto dai singoli consiglieri; la stabilità-efficienza del Governo con la sua composizione pluralistica ed eterogenea.

A questo esito contribuisce il **sistema politico**, che è a multipartitismo estremo, ma, a causa della natura flessibile e poco ideologica dei partiti, consente di dare vita a stabili governi di coalizione, come dimostra la "formula magica" di governo che dal 1959 comprende i quattro maggiori partiti (radicale, socialista, popolare e conservatore), anche se dal 2003 la crescita del partito di destra ha messo parzialmente in crisi il governo consociativo del paese. In combinazione con il sistema elettorale proporzionale per l'elezione del Consiglio nazionale, che è sancito nella costituzione, il sistema politico fa della Svizzera un classico esempio di "democrazia consensuale" (Lijphart), basata sull'assenza di una dialettica fra maggioranza e opposizione e su una forma costante di collaborazione-negoziazione a livello politico-sociale e istituzionale.

15. La forma di governo semipresidenziale

La forma di governo semipresidenziale è categoria abbastanza recente e si fonda sulla **compresenza di due elementi**: uno parlamentare (la responsabilità politica del Governo nei confronti del Parlamento) l'altro presidenziale (l'elezione popolare di un Presidente della Repubblica titolare di importanti poteri propri). Ne consegue un esecutivo dualistico, costituito dal Presidente e dal Primo Ministro, posto a capo di un Governo sostenuto dalla maggioranza parlamentare. Questo modello, pur prendendo come "prototipo" la V Repubblica francese, è stato applicato ad altri sei ordinamenti costituzionali democratici, di cui uno appartenente al passato (Repubblica di Weimar) e cinque tuttora vigenti (Finlandia costituzioni del 1919 e del 2000, Austria cost. del 1929, Irlanda cost. del 1937, Islanda cost. del 1944, Portogallo cost. del 1976) (Duverger).

Le **ragioni** che hanno spinto questi paesi a darsi un Presidente eletto dal popolo sono varie:

– la conquista dell'indipendenza e la necessità di sostituire al Monarca della ex "madrepatria" un "Monarca repubblicano" (come si è verificato fra le due guerre mondiali in Finlandia, Irlanda e Islanda, quando si sono distaccate rispettivamente da Russia, Regno Unito e Danimarca);

– la volontà di contrapporre al pluralismo politico, che si esprimeva nel Parlamento, l'unità e l'autorità dello Stato, impersonata da un Presidente con una forte e autonoma legittimazione (nella Repubblica di Weimar, in Austria e in Francia);

– la fuoriuscita da una dittatura e la ricerca di una garanzia di democraticità nell'elezione popolare del Presidente (in Portogallo, dove dal 1976 fino alla revisione costituzionale del 1982 occorreva anche controbilanciare il ruolo centrale dei militari che si esprimeva nel Consiglio della Rivoluzione).

Al di fuori delle democrazie dell'Europa occidentale, il modello semipresidenziale ha avuto ampia diffusione in **Africa** (soprattutto francofona) e in **Asia**. In particolare Elgie, adottando una definizione semplificata del modello semipresidenziale, che considera sufficiente l'elezione popolare del Presidente, mentre non ritiene indispensabile che sia titolare di importanti poteri, vi ha fatto rientrare al 1° gennaio 2006 cinquantacinque paesi, la grande maggioranza dei quali facenti parte delle cosiddette "giovani democrazie". Tuttavia è stato sottolineato che «i regimi parlamentari hanno avuto statisticamente un impatto positivo sul livello della democrazia più significativo di quelli semipresidenziali» (Moestrup). Inoltre non vi è stato un rapporto automatico tra semipresidenzialismo e consolidamento della democrazia e anzi il semipresidenzialismo, oltre a produrre un conflitto fra le due teste del potere esecutivo, può sommare i difetti dei sistemi presidenziali (rigidità dei rapporti tra i poteri e governo diviso) con quelli dei sistemi parlamentari (instabilità delle coalizioni di governo). Nei fatti, analogamente a quanto è avvenuto per l'imitazione del modello presidenziale degli Stati Uniti, anche l'adozione di quello semipresidenziale in paesi caratterizzati da un funzionamento, nel migliore dei casi, solo semi-democratico delle istituzioni, ha dato vita a situazioni fondate per lo più su un netto squilibrio tra i poteri a vantaggio di quello esecutivo e del Presidente eletto dal popolo.

Il modello semipresidenziale è stato adottato anche **dalla maggioranza degli Stati ex socialisti dell'Europa centro-orientale**[19]. Tuttavia la scelta di un Presidente eletto dal popolo nella maggioranza dei casi è derivata non dall'obiettivo di avere un potere esecutivo predominante, ma da esigenze diverse, come quella di dare visibilità istituzionale al cambiamento della forma di Stato o alla conquista dell'indipendenza o ancora di garantire l'unità dello Stato di fronte ad un sistema politico frammentato e conflittuale (Orlandi). Ne deriva che non vi è necessaria corrispondenza fra elezione popolare ed estensione dei poteri del Presidente. La tendenza prevalente nelle costituzioni che hanno adottato una forma di governo semipresidenziale è quella di circoscrivere i poteri del Capo dello Stato eletto dal popolo, il quale non è collocato automaticamente alla testa del potere esecutivo. In tutti gli ordinamenti il Presidente viene eletto per cinque anni, ma può svolgere solo due mandati consecutivi o non più di due mandati. Il Parlamento a maggioranza qualificata può far valere la sua responsabilità e deciderne la destituzione, che in alcuni casi è di competenza della Corte costituzionale, mentre in altri è demandata a un referendum popolare (cap. VIII, V, § 4). I rapporti tra Presidente e Governo sono ispirati a una certa separatezza. Così il Capo dello Stato non presiede il Consiglio dei ministri, ma può solo partecipare ad alcune riunioni; si limita a designare un candidato alla carica di Primo ministro o, più raramente, a nominarlo, ma poi spetta al Parlamento eleggere il Governo o votare la fiducia nei suoi confronti; infine dà vita ad atti che di regola non sono controfirmati e quindi non comportano una responsabilità ministeriale. Nei confronti del Parlamento, poi, il Presidente può esercitare il potere di scioglimento solo in presenza di precisi presupposti stabiliti nel testo delle costituzioni.

La categoria del semipresidenzialismo non è accettata da tutti. Infatti vari autori parlano di forma di governo **parlamentare a tendenza presidenziale o a correttivo presidenziale** (Biscaretti di Ruffia, Colliard), altri, con particolare riferimento alla V Repubblica francese, di forma di governo **presidenziale** (Emeri, Bidegaray). Ora, da un lato l'esistenza di un Presidente eletto dal popolo e parte integrante del potere esecutivo mal si concilia con lo schema parlamentare monistico e si differenzia anche da quello parlamentare dualistico perché il Capo dello Stato e il Parlamento sono entrambi di derivazione popolare e non rappresentano diverse classi sociali; d'altro lato l'esistenza del rapporto di fiducia fra Parlamento e Governo e la previsione dello scioglimento dell'Assemblea non sono coerenti con la forma di governo presidenziale.

---

[19] Bulgaria, Croazia, Lituania, Macedonia, Montenegro, Polonia, Repubblica Ceca, Romania, Serbia, Slovacchia e Slovenia.

La verità è che la natura mista della forma di governo semipresidenziale può dare vita a **esiti pratici molto differenziati**, a seconda che prevalga l'elemento presidenziale o quello parlamentare. Sulla base dell'esperienza pratica e dell'influenza del sistema politico è possibile distinguere **tre sottotipi** (Elgie, Volpi).

Il primo, definito come "parlamentarizzato", è caratterizzato dalla **prevalenza della componente parlamentare e del Primo ministro** e comprende gli ordinamenti (Austria, Irlanda e Islanda) nei quali i poteri riconosciuti al Presidente eletto dal popolo possono essere più o meno importanti, ma sono in gran parte neutralizzati dal buon funzionamento del raccordo Parlamento-Governo e da regole convenzionali, imposte dal sistema dei partiti e dalla cultura politica, che indeboliscono il ruolo del Capo dello Stato (come quella che comporta la candidatura alle elezioni presidenziali non dei *leader* dei principali partiti, ma di personalità politiche di secondo piano o estranee alla politica). In questi casi la componente parlamentare della forma di governo prevale su quella presidenziale e fa del Primo ministro di un governo che deriva dal Parlamento l'organo di vertice del potere esecutivo e l'autentico *leader* della maggioranza.

Il secondo sottotipo, definito come "bilanciato" o "a diarchia variabile", riguarda gli ordinamenti nei quali il rapporto tra componente presidenziale e componente parlamentare varia nel tempo e assume rilevanza concreta **il dualismo esistente all'interno del potere esecutivo**. Si tratta comunque di una diarchia non gerarchica, ma basata su una separazione delle competenze costituzionali tra Primo ministro-Governo, che sono espressione della maggioranza parlamentare, e Presidente, al quale sono attribuiti importanti poteri propri (di politica estera in Finlandia, di scioglimento del Parlamento, di veto sulle leggi, di revoca del Governo in casi eccezionali in Portogallo). Nei periodi di normale funzionamento del sistema politico-istituzionale la preminenza è del raccordo Governo-Parlamento e all'interno dell'esecutivo del Primo ministro, mentre, quando non vi è una maggioranza parlamentare, il Presidente svolge un ruolo politico importante e può dare vita a governi presidenziali presieduti da personalità di sua fiducia. Tuttavia questa ipotesi è divenuta recessiva specie dopo la revisione della costituzione portoghese del 1982 e in Finlandia dopo l'adozione della nuova costituzione nel marzo 2000 e la revisione costituzionale del 2012, che hanno ridimensionato i poteri del Presidente.

Infine il terzo sottotipo è "presidenzializzato", in quanto è caratterizzato dalla **prevalenza del Presidente** ed è rappresentato soprattutto dalla V Repubblica francese. Anche qui assume rilievo la diarchia all'interno del potere esecutivo, ma questa è di tipo ineguale o gerarchico, in quanto di regola il Presidente ha il predominio grazie all'esistenza di una maggioranza parlamentare del suo stesso orientamento politico. Quindi la componente presidenziale prevale su quella parlamentare. Tuttavia anche in Francia possono verificarsi periodi di "coabitazione" tra il Presidente e una maggioranza parlamentare a lui politicamente contrapposta, nei quali è il Primo ministro, che gode della fiducia della maggioranza parlamentare, a determinare la politica governativa, anche se il Presidente dispone di significativi poteri di indirizzo e di freno (*infra*, § 16).

Nel primo sottotipo rientra anche la maggioranza delle esperienze semipresidenziali adottate negli Stati dell'Europa centro-orientale fuoriusciti dal regime comunista, nei quali la componente parlamentare e il Primo ministro sono andati gradualmente prevalendo su un Presidente pur titolare di poteri significativi. Fanno eccezione tre paesi (Croazia, Polonia e Romania), nei quali la componente presidenziale è stata importante. Ma nei primi due la preminenza del Presidente si è verificata solo in una fase iniziale: in Croazia fino alla revisione costituzionale del 2000, in Polonia fino all'adozione della nuova costituzione nel 1997, dopo di che si è avuto il ridimensionamento del ruolo del Presidente a vantaggio di un Primo ministro sostenuto dalla maggioranza parlamentare. In Romania il Presidente ha svolto un ruolo politico importante, ma nel 2012 si è verificata una coabitazione conflittuale con il Primo ministro, che ne ha messo in discussione la centralità.

In definitiva la linea di tendenza della forma di governo semipresidenziale negli Stati europei è quella della **prevalenza della componente parlamentare** su quella presidenziale, con l'unica rilevante eccezione rappresentata dalla V Repubblica francese.

16. Il semipresidenzialismo nella V Repubblica francese

La V Repubblica nasce dalla crisi della IV Repubblica, determinata da ragioni sia istituzionali sia politiche. Nel maggio 1958 vi è in Algeria un pronunciamento militare che i golpisti minacciano di estendere al territorio "metropolitano" della Francia. L'Assemblea nazionale dà vita a un Governo presieduto dal generale de Gaulle, al quale il 3 giugno con legge ordinaria attribuisce per sei mesi i "pieni poteri", esercitabili mediante decreti, e con legge costituzionale conferisce, in deroga al procedimento di revisione *ex* art. 90 cost. del 1946, il potere di predisporre una nuova costituzione, stabilendone i princìpi ispiratori: la derivazione popolare sia del potere legislativo sia di quello esecutivo, l'effettiva separazione fra i due poteri, la responsabilità politica del Governo nei confronti del Parlamento. Il 29 settembre il Governo sottopone il progetto, elaborato da un comitato consultivo composto da parlamentari e da esperti, all'approvazione popolare mediante referendum, che avviene con il 79,2% dei voti a favore. Il 4 ottobre 1958 la nuova costituzione entra in vigore.

In origine i costituenti pensano di dare vita a un **sistema parlamentare fortemente razionalizzato**, nel quale a un Parlamento frazionato a causa del tradizionale multipartitismo estremo faccia da contrappeso un potere esecutivo composto da un Governo, al quale vengono attribuiti importanti poteri per garantire l'attuazione in Parlamento del suo programma, e da un Presidente della Repubblica, che in funzione di "arbitro" è chiamato ad assicurare «il regolare funzionamento dei poteri pubblici e la continuità dello Stato» (art. 5 cost.). Il Capo dello Stato viene eletto in origine da un collegio di circa ottantamila elettori, composto dai membri del Parlamento, dei consigli dipartimentali, delle assemblee dei Territori d'oltremare e soprattutto dai rappresentanti designati dai consigli comunali, fra i quali sono nettamente prevalenti quelli provenienti dai piccoli e più conservatori municipi rurali.

L'evoluzione della forma di governo verso il **predominio del potere esecutivo** e al suo interno del Capo dello Stato viene sancita nel 1962 con l'introduzione dell'**elezione a suffragio universale del Presidente della Repubblica**, mediante una revisione degli artt. 6 e 7 cost., adottata, per volontà di de Gaulle in base non al procedimento disciplinato dall'art. 90, ma di quello *ex* art. 11, che consente al Capo dello Stato, su proposta del Governo o delle due Camere, di far approvare direttamente dal corpo elettorale «ogni progetto di legge concernente l'organizzazione dei pubblici poteri». In questo modo viene evitato il voto delle due Camere, la maggioranza delle quali è contraria alla proposta. L'Assemblea nazionale reagisce approvando, per l'unica volta nella storia della V Repubblica, una mozione di censura nei confronti del governo Pompidou, ma ciò determina il suo scioglimento da parte del Capo dello Stato. Quindi il corpo elettorale è chiamato prima ad approvare il progetto di revisione, poi a eleggere la nuova Assemblea, nella quale il partito gollista e i suoi alleati ottengono la maggioranza assoluta dei seggi.

L'evoluzione in senso presidenzialistico della forma di governo riceve un ulteriore impulso dal "**fatto maggioritario**", vale a dire dall'affermarsi nell'Assemblea nazionale di una maggioranza stabile, grazie al sistema elettorale maggioritario a doppio turno, che tende progressivamente a bipolarizzare il sistema multipartitico (cap. VIII, II, § 2).

A partire dalle elezioni presidenziali del 1965 il Capo dello Stato viene eletto dal popolo con un sistema maggioritario a doppio turno. Originariamente dura in carica per sette anni, ma nel settembre 2000 la **durata del mandato** viene ridotta a cinque anni con una legge di revisione prima approvata dalle Camere, poi confermata con referendum popolare, al fine di evitare il più possibile il verificarsi dell'ipotesi di coabitazione con una maggioranza parlamentare di opposto orientamento politico. Nella stessa direzione va l'**inversione del calendario elettorale**, introdotta nel 2001 con legge organica, che comporta lo svolgimento delle elezioni presidenziali poco prima di quelle legislative, determinando un effetto di traino delle prime sull'esito delle seconde.

L'elezione popolare esalta l'uso dei poteri del Presidente e in particolare di quelli che, non essendo soggetti a controfirma ministeriale, costituiscono **poteri propri** del Capo dello Stato, fra i quali sono particolarmente significativi la nomina del Primo Ministro (art. 8 cost.), il ricorso al referendum legislativo (art. 11), lo scioglimento dell'Assemblea nazionale (art. 12), l'assunzione dei "poteri di crisi" nell'ipotesi di grave e immediata minaccia contro la Repubblica e di interruzione del regolare funzionamento dei poteri costituzionali (art. 16).

Nella **prassi** il Presidente non solo nomina, ma costringe alle dimissioni il Primo Ministro quando ritenga di doverlo sostituire, ricorre al referendum legislativo anche per modificare la costituzione, scioglie l'Assemblea nazionale quando la maggioranza è di opposto orientamento politico (nel 1962 in seguito all'approvazione di una mozione di censura al Governo, nel 1981 e nel 1988 subito dopo le elezioni presidenziali) o quando ritiene conveniente andare a nuove elezioni (nel 1968 e nel 1997).

Il potere esecutivo è **dualistico**, in quanto accanto al Presidente vi è il Governo che «determina e dirige la politica nazionale» (art. 20, c. 1) e il Primo Ministro che «dirige l'azione del Governo» (art. 21, c. 1). Quando il Capo dello Stato può contare su una maggioranza all'interno dell'Assemblea nazionale, come si è fino a oggi verificato per 48 dei 57 anni di vita della V Repubblica, egli dirige il Governo, compiendo le grandi scelte politiche. Il Primo Ministro è in questo caso una specie di "comandante in seconda", che compie le scelte politiche quotidiane, dirigendo e coordinando l'attività dei ministeri e dell'amministrazione. Inoltre egli copre politicamente l'**irresponsabilità** del Presidente, costituzionalmente sancita dall'art. 67, residuando quale unica ipotesi di responsabilità quella prevista all'art. 68, che può determinare la destituzione del Capo dello Stato da parte del Parlamento costituito in Alta Corte sulla base di presupposti e di condizioni talmente improbabili da rendere tale eventualità del tutto aleatoria (sull'interpretazione di tali disposizioni, introdotte nel 2007, v. cap. VIII, V, § 4).

La situazione cambia quando il Presidente deve "**coabitare**" con la maggioranza di un'Assemblea neoeletta di opposto orientamento politico, come si è verificato per tre periodi nel corso della V Repubblica (1986-1988, 1993-1995, 1997-2002). In tale ipotesi, divenuta più improbabile ma non impossibile dopo le riforme del 2000/2001, egli nomina un Primo Ministro esponente della maggioranza parlamentare, il quale dirige effettivamente la politica del Governo. Il Presidente ne esce ridimensionato senza tuttavia ridursi a un Capo di Stato parlamentare, in quanto continua a svolgere un ruolo politicamente attivo nei settori della politica estera e della difesa, può rifiutarsi di firmare gli atti regolamentari deliberati nel Consiglio dei ministri e può deferire al Consiglio costituzionale le leggi approvate dalla maggioranza prima della promulgazione. Ciò determina un offuscamento della responsabilità politica che all'indomani della "lunga coabitazione" fra il 1997 e il 2002 il corpo elettorale ha voluto sanzionare, dando al primo turno delle elezioni presidenziali meno del 36% dei voti ai due principali candidati (il Presidente uscente Chirac e il Primo Ministro uscente Jospin) e determinando il passaggio al turno di ballottaggio insieme a Chirac del candidato dell'estrema destra Le Pen.

Il **Parlamento** è composto da due Camere: l'Assemblea nazionale, eletta dal corpo elettorale per cinque anni, e il Senato, nel quale siedono i rappresentanti delle collettività territoriali. Entrambe sono titolari della funzione legislativa e di quella di revisione costituzionale, ma il rapporto di fiducia intercorre solo fra Assemblea nazionale e Governo. Vari sono i **fattori di supremazia del Governo sul Parlamento**. Per gli aspetti funzionali, la costituzione elenca le materie di competenza della legge, stabilendo che tutte le altre hanno natura regolamentare e, qualora una proposta di legge o un emendamento riguardi queste ultime, il Governo può dichiararli irricevibili (art. 41, c. 1), anche se tale limitazione è stata interpretata con notevole elasticità. Sulle materie legislative il Governo può intervenire mediante ordinanze con forza di legge in seguito a legge di autorizzazione del Parlamento (art. 38). Si aggiunga che il diritto di emendamento è limitato, in quanto è dichiarato inammissibile quando comporti minori entrate o un aggravio di spesa (art. 40), che il Governo mediante il *vote bloqué* può imporre a una Camera di votare «sull'insieme o su una parte del testo in discussione con gli emendamenti» da esso proposti o accettati (art. 44, c. 3), che, in caso di disaccordo fra le Camere su un disegno di legge, il Primo Ministro può convocare una commissione bicamerale paritetica di conciliazione e successivamente il Governo può far votare la sola Assemblea nazionale, orientando a proprio favore il sistema bicamerale (art. 45).

Per quanto riguarda i rapporti fra Governo e Parlamento, vige la regola della **incompatibilità** fra carica ministeriale e mandato parlamentare (art. 23) e il **rapporto di fiducia** è fortemente razionalizzato in modo da rafforzare il Governo. Tale razionalizzazione, originariamente concepita in previsione di un Parlamento frammentato e con maggioranze deboli, ha determinato un forte squilibrio tra potere esecutivo e legislativo dal momento in cui nel 1962 si è prodotta una maggioranza stabile a sostegno del Governo. L'art. 49, c. 1, il quale stabilisce che il Primo Ministro «impegna di fronte all'Assemblea nazionale la responsabilità del Governo sul suo programma» o su «una dichiarazione di politica generale», è stato interpretato e utilizzato come istitutivo non di un obbligo, ma della semplice facoltà di chiedere un voto di fiducia iniziale. L'Assemblea nazionale può comunque approvare una **mozione di censura**, ma a maggioranza assoluta e vengono conteggiati solo i voti favorevoli (art. 49, c. 2), per cui chi si astiene o non partecipa al voto si pronuncia di fatto a favore del Governo. Infine l'art. 49, c. 3 prevede che il Primo Ministro può porre la **questione di fiducia** sulla votazione di un testo e che questo è considerato adottato dall'Assemblea, a meno che non venga presentata entro ventiquattro ore e successivamente approvata una mozione di censura. Quindi non solo spetta all'opposizione dimostrare che il Governo non ha più la fiducia dell'Assemblea, ma il testo proposto dall'Esecutivo può essere tacitamente "approvato" senza alcun voto dell'Assemblea, allorquando, come più spesso accade, non venga presentata una mozione di censura.

Lo sbilanciamento fra i poteri è stato una delle ragioni fondamentali che ha portato all'ampia revisione costituzionale del 2008, che ha modificato circa la metà degli articoli della costituzione. Sono state così introdotte novità interessanti: la rivalutazione di alcuni poteri del Parlamento in materia legislativa e di determinazione dell'ordine del giorno, la limitazione della questione di fiducia al disegno di legge finanziaria, a quello di finanziamento della sicurezza sociale e a un altro disegno o proposta di legge nel corso della sessione e la previsione di un ricorso incidentale di costituzionalità da parte dei cittadini, anche se con un filtro esercitato dalla Corte di Cassazione e dal Consiglio di Stato. Tuttavia non è stata intaccata la natura della forma di governo, come dimostra la mancata risoluzione delle ambiguità circa il riparto di poteri tra Presidente e Primo ministro (nonostante le proposte formulate dal Comitato di studio Balladur). Inoltre alcune delle novità relative al Capo dello Stato (come il limite dei due mandati consecutivi e il diritto del Presidente di prendere la parola di fronte al Parlamento in seduta comune, ma senza presenziare all'eventuale dibattito, che comunque non può essere seguito da alcun voto) sembrano andare in direzione di un'ulteriore presidenzializzazione della forma di governo, senza sfociare in un presidenzialismo fornito di adeguati contrappesi (a cominciare da un'effettiva responsabilità politica del Presidente).

Da quanto si è detto emerge che nella V Repubblica continua a sussistere uno squilibrio fra potere esecutivo e potere legislativo e che, nelle fasi in cui il Presidente può contare su una maggioranza parlamentare, la forma di governo funziona in senso "ultra-presidenziale" o "presidenzialista" (Vedel, Gicquel). Tale squilibrio è stato parzialmente compensato dalla duttilità della forma di governo, che ha superato le due prove dell'**alternanza al Governo** fra maggioranza e opposizione (realizzatasi dal 1981 in poi) e della **coabitazione** fra Presidente e Primo Ministro, il cui verificarsi appare però più difficile dopo le citate riforme di riduzione della durata del mandato presidenziale e di anticipazione delle elezioni presidenziali rispetto a quelle parlamentari, che hanno esaltato la componente presidenzialista della forma di governo. Resta quindi centrale la ricerca dell'equilibrio fra i poteri che, nonostante i miglioramenti introdotti nella costituzione, è lungi dall'essere stata realizzata.

17. La forma di governo semiparlamentare: lo Stato di Israele dal 1992 al 2001

Costituisce una forma di governo a se stante, anche se per alcuni è solo una variante del parlamentarismo, l'ipotesi in cui il **Primo Ministro non derivi dal Parlamento, ma dall'elezione a suffragio universale da parte del corpo elettorale**, che si verifica contestualmente a quella del Parlamento. Il principio posto alla base del suo funzionamento è *aut simul stabunt aut simul cadent*: il Parlamento può sfiduciare il Primo Ministro, ma in tal caso è sciolto automaticamente; a sua volta il Primo Ministro può sciogliere il Parlamento, ma ciò comporta le sue dimissioni, per cui i due organi sono sempre rieletti contemporaneamente.

Questo schema teorico viene proposto negli ultimi anni della Quarta Repubblica francese, soprattutto da Duverger, come via di uscita alla crisi della forma di governo: il punto di riferimento è costituito dal modello inglese, ma, poiché non è possibile importare il sistema bipartitico e le regole non scritte esistenti nel Regno Unito, si pensa di ottenere l'effetto di un "Governo di legislatura" tramite norme giuridiche razionalizzatrici del parlamentarismo. Tale modello viene ripreso in tempi recenti in Italia, dove trova una sua peculiare attuazione nel sistema ad elezione diretta dei Sindaci e del Presidenti delle Province, introdotto dalla l. n. 81/1993, e dei Presidenti delle Regioni a Statuto ordinario ai sensi della l. cost. n. 1/1999, sistema sostanzialmente confermato nei nuovi statuti regionali approvati, per essere, infine, proposto anche a livello nazionale.

Il termine utilizzato da Duverger, fatto proprio da alcuni autori è quello di "**regime neoparlamentare**", ma tale definizione è criticabile, in quanto sembra considerare il modello in questione come una variante della forma di governo parlamentare, considerando come decisivo il mantenimento di un rapporto di fiducia tra il Parlamento ed il Governo. In realtà l'elezione diretta del vertice dell'esecutivo introduce un elemento di tipo presidenziale e prefigura un assetto dualistico della forma di governo, che mal si conciliano con il parlamentarismo monistico.

La critica è ancora più fondata quando la qualificazione di forma di governo neoparlamentare viene estesa a tutte le situazioni «in cui il rapporto fiduciario origina ormai dalle scelte espresse in sede elettorale» e quindi al modello *Westminster* proprio del Regno Unito ed a tutti gli ordinamenti a parlamentarismo maggioritario (Ceccanti). A tale tesi si può obiettare nella forma che è discutibile l'uso del termine "neoparlamentare" per qualificare il parlamentarismo classico del Regno Unito, nella sostanza che non è possibile equiparare l'elezione **di diritto** del Primo Ministro a quella **di fatto**, nella quale il corpo elettorale elegge una maggioranza parlamentare e può dare di regola una indicazione di governo solo in virtù di un sistema politico bipartitico o bipolare e di una formula elettorale selettiva. Ne deriva che, mentre il Primo Ministro eletto dal popolo non può essere sostituito nel corso della legislatura e la sfiducia votata dal Parlamento ne determina lo scioglimento automatico, negli ordinamenti a parlamentarismo maggioritario il Primo Ministro non è inamovibile e la sfiducia parlamentare non sfocia necessariamente nello scioglimento. La realtà è che il modello "neoparlamentare", soprattutto nella versione proposta dai suoi sostenitori in Italia, è qualitativamente diverso dalla forma di governo parlamentare maggioritaria, perché si fonda su un elemento, l'elezione diretta di un Primo Ministro, insostituibile nel corso della legislatura e titolare di un potere libero di scioglimento, esercitabile all'occorrenza anche contro la maggioranza parlamentare, che non trova cittadinanza negli ordinamenti parlamentari realmente esistenti.

D'altra parte tale modello non è assimilabile neppure alle altre forme di governo: non a quella presidenziale, la quale non prevede né sfiducia né scioglimento; non a quella semipresidenziale, nella quale a essere eletto dal popolo è il Presidente e il Primo Ministro è soggetto alla sfiducia del Parlamento; non a quella direttoriale, nella quale il Governo collegiale è originato dal Parlamento e non vi è sfiducia né scioglimento. Per questo si è parlato di «forma di governo a elezione diretta del Primo Ministro» (M. Olivetti), ma si tratta di una definizione puramente descrittiva, alla quale è da preferire quella di **«forma di governo semiparlamentare»** (Primicerio). A ciò si può aggiungere che la giustapposizione di elementi parlamentari e presidenziali, così come si verifica per la forma di governo semipresidenziale, può produrre esiti molto diversi. In concreto, se la dinamica parlamentare prevale su quella presidenziale, si ha una forma di parlamentarismo, che costringe il Primo Ministro eletto a negoziare con il Parlamento la formazione del Governo e comporta il rischio di paralisi nell'ipotesi che le due elezioni producano maggioranze dissociate; nell'ipotesi opposta, si produce un funzionamento di tipo presidenzialistico, nel quale la minaccia di scioglimento del *Premier* diviene decisiva di fronte all'arma spuntata di un voto di sfiducia destinato a ritorcersi contro il Parlamento, provocandone lo scioglimento automatico.

Fino ad oggi l'unico Stato che ha adottato un modello del genere è **Israele**, che l'ha introdotto il 14 aprile 1992 con una riforma della Legge fondamentale sul Governo, mantenendolo in vita fino al 2001. Il Primo Ministro, *leader* di un partito politico già rappresentato in Parlamento, veniva eletto dal popolo con un sistema maggioritario a doppio turno, in base al quale, se nessun candidato otteneva la maggioranza assoluta dei voti al primo turno, si teneva un secondo turno di ballottaggio riservato ai due candidati più votati. Qualora il Parlamento (*Knesset*) approvasse una mozione di sfiducia a maggioranza assoluta o non adottasse la legge di bilancio entro tre mesi dall'inizio dell'anno finanziario, esso veniva sciolto automaticamente e si procedeva a nuove elezioni sia dell'Assemblea che del Primo Ministro. A sua volta questi, in accordo con il Presidente della Repubblica, poteva sciogliere la *Knesset* quando la maggioranza parlamentare si opponesse al Governo, rendendone impossibile il regolare funzionamento, ed anche in tale ipotesi si procedeva a nuove elezioni contestuali dei due organi.

Tuttavia nello schema semiparlamentare erano stati introdotti una serie di **correttivi**, che contribuivano a suscitare dubbi sulla qualificazione della forma di governo israeliana. In primo luogo era previsto che entro 45 giorni dalla pubblicazione del risultato elettorale il Primo Ministro dovesse presentare la lista dei ministri ed il programma di governo alla *Knesset*, la quale poteva rifiutare la fiducia, determinando anche in tale caso nuove elezioni dei due organi.

Ciò obbligava il Primo Ministro a dare vita a negoziazioni con le forze politiche e concludere un accordo di coalizione, che poteva notevolmente condizionarlo, soprattutto nell'ipotesi in cui non avesse una maggioranza politica all'interno dell'Assemblea. In secondo luogo era previsto che si procedesse a elezioni speciali del solo Primo Ministro nei seguenti casi: se questi non riusciva a costituire il Governo entro 45 giorni dall'elezione; nelle ipotesi di dimissioni volontarie, di morte o di impedimento permanente (non essendo prevista una figura di Vice-Primo Ministro che potesse subentrare nella carica); se il *Premier* veniva rimosso dalla carica in seguito a condanna penale per un reato che implicasse indegnità morale; se due terzi della *Knesset* approvavano una mozione di sfiducia nei suoi confronti; se veniva a mancare il numero minimo dei ministri. Evidentemente queste previsioni creavano una asimmetria tra la legittimazione forte del Primo Ministro e la sua posizione nel sistema costituzionale, esposta ai condizionamenti partitico-parlamentari.

Tale asimmetria era accentuata dal sistema politico a multipartitismo estremo, nel quale proliferano i piccoli partiti, che sono in grado di condizionare la formazione di qualsiasi governo, e dal sistema fortemente proporzionale per l'elezione della *Knesset*, che contribuisce ad accentuarne la frammentazione. Ciò faceva sì che il Primo Ministro eletto dal popolo formasse governi di coalizione eterogenei ed instabili e destinati ad entrare in crisi prima della fine della legislatura, come si è verificato per i due Primi ministri eletti a suffragio universale nel 1996 e nel 1999. Inoltre la forte personalizzazione della competizione elettorale prodotta dall'elezione diretta del Primo Ministro determinava, in contrasto con le aspettative dei promotori della riforma del 1992, un forte indebolimento dei due maggiori partiti (il conservatore *Likud* e il partito laburista) che rendeva ancora più difficile la formazione e la stabilità dei Governi.

In conseguenza degli esiti negativi prodotti, l'elezione popolare del Primo Ministro è stata abbandonata con una riforma della Legge fondamentale sul Governo del marzo 2001, che ha reintrodotto la derivazione parlamentare del Governo, mantenendo il potere del Primo Ministro di ricorrere alle elezioni anticipate, e ha previsto l'istituto della sfiducia costruttiva.

18. Forme di governo e sistemi politici

Come si è visto dall'analisi svolta, le forme di governo sono profondamente influenzate nel loro funzionamento da fattori extragiuridici, in quanto gran parte dell'attività degli organi costituzionali avviene sulla base di regole non scritte, di tipo normativo (consuetudini) o politico (convenzioni), che vengono osservate dai loro titolari o da soggetti politici. Assume, pertanto, un rilievo di primo piano il **sistema politico**, che è costituito dall'insieme dei soggetti che rappresentano interessi sociali e si propongono di conquistare o di influenzare il potere politico. In particolare negli Stati democratici i soggetti politici più importanti sono i **partiti**, i quali, avendo come fine la direzione del Governo, devono proporsi di mediare fra la rappresentanza degli interessi di parte e la salvaguardia dell'unità nazionale.

Di fronte all'importanza che l'influenza del sistema politico assume si possono seguire due diverse vie nella classificazione delle forme di governo. La prima consiste nel tentativo di **integrare tale fattore sociologico nella stessa configurazione delle forme di governo**, riformulando la tipologia tradizionale. A questa impostazione aderiscono vari autori (come Elia per la forma di governo parlamentare) (*supra*, § 11), i quali ritengono insufficiente e troppo rigida una classificazione basata esclusivamente su criteri giuridici. Si tratta di un intento utile al fine di superare un approccio giuridico-formalistico di tipo statico e di cogliere l'aspetto dinamico delle forme di governo, che dà vita a diversi esiti a seconda del contesto storico, culturale e politico (basti pensare al diverso funzionamento della forma di governo parlamentare nel Regno Unito e in Italia e di quella semipresidenziale in Francia e in Austria).

Tuttavia non bisogna cadere nel rischio di smarrire la natura eminentemente giuridica del concetto di "forma di governo" (Luciani), che è stata elaborato anche al fine di operare fondate previsioni sul funzionamento della singola esperienza, una volta individuati i suoi caratteri di fondo. Questo valore prescrittivo può ridursi considerevolmente in quanto una classificazione basata su fattori sia giuridici che extragiuridici viene necessariamente ad assumere un carattere prevalentemente descrittivo (Dogliani), il che la rende meno utile e significativa. Per questo motivo la via seguita da altri autori è quella di **mantenere la definizione giuridico-formale delle forme di governo** e di prendere in considerazione nel contempo l'influenza che sul suo funzionamento giocano fattori extragiuridici, ma senza confondere categorie e concetti che appartengono a diverse scienze, come sono il diritto e la sociologia politica.

Tale approccio sottolinea l'autonomia, ma anche l'interazione, fra i due concetti: da un lato il sistema politico influenza la forma di governo (così la sua natura bipolare o multipolare produce effetti molto diversi sul funzionamento del raccordo Governo-Parlamento e sul ruolo del vertice del potere esecutivo); d'altro lato anche la normativa che disciplina i rapporti fra gli organi influenza il sistema politico (così l'elezione parlamentare o popolare del Capo dello Stato e la natura dei poteri a questo attribuiti e la maggiore o minore razionalizzazione dei rapporti fra organo legislativo e organo esecutivo possono condizionare il comportamento degli attori politici e incidere sulla configurazione del sistema dei partiti).

Occorre poi considerare un altro fattore, avente natura giuridica, che costituisce una sorta di *trait d'union* tra forma di governo e sistema politico, influenzando sia l'una sia l'altra e venendone a sua volta condizionato nel suo rendimento pratico. Si tratta del **sistema elettorale**, inteso soprattutto nel suo significato ristretto di **formula** elettorale (cap. VIII, II, § 2). Anche questo è un elemento che non è determinante nella classificazione delle forme di governo, ma va tenuto presente al fine di comprendere la dinamica del loro funzionamento. Infatti l'adozione di una formula maggioritaria o proporzionale, ma soprattutto il suo carattere più o meno selettivo, anche quando è di tipo proporzionale, come avviene nella grande maggioranza dei paesi democratici, incide sia sulla funzionalità del Parlamento sia sulla struttura del Governo e sulla sua stabilità.

Riferimenti bibliografici

Sulle concezioni politiche relative alle forme di governo: N. BOBBIO, *La teoria delle forme di governo nella storia del pensiero politico*, Giappichelli, Torino, 1976.

Sulle forme di governo in generale, oltre ai testi citati all'inizio della Bibl. del capitolo IV relativi anche alle forme di Stato, vedi: L. ELIA, *Governo (forme di)*, in *Enc. dir.*, XIX, Giuffrè, Milano, 1970; M. DOGLIANI, *Spunti metodologici per un'indagine sulle forme di governo*, in *Giur. cost.*, 1973; O. DUHAMEL, *Les démocaties*, Éditions du Seuil, Paris, 1993; P.G. LUCIFREDI, *Appunti di diritto costituzionale comparato*, Giuffrè, Milano: 1. *Il sistema francese*, 7ª ed., 1994, 2. *Il sistema britannico*, 6ª ed., 1992, 3; *Il sistema statunitense*, 6ª ed., 1993, 4. *Il sistema tedesco (la Repubblica Federale)*, 5ª ed., 1992; S. GAMBINO (ed.), *Democrazia e forme di governo. Modelli stranieri e riforma costituzionale*, Maggioli, Rimini, 1997; A. DEFFENU, *Forme di governo e crisi del parlamentarismo*, Giappichelli, Torino, 2006; M. LUCIANI, *Governo (forme di)*, in *Enc. dir.*, Annali, III, Giuffrè, Milano, 2009. Fra i testi politologici vedi: G. SARTORI, *Ingegneria costituzionale comparata. Strutture, incentivi, esiti*, 6ª ed., il Mulino, Bologna, 2013; A. LIJPHART, *Patterns of Democracy. Government Forms and Performance in Thirty-Six Countries*, 2ª ed., Yale University Press, London, 2012, trad. it. *Le democrazie contemporanee*, 2ª ed., il Mulino, Bologna, 2914.

Sul concetto di indirizzo politico: T. MARTINES, *Indirizzo politico*, in *Enc. dir.*, XXI, Giuffrè, Milano, 1971. Sulla monarchia: K. LOEWENSTEIN, *Die Monarchie im modernen Staat*, Alfred Metzner Verlag, Frankfurt im Maine, 1967, trad. it. *La Monarchia nello Stato moderno*, Giovanni Volpe Editore, Roma, 1969.

Sul parlamentarismo dualistico: R. REDSLOB, *Le régime parlementaire*, Marcel Giard, Paris, 1924. Sulla forma di governo parlamentare: B. MIRKINE-GUETZEVITCH, *Les constitutions europénnes*, 2 voll., Puf, Paris, 1951, trad. it. *Le Costituzioni europee*, Comunità, Milano, 1954; G. BURDEAU, *Le régime parlementaire dans les Constitutions européennes d'après guerre*, Les Éditions Internationales, Paris, 1932, trad. it. *Il regime parlamentare nelle costituzioni europee del dopoguerra*, Comunità, Milano, 1950 (con *Prefazione* di M.S. GIANNINI); T. MARTINES, *Governo parlamentare e ordinamento democratico*, Giuffrè, Milano, 1967; K. VON BEYME, *Die Parlamentarische Regierungsysteme im Europa*, 3ª ed., R. Piper & Cie, München, 1979; P. LALUMIÈRE, A. DEMICHEL, *Les régimes parlementaires européennes*, 2ª ed., Puf, Paris, 1978; J.C. COLLIARD, *Les régimes parlementaires contemporains*, Presses de la Fnsp, Paris, 1978; P. LAUVAUX, *Le parlementarisme*, 2ª ed., Puf, Paris, 1997; S. CECCANTI, *La forma di governo parlamentare in trasformazione*, il Mulino, Bologna, 1997; S. MANGIAMELI, *La forma di governo parlamentare. L'evoluzione nelle esperienze di regno Unito, Germania ed Italia*, Giappichelli, Torino, 1998.

Sul Regno Unito: W. BAGEHOT, *The English Constitution*, Oxford U.P., London, 1867, trad. it. *La Costituzione inglese*, il Mulino, Bologna, 1995; A.V. DICEY, *Introduction to the Study of the Law of the Constitution*, MacMillan, London, 1885, trad. it. *Introduzione allo studio del diritto costituzionale. Le basi del costituzionalismo inglese*, il Mulino, Bologna, 2003; I. JENNINGS, *Cabinet Government*, 3ª ed., Cambridge U.P., Cambridge, 1959; G. DE VERGOTTINI, *Lo «Shadow Cabinet». Saggio comparativo sul rilievo costituzione dell'opposizione nel regime parlamentare britannico*, Giuffrè, Milano, 1973; R. BRAZIER, *Constitutional Practice*, Clarendon Press, Oxford, 1988; G. CARAVALE, *Il governo del Premier nell'esperienza costituzionale del Regno Unito*, Giuffrè, Milano, 1997; A. TORRE, *Il* Cabinet system *da Thatcher a Blair:* leadership *e Costituzione*, in A. TORRE, L. VOLPE (eds.), *La Costituzione Britannica. The British Constitution*, I, Giappichelli, Torino, 2005; F. ROSA, *Il controllo parlamentare sul Governo nel Regno Unito. Un contributo allo studio del parlamentarismo britannico*, Giuffrè, Milano, 2012.

Sulla III e sulla IV Repubblica francesi: M. MORABITO, *Histoire constitutionnelle de la France de 1789 à nos jours*, 13ª ed., LGDJ, Paris, 2014.

Le varie definizioni della forma di governo di Weimar sono di C. SCHMITT, *Verfassungslehre*, Duncker & Humblot, Berlin, 1928, trad. it. *Dottrina della costituzione*, Giuffrè, Milano, 1984; G. BURDEAU, *Le régime parlementaire* cit. *supra*; M. DUVERGER, *La monarchie républicaine*, Robert Laffont, Paris, 1974.

Sulla forma di governo parlamentare in Italia: E. CHELI, *La forma di governo italiana nella prospettiva storica*, in *Rass. parl.*, 1998; M. VOLPI, *Forma di governo e revisione della Costituzione*, Giappichelli, Torino, 1998; vari saggi raccolti in L. ELIA, *La Costituzione aggredita, Forma di governo e devolution al tempo della destra*, il Mulino, Bologna, 2005 e *Costituzione, partiti, istituzioni*, il Mulino, Bologna, 2009; V. LIPPOLIS, G. PITRUZZELLA, *Il bipolarismo conflittuale. Il regime politico della Seconda Repubblica*, Rubbettino, Soveria Mannelli, 2007; M. VILLONE, *La forma di governo: elasticità* versus *rigidità* e C. PINELLI, *Cambiamento o razionalizzazione della forma di governo?*, in M. VOLPI (ed.), *Istituzioni e sistema politico in Italia: bilancio di un ventennio*, il Mulino, Bologna, 2015.

Sulla forma di governo parlamentare in Germania: S. FILIPPONE THAULERO, *Il ruolo del Cancelliere federale secondo la Legge Fondamentale*, Giappichelli, Torino, 1994; V. GÖTZ, *L'esperienza tedesca*, in L. MEZZETTI, V. PIERGIGLI (eds.), *Presidenzialismi, semipresidenzialismi, parlamentarismi: modelli comparati e riforme istituzionali in Italia*, Giappichelli, Torino, 1997; K. VON BEYME, *Das Politische System des Bundesrepublik Deutschland*, 11ª ed., Westdeutscher Verlag, Wiesbaden, 2010.

Sulla presidenzializzazione: T. POGUNKTE, P. WEBB, *The Presidentialization of Politics. A Comparative Study of Modern Democracies*, Oxford U.P., Oxford, 2005; L. ELIA, *La presidenzializzazione della politica*, in *Teoria politica*, 2006; A. DI GIOVINE, A. MASTROMARINO (eds.), *La presidenzializzazione degli esecutivi nelle democrazie contemporanee*, Giappichelli, Torino, 2007.

Sulla forma di governo presidenziale: M.S. SHUGART, J.M. CAREY, *Presidentes and Assemblies: constitutional design and electoral dynamics*, Cambridge U.P., Cambridge, 1992, trad. it. *Presidenti e assemble. Disegno costituzionale e dinamiche elettorali*, il Mulino, Bologna, 1995; J.J. LINZ e A. VALENZUELA (eds.), *The Failure of Presidential De-*

mocracy. Comparative Perspectives, The Johns Hopkins U.P., London, 1994, trad. it. *Il fallimento del presidenzialismo*, il Mulino, Bologna, 1995. Sulla deviazione presidenzialistica in America latina: G. GUIDI, *I sistemi a preponderanza presidenziale: Argentina, Messico, Venezuela*, Maggioli, Rimini, 2000.

Sul presidenzialismo negli Stati Uniti: W. WILSON, *Congressional Government. A Study in America Politics*, Houghton Mifflin, Baltimore, 1885; A.M. SCHLESINGER, *The Imperial Presidency*, Houghton Mifflin, Boston, trad. it. *La presidenza imperiale*, Comunità, Milano, 1980; R.E. NEUSTADT, *Presidential Power and the Modern Presidents. The Politics of Leadership from Roosvelt to Reagan*, 3ª ed., John Wiley & Sons, New York, 1990; S. FABBRINI, *Il presidenzialismo degli Stati Uniti*, Laterza, Roma-Bari, 1993; T.J. LOWI, *Governo di partito e Costituzione americana. Verso una nuova separazione disfunzionale dei poteri*, in R. DI LEO, G. PITRUZZELLA (eds.), *Modelli istituzionali e riforma della Costituzione*, il Mulino, Bologna, 1999; G. BOGNETTI, *Lo spirito del costituzionalismo americano*, Giappichelli, Torino, I. *La Costituzione liberale*, 1998, II. *La Costituzione democratica*, 2000; A. LUCARELLI, *Teorie del presidenzialismo. Fondamento e modelli*, Cedam, Padova, 2000; B. ACKERMAN, *The New Separation of Power*, in *Harvard Law review*, 2000, trad. it. *La nuova separazione dei poteri. Presidenzialismo e sistemi democratici*, Carocci, Roma, 2003; R.A. DAHL, *How Democratic Is the American Constitution?*, Yale U.P., New Haven, 2001, trad. it. *Quanto è democratica la Costituzione americana?*, Laterza, Roma-Bari, 2003.

Sulla forma di governo della Svizzera: P. BASTID, *Le gouvernement d'assemblée*, Cujas, Paris, 1956; J.-F. AUBERT, *Traité de droit condstitutionnel suisse*, 2 voll., Ides et Calendes Neuchâtel, 1967, Supplément 1982; H. KRIESI, *Le système politique suisse*, Economica, Paris, 1995; M.P. VIVIANI, *La Svizzera*, in AA.VV., *Costituzioni comparate*, 2ª ed., Giappichelli, Torino, 2009.

Sulla forma di governo semipresidenziale: M. DUVERGER, *Institutions politiques et droit constitutionnel*, 11ª ed., Puf, Paris, 1970 e *Echec au Roi*, Albin Michel, Paris, 1978; S. CECCANTI, O. MASSARI, G. PASQUINO, *Semipresidenzialismo. Analisi delle esperienze europee*, il Mulino, Bologna, 1996; L. PEGORARO, A. RINELLA (eds.), *Semipresidenzialismi*, Cedam, Padova, 1997; G.R. ELGIE (ed.), *Semi-presidentialism in Europe*, Oxford U.P., Oxford, 1999 e *Semi-presidentialism: concepts, consequences and contesting explanation*, in *Political Studies Review*, 2004; A. CANEPA, *Il sistema semipresidenziale. Aspetti teorici e di diritto positivo*, Giappichelli, Torino, 2000; M.A. ORLANDI, *Quando il semipreidenzialismo passa all'Est*, Giappichelli, Torino, 2002; G. PASSARELLI, *Monarchi elettivi? Dinamiche presidenziali in Francia e Portogallo*, Bononia U.P., Bologna, 2008; M. VOLPI, *Il semipresidenzialismo tra teoria e realtà*, Bononia U.P., Bologna, 2014.

Sulla forma di governo della V Repubblica francese: J. GICQUEL, *Essai sur la pratique de la Vᵉ République*, 2ª ed., LGDJ, Paris, 1977; P. AVRIL, *Le régime politique de la Vᵉ République*, 4ª ed., LGDJ, Paris, 1979; M. VOLPI, *La democrazia autoritaria. Forma di governo bonapartista e V Repubblica francese*, il Mulino, Bologna, 1979; A. GIOVANNELLI, *Aspetti della Vª Repubblica da de Gaulle a Mitterrand*, Giuffrè, Milano, 1984; G. VEDEL, *Cinquième République*, in O. DUHAMEL, Y. MENY (eds.), *Dictionnaire constitutionnel*, Puf, Paris, 1992; D. CHAGNOLLAUD, J.-L. QUERMONNE, *Le gouvernement de la France sous la Vᵉ République*, Fayard, Paris, 1996; O. DUHAMEL, *Vive la VI République*, Paris, 2002. Sulle riforme costituzionali tra il 2000 e il 2008: M. CALAMO SPECCHIA, Les trois âges *del settennato*, Giappichelli, Torino, 2002; M. VOLPI, *La forma di governo in Francia alla luce della riforma costituzionale del luglio 2008*, in *Dir. pubbl. comp. Eur.*, 2008; P. COSTANZO, *La "nuova" Costituzione della Francia*, Giappichelli, Torino, 2009.

Sulla forma di governo semiparlamentare: M. DUVERGER, *Démain la République*, René Juillard, Paris, 1958, trad. it. *La Repubblica tradita*, Comunità, Milano, 1962; T.E. FROSINI (ed.), *Il premierato nei governi parlamentari*, Giappichelli, Torino, 2004; L. PRIMICERIO, *La forma di governo semiparlamentare. Aspetti teorici e realizzazioni pratiche*, Giappichelli, Torino, 2007.

Sull'esperienza dello Stato di Israele: F. RESCIGNO, *Scritti sul sistema istituzionale israeliano*, Maggioli, Rimini, 1996; E. OTTOLENGHI, *Israele: un premierato fallito*, in G. PASQUINO, *Capi di governo*, il Mulino, Bologna, 2005.

Su forme di governo e sistemi politici vedi gli scritti di ELIA, DOGLIANI e LUCIANI citati *supra*.

CAPITOLO VIII

L'organizzazione costituzionale

di *Mauro Volpi*

Sezione I – *Organizzazione dello Stato e organi costituzionali*

1. Introduzione

Il termine Stato definisce un'entità immateriale che non esiste in natura, ma costituisce un tipico prodotto storico-politico della volontà umana. Nella maggioranza degli ordinamenti contemporanei, compreso quello italiano, al fine di garantire che lo Stato possa agire come soggetto di diritto, e quindi porre in essere direttamente atti produttivi di effetti giuridici, gli viene attribuita la **qualità di persona giuridica**. Si pone a questo punto il problema di individuare i soggetti che agiscono in nome dello Stato e di precisare la qualificazione giuridica del rapporto che intercorre con questo.

Un problema analogo si manifesta anche negli ordinamenti che non riconoscono allo Stato la natura di persona giuridica. Così in Gran Bretagna l'unità e la continuità dello Stato sono garantite da un lato tramite l'attribuzione di un ruolo fondamentale alla Corona, la quale in quanto "corporazione semplice", vale a dire organo impersonale costituito dai Monarchi che si sono succeduti sul trono interviene nell'esercizio di tutte le funzioni fondamentali dello Stato, d'altro lato mediante il riconoscimento della personalità ai soggetti collocati in posizione di vertice nello svolgimento di ogni singola funzione.

Fino alla seconda metà del XIX secolo il rapporto fra Stato-persona giuridica e soggetti agenti in suo nome veniva configurato come un **rapporto di rappresentanza giuridica** o di volontà, nel quale vi è un soggetto (il rappresentante) che, in virtù di una prescrizione di legge (rappresentanza necessaria) o di una libera scelta dell'interessato (rappresentanza volontaria), agisce in nome e per conto di un altro soggetto (il rappresentato) mediante atti i cui effetti ricadono nella sfera giuridica di quest'ultimo. Tale costruzione è apparsa in seguito insoddisfacente anche perché comportava la conseguenza che lo Stato risultasse privo della capacità di agire, ponendo nel nulla l'effetto principale che il suo riconoscimento quale persona giuridica doveva produrre.

La dottrina giuspubblicistica tedesca ha quindi elaborato una nuova teoria che ha avuto grande fortuna: la teoria del **rapporto organico**. Gli **organi dello Stato** sono i soggetti che agiscono in nome e per conto dello stesso mediante atti che sono imputabili direttamente allo Stato-persona giuridica. Non vi sono quindi due soggetti distinti come nella rappresentanza, in quanto fra la persona giuridica e i suoi organi vi è un rapporto di immedesimazione (analogo, si dice, a quello che esiste fra il corpo umano e le sue singole parti). Di conseguenza lo Stato è responsabile nei confronti dei terzi di tutti gli atti posti in essere dai suoi organi, anche di quelli invalidi, ferma restando la possibilità per esso di rivalersi successivamente nei confronti delle persone fisiche che hanno agito in qualità di titolari dei medesimi.

Non tutti gli organi dello Stato rivestono la stessa posizione. Ve ne sono infatti alcuni, definiti **costituzionali**, che si collocano al vertice dell'organizzazione dello Stato e sono gerarchicamente sovraordinati a tutti gli altri. Occorre pertanto individuare i criteri che consentono di distinguere tali organi da tutti gli altri.

Insoddisfacente è il criterio letterale che considera come costituzionali o **immediati** gli organi espressamente disciplinati nella costituzione e come **derivati** quelli istituiti con legge ordinaria. Infatti la previsione costituzionale è una condizione necessaria ma non sufficiente a delimitare la prima categoria, potendovi essere organi che, anche se previsti nel testo costituzionale, non si configurano come "costituzionali".

Altri criteri di individuazione degli organi costituzionali sono stati ravvisati nella necessarietà o indefettibilità (nel senso che la mancanza o il venir meno di uno solo di essi produrrebbero uno sconvolgimento dell'intero assetto costituzionale), nella parità giuridica intesa come reciproca indipendenza, e nella titolarità della sovranità. Con formula riassuntiva si può affermare che sono costituzionali gli organi che in ogni ordinamento costituzionale **caratterizzano la forma di Stato**.

La concreta ricognizione di quali tra gli organi dello Stato finiscono per rivestire una posizione suprema e condizionare l'intero assetto statuale dipende, più ancora che dalle previsioni costituzionali e da criteri giuridico-formali, dal ruolo e dalla forza politica che ciascuno di essi riesce ad assumere. Quindi possono essere considerati come costituzionali gli organi titolari di funzioni politiche, cioè di funzioni primarie volte a determinare i fini generali dello Stato che si impongono a tutti gli altri soggetti dell'ordinamento. Si può ulteriormente aggiungere che tali organi sono generalmente assistiti dalla previsione di uno speciale *status* e di garanzie particolari, che consentono ai loro titolari di esercitare le proprie funzioni in modo indipendente e parzialmente derogatorio del diritto comune.

In definitiva l'individuazione degli organi costituzionali va condotta all'interno di ogni ordinamento, alla luce tanto di criteri giuridico-formali quanto del criterio della spettanza in concreto del potere politico. Tuttavia negli ordinamenti democratico-pluralistici, i quali sono il frutto di un'evoluzione storica che ne ha plasmato l'assetto statuale sulla base di princìpi di fondo comuni, si può affermare che alcuni organi sono qualificabili come costituzionali proprio perché la loro esistenza e il ruolo che svolgono contrassegnano la democraticità della forma di Stato. Sono quindi organi costituzionali **il Parlamento, il Governo e il Capo dello Stato**, con l'avvertenza che nella forma di governo presidenziale e in quella direttoriale vi è un unico organo (monocratico nel primo caso, collegiale nel secondo), che svolge contestualmente le funzioni sia di governo sia di Capo dello Stato.

Natura di organi costituzionali deve essere riconosciuta anche alle **Corti costituzionali**, almeno negli ordinamenti che riconoscono a tali organi sufficienti garanzie di indipendenza e affidano loro il compito di tutelare i princìpi e i diritti costituzionali.

Anche il **corpo elettorale** viene talvolta qualificato come organo costituzionale, ma occorre precisare che negli ordinamenti democratici, nei quali vige il principio della sovranità popolare, esso deve essere considerato non un organo dello Stato-persona, anche se le sue decisioni ricadono nella sfera giuridica di questo, ma piuttosto come la principale articolazione organizzativa attraverso la quale il **popolo** acquista una propria soggettività giuridica ed esprime un orientamento politico che indirizza l'attività dell'organizzazione statale nel suo insieme.

Riferimenti bibliografici

Sugli organi costituzionali: E. CHELI, *Organi costituzionali e organi di rilievo costituzionale. Appunti per una definizione*, in *Arch. giur.*, 1965. Sulla rappresentanza politica: D. NOCILLA, G.F. CIAURRO, *Rappresentanza politica*, in *Enc. dir.*, XXXVIII, 1987; G. LEIBHOLZ, *Die Representation inder Demokratie*, de Gruyter, Berlin, 1973, trad. it. *La rappresentazione nella democrazia*, Giuffrè, Milano, 1989; F. CASSELLA, *Profili costituzionali della rappresentanza. Percorsi storici e comparatistici*, Jovene, Napoli, 1997.

Sezione II – *Il popolo*

SOMMARIO: 1. Democrazia rappresentativa e democrazia diretta. – 2. Sistemi elettorali. – 3. Istituti di democrazia diretta. – 4. Democrazia partecipativa. – Riferimenti bibliografici.

1. Democrazia rappresentativa e democrazia diretta

Si parla di **democrazia rappresentativa** quando il popolo tramite il corpo elettorale è chiamato a eleggere dei rappresentanti che adottano le principali decisioni, in base al principio della rappresentanza politica, che contrassegna lo Stato liberale e quello democratico (cap. IV, §§ 5 e 10). L'accezione più corretta del termine **democrazia diretta** è quella che fa riferimento alle votazioni con le quali il popolo in prima persona prende decisioni su questioni determinate.

Il rapporto fra i due concetti è di contrapposizione qualora si adotti una concezione assoluta o ideale di democrazia come sistema nel quale il popolo è chiamato a prendere la totalità delle decisioni o quantomeno tutte quelle più importanti. La contrapposizione in tale ipotesi non è solo **teorica**, venendo la democrazia diretta a essere configurata come unica vera forma di democrazia, alternativa a quella «imperfetta» fondata sulla rappresentanza, ma anche **storica**, in quanto si riallaccia alla distinzione fra «democrazia degli antichi» e «democrazia dei moderni» (Constant).

La prima ha caratterizzato le **città-Stato greche**, e in particolare l'esperienza di Atene nel V-IV secolo a.C., laddove le decisioni fondamentali venivano prese dall'assemblea dei cittadini (*Ecclèsia*) ed erano rese esecutive dalla *Boulè* o Consiglio dei cinquecento, i cui membri erano eletti o sorteggiati a rotazione fra tutti i cittadini. Nell'epoca moderna qualcosa di analogo si può riscontrare nell'esperienza delle **Assemblee popolari** che si realizza in alcuni Cantoni svizzeri fin dal XIII sec. e nelle colonie nordamericane del *New England* nel XVII secolo e infine nella **Comune di Parigi** (1871), basata su un sistema di consigli composti da delegati eletti con vincolo di mandato e revocabili in ogni momento. La democrazia degli antichi si caratterizza come una democrazia **monistica**, nella quale il bene comune è il frutto dell'armonia e della dedizione completa alla cosa pubblica di ogni cittadino che si configura pertanto come «cittadino totale» (Bobbio). Essa è realizzabile solo entro territori di ridotte dimensioni (città, contee o piccoli cantoni) o per periodi limitati di tempo (Comune di Parigi) o a prezzo dell'esclusione dalla cittadinanza di ampie categorie di soggetti che sostituiscono i cittadini nell'espletamento delle attività materiali quotidiane (come nell'antica Atene le donne, gli schiavi e i meteci, cioè gli stranieri da tempo residenti).

Dal punto di vista teorico la concezione della democrazia diretta come forma vera di democrazia si fa risalire a **Rousseau**, che nel Contratto sociale (1762) sostiene l'impossibilità di rappresentare la «volontà generale» del popolo, la quale deve esprimersi direttamente su tutte le leggi. Tuttavia l'autogoverno del popolo è impossibile per l'esercizio della funzione esecutiva ed è concretamente realizzabile per quella legislativa solo in uno Stato di ridotte dimensioni e fondato sull'eguaglianza, donde la celebre affermazione: «Se esistesse un popolo di dei, si governerebbe democraticamente. Un governo così perfetto non si addice agli uomini».

Fra le teorie più recenti che hanno sostenuto la superiorità della democrazia diretta va segnalata quella di Schmitt, che distingue due modelli di democrazia basati rispettivamente sul **principio di rappresentanza** fondato sulla legalità, che si esprime attraverso le decisioni della maggioranza parlamentare, e sul **principio di identità** fra governanti e governati, fondato sulla legittimazione proveniente direttamente dal consenso del popolo.

Dal punto di vista storico la **democrazia dei moderni** si configura come una democrazia di tipo rappresentativo. Ciò deriva innanzitutto da ragioni storiche, fra le quali va segnalato il ruolo fondamentale svolto dalla rappresentanza parlamentare nel garantire il superamento dello Stato assoluto e l'affermazione dei princìpi liberaldemocratici. Vi sono poi ragioni pratiche, dipendenti dalla grande estensione territoriale e demografica degli Stati-nazione e dal carattere sempre più complesso delle decisioni politiche, che fanno della rappresentanza la tecnica normale e più adeguata di governo. Ma vi sono anche importanti ragioni teoriche, che tengono conto della natura pluralistica ed eterogenea delle democrazie contemporanee, della necessità di compensare con una grande estensione quantitativa e qualitativa dei diritti la restrizione della partecipazione popolare diretta, dell'affermarsi del ruolo dei partiti e degli organismi intermedi. Ne deriva che il sistema rappresentativo è l'unico sistema di organizzazione del potere che rende possibile l'applicazione concreta della logica dell'eguaglianza politica a uno Stato nazionale di grandi dimensioni (Dahl), che ha la capacità di mediare fra interessi contrastanti, trasformando la «volontà di tutti» in «volontà generale», che riesce a garantire un'adeguata riflessione e il necessario distacco temporale per la soluzione di questioni complesse (Bockenförde, Zagrebelsky).

Inoltre occorre considerare che ogni manifestazione diretta della volontà popolare può assumere una valenza plebiscitaria che è valutabile solo *a posteriori* sulla base di criteri politici (carattere scontato dell'esito del voto, iniziativa dall'alto per legittimare la titolarità del potere, disparità nello svolgimento della campagna elettorale). Quindi le votazioni popolari si trasformano in **plebisciti** quando il corpo elettorale non è posto in condizione di operare una vera scelta fra soluzioni diverse e viene a essere di fatto pregiudicata la libertà del voto.

Alcuni teorici del governo rappresentativo hanno considerato gli istituti di democrazia diretta incompatibili con la natura di tale governo (Madison). Successivamente si è sostenuta l'incompatibilità tra referendum e forma di governo parlamentare, basata sui partiti e sul raccordo fra Governo e maggioranza parlamentare, che deriverebbe da vari fattori: il rischio di delegittimazione e di deresponsabilizzazione degli organi rappresentativi, l'impreparazione del corpo elettorale su questioni complesse non risolvibili con un sì o con un no, l'indirizzo prevalentemente conservatore del voto popolare (Esmein, Guarino).

Tuttavia, a parte il fatto che la democrazia rappresentativa non si risolve nella sola forma di governo parlamentare, essa ha subito modificazioni profonde che non comportano più la preminenza del Parlamento e prevedono varie forme di controllo sulla legge. Pertanto la democrazia diretta risulta incompatibile con quella rappresentativa solo se viene concepita come modello superiore di governo o come manifestazione di un indirizzo politico generale alternativo a quello espresso dal Governo e dal Parlamento. Se invece viene intesa come un insieme di istituti di integrazione, di correzione, di stimolo o anche di legittimazione di importanti scelte politico-istituzionali, essa può garantire un migliore funzionamento della democrazia (Carré de Malberg).

2. Sistemi elettorali

Per sistema elettorale in senso lato si intende l'insieme delle regole che disciplinano tutte le operazioni che precedono, accompagnano e seguono lo svolgimento delle elezioni. Ma nel linguaggio corrente si parla più spesso di sistema elettorale in senso stretto, con riferimento alla sola **formula elettorale**, vale a dire al meccanismo matematico impiegato per trasformare i voti in seggi.

La distinzione di fondo è tra **formule maggioritarie e formule proporzionali**. Le prime attribuiscono i seggi ai candidati che abbiano ottenuto la maggioranza, mentre le seconde operano una distribuzione dei seggi proporzionale al numero dei voti conquistato dalle varie liste. Di regola quindi le formule maggioritarie vengono praticate in **collegi uninominali** (che assegnano un unico seggio), quelle proporzionali in **collegi plurinominali** (che distribuiscono più seggi). Tuttavia si possono eccezionalmente avere sistemi maggioritari in collegi plurinominali, come avviene negli Stati Uniti per l'elezione nei singoli Stati degli elettori presidenziali, che sono appannaggio della lista che ha ottenuto più voti, e sistemi proporzionali in collegi uninominali, il che si verifica per la metà dei seggi del *Bundestag* in Germania, nel qual caso si parla di proporzionale "personalizzata".

La distinzione affonda le sue radici nel passaggio dallo Stato liberale oligarchico allo Stato democratico (e dal suffragio ristretto a quello universale). In questa fase in quasi tutti i paesi dell'Europa continentale il sistema maggioritario ha ceduto il passo a quello proporzionale, ritenuto più in grado di garantire l'accesso di nuovi partiti alla rappresentanza e di esprimere la pluralità e la consistenza reale delle varie forze politiche.

Fin dalla seconda metà del secolo scorso si è sviluppata una polemica fra sostenitori della superiorità del sistema proporzionale e di quello maggioritario dalle connotazioni fortemente ideologiche. I primi hanno come proprio punto di riferimento essenziale l'esigenza della rappresentatività, i secondi l'esigenza della governabilità. Ora, negli Stati democratici contemporanei le due esigenze debbono essere contemperate e quindi non esiste un sistema elettorale in assoluto "superiore", ma solo quello più adeguato al contesto politico-istituzionale di ogni paese e al raggiungimento dell'obiettivo che si intende conseguire (in termini di rappresentatività/decisionalità del voto popolare).

Occorre poi considerare che esistono anche altri fattori oltre alla formula, destinati a incidere sul rendimento di un sistema elettorale. Il primo consiste nel **carattere categorico o ordinale del voto**, vale a dire nella minore o maggiore libertà riconosciuta all'elettore nell'espressione del medesimo (Lanchester). Così l'elettore ha più libertà quando dispone di un voto di preferenza tra i candidati di una lista o addirittura anche a favore di candidati di una lista diversa da quella votata (è il sistema del *panachage* adottato ad es. in Svizzera). La libertà invece è ridotta quando l'elettore può votare solo il candidato designato dal partito o la lista presentata senza poter modificare l'ordine di precedenza tra i candidati, nel qual caso si parla di "lista bloccata", che costituisce l'ipotesi più frequente nei paesi che adottano formule proporzionali.

Un secondo fattore determinante riguarda la **delimitazione dei collegi elettorali**. II ritaglio dei collegi può garantire una maggiore equità nella ripartizione dei seggi (quando viene effettuato in base a criteri oggettivi, quali l'ammontare della popolazione, la continuità geografico-amministrativa, l'omogeneità sociale, ecc.), o determinare palesi iniquità (mediante operazioni di *malapportionment*, cioè di distribuzione dei seggi fra i collegi nettamente sproporzionata rispetto alla popolazione dei medesimi, come si verificò fino alla fine del XIX secolo in Gran Bretagna a vantaggio dei collegi rurali spopolati, i cosiddetti "borghi putridi", o di *gerrymandering*, vale a dire di ritaglio dei collegi operato in modo da favorire il partito al potere, come è avvenuto frequentemente nella storia di vari paesi quali gli Stati Uniti e la Francia).

Altro fattore decisivo è l'**ampiezza dei collegi**, intesa come numero dei seggi attribuiti a ciascuno di questi. Infatti più i collegi sono ampi, meno selettiva è la formula elettorale, in quanto occorre una minore percentuale di voti per ottenere un seggio, e viceversa. Ciò è molto importante soprattutto per le formule proporzionali, nell'ambito delle quali si può andare da un massimo di proporzionalità, allorché l'intero territorio nazionale costituisce, ai fini della ripartizione dei seggi, un unico collegio elettorale (Israele, Paesi Bassi), a una forte disproporzionalità, quando sono previsti una pluralità di collegi piccoli o medio-piccoli (con non più di cinque o sei seggi in media) che penalizzano i partiti minori (come avviene in Grecia, Irlanda e Spagna).

Le principali **formule maggioritarie** sono due, a seconda che per essere eletti sia richiesta la **maggioranza relativa** (*plurality system*) o la **maggioranza assoluta** dei voti (*majority system*). La prima formula viene utilizzata per l'elezione della Camera dei Comuni nel Regno Unito e del Congresso negli Stati Uniti e, tra i paesi che hanno adottato il "modello Westminster", in Canada e in India, mentre in altri è stata abbandonata[1]. Tra le formule maggioritarie è la più selettiva in quanto, attribuendo in ogni collegio uninominale il seggio al candidato più votato in un **unico turno elettorale**, determina la dispersione di tutti gli altri voti e può provocare gravi disparità nella rappresentanza. Il *plurality* **favorisce di regola il mantenimento del bipartitismo**, determinando una netta sottorappresentazione di terzi partiti nazionali, mentre non penalizza i partiti regionali o espressione di importanti minoranze geograficamente concentrate. Inoltre esso attribuisce di regola la maggioranza assoluta dei seggi a un unico partito[2], anche se tale esito non è scontato e in tale ipotesi possono nascere dei governi di coalizione, come si è verificato nel Regno Unito e in Canada nel 2010. È invece illusorio pensare che il trapianto del *plurality* in contesti diversi possa automaticamente dare vita a un sistema bipartitico[3].

La seconda formula prevede meccanismi che entrano in funzione qualora nessun candidato ottenga la maggioranza assoluta dei voti. Il più noto di questi correttivi è quello del **doppio turno** (utilizzato in Francia, Albania e Bulgaria): nei collegi nei quali al primo turno nessuno ha raggiunto la maggioranza assoluta si svolge un secondo turno elettorale, definito di "ballottaggio" quando è limitato solo ai due candidati più votati, e viene proclamato eletto quello che ha ottenuto più voti. Per la verità in Francia per l'elezione dell'Assemblea nazionale è adottato un sistema maggioritario a doppio turno, che combina il *majority* al primo turno, nel quale è richiesta la maggioranza assoluta, con il *plurality* al secondo, al quale possono partecipare i candidati che abbiano raggiunto una percentuale di voti pari al 12,5% degli elettori del collegio e risulta eletto quello che ottiene la maggioranza relativa. Tuttavia fino ad oggi il secondo turno ha

---

[1] Nel 1917 in Australia, nel 1993 in Nuova Zelanda e nel 1994 in Sud Africa.

[2] Può quindi verificarsi che a ottenere tale maggioranza sia il partito che su scala nazionale ha avuto un minor numero di voti del secondo partito, come si è verificato nelle elezioni del 1951 nel Regno Unito a favore del partito conservatore e a danno del partito laburista.

[3] Così in Italia la legge elettorale in vigore dal 1993 al 2005, che attribuiva il 75% dei seggi in entrambe le Camere con formula *plurality*, non ha prodotto il bipartitismo né ridotto il numero dei partiti rappresentati, in quanto nelle due coalizioni elettorali i partiti maggiori hanno concluso accordi con quelli più piccoli ai quali sono stati garantiti un certo numero di candidati nei collegi uninominali, spesso in quelli più sicuri.

funzionato nella grandissima maggioranza dei collegi come un turno di ballottaggio fra due soli candidati, anche perché la percentuale richiesta per accedervi è piuttosto alta, corrispondendo, a causa delle astensioni, a circa il 20% dei votanti effettivi nel collegio[4]. La formula *majority* produce di solito un **sistema partitico bipolare**, basato su due coalizioni alternative, all'interno di ciascuna delle quali vi è un partito nettamente più forte. Ma tale esito può essere ridotto quando vi sono partiti abbastanza forti a livello nazionale o geograficamente concentrati che sono in grado di competere in un buon numero di collegi senza ricorrere ad alleanze.

Una variante del *majority* nell'ambito di un unico turno elettorale è il **voto alternativo**, utilizzato in Australia per l'elezione della Camera dei rappresentanti. In ogni collegio uninominale gli elettori stabiliscono l'ordine preferenziale dei diversi candidati; se nessuno raggiunge il 50% più uno dei voti, viene eliminato il candidato con un numero minore di prime preferenze e le sue seconde preferenze sono attribuite ai candidati rimasti in lizza e così si procede finché un candidato non abbia raggiunto la maggioranza assoluta. Il sistema consente agli elettori di indicare le alleanze che ritengono preferibili per il proprio partito, anche se è di una notevole complessità tecnica.

Le **formule proporzionali** sono di gran lunga prevalenti, essendo adottate nella grande maggioranza dei paesi europei, in alcuni dell'America Latina (Brasile e Argentina), in Giappone, in Israele, e nel Sud Africa. Le varianti sono numerosissime, per cui non resta che esaminare quelle principali. Un primo metodo, caratterizzato da una forte proporzionalità ma che ha un valore storico, essendo stato praticato nella Repubblica di Weimar, è quello del **quoziente automatico,** in base al quale è stabilito un numero fisso di voti per ottenere un seggio (a Weimar occorrevano sessantamila voti) e quindi i seggi spettanti a ogni lista risultano dalla divisione tra la sua cifra elettorale, pari al totale dei voti ottenuti, e il quoziente prestabilito. Diverso è il sistema del **quoziente naturale**, che si ottiene dividendo prima il numero totale dei voti per i seggi da distribuire e poi quello di ciascuna lista per il quoziente così ottenuto[5], ma in questa ipotesi, così come in quella del quoziente automatico, si produce il fenomeno dei "resti" che non consente di distribuire immediatamente tutti i seggi. Per limitare tale inconveniente, il quoziente viene talvolta **rettificato**, dividendo il totale dei voti per il numero dei seggi aumentato di una o più unità in modo da ottenere un quoziente più basso (metodo *Hagenbach-Bischof*, utilizzato in Austria e in Svizzera, del quale costituisce una variante il metodo *Imperiali*[6]).

---

[4] Una diversa combinazione tra *plurality* e *majority* si ha in Argentina e Costarica, dove al primo turno è sufficiente una maggioranza relativa purché superi rispettivamente il 45 e il 40% dei voti, altrimenti si tiene un turno di ballottaggio.

[5] In Israele fino al 1973, Paesi Bassi, Italia dal 2005.

[6] Il metodo Imperiali era utilizzato in Italia per l'elezione dei deputati con il sistema proporzionale vigente fino al 1993.

Più in generale il problema dei **resti** o non viene affrontato (il che penalizza le liste più piccole che con maggiore difficoltà ottengono un quoziente intero nel singolo collegio) o viene risolto mediante un'ulteriore distribuzione a favore delle liste che hanno ottenuto più voti o di quelle con i resti più alti (che sono di solito le più piccole) o applicando il metodo del quoziente in un collegio nazionale nel quale confluiscono tutti i voti residui e i seggi non attribuiti.

Una diversa formula, che consente la distribuzione di tutti i seggi è il **metodo *d'Hondt***, o della media più alta, utilizzato nella maggioranza dei paesi che adottano un sistema proporzionale, tra i quali Belgio, Germania fino al 1985, Israele dopo il 1973. I voti ottenuti da ogni partito vengono divisi per 1, 2, 3 fino al numero pari a quello dei seggi assegnati al collegio, dopodiché i seggi vengono attribuiti ai quozienti più alti.

Esempio di distribuzione con metodo *d'Hondt* in un collegio di 5 seggi:

Liste	Divisione della cifra elettorale per					Seggi
	1	2	3	4	5	
A	*600*	*300*	*200*	150	120	3
B	*450*	*225*	150	112,4	90	2
C	180	90	60	45	36	0

I quozienti che danno luogo all'attribuzione di seggi sono quelli in corsivo.

Un'altra formula proporzionale, utilizzata in Australia (per l'elezione del Senato), in Irlanda e a Malta, è il **voto singolo trasferibile** (o metodo *Hare*), che costituisce una sorta di corrispettivo del voto alternativo, ma in collegi plurinominali e con sistema del quoziente corretto[7].

Dall'esame delle formule proporzionali vigenti si desume che queste presentano sempre un certo grado di selettività e assegnano un *surplus* di seggi alle liste più forti, le quali hanno bisogno mediamente di meno voti per conquistare un seggio rispetto alle liste più piccole. La selettività può essere accentuata dal ricorso a **correttivi** che riducono la proporzionalità del sistema. Il principale correttivo consiste nella **clausola di sbarramento**, cioè nella fissazione di una percentuale di voti al di sotto della quale non si ottiene alcun seggio, che oscilla di regola tra il 5 e il 3%[8]. Un correttivo assai raro è quello dell'attribuzione di

---

[7] Anche in questo caso gli elettori indicano i vari candidati in ordine decrescente di preferenza. I voti in eccedenza rispetto al quoziente ottenuti da un candidato eletto sono distribuiti a quelli rimasti in lizza in proporzione alle seconde preferenze espresse dai suoi elettori. Successivamente, se necessario, si elimina il candidato meno votato e vengono distribuite le sue seconde preferenze. Si procede così, recuperando i voti in eccedenza dei candidati eletti o le seconde preferenze di quelli meno votati, finché non vengono assegnati tutti i seggi del collegio.

[8] La clausola è del 5% dei voti in Germania, Lituania, Polonia, Romania, Slovacchia, Ungheria, del 4% in Albania, Austria, Bulgaria, Slovenia Svezia, del 3% in Spagna. In Italia la legge elettorale

un **premio di maggioranza** in seggi alla lista o alla coalizione che ottiene più voti. In Grecia 50 seggi su 300 sono attribuiti al primo partito, il che può non consentirgli di ottenere la maggioranza assoluta. In Italia[9], in base alla legge elettorale n. 270/2005 la coalizione o la lista più votata otteneva il 54% dei seggi alla Camera, mentre al Senato il 55% dei seggi veniva assegnato alla coalizione o alla lista vincente in ogni Regione. Ma la Corte costituzionale con la sent. n. 1/2014 ha dichiarato incostituzionali i premi per violazione dei principi della rappresentatività dell'Assemblea parlamentare e dell'eguaglianza del voto. La l. n. 52/2015 assegna il 54% dei seggi della Camera alla prima lista purché abbia superato il 40% dei voti e, qualora nessuna lista raggiunga tale percentuale, prevede un secondo turno riservato alle due liste più forti, la prima delle quali otterrà il premio.

Quando adotta meccanismi selettivi, il sistema proporzionale può avere effetti riduttivi sul numero dei partiti rappresentati e favorire la stabilità delle maggioranze e quindi del Governo, mentre, quando è poco selettivo, di regola fotografa il sistema dei partiti e non pone argini al multipartitismo estremo. I correttivi di cui si parla non possono però essere talmente sproporzionati da alterare la natura proporzionale della formula trasformandola surrettiziamente in una formula maggioritaria eccessivamente distorsiva e da pregiudicare l'aspettativa degli elettori circa l'incidenza del proprio voto in un contesto proporzionale.

Grande fortuna hanno avuto le **formule miste**, che combinano meccanismi proporzionali e maggioritari, anche se di solito sono a dominante proporzionale o maggioritaria.

Del primo tipo è il **sistema elettorale della Germania** per l'elezione del *Bundestag*, che in ogni *Land* attribuisce all'elettore due voti: il primo per distribuire la metà dei seggi in collegi uninominali con sistema *plurality* (a maggioranza relativa), il secondo per assegnare l'altra metà dei seggi a liste concorrenti (fino al 1985 con metodo *d'Hondt*, poi con due successive varianti del metodo del quoziente e dei più forti resti). Ma l'effetto globale è di tipo proporzionale, in quanto il numero dei seggi complessivamente spettante a ogni partito viene calcolato sulla base del secondo voto (di lista), sottraendo a tale numero quelli che i candidati collegati alla lista hanno conquistato nei collegi uninominali. L'effetto proporzionale è tuttavia corretto sia dalla previsione del doppio voto, e quindi

---

vigente dal 1993 per la Camera stabiliva la soglia del 4% per l'accesso alla quota proporzionale, quella del 2005 prevedeva clausole variabili per le liste coalizzate e per quelle esterne alle coalizioni (tra il 2 e il 4% alla Camera, tra il 3 e l'8% al Senato), infine la legge elettorale per la Camera adottata nel 2015 contiene una soglia unica pari al 3% dei voti a livello nazionale. In Russia nel 2007 la soglia è stata elevata dal 5 al 7%. Del tutto abnorme è la soglia del 10% dei voti stabilita in Turchia.

[9] Il ricorso al premio di maggioranza non è una novità nella storia italiana. A parte il precedente della legge fascista del 1923 (cap. IV, § 6), nel 1953 fu adottata la legge n. 148, definita dall'opposizione "legge truffa", che attribuiva il 65% dei seggi (380 su 590) della Camera alla lista o alla coalizione che ottenesse il 50% più uno dei voti, ma poiché tale percentuale non venne raggiunta nelle elezioni dello stesso anno, il premio non scattò e la legge venne abrogata.

dalla possibilità per l'elettore di votare per una lista regionale e per un candidato di collegio a questa non collegato, sia e soprattutto dalla clausola di sbarramento (5% dei voti o almeno tre seggi conquistati nei collegi uninominali). Inoltre la legge elettorale stabilisce che, qualora un partito ottenga nei collegi uninominali un numero di seggi superiore a quello che gli spetterebbe in base al voto di lista, esso conserva i seggi in eccedenza. In seguito ad una sentenza del Tribunale costituzionale del 2008, che ha dichiarato parzialmente incostituzionale il sistema dei seggi in soprannumero, la legge elettorale è stata modificata nel 2011, con la previsione della distribuzione dei seggi in ogni singolo *Land* anziché a livello nazionale e l'attribuzione di seggi supplementari alle liste sottorappresentate. Un sistema misto di tipo tedesco è stato adottato nel 1993 in Nuova Zelanda in sostituzione del *plurality* tramite referendum.

Erano invece a dominante maggioritaria i sistemi misti adottati in **Italia** dal 1993 al 2005 per l'elezione della Camera e del Senato, nei quali il 75% dei seggi veniva attribuito con formula maggioritaria *plurality*, mentre il 25% era riservato alla quota proporzionale.

A formula miste hanno fatto ricorso vari paesi di recente democratizzazione nell'intento di combinare l'esigenza della rappresentatività con quella della governabilità [10].

3. Istituti di democrazia diretta

I principali istituti di democrazia diretta previsti negli ordinamenti contemporanei sono l'assemblea popolare, la revoca degli eletti, il diritto di petizione, l'iniziativa popolare e il referendum.

L'istituto più antico è quello dell'**assemblea popolare**, che ha carattere residuale, essendo ancora praticato solo in Svizzera, dove la *Landsgemeinde* è prevista in tre piccoli Cantoni e in due mezzi-Cantoni di lingua tedesca, nei quali è titolare delle più importanti competenze legislative ed elettorali, e in alcuni Stati membri nordamericani, dove il *town meeting* in qualche piccola città o contea ha competenze più ristrette di tipo regolamentare ed elettorale. In teoria l'assemblea popolare realizza più di ogni altro istituto l'autogoverno del popolo, ma in realtà le riunioni sono poco numerose e le modalità di espressione del voto sono arcaiche e tali da riconoscere un forte potere discrezionale a chi presiede l'assemblea. Più interessante è l'esperienza delle assemblee popolari in alcuni paesi dell'America Latina (come i *cabildos abiertos* in Colombia) chiamate a pronunciarsi su questioni specifiche.

---

[10] Vedi fra i paesi europei ex socialisti Albania, Bulgaria (ma qui sono attribuiti con il maggioritario un numero di seggi molto limitato), Croazia, Lituania, Ungheria, mentre la Russia è passata nel 2007 da un sistema misto ad uno proporzionale. Un sistema misto è adottato anche in Messico e in Venezuela.

La **revoca popolare** è un istituto non frequente negli ordinamenti democratici, nei quali vige per i parlamentari il principio del divieto del mandato imperativo. Essa è prevista in alcuni Cantoni svizzeri e in vari Stati membri nordamericani, mentre è un principio tipico degli Stati socialisti. In Svizzera la revoca assume natura collettiva (*Abberufungsrecht*), essendo consentito a un certo numero di cittadini di sottoporre al voto popolare la proposta di revoca del Parlamento e talvolta anche del Consiglio esecutivo del Cantone; negli Stati Uniti ha invece carattere individuale (*Recall*), potendo una certa percentuale di elettori chiedere la rielezione di un singolo parlamentare, magistrato o funzionario elettivo o del Governatore in alcuni Stati membri [11]. Il *recall* è previsto in alcuni *Länder* tedeschi, nella provincia del British Columbia in Canada e in vari paesi [12]. Nel 2015 è stata introdotta una forma attenuata di *recall* nel Regno Unito per i deputati della Camera dei Comuni [13]. Analogo è l'istituto della *revocatoria de mandato*, introdotto al fine di favorire la partecipazione popolare dopo l'uscita da esperienze autoritarie in alcuni Stati latino-americani a livello nazionale (Bolivia, Colombia, Ecuador, Panama e Venezuela) o sub-federale (Argentina e Messico), in base al quale i funzionari eletti possono essere sottoposti a controllo popolare su iniziativa di un gruppo di cittadini. Di particolare rilievo è stato il ricorso al referendum revocatorio per destituire due Presidenti in carica: il venezuelano Chávez nel 2004 e il boliviano Morales nel 2008, entrami riconfermati nella carica rispettivamente con il 58% e il 63% dei voti.

La **petizione** è un istituto di antica origine, che risale alla consuetudine di rivolgere suppliche individuali al Re affermatosi soprattutto in Inghilterra, dove trova un primo riconoscimento formale nella *Magna Charta* del 1215 (art. 40). Attualmente la petizione può essere definita come la facoltà di adire un'autorità al fine di esporre determinate esigenze o di sollecitare l'adozione di particolari provvedimenti e può assumere forma individuale o collettiva [14]. Tuttavia l'incidenza della petizione è per lo più molto ridotta, in quanto è assai difficile che essa sfoci in una decisione. Si tratta quindi di uno strumento che può avere una qualche influenza politica, ma a rigore non costituisce una autentica manifestazione di democrazia diretta, in quanto il potere di prendere in considerazione la richiesta è nelle mani dell'autorità pubblica.

---

[11] Un caso noto di *recall* si è avuto in California nell'ottobre 2003 con la revoca popolare del titolare della carica e l'elezione di un nuovo Governatore.

[12] Corea del Sud, Filippine, Liechtenstein.

[13] L'attivazione della procedura richiede una condanna, in particolare per il reato di false informazioni per ottenere un rimborso spese, o la sospensione decretata dall'Assemblea per un certo numero di giorni. In tali casi se la richiesta viene sottoscritta da almeno un decimo degli elettori del collegio, si tengono nuove elezioni, alle quali può partecipare anche il deputato uscente.

[14] In alcuni ordinamenti l'autorità adita è il Parlamento (Francia, Italia, Regno Unito, Spagna), in altri può essere qualsiasi autorità pubblica (Germania, Portogallo, Stati Uniti e vari paesi dell'Europa centro-orientale).

Molto più significativi sono l'**iniziativa popolare** e il **referendum**. La prima ipotesi si verifica quando la proposta avanzata da un certo numero di elettori viene di regola sottoposta al voto popolare. Tale istituto viene talora fatto rientrare in una nozione ampia di referendum, inteso come qualsiasi votazione popolare avente a oggetto un testo o una questione politica (e viene anche definito come **referendum propositivo**).

Tuttavia, se si conclude di regola con un referendum, l'iniziativa popolare si distingue dal **referendum** (in senso stretto), in base al duplice criterio del **promotore** della consultazione popolare e dell'**autore dell'atto** sottoposto al voto. Infatti, mentre nell'iniziativa popolare questi si identificano nel popolo, nel referendum il popolo (o meglio una frazione del corpo elettorale) può essere promotore al pari di altri soggetti, ma non è mai autore dell'atto che proviene da una autorità pubblica. Anche se talvolta il referendum su iniziativa popolare può assumere connotazioni simili a quelle dell'iniziativa [15], le due ipotesi restano distinte, in quanto presentano importanti differenze qualitative: esse si basano su una diversa giustificazione teorica (solo nell'iniziativa il popolo si configura come legislatore diretto), svolgono una diversa funzione (correttiva o sanzionatoria dell'attività di un organo rappresentativo nel caso del referendum, della sua inerzia nel caso dell'iniziativa), hanno un oggetto differente (rispettivamente un testo proveniente da un soggetto pubblico o proposto da una frazione del corpo elettorale).

Non va confuso con l'iniziativa popolare neppure il diritto riconosciuto a una frazione del corpo elettorale di presentare una proposta di legge ordinaria o di revisione della costituzione, che è prevista in vari paesi europei ed è assai frequente in America latina. Infatti in tale ipotesi spetta all'organo parlamentare decidere se prendere in considerazione la proposta e, quando è tenuto a farlo, se accoglierla o meno. Di maggiore interesse è il potere di iniziativa riconosciuto a una frazione del corpo elettorale (il 12% degli elettori in Ecuador, il 5% in Venezuela) per la convocazione di una Assemblea costituente, che comunque poi è sovrana nella redazione della nuova Costituzione.

L'iniziativa popolare è prevista in Svizzera, in circa metà degli Stati membri degli USA, in Liechtenstein e in Ecuador. Essa può intervenire **in materia costituzionale o legislativa**. In **Svizzera** l'iniziativa è prevista per la revisione, totale o parziale, della costituzione ed è proposta da centomila elettori [16]. Per la revi-

---

[15] Ciò si è verificato in Italia per i cosiddetti "referendum manipolativi", utilizzati soprattutto per le leggi elettorali, mediante i quali attraverso l'abrogazione di singole parti, articoli, commi o proposizioni linguistiche di disposizioni di legge si fa assumere alla normativa residua un diverso significato.

[16] Nel 2003 con referendum costituzionale era stata introdotta anche l'iniziativa popolare a livello legislativo su iniziativa di 100.000 elettori, che potevano presentare un testo generico, cui avrebbe fatto seguito un progetto di legge parlamentare, qualora il Parlamento avesse condiviso l'iniziativa, o una votazione popolare preliminare il cui esito positivo avrebbe obbligato il Parlamento a predisporre un progetto di legge da sottoporre all'iter legislativo ordinario. Ma tale istituto, nel quale il corpo elettorale non svolgeva un ruolo decisionale, è stato abrogato con referendum costituzionale il 27 settembre 2009.

sione parziale si distingue fra iniziativa formulata come proposta generica e come progetto di legge elaborato, nel qual caso il Parlamento può approvare un controprogetto che viene sottoposto al voto popolare in alternativa a quello oggetto dell'iniziativa. Invece la proposta di revisione totale è formulata in termini generali e il corpo elettorale è chiamato preventivamente a pronunciarsi se si debba procedere alla stessa, così come avviene quando non vi sia accordo fra le due Camere sulla revisione totale; in caso di risposta affermativa, si procede alla rielezione delle Camere. Negli **Stati membri degli USA** l'iniziativa può intervenire a livello costituzionale e/o legislativo essere immediata o mediata, a seconda che il progetto popolare sia sottoposto senz'altro a referendum o solo nell'ipotesi in cui il Parlamento lo respinga o lo modifichi. In **Ecuador** l'iniziativa legislativa è riconosciuta allo 0,25% degli elettori e, qualora il dibattito parlamentare non inizi entro 180 giorni, la proposta diverrà legge senza alcun voto popolare. Inoltre l'8% degli elettori può proporre una riforma costituzionale mediante referendum e l'1% un progetto di revisione parziale, anche se con vari limiti di materia, e qualora il progetto non sia esaminato entro un anno, può chiedere la convocazione di una "consulta popolare", il cui risultato, al pari di quello del referendum, è vincolante.

Il **referendum** può essere classificato in base a vari criteri. In relazione all'oggetto del voto, si distingue in costituzionale, legislativo, convenzionale, amministrativo e politico, a seconda che abbia per oggetto rispettivamente un atto costituzionale, legislativo, un trattato, un atto amministrativo o una questione politica non disciplinata in un testo normativo.

Il referendum **costituzionale** nasce storicamente nelle ex colonie del Nord America (la prima costituzione a essere approvata dal popolo è quella del Massachusetts nel 1780), per poi essere recepito nella Francia rivoluzionaria (costituzione del 1793 e del 1795) e in Svizzera (costituzione del 1802). All'interno di tale categoria si possono distinguere varie ipotesi:

– il referendum **precostituente** ha per oggetto l'atto di fondazione di un nuovo Stato (Norvegia 1905, Danimarca 1944), la previsione della convocazione di un'Assemblea costituente (Francia 1945) o dell'attribuzione al Parlamento di poteri costituenti (Spagna 1976) o infine l'approvazione di un principio fondamentale o degli indirizzi vincolanti per l'autorità costituente (in Italia referendum istituzionale del 1946 sulla scelta fra Repubblica e Monarchia, in Islanda referendum del 2012 sulle linee guida della futura costituzione elaborate attraverso un processo di ampia partecipazione popolare);

– il referendum **costituente** interviene sul testo della costituzione proposto da un'Assemblea costituente o dal Parlamento [17] o, più raramente, dal potere

[17] Costituzioni di Irlanda 1937, Francia 1946, Danimarca 1953, Spagna 1978, Romania 1991, Estonia e Lituania 1992, Polonia 1997, Svizzera 1874 e 1999, Venezuela 1999.

esecutivo [18]; qui, come nella ipotesi precedente, il popolo assume la veste di potere costituente, anche se in alcuni casi il voto popolare si trasforma in un plebiscito nel quale la costituzione è approvata quasi all'unanimità [19];

– il referendum **di revisione costituzionale** ha per oggetto la modificazione parziale o l'integrazione della costituzione ed è quindi una manifestazione di potere costituito; esso è previsto negli Stati membri americani (tranne il Delaware), in Australia, in Giappone, in vari Stati dell'Europa e dell'America latina [20];

– il referendum **su poteri sovrani** comprende le consultazioni popolari che, pur non intervenendo su un oggetto formalmente costituzionale, incidono sulla sovranità dello Stato (Baldassarre). Vi rientrano due ipotesi: i referendum aventi a oggetto trattati o accordi implicanti l'adesione a organismi sovranazionali o comunque limitazioni della sovranità statale (come quelli relativi all'adesione all'Unione Europea [21] e alla ratifica di trattati comunitari); i referendum territoriali o di autodeterminazione, volti alla risoluzione di dispute territoriali o di questioni di confine [22], nonché quelli comportanti l'annessione di territori a uno Stato [23] o l'ottenimento dell'indipendenza e la costituzione di nuovi Stati [24]. In tale ambito un particolare rilievo hanno assunto i referendum **di secessione**, che rivendicano l'indipendenza di una regione nei confronti dello Stato di appartenenza, come i due che si sono avuti in Québec (1980 e 1995), quello tenutosi in Scozia nel 2014 e la "consulta" volontaria svoltasi in Catalogna nel 2014 (cap. VI, I, § 7).

Il **referendum legislativo** nasce in Francia (costituzioni del 1793 e del 1795), si afferma in Svizzera prima sotto forma di veto popolare, poi come referendum obbligatorio in alcuni Cantoni, infine come referendum facoltativo a livello federale (costituzione del 1874), per essere recepito negli Stati membri degli USA tra la fine del secolo scorso e gli inizi dell'attuale e successivamente in vari paesi europei e dell'America latina.

Talvolta la linea di demarcazione rispetto al referendum costituzionale non è netta o perché il referendum legislativo viene utilizzato anche per revisionare la

---

[18] Costituzioni di Francia 1958 e Russia 1993.

[19] Come si è verificato in Iran nel 1979, in Marocco nel 2011 e in Egitto nel 2014.

[20] Vedi in Europa Albania, Croazia, Danimarca, Estonia, Francia, Irlanda, Islanda, Italia, Lettonia, Lituania, Romania, Slovenia, Svezia, Svizzera e in America latina Colombia, Perù, Uruguay, Venezuela.

[21] Tra i 28 Stati membri della UE, ben 15 hanno aderito in seguito al risultato positivo di un referendum popolare.

[22] Come quello del 2010 tra Croazia e Slovenia.

[23] Vi rientrano i "plebisciti" di adesione al Regno di Sardegna svoltisi tra il 1848 e il 1860. Nel 2014 il referendum per l'indipendenza della Crimea e di Sebastopoli dall'Ucraina ha determinato la successiva annessione alla Russia.

[24] Vedi i referendum derivanti dal processo di decolonizzazione, soprattutto in Africa, a quelli svoltisi a Timor Est nel 1999 per l'indipendenza dall'Indonesia e nel 2011 nel Sudan del Sud, a quelli tenutisi nella ex URSS e nella ex Jugoslavia dopo il 1989.

costituzione (com'è avvenuto in Francia nel 1962) o perché, pur intervenendo su leggi ordinarie, incide su una materia di rilievo costituzionale, come ad esempio quella elettorale (Italia 1993, Nuova Zelanda 1993). Tuttavia in quest'ultima ipotesi non c'è modificazione del testo costituzionale, per cui spetta all'interprete valutare l'eventuale mutamento di significato assunto da disposizioni costituzionali.

In base al criterio dell'automaticità o meno del ricorso al voto popolare il referendum può essere **obbligatorio o facoltativo**. Nel primo caso non c'è promotore e l'indizione della consultazione si configura come atto dovuto; nel secondo l'effettuazione del referendum è subordinata all'esercizio del diritto di iniziativa da parte di uno dei soggetti legittimati. Quando ha carattere facoltativo, il referendum acquista una natura prevalentemente oppositiva in quanto viene di regola richiesto da coloro che non condividono la decisione adottata dall'organo rappresentativo.

Il referendum costituzionale è più frequentemente obbligatorio[25], nel qual caso il voto popolare costituisce una condizione di validità dell'atto. Non mancano tuttavia ipotesi di referendum costituzionali facoltativi[26], nei quali il voto popolare interviene su un atto di per sé perfetto, operando solo come condizione di efficacia e assume a seconda del suo esito un valore confermativo o preclusivo.

Un'ulteriore ipotesi è quella del referendum **costituzionale eventuale**, che si verifica quando la consultazione popolare è esclusa nell'ipotesi in cui il progetto di revisione abbia ottenuto una maggioranza qualificata in Parlamento. Esso può combinarsi tanto con il referendum obbligatorio, allorché al di sotto della maggioranza prescritta si dà comunque corso al referendum (Francia, cost. del 1946), quanto con il referendum facoltativo che richiede sempre l'iniziativa di uno dei soggetti legittimati (Italia *ex* art. 138, cc. 2 e 3, cost.).

Il referendum legislativo è quasi sempre facoltativo, a riconoscimento della supremazia dell'organo parlamentare nell'attività ordinaria di produzione legislativa.

Quando il referendum è facoltativo, diventa essenziale l'individuazione del promotore. Alla luce di questo ulteriore criterio, il referendum può essere **passivo o attivo** (Suksi), a seconda che l'iniziativa provenga rispettivamente da un organo dello Stato oppure sia attribuita a una frazione del corpo elettorale o a enti autonomi territoriali.

In generale vi è una netta prevalenza del referendum passivo, ma occorre distinguere varie ipotesi. Quando è attivabile da una minoranza parlamentare (in

---

[25] Negli Stati membri degli USA e in Svizzera, Australia, Austria, Colombia (solo per emendamenti relativi ad alcune importanti materie), Danimarca, Francia (per le proposte parlamentari), Giappone, Irlanda, Islanda, Lettonia, Lituania, Romania, Spagna (per la revisione totale), Venezuela.

[26] In Austria, Cile, Colombia, Croazia, Estonia Italia, Francia (per i progetti governativi), Slovenia, Spagna (per le revisioni parziali), Svezia. Turchia.

Italia e Svezia per le revisioni costituzionali, in Austria e Spagna per le revisioni parziali, in Danimarca e Slovenia su progetti di legge ordinaria), il referendum costituisce uno strumento di garanzia dell'opposizione contro decisioni adottate dalla maggioranza. Quando l'iniziativa spetta alla maggioranza (per il referendum legislativo in vari Stati nordamericani, in Austria e nella maggioranza dei paesi dell'Europa centro-orientale), il referendum si configura come strumento di legittimazione della decisione adottata o come forma di consultazione del corpo elettorale quando non c'è accordo nella maggioranza o si tratta di questioni trasversali rispetto ai partiti. Infine quando la titolarità dell'iniziativa è attribuita al Presidente della Repubblica, si tratta di un potere condiviso se è prevista la controfirma ministeriale dell'atto di indizione o una proposta parlamentare o governativa o l'accordo di un altro organo costituzionale[27] oppure di un potere personale del Presidente se non è soggetto a controfirma[28].

Il referendum attivo può avere come suo promotore una **frazione del corpo elettorale**, come si verifica in Svizzera, negli Stati Uniti (dove il *popular referendum* è previsto in ventiquattro Stati membri), in Italia sia per il referendum abrogativo che per quello costituzionale, in vari paesi dell'Europa centro orientale (Lituania, Lettonia, Macedonia, Slovacchia, Slovenia) e dell'America latina (Colombia, Perù, Venezuela), oppure gli **enti autonomi territoriali** operanti nell'ambito di Stati federali o regionali (otto Cantoni in Svizzera, cinque Regioni in Italia). Un'ipotesi intermedia è quella introdotta in Francia nel 2008, in base alla quale il referendum legislativo può essere indetto su iniziativa di un quinto dei membri del Parlamento, sostenuta da un decimo degli elettori iscritti.

Il referendum passivo, specie quando è deciso dalla maggioranza parlamentare o dall'organo di vertice del potere esecutivo, è suscettibile di acquisire un significato plebiscitario e di trasformarsi in una sorta di "questione di fiducia" posta al popolo sulla politica seguita dal Governo o su una persona (com'è avvenuto in Francia per i referendum gollisti del 1962 e del 1969). All'opposto il referendum su iniziativa popolare si configura in linea generale come più "democratico". Tuttavia nella prassi la distinzione può essere meno netta di quella che può apparire soprattutto a causa del ruolo giocato dai partiti, che possono utilizzare il referendum attivo come arma di lotta politica (come si è verificato talvolta in Svizzera), o da gruppi di interesse, i quali trasformano l'iniziativa popolare in una vera e propria "industria" gestita da professionisti e sovvenzionata con ingenti somme di denaro (com'è avvenuto soprattutto negli Stati Uniti).

Un'ulteriore distinzione è quella tra referendum **preventivo e successivo**, a seconda che il voto popolare intervenga prima o dopo l'entrata in vigore di un atto. Il primo è di gran lunga prevalente, ricorrendo sempre nel referendum co-

---

27 In Irlanda, Portogallo, Croazia e Polonia.

28 In Cile, Francia, Romania, Russia e Turchia.

stituzionale e in quello consultivo, nei quali la manifestazione della volontà popolare ha senso solo se riguarda un atto non ancora in vigore, e assai spesso nei casi di referendum legislativo.

La categoria dei referendum successivi è eccezionale. Vi rientra il referendum operante come condizione risolutiva di una legge la cui entrata in vigore era giustificata dall'urgenza (Danimarca e Svizzera) e il referendum abrogativo di una legge in vigore (Colombia, Italia, Venezuela e negli Stati Uniti Alaska e Nevada).

In particolare il **referendum abrogativo italiano** risulta peculiare nel panorama dei referendum legislativi, oltre che per essere successivo e con effetto meramente negativo, per il fatto che può essere attivato da una frazione del corpo elettorale e può avere a oggetto anche parte di una legge. Per questi motivi qualche autore lo ha considerato come una ipotesi di iniziativa popolare (Battelli). Ma l'equiparazione non convince per almeno due ragioni. In primo luogo oggetto del referendum abrogativo non è una proposta popolare, ma una legge già in vigore approvata a suo tempo dal Parlamento. In secondo luogo l'effetto meramente abrogativo del referendum lo distingue dall'iniziativa popolare abrogativa; infatti, poiché l'iniziativa popolare può sempre esprimersi in positivo, quando venga utilizzata per la mera abrogazione di una legge, implica che questo sia l'unico risultato che il promotore vuole, mentre nel caso del referendum abrogativo tale risultato è imposto dalla natura dell'istituto e di fronte a questioni che non si prestano a una scelta binaria, è impossibile sapere in caso di esito positivo se il popolo preferisca la lacuna oppure una delle possibili discipline diverse della materia.

Un'ultima distinzione, relativa agli effetti del voto popolare, intercorre tra referendum **decisionale o deliberativo** e referendum **consultivo**, a seconda che esso abbia o meno efficacia giuridicamente vincolante. In particolare nella seconda ipotesi il voto popolare avrebbe il valore di un parere non vincolante e quindi produrrebbe solo effetti di tipo politico.

Il referendum consultivo è di solito facoltativo e passivo (su iniziativa del Parlamento) ed è stato utilizzato soprattutto nei paesi del Nord-Europa (Finlandia, Svezia e Lussemburgo), ma anche in ordinamenti nei quali non vi è alcuna previsione costituzionale in materia, nel qual caso si è posto il problema di quale fonte dovesse prevederne l'esercizio puntuale e questa è stata rinvenuta per lo più nella legge ordinaria e raramente in una legge costituzionale[29].

Tuttavia si tratta di un istituto in espansione, spesso previsto nelle costituzioni più recenti (in Grecia, Spagna, nella quasi totalità delle costituzioni dei paesi dell'Europa centro-orientale, in Ecuador e Venezuela) e utilizzato anche per legittimare la partecipazione a organismi sovranazionali o le modificazioni dei trattati istitutivi (come è avvenuto per l'Unione Europea).

---

[29] Vedi in Italia il referendum del 1989 sui poteri costituenti da affidare al Parlamento europeo previsto dalla l. cost. n. 2/1989.

In dottrina sono state manifestate due opinioni opposte: vi è chi considera il referendum consultivo come un ibrido a metà strada fra democrazia diretta e democrazia rappresentativa (Cronin) e chi al contrario ne evidenzia l'alta valenza politica ed esprime dubbi sulla sua ininfluenza giuridica (Di Giovine). La seconda opinione sembra essere vieppiù confermata sia da alcune previsioni costituzionali sia dalla prassi, che rivelano la tendenza ad attribuire all'esito del voto valore decisivo. Occorre poi sottolineare la duttilità di uno strumento che non assume carattere normativo e quindi può incidere sugli oggetti più diversi con un grado di vincolatività per gli organi politici talvolta superiore a quello dei referendum deliberativi.

Dalla **prassi** del ricorso agli istituti di democrazia diretta si possono trarre alcune sintetiche conclusioni:

– iniziativa popolare e referendum sono gli istituti più importanti, ma fra i due il referendum è di gran lunga quello più utilizzato;

– dagli anni '70 dello scorso secolo vi è stata una crescita delle consultazioni referendarie, dovuta a diverse cause: il massiccio ricorso al referendum verificatosi in alcuni paesi a livello statale o nell'ambito degli enti autonomi territoriali (Stati membri, Regioni, Comuni); la sottoposizione al voto popolare di decisioni che comportano limitazioni della sovranità statale (come quelle relative prima alla Comunità poi all'Unione Europea), la crisi dei partiti di massa e della democrazia rappresentativa;

– gli ordinamenti contemporanei possono essere classificati in tre gruppi. Negli Stati che riconoscono l'iniziativa legislativa popolare il popolo si configura come co-legislatore, ma anche laddove sono previsti referendum in materia costituzionale o su poteri sovrani, le votazioni popolari possono avere un'incidenza rilevante sul sistema politico-costituzionale. Nella maggioranza degli Stati contemporanei il referendum viene per lo più utilizzato come correttivo dell'azione degli organi rappresentativi, assume di solito carattere passivo e produce spesso esiti favorevoli alla maggioranza parlamentare e al Governo, ma con importanti eccezioni[30]. Infine vi sono Stati nei quali non sono costituzionalmente previsti referendum nazionali (Belgio, Germania, India, Israele, Norvegia, Paesi Bassi, Regno Unito, Stati Uniti), ma in alcuni di questi si sono comunque tenute consultazioni su questioni specifiche anche di grande rilievo (adesione a unioni sovranazionali, rivendicazione di indipendenza territoriale ecc.), varie ipotesi di referendum sono previste all'interno degli enti territoriali autonomi e si propone la loro introduzione anche a livello statale.

[30] Così in Italia il referendum abrogativo ha carattere attivo e all'inizio degli anni '90 ha avuto effetti critici sul sistema politico-istituzionale.

4. Democrazia partecipativa

A partire dall'ultimo decennio del secolo scorso si sono affermati istituti di democrazia partecipativa, attraverso i quali i cittadini non adottano direttamente le decisioni ma influenzano in modo importante le delibere di autorità pubbliche su questioni specifiche. Basti pensare agli organi collegiali della scuola, previsti fin dal 1974 in Italia, e alla "*démocratie de proximité*", creata in Francia nel 2002 attraverso la costituzione di consigli di quartiere.

In questo quadro ha assunto un rilievo particolare la c.d. **«democrazia deliberativa»** (Bessette), caratterizzata dalla compresenza di due elementi: la partecipazione popolare alle decisioni, che presuppone l'informazione e il dialogo fra i partecipanti, e l'inclusività, che implica il trasferimento di una parte del potere decisionale ai cittadini coinvolti che devono tutti avere la possibilità di esprimersi. L'esperienza pilota è stata quella del Comune di Porto Alegre in Brasile, dove nel 1989 si è attuato un procedimento di cogestione del bilancio tra assemblee popolari e istituzioni, che ha portato all'approvazione del c.d. "bilancio partecipativo". Istituti di democrazia partecipativa o deliberativa si sono successivamente avuti, soprattutto a livello locale, in America latina (in particolare in Venezuela), e in Europa (Francia, Germania, Italia, Regno Unito e Svezia). Oltre ai *bilanci partecipativi*, vanno citati i *sondaggi deliberativi*, basati sulla selezione di un campione di cittadini rappresentativo della popolazione, le *giurie di cittadini*, fondate su un campione ristretto di cittadini che si pronuncia su una questione controversa dopo avere ascoltato opinioni favorevoli e contrarie a un certo orientamento, le *consensus conferences*, che prevedono un dialogo tra esperti e cittadini, le *planning cells*, attraverso le quali le autorità pubbliche chiedono l'opinione di un numero consistente di cittadini. Poiché in ogni caso gli istituti citati non comportano che a decidere direttamente siano i cittadini, si può considerare la democrazia deliberativa come un'ipotesi particolarmente significativa di democrazia partecipativa.

Più delicata è la questione della configurabilità di una **democrazia elettronica**, fondata sull'utilizzazione degli strumenti informatici e sulle possibilità offerte dalla Rete. Non vi è dubbio che i moderni strumenti tecnologici rendano possibili nuove forme di comunicazione politica anche orizzontale, di mobilitazione popolare (come quella che si è verificata nel 2011 nella c.d. "primavera araba") e di organizzazione politica (come i *Piraten* in Germania e il Movimento 5 Stelle in Italia). Si pongono tuttavia due problemi: l'utilizzazione limitata a una parte della popolazione dell'informatica, il condizionamento nel ricorso a nuovi strumenti di comunicazione elettronica (come il *blog*) operato da parte di chi lo gestisce e formula le opzioni da sottoporre alla discussione e alla deliberazione degli utenti. Si ponc quindi la questione di un uso democratico della tecnologia informatica, vista non come alternativa globale, ma come integrazione della democrazia rappresentativa.

Riferimenti bibliografici

Su democrazia rappresentativa e democrazia diretta: J.J. ROUSSEAU, *Du Contrat Social ou Principes du droit politique*, Marc Michel, Amsterdam, 1762, trad. it. *Il contratto sociale o Principi di diritto politico*, Rizzoli, Milano, 1974; J. MADISON, *essay* n. 10 in A. HAMILTON, J. MADISON, J. JAY, *The Federalist*, cit. in bibl. cap. VI; B. CONSTANT, *De la liberté des Anciens comparée à celle des Modernes*, Paris, 1819, trad. it. *Discorso sulla libertà degli antichi paragonata a quella dei moderni*, in *Antologia degli scritti politici*, il Mulino, Bologna, 1962; J. STUART MILL, *Considerations on Representative Government*, Parker, Son and Bourn, West Strand, London, 1861, trad. it. *Considerazioni sul governo rappresentativo*, Editori Riuniti, Roma, 1997; A. ESMEIN, *Eléments de droit constitutionnel français et comparé*, 6ª ed., Sirey, Paris, 1914; G. GUARINO, *Il referendum e la sua applicazione nel regime parlamentare*, in *Rass. dir. pubbl.*, 1947; R. CARRÉ DE MALBERG, *Considerations théoriques sur la question da la combinaison du référendum avec le parlementarisme*, in *Rev dr. publ.*, 1931; N. BOBBIO, *Democrazia rappresentativa e democrazia diretta*, in *Il futuro della democrazia*, cit. in bibl. cap. IV; R. DAHL, *Democracy and Its Critics*, cit. in bibl. cap. IV; A. DI GIOVINE, *Referendum e sistema rappresentativo: una difficile convivenza*, in *Foro it.*, I, 1979; G. ZAGREBELSKY, *Il «Crugifige!» e la democrazia*, Einaudi, Torino, 1995.

Sul rapporto tra democrazia rappresentativa e democrazia identitaria: C. SCHMITT, *Verfassungslehre*, cit. in Bibl. cap. IV, sul quale v. G. AZZARITI, *Critica della democrazia identitaria. Lo Stato costituzionale schmittiano e la crisi del parlamentarismo*, Laterza, Roma-Bari, 2005, e E. FRAENKEL, *Die repräsentative und die plebiszitäre Komponente im demokratischen Verfassungstaat*, Tübingen, 1958, trad. it. *La componente rappresentativa e plebiscitaria nello Stato costituzionale democratico*, Giappichelli, Torino, 1983.

Sui sistemi elettorali: J.M COTTERET, C. EMERI, *Les systèmes électoraux*, 7ª ed., Puf, Paris, 1999; F. LANCHESTER, *Sistemi elettorali e forme di governo*, il Mulino, Bologna, 1981; D. FISICHELLA, *Elezioni e democrazia. Un'analisi comparata*, 3ª ed., il Mulino, Bologna, 1993; M. LUCIANI, M. VOLPI (eds.), *Riforme elettorali*, Laterza, Roma-Bari, 1995; S. GAMBINO (ed.), *Forme di governo e sistemi elettorali*, Cedam, Padova, 1995; M. OLIVIERO, M. VOLPI (eds.), *Sistemi elettorali e democrazie*, Giappichelli, Torino, 2007; L. TRUCCO, *Democrazie elettorali e Stato costituzionale*, Giappichelli, Torino, 2011.

Sull'influenza dei sistemi elettorali sui sistemi di partito: M. DUVERGER, *Les partis politiques*, Armand Colin, Paris, 1951, trad. it. *I partiti politici*, Comunità, Milano, 1970; D.W. RAE, *The Political Consequences of Electoral Laws*, 2ª ed., Yale U.P., New Haven, 1971; G. SARTORI, *Le leggi sulla influenza dei sistemi elettorali*, in *Riv. It. Sc. Pol.*, 1984; B. OWEN, *Le système électoral et son effet sur la représentation parlementaires des partis: le cas européen*, LGDJ, Paris, 2002.

Sugli istituti di democrazia diretta in generale: M. BATTELLI, *Les institutions de démocratie directe en droit suisse et comparé moderne*, Hachette, Paris, 1932; M. VOLPI, *Referendum nel diritto costituzionale*, in *Dig. pubbl.*, 4ª ed., XII, 1997. Sulla petizione: R. ORRÙ, *Petizione (diritto di)*, in *Dig. pubbl.*, XI, 1992. Sulla democrazia diretta negli Stati Uniti: T. CRONIN, *Direct Democracy. The Politics of Initiative, Referendum and Recall*, Harvard U.P., Cambridge, 1989; J.F. ZIMMERMAN, *The Recall: Tribunal of the People*, Praeger, Westport, 1997. Sulla democrazia diretta in America Latina: D. ZOVATTO,

Las instituciones de la democracia directa, Biblioteca virtual, Instituto de Investigaciones Jurídicas, Unam México Città del Messico, 2014.

Sulla prassi comparativa e nei diversi ordinamenti: F. DELPERÉE (ed.), *Référendums*, Centre de recherche et d'information socio-politiques, Bruxelles, 1985; M. LUCIANI, M. VOLPI (eds.), *Referendum*, Laterza, Roma-Bari, 1992; M. SUKSI, *Bringing in the People. A Comparison of Constitucional Forms and Practices of the Referendum*, Martinus Nijhoff Publishers, Dordrecht, 1993; D. BUTLER, A. RANNEY (eds.), *Referendums around the World*, MacMillan, Washington D.C., 1994; F. HAMON, *Le referendum. Étude comparative*, LGDJ, Paris, 1995.

Sul referendum costituzionale: A. BALDASSARRE, *Il «referendum» costituzionale*, in *Quad. cost.*, 1994; G. DE VERGOTTINI, *Referendum e revisione costituzionale: un'analisi comparativa*, in *Giur. cost.*, 1994. Sulla considerazione del referendum abrogativo italiano come iniziativa popolare: M. BATTELLI, *Le istituzioni di democrazia diretta*, in P. CALAMANDREI, A. LEVI (eds.), *Commentario sistematico alla Costituzione italiana*, I., G. Barbèra, Firenze, 1950.

Su democrazia partecipativa e deliberativa: J.R. BESSETTE, *Deliberative Democracy. The Majority Principle in Republican Government*, in R. GOLDWIN, W.A. SCHAMBRA (eds.), *How Democracy is the Constitution?*, American Enterprise Institute, Washington D.C., 1980; G. BOSETTI, S. MAFFETTONE, *Democrazia deliberativa: cosa è*, Luiss U.P., Roma, 2004; R. BIFULCO, *Democrazia deliberativa e democrazia partecipativa*, Relazione al Convegno "La democrazia partecipativa in Italia e in Europa: esperienze e prospettive", Firenze 2-3 aprile 2009, in *www.astrid.eu*; U. ALLEGRETTI, *Democrazia partecipativa: esperienze e prospettive in Italia e in Europa*, Firenze U.P., Firenze, 2010. Sulla democrazia elettronica: S. RODOTÀ, *Repertorio di fine secolo*, Laterza, Roma-Bari, 1992; M. BOLOGNINI, *Democrazia elettronica. Metodo Delphi e politiche pubbliche*, Carocci, Roma, 2001.

Sezione III – *Il Parlamento*

SOMMARIO: 1. Origine e struttura. – 2. Autonomia, continuità e organizzazione interna. – 3. *Status* dei parlamentari. – 4. Funzioni. – 5. Il rapporto di fiducia. – 6. Atti di indirizzo e di controllo. – 7. Atti conoscitivi e ispettivi. – Riferimenti bibliografici.

1. Origine e struttura

Il Parlamento è l'**organo rappresentativo** per eccellenza e il canale principale che ha garantito, attraverso la rappresentanza della classe borghese, prima lo Stato liberale, poi, attraverso la rappresentanza pluralistica, dovuta al suffragio universale, di tutte le classi, dei gruppi e delle correnti politiche presenti nella società, lo Stato democratico (cap. IV, §§ 5 e 10).

L'origine storica di tale organo (e della sua stessa denominazione) va rinvenuta nell'epoca feudale in Inghilterra, allorché il Monarca si vide costretto a riunire prima i massimi esponenti della nobiltà e del clero, poi anche i rappresentanti delle comunità libere, al fine di ottenere il consenso all'imposizione di nuovi tributi. Progressivamente si determinò una lotta fra il Re e l'organo parlamentare, che sfociò nel XVII secolo nelle due rivoluzioni (1648-49 e 1689) che videro la sconfitta della dinastia degli Stuart. Il Parlamento si affermò come organo permanente, garantito, in caso di scioglimento, dall'obbligo del Monarca di convocare entro termini prefissati nuove elezioni. Esso divenne titolare del potere legislativo (e in particolare del potere di decidere non solo sulle entrate ma anche sulle spese) e del potere di controllo nei confronti dell'Esecutivo.

In Francia l'istituzione parlamentare trasse origine nel 1789 dalla riunione degli "Stati generali", rappresentanti la nobiltà, il clero e la borghesia, e dalla separazione del "terzo stato" che si trasformò in Assemblea nazionale, mentre il termine "parlamenti" stava in origine a designare gli organi che amministravano la giustizia per conto dei ceti.

Nel mondo contemporaneo l'esistenza del Parlamento come organo elettivo caratterizza la quasi totalità degli Stati e costituisce una condizione necessaria, anche se non sufficiente, per qualificare un ordinamento costituzionale come democratico.

Il principio della **centralità del Parlamento**, e della supremazia della legge che del Parlamento è l'atto tipico, caratterizza tutte le esperienze liberal-democratiche, ma tale centralità non comporta una posizione di preminenza, in quanto il suo potere è assoggettato a varie limitazioni, per lo più contenute in costituzioni rigide e quindi sovraordinate alla legge ordinaria. Queste consistono nel controllo di legittimità costituzionale delle leggi (cap. IX), nel riconoscimento di poteri legislativi a enti territoriali autonomi (cap. VI, I, §§ 2 e 5), nella previsione di istituti di democrazia diretta, che consentono al corpo elettorale di prendere decisioni in prima persona anche in contrasto con quelle adottate dalla maggioranza parlamentare (*supra*, II, § 3), nei poteri di controllo sull'esercizio della funzione legislativa attribuiti al Capo dello Stato (*infra*, V, § 1), nel potere dei giudici di creare diritto, tipico dei paesi di *common law* (che in particolare impedisce al Parlamento inglese di agire come potere illimitato a causa dell'inesistenza di una costituzione scritta).

Negli Stati contemporanei, al di là della posizione giuridico-formale rivestita dal Parlamento, l'evoluzione dei rapporti di forza sul piano politico-sostanziale ha spinto a teorizzare l'inarrestabile declino dell'istituzione parlamentare. Ciò deriverebbe da un lato dal **passaggio dallo "Stato legislativo" allo "Stato amministrativo"**, vale a dire da una situazione nella quale le principali decisioni statali erano adottate dal Parlamento nella forma della legge a una in cui la maggioranza delle decisioni vengono prese nell'ambito del potere esecutivo e mediante atti di tipo regolamentare o amministrativo. Inoltre il ruolo dei partiti, nel dare vita a una continuità fra maggioranza parlamentare e Governo, garantita dalla disciplina dei gruppi parlamentari, avrebbe assicurato la preminenza dell'Esecutivo e privato le Assemblee di ogni effettivo potere decisionale.

Le tendenze segnalate sono innegabili, ma non tali da portare a un inevitabile ridimensionamento del ruolo del Parlamento, che finirebbe per pregiudicare oltre al principio rappresentativo anche quello democratico. È quindi preferibile parlare di una **crisi dei Parlamenti**, derivante dalla necessità per gli stessi di adattarsi alle mutate condizioni sociali, politiche e istituzionali. Resta il fatto che il Parlamento è l'organo rappresentativo della intera società ed è titolare del potere di approvare le leggi e di quello di controllare l'Esecutivo. L'esercizio di questi poteri risulta più efficace laddove il Parlamento è più agile, sia per il numero non eccessivo di parlamentari, sia grazie all'organizzazione di gran parte dei suoi lavori in organismi più ristretti dell'Assemblea (come le commissioni), e fornite di un adeguato apparato servente sul terreno tanto conoscitivo quanto operativo. Inoltre dal punto di vista funzionale il Parlamento è più forte quando la funzione legislativa è riservata alle grandi scelte di principio e di indirizzo, ne sono rafforzati i poteri di controllo e di ispezione e vengono riconosciuti adeguate garanzie e diritti alle opposizioni.

Dal punto di vista strutturale, i Parlamenti si distinguono in **bicamerali**, quando sono formati da due Camere, e **monocamerali**, quando sono costituiti da un'unica Camera. Tuttavia originariamente bicameralismo e monocameralismo fanno capo a due princìpi diversi, che valgono indipendentemente dal numero delle Camere esistenti. Così possono aversi Parlamenti formati da due Camere che funzionano secondo un modello di tipo monocamerale, come l'*Al-*

thing islandese e fino al 2009 lo *Storthing* norvegese, in quanto le due Camere sono semplici sezioni di un unico organo titolare delle competenze fondamentali. All'opposto si può dare il caso di Parlamenti monocamerali che adottano meccanismi di garanzia ispirati alla logica bicamerale, come il potere riconosciuto a una minoranza qualificata dell'Assemblea di rinviare l'approvazione definitiva di una legge alla sessione successiva (in Finlandia) o di sottoporre a referendum popolare la legge deliberata in sede parlamentare (in Danimarca).

Il **principio bicamerale** costituisce una diretta filiazione di quello di separazione dei poteri e nella fase del passaggio dallo Stato assoluto allo Stato liberale si propone di conciliare la componente aristocratica, rappresentata dalla Camera alta non elettiva, con quella borghese, che trova il suo punto di riferimento nella Camera bassa di origine elettiva (Mortati). Il bicameralismo nasce in Inghilterra nella prima metà del XIV secolo, allorché i rappresentanti dei Borghi e delle Contee cominciano a riunirsi separatamente dai nobili, dando vita alla storica distinzione fra Camera dei Comuni e Camera dei *Lords*. Esso si afferma poi in Europa continentale nelle carte costituzionali della Restaurazione e del periodo della monarchia costituzionale, ivi compreso lo statuto albertino, che prevedono l'esistenza di una Camera dei deputati elettiva e di un Senato composto da membri nominati dal Re. Successivamente al principio bicamerale si richiama la borghesia in conseguenza dell'ingresso nella Camera elettiva dei rappresentanti delle classi popolari, al fine di avere una seconda Camera di contrappeso, che eviti la "dittatura" di una Camera unica e controbilanci le tendenze radicali che si manifestino nella prima Camera.

Il **principio monocamerale** deriva dalla teoria della sovranità nazionale, ritenuta unitaria e indivisibile, e si basa sul famoso paradosso formulato da Sieyès nel periodo della rivoluzione francese, per cui in caso di esistenza di due Camere o vi è una reale distinzione fra queste e allora vi è il rischio di un conflitto insolubile oppure la seconda Camera è simile alla prima ma in tal caso diventa un inutile doppione. Il monocameralismo si afferma nelle costituzioni francesi dell'epoca rivoluzionaria, per essere successivamente accolto in varie costituzioni democratiche sulla base di una concezione radicale del principio della sovranità popolare. Analogamente fanno ricorso al monocameralismo gli Stati socialisti non federali, che si ispirano a un approccio teorico di tipo assembleare.

Nel secondo dopoguerra si manifesta una **crisi del bicameralismo**, come dimostra il passaggio al sistema monocamerale in vari paesi (Nuova Zelanda 1950, Danimarca 1953, Svezia 1969, Grecia 1975, Perù 1992, Portogallo 1976, Islanda 1991, Venezuela 1999, Norvegia 2009) e la sua adozione nella maggioranza degli Stati non federali dell'Europa centro-orientale. La ragione della tendenza verso il monocameralismo sta nel fatto che è venuta meno la ragione originaria che giustificava il bicameralismo, vale a dire la necessità di rappresentare diverse classi sociali.

Un discorso diverso va fatto per gli Stati federali, nei quali il bicameralismo trova la sua causa giustificativa nella natura stessa dello Stato, in quanto la seconda Camera ha il compito di rappresentare gli Stati membri (cap. VI, I, § 2).

In vari Stati non federali il sistema bicamerale continua a sussistere ma solo al prezzo di una trasformazione, tanto strutturale quanto funzionale, della seconda Camera, che si rende necessaria soprattutto negli ordinamenti democratici. Dal punto di vista strutturale si manifesta la tendenza **a modificare la composizione** del Senato, trasformandolo in una Camera eletta direttamente dal corpo elettorale (Giappone, Italia) o composta da membri designati dalle collettività territoriali (Francia, Paesi Bassi) o con una composizione mista (Spagna). Talvolta il Senato assume la configurazione di Camera rappresentativa anche di categorie socio-professionali e di esperti (come si verifica in Irlanda per il *Seanad Eireann*[31]). Nel Regno Unito una legge del 1999 ha abolito quasi tutti i Pari ereditari della Camera dei *Lords*, per cui la grande maggioranza dei membri sono nominati dal Sovrano su designazione del Primo Ministro o di una apposita commissione parlamentare.

Dal punto di vista funzionale il **bicameralismo perfetto** o paritario, che attribuisce gli stessi poteri alle due Camere anche se non esclude la titolarità di funzioni specifiche e differenziate, permane in alcuni Stati federali (Stati Uniti, Svizzera, Stati latino-americani), mentre negli altri viene generalmente soppiantato dal **bicameralismo imperfetto o asimmetrico**, nel quale sono attribuiti diversi poteri alle due Camere. In vari ordinamenti il Senato non può votare la sfiducia al Governo[32]. In altri vengono limitate le competenze legislative della seconda Camera o nel senso che in certe materie (in particolare quella finanziaria) è riconosciuto un potere esclusivo o preminente alla prima Camera[33] oppure mediante l'attribuzione al Senato di un potere di veto sospensivo, che l'altra Camera può superare con una o più successive approvazioni del progetto di legge talvolta con una maggioranza speciale[34] o ancora tramite il riconoscimento al Governo del potere di far decidere in via definitiva la prima Camera in caso di disaccordo[35]. In particolare negli Stati non federali il bicameralismo perfetto rappresenta ormai un'eccezione, essendo ancora in vigore fra i paesi democratici solo in Italia, dove è attualmente in discussione la trasformazione del Senato in Camera delle istituzioni territoriali, titolare di competenze legislative differenziate rispetto alla Camera dei deputati. Del tutto peculiare è la situazione dell'America latina, dove nei dieci paesi che hanno un sistema bicamerale Camera e Senato hanno competenze differenziate, ma entrambe sono titolari del-

---

[31] Nel referendum del 2013, la proposta di abolizione del Senato è stata respinta dal 51,8% dei votanti.

[32] Fra gli Stati federali: Australia, Austria, Belgio, Canada e Germania, fra gli Stati non federali: Francia, Giappone, Irlanda, Paesi Bassi, Polonia, Regno Unito, Repubblica Ceca, Spagna.

[33] Australia, Canada, India, Irlanda, Regno Unito.

[34] Austria, Germania, Giappone, Gran Bretagna, Polonia, Repubblica Ceca, Russia, Spagna.

[35] Francia.

la funzione legislativa e vari sono i sistemi previsti per risolvere i conflitti tra di esse[36].

In definitiva negli Stati nei quali la seconda Camera non è rappresentativa delle comunità territoriali il bicameralismo si è ormai trasformato da principio generale in modalità di funzionamento dell'organo parlamentare e viene giustificato con motivazioni di ordine tecnico, quali la maggiore ponderazione dei progetti di legge, la migliore qualità delle leggi approvate, lo svolgimento di un'attività legislativa più intensa, e così via. Ma si tratta di argomenti largamente opinabili e che non sempre corrispondono alla realtà.

2. Autonomia, continuità e organizzazione interna

Al Parlamento di solito sono riconosciute varie forme di autonomia: regolamentare, finanziaria e organizzativa.

I **regolamenti parlamentari** sono gli atti con cui ogni Assemblea disciplina la propria organizzazione interna e l'esercizio delle proprie funzioni (cap. II, III, § 7.1). Di solito il regolamento è adottato da ciascuna Camera con propria autonoma deliberazione, talvolta a maggioranza semplice dei votanti, il che può consentire un ruolo importante del Governo, talaltra a maggioranza assoluta dei componenti (Italia e Spagna). Se in vari paesi (fra i quali l'Italia) tali regolamenti, alla luce del principio della insindacabilità degli *interna corporis*, non sono soggetti al controllo di altri organi, in altri sono sottoposti al controllo di costituzionalità (Francia, dove l'art. 61 cost. prevede un controllo obbligatorio e preventivo su tutte le norme regolamentari da parte del *Conseil constitutionnel*).

Oltre all'autonomia normativa al Parlamento è riconosciuta anche l'**autonomia finanziaria**, che si concretizza nel potere di disporre e di decidere sull'impiego di adeguate risorse finanziarie. Essa comprende il potere di predisporre in piena autonomia il proprio bilancio e di approvare il conto consuntivo, ma non esclude l'esistenza di controlli. Infatti è frequente che il controllo in materia sia affidato anziché a un organo interno o designato dal Parlamento, a un organo esterno ed indipendente (come la Corte dei Conti in Austria, Germania e Grecia).

In vari ordinamenti al Parlamento è riconosciuta anche l'**autonomia amministrativa**, consistente nel potere di stabilire l'organizzazione dei servizi e degli

---

[36] Gli Stati bicamerali in America latina sono Argentina, Bolivia, Brasile, Cile, Colombia, Repubblica Dominicana, Haiti, Messico, Paraguay e Uruguay. Quattro sono i sistemi previsti per risolvere i conflitti legislativi: l'attribuzione del potere finale di approvazione della legge alla Camera in cui ha avuto origine il procedimento (Argentina e Brasile), l'attribuzione di tale potere alla Camera "*revisora*" (Repubblica Dominicana, Haiti, Messico, Paraguay), la convocazione di un'assemblea congiunta delle due Camere (Bolivia e Uruguay), il ricorso a una commissione bicamerale paritetica (Cile, Colombia).

uffici e la carriera giuridica ed economica dei propri dipendenti. In alcuni casi (come nell'ordinamento italiano) il Parlamento in base a norme regolamentari esercita anche la giurisdizione domestica (c.d. autodichia), nel senso che l'ufficio di presidenza di ciascuna Camera decide sui ricorsi dei propri dipendenti avverso provvedimenti relativi alla loro carriera.

Un'altra garanzia stabilita a tutela del Parlamento è rappresentata dal **principio della continuità dell'organo parlamentare** (Elia), che negli Stati democratici ha soppiantato quello, dominante nel periodo della monarchia costituzionale, secondo il quale il Parlamento era un organo intermittente, che il Re poteva liberamente convocare e aggiornare facendo ricorso allo scioglimento o alla chiusura della sessione. Quindi oggi la discontinuità non riguarda l'organo ma solo il soggetto che ne è titolare.

Il principio di continuità comporta che il Parlamento abbia una **durata prestabilita**, che è generalmente di quattro o cinque anni, e che alla scadenza di tale periodo sia previsto un termine entro il quale devono essere indette nuove elezioni e di solito anche un termine finale per la riunione delle Camere neoelette. Peculiare è la breve durata della Camera e del Senato negli Stati Uniti e in Argentina (rispettivamente due e quattro anni la prima, mentre il secondo viene rinnovato per un terzo ogni due anni). Essa si spiega nel contesto della forma di governo presidenziale, nella quale le Camere non possono essere sciolte anticipatamente e devono godere di una rappresentatività pari a quella del Presidente.

In alcuni ordinamenti (Italia, Lussemburgo, Paesi Bassi) il Parlamento può riunirsi senza limitazioni per tutto il corso della legislatura, cioè per l'intero periodo per il quale esso è stato eletto, limitandosi di solito la costituzione a stabilire solo il giorno iniziale per la convocazione di ogni Camera e a prevederne l'eventuale convocazione straordinaria. Al contrario nella grande maggioranza degli ordinamenti contemporanei il Parlamento non siede in permanenza, ma opera **per sessioni ordinarie**, che possono essere una o più all'anno, e **straordinarie**, su iniziativa del Capo dello Stato, del Governo, della Presidenza dell'Assemblea e spesso di una minoranza qualificata di parlamentari. La sessione costituisce il periodo entro il quale il Parlamento deve portare a termine il lavoro programmato, pena la decadenza dell'attività non esaurita.

La durata delle Assemblee parlamentari può essere abbreviata dallo scioglimento anticipato delle stesse. Vi sono tuttavia casi eccezionali nei quali la durata del Parlamento può prolungarsi oltre il termine prestabilito. La **proroga**, che prolunga il mandato dei titolari di tale organo, i quali possono agire nella pienezza dei propri poteri, è legata a fatti eccezionali, come lo stato di guerra (in Grecia, Italia e Svezia).

Diversa dalla proroga è la ***prorogatio*** dei poteri parlamentari, che in Italia è prevista fino alla riunione delle nuove Camere. In tale ipotesi infatti non è prolungata la durata della legislatura, ma si consente alle Camere scadute di compiere solo gli atti improrogabili e urgenti e quelli dovuti, come l'approvazione del bilancio.

In vari ordinamenti nei quali non è prevista la *prorogatio* una certa continuità dell'organo è garantita da altri meccanismi. Nei Paesi Bassi lo scioglimento regio di una Camera ha effetto solo al momento della riunione della Camera neoeletta e quindi fino a tale giorno l'Assemblea agisce nella pienezza dei suoi poteri. In Portogallo in caso di scioglimento anticipato la durata dell'Assemblea neoeletta è aumentata del tempo necessario alla conclusione della sessione in corso al momento della sua elezione. In qualche ordinamento la continuità del Parlamento è garantita dalla riunione di organi più ristretti che esercitano alcuni poteri anche dopo lo scioglimento (commissione permanente in Spagna). Analogamente la cesura esistente fra le sessioni nei Parlamenti che adottano tale metodo di attività è attenuata dalla previsione che fra una sessione e l'altra certi poteri siano esercitati dalla presidenza, da alcune commissioni o da un organo *ad hoc* (come in Grecia la Sezione e in Brasile, Messico e Uruguay la Commissione permanente). Infine va sottolineato che in molti ordinamenti durante la proclamazione degli stati di emergenza è vietato lo scioglimento del Parlamento (Francia e Spagna) o è prevista l'esistenza di un apposito organo eletto dall'Assemblea (come la commissione comune in Germania e la commissione permanente in Portogallo e in Spagna).

La continuità dell'organo parlamentare non esclude che per i lavori del Parlamento ancora valga il principio per cui la fine della legislatura o la chiusura della sessione determinano la **decadenza delle attività non portate a compimento**. Tuttavia tale principio trova fondamento non come in passato nella supremazia del potere esecutivo, ma nel principio democratico in base al quale il Parlamento neoeletto, se vuole essere rappresentativo della volontà popolare, non può essere condizionato dall'attività iniziata da quello precedente, che poteva anche avere una composizione politica diversa o addirittura opposta (Bassanini). Tuttavia in alcuni ordinamenti a tale principio sono apportati vari temperamenti, in modo da consentire all'Assemblea neoeletta di recuperare i progetti di legge che abbiano ottenuto una prima approvazione (Regno Unito) o siano stati approvati da una Camera (Belgio, Italia) o siano di iniziativa popolare (Italia).

Di regola le costituzioni contengono scarne disposizioni relative all'**organizzazione interna** del Parlamento. Di conseguenza queste sono in gran parte disciplinate da altre fonti, quali la legge ordinaria oppure la legge organica, i regolamenti parlamentari, la consuetudine. Vi sono poi comportamenti non produttivi di norme giuridiche che costituiscono la c.d. prassi parlamentare.

I principali organi interni del Parlamento sono costituiti dalla presidenza, dai gruppi parlamentari e dalle commissioni.

La **presidenza** può essere rappresentata da un organo individuale, secondo il modello dello *Speaker* proprio dei paesi anglosassoni, o da un presidente coadiuvato da un organo collegiale, denominato di solito ufficio di presidenza, la cui composizione tende a riflettere quella propria dell'Assemblea (come avviene nei paesi dell'Europa continentale) o infine da un organo collegiale, il che si verifica in molti paesi in via di sviluppo e soprattutto negli Stati socialisti, dove la presidenza collegiale variamente denominata (*Presidium*, Consiglio di Stato, Commissione permanente, ecc.) ha sempre svolto un ruolo decisivo. Tale organo negli Stati europei ex socialisti è stato soppiantato da un presidente eletto dal Parlamento, talvolta affiancato da uno o più vice presidenti (Bulgaria, Russia, Ungheria) o da un ufficio permanente (Romania).

Circa il ruolo del Presidente, occorre distinguere il modello americano, nel quale lo *Speaker* della Camera dei rappresentanti è uomo di parte in quanto espressione della maggioranza e il Presidente del Senato è il Vicepresidente degli Stati Uniti, e il modello inglese (applicato di solito negli ordinamenti europei), caratterizzato dall'imparzialità del Presidente, che deve essere una personalità accettata tanto dalla maggioranza quanto dall'opposizione e di regola non interviene nel merito delle questioni e non prende parte al voto.

I **gruppi parlamentari** costituiscono la naturale articolazione politica interna del Parlamento. Laddove sono espressione di partiti di massa nazionali, i gruppi svolgono di solito una funzione molto importante sia nel dare impulso ai lavori del Parlamento, soprattutto tramite la presentazione di progetti di legge e la presenza nelle commissioni, sia nel garantire la disciplina dei parlamentari.

Tutti i Parlamenti contemporanei organizzano i propri lavori non solo nel *plenum*, cioè nella riunioni dell'intera Assemblea, ma anche in organismi più ristretti che consentono lo svolgimento di una considerevole mole di affari. Le **commissioni parlamentari** si dividono in due grandi categorie: **permanenti e speciali**. Le prime sono costituite di solito per la durata dell'intera legislatura o di una sessione, sono specializzate per materia, spesso in corrispondenza alla competenza dei diversi ministeri, e svolgono funzioni legislative e di controllo. Le commissioni speciali sono invece costituite *ad hoc* per la trattazione di affari determinati e durano in carica fino all'esaurimento dei propri lavori. Fra queste assumono particolare rilievo le commissioni di inchiesta (*infra*, § 7).

Peculiare è l'organizzazione in commissioni del Parlamento britannico. Infatti gli *Standing Committees* non hanno una competenza specializzata per materia, ma esaminano singoli disegni di legge che dopo la seconda lettura non siano rinviati né a una commissione speciale (*Select Committee*) né alla commissione dell'intera Camera (*Committee of the whole House*), la quale è composta da tutti i membri della Camera e può esaminare i disegni di legge (di solito in materia finanziaria) mediante una procedura più snella di quella ordinaria.

Nei Parlamenti bicamerali sono spesso previste commissioni bicamerali o miste, in quanto formate da deputati e da senatori che intervengono nel procedimento legislativo con funzioni di conciliazione (Cile, Colombia, Francia, Germania) o svolgono funzioni consultive o di vigilanza[37].

---

[37] Come in Italia rispettivamente la commissione per le questioni regionali e la commissione per l'indirizzo e la vigilanza dei servizi radiotelevisivi.

La designazione dei membri delle commissioni può essere effettuata dall'Assemblea, dalla presidenza o da una speciale commissione (Irlanda, Norvegia), ma di solito avviene su indicazione dei gruppi parlamentari. Circa i criteri di composizione, si può distinguere il modello britannico, che garantisce la preminenza della maggioranza, e quello, tipico di altri ordinamenti (Danimarca, Francia, Grecia, Italia, Portogallo, Spagna) che adotta il criterio della rappresentanza proporzionale alla consistenza dei gruppi parlamentari o comunque conforme alla composizione politica dell'Assemblea.

Il principio fondamentale che regola le attività del Parlamento è quello della **programmazione dei lavori**. Negli ordinamenti anglosassoni di tipo parlamentare l'ordine del giorno delle sedute parlamentari è stabilito dal Governo, anche se all'opposizione sono attribuiti alcuni giorni (*Supply Days*), nei quali essa può scegliere liberamente l'oggetto del dibattito. In Francia il potere di stabilire l'ordine del giorno, dopo la revisione costituzionale del 2008 spetta a ciascuna Camera, ma due settimane di seduta su quattro sono riservate all'esame dei testi e ai dibattiti indicati dal Governo e, su domanda di questo, viene iscritto in via prioritaria l'esame di una serie di disegni di legge e di questioni espressamente indicati dalla costituzione. Negli altri ordinamenti la fissazione dell'ordine del giorno è di competenza dello stesso Parlamento tramite il Presidente, la Conferenza dei Presidenti (che comprende di solito i presidenti dei gruppi parlamentari e delle commissioni), o una commissione speciale. In tutti questi casi quindi l'ordine del giorno, pur se influenzato dalla maggioranza, è anche il frutto di accordi con i gruppi di opposizione.

Per la **validità delle sedute** è richiesta, con qualche rara eccezione (Gran Bretagna, Israele e Svezia), la presenza di un certo numero di parlamentari (numero legale) di solito pari alla metà più uno dei componenti l'Assemblea. Tuttavia spesso il numero legale è presunto e raramente è oggetto di verifica su richiesta di un certo numero di parlamentari o su iniziativa del Presidente.

Per l'adozione delle deliberazioni la regola è quella della **maggioranza semplice**, pari alla metà più uno dei votanti, tranne nei casi in cui la costituzione richieda la **maggioranza assoluta** (metà più uno dei componenti) o una **maggioranza qualificata**, cioè superiore alla metà più uno dei votanti o dei componenti, il che si può verificare per l'adozione di atti di particolare importanza (revisione della costituzione, adozione e modificazione del regolamento, messa in stato d'accusa del Capo dello Stato, ecc.).

Circa le modalità di voto, la distinzione fondamentale è fra **voto palese e voto segreto**. Il primo che è più frequentemente adottato, risponde a un'esigenza di pubblicità degli orientamenti assunti dai parlamentari ed è sempre applicato alle votazioni relative alla fiducia. Tuttavia solo in alcuni casi (voto per divisione in aula, per appello nominale, elettronico o su schede da cui risulta il nome del votante) esso consente di verificare all'esterno dell'aula il voto del singolo parlamentare, mentre in altre ipotesi il voto anche se pubblico rende più difficile l'individuazione di quello del singolo parlamentare (come si verifica con il voto orale espresso con un sì o un no, per alzata di mano, per alzata e seduta). Il voto segreto (mediante voto elettronico, schede anonime o palline di diverso colore) è volto a garantire il libero pronunciamento del parlamentare ed è di solito adottato per le votazioni su persone (come l'elezione e la messa in stato d'accusa del Capo dello Stato).

Sui tempi dei lavori parlamentari può incidere l'**ostruzionismo tecnico o tattico**, che consiste in un insieme di tecniche adottate dai parlamentari dell'opposizione al fine di ritardare i lavori parlamentari senza violare formalmente le regole di procedura. Si tratta di un istituto costituzionalmente legittimo, a differenza dell'ostruzionismo **fisico**, che impedisce con la violenza all'Assemblea di svolgere i propri lavori e di quello **di principio**, che mette in discussione i princìpi del parlamentarismo a cominciare dal principio di maggioranza.

Tra i mezzi adottati si possono ricordare i seguenti:

– il *filibustering*, che consiste nel prolungamento degli interventi e nell'iscrizione a parlare di un gran numero di parlamentari;
– il ricorso a questioni pregiudiziali;
– la presentazione di un alto numero di emendamenti ai progetti presentati dalla maggioranza;
– l'abbandono dell'aula per far mancare il numero legale o la ripetuta richiesta di verifica dello stesso.

Tutti gli ordinamenti vigenti prevedono varie **tecniche antiostruzionistiche**, che risultano più efficaci laddove, come in Francia e in Gran Bretagna, il Governo è in grado di controllare l'ordine del giorno delle sedute. Gli strumenti più frequentemente utilizzati sono la tecnica della *Guillotine*, con la quale si predetermina il giorno e l'ora della votazione finale, e quella del *Kangaroo*, che consente di selezionare gli emendamenti evitando il voto su gran parte degli stessi (entrambe originarie del Parlamento britannico), la limitazione della durata degli interventi, il "contingentamento" dei tempi, vale a dire la predeterminazione degli spazi di intervento riservati ad ogni gruppo, la posizione della questione di fiducia sul testo proposto dal Governo, che fa venir meno gli emendamenti, il *vote bloqué* che impone un unico voto dell'Assemblea sull'insieme o su una parte del testo in discussione con i soli emendamenti voluti dal Governo (in Francia).

3. *Status* dei parlamentari

L'esigenza che il Parlamento operasse in piena autonomia nei confronti del potere esecutivo ha fatto sì che ai suoi membri fosse riconosciuto uno stato giuridico particolare, consistente in un insieme di **prerogative** volte a tutelare nella persona del parlamentare la stessa funzione da esso svolta, ma non tali da configurare dei privilegi riconosciuti ai singoli in contrasto con il principio dell'eguaglianza dei cittadini di fronte alla legge.

Per poter acquisire tale *status* e quindi essere eleggibili, sono richiesti **requisiti positivi**, che consistono di solito nell'età, nella nazionalità e nella residenza e requisiti **negativi**, cioè condizioni di cui deve verificarsi l'inesistenza, quali l'incapacità civile e la condanna penale per certi reati.

In alcuni ordinamenti (Francia, Italia, Portogallo, Spagna, Turchia, Venezuela) occorre che non ricorrano cause di **ineleggibilità o di incompatibilità**. Le prime riguardano i titolari di uffici pubblici o soggetti che hanno particolari rapporti, economici o professionali, con lo Stato, i quali potrebbero avvalersi della propria posizione per pregiudicare la libertà del voto e la parità fra i candidati o perseguire interessi privati o particolaristici nell'espletamento del mandato. Tali posizioni costituiscono un impedimento giuridico all'elezione e quindi la rendono nulla. Invece l'incompatibilità riguarda i titolari di importanti cariche costituzionali (come quella di Presidente della Repubblica e di giudice costituzionale) o che siano di nomina governativa o implichino un controllo da parte dello Stato e mirano ad evitare il cumulo delle cariche e a garantire lo svolgimento indipendente del mandato. Essa non impedisce l'elezione, ma obbliga l'eletto a compiere un'opzione entro un certo termine, pena la sua decadenza dal mandato parlamentare.

Una categoria particolare di incompatibilità è quella **fra mandato parlamentare e funzione ministeriale**. Tale incompatibilità costituisce la regola nella forma di governo presidenziale, ma è accolta anche in quella semipresidenziale francese e in alcune forme di governo parlamentari (Belgio, Norvegia, Lussemburgo, Paesi Bassi e Svezia). Tuttavia la rigidità della regola è temperata dalla previsione che al parlamentare nominato ministro subentri un supplente, il quale svolgerà il mandato solo nel periodo in cui il titolare del seggio svolgerà la carica di Ministro (Francia e Svezia). In altre forme di governo parlamentari al contrario è stabilito che i Ministri siano o divengano entro breve termine membri del Parlamento (Australia, India) o di fatto sono quasi sempre dei parlamentari (Belgio, Canada, Germania, Regno Unito).

La **convalida delle elezioni** o "verifica dei poteri", consistente nell'accertamento della regolarità delle operazioni elettorali e dell'inesistenza di cause di impedimento, spetta frequentemente allo stesso Parlamento, anche se non mancano eccezioni (in Francia è competente il *Conseil costitutionnel*). Il contenzioso elettorale invece di solito è di competenza dell'autorità giudiziaria ordinaria o speciale o del giudice costituzionale, restando limitati i casi in cui spetta allo stesso Parlamento[38], il che rende quasi inevitabile il ricorso a criteri politici di valutazione.

---

[38] In Danimarca, Italia, Norvegia, Stati Uniti, Svezia.

Rientrano infine nello *status* del parlamentare le **immunità parlamentari**. Storicamente i Parlamenti hanno dovuto battersi per garantire la protezione dei propri membri da azioni giudiziarie sostenute dal potere esecutivo. Negli Stati democratici, nei quali è garantita l'indipendenza della magistratura e sono tutelati i diritti di libertà dei cittadini, la *ratio* delle immunità parlamentari è diversa, consistendo nella protezione del parlamentare da iniziative persecutorie di un giudice e nella tutela della composizione numerica dell'Assemblea. Ma queste esigenze devono essere bilanciate con altri valori costituzionali e in primo luogo con il principio di eguaglianza dei cittadini.

Due sono le principali ipotesi di immunità: l'**insindacabilità** e l'**immunità penale**. La prima, definita spesso irresponsabilità (ma la costituzione spagnola usa il termine «inviolabilità», che in altri ordinamenti designa il secondo tipo di immunità), si applica alle opinioni espresse e ai voti dati dai parlamentari nell'esercizio delle loro funzioni, riguarda qualsiasi tipo di responsabilità giuridica ed è permanente, protraendosi anche dopo la scadenza della carica [39].

Invece l'immunità penale, definita talvolta come inviolabilità (Francia, Italia, Regno Unito) consente al parlamentare di essere sottoposto a una responsabilità penale speciale, derogatoria rispetto a quella di diritto comune, anche per atti compiuti al di fuori dell'esercizio delle proprie funzioni, ed ha natura temporanea, coprendo il parlamentare solo nel corso del mandato o della sessione parlamentare [40].

Nella disciplina delle immunità vi è una netta distinzione fra il modello tipico dei paesi anglosassoni e quello prevalente in Europa continentale e in America latina.

Nel primo l'insindacabilità vale solo per le opinioni espresse **in Parlamento o nel corso dei lavori parlamentari** e l'inviolabilità tutela la **libertà personale** del parlamentare. In particolare nel Regno Unito essa non riguarda la materia penale, ma esclude l'arresto quale sanzione pronunciata a seguito di un procedimento civile, configurandosi come una procedura ormai obsoleta dopo che è stata eliminata la procedura civile dell'arresto per debiti. Negli Stati Uniti e in Irlanda i parlamentari non possono essere arrestati durante la sessione o mentre si recano in Parlamento o provengono da questo, ma tale immunità non copre alcuni reati (tradimento, *felony* e violazione dell'ordine pubblico). Inoltre negli ordinamenti anglosassoni i parlamentari sono soggetti ai poteri disciplinari ma anche a poteri penali esercitati dal Parlamento. Nel Regno Unito le Camere possono irrogare sanzioni anche penali ai parlamentari responsabili di *breach of privilege* o di *contempt of Parliament*. La costituzione degli Stati Uniti prevede

---

[39] L'insindacabilità trae origine dalla *freedom of speech and debates*, sancita nell'art. 9 del *Bill of Rights* del 1689 in Inghilterra.

[40] L'immunità penale viene stabilita nel decreto dell'Assemblea Nazionale francese del 23 giugno 1789 al fine di salvaguardare i deputati da azioni penali e limitative della libertà personale da parte del Re.

che ogni Camera punisca i suoi membri per condotta scorretta e possa con la maggioranza dei due terzi procedere ad espulsioni. I regolamenti interni e l'*Ethics in Government Act* del 1978 stabiliscono ampi poteri di controllo, al fine di garantire il rispetto dei princìpi sull'etica pubblica, e procedimenti disciplinari a carico dei parlamentari per violazione dei doveri connessi alla propria condotta. In ogni Camera opera una commissione competente a verificare la sussistenza di violazioni delle norme sull'etica pubblica, la quale, quando riscontri che queste siano perseguibili sul piano amministrativo o penale, può deferire il caso alle autorità federali o statali.

In Europa continentale e in America latina l'insindacabilità viene riferita non al luogo, ma **alle funzioni esercitate**. Si pone quindi il problema dell'interpretazione di tale dizione, che può essere estensiva, coprendo qualsiasi dichiarazione politica del parlamentare, o restrittiva, tutelando solo le opinioni espresse in sede parlamentare o che comunque siano legate da un nesso funzionale all'attività parlamentare o riproducano la lettera di un atto parlamentare. Il primo orientamento è stato a lungo seguito dalle Camere in Italia, mentre il secondo si è affermato, anche grazie alla giurisprudenza delle Corti supreme e dei giudici costituzionali, in Belgio, Francia, Spagna e in tempi recenti anche in Italia. Ad imitazione di quanto previsto in Germania, in alcuni ordinamenti l'insindacabilità è esclusa per le dichiarazioni diffamatorie non aventi natura politica (Albania, Grecia Lettonia, Lituania).

Circa l'immunità penale, è generalizzata la previsione della necessità di una **autorizzazione parlamentare** per misure limitative della libertà personale, che tuttavia non è richiesta nell'ipotesi di flagranza di reato e per lo più anche in quella di sentenza definitiva di condanna. Per l'avvio dell'azione penale nella maggioranza degli ordinamenti è richiesta l'autorizzazione a procedere, che ha per oggetto non un giudizio sulla fondatezza dell'accusa, ma sull'esistenza o meno di un intento persecutorio nei confronti del parlamentare. Tale autorizzazione è stata abolita, in seguito ad un forte movimento di opinione pubblica che condannava l'uso privilegiato che ne era stato fatto, in Italia con la l. cost. n. 3/1993 e in Francia con la l. cost. 95-880/1995, per cui in tali ordinamenti l'autorizzazione è necessaria solo per misure limitative della libertà personale. In Svezia l'autorizzazione non è prevista per i reati estranei all'esercizio delle funzioni di parlamentare.

4. Funzioni

Tradizionalmente al Parlamento sono attribuite due funzioni principali: quella legislativa e quella di controllo (sulla prima cap. II, III, § 2).

Il **controllo parlamentare** consiste in quell'insieme di attività e di procedure attraverso le quali il Parlamento verifica l'azione del Governo e la sua rispondenza agli obiettivi stabiliti nelle leggi o in altri atti di indirizzo. Esso comporta la possibilità di far valere la responsabilità politica dell'Esecutivo, che si può concretizzare nella rimozione dalla carica (nelle forme di governo parlamentare, semipresidenziale e semiparlamentare) o nella modificazione della linea politica perseguita (nelle forme di governo presidenziale e direttoriale).

Il controllo di cui si parla è quindi **di tipo politico**, differenziandosi da quello giuridico sia per i presupposti, che non sono fissi e predeterminati ma liberi, in quanto lasciati all'apprezzamento delle forze politiche parlamentari, sia per gli effetti, che non comportano sanzioni giuridiche ma di tipo esclusivamente politico (Rescigno).

Tuttavia la realtà delle funzioni parlamentari è più complessa e rende necessaria una classificazione più articolata.

Innanzitutto esistono funzioni che non rientrano in nessuna delle due tradizionali. Così molti parlamenti sono titolari, o quanto meno contitolari, della **funzione di revisione costituzionale** che, almeno in sistemi a costituzione rigida, si distingue da quella legislativa. Un discorso analogo può essere fatto per la **funzione di indirizzo politico**, di cui vari Parlamenti sono contitolari insieme al Governo. In ogni caso il Parlamento, anche laddove non ha la titolarità di tale funzione, è in grado di condizionarla o nella fase della determinazione o in quella dell'attuazione. Gli atti di indirizzo politico del Parlamento possono essere sia legislativi sia di natura non legislativa (mozioni, risoluzioni, ecc.) ed è proprio l'assenza di tipizzazione di tali atti che spinge qualche autore a ritenere preferibile parlare di «attività» anziché di «funzione» di indirizzo (Martines).

Nell'ambito poi della funzione di controllo, si può distinguere il controllo in senso stretto da quell'insieme di atti volti a garantire al Parlamento l'acquisizione di informazioni e che costituiscono il presupposto essenziale per il buon esercizio delle sue funzioni tradizionali, svolgendo un ruolo accessorio e strumentale rispetto a queste.

Infine il Parlamento può svolgere anche **funzioni di altra natura** che non sono caratterizzanti della sua posizione nel sistema.

Del tutto eccezionale è la gestione di settori dell'amministrazione che è normalmente affidata al Governo. Frequente è l'attribuzione di funzioni **di tipo giurisdizionale** in tema di controversie elettorali o sui ricorsi presentati dai propri dipendenti (come avviene in Italia). Ma la funzione più importante in materia concerne alcuni reati commessi dai Ministri (*infra*, cap. VIII, § 2) e dal Presidente della Repubblica (*infra*, cap. VIII, § 4). Abbastanza frequenti sono anche le funzioni **di tipo elettorale**. Nelle forme di governo parlamentari il Parlamento è chiamato a eleggere il Presidente della Repubblica; in vari paesi nomina in tutto o in parte i titolari di organi chiamati a svolgere funzioni di garanzia o di tipo giurisdizionale. Così esso interviene nella nomina di alcuni componenti delle Corti supreme e delle Corti costituzionali (cap. IX, §§ 13 e 14), nonché della Corte dei Conti, del Consiglio di Stato e del Consiglio superiore della magistratura. In alcuni ordinamenti[41] il Parlamento elegge l'***Ombudsman*** **o commissario parlamentare**, incaricato in origine di controllare l'Esecutivo e successivamente trasformato in organo di garanzia, al quale possono rivolgersi i cittadini per denunciare azioni od omissioni della pubblica amministrazione lesive dei propri diritti.

In definitiva la distinzione fra le diverse funzioni e la classificazione nell'una o nell'altra degli atti parlamentari non risultano affatto agevoli in quanto molti atti hanno carattere polivalente, nel senso che si prestano ad essere utilizzati nella prassi parlamentare per diverse finalità. Ciò consiglia di operare una **classificazione non per funzioni ma per atti**, distinguendo quelli relativi al **rapporto di fiducia**, gli atti **di indirizzo e di controllo**, gli atti **conoscitivi e ispettivi**.

5. Il rapporto di fiducia

Nelle forme di governo parlamentari e semipresidenziali il rapporto di fiducia rappresenta il canale fondamentale attraverso il quale il Parlamento e il Governo concordano l'indirizzo politico e si impegnano reciprocamente a realizzarlo.

Tuttavia solo in alcuni ordinamenti (Belgio, Grecia, Italia, Turchia) è richiesto un **voto di fiducia iniziale** al Governo nominato, mentre in altri la fiducia è accordata alla persona del Primo Ministro prima della nomina su proposta del Capo dello Stato (Germania, Spagna e gran parte degli Stati dell'Europa centro-orientale) o su iniziativa dello stesso Parlamento (Giappone, Irlanda, Svezia, dove la proposta viene avanzata dal Presidente dell'Assemblea). Negli altri ordinamenti non vi è voto di fiducia iniziale e quindi questa è soltanto **presunta**. Questa situazione è tipica dei paesi nordici (Danimarca, Finlandia, Islanda e Norvegia), a proposito dei quali si parla di "parlamentarismo negativo" per sottolineare che al Governo per entrare e rimanere in carica è sufficiente non avere il voto contrario della maggioranza parlamentare. Ma essa si verifica anche nei paesi anglosassoni e in vari paesi europei (Austria, Lussemburgo, Paesi Bassi). Analogamente in Francia e in Portogallo è una facoltà del Governo chiedere o meno un voto di fiducia. Una situazione intermedia è quella dell'India, dove il nuovo governo deve sottoporsi al voto di fiducia solo se il partito incaricato di formarlo non ha la maggioranza assoluta dei seggi nella Camera bassa.

Nel Regno Unito vi è comunque un intervento iniziale del Parlamento sul discorso della Corona (*Speech from the Throne*), con il quale il Re dà lettura all'inizio della sessione che apre la nuova legislatura del programma di governo. Ma il Parlamento si limita ad approvarlo all'unanimità, inviando al Sovrano una mozione (*Address*) di ringraziamento. Tuttavia è consentita la presentazione di emendamenti, attraverso i quali l'opposizione può sindacare singoli aspetti del

---

[41] In Svezia fin dal 1809 e poi in Danimarca, Finlandia, Norvegia, Francia, Portogallo, Regno Unito e Spagna.

programma o tentare di far cadere il Governo, il che in un sistema bipartitico è altamente improbabile.

Nei paesi che non richiedono voto di fiducia iniziale è quindi possibile la formazione di **governi di minoranza**, così come può verificarsi, anche se più di rado, negli altri o grazie al consenso del Capo dello Stato ad un Primo Ministro eletto a maggioranza relativa (Germania) o perché per ottenere la fiducia è sufficiente la maggioranza semplice (Italia) o che questa non venga rigettata dalla maggioranza assoluta (Grecia, Portogallo, Svezia).

Tipica delle forme di governo parlamentare, semipresidenziale e semiparlamentare è la **responsabilità politica istituzionale** del Governo nei confronti del Parlamento. La responsabilità politica è istituzionale quando un organo attraverso procedimenti e strumenti certi e tipizzati può rimuoverne un altro dalla carica per ragioni politiche, mentre è **diffusa** quando si esprime mediante una critica libera e non legata ad alcun parametro predeterminato, come quella degli elettori nei confronti dei deputati o dell'opinione pubblica verso un organo costituzionale (Rescigno).

Lo strumento attraverso il quale il Parlamento può sanzionare il Governo è la **mozione di sfiducia o di censura**, che può essere espressamente prevista nei testi costituzionali o essere oggetto di una norma consuetudinaria (come avviene in varie monarchie parlamentari). Attraverso tale atto l'Assemblea approva una sorta di indirizzo politico negativo, anche se la sua configurazione più propria è quella di un atto di controllo politico sull'operato dell'Esecutivo. L'effetto tipico della mozione è quello di costringere il Governo alle **dimissioni**. Tale obbligo talvolta è espressamente previsto (Belgio, Danimarca, Francia, Spagna, Svezia), talaltra si desume dalla costituzione (ogniqualvolta questa stabilisce che il «Governo deve avere la fiducia» del Parlamento). Del tutto peculiare nel contesto di una forma di governo presidenziale è la previsione della mozione di censura in alcune costituzioni latino-americane: nei confronti del Capo di gabinetto in Argentina, di uno o più Ministri in Uruguay, del Vice Presidente e dei Ministri in Venezuela. Tuttavia per l'approvazione della mozione sono richieste maggioranze ampie (assoluta in Argentina, qualificata negli altri due paesi) e una procedura complessa che in Uruguay e Venezuela può portare allo scioglimento del Parlamento. Quindi tale istituto non coinvolge minimamente la responsabilità del Presidente. In Sud Africa la sfiducia, approvata a maggioranza assoluta dall'Assemblea nazionale, può riguardare il Gabinetto ma non il Presidente, il quale è allora tenuto a formare un nuovo governo, oppure il Presidente, le cui dimissioni obbligatorie coinvolgono l'intero Gabinetto.

Di regola quindi non basta un semplice voto negativo del Parlamento su una proposta del Governo a far cadere l'Esecutivo. Tuttavia ciò non esclude che in tale ipotesi il Governo sia libero di dimettersi quando ritenga che il voto negativo del Parlamento pregiudichi su una questione essenziale l'attuazione del proprio programma.

In vari ordinamenti la presentazione e la votazione della **mozione di sfiducia** sono sottoposte a un insieme di **condizioni** volte a garantire la stabilità del Governo, qui di seguito indicate:

– numero minimo di parlamentari firmatari [42];
– termine minimo di decorrenza fra la presentazione della mozione e la votazione, volto a garantire la presenza dei parlamentari e a evitare colpi di mano dell'opposizione [43];
– maggioranza assoluta per l'approvazione della mozione [44], mentre più raramente è sufficiente la maggioranza semplice (Italia, Portogallo);
– impossibilità in caso di mancata approvazione di presentare una nuova mozione di sfiducia per un certo periodo di tempo [45];
– votazione palese.

In alcuni ordinamenti (Belgio, Germania, Israele, Polonia, Slovenia, Spagna, Ungheria) vi è un'ulteriore garanzia per il Governo consistente nella **natura costruttiva della mozione**, la quale deve obbligatoriamente indicare il nuovo Primo Ministro, il che impedisce la convergenza di forze eterogenee all'unico scopo di far cadere il Governo.

In vari ordinamenti **la sfiducia può riguardare anche il singolo Ministro** [46]. Negli altri tale ipotesi dovrebbe di regola essere assorbita in quella della responsabilità collegiale del Governo (Colliard). Nella maggioranza degli ordinamenti democratici, qualora un Ministro manifesti il proprio dissenso rispetto all'azione del Governo, è costretto a dimettersi o viene revocato dalla carica dal Capo dello Stato o dal Primo Ministro (*infra*, cap. VIII, § 3). Tuttavia possono verificarsi situazioni eccezionali nelle quali la sfiducia individuale costituisce uno strumento per allontanare dal Governo un Ministro dissenziente, come quella che si è avuta in Italia nel 1995 [47].

---

[42] Un terzo in Montenegro, un quarto in Grecia e Romania, un quinto in Bulgaria e Ungheria, un sesto o un gruppo parlamentare in Portogallo, un decimo in Albania, in Francia, Italia, Spagna, un partito politico o venti deputati in Turchia.

[43] Due giorni in Francia, Germania, Grecia, Portogallo, Turchia, tre giorni in Albania, Italia, Romania, Ungheria, cinque in Serbia e Spagna, sette in Polonia.

[44] Belgio, Bulgaria, Francia, Germania, Grecia, Romania, Russia, Serbia, Spagna, Sud Africa, Turchia.

[45] Per tutta la durata della sessione in Francia, Portogallo, Spagna, per sei mesi in Grecia e Serbia, per tre mesi in Montenegro e Polonia.

[46] In Danimarca, Grecia, India, Svezia, Turchia, Uruguay, Venezuela e nella grande maggioranza degli Stati dell'Europa centro-orientale.

[47] Nell'ottobre 1995 il Senato ha approvato una mozione di sfiducia nei confronti del Ministro di grazia e giustizia Mancuso e, in seguito al rifiuto di questi di dimettersi dalla carica, il Presidente della Repubblica con proprio decreto ha affidato l'incarico di guardasigilli *ad interim* al Presidente del Consiglio Dini, che si trovava alla guida di un governo tecnico. La Corte costituzionale con la

A differenza delle mozioni di fiducia e di sfiducia, la **questione di fiducia** costituisce un atto di indirizzo del Governo che conviene trattare in questa sede in quanto comunque attiene al rapporto di fiducia. Si tratta della dichiarazione, che il Governo può fare, con riferimento alla sua politica generale oppure ad una sua proposta specifica, con la quale esso annuncia che in caso di diniego di fiducia o di mancata approvazione del testo proposto rassegnerà le dimissioni. Alcune costituzioni disciplinano espressamente tale istituto, prevedendo in caso di voto negativo l'obbligo di dimissioni del Governo (Francia, Grecia, Portogallo, Spagna, Turchia). Del tutto peculiare e rafforzativa della posizione dell'Esecutivo è la disciplina della questione di fiducia in Germania e in Francia (cap. VII, §§ 10 e 16). Tuttavia, anche laddove il testo costituzionale nulla prevede, si può ritenere che la questione di fiducia sia connaturata a una moderna visione del rapporto di fiducia come rapporto paritario fra Governo e Parlamento, fermo restando che a tale istituto dovrebbe farsi ricorso in casi eccezionali e non come strumento normale di governo.

La finalità principale della questione di fiducia consiste **nel richiamare la maggioranza alla disciplina** nell'attuazione del programma di governo o nell'approvazione di un testo che il Governo ritiene essenziale, disciplina garantita dal voto palese e dalla responsabilità che in caso di voto negativo i parlamentari della maggioranza assumerebbero di far cadere il proprio Governo. La questione di fiducia inoltre può essere posta anche con finalità antiostruzionistica (e quindi essere indirizzata contro l'opposizione), in quanto comporta che il voto del Parlamento avvenga sul testo proposto dal Governo con decadenza degli emendamenti presentati in sede parlamentare.

6. Atti di indirizzo e di controllo

In senso lato si può dire che attraverso la funzione legislativa il Parlamento compie costantemente scelte che incidono sull'indirizzo politico. Possono più specificamente qualificarsi come **leggi di indirizzo** quelle che contengono decisioni politiche essenziali e fanno capo ad alcuni poteri fondamentali storicamente rivendicati dal Parlamento soprattutto in materia finanziaria, di politica estera, di ricorso agli stati di crisi. Qui l'indirizzo è strettamente intrecciato con il controllo, in quanto con tali leggi il Parlamento approva o autorizza un atto del potere esecutivo oppure conferisce a questo il potere di decidere, per cui interviene su una attività che nella sostanza è in gran parte di competenza di un

---

sentenza n. 7/1996, nel respingere i ricorsi per conflitto di attribuzione sollevati da Mancuso, ha affermato che la sfiducia al singolo Ministro è conforme alla natura del regime parlamentare, risultando da un'interpretazione logico-sistematica degli artt. 92, 94 e 95 cost., e di conseguenza le dimissioni del Ministro sfiduciato costituiscono un atto dovuto, la cui assenza legittima l'eventuale intervento del Capo dello Stato volto a ripristinare il corretto funzionamento delle istituzioni.

altro organo (Governo o Capo dello Stato). Di fatto il potere del Parlamento in questi settori risulta abbastanza limitato sia a causa dell'alta tecnicità delle decisioni in materia sia perché queste richiedono il controllo di apparati complessi posti sotto la diretta autorità del potere esecutivo.

In materia finanziaria la regola dominante è quella che prevede l'approvazione parlamentare del **bilancio di previsione**, vale a dire di un documento contabile nel quale sono indicate le entrate e le uscite che si prevede di accertare e di impegnare per un certo periodo (bilancio di competenza) o di quelle che si prevede di incamerare e di pagare nello stesso periodo, provenienti anche da crediti e debiti sorti in periodi precedenti (bilancio di cassa). Il periodo di riferimento è quasi sempre annuale e coincidente con l'anno solare, ma accanto a quello annuale è talvolta previsto anche un bilancio pluriennale.

Con la legge di bilancio il Parlamento autorizza il Governo a utilizzare le sole fonti di entrata e a impegnare o pagare le sole spese in esso indicate. La competenza a predisporre il bilancio spetta al Governo o, nella forma di governo presidenziale, al Presidente della Repubblica. La legge del Parlamento si configura quindi come un atto di approvazione, che non ha necessariamente solo carattere formale, in quanto l'Assemblea può nella maggioranza dei paesi democratici emendare il progetto presentato dal Governo. In taluni casi tuttavia la legge di bilancio incontra alcuni limiti, quali l'impossibilità di accrescere le spese (Canada) o anche di aumentare le entrate proposte dal Governo (Regno Unito). Tra il 2009 e il 2012 in alcuni paesi europei, su forte pressione dell'Unione Europea e della Banca centrale europea per gli Stati dell'Eurozona, sono state approvate revisioni costituzionali che introducono il vincolo del **pareggio di bilancio** o del rispetto dell'equilibrio fra entrate e spese (Germania, Italia, Spagna e Francia, dove la legge costituzionale è stata approvata solo in prima lettura). Tale misura pregiudica la sovranità degli Stati in materia di orientamento della spesa pubblica e di finanziamento delle politiche sociali. In Ungheria la Costituzione del 2012, al fine di garantire il contenimento del debito pubblico, subordina l'approvazione del bilancio da parte del Parlamento al consenso preventivo di un organo tecnico, il Consiglio di bilancio [48].

Nell'ipotesi di mancata approvazione del bilancio prima dell'inizio dell'anno finanziario vari sistemi sono adottati per garantire la continuità della gestione finanziaria: l'adozione da parte del Parlamento di un bilancio provvisorio (Australia, Danimarca, Giappone, Italia), l'autorizzazione parlamentare mese per mese delle spese necessarie a esperire gli affari correnti (Portogallo), l'attribuzione al Governo del potere di finanziare le spese correnti attingendo a credito i fondi necessari fino a concorrenza di un quarto dell'ammontare totale del bilancio precedente (Germania).

---

[48] Il Consiglio è composto dal Presidente nominato dal Capo dello Stato, dal Governatore della Banca nazionale e dal Presidente della Corte dei Conti.

Anche la politica estera è un settore nel quale il Parlamento ha rivendicato a lungo poteri di indirizzo e di controllo, senza riuscire ad intaccare in modo significativo l'indipendenza del potere esecutivo. In particolare per quel che riguarda i **trattati internazionali** in alcuni ordinamenti o non è previsto l'intervento del Parlamento (Australia, Nuova Zelanda) o il Governo ha l'obbligo di presentare il testo al Parlamento prima della ratifica, ma non abbisogna di una autorizzazione dell'Assemblea (Regno Unito).

Invece nella maggioranza degli Stati è richiesta l'approvazione preventiva o l'autorizzazione alla ratifica dei trattati da parte del Parlamento, che può riguardare tutti i trattati[49] o quelli più importanti[50]. Peculiare è la previsione dell'art. II, sez. II, cost. degli Stati Uniti, secondo la quale il Presidente può concludere trattati «su parere e con il consenso del Senato», che li approva a maggioranza dei due terzi dei presenti. Si tratta di un atto non legislativo ma di indirizzo politico, che impone al Presidente la ricerca preventiva del consenso dei senatori più influenti o il ricorso ad accordi in forma semplificata per i quali non è richiesto l'*advice and consent* del Senato.

Nella maggioranza dei paesi la costituzione o le leggi ordinarie contengono disposizioni relative alla **dichiarazione di guerra o dello stato di emergenza** (o stato di assedio), determinato per lo più da gravi attentati all'ordine pubblico, dall'interruzione del funzionamento dei poteri dello Stato o di servizi essenziali o da gravi calamità naturali.

Gli stati di crisi assumono grande rilievo in quanto comportano generalmente la sospensione dell'efficacia delle norme costituzionali e una limitazione dei diritti di libertà. Essi determinano il conferimento di poteri speciali all'Esecutivo, destinati a protrarsi finché dura la situazione eccezionale che ne costituisce il presupposto. In generale i vari ordinamenti adottano tre diverse posizioni. Alcuni non contengono alcuna previsione in materia (Australia, Belgio, Giappone, Nuova Zelanda) o vietano il ricorso alla guerra (Giappone) o la sospensione della costituzione (Belgio). Altri disciplinano nella costituzione gli stati di crisi (Francia, Germania, Grecia, Spagna, Turchia, Ungheria, Stati latino americani). Infine vi sono ordinamenti che contengono scarne previsioni costituzionali, talvolta limitate soltanto allo stato di guerra (Stati Uniti e Italia, dove l'art. 11 cost. ammette solo la guerra difensiva), rinviando alla legge per una disciplina organica o da stabilirsi caso per caso.

Nella maggioranza dei casi l'organo competente a dichiarare lo stato di crisi è il Governo, ma su deliberazione o autorizzazione o con un successivo voto di

---

[49] In Danimarca, Giappone, Grecia, Lituania, Romania, Russia.

[50] Trattati di natura politica (Bulgaria, Germania, Italia, Spagna), incidenti sulla legislazione o su una competenza parlamentare (Francia, Germania, Italia, Norvegia, Portogallo, Spagna, Svezia), comportanti modificazioni territoriali (Bulgaria, Francia, Italia, Portogallo, Spagna) o oneri finanziari (Bulgaria, Estonia, Francia, Irlanda, Italia, Spagna).

ratifica del Parlamento. Talvolta è il Capo dello Stato a essere titolare del potere di crisi senza alcun intervento del Parlamento (art. 16 cost. francese, che si rifà all'art. 48 cost. di Weimar).

Nella prassi dopo le due guerre mondiali, e in particolare a partire dagli anni '90 del secolo scorso, i Governi di vari paesi occidentali hanno fatto sempre più frequentemente ricorso ad operazioni militari di grande rilievo e di portata internazionale senza alcuna deliberazione dello stato di guerra e con un coinvolgimento limitato e tardivo del Parlamento, talvolta coperte da risoluzioni del Consiglio di Sicurezza dell'ONU o dall'adesione della NATO, talaltra in aperto contrasto con la Carta dell'ONU e senza alcuna copertura internazionale (come l'intervento militare in Iraq nel 2003).

Oltre che alle leggi di indirizzo, il Parlamento può fare ricorso ad **atti non legislativi** che non riguardano il rapporto di fiducia, ma contengono direttive politiche al Governo o giudizi sull'azione dell'Esecutivo. Tali atti, per lo più disciplinati nei regolamenti parlamentari, possono assumere varie denominazioni (mozioni, risoluzioni, ordini del giorno), essere monocamerali o bicamerali, produrre effetti politici più o meno significativi.

In alcuni ordinamenti (Belgio, Finlandia, Paesi Bassi) il voto di una mozione, che può arrivare a mettere in discussione il Governo, avviene normalmente al termine del dibattito su un'interpellanza, secondo un'antica tradizione nata in Francia e sviluppatasi nelle forme di governo parlamentari. Tuttavia proprio nell'ordinamento francese, in seguito a due sentenze del 1959 del *Conseil constitutionnel*, il Parlamento non può più votare risoluzioni o atti che mettano in causa la politica del Governo all'infuori della mozione di censura; con la revisione del 2008 si è stabilito che le Camere possano votare risoluzioni, ma il Governo può impedirne l'iscrizione all'ordine del giorno quando ritenga che possano mettere in causa la sua responsabilità o contengano direttive nei suoi confronti. Inoltre l'interpellanza si configura ormai come un atto di tipo ispettivo.

Atti non legislativi di indirizzo e di controllo spettano anche ai Parlamenti che non possono sfiduciare il Governo. Negli Stati Uniti le Camere possono approvare risoluzioni monocamerali o bicamerali al fine di condizionare la politica dell'Esecutivo, anche se le seconde sono soggette al potere di veto sospensivo del Presidente. Il Senato è poi titolare di uno specifico potere di controllo, in quanto è richiesto il suo consenso a maggioranza semplice alla nomina presidenziale degli agenti diplomatici, dei giudici della Corte Suprema, dei magistrati federali e dei funzionari federali responsabili di uffici che dipendono dall'Esecutivo, ivi compresi i segretari preposti ai vari dicasteri. In Svizzera l'Assemblea federale può conferire mandati al Governo, mediante atti (mozioni e postulati) disciplinati dalla legge.

7. Atti conoscitivi e ispettivi

Nell'ambito degli strumenti di cui il Parlamento dispone per acquisire le necessarie informazioni occorre distinguere fra quelli meramente **conoscitivi** e quelli **ispettivi**, che comportano un rapporto di soggezione dei soggetti coinvolti.

Il più importante esempio dei primi è rappresentato dalle **udienze** (*hearings*), tramite le quali le commissioni del Congresso degli Stati Uniti possono interpellare persone esterne al Parlamento per ricevere informazioni e suggerimenti o per acquisire dati. Si tratta di uno strumento molto utile per la sua agilità che non comporta un obbligo giuridico per i soggetti coinvolti. In Italia natura simile hanno le indagini conoscitive svolte dalle commissioni nelle materie di loro competenza, mentre carattere più circoscritto hanno le udienze legislative, che si svolgono in via di prassi, in quanto l'indagine è volta ad acquisire conoscenze relative ad un procedimento legislativo in corso, ma soprattutto a rendere possibile il confronto in materia dei diversi interessi organizzati.

Nell'ambito della funzione ispettiva gli atti principali sono costituiti dalle forme di audizione del Governo, dalle interrogazioni, dalle interpellanze e dalle inchieste. Nella maggioranza degli Stati il Governo è tenuto a **rendere conto** periodicamente della propria gestione. Ciò può avvenire annualmente in sede di presentazione del bilancio oppure mediante un'apposita relazione periodica sull'attività svolta. In alcuni ordinamenti il Governo presenta il proprio programma all'inizio di ogni sessione annuale ("messaggio sullo stato dell'Unione" del Presidente degli Stati Uniti e "discorso della Corona" nel Regno Unito). Inoltre è frequente il ricorso all'audizione dei Ministri nelle commissioni permanenti o l'esercizio da parte di queste di attività di investigazione su singoli aspetti della politica governativa (come avviene per gli *Standing Committees* negli Stati Uniti). Infine è assai frequente la previsione costituzionale che attribuisce al Parlamento o alle sue commissioni il potere di chiedere la presenza dei Ministri, cui corrisponde il diritto di questi di assistere alle sedute e di intervenire quando lo ritengano opportuno.

Mediante l'**interrogazione** ogni parlamentare può chiedere al Governo o al singolo Ministro spiegazioni o notizie su un fatto specifico, senza poter mettere in discussione con un voto la responsabilità politica degli stessi. Tale procedura, nata nel Regno Unito, è quella più frequentemente utilizzata. Le interrogazioni possono essere scritte o orali, a seconda che si chieda una risposta scritta o orale, ed essere seguite o meno da un breve dibattito. Di solito è previsto un termine entro il quale il Governo deve rispondere. In generale occorre dire che l'interrogazione funziona più che come strumento informativo come mezzo offerto all'opposizione per sottoporre a verifica l'operato del Governo. La tendenza dell'Esecutivo a dare risposte evasive o a non fornire alcuna risposta è stata contrastata dalla previsione di interrogazioni che richiedono una risposta immediata, alle quali è di solito riservata una certa parte di una o più sedute[51].

Anche le **interpellanze** sono atti individuali, ma si differenziano dalle interrogazioni per la maggiore incisività. Con esse infatti il singolo parlamentare avanza una richiesta scritta riguardante non un fatto specifico, ma l'orientamento assunto dal Governo o da un Ministro su una determinata questione. Inoltre l'interpellanza è di solito seguita da un dibattito che in alcuni casi si conclude con un voto che può anche esprimere un giudizio politico sull'operato del Governo. Tale atto è tipico degli ordinamenti parlamentari dell'Europa continentale, mentre è sconosciuto in quelli anglosassoni. Nel Regno Unito è invece utilizzata la **mozione di aggiornamento**, che può essere presentata prima della fine di una seduta o prima delle vacanze della Camera dei Comuni e consente di porre domande al Governo su un argomento specifico. Di solito essa non sfocia in un voto, ma ciò può avvenire su una «questione determinata e importante che esiga un esame urgente» su iniziativa dello *Speaker* e con il consenso della Camera.

Nella maggior parte degli ordinamenti il Parlamento può dare vita a **commissioni d'inchiesta** su specifiche questioni che hanno una durata temporanea e concludono i propri lavori con la presentazione di una relazione all'Assemblea. Tramite tale strumento il Parlamento può sottoporre a controllo l'amministrazione che è posta alla dirette dipendenze del Governo.

L'efficacia dell'inchiesta parlamentare è variabile. Essa è notevole negli Stati Uniti, dove gli *Investigating Committees* sono titolari di notevoli poteri (di ordinare la comparizione di qualsiasi persona, di acquisirne la testimonianza, di comminare pene a coloro che si sottraggano a tali obblighi). Negli ordinamenti parlamentari l'efficacia delle commissioni di inchiesta varia a seconda che siano istituite su decisione della maggioranza[52] o anche di una minoranza qualificata[53], che siano composte con criterio maggioritario o corrispondente alla composizione politica dell'Assemblea[54], che abbiano poteri limitati o analoghi a quelli dell'autorità giudiziaria[55].

---

[51] Vedi nel Regno Unito il *question time*, in Francia le *questions d'actualité* e le *questions au Gouvernement*, in Italia le interrogazioni a risposta immediata.

[52] Austria, Francia, Italia, Spagna, Turchia.

[53] Albania, Germania, Lettonia, Macedonia, Repubblica Ceca, Portogallo, Slovenia.

[54] Nella prima ipotesi rientra la Francia, della seconda fanno parte Austria, Germania, Italia, Portogallo, Spagna.

[55] V. per la prima ipotesi Francia, Germania, Spagna, Turchia, per la seconda Italia e Portogallo.

Riferimenti bibliografici

Per un'analisi comparativa dei Parlamenti, oltre al classico K.C. WHEARE, *Legislatures*, Oxford U.P., London, 1963, v. A. BARBERA, *I parlamenti*, Laterza, Roma-Bari, 1999; G. PASQUINO, R. PELIZZO, *Parlamenti democratici*, il Mulino, Bologna, 2006; A. MASTROPAOLO, L. VERZICHELLI, *Il parlamento. Le assemblee legislative nelle democrazie contemporanee*, Laterza, Roma-Bari, 2006.

Sull'origine del Parlamento: A. MARONGIU, *Parlamento (storia)*, in *Enc. dir.*, XXXI, 1981. Sulla struttura: J. MASTIAS, J. GRANGÉ, *Les secondes chambres du parlement en Europe occidentale*, Economica, Paris, 1987; F. PALERMO, M. NICOLINI, *Il bicameralismo. Pluralismo e limiti della rappresentanza in prospettiva comparata*, Esi, Napoli, 2013.

Sulla continuità del Parlamento: L. ELIA, *La continuità nel funzionamento degli organi costituzionali*, I, Giuffrè, Milano, 1958; F. BASSANINI, *Gli effetti della fine legislatura sui procedimenti legislativi pendenti*, Giuffrè, Milano, 1968. Sull'organizzazione interna: G. FERRARA, *Il Presidente di Assemblea parlamentare*, Giuffrè, Milano, 1965; A. SCIORTINO, *Il Presidente di Assemblea parlamentare*, Giappichelli, Torino, 2002; G.U. RESCIGNO, *Gruppi parlamentari*, in *Enc. dir.*, XIX, Giuffrè, Milano, 1970; J. RENS, *Les commissions parlementaires en droit comparé*, in *Rev. Int. Dr. Comp.*, 1961; M. IACOMETTI, *L'organizzazione interna dei Parlamenti*, Carocci, Roma, 2010. Su opposizione e ostruzionismo: G. DE VERGOTTINI, *Opposizione parlamentare*, in *Enc. dir.*, XXX, Giuffrè, Milano, 1980; C. DELL'ACQUA, *L'ostruzionismo parlamentare*, Giuffrè, Milano, 1970; A. RINELLA, *Lo statuto costituzionale dell'opposizione parlamentare*, Eut, Trieste, 1998.

Sulle immunità dei parlamentari e degli altri titolari di cariche costituzionali: G. ZAGREBELSKY, *Le immunità parlamentari*, Einaudi, Torino, 1979; T.F. GIUPPONI, *Le immunità della politica. Contributo allo studio delle prerogative costituzionali*, Giappichelli, Torino, 2005; L.G. SCIANNELLA, *Le immunità parlamentari. Profili storici e comparativi*, Giappichelli, Torino, 2010; G. FUMU, M. VOLPI (eds.), *Le immunità penali della politica*, il Mulino, Bologna, 2012.

Sul rapporto di fiducia: M. GALIZIA, *Studi sui rapporti fra parlamento e governo*, I, Giuffrè, Milano, 1972; M. SANCHEZ DE DIOS, *La moción de censura (Un estudio comparado)*, Congreso de los Diputados, Madrid, 1992. Sulla questione di fiducia riferimenti comparativi sono in M. OLIVETTI, *La questione di fiducia nel sistema parlamentare italiano*, Giuffrè, Milano, 1996.

Sulla responsabilità politica: G.U. RESCIGNO, *La responsabilità politica*, Giuffrè, Milano, 1967; L. CARLASSARRE (ed.), *Diritti e responsabilità dei soggetti investiti di potere*, Cedam, Padova, 2003.

Sezione IV – *Il Governo*

SOMMARIO: 1. Origine e struttura. – 2. *Status* dei membri del Governo. – 3. Formazione del Governo. – 4. Crisi di governo. – 5. I rapporti infragovernativi. – Riferimenti bibliografici.

1. Origine e struttura

Per "**Governo**" negli attuali ordinamenti costituzionali si intende di solito l'organo posto al vertice del potere esecutivo, che presiede alla formazione e all'attuazione dell'indirizzo politico e dirige l'attività della pubblica amministrazione. Talvolta per designare tale organo si usa il termine "**Esecutivo**", anche se in linea generale questa espressione ricomprende non solo il Governo ma anche l'amministrazione. Nei paesi anglosassoni tuttavia per *Government* si intende l'insieme delle istituzioni anche politiche alle quali è affidata la direzione del paese. Il termine che meglio corrisponde alla nozione di Governo propria dei paesi dell'Europa continentale è negli Stati Uniti quello di *Executive*, che comprende il Presidente e i suoi collaboratori, in Gran Bretagna quello di *Cabinet*.

In alcuni ordinamenti la funzione di governo viene attribuita a due organi entrambi facenti parte del potere esecutivo (**esecutivo dualistico**) anziché ad un unico organo (**esecutivo monistico**) (cap. VII, § 2). Nel primo caso, che ha caratterizzato la fase "classica" della forma di governo parlamentare e oggi è tipico di quella semipresidenziale, al vertice del potere esecutivo accanto al Governo vi è il Capo dello Stato, titolare di poteri che gli consentono (almeno potenzialmente) di partecipare alla determinazione dell'indirizzo politico.

Nell'ambito dell'Esecutivo monistico bisogna distinguere l'ipotesi in cui l'organo di vertice del potere esecutivo è **monocratico** (costituito da un'unica persona) da quella in cui è **collegiale** (costituito da più persone). La prima situazione si verifica nella forma di governo presidenziale, nella quale il potere esecutivo del Gabinetto o di Ministri politicamente responsabili verso il Parlamento (in Argentina, Uruguay, Venezuela) non intacca la natura monistica dell'Esecutivo, in quanto vi è di diritto o di fatto, una netta supremazia del Presidente nei confronti di tutti gli altri organi costituzionali. Nella forma di governo direttoriale al vertice del potere esecutivo vi è un organo collegiale che è anche Capo dello Stato.

Nelle forme di governo parlamentari monistiche spesso il Capo dello Stato continua, in base alla tradizione e ai poteri formali che gli vengono attribuiti, ad essere considerato parte del potere esecutivo, ma nella sostanza egli non partecipa più alla determinazione dell'indirizzo politico. Questa spetta al Governo, che è composto da un organo collegiale (Consiglio dei Ministri o Gabinetto) e da uno monocratico (Primo Ministro). Infine nelle forme di governo semipresidenziali l'esecutivo è dualistico, in quanto comprende sia il Presidente eletto dal popolo sia il Governo costituito da Primo Ministro e Ministri. Del tutto peculiare è la struttura dell'esecutivo in **Russia**, dove l'esistenza accanto al Presidente di un Governo, costituito da un suo Presidente e dai Ministri, doppiamente responsabile verso il Capo dello Stato e verso la Camera bassa (la *Duma*), non scalfisce il predominio presidenziale.

Il Governo è frutto di una graduale **evoluzione storica** che ha progressivamente emarginato il Capo dello Stato.

Questa in Gran Bretagna è passata attraverso tre fasi. In un primo periodo nel corso del XVII secolo dall'organo collegiale, formatosi per via consuetudinaria, che assiste il Re nelle sue decisioni (Consiglio privato della Corona) si enuclea un gruppo ristretto di Ministri più influenti che si riuniscono separatamente (Gabinetto) (cap. VII, § 5). Dalla fine del XVII secolo il Gabinetto si rende autonomo dal Re, anche grazie al fatto che di solito non è più presieduto dal Monarca, ma da una importante personalità politica, e assume il potere, tramite la controfirma, di prendere le decisioni politiche fondamentali, delle quali risponde sia verso il Sovrano sia verso il Parlamento. Infine, soprattutto a partire dal Gabinetto Walpole (1721-1742), si affermano la figura del Primo Ministro e la diretta responsabilità politica del Governo nei confronti del Parlamento.

In Europa continentale il Governo come organo costituzionale nasce molto più tardi (tra la fine del XVIII e l'inizio del XIX secolo) per lo più per via consuetudinaria o con atti normativi non costituzionali.

Particolare rilievo assume il **Primo Ministro**, che da semplice presidente dell'organo collegiale si trasforma dapprima in capo della maggioranza parlamentare e poi in *leader* del partito o della coalizione di maggioranza, acquistando una posizione di preminenza nei confronti degli altri Ministri (Zilemenos).

Nelle forme di governo parlamentari contemporanee la dialettica fra principio monocratico e principio collegiale non riguarda più il rapporto fra Capo dello Stato e Governo, ma quello che intercorre fra Primo Ministro e organo collegiale di governo.

Di solito il Governo è un **organo complesso**, nel senso che è formato da più organi individuali o collegiali. Alcuni di questi sono direttamente previsti dalla costituzione e quindi possono definirsi **necessari**. Tuttavia, in virtù del generale potere di autorganizzazione riconosciuto agli organi costituzionali, si ammette l'esistenza di organi **eventuali**, disciplinati da leggi ordinarie o affermatisi per via consuetudinaria o convenzionale.

La direzione del Governo è generalmente affidata ad un **organo monocratico**, che è il Presidente della Repubblica nella forma di governo presidenziale, mentre nelle forme di governo parlamentare e semiparlamentare è il Primo Ministro (qualificato anche in altri modi: Presidente del Consiglio, Cancelliere, Presidente del Governo). Nelle forme di governo semipresidenziali la preminenza nella determinazione dell'indirizzo politico può spettare al Presidente (come in Francia), o al Primo ministro (nella maggioranza delle altre esperienze europee) (Volpi). In Russia conferma la natura iperpresidenziale del regime l'attribuzione costituzionale al Presidente del potere di determinare gli indirizzi fondamentali della politica interna e di quella estera.

Nelle forme di governo presidenziali accanto al Presidente è prevista la figura del **Vice Presidente**, eletto dal popolo insieme al Presidente e destinato a subentrargli qualora egli venga meno. L'eccezione è rappresentata dal Venezuela, dove il Vice Presidente dell'Esecutivo è nominato dal Presidente. Nelle forme di governo semipresidenziali tale carica non esiste. Nelle forme di governo parlamentari la **Vice Presidenza del Governo** viene talvolta attribuita ad una personalità importante del partito al potere che può anche subentrare nella carica di Primo Ministro[56]. Ma più frequentemente nei governi di coalizione essa viene attribuita al secondo partito in ordine di importanza dopo quello del Primo Ministro. Tuttavia nelle costituzioni più recenti vi è la tendenza a prevedere come eventuale la nomina di più Vice Primi Ministri (Grecia, Spagna), uno dei quali può sostituire il Primo Ministro in caso di assenza o impedimento (Portogallo). Una figura analoga è presente nelle costituzioni dei paesi dell'Europa centro-orientale con funzioni per lo più di supplenza temporanea del Primo Ministro o delegate da questi. In Italia la l. n. 400/1988 ha riconosciuto al Presidente del Consiglio la facoltà di proporre al Consiglio l'attribuzione ad uno o più Ministri delle funzioni di Vice Presidente, al quale è attribuita la supplenza in caso di sua assenza o impedimento temporaneo.

Il rilievo delle funzioni assunte dal Governo e in particolare dal Primo Ministro ha determinato il formarsi di una **struttura organizzativa** che affianca il *Premier* con funzioni informative, consultive e preparatorie delle sue decisioni. Talvolta tale struttura svolge anche le funzioni di segreteria organizzativa dell'attività dell'organo collegiale di governo e di attuazione delle deliberazioni collegiali (Francia, Regno Unito, Svezia).

Negli **Stati Uniti** il Presidente è coadiuvato da un numero notevole di collaboratori, riuniti nella *White House Office*, che ha il compito di fornirgli le informazioni e di preparare la documentazione degli affari più rilevanti e i discorsi presidenziali, e nell'*Executive Office*, il quale si articola in vari organismi tecnici di notevole rilevanza politica, come il *Council of Economic Advisers* in materia economica e il *National Security Council* per la politica interna, estera e di difesa.

Nelle forme di governo parlamentari di solito la struttura che affianca il Primo Ministro è più snella. In **Germania** particolare rilievo assume la Cancelleria

---

[56] Come avvenne nel Regno Unito con Eden successore di Churchill nel 1955 e in Germania con Erhard successore di Adenauer nel 1965.

federale che, oltre a svolgere funzioni informative e preparatorie, garantisce il controllo sui vari ministeri e il coordinamento con l'attività amministrativa dei *Länder*. Nel **Regno Unito** il Primo Ministro è coadiuvato dal *Cabinet Office*, che istruisce le decisioni del Gabinetto e ne garantisce l'esecuzione, e dal *Private Office*, che riunisce i suoi più stretti collaboratori. In **Italia** la l. n. 400/1988 ha previsto l'istituzione di un segretariato generale, al quale è preposto un segretario nominato con decreto del Presidente del Consiglio, che costituisce una struttura complessa articolata in un ufficio di segreteria e in uffici e dipartimenti.

In **Francia** i servizi del Primo Ministro (Gabinetto e Segretariato generale del Governo) coesistono con quelli della Presidenza della Repubblica, acquisendo maggiore o minore rilievo a seconda di quale fra i due organi svolga il ruolo di effettivo capo del potere esecutivo.

Nel governo monocratico di tipo presidenziale il Presidente si avvale, per la gestione degli affari, di **Segretari** da lui nominati. Negli Stati Uniti assume particolare rilievo il Segretario di Stato, che si occupa della politica estera. Nei paesi dell'America Latina è prevista la nomina di Ministri o Ministri segretari o Ministri di Stato, nominati dal Presidente alla testa dei singoli rami dell'amministrazione e responsabili nei suoi confronti.

Nel Governo collegiale i **Ministri** assumono una duplice veste: come membri dell'organo collettivo contribuiscono alla determinazione dell'indirizzo politico, come titolari di un **dipartimento**, cioè dell'apparato burocratico incaricato della gestione di uno specifico ramo dell'amministrazione statale, curano l'attuazione dell'indirizzo nell'ambito del settore di propria competenza e ne assicurano la direzione.

L'organizzazione dei vari ministeri e l'attribuzione delle relative competenze possono essere disciplinate secondo due modalità: o rientrano nel potere di autorganizzazione del Governo e generalmente sono appannaggio del Primo Ministro[57] oppure sono riservate alla legge dalla costituzione[58].

Talvolta ad alcuni Ministri è attribuita la qualifica di **Ministri di Stato**, che soprattutto nell'esperienza francese sta a contrassegnare la preminenza politica riconosciuta ad alcuni esponenti dei partiti della coalizione di governo. Altre volte fanno parte dell'organo collegiale di governo **Ministri senza portafoglio**, i quali non sono posti alla testa di un dicastero, talora per esplicita previsione costituzionale (Paesi Bassi e Ungheria). Le ragioni possono essere di diversa natura: di carattere politico al fine di soddisfare le esigenze di rappresentanza al Governo dei partiti o delle correnti del partito di maggioranza (Francia, Gran Bretagna, Israele, Italia), di carattere istituzionale quando ai Ministri in questione sono affidate importanti funzioni che non rientrano in nessuno dei dicasteri

---

[57] In Germania, Giappone, Regno Unito, Portogallo, Svezia, Turchia e, pur essendo formalmente di competenza del Sovrano, in Belgio, Danimarca, Paesi Bassi.

[58] In Grecia, Italia, Spagna, Svizzera e paesi europei ex socialisti.

tradizionali (Giappone, Italia) o essi sono destinati a subentrare alla direzione di ministeri resasi vacante (Canada, Israele, Italia).

In Italia l'incarico di reggere un ministero può essere affidato *ad interim* al Presidente del Consiglio o ad un Ministro. L'ipotesi, in certo senso opposta a quella precedente in quanto riduce il numero dei componenti dell'organo collegiale di governo, dovrebbe essere eccezionale, corrispondendo all'esigenza di garantire transitoriamente la direzione di un ministero resasi vacante.

La riunione dei Ministri forma l'organo collegiale di governo, denominato di solito **Consiglio dei Ministri** ("Gabinetto" negli Stati Uniti, "Consiglio federale" in Svizzera). La consistenza numerica di tale organo è assai variabile, in quanto si va da sette Ministri (Svizzera) a non più di quindici (Belgio) fino a trentacinque (come in passato si è verificato in Francia e in Italia). Diverso è il modello adottato nel Regno Unito, in Australia e in India, dove l'organo collegiale di governo è il **Gabinetto**, del quale fa parte un numero ristretto di Ministri importanti scelti dal Primo Ministro e vi è un Consiglio dei Ministri pletorico, che comprende secondo un ordine gerarchico i membri del Gabinetto e altri soggetti che non ne fanno parte[59].

Da non confondere con il Gabinetto inglese è il **Consiglio di Gabinetto**, esistente nei paesi nordici e in Francia, che sta a designare la riunione dei Ministri sotto la presidenza del Primo Ministro anziché del Capo dello Stato, con compiti per lo più preparatori nei confronti del Consiglio dei Ministri, o costituisce un organo ausiliario del Presidente del Consiglio, il quale ha la facoltà di istituirlo e di sceglierne i componenti, sentito il Consiglio dei Ministri (in Italia).

La complessità delle funzioni attribuite all'Esecutivo e ai singoli Ministri ha determinato la costituzione di **organi individuali** che, pur facendo parte della struttura di governo in senso lato, **non sono membri dell'organo collegiale** (Consiglio dei Ministri o Gabinetto) e svolgono funzioni di tipo ausiliario rispetto alla determinazione dell'indirizzo politico.

Nel Regno Unito fanno parte del Consiglio dei Ministri varie figure di *Junior Ministers*, nominati dal Primo Ministro anziché dal Re: i Ministri di Stato che assistono i Ministri più importanti nel disbrigo degli affari di loro competenza, e i segretari parlamentari. In Francia i Segretari di Stato autonomi non partecipano di regola al Consiglio dei Ministri e coadiuvano il Primo Ministro o singoli Ministri. In Germania, oltre ai Segretari di Stato presso i singoli ministeri, vi sono i Segretari di Stato parlamentari, ai quali è attribuita la responsabilità di settori specifici e il potere di rispondere alle interrogazioni orali al posto dei Ministri. In alcuni ordinamenti tali organi sono stati costituzionalizzati con la

---

[59] Nel Regno Unito fanno parte del Consiglio i Ministri titolari di un dipartimento, che si distinguono in Segretari di Stato (*Senior Ministers*) quando dirigono dipartimenti importanti e tradizionali e *Ministers* quando sono alla testa di dipartimenti più tecnici, i *Non-departmental Ministers*, che si distinguono in titolari di cariche onorifiche e Ministri senza portafoglio. In India vi sono i *Ministers of State*, titolari di un dicastero e i *Deputy Ministers*, che svolgono funzioni ausiliarie.

denominazione di segretari o sottosegretari di Stato[60]. In Italia i sottosegretari esercitano solo le funzioni delegate dal Ministro e a non più di dieci può essere attribuito il titolo di Vice Ministri, quando le deleghe riguardano aree o progetti di competenza di più dipartimenti.

In vari ordinamenti costituzionali l'ampiezza delle competenze attribuite al Governo soprattutto in materia economica e la crescita del numero dei Ministri hanno fatto sì che accanto all'organo collegiale di governo (Consiglio dei Ministri o Gabinetto) operassero **collegi più ristretti**, di solito con funzioni preparatorie delle deliberazioni del primo, ma talvolta anche con funzioni decisionali. Nel secondo caso essi si configurano come organi a rilevanza esterna e si pone il problema dell'effettiva titolarità dell'indirizzo politico in settori importanti della politica governativa.

Nel **Regno Unito** al Gabinetto si sono talvolta sostituiti collegi più ristretti, creati dal Primo Ministro per fare fronte a situazioni di emergenza (come i *War Cabinets* istituiti durante le due guerre mondiali) o a particolari esigenze di coordinamento (*Inner Cabinets*). Vi sono poi comitati di gabinetto, creati dal Primo Ministro che ne decide composizione e funzioni, e la cui struttura e attività è coperta dal segreto. Essi possono essere permanenti (*Standing Committees*), quando svolgono compiti di notevole rilievo politico (affari esteri, difesa) o *ad hoc*, quando intervengono su una questione specifica che interessa più dicasteri.

In Francia coesistono consigli ristretti, convocati e diretti dal Presidente della Repubblica, e comitati ministeriali, che si riuniscono sotto la presidenza del Primo Ministro.

In vari ordinamenti, caratterizzati dalla formazione di governi di coalizione, la formazione di comitati di Ministri (Belgio, Israele) o di sottoconsigli (Paesi Bassi) risponde a due esigenze: far fronte a questioni tecniche complesse che riguardano più ministeri, attribuire rilevanti decisioni ad organi formati solo dai Ministri più importanti. Analoga è la vicenda dei comitati interministeriali in Italia, che sono proliferati svolgendo importanti funzioni soprattutto in materia economica, sostituendosi talvolta al Consiglio dei Ministri.

2. *Status* dei membri del Governo

Lo *status* dei membri del Governo acquista particolare rilevanza in considerazione del ruolo determinante che tale organo costituzionale è andato sempre più assumendo negli ordinamenti contemporanei e del fatto che esso, oltre a determinare l'indirizzo politico, è posto al vertice della pubblica amministrazione.

In particolare negli ordinamenti democratici si deve ritenere esistente, anche

[60] In Belgio, Estonia, Grecia, Paesi Bassi, Portogallo.

se non espressamente menzionato nella costituzione, il dovere di chiunque sia investito di una carica pubblica di esercitare le funzioni a questa inerenti perseguendo esclusivamente l'interesse pubblico e non interessi privati. In vari ordinamenti esiste una normativa volta ad evitare il c.d. "**conflitto di interessi**", secondo la terminologia utilizzata nelle esperienze anglosassoni, che si verifica quando il titolare di una carica elettiva o pubblica ha o gestisce un interesse economico privato tale da potere influenzare l'esercizio dei suoi doveri pubblici, determinando la preferenza (anche solo potenziale) dell'interesse privato su quello pubblico. Anche se, soprattutto negli ordinamenti anglosassoni, tale questione riguarda i componenti di tutti i poteri dello Stato, essa assume più forte rilevanza ed è più ampiamente regolamentata proprio per i membri del potere esecutivo.

L'ordinamento che più di ogni altro, e da lungo tempo, ha disciplinato tale materia è quello degli **Stati Uniti**, dove vi è un'ampia disciplina legislativa e regolamentare, rappresentata soprattutto dall'*Ethics in Government Act* del 1978 e dall'*Ethics Reform Act* del 1989, che ha stabilito i princìpi e le regole di natura etica alle quali devono uniformarsi i titolari di cariche pubbliche, le modalità di soluzione di ogni possibile conflitto di interessi, le autorità competenti ad esercitare il controllo (in particolare l'*Office of Government Ethics*), le sanzioni che queste possono adottare. In sintesi le più significative misure previste sono le seguenti:

– il *recusal*, vale a dire l'obbligo di astenersi su qualsiasi questione sulla quale il pubblico ufficiale abbia un interesse finanziario;

– i divieti di *post-employement*, cioè di assumere incarichi o utilizzare notizie nei settori nei quali il pubblico ufficiale ha operato;

– la *financial disclosure*, che comprende vari tipi di dichiarazioni pubbliche sullo stato patrimoniale e sui redditi esterni del titolare di una carica pubblica;

– il *qualified blind trust*, che consiste nel trasferimento della gestione del patrimonio di proprietà di un pubblico ufficiale ad un amministratore esterno ed indipendente (*trustee*), il quale interviene in piena autonomia e garantisce la "cecità" delle operazioni compiute rispetto al proprietario;

– il *qualified diversified trust*, che consiste nel conferimento da parte del pubblico ufficiale di un portafoglio ampiamente diversificato di titoli mobiliari facilmente negoziabili e riguardanti società che non abbiano interessi sostanziali nel settore in cui opera il conferente;

– la *divestiture*, consistente nell'obbligo del soggetto di alienare alcuni beni espressamente indicati ed entro il termine prefissato dall'autorità competente, che costituisce la misura più drastica, praticabile quando le altre non risultino efficaci ed in particolare quando per la natura dei beni posseduti è impossibile garantire la gestione "cieca" del patrimonio del soggetto interessato.

Nel **Regno Unito** sono previste misure in parte analoghe, con la differenza che esse sono oggetto non di disciplina legislativa, ma di codici regolamentari e deontologici, fra i quali va segnalato il *Ministerial Code* adottato nel 2001 dal *Cabinet Office*, che regolamenta il conflitto di interessi dei membri del Governo.

In **Europa continentale** è ipotesi frequente l'esistenza di previsioni costituzionali relative alle **incompatibilità** dei membri del Governo. In Germania il Ministro non può assumere nessun ufficio remunerativo, mestiere, professione né appartenere, senza l'approvazione del *Bundestag*, alla direzione o al consiglio di amministrazione di un'impresa con scopo di lucro. In Spagna i membri del Governo non possono esercitare altre funzioni pubbliche né attività professionali o commerciali. In Francia la carica di Ministro è incompatibile con l'esercizio di qualsiasi funzione di rappresentanza professionale a carattere nazionale e di ogni impiego pubblico o attività professionale, previsione specificata da successive leggi organiche, che hanno individuato le società e le imprese per le quali l'incompatibilità opera e hanno posto limiti al c.d. "*pantouflage*", vale a dire alla prassi di ex appartenenti al potere esecutivo e alla pubblica amministrazione di trovare impiego al termine del mandato presso società ed imprese private. In Austria, in attuazione della previsione costituzionale che la legge possa limitare la libera attività economica privata del Presidente, dei Ministri e dei Segretari di Stato, la legge sulle incompatibilità ha stabilito varie misure, quale l'obbligo di comunicazione delle attività a scopo di lucro, limiti per le imprese nelle quali il membro del Governo abbia una partecipazione superiore al 25%, le autorità competenti e le sanzioni, che possono giungere fino alla decadenza dal mandato.

Dello *status* dei membri del Governo fa parte in alcuni ordinamenti il regime speciale della **responsabilità del Primo Ministro e dei Ministri** per reati commessi nell'esercizio delle proprie funzioni, che è stato originariamente (specie nel Regno Unito) il canale attraverso il quale si è affermata la loro responsabilità politica. Ma proprio per questo motivo tale responsabilità di fronte al Parlamento tende ad essere ormai recessiva e abbastanza eccezionale. Così in vari ordinamenti (Germania, Irlanda, Regno Unito, Sud Africa e quasi tutti i paesi dell'Europa centro-orientale) non è previsto alcun trattamento differenziato per i reati commessi dai Ministri, i quali pertanto godono, qualora siano parlamentari, solo delle prerogative stabilite per questi ultimi, mentre negli Stati Uniti l'istituto dell'*impeachment*, che riguarda oltre al Presidente (*infra,* cap. VIII, § 4) tutti i funzionari civili, e quindi anche i Ministri, non esclude la competenza dei giudici ordinari a procedere per gli stessi reati.

Negli ordinamenti che prevedono una responsabilità penale speciale dei Ministri questa riguarda i **reati compiuti nell'esercizio delle funzioni**. Talvolta ha per oggetto reati espressamente indicati: tradimento, concussione o altri gravi reati (Stati Uniti), tradimento o altri delitti contro la sicurezza dello Stato (Spagna), violazione di legge (Austria), delitto doloso o cui corrisponda una pena detentiva il cui limite massimo sia superiore a tre anni (Portogallo). Il soggetto competente a sollevare l'accusa è quasi sempre il **Parlamento** o un organo parlamentare. Il

giudice competente può essere il giudice ordinario (Belgio, Italia, Estonia, Lituania), la Corte Suprema (Paesi Bassi, Spagna, Svezia, Romania), la Corte costituzionale (Austria, Slovenia) (cap. IX, § 24), un giudice speciale a composizione sia giurisdizionale sia politica (Danimarca, Finlandia, Francia, Grecia), il Parlamento (il Senato negli Stati Uniti).

In Italia con la l. cost. n. 1/1989 e in Francia con la l. cost. n. 953/1993 si è realizzata la **prevalenza della componente giurisdizionale**, in quanto i membri del Governo non sono più sottoposti al regime speciale previsto per il Presidente della Repubblica (messa in stato d'accusa da parte del Parlamento e giudizio della Corte costituzionale in Italia, dell'Alta Corte di giustizia in Francia), ma alla magistratura ordinaria, su autorizzazione della Camera della quale il Ministro fa parte o, se non è parlamentare, del Senato (in Italia), e alla Corte di giustizia della Repubblica (composta da dodici parlamentari e tre magistrati) su istruttoria compiuta da una commissione interamente composta da magistrati (in Francia) [61].

3. Formazione del Governo

La formazione del Governo è di solito un **procedimento complesso**, disciplinato in parte da norme costituzionali, ma soprattutto da regole consuetudinarie e convenzionali, e su di esso influiscono il sistema dei partiti e la formula elettorale.

Di solito le norme costituzionali disciplinano solo la fase finale del procedimento (elezione, nomina, giuramento), ma le costituzioni più recenti (Grecia, Spagna e gran parte degli Stati ex socialisti) contengono previsioni più dettagliate, al fine di razionalizzare i rapporti fra gli organi costituzionali e garantire entro tempi certi la formazione del Governo.

Circa la **derivazione giuridica** del Governo, si possono distinguere tre ipotesi a seconda che esso provenga dal corpo elettorale, dal Parlamento, dal Capo dello Stato. L'**elezione da parte del corpo elettorale** del vertice del potere esecutivo ricorre nella forma di governo presidenziale per il Presidente (cap. VII, § 12). La stessa cosa avviene in quella semipresidenziale (cap. VII, § 15), ma ciò è significativo solo quando sia il Presidente anziché il Primo Ministro a svolgere effettivamente la funzione di capo del potere esecutivo. Nelle forme di governo

---

[61] In controtendenza sono state in Italia la l. n. 140/2003 e la l. n. 124/2008, con le quali si stabiliva che i titolari di alte cariche (Capo dello Stato, Presidenti delle Camere e Presidente del Consiglio e, nella prima delle due leggi, Presidente della Corte costituzionale) non fossero perseguibili nel corso del mandato, ma solo alla fine dello stesso (improcedibilità). Ma la Corte costituzionale con le sentenze n. 24/2004 e n. 262/2009 ha dichiarato illegittime le disposizioni citate.

parlamentari solo in Israele è stata attuata dal 1996 al 2001 l'elezione diretta del Primo Ministro da parte del corpo elettorale (cap. VII, § 17).

L'**elezione parlamentare** del Primo Ministro o del Governo avviene o su iniziativa dello stesso Parlamento (Giappone, Finlandia, Irlanda, Svezia, Svizzera) o su designazione o proposta del Capo dello Stato (Germania, Spagna, Russia e Stati ex socialisti). In Sud Africa il Presidente, eletto dal Parlamento, svolge anche la funzione di Primo Ministro, presiedendo il Gabinetto.

Più complessa è l'ipotesi della **nomina del Primo Ministro** da parte del Capo dello Stato. Nelle forme di governo semipresidenziali europee, tranne che in Irlanda, e quindi in Austria, Francia, Islanda, Portogallo, e nella maggioranza delle monarchie parlamentari (Danimarca, Regno Unito, Lussemburgo, Norvegia, Paesi Bassi) il Capo dello Stato, grazie rispettivamente alla sua investitura popolare o alla prerogativa che gli deriva dalla tradizione monarchica, procede alla nomina senza che questa sia seguita da un voto di fiducia obbligatorio del Parlamento.

Invece in alcune forme di governo parlamentari (Belgio, Grecia, Italia, Turchia) alla nomina da parte del Capo dello Stato deve seguire entro un certo termine il voto di fiducia del Parlamento. In India il voto di fiducia della Camera bassa non è richiesto solo se un partito ha ottenuto la maggioranza assoluta dei seggi.

La distinzione appena esaminata è fortemente condizionata dal sistema politico e da quello elettorale. Nelle **democrazie maggioritarie**, basate su un sistema politico bipartitico o bipolare, l'indicazione della formula di governo viene compiuta di regola dal corpo elettorale, il quale attribuisce la maggioranza dei seggi ad un partito o ad una coalizione, anche grazie ad un sistema elettorale selettivo (*supra*, cap. VIII, § 2). Quindi il Parlamento o il Capo dello Stato sono condizionati dalla regola, talvolta contenuta nella costituzione (Bulgaria, Grecia, Romania), ma più spesso di origine convenzionale, che impone di nominare il *leader* del partito o della coalizione che abbia ottenuto la maggioranza dei seggi. Questa regola vale non solo per i Monarchi, che di fatto hanno perso ogni competenza sostanziale in materia, ma anche per i Presidenti eletti dal popolo, quando il corpo elettorale dia la maggioranza ad uno schieramento di opposto orientamento politico (com'è avvenuto in Francia nelle fasi di *cohabitation*).

Occorre tuttavia precisare che la scelta del corpo elettorale non è diretta, ma **avviene attraverso l'elezione del Parlamento** e quindi mediante l'investitura di una maggioranza parlamentare, per cui un ruolo decisivo è svolto dal partito (o dalla coalizione) di maggioranza, il quale è chiamato a scegliere il *leader*. In questa ipotesi pertanto il Primo Ministro non è inamovibile, ma può essere sostituito nel corso del mandato al di fuori di qualsiasi consultazione elettorale, quando perda la *leadership* del proprio partito (o della coalizione). Né si può escludere che le elezioni non diano la maggioranza dei seggi ad un partito e quindi si formino dei governi di coalizione postelettorali (com'è avvenuto nel 2010 nel Regno Unito).

Nelle **democrazie non maggioritarie**, fondate su un sistema politico multipolare e su un sistema elettorale poco selettivo, tranne nei casi in cui le elezioni diano un risultato chiaro e vi sia una forte *leadership* alla testa del partito di maggioranza (come avvenne nel 1948 in Italia, quando la DC guidata da De Gasperi ottenne la maggioranza assoluta dei seggi alla Camera dei deputati), la scelta del Primo Ministro è di solito il **frutto di un accordo postelettorale fra i partiti**. In tale ipotesi la nomina del Capo dello Stato e il voto del Parlamento recepiscono di solito l'accordo stipulato fra i partiti della maggioranza. Tuttavia il Capo dello Stato può godere di una maggiore discrezionalità quando non vi sia una maggioranza ben definita o non si raggiunga all'interno di questa un chiaro accordo sulla scelta del Primo Ministro. Nella prima ipotesi il Capo dello Stato può dare vita a governi d'affari o istituzionali (Italia), destinati a provvedere per un periodo di tempo limitato a compiti circoscritti e non basati su una maggioranza precostituita, o a Governi composti da tecnici (Finlandia, Portogallo e Italia con i Governi Ciampi nel 1993-94, Dini nel 1995-96 e Monti nel 2011-2013) (cap. VII, § 9).

La prima fase del procedimento di formazione del Governo ha natura **preparatoria**, comprendendo l'insieme degli atti che precedono l'elezione o la nomina del Primo Ministro. Prevalgono nettamente in materia le regole non scritte e quelle che disciplinano il funzionamento interno dei partiti politici. Le candidature alla carica di Primo Ministro dipendono dalle modalità con le quali il partito di maggioranza sceglie il proprio *leader*. Infatti nella grande maggioranza dei casi la carica di Primo Ministro è appannaggio del *leader* del partito più forte, anche se nei governi di coalizione non si può escludere che la carica sia attribuita al rappresentante di una corrente del partito di maggioranza relativa o all'esponente di un partito minore, ma decisivo per la formazione del Governo.

La **scelta del *leader*** può spettare al gruppo parlamentare, come avviene nel partito conservatore britannico[62] e nella Democrazia cristiana tedesca, o ad un organo di partito (congresso, convenzione o direzione). Nel partito laburista britannico fino al 1980 il *leader* era eletto dal gruppo parlamentare, successivamente da un collegio formato per il 40% dai sindacati, per il 30% da rappresentanti degli iscritti, per il 30% dal gruppo parlamentare; nel 1994, in seguito all'abolizione della iscrizione collettiva dei sindacati al partito, è stato eletto dai parlamentari e dagli iscritti al partito; infine nel 2015 è stato designato da elezioni primarie aperte non a tutti gli elettori, ma agli iscritti, ai sostenitori registrati del partito e ai sostenitori affiliati dei sindacati. Il metodo delle **primarie** ("chiuse" agli iscritti o ai simpatizzanti del partito o "aperte" a tutti gli elettori) è ampiamente diffuso negli

[62] Dalla metà degli anni '90 nel partito conservatore è stata prevista una limitata partecipazione degli iscritti al partito, ma sotto il rigido controllo degli organismi dirigenti nazionale e locali.

Stati Uniti per la scelta sia dei delegati alle convenzioni nazionali dei due partiti che devono designare i candidati alla presidenza e alla vice presidenza, sia dei candidati a cariche monocratiche a livello federale o statale. Tale metodo, previsto anche in alcuni paesi dell'America Latina[63], è stato adottato in vari paesi europei e in particolar modo in Italia, dove è stato utilizzato, nella forma delle primarie aperte a tutti gli elettori, nel 2005 per designare il leader della coalizione di centro-sinistra e in seguito (2007, 2009, 2012, 2013) il segretario del partito democratico. In altri paesi il ricorso alle primarie aperte, la partecipazione alle quali richiede comunque la condivisione dei valori del partito proponente, è avvenuto solo per la scelta del candidato ad una carica pubblica monocratica (in Francia nel 2012 per il candidato del partito socialista alla presidenza della Repubblica), mentre per la scelta del segretario o presidente del partito le primarie sono state limitate agli iscritti, ai sostenitori o a membri di organizzazioni affiliate al partito (dal 1998 in Spagna per il partito socialista, nel 2012 in Francia per l'UMP, il partito di centro-destra e in Germania per i Verdi, nel 2015 nel Regno Unito).

In vari ordinamenti il Capo dello Stato, prima di procedere alla nomina o alla proposta del Primo Ministro, fa ricorso ad apposite **consultazioni**. Queste possono essere di origine consuetudinaria o convenzionale (Belgio, Italia, Paesi Bassi), nel qual caso il Capo dello Stato gode di un'ampia discrezionalità nella individuazione delle personalità politiche o istituzionali che intende consultare. Altre volte sono previste nella costituzione le consultazioni dei rappresentanti dei gruppi parlamentari o dei partiti presenti in Parlamento[64].

Alle consultazioni segue talvolta (Belgio, Italia, Paesi Bassi) la prassi dei "mandati esplorativi" (o di informazione), affidati dal Capo dello Stato ad una personalità politica, istituzionale o tecnica quando occorra un nuovo giro di contatti al fine di chiarire la situazione politico-parlamentare.

Infine il Capo dello Stato provvede a designare il candidato alla carica di Primo Ministro da sottoporre all'approvazione del Parlamento, che talvolta (come in Italia) viene preceduto dal conferimento dell'incarico di formare il Governo. Nella costituzione svedese del 1975 tali adempimenti spettano non al Re, ma al Presidente del Parlamento.

In vari ordinamenti la discrezionalità del Capo dello Stato è limitata dal fatto che egli deve tener conto del risultato elettorale (cost. portoghese e di fatto in Italia dal 1994 al 2008) o è previsto che, qualora il candidato proposto non ottenga la maggioranza prescritta, il Parlamento possa eleggere un'altra personalità (Belgio, Germania, Estonia) o pronunciarsi su una pluralità di candidature (Slovenia). In **Grecia** la costituzione prevede un procedimento molto dettagliato (recepito dalla Bulgaria): il Presidente deve nominare Primo Ministro il *leader* del partito che abbia la maggioranza assoluta dei seggi o, in mancanza, conferire

[63] Argentina, Cile, Colombia, Messico, Uruguay.

[64] In Bulgaria, Finlandia, Portogallo, Romania, Slovenia, Spagna, Svezia.

mandati esplorativi in ordine di successione al capo del partito di maggioranza relativa, del secondo partito, del terzo partito o infine, qualora tutti i tentativi falliscano, ad una personalità designata dai partiti o istituzionale, incaricata di formare un governo di garanzia per consentire lo svolgimento di nuove elezioni.

La seconda fase, che è **costitutiva**, sfocia nella formazione del Governo ed è più frequentemente disciplinata nei testi costituzionali.

Nei paesi in cui il Governo deriva dal Parlamento di solito l'investitura riguarda il solo Primo Ministro, ma talvolta è stabilito che questi sottoponga al voto parlamentare il programma di governo o anche la lista dei Ministri, contestualmente alla sua elezione o successivamente [65]. In Svizzera i membri del Consiglio federale sono eletti dall'Assemblea federale individualmente. L'elezione parlamentare avviene di regola a maggioranza assoluta, ma in alcuni casi è sufficiente che il candidato Primo Ministro non abbia il voto contrario della maggioranza dei parlamentari (Svezia) o che, qualora non raggiunga la maggioranza assoluta, ottenga in una votazione successiva quella semplice (Finlandia, Spagna, Slovenia) o relativa (Germania).

La nomina del Primo Ministro costituisce un atto dovuto quando consegue ad un'elezione popolare o parlamentare (tranne in Germania quando l'elezione avvenga a maggioranza relativa, nel qual caso il Presidente della Repubblica può optare fra la nomina e lo scioglimento del *Bundestag*; cap. VII, § 10). Una situazione analoga si verifica quando le elezioni diano la maggioranza dei seggi ad un partito o a una coalizione il cui *leader* viene nominato Primo ministro in virtù di un'espressa previsione costituzionale o di una regola convenzionale. Tuttavia il Capo dello Stato ritrova una certa discrezionalità qualora entri in crisi il Governo formato all'indomani delle elezioni e sia comunque possibile formare un Governo con un nuovo Primo Ministro che possa ottenere la fiducia parlamentare.

Più discrezionale è la scelta del Primo Ministro nei paesi nei quali il Governo deriva dalle trattative postelettorali fra diversi partiti, anche se la discrezionalità è nulla quando si delinei una coalizione di maggioranza che concordemente proponga un unico nome al Capo dello Stato.

Per quel che riguarda la **nomina dei Ministri**, nella forma di governo presidenziale spetta al Presidente tanto la nomina quanto la revoca degli stessi, in quanto si tratta di persone di sua fiducia chiamate ad attuare l'indirizzo politico da lui stabilito. Tuttavia negli Stati Uniti occorre il parere ed il consenso del Senato, che peraltro di rado viene negato (cap. VII, § 13).

Nelle altre forme di governo nella scelta dei Ministri svolge un ruolo decisivo il Primo Ministro, il quale tuttavia, quando è chiamato a presiedere un governo di coalizione, deve tenere conto delle indicazioni dei partiti che lo compongono. In Francia la nomina dei Ministri è attribuita al Capo dello Stato su proposta del Primo Ministro; nei fatti la scelta dei Ministri spetta al Presidente

---

[65] In Bulgaria, Montenegro, Romania, Serbia, Slovenia, Spagna.

nelle situazioni in cui questi può contare su una maggioranza parlamentare del suo stesso colore politico, mentre nei periodi di *cohabitation* essa viene compiuta dal Primo Ministro, anche se per alcuni Ministri (affari esteri, difesa) deve ottenere il consenso del Capo dello Stato.

Nelle monarchie parlamentari la nomina continua formalmente a spettare al Re, ma nella sostanza è il Primo Ministro a compiere la scelta. In alcuni ordinamenti, come Giappone e Svezia, nomina e revoca dei Ministri sono attribuite espressamente al Primo Ministro. In tutti gli altri ordinamenti la nomina dei Ministri è attribuita al Capo dello Stato, ma su proposta del Primo Ministro che assume per lo più un ruolo determinante.

La **fase finale**, successiva alla nomina del Governo, comprende di solito il **giuramento** dei suoi componenti, che può avvenire o di fronte al Capo dello Stato o di fronte al Parlamento. In alcuni ordinamenti il Governo una volta formato deve presentarsi entro un certo numero di giorni di fronte al Parlamento **per ottenere il voto di fiducia** (*supra*, cap. VIII, § 5). In questi casi si pone il problema, fermo restando che il non ottenimento della fiducia comporta l'obbligo di dimissioni del medesimo, se il Governo in attesa di fiducia goda della pienezza dei suoi poteri o possa solo compiere gli atti di ordinaria amministrazione e quelli improrogabili ed urgenti.

Anche se di regola il Governo gode del sostegno della maggioranza del Parlamento, non si può escludere la formazione di **governi di minoranza**, che è giuridicamente possibile quando non è previsto un voto di fiducia iniziale o allorché l'investitura parlamentare può avvenire anche a maggioranza semplice.

Qui occorre distinguere due ipotesi. La prima è quella dei governi minoritari per la loro composizione ma sostenuti dal voto (favorevole o di astensione) di partiti esterni al Governo, come si è verificato più volte in Italia. La seconda è quella di governi minoritari in quanto basati sul sostegno di un solo gruppo parlamentare o comunque di una minoranza del Parlamento. Questa ipotesi è abbastanza frequente nei paesi del Nord Europa (Finlandia, Norvegia, Svezia e soprattutto Danimarca), ma si verifica talvolta anche in Canada, quando il partito che vince le elezioni non riesce a conquistare la maggioranza assoluta dei seggi e deve contrattare di volta in volta il sostegno di questo o quel gruppo parlamentare.

Un'ipotesi del tutto peculiare è quella dei **governi elettorali**, vale a dire di quelli costituiti per gestire la delicata fase susseguente all'indizione di nuove elezioni. Di regola tale compito spetta al Governo uscente. Tuttavia alcune costituzioni hanno previsto la formazione di **governi di garanzia**. Così la costituzione francese del 1946 stabiliva che in caso di scioglimento del Parlamento il Capo dello Stato nominasse Primo Ministro il Presidente dell'Assemblea nazionale e Ministri di Stato i membri dei gruppi non rappresentati al Governo. Previsioni analoghe sono contenute nella costituzione greca e in quella bulgara, in modo da garantire la più ampia rappresentatività del Governo che gestirà la fase elettorale. In Italia si è seguita una prassi diseguale, in quanto nella maggioranza dei casi di scioglimento anticipato di entrambe le Camere è stato mantenuto in carica il Governo uscente, mentre in tre casi (1972, 1979 e 1987) il Presidente della Repubblica ha nominato un nuovo governo elettorale che non ha ottenuto la fiducia parlamentare, soluzione che è stata criticata in quanto il Governo nominato dovrebbe essere «a vocazione maggioritaria» (Bassanini).

4. Crisi di governo

La distinzione, proposta dalla dottrina italiana, fra **crisi parlamentari**, determinate da un espresso voto di sfiducia del Parlamento, e **crisi extraparlamentari**, derivanti da ragioni esterne alla volontà del Parlamento, può essere applicata solo alle forme di governo caratterizzate dall'esistenza di un rapporto di fiducia fra Governo e Parlamento.

Tuttavia anche in queste l'eventualità dell'approvazione parlamentare di una mozione di sfiducia è abbastanza remota. Infatti nelle forme di governo di tipo maggioritario il Governo, potendo contare su una solida maggioranza, è di solito "di legislatura", restando in carica per tutto il periodo di durata del Parlamento. L'ipotesi di un voto di sfiducia si può verificare solo quando nessun partito (o coalizione) abbia ottenuto la maggioranza dei seggi e in Assemblea si coaguli una maggioranza pronta a far cadere il Governo, nel qual caso si ha come conseguenza probabile lo scioglimento del Parlamento, al fine di consentire al corpo elettorale di intervenire (come avviene di regola nel Regno Unito e nei paesi anglosassoni). Oppure la sfiducia deriva dal fatto che un partito facente parte della maggioranza decide di allearsi con l'opposizione al fine di formare una diversa coalizione di governo (cosa che può verificarsi nei paesi, come la Germania, nei quali è previsto l'istituto della mozione di sfiducia costruttiva).

Nelle forme di governo di tipo non maggioritario le crisi sono per lo più determinate dalla rottura del patto di coalizione fra i partiti della maggioranza, per cui il Primo Ministro tende a rassegnare le dimissioni prima che la crisi si trasferisca in Parlamento e venga formalizzata in una mozione di sfiducia, al fine di evitare una contrapposizione frontale e lasciare la via aperta a trattative fra le stesse forze che facevano parte del Governo per la formazione di quello nuovo. In Italia le numerose crisi sono state tutte extraparlamentari ad eccezione di quelle del primo e del secondo governo Prodi (nel 1998 e nel 2008), determinate dal mancato ottenimento della fiducia chiesta dal Governo in seguito all'uscita dalla maggioranza di alcune forze politiche.

Può tuttavia assimilarsi alla crisi di governo parlamentare quella determinata da un voto negativo del Parlamento su un'importante legge di indirizzo politico (legge di bilancio o di approvazione di un trattato) o su una questione particolarmente rilevante ai fini dell'attuazione del programma di governo. In tale ipotesi, anche quando la costituzione stabilisca che il voto negativo del Parlamento non comporta l'obbligo di dimissioni, il Governo può desumere dal voto negativo la convinzione di non godere più dell'appoggio della maggioranza parlamentare e rassegnare le proprie dimissioni.

Le **crisi extraparlamentari** possono essere suddivise in almeno quattro ipotesi distinte:

– quelle determinate da **ragioni non politiche**, quali la morte, l'impedimento permanente o le dimissioni non derivanti da ragioni politiche del Primo Ministro;

– quelle derivanti da **nuove elezioni parlamentari**; nell'ipotesi di rinnovo del Parlamento il Governo, legato dal rapporto di fiducia all'Assemblea precedente, presenta di solito le proprie dimissioni a quello nuovo, che deve provvedere all'elezione del Primo Ministro o al conferimento della fiducia, il che non esclude che possa essere confermato il Governo precedente, qualora le elezioni non abbiano modificato la composizione politica del Parlamento;

– quelle dovute **al Presidente della Repubblica**; generalmente in occasione delle elezioni presidenziali il Governo in carica presenta le proprie dimissioni al nuovo Presidente, il quale le rifiuta; diversa è la situazione nella forma di governo semipresidenziale francese, nella quale il Presidente, quando sia espressione di una maggioranza diversa da quella che sostiene il Governo in carica, lo sostituisce con un esecutivo corrispondente ai propri orientamenti o, qualora nel corso del mandato entri in conflitto con il Primo Ministro, lo obbliga alle dimissioni (cap. VII, § 16);

– quelle derivanti da **ragioni di partito**, che si verificano allorché nel partito di maggioranza viene messa in discussione la *leadership* del Primo Ministro (Giappone, Regno Unito), o quando si manifesta un conflitto insanabile fra i partiti di una coalizione di governo, che può giungere fino al ritiro di un partito dalla medesima (Belgio, Finlandia, Italia).

5. I rapporti infragovernativi

La coesistenza al vertice del potere esecutivo di un organo monocratico e di uno collegiale pone il problema dei rapporti reciproci e di quale dei due abbia la prevalenza. La questione non si pone negli Stati Uniti e in generale nelle forme di governo presidenziali, dove il Presidente è il titolare del potere esecutivo, né in Svizzera, dove il Governo ha natura esclusivamente collegiale.

Negli Stati autocratici vi è una netta prevalenza del principio monocratico a vantaggio del Capo dello Stato o del Primo Ministro, come si è verificato in Italia nel periodo fascista per il Capo del Governo.

Negli ordinamenti democratici il problema non è tanto quello della **superiorità giuridica del Primo Ministro sui Ministri**, che è prevista in alcuni ordinamenti, mentre in altri egli è considerato come un *primus inter pares*, quanto piuttosto quello della sua **supremazia politica**.

In generale vi è una linea di tendenza al rafforzamento del principio monocratico, dovuta a vari fattori, quali la personalizzazione crescente della politica, il carattere talvolta pletorico dell'organo collegiale, la disponibilità da parte del Primo Ministro di un apparato informativo e organizzativo che gli consente di dirigere e di coordinare l'azione governativa, l'indicazione popolare del Primo Ministro quando è il leader riconosciuto del partito o della coalizione che ha vinto le elezioni. A tal proposito si è parlato, con riferimento ai principali paesi democratici (Francia, Regno Unito, Stati Uniti) dell'esistenza al vertice dello Stato di un «monarca repubblicano» (Duverger) (cap. VII, § 12). Tale opinione, anche se segnala una linea di tendenza reale, pare però eccessiva per due ragioni. In primo luogo essa sottovaluta la differenza fra un capo dell'Esecutivo direttamente eletto dal popolo e un Primo Ministro che solo indirettamente deriva dal corpo elettorale ed in tanto può svolgere tale funzione in quanto sia riconosciuto come *leader* del partito o della coalizione di maggioranza. In secondo luogo l'organo collegiale di governo continua a svolgere un ruolo rilevante, in quanto è di solito titolare di importanti competenze. A esso spettano infatti di regola le più importanti deliberazioni relative all'attuazione dell'indirizzo politico, rispetto alle quali il Primo Ministro gioca un ruolo di impulso e di proposta, e quelle che riguardano i rapporti con gli altri poteri dello Stato (come ad es. la decisione di porre la questione di fiducia o quella di chiedere lo scioglimento anticipato del Parlamento).

Nella realtà la combinazione tra i due princìpi varia a seconda delle caratteristiche assunte dalla forma di governo. In quelle che hanno **un funzionamento di tipo maggioritario** vi è nell'ambito del Governo una solida preminenza del Primo Ministro che si esercita attraverso vari strumenti:

– il potere sostanziale di scelta e di revoca dei Ministri;
– il potere di direzione generale della politica governativa e di coordinamento dell'azione dei Ministri;
– il potere di direttiva nei confronti dei Ministri anche per gli affari rientranti nella loro competenza che possono incidere sulla politica generale del Governo;
– il potere di costituire organi collegiali ristretti, dei quali fanno parte i Ministri da lui designati;
– la disponibilità di un importante apparato informativo e organizzativo;
– la titolarità di alcuni importanti dicasteri (nel Regno Unito il Tesoro e il *Civil Service*, che sovrintende all'amministrazione centrale dello Stato).

Nelle forme di governo che hanno **un funzionamento di tipo non maggioritario** la formazione di governi di coalizione fra partiti anche eterogenei richiede che il Primo Ministro, indipendentemente dalle competenze di direzione e di coordinamento che l'ordinamento gli attribuisce, svolga una funzione di mediazione fra le diverse componenti politiche del Governo. Ciò rafforza di solito non tanto l'organo collegiale, che si trova a ratificare le decisioni adottate negli incontri fra i massimi rappresentanti dei partiti della maggioranza, quanto i singoli Ministri, che nella gestione del proprio dicastero e nelle proprie prese di posizione politiche godono del sostegno del rispettivo partito.

Negli Stati ex socialisti la situazione è diversificata. Negli ordinamenti presidenzialistici della Russia e degli Stati asiatici nati dalla crisi dell'URSS vi è una netta preminenza del Presidente eletto dal popolo, il cui potere assume caratteristiche cesaristico-plebiscitarie (cap. VII, § 12). Negli Stati europei, anche in quelli che hanno adottato una forma di governo semipresidenziale, di solito è il Primo Ministro a proporre nomina e revoca dei Ministri e a dirigere la politica governativa, ma in alcuni casi il suo ruolo è ridimensionato da quello svolto dall'organo collegiale di governo o dal Capo dello Stato (Polonia, Romania).

Riferimenti bibliografici

Sul Governo: P.M. GAUDEMET, *Le pouvoir exécutif dans les Pays occidentaux*, Montchrestien, Paris, 1966; M.P. VIVIANI SCHLEIN, *La presidenza del Consiglio dei ministry in alcuni Stati dell'Europa occidentale e in Italia*, Giuffrè, Milano, 1970; AA.VV., *Costituzione e struttura del governo negli Stati di democrazia parlamentare*, Cedam, Padova, 1992; S. FABBRINI, S. VASSALLO, *Il governo. Gli esecutivi nelle democrazie contemporanee*, Laterza, Roma-Bari, 1999. Sul primo ministro: C. ZILEMENOS, *Naissance et èvolution de la fonction de Premier Ministre dans le régime parlementaire*, LGDJ, Paris, 1976; G. PASQUINO (ed.), *Capi di governo*, il Mulino, Bologna, 2005.

Sul conflitto di interessi: G. RANDO, *Il conflitto di interessi nell'esercizio di funzioni pubbliche. Spunti di diritto comparato per una riforma dell'ordinamento italiano*, Giappichelli, Torino, 2014.

Sulla formazione del Governo: M. GALIZIA, *Studi* cit *supra*; J.C. COLLIARD, *La désignation du premier ministre en régime parlementaire*, in *Le pouvoir. Mèlanges offerts à Georges Burdeau*, LGDJ, Paris, 1977. Sui governi elettorali di minoranza: F. BASSANINI, *Lo scioglimento delle Camere e la formazione del Governo Andreotti*, in *Riv. trim. dir. pubbl.*, 1972. Sulle crisi di governo: L. VENTURA (ed.), *Le crisi di governo nell'ordinamento e nell'esperienza costituzionale*, Giappichelli, Torino, 2001.

Sezione V – *Il Capo dello Stato*

SOMMARIO: 1. Natura e ruolo. – 2. Derivazione e durata in carica. – 3. Poteri. – 4. Responsabilità. – Riferimenti bibliografici.

1. Natura e ruolo

Nella quasi totalità degli ordinamenti contemporanei vi è al vertice dello Stato un organo denominato "**Capo dello Stato**" **che rappresenta l'unità nazionale** sia all'interno sia nei rapporti con gli altri Stati. Di solito si tratta di un organo **monocratico**, ma non mancano casi nei quali esso ha carattere **collegiale** (Svizzera)[66].

Vi sono anche esempi storici di ordinamenti nei quali l'organo Capo dello Stato non era formalmente previsto. Ciò è avvenuto in Francia nella costituzione giacobina del 1793 e in alcuni ordinamenti socialisti, nei quali è prevalsa la teoria democratico-radicale della sovranità popolare, anche se di fatto nei secondi il ruolo di Capo dello Stato era svolto dall'organo ristretto eletto dal Parlamento che sostituiva l'Assemblea quando non era in sessione e dal suo Presidente (che spesso era il segretario del partito comunista). Inoltre negli stessi Stati Uniti il Presidente si configura soprattutto come titolare del potere esecutivo, funzione rispetto alla quale quella di Capo dello Stato risulta accessoria e secondaria.

Tuttavia, anche laddove non esiste formalmente un Capo dello Stato, vi è pur sempre un soggetto che è quantomeno incaricato di rappresentare lo Stato nei rapporti internazionali. Ciò si verifica negli Stati democratico-pluralistici, nei quali l'unità nazionale è il prodotto della sintesi fra gli interessi rappresentati dai diversi gruppi sociali e politici. Non è un caso che le costituzioni dei paesi ex socialisti incamminatisi sulla via della democrazia abbiano tutte introdotto l'organo monocratico Capo dello Stato, anche se con diversa legittimazione e differenti poteri.

Se in circa i tre quarti degli ordinamenti contemporanei come Capo dello Stato vi è un **Presidente**, negli altri vi è tuttora un **Monarca** (in Europa: Belgio, Danimarca, Gran Bretagna, Lussemburgo, Norvegia, Paesi Bassi, Spagna, Svezia e in vari paesi africani e asiatici).

---

[66] Il Presidente della Confederazione svizzera, designato dal Consiglio federale tra i suoi componenti per un solo anno e a rotazione, si limita a presiedere il Consiglio.

Storicamente alla base di tale distinzione vi è la contrapposizione fra due princìpi (Baldassarre): il **principio monarchico**, che considera il Capo dello Stato come personificazione dello Stato e titolare di tutti i poteri, in virtù di un assunto teocratico (per cui il Re deriva dalla volontà divina) o legittimista (per cui il Re è tale in virtù del possesso del trono che da lungo tempo può vantare la sua dinastia); il **principio repubblicano**, che individua nel Capo dello Stato un organo costituzionale rappresentativo che al pari di altri opera per realizzare i fini della comunità statale in attuazione del principio della sovranità popolare.

Anche se negli Stati democratici, compresi quelli monarchici, ha prevalso il principio repubblicano, il principio monarchico ha continuato a svolgere una certa influenza sia nella formulazione dei testi costituzionali (come dimostra l'attribuzione al Capo dello Stato della titolarità formale di importanti poteri, cui si accompagna la riaffermazione del principio di irresponsabilità), sia in alcune elaborazioni dottrinali ricostruttive del ruolo del Capo dello Stato. Inoltre in vari paesi in via di sviluppo il principio monarchico continua a sopravvivere in virtù del carattere accentrato e autocratico della forma di Stato e talvolta sotto l'influenza di fattori religiosi che sanciscono la derivazione teocratica del potere (cap. IV, § 12).

Varie sono le **teorie circa il ruolo del Capo dello Stato**.

Una prima concezione lo considera **capo del potere esecutivo**, costituendo negli attuali ordinamenti repubblicani una sorta di «trasfigurazione repubblicana» del principio monarchico (Baldassarre). Ciò si verifica nella forma di governo presidenziale, mentre in quelle semipresidenziali il ruolo del Presidente è variabile, a seconda del rapporto che si instaura fra esso e la maggioranza parlamentare e quindi con il Primo Ministro.

Una seconda concezione individua nel Capo dello Stato il **garante della legittimità e della continuità dell'unità statale**, che deve essere salvaguardata dagli effetti potenzialmente disgreganti del pluralismo partitico-parlamentare (Schmitt). Ciò comporta che nelle situazioni di crisi nelle quali è in pericolo l'unità dello Stato, il Capo dello Stato è legittimato a intervenire con misure eccezionali, assumendo in prima persona la direzione politica del paese. A questa concezione si ispirano le previsioni costituzionali che attribuiscono al Capo dello Stato il potere di proclamare lo stato di crisi e di adottare misure in deroga alle previsioni costituzionali (art. 48 cost. di Weimar, art. 16 cost. francese).

Una terza concezione considera il Capo dello Stato come **potere neutro**, vale a dire come potere a sé, distinto dai tre tradizionali e posto al di sopra delle parti politiche con il compito di moderarne i rapporti e di risolvere gli eventuali conflitti (Constant). Nell'ambito di tale concezione sono state formulate varie teorie che hanno dato diverse letture della "neutralità" del Capo dello Stato:

– Capo dello Stato come **istanza simbolica** o con poteri formali, che si limita a dichiarare la volontà popolare (Preuss) o come **magistratura d'influenza**, che ha il compito «di consigliare, di incoraggiare e di ammonire» (Bagehot); nella maggioranza delle monarchie parlamentari europee il Re conserva una titolarità meramente formale dei più importanti poteri, essendo talvolta espressamente qualificato come un simbolo dell'unità popolare (Giappone), ma può essere anche privato di tali poteri a vantaggio di altri organi (Svezia);

– Capo dello Stato come **garante del rispetto della costituzione** e delle regole del gioco, cioè delle norme procedurali che disciplinano i rapporti fra gli organi politicamente attivi (Kelsen); ciò accade in varie repubbliche parlamentari e anche in quelle semipresidenziali, quando il Presidente non sia un *leader* politico e tale ruolo venga svolto dal Primo Ministro;

– Capo dello Stato come **potere di intermediazione**, che garantisce un costante processo di integrazione dell'unità statale, dichiarando i valori che vanno maturando nella comunità (Smend).

Al di là delle diverse teorie, il Capo dello Stato è una **figura complessa** la cui posizione nel sistema costituzionale può variare a seconda delle contingenze politiche, del funzionamento della forma di governo e del modo in cui il titolare dell'organo interpreta il proprio ruolo.

2. Derivazione e durata in carica

Circa la derivazione del Capo dello Stato si possono distinguere tre ipotesi: la successione ereditaria, l'elezione popolare, l'elezione parlamentare.

Nei sistemi monarchici l'ascesa al trono avviene di regola **per via ereditaria** nel rispetto di norme costituzionali o consuetudinarie che disciplinano la successione dinastica. In alcuni ordinamenti tuttavia, quando in base a tali regole non vi sia un erede, il Parlamento interviene o per esprimere il consenso al successore designato dal Re (Belgio) o per nominare il nuovo Monarca (Danimarca, Norvegia, Paesi Bassi, Spagna, Svezia).

Formalmente assimilabile a tale ipotesi è quella che si verifica in alcuni paesi anglosassoni (Australia, Canada, Nuova Zelanda) presieduti da un Governatore generale, nominato dal Monarca inglese su parere (di fatto vincolante) del Governo britannico. In pratica però la designazione è compiuta dal Governo del paese interessato e riguarda una personalità nazionale di scarso rilievo politico.

Nelle forme di governo presidenziali e semipresidenziali il Capo dello Stato è **eletto dal corpo elettorale** o in modo diretto o mediante elezione di secondo grado da parte di un collegio di elettori presidenziali. La seconda ipotesi si verifica soltanto negli Stati Uniti e si è avuta in Francia fino al 1962 (cap. VII, §§ 13 e 16) e in Finlandia fino al 1986.

Nell'ipotesi di elezione diretta in Islanda, Messico e Slovenia viene adottato il **sistema maggioritario a turno unico e a maggioranza relativa**. In Irlanda e in

Sud Africa il sistema è a turno unico, ma grazie al meccanismo del "voto alternativo" il candidato eletto ottiene la maggioranza assoluta delle preferenze. In Irlanda e in Islanda si è affermata una convenzione costituzionale in base alla quale nessun candidato viene presentato qualora si ricandidi il Presidente in carica, il quale risulta automaticamente eletto senza che si proceda allo scrutinio.

Nella grande maggioranza degli ordinamenti l'elezione popolare avviene con **sistema maggioritario a doppio turno**, in base al quale, se al primo turno nessuno ottiene la maggioranza assoluta dei voti (ma in Argentina è sufficiente il 45% o anche tra il 45% e il 40% dei voti quando il primo candidato ha un distacco dal secondo superiore al 10%), si tiene un turno di ballottaggio fra i due candidati più votati.

Nelle Repubbliche parlamentari **il Presidente viene eletto dal Parlamento** (Albania, Estonia, Grecia, Israele, Italia, Kosovo Lettonia, Sud Africa, Turchia e Ungheria) o da un'apposita assemblea federale, composta da parlamentari e da un numero equivalente di membri eletti dai Parlamenti degli Stati membri (in Germania membri del *Bundestag* e rappresentanti dei *Laender*, in India membri delle due Camere e rappresentanti degli Stati). In Italia per l'elezione del Presidente il Parlamento in seduta comune è integrato da tre delegati per ogni Regione (uno per la Valle d'Aosta), eletti dal Consiglio regionale in modo da assicurare la rappresentanza delle minoranze, integrazione che sottolinea la funzione del Capo dello Stato di rappresentante dell'intera comunità nazionale.

Nelle prime votazioni è richiesta la maggioranza qualificata dei due terzi (Grecia, Italia, Estonia), dei tre quinti (Albania) o quella assoluta (Germania, Israele, Repubblica Ceca), mentre dalla terza (in Albania dalla quarta) si riduce il numero dei candidati (Albania, Israele, Estonia, Repubblica Ceca) oppure si richiede una maggioranza inferiore (semplice in Germania, assoluta in Italia e Turchia, dei tre quinti in Grecia). In Ungheria se alla prima votazione nessuno raggiunge la maggioranza dei due terzi, si procede ad un turno di ballottaggio tra i due candidati più votati. In Lettonia occorre comunque la maggioranza assoluta.

Mentre la carica dei Capi dello Stato monarchici è **vitalizia**, quella dei Presidenti della Repubblica ha una **durata determinata**. In alcuni ordinamenti, di solito presidenziali o semipresidenziali, il Presidente è eletto per quattro anni, in coincidenza con la durata della legislatura (Argentina, Brasile, Islanda, Romania, Stati Uniti). Più di frequente la durata del mandato presidenziale è superiore a quella del Parlamento, in modo da garantire l'indipendenza del Capo dello Stato. La durata massima è di sette anni (in Irlanda, Italia e Turchia).

Di solito nei testi costituzionali sono stabiliti **limiti alla rieleggibilità del Presidente**, il quale talvolta non può essere rieletto (Messico, Turchia), ma nella maggioranza dei casi non può svolgere più di due mandati. Tale limite assume carattere assoluto negli Stati Uniti, ai sensi del XXII emendamento (1951), introdotto dopo che il Presidente Roosevelt aveva infranto per due volte (nel 1940 e nel 1944) la regola convenzionale secondo la quale il Presidente non svolgeva più di due mandati, in Montenegro e in Ungheria. Anche in vari Stati dell'America latina è previsto il limite del doppio mandato, ma esso è stato abolito in Venezuela consentendo a Chávez, divenuto Presidente nel 1998, di essere rieletto per tre volte (2000, 2006 e 2012).

In alcuni ordinamenti il divieto del terzo mandato non è assoluto, ma riguarda solo quello immediatamente successivo ai due già espletati (Austria, Francia, Germania, Israele, Portogallo, Russia[67]). In Grecia e in Portogallo il Presidente che abbia dato le dimissioni prima della scadenza del mandato non può candidarsi alle successive elezioni presidenziali, onde evitare che si dimetta nel momento a lui più favorevole ai fini della propria rielezione. Inoltre in Portogallo il Presidente che ha svolto due mandati consecutivi non può essere rieletto nel corso del quinquennio successivo, al fine di impedire che possa succedergli una persona di fiducia disposto a dimettersi anticipatamente per favorirne la rielezione.

Pochi sono gli ordinamenti nei quali non è previsto **alcun limite alla rieleggibilità** del Presidente (Finlandia, Islanda, Italia). Fra questi solo in Italia non si era mai avuta la rielezione di un Presidente uscente fino all'aprile 2013, quando è stato rieletto il Presidente Napolitano, il quale peraltro si è dimesso nel gennaio 2015.

Per quel che riguarda la **cessazione dalla carica**, nelle **Monarchie** questa si verifica in principio solo per la morte del Re. Tuttavia questi può abdicare a favore del suo erede. Inoltre possono determinarsi circostanze nelle quali la Corona deve essere affidata in via provvisoria a un **reggente**, come si verifica quando l'erede al Trono è minorenne (Belgio, Lussemburgo, Spagna) o vi è vacanza del Trono (Belgio, Lussemburgo, Paesi Bassi, Svezia) o nell'ipotesi di impedimento (impossibilità o incapacità di regnare) del Re (Belgio, Lussemburgo, Spagna) o in quella di rinuncia temporanea al Trono (Paesi Bassi). L'organo competente a verificare l'esistenza dell'impedimento è il Governo (Belgio) oppure il Parlamento (Paesi Bassi e Spagna). Il reggente può essere eletto dal Parlamento (Belgio, Lussemburgo, Paesi Bassi) oppure può salire al Trono di diritto (come si verifica in alcuni casi nei Paesi Bassi e in Spagna).

Nelle **Repubbliche** il Capo dello Stato cessa dalla carica al momento della scadenza del mandato, che di solito si identifica con quello dell'entrata in carica del suo successore. Tale coincidenza può essere espressamente prevista (così il XX emendamento, cost. degli Stati Uniti fissa la data del 20 gennaio, successiva di circa due mesi all'elezione degli elettori presidenziali) o viene perseguita stabilendo che le operazioni per l'elezione del nuovo Presidente si svolgano prima della scadenza di quello uscente. In questo caso talvolta è previsto che, qualora la procedura elettorale si prolunghi oltre tale data, siano prorogati i poteri del Presidente in carica (Grecia). In Italia nel silenzio della costituzione la dottrina

---

[67] In Russia Putin, dopo essere stato Presidente dal 2000 al 2008 ed essere stato subito dopo nominato Primo Ministro per quattro anni dal Presidente Medvedev (suo ex Primo Ministro), è stato rieletto nel 2012 alla carica di Presidente, la cui durata nel 2008 era stata portata da quattro a sei anni.

è divisa: secondo alcuni si dovrebbe far luogo alla supplenza da parte del Presidente del Senato, secondo altri invece si verificherebbe la *prorogatio*.

La cessazione dalla carica può verificarsi **prima della fine del mandato** per effetto di cause sopravvenute: morte, dimissioni, destituzione, impedimento permanente.

Le **dimissioni** del Presidente, anche se non previste nella costituzione, devono ritenersi comunque consentite e di regola non richiedono di essere motivate. Talvolta devono essere comunicate al Parlamento con apposito messaggio (Portogallo).

La **destituzione** del Presidente può derivare dalla sua messa in stato d'accusa da parte del Parlamento, (Irlanda, Russia), dalla sua condanna (Albania, Francia, Italia, Portogallo, Stati Uniti, Ungheria) o da una iniziativa politica del Parlamento a maggioranza qualificata, nel qual caso la decisione definitiva spetta al corpo elettorale (Austria, Islanda, Romania – *infra*, § 5).

L'**impedimento** del Presidente è previsto nella maggioranza delle costituzioni repubblicane o senza alcuna specificazione (Austria, Portogallo) o come impossibilità o incapacità del Presidente di adempiere i propri doveri (Islanda, Israele, Romania, Russia, Stati Uniti) o viene distinto in permanente e temporaneo (Finlandia, Francia, Irlanda, Italia). Alcune costituzioni individuano l'organo competente a dichiarare l'impedimento del Capo dello Stato. Negli Stati Uniti vi provvede lo stesso Presidente oppure il Vice Presidente, insieme alla maggioranza dei titolari dei dicasteri o eventualmente di un altro organo indicato con legge dal Congresso; nella seconda ipotesi può verificarsi un contenzioso fra Presidente e Vice Presidente che viene risolto dal Congresso, il quale dovrà pronunciarsi entro ventuno giorni con la maggioranza di due terzi dei componenti di entrambe le Camere per la sussistenza o meno dell'impedimento (XXV emendamento sezz. III, IV). In altri ordinamenti sull'esistenza e sulla natura dell'impedimento decide la Corte costituzionale (Bulgaria, Francia) o la Corte Suprema (Irlanda) o il Parlamento a maggioranza qualificata (Grecia, Israele, Polonia). In Italia nel silenzio della costituzione, vi è incertezza in dottrina sull'organo competente; nell'unico caso verificatosi, relativo all'impedimento del Presidente Segni nel 1964, un primo accertamento fu compiuto su iniziativa del segretario generale della Presidenza, ma successivamente fu lo stesso Presidente a rassegnare le dimissioni.

La **vacanza della carica** prima della scadenza del mandato può dare luogo a due ipotesi. Negli ordinamenti presidenziali insieme al Presidente viene eletto (in Venezuela nominato) un **Vice Presidente**, il quale sostituisce il primo quando venga a mancare fino al termine del mandato. Negli Stati Uniti è anche stabilito che il divieto di essere rieletto per più di una volta vale solo per il Vice Presidente che abbia esercitato per più di due anni le funzioni presidenziali durante il mandato di un Presidente eletto (XXII emendamento).

La seconda ipotesi è quella dell'**elezione entro breve termine di un nuovo**

Presidente. Tuttavia nella fase che intercorre fra il verificarsi della vacanza e l'entrata in carica del nuovo titolare, così come nella ipotesi di impossibilità provvisoria del Presidente in carica di esercitare le proprie funzioni, si pone la questione di individuare il soggetto legittimato a svolgere temporaneamente le funzioni presidenziali. A tale esigenza provvede l'istituto della **supplenza**.

L'organo supplente è diverso nei vari ordinamenti. In quelli presidenziali è il Vice Presidente. Negli altri ordinamenti la supplenza è affidata al Presidente del Parlamento monocamerale [68] o di una delle due Camere [69]. Più raramente la funzione vicaria viene assunta dal Primo Ministro [70]. Nella Repubblica Ceca alcune attribuzioni sono affidate al Primo Ministro, altre al Presidente della Camera (o del Senato se la Camera è sciolta). Infine in Irlanda e in Islanda viene istituito un apposito organo collegiale [71].

Di solito **i poteri del supplente sono limitati**, in quanto egli non può procedere allo scioglimento del Parlamento o indire un referendum (Francia, Grecia, Romania, Russia) o nominare il Primo Ministro (Portogallo) o rinviare una legge (Estonia). Inoltre talvolta è stabilito che durante la supplenza non sono consentiti voti sulla fiducia al Governo (Francia, Grecia) o sulla revisione costituzionale (Francia, Russia). In Italia si può ritenere che il supplente possa compiere gli atti di controllo e anche procedere alla nomina del Presidente del Consiglio, ma non quegli atti che presuppongono la piena rappresentatività del titolare (come lo scioglimento del Parlamento) o che sono suoi personali.

3. Poteri

Dalla lettera delle costituzioni vigenti si potrebbe desumere che il Capo dello Stato sia titolare di poteri numerosi e importanti. Le uniche costituzioni che sfuggono a tale regola sono quella svedese, che ha trasferito al Governo e al Presidente del Parlamento quasi tutti i poteri tradizionalmente attribuiti al Re, e quella giapponese, nella quale è precisato che l'Imperatore svolge le sue funzioni «udito il parere e ottenuta l'approvazione del Gabinetto» (art. 7).

Tuttavia mai come in questa materia risulta necessaria **un'interpretazione sistematica dei testi costituzionali**, che esamini alla luce dei princìpi caratterizzanti la forma di Stato e la forma di governo i poteri del Capo dello Stato, la cui elencazione spesso pletorica risente ancora della tradizione monarchica.

---

[68] Croazia, Estonia, Grecia, Lettonia, Lituania, Portogallo, Turchia, Ungheria.

[69] Presidente del Senato in Francia, Germania, Italia e Romania e della Camera in Polonia.

[70] Austria, Finlandia, Russia, Slovacchia.

[71] In Irlanda l'organo è composto dal Presidente della Corte Suprema e da quelli di Camera e Senato, in Islanda dal Presidente del Parlamento, dal Primo Ministro e dal Presidente della Corte Suprema.

Nella **forma di governo presidenziale** il Presidente, oltre ad essere titolare dei poteri tipici di un Capo dello Stato (rappresentanza dello Stato nelle relazioni internazionali, comando delle forze armate, nomina di funzionari e di titolari di organi di garanzia, ecc.), è anche titolare del potere esecutivo e quindi compie gli atti di direzione della politica interna ed estera del paese. La sua posizione risulta rafforzata negli Stati dell'America latina nei quali gli sono riconosciuti poteri importanti, come l'iniziativa legislativa e il ricorso agli stati di eccezione e al referendum. Peculiare è la posizione del Presidente in Francia, il quale, quando è sostenuto dalla maggioranza dell'Assemblea nazionale, concentra nelle sue mani i poteri del Presidente degli Stati Uniti e quelli del Primo Ministro del Regno Unito (cap. VII, § 16). Il Presidente del Sud Africa, eletto dal Parlamento, è al contempo Capo dello Stato e Capo dell'Esecutivo, nel quadro di una forma di governo "parlamentare a tendenza presidenziale". Una posizione dominante assume il Presidente della Russia, il quale non solo è titolare di poteri analoghi a quelli del Presidente degli Stati Uniti, ma anche di altri particolarmente rilevanti, quali l'iniziativa legislativa, l'indizione del referendum, lo scioglimento della *Duma* l'impugnazione delle leggi federali di fronte alla Corte costituzionale (cap. VII, § 12). Inoltre sia la sfiducia della *Duma* al Governo sia la destituzione del Presidente sono subordinate a condizioni molto rigide, che nel primo caso possono portare anche allo scioglimento anticipato dell'Assemblea.

Nella maggioranza degli ordinamenti al Capo dello Stato vengono attribuiti poteri di rappresentanza dello Stato e dell'unità nazionale, di garanzia del rispetto della costituzione, di iniziativa e di controllo nei confronti degli altri organi costituzionali.

In pratica gli atti del Capo dello Stato possono assumere **natura sostanziale**, in quanto sono da lui effettivamente decisi, o **formale**, limitandosi egli a sancire la volontà espressa da un altro organo. Ciò dipende sia dal contesto politico sia da fattori istituzionali.

Viene in rilievo innanzitutto la derivazione del Capo dello Stato. Infatti nei paesi democratici i Monarchi per la loro natura non rappresentativa sono in linea generale titolari di poteri formali o simbolici, mentre gli atti dei Presidenti possono assumere valore differenziato.

Occorre poi considerare l'istituto della **controfirma ministeriale** degli atti del Capo dello Stato. Nelle monarchie la controfirma è necessaria per tutti gli atti del Re, costituendo la contropartita della sua irresponsabilità. Nelle Repubbliche talvolta la controfirma è prevista per tutti gli atti del Presidente, anche se possono esserne esclusi quelli strettamente personali come le dimissioni (Austria, Irlanda, Islanda, Israele, Italia). Negli altri ordinamenti la controfirma non è prevista o viene esclusa per alcuni atti, anche di particolare rilevanza, (nomina del Primo Ministro e scioglimento del Parlamento). Tuttavia ciò non comporta che si tratti di poteri discrezionali del Presidente, il che è escluso quando è stabilito che egli possa agire solo su proposta del Governo (Finlandia) o quando il compimento di certi atti è subordinato a condizioni e vincoli rilevanti (Germania, Grecia, maggioranza degli Stati dell'Europa centro-orientale). Solo in Francia, Portogallo e Romania si può parlare di rilevanti poteri propri del Presidente non soggetti a controfirma. In Argentina e in Venezuela la controfirma riveste un ruolo puramente formale di copertura della irresponsabilità politica del Presidente.

Infine i poteri del Capo dello Stato vanno valutati **alla luce del loro effettivo esercizio**, che dipende sia dai rapporti che vengono ad istituirsi fra gli organi costituzionali sia dalla situazione politico-istituzionale.

Fra i poteri del Capo dello Stato acquistano un particolare rilievo per le loro evidenti implicazioni politiche la nomina del Governo e lo scioglimento anticipato del Parlamento. Del primo si è già trattato (*supra*, cap. VIII, § 3).

Lo **scioglimento anticipato** si differenzia da quello ordinario, in quanto si verifica prima della scadenza naturale della legislatura. Si tratta di un istituto tipico delle forme di governo parlamentari (con l'eccezione della Norvegia) e di quelle semipresidenziali. Lo scioglimento anticipato non è invece previsto nella forma di governo direttoriale della Svizzera e di regola in quelle presidenziali. Tuttavia tra queste ultime vi sono due rilevanti eccezioni: in Uruguay il Presidente può sciogliere l'Assemblea generale (che è bicamerale), quando questa confermi il voto di censura ad uno o più Ministri con una maggioranza inferiore ai tre quinti; in Venezuela analogo potere ha il Presidente quando l'Assemblea Nazionale censuri per tre volte di seguito il Vice Presidente.

Di solito lo scioglimento rientra fra le competenze del Capo dello Stato. Tuttavia in alcuni casi è deciso dallo stesso Parlamento (**autoscioglimento**) o come unica ipotesi (Israele, Sud Africa) o affiancata ad altre (Austria, Croazia, Kosovo, Lituania, Regno Unito dal 2011, Ungheria). Solo in Svezia il potere di scioglimento è attribuito direttamente al Governo.

Laddove il potere è attribuito al Capo dello Stato, occorre verificare a chi spetti la **titolarità sostanziale della decisione**. A tal fine bisogna tener presenti due aspetti: se sia richiesta o meno la proposta o la controfirma del Governo, se lo scioglimento sia vincolato alla sussistenza di determinati presupposti o sia discrezionale.

In alcuni ordinamenti semipresidenziali lo scioglimento costituisce un potere personale del Presidente, che lo esercita senza controfirma (Francia, Portogallo e Austria solo per lo scioglimento presidenziale *ex* art. 29, c. 1, cost.).

Nella maggioranza degli Stati dell'Europa centro-orientale il Presidente esercita il potere di scioglimento senza controfirma, ma in qualche caso è richiesta la controfirma (Croazia) o la proposta del Governo (Croazia, Estonia). In Lettonia la proposta presidenziale di scioglimento viene sottoposta a referendum popolare, il cui esito negativo comporta le dimissioni del Capo dello Stato. Anche laddove la controfirma non è prevista, il potere del Presidente non è discrezionale, in quanto può essere esercitato solo in presenza delle condizioni stabilite nella costituzione. Tuttavia in Russia i presupposti costituzionali (rigetto per tre volte da parte della *Duma* del candidato alla Presidenza del Governo proposto dal Pre sidente o sfiducia al Governo ribadita dopo il dissenso manifestato dal Presidente) sono tali da lasciare ampi margini di discrezionalità al Capo dello Stato.

In Germania e in Grecia la controfirma non è richiesta solo quando lo scioglimento deriva dall'incapacità del Parlamento di formare un governo maggioritario o stabile, mentre quando viene proposto dal Primo Ministro, deve essere controfirmato da questi.

Nelle altre forme di governo parlamentari **la titolarità sostanziale del potere è generalmente del Governo** su iniziativa del Primo Ministro sottoposta alla deliberazione dell'organo collegiale (paesi anglosassoni, ma non più nel Regno Unito dal 2011, monarchie europee, Giappone). In Irlanda il Presidente scioglie la Camera su proposta del Primo Ministro, che egli può rifiutare quando il secondo non goda più della fiducia parlamentare.

In alcuni casi lo scioglimento assume **natura duumvirale o di atto complesso**, essendo il frutto della concorde volontà del Capo dello Stato e del Primo Ministro (Finlandia, Islanda e Italia, anche se qui una parte della dottrina ritiene che si tratti di un potere sostanzialmente presidenziale).

Nelle costituzioni più recenti vi è la tendenza a indicare in modo rigoroso i **presupposti giustificativi** dello scioglimento. Significativo è in proposito l'ordinamento della **Germania**, nel quale le rigide condizioni previste per il ricorso allo scioglimento anticipato (ammesso solo quando il *Bundestag* elegga il Cancelliere a maggioranza relativa o respinga la questione di fiducia posta dal Cancelliere) hanno fatto sì che negli unici tre casi fin qui verificatisi (nel 1972, 1983 e 2005) il Cancelliere, al fine di giustificare la richiesta al Presidente di scioglimento del *Bundestag*, abbia fatto ricorso all'espediente di porre la questione di fiducia e di farla respingere dalla stessa maggioranza. Tale tendenza è particolarmente evidente negli Stati dell'Europa centro-orientale, nei quali il potere presidenziale può essere esercitato solo in presenza di precise condizioni, attinenti di solito alla impossibilità di formare un governo, al verificarsi di ripetute crisi di governo, ad un voto di sfiducia che non sia seguito entro un termine breve dalla formazione di un nuovo Governo. Spesso nei testi costituzionali sono stabiliti **limiti di tempo**, i quali possono consistere:

– nella previsione nell'ambito della legislatura di un termine iniziale fino al quale non è consentito ricorrere allo scioglimento (tre anni dall'inizio della legislatura in Sud Africa, un anno in Russia, sei mesi in Portogallo) o di un termine finale dopo il quale lo scioglimento non è ammesso (l'ultimo anno della legislatura in Venezuela, gli ultimi sei mesi in Austria, gli ultimi tre in Svezia);

– nella previsione di un lasso di tempo che deve decorrere dopo un precedente scioglimento prima di poter procedere ad uno nuovo (un anno in Croazia, Francia, Grecia, Romania, Spagna, tre mesi in Svezia);

– nel divieto di scioglimento nell'ultima fase del mandato presidenziale (sei mesi in Italia, Lituania, Portogallo, Romania, Russia, tre mesi in Bulgaria e Repubblica Ceca).

Numerose costituzioni vietano esplicitamente o implicitamente lo scioglimento durante lo stato di guerra o gli stati di crisi [72].

Infine in vari ordinamenti il titolare del potere deve chiedere il **parere preventivo non vincolante** di vari soggetti: del Presidente del Parlamento monocamerale [73] o di ciascuna Camera [74], del Primo Ministro [75], di un organo di garanzia [76], dei partiti politici o dei gruppi parlamentari [77].

In base sia alle previsioni costituzionali sia alla prassi, è possibile distinguere cinque tipi di scioglimento:

– lo **scioglimento maggioritario**, che è deciso dal Governo o dalla maggioranza parlamentare al fine di scegliere il momento più favorevole per andare a nuove elezioni, come avviene di solito nelle forme di governo che hanno un funzionamento di tipo maggioritario [78];

– lo **scioglimento funzionale**, che è previsto di solito quando il Parlamento non è in grado di garantire la formazione del Governo [79] o quando respinga la fiducia richiesta dal Governo (Germania) o approvi una mozione di sfiducia senza essere in grado di formare un nuovo Governo entro un termine prestabilito (Regno Unito dal 2011);

– lo **scioglimento arbitrato**, che deriva dal conflitto fra il Parlamento e un altro organo costituzionale; questo può essere il Presidente, come avviene in Francia quando il Capo dello Stato ricorra alle elezioni per liberarsi di una maggioranza dell'Assemblea nazionale a lui contrapposta, oppure il Governo che sia colpito da una mozione di sfiducia [80];

– lo **scioglimento di consultazione**, che comprende due ipotesi: lo scioglimento **automatico**, che consegue in alcuni ordinamenti all'approvazione di un progetto di revisione costituzionale sul quale è chiamato a pronunciarsi il corpo elettorale al momento dell'elezione del nuovo Parlamento [81]; lo **scioglimento libero**,

---

[72] In Francia, Germania, Grecia, Italia, Montenegro, Polonia, Portogallo, Romania, Russia, Serbia, Spagna, Svezia.

[73] Croazia, Montenegro, Slovacchia, Ungheria.

[74] Francia, Italia, Polonia, Romania.

[75] Francia, Ungheria.

[76] In Portogallo del Consiglio di Stato, presieduto dal Capo dello Stato e composto dal Presidente del Parlamento, dal Primo Ministro, dal Presidente della Corte costituzionale, dall'*Ombudsman*, dai Presidenti dei governi regionali, dagli ex Presidenti della Repubblica e da dieci cittadini, di cui metà designati dal Capo dello Stato e metà eletti dall'Assemblea.

[77] Montenegro, Portogallo, Romania, Ungheria.

[78] Australia, Canada, Germania, Giappone, Grecia, Irlanda, Nuova Zelanda, Regno Unito fino al 2011, Spagna.

[79] Albania, Bulgaria, Grecia, Italia, Kosovo, Polonia, Romania, Russia, Spagna, Svezia, Ungheria.

[80] Come si è verificato in Canada, Danimarca, Francia, Irlanda, Regno Unito.

[81] Belgio, Danimarca, Islanda, Lussemburgo, Paesi Bassi e Spagna (limitatamente alla revisione totale).

che è originato dalla volontà di sottoporre al giudizio del corpo elettorale un'importante questione nazionale o dall'opportunità di verificare la corrispondenza fra l'orientamento politico del corpo elettorale e la composizione del Parlamento, messa in discussione da importanti elezioni parziali o amministrative;

– lo **scioglimento tecnico**, che deriva da una revisione costituzionale o da un'importante legge ordinaria[82] che incidano sulla struttura o sulla formazione del Parlamento.

4. Responsabilità

Molte costituzioni continuano a proclamare il tradizionale principio monarchico della **irresponsabilità del Capo dello Stato** per gli atti compiuti nell'esercizio delle sue funzioni. Tuttavia tale affermazione va interpretata alla luce della evoluzione della forma di Stato e della natura della forma di governo. Negli ordinamenti democratici è insostenibile che il Capo dello Stato non risponda dei suoi atti anche quando questi acquistino carattere sostanziale.

Occorre pertanto operare una netta **distinzione fra Capi dello Stato monarchici e repubblicani**. Per i primi vige una irresponsabilità personale, assoluta e permanente. Tuttavia negli Stati democratici l'irresponsabilità del Re non costituisce più il connotato della sovranità, ma deriva dal fatto che i poteri di cui sono formalmente titolari spettano nella sostanza ad altri soggetti.

Per i Presidenti occorre invece valutare a quale tipo di responsabilità siano assoggettati nei diversi ordinamenti. A tal fine è necessario distinguere fra **responsabilità giuridica e responsabilità politica**. La prima nelle sue diverse varianti (penale, civile, amministrativa) si ha quando il comportamento di un soggetto è valutabile in base a criteri giuridici normativamente predeterminati e può comportare sanzioni di tipo giuridico (una pena pecuniaria o detentiva, la condanna al risarcimento di un danno, una misura disciplinare, ecc.). La responsabilità politica ricorre quando il comportamento di un soggetto viene valutato in base a criteri di opportunità non oggettivamente predeterminati e può sfociare in una sanzione di tipo politico (come il voto di sfiducia o la rimozione dalla carica). Nell'ambito di questa occorre poi richiamare la distinzione fra responsabilità politica **istituzionale** e responsabilità politica **diffusa** (*supra*, cap. VIII, § 5).

Negli ordinamenti democratici il Capo dello Stato è soggetto ad una responsabilità politica diffusa, cioè alla critica liberamente espressa dai cittadini, dai soggetti sociali e politici e dall'opinione pubblica, che incontra l'unico limite di

---

[82] Come in Italia le nuove leggi elettorali di Camera e Senato adottate nel 1993, che furono una delle ragioni addotte dal Presidente della Repubblica per lo scioglimento anticipato delle Camere all'inizio del 1994.

doversi svolgere con forme e contenuti tali da salvaguardare l'onore della persona e la dignità della carica.

Solo **i Presidenti sono soggetti ad una responsabilità politica istituzionale**, che può essere fatta valere dal titolare del potere di elezione (corpo elettorale o organo parlamentare) al termine del mandato mediante la non rielezione. Tale responsabilità è configurabile soprattutto nelle forme di governo presidenziali, nelle quali il mandato presidenziale è di breve durata ed è prevista la rieleggibilità, e in quelle semipresidenziali, nelle quali il Presidente abbia svolto un ruolo politico e abbia ripresentato la propria candidatura [83]. Nelle forme di governo nelle quali il Presidente non partecipa alla determinazione dell'indirizzo politico la responsabilità allo scadere del mandato è abbastanza evanescente, soprattutto per la difficoltà di interpretare l'elezione di un nuovo Presidente come giudizio negativo nei confronti di quello uscente, specie se quest'ultimo non è rieleggibile o di regola non viene rieletto per un secondo mandato.

In alcuni ordinamenti nei quali il Presidente è eletto a suffragio universale è prevista la **rimozione dalla carica** del Presidente nel corso del mandato. Questa può essere decisa dal corpo elettorale su iniziativa del Parlamento a maggioranza qualificata (Austria e Islanda) o a maggioranza semplice (Romania). Tuttavia tale sanzione è piuttosto improbabile allorché è previsto che la mancata destituzione popolare del Presidente determina la rielezione dello stesso e lo scioglimento automatico del Parlamento (Austria e Islanda).

Un'ipotesi intermedia fra responsabilità politica e giuridica è quella dell'*impeachment* negli **Stati Uniti**. A rigore si tratta di una responsabilità penale, ma le fattispecie criminose sono indicate con notevole genericità: il Presidente può essere messo in stato d'accusa dalla Camera per i delitti «di tradimento, di concussione o altri gravi reati» (art. II, sez. IV, cost.). In tale ipotesi è giudicato da un organo politico (il Senato, che può condannarlo con la maggioranza dei due terzi dei presenti) e la sanzione è di natura politica, consistendo nella rimozione del Presidente dalla carica. Infine tale procedura non comporta la sospensione dei processi nel corso del mandato e non esclude che il Presidente sia sottoposto per gli stessi reati al giudizio del giudice penale o civile. Il modello della messa in stato d'accusa da parte della Camera e della rimozione da parte del Senato è stato ripreso anche nella maggioranza dei paesi dell'America Latina [84], dove si usa in tal caso il termine significativo di "*juicio político*". In India il procedimento di *impeachment* può essere avviato da una delle due Camere a maggioranza dei due terzi dei componenti e la condanna alla rimozione richiede il voto favorevole dei due terzi dei componenti dell'altra Camera.

---

[83] È quel che si è verificato in Francia per Giscard d'Estaing e Sarkozy, non rieletti rispettivamente nel 1981 e nel 2012.

[84] In Brasile il Presidente viene giudicato per i reati politici dal Senato e per quelli comuni dal Supremo Tribunale Federale.

Per quel che riguarda la **responsabilità giuridica dei Presidenti**, occorre distinguere fra gli atti compiuti nell'esercizio delle funzioni e gli atti extrafunzionali. Per i primi viene generalmente proclamato il principio della **irresponsabilità** a tutela non della persona ma della carica, che non vale però per alcuni reati "tipici", per i quali il Presidente è soggetto ad una responsabilità penale speciale, che tende ad assumere una coloritura politica. I reati presidenziali sono variamente indicati:

– attentato alla costituzione o violazione della costituzione[85];
– violazione di leggi[86];
– alto tradimento[87];
– gravi reati[88];
– azioni scorrette, incapacità, condotte illegali o incompatibili con la carica[89].

L'iniziativa proviene di solito da una minoranza qualificata di parlamentari e la **messa in stato d'accusa** viene deliberata a maggioranza assoluta o qualificata da un organo parlamentare. Il **soggetto competente a giudicare** può essere un organo parlamentare (Irlanda, Israele, Lituania, Sud Africa), l'organo supremo della magistratura ordinaria (Portogallo), un giudice speciale (Finlandia, Grecia, Polonia) o più frequentemente la Corte costituzionale[90]. Infine la **sanzione** può essere di tipo penale, ma in alcuni ordinamenti a questa può aggiungersi la rimozione dalla carica (Italia e Portogallo), mentre in altri la destituzione è l'unica sanzione prevista (Finlandia, Germania, Israele e Stati europei ex socialisti).

In **Russia** la destituzione del Presidente accusato «di alto tradimento o di aver commesso un altro grave reato» è assoggettata a condizioni così rigide da renderla altamente teorica. Infatti la messa in stato d'accusa viene deliberata dalla *Duma* a maggioranza dei due terzi dei componenti, ma deve avere la conferma da parte della Corte Suprema circa la sussistenza dei reati e della Corte costituzionale che valuta il rispetto della procedura prevista. Inoltre, in caso di conferma, la destituzione viene decisa dal Consiglio della Federazione (che rappresenta le autonomie territoriali) a maggioranza dei due terzi.

Per gli atti extrafunzionali nella maggioranza degli ordinamenti democratici

---

[85] Albania, Austria, Brasile, Bulgaria, Croazia, Germania, Grecia, India, Italia, Kosovo, Lituania, Montenegro, Polonia, Romania, Serbia, Slovenia, Sud Africa, Ungheria, Uruguay.

[86] Bulgaria, Finlandia, Germania, Lituania, Polonia, Slovenia, Sud Africa, Ungheria.

[87] Bulgaria, Finlandia, Grecia, Italia, Lituania, Messico, Repubblica Ceca, Romania, Russia, Slovacchia, Turchia.

[88] Albania, Argentina, Austria, Brasile, Kosovo, Messico, Polonia, Portogallo, Russia, Uruguay.

[89] Argentina, Cile, Irlanda, Israclc, Sud Africa.

[90] Austria, Bulgaria, Croazia, Germania, Italia, Montenegro, Repubblica Ceca, Serbia, Slovacchia, Slovenia, Ungheria.

non è prevista alcuna immunità. In alcuni ordinamenti è richiesta l'autorizzazione a procedere da parte del Parlamento (Austria e Germania). In altri è stabilita l'**improcedibilità** fino al termine del mandato da una disposizione di rango costituzionale (Grecia, Israele, Portogallo, Ungheria).

Peculiare è la situazione della **Francia**, dove nel silenzio della costituzione prima il Consiglio costituzionale (nel 1999) poi la Corte di Cassazione (nel 2001) hanno ritenuto che dovesse esservi improcedibilità fino alla fine del mandato. Nel 2007 è stata approvata la revisione del titolo IX della costituzione. Il nuovo testo sancisce l'irresponsabilità del Presidente per gli atti funzionali e l'improcedibilità per quelli extrafunzionali fino alla fine del mandato e prevede una responsabilità di tipo politico, consistente nella destituzione del Presidente dalla carica da parte del Parlamento in seduta comune costituito in Alta Corte nell'ipotesi di «mancanza ai suoi doveri manifestamente incompatibile con l'esercizio del suo mandato» (art. 68). La vaghezza del presupposto e la maggioranza qualificata dei due terzi richiesta sia per l'esercizio della iniziativa da parte di ciascuna Camera sia per la destituzione da parte del Parlamento rendono tale ipotesi di responsabilità del tutto teorica e di improbabilissima realizzazione.

Riferimenti bibliografici

Sulla distinzione tra principio monarchico e principio repubblicano: A. BALDASSARRE, *Il Capo dello Stato*, in G. AMATO, A. BARBERA (eds.), *Manuale di diritto pubblico*, II. *L'organizzazione costituzionale*, 5ª ed., il Mulino, Bologna, 1997. Sulle diverse concezioni del ruolo del Capo dello Stato: C. SCHMITT, *Der Hüter der Verfassung*, Duncker & Humblot, Berlin, 1969 (ristampa ed. 1931), trad. it. *Il custode della Costituzione*, Giuffrè, Milano, 1981; B. CONSTANT, *Principes de politique applicables à tous les gouvernement représentatif*, Guillaumin, Paris, 1872, trad. it. *Principi di politica. Versione inedita del 1806*, Soveria Mannelli, Rubbettino, 2007; H. PREUSS, *Staat Recht und Freiheit*, VDM Verlag Dr. Muller, Tübingen, 1926; H. KELSEN, *Vom Wesen und Wert der Demokratie* cit. in bibl. cap. IV; R. SMEND, *Verfassung und Verfassungsrecht*, Duncker & Humblot, Berlin, 1928, trad. it. *Costituzione e diritto costituzionale*, Giuffrè, Milano, 1988.

Sul Presidente della Repubblica in Italia e a livello comparativo: M. LUCIANI, M. VOLPI (eds.), *Il Presidente della Repubblica*, il Mulino, Bologna, 1997; G. PASSARELLI, *Presidenti della Repubblica. Forme di governo a confronto*, Giappichelli, Torino, 2010.

Sulla elezione del Capo dello Stato: E. STRADELLA, *L'elezione del Presidente della Repubblica: spunti dall'Europa, prospettive per l'Italia*, Pisa U.P., Pisa, 2013.

Sullo scioglimento del Parlamento: G. GUARINO, *Lo scioglimento delle assemblee parlamentari*, Jovene, Napoli, 1948; J. VELU, *La dissolution du Parlement*, Bruylant, Bruxelles, 1966; P. LAUVAUX, *La dissolution des Asssemblées parlementaires*, Economica, Paris, 1983; M. VOLPI, *Lo scioglimento anticipato e la classificazione dei regimi contemporanei*,

Maggioli, Rimini, 1983; P. COSTANZO, *Lo scioglimento delle assemblee parlamentari*, I, Giuffrè, Milano, 1984.

Sulla responsabilità del Capo dello Stato: A. SPERTI, *La responsabilità del Presidente della Repubblica. Evoluzione e recenti interpretazioni*, Giappichelli, Torino, 2010.

CAPITOLO IX

Giustizia costituzionale

di *Lucio Pegoraro*

1. Definizione

Nel loro significato attuale e più diffuso, le parole "giustizia costituzionale" (ma anche "controllo" o "sindacato di costituzionalità"), si riferiscono al **riscontro**, da parte di un organo giurisdizionale (che opera dunque in posizione di terzietà) **tra costituzione** (formalizzata e rigida) **e norme a essa subordinate**; un riscontro assistito dal potere di espellere le norme contrastanti dall'ordinamento giuridico, dichiarandone la nullità o rendendole comunque inefficaci. In senso più largo, alludono a ogni verifica – operata da un organo *ad hoc*, da un giudice ordinario, dallo stesso legislatore o da altri soggetti – tra norme costituzionali (o considerate tali) e altre norme. Di solito, in tal caso, si usa però distinguere tra giustizia costituzionale "giurisdizionale" e giustizia costituzionale "politica". In linea di massima, dunque, con l'espressione "giustizia costituzionale **giurisdizionale**" indichiamo quella svolta da organi "neutrali" o "terzi", non coinvolti nel processo formativo della legge e che non sono portatori di interessi politici, che operano con gli strumenti, le forme, il linguaggio tipico dei giudici; con "giustizia **politica**" ogni forma residua di controllo, esercitato in assenza di tali requisiti.

In questa seconda categoria ricomprendiamo alcune forme di controllo proprie di antichi ordinamenti, dove si registrava una sorta di graduazione tra regole di vario tipo, ed era talora possibile annullare o disapplicare quante di esse confliggevano con le norme "superiori"; il sindacato "interno" esercitato dalle stesse Assemblee parlamentari, o, come nell''800, quello che aveva a parametro leggi reputate "costituzionali" per la loro importanza, ma non munite di una forza particolare; quelle che operano o operavano in ordinamenti – socialisti, autoritari, teocratici – i quali non assicurano (o non assicuravano) un adeguato grado di indipendenza al giudice delle leggi; le delibazioni di costituzionalità quali, in svariati ordinamenti, è chiamato a svolgere il Capo dello Stato in sede di promulgazione delle leggi. Viceversa, ed esclusivamente nell'ambito di ordinamenti caratterizzati dalla forma di Stato liberale o liberaldemocratica, solo con la positivizzazione della costituzione, e dopo la consacrazione della sua superiorità formale, ha un senso ragionare di "costituzione" e, di conseguenza, di "giustizia costituzionale" in senso moderno.

2. Antichi precedenti: dal diritto attico al *Bonham's case*

Le varie teorie della legge fondamentale succedutesi nel corso del tempo (cap. II, I, §§ 1, 2) conobbero alcune traduzioni nel diritto positivo; in particolar modo furono talvolta stabilite a presidio di quelle norme, che oggi denomineremmo "costituzionali", persino specifiche azioni giudiziarie. Non solo la superiorità della *politéia* (ossia l'ordinamento complessivo, insomma la "costituzione") rispetto alle leggi (*nómoi*) venne teorizzata da **Aristotele**, ma addirittura un particolare rimedio processuale, detto *grafè paranómon*, assicurò nel diritto attico che i decreti dell'Assemblea cittadina (*psefísmata*) fossero conformi ai *nómoi*. Nel diritto romano, le opere di **Cicerone** sulla superiorità del *jus civile* rispetto alle altre forme di produzione giuridica vengono evocate con riferimento alla teoria della legge superiore; taluno poi si richiama all'*adscriptio*, con la quale il *jus* veniva dichiarato *sacrosanctum*, per paragonare tale formula a una sorta di dichiarazione di costituzionalità (Corwin, Hansen).

Il più immediato precedente del moderno controllo di costituzionalità delle leggi si fa però risalire al famoso **caso *Bonham***, discusso davanti al Tribunale dei *Common Pleas* nel 1610; in esso il magistrato inglese sir Edward Coke sostenne la **sottoposizione del Monarca alla *lex terrae***, esponendo la propria nozione di "legge fondamentale" e sostanzialmente identificandola con i princìpi del *common law*. Il diritto comune, cioè il *common law* – monopolio del potere giudiziario – rappresentava secondo Coke sia la legge fondamentale del Regno sia l'incarnazione della ragione: essa racchiudeva in sé tutto ciò che, molti anni dopo, i giuristi americani fecero rientrare nella loro idea di *Constitution*: tanto il *Bill of Rights*, quanto il *frame of government* (e cioè, i diritti individuali dei cittadini come pure la struttura organizzativa del Governo). In Inghilterra tuttavia il duplice conflitto tra il Parlamento e il Sovrano, e tra il potere giudiziario e quello legislativo, si risolse con la piena vittoria di quest'ultimo, cosicché **la dottrina di Coke venne** ben presto **abbandonata** e con essa il principio che la volontà delle Assemblee rappresentative potesse essere sottoposta alle decisioni dei giudici. In suo luogo, attecchì l'idea dell'onnipotenza del Parlamento, così ben espressa dalla nota formula, per cui esso «tutto può fare, tranne che cambiare un uomo in donna o una donna in uomo» (De Lolme).

La *judicial review* nacque dunque in Inghilterra, ma lì non attecchì (viceversa le idee di Coke ottennero uno straordinario successo in America e indi altrove). Paradossalmente, le dottrine politiche sviluppatesi anche in un altro ordinamento che tanto ha dato al costituzionalismo moderno hanno sortito esiti almeno inizialmente non dissimili: in Francia, fu sempre tenace il rifiuto per un controllo di costituzionalità non "politico".

3. Evoluzione del controllo di costituzionalità in Francia

Anche la Francia manifestò infatti una tenace **renitenza a introdurre il controllo di costituzionalità** delle leggi; da una parte, le teorie di Montesquieu e di Rousseau sul ruolo meramente dichiarativo dei giudici precludevano ogni serio tentativo di affidare loro il controllo delle leggi approvate dai rappresentanti della Nazione. Dall'altra, le dottrine dell'illuminismo rivoluzionario trovavano consacrazione nell'assunto che la divisione dei poteri e la tutela delle libertà venivano garantite proprio dalla costituzione (tanto è vero che la formalizzazione di quest'ultima rappresentò uno dei contributi più originali del costituzionalismo francese: cap. III, I, §§ 1 e 2). Era quindi ineluttabile che, sin dalle costituzioni rivoluzionarie, la via francese al controllo di costituzionalità delle leggi generasse una soluzione spuria. Un controllo doveva ben esserci; non poteva tuttavia venire esercitato dai giudici, bensì dallo stesso **potere legislativo** o, quanto meno, da organi chiamati ad agire **all'interno del procedimento legislativo**, in via preventiva, sì da consentire che l'atto di controllo assumesse la stessa natura della legge, in quanto assorbito nel procedimento per la sua produzione. Solo con la **costituzione della IV Repubblica** si registrò in Francia un parziale cambio di rotta rispetto a soluzioni "politiche" seguite in alcune esperienze precedenti, con il controllo di costituzionalità – quando previsto – consegnato a organi del Parlamento. Nel 1946 esso venne affidato al ***Comité constitutionnel***; non solo però era circoscritto quanto all'oggetto e alle modalità d'accesso, ma, sopra tutto, veniva esercitato preventivamente, e per di più da un organo le cui garanzie di terzietà erano assai labili [1].

Anche nella **costituzione del 1958** rimasero non poche peculiarità, che afferiscono alla **composizione del collegio** giudicante, alle modalità d'**accesso** e, soprattutto, all'indole (oggi solo in parte) **preventiva** del controllo, la cui giurisdizionalizzazione si fece però più accentuata. Dell'esperienza precedente, la costituzione della V Repubblica recepì l'idea-base: l'eventuale controllo andava svolto prima della promulgazione, nell'ambito del procedimento di approvazione della legge. Le differenze rispetto alla disciplina del 1946 furono però rimarchevoli.

In primo luogo, l'organo chiamato a giudicare le leggi, il ***Conseil constitutionnel***, comprende nove membri, il cui mandato, non rinnovabile, è di nove anni e dunque più lungo di qualsiasi altro incarico di organi costituzionali. Ciò, di per sé, assicura una **parziale indipendenza** dell'organo, maggiore e diversa che in precedenza. La provenienza dei membri è tuttavia ancor oggi più marcatamente politica che in altri ordinamenti. Tre componenti sono infatti nominati dal Presidente della Repubblica, tre dal Presidente dell'Assemblea nazionale, tre dal Presidente del Senato. A essi si aggiungono gli ex Presidenti della Repubblica. Il Presidente è nominato dal Presidente della Repubblica, e la prassi (con eccezioni) è nel senso di circoscrivere la scelta ai componenti di nomina presidenziale.

Al *Conseil constitutionnel* spetta vigilare sulla regolarità delle elezioni del Presidente della Repubblica, dei deputati e dei senatori, delle operazioni di referendum, nonché fornire il proprio parere sull'assunzione dei poteri eccezionali da parte del Presidente della Repubblica *ex* art. 16 cost. Sopra tutto, esso svolge il **controllo preventivo** obbligatorio sulle leggi organiche e i regolamenti parlamentari, e quello facoltativo sulle leggi e sui trattati (cui si è aggiunta, dal 2008, anche una forma di **controllo incidentale** successivo e concreto) (v. *infra*, in questo stesso §).

Inizialmente, la decisione di costituzionalità poteva venire promossa solo dal Presidente della Repubblica, dal Primo Ministro, dai Presidenti dei due rami

[1] La costituzione del 1946 stabiliva infatti una composizione politica del *Comité constitutionnel*: presieduto dal Presidente della Repubblica, era formato dai Presidenti dei due rami del Parlamento, da sette componenti, eletti dall'Assemblea nazionale all'inizio di ogni sessione annuale, con rappresentanza proporzionale dei gruppi, e da tre membri eletti nelle stesse forme dal Consiglio della Repubblica (la Camera alta). Gli competeva verificare, su richiesta congiunta del Presidente della Repubblica e del Presidente del Consiglio della Repubblica, e previa delibera a maggioranza assoluta del Consiglio della Repubblica, se le leggi votate dall'Assemblea nazionale comportassero una revisione costituzionale. Esperita infruttuosamente la conciliazione tra le due Assemblee, il *Comité* poteva rinviare la legge all'Assemblea nazionale; essa era soggetta a promulgazione solo dopo l'eventuale revisione costituzionale.

del Parlamento. Ciò comportava una palese **strozzatura nell'accesso**, atteso che – fino agli anni della *cohabitation* – raramente uno di essi aveva un reale interesse a bloccare una proposta di legge. Sino al 1974, il controllo esercitato dal *Conseil constitutionnel* sulle leggi ha perciò rivestito carattere episodico, anche perché il parametro delle decisioni era limitato: infatti ricomprendeva solo il testo della costituzione *stricto sensu* inteso, ma non il preambolo, con esclusione dunque della disciplina delle libertà, appena accennata nel *corpus*.

Un radicale **cambio di rotta** nella giustizia costituzionale in Francia si ebbe dagli **anni '70**. Dapprima, con una celebre decisione del 16 luglio 1971[2], il *Conseil constitutionnel* incorporò nel cosiddetto *bloc de constitutionnalité* (ossia i parametri del giudizio) il **preambolo** della costituzione e, con esso, le carte dei diritti ivi richiamate[3]. In tal modo, da mero controllore delle sfere di competenza delineate nel testo del '58 (e in particolare da custode del predominio governativo), da «cane da guardia del Governo» (Prélot), da «cannone puntato contro il Parlamento» (Eisenmann), il *Conseil constitutionnel* poté trasformarsi in giudice pieno della costituzionalità delle leggi, anche con riferimento alla violazione dei diritti e delle libertà, dato che il preambolo del 1946 e la dichiarazione del 1789 proprio di questi si occupavano.

Con legge costituzionale del 29 ottobre 1974, il **potere di adire il *Conseil*** venne inoltre assegnato anche a **sessanta deputati o a sessanta senatori**; cosicché le minoranze parlamentari, valendosi con l'introduzione della *saisine parlementaire* della facoltà di investire di una questione di legittimità costituzionale il *Conseil constitutionnel*, concorsero a una inusitata crescita quantitativa e qualitativa del sindacato di costituzionalità. Dal canto suo, il *Conseil* si dotò di un'ampia gamma di strumenti processuali e sostanziali (tra cui la dilatazione della tipologia delle pronunce), al punto che si parlò di «*spectaculaire augmentation*» dei medesimi, maturando altresì lo stile delle sentenze, fornite oggi di motivazioni non meno articolate e complesse di quelle elaborate dalle Corti di altri paesi.

Il dogma dell'intangibilità della legge approvata e in vigore fu violato da una riforma dell'art. 74 cost.[4], che abilita le **Collettività d'oltremare** a modificare leggi in contrasto col loro statuto, se il *Conseil constitutionnel* ne abbia verificato la violazione delle competenze. Finalmente, nel 2008, una **revisione costitu-**

---

[2] Dec. n. 60-6 del 15 gennaio 1960, *Magistrats musulmans*.

[3] Il *Conseil* dichiarò che le leggi dovevano essere conformi non solo alle disposizioni della costituzione del 1958, ma che tra i parametri erano ricompresi anche i princìpi e le disposizioni del preambolo del 1958, e, in virtù del richiamo da questo operato ai testi precedenti, anche princìpi e disposizioni del preambolo del 1946 (ricco di enunciazioni sui diritti sociali), e alla storica Dichiarazione del 1789 (in materia soprattutto di diritti individuali), oltre che i princìpi fondamentali delle leggi della Repubblica.

[4] L. cost., 28 marzo 2003, n. 276.

zionale[5] ha affidato anche alla Corte di cassazione e al Consiglio di Stato (come aveva fatto la novella costituzionale austriaca del 1929) il potere di proporre questione di incostituzionalità avverso **leggi già efficaci** assunte in violazione di diritti e libertà costituzionali. La legge organica attuativa[6] e il Regolamento di procedura del 18 febbraio 2010, che assicura il contraddittorio e la pubblicità delle udienze, hanno ulteriormente avvicinato il sistema francese a quelli altrove operanti, senza nondimeno minarne del tutto alcune caratteristiche peculiari. Non solo la composizione, ma anche il perdurante rilievo del controllo preventivo fanno della giustizia costituzionale francese un'esperienza a parte. La convinzione di alcuni autori che la vera antitesi al modello americano sia quello francese, o che solo la Francia incarni l'archetipo kelseniano (Drago) va però mitigata. Anche la Francia si iscrive ormai nel novero degli ordinamenti che mescolano i vari modi di fare giustizia costituzionale (v. *infra*, § 25).

4. Altre forme di controllo "politico": il Capo dello Stato quale "custode della costituzione"; gli ordinamenti socialisti, il controllo di costituzionalità "interno" e il controllo "religioso"

Se al *genus* del controllo giurisdizionale di costituzionalità va ormai ascritto anche il sistema francese, pur nato come "politico", sopravvivono tutt'oggi altre forme apocrife di sindacato sulle leggi.

Un primo esempio è rappresentato dall'attribuzione al **Capo dello Stato di funzioni relative al controllo di costituzionalità**. Nessun ordinamento liberal-democratico affida oggi in esclusiva al Capo dello Stato il compito di difendere la costituzione dagli attentati perpetrati da leggi o da altri atti con essa in conflitto[7]. Nondimeno, in tutti o quasi tutti gli ordinamenti esso, *de iure* o *de facto*, concorre a tale funzione: non solo dove egli è legittimato, talora in concorrenza con altri organi, a **ricorrere alla Corte** costituzionale o a richiedere una sua decisione o un suo parere, ma, più in generale, in connessione all'esercizio del **potere di messaggio** (mediante il quale il Sovrano o il Presidente possono richiamare il legislatore e gli altri poteri dello Stato al rispetto della costituzione, chiedendo l'approvazione di misure legislative o la revoca di esse), e sopra tutto in sede di **promulgazione-sanzione**, qualora essi possano opporre la propria vo-

---

[5] L. cost. 23 luglio n. 724.

[6] L. 10 dicembre 2009, n. 1523/2009.

[7] «La tesi che il capo dello stato e nessun altro organo sia il qualificato custode della costituzione» – scriveva Kelsen all'inizio degli anni '30, in polemica con Carl Schmitt – nessun altro scopo aveva, se non «rimettere in uso ... un arnese giustamente abbandonato alla polvere», traendo «fuori dai ripostigli del teatro costituzionale il pezzo di scenario più vecchio».

lontà a quella del Parlamento (anche) per ragioni di costituzionalità. In particolare: ad es., ai sensi dell'art. 107 della **costituzione russa** un veto può essere superato solo a maggioranza di 2/3, e l'art. 115, c. 3 conferisce al Presidente – configurato quale vero e proprio garante della costituzione, con poteri di sospensione di atti incostituzionali e di veto nell'ambito della funzione legislativa – il potere di annullare i decreti e le ordinanze del Governo della Federazione in contrasto con la costituzione, le leggi federali e gli editti del Presidente.

Esistono poi varie tipologie di **controlli interni** allo stesso Parlamento. L'operare nell'ambito dei più svariati ordinamenti di Corti costituzionali organizzate secondo gli schemi kelseniani (o secondo modelli derivati) non preclude che, accanto a esse, **altri organi** siano chiamati a collaborare alla funzione di sindacato di costituzionalità delle leggi o di altri atti, all'interno del procedimento stabilito per la loro adozione. Ad es., **il Governo francese può opporre l'irricevibilità** di proposte di legge o di emendamenti incostituzionali, o perché violano la riserva di regolamento stabilita dall'art. 34, o perché contrari a una delegazione in vigore. Se alla decisione del Governo non si oppongono i Presidenti dell'Assemblea nazionale o del Senato, essa è definitiva, ed è dunque l'Esecutivo ad assumere la veste di garante della costituzionalità. Solo nel caso opposto, a dirimere un'eventuale controversia (ma ciò accade di rado) è chiamato il *Conseil constitutionnel*[8].

Nei **paesi socialisti**, a fungere da freno inibitore all'introduzione di un controllo giurisdizionale di costituzionalità è stata (ed è tutt'oggi) la teoria che ivi venne contrapposta a quella di Montesquieu: ossia, **l'unità del potere statale** (cap. IV, § 7). La forma di Stato socialista rifiuta la divisione dei poteri, e il potere è concentrato (almeno formalmente) nei *soviet* rappresentativi dei cittadini. Questi, non solo sono chiamati ad approvare le leggi ordinarie, bensì anche quelle costituzionali, se pure con speciali procedure e/o maggioranze, sempre assicurate dalla disciplina imposta dal partito unico o egemone. L'operare di vere e proprie Corti costituzionali è stato dunque considerato non coerente con l'assetto delle istituzioni e con le idee-guida che ispirano lo Stato socialista. Risulta viceversa pienamente conforme al sistema che la vigilanza sulla conformità delle leggi alla costituzione e, più in generale, sull'applicazione della medesima, venga conferita all'**Assemblea rappresentativa** stessa, oppure all'organo più ristretto e permanente del Parlamento (il *praesidium*). In tal senso disponevano, ad es., le costituzioni socialiste, oggi abrogate, di Romania, Bulgaria, Repubbli-

---

[8] Sino alla revisione costituzionale del 2008, il Governo esercitava tale funzione in posizione di monopolio; oggi, la costituzione ha esteso anche ai Presidenti dell'Assemblea interessata il potere di eccepire l'invasione della competenza regolamentare o della violazione di delega. Un'ulteriore ipotesi di controllo interno è rappresentata da quello sulla sussistenza dei requisiti di necessità e urgenza dei decreti-legge, che i regolamenti delle Camere italiane affidano ancor oggi alle commissioni affari costituzionali e/o all'aula: un controllo che, sino al cambiamento di giurisprudenza della Corte (sent. nn. 29 e 161/1995), esauriva ogni forma di sindacato.

ca democratica tedesca, Ungheria, Albania, Polonia, URSS, e dispongono quelle vigenti di Cuba e Cina. L'esercizio del controllo venne demandato a una Corte solo in casi sporadici, e con esiti deludenti, per le particolari condizioni politiche e giuridiche in cui esse operavano [9].

Tutto ciò, oramai, fa parte però della storia del diritto, avendo quasi tutti gli ordinamenti in parola ripudiato la forma di Stato socialista, accolto il modello liberal-democratico e, con esso, forme più complete di controllo di costituzionalità delle leggi. Viceversa, è di viva attualità (e in potenziale espansione) la soluzione sperimentata nella Repubblica dell'**Iran**, caratterizzata da una forma di Stato teocratica (cap. III, IV, § 4). Definito il Corano quale legge fondamentale e la *shari'a* fonte suprema del diritto (artt. 2, 4), applicabile a tutti gli articoli della costituzione, l'art. 72 deduce da ciò l'**illegittimità della legislazione contraria alle direttive della religione ufficiale**, e l'art. 170 l'obbligo per i giudici di disapplicare le regole in contrasto con la legge islamica. Ad assicurare che nessun atto approvato dal Parlamento sia in contrasto con la costituzione, a sua volta subordinata ai principi dell'Islam, è chiamato un **Consiglio dei Guardiani**, composto di 12 giudici, per metà membri del clero, e nominato parte dalla Guida Suprema, parte dal Parlamento, che delibera in forma previa su tutti gli atti parlamentari [10].

5. Il controllo giurisdizionale: genesi della *judicial review of legislation* negli Stati Uniti d'America e caratteri del controllo di costituzionalità

Diversamente che in Inghilterra, dove il controllo di costituzionalità non riuscì ad attecchire, sin dalla seconda metà del '700 James Otis e John Adams, per conferire veste giuridica alle rivendicazioni indipendentiste delle colonie americane nei confronti della madrepatria, sostenevano che «**una legge contraria alla costituzione è nulla**», richiamandosi espressamente al pensiero di Coke. Agli inizi dell''800, negli Stati Uniti il sindacato di costituzionalità a opera dei giudici acquistò importanza per l'affermarsi – accanto e oltre all'idea di legge superiore – del concetto di **costituzione rigida**, idonea come tale a essere assunta dai giudici stessi quale parametro di legittimità delle leggi ordinarie (cap. III, II, § 6).

---

[9] Polonia (1982); Cecoslovacchia (1968), Yugoslavia (1963 e 1974), URSS (1924 e 1988), Ungheria (1983).

[10] Salvo giustificati motivi, il consiglio si pronuncia entro 10 giorni, assumendo a parametro dapprima i principi dell'Islam, sulla base del parere dei soli sei membri religiosi, poi la costituzione (con decisione collegiale). Gli atti non conformi sono rinviati al Parlamento per un riesame, essendo previste anche procedure di conciliazione e l'eventuale partecipazione dei Guardiani alla deliberazione parlamentare (art. 97).

Le costituzioni delle tredici colonie, divenute Stati indipendenti, erano di carattere rigido e talune di esse disciplinavano istituti simili alle moderne Corti costituzionali: sicché, nel corso dell'Assemblea costituente di Filadelfia, sia i sostenitori della Carta federale, sia quanti ne osteggiavano l'approvazione, parlavano apertamente di *judicial review of legislation*: l'idea che quelli giurisdizionali potessero essere organi di controllo della costituzionalità delle leggi faceva parte del loro comune patrimonio culturale e politico. Tra il 1776 e il 1787 molte sentenze delle colonie già avevano elaborato una cospicua giurisprudenza sulla costituzionalità di atti normativi: giurisprudenza a sua volta anticipata per taluni aspetti dallo stesso *Privy Council* inglese, allorché aveva dichiarato illegittime le leggi delle Assemblee coloniali contrastanti con il diritto della madrepatria.

Anche se il sindacato di costituzionalità delle leggi non è previsto dal testo costituzionale degli Stati Uniti d'America, esso lo riconosce dunque implicitamente, stabilendo una gerarchia delle fonti normative, al vertice della quale è posta la costituzione come **«suprema legge del paese»** e, sopra tutto, attribuendo la funzione giudiziaria federale alla Corte Suprema e alle altre Corti, di cui indica in modo dettagliato la sfera delle attribuzioni. Il *background* politico-giuridico consente di spiegare come il controllo di costituzionalità abbia potuto affermarsi in giurisprudenza già nei primi anni di applicazione della Carta federale: ciò avvenne nel noto caso ***Marbury* v. *Madison***, deciso nel 1803 dalla Corte Suprema presieduta dal *Chief Justice* John Marshall. La costituzione – così egli ragionava dando attuazione alle tesi espresse da Hamilton nel saggio n. 78 del *Federalist* – è una legge e, pertanto, essendo compito di ogni giudice procedere alla interpretazione delle leggi per decidere le controversie a esso sottoposte, anche la Corte Suprema ha il diritto-dovere di interpretare la costituzione al fine di risolvere ogni eventuale antinomia o conflitto tra le norme. E poiché il testo costituzionale pone la costituzione medesima, come fonte, su un piano superiore a quello delle altre leggi, compete alla Corte Suprema (come a ogni altro giudice) verificare se una legge è conforme (*in pursuance*) a essa prima di considerarla applicabile al caso di specie. Se questa conformità non sussiste, il giudice non può fare altro che dichiararla nulla e inefficace.

Nel 1810, la Corte di Marshall riuscì ad affermare la *judicial review* anche nei confronti delle leggi degli Stati membri, con la sentenza *Fletcher* v. *Peck*; ma l'istituto conobbe i suoi maggiori successi soltanto dopo la guerra civile e l'approvazione dei cc.dd. *civil war amendments*. Con tali emendamenti, infatti, trovò ingresso nel diritto costituzionale nordamericano la teoria della *incorporation*, per cui anche i legislatori locali si trovarono via via obbligati a rispettare i princìpi costituzionali posti dal *Bill of Rights* in materia di diritti individuali. In particolare, il XIV emendamento proibiva agli Stati di porre in essere o dare esecuzione a leggi che disconoscessero i privilegi o le immunità godute dai cittadini degli Stati Uniti, e vietava ai medesimi di privare alcuna persona della vita, della libertà o delle sue proprietà, senza *due process of law*, o di rifiutare la *equal protection of the laws*. Abolita la schiavitù (XIII emendamento), assicurato a tutti il diritto di voto (XV emendamento), approvato nel 1873 il *Civil Rights Act*, il XIV emendamento rappresentò dunque uno strumento formidabile per imporre agli Stati (specie del Sud) il rispetto della costituzione federale in materia di diritti e di eguaglianza, attraverso la *judicial review*, esercitata da tutte le Corti.

Il sistema statunitense è segnalato quale "modello" per il carattere **diffuso** del controllo di costituzionalità, e cioè per la circostanza che **ciascun giudice è abilitato a sindacare la conformità delle leggi alla costituzione** nell'esercizio della sua ordinaria attività giudicante; la Corte Suprema non detiene infatti il monopolio della *judicial review*, bensì lo esercita quale organo di vertice del sistema giudiziario degli Stati Uniti. La Corte Suprema si pronuncia come giudice di ultima istanza sui ricorsi che provengono dalle Corti distrettuali e dalle Corti federali di circuito con due riti alternativi: tramite ***writ of certiorari*** (o "di verifica"), di gran lunga il più importante, o mediante *certification of questions*. La *judicial review* può altresì interessare con procedure particolari le sentenze delle più alte Corti statali che abbiano risolto un caso in base al diritto federale. Sempre più, negli ultimi decenni, la Corte Suprema s'è trasformata comunque in una vera e propria Corte costituzionale, e cioè in un organo dotato di competenze specializzate: ciò anche in seguito alle riforme procedurali che, nel 1988, hanno di fatto **eliminato** la sua **giurisdizione di appello** – un rito che aveva natura obbligatoria – anche con riguardo alle Corti federali, consentendole di scegliere a sua discrezione il proprio *docket*, vale a dire le questioni di costituzionalità da decidere [11]. Non solo, e soprattutto: la costituzione attribuisce in modo tassativo alla *Supreme Court* la c.d. giurisdizione originaria: ossia essa giudica, in primo e **unico grado, le controversie nelle quali uno Stato sia parte in giudizio** [12], regolandone le competenze e i rapporti con la Federazione.

Ciò attesta che **il c.d. modello statunitense non è affatto puro**: storicamente, la prima e più importante competenza delle Corti costituzionali, compresa quella statunitense, è stata infatti quella di disciplinare i rapporti tra centro e periferia (*infra*, § 23), e in questo senso **il sistema degli Stati Uniti è (anche) accentrato**, né

[11] La procedura che origina dal *writ of certiorari*, con la quale una delle parti del processo principale chiede alla Corte Suprema di riesaminare il caso, consente una selezione discrezionale dei casi da esaminare: ogni anno vengono presentati migliaia di *writs*, ma la Corte ne decide solo poche centinaia. Di rado, le Corti federali inferiori, in caso di incertezze giurisprudenziali, richiedono alla *Supreme Court* di pronunciarsi mediante la c.d. *certification*, che comporta l'avocazione della causa oppure un mero rinvio con istruzioni vincolanti (*binding instructions*), quando la Corte inferiore ha bisogno di qualche indicazione, o perché i precedenti della Corte Suprema appaiono inconciliabili, o in quanto il caso risulta nuovo e singolare. Sin dagli albori della propria attività, la *Supreme Court* ha invece rifiutato di svolgere attività di mera consulenza in materia costituzionale, finché le cc.dd. *advisory opinions* furono esplicitamente bandite nel 1911 con la sentenza *Muskrat* v. *United States*, con la quale essa ribadì la propria natura giurisdizionale (che tuttavia le consente di pronunciare sentenze di mero accertamento, o *declaratory judgments*).

[12] Nonché una serie di casi relativi ad ambasciatori, consoli e altri rappresentanti diplomatici.

più né meno di quello austriaco che tratteremo tra un attimo.

Consapevole della propria natura di organo giurisdizionale, la Corte Suprema statunitense si è anche data una cospicua serie di **autolimitazioni** tradottesi in altrettante, precise regole procedurali: utilizzando il *self restraint*, ad es., essa ha circoscritto la portata delle sue sentenze ai casi di specie e adottato il principio del *favor legis*; ma sopra tutto i giudici costituzionali americani hanno sempre rifiutato, almeno di massima, l'esame delle cc.dd. *political questions*, problematiche non giustiziabili in quanto collegate alle competenze di indirizzo politico spettanti al potere legislativo o all'Esecutivo (v. *infra*, § 22).

Quale che sia la procedura seguita, l'efficacia delle sentenze emesse dalla Corte Suprema è, in linea di principio, limitata alle parti in causa; tuttavia, il sistema del precedente (cap. II, II, § 6.4.4) fa sì che le Corti inferiori siano vincolate alle pronunce dei giudici superiori, sicché l'atto legislativo dichiarato incostituzionale perde del tutto la propria efficacia.

6. La *Verfassungsgerichtsbarkeit* kelseniana

L'esperienza sviluppatasi oltreoceano nel corso dell''800 non sembra aver lasciato molte tracce nell'elaborazione e poi nell'attuazione del secondo prototipo di giustizia costituzionale, la cui teorizzazione è merito di Hans Kelsen, che la tradusse in pratica nella costituzione austriaca del 1° ottobre 1920. Anche Kelsen prendeva le mosse dal concetto di costituzione quale norma "posta" superiore a tutte le altre e da «l'idea di un principio supremo che determina l'intero ordinamento statale e l'essenza della comunità costituita da quest'ordinamento», ma in un contesto dogmatico – quello della costruzione a gradi dell'ordinamento (*Stufenbau*) e dei connessi criteri per accertare la invalidità delle norme inferiori – quasi del tutto ignorato negli Stati Uniti.

Chi dev'essere il custode della costituzione? In quale forma va svolto il controllo? A chi compete attivarlo? E in relazione a quali atti? Che efficacia debbono infine assumere le decisioni sulla costituzionalità delle leggi? – si chiedeva allora Kelsen.

Alla prima domanda egli rispondeva che la verifica di conformità delle leggi alla costituzione deve essere operata da un **organo organizzato in Tribunale**, la cui indipendenza sia garantita dall'inamovibilità. Circa la forma del controllo, lo studioso praghese escludeva la garanzia preventiva, che non potrebbe essere affidata a un Tribunale. Non restava dunque che istituire un **controllo repressivo**. Esso non costituirebbe una invasione nell'ambito del potere legislativo, poiché il Tribunale costituzionale non esercita una vera funzione giurisdizionale: annullare una legge significa infatti «porre una norma generale», sia pure di segno negativo (insomma, un *contrarius actus*), cosicché il Tribunale che ha il potere di annullare le leggi «è di conseguenza organo del potere legislativo».

Il controllo di costituzionalità potrebbe essere attivato anche mediante un'azione popolare, ma, secondo Kelsen, tale soluzione è sconsigliabile perché si presta facilmente ad abusi. Sarebbe invece preferibile attribuire a tutte le **pubbliche autorità**, chiamate ad applicare una legge che presumono essere incostituzionale, il potere di sospendere il procedimento e di investire della questione il Tribunale costituzionale. Nulla vieta però che il potere in questione possa essere conferito solo a talune autorità superiori (Ministri, Corti supreme), oppure anche ai Tribunali. Sicuramente, negli Stati federali, del diritto a ricorrere debbono essere titolari i Governi degli Stati membri avverso gli atti incostituzionali della Federazione, e viceversa. Kelsen non escludeva inoltre un diritto di ricorso da parte di una minoranza qualificata del Parlamento, come pure un intervento d'ufficio del Tribunale costituzionale stesso. **Oggetto del giudizio** dovrebbero essere, oltre alle leggi, i regolamenti muniti di forza di legge, ossia immediatamente subordinati alla costituzione (in pratica, decreti-legge e ordinanze di necessità), ma anche i semplici regolamenti di esecuzione, gli atti normativi generali, i trattati internazionali. Qualora il Tribunale costituzionale riscontri un vizio di forma – relativo cioè al procedimento di formazione dell'atto – o di sostanza, per contrasto con il contenuto della costituzione, procede all'**annullamento della legge** o di sue singole disposizioni, con efficacia *pro futuro*, salvo un limitato effetto retroattivo.

Le tesi di Kelsen circa la configurazione, le funzioni, l'efficacia delle sentenze del Tribunale costituzionale costituirono il nucleo di un modello astratto elaborato nel corso del tempo dal maestro praghese, e trovarono il loro primo terreno di sperimentazione nella costituzione austriaca del 1920[13]. Il modello kelseniano incontrò un'incredibile fortuna anche in altri paesi che, più tardi, avrebbero attinto ai suoi insegnamenti per forgiare il proprio sistema di giustizia costituzionale.

---

[13] Nell'ordinamento federale austriaco, le competenze erano (e sono tutt'oggi) ripartite tra *Bund* e *Länder* in modo alquanto complesso: con lo scopo precipuo di assicurare il rispetto della costituzione federale e delle competenze di *Bund* e *Länder*, venne istituito un Tribunale costituzionale federale (*Verfassungsgerichtshof*), i cui membri erano eletti a vita per metà dalla Camera rappresentativa della popolazione (il Consiglio nazionale), e per l'altra metà dal Consiglio federale (Camera rappresentativa delle autonomie), in modo da assicurarne l'indole neutrale, conformemente alla teoria kelseniana. A esso competeva giudicare sulla costituzionalità delle leggi e dei regolamenti; gli spettava inoltre conoscere i ricorsi individuali per violazione di diritti costituzionalmente garantiti, lesi da atti assunti in diretta violazione della costituzione. Legittimati al ricorso erano rispettivamente il Governo federale e ciascun Governo dei *Länder*. Lo stesso Tribunale poteva poi sollevare d'ufficio un incidente di costituzionalità, ogni qualvolta si imbattesse in leggi che costituivano il presupposto della sua pronuncia principale. Al riscontro di un vizio seguiva l'annullamento (anche di singole disposizioni dell'atto impugnato), con effetto *pro futuro*, salvo che per i regolamenti.

7. Ibridazione dei modelli di controllo diffuso e accentrato (il controllo incidentale di costituzionalità) e pluralismo dei sistemi

Nel quadro delle classificazioni dottrinali, il modello statunitense diffuso di *judicial review* viene di solito contrapposto alla *Verfassungsgerichtsbarkeit* austriaca; dal secondo dopoguerra, la teoria classica associa ai due un terzo modello, nel quale si riscontrano tratti tipicamente statunitensi (un certo grado di "diffusione" della giustizia costituzionale, assicurata dall'incidentalità dell'accesso), insieme a elementi caratteristici della costruzione kelseniana (accentramento delle decisioni in un organo giurisdizionale, efficacia *erga omnes* delle sentenze).

La "via intermedia" battuta negli ordinamenti sopra citati consiste in ciò: l'**organo** chiamato a rendere giustizia costituzionale è **unico e "specializzato"**, come in Austria; ma, al pari che negli Stati Uniti, **ciascun giudice è interessato** all'esercizio del controllo di costituzionalità: egli può, e in certe circostanze anzi deve, operare un preliminare giudizio di conformità alla costituzione della legge da applicare in un caso concreto e, se solo ha il dubbio (o la ragionevole certezza) che vi sia contrasto, investe della questione la Corte costituzionale. Ecco la ragione del *nomen* attribuito a questo modello, definito "incidentale" poiché si radica in un incidente o eccezione processuale, e non in un ricorso diretto.

A essere misto o **ibrido non è solo il modello, ma** lo sono **anche i sistemi che lo incorporano**. L'introduzione del controllo incidentale, dapprima in Italia e nella Repubblica federale tedesca, trent'anni più tardi nell'ordinamento spagnolo (costituzione del 1978) e infine in altri testi del dopoguerra (incluso da ultimo quello francese), non ha infatti comportato il ripudio del sistema basato sul ricorso diretto: sia dove, come in Germania, l'ordinamento è qualificato "federale", sia, come in Italia o in Spagna, dove esso viene definito "regionale" o "*autonómico*" (cap. VI, I, §§ 5-8), l'esigenza di comporre i conflitti tra centro e periferia, quanto alle rispettive competenze legislative, ha suggerito di introdurre accanto all'accesso incidentale anche quello diretto, su ricorso delle autorità governative o, di volta in volta, di Regioni, *Länder*, *Comunidades Autónomas*; nonché, in Germania, Spagna, Europa centro-orientale, di cittadini lesi in un loro diritto o libertà fondamentale da atti di volta in volta amministrativi, legislativi, giurisdizionali, emanati dai pubblici poteri, o persino da atti dei privati. C'è dunque un **doppio livello di ibridazione**: da un lato, fusione di diffusione e di accentramento in uno dei modi di esercitare il controllo (quello incidentale); dall'altro, introduzione di due (o più) riti paralleli.

In **Italia**, la formula consacrata nell'art. 134 è che la Corte costituzionale «giudica sulle controversie relative alla legittimità costituzionale delle leggi e degli atti, aventi forza di legge, dello Stato e delle Regioni». Anche l'ordinamento italiano configura un sistema che può essere considerato "misto" da più prospettive visuali: infatti **fonde diffusione e accentramento**, ma altresì contempla ipotesi di **accesso diretto**; sino alla revisione del Titolo V della costituzione, inoltre, esisteva pure il sindacato preventivo (dello Stato sulle leggi regionali). Il modo di accesso prevalente resta comunque quello incidentale, per cui qualsiasi giudice ordinario o amministrativo, se solo ha il dubbio che una legge che egli deve applicare in una controversia concreta sia incostituzionale, può e deve sospendere il processo e investire della questione la Corte costituzionale. Si noti che – qualora l'incidente sia sollevato dalle parti e non d'ufficio – il giudice (e non la Corte costituzionale) può statuire definitivamente sulla questione di costituzionalità, se decide che essa è manifestamente infondata [14].

Come in Italia, anche in **Germania** il controllo di costituzionalità sulle leggi svolto dal Tribunale costituzionale (*Bundesverfassungsgericht*) è di due tipi. Il **controllo** "**concreto**" – termine col quale si designa in generale un tipo di controllo che ha per oggetto una **norma** individuata da un giudice nel corso di un giudizio, nel quale sono in discussione gli interessi di più soggetti, e non una **disposizione** ancora da interpretare – verte sull'interpretazione della Legge fondamentale in seguito a controversie sulla portata di diritti e doveri di un organo supremo federale o di altri interessati. Ogni qualvolta un Tribunale reputi incostituzionale una legge, dalla cui validità dipende la decisione, il processo deve essere sospeso e la questione di costituzionalità deferita al Tribunale costituzionale del *Land*, se si tratta della violazione della costituzione di un *Land*, o, se si reputa violato il *Grundgesetz*, al Tribunale costituzionale federale.

Il c.d. **controllo** "**astratto**" non ha invece origine da un procedimento giudiziario, prescinde da un interesse sotteso del quale si chieda la tutela in un giudizio ordinario, mira a un mero raffronto tra disposizioni di grado diverso, perché venga valutata oggettivamente la conformità di quelle inferiori alla superiore. Esso si realizza nella forma del giudizio su ricorso del Governo federale, del Governo di un *Land* o di un terzo dei componenti del *Bundestag*, quando ritengano una norma dello Stato centrale o del *Land* incostituzionale per la sua incompatibilità formale o sostanziale con il *Grundgesetz* (o con altre norme federali) [15]. Un largo impiego è fatto anche della ***Verfassungsbeschwerde***, l'azione (o ricorso) di costituzionalità per lesione di diritti individuali, già conosciuta dalle costituzioni bavaresi del 1818, del 1919 e del 1946 (cap. V, § 11 e *infra*, § 16).

---

[14] In tal modo si evita che le parti abusino dell'incidente di costituzionalità per dilazionare i tempi del processo. Nel giudizio in via incidentale, l'efficacia delle decisioni della Corte costituzionale è diversa, a seconda del tipo di sentenza, conseguentemente al tipo di controllo (accentrato) che essa svolge: le sentenze di incostituzionalità – come meglio vedremo al § 19 – operano *erga omnes*, diversamente da quelle con cui la Corte rigetta una questione (le quali invece operano *inter partes*), che qualsiasi giudice può sempre riprospettare.

[15] Al contrario che in Francia, la minoranza parlamentare rifugge dall'abusare delle vie giurisdizionali per proseguire in sede di giudizio costituzionale la lotta politica. Anche il contenzioso giuridico tra *Bund* e *Länder* e tra *Länder* non è nutrito: la formula "cooperativa" del federalismo tedesco (cap. VI, I, § 4) sollecita a evitare scontri giudiziari e a ricercare in loro vece concertazioni preventive.

L'esperienza della **Spagna** appare interessante in quanto, diversamente da quanto accade in altri paesi, la prassi ha privilegiato di gran lunga l'accesso diretto rispetto a quello ancorato a un'eccezione processuale. Al Tribunale costituzionale – che l'art. 1 della corrispettiva legge organica (LOTC) definisce «interprete supremo della costituzione», cosicché le sue interpretazioni sono vincolanti nei confronti di qualsiasi potere, compreso il Tribunale supremo – spetta giudicare sull'incostituzionalità di leggi e disposizioni con forza di legge, sottopostegli con tre diverse modalità.

Una è rappresentata dall'accesso in via **incidentale**: come in Italia e in Germania, esso si realizza quando un organo giudiziario ritenga, nel corso di un processo, che una norma con forza di legge applicabile al caso, dalla cui validità dipende la sentenza, possa essere contraria alla costituzione. La seconda è costituita dal **ricorso diretto** presentato dal Presidente del Governo, dal *Defensor del Pueblo*, da cinquanta deputati o cinquanta senatori, dagli organi collegiali ed esecutivi delle Comunità autonome. Infine, il *Tribunal Constitucional* può essere adito con ***recurso de amparo***, mediante il quale ciascuna persona fisica o giuridica, nonché il *Defensor del Pueblo* e il pubblico ministero, possono denunciare la violazione di gran parte dei diritti o libertà fondamentali disciplinati dalla costituzione [16].

Complessivamente considerata, l'esperienza spagnola appare assai istruttiva per i comparatisti: le due principali recezioni operate – il controllo incidentale (da Italia e Germania) e il controllo *a priori* (dalla Francia) – hanno attecchito poco o nulla; il più significativo crittotipo, radicato nella cultura iberica e latino-americana (e cioè il ricorso d'*amparo*, pur disegnato sul modello della *Beschwerde* tedesca) si è invece affermato a tal punto, da soffocare almeno in parte altre tecniche e modi di operare il controllo di costituzionalità.

Da ultimo, va ribadito che anche la **Francia** si è recentemente iscritta al club dei sistemi ibridi: accanto al classico controllo preventivo, infatti, opera ora pure quello successivo incidentale, che ha ormai preso il sopravvento [17]. Il nuovo modo di adire il *Conseil constitutionnel* sembra dunque già imporsi efficacemente e affiancare quelli tradizionali, pur se solo le magistrature di vertice sono titolari del potere di proporre la *question*.

---

[16] Quali che siano le modalità di instaurazione del giudizio, il controllo di costituzionalità è successivo alla pubblicazione della legge. Il termine stabilito, a fini di certezza giuridica, è di tre mesi dalla pubblicazione. Un ricorso preventivo, congegnato sul modello francese, era stato introdotto dalla legge organica sul Tribunale costituzionale con riferimento alle leggi organiche, ma gli abusi che esso aveva determinato da parte della minoranza parlamentare di *Alianza popular* indusse nel 1985 il legislatore organico a sopprimerlo.

[17] Secondo le statistiche del *Conseil Constitutionnel*, le decisioni sollecitate da *questions* sono state 65 su 102 nel 2010, 111 su 145 nel 2011, 77 su 203 nel 2012; i dati si mantengono sostanzialmente invariati nel 2013, con 66 *questions* a fronte di 15 controlli previ su leggi, 6 su leggi organiche, uno sui regolamenti camerali e uno sui trattati; e nel 2014 (agg. al 30 settembre), con 49 *questions*, 14 decisioni su leggi e 2 su leggi organiche.

8. Sindacato diffuso e concentrazione del controllo in alcuni ordinamenti europei e latino-americani: *quartum genus* o sistemi paralleli/misti/duali?

Nei sistemi da ultimo descritti, l'evoluzione di un *tertium genus* di giustizia costituzionale, tale da raffigurare un vero e proprio modello, non può occultare che il controllo di costituzionalità resta saldamente nelle mani di un organo centrale, e l'elemento di "diffusione" è collocato solo nella fase introduttiva del processo, non in quella decisoria. Esistono tuttavia situazioni in cui l'**ibridazione tra controllo diffuso e controllo concentrato** si dipana in modo diverso: in alcuni ordinamenti, accanto al controllo diffuso da parte delle Corti, vengono assegnate competenze speciali ad appositi organi centralizzati, chiamati a esercitare in qualche forma il sindacato di costituzionalità. Più che di ibridazione, sembra dunque più corretto parlare di sistemi paralleli, o misti, o duali, di giustizia costituzionale (García Belaunde), che tuttavia in qualche modo si incrociano, là dove occorre comporre le competenze dei giudici ordinari con quelle dell'apposito giudice "centrale" delle leggi. L'anomalia di tale soluzione consiste in ciò: essa trova realizzazione in sistemi di ***civil law*** dove, in teoria, le pronunce dei giudici ordinari non sono efficaci *erga omnes*, e il precedente giudiziario non vincola le Corti inferiori.

Fuori dall'area del *common law*, un controllo parzialmente diffuso si ha in **Portogallo**, ove è data però la possibilità di adire il *Tribunal Constitucional* contro la decisione del giudice che disapplica la legge. La costituzione portoghese del 1976, infatti, da un lato vieta ai giudici di «applicare norme che violino le disposizioni della costituzione o i princìpi in essa contenuti», sancendo così la diffusione del controllo (art. 204); dall'altro, istituisce un *Tribunal Constitucional*, competente a conoscere l'incostituzionalità delle leggi e di altri atti, anche di enti periferici, in via preventiva (su richiesta del Presidente della Repubblica, peraltro limitata a specifiche ipotesi), come pure successiva: in tale secondo caso, oltre che su ricorso contro le decisioni dei Tribunali che rifiutino di applicare norme reputate incostituzionali o assunte in violazione di leggi rinforzate o di statuti autonomi o di leggi generali, anche su impugnazione di svariati organi dello Stato o delle Regioni, tra i quali un decimo dei membri dell'Assemblea della Repubblica (art. 280).

L'art. 15 **cost. russa** impone ai giudici di applicare direttamente la costituzione in caso di contrasto con la legge; tuttavia la legge sulla Corte costituzionale del 21 luglio 1994 conferisce loro il diritto – ma *ex* art. 101 della medesima legge anche l'obbligo – di investire della questione la Corte stessa [18].

---

[18] In Estonia – secondo una tradizione propria anche di altri paesi scandinavi, baltici e dell'ex URSS (come, ad es., la Bielorussia) – «le Corti dichiarano incostituzionale ogni legge, altro atto

Un caso interessante è rappresentato dalla Repubblica del **Sudafrica**: un ordinamento misto, dove il *common law* si mescola al boero *roman-dutch law*. Mentre, vigenti le costituzioni del 1964 e del 1983, la *judicial review* era attribuita ai giudici e, in definitiva, alla Corte Suprema, il *Constitution of the Republic of South Africa Act* del 1996 ha conferito a una Corte composta da un Presidente e dieci componenti la competenza esclusiva su tutte le materie relative all'interpretazione, alla tutela e all'attuazione della costituzione, tra le quali le violazioni dei diritti fondamentali, vari conflitti costituzionali tra organi dello Stato e tra centro e Province, e soprattutto il controllo di costituzionalità di leggi e atti normativi. In altri casi, la Corte costituzionale funge da Corte di ultima istanza, pur non essendo stato ripudiato del tutto il controllo diffuso.

In **America latina**, sopravvive ancora il controllo diffuso di costituzionalità da parte dei giudici, che tuttavia solo in Argentina rappresenta l'unica modalità per sindacare la legge incostituzionale (a parte i conflitti interorganici o intersoggettivi, concentrati nella Corte Suprema). In altri casi, il controllo è stato concentrato in un organo *ad hoc* (Bolivia, dove è assegnato al *Tribunal Constitucional*), o nella sola Corte Suprema (Uruguay) o in quest'ultima e nella sua *sala constitucional* (Paraguay, Venezuela). Si hanno poi: un sistema di controllo giudiziale diffuso nei tribunali ordinari e di controllo concentrato nel Tribunale Supremo (Brasile); un sistema di controllo giudiziale diffuso nei tribunali ordinari e di controllo concentrato nel Tribunale costituzionale (Colombia); un sistema di controllo giudiziale dualista, diffuso nei tribunali ordinari e concentrato da parte dei rispettivi Tribunali costituzionali (Perú, Ecuador, che però va nel senso del monopolio del *Tribunal*); un sistema di doppio controllo concentrato nel Tribunale Costituzionale (preventivo) e nella Corte Suprema (repressivo) (Cile) (Nogueira Alcalá). Per questo si è parlato di «*concepción iberoamericana difuso-concentrada*» (García Belaunde), pur difettando un modello unitario (Fernández Segado). Per aggirare il problema della efficacia *inter partes* delle decisioni dei giudici ordinari è stato sufficiente introdurre in qualche caso il semplice correttivo di conferire alle decisioni di incostituzionalità della Corte

---

giuridico o procedura che violino i diritti e le libertà dei cittadini stabiliti dalla costituzione o che siano altrimenti in conflitto con la costituzione». La costituzione precisa tuttavia, più in generale, che nel corso dei processi le Corti disapplicano le leggi e altri atti incostituzionali, mentre spetta alla Corte nazionale il compito di dichiararne la nullità in caso di contrasto «con le disposizioni e con lo spirito della costituzione». Anche in altri ordinamenti privi di un Tribunale costituzionale specializzato, come la Grecia, la costituzione stabilisce che «I Tribunali sono tenuti a non applicare una legge il cui contenuto sia contrario alla costituzione» (art. 93, c. 4), ma l'unità della giurisdizione costituzionale, in difetto del vincolo dello *stare decisis*, è assicurata dalla Corte Suprema speciale, al cui *plenum* compete (anche) giudicare sulle «contestazioni relative all'incostituzionalità di una legge formale, oppure sull'esatta interpretazione delle disposizioni di una legge nei casi in cui il Consiglio di Stato, la Corte di Cassazione o la Corte dei Conti abbiano emesso al riguardo decisioni tra loro contraddittorie» (art. 100, c. 1, lett. *e*, e c. 5).

Suprema effetto vincolante nei confronti degli organi inferiori [19]. In tutti questi casi, e in altri che presentano risvolti analoghi, sembra trovare sviluppo una **concezione della giustizia costituzionale anomala** rispetto a tutte le altre sin qui considerate. La disapplicazione della legge incostituzionale da parte dei giudici non basta più, anche se non si abbandona l'idea che tra due leggi in conflitto debba prevalere la superiore (la costituzione) e che il giudice debba applicare quella: occorre però che le decisioni siano vincolanti per tutti, siano esse assunte da *salas* dell'organo di vertice del potere giudiziario, o da appositi Tribunali costituzionali.

Le esperienze (e le soluzioni) sono assai dissimili tra loro, dal punto di vista della genesi e del contesto giuridico in cui operano (per non dire che nessuno degli ordinamenti in questione viene abitualmente assunto a paradigma da altri, anche se le imitazioni sono frequenti). Solo in qualche caso è sicura l'influenza del sistema statunitense, per ciò che riguarda l'introduzione del controllo diffuso, come in Portogallo, per il tramite della costituzione repubblicana del 1911, e di quella brasiliana del 1891, che a sua volta imitava la costituzione nordamericana. Quanto agli altri ordinamenti latinoamericani sopra citati, nei quali vivono o sopravvivono forme di controllo diffuso, della *judicial review* fu recepito lo "spirito", più che le caratteristiche del modello, essendo già radicate in quelle esperienze soluzioni originali di controllo di costituzionalità diffuso. Come pure in Nord Europa o in Grecia, dove pure il modello americano era conosciuto, ma le cui Corti hanno seguito uno sviluppo che poco ha a che vedere con l'elaborazione di Marshall e della giurisprudenza statunitense. Ovunque, la tendenza alla centralizzazione del controllo trova conforto nell'imitazione "per prestigio" delle esperienze europee continentali.

Il costituzionalismo più recente fa insomma affiorare la spinta verso l'**uniformizzazione** e la **specializzazione** del controllo di costituzionalità, assicurata nei modi visti sopra. Quanto s'è detto sembra sufficiente, se non per affermare l'esistenza di un modello uniforme (mancando spesso una comune ispirazione), se mai, per segnalare l'esistenza di più sistemi diversi, che comunque non possono essere ascritti ad altre più consolidate tipologie.

9. Esportazione e circolazione dei modelli

Nei paragrafi che precedono abbiamo evidenziato alcune caratteristiche dei vari modelli di giustizia costituzionale. In particolare, si è rilevato che una pri-

[19] V. in particolare nell'esperienza brasiliana l'istituto della *súmula vinculante*. Ad analoga soluzione era d'altronde pervenuta la costituzione messicana, là dove demanda alla legge sull'*amparo* stabilire i casi nei quali il precedente assume efficacia obbligatoria.

ma distinzione riguarda la **struttura** dell'organo (derivante dalla politica o dalla giurisdizione) e la **fase** dove si colloca il giudizio di costituzionalità il quale, generalmente configurato come successivo all'entrata in vigore dell'atto controllato, talora precede invece la sua promulgazione o emanazione. Nell'ambito del sindacato definito "giurisdizionale", le principali differenze attengono al carattere **diffuso o accentrato** del controllo, secondo i paradigmi prevalentemente declinati negli Stati Uniti e in Austria; **soluzioni ibride** si registrano dove i giudici possono o debbono sollevare incidente di costituzionalità di fronte a un organo competente a stabilire la conformità di una norma alla costituzione. Soprattutto, **in quasi tutti i paesi convivono svariate modalità** di accesso e/o di controllo (diretto e incidentale, obbligatorio ed eventuale, previo e successivo, ecc.), e in alcuni ordinamenti il sindacato diffuso è temperato dall'introduzione di una Corte costituzionale centrale a competenza specializzata. Come attestano anche i lavori preparatori di numerose costituzioni, molti ordinamenti hanno attinto all'uno o all'altro modello – e quasi sempre a più d'uno d'essi – nel configurare i propri istituti di giustizia costituzionale. Talora, però, ciò che a prima vista appare un'acritica recezione, in realtà disvela la maturazione di esperienze autoctone. È altresì vero che quasi nessun ordinamento importa a scatola chiusa i modelli operanti in altri paesi (Tusseau); nondimeno, di solito le nuove costituzioni e il potere di revisione ne tengono conto, e il risultato quasi sempre è una mescolanza di soluzioni, adattate alle esigenze dell'ordinamento recettore.

10. Diffusione del controllo preventivo

Circa la fase in cui si colloca il sindacato di costituzionalità, il sistema più seguito nel mondo consiste nel situarlo dopo l'entrata in vigore della legge, conformemente ai prototipi statunitense, austriaco, tedesco e italiano. **Il controllo *a priori*** esercitato in esclusiva **non ha incontrato molta fortuna**, neppure negli ordinamenti che della Francia subirono la dominazione coloniale o, comunque, influssi di altra natura. Le costituzioni del Congo, del Chad, del Mali, del Togo, ecc., come quella del Kazakhstan, contemplano infatti – con qualche variante rispetto al modello d'oltralpe – un sindacato preventivo sulle leggi organiche, sui regolamenti parlamentari, sui progetti di legge e di trattato, ma accanto a forme di controllo successivo. In generale, non solo nelle **ex colonie francesi**, ma anche altrove, non è infrequente la previsione di controlli su delibere legislative o altri atti, effettuati su richiesta di organi determinati; e tuttavia raramente il sindacato preventivo esaurisce, nell'ambito di ciascun ordinamento, le tipologie del controllo di costituzionalità. Il che invece è quanto è accaduto in Francia sino a quando, nel 2008, è stata introdotta la *question d'inconstitutionnalité*.

Un controllo preventivo sulle leggi convive comunque con forme di sindacato successivo in **Portogallo**, dove la costituzione conferisce al Presidente della

Repubblica il potere di richiedere un parere di costituzionalità su trattati o accordi internazionali, e su progetti di legge deliberati. Pure in **Romania** – dove il controllo previo si affianca a quello incidentale – la costituzione stabilisce che la Corte costituzionale «si pronuncia sulla costituzionalità delle leggi, prima della loro promulgazione, su *saisine* del Presidente della Romania, dei Presidenti di una delle Camere, del Governo, dell'Alta Corte di cassazione e di giustizia, di almeno cinquanta deputati o venticinque senatori, o d'ufficio, sulle iniziative di revisione costituzionale»[20].

Per quale motivo – ci si chiede allora – il controllo preventivo, salvo le eccezioni appena illustrate, non ha incontrato il favore dei costituenti e dei legislatori in ogni parte del mondo? E perché si preferisce colpire la legge incostituzionale dopo che essa ha prodotto i suoi guasti, dopo cioè che ha vulnerato interessi e situazioni giuridiche di singoli, o competenze di enti o organi costituzionalmente garantite? Non sarebbe preferibile, anziché lasciar circolare per l'ordinamento una norma invalida, bloccarne prima l'entrata in vigore, operando un controllo astratto, di compatibilità delle disposizioni in conflitto?

Una principale ragione si connette all'**esigenza di sottoporre le disposizioni legislative alla prova dell'interpretazione**. Sono la pubblica amministrazione e soprattutto i giudici a stabilire il significato delle parole delle leggi. La giurisprudenza trae dagli enunciati i concreti precetti, e lo fa non solo con riferimento al significato letterale, ma anche in connessione all'intero tessuto normativo dell'ordinamento; lo fa, facendo vivere nella realtà dei casi concreti, in relazione a interessi sottesi, il verbo della legge, adattandolo sovente – con l'interpretazione adeguatrice – alla norma superiore (in questo senso s'è espressa ad es. la Corte Suprema irlandese.) Il controllo **successivo** risulta dunque assai più **vantaggioso** dal punto di vista dell'economia giuridica: in primo luogo, consente ai giudici di "salvare" la vigenza di disposizioni che, altrimenti, potrebbero in via preventiva essere colpite da pronuncia d'incostituzionalità. Inoltre, e soprattutto: da una parte, evita che questioni meramente astratte, relative a fattispecie che non si realizzano nella vita quotidiana, che non toccano interessi giustiziabili o giustiziati, vengano portate all'attenzione delle Corti costituzionali; dall'altra, impedisce che interpretazioni incostituzionali di una disposizione sfuggano al controllo. (Quanti sono i significati che possono avere una parola o una frase, e quanti ancora ne avranno solo che mutino i contesti linguistici ed extralinguistici in cui esse operano?) Il controllo preventivo pretende di insistere sull'univoco significato di una legge o di parte di essa, ma non tiene conto di tutti gli altri, presenti e futuri.

---

[20] Altri casi di controllo preventivo, su istanza del Presidente della Repubblica, si hanno per esempio in Irlanda, Kazakhstan, Ungheria, Colombia, e, limitatamente ai trattati o altre norme di diritto internazionale, in Venezuela, Bulgaria, Ucraina.

11. Circolazione del controllo diffuso

Passiamo ora a esaminare la circolazione del modello di sindacato giurisdizionale successivo, muovendo dal prototipo più antico: quello diffuso, di matrice statunitense. Tra i più significativi ordinamenti di *common law* che si ispirano a questo sistema, compaiono il Canada e l'Australia.

Anche in **Canada**, la Corte Suprema non esercita in posizione di monopolio il controllo di costituzionalità, il quale compete a ciascun giudice. Ai sensi del titolo VII del *British North America Act* del 1867 (e successivi emendamenti), i giudici sono nominati dal Governatore generale, mantengono la carica sino al settantacinquesimo anno d'età, *during good behaviour*, e possono essere rimossi solo dallo stesso Governatore, su istanza del Senato e della Camera dei Comuni. Dall'anno della sua istituzione, il 1875, la Corte Suprema ha esaminato importanti casi di rilevanza costituzionale, dal secondo dopoguerra sopra tutto su due campi cruciali e strettamente connessi per la vita del Canada: la tutela delle minoranze, e l'evoluzione del federalismo, complicata dal problema del Québec. In **Australia**, il grado di accentramento del controllo di costituzionalità, che pure qualsiasi giudice può esercitare nei confronti delle leggi federali o statali, appare maggiormente accentuato, anche in virtù dei poteri conferiti all'Alta Corte d'Australia dal *Commonwealth of Australia Constitution Act* del 1900 (e successive modificazioni), dalla legislazione attuativa dell'art. 76 cost., nonché per la stessa evoluzione giurisprudenziale. La *High Court* può essere adita quale ultimo grado della giurisdizione ordinaria, e come negli Stati Uniti esercita giurisdizione di primo grado sulle controversie tra Stati o loro residenti, o che coinvolgano rappresentanti esteri, o relative a trattati, ecc.[21]. In **Irlanda**, il controllo di costituzionalità – rispettivamente in primo e in secondo grado – compete alla *High Court* e alla Corte Suprema. In particolare, la *High Court* è l'unica Corte di prima istanza a essere investita del potere di dichiarare l'incostituzionalità delle leggi. La codificazione in testi costituzionali o legislativi di taluni istituti o procedure della *judicial review* statunitense si rinviene anche in molti paesi dell'**Asia** e dell'**Africa**, già soggetti al dominio coloniale inglese (dove quindi, accanto a modi indigeni di far diritto, ha attecchito il *common law*): come ad es. il Kenya, l'Uganda, la Nigeria.

Negli ordinamenti ora considerati, **ciascun giudice può disapplicare** la legge incostituzionale, ed è la Corte collocata al vertice dell'apparato giudiziario – di solito denominata "suprema" – a esprimere l'ultima parola in tema di *judicial review*, non diversamente da quanto accade negli Stati Uniti d'America. Nella famiglia di *common law*, il sistema funziona in modo *lato sensu* analogo a quello

---

[21] Il procuratore generale dello Stato o il procuratore generale della Federazione (*Commonwealth*) possono esercitare una specifica azione relativa a vizi di legittimità costituzionale nei confronti, rispettivamente, di leggi federali che invadono competenze legislative statali, e di leggi statali che debordano dalle materie riservate esclusivamente alla Federazione stessa.

statunitense. Negli ordinamenti di matrice romanistica, vengono invece a difettare – almeno in teoria – quei formidabili elementi di coesione e di unificazione del diritto rappresentati dal sistema del precedente (*binding* o *persuasive* esso sia) e dal principio dello *stare decisis* (cap. II, II, § 6.4.4). Si spiega allora perché, nell'area geografica dove più di frequente il controllo di costituzionalità ha patito gli influssi del modello nordamericano – l'America latina – siano stati escogitati gli espedienti cui s'è accennato al § 8 per evitare il problema rappresentato dall'inoperatività dei princìpi in parola.

Quello dell'**inesportabilità del modello americano nei sistemi di *civil law*** è solo un dogma che opera, prevalentemente, quale retaggio culturale di giuristi restii a considerare il progressivo avvicinamento delle famiglie di *common law* e di *civil law* (cap. II, I) e a prendere atto della straordinaria flessibilità e capacità di adattamento della giustizia costituzionale: capacità testimoniata, per un verso, dall'attenuazione dell'efficacia vincolante del precedente negli Stati Uniti; per l'altro, dall'acquisizione di efficacia *erga omnes* dei precedenti elaborati da alcune Corti supreme negli ordinamenti di *civil law*. Sopra tutto, però, va ribadito che in molti paesi sia europei che americani il controllo diffuso si è affermato a prescindere da processi imitativi (Tusseau).

12. La circolazione del controllo accentrato: pluralità di soluzioni

Anche **le Corti supreme** – abbiamo detto al § 8 – tendono **a monopolizzare** (o quanto meno a concentrare) **l'esercizio della giustizia costituzionale**: ciò accade ad es. in Giappone, dove l'art. 81 cost. lo conferisce alla Corte Suprema, Tribunale ordinario d'ultima istanza; in Oceania, a Vanuatu e nelle Samoa; persino in una Repubblica dichiaratamente islamica, come lo Yemen, la costituzione assegna alla Corte Suprema il compito di statuire in materia di costituzionalità delle leggi e di altri atti. In generale, ovunque ubicate, nelle ex colonie inglesi operano Corti supreme che svolgono in prevalenza la *judicial (constitutional) review*. Si tratta però pur sempre di un controllo svolto da giudici di vertice del potere giudiziario.

In altri casi (v. *supra*, § 8) si sono istituiti Tribunali costituzionali (talvolta senza sottrarre ai giudici ordinari il potere di disapplicare, se del caso, la legge incostituzionale). Oltre che in alcuni paesi del Centro e del Sud America, Corti costituzionali operano ad es. in Uzbekistan, Tajikistan, Kazakhstan, Azerbaijan, Armenia e in qualche altro ordinamento asiatico sorto dallo smembramento dell'URSS, in Thailandia, ecc. Pure in Africa si registrano analoghi esempi, come in Angola o nella Repubblica Democratica del Congo.

Nei sistemi giuridici a base codicistica, nel corso degli ultimi anni, con le ondate di nuovi costituzionalismi maturati in ogni parte del mondo, sono diventati più numerosi gli ordinamenti i quali – anziché affidare a ciascun giudice il sindacato di costituzionalità, o a suddividere la competenza tra giudici ordinari e un Tribunale costituzionale specializzato – hanno battuto la strada di un **Tribunale costituzionale *ad hoc***, chiamato a esercitare **in esclusiva** compiti di controllo sulle leggi e/o altri atti degli organi costituzionali o di enti centrali o periferici. Oltre che nelle ex colonie francesi e in Turchia, è nel **continente europeo** che il modello di controllo accentrato, specializzato, (quasi esclusivamente) successivo ed esclusivo ha conosciuto la maggiore fortuna: parzialmente mutuato – oltre che dall'idealtipo kelseniano – anche dai sistemi di Germania, Italia, e poi Spagna, esso è stato previsto ad es. a Cipro, negli ordinamenti dell'Est Europa e in alcune Repubbliche nate dal dissolvimento dell'URSS e della Yugoslavia.

In tutti questi casi, l'organo è *ad hoc*, nel senso che solo a esso compete il controllo di costituzionalità di leggi e di altri atti normativi, e questa è la sua principale funzione. Come abbiamo constatato, **non esiste però un "modello accentrato" unitario**: sono molteplici, soprattutto, le variabili rappresentate dalle modalità di accesso alla Corte costituzionale. Se il **sistema incidentale** non sempre ha incontrato fortuna nei paesi appartenenti all'ex Unione sovietica (dove talora è conferito solo alle Corti di vertice), ed esso non viene impiegato (salvo rare eccezioni, quale Panama) in America latina, al contrario, nelle ex colonie francesi (già da ben prima che nella madrepatria) e in molti altri ordinamenti esso affianca il controllo su ricorso e/o preventivo. Ad es., l'eccezione di incostituzionalità davanti a un Tribunale o Corte costituzionale è contemplata dalle costituzioni della Romania e della Repubblica slovacca.

Non difettano poi soluzioni particolari di controllo accentrato, rappresentate – oltre che dal Tribunale costituzionale portoghese – dal Tribunale federale svizzero e dalla *Cour constitutionnelle* (già *Cour d'Arbitrage*) belga, peculiari anche per la loro composizione (v. *infra*, § 13).

Nella **Confederazione elvetica**, il Tribunale federale non può esercitare il proprio sindacato sulle leggi e i decreti generali della Confederazione. L'art. 189 u.c. stabilisce infatti che «Gli atti dell'Assemblea federale e del Consiglio federale non possono essere impugnati presso il Tribunale federale. Le eccezioni sono stabilite dalla legge»[22]. La limitazione alle competenze del Tribunale federale è criticata da parte della dottrina, la quale rileva come i diritti costituzionali dei cittadini siano minacciati, di solito, più dalle leggi federali che da quelle cantonali. Peraltro, la giurisprudenza ha mitigato i limiti imposti dalla costituzione, e ha ammesso, oltre che sentenze-monito su leggi federali, la disapplicazione di queste ultime se assunte in violazione di trattati internazionali. Al Tribunale costituzionale competono inoltre rilevanti attribuzioni connesse all'assetto federale dell'ordinamento, e soprattutto le decisioni sui conflitti di competenza (legislativa, ma anche amministrativa o giudiziaria) tra Confederazione e Cantoni e fra Cantoni.

---

[22] Gli atti federali che possono essere vagliati dal Tribunale sono, pertanto, solo i decreti non soggetti a referendum, alcune ordinanze del Consiglio federale, e qualche altro.

L'assetto dapprima regionale, oggi federale dell'ordinamento ha influenzato anche in **Belgio** l'organizzazione della giustizia costituzionale. Come in Svizzera, essa si configura prevalentemente – ma non solo – quale regolamento delle competenze dello Stato, delle Regioni, delle Comunità. Nelle grandi linee, la costituzione prevede oggi che la *Cour constitutionnelle* deliberi sui conflitti tra leggi, decreti, norme relative alle competenze regionali; ma, dal 1988, anche sulle violazioni del principio d'eguaglianza, dei diritti delle minoranze, della libertà d'insegnamento e, dal 2003, sulla violazione di ogni diritto o libertà enunciato nel Titolo II della costituzione, dedicato a «I belgi e i loro diritti»[23]. L'allargamento del parametro della costituzionalità e degli strumenti d'accesso, unitamente alla giurisdizionalizzazione del processo costituzionale, consente oggi di considerare la già denominata *Cour d'Arbitrage* una vera Corte costituzionale, come d'altronde sta a indicare il recente cambio di nome.

13. Modalità organizzative: la selezione dei giudici delle Corti supreme

Come s'è chiarito al § 1, il controllo di costituzionalità si definisce "giurisdizionale" qualora venga esercitato – con modalità e mediante atti tipici della giurisdizione – da un organo del quale siano assicurate l'autonomia e l'indipendenza.

Dove esso ha carattere diffuso, come gli Stati Uniti, **le garanzie vengono a coincidere con quelle proprie della magistratura**. Qui, in particolare, i giudici della Corte Suprema e delle altre Corti federali sono nominati a vita (o, meglio, *during good behaviour*), dal Presidente, previo *advise and consent* del Senato, tenendo conto della qualificazione professionale[24]. I "serbatoi" cui il Presidente può attingere sono svariati: le alte cariche dello Stato, le Corti inferiori federali e le Corti statali, le *Law Schools*. Ulteriori **convenzioni** concorrono a equilibrare la composizione della Corte Suprema, condizionando le scelte del Presidente. Così, nel procedere a nuove nomine egli deve tener conto del criterio geografico (affinché nella Corte siano rappresentati giudici del Nord come del Sud, dell'Est come dell'Ovest); sessuale; religioso (sono rappresentati anche i cattolici); etnico (almeno un giudice è ebreo, e uno di colore). Il Presidente non è tuttavia obbligato a seguire criteri di equilibrio politico. Se ha la forza politica sufficiente, ciascun Presidente cercherà di perpetuare la propria "dottrina" nel tempo, mediante la nomina di giudici ideologicamente a lui vicini (anche confi-

---

[23] Il ricorso può essere presentato dalle autorità indicate dalla legge (Esecutivi della Federazione e degli enti decentrati, Presidenti delle Assemblee legislative su richiesta di 2/3 dei componenti), da chiunque abbia interesse o, a titolo pregiudiziale, da qualsivoglia organo giurisdizionale.

[24] Per la Corte Suprema, tra i requisiti non è richiesta la laurea in giurisprudenza, anche se sono o furono in possesso di tale titolo di studio tutti i suoi componenti.

dando che, generalmente, il Senato è incline ad accettare questa prassi). Può dunque accadere che un Presidente abbia la sorte di procedere a più nomine, condizionando in tal modo lo stesso sviluppo delle istituzioni americane, atteso che i giudici o "una certa Corte", di volta in volta conservatrice o progressista, presumibilmente sopravvivranno al suo mandato.

Come in altri ordinamenti (Canada, Australia, ecc.) – nei quali i meccanismi giuridici, le convenzioni, le prassi relative alle nomine alla Corte Suprema sono analoghi – negli USA l'indipendenza viene garantita, *in primis*, dalla **mancanza di aspettative** dei giudici nei confronti del potere politico (una volta eletti, essi non aspirano a maggiori e diverse gratificazioni); in secondo luogo, dal fatto che la Corte o, meglio, la sua maggioranza, può essere o meno dello stesso orientamento del Presidente e/o della maggioranza parlamentare. Ciò dipende dal caso: negli Stati Uniti non è inusuale che un Presidente repubblicano si trovi a fronteggiare in un primo stadio del suo mandato una Corte *liberal*, ma che il decesso di qualche giudice gli consenta di stravolgerne la composizione, lasciandola poi in eredità per anni e anni ai successori, anche di diverso colore politico, o viceversa.

In altri ordinamenti ove il sindacato di costituzionalità è esercitato dai Tribunali ordinari, come in Canada, Australia, Irlanda, India, Filippine, alcuni paesi latino-americani (Messico, Brasile, ecc.) o africani, l'indipendenza della Corte Suprema viene assicurata mediante svariati strumenti: la nomina dei giudici, da parte del Governatore generale o del Presidente, spesso col **consenso della Camera alta o del Parlamento**, sino all'età pensionabile; il **divieto di rimozione**, da parte del Parlamento, se non in casi eccezionali, con procedure complesse e solo per motivi collegati a comportamento disdicevole o incapacità; e il divieto di diminuire il trattamento economico nel corso del mandato.

In parte ripudiando il sistema nordamericano, alcuni **ordinamenti latinoamericani** hanno però apportato alcune modifiche allo schema, disponendo che i magistrati della Corte Suprema abbiano **durata temporanea**, da quattro a dieci anni (Nicaragua, Paraguay, Panama, Honduras) e siano talora rieleggibili. Nella **Confederazione elvetica**, i giudici del Tribunale federale (composto da trenta a quarantacinque membri, oltre ai supplenti), sono eletti per sei anni dall'Assemblea federale tra i cittadini eleggibili al Consiglio nazionale, e per convenzione le nomine sono decise dai principali partiti; la rappresentanza si ancora a criteri geografici, etnico-linguistici, politici. Non opera il principio dell'inamovibilità, ma è prassi rieleggere i suoi componenti[25].

Un parziale **cambio di rotta** si registra in alcuni paesi latinoamericani: in **Bolivia**, la costituzione afferma che i giudici del Tribunale supremo di giustizia

---

[25] Singolare è la procedura adottata in Giappone: i giudici della Corte Suprema sono nominati a vita dal Gabinetto, ma in concomitanza con la prima elezione generale della Camera dei deputati, e via via ogni dieci anni, il corpo elettorale è chiamato a confermarli o meno; come ogni altro giudice sono inamovibili, salvo *impeachment* o se diventano giudizialmente incapaci; contro di essi nessun organo o ufficio dipendente dall'Esecutivo può svolgere azioni disciplinari.

(come quelli della Corte costituzionale plurinazionale) «serán elegidas y elegidos por sufragio universal»[26]; forme più attenuate di **partecipazione popolare** alla scelta dei giudici delle Corti (e *salas*) chiamate a svolgere il controllo di costituzionalità si rinvengono in **Argentina, Ecuador e Venezuela**, dove la partecipazione popolare alla loro nomina è solo indiretta, ossia non avviene tramite elezione, ma con il coinvolgimento nella procedura di preselezione di organi costituiti dalla società civile, come ad es. i vari *Comité de Postulaciones* (Ecuador e Venezuela) o processi di consultazione popolare (Argentina[27]). Ciò riflette l'anelito di legittimazione dei giudici e di "democratizzazione" della giustizia, non assente nell'originario dibattito statunitense, di cui sono traccia l'elezione diretta dei medesimi in alcuni Stati (Bagni). In alcuni **paesi africani** infine, come il Botswana, si possono nominare alle Corti supreme **giudici stranieri**[28]: la ragione è che si presume che quelli locali non siano culturalmente attrezzati per un compito tanto delicato; la conseguenza è staccarli dai conflitti, assicurando l'indipendenza del collegio; un corollario è che essi usano molto il diritto comparato nella soluzione dei casi (Nicolini).

Tutte le costituzioni e le leggi attuative disciplinano infine, allo scopo di assicurare l'indipendenza dei giudici costituzionali, il regime delle **incompatibilità**, ne stabiliscono l'**inamovibilità**, e dettano rigorose procedure per la destituzione e il mantenimento del **trattamento economico**.

14. Criteri di nomina o d'elezione nelle Corti costituzionali *ad hoc*

Le soluzioni escogitate per assicurare l'autonomia e l'indipendenza dei Tribunali costituzionali istituiti *ad hoc* sono varie e numerose, anche se il tema principale è quello della **nomina o elezione**. Generalmente, le costituzioni richiedono che i candidati dimostrino un'adeguata **preparazione giuridica**, e che possano entrare a comporre i Tribunali costituzionali solo giuristi di chiara fama, siano essi professori universitari, avvocati, giudici, o comunque laureati in

---

[26] Art. 182 cost. L'Assemblea Legislativa Plurinazionale seleziona con *quorum* dei 2/3 le candidature dei candidati e le invia all'organo elettorale. La votazione avviene sulla base di una preselezione svolta nella Commissione parlamentare mista, con una valutazione di merito e una *hearing* pubblica. I candidati non possono fare campagna elettorale, e non possono appartenere, o essere appartenuti nell'anno precedente alla candidatura, ad alcuna organizzazione politica.

[27] L'art. 264 cost. prevede che i futuri magistrati della Corte possano essere candidati davanti al *Comité de Postulaciones Judiciales* tanto per propria iniziativa quanto grazie a quella di organizzazioni operanti nell'ambito della giustizia. Il Comitato, dopo aver ascoltato l'opinione della comunità, effettua una preselezione. I selezionati sono indicati al *Comité de Evaluación de Postulaciones del Poder Ciudadano*, il quale, nei dieci giorni successivi, svolge una seconda selezione prima di quella svolta dall'*Asamblea Nacional*, che è definitiva, con votazione a maggioranza di 2/3 dei membri nei primi tre scrutini, a maggioranza relativa dalla quarta votazione.

[28] Lo stesso accade in Bosnia e, parzialmente, a Cipro (v. nota successiva).

materie giuridiche, i quali abbiano maturato una consona esperienza nella professione legale. Un'eccezione, quanto meno parziale, è rappresentata dal **Belgio**: i dodici giudici, nominati a vita dal Re su liste presentate alternativamente dal Senato e dalla Camera a maggioranza di due terzi dei presenti, nel rispetto del principio di parità linguistica, sono infatti per metà "politici" e solo per metà giuristi[29]. L'abitudine dei giudici costituzionali al ***reasoning* giuridico**, anziché alle argomentazioni dei politici, già è idonea ad assicurare (sia pure in modo alquanto labile) un certo qual distacco dal potere politico; fattori assai più significativi sono rappresentati dalle modalità di selezione dei giudici, dalla durata del loro mandato, dal divieto di essere rieletti.

In **Italia**, l'Assemblea costituente si orientò a favore della costituzione di un organo apposito, collegato col Parlamento e con il Presidente della Repubblica, chiamati a eleggere o nominare due terzi dei componenti, mentre il restante terzo è eletto dalle supreme magistrature ordinaria e amministrative (Consiglio di Stato e Corte dei Conti), per un totale di quindici giudici[30]. La durata in carica di ciascun giudice (nove anni) e il divieto di rielezione concorrono ad assicurarne l'autonomia, unitamente alle guarentigie dell'organo e dei suoi componenti e ai requisiti tecnico-professionali previsti. **Il modello italiano è stato imitato in molti paesi**.

Un meccanismo analogo, anche se non identico, è adottato infatti in **Spagna**, dove il Tribunale costituzionale è composto in modo tale da assicurare un'equilibrata presenza di membri di nomina parlamentare, governativa, giudiziaria. Dei dodici componenti, tutti formalmente nominati dal Re, quattro lo sono su proposta della Camera bassa (il Congresso), quattro su proposta del Senato, in entrambe le Camere con maggioranza di tre quinti; due membri sono indicati dal Governo; due sono designati dal Consiglio generale del potere giudiziario. Rispetto all'Italia, c'è dunque un maggiore sbilanciamento a vantaggio del binomio maggioranza-Esecutivo, a scapito della magistratura. La qualificazione tecnica è assicurata dai requisiti richiesti per la nomina: le categorie dalle quali vengono attinti i giudici costituzionali sono quelle dei magistrati, dei professori universitari, dei funzionari pubblici, degli avvocati con almeno quindici anni di esercizio[31].

---

[29] L'esigenza di equilibrio tra comunità etnico-linguistiche è ancora più marcata a Cipro, dove la Corte costituzionale suprema è composta di tre membri: uno nominato dal Presidente e uno dal Vice Presidente, rispettivamente in rappresentanza delle componenti greca e turca, e un terzo neutrale, che funge da Presidente, non può essere cittadino della Repubblica, né greco, né turco, né infine suddito del Regno Unito o delle sue colonie.

[30] Ai sensi dell'art. 3, l. 11 marzo 1953, n. 87, la maggioranza richiesta nel Parlamento in seduta comune è di 2/3 dell'Assemblea nei primi tre scrutini, indi di 3/5. Dal canto suo, da subito il Presidente della Repubblica respinse la tesi che il proprio atto di nomina dei giudici fosse sostanzialmente governativo, e rivendicò la propria discrezionalità nella scelta.

[31] Un'ulteriore garanzia di indipendenza dal potere politico è determinata – oltre che dalle incompatibilità indicate dalla costituzione e dalla legge organica sul Tribunale costituzionale (LOTC) – dalla lunga durata del mandato e dal divieto di rielezione per il mandato immediatamente succes-

Oltre che in Spagna, il modello opera in Bulgaria, la cui Corte è composta da dodici giudici, tre dei quali eletti dall'Assemblea nazionale, tre dal Presidente della Repubblica, tre dall'assemblea dei magistrati della Corte di Cassazione e della Corte Suprema amministrativa; e ancora, in maniera simile, in Lituania, nel Mali e altre ex colonie francesi (con maggiore varietà in Togo, dove, come in Guatemala, anche l'Università elegge un giudice), ecc.

In qualche paese, il **collegamento con le Camere parlamentari appare più stretto**, in virtù di retaggi culturali per lo più riconducibili a un diffuso *metus* nei confronti dei giudici (compresi quelli costituzionali), particolarmente vivo in alcune nuove democrazie dell'**Europa centro-orientale**, nelle quali il bilanciamento dei poteri lascia fuori il giudiziario. Ad es., in Ungheria i quindici membri della Corte costituzionale sono eletti dal Parlamento, a maggioranza di due terzi e, in Polonia, i quindici giudici vengono pure eletti dal *Sejm*[32]. Nella **Federazione russa**, come anche in Azerbaijan, i giudici sono nominati dal Consiglio federale, su proposta del Presidente della Federazione, ma l'esempio non è seguito da tutte le Repubbliche dell'ex URSS.

Fuori dall'Est europeo, la **costituzione portoghese** affida all'Assemblea della Repubblica designare ben dieci dei tredici giudici costituzionali (gli altri tre sono cooptati). In **Perù** i componenti del Tribunale costituzionale sono tutti nominati dal Congresso nazionale, col voto di due terzi dei presenti. In **Colombia**, la nomina da parte del Senato è vincolata alle liste presentate dal Presidente della Repubblica, dalla Corte Suprema e dal Consiglio di Stato[33].

In qualche caso, i criteri di nomina sono condizionati dall'esigenza di **rappresentare paritariamente** il **centro e la periferia**. Così, il Tribunale costituzionale tedesco si compone di sedici giudici, otto dei quali sono eletti dal *Bundestag*, gli altri otto dal *Bundesrat*. La separazione dal potere politico è comunque assicurata dalla lunga durata in carica – ben dodici anni –, dal divieto di rielezione e dalle incompatibilità con cariche parlamentari e governative. Un concorso delle *Comunidades Autónomas* nella nomina dei giudici parlamentari è contemplato anche in Spagna.

Con talune rilevanti eccezioni – Austria e Belgio ad esempio – generalmente **la durata del mandato non è vitalizia**, pur essendo più lunga di quella prevista per

---

sivo. Organizzato in *salas* e sezioni, oltre che in un'assemblea plenaria, il *Tribunal Constitucional* è presieduto da un giudice costituzionale nominato dal Re su proposta dello stesso Tribunale, per un mandato di tre anni rinnovabile una sola volta.

[32] Nella Repubblica slovacca, i dieci giudici costituzionali sono designati dal Presidente della Repubblica, che li sceglie da una lista di venti predisposta dal Consiglio nazionale; in Romania, le nomine dei nove giudici procedono dalla Camera dei deputati, dal Senato, dal Presidente della Repubblica. (Similmente, si vedano i casi di Albania, dove li nomina il Presidente col consenso del Parlamento, e Bielorussia, con sei giudici eletti dal Presidente e sei dal Parlamento.)

[33] La Thailandia, pur dotata di una Corte *ad hoc*, si basa sul modello statunitense (nomina regia, consenso del Senato e previa selezione formale da parte di un organo ristretto politico/tecnico).

qualsiasi altro organo costituzionale. Ciò concorre a favorire una **sfasatura temporale** tra singolo giudice e organo che lo ha eletto; in tal modo si eliminano o si limitano eventuali vincoli di sudditanza. Qualche ordinamento perviene al medesimo risultato disponendo il rinnovo parziale della Corte, a scadenze determinate[34], mentre in Italia la medesima si configura quale collegio continuo, il cui organico viene completato ogni qualvolta si rende vacante un posto, per una delle ragioni previste (decesso, pensionamento, scadenza del mandato ...). Un'ulteriore garanzia è assicurata dal divieto di rielezione[35]. L'indipendenza degli organi di giustizia costituzionale – oltre che dai sistemi di nomina e dalle connesse regolamentazioni, dall'attribuzione dell'autonomia finanziaria, dalla tutela della sede, dalla disciplina dell'immunità e dal complesso delle guarentigie – è poi data da un adeguato **potere di autoregolamentazione**.

Infine, il **Presidente** del Tribunale costituzionale viene scelto secondo due schemi antitetici: esso può essere eletto dalla Corte stessa, oppure dall'esterno, per lo più dal Presidente della Repubblica, a volte col consenso del Parlamento o di un suo ramo[36].

15. L'accesso alle Corti costituzionali; in particolare, il ricorso diretto

Di solito – abbiamo detto al § 9 – in ciascun singolo ordinamento le modalità di accesso si integrano tra loro.

Negli ordinamenti decentrati – siano essi federali o regionali – il ricorso da parte degli **enti periferici** avverso leggi o altri atti della Federazione (o dello Stato centrale), e viceversa, è contemplato quasi ovunque: in Spagna come in Italia e in Belgio, in Australia come in Svizzera e in Portogallo, nella Federazione russa, in America latina, in Nigeria, in India e via dicendo. Meno frequente è il conferimento di analogo diritto ai **minori enti territoriali**: lo attribuiscono ai Comuni e ai loro consorzi, ad es., il *Grundgesetz*, e agli enti locali in genere la costituzione polacca e in Spagna la legge organica sul Tribunale costituzionale.

Comunque si configuri l'ordinamento dal punto di vista del decentramento territoriale, il **Presidente della Repubblica** è l'organo più frequentemente abilitato a bloccare preventivamente una legge, o a impugnarla successivamente[37].

---

[34] ... come accade in Spagna, Romania, Bulgaria, Lituania, Albania, Senegal, ecc.

[35] Disposto a livello costituzionale, ad es., in Italia, Francia, Slovenia, Polonia, Bulgaria, Romania, Ukraina, Colombia.

[36] Vedi rispettivamente Italia, Portogallo, Romania, Bulgaria, Slovenia, Albania – previo parere del Parlamento –, Ucraina, Bolivia, Mali; e Francia, Repubblica slovacca, Kazakhstan, Bielorussia.

[37] Francia, Romania, Ungheria, Brasile, Portogallo, svariati ordinamenti dell'Europa centro-orientale e dell'ex URSS, ex colonie francesi.

La possibilità di impugnare una legge è talvolta conferita al **Governo**, o al Primo Ministro, o a singoli Ministri[38]. In qualche ordinamento, anche le **Assemblee parlamentari**, o i loro **Presidenti**, o consimili organi interni, sono autorizzati a impugnare le delibere legislative prima della loro promulgazione oppure a promuovere, dopo l'entrata in vigore della legge, ricorso di costituzionalità[39]. Ormai dilagante è l'attribuzione alle **minoranze parlamentari** del potere di ricorrere alla Corte costituzionale, in via sia preventiva, sia successiva, sia con entrambe tali modalità[40]. La Legge fondamentale tedesca conferisce poi a un terzo dei membri del *Bundestag* il potere di adire il Tribunale costituzionale per controversie che contrappongono *Bund* e *Länder*.

Vi sono poi ipotesi ulteriori di ricorsi da parte di organi o soggetti i più vari, come il ***Defensor del Pueblo***, o organi corrispondenti, in Spagna, Ucraina, Georgia, Polonia, Bolivia, o un numero predeterminato di cittadini (Perù). Ma compaiono anche **partiti** rappresentati in Parlamento, sindacati, Consiglio federale dell'ordine forense (Brasile); o il **procuratore generale** (Repubblica slovacca). In Polonia, hanno accesso alla Corte una vera e propria miriade di soggetti: oltre a quelli tradizionali, già menzionati, la costituzione cita i **sindacati**, gli organi rappresentativi delle **categorie economiche**, le **Chiese** e le organizzazioni religiose. La stessa Corte costituzionale può qualche volta procedere al controllo di costituzionalità *motu proprio* non solo in via incidentale, come accade in Italia o in Spagna, ma anche d'ufficio (Romania, per le revisioni costituzionali).

16. La tutela delle libertà e dei diritti dei cittadini: *amparo* e *Verfassungsbeschwerde*

Come già è stato spiegato (cap. V, §§ 10, 11), l'idea che ciascun cittadino possa rivolgersi a un giudice, lamentando la lesione di diritti costituzionalmente protetti da parte di atti o comportamenti di autorità amministrative, giurisdizionali, legislative, ha due luoghi (lontani) e due date (tra loro vicine) di nascita. Da un lato, per la prima volta, essa venne elaborata e tradotta in pratica in **America latina**, col nome di ***amparo***, e precisamente nello Yucatan, con la costituzione del 1841. Da lì ben presto si propagò, con varianti anche significative, inizialmente nell'ordinamento federale del Messico, poi in altri paesi dell'Ame-

[38] Francia, Romania, Spagna, Portogallo, Polonia, Repubblica slovacca, Russia, Colombia, paesi africani influenzati dal modello francese, ecc.

[39] Francia, Romania, Russia, Polonia, Kazakhstan, Bielorussia, alcune ex colonie francesi, Cile.

[40] Rispettivamente: Francia, Russia, Romania, Togo, Mali, Kazakhstan, Lituania, Armenia, Cile; Spagna, Portogallo, Polonia, Repubblica slovacca, Russia. Ricorsi delle minoranze parlamentari sono previsti anche in Polonia, Georgia, Ucraina, Perù.

rica centrale e meridionale[41]. Dall'altro, un istituto analogo già era contemplato nelle costituzioni del **Baden** e della **Baviera** del 1818; da quest'ultima si trasfuse in quella del 1919 e poi nella **costituzione austriaca** del 1920, per essere infine recepito nel ***Grundgesetz*** tedesco e in altri testi che hanno introdotto il ricorso diretto di costituzionalità a difesa di diritti costituzionali (denominato *Beschwerde* o *Verfassungsbeschwerde* nei paesi di lingua tedesca).

Negli **ordinamenti latino-americani**, peraltro, la garanzia dei diritti individuali è collegata al giudizio sulle leggi solo in modo eventuale, avendo per lo più a oggetto atti di diversa natura giuridica (soprattutto amministrativi). Inoltre, i ricorsi per la tutela di diritti si presentano con **diverse varianti**, in forma di **azione popolare**, promossa per lo più da una pluralità di cittadini o da associazioni esponenziali di interessi, di ricorso di ***habeas corpus*** (istituto di origine inglese che viene proposto avverso provvedimenti o comportamenti che limitino la libertà, o si traducano in una indebita persecuzione), di ***habeas data***, come nelle costituzioni più recenti si denomina il ricorso per ottenere dalla pubblica amministrazione informazioni o rettifiche di dati riguardanti il ricorrente, di ***mandado de segurança*** (in Brasile esso ha per oggetto violazioni della libertà personale), o infine quali *amparos* in senso stretto, contro atti e comportamenti illegali od omissioni di pubblici funzionari o di privati. In questo continente, i ricorsi a tutela dei diritti rappresentano il vero pilastro della giustizia costituzionale e in generale delle istituzioni.

Riguardo alla tutela diretta di libertà e diritti costituzionali, le varianti più significative sono rappresentate dalla **tipologia degli atti impugnabili**.

Nel continente europeo, l'*amparo* disciplinato dalla **costituzione spagnola** del 1978 è solo lontanamente imparentato con l'omonimo istituto ibero-americano, mentre il modello cui più direttamente guardarono le *Cortes* fu quello tedesco, oltre al precedente della costituzione repubblicana del 1931. Sono impugnabili gli **atti amministrativi e giurisdizionali**, è ammesso *amparo* anche contro atti di soggetti privati, e vige il principio di sussidiarietà con i rimedi giurisdizionali ordinari; la lesione di diritti o interessi può essere determinata, oltre che da "disposizioni", anche (e soprattutto) da "atti giuridici" o da meri comportamenti dei poteri pubblici dello Stato, delle Comunità autonome e di altri enti pubblici o di loro agenti e funzionari. L'abuso di questo strumento aveva sbilanciato sensibilmente il sistema[42]; una riforma introdotta nel maggio 2007 con legge organica fa ora obbligo ai ricorrenti di dimostrare lo straordina-

---

[41] Non sempre il ricorso di tutela – denominato *amparo* – trae fondamento da espresse disposizioni costituzionali; ad es., in Argentina esso nasce per via giurisprudenziale, per venire codificato assai più tardi nella legislazione, e solo nel 1994 nella costituzione.

[42] Le statistiche dimostrano che i ricorsi di *amparo* erano stati più di 85.000 sino al 2004, più di 9.700 nel solo 2005, mentre l'accesso al *Tribunal Constitucional* era stato esercitato con le altre modalità – ricorso o via incidentale – solo in poche decine o centinaia di occasioni.

rio rilievo costituzionale che assume il ricorso. In questo modo, il Tribunale costituzionale può di fatto decidere quali *amparos* esaminare e quali escludere, senza dover motivare il diniego: né più né meno di quanto succede negli Stati Uniti con il rito del *certiorari* (v. *supra*, § 5)[43].

Nella Repubblica federale tedesca, la ***Verfassungsbeschwerde*** può avere a oggetto **atti amministrativi, giurisdizionali, legislativi**; il ricorso va presentato solo dopo l'esaurimento delle vie giudiziarie, e tuttavia il Tribunale costituzionale può decidere subito, ogni qualvolta esso «sia di interesse generale, o quando al ricorrente possa derivare un danno grave e inevitabile»; può essere proposto da chiunque reputi di essere stato leso in uno dei suoi diritti fondamentali[44]. Dovendo fronteggiare **decine di migliaia di ricorsi** individuali cui neppure l'organizzazione in "senati" riusciva a far fronte (talché da Corte di composizione delle controversie tra enti e organi anche il Tribunale costituzionale tedesco s'è trasformato in organo di tutela dei diritti individuali), esso ha elaborato una giurisprudenza restrittiva basata sul principio di sussidiarietà: in particolare, l'azione diretta è esperibile solo se non esistono altri rimedi giurisdizionali e se essa è considerata "indispensabile" per eliminare o prevenire una violazione dei diritti enunciati[45].

Vari tipi di ricorso diretto di costituzionalità per lesioni di diritti sono contemplati a livello costituzionale anche in Svizzera, in Slovenia, nella Repubblica slovacca, nella Repubblica ceca e in Belgio; inoltre – fra i tanti altri ordinamenti, tra cui tutti quelli latinoamericani – nella Federazione russa, in Albania, in Georgia, a Cipro (qui ricollegato, in particolare, alla problematica della tutela delle due comunità esistenti nell'isola), in Congo.

---

[43] Sino a oggi, ciò non ha dissuaso i ricorrenti: se nel 2007 i ricorsi erano stati 9.840, essi hanno addirittura superato i 10.000 nei due anni successivi, sono stati circa 9.000 nel 2010 e solo nel 2011 sono scesi a 7.098. Nel 2013, le questioni di incostituzionalità, pur in crescita, sono state solo 106, a fronte di 7.376 *amparos* (e 65 ricorsi). Ciò sembra dimostrare che il problema non è il filtro, ma la parametrizzazione dell'art. 24 cost., che assicura la "tutela giudiziale effettiva". La stragrande maggioranza degli *amparos* anche oggi ha infatti per oggetto sentenze giudiziarie, impugnate per presunte lesioni di tale disposizione (circa l'80%, sicché di fatto il *Tribunal* si converte in una giurisdizione di quarto grado).

[44] Oppure nel diritto di resistenza, o in altri diritti enunciati nel *Grundgesetz* (accesso agli uffici, diritto di voto, principio del giudice naturale, diritti di difesa e in genere al c.d. *due process*, libertà personale).

[45] In Austria la costituzione consente l'impugnazione di regolamenti di autorità amministrative assunti, in violazione di diritti costituzionalmente garantiti o di diritti della persona, in base a un'ordinanza illegale, a una legge incostituzionale, a un trattato illegittimo; esperito ogni altro rimedio, i cittadini possono adire il Tribunale costituzionale anche per denunciare l'uso illegittimo di poteri amministrativi diretti. I singoli possono altresì impugnare leggi che li abbiano lesi direttamente.

17. Tipologia e "forza" delle decisioni di costituzionalità; le sentenze costituzionali quali fonti del diritto

Lo schema di funzionamento delle decisioni emesse dalle Corti costituzionali può essere così sommariamente riassunto: riscontrato un vizio di costituzionalità, nei sistemi **dove il controllo è accentrato il Tribunale costituzionale annulla** la legge incostituzionale, espungendola dall'ordinamento giuridico. In tal caso, tutti debbono ottemperare alla decisione. **Dove invece il sindacato è diffuso, il giudice disapplica** la legge nella causa sottoposta al suo esame; il precedente vincola, più o meno intensamente, tutti i giudici di grado inferiore (e talora la stessa autorità decidente). Allorché la pronuncia è emessa dal giudice di grado più elevato (ad es., la Corte Suprema degli Stati Uniti), tutti i giudici inferiori sono tenuti a disapplicare la legge dichiarata incostituzionale. Di fatto, anche negli ordinamenti a sindacato diffuso la sentenza opera dunque con efficacia *erga omnes*. Questa rappresentazione, un po' semplicistica, ma forse utile per un primo inquadramento della materia, è lungi dal raffigurare la varietà delle problematiche che sorgono in proposito.

Il **controllo di costituzionalità *a priori*** denuncia caratteristiche del tutto particolari anche sotto il profilo dell'efficacia delle pronunce. Esso si svolge infatti non su un atto già formato, bensì su un **atto *in itinere*** (v. *supra*, § 10). L'effetto di una decisione del Tribunale o Corte costituzionale, che dichiara costituzionalmente illegittima la deliberazione parlamentare sottoposta al suo giudizio, e destinata a divenire legge, è quello di precluderne l'entrata in vigore. Per lo più, l'ostacolo è definitivo, e in tal caso al Legislativo resta una sola alternativa: o modifica l'atto, secondo i *desiderata* del Tribunale costituzionale, o – qualora gli competa il potere di revisione costituzionale – modifica la costituzione, adottando semmai la disciplina con legge costituzionale. Solo di rado la preclusione spiega effetti diversi: per es., in Portogallo il Parlamento può superare la dichiarazione di incostituzionalità di un trattato o di una delibera legislativa approvandoli a maggioranza qualificata.

In generale, ricordiamo che una sentenza – atto tipico della giurisdizione, compresa quella costituzionale – è composta dalla **motivazione**, nella quale sono spiegate le ragioni della decisione, e da un **dispositivo** (parte della pronuncia in cui la Corte decide concretamente la vertenza). All'interno della motivazione la c.d. ***ratio decidendi*** – sorta di "filo logico" del ragionamento dei giudici, comprensiva nei sistemi di *common law* sia del principio di diritto che del fatto reputato dal giudice essenziale e qualificante (***holding***) – assume un rilievo maggiore degli ***obiter dicta***, e cioè delle considerazioni accessorie (cap. II, II, § 6.4).

Nei sistemi a controllo accentrato, la distinzione tra dispositivo e motivazione è importante, almeno dove l'effetto vincolante della decisione non si estende alla parte motiva. In tali ordinamenti è infatti il dispositivo a provocare l'annullamento della legge, ed è dunque questa parte della pronuncia a produrre gli effetti tipici. Negli ordinamenti di *common law*, invece, **il valore di precedente abbraccia l'intera *ratio decidendi*** della motivazione; a passare in secondo piano, è semmai la parte della pronuncia in cui la Corte dispone in ordine al singolo caso, che viene ricordato nei *reports* con il nome dei contendenti, certo non in relazione alle loro personali vicende, bensì per ciò che venne stabilito, una volta per tutte, riguardo ai profili giuridici essenziali della controversia[46]. Quanto detto sinora suscita il problema delle sentenze costituzionali quali fonti del diritto, e altresì l'ulteriore interrogativo se a rivestire il carattere di fonte sia l'intera sentenza, o il solo dispositivo della medesima.

Essendo noto che negli ordinamenti di *common law* il precedente giudiziario è considerato fonte del diritto, e pacifico che mai possono essere considerate tali le decisioni assunte da Corti costituzionali in sede di controllo preventivo della legge (o di altri atti normativi), appare fondata la tesi che anche nei sistemi di *civil law* tra le fonti del diritto debbono essere annoverate le sentenze dei Tribunali costituzionali munite di efficacia *erga omnes* (cap. II, III, § 7.2). Comunque si configuri o venga denominato l'effetto prodotto dalla decisione che dichiara l'incostituzionalità di una legge o di altro atto normativo vigente (e cioè di abrogazione o di annullamento), il risultato raggiunto è precisamente quello di **espungere norme** dall'ordinamento giuridico, ma anche di **introdurne di nuove**. Il carattere normativo delle sentenze costituzionali di accoglimento – evidentissimo qualora l'organo competente sia abilitato a scrivere nel dispositivo enunciati o frammenti di enunciati – si registra altresì nelle pronunce di incostituzionalità pure e semplici. Pure in tal caso, infatti, l'ablazione di una parte del discorso del legislatore o delle norme che da esso si ricavano, da un lato, determina un vuoto (né alcuno dubita che anche ciò rappresenti una "norma", sia pure negativa); dall'altro, crea diritto, nel senso che in tale vuoto si riversano le norme applicabili per analogia o quelle ricavate dai princìpi generali del diritto. In altre circostanze, infine, la dichiarazione di incostituzionalità di una disposizione che enuncia una facoltà o un diritto introduce (o può introdurre) un divieto; quella che elimina un divieto o un obbligo introduce (o può introdurre) una facoltà o un diritto[47].

Ci si interroga altresì se, anche dove non opera il principio del precedente, possano essere annoverate tra le fonti le **motivazioni delle decisioni costituzionali**, e in particolare la *ratio decidendi* delle medesime: il dubbio s'è prospettato specialmente nella Repubblica federale tedesca, dove il *Bundesverfassungsgericht* impone a tutti i pubblici poteri anche «le concezioni giuridiche ... in materia di

---

[46] Con un esempio: di *Marbury* v. *Madison* non si ricorda tanto la vicenda che dette origine alla controversia (la nomina di un oscuro giudice di pace, appunto tale Marbury), quanto il fatto che per deciderla la Corte Suprema dichiarò che una legge incostituzionale va disapplicata.

[47] C'è poi chi considera che anche talune sentenze "processuali" delle Corti e Tribunali costituzionali (ad es., quelle che stabiliscono in Italia chi è "potere dello Stato" ai fini della legittimazione processuale), possano essere considerate fonti del diritto, non diversamente dalle sentenze di accoglimento (Bagni).

diritto costituzionale» da esso manifestate, e in Spagna, in ordine alla *doctrina legal* del Tribunale costituzionale, alla luce di quanto dispone la costituzione circa il vincolo per la giurisprudenza che deriva dalla interpretazione offerta dal *Tribunal Constitucional*. Esso però si agita anche in altri ordinamenti, come l'Italia, dove la Corte costituzionale ha sostenuto che le proprie sentenze d'incostituzionalità vanno interpretate alla stregua del vigente sistema legislativo. (Si rammenta, a questo proposito, che sovente i dispositivi rinviano alla motivazione).

18. Sentenze di accoglimento, sentenze di rigetto e altri tipi di pronunce

Di qua come di là dell'oceano, l'alternativa secca "accoglimento-rigetto", ipotizzata da Kelsen, ha ben presto mostrato tutti i suoi limiti di fronte alla straordinaria varietà di situazioni che le Corti costituzionali si sono trovate a dover regolare. (D'altronde, basti considerare che la sentenza più famosa, *Marbury* v. *Madison*, dichiarò l'incostituzionalità di una legge per quello che essa *non* prevedeva, secondo lo schema delle sentenze "additive"). Sia, in una prima fase, la giurisprudenza, sia, in tempi più recenti, le costituzioni e le leggi, hanno infatti elaborato modelli intermedi e ulteriori di pronunce. La dottrina dei vari paesi le denomina di volta in volta "parziali", "interpretative", "additive", "manipolative", "creative", "sostitutive", "ottative", "monitorie", "di meccanismo", "di principio", ecc. Sin dall'inizio dell'attività delle Corti, è parso evidente che le medesime potevano annullare un intero testo legislativo (specialmente per vizi di forma – come il mancato raggiungimento della maggioranza prescritta – o per invasione della competenza di altro ente o organo), ma era loro consentito colpire anche vizi propri di una singola disposizione, salvando la restante parte della legge, non affetta da vizio alcuno.

Le **sentenze** cc.dd. **parziali** sono oggi la regola in ogni ordinamento, e recenti testi costituzionali o legislativi precisano che la Corte costituzionale può annullare una legge o "parti di essa" [48]. Poiché tuttavia una disposizione può esprimere più significati, dei quali l'uno appare conforme alla costituzione, mentre l'altro o gli altri sembrano violarla, i giudici costituzionali – chiamati a trarre dalle disposizioni le norme – rendono il loro giudizio su queste ultime, e dichiarano di volta in volta la costituzionalità o l'incostituzionalità, non già di frammenti testuali (disposizioni o parti di esse), ma di un loro significato (norme). Si tratta delle **sentenze interpretative**.

Negli Stati Uniti come in Canada, in Germania come in Italia e in Spagna e altrove, i giudici delle leggi tengono conto di quella che nella giurisprudenza e

---

[48] Così ad esempio dispongono le costituzioni di Lituania, Slovenia, Ucraina.

nell'applicazione amministrativa è l'interpretazione corrente di una disposizione. La Corte Suprema statunitense dichiara sovente l'incostituzionalità di uno *statute* "così come applicato" (s'intende, dall'amministrazione); in Italia, è consolidata una giurisprudenza ancorata al "**diritto vivente**" (ossia, come "vive" nella giurisprudenza). Il sindacato delle Corti, insomma, verte non già sulle disposizioni, bensì sulle interpretazioni correnti, in particolare su quelle proposte dalle Corti di grado più elevato. L'orientamento che i Tribunali costituzionali debbano esprimersi sul diritto vivente confligge con l'altro (pure largamente seguito), in base al quale essi dovrebbero fare propria, tra più possibili interpretazioni, quella che consente di dichiarare una disposizione non incostituzionale. Il principio dell'"**interpretazione conforme**" alla costituzione (o, come pure si dice, la "presunzione di costituzionalità" di un testo) viene peraltro limitato dall'esigenza di non rendere interpretazioni astruse o cervellotiche al solo fine di fare salva una legge, e di tener conto delle norme per quello che significano e per come operano nell'ordinamento.

Accennando alle sentenze costituzionali quali fonti del diritto (cap. II, III, § 7.2, *supra*, § 17), abbiamo constatato che anche una pura e semplice decisione di annullamento contiene un *quid* di innovatività. Il problema non è dunque di "qualità" delle sentenze, ma di "quantità" di attività creativa. Di conseguenza, non c'era ragione per cui la giurisprudenza costituzionale non andasse creando anche tali **nuove categorie di pronunce**. Può accadere che il giudice dichiari l'incostituzionalità di una disposizione di legge "nella parte in cui non prevede alcunché" (sentenze "**additive**"), o addirittura nella parte in cui prevede una cosa anziché un'altra (sentenze "**manipolative**"); oppure – soprattutto nei sistemi di *common law* – che semplicemente la Corte stabilisca essa stessa le regole di una determinata materia, muovendo dal caso prospettatale, ma vincolando di conseguenza tutti i pubblici poteri e i privati.

Alla elaborazione giurisprudenziale di tali tipologie di decisioni è seguita, in testi normativi recenti, la razionalizzazione operata dalle costituzioni o dalle fonti cui esse rinviano, come in Portogallo o in Brasile, le cui costituzioni si occupano anche della "**incostituzionalità per omissione**", stabilendo che il Tribunale costituzionale esamina e verifica le lesioni della costituzione cagionate da omissioni nella legislazione, trasmettendo nel primo caso le proprie determinazioni all'organo legislativo competente.

Nella loro attività creativa del diritto, naturalmente, i Tribunali costituzionali debbono superare o sono frenati da limiti di varia natura (v. *infra*, § 22): in particolare, è sempre precluso, in modo espresso o implicito, lo svolgimento di attività "politiche". Un mezzo utilizzato da svariati Tribunali consiste allora nel far salva la legge, invitando però il Parlamento a modificarla. Tali sentenze, che la dottrina, secondo i casi, denomina "ottative", "monitorie", "**di indirizzo**", sono frequenti nella giurisprudenza delle varie Corti specializzate, e il dialogo col legislatore si rinviene altresì nelle pronunce delle Corti di *common law*.

19. Giudici e Parlamento di fronte al vincolo delle sentenze

La distinzione tra sentenze che dichiarano l'incostituzionalità di un atto, e quelle che lo qualificano come costituzionale (o non incostituzionale) ha, negli ordinamenti a controllo accentrato, un rilievo diverso da quello assunto dove il sindacato è diffuso e ancorato al sistema del precedente e dello *stare decisis* (v. *supra*, § 5, 11). Nei sistemi accentrati, il problema si pone nei termini seguenti: posto che la decisione che espunge una norma dall'ordinamento spiega effetti generali, quali soggetti risultano vincolati dalle decisioni contrarie?

In numerosi ordinamenti, la pronuncia che dichiara costituzionale o non incostituzionale una legge (oppure altri atti) **vincola solo le parti**. Per lo più, dunque, possono essere sottoposti al giudice delle leggi casi analoghi o persino identici, e può essergli chiesto di (ri)decidere sulla costituzionalità di atti già esaminati. Persino dove il principio non è esplicitato, esso appare conforme alla logica giuridica: l'ordinamento cambia quotidianamente, e ciò comporta che un atto che oggi è costituzionale, o non incostituzionale, possa essere considerato incostituzionale in seguito, per il mutare delle situazioni giuridiche o fattuali. In alcuni paesi pure le decisioni di rigetto si prestano a spiegare efficacia *erga omnes*, come in Belgio, qualora il giudizio sia proposto con ricorso, mentre, se esso origina da un incidente di costituzionalità, i giudici possono conformarsi al precedente.

Fatta eccezione per gli ordinamenti di *common law*, gran parte delle costituzioni o la legislazione attuativa che disciplina il processo costituzionale dettano disposizioni mirate a disciplinare l'**efficacia delle sentenze**, in relazione ai soggetti da esse vincolati: di solito, però, le formule impiegate sono tali da autorizzare le più diverse interpretazioni[49]. Là dove il sindacato di costituzionalità, esercitato da un organo *ad hoc*, è anche incidentale – come accade in Germania, in Italia, in Spagna, in alcuni paesi dell'Europa centro-orientale – qualche volta la costituzione o le leggi dichiarano espressamente che la sentenza ha **effetto di giudicato**, ed è in quanto tale intangibile; ciò tuttavia attiene soprattutto agli effetti tra le parti o comunque a quelli direttamente attinenti alla controversia, esplicitati nel dispositivo.

Una disposizione legislativa può esprimere più significati: davvero, dunque, quello prescelto dalla Corte costituzionale è vincolante per i giudici? Nella **Repubblica federale tedesca**, la legge sul Tribunale costituzionale assegna "**forza di legge**" ad alcune delle decisioni assunte dal *Bundesverfassungsgericht* (quelle

[49] Alcune dispongono solo sull'effetto delle pronunce dichiarative dell'incostituzionalità di una legge o di un atto con forza di legge, ma non chiariscono alcunché, né circa l'efficacia delle sentenze di rigetto, né in relazione alla vincolatività della pronuncia per il legislatore. Qualcuna demanda alla legge stabilire gli effetti delle sentenze diverse da quelle di annullamento, mentre solo sporadicamente esistono discipline dettagliate e differenziate degli effetti. Ove non sia più puntualmente specificato, dalla costituzione o dalla legge, qualche profilo relativo alla forza delle pronunce, è per lo più la stessa giurisprudenza costituzionale a chiarire i tanti aspetti controversi.

che dichiarano la nullità della norma impugnata): essendo i giudici soggetti alla legge, se ne ricava che essi sono vincolati anche alle interpretazioni rese nella pronuncia. In **Spagna**, la legge organica sul *Tribunal costitucional* ha esplicitamente riconosciuto il **valore giuridico della *ratio decidendi***, disponendo che la giurisprudenza dei Tribunali deve ritenersi modificata dalla *ratio* delle sentenze rese dallo stesso Tribunale costituzionale che decidono i ricorsi e le questioni di incostituzionalità. In altri ordinamenti a controllo accentrato, a perseguire analoghi risultati di fatto ha provveduto la giurisprudenza delle stesse Corti[50].

In tutti i sistemi, accentrati o diffusi, su ricorso diretto o su incidente, un ulteriore dilemma è poi il seguente: in che misura il **legislatore è vincolato dalle sentenze costituzionali?** Più specificamente: che accade se il potere legislativo approva una legge identica o sostanzialmente analoga ad altra legge, già dichiarata incostituzionale? Gli ordinamenti ora citati (e altri ancora), attribuiscono definitività e talora "forza di legge" alle sentenze costituzionali: ciò significa autorizzare il legislatore ad approvare una legge che "abroga" – per così dire – la normativa risultante dalla sentenza della Corte costituzionale, in virtù del principio di inesauribilità del potere legislativo. Parrebbe pertanto che la stessa idea del controllo di costituzionalità possa venire vanificata. L'incongruità è solo apparente: la soluzione alternativa – conferire alle pronunce forza di legge costituzionale – equivarrebbe a cristallizzarle per sempre, o almeno sino a una revisione della costituzione[51]. Resa una decisione, dunque, il legislatore è solo "politicamente" tenuto a ottemperarla, evitando di ingaggiare prove di forza con la Corte costituzionale (a meno che non decida di cambiare l'intero settore regolato dalla pronuncia).

20. L'efficacia temporale delle pronunce

Quale che sia il tipo di ordinamento, le pronunce con cui le Corti costituzionali – o, nel caso di sindacato diffuso, i giudici – dichiarano incostituzionale una diposizione o una norma, determinano di regola l'effetto di espellerla dall'ordinamento, dichiarandone la nullità o impedendone comunque l'applicazione. Se il

---

[50] Così è avvenuto ad es. in Italia, dove la Corte costituzionale ha in buona sostanza dichiarato che le proprie sentenze hanno forza di legge. Lo si desume da svariate affermazioni: ad es., quelle contenute nella sentenza n. 40/1979, nella quale la Corte ha sostenuto che il rapporto tra la disciplina modificata da una sentenza di accoglimento e quella successivamente adottata dà luogo a vicende di abrogazione, conoscibili dal giudice ordinario, oppure nella sentenza n. 13/1981, dove essa ha negato che «la sentenza di accoglimento della Corte attribuisca alla norma, parzialmente annullata, autorità *superiore* al vigore proprio delle leggi ordinarie e degli atti aventi forza di legge ordinaria».

[51] Va tuttavia precisato che, anche se raramente, alcune costituzioni optano per questa seconda formula, o quanto meno stabiliscono il divieto per il legislatore di riprodurre le disposizioni dichiarate incostituzionali, come in Colombia – limitatamente alla "sostanza" – e in Cile.

controllo è **preventivo**, la decisione sortisce invece l'effetto di **precludere l'entrata in vigore** dell'atto e se mai, di volta in volta, l'obbligo o la facoltà di riconsiderare l'atto viziato da parte dell'organo che l'ha emanato (Francia, Portogallo, Romania). Dove opera il sindacato successivo, la disciplina degli effetti temporali non è univoca: le varianti riguardano in principal modo l'efficacia delle sentenze, di volta in volta *pro futuro*, o rivolta anche al passato, e il potere delle Corti di sospendere per un periodo determinato l'efficacia della pronuncia.

Per lo più, le sentenze di incostituzionalità operano dalla **data di pubblicazione** della decisione, oppure dopo una breve *vacatio*, o dal giorno stesso della decisione. Una certa retroattività è però ineluttabile. Nei sistemi a sindacato diffuso, il giudice risolve il caso o la controversia in base alle sue determinazioni circa la costituzionalità della legge da applicare e pertanto, rispetto alle parti, la sua decisione retroagisce. Gli altri giudici (di grado inferiore o uguale), che stanno istruendo un processo nel quale sia coinvolta la medesima disciplina, sono vincolati al precedente e quindi non possono più darvi applicazione se essa è sfavorevole. Parimenti nei sistemi accentrati, ancorati al meccanismo del ricorso, la **retroazione** si registra solitamente non solo nei confronti dei contendenti, ma altresì travolge la disposizione o la norma, in relazione ai rapporti giuridici non ancora esauriti. Lo stesso accade dove l'accesso alla Corte costituzionale è di tipo incidentale. Se così non fosse, nessuno avrebbe interesse a ricorrere o a sollevare un incidente di costituzionalità; d'altro canto, anche ragioni d'eguaglianza precludono che, dichiarata incostituzionale una legge, essa venga disapplicata solo nei confronti di chi è coinvolto nella controversia, e applicata a tutti gli altri soggetti. La retroattività delle sentenze si arresta, per lo più, di fronte alle **sentenze passate in giudicato** (con eccezioni a favore dei rei), qualche volta davanti alle norme processuali e in pochi altri casi.

Sino a che le sentenze riguardavano solo le competenze degli enti o degli organi, o i diritti individuali, le conseguenze sul piano dell'indirizzo politico e in special modo della finanza pubblica erano alquanto circoscritte. Oggi, i giudici delle leggi non esitano ad annullare leggi che introducono nuove imposte; a intervenire su provvedimenti di privatizzazione o di nazionalizzazione di imprese; a dichiarare incostituzionale una normativa previdenziale perché lesiva degli interessi di ampie fasce di soggetti; a invalidare la disciplina di interi settori; a ridisciplinare il rapporto pubblico-privato nell'ambito delle telecomunicazioni; e via dicendo. Tali interventi provocano **profonde ripercussioni** non solo nell'ordinamento giuridico, ma anche **nella politica, nell'economia, nella società**. Talora, i vuoti cagionati dalla dichiarazione di incostituzionalità non possono essere tempestivamente colmati, né in casi estremi è agevole per il Legislativo e l'Esecutivo fronteggiare le conseguenze determinate dalla riformulazione di una disciplina a opera del Tribunale costituzionale. Si rivelano perciò inidonee le blande normative di raccordo col potere legislativo, che impongono la trasmissione della sentenza al Parlamento o agli altri organi interessati, come in Italia o in Colombia.

Appare viceversa assai più efficace un altro rimedio: **differendo l'efficacia della sentenza, si dà tempo al legislatore** di apprestare le adeguate misure. Esso è stato via via introdotto dalle costituzioni, dalla legislazione attuativa o dalla giurisprudenza delle stesse Corti, e nelle più recenti costituzioni la possibilità di conferire efficacia differita alla pronuncia rappresenta anzi la regola e non l'eccezione[52]. In qualche caso, non solo i Tribunali costituzionali possono, quando ciò si riveli opportuno, dilazionare l'efficacia delle sentenze, senza limiti di tempo, come nella Repubblica ceca, o entro un anno, come in Slovenia e in Turchia, ma addirittura la *vacatio* delle sentenze opera *de iure*, come nella Repubblica slovacca, dove talune disposizioni normative cessano di avere efficacia sei mesi dopo la dichiarazione di incostituzionalità, qualora l'organo competente non abbia provveduto[53].

21. Il "discorso" delle Corti e il loro "uditorio"; processi di decisione (o "di invenzione") e processi di giustificazione (o "di validazione")

In che modo giungono, le Corti costituzionali, ad assumere una decisione? E quali vie percorre ciascuno dei loro componenti, oltre che il collegio nel suo complesso, onde stabilire, ad esempio, che una certa imposta è incostituzionale, o che una limitazione al diritto di sciopero è lecita, o che il segreto giornalistico sulle fonti vulnera (o non vulnera) la libertà d'espressione (mentre magari ieri la Corte aveva statuito in senso contrario)? Come si coagula, poi, una "maggioranza" all'interno del Tribunale, su ciascuna singola questione che esso deve affrontare? Tutto ciò attiene al c.d. **contesto di decisione** (altrimenti detto "**di invenzione**"). Altro punto, diverso ma non meno importante, è il seguente: come giustificano, le Corti, le proprie scelte? Ossia, quali argomenti adducono, e da quali fattori sono condizionate? (Si parla in questo caso di **contesti di giustificazione o "di validazione"**).

Se si parte dall'idea che il giudice costituzionale altro non opera che un **sillogismo**, mettendo in rapporto la norma-parametro con la norma-oggetto della pronuncia, la conseguenza ineluttabile è la costituzionalità (o l'incostituzionalità)

---

[52] Ad es., l'art. 140, c. 5, cost. austriaca stabilisce che «La dichiarazione di incostituzionalità acquista efficacia dal giorno della pubblicazione, se il Tribunale costituzionale non stabilisce un termine. Tale termine non può essere superiore a 18 mesi».

[53] La sospensione dell'efficacia delle sentenze o l'anticipazione degli effetti della pronuncia è disciplinata altresì – in relazione a determinate evenienze, dalla legge sul Tribunale federale tedesco e, dal 2008, dalla costituzione francese, oltre che da altri testi costituzionali o legislativi: ad es., secondo la costituzione polacca, il Tribunale costituzionale può fissare una data diversa dal giorno della pubblicazione, non superiore a diciotto mesi per le leggi e dodici per gli altri atti normativi, mentre una normativa speciale è stabilita per le leggi che prevedano spese non autorizzate dalla legge finanziaria, per le quali la data è fissata sentito il Consiglio dei Ministri.

di quest'ultima, mentre la motivazione sarebbe solo la giustificazione del processo logico seguito. Altrettanto succube di antitetiche raffigurazioni politiche del ruolo del giudice (compreso quello delle leggi) appare anche l'idea opposta, che le decisioni giudiziarie vadano imputate solo a motivi personali oppure a influenze e condizionamenti istituzionali, sociali, psicologici, cosicché le motivazioni altro non sarebbero se non il mezzo con cui il giudice giustifica la bontà delle proprie decisioni, conferendo veste giuridica a opzioni politiche in tal modo condizionate (Scarpelli). In effetti, i giudici costituzionali come quelli comuni qualche volta maturano una decisione percorrendo gli stessi passaggi che poi appaiono nella motivazione; in altre circostanze, fiorisce invece a un certo stadio dell'esame degli atti una intuizione del risultato finale, che viene motivata *a posteriori*. In entrambi i casi, la motivazione assolve allo scopo principale di esibire al giudice superiore la base tecnica su cui poggia la decisione, o – nel caso del giudice superiore – la base tecnica che serve a convalidare o a riformare la decisione del giudice inferiore.

Quanto alla prima domanda («Come arrivano i giudici costituzionali a una certa decisione?»), le modalità di reclutamento, i requisiti richiesti, le garanzie di indipendenza assicurate ai singoli e al collegio, la stessa natura dei giudizi che sono chiamati a rendere, la circostanza che sono *superiorem non recognoscentes*, concorrono a differenziare il loro processo decisionale da quello percorso dagli altri giudici, sottraendolo a taluni condizionamenti: da quelli personali (aspettative di carriera, e quindi "compiacenza" verso altri poteri: ma non sempre), a quelli dettati dal contesto sociale e dalle strutture linguistiche (solitamente, gli enunciati della costituzione sono più indeterminati, vaghi, ambigui di ogni altro). A mano a mano che cresce l'autonomia del processo decisionale, lievita anche il **grado di libertà nella selezione dei materiali giuridici** da elaborare, nella **valutazione delle conseguenze** della sentenza, nei **"valori" da privilegiare** nei *test* di bilanciamento, ecc. In ispecie, sono le stesse Corti a individuare i valori – a decidere dunque cosa rappresenti un "valore" meritevole di tutela – e ad attribuire loro, in un dato momento storico, una posizione privilegiata rispetto ad altri, secondo un'interpretazione della realtà che non sempre è in sintonia con quella che ne hanno altri organi o soggetti politici, compreso il popolo, ma che esse presumono essere conforme a ciò che esprime la società.

Venendo al contesto di giustificazione, quanto detto sinora non comporta affatto che i giudici costituzionali, quando decidono una questione, non rispondano a chicchessia. La dottrina politologica nordamericana si serve del vocabolo ***«constituency»*** per designare l'insieme dei soggetti alla cui verifica è sottoposta una decisione. Nel caso dei membri della Corte Suprema (o di qualsiasi Corte costituzionale) la *constituency* è rappresentata da un'ampia gamma di soggetti: l'artefice della nomina, verso il quale il singolo giudice nutre riconoscenza; quanti altri, nei confronti dei quali egli possa nutrire aspettative; i colleghi giudici, al cui vaglio è costretto a esibire le proprie argomentazioni, confrontandosi con essi; la comunità dei giuristi, sempre pronta ad analizzare e – potremmo dire – a vivisezionare le sentenze, sottoponendole a critica; non ultimo, il sempre più vasto uditorio rappresentato dall'opinione pubblica.

Proprio il concetto di "**uditorio**" (Perelman), ossia colui o coloro ai quali un'argomentazione è rivolta, concorre a saldare il processo di invenzione a quello di validazione. Sia egli il paladino di un'idea preconcetta (ad es.: nel conflitto tra diritto di proprietà e ambiente, sceglierò sempre l'ambiente), oppure un asceta della sussunzione, uno "*strict constructionist*" (interprete letterale), ciascun giudice delle leggi, da un versante, viene condizionato da quelli che egli reputa essere i *desiderata* della propria *constituency*; dall'altro, è costretto a esibire le ragioni della propria decisione sia a uditori specifici (i giuristi, i colleghi ...) sia all'uditorio generico rappresentato da chiunque legga la sentenza o possegga strumenti anche rozzi per esprimere un giudizio (compreso il cittadino che ascolta il notiziario televisivo o legge il quotidiano). Ovviamente, maggiori sono le garanzie di indipendenza, minore è questo grado di soggezione.

La **collegialità** rappresenta una caratteristica costante dell'organo chiamato a giudicare le leggi, e dunque i processi formativi delle decisioni sono sovente difficili da analizzare, soprattutto dove (ad es. in Francia o in Italia) non sia possibile manifestare **opinioni individuali, dissenzienti** (ossia, quando un giudice dissente sia dalla motivazione che dal dispositivo), **o concorrenti** (quando il disaccordo è solo sulla motivazione), come invece accade negli Stati Uniti e in genere negli ordinamenti di *common law*, in Spagna, in Germania, ecc. Gli studi condotti sull'evoluzione giuridica e culturale dei giudici in sistemi, come quello canadese, dove essi possono esprimere opinioni individuali, hanno dimostrato che un inaspettato rilievo assume l'uditorio qualificato rappresentato dalla stessa Corte. Le opinioni che ci si potrebbe aspettare vengano manifestate, alla luce delle pubblicazioni prodotte, degli interventi pubblici, della carriera, dell'impegno politico dei singoli giudici, non sempre coincidono con quelle redatte, proprio (o anche) per l'effetto del dibattito in seno al collegio e delle argomentazioni ivi sviluppate (Lajoie).

Poiché le sentenze costituzionali non sono suscettibili di revisione, se non in casi eccezionali, le argomentazioni contenute nella parte motiva, oltre a rappresentare, talvolta, un mezzo di convalidazione di una decisione inferiore (come negli Stati Uniti), pure nei sistemi accentrati esse perseguono in modo anomalo lo scopo di esibire a un "giudice" superiore la base tecnica che fonda la decisione. Tale "giudice", naturalmente, non è un organo di grado più elevato, bensì, a seconda dei casi, o il legislatore (il quale, non essendo convinto dagli argomenti addotti, potrebbe legiferare in modo tale da superare la sentenza), o il legislatore costituzionale, qualora al legislatore ordinario sia precluso da ragioni giuridiche o politiche ribadire la proprie determinazioni.

Nell'argomentare, le Corti si propongono inoltre di convincere un **uditorio più vasto** della bontà delle scelte operate, sottoponendosi al confronto con il pubblico onde ricavarne una sorta di "legittimazione" *ex post facto*. La crescita di "domanda" di giustizia costituzionale, la dilatazione dei parametri e degli oggetti del giudizio, le strette e frequenti relazioni instaurate tra Tribunali costituzionali e potere legislativo, la lievitazione del "ruolo pubblico" delle Corti, rappresentano alcune delle cause che hanno concorso alla crescita delle motivazioni nelle sentenze costituzionali. In esse, le Corti non si limitano a descrivere i nessi del percorso logico, magari con meri riferimenti *per relationem* alle disposizioni coinvolte. Al contrario, si avvalgono di tutti gli **strumenti della retorica**, fanno ampi riferimenti ai **precedenti**, si richiamano al **diritto comparato** e alla giurisprudenza di altre Corti, operano ***excursus* storici** di istituti e discipline, esprimono valutazioni e bilanciamenti dei valori, criticano, suggeriscono, consigliano, ammoniscono i poteri dello Stato. Di anno in anno, cresce l'impatto sui vari uditori: le Assemblee legislative e gli altri organi costituzionali tengono da conto le sentenze e le loro motivazioni, e non di rado le pronunce di maggiore risonanza raggiungono una notorietà che travalica i confini nazionali, come negli ultimi anni quelle in tema di pena di morte, di aborto, di eutanasia, e in genere di bioetica.

22. Limiti all'attività delle Corti

L'autorevolezza acquisita da gran parte delle Corti costituzionali è conseguenza dell'esercizio dei poteri a esse conferiti o a mano a mano conquistati. Essi sono peraltro frenati da una serie di limiti d'indole svariata, predisposti dall'ordinamento o autodeterminati dalle Corti stesse onde prevenire irreparabili conflitti con altri organi supremi dello Stato, costituzionali o a rilievo costituzionale. Tali **limiti** sono **di varia natura: linguistica, giuridico-istituzionale, politica**.

Innanzi tutto, le Corti debbono confrontarsi con i **condizionamenti dei testi e dei contesti linguistici ed extralinguistici** in cui si trovano a operare. Esse non elaborano la costituzione, né – di solito – scrivono enunciati normativi. Se mai, talora "ri-elaborano" gli enunciati della legge, e/o assegnano nuovi significati agli enunciati della costituzione o della legge. Tale attività non è libera, ma condizionata dall'uso che nel meta-linguaggio dei giuristi, nei linguaggi specializzati e in quello comune si fa dei vari frammenti linguistici (della costituzione o delle leggi) [54]. Può tuttavia la Corte, attraverso interpretazioni sistematiche o d'altra natura, estendere o circoscrivere una libertà, oppure dichiarare l'incostituzionalità di un'imposta: non può creare dal nulla – diversamente dal potere costituente e in misura minore del potere legislativo – enunciati normativi. Se il legislatore e, ancor prima, il potere costituente, intendono circoscrivere l'am-

---

[54] Nessuna Corte può stipulare che le parole «libertà di circolazione» significhino «libertà di riunione», o che le parole «il tributo è del 5%» significhino che esso è del 20%.

plissimo margine di interpretazione che hanno le Corti, altro non devono fare (pagando però lo scotto di una maggiore rigidità dei testi) che scrivere enunciati chiari o quanto più possibile non suscettibili di interpretazioni indesiderate.

Oltre che ai condizionamenti linguistici, le Corti sono soggette, quanto alla loro composizione e alle modalità di funzionamento, **alle disposizioni della costituzione e della legislazione** implementativa, le quali, insieme alle garanzie, stabiliscono quali limiti non siano valicabili[55].

Ulteriori restrizioni giuridiche sono state illustrate nei capitoli e nei paragrafi che precedono. Qui, – in aggiunta al principio del **precedente giudiziario**, che condiziona anche la giurisprudenza delle Corti di *civil law* – se ne ricordano alcuni altri: in primo luogo, le garanzie di indipendenza (come visto, non sempre del tutto adeguate); poi quello rappresentato dai sistemi di **accesso** ai Tribunali costituzionali (quanto più accidentata è la procedura per pervenire a un giudizio, e meno numerose sono le questioni sottoposte al suo esame, tanto più è improbabile che una Corte possa fare "politica" a largo respiro); ancora, il limite, non meno incisivo, costituito dalla **latitudine del parametro** (o *bloc de constitutionnalité*), la cui estensione influisce non poco sulla giurisprudenza costituzionale e sulla crescita di "peso politico-istituzionale" di una Corte (basti pensare al caso francese); infine, l'**efficacia delle sentenze**, pur dovunque assai ampia, incontra a sua volta taluni sbarramenti.

Raramente (sempre a livello individuale, mai di collegio), **freni o limiti d'indole politica** allo sconfinamento delle Corti costituzionali nelle sfere del Legislativo e dell'Esecutivo sono rappresentati, dove ciò sia possibile, dalle aspettative di riconoscenza, da parte di altri poteri, al termine del mandato; come pure dal legame ideologico che talora unisce l'artefice della nomina al giudice eletto. Nella maggioranza dei casi l'ordinamento appresta idonei meccanismi per attenuare tali tipi di legami e scongiurare così la dipendenza dei giudici dalla politica (v. *supra*, §§ 13, 14). Soprattutto le Corti si autolimitano spontaneamente. (Si tratta del c.d. ***self-restraint*** – si parla anche di "deferenza" – al quale però in molti paesi seguono ciclicamente periodi di attivismo giudiziale.)

La Corte Suprema statunitense, oltre a rifiutare di rendere *advisory opinions*,

---

[55] La distribuzione tra le varie fonti della disciplina sulle Corti varia da ordinamento a ordinamento, con conseguenze significative. Ad esempio, la costituzione statunitense non stabilisce il numero dei componenti della Corte Suprema: lo fa la legge che, quindi, può modificarlo a suo piacimento. Di fronte all'ostilità di una particolare Corte alla politica legislativa, Presidente e Congresso possono minacciarla di "infornare" nuovi giudici di orientamento più favorevole: è quanto accadde allorché il Presidente F.D. Roosevelt si trovò a fronteggiare l'accanita resistenza della Corte Suprema alle misure del *New Deal.* In tale circostanza, la vicenda si concluse con la resa della Corte. Qualcosa di simile si verificò in Italia quando la Corte costituzionale inserì nei propri regolamenti una disposizione che prevedeva la *prorogatio* dei giudici, nelle more aperte dagli altri poteri dello Stato, e in particolare dal Parlamento, quasi sempre assai lento nell'integrarne la composizione. L'iniziativa della Corte urtò la suscettibilità di quest'ultimo, che in tempi rapidi approvò una modifica della costituzione al fine di escludere la *prorogatio.*

vale a dire pareri ad altri organi, ha dichiarato non giustiziabili tutti i casi in cui la Corte non possa decidere indipendentemente senza invadere il campo riservato ad altri organi cui la legge demanda la materia o che non possono essere giudicati senza una iniziale decisione di natura politica su materia non evidentemente riservata alla giurisdizione (*Marbury* v. *Madison*, cit.)[56]. Essa ha anche chiarito che per essere sottoposta a giudizio una richiesta deve «presentare una reale e sostanziale controversia che in modo inequivocabile richieda un giudizio sui diritti asseriti» (*Poe* v. *Ulmann*, 1961); la **dottrina della *political question*** è stata poi invocata in controversie sulle quali già si fossero pronunciati in modo diversificato altri organi, e la Corte fosse per ciò impedita dal manifestare la propria opinione. In particolare, essa ha rifiutato di stabilire quale sia un Governo statale legittimo; né ha voluto inizialmente sindacare la opinabile strutturazione dei distretti elettorali (c.d. *malapportionment*), salvo poi ricredersi; ancora, la dottrina della *political question* è stata evocata in tema di procedura emendativa della costituzione e di *due process clause*[57]. La Corte costituzionale italiana, come altri Tribunali costituzionali, rifiuta a sua volta di sindacare la discrezionalità del legislatore che «non sia stata esercitata con arbitrio o con irrazionalità», o che comporti l'adozione di sentenze additive che implichino «scelte ampiamente discrezionali che esulano dai poteri della Corte», e simili.

23. Dalla regolazione delle competenze negli ordinamenti policentrici alla giurisdizione delle libertà e dell'eguaglianza

Se le radici della giustizia costituzionale affondano in una concezione metafisica del diritto (per cui talune regole sottostanno e debbono essere conformi ad altre, rivelate dalla divinità, o che si presumono esistere in natura, o riconosciute come intangibili, perché appartenenti alla tradizione culturale e giuridica del sistema) (cap. III, I, § 1), il moderno sindacato di costituzionalità delle leggi si ancora a elementi più concreti, positivi: in particolare, esso presuppone la rigidità della costituzione quale strumento di tutela delle regole in essa stabilite;

---

[56] In Canada, però, il *Supreme Court Act* attribuisce al Governo federale la facoltà di proporre un ricorso in via diretta davanti alla Corte Suprema su questioni di fatto o di diritto relative all'interpretazione della costituzione, o sulla legittimità di leggi federali o provinciali, di un provvedimento *in corso di approvazione* o di un atto normativo di un governo provinciale. La *reference jurisdiction* è la procedura mediante la quale il *Governor General in Council* rimette (*refers*) le questioni alla Corte Suprema al fine di ottenere un parere, volto a promuovere una *advisory opinion* e, pur essendo essa ritenuta formalmente priva del valore vincolante derivante dal principio dello *stare decisis*, i giudici, per prassi consolidata, vi si attengono rigorosamente.

[57] V. rispettivamente *Luther* v. *Borden*, 1849; *Pacific States Tel. & Tel. Co.* v. *Oregon*, 1912; *Colegrove* v. *Green*, 1946, e *Baker* v. *Carr*, 1962; *Coleman* v. *Miller*, 1939; *Gilligan* v. *Morgan*, 1973.

esige altresì che a svolgere il controllo sia un organo non direttamente interessato nelle controversie.

L'interrogativo che poniamo ora è se vi sia qualche **rapporto tra struttura policentrica dello Stato e genesi della giustizia costituzionale**. La risposta è positiva, se è vero che, almeno all'inizio, solo dove l'ordinamento era organizzato su base federativa vennero superate le tenaci resistenze all'introduzione di un giudice delle leggi, e la giustizia costituzionale si andò a configurare negli attuali termini (Reposo).

Ignorata a livello di Costituzione federale, prima di *Marbury* v. *Madison* la *judicial review of legislation* era stata teorizzata in America da Hamilton e Madison nel *Federalist* proprio (o principalmente) in connessione all'esigenza di tutela dei singoli Stati. Entrambi gli autori, nei saggi n. 33 e n. 45, reputano obbligatorie per gli Stati membri le sole leggi federali conformi al riparto di competenze disegnato dalla Costituzione; nel saggio n. 80, Hamilton si chiede come i divieti posti dalla Costituzione a carico degli Stati (imporre dazi, battere moneta) possano essere osservati, in assenza di un potere centrale che freni o corregga le infrazioni; nei saggi n. 33 e n. 81 opina che il primo giudice della necessità e convenienza delle leggi approvate per attuare i poteri dell'Unione è lo stesso Governo centrale; osserva però che, essendo insufficiente tale garanzia, come pure quella rappresentata dal ricorso agli elettori, non conviene affidare il giudizio alla stessa assemblea che approvò le leggi, bensì al giudiziario e in definitiva alla Corte Suprema[58]. **Nel *Federalist*, il problema principale è sempre rappresentato dai conflitti**, sia tra poteri sia soprattutto tra enti, e il tema è ricorrente. In molti saggi, come d'altronde è opinione non nuova nella stessa dottrina americana, è evidente che Madison e Hamilton avevano in mente una sola cosa: un **controllo accentrato** in mano alla Corte suprema. Nel saggio n. 19 entrambi ricordano i meccanismi (accentrati) di soluzione delle controversie tra Cantoni nella Confederazione svizzera; nel n. 48 Madison evoca il "Consiglio dei censori" operante in Pennsylvania tra il 1783 e il 1784, e nel n. 80 Hamilton fa riferimento alla Camera imperiale creata da Massimiliano verso la fine del XV secolo; soprattutto, qui riconduce il tema del «mezzo costituzionale per far applicare disposizioni costituzionali» a quello del limite delle competenze statali.

Di più: l'art. III, sez. I della Costituzione degli Stati Uniti afferma che «The judicial power of the United States shall be vested in *one* Supreme Court, and in such inferior courts as the Congress may from time to time ordain and establish (…)». La sez. 2 le affida le «controversie tra due o più Stati, tra uno Stato e

---

[58] Il celeberrimo saggio n. 78 del *Federalist*, nel gettare le basi del controllo di costituzionalità, ha carattere generale là dove allude genericamente al conflitto tra «le leggi cui siamo legati da obblighi maggiori» e le altre; tra «la legge costituzionale e la legge ordinaria»; tra «la volontà dei rappresentanti del popolo» e «la volontà del popolo stesso» (§ 5). Analoghe clausole sono poste dall'art. 75 cost. australiana; v. pure l'art. 105 cost. messicana.

i cittadini di un altro Stato, tra cittadini di Stati diversi, tra cittadini di uno stesso Stato che avanzino pretese su terre in base a concessioni di altri Stati, e tra uno Stato – o i suoi cittadini – e Stati, cittadini o sudditi stranieri». Si noti che **la previsione di altre corti federali è solo eventuale**, come spiega Hamilton nel saggio n. 81 del *Federalist*, giustificandola in base a ragioni pratiche. La sez. II, § 2, consegna alla Corte Suprema competenza originaria «In all cases affecting ambassadors, other public ministers and consuls, *and those in which a State shall be party*» (*supra* § 5).

La Costituzione, poi, **non conteneva all'inizio alcun *Bill of Rights*.** Con la *incorporation*, dopo la guerra civile, la competenza del giudiziario si sarebbe estesa *di fatto* ai diritti e alle libertà, ma all'inizio il problema fu come non violare le competenze rispettive dei poteri, degli Stati e della Federazione. Ciò spetta solo alla Corte suprema, tribunale federale – concentrato, diremmo – di unica istanza. Solo in seguito l'elemento della diffusione assume consistenza, ma viene in parte frustrato dal potere della Corte Suprema di selezionare i casi attraverso il *writ of certiorari*, per occuparsi quasi solo dei problemi di costituzionalità. E quale corte costituzionale la Corte suprema viene intesa anche nella percezione comune. La Costituzione è ciò che la Corte Suprema, non altre corti, dice essa sia[59]!

Il legame tra giustizia costituzionale e decentramento è stretto anche in Europa: nelle costituzioni degli **Stati tedeschi** approvate dopo il 1830 la giurisdizione costituzionale delle controversie tra organi dello Stato o comunque in materia di diritto statale (*Staatsgerichtsbarkeit*) non poteva attecchire in difetto di istanze federali. È invece nella struttura federale della Confederazione tedesca del 1815 che si può rinvenire il germe della giustizia costituzionale, e proprio in termini di regolazione di competenze tra gli Stati partecipi della Confederazione stessa e di conflitti tra Federazione e Stati federati (Luther). Tale schema venne recepito poi nella costituzione svizzera del 1874, in quella di Weimar del 1919 e infine – razionalizzato da Kelsen – nella costituzione austriaca del '20, dove il nucleo centrale della *Verfassungsgerichtsbarkeit* era ed è tutt'oggi rappresentato dalla regolazione delle competenze di *Bund* e *Länder* (v. *supra* § 6).

Ancor oggi, **in tutti gli ordinamenti decentrati** una delle funzioni di maggiore spicco svolte dal Tribunale costituzionale è precisamente la **soluzione dei conflitti legislativi**: dal Belgio all'Italia, dall'Austria al Brasile, dalla Germania alla Spagna alla Russia, ecc. Né è casuale che le remore all'introduzione di un pieno controllo giurisdizionale di costituzionalità sulla legge siano state peculiari di ordinamenti accentrati, come la Francia o il Regno Unito, che si sono aperti al controllo solo con l'inizio di processi di decentralizzazione. Oltre che conflitti determinati dalla reciproca invasione di competenze legislative, alcune costituzioni disciplinano anche controversie diverse, che riguardano atti centrali o

---

[59] La frase: «the Constitution means what the Supreme Court says it means» fu pronunciata dal *Chief Justice* Charles Evans Huges nel 1907.

periferici di altra natura (specie amministrativi)[60]. Lo schema è tanto diffuso, che alcuni ordinamenti prevedono un ruolo arbitrale della Corte persino tra centro e minori enti territoriali, quali i Comuni, le Province, le Contee, i consorzi di enti, ecc. (ad es. Germania, Spagna).

Se, quanto meno alle origini, il ruolo delle Corti costituzionali quali arbitri dei conflitti prevaleva di gran lunga sulla cosiddetta giurisdizione delle libertà, oggi non è così: esso resta importante, ma la progressiva incorporazione nei testi costituzionali di **Carte dei diritti** sempre più estese (o la loro "parametrizzazione"), la necessità di rendere operante il **principio d'eguaglianza**, l'esigenza di bilanciare e ribilanciare i valori confliggenti a mano a mano che muta la sensibilità del corpo sociale nei loro riguardi, ha reso via via più aggressiva una giurisprudenza costituzionale che, sollecitata dalla domanda dei cittadini, ha ovunque posto la tutela dei diritti al centro della propria attività. Quali che siano gli strumenti utilizzati, oggigiorno gran parte delle Corti, se proprio non tutte, sono chiamate a pronunciarsi in larga misura su **discriminazioni arbitrarie**, che riguardano singoli ma di riflesso intere categorie, e quasi ovunque le norme-parametro di gran lunga più richiamate sono quelle che esprimono il principio di eguaglianza e la tutela dei diritti e delle libertà dei cittadini (cap. V, § 9).

24. Le "altre funzioni" delle Corti costituzionali

L'indole particolare delle decisioni delle Corti costituzionali – la cui sostanza è ampiamente discrezionale, per non dire politica, ma la cui forma è caratterizzata dalla giurisdizionalizzazione del processo – e sopra tutto la posizione di terzietà in cui operano i giudici delle leggi, ha suggerito di conferire loro una serie di **altre funzioni che richiedono l'esercizio di un ruolo arbitrale o comunque neutrale**, diverse da quelle relative al regolamento di competenze tra enti od organi[61], nonché dal controllo di costituzionalità delle leggi in senso stretto. Per la loro ricchezza – peraltro neppure paragonabile a quella di testi più recenti, specie dell'Est europeo – sono emblematiche a questo proposito le discipline dettate dal *Grundgesetz* e dalla costituzione italiana, nonché dalle rispettive legislazioni attuative.

Tra le competenze speciali del ***Bundesverfassungsgericht***, compaiono infatti la dichiarazione della perdita dei diritti fondamentali, comminata ai singoli che abusano dei medesimi al fine di combattere l'ordinamento fondamentale de-

[60] In tal senso ad esempio dispongono le costituzioni svizzera, austriaca, italiana, spagnola, brasiliana, venezuelana, sudafricana ...

[61] Prevedono ad es. quest'ultima competenza le costituzioni bulgara, croata, sudafricana, russa, boliviana, del Senegal, di Cipro, di Costa Rica ...

mocratico e liberale; la dichiarazione d'incostituzionalità di partiti politici che, per le finalità perseguite o per il comportamento dei propri aderenti, si prefiggono di danneggiare o sopprimere l'ordinamento fondamentale democratico e liberale o di minacciare l'esistenza della Repubblica federale tedesca; la verifica delle elezioni, ai sensi della legge federale attuativa del GG. Ai sensi dell'**art. 134 cost. italiana** e delle leggi costituzionali e ordinarie successive, spetta alla Corte giudicare sulle accuse promosse contro il Presidente della Repubblica e, sino alla revisione costituzionale del 1989, i Ministri; nonché esprimersi sull'ammissibilità del referendum abrogativo *ex* art. 75 cost. [62]. Sulla scorta delle esperienze ora evocate, svariati ordinamenti hanno caricato (e sovente sovraccaricato) il proprio Tribunale costituzionale di altre funzioni, che possono essere raggruppate a seconda che afferiscano alla forma di Stato, oppure alla forma di Governo, o a entrambe (Baldin).

Tra le prime, compaiono quelle riguardanti, negli ordinamenti "protetti" contro l'**attività di partiti o associazioni anticostituzionali**, le decisioni sulla natura dei medesimi, come pure, in qualche caso, l'irrogazione delle relative sanzioni, affidate alla Corte costituzionale, in quanto reputata più idonea di altri poteri ad assumere una decisione imparziale: sulla falsariga del *Grundgesetz* tedesco, altre costituzioni hanno disposto in modo analogo [63]. In qualche caso, le Corti controllano anche i **bilanci dei partiti**. Solo in Germania però (non altrove), spetta al Tribunale costituzionale dichiarare la perdita dei diritti fondamentali a carico di singoli.

Tra le funzioni connesse alla forma di Governo, la prima è rappresentata dalle procedure di ***impeachment*** nei confronti del Presidente della Repubblica e/o di Ministri, di parlamentari, giudici o altri funzionari [64]. Qualche volta, il giudizio

---

[62] La Corte italiana decide anche sui conflitti di attribuzione tra i poteri dello Stato, ossia tra «organi competenti a dichiarare definitivamente la volontà del potere cui appartengono ...» (commissioni parlamentari di inchiesta, Presidenti di ciascuna Camera, Parlamento in seduta comune e singole Camere, Presidente del Consiglio dei Ministri, previa delibera in proposito dell'organo collegiale, singoli Ministri le cui competenze direttamente derivino dalla costituzione, ciascun giudice, Presidente della Repubblica, Corte dei Conti anche in sede di controllo, Consiglio superiore della magistratura, la stessa Corte costituzionale, il popolo, rappresentato dal comitato promotore di un referendum, ecc.); nonché i conflitti tra lo Stato e le Regioni e tra le Regioni. Entrambe le competenze appartengono peraltro al "nucleo storico" delle attribuzioni dei giudici delle leggi, come vi appartengono le attribuzioni, diverse dal controllo di costituzionalità di norme primarie, che la costituzione o la legge assegnano al *Tribunal Constitucional* spagnolo: i giudizi sui conflitti di competenza tra Stato e Comunità autonome e tra queste; nonché sui conflitti tra organi supremi dello Stato (Governo, Congresso, Senato, Consiglio generale del potere giudiziario), i quali possono essere sia positivi che negativi, e si concludono con una decisione la quale stabilisce di chi è la competenza. Similmente v. il *Grundgesetz* e la legislazione attuativa.

[63] Portogallo, Bulgaria, Romania, Croazia, Slovenia, Repubbliche ceca e slovacca, Azerbajian, Georgia, Polonia, Cile, Corea del Sud ...

[64] Così dispongono tra le altre le costituzioni dell'Ucraina, della Lituania, dello Yemen, della Repubblica di Corea, del Congo.

compete al Tribunale costituzionale, investito della questione da altri organi costituzionali; talora, esso è chiamato solo a rendere un parere, o a istruire l'accusa, o a garantire la corretta osservanza delle procedure, o a presiedere l'organo che decide (nel caso degli USA, il Senato, su messa in stato di accusa da parte della Camera dei Rappresentanti). In qualche ordinamento, spetta alle Corti pure il compito di accertare l'**impedimento** temporaneo o definitivo **del Capo dello Stato**, e vagliare i presupposti per procedere all'*interim*[65]. Non manca, talora, l'attribuzione di funzioni di consulenza ai vari organi dello Stato[66]. Altre costituzioni attribuiscono ai Tribunali costituzionali la competenza di accertare le circostanze dello scioglimento presidenziale; di verificare le incompatibilità dei Ministri; di pronunciarsi sulle candidature alla carica presidenziale ...

Investono i rapporti tra autorità e cittadini (forma di Stato), come pure le relazioni tra organi (forma di Governo), altre funzioni spesso assegnate ai Tribunali costituzionali, come la **vigilanza sulle operazioni elettorali**, politiche o presidenziali o anche amministrative, e/o la decisione sui relativi ricorsi[67]. Così pure, i Tribunali costituzionali sono chiamati, in qualche caso, a sovraintendere alla **regolarità delle procedure referendarie** (Cile) o, come in Italia, all'ammissibilità della relativa richiesta, a dichiarare la perdita del mandato elettorale, a rendere pareri sulla proclamazione di **misure d'emergenza** (Francia).

Anche l'attribuzione di compiti che esulano dalla giustizia costituzionale in senso stretto ha contribuito, nel dilatare le funzioni delle Corti costituzionali, ad accrescerne l'importanza e a sbilanciare (o ribilanciare) a loro favore gli equilibri tra gli organi costituzionali. Pur operando con gli strumenti tipici della giurisdizione, e potendo agire, quasi sempre, solo se attivate dall'esterno, le Corti assumono infatti, anche in questi casi, decisioni caratterizzate da un elevato grado di politicità. Ciò è di particolare evidenza in quei paesi, dove la Corte costituzionale è chiamata – a consacrare il suo *status* di "costituente permanente" – a intervenire nel processo di **revisione costituzionale**, o per espressa disposizione costituzionale, o per sua propria giurisprudenza: ciò accade con diverse modalità e limiti – oltre che in Sudafrica, dove nel 1993 si affidò il compito di verificare la conformità della costituzione vera e propria, poi entrata in vigore nel 1997, alle norme basilari elaborate da una speciale assemblea – in Angola, Algeria, Cile, Costa Rica, Turchia, Romania, Bolivia, Moldavia, Colombia, India (Ragone); oppure a rendere l'interpretazione ufficiale della costituzione e delle leggi.

---

[65] Come ad es. in Portogallo, Romania, Cile, Lituania, Armenia.

[66] In Guatemala, in Bolivia, in India, oltre che in Canada.

[67] Francia, Germania, Austria, Portogallo, Repubbliche ceca e slovacca, Romania, Moldavia, Cile, Yemen, ecc.

25. Dai modelli ai sistemi

La varietà manifestatasi, nel corso del tempo, nell'ambito della giustizia costituzionale, ha suggerito a molti studiosi di denunciare l'insufficienza della classica dicotomia modello americano/modello austriaco, e di proporre altre letture, ancorate ad es. al bene protetto (la costituzione oppure i diritti) o all'occasione del controllo. Altri hanno addirittura proposto l'azzeramento delle classi tradizionali, suggerendo di ripartire dalla straordinaria molteplicità delle soluzioni escogitate in ciascun ordinamento (Tusseau). Alle classificazioni ancorate ai modelli di giustizia costituzionale pare dunque proficuo affiancare **ulteriori tipologie**, attente alla posizione complessiva delle Corti nei singoli ordinamenti, e cioè ai **sistemi** di giustizia costituzionale.

In riferimento all'**indole politica o giurisdizionale del controllo** esercitato, la classificazione dei sistemi di giustizia costituzionale difficilmente può offrire risultati appaganti se ancorata a schemi dicotomici. Mentre si può ragionare di "modelli" politici e di "modelli" giurisdizionali, non è dato riscontrare se non in casi liminari ordinamenti che esauriscono il controllo della legge o solo in rimedi processuali, o solo in rimedi politici (anche se questo secondo evento è più frequente). In quasi tutti gli altri si ha di volta in volta la **prevalenza della politica o della giurisdizione**, in ragione dei meccanismi utilizzati con maggiore frequenza ed efficacia, che presentano le caratteristiche ricorrenti dell'una o dell'altra. Anche dove il controllo di costituzionalità è pacificamente giurisdizionale, le forme di controllo politico possono affiancarlo (o contaminarlo) in modo più o meno intenso. È il caso, ad esempio, di alcune aree "incontrollabili", perché ritenute *political question*, che vengono sottratte al controllo giurisdizionale e affidate solo al controllo politico. Il grado di "giurisdizionalità" può cambiare di volta in volta, essere più o meno intenso, a seconda di molte variabili[68].

A un capo di una ideale linea nella quale collocare le esperienze in classi duttili, si possono posizionare tutti gli ordinamenti che rifiutano il controllo di costituzionalità giurisdizionale, comunque caratterizzato. In essi, c'è il **primato assoluto della politica**. È quanto accade per lo più nella forma di Stato socialista, che in nome dell'unitarietà del potere statale rifiuta che la giurisdizione costituzionale possa prevalere sulla volontà del popolo, incarnata negli organi da

---

[68] Le principali sono le seguenti: la posizione *super partes* del giudice; la natura contenziosa del processo costituzionale, e la presenza di una controversia concreta; l'esistenza di un impulso di parte ("*ubi actio, ibi iurisdictio*"); la generalità dell'azione; la fase in cui si svolge il controllo e l'indole repressiva o di mero "parere", ancorché a volte vincolante, delle pronunce; la natura generale o circoscritta delle decisioni; l'intensità dei vincoli linguistici delle disposizioni prese a parametro e a oggetto delle sentenze; la forza più o meno cogente di tradizioni di deferenza verso la politica; in definitiva la sfera di discrezionalità del giudice costituzionale rispetto agli attori della giurisdizione ordinaria.

esso espressi. Per motivi molto diversi, anche il Regno Unito si situa al loro fianco: è il Parlamento a prevalere, e in subordine la tradizione. Così pure l'Iran, per la composizione dell'organo – il Consiglio dei Guardiani – e il parametro (la *shari'a*), per non dire del contesto complessivo estraneo allo Stato di diritto. Un po' più in là si collocano gli **ordinamenti socialisti** che in parte "esternalizzano" il controllo, mantenendo però in capo al potere politico la nomina, e di fatto, attraverso il partito unico, il controllo dell'organo; il quale a sua volta opera in base a riti, con oggetti, con parametri che poco hanno a che vedere con la giurisdizione in senso stretto. Nella parte mediana della ideale retta si affollano innumerevoli altri casi, per lo più tendenti verso il capolinea "giurisdizionale", che ha prevalso sull'idea del controllo politico. All'altro fine della linea dovremmo collocare i sistemi che operano solo con la **modalità giurisdizionale**, restando escluse strutture e procedure politiche. Il modello è solo ideale. Gli Stati Uniti rappresentano l'esempio più puro, ma non puro del tutto per almeno due ragioni: la possibilità di utilizzare il veto presidenziale per ragioni di costituzionalità, e l'esistenza di aree non giustiziabili, marcate dalla *doctrine* delle *political questions*.

In relazione al **contesto strutturale** in cui sono inseriti gli organi di giustizia costituzionale, le Corti possono occupare una posizione monopolista (**sistemi unitari**), oppure in concorrenza con altri soggetti (**sistemi plurali**). Questa classificazione fa leva sulla classica dicotomia, pur in parte usurata, tra **controllo diffuso e controllo accentrato**, ancorandosi peraltro anche ad altri elementi, diversi dalla divisione tra più giudici (ordinari e/o *ad hoc*) della funzione di giustizia costituzionale. L'ibridazione dei modelli dalla prospettiva in parola comporta primariamente che ai sistemi classicamente denominati "continentali", "austriaci", "kelseniani", "accentrati" e via dicendo si contrappongano non solo quello statunitense e i derivati (canadese, australiano e in genere di *common law*), ma anche quelli misti, dove in varia misura opera un Tribunale costituzionale con competenze specifiche, o una *sala* specializzata di una Corte Suprema, e nondimeno i giudici ordinari sono abilitati a disapplicare la legge incostituzionale: è il caso del Portogallo, della Grecia, dei paesi baltici, del Nord Europa, della Russia e di altri ordinamenti dell'ex URSS, di molti Stati dell'America latina.

L'indole monopolista o concorrenziale di un sistema si può apprezzare anche da una prospettiva differente, ossia dalla presenza, all'interno di uno stesso ordinamento complessivo, **di più livelli di giustizia costituzionale**. Negli ordinamenti federali, in particolare, al sistema della Federazione si affianca quello degli enti decentrati, che sia pure limitatamente sottraggono parte della competenza a quello principale. È il caso degli Stati Uniti, del Canada, dell'Australia, dell'India, ecc., ma anche della Germania, dell'Austria, della Russia e degli ordinamenti decentrati dell'America latina. Combinando le due variabili, si possono dunque distinguere sistemi **unitari integralmente accentrati** (dove un'unica Corte o Tribunale esercita tutte le competenze di giustizia costituzionale), quali Spagna, Italia, Belgio, Francia, Romania; sistemi **plurali parzialmente accentrati**, nei quali ciascun livello territoriale ha un solo organo abilitato a fare giustizia costituzionale, ma all'interno dell'ordinamento complessivo convivono con competenze diverse più Tribunali costituzionali (Germania, Austria); sistemi **plurali parzialmente decentrati**, là dove la funzione è distribuita tra i vari giudici e un Tribunale o Corte Suprema, ma non c'è sovrapposizione di livelli (ordinamenti di *common law* non federali, Portogallo, Grecia e altri poco sopra menzionati); sistemi **plurali integralmente decentrati** (paesi di *common law* federali, *in primis* gli Stati Uniti, e inoltre la Russia, il Messico, il Brasile e l'Argentina). Va però ricordato a questo proposito che il modello prevalente – se mai è esistito un sistema totalmente decentrato – è nel senso dell'accentramento.

Un'ulteriore proposta classificatoria poggia sulle **funzioni** svolte. Si possono distinguere a questo fine i sistemi **monofunzionali** da quelli **plurifunzionali**. Con riferimento al nucleo storico delle funzioni esercitate, alcune Corti si sono viste attribuire – come detto al § 24 – funzioni ulteriori, che in alcune circostanze ne enfatizzano il ruolo in misura persino maggiore di quanto non accada con la normale attività di controllo della costituzionalità della legge e delle competenze degli enti. La partizione, a questo proposito, è tutt'altro che nitida, attesa la varietà delle soluzioni escogitate e sopra analizzate. Grosso modo, alla prima categoria appartengono le Corti degli ordinamenti di *common law* (e inoltre: alcune latino-americane, e le Corti del Nord Europa), le cui competenze sono restate sostanzialmente quelle tradizionali, pur tenendo conto che possono controllare tutto; alla seconda, quelle europee classiche (Germania, Italia, Spagna, oltre a Francia), e quelle dell'Est del vecchio continente.

Le modalità di **accesso**, a loro volta, sono rilevanti nell'ottica enunciata in ragione non solo del **tipo di accesso** (diretto o incidentale), quanto della **univocità o pluralità di tipi utilizzati**, e della qualità dei soggetti titolari. Possiamo dunque operare una duplice distinzione. Da una parte, collochiamo alcuni ordinamenti (**puri**) che utilizzano di fatto un **unico sistema**: quello incidentale negli Stati Uniti e ordinamenti derivati, quello preventivo e astratto in Francia (sino al 2008), quello diretto in Austria sino alla novella del 1929 o, nello stesso periodo, in Cecoslovacchia. Dall'altra, tutti i numerosi ordinamenti **misti** che impiegano congiuntamente **più modalità** (controllo preventivo e successivo, su incidente e su ricorso, astratto e concreto, ecc.). Si tratta ormai, come già evidenziato, della stragrande maggioranza dei paesi.

Circa la **qualità dei soggetti coinvolti**, agli ordinamenti **chiusi** che li circoscrivono tassativamente a enti o organi dello Stato (Francia, Austria nei prototipi) si giustappongono (ancora una volta in misura diversa) i sistemi **aperti** dove il controllo concreto ha per protagonisti, oltre a enti o organi, anche i giudici, e ancor più quelli dove l'accesso, attraverso l'*amparo*, la *Beschwerde* o altri consimili istituti, è assicurato pure a tutte le persone fisiche (e talora giuridiche).

Quanto agli **effetti delle sentenze**, la classica distinzione tra efficacia dichiarativa ed efficacia costitutiva delle pronunce può essere integrata da un'altra classificazione, la quale fa leva sul potere delle Corti di dare attuazione alle proprie decisioni e sugli effetti nei confronti delle parti, sempre diretti in alcuni casi (come Stati Uniti e Spagna), solo indiretti (o per lo più indiretti) in altri, come l'Italia.

Soprattutto, però, vanno tenuti in conto l'ampiezza del parametro del controllo e l'oggetto del sindacato di costituzionalità.

Quanto al **parametro**, gli elementi che occorre prendere in considerazione sono almeno tre: a) il cambio profondo avvenuto in Francia dopo l'incorporazione nel *bloc de constitutionnalité* del preambolo della costituzione (v. *supra*, § 4), il che ha scatenato cambiamenti anche nell'oggetto del controllo (leggi sulle libertà), nello stile delle sentenze (più articolatamente motivate), nel bene protetto (non solo la competenza normativa del Governo ma anche i diritti); b) l'analogo progressivo ampliamento degli articoli della costituzione ai fini di controllo, registratosi progressivamente in Belgio a cavallo del millennio, che parimenti ha arricchito la giurisprudenza della *Cour d'Arbitrage* (ora *Constitutionnelle*) (v. *supra*, § 12); c) soprattutto, oggi, la parametrizzazione dei trattati internazionali, o di convenzioni in materia di diritti in vari paesi dell'Europa occidentale, centro-orientale e orientale e dell'America Latina e, in Europa, dei documenti internazionali che disciplinano le strutture e l'attività dell'Unione, con tutto ciò che ne segue anche da una prospettiva teorica, con riferimento al rapporto tra *higher law* e fonti a essa subordinate. Oggi, il **controllo di convenzionalità** si sovrappone e addirittura in qualche caso sovrasta quello di costituzionalità, al punto che la Corte interamericana dei diritti umani può pretendere che gli Stati aderenti alla Convenzione sui diritti umani modifichino le norme costituzionali, se con essa in contrasto. Da questa prospettiva, i sistemi possono suddividersi – ancora una volta prestando attenzione alle varie graduazioni che si riscontrano – in **limitati** ed **estesi** (*recte*, "a parametro limitato" o "a parametro esteso"). Nei primi, le Corti prendono a parametro la sola costituzione, o addirittura parte di essa (come accadeva in Belgio sino alla riforma del 2003, in Francia sino al 1971, negli Stati Uniti sino all'introduzione dei *Civil War Amendments*, in Canada sino all'adozione della *Charter*); nei secondi, oltre alla costituzione, vengono parametrizzati (oltre che, in qualche caso, leggi organiche o altre fonti) anche i trattati internazionali, o convenzioni in materia di diritti (ad es. vari paesi latinoamericani o dell'ex Patto di Varsavia) o, in Europa, i testi che disciplinano l'Unione.

Stesso discorso vale per l'**oggetto del controllo**. Marginale sino a qualche anno fa, quando il problema si risolveva nella questione se le Corti e i Tribunali costituzionali potessero, e se sì con che limiti, controllare oltre che la legge anche altri atti, quali i regolamenti dell'Esecutivo, i regolamenti parlamentari, leggi organiche o rinforzate, trattati internazionali, ecc., esso ora sembra consustanziale con riferimento alla pretesa, sovente codificata, di porre a oggetto del controllo la stessa revisione costituzionale. Qualora i giudici delle leggi siano abilitati a sindacare nella forma e/o nello stesso contenuto le revisioni costituzionali, come accade in molti ordinamenti o per espressa disposizione della costituzione o a seguito di pronunce giurisprudenziali, evidentemente c'è uno stravolgimento dell'idea stessa di controllo di costituzionalità: da controllo sugli abusi delle maggioranze, in nome della supremazia della costituzione, diviene **controllo del potere costituente sul potere costituito**, in *tutte* le sue manifestazioni. Si disloca altrove, allora, l'interrogativo iniziale postosi da Hamilton, dalla filosofia politica francese e poi da Schmitt e da Kelsen: la domanda non è più (solo) «chi ha titolo per controllare la legge?», oppure «che legittimazione hanno i giudici per annullare gli atti del popolo sovrano, decisi dalla maggioranza dei suoi rappresentanti?» (domanda che neppure in alcuni ordinamenti latinoamericani venati di populismo e succubi di una tradizione caudillista viene più formulata), bensì: «può lo stesso popolo sovrano, pur con i procedimenti stabiliti dal patto costituente, modificare il medesimo?». Ovvero: non già «chi è il custode della costituzione?» ma **«chi è il custode del suo nucleo**?»

In riferimento all'**oggetto**, i sistemi di giustizia costituzionale possono dunque collocarsi lungo una ideale linea graduata a seconda che siano più o meno **integrali** (*recte*, "a oggetto integrale") quando le Corti possono conoscere l'illegittimità delle leggi, di atti amministrativi, di atti politici, di trattati, e persino delle leggi di revisione, oppure **parziali** (*recte*, "a oggetto parziale", con sindacato solo su leggi e, sovente con riti diversi, atti amministrativi). A un capo di tale linea ideale si collocano ad es., in virtù di espresse disposizioni costituzionali che contemplano il controllo sulle leggi di revisione, Cile, Bolivia, Moldavia, Colombia, Panama, Sudafrica, Costa Rica, Turchia e qualche altro; nonché, in conseguenza della loro stessa giurisprudenza costituzionale, l'Italia, la Germania, il Perù, l'India ... Al secondo capo, tutti gli ordinamenti dove il controllo è circoscritto a leggi (e in varia misura atti amministrativi), e dove il potere di revisione appare più libero e le leggi che modificano la costituzione meno soggette a vincoli formali o sostanziali.

Riferimenti bibliografici

Alcune riviste nazionali sono dedicate alla giustizia costituzionale e contengono spesso saggi comparatistici, come *Giurisprudenza costituzionale* (Giuffrè, Milano) o *Les cahiers du Conseil constitutionnel* (Lgdj, Paris). Specificamente dedicato è l'*Anuario Iberoamericano de justicia constitucional* (Dykinson, Madrid). (Così pure alcuni *Annuari* curati dagli stessi Tribunali costituzionali.) Tra le opere generali: F. FERNÁNDEZ SEGADO, *La justicia constitucional: una visión de Derecho comparado*, 3 t., Dykinson, Madrid, 2009; ID.; *La evolución de la justicia constitucional*, Dykinson, Madrid, 2013; J.J. FERNÁNDEZ RODRÍGUEZ, *La justicia constitucional europea ante el siglo XXI*, 2ª ed., Tecnos,

Madrid, 2007; L. Pegoraro, *Giustizia costituzionale comparata. Dai modelli ai sistemi*, Giappichelli, Torino, 2015. Inoltre, atti di convegni strutturati sulla base di "relazioni nazionali", e opere collettanee con articoli su singoli ordinamenti: ad es., L. Mezzetti (ed.), *Sistemi e modelli di giustizia costituzionale*, Cedam, Padova, 2009.

Per la proposta di modelli classificatori: M. Cappelletti, *Il controllo giudiziario di costituzionalità delle leggi nel diritto comparato*, Giuffrè, Milano, 1968; G. Tusseau, *Modelli di giustizia costituzionale. Saggio di critica metodologica*, cit. *sub* cap. I; C. Blanco De Morais, *Justiça Constitucional*, I, *Garantia da Constituçâo e controlo da constitucionalidade*, Coimbra ed., Coimbra, 2002. Sulle matrici storiche: M. Battaglini, *Contributi alla storia del controllo di costituzionalità delle leggi*, Giuffrè, Milano, 1957; J. Luther, *Idee e storie di giustizia costituzionale nell'Ottocento*, Giappichelli, Torino, 1990; R. Orrù, F. Bonini, A. Ciammariconi (eds.), *La giustizia costituzionale in prospettiva storica: matrici, esperienze e modelli*, Esi, Napoli, 2012. In particolare sul diritto ateniese: M.H. Hansen, *The Sovereignity of the People's Court in Athens in the Fourth Century B.C. and the Public Action against Unconstitutional Proposals*, Odense U.P., Odense, 1974, trad. it. *Graphe paranomon. La sovranità del Tribunale popolare ad Atene nel IV secolo a.C. e l'azione pubblica contro proposte incostituzionali*, Giappichelli, Torino, 2001; sul caso Bonham, T.F.T. Plucknett, *Bonham's Case and Judicial Review*, in *Harv. Law Rev.*, 1926-27.

Sul *Comité constitutionnel* v. J. Lemasurier, *La Constitution de 1946 et le contrôle juridictionnel du legislateur*, Pichon et Durand-Auzias, Paris, 1954; sul *Conseil*: L. Favoreu, L. Philip, *Le conseil constitutionnel*, 7ª ed., Puf, Paris, 2005; G. Drago, *Contentieux constitutionnel français*, 3ª ed., Dalloz, Paris, 2011; D. Rousseau, *Droit du Contentieux constitutionnel*, 10ª ed., Lgdj, Paris, 2013.

Sul ruolo del capo dello Stato, C. Schmitt, *Der Hüter der Verfassung* (1931), rist., Berlin, 1969, trad. it. *Il custode della costituzione*, Giuffrè, Milano, 1981. Sulla giustizia costituzionale negli ordinamenti socialisti P. Biscaretti di Ruffia, *Il problema del controllo di costituzionalità delle leggi negli "stati socialisti" europei*, in AA.VV., *Scritti in onore di V. Crisafulli*, Cedam, Padova, 1985, I; H. Roussillon, *Le problème du contrôle de la constitutionnalité des lois dans les Pays socialistes*, in *Rev. dr. publ. sc. pol.*, n. 1, 1977. Anche dopo la svolta, M. Verdussen, *La justice constitutionnelle en Europe centrale*, Bruylant, Bruxelles-Lgdj, Paris, 1997; M. Mazza, *La giustizia costituzionale in Europa orientale*, Cedam, Padova, 1999; A. Di Gregorio, *La giustizia costituzionale in Russia*, Giuffrè, Milano, 2004; W. Sadurski, *Rights Before Courts: A Study of Constitutional Courts in Postcommunist States of Central and Eastern Europe*, Springer, Dordrecht, 2007.

Sulla genesi della *judicial review*, E.S. Corwin, *The "Higher Law" Background of American Constitutional Law*, in *Harv. Law Rev.*, 1928-29, trad. it. *L'idea di "legge superiore" e il diritto costituzionale americano*, Neri Pozza, Vicenza, s.d.; M. Einaudi, *Le origini dottrinali e storiche del controllo giudiziario sulla costituzionalità delle leggi negli Stati Uniti d'America*, Ist. giur. R. Università, Torino, 1931; B. Barbisan, *Nascita di un mito. Washington, 24 febbraio 1803:* Marbury v. Madison *e le origini della giustizia costituzionale negli Stati Uniti*, il Mulino, Bologna, 2008; per due concetti di legittimazione della giustizia costituzionale, A.M. Bickel, *The Least Dangerous Branch*, Yale U.P. Indianapolis, 1962 (2ª ed., New Haven-London, 1986), e J.H. Ely, *Democracy and Distrust. A Theory of Judicial Review*, Harvard U.P., Cambridge-London, 1980. Sul funzionamento attuale della Corte Suprema, R.G. McCloskey, S. Levinson, *The American Supreme Court*, 5ª ed., Un. of Chicago Press, Chicago, 2010.

Sul modello kelseniano: H. Kelsen, *La garantie juridictionnelle de la Constitution (La justice constitutionnelle)*, in *Rev. dr. publ. sc. pol.*, n. 35, 1928, trad. it. *La garanzia giurisdizionale della costituzione (La giustizia costituzionale)*, e *Wer soll der Hüter der Verfassung sein?*, in *Die Justiz*, 1930-31, Heft 11-12, Bd. VI, trad. it. *Chi dev'essere il custode della costituzione?*, entrambi in H. Kelsen, *La giustizia costituzionale*, Giuffrè, Milano, 1981.

Sulle origini del sistema italiano, G. D'Orazio, *La genesi della Corte costituzionale*, Comunità, Milano, 1981; sulla sua configurazione, V. Crisafulli, *Lezioni di diritto costituzionale*, II, 5ª ed., Cedam, Padova, 1984; sul giudizio incidentale in Spagna e Italia; S. Bagni, *La questione incidentale nel controllo di costituzionalità. I sistemi italiano e spagnolo a confronto nel quadro dei "modelli" dottrinali*, 2ª ed., Clueb, Bologna, 2007; sul controllo di costituzionalità in Germania, G. Cerrina Feroni, *Giurisdizione costituzionale e legislatore nella Repubblica federale tedesca. Tipologie decisorie e* Nachbesserungspflicht *nel controllo di costituzionalità*, Giappichelli, Torino, 2002. Sull'introduzione della *question* in Francia, G. Carcassonne, O. Duhamel, *QPC, la question prioritaire de constitutionnalité*, Dalloz, Paris, 2011.

Sui sistemi paralleli/misti/duali: per il Portogallo, C. Blanco de Morais, *Justiça Constitucional*, II, *O direito do contencioso constitucional*, 2ª ed., Coimbra ed., Coimbra, 2011; per l'America latina, nell'immensa letteratura: D. García Belaunde, F. Fernández Segado (eds.), *La jurisdicción constitucional en Iberoamérica*, Dykinson, Madrid, 1997; E. Ferrer Mac-Gregor, *Los tribunales constitucionales en Iberoamérica*, Fundap, Querétaro, 2002; H. Nogueira Alcalá, *La jurisdicción constitucional y los tribunales constitucionales de Sudamérica en la alborada del siglo XXI*, Porrúa, México, 2004; A. Ramos Tavares, *Justiça constitucional e democracia na América Latina*, Fórum, Belo Horizonte, 2008; J.J. Fernández Rodríguez, *La justicia constitucional iberoamericana. El reto competencial*, Purrúa-Imdpc, México, 2014; sul Sudafrica, L. Berat, *The Constitutional Court of South Africa and jurisdictional questions: in the interest of justice?*, in *I-con*, *Int. Journ. Comp. Law*, n. 3, 2005.

Sulla circolazione dei modelli: L. Pegoraro, *Derecho Nacional, Derecho Internacional, Derecho Europeo: la circulación orizontal y vertical entre formantes*, in *An. iberoam. just. const.*, n. 17, 2013; Id., *Estudio introductorio. Trasplantes, injertos, diálogos. Jurisprudencia y doctrina frente a los retos del derecho comparado*, in E. Ferrer Mac-Gregor, A. Herrera García (eds.), *op. cit. sub* cap. I. Per il controllo diffuso e la sua circolazione: sul Canada, I. Bushnell, *The Captive Court. A Study of the Supreme Court of Canada*, McGill-Queen's U.P., Montreal, 1992; L. Sossin, *Boundaries of Judicial Review: The Law of Justiciability in Canada*, 2ª ed., Carswell, Toronto, 2012; sull'Australia, L. Zines, *The High Court and the Constitution*, 5ª ed., Federation, Sydney, 2008; sull'Irlanda, J.M. Kelly, G. Hogan, G. Whyte, *The Irish Constitution*, 4ª ed., Tottel, Dublin, 2004. Sul modello accentrato, con riferimento al sistema svizzero, A. Auer, *La juridiction constitutionnelle en Suisse*, Helbing & Lichtenhahn, Bâle-Frankfurt, 1983; sull'evoluzione di quello belga, P. Carrozza, *La Cour d'arbitrage belga come corte costituzionale*, Cedam, Padova, 1985; F. Delpérée, A. Rasson-Roland, M. Verdussen (eds.), *Regards croisés sur la Cour d'Arbitrage*, Bruylant, Bruxelles, 1995; A. Rasson-

ROLAND, D. RENDERS, M. VERDUSSEN (eds.), *La Cour d'Arbitrage vingt ans après. Analyse des dernières réformes*, Bruylant, Bruxelles, 2004.

Su composizione e struttura delle Corti: M. CALAMO SPECCHIA (ed.), *Le Corti Costituzionali. Composizione, Indipendenza, Legittimazione*, Giappichelli, Torino, 2011 (anche sulle Corti *ad hoc*). Per gli Stati Uniti, H.J. ABRAHAM, *Justice and Presidents: A Political History of Appointments to the Supreme Court*, 2ª ed., Oxford U.P., New York-Oxford, 1985; L.H. TRIBE, *God Save This Honourable Court. How the Choice of Supreme Court Justices Shapes Our History*, Random House, New York, 1985; S. BAGNI, *Stato autonomico e composizione degli organi di giustizia costituzionale*, in *Le ist. del federalismo*, n. 2, 2002; A. RINELLA, M. TOBIA, *I giudici costituzionali nei sistemi federali*, in *An. iberoam. just. const.*, n. 8, 2004.

Su amparo e *Verfassungsbeschwerde* v. la bibliografia *sub* cap. V e, sul precedente, quella *sub* cap. II, sez. II (cui *adde* T.E. LEWIS, *History of Judicial Precedent*, in *Law Quart. Rev.*, n. 46, 1930; n. 47, 1931; n. 48, 1932).

Sulle varie tipologie di sentenze: G.A. FIGUEROA MEJÍA, *Las sentencias constitucionales atípicas en el Derecho comparado y en la acción de incostitucionalidad mexicana*, Porrúa-Imdpc, México, 2011; C. BLANCO DE MORAIS (ed.), *As sentenças intermédias da justiça constitucional*, Aafdl, Lisboa, 2009. Sull'incostituzionalità per omissione: J.J. FERNÁNDEZ RODRÍGUEZ, *La incostitucionalidad por omisión. Teoría general. Derecho comparado. El caso español*, Civitas, Madrid, 1998; V. BAZÁN (ed.), *Incostitucionalidad por omisión*, Temis, Santa Fé de Bogotá, 1997.

Sull'efficacia temporale delle pronunce: D. BUTTURINI, M. NICOLINI (eds.), *Tipologie ed effetti temporali delle decisioni di incostituzionalità. Percorsi di diritto costituzionale interno e comparato*, Esi, Napoli, 2014.

Sulla motivazione giudiziale, U. SCARPELLI, *Le argomentazioni dei giudici: prospettive di analisi*, in ID., *L'etica senza verità*, il Mulino, Bologna, 1982; A. RUGGERI (ed.), *La motivazione delle decisioni della Corte costituzionale*, Giappichelli, Torino, 1994; sull'interpretazione costituzionale F.J. DÍAZ REVORIO, *Interpretación de la Constitución y justicia constitucional*, Porrúa, México, 2009; sul *dissent* C. MORTATI (ed.), *Le opinioni dissenzienti dei giudici costituzionali ed internazionali*, Giuffrè, Milano, 1964; A. ANZON (ed.), *L'opinione dissenziente. Atti del seminario svoltosi a Roma, Palazzo della Consulta, nei giorni 5 e 6 novembre 1993*, Giuffrè, Milano, 1995; P.E. JACKSON, *Dissent in the Supreme Court. A Chronology*, Un. of Oklahoma, Norman, 1969; C. LIVELY, *Foreshadows of the Law: Supreme Court Dissents and Constitutional Developments*, Praeger, Westport, 1992; sulla Spagna F.J. EZQUIAGA GANUZAS, *El voto particular*, Cepc, Madrid, 1990; L. LUATTI, *Profili costituzionali del voto particolare. L'esperienza del Tribunale costituzionale spagnolo*, Giuffrè, Milano, 1990; sull'Italia S. PANIZZA, *L'introduzione dell'opinione dissenziente nel sistema di giustizia costituzionale*, Giappichelli, Torino, 1998.

Sulle argomentazioni dei giudici: R. POSNER, *How Judges Think*, Harvard U.P., Cambridge, 2008; A. BARAK, *Judicial Discretion*, Yale U.P., New Haven, 1989, trad. it. *La discrezionalità del giudice* Giuffrè, Milano, 1995; U. SCARPELLI, *Introduzione all'analisi delle argomentazioni giudiziarie*, in ID. (ed.), *Diritto e analisi del linguaggio*, Comunità, Milano, 1976; ID., *Le argomentazioni dei giudici: prospettive di analisi*, in ID., *L'etica senza verità*, cit.; C.A. FRANCHI, L. GIANFORMAGGIO, L. MIGLIORINI, G. TARANTINI, *Le argomentazioni nelle sentenze della Corte costituzionale*, in *Annali Un. di Perugia*, Esi,

Napoli, 1975; A. SAITTA, *Logica e retorica nella motivazione delle decisioni della Corte costituzionale*, Giuffrè, Milano, 1996; R. BIN, *Diritti e argomenti. Il bilanciamento degli interessi nella giurisprudenza costituzionale*, Giuffrè, Milano, 1992; A. LAJOIE, *Jugements de valeurs*, Puf, Paris, 1997; in generale R. ALEXY, *A Theory of Legal Argumentation. The Theory of Rational Discourse as Theory of Legal Justification*, Clarendon, Oxford, 1989, trad. it. *Teoria dell'argomentazione giuridica*, Giuffrè, Milano, 1998. Sul concetto di "uditorio" (e in generale l'argomentazione), CH. PERELMAN, L. OLBRECHTS-TYTECA, *La nouvelle rhétorique. Traité de l'argumentation*, 6ª ed., Un. de Bruxelles, Bruxelles, 2008, trad. it. della ed. del 1958 (Puf, Paris), *Trattato dell'argomentazione. La nuova retorica*, 2ª ed., Einaudi, Torino, 1976.

Sui rapporti tra giustizia costituzionale e federalismo, J. MARSHALL, *"Judicial Review" e Stato federale*, Giuffrè, Milano, 1988. Sulla giurisdizione delle libertà M. CAPPELLETTI, *La giurisdizione costituzionale delle libertà*, Milano, 1955; F. RUBIO LLORRENTE, *Tendencias actuales de la jurisdicción constitucional en Europa*, in AA.VV., *Manuel Fraga. Homenaje Académico*, Fundación Canova del Castillo, Madrid, 1997. Sul sindacato di eguaglianza, per l'Italia, L. PALADIN, *Legittimità e merito delle leggi nel processo costituzionale*, in *Riv. dir. proc. civ.*, n. 1, 1964; ID., *Il principio costituzionale d'eguaglianza*, Giuffrè, Milano, 1965; per la Francia, F. MÉLIN-SOUCRAMANIEN, *Le principe d'égalité dans la jurisprudence du Conseil constitutionnel*, Economica, Paris, 1997; per la Germania, J. LUTHER, *Ragionevolezza e* Verhältnismässigkeit *nella giurisprudenza costituzionale tedesca*, in *Dir. soc.*, n. 1-2, 1993; per gli Stati Uniti, L.M. SEIDMAN, *Constitutional Law: Equal Protection of the Laws*, Foundation, New York, 2003; per la Spagna, F. RUBIO LLORENTE, *La igualdad en la jurisprudencia del Tribunal Constitucional*, in *Rev. esp. der. const.*, n. 31, 1981; ID., *Igualdad*, voce dell'*Enciclopedia Jurídica Básica*, Civitas, Madrid, 1995, II. Sulla proporzionalità S. CONETTI, *Principio di proporzionalità. Profili di teoria generale e di analisi sistematica*, Giappichelli, Torino, 2011; C. BERNAL PULIDO, *El principio de proporcionalidad y los derechos fundamentales*, 3ª ed., Cepc, Madrid, 2007.

Sulle funzioni ulteriori S. BALDIN, *Le "altre funzioni" delle Corti costituzionali con particolare riferimento agli ordinamenti dell'Europa centro-orientale*, Eut, Trieste, 2000; ID., *Oltre il sindacato di costituzionalità. L'impiego delle ulteriori funzioni delle corti a tutela dell'assetto democratico negli ordinamenti post-socialisti*, in *Rev. gen. der. públ. comp.*, n. 13, 2013. Per il controllo sui partiti, sugli Stati Uniti, A. REPOSO, *La disciplina dell'opposizione anticostituzionale negli Stati Uniti d'America*, Cedam, Padova, 1977; sulla Spagna, J. TAJADURA TEJADA, *Partidos Políticos y Constitución. Un estudio de la LO 6/2002, de 27 de junio, de Partidos Políticos y de la STC 48/2003, de 12 de marzo*, Thomson-Civitas, Madrid, 2004; M. IGLESIAS BÁREZ, *La ilegalización de partidos políticos en el ordenamiento jurídico español*, Comares, Granada, 2008. Sul controllo elettorale, L. PEGORARO, G. PAVANI, S. PENNICINO (eds.), *Chi controlla le elezioni? Verifica parlamentare dei poteri, tribunali, commissioni indipendenti*, Bup, Bologna, 2011. Sull'*impeachment*, M. OLIVIERO, *L'impeachment. Dalle origini inglesi all'esperienza degli Stati Uniti d'America*, Giappichelli, Torino, 2001. Sulla parametrizzazione dei trattati, H. NOGUEIRA ALCALÁ (ed.), oltre alla *op. cit. sub* cap. I, *Derechos fundamentales, bloque constitucional de derechos, diálogo interjurisdiccional y control de convencionalidad*, Ubijus, México, 2014. Sul controllo della revisione S. RAGONE, *I controlli giurisdizionali sulle revisioni costituzionali. Profili teorici e comparativi*, Bup, Bologna, 2011, trad. sp.

El control judicial de la reforma constitucional. Aspectos teóricos y comparativos, Porrúa, México, 2012.

La citazione di S. BAGNI al § 13 si riferisce al suo *Democratizzazione della giustizia costituzionale in America Latina: uno sguardo da fuori*, in *Riv. it. dir. proc. civ.*, 2014; quella di M. NICOLINI al volumetto su *La giustizia costituzionale in Africa australe. L'eredità europea, il diritto tradizionale, il global judicial dialogue*, Filodiritto, Bologna, 2015.

Il diritto comparato *on line*

Guida alla consultazione

Il presente elenco di indirizzi *web* vuole essere uno strumento ausiliario di lavoro per le ricerche e la documentazione nel campo del diritto pubblico, costituzionale e comparato, nonché uno stimolo all'approfondimento personale per studenti nativi digitali.

La raccolta orienta verso i siti di maggiore pregio scientifico ed è suddivisa in due parti: nella sezione "Siti istituzionali" si trovano le direzioni *web* facenti capo agli organi costituzionali di alcuni Paesi tra i più rappresentativi nell'ambito degli studi comparatistici, elencati in ordine alfabetico. In questa nuova edizione si è ritenuto opportuno inserire la sitografia relativa a tutti i Paesi Brics, in coerenza con una visione della scienza pubblico-comparatistica sempre meno condizionata dalla prospettiva occidentale.

La sezione "Siti di interesse giuridico" offre a sua volta indirizzi *web* selezionati dai curatori secondo criteri di affidabilità delle fonti e di elevato standard qualitativo dal punto di vista dei contenuti scientifici. Uno dei maggiori problemi per chi naviga in rete a scopi di lavoro e/o ricerca è, infatti, quello di individuare, tra le migliaia di siti proposti dai motori di ricerca, quelli che offrono un prodotto scientificamente valido. La sezione è suddivisa per aree geografiche e per aree tematiche, in ordine alfabetico, duplicando i siti che rispondono a diversi criteri, in modo da garantire la completezza delle opzioni, a prescindere dal criterio di impostazione della ricerca. Ciascun sito è corredato da una breve illustrazione delle informazioni in esso reperibili.

Tutti i siti sono consultabili, oltre che nella lingua ufficiale del Paese di appartenenza, anche in inglese; in mancanza, a fianco dell'indirizzo appare l'indicazione relativa alle sole lingue disponibili.

Siti istituzionali

AUSTRALIA

www.aph.gov.au (Parlamento)
www.australia.gov.au (Governo federale)
www.pm.gov.au (Primo Ministro)
www.gg.gov.au (Governatore generale)
www.fedcourt.gov.au (Corte federale)
www.hcourt.gov.au (*High Court*)
www.gov.au (Stati federati e governo locale)

AUSTRIA

www.parlinkom.gv.at (Parlamento)
www.bka.gv.at (Cancelliere e Governo)
www.hofburg.at (Presidente della Repubblica)
www.vfgh.gv.at (Corte costituzionale)

BRASILE

www2.camara.leg.br (Congresso)
www.senado.gov.br (Senato)
www2.planalto.gov.br (Presidente della Repubblica)
www.brasil.gov.br (Governo)
www.stf.jus.br (Tribunale Supremo)

CANADA

www.parl.gc.ca (Parlamento)
www.canada.gc.ca (Governo)
pm.gc.ca (Primo Ministro)
www.gg.ca (Governatore generale)
www.scc-csc.gc.ca (Corte Suprema)

CINA

www.npc.gov.cn (Congresso nazionale popolare)
english.gov.cn (Governo)
en.chinacourt.org (Corte Suprema)

EUROPA

europa.eu (portale dell'UE, da cui è possibile accedere ai siti delle varie istituzioni europee e ai siti istituzionali di tutti i Paesi dell'Unione)
www.venice.coe.int (Commissione di Venezia, istituita dal Consiglio d'Europa)
www.echr.coe.int (Corte europea dei diritti dell'uomo)

FRANCIA

www.assemblee-nationale.fr (Assemblea Nazionale)
www.senat.fr (Senato)
www.gouvernement.fr (Governo)
www.elysee.fr (Presidente della Repubblica)
www.conseil-constitutionnel.fr (Consiglio costituzionale)
www.courdecassation.fr (Cassazione)

GERMANIA

www.bundestag.de (Camera)
www.bundesrat.de (Senato)
www.bundesregierung.de (Governo)
www.bundeskanzlerin.de (Cancelliere)
www.bundespraesident.de (Presidente della Repubblica)
www.bundesverfassungsgericht.de (Tribunale costituzionale)
www.bundesgerichtshof.de (Corte Suprema)

GIAPPONE

www.sangiin.go.jp (Senato)
www.shugiin.go.jp (Camera dei rappresentanti)
www.kantei.go.jp/foreign/index-e.html (Primo Ministro e Gabinetto)
www.courts.go.jp/english (Corte Suprema)

INDIA

parliamentofindia.nic.in (Parlamento)
loksabha.nic.in (Camera)
rajyasabha.nic.in (Senato)
pmindia.gov.in (Primo Ministro)
goidirectory.gov.in (Governo)
presidentofindia.nic.in (Presidente)
india.gov.in/my-government (portale di accesso ai servizi pubblici)
supremecourtofindia.nic.in (Corte Suprema)

ISRAELE

www.knesset.gov.il (*Knesset*)
www.pmo.gov.il (Primo Ministro e Governo)
www.court.gov.il (Corte Suprema)

ITALIA

www.parlamento.it (Parlamento)
www.governo.it (Governo)
www.quirinale.it (Presidenza della Repubblica)

www.cortecostituzionale.it (Corte costituzionale)
www.cortedicassazione.it (Corte di Cassazione)

REGNO UNITO

www.parliament.uk (Parlamento inglese)
www.scottish.parliament.uk (Parlamento scozzese)
www.assemblywales.org (Assemblea gallese)
www.niassembly.gov.uk (Assemblea nordirlandese)
www.number10.gov.uk (Primo Ministro)
www.cabinetoffice.gov.uk (Gabinetto)
www.royal.gov.uk (Famiglia reale)
www.jcpc.uk (*Privy Council*)
www.supremecourt.uk (Corte Suprema)
www.thecommonwealth.org (*Commonwealth*)

RUSSIA

www.duma.gov.ru (*Duma*) (in russo)
www.council.gov.ru (Consiglio federale)
www.government.ru (Governo) (in russo)
www.supcourt.ru (Corte Suprema)
www.gov.ru (Amministrazione pubblica)

SPAGNA

www.congreso.es (Congresso)
www.senado.es (Senato)
www.la-moncloa.es (Governo)
www.casareal.es (Casa reale)
www.tribunalconstitucional.es (Tribunale costituzionale)
www.poderjudicial.es (Tribunale supremo)

STATI UNITI D'AMERICA

www.house.gov (Camera)
www.senate.gov (Senato)
www.whitehouse.gov (Presidente)
www.usa.gov (Governo)
www.supremecourt.gov (Corte Suprema)
www.uscourts.gov (Sistema giudiziario federale)

SUDAFRICA

www.parliament.gov.za (Parlamento)
www.thepresidency.gov.za (Presidente)
www.gov.za (Governo)
www.constitutionalcourt.org.za (Corte costituzionale)
www.justice.gov.za (Corte Suprema)

Siti di interesse giuridico

Aree geografiche

AMERICA LATINA

www.juridicas.unam.mx
Sito dell'Università Autonoma di Città del Messico. Contiene *link* a fonti e riferimenti dottrinari; vi si trovano in forma di *e-book* numerose recenti monografie sul diritto costituzionale

jus.com.br/revista/assunto/direito-constitucional
Dottrina sul diritto costituzionale brasiliano

www.direito.com.br
Dottrina sul diritto costituzionale brasiliano

www.direitoejustica.com/direito_constitucional
Dottrina sul diritto costituzionale brasiliano e *link* a fonti normative

www.cajpe.org.pe
Comisión Andina de Juristas. Offre giurisprudenza peruviana e internazionale, forum giuridico e contributi dottrinari

www.uasb.edu.ec/web/area-de-derecho
Sito dell'*Universidad Andina Simón Bolívar*, sede Quito. Contiene *link* a riviste e pubblicazioni

issuu.com/consejonacionalelectoral/docs/revista_institucional_cne_pdf/1
Sito della rivista del *Consejo Nacional Electoral* dell'Ecuador. Offre *link* anche a pubblicazioni fuori dal campo del diritto elettorale

journals.cambridge.org/action/displaySpecialArticle?jid=LAS&bespokeId=7884
Sito del *Journal of Latin American Studies*

AUSTRALIA

www.austlii.edu.au
Sito di documentazione giuridica sulle diverse branche del diritto
australia.gov.au/topics/law-and-justice
Sito istituzionale di accesso a *link* giuridici

www.comlaw.gov.au
Fornisce documentazione sulla legislazione dei Paesi del *Commonwealth*

www.library.usyd.edu.au/libraries/law/lig_primary.html
Sito della *University of Sidney.* Offre *link* a legislazione, giurisprudenza, riviste e pubblicazioni sul diritto australiano

AUSTRIA

www.staatsrechtslehre.de
Sito di diritto costituzionale, pubblico e pubblico comparato di Germania, Austria e Svizzera (in tedesco)

www.bgbl.at
Gazzetta ufficiale federale. Offre l'accesso a tutte le leggi (in tedesco)

www.ris.bka.gv.at
RIS, Rechtsinformationssystem. Contiene una banca dati giuridica in lingua con alcuni testi normativi tradotti in inglese

CINA

www.ecls.eu
European China Law Studies Association (ECLS). Offre *link* a progetti di ricerca e iniziative culturali sulla Cina

www.cclp.de
Centre for Chinese Law and Policy (CCLP). Offre *link* a progetti di ricerca e iniziative culturali sulla Cina (cinese, tedesco, inglese)

www.ace.lu.se/o.o.i.s/6762
Centre for East and South-East-Asian Studies, Università di Lund. Offre *link* a master, progetti di ricerca, bibliografia

www.jura.uni-freiburg.de/institute/asien
The Chair of East Asian Law of the Albert-Ludwigs-University, Friburgo. Offre *link* a eventi, progetti di ricerca, bibliografia (inglese, francese, cinese, tedesco)

chinacopyrightandmedia.wordpress.com
China Copyright and Media

www.cesl.edu.cn
China-EU School of Law (CESL)

www.collegiodicina.it
Collegio di Cina. Offre soprattutto *link* a siti istituzionali e a iniziative culturali di comune interesse (italiano)

www.giz.de/china
Deutsche Gesellschaft für Internationale (GIZ) GmbH. Offre *link* a progetti di ricerca

www.ec-an.eu
Europe-China Academic Network (ECAN). Aggiorna sulle novità nelle relazioni internazionali della Cina in campo economico

www.dcjv.org
German-Chinese Jurists' Association (DCJV). Offre *link* al diritto cinese (tedesco)

www.uni-goettingen.de/de/423274.html
Sino-German Institute for Legal Studies, Università di Goettingen. Offre *link* a progetti di ricerca, pubblicazioni, bibliografia

FRANCIA

www.legifrance.gouv.fr
Motore di ricerca per fonti normative

www.droitconstitutionnel.net/dt_compare.htm
Sito di dottrina sul diritto comparato

cdpc.univ-tln.fr/index.html
Sito francese sul diritto franco-italiano

www.jura.uni-sb.de/BIJUS
Documentazione giuridica francese e tedesca nelle due lingue

GERMANIA

www.staatsrechtslehre.de
Sito di diritto costituzionale, pubblico e pubblico comparato di Germania, Austria e Svizzera (in tedesco)

www.dhv-speyer.de/js-start.htm
Scuola Superiore per le Scienze Amministrative di Speyer

www.jusline.de
JUSLINE., Leggi e giurisprudenza federale e regionale (in tedesco)

docserver.digizeitschriften.de
Archivio digitale delle riviste giuridiche tedesche (in tedesco)

www.jura.uni-sb.de/
Portale di diritto comparato – progetto Saarbrück – contiene la traduzione in francese e altre lingue di numerose fonti normative tedesche

www.whi-berlin.eu
Sito del *Walter Hallstein-Institut für Europäisches Verfassungsrecht* con contributi dottrinari sul diritto costituzionale tedesco e il diritto comunitario (in tedesco)

www.germanlawjournal.com/index.php
Articoli *on line* del *German Law Journal*, unica rivista tedesca pubblicata in inglese

INDIA

indiancourts.nic.in
Sito del sistema giudiziario indiano, con *link* a tutta la giurisprudenza dei vari Stati

supremecourtofindia.nic.in/index.html
National Informatics Centre della Corte Suprema indiana. Offre *link* alla legislazione e alla giurisprudenza della Corte

ITALIA

www.giurcost.it
Giurisprudenza costituzionale

www.associazionedeicostituzionalisti.it
Associazione italiana dei costituzionalisti

www.forumcostituzionale.it
Forum della rivista Quaderni costituzionali

www.filodiritto.com/index.php
Offre informazioni giuridiche per studiosi e professionisti, *link* a dottrina, giurisprudenza e fonti

www.ccsdd.org
Sito del *Center for Constitutional Studies and Democratic Development*, cogestito dall'Università di Bologna e dalla *Johns Hopkins University*. Offre informazioni su progetti di studio nei Paesi in via di democratizzazione

www.luiss.it/semcost
Sito dei Seminari costituzionali della Università Luiss di Roma

www.amministrazioneincammino.luiss.it
Sito della rivista Amministrazione in cammino. Offre novità sul diritto costituzionale e amministrativo

www.normattiva.it
Portale per il reperimento delle fonti normative

www.cnr.it
Sito del CNR. Offre l'accesso a numerose banche dati per l'informazione giuridica e il reperimento delle fonti normative

www.federalismi.it/federalismi
Notizie e commenti sugli sviluppi del federalismo in Italia e all'estero

www.parlalex.it
Archivio di legislazione comparata

www.costituzionalismo.it
Contributi dottrinari e aggiornamenti normativi

www.dpce.it
Associazione di diritto pubblico comparato ed europeo

www.astrid-online.it
Associazione per gli Studi e le ricerche sulla Riforma delle Istituzioni Democratiche e sull'innovazione nelle amministrazioni pubbliche

www.devolutionclub.it/devolution
Associazione culturale *Devolution Club*

www.gruppodipisa.it
Associazione Gruppo di Pisa (*News*, eventi, contributi dottrinari sulla giustizia costituzionale)

diritto.typepad.com/diritto/
Sito di Diritti comparati. Spazio di discussione sui temi del diritto europeo, comparato e costituzionale

PAESI ISLAMICI

www.ipocan.it
Istituto per l'Oriente C.A. Nallino. Offre *link* a riviste *on line* edite dall'Istituto e al catalogo della biblioteca del centro

www.soas.ac.uk
Sito della *School of Oriental and African Studies* dell'Università di Londra. Offre *link* a Centri di Ricerca e alle fonti normative dei paesi dell'area

www.al-islam.org/links.asp?CatId=69
Contributi dottrinari sul diritto costituzionale

www.orient.uni-leipzig.de/en/institute/
Orientalisches Institut dell'Università di Lipsia. Offre *link* a diverse fonti normative, istituzioni e organizzazioni non governative dei Paesi islamici

scholarblogs.emory.edu/aannaim/about/
Sito del prof. Abdullahi Ahmed An-Na'im. Contiene pubblicazioni e *link* a progetti di ricerca su Islam e diritti umani

REGNO UNITO

www.justice.gov.uk
Sito istituzionale della Giustizia. Contiene tutte le informazioni sulla realtà giuridica del Paese

www.lib.umn.edu/indexes/moreinfo?id=4645
Social Science Information Gateway. Contiene *link* tematici con una copiosa bibliografia

www.ucl.ac.uk/laws/global_law/index.shtml
Institute of Global Law. Centro di studio sul diritto comparato presso l'*University College London*

blogs.lse.ac.uk
Blogs della *London School of Economics and Political Science*

RUSSIA

niiss.ru
Sito a cura dell'Università di Mosca. Offre informazioni su partiti ed elezioni (in russo)

www.legislationline.org
Link alla legislazione di Paesi di recente democratizzazione

SPAGNA

www.idpc.es/revista/
Foro constitucional iberoamericano. Offre contributi dottrinari e *link* di interesse giuridico

www.cepc.gob.es/
Centro de Estudios Políticos y Constitucionales. Offre *link* a dottrina, pubblicazioni e giurisprudenza

dialnet.unirioja.es
Portale di ricerca bibliografica

www.iustel.com
Portale di dottrina, giurisprudenza e normativa spagnola

STATI UNITI D'AMERICA

www.loc.gov
Sito della *Library of Congress*

www.hg.org
Hieros Gamos, portale per la ricerca giuridica scientifica e professionale

pdba.georgetown.edu
Sito a cura della *University of Georgetown*, *Political Database of the Americas.* Offre un quadro generale degli ordinamenti del continente americano

www.law.cornell.edu/statutes.html
Sito della *Cornell University.* Contiene *link* a costituzioni statali, leggi, giurisprudenza e altre informazioni giuridiche

www.jurist.law.pitt.edu
Informazioni sul mondo del diritto e delle professioni giuridiche, gestito dall'Università di Pittsburgh

www.findlaw.com
Portale di informazione giuridica

www.bepress.com
The Berkley Electronic Press dell'Università di Berkley. Offre *link* a dottrina e pubblicazioni

www.fjc.gov
Sito governativo di informazione sul funzionamento del sistema giudiziario americano

www.ali.org
American Law Institute. Istituzione che si occupa della codificazione del diritto in *common law*

www.lib.uchicago.edu/~llou/conlaw.html
Researching Constitutional Law on the Internet. Contiene *link* alle organizzazioni che si occupano dello studio del diritto costituzionale

SUDAFRICA

constitutionallyspeaking.co.za
Blog di Pierre de Vos con articoli di interesse costituzionalistico

sacommerciallaw.com
Blog di diritto commerciale, dove vengono pubblicate informazioni sulle recenti riforme legislative e sulle sentenze più rilevanti

Aree tematiche

CORTI COSTITUZIONALI

www.accpuf.org
Associazione delle Corti costituzionali francofone

portal.uc3m.es/portal/page/portal/ins_derecho_publico_comparado
Sito dell'*Instituto de Derecho público comparado* di Madrid. Offre *link* alle Corti costituzionali in Iberoamerica

pdba.georgetown.edu
Sito della *Georgetown University*, *Political Database of the Americas*. Offre *link* a materiali normativi relativi agli organi costituzionali di Paesi del continente americano

www.parlalex.it/pagina.asp?id=90
Corti costituzionali nel mondo

COSTITUZIONI

www.ecln.net
European Constitutional Law Network. Costituzioni e altri documenti normativi dei Paesi dell'Unione Europea

www.verfassungsvergleich.de/
International Constitutional Law. Costituzioni di tutto il mondo e *link* ad altri siti per il reperimento di fonti costituzionali

confinder.richmond.edu
Sito della *University of Richmond*, costituzioni di tutto il mondo

http://www.findlaw.com/01topics/06constitutional/03forconst/index.html
Costituzioni di tutto il mondo

portal.uc3m.es/portal/page/portal/ins_derecho_publico_comparado
Sito dell'*Instituto de Derecho público comparado* di Madrid, costituzioni in Iberoamerica

pdba.georgetown.edu/Constitutions/constudies.html
Sito della *Georgetown University*, *Political Database of the Americas*, costituzioni in Iberoamerica

www.constitution.org/cons/natlcons.htm
Costituzioni di tutto il mondo

www.consiglioveneto.it/crvportal/pageContainer.jsp?n=75&p=75&c=4&e=81&t=0&
Sito del Consiglio regionale del Veneto. Offre alcune costituzioni europee con testo originale e traduzione a fronte

www.wipo.int/portal/index.html.en
Sito della *World Intellectual Property Organization*. Offre la possibilità di trovare nel proprio *database* i testi aggiornati e tradotti delle Costituzioni di tutti i Paesi

ISTITUTI E ASSOCIAZIONI DI DIRITTO COMPARATO

www.ucl.ac.uk/laws/global_law/index.shtml
Institute of Global Law. Centro di studio sul diritto comparato presso l'*University College London*

dipec.wp.unisi.it
Centro di ricerca e formazione sul diritto costituzionale comparato dell'Università di Siena

www.iue.it/LAW
European University Institute – Firenze

isdc.ch
Istituto svizzero di diritto comparato di Losanna

www.unilu.ch/en/faculties/faculty-of-law/institutes-and-research-centres/center-for-comparative-constitutional-law-and-religion-ccclr/
Center for Comparative Constitutional Law and Religion, Università di Lucerna

www.mpipriv-hh.mpg.de
Max-Planck-Institut für ausländisches und internationales Privatrecht di Amburgo

portal.uc3m.es/portal/page/portal/ins_derecho_publico_comparado
Instituto de Derecho público comparado di Madrid

www.law.columbia.edu/center_program/parker
The Parker School of Foreign and Comparative Law di NYC, USA

idc.u-paris2.fr
Institut de Droit Comparé de Paris – Université Paris II

www.u-paris2.fr/1179328450023/0/fiche___defaultstructureksup/
École doctorale de Droit Comparé – Université Paris I

www.biicl.org
British Institute of International and Comparative Public Law

www.iuscomparatum.org/AIDC
Academie internationale de droit comparé – International Academy of Comparative Law

www.dpce.it/
Associazione Diritto pubblico comparato ed europeo

aidcblog.blogspot.it/
Associazione italiana di diritto comparato

www.sirdcomp.it/
Società italiana per la ricerca nel diritto comparato

www.iacl-aidc.org/
International Association of Constitutional Law

www.comparativelaw.org/
American Society of Comparative Law

www.legiscompare.com
Société de Législation Comparée di Parigi

www.ecls.eu
European China Law Studies Association (ECLS)

www.cclp.de
Centre for Chinese Law and Policy (CCLP)

www.ace.lu.se/o.o.i.s/6762
Centre for East and South-East-Asian Studies, Università di Lund

www.uni-goettingen.de/de/423274.html
Sino-German Institute for Legal Studies, Università di Goettingen

www.dsps.unibo.it/it/servizi-e-strutture/centri-di-ricerca/centro-di-studi-sullamerica-latina
Sito del Centro studi sull'America latina del Dipartimento di Scienze politiche e sociali dell'Università di Bologna. Offre *link* a progetti di ricerca e iniziative di formazione in ambito comparatistico

Indice analitico

Avvertenza: i numeri romani si riferiscono ai capitoli e alle sezioni, i numeri arabi ai paragrafi.

Finito di stampare nel mese di gennaio 2016
nella L.E.G.O. S.p.A. - Via Galileo Galilei, 11 – 38015 Lavis (TN)